THINK
PSYCHOLOGY

재미있는
심리학
이야기

제2판

재미있는

THINK

Psychology

심리학 이야기

Abigail A. Baird 지음

김은주, 이태선, 이호선, 정명숙, 조규판, 천성문 옮김

Σ 시그마프레스

재미있는 심리학 이야기 제2판

발행일 2012년 3월   9일 1쇄 발행
2012년 9월   5일 2쇄 발행
2013년 2월 20일 3쇄 발행
2013년 8월   5일 4쇄 발행
2016년 7월   5일 5쇄 발행
2018년 2월   5일 6쇄 발행

지은이 Abigail A. Baird
옮긴이 김은주, 이태선, 이호선, 정명숙, 조규판, 천성문
발행인 강학경
발행처 ㈜시그마프레스
편 집 홍선희
교 정 김성남

등록번호 제10-2642호
주소 서울특별시 영등포구 양평로 22길 21 선유도코오롱디지털타워 A401~403호
전자우편 sigma@spress.co.kr
홈페이지 http://www.sigmapress.co.kr
전화 (02)323-4845, (02)2062-5184~8
팩스 (02)323-4197

ISBN 978-89-5832-956-5

Think Psychology, 2nd Edition

옮긴이의 글

"Think-생각하다"라는 책을 받아들고서 한참 들여다보기만 했다.

매일매일 생각하면서 살아가는 것이 우리의 일상인데, 새삼 또 무엇을 어떻게 생각하자는 걸까? 다시 "psychology-심리학"이란 부제를 보고서, 이건 심리학 책이라서 일반인들이 읽기나 할까? 아마 심리학 전공자나 대학생들, 그것도 이 분야에 관심 있는 사람들이나 읽을 텐데… 옮기기도 전에 꽤나 무거운 마음이 들었다. 잡지라면 보다 가벼운 마음으로 시간 보내기 좋은 내용으로 되어 있어야 제 맛 아닌가? 이런 생각도 들었다. 그러나 이 책은 심리학 이론서가 아니라, 우리가 매일 마주하고 있는 일상에서 개인이나 사회의 다양한 현상들을 심리학적으로 접근하여 중점적으로 다루었을 뿐만 아니라, 상당히 광범위하고 다방면으로 우리 삶의 총체를 다루고 있었다. 현재의 흐름에 따라 생각하고, 현재의 문제와 관련하여 생각하고, 심리적으로 생각하도록 안내해 주고, 전문성을 일반성으로 눈높이를 맞추어 설명하려고 시도하고 있다.

우리는 자신의 주관을 갖고 주체적으로 살아가는 개인들이라고 믿지만, 사실은 현대사회의 거대한 소비문화에 휩쓸려 남이 전해 주는 생각과 주장이 자신의 것인 양 생각하는 경우가 있다. 문화도 예술도 학문도 소비의 형태로 다가오는 시대에 살면서, 내가 겪고 있는 일들이 나라는 개인과 주변 사람들에게 어떻게 영향을 주는가 깊이 있게 생각하는 화두를 던져 주고 명쾌하고 친절하게 생각의 문을 열어 주고 방향을 제시해 준다. 누구나 쉽게 접근하여 진지하게 읽으며 즐길 수 있는 책을 소개하게 되어 흡족한 마음으로 우리말 본을 내놓는다.

옮기는 과정에서 같이 번역에 참여한 동료들과 귀중한 시간을 할애하여 주고 아낌없이 도와준 분들이 있어 이런 일이 가능했기에 이 자리에서 그분들에게 감사의 마음을 전한다.

감사합니다.

요약 차례

01
개관 2

02
연구방법 16

읽을거리 사진 한 장의 가치 32 · 사진으로 고통 완화 35

03
인간의 뇌 36

읽을거리 뇌에 대한 잘못된 상식 52

04
유전과 진화 54

05
감각과 지각 68

06
의식 86

07
학습 102

08
기억 118

09
인지와 지능 134

10
인간발달 I : 신체, 인지 및 언어의 발달 152

11
성과 성별 166

12
인간발달 II : 사회적 발달 180

13
감정과 동기 196

14
사회심리학 212

읽을거리 왜 평범한 사람들이 포로들을 고문하는가 230

15
건강과 스트레스 232

16
성격과 개인차 250

읽을거리 페이스북 프로필, 자아이상 아닌 실제 성격 반영 268

17
심리 장애 272

18
심리 치료 290

01

개관 2

심리학은 어떤 학문인가? 4
　왜 심리학을 공부하는가? 4
심리학과 과학적 연구방법 4
　대중심리학 4 · 경험주의의 중요성 4 · 비판적 사고의 중요성 6
심리학의 역사 6
　과학 이전의 심리학 6 · 과학적 심리학의 토대 7
분석수준 9
천성 대 육성 10
　천성-육성 논쟁의 역사 10
심리학의 유형 11
　심리학 기관 11 · 심리학 분야의 직업 12

02

연구방법 16

심리 연구방법 18
　과학적 방법은 왜 필요할까? 18 · 경험주의 18 · 영리한 한스 이야기 19
연구전략의 유형 20
　연구설계 : 실험법 20 · 연구설계 : 상관연구 21 · 연구설계 : 기술연구 21
　연구장소 23 · 자료수집방법 23
심리학에서의 통계방법 24
　기술통계 24 · 추리통계 25
심리학 연구에서 편향의 최소화 26
　오류 26 · 편향 26
심리학 연구에서 윤리적 문제 29
　인간대상의 연구 29 · 동물대상의 연구 29
　윤리적인 연구인지 어떻게 확신할 수 있는가? 29
　• 읽을거리 사진 한 장의 가치 32 · 사진으로 고통 완화 35

03

인간의 뇌 36

맥락에서의 뇌 38
　왜 뇌를 공부하는가? 38 · 뇌와 신경계 38
뉴런 : 해부학적 구조와 기능 38
　뉴런의 구조 38 · 뉴런 사이의 소통 39

중추신경계 : 척수 42
　척수가 하는 일 42 · 척수의 손상 42
중추 신경계 : 인간의 뇌 43
　뇌간과 피질하 구조물 43 · 변연계 44 · 대뇌 피질 46 · 분리뇌 47
　• 읽을거리 뇌에 대한 잘못된 상식 52

04

유전과 진화 54

자연선택 56
유전 기제 56
　염색체, 유전자, DNA 56 · 유성생식 58
유전형질 : 선천성 VS. 후천성 논란 59
　단일유전 특질 59 · 다원유전 특질 59 · 자웅선택 59
　선별사육 60 · 행동유전학 60 · 분자유전학 61
자연선택에 의한 진화 61
　진화심리학 61 · 획득형질 : 진화 초기 이론 62 · 다윈과 선별사육 62
　환경 변화 62 · 인간 진화 : 두발보행, 대뇌화, 언어 63
종 특유 행동 63
　인간 행동 63
짝짓기 패턴 64
　차별적 부모투자이론 64 · 일부다처제 : 한 남자와 다수의 여자 64
　일처다부제 : 한 여자와 다수의 남자 64 · 일부일처제 : 한 남자와 한 여자 65
　다처다부제 : 다수의 남성과 다수의 여성 65 · 인간 짝짓기 패턴 65
이론상의 오류 65

05

감각과 지각 68

감각 70
감각 역치 70
　심리물리학 70
감각 처리 과정 71
　시각 71 · 시각 정보 처리 72 · 색 73 · 듣기(청각) 74
　냄새(후각) 75 · 맛(미각) 76 · 몸(체성)과 피부 감각 77
지각 78
주의와 지각 79
　비주의적인 자극과 돌출 자극 79 · 전 주의 과정 79 · 멀티태스킹 79
지각 이론 80
　하향처리 80 · 게슈탈트 원리 81 · 대상 인지 82
지각적 통합 82
　지각적 순응 83 · 공감각 83

06

의식 86

의식과 정보과정 88
의식의 수준 88 · 비의식, 전의식 그리고 무의식 정보 89
의식의 생존 이점 89

수면 90
생체리듬 90 · 수면 단계 91 · 자극 각성과 학습 93 · 수면의 목적 93
잠의 필요량과 패턴 93 · 수면박탈 93 · 수면장애 94

꿈 95
꿈 내용 95 · 꿈의 목적 96

최면 97
감수성 97 · 회상 98 · 치료 98 · 통증완화 98

명상 99

07

학습 102

학습의 원리 104
행동주의 104 · 주요 용어들 104 · 학습의 생물학적 경향성 105

고전적 조건화 106
고전적 조건화 유형 106 · 고전적 조건화와 심리적 반응 108

조작적 조건화 108
조작적 행동 108 · 강화 원칙 108 · 처벌과 조형 110
조작적 조건화의 적용 111

관찰학습 111
관찰학습의 요소 111 · 반두라의 실험 112 · 관찰학습의 적용 112
학습에 기반한 행동 112

뇌 학습 113
조기교육 113 · 장기 증강(LTP) 113 · 학습에서의 통합 114 · 인지도 114
기술 학습 및 기초 신경절 115 · 조건화 115 · 다른 신경 기제 115

08

기억 118

기억의 기능 120

어떻게 기억이 조직되는가? 120
기억의 유형 120 · 정보 처리 : 인간 기억의 중추 120

감각 기억 121
감각 장치 121 · 감각 기억과 뇌 121 · 형상 기억과 음향 기억 121

작업 기억 122
작업 기억으로의 부호화 122 · 작업 기억의 저장고 123
작업 기억으로부터의 인출 123 · 망각 124

장기 기억 125
장기 기억의 조직화 125 · 장기 기억으로의 부호화 126

장기 기억에의 저장 127 · 장기 기억에서의 인출 128
인출 실패 : 망각 128

기억의 고장 129
정서, 스트레스, 기억 129 · 기억 상실 129

09

인지와 지능 134

인지심리학 136
정신과정 136

지능이론 136
지능의 측정 137 · 일반지능 137 · 천성인가 또는 육성인가? 138
여러 유형의 지능 138 · 신경학적 지능 측정 139

문제해결과 추론 140
개념 140 · 문제해결 141 · 추론 142 · 추론의 오류 142

의사결정, 판단, 집행통제 144
의사결정 144

주의 145
주의의 초점 145 · 주의를 기울이지 않은 자극 146 · 특징통합 147

언어와 언어인지 147
다중언어 147 · 언어산출 147 · 언어이해 148 · 언어와 사고 148

시각인지 149

10

인간발달 Ⅰ : 신체, 인지 및 언어의 발달 152

발달심리학은 어떤 분야인가? 154
연구방법 154

신체발달 154
태내발달 154 · 유아기와 아동기 155 · 청소년기 156
성인 초기 156 · 성인 중기 157 · 성인 후기 157

인지발달 158
유아기와 아동기 158 · 청소년기 161 · 성인기 161

언어발달 162
인간 언어의 보편적 요소 162 · 언어발달과정 162 · 언어습득 이론들 163

11

성과 성별 166

성과 성별 168

성별의 본질 168
일차성징 168 · 이차성징 168 · 호르몬 169

성별의 육성 170

성별 전형화 170 · 양성성 170 · 성별 인식 장애 170
유년기의 성별 171 · 성별 이론 171 · 사회에서의 성역할 172
고정관념과 성차별주의 172

성별 간 유사점과 차이점 173
육체적인 차이와 심리적인 취약성 173 · 공격성과 힘 174
사회적 유대감 174 · 성적 열망 174

성적 지향 175
유전학의 역할 175 · 뇌의 구조와 성적 지향 176

12

인간발달 Ⅱ : 사회적 발달 180

애착 182
애착의 기원 182 · 애착의 차이 183

전 생애에 걸친 관계 183
놀이의 역할 183 · 청소년기 185 · 성인출현기 187
성인기 188 · 노화 189

도덕성 발달 191
도덕적 행위 192

13

감정과 동기 196

감정에 대한 이론들 198
감정의 본질 198 · 보편적 가설 198 · 제임스-랑게 이론 198
캐논-바드 이론 198 · 샤흐터와 싱어의 2요인 이론 199
제이존크와 단순 노출효과 199 · 인지적인 평가이론 199
플루칙의 주요한 감정들 모형 199

감정과 신체 199
뇌구조 199 · 자율 신경계 200
특정한 감정을 비교하기 201 · 거짓말 탐지 201

비언어적 감정 표현 201
얼굴 표정과 눈 맞춤 201 · 성별의 차이 202 · 문화 202
안면피드백 가설과 얼굴 표정 202 · 기만적인 표현 202

경험된 감정 203
인지와 감정 203 · 유인가와 각성 203 · 두려움 203
분노 204 · 행복감 204

동기, 추동, 보상물에 대한 견해 204
동기 204 · 동기에 관한 이론 205 · 보상물 206
최적의 각성 206 · 매슬로우의 욕구단계설 207

배고픔 207
배고픔의 생리학 207

성적인 동기 207
일치성 207 · 거세 208

수면 동기 208
우리는 왜 잠을 자는가? 208 · 개인별 다양성 208

소속감 208

직장에서의 동기 209
직업 만족 209 · 형평성 이론과 기대이론 209

14

사회심리학 212

사회심리학의 기초 214
귀인 이론 214 · 사회적 실제 구축하기 215

사회적 인지 215
사회적 단서 인식 : 얼굴 인식 215 · 사회적 범주화 216 · 정신화 216

사회적 영향력 216
쾌락 동기, 승인 동기, 정확성 동기 217 · 전파 행동 217
동조 218 · 복종 219 · 순응 220 · 태도와 행동 221
설득 222 · 집단 영향력 222

사회관계 223
사회성의 정서적 기초 223 · 편견 223 · 공격성 225
갈등 226 · 이타주의와 친사회적 행동 227

· 읽을거리 왜 평범한 사람들이 포로들을 고문하는가 230

15

건강과 스트레스 232

정신과 신체의 연결 234

스트레스와 이것이 건강에 미치는 영향 234
스트레스와 스트레스 요인 234 · 스트레스 반응 체계 235
스트레스가 쌓이는 일상 236 · 스트레스와 심장 237
스트레스와 면역체계 238 · 스트레스와 신체형 장애 239
치료법 찾기 240

건강을 향상시키기 240
스트레스 다루기 240 · 스트레스를 감소시키는 요인 242
스트레스 관리 244

16

성격과 개인차 250

성격의 개요 252
성격연구의 전략 252

성격특성 252
특성이론 253 · 특성의 측정 254
성격의 유전적 영향 255 · 특성관점의 평가 255

정신역학적 관점 255
프로이트 255 · 후기 프로이트 정신역학 이론가들 257
무의식의 측정 258 · 정신역동 이론의 평가 258

인본주의적 접근 259

로저스와 자아개념 259 · 매슬로우와 자아실현 259
맥아담스와 성격분석적 전기 260 · 인본주의 접근의 평가 260

사회인지적 관점 261
로터와 개인적 통제 261 · 반두라, 상호결정론, 자기효능감 262
긍정적 생각의 힘 263 · 성격의 비교문화 간 차이 263
사회인지적 관점의 평가 264

· 읽을거리 페이스북 프로필, 자아이상 아닌 실제 성격 반영 268

성격장애들 285
기이한/괴상한 성격장애 285 · 극적인/변덕스러운 성격장애 285
불안한/두려움을 느끼는 성격장애 286

해리장애 286

신체형 장애 287

아동기 장애들 287
주의력결핍 과잉행동장애(ADHD) 287 · 자폐증 287 · 아스퍼거 장애 287

17

심리 장애 272

심리 장애 274
심리 장애의 진단 274 · 심리 장애 분류 275
문화적 차이 276 · 심리학적인 장애의 역사적 관점 277

심리 장애를 일으킬 수 있는 원인 277
뇌손상 277 · 원인의 복합성 277 · 성별 차이 278

불안 장애 278
범불안 장애(GAD) 278 · 공포증 279 · 공황 장애 279
강박 장애(OCD) 279 · 외상 후 스트레스 장애(PTSD) 280
불안 장애 설명하기 280

기분 장애 280
우울 장애 280 · 양극성 장애 281 · 기분 장애를 설명하고 이해하기 281

정신분열증 283
정신분열증 설명하기 283

18

심리 치료 290

임상심리학과 정신건강 시스템 292
정신 건강 제도의 역사 292 · 정신건강제도의 구조 292
예방의학과 정신건강 293

생물학적 치료 : 생물의학적 치료 293
항정신성 약물 294 · 항우울제 294 · 항불안제 295
기분안정제 295 · 전기충격요법 295 · 외과수술 296

정신역동과 인간성 심리치료 296
정신역동적 심리치료 296 · 인본주의 치료법 297

인지 및 행동적 심리치료 299
인지 치료 299 · 행동요법 301

정신치료 평가하기 302
정신치료의 효험 303 · 효과적인 정신치료의 요소들 304
정신치료 대 약물치료 304

용어해설 307

참고문헌 319

찾아보기 339

재미있는 심리학 이야기

THINK PSYCHOLOGY

개 관

<<< "당신이 잘돼서 정말 기쁘고, 당신이 마지막을 장식하게 해드리지요. 하지만 비욘세는 고금을 막론하고 최고의 뮤직비디오 중 하나를 내놓았습니다." 테일러 스위프트가 2009년도 MTV의 최우수 여성 뮤직 비디오 상을 수상할 때 케인 웨스트가 중간에 끼어들어 이렇게 선언하자 이 여성 팝가수의 팬들은 격분하였다. 우리는 왜 유명인의 삶에 그토록 영향을 받는가?

WHAT 심리학은 어떤 학문이며, 왜 우리의 마음을 잡아끄는가?

HOW 심리학 연구는 과학적 방법을 어떻게 사용하는가?

WHAT 심리학의 역사는 어떠한가?

WHAT 심리학자들이 답변을 얻고자 하는 중요한 질문에는 어떤 것들이 있는가?

WHAT 심리학의 하위분야에는 어떤 것들이 있는가?

세기의

팝스타 마이클 잭슨이 50세의 나이로 세상을 떠났을 때 서구세계는 충격에 사로잡혔다. 그의 사망소식이 퍼지면서 야후뉴스의 인터넷 조회 수는 연일 사상 최고치를 기록했고 라디오방송은 온종일 마이클 잭슨의 노래를 내보내기 시작했다. 며칠 사이에 미디어는 마이클 잭슨의 예전 친구들과 고용인들이 열심히 제공해준 그의 신산한 삶에 관한 시시콜콜한 얘기들로 도배가 되었다. 그러나 대중은 왜 그런 얘기들을 그토록 듣고 싶어 하는가? 우리는 무엇 때문에 한 번도 만나지 못한 사람의 삶에 온통 마음을 빼앗기는가? 우리는 왜 유명인들과 그들의 삶에 그토록 마음이 끌리는가?

유명인 숭배는 새로운 현상이 아니다. 성공한 로마 검투사는 신과 같은 숭배를 받았으며, 19세기 작곡가인 프레드릭 쇼팽과 프란츠 리스트는 무수한 여성 팬을 거느렸다. 사실 심리학자들은 인간의 DNA에는 아이돌을 찾아내고 추앙하게 만드는 무언가가 있을 것이라고 믿고 있다. 로스앤젤레스의 캘리포니아주립대학교 미디어심리학과 명예교수인 스튜어트 피쇼프(Stuart Fischoff)는 인간은 사회적 동물로서 알파남성과 알파여성을 추종하게 만드는 유전적 프로그램을 가지고 있다고 생각한다. 현대 사회에서 그러한 알파남성과 알파여성은 전 세계의 부유하고 유명한 인물들로서 우리가 그들의 삶을 부러워해 마지않는 브래드 피트들과 안젤리나 졸리들이다.

과학적 연구는 어느 정도의 유명인 숭배는 우리가 추구할 목표를 제공해주고 자기존중감을 높여줌으로써 우리에게 실제로 이로운 작용을 할 수도 있다는 것을 보여준다. 심리학자 시라 가브리엘(Shira Gabriel)과 동료들은 대학생 348명에게 자기존중감 설문지를 실시한 후 자기존중감 기준선에 따라 이들의 등급을 매겼다. 그런 다음 이 학생들에게 5분 동안 자기가 좋아하는 유명인에 대한 에세이를 쓰게 하였다. 끝으로 학생들에게 자기존중감 검사를 다시 실시하였다. 가브리엘은 처음에 자기존중감 검사에서 가장 낮은 점수를 받은 학생들이 유명인에 관한 에세이를 쓴 다음에 실시한 두 번째 검사에서 훨씬 더 높은 점수를 받는다는 것을 발견하였다. 가브리엘은 학생들이 자신이 선택한 유명인과 유대감을 형성함으로써 그들의 특성을 일부 자기 것으로 동화하고 그 결과 자기 자신에 대한 감정이 고양되었다고 풀이하였다(Gabriel 등, 2008).

약간의 유명인 숭배는 괜찮을지 몰라도 거기에 푹 빠지는 것은 해로울 가능성이 크다. 연구자들은 우상숭배가 개인의 삶을 장악하고 온통 마음을 빼앗는 상태를 가리켜 '유명인 숭배 증후군'이라는 용어를 만들어냈다. 건강하지 못한 집착에 사로잡힌 팬들은 불안, 우울, 사회적 역기능을 겪을 수 있다. 유명인 숭배도 우리 삶의 다른 모든 것과 마찬가지로 적당히 해야 최선을 누릴 수 있는 것 같다.

심리학은 어떤 학문인가?

심리학(psychology)은 행동(외형적 행위와 반응)과 정신과정(마음속에서 이뤄지는 내재적 활동)을 과학적으로 연구하는 학문이다. 철학자들은 사람들이 왜 특정한 방식으로 행동하는지에 대해 사색을 하지만, 심리학자들은 과학적 연구방법을 사용하여 인간과 동물의 행동을 정확하게 기술하고 설명하고 예측하고 통제하고자 한다. 과학적 방법은 최근에야 심리학에 적용되었으며, 130년 전까지만 해도 심리학은 철학의 한 부류로 취급되었다. 이 장에서는 심리학이 독자적 학문분야로 성장하는 과정을 살펴보기로 한다.

왜 심리학을 공부하는가?

여러분은 어떤 동기로 심리학을 공부하는가? 어쩌면 '천성 대 육성' 논쟁을 해결하고 환경 요인이 유전을 압도할 수 있는지 알아보고 싶은 것인지도 모른다. 친구나 가족과의 관계를 개선할 수 있는 방법을 찾고 싶기 때문일 수도 있고, 일상생활에서 스트레스와 불안을 줄일 수 있는 방법을 알고 싶기 때문일 수도 있다. 다른 학생들이 심리학을 왜 배우는지 그 이유를 조사해보면 모두가 자기 자신과 자신이 살고 있는 세상에 관한 근본적 호기심이라는 공통점을 가지고 있음을 발견하게 될 것이다. 다른 무엇보다도 심리학을 공부하는 것은 우리 자신(나의 단기기억은 왜 감퇴하는가? 어떻게 하면 IQ 점수를 높일 수 있는가?), 다른 사람들(사람들은 왜 정신장애를 겪는가? 사람들은 왜 저마다 성격이 다른가?), 그리고 세상(다른 나라 사람들은 이 세상을 우리와는 달리 지각하는가? 문화는 성격에 어떤 영향을 미치는가?)에 대한 지식을 제공해줌으로써 자신의 경험에 관한 불확실성을 줄여준다.

심리학과 과학적 연구방법

대중심리학

심리학을 과학으로 생각하지 않는 사람들도 있다. 이러한 오해는 상당히 보편적인 것으로서 심리학자들이 연구하는 내용의 대부분이 우리 각자가 일상생활에서 경험하는 것이라는 사실에서 비롯된다. 예를 들어 여러분은 매일같이 주먹다짐을 하는 오빠 둘이 있고 집안에서 늘 평화의 사도 역할을 하는 여동생이 있기 때문에 남자가 여자보다 더 공격적이라는 생각을 하게 되었는지도 모른다. 여러분의 개인적 경험이 실제의 과학적 자료로 오인된 것이다. 인구 전체로 보면 실제로 남자가 더 공격적일 수도 있지만 그렇지 않을 수도 있다.

이런 식의 오해는 물리과학에서는 찾아보기 힘들다. 가속전자의 움직임 또는 수소와 질소의 화학반응 결과에 대해 개인적 통찰을 했다고 주장하는 사람은 없다. 물리학자와 화학자들은 세심한 과학적 절차를 거쳐서 자신의 생각을 입증하거나 반증한 후에야 자신의 이론이 사실이라고 주장한다. 많은 사람들이 인식하지 못하고 있기는 하지만, 과학적 과정은 심리학에서도 똑같이 중요하다. 예를 들어 여

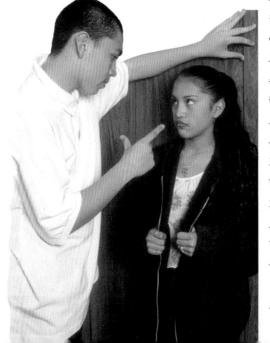

러분이 개인적으로 공격적인 남성과 공격적이 아닌 여성을 경험했다고 해서 누구나 반드시 여러분과 동일한 경험을 한다는 법은 없다. 여러분의 가족이 독특할 수도 있다. 부모의 영향, 사회환경 또는 또래압력 같은 비생물학적 요인들이 여러분 형제들의 행동에 영향을 미쳤을지도 모른다. 자신의 행동과 다른 사람들의 행동에 대해 직관을 갖는 데에는 한계가 있다. 우리가 하는 경험은 그 범위가 제한되어 있고, 기억의 신빙성에도 제한이 있을 수 있으며, 개인적 편파가 작용할 위험도 있다. 심리학자는 인간의 본질에 관해 일반적이고 객관적이며 충분한 자료의 뒷받침을 받는 주장을 하기 위해 임의적 관찰자가 아니라 과학자가 될 필요가 있다.

물론 임의의 관찰자도 종종 옳은 주장을 한다. 많은 경우에 '상식적 지식'인 것처럼 보이는 이론들이 엄격한 심리학 연구의 지지를 실제로 받곤 한다. (예를 들어 많은 연구들은 일반적으로 남자가 여자보다 선천적으로 더 공격적임을 보여준다.) 그러나 과학적인 심리학 연구는 또 우리 문화에서 보편적 가정들을 상당 부분 부정하며, 그리하여 인간의 정신을 비판적이고 객관적인 방법에 의해 연구할 필요성을 부각시킨다.

경험주의의 중요성

여러분은 누군가를 처음 만나자마자 즉각 그에 관해 어떤 가정을 했던 적이 있는가? 여러분은 낯선 이가 안경을 쓰고 있으니까 머리가 좋을 거라고 생각했을 수도 있고, 이웃사람이 가사가 폭력적인 음악을 트는 것을 폭력적인 세계관과 연관시켰을 수도 있다. 이런 판단을 할 때 우리는 맥락에 따른 가정과 고정관념에 의존하여 사람들에 관한 정보를 얻지만, 이런 정보는 적어도 약간은 부정확한 것으로 판명되는 경우가 많다. 심리학자들은 다른 과학자들과 마찬가지로 그들의 연구에서 개인적·문화적 편향의 효과를 제거하고자 한다. 심리학자들은 개인적 판단이나 고정관념이 아니라 실험을 통해 사람들에 관한 결론을 내린다.

오늘날 심리학자들은 대부분 **경험주의**(empiricism), 즉 지식이 경험에서 유

>>> 남성은 여성보다 선천적으로 더 공격적인가? 과학적 연구는 상식적 가정들을 입증하기도 하고 반증하기도 한다.

심리학은 행동과 정신과정을 과학적으로 연구하는 학문이다.

경험주의는 지식이 경험에서 유래한다는 관점이다.

과학적 방법은 자료수집과 분석을 통해 객관적 탐구를 수행하는 과정이다.

● ● ●

래한다는 관점을 중요하게 생각한다. 다시 말해 여러분이 직접 관찰하거나 수집한 정보는 관찰할 수 없거나 제삼자를 통해 들은 정보보다 더 신빙성이 있다. 따라서 심리학자들은 실험을 할 때 자료수집과 분석을 통해 객관적 탐구를 수행하는 과정인 **과학적 방법**(scientific method)을 사용한다.

1 문제를 확인한다. 과학적 탐구의 첫 번째 단계는 여러분이 설명하거나 연구하고자 하는 것이 무엇인지를 인식하는 것이다. 경험적으로 연구할 수 있는 문제를 선택하는 것이 중요하다. 예를 들어 "우리는 왜 이 세상에 존재하는가?" 또는 "도덕이란 무엇인가?"와 같은 철학적 질문을 하는 것은 의미가 없다. 이런 유형의 질문들은 그에 대한 답변이 인간의 행동에 관해 가치 있고 흥미로운 통찰을 제공해준다 할지라도 과학적 방법을 이용한 답변을 얻을 수는 없으므로 심리학의 영역에 속하지 않는다.

경험적으로 연구할 수 있는 문제를 일단 확정하고 나면 실험과정에서 한 가지 요인 또는 변인만이 변화하게 만들어야 한다. 결과에 영향을 미칠 수 있는 다른 모든 변인들은 통제해야 하는 것이다. 가령 여러분이 여러분의 형제들이 하루 평균 몇 번이나 공격적 행동을 하는지 연구하고 있고 따라서 일상생활을 하는 동안 그들의 행동을 관찰한다고 하자. 이것은 공정한 검사인가? 세 형제가 모두 동일한 잠재적 스트레스원에 맞닥뜨리고 이 스트레스원들이 그들을 공격적으로 행동하게 만들 것이라고 어떻게 확신할 수 있는가? 교통정체, 또래친구들과의 불화, 낯선 사람들과의 불쾌한 조우 등의 요인들은 그들의 행동에 어떤 영향을 미치는가? 연구를 시작하기 전에 자료를 어떻게 수집하고 측정할지를 고려함으로써 결과가 가능한 한 정확하고 신뢰할 만한 것이 되도록 하는 것이 중요하다.

2 배경이 되는 연구를 수행한다. 여러분의 문제가 이전에 연구된 적이 있는가? 남성과 여성의 공격성같이 인기 있는 주제를 연구한다면 그 연구주제에 관해 추가정보를 줄 수 있는 연구가 이미 많이 있을 것이다. 여러분의 주제에 관해 어떤 연구가 수행되었는지, 그 연

과학적 방법

- 문제 확인
- 배경연구 수행
- 가설 설정 ← 비판적 사고와 재시도
- 가설 검증
- 결과 분석
- 결과가 가설을 지지함 / 결과가 가설을 지지하지 않음
- 결과 보고

구가 어떻게 개선될 수 있는지, 어떤 영역이 더 연구될 필요가 있는지를 알기 위해 도서관과 인터넷 자료를 찾아볼 수 있다.

3 가설을 설정한다. 최초의 관찰과 배경연구에 기초하여 여러분의 관찰을 설명해줄 가설을 설정하거나 경험에서 우러난 추측을 해볼 수 있다. 가설은 입증되거나 부정될 수 있는 진술문의 형태로 씌어져야 한다. 예를 들어 여러분은 남자가 여자보다 공격적인 행위를 하는 경향이 있다거나, 스트레스 상황에 놓였을 때 남자가 여자보다 참을성이 적다는 것을 보여주는 몇 편의 논문을 읽어보았을 수 있다. 이런 연구와 자신의 형제자매에 대한 관찰이 합쳐져서 여러분은 "남성이 특정한 스트레스 상황에 놓이면 동일한 스트레스 상황에 놓인 여성에 비해 더 공격적인 반응을 할 것이다."라는 가설을 세울 수 있다.

4 가설을 검증한다. 심리학자들은 설문조사, 사례연구, 실험실이나 자연상황에서의 관찰 등 다양한 연구방법을 사용한다(제2장 참조). 그러나 가장 결정적인 가설검증 방법은

실험을 수행하는 것이다. 연구자는 실험을 할 때 단일 특성을 조작함으로써 이 특성이 특정한 결과에 어떤 영향을 미치는지를 연구할 수 있다. 실험에 따라 이 결과는 개인의 행동, 집단의 행동, 또는 심지어 인간 뇌의 행동일 수도 있다. 여러분은 이 특정한 연구를 수행함으로써 특정한 상황을 조작하고 이 상황에서 여러 개인의 행동을 알아볼 것이다. 예를 들어 연령, 교육수준, 문화적 배경이 비슷한 남성집단과 여성집단을 선정하고 이들을 각각 동일한 스트레스 상황에 놓이게 할 수 있다. 가령 불가능한 수수께끼를 풀게 하거나 신경을 긁어대는 큰 소음에 오랜 시간 동안 노출시키는 것이다. 그런 다음 각 성에서 공격적 행동을 측정할 방법을 찾아낸다. 예를 들어 연구 참여자들에게 그들이 느낀 좌절감을 샌드백에다 풀게 하고 각자가 그 샌드백을 몇 번이나 치는지 기록하는 것이다. 여러분은 스트레스 상황이 일어나는 환경을 통제하고 매번 동일한 스트레스 상황을 조성함으로써 실험에서 한 가지 변인만이 변화하게 만들 수 있다.

5 결과를 분석한다. 실험을 일단 완료하면 결과가 가설을 지지하는지 알아보기 위해 결과를 분석한다. 심리학자들은 통계분석을 사용하여 자료를 요약하고 결과가 우연에 기인할 가능성을 알아본다(제2장 참조). 첫 번째 실험의 결과가 우연에 의한 것이 아님을 입증하기 위해 실험을 여러 차례 반복하는 것이 도움이 되는 경우가 많다.

결과가 가설을 지지하지 않는다면 여러분의 관찰을 지지해줄 다른 가능한 설명이 있는지 알아보고 새로운 가설을 수립해야 한다. 어쩌면 여러분의 형제들이 보이는 공격성은 그들이 신체접촉이 많은 스포츠를 하기 때문일지도 모른다. 여동생은 불교를 공부하고 있어서 불교의 비폭력적 신념을 받아들였는지도 모른다. 과학자들은 자신의 이론이 검증되고 입증될 수 있다고 확신할 때까지 끊임없이 가설을 갱신한다.

6 **결과를 보고한다.** 실험결과가 가설을 지지하는지 여부에 관계없이 결과를 다른 사람들이 볼 수 있게 공유하는 것이 중요하다. 다른 연구자들은 여러분의 실수로부터 배우고 여러분의 가설을 갱신하여 실험을 반복 검증함으로써 여러분의 연구를 추가적으로 지지할 수 있다. 일단 연구논문이 신빙성 있는 것으로 인정받으면 연구자들은 그 연구의 결과에 기초하여 행동을 예측하거나, 그 결과를 이용하여 행동을 수정하거나 통제할 수 있다. 또한 출간된 연구는 2단계에서 기술했듯이 다른 사람들이 자신의 가설을 수립하고 가다듬기 위해 참조하는 배경정보가 된다. 여러분의 연구가 남성이 여성보다 스트레스 상황에서 더 공격적으로 행동한다는 것을 보여준다고 하자. 다른 연구자들은 이 특정 상황이 남성과 여성에게서 각각 독특한 반응을 이끌어내는지, 아니면 다른 유형의 스트레스는 이와는 다른 결과를 초래했을 것인지 의문을 제기할 수 있다.

과학적 방법이 모든 심리학 연구에 적용할 수 있는 분명하고 신속한 규칙인 것은 아니다. 예를 들어 어떤 연구들은 실험보다는 관찰을 통해 자료를 수집하며, 실험이 아닌 경험적 절차를 따른다. 이에 대해서는 제2장에서 상세히 논의하기로 한다.

비판적 사고의 중요성

과학적 주장들에 대해서는 열린 마음으로 그러나 회의적 시각에서 접근하는 것이 중요하다. **비판적 사고**(critical thinking)를 하는 사람들은 흔히 "증거가 어디 있습니까?"라는 질문을 한다. 비판적 사고는 가정을 검토하고, 증거를 평가하고, 숨겨진 의제를 찾고, 결론을 가늠해보는 정보처리 방식이다. 저자가 특정한 주장을 하고자 하는 동기를 가지고 있는지 여부를 스스로에게 질문해보라. 그는 신뢰할 만한 증거를 사용하여 자신의 이론을 입증하였는가? 그 결과에 대한 대안의 설명이 있을

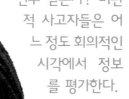

여러분은 책에 있는 내용을 그대로 전부 믿는가? 비판적 사고자들은 어느 정도 회의적인 시각에서 정보를 평가한다.

수 있는가? 여러분은 특정 논문의 저자가 보고한 것과 동일한 결과를 개인적으로 경험한 적이 있을 수도 있다(예를 들어 가족에서 중간 순위의 아동이 맏이보다 더 사교적이라는 주장을 펴는 연구는 여러분 자신의 가족과 딱 맞아떨어지는지도 모른다). 그러나 여러분의 개인적 경험이 그 결과의 타당성을 높이는 일이 없도록 하는 것이 중요하다. 연구가 신뢰할 만한지를 결정하기 위해서는 과학적 절차 사용 여부를 엄중하게 따져보아야 한다.

비판적 탐구를 하기 위해서는 또 일정 정도의 겸손도 필요하다. 과학자들은 자신의 이론을 부정할 수 있어야 하며, 그럴듯하지 않은 결과에 대해서도 개방적인 마음자세를 지녀야 한다. 코페르니쿠스의 동료과학자들이 지구가 우주의 중심이라는 것이 상식적 지식이고 그렇지 않을 수 있다는 생각조차도 터무니없다고 여겨서 지동설을 끈질기게 거부하였다고 생각해보라.

유사하지 않은 사람들이 서로 간에 매력을 느낀다거나(Rosenbaum, 1986) 잠꼬대에 꿈의 내용이 들어 있다는 주장(Mahowald와 Ettinger, 1990) 등과 같은 더 최근의 가정들은 비판적 탐구를 통해 신빙성을 잃게 되었다.

심리학의 역사

과학 이전의 심리학

기원전 5세기에 그리스 철학자들은 마음이 어떻게 작용하며 행동에 어떤 영향을 미치는지에 관해 사고하기 시작하였다. 소크라테스(BC 470~399)와 플라톤(BC 428~347)은 육체가 사망해도 정신은 소멸하지 않으며 사고와 개념은 몸과는 별도로 존재할 수 있다는 **이원론**(dualism)을 신봉하였다. 그들은 지식이 인간에게 내장되어 있고 인간은 논리적 추론을 통해 그 지식에 접근하게 된다는 이론을 수립하였다.

소크라테스와 플라톤은 거의 2,500년 전에 이러한 생각을 내놓았지만, 몸과 마음이 별개라는 소크라테스의 사상을 신봉한 프랑스 철학자 데카르트(1596~1650)가 몸과 마음이 어떻게 연결되는지 연구하기 시작한 것은 과학

>>> 윌리엄 제임스는 심리학에 많은 공헌을 하였다. 그러나 그 무엇보다도 그는 최초의 뛰어난 여성심리학자 중 한 명이었던 메리 칼킨스의 스승이었다.

혁명이 일어난 르네상스 후기였다. 데카르트는 동물의 뇌를 해부해보고 뇌의 기저에 있는 송과선에 영혼이 자리하고 있고 이곳에서 모든 생각이 형성된다는 결론을 내렸다. 그는 영혼이 빈 관을 따라 신체 곳곳을 돌아다니면서 근육운동을 통제한다고 믿었다. 영혼에 관한 데카르트의 신념을 아직도 지지하는 사람이라면 생물시험에서 낙제를 하겠지만, 데카르트가 말한 빈 관은 오늘날 우리가 신경이라 부르는 것에 해당하며 무엇보다도 반사를 통제하는 데 중요한 역할을 한다.

17세기의 철학자들이 전부 소크라테스와 플라톤의 이론에 동의한 것은 아니다. 영국 철학자 존 로크(1632~1704)는 인간의 정신이 출생 시에는 타고난 지식이 전혀 없는 '빈 석판(tabula rasa)'이라고 믿었다. 로크는 사람들이 관찰을 수단으로 하여 경험을 통해 지식을 습득한다고 주장하였으며, 이후의 감각 및 지각 연구의 토대를 닦았다. 지식이 세심한 외적·내적 관찰을 통해 습득된다는 로크의 이론은 경험주의의 씨앗을 뿌렸으며 과학적 방법의 발전에 크게 기여하였다.

과학적 심리학의 토대

대부분의 심리학자들은 현대 심리학이 1879년 독일의 한 실험실에서 탄생했다는 데 동의한다. 이 실험실의 창설자인 빌헬름 분트(Wilhelm Wundt, 1832~1920)는 마음이 과학적이고 객관적인 방법에 의해 연구될 수 있다고 주장하였으며, 인간정신의 구조를 연구하는 방법을 배울 학생들을 세계 곳곳에서 초빙하였다. 이는 객관성과 측정을 심리학 분야에 통합하고자 한 최초의 시도였으며 이로 인해 분트는 '심리학의 아버지'라는 호칭을 얻었다. 분트의 강의는 1880년대에 높은 인기를 구가했으며, 오래지 않아 신생과학인 심리학은 구조주의와 기능주의라는 두 학파로 발전하였다.

구조주의와 기능주의

분트의 제자 중 한 사람인 에드워드 티치너 (Edward Titchener, 1867~1927)는 화학자나 물리학자가 물질을 분자와 원자로 분석하듯이 인간의 경험을 개개의 정서와 감각으로 쪼갤 수 있다고 생각하였다. 티치너 학파는 **구조주의**(structuralism)로 불렸는데, 의식의 요소들을 찾아내고 이 요소들이 어떻게 결합되고 통합될 수 있는지를 밝히는 데 역점을 두었다. 티치너는 사람들이 내성 또는 마음속을 들여다보게 하는 방법을 사용하였다. 개를 쓰다듬거나 파란색에 대해 생각하거나 꽃의 냄새를 맡을 때 그 경험의 다양한 요소들을 보고하도록 사람들을 훈련하였다. 내성과 구조주의는 그리 오래가지 않았고 1900년대 초기에 자취를 감추었다. 내성과 구조주의는 심리과학에 장기적 영향을 미치지는 않았지만, 감

> 분트의 강의는 1880년대에 높은 인기를 구가했으며, 오래지 않아 신생과학인 심리학은 구조주의와 기능주의라는 두 학파로 발전하였다.

각 및 지각 연구는 현대 심리학에서 여전히 중요한 위상을 차지하고 있다(제5장 참조).

분트나 티치너와는 달리 미국심리학자 윌리엄 제임스(William James, 1842~1910)는 의식을 개별 요소들로 쪼개는 것은 불가능하다고 생각하였다. 그는 의식이란 끊임없이 변화하는 생각의 연속적 흐름으로서 분리될 수 없다고 보았다. 그 대신 제임스는 유기체가 학습 및 지각능력을 활용하여 환경에서 어떻게 기능하는지에 초점을 두었고, 그리하여 이 접근은 **기능주의**(functionalism)로 알려지게 되었다. 제임스는 다윈의 진화론에 영향을 받아서 사고는 적응에 도움이 되기 때문에 발달한다고 생각하였다. 그는 (신체특질뿐만 아니라) 유용한 행동특질이 한 세대에서 그 다음 세대로 전승될 수 있다고 믿었다.

기능주의는 심리학에서 더 이상 주요 관점이 아니지만 기능주의적 사상의 요소들은 아직도 교육심리학과 조직심리학에서 찾아볼 수 있다. 예를 들어 기능주의는 개인차를 강조함으로써 아동이 각자의 발달적 준비수준에 맞는 교육을 받아야 한다는 이론에 영향을 끼쳤다.

게슈탈트 심리학

독일심리학자들 또한 구조주의에 반기를 들었는데, 제임스와는 다른 이유에서였다. 막스 베르트하이머(Max Wertheimer, 1880~1943)는 감각하고 지각하는 행위는 더 작은 요소들로 쪼개질 수 없으며 그렇게 되면 본래의 뜻을 잃어버리게 된다고 생각하였다. 베르트하이머는 사람들이 집을 볼 때 집 한 채를 보는 것이지 문과 벽과 창문들의 조합을 보는 것은 아니라고 추론하였다. 베르트하이머와 동료들은 지각행위가 부분의 합 이상의 것이라고 주장하였다. 이들의 생각은 **게슈탈트 심리학**(Gestalt psychology)이라는 학파로 발전하였다. 게슈탈트(gestalt)는 대략 '전체' 또는 '형태'라는 뜻을 갖는 단어이다. 게슈탈트 심리학자들은 사람들이 자신에게 주어지는 감각정보로부터 패턴이나 전체를 찾아내는 경향이 있다고 생각하였다(게슈탈트 심리학에

> 게슈탈트 심리학은 사람들이 자신에게 주어지는 감각정보에서 패턴이나 전체를 찾아내는 경향이 있다는 신념에 초점을 둔 심리학적 접근법이다.

대해 더 상세한 정보를 얻고자 한다면 제5장 참조).

심리역동 이론

명성의 한 가지 표식이 자신이 애용하는 용어와 캐치프레이즈가 일상생활에서 쓰이는 어휘의 일부가 되게 하는 것이라면 지그문트 프로이트(Sigmund Freud, 1856~1939)는 사후에 심리학계에서 최고의 명성을 얻었다. 여러분은 어떤 사람이 지나치게 꼼꼼한 항문기적 성격이라고 묘사하거나, 오이디푸스 콤플렉스에 대해 논의하거나, 누군가가 유머를 방어기제로 사용한다고 비난해본 적이 있는가? 그런 적이 있다면 그것은 이 용어들과 그 배후의 심리학 이론들을 제공해준 프로이트 덕분이다.

프로이트는 신경계 장애를 전문으로 하는 오스트리아 의사로서 인간은 원시적 성적 추동, 금지된 욕망, 의식되지 않는 아동기의 외상적 기억이 동기로 작용하여 행동하는 존재라고 믿었다. 프로이트에 따르면 이러한 억압된 충동들은 꿈이나 말실수를 통해 표출되거나 심리장애의 증상으로 나타나는 등 끊임없이 의식적 마음에 영향을 미친다.

심리학을 **심리역동적 접근**(psychodynamic approach)에서 다룬 프로이트의 이론은 많은 논란을 불러일으켰다. 그가 살았던 빅토리아 시대 사람들의 상당수는 인간이 자신의 행동을 스스로 통제하지 못하는 경우가 많으며 성(sexuality)이 인간의 행동에 매우 중요한

역할을 한다는 프로이트의 주장에 크게 충격을 받았다. 그러나 프로이트의 이론은 매우 높은 평가를 받았으며, 스위스 심리학자 칼 융(Carl Jung)과 프로이트의 딸 안나 프로이트(Anna Freud) 등 잘 알려진 많은 연구자들에게 영감을 주어 연구의 맥을 이어가게 하였다. 프로이트의 아이디어들은 현대 심리치료의 기초를 닦았다. 제16장에서 심리치료의 발달과정에 대한 논의를 볼 수 있다.

행동주의

정신분석 이론의 한 가지 단점은 과학적으로 입증하기가 어렵다는 것이다. 예를 들어 한 성인여성이 어릴 때 아버지가 자기 곁에 있어주지 않은 것 때문에 아버지에게 분개하고 있고 이로 인해 관계의 문제를 가지고 있다는 것을 입증하기는 불가능하다. 구조주의와 기능주의 이론들도 측정할 수 없거나 입증할 수 없는 내적 과정인 의식을 연구해야 한다는 점에서 이와 비슷한 문제에 부닥쳤다. 그러나 존 왓슨(John B. Watson, 1878~1958)은 과학적 탐구가 심리학의 주요 초점이 되기를 바랐다. 1900년대에 왓슨은 직접 측정하고 기록할 수 있는 관찰 가능한 행동에 초점을 두는 **행동주의 접근**(behavioral approach)을 발전시켰다.

왓슨의 아이디어들은 러시아 생리학자 이반 파블로프(Ivan Pavlov)의 연구에 기반을 두었다. 파블로프는 침 분비와 같은 (불수의적) 반사행동이 종소리와 같이 예전에는 그 행동과 관련이 없던 자극이 주어질 때 그에 대한 반응으로 일어나도록 훈련(조건형성)될 수 있다는 것을 보여주었다. 프로이트는 행동이 무의식적 동기에서 초래된다고 믿었던 반면에, 왓슨은 파블로프의 연구를 사용하여 행동이 학습될 수 있다고 주장하였다. 왓슨과 그의 동료 로잘리 레이너(Rosalie Rayner)의 유명한 연구

는 생후 11개월 된 아이가 흰쥐를 무서워하도록 가르침으로써 공포가 조건형성될 수 있다는 것을 입증하였다. 쥐의 출현과 크고 무서운 소리를 반복해서 짝지은 결과 이 아이는 마침내 쥐와 소리를 연합하였고 쥐를 볼 때마다 울음을 터뜨렸다(Watson과 Rayner, 1920). 이 연구의 비윤리적 측면으로 볼 때 왓슨의 실험이 반복 검증될 가능성은 거의 없다. 아이에게 손상을 덜 입히는 형태의 조건형성을 사용하여 왓슨과 비슷한 결과를 얻은 연구는 있다. 제2장에서 연구를 설계하고 수행할 때 고려해야 할 윤리적 요인들을 자세히 논의한다.

행동주의는 20세기 중반 스키너(B. F. Skinner)의 연구를 통해 가속도가 붙었다. 스키너는 조건형성을 통한 학습이라는 왓슨의 생각을 지지하였다. 그는 학습자가 특정 행동을 할 때 보상을 주거나 처벌을 가하는 강화를 통해 행동이 변화될 수 있다고 믿었다. 왓슨과 스키너가 현대 심리학에 미친 영향은 제7장에 논의되어 있다.

인본주의 심리학

20세기 전반부에는 정신분석과 행동주의가 심리학 접근법의 양대 산맥이었다. 그러나 둘 중 어느 것도 인간 개개인이 자신의 운명을 통제한다는 주장은 하지 않았다. 행동주의자들은 인간의 행동이 다양한 자극에 대한 학습된 반응이라고 주장한 반면에 정신분석학자들은 인간이 자신의 무의식적 욕망에 영향을 받는다고 주장하였다.

1950년대에 새로운 심리학적 관점이 출현하였다. 이 관점은 자기존중감, 자기표현 및 잠재력 실현의 중요성을 강조하였다. 이 관점은 **인본주의 접근**(humanistic approach)으로 불리게 되는데 이 관점의 지지자들은 인간이 자유의지를 가지고 있고 자신의 운명을 통제할 수 있다고 믿었다.

인본주의 접근은 동기와 정서를 연구한 에이브러햄 매슬로우(Abraham Maslow, 1908~1970)와 성격 연구 및 심리치료 실천에 크게 기여한 칼 로저스(Carl Rogers, 1902~1987)라는 두 이론가에 의해 창시되었다. 매슬로우는 인간이 자신의 잠재력을 최대한 발휘하고자 하는 자

> 프로이트는 인간은 원시적 성적 추동, 금지된 욕망, 의식되지 않는 아동기의 외상적 기억이 동기로 작용하여 행동하는 존재라고 믿었다. 프로이트에 따르면 이러한 억압된 충동들은 꿈이나 말실수를 통해 표출되거나 심리장애의 증상으로 나타나는 등 끊임없이 의식적 마음에 영향을 미친다.

기실현 욕구를 가지고 있다고 믿었다.

인본주의 접근은 많은 분야에 광범위한 영향력을 미쳤지만, 비평가들은 이 접근이 모호하고 순진한 낙관주의라는 인상을 줄 수 있다고 주장한다. 제16장에서 인본주의 이론의 여러 측면들을 심층적으로 논의한다.

인지심리학

1960년대 무렵 언어학, 신경생물학, 컴퓨터 과학의 발달은 인간정신의 작용에 대한 새로운 통찰을 제시해주었다. 특히 컴퓨터의 발달은 사고과정의 연구에 대한 관심을 불러일으켰다. **인지심리학**(cognitive psychology) 분야의 선구자들은 인간 뇌의 작용에 초점을 두었으며 인간이 외부환경으로부터 수집한 정보를 어떤 방식으로 처리하는지 알아내고자 하였다.

인지심리학자들은 기억, 지각, 학습, 지능, 언어, 문제해결을 집중적으로 연구함으로써 심리학의 정의를 확장하였는데, 특정 정신과정에 대한 연구를 행동이라는 더 일반적인 개념에 대한 연구로 통합하였다. 뇌 영상 기법의 발달은 인간이 기억을 어떻게 저장하며 뇌의 특정 영역의 손상이 어떻게 특정 정신장애의 발병률을 높이는지와 같이 종전에는 과학자들을 혼란에 빠뜨렸던 신경과정을 인지심리학자들이 연구할 수 있게 해주었다. 인지적 관점은 비교적 짧은 기간 내에 현대 심리학에서 가장 급속히 성장하는 관점의 하나가 되었다.

진화심리학

사람들은 왜 뱀과 거미는 무서워하고 자동차나 기차는 무서워하지 않는가? 우리의 선조는 진화과정을 통해 해를 끼칠 가능성이 높은 사물들에 대해 정상적인 공포를 갖게 된 것으로 보인다(Seligman, 1971). 방울뱀을 맨손으로 움켜잡은 용맹한 전사들은 진화의 계단을 그다지 많이 오르지 못했을 것이다. 그러나 파충류에 대해 좀 더 신중한 태도를 취한 사람들은 살아남아서 후손에게 자신의 유전자를 전승함으로써 궁극적으로 인간 전체가 뱀에 대해 선천적 공포를 보이게 되었을 것이다. 자동차와 기차는 충돌사고에 대한 공포를 후손에게 전승할 수 있을 정도로 인류역사에서 그

통계적으로는 뱀에 물려 죽기보다는 비행기 추락사고로 인해 사망할 확률이 더 높다. 그러나 인간의 진화적 본능은 아직 선천적 공포를 따라잡지 못하고 있다.

리 오래되지 않은 것들이기에 인간은 아직 자동차와 기차를 두려워하는 유전적 소인은 가지고 있지 않다.

다윈(Darwin)의 자연선택 이론에 따르면 심리학에 대한 **진화적 접근**(evolutionary approach)은 어떤 패턴의 인간 행동이 생존에 유리하게 작용할 수 있는지를 탐구한다. 진화심리학자들은 인간이 어떤 유전프로그램으로 인해 특정 방식으로 행동하는지를 설명하기 위해 양육, 성적 매력, 서로 다른 종과 문화 간의 폭력과 같은 쟁점들을 연구한다. 예를 들어 최근의 한 연구는 '대립형질 334'라는 유전자를 가진 남성들은 그런 유전자가 없는 남성들에 비해 일부일처제를 고수하기가 더 어렵다는 것을 발견하였다(Walum 등, 2008). 오랫동안 연구자들은 남성이 바람둥이라는 고정관념이 남녀 간의 차이로 인해 생겨났다고 추측하고 있다. 진화심리학자들은 여성의 경우 아이를 키우는 데 시간이 더 많이 걸리기 때문에 일관되고 안정적인 관계를 필요로 하지만 남성은 가능하면 자식이 더 많을수록 진

화상 더 유리하다고 주장할 것이다.

심리학 분야는 과학자들이 사고와 행동을 연구하는 중요하고 새로운 방법들을 찾아냄에 따라 성장을 거듭해왔다. 오늘날의 심리학자들은 인간정신의 작용을 연구하기 위해 여기서 언급된 모든(그리고 그 밖의) 접근법들을 사용한다. 어떤 심리학적 관점들은 상호 모순되는 것처럼 보이며, 어떤 접근법이 '올바른' 접근법인지에 대해서도 심리학자들 간에 의견이 일치하지 않고 있다. 오히려 여러 다양한 접근법들은 심리학 분야의 근본적 물음들에 각각 새로운 해결의 실마리를 던져준다. 우리는 왜 이런 방식으로 행동하는가? 인간의 마음속에서는 무슨 일이 일어나고 있는가? 각 관점은 이러한 질문들에 그 나름의 답변을 제시하며, 다시 그 나름의 새로운 질문들을 제기한다.

분석수준

심리학에서 어떤 것이든지 어느 한 가지 질문 또는 논점을 선택해보라. 여러분은 이 질문 또는 논점을 각기 다른 여러 각도에서 바라볼 수 있을 것이다. 철학자들은 오래전부터 우리가 하나의 논점을 여러 **분석수준**(levels of analysis)에서 살펴볼 수 있다는 사실을 관찰하였다. 예를 들어 이 장의 서두에서 논의했던 유명인 숭배의 효과를 여러분이 연구하고 있다고 하자. 여러분은 이 현상을 뇌 수준에서 연구할 수도 있고(특정 신경학적 구조가 팬 집단의 열성 정도에 영향을 미치는가?), 개인 수준에서 연구할 수도 있으며(대중매체에 심취하는 것이 사람들의 신념이나 가치관에 어떤 변화를 가져오는가?), 세계 수준에서 연구할 수도 있다(유명인 숭배는 사람들이 주변의 다른 사람들과 상호작용하는 방식에 영향을 미치는가?). 심리학자 스테판 코슬린(Stephen Kosslyn)은 이 세 가지 범주가 주요 분석수준이라고 보았다. 물론 특정한 심리학적 논점은 그 밖에도 더 많은 각도에서 접근할 수 있다.

때로는 심리학적 논점들이 특정 분석수준에 이상적으로 들어맞는 경우들이 있다. 예를

들어 여러분이 성격을 연구하고 있다면 연구의 초점을 개인 수준에 두는 것이 바람직하다. 사람들은 스트레스가 주어지는 상황들에 어떤 반응을 보이는가? 사람들은 어떤 때 성취감을 느끼는가? 개인의 성격은 얼마나 안정적인가? 그러나 포괄적 연구를 하고자 한다면 여러 다른 분석수준들을 통합해야 한다. 여러분은 MRI 스캔 결과가 특정 행동특질을 암시하는 패턴들을 보이는지 알아볼 수도 있고(뇌 수준), 문화가 성격유형에 영향을 미치는지 여부를 알아볼 수도 있다(세계 수준). 많은 심리학자들은 우리가 어떤 사건들을 이해하고자 할 때 그 사건들을 여러 분석수준에서 고려해볼 수는 있지만 결국은 하나의 분석수준에서 이해할 수 있을 뿐이라고 생각한다.

천성 대 육성

제프리는 자전거타기를 즐기고 애완견 프리스키와 놀기를 좋아하는 행복하고 쾌활한 젊은이였다. 1960년대에 어린 시절을 보냈고, 사랑이 넘치는 부모와 남동생 등 안정된 가족이 있었다. 제프리의 성장과정에는 그가 건강하고 적응적인 성인이 되지 않을 것임을 암시해주는 그 어떤 징후도 없었다.

1991년 7월 22일 제프리 다머는 밀워키 소재 아파트 자택에서 체포되었다. 그의 집 안에서 경찰이 발견한 것은 차마 말로 표현하기 어려운 것들이었다. 잘려진 사지를 찍은 소름끼치는 사진들이 있었고, 냉장고 안에는 절단된 머리가 하나 있었으며 냉동고 안에 머리가 세 개 더 있었다. 잔혹한 행위의 목록은 끝도 없었다. 추가조사 결과 다머는 13년 동안 발각되지 않은 살인행각에서 17명의 성인남성과 소년을 죽였다는 것이 밝혀졌다. 160쪽에 걸친 자백을 한 후 다머는 15번의 종신형이 선고되었다. 그는 1994년에 감옥에서 다른 죄수에 의해 살해되었다.

제프리 다머 스토리는 심리학자들이 맞닥뜨렸던 쟁점들 가운데 가장 강력하고 지속적인 쟁점을 보여준다. 인간의 특질은 경험을 통해 발달하는가, 아니면 유전적 청사진이 우리가 어떤 사람이 될 것인지를 결정하는가? 인간은 기본적으로 **천성**(nature) 또는 본성 — 성격, 신체성장, 지적 성장, 사회적 상호작용에 영향을 미치는 타고난 속성들 — 에 의해 규정되는가, 아니면 **육성**(nurture) 또는 양육 — 양육방식, 물리적 상황, 경제적 쟁점 등의 환경요인 — 에 의해 규정되는가? 많은 연쇄 살인범들이 아동기에 학대받거나 유기당한 것과는 달리 다머는 그런 일을 겪지 않았지만 그가 사디즘에 빠지게 만들었을 것으로 볼 수 있는 몇 가지 사건들이 있었다. 6살 때 탈장수술을 받은 후 그는 우울해지고 기가 꺾였으며, 가족이 새로운 지역으로 이사를 갔을 때 점점 외톨이가 되었다. 그러나 많은 사람들은 아동기에 그보다 훨씬 더 심한 외상경험을 한다 해도 살인을 하게 되지는 않는다. 다머의 타고난 생물학적 소인에 그로 하여금 잔혹한 살인행위를 하지 않을 수 없게 만든 뭔가가 있었던 것일까?

천성-육성 논쟁의 역사

적어도 고대 그리스 시대 이후로 천성과 육성의 역할에 대해 열띤 논쟁이 진행되었다. 지식은 인간에게 내장되어 있고 성격과 지능은 주로 유전에 의해 결정된다는 신념을 지닌 플라톤은 '천성' 캠프에 굳건히 자리를 지켰다. 플라톤의 제자인 아리스토텔레스는 스승에 반대하여 '육성'의 깃발을 휘날리면서, 사람들은 물리적 세계를 관찰하고 감각기관을 통해 정신에 정보를 전달함으로써 지식을 습득한다고 주장하였다. 1600년대 들어 로크와 데카르트가 이 논쟁에 다시 불을 붙였는데, 로크는 마음이 경험에 의해 채워지기를 기다리는 빈 석판이라고 주장하였고 데카르트는 일부 개념들은 천성적으로 타고난 것이라는 반론을 폈다.

다윈이 1831년에 전 세계를 항해하면서 수집한 증거들은 데카르트의 관점을 지지하였다. 1859년에 저술한 『종의 기원』에서

분석수준

분석수준	연구하는 인과적 과정	범주
신경적	뇌	생물학적
유전적	유전자	
진화적	자연선택	
학습	개인의 과거 경험	경험적
인지	개인의 지식 또는 신념	
사회	다른 사람들의 영향력	
문화	개인이 속한 문화의 영향력	
발달	연령에 따른 변화	

<<< 심리학적 논점들은 여러 분석수준에서 연구할 수 있다.

그가 소개한 **자연선택**(natural selection) 이론은 종 내부의 변이를 진화의 결과로 설명하였다. 자연은 유기체가 환경에 가장 잘 적응할 수 있게 해주는 특징들을 선택하며, 이런 특징들이 미래세대로 계승된다는 것이다. (제4장에 논의되어 있는) 다윈의 아이디어들은 생물학의 주요 원리들로 받아들여지고 있으며, 특질들이 유전적으로 계승된다는 생각은 현대 심리학에 강력한 영향을 미쳤다.

수년에 걸친 과학적 논쟁과 연구 끝에 대부분의 심리학자들은 인간이 유전요인과 환경요인들의 독특한 조합에 의해 형성된다는 데 동의하고 있다. 어떤 심리학적 쟁점이 오로지 천성 또는 육성에만 의존한다는 것은 생각할 수도 없는 일이다. 그러나 각 요인이 얼마나 영향력이 있는지에 대해서는 여전히 논쟁이 계속되고 있다. 예를 들어 지능은 아직도 뜨거운 쟁점이 되고 있는 주제이다. 지능은 어느 정도 유전되며 어느 정도 학습되는가? 일부 연구자들은 지능이 주로 유전적 요인에 의해 결정된다고 가정하지만(Bouchard와 Segal, 1985; Herrnstein과 Murray, 1994; Jensen, 1969), 다른 연구자들은 문화, 경제, 아동기의 영양상태, 교육 같은 환경요인이 더 강력한 영향력을 갖는다고 생각한다(Gardner 등, 1996; Rose 등, 1984; Wahlsten, 1997). 천성-육성 논쟁의 여러 측면은 여러 분석수준을 고려함으로써 다뤄볼 수 있다. 예를 들어 지능수준을 연구하는 심리학자라면 지능수준이 각기 다른 사람들의 뇌를 검색한 MRI 결과를 비교해봄으로써 뇌 수준에서 생물학적 요인들을 알아볼 수 있다. 그는 또 사람들의 교육내력과 아동기 환경을 조사함으로써 개인 수준에서 환경요인들을 알아볼 수도 있다.

천성-육성 논쟁은 현대 심리학자들에게 흥미로운 문제들을 제기한다. 정신질환이 있는 사람들은 특정 장애를 앓게 될 경향을 타고나는 것인가, 아니면 스트레스를 주는 생활사건이나 그 밖의 환경요인들이 정신장애를 촉발하는 것인가? 아동은 어떻게 언어를 학습하는가? 반복과 교육을 통해 학습하는가, 아니면 유전프로그램에 있는 기제가 문법발달을 자극함으로써 학습하는가? 특히 다음 질문에 대한 답변은 사회적 중요성을 갖는다. 사람은 변화할 수 있는가? 제프리 다머와 같은 사람들

전국 철자 맞추기 대회 출전자들이 철자법에 뛰어난 것은 유전자 때문인가, 환경 때문인가, 아니면 둘 다 작용한 것인가?

은 재활할 희망이 있는가, 아니면 연쇄살인범은 언제나 연쇄살인범일 수밖에 없는가? 대립형질 334 유전자 변이가 있는 남성들은 아내 몰래 바람을 피울 수밖에 없는 운명인가, 아니면 타고난 충동을 극복할 수 있는가? 홀로코스트를 겪고 살아남은 생존자들은 누구나 엘리 비젤이라는 작가처럼 정신적 강인함과 생산성을 보이게 되는가, 아니면 비젤은 생물학적 소인으로 인해 무력감에 빠지지 않고 불굴의 용기를 갖게 되었는가? 천성-육성 논쟁은 계속되고 있다.

심리학의 유형

이 장에서 이미 언급한 광범위한 쟁점들에 근거하여 여러분은 아마도 심리학이라는 분야가 대단히 다양하다는 것을 알아챘을 것이다. 심리학자라는 용어는 자신이 겪고 있는 우울에 대해 얘기하는 내담자의 말을 들어주는 심리치료자에서부터 폭력적 비디오게임이 아동의 행동에 어떤 영향을 미치는지 알아보는 연구

자, 그리고 쥐의 뇌 구조를 연구하는 과학자에 이르기까지 모든 사람을 가리킨다. 이런 직업들은 서로 관련이 없어 보일지도 모르지만, 모든 심리학자들을 묶어주는 접착제가 있으니 그것은 바로 인간의 행동과 그에 영향을 미치는 정신과정들에 대한 관심이다.

심리학 기관

다른 직종들과 마찬가지로 심리학에도 특정 관심들을 촉진하고 기준을 유지해주는 전문가 단체가 여럿 있다. 14만 8천여 명의 회원을 보유한 미국심리학회(American Psychological Association, APA)는 전문직 심리학자들로 구성된 세계 최대 규모의 기관이다. 1892년에 창립되었으며, 미국 국내뿐 아니라 전 세계적으로 심리학에 대한 관심을 고취하는 데 목표를 두고 있다. 미국심리학회는 공식학회지인 *American Psychologist*를 비롯하여 많은 저술, 연구논문 및 학술지를 발행하고 있다. 여러분은 아마도 APA 양식에 따라 보고서를 작성해보았을 것이다(또는 가까운 장래에 작성하게 될 것이다). APA 양식은 사회과

학 분야에서 보편적으로 채택하는 서식설정 양식이다.

APA는 기본적으로 임상심리학에 적합하게 맞춰져 있기 때문에 연구에 초점을 두는 심리학자들로 구성된 여러 집단은 자체 기관들을 설립하였다. 심리과학협회(Association for Psychological Science, APS)는 과학적 심리학을 전문으로 한다. 1988년에 창립되었고, 2만 명의 회원을 보유하고 있으며, 대표적 학술지인 *Psychological Science*를 비롯하여 과학과 연구에 기반을 둔 저술들과 학술지들을 발간하고 있다.

APA 산하에는 현재 56개 분과학회가 있는데 각각 특정한 심리학 분야를 전문으로 다룬다. 분과의 예로 발달심리학(교육과 아동보호에 관한 과학적 연구)과 건강심리학(기초 및 임상 연구를 통한 건강과 질병의 이해)이 있다. 각 분과의 회원들은 전문분야와 관련한 학술대회 개최 및 관심사 등에 대한 정보를 제공해주는 뉴스레터를 정기적으로 받아본다.

심리학 분야의 직업

학교, 병원, 사회복지기관, 정신건강센터, 사설단체 등에서 심리서비스를 점점 더 많이 필요로 하게 됨에 따라 심리학과 졸업생의 취업 전망은 매우 유망하다. 노동통계국에 따르면

> "학교, 병원, 사회복지기관, 정신건강센터, 사설단체 등에서 심리서비스를 점점 더 많이 필요로 하게 됨에 따라 심리학과 졸업생의 취업 전망은 매우 유망하다."

2006년에 16만 6천 명의 심리학자가 취업하였고 이 취업률은 2016년까지 15% 증가할 것으로 예상된다. 이는 모든 직종의 평균보다 더 높은 증가율이다. 상담 또는 건강과 같은 응용전공의 박사학위 소지자들과 학교심리학 박사학위 소지자들의 경우에 직업전망이 가장 밝다. 2006년 5월 기준으로 임상, 상담, 학교심리학자들의 급여 중앙값은 59,440달러로 매우 높은 수준이었고, 자기 시간을 자신에 맞게 마음대로 사용하고 싶다는 생각을 하고 있는 사람이라면 더욱 좋은 뉴스가 있다. 심리학자들은 34%가량이, 나머지 노동인구는 8%가 자영업을 하고 있다.

APA에 56개 분과학회가 있기는 하지만 심리학 분야의 직업은 크게 임상심리학, 학술심리학, 응용심리학의 세 가지 주요 범주로 나뉠 수 있다.

임상심리학

임상심리학자들은 특정한 정신문제나 행동문제가 있는 사람들을 진단하고 치료하는데, **임상심리학**(clinical psychology) 분야는 정신건강 전문가에서 가족치료사까지 매우 다양한 직종을 망라한다. 임상심리학자들은 환자를 면담하고, 진단검사를 실시하며, 심리치료를 하고, 행동수정 프로그램을 설계하고 시행한다. 임상심리학자들은 정신과 의사와는 달리 의사가 아니며 약물을 처방할 수 없다. 주(州)에 따라 상황이 다른데, 2002년 뉴멕시코 주에서는 특별한 훈련을 받고 면허를 소지한 심리학자들에게 약물을 처방할 권한을 부여하였으며, 루이지애나 주에서는 심리학자들이 정신과 의사와 협의한 후에 처방전을 작성할 수 있도록 허용하고 있다.

임상심리학 내의 전공분야에는 신경심리학(뇌와 행동의 관계를 연구), 상담(직업관련 스트레스와 같은 일상생활의 문제들을 어떻게 다룰지에 대해 사람들에게 조언), 사회복지(사람들이 특히 빈곤이나 억압과 관련된 삶의 문제들을 해결하도록 원조), 정신과 간호(정신건강 욕구를 사정 또는 정신장애가 있는 사람들을 진단하고 치료), 학교심리학(학생의 학습문제와 행동문제를 지원) 등이 있다. 심리학과 졸업생들은 임상심리학 분야에 점점 더 많이 취업하고 있는 추세이다.

학술심리학

모든 심리학자가 정신장애나 행동문제가 있는 사람들을 직접 대면하는 일을 하는 것은 아니다. 심리학과 교수들과 얘기해보면 이들이 강의실 밖에서 각자 흥미를 갖고 연구를 수행하는 전공분야가 따로 있다는 것을 알게 될 것이다. **학술심리학자**(academic psychologist)들은 대개의 경우 자신의 시간을 학생지도와 교육, 행정업무 처리, 심리학연구 수행에 나눠 쓰고 있다. 학술심리학자들이 이 일들에 각각 어느 정도 비율로 시간을 배정하는지는 자신이 소속한 학교나 연구소의 성격에 달려 있다. 일부 학술심리학자들은 대부분의 시간을 교

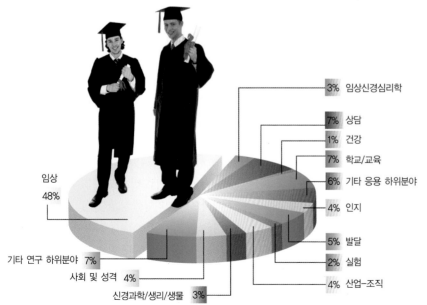

심리학 박사학위 소지자들의 취업성과

임상 48%

기타 연구 하위분야 7%
사회 및 성격 4%
신경과학/생리/생물 3%

3% 임상신경심리학
7% 상담
1% 건강
7% 학교/교육
6% 기타 응용 하위분야
4% 인지
5% 발달
2% 실험
4% 산업-조직

출처 : 2005년도 심리학 전공 졸업생 연구.

<<< 이 파이 도표는 최근에 박사학위를 받은 심리학자들의 전공영역을 보여준다.

육에 사용하는 반면에, 특히 큰 대학에 재직하는 심리학자들일수록 연구에 더 많은 시간을 들인다. 대학의 교수직은 일반적으로 경쟁이 매우 치열하다. 1995년 미국의 전국연구위원회(National Research Council)에서 3,200명의 박사학위 소지자들을 대상으로 실시한 설문조사에 의하면 그 가운데 62%가 교수로 취업할 계획을 가지고 있었으나 17.5%만이 정규직 교수로 채용되었다.

학술심리학의 영역으로는 발달심리학(인간의 사회 · 정신적 발달에 관한 연구), 인지심리학(내적 정신과정에 대한 연구), 이상심리학(정신장애 및 여타 비정상적 사고와 행동에 관한 연구), 성격심리학(개인 각자의 사고, 정서, 행동의 패턴에 관한 연구), 사회심리학(집단행동 및 사회적 요인이 개인에게 미치는 영향에 관한 연구) 등이 있다. 이런 분야들을 전공하는 학술심리학자들은 자신의 연구 분야에서 정평이 있는 공인된 학술지에 논문을 게재하는 것을 목표로 하고 있는 경우가 많다.

응용심리학

응용심리학(applied psychology)이라는 용어는 실세계의 문제들을 해결하기 위해 심리학 이론 및 실천을 활용하는 것을 가리킨다. 예를 들어, 건강심리학자는 높은 스트레스 수준과 관상동맥 심장질환 간에 관계가 있는지 여부를 조사하는 데 그치지 않고 관상동맥 심장질환이 있는 환자들의 스트레스 수준을 낮추기 위해 노력한다. 응용심리학 분야는 특정 심리학 영역에 국한되는 것이 아니라 심리학을 실제 현장에 활용한다는 공동의 목표를 공유하는 많은 영역을 포괄한다.

여러분이 자신이 운영하는 회사의 한 자리에 최상의 적임자를 찾고 있는 고용주라고 가정해보자. 여러분은 면접을 통해 지원자의 진짜 성격을 알 수 있다고 어떻게 장담하는가? 일단 직원을 고용했다면 그 직원이 생산적이고 쾌적한 작업 환경에서 승승장구할 것임을 어떻게 확신할 수 있는가? 산업 및 조직심리학은 심리학자들이 직원들이 직장에서 하는 행동을 연구하고 그 결과에 의거하여 사업주에게 조언을 하는 응용심리학의 일종이다. 산업/조직심리학자는 지원자의 직무적합도를 알아내기 위해 직무분석을 하고, 직원보상의 공정성을 분석하며, 심리측정검사를 실시하여 직원의 태도와 사기를 평가하고, 사람들이 팀별 공동작업을 더 효율적으로 할 수 있도록 훈련하는 일을 한다. 때로 경제 분야의 동향이 산업/조직심리학자의 역할을 결정하는 데 중요한 구실을 한다. 요즘같이 경제가 침체된 시기에는 산업/조직심리학자의 대다수가 인원감축의 대안을 개발하거나, 가능하면 가장 인간적인 방식으로 정리해고를 하도록 돕는

> **모든** 심리학자가 정신장애나 행동문제가 있는 사람들을 직접 대면하는 일을 하는 것은 아니다. 심리학과 교수들과 얘기해보면 이들이 강의실 밖에서 각자 흥미를 갖고 연구를 수행하는 전공분야가 따로 있다는 것을 알게 될 것이다.

일을 한다.

많은 기업들은 직원들에게 상호간의 유대감과 팀워크를 장려하기 위해 매년 팀 구축 훈련을 하게 한다. 최근 급성장하고 있는 스포츠심리학에서도 유사한 기법이 사용되고 있다. 새로 부임한 신임코치가 성적이 부진한 팀을 일련의 팀 유대강화 훈련을 통해 불가능해 보이는 승리로 이끌어가는 영화의 제목을 말하게 하면 여러분은 별로 힘들이지 않고 몇 가지 제목을 줄줄 꿸 수 있을 것이다. 스포츠심리학자들은 운동선수가 성공하기 위해서는 체력을 단련하는 것만으로는 충분치 않고 건강한 마음자세도 가질 필요가 있다고 생각한다. 선수들이 이런 마음자세를 갖도록 돕는 기법들로는 명확한 단기목표 설정하기, 긍정적으로 사고하기, 이완기법 사용하기, 농구에서 자유투를 던지는 것이건 시합에서 이기는 것이건 간에 자신

이 원하는 결과를 시각적으로 상상하기 등이 있다. 여러분이 뛰어난 기량을 갖추고자 하는 운동선수라면 스포츠심리학자와 상담을 해보려고 생각하고 있을지도 모른다. 아마도 사상 최고의 골프선수라고 할 수 있는 타이거 우즈는 13세 이후로 그런 상담을 해오고 있다.

산업/조직심리학자와 스포츠심리학자는 '실제 세계' 심리학의 좋은 예이지만 응용심리학은 운동과 경영 이외의 영역에서도 쓸모가 있다. 사실 이 장에서 언급한 심리학의 하위분야 모두가 실제 상황에 어떤 식으로든 적용될 수 있다. 성격심리학자는 가령 배심원 선정에 조언을 해줄 수 있고, 환경심리학자는 도시계획위원회에 자문을 해줄 수 있다. 흔히 심리학자라면 긴 의자에 누워 있는 환자를 분석하는 모습을 떠올리지만, 심리학자들이 자신의 지식과 통찰을 활용할 수 있는 산업현장은 수없이 많다.

△△ 산업/조직심리학자들은 왜 회사 직원들이 팀으로 함께 하는 활동에 참여하기를 권장하는가?

복습

요약

WHAT **심리학은 어떤 학문이며, 왜 우리의 마음을 잡아끄는가?**
- 심리학은 행동과 정신과정에 대한 과학적 연구이다.
- 우리는 우리 자신과 세상에 관한 근본적 호기심을 충족시키기 위해 심리학을 연구한다.

HOW **심리학 연구는 과학적 방법을 어떻게 사용하는가?**
- 과학자는 경험주의 원리와 과학적 연구방법을 사용함으로써 심리학 연구에서 오류와 편견을 줄이는 데 목표가 있다.
- 심리학자들이 일반적으로 따르는 과학적 방법은 문제 확인, 배경연구 수행, 가설 설정, 가설 검증, 결과 분석, 결과 보고의 6단계로 이루어져 있다.

WHAT **심리학의 역사는 어떠한가?**
- 그리스 철학자 소크라테스와 플라톤은 지식이 인간에게 내장되어 있다고 믿었지만, 존 로크(1632~1704)는 인간의 마음이 태어날 때에는 빈 석판이라고 믿었다.
- '심리학의 아버지'인 빌헬름 분트는 1879년에 실험실을 창설하였다. 그의 제자인 에드워드 티치너는 구조주의를 창립하였다. 윌리엄 제임스는 기능주의를 제안하였고, 막스 베르트하이머는 게

슈탈트 심리학이라는 개념을 내놓았다.
- 현대의 심리학 관점들로는 프로이트의 심리역동 이론, 행동주의, 인본주의 접근, 인지심리학, 진화심리학 등이 있다.

WHAT **심리학자들이 답변을 얻고자 하는 중요한 질문에는 어떤 것들이 있는가?**
- 인간의 특질, 행동, 정신과정이 기본적으로 타고난 속성들(천성)의 결과인지 환경요인들(육성)의 결과인지에 대한 의문은 심리학에서 지금껏 많은 논란이 되고 있는 주제이고 앞으로도 그럴 것이다.
- 대부분의 심리학자들은 유전요인과 환경요인이 독특하게 결합하여 인간에게 영향을 미친다는 데 동의한다.

WHAT **심리학의 하위분야에는 어떤 것들이 있는가?**
- 임상심리학자들은 정신문제나 행동문제가 있는 사람들을 진단하고 치료하는 반면, 학술심리학자들은 학생들을 가르치고 심리학 연구를 수행한다.
- 응용심리학은 실제 세계의 문제들을 다루기 위해 심리학 이론과 실천을 활용하는 것을 가리킨다. 산업조직심리학자들과 스포츠심리학자들은 매일같이 응용심리학을 활용하는 사람들이다.

이해 점검

1. 애슐리는 남자아이들이 여자아이들보다 더 폭력적인지 알아보기 위해 과학적 방법을 사용하고 있다. 그녀는 다음 중 어떤 일을 제일 먼저 할 것인가?
   a. 아동, 성역할, 폭력에 관한 선행연구를 검토한다.
   b. 젊은 남성들이 젊은 여성들보다 더 폭력적이라고 기술하는 가설을 설정한다.
   c. 남아 5명과 여아 5명을 선정하고 이 아이들이 폭력적 비디오게임에 어떤 반응을 보이는지 살펴본다.
   d. 남자아이들이 여자아이들보다 더 폭력적인지를 알아보기 위해 통계분석을 한다.

2. 다음 중 인간이 선천적으로 지식을 가지고 태어나지 않는다고 생각한 철학자는 누구인가?
   a. 소크라테스　　　　　　b. 플라톤
   c. 로크　　　　　　　　　d. 데카르트

3. 다음 중 심리역동 이론의 단점은 무엇인가?
   a. 인간을 기계적으로 취급한다.
   b. 지나치게 낙관적이다.
   c. 과학적으로 검증하기가 어렵다.
   d. 개인차를 강조하지 않는다.

4. 카일은 자기 반 학생들의 주의폭을 개선하고자 한다. 그는 매주 어느 학생이 가장 오랫동안 일관되게 공부하는지 지켜보고 그 학생에게 보상을 주고 있다. 카일은 다음 중 어느 방법을 사용하고 있는가?
   a. 인본주의 접근　　　　　b. 인지적 접근
   c. 진화적 접근　　　　　　d. 행동주의 접근

5. 다음 중 빌헬름 분트가 동의했을 가능성이 가장 높은 항목은?
   a. 마음은 과학적으로 연구될 수 있다.
   b. 우세한 행동특질은 유전될 수 있다.
   c. 인간의 마음은 태어날 때 빈 석판이다.
   d. 억압된 충동은 의식적 마음에 영향을 미친다.

6. 레아는 여성이 남성보다 미소를 더 많이 짓는지 여부를 연구하고 있다. 레아는 자신이 정한 주제를 다룬 선행연구들을 검토하고 가설을 설정한 후 같은 직장의 여자동료들을 관찰한다. 그런 다음 퇴근 후 남자 친구들을 만나 차를 마시면서 그들의 얼굴움직임을 관찰한다. 레아의 실험에서 가장 큰 문제는 무엇인가?

   a. 그런 연구가 이미 이전에 수행되었다.

   b. 이 실험은 한 가지 이상의 변인을 변화시키고 있다.

   c. 가설이 한 실험에서 다루기에는 너무 광범위하다.

   d. 결과를 기록할 다른 연구자가 필요하다.

7. 다음 중 지그문트 프로이트의 견해와 일치하는 것은?

   a. 사람들은 자신의 운명을 통제한다.

   b. 의식은 측정할 수 없다.

   c. 사람들은 감각정보에서 패턴을 찾아낸다.

   d. 억압된 충동은 의식적 마음에 영향을 미친다.

8. 다음 중 뇌 영상 기법의 향상에 힘입어 최근 들어 급속히 발전한 접근은 어떤 것인가?

   a. 인본주의 심리학   b. 인지심리학

   c. 진화심리학   d. 게슈탈트 심리학

9. 라울은 양극성 장애를 앓고 있는 사람들의 사고패턴을 연구하고 있다. 다음 중 라울이 세계 수준에서 던질 수 있는 질문은?

   a. 양극성 환자의 사고패턴은 하루 동안 어떻게 변화하는가?

   b. 양극성 사고패턴은 뇌의 활동에 어떻게 나타나는가?

   c. 한 환자의 사고패턴이 자극에 따라 어떻게 달라지는가?

   d. 양극성 사고패턴은 문화에 따라 어떻게 달라지는가?

10. 다음 중 천성 대 육성 논쟁에서 '육성' 쪽을 지지하는 것은?

   a. 지능에 관한 플라톤의 견해

   b. 다윈의 자연선택 이론

   c. 데카르트의 지식 이론

   d. 아리스토텔레스의 지식에 관한 견해

11. 다음 중 천성 대 육성 논쟁에서 '천성' 쪽의 생각에 기초한 주장은?

   a. 아동기의 외상적 사건은 생애 후반에 정신적 문제를 일으킬 수 있다.

   b. 정기적으로 정신적 민첩성 훈련을 하는 것은 기억력 향상에 도움이 될 수 있다.

   c. 특정 정신질환에 걸릴 유전적 소인을 가지고 있는 사람은 무조건 그 질환에 걸리게 된다.

   d. 형편없는 학교에서 학업이 뒤처지는 아동들은 교육을 더 잘하는 학교로 전학을 할 수 있다면 성적이 향상될 것이다.

12. 다음 중 미국심리학회(APA)와 관련이 있는 것은?

   a. 심리학 연구를 목표로 한다.

   b. *Psychological Science*라는 학술지를 발간한다.

   c. 주로 발달심리학에 초점을 둔다.

   d. 전문 심리학자들의 단체로서는 세계 최대 규모이다.

13. 제니는 프로이트의 이론을 확고하게 신봉하지만, 톰은 존 왓슨이 주창한 이론들을 신봉한다. 다음 중 이들의 차이를 가장 잘 요약하고 있는 것은?

   a. 제니는 행동이 무의식적 동기에서 유래한다고 생각하지만, 톰은 행동이 학습될 수 있다고 생각한다.

   b. 제니는 행동이 학습될 수 있다고 생각하지만, 톰은 행동이 무의식적 동기에서 유래한다고 생각한다.

   c. 제니는 사람들이 자아실현을 추구해야 한다고 생각하지만, 톰은 사람들이 자신의 운명을 통제하지 못한다고 생각한다.

   d. 제니는 사람들이 자신의 운명을 통제하지 못한다고 생각하지만, 톰은 사람들이 자아실현을 추구해야 한다고 생각한다.

14. 정신과 간호사와 학교심리학자들은 다음 중 어떤 분야의 전문가인가?

   a. 학술심리학   b. 연구심리학

   c. 발달심리학   d. 임상심리학

15. 심리학 교수인 마크는 집단행동 연구와 사회적 요인이 개인에게 미치는 영향을 주로 연구한다. 다음 중 마크의 전공은 무엇인가?

   a. 인지심리학   b. 성격심리학

   c. 사회심리학   d. 임상심리학

16. 다음 중 응용심리학의 예가 아닌 것은?

   a. 건강심리학자가 우울과 뇌종양의 관계를 연구한다.

   b. 성격심리학자가 검사가 재판에 참여할 배심원을 선정하는 과정을 돕는다.

   c. 산업/조직심리학자가 지원자들이 업무에 적절한지를 가리기 위해 개별평가를 실시한다.

   d. 임상심리학자가 환자에게 호흡훈련으로 불안을 가라앉히는 법을 가르친다.

17. 다음 중 비판적 사고의 예는 무엇인가?

   a. 어떤 주제에 관한 사실들을 알아본다.

   b. 선행실험을 그대로 따라 한다.

   c. 정확하게 측정하고 결과를 기록한다.

   d. 연구자가 어떤 주장을 하게 된 동기에 의문을 제기한다.

18. 다음 중 임상심리학자의 역할이 아닌 것은?

   a. 환자 면담   b. 진단검사 실시

   c. 심리치료   d. 심리학 연구 수행

19. 다음 중 천성-육성 논쟁과 관련하여 올바른 내용은?

   a. 대부분의 심리학자들은 천성이 육성보다 더 영향력이 크다는 데 동의한다.

   b. 대부분의 심리학자들은 육성이 천성보다 더 영향력이 크다는 데 동의한다.

   c. 대부분의 심리학자들은 육성과 천성이 둘 다 영향력이 있다는 데 동의하지만, 영향력의 정도에 대해서는 의견이 일치하지 않는다.

   d. 대부분의 심리학자들은 천성-육성 논쟁이 다윈이 진화이론을 수립했을 때 해소되었다는 데 동의한다.

20. 젬마는 뇌와 행동의 관계를 연구하는 데 관심이 있다. 젬마는 어떤 심리학 분야를 전공해야 할까?

   a. 신경심리학   b. 이상심리학

   c. 성격심리학   d. 정신과 간호사

정답: 1) a, 2) c, 3) d, 4) d, 5) a, 6) b, 7) d, 8) b, 9) d, 10) d, 11) c, 12) d, 13) a, 14) d, 15) c, 16) b, 17) d, 18) d, 19) c, 20) a

연구방법

2004년

미국 병사들이 이라크의 악명 높은 아부 그라이브 감옥에서 이라크 죄수들을 학대한 죄로 고발되었을 때, 많은 사람들은 군대에서 몇몇 나쁜 군인들이 고문과 학대 같은 충격적인 행동을 했다고 생각했다. 하지만 스탠리 밀그램의 연구를 잘 알고 있는 사회심리학자들은 "단순히 명령에 따른 것"이라는 군인들의 주장에 공감했다.

1960년대 예일대학교의 밀그램 교수는 권위에 대한 사람들의 복종을 검증하기 위해 일련의 실험을 실시하였다. '교사'의 역할을 맡은 피험자로 하여금 옆방에 있는 다른 사람, 즉 '학습자'에게 일련의 문제를 제시하게 하였다. 교사는 학습자가 문제에 오답을 말할 때마다 전기충격을 가해야 했다. 연구자는 교사에게 학습자가 계속해서 오답을 말할 때마다 전기충격 강도를 15볼트씩 증가하라고 시켰다. 전기충격발생기는 최고 450볼트 강도였고 최고 강도에는 'XXX'라고 명확하게 표시되어 있었다. 전기충격의 강도가 증가될 때마다 학습자는 고통으로 비명을 지르며 밖으로 내보내달라고 애원하였다. 하지만 피험자가 실험에 대해 질문하거나 전기충격을 중단하려고 하면 연구자는 피험자에게 계속하라고 명령했다.

밀그램의 실험은 인위적으로 조작된 것이다. 학습자는 연기자였고, 실제 전기충격도 가해지지 않았다. 이 실험의 실제 목적은 피험자가 얼마나 높은 볼트까지 전기충격을 가할 수 있는가를 보는 것이었다. 밀그램은 실험을 통해 65%의 사람들이 전기충격을 가하는 것에 대해 매우 불편해하면서도 치명적일 수 있는 450볼트 수준까지 전기충격을 가한 것을 발견했다. 명령에 대한 복종의 비율은 인종, 계층, 그리고 성별에 따라 차이가 없었으며, 사람들은 주어진 상황에서 단지 그렇게 하라고 했기 때문에 다른 사람들에게 기꺼이 고통을 주었다.

밀그램의 실험은 인간 마음의 가장 어둡고 깊은 곳을 흥미롭게 꿰뚫어볼 수 있게 했으며 평범한 독일인들의 유대인 학살 행동을 이해할 수 있게 했다. 하지만 미국심리학회의 엄격한 지침이 시행되기 이전의 밀그램과 다른 저명한 심리학자들이 사용했던 연구방법들은 참여자들에게 명백한 스트레스를 주었고, 혼란스런 윤리적 문제까지 불러일으켰다. 심리학자들이 속임수를 쓰지 않고 어떻게 인간의 자연스러운 충동을 연구할 수 있을까? 또는 심리학 연구에서 속임수가 사용되었다면, 그 속임수가 참여자의 지나친 정신적 스트레스의 원인이 아니라고 어떻게 장담할 것인가? 현재 미국심리학회 심리학자들의 윤리강령과 행동규약에 따르면 연구가 참여자들의 신체적 해로움이나 정서적 스트레스를 유발할 가능성이 있다면 속임수를 절대 사용해서는 안 된다.

2007년 심리학자 제리 버거는 미국심리학회의 지침에 따라 간신히 밀그램의 실험을 재현할 수 있었는데 그 절차는 150볼트에서 실험을 멈추었고, 부정적 심리 반응을 일으킬 염려가 없는 참여자를 신중하게 선별하였고, 참여자에게 언제라도 실험을 그만둘 수 있다고 지속적으로 알려주었으며, 실험 즉시 피험자 질문조사를 실시하는 것이었다. 버거의 연구 결과는 거의 반세기에 앞서 실시된 밀그램의 연구 결과와 일치하였고, 참여자가 부작용으로 고통받지 않은 것은 윤리적 연구방법이 해로운 결과를 유발할 염려 없이 효과적인 결과를 얻을 수 있음을 보여주었다.

<<< 밀그램의 연구들은 인간의 복종의 힘을 입증하였다. 평범한 시민들도 만약에 그렇게 하라고 지시를 받으면 물고문이나 신체적 폭력과 같은 고문을 할 것이다.

CHAPTER 02

심리 연구방법

심리 연구는 과학적이므로 관찰이나 데이터 수집에서 주의가 요구된다. 인간 행동에 관한 질문에 답하기 위해 가능하면 체계적이고 객관적으로 데이터를 수집하고 분석할 필요가 있다. 심리학자들은 조사연구를 수행하기 전에 먼저 스스로에게 다음과 같은 몇 가지 질문들을 해야 한다.

WHAT 내 생각을 검증하기 위하여 어떤 연구전략들을 사용할 것인가?
HOW 내가 객관적인 결과를 얻었다고 어떻게 장담할 수 있는가?
HOW 내 연구 결과들을 분석하기 위하여 어떻게 통계를 사용할 수 있는가?
HOW 내 연구의 참여자들이 공정하게 대우받았다고 어떻게 확신할 수 있는가?

과학적 방법은 왜 필요할까?

사후과잉확신

당신은 "뒷북치는 사람"이라고 불린 적이 있는가? 월요일 아침, 당신은 일요일 저녁 시합에 당신이 나갔다면 어떻게 다르게 했을 거라고 허풍떨기는 쉽다. 상대팀의 경기를 충분히 예상할 수 있으니 누구라도 경기를 쉽게 추측할 수 있지 않겠는가! 만약 당신이 이 같은 주장을 한다면 **사후과잉확신**(hindsight bias), 즉 처음부터 어떤 일이 일어날지 이미 알고 있었다는 믿음에 빠져 있는 것이다. 사후확신한 어떤 관찰들은 너무 분명해 보여서 상식이라고 착각하기도 한다. 수많은 서브프라임 모기지(subprime mortgages, 최우대금리보다

> 사후과잉확신은 사건이 일어난 후에 어떤 것에 대한 모든 것을 알고 있었다는 잘못된 신념이다.
> 허구성일치효과는 자기의 신념이나 행동을 다른 사람들과 공유하는 정도를 과대평가하는 경향성이다.
> 독단주의는 사람들에게 무조건 정보를 받아들이고 권위를 의심하지 말라고 요구하는 신념이다.
> 연구방법은 관찰의 틀을 제공하는 규칙이나 기술이다.
> 사실은 직접 관찰에 의한 객관적 진술이다.
> 이론은 기존의 사실들을 설명하는 데 도움을 주는 아이디어이다.
> 가설은 기존의 이론을 바탕으로 새로운 사실에 대해 예측하는 것이다.

낮은 주택 금융) 배당의 위험은 사후확신으로는 명백해 보이지만 2008년 경제침체 전까지는 그렇지 않았다. 사후과잉확신은 우리에게 실제 세상 모습보다 예측 가능한 세상을 보도록 장려한다. 이런 이유로 과학자들은 명확한 연구방법을 사용해야 한다. 어떤 심리학자라도 사후과잉확신에 빠질 수 있기 때문에 결과에 대한 편향된 예상이나 해석으로 자신들의 연구에 심각한 방해를 초래할 수 있는 것이다. 다행히 과학적 방법을 사용함으로써 그런 편향 효과를 최소화할 수 있다.

허구성일치효과

심리학자들이 빠지는 또 다른 함정은 **허구성일치효과**(false consensus effect)이다(Ross 등, 1977). 허구성일치효과란 우리의 신념이나 행동을 다른 사람들과 공유하는 정도를 과대평가하는 경향성을 말한다. 만약 여러분이 정치관련 블로그에서 마음에 맞는 친구들과 채팅하면서 자유 시간을 보내는 것을 좋아한다고 하자. 당신과 당신 동료 블로거들은 당신이 선택한 후보자가 사실상 이기게 돼 있고 결국에는 모두가 그를 지지할 것이라고 생각한다. 누가 그렇지 않겠는가? 상식이 있는 사람이라면 그 후보자가 그 일을 할 수 있는 가장 적합한 정치인이라는 당신의 의견에 동의할 것이다. 또는 당신에게 그렇게 보일 것이다. 하지만 상대진영의 후보자나 그를 지지하는 사람들에게는 그렇게 보이지 않을 것이다. 이처럼 블로그 공간에 당신의 참여, 즉 실제로 자신이 선택한 모집단의 아주 작은 일부를 표본으로 하는 참여가 허구성일치효과를 일으켰다. 이러한 유형의 문제를 최소화하고 선입견과 편향을 줄이기 위해 연구자들은 대표성을 가진 표본을 모으려고 시도한다. 밀그램은 권위에 의한 고문과 결합된 사람들의 의지는 성별, 계층, 인종에 따라 아무런 차이가 없음을 발견하였다. 만약에 그가 10대 소년들만을 대상으로 연구했다면 그의 연구 결과들은 아마 다르게 나타났을 것이다.

경제학자들은 최근의 주식시장의 폭락을 예견할 수 있는지 여부에 대해 토론하는 반면, 정치인들은 필요한 예방책을 강구하지 않는다고 상대 당을 잽싸게 비난한다. 소급적 비난을 하는 것은 사후과잉확신 위험의 주요 예이다.

비판적 사고

과학적 연구에서 비판적 사고는 필수적이다. 즉 잘못된 결과로 밝혀질 수 있는 직관이나 상식에만 의존하기보다는 우리의 가정을 검증하거나 우리의 직감을 의심해볼 필요가 있다. 훌륭한 연구자들은 이론들이 아무리 명확하게 보여도 맹목적으로 받아들이지 않으며, 과학적인 방법을 사용하여 그 이론들을 탐구하고 검증한다.

경험주의

경험주의는 인간의 지식이 경험을 통해 획득된다는 신념이다. 경험주의자들은 어떤 것에 대한 정보를 얻기 위해서는 반드시 그 세계를 관찰해야 한다고 믿는다. 경험주의는 **독단주의**(dogmatism), 즉 사람들에게 무조건 정보를 받아들이고 권위를 의심하지 말라고 요구하는 신념의 변화에서 나왔다. 경험주의는 현대 과학 연구의 토대를 닦은 18~19세기 실험과학 시대에 신뢰를 얻었다.

경험주의의 한계

경험주의는 우리가 얻은 정보가 완벽하게 정확하다고 보장하지 않는다. 과학적 연구들은 오류에 빠지기 쉽고 종종 잘못 해석되기도 한

다. 경험적 연구에서 오류의 가능성을 줄이기 위해서는 **연구방법**(method)이 중요하다. 연구방법은 관찰의 틀을 제공하는 규칙이나 기술을 말하는데 피험자를 관찰하는 동안 범할 수 있는 실수로부터 벗어나게 할 수 있다. 스탠리 밀그램은 자신의 유명한 연구를 할 때 각각의 연구 참여자들이 똑같은 단계를 밟도록 했다. 연구자의 대화는 대본을 따랐고 학습자가 고통으로 울부짖는 것 역시 대본을 따랐으며, 학습자 역을 맡은 사람은 전기충격 수준에 따라 정해진 말을 해야 했다. 각 참여자가 똑같은 경험을 하도록 함으로써 경험주의를 촉진시키고, 편향 가능성을 최소화시켰다. 밀그램은 정해진 방법을 사용함으로써 그의 실험에서 발생할 수 있는 오류를 가능한 한 최소화시킨 것이다.

인간 대상 연구에서 경험주의의 과제

정말 신중하게 이론을 연구하고 충실하게 연구방법을 적용한다 해도 인간을 연구하는 것은 어려운 과제이며, 그 이유는 다음과 같다.

1 **인간은 복잡하다.** 인간은 페트리 접시에서 배양될 수 있고, 현미경으로 관찰될 수 있는 세포들의 단순한 집합체가 아니다. 왜냐하면 인간은 행동에 영향을 미칠 수 있는 생각과 느낌을 가지고 있기 때문이다.

2 **인간은 다르다.** 인간은 매우 다양하기 때문에 심리학자들이 인간 행동에 관해 일반화하기란 쉽지 않다.

3 **인간은 상황에 따라 다르게 반응한다.** 인간은 유목별로 쉽게 분류될 수 없다. 왜냐하면 인간의 반응은 매일 변할 수 있기 때문이다.

영리한 한스 이야기

영리한 한스는 1888년 독일의 수학 교사인 빌헬름 폰 오스텐(Wilhelm von Osten)이 구입한 아라비안 종마(種馬)이다. 폰 오스텐은 적절한 교육을 실시하면 말들도 인간처럼 똑똑해질 수 있는 잠재성을 가졌다고 믿었다. 그는 한스에게 간단한 수학을 가르치기 시작했다. 한스는 발굽을 가볍게 두드려 특정 단어들을 뜻하는 단어의 철자를 말할 수 있었으며, 또한 머리를 위와 아래로 또는 앞과 뒤로 끄덕여 "예, 아니요" 질문에 답을 할 수 있었다. 4년간의 개인교습 후 한스는 더하기 문제에 답을 할 수 있었으며, 간단한 제곱근 문제를 풀 수 있었고, 심지어는 시간을 말할 수 있었다. 많은 전문가들은 지혜롭게 보이는 한스에 대해 몹시 놀랐다.

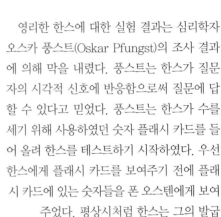

영리한 한스에 대한 실험 결과는 심리학자 오스카 풍스트(Oskar Pfungst)의 조사 결과에 의해 막을 내렸다. 풍스트는 한스가 질문자의 시각적 신호에 반응함으로써 질문에 답할 수 있다고 믿었다. 풍스트는 한스가 수를 세기 위해 사용하였던 숫자 플래시 카드를 들어 올려 한스를 테스트하기 시작하였다. 우선 한스에게 플래시 카드를 보여주기 전에 플래시 카드에 있는 숫자들을 폰 오스텐에게 보여주었다. 평상시처럼 한스는 그의 발굽으로 올바른 숫자들에 대해 가볍게 두드렸다. 그런 다음 풍스트는 폰 오스텐에게 카드를 자기가 먼저 보지 말고 한스에게 보여주라고 하였다. 한스는 당황하였다. 풍스트는 폰 오스텐의 연구를 시작한 후 폰 오스텐이 한스가 정확한 반응을 하는 데 단서가 되는 미묘한 무의식적인 제스처를 하는 것을 알아차렸다. 한스가 올바른 숫자에 접근할 때, 폰 오스텐은 무의식적으로 그의 자세를 바꾸곤 했다. 한스는 확실히 영리하긴 했지만 수학 능력은 조금 서투른 데가 있었다.

사실, 이론, 그리고 가설

한스 이야기는 과학적 연구에서 **사실**(facts), **이론**(theories), **가설**(hypotheses)이 어떤 역

사실
한스는 시각적 보조자료 없이 질문에 정확하게 반응할 수 없다.

사실
한스는 기본적인 산수문제에 정확하게 반응할 수 있다.

이론
아마도 한스는 주위의 사람들로부터 단서를 얻을 것이다.

과학적 방법

나는 한스가 시각적 보조자료 없이 질문에 답을 할 수 없을 것이라고 예측한다.

가설

나는 한스의 능력들을 검증하기 위하여 시각적 단서들을 제거할 것이다.

연구

∧∧ 과학자들은 선행연구에서 조금씩 수집한 결과로부터 새로운 사실, 이론, 그리고 가설을 고안할 수 있으며, 과학의 순환을 영구히 할 수 있다.

할을 하는지를 보여주고 있다.

사실은 직접 관찰에 의한 객관적 진술이다. 이론은 기존의 사실들을 설명하는 데 도움을 주는 아이디어이다. 가설은 기존의 이론을 바탕으로 새로운 사실에 대해 예측하는 것이다.

연구자들은 다른 연구자들이 자신들의 연구 결과를 반복 검증할 수 있도록 개념의 조작적 정의를 사용한다. 즉 연구자들은 다른 사람들이 가능한 한 정확하게 동일한 실험을 할 수 있도록 연구방법의 명확한 정의를 내린다. 여러 연구자들이 같은 결과에 도달한다면, 그 결과들은 보다 신뢰성이 높을 것이다.

우리는 한스로부터 무엇을 배울 수 있는가?

영리한 한스는 수학자로서 각광을 받지는 못했지만, 그의 이야기는 과학적 연구의 세 가지 중요한 교훈을 제시하고 있다.

1 **의문을 가져라.** 여러분이 관찰하고 있는 것의 대안적인 설명을 고려하라. 모든 인기 있는 주장들이 항상 정확한 것은 아니다. 만약 그렇다면 우리는 잔인한 바다 괴물들로 둘러싸인 평평한 지구(행성)에 살고 있을 것이

다. 여러분 자신의 이론을 비롯하여 이론들이 잘못되었음을 증명하려고 시도하는 것은 중요하다. 한번은 아리스토텔레스가 다음과 같이 말했다. "어떤 생각에 동의하지 않고도 그 생각을 해볼 수 있는 것이 교육받은 사람의 특징이다."

2 **통제된 조건하에서 주의 깊게 관찰하라.** 연구에 세심한 주의를 기울여라. 풍스트는 폰 오스텐이 한스에게 무의식적인 신호를 보냈다는 것을 감지한 최초의 전문가였다. 관찰력이 부족한 연구자들은 한스가 중학교 3학년 수학 능력이 있다고 서명한 참이었다. 연구자들은 한 번에 오직 하나의 요인을 변화시키기 위해서 조건을 통제해야 한다. 한스가 풍스트와 함께 숫자를 센 첫 회기와 두 번째 회기 사이의 유일한 차이점은 폰 오스텐이 플래시 카드에 무엇이 쓰여 있는지를 아느냐 모르느냐였다. 풍스트는 이 정도 수준의 통제로도 쉽게 한스의 영리함의 원인을 정확하게 찾아낼 수 있었다.

3 **관찰자 기대효과를 인식하라.** 무심코 자신들의 기대를 참여자에게 이야기하여 결과적으로 참여자들의 행동에 영향을 미치는 연구자나 관찰자를 경계하라. 연구자들은 피험자를 선정할 때 지역신문이나 대학의 알림판에 가치판단적인 문구를 포함한 부적절하게 표현된 광고로 인해 실험 참여자가 잠재적으로 편견을 가지지 않도록 주의해야 한다.

연구전략의 유형

연구설계 : 실험법

왜 어떤 사람들은 범죄를 저지를까? 왜 10대들은 종종 변덕스러울까? 왜 사람들은 술을 마시면 종종 공격적으로 변할까? 왜 똑똑한 사람들이 종종 비논리적인 행동을 할까? 인간 행동에 대한 가설을 검증하는

가장 확실한 방법은 실험이다. 실험에서 연구자는 모든 다른 **변인**(variable)들을 상수로 두고 하나의 변인(나이, 몸무게, 키 등과 같이 달라질 수 있는 특성)을 조작할 수 있다. 이렇게 함으로써 조작된 변인이 어떻게 인간 행동에 영향을 미치는지 볼 수 있다.

1956년에 솔로몬 애쉬(Solomon Asch)는 집단 속에서 사람들의 순응을 검증하기 위해 일련의 간단한 실험들을 고안해냈다. 그는 하나의 표준선을 그린 다음에 **참여자**(participant)에게 다른 세 개의 선 중에서 표준선과 길이가 같은 것을 찾으라고 했다. C선이 명확하게 정답이었지만 애쉬는 사람들이 집단의 압력 속에서도 정답을 말할지 알고 싶었다. 그는 두 가지 조건을 고안하였는데, 첫 번째는 참여자들에게 선의 길이를 묻는 질문에 혼자서 답하게 하였다. 두 번째는 참여자들을 몇 명의 공모자들이 있는 집단에 넣었는데 공모자들은 각 선의 길이에 대해 만장일치로 답을 하되 종종 틀린 답을 말하라는 지시를 사전에 받았다. 여기서 **공모자**(confederate)들은 **독립변인**(independent variable), 즉 연구자가 조작할 수 있는 변인이며, 그들의 참여가 두 조건 간의 차이를 만드는 유일한 요소이다. **종속변인**(independent variable) 또는 독립변인에 따른 측정 가능한 반응은 참여자가 제시한 올바른 반응의 수이다. 애쉬는 참여자들이 개별적으로 같은 길이의 선을 찾으라는 질문을 받았을 때 거의 100% 옳은 응답을 한 것을 발견했다. C선이 명백하게 옳았지만 틀렸다고 대답하기로 되어 있는 집단, 즉 공모자 집단에 들어간 참여자들은 집단압력에 순응하여 1/3 이상이 오답을 말하였다.

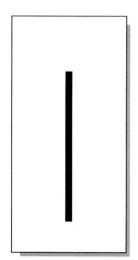
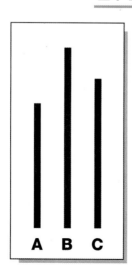

A B C

<<< 이 그림은 애쉬의 순응실험에 사용된 자극의 예이다. 참여자들은 오른쪽에 있는 A, B, C 세 선 중 왼쪽에 있는 표준선과 길이가 같은 선을 찾아야 한다.

무선할당

어떤 연구들에서는 각각의 참여자가 몇 개의 다른 독립변인에 노출된다. 이러한 연구들을 **피험자내 실험**(within-subject experiments)이라고 한다. 또 다른 연구, 즉 **집단간 실험**(between-group experiments)은 집단별로 다른 독립변인에 노출된다. 예를 들어 많은 실험들은 독립변인의 영향을 받는 하나의 **실험집단**(experimental group)과, 실험처치를 하지 않거나 영향을 미치지 않아야 하는 처치를 (독립변인의 영향이 아닌 다른 영향) 한 집단인 **통제집단**(control group)으로 구성되어 있다. 일례로 의약품 연구에서 실험집단에게는 진짜 약을 주는 대신 통제집단에게는 설탕으로 만든 알약을 준다. 여기서 중요한 것은 이 두 집단 사이에는 편향적인 결과를 줄 수 있는 주요한 차이가 없음을 확인하는 것이다. 이는 **무선할당**(random assignment)으로 가능한데, 참여자들이 두 집단 중 어느 한 집단에 무선적으로 할당될 때 참여자 수가 충분하다면 두 집단의 나이, 성별 등 다른 특성들이 대체로 동등하다고 보는 것이다. 집단 간의 차이가 있다면 우연의 결과이고 연구자들은 연구결과를 분석할 때 우연을 고려하여 통계처리를 한다.

연구설계 : 상관연구

상관연구에서 연구자들은 변인들을 조작하는 대신 변인들 간에 관계가 있는지 여부를 알아본다. 상관연구는 다른 변인의 지식에 기초해 어떤 변인을 예언하게 해 준다. 그러나 잘 설계된 실험연구가 인과관계를 제시해주는 것과는 달리 상관연구는 일반적으로 인과관계로 해석될 수 없다. 예를 들면 상관연구가 학

업적 성공과 높은 자아존중감 간의 관계를 설명해줄 수 있지만 공부를 잘하는 이유가 꼭 자아존중감이 높기 때문이라고 말할 수는 없을 것이다. 다시, 예를 들어 어린이 사망률이 증가한 이유가 아이스크림 소비 증가와 관련이 있다고 보자. 그렇다면 아이스크림이 치명적일까? 아이스크림 콘을 헐뜯기 전에 이 두 변인이 다른 변인인 여름과 관련이 있음을 지각해야 한다. 어린이들은 다른 계절에 비해 여름에 아이스크림을 더 많이 먹는다. 그래서 여름에 사고가 날 가능성이 더 많다. 비록 여름에 아이스크림 소비와 아동 사망률 둘 다 증가하지만 이들 중 어느 변인도 상대 변인의 변화 원인은 아니다. 사실 제3의 변인이 두 결과의 실제적인 원인이다.

이러한 소위 제3의 변인의 문제를 방지하기 위해 연구자는 연구대상을 뽑을 때 대

응표본 또는 대응집단의 방법을 활용할 수 있다. **대응표본**(matched samples)이란 제3의 변인이 동일한 두 집단 혹은 그 이상의 집단을 말한다. 예를 들어 학문적 성공이 높은 자아존중감과 관련이 있는지를 알아보는 연구에서 연구자는 나이와 같은 제3

의 변인의 영향을 감소시키고 싶을 것이다. 일례로 초등학교 3학년과 대학생을 비교해서는 안 된다. 왜냐하면 이 두 집단은 발달단계가 달라서 연구자가 서로 다른 변인들을 모두 통제하기가 어렵기 때문이다. 나이의 영향을 줄이기 위해 연구자는 두 표본을 비슷한 연령대의 참여자로 구성함으로써 대응표본을 만드는 것이 좋다. **대응집단**(matched pairs)은 이러한 원리를 다음 단계까지 적용한다. 즉 대응집단은 두 집단 각 참여자들의 제3의 변인이 동일해야 하는 것이다. 자아존중감 연구자는 대응집단을 만들기 위해 한 집단의 참여자가 15살이라면 다른 집단도 15살의 참여자로 구성해야 한다.

연구설계 : 기술연구

기술연구는 연구자가 특정 변수들 간의 관계를 조사하지 않고도 행동들을 관찰하고 기술할 수 있는 연구이다. 연

실험설계 도식

- **실험설계** — 무엇을 발견하고(알고) 싶은가? 어떤 과정을 통해 그 정보를 얻을 것인가?
- **참여자 선정**
  - **통제집단** → **실험실시** 독립변인 없음
  - **실험집단** → **실험실시** 독립변인 있음
- **자료 수집**
- **자료분석** — 자료분석 결과가 의미하는 것은 무엇인가? 추가적인 연구가 필요한가?

구자는 그들의 관찰결과를 분석하기 위해 통계를 사용할 수도 있고 사용하지 않을 수도 있다. 몇몇 기술연구들은 어린이들이 새로운 환경에 어떻게 반응하는지 또는 성인 남자가 어떻게 대립상황을 다루는지를 관찰하는 것과 같이 작은 부분에 초점을 맞추는 반면, 다른 연구들은 야생동물의 습성을 관찰하는 것과 같이 넓은 부분에 초점을 맞추기도 한다. 기술연구에는 자연환경이나 실험실에서의 피험자 관찰, 사례 연구 활용, 조사연구 등이 있다.

자연관찰

우리가 날마다 하는 **자연관찰**(naturalistic observation)에는 쇼핑몰 주위를 바쁘게 돌아다니는 쇼핑객을 지켜보거나 공원에서 놀고 있는 어린이들을 살펴보는 것 등이 있다. 자연관찰은 그들 자신의 환경에 있는 사람 또는 동물에 대한 연구이다. 자연관찰은 연구자들로 하여금 어떻게 그들의 피험자가 행동하는가에 대한 실제적인 그림을 얻을 수 있게 해준다. 자연관찰은 인기 있는 TV 쇼 "Meerkat Manor"의 배후에서 과학자들이 사용한 가장 기본적인 도구이다. "Meerkat Manor"는 아프리카 미어캣의 실제 모험을 강

조하고 그들의 행동을 좀 더 배우려고 노력하며 낮 드라마 같은 훌륭한 줄거리가 특징인 프로그램이다. "Meerkat Manor"의 내레이션은 시청자들에게 미어캣의 행동을 실제보다 더 인간적으로 해석하는 편향을 줄지 모르지만 자연관찰을 수행하는 과학자들은 인간의 특성을 그들이 연구하는 동물에 투사시키지 않으려고 시도한다.

자연관찰의 한 가지 단점은 **관찰자편향**(observer bias)의 가능성이다. 이것은 관찰자가 특정한 행동을 보기를 기대하고 그 이론을 지지하는 행동만을 언급할 때 일어난다. 관찰자편향으로부터 벗어나기 위한 하나의 방법은 **맹목관찰자**(blind observers)를 활용하거나, 무슨 연구를 하고 있는지 모르는 사람을 활용하는 것이다. 또 그들의 기록을 비교할 수 있도록 한 사람 이상의 관찰자를 활용하는 것이 좋다. 자연관찰의 또 다른 단점은 실제 생활에서 일어나기 때문에 개개 사건전개의 반복 가능성이 없다는 것이다. 이 때문에 심리학자들은 자연관찰의 정보에 전적으로 의존하여 일반화하기가 어렵다.

실험실관찰

연구자들은 **실험실관찰**(laboratory observation)을 통해 통제된 상황에서 인간이나 동물을 관찰할 수 있다. 실험실관찰은 자연적인 상황에서 실현 불가능한 특정 유형의 행동을 관찰하는 데 활용된다. 예를 들어 밀그램의 전기충격 실험은 자연적인 상황에서 불가능한 것이다. 윤리적 문제를 넘어 그러한 연구를 할 수 있는 실제 상황의 존재여부가 의심스럽다. 하지만 밀그램 팀은 피험자들이 정상적인 행동을 하고 있는지 어떻게 알았을까? 피험자들은 낯선 환경 때문에 실험실 밖에 있을 때보다 실험자의 지시를 더 오랫동안 따르지 않았을까? 실험실관찰의 단점은 참여자의 행동과 그에 따른 연구 결과가

> "게이지는 1848년 폭발사고로 두개골, 뇌의 전두엽의 관통상을 입었고, 이로 인해 심각한 뇌 외상으로 고통받았던 철도관리인이다. 놀랍게도 게이지는 그의 부상으로부터 회복되었으나, 그 사고의 결과로 심한 성격변화를 경험하였다."

인위적일 수 있다는 것이다.

사례연구

연구자들은 **사례연구**(case study)를 통하여 개인이나 소수의 사람들에 대해 깊이 연구할 수 있다. 그들은 피험자들에 관한 정보를 얻기 위해 실제 생활의 관찰, 인터뷰, 검사 등을 활용할 수 있다. 발달심리학자인 장 피아제(Jean Piaget, 1896~1980)는 자기 자녀들의 성장과정을 훌륭하게 연구했다. 그는 자녀들의 성장과정을 관찰한 결과 인지발달에 대한 엄청난 발견을 할 수 있었다.

사례연구는 다른 연구방법으로 얻기가 어려운 정보나 윤리적으로 얻기가 불가능한 정보를 제공하는 데 편리하다. 예를 들어 참여자에게 심각한 뇌 손상을 주는 실험은 아무도 하지 않을 것이다. 피니어스 게이지(Phineas Gage)의 유명한 사례연구를 살펴보자. 게이지는 1848년 폭발사고로 두개골, 뇌의 전두엽의 관통상을 입었고, 이로 인해 심각한 뇌 외상으로 고통받았던 철도관리인이다. 놀랍게도 게이지는 그의 부상으로부터 회복되었으나, 그 사고의 결과로 심한 성격변화를 경험하였다. 피니어스 게이지의 사례는 전두엽이 인간의 성격과 행동에 관여하고 있다는 증거를 제공해 준다(Damasio 등, 1994).

사례연구는 우리가 다른 연구방법으로 얻을 수 없는 대단히 흥미로운 정보를 밝혀낼 수 있으나 단점도 있다. 예를 들어 사례연구는 현상에 대해 오직 하나의 예를 제시하기 때문에 그 예는 이례적일 수 있다는 것이다. 후속 연

<<< 미어캣의 자연적 습성의 연구를 통해 연구자는 무엇을 얻을 수 있을까?

구 없이 하나의 사례연구의 결과를 일반화하는 것은 위험할 수도 있다.

조사

여러분은 낯선 사람으로부터 낙태에서 무공해 엔진까지 모든 것에 대한 여러분의 견해를 간절히, 그리고 집요하게 묻는 전화를 받은 적이 있는가? 만약 그렇다면 여러분은 **조사**(survey)에 참여한 것일 수 있다. 조사를 하기 위해서 연구자는 질문지나 인터뷰를 통해 사람들의 행동이나 견해에 관한 일련의 질문을 할 것이다. 조사는 많은 수의 사람들로부터 비교적 쉽게 개인적인 정보를 얻을 수 있으므로 매우 유용하게 사용될 수 있다. 연구자들은 기술연구나 상관연구에서 흔히 조사를 활용한다.

연구자들은 질문지를 만들 때 질문을 어떻게 해야 할지 심사숙고해야 한다. 다음 예를 보자.

– 외국인 노동자에게 이 나라에 체류할 수 있도록 허가하는 것에 대해 찬성하는가?
– 불법 이민자에게 이 나라에 머무를 수 있는 권리가 있다고 생각하는가?

이 두 질문은 유사하지만 한 문항 대신에 다른 문항을 사용했을 때 그 조사의 결과는 달라질 것이다. '외국인 노동자'와 '허가'라는 단어가 '불법이민'이나 '권리를 주다'라는 단어보다 긍정적인 의미를 함축하고 있으며, 이러한 용어의 차이가 자유롭게 반응할 수 있는 조사의 결과에 영향을 미칠 수 있다. 연구자들은 또한 사람들이 평가받는다는 두려움 때문에 또는 잘못된 기억으로 인해 조사에 항상 솔직하게 답하지 않는다는 사실을 알아야 한다.

무선표집(random sampling)은 전집을 대표하는 표본을 추출하는 방법 중의 하나이다. 만약 여러분이 캘리포니아에서 동성애자들 간의 결혼에 관해 사람들의 생각을 알고 싶을 때 동성애 집단의 구성원들만을 인터뷰할 때와 보수적인 종교 집단의 구성원들만을 대상으로 조사했을 때 매우 다른 결과를 얻을 수

있다. 어떤 조사라도 당신이 알기를 원하는 전체 집단에 골고루 질문을 하는 것이 중요하다.

연구장소

모든 유형의 연구는 실험실이나 현장에서 실시될 수 있다. **실험실연구**(laboratory study)는 데이터 수집이 용이하고 환경적 조건을 통제하기 위해 특별히 만들어진 장소에서 이루어진다. 이와 반대로 **현장연구**(field study)는 실험실연구와는 다른 상황에서 이루어진다. 자연관찰은 현장연구의 한 유형인데 그 이유는 사람들이나 동물들이 통제된 상황이 아닌 자연적인 환경에서 관찰되기 때문이다. 실험실연구와 현장연구의 단점을 극복하기 위해서 연구자들은 가끔 똑같은 연구문제를 놓고 실험실연구와 현장연구를 병행해서 조사하기도 한다. 만약에 연구자들이 두 방법의 사용 결과 동일한 결론에 도달한다면 그 결과에 대한 신뢰도에 더 확신을 가질 수 있다. 예를 들어 2008년 어번대학교 연구자들은 참여자들에게 실험실에 설치되어 있는 특별한 연단을 걸을 때 운동화나 굽 없는 샌들을 신도록 하였다. 굽 없는 샌들을 신은 사람들의 걸음걸이를 관찰한 후 연구자들은 굽 없는 샌들을 신는 것이 상처를 유발할 수 있는데 특히 발, 발목, 다리를 아프게 한다는 결론을 내렸다. 하지만 실험실이 아닌 자연에서 굽 없는 샌들을 신어도 마찬가지일까? 만약 연구자들이 자연환경에서 굽 없는 샌들을 신은 사람들을 관찰하는 현장연구를 실시했다면, 굽 없는 샌들이 잔디나 아스팔트와 같은 매일 걷는 땅의 표면에서 다른 신발에 비해 지지력이 낮은지를 결정하기 위해 더 많은 데이터를 수집할 수 있었을 것이다.

연구장소는 대개 조사의 유형에 따라 결정된다. 실험은 실험실에서 보다 효과적으로 수행된다. 왜냐하면 연구자들은 여러 상황들에 대해 높은 수준의 통제를 할 수 있기 때문이다. 상관 및 기술연구는 주로 현장에서 수행

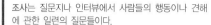

조사는 질문지나 인터뷰에서 사람들의 행동이나 견해에 관한 일련의 질문들이다.

무선표집은 전집을 대표하는 표본을 추출하는 방법이다.

실험실연구는 자료수집을 용이하게 하고 환경적 조건을 통제할 수 있도록 특별히 만들어진 곳에서 진행되는 참여자의 연구이다.

현장연구는 실험실이 아닌 다른 상황에서 이루어진 연구이다.

자기보고방법은 사람들이 자신의 행동이나 마음상태를 평가하거나 기술한 자료를 통한 자료수집 방법이다.

질문지는 엄격한 목적을 가지고 있으며, 정확한 용어, 주의 깊게 개발된 질문, 무선표집과 같은 신중한 관리를 통해 개발된 일련의 질문들이다.

인터뷰는 사람들이 자신에 관한 내용을 구두 기술한 내용을 통한 자료수집 방법으로, 질문목록세트가 있는 엄격하게 구조화된 것과 덜 구조화된 대화식이 있다.

관찰법은 피험자의 행동을 관찰하고 기록하는 과정이다.

된다. 그러나 연구장소는 전적으로 개인의 조사 목적에 달려 있다.

자료수집방법

자기보고방법

자기보고방법(self-report method)은 사람들이 자신의 행동이나 마음상태를 평가하거나 기술한 자료를 수집하는 것으로 주로 **질문지**(questionnaires)나 **인터뷰**(interviews)의 형태로 이루어진다. 여러분도 최근 화려한 잡지를 통해 여러분의 정서적 빈곤 또는 이상적이고 유명한 결혼상대에 대해 평가받은 적이 있었을 것이다. 심리적 질문지도 어떤 점에서는 이런 유행하는 퀴즈와 비슷하다. 하지만 심리적 질문지는 보다 엄격한 목적을 가지고 있으며, 정확한 용어, 주의 깊게 개발된 질문, 무선표집과 같은 신중한 관리를 한다. 조사는 질문지의 한 유형이다.

인터뷰에서 사람들은 면접관에게 자신들에 관한 내용을 구두로 이야기한다. 인터뷰는 질문목록세트가 있는 엄격하게 구조화된 것일 수도 있고, 보다 덜 구조화된 대화식일 수도 있다. 구조화된 인터뷰에서 면접관은 사람들의 질문에 대한 응답을 채점하기 위해 수치를 이용하는 방법을 사용한다. 이러한 기법은 연구자들이 그들의 결과를 정확하게 일반화할 수 있도록 해준다.

관찰법

관찰법(observational method)에서 연구자

검사는 참여자에게 반응을 할 수 있는 자극이나 문제를 제시한 다음, 연구자는 참여자가 그 과제를 어떻게 완성하는지에 대한 자료를 수집하는 관찰방법의 유형이다.

기술통계는 연구자들이 자료를 요약하기 위해 사용하는 통계이다.

추리통계는 연구자들이 그들의 결과가 우연에 의한 것인지 관찰된 결과를 모집단에 적용할 수 있는지를 결정할 수 있게 확률의 법칙을 사용하는 통계이다.

집중경향치는 데이터 세트의 가장 전형적인 세 가지 점수로 평균, 중앙값, 최빈값이다.

평균은 모든 점수들을 다 더한 후 점수들의 사례수로 나눈 산술평균이다.

중앙값은 데이터 세트에서 중앙에 오는 점수이다.

최빈값은 데이터 세트에서 빈도가 가장 많은 점수이다.

분산도는 데이터들이 평균으로부터 서로 떨어져 있는 정도이다.

범위는 데이터 세트의 최고 점수와 최저 점수 간의 차이이다.

표준편차는 각 점수의 정보를 사용한 값의 분산 정도에 대한 측정치이다.

편차점수는 각 값과 전체 점수의 평균 간의 차이이다.

빈도분포는 한 데이터 세트의 각 점수들의 빈도를 요약해 놓은 것이다.

막대그래프는 값들의 길이에 비례하는 수평 또는 수직의 막대를 사용하여 빈도분포를 나타낸 것이다.

히스토그램은 사각형을 사용해 빈도분포를 나타낸 것으로 사각형의 가로는 급간을, 사각형의 넓이는 빈도에 해당되는 비율이다.

정규분포곡선은 결과의 고른 분포와 고른 분포 안에서 중심으로 모이는 데이터 경향 때문에 좌우대칭으로 고르게 분포된 자료를 보여주는 종 모양의 곡선 그래프이다.

비대칭분포는 점수들이 중앙이 아닌 어느 한쪽 가장자리에 밀집해 있는 분포이다.

통계적 유의성은 신뢰성 있는 두 표본의 평균점수의 차이가 단순히 우연에 의한 것이 아니라는 징후이다.

유의수준은 연구결과가 우연에 의해 나타날 수 있는 확률을 의미하는 통계치이다.

는 피험자의 행동을 관찰하고 기록한다. 자연관찰은 관찰법 중의 하나이다. 관찰법의 다른 하나는 **검사**(testing)이다. 참여자에게 반응을 할 수 있는 자극이나 문제를 제시한 다음, 연구자는 참여자가 그 과제를 어떻게 완성하는지에 대한 자료를 수집한다. 예를 들어 여러분이 연구에 참여한다면, 여러분에게 논리퍼즐을 풀거나 전구에 불이 켜질 때마다 버튼을 누르라고 할 것이다.

대부분의 잡지의 퀴즈와는 달리 심리학자들이 사용하는 질문지는 과학적으로 타당한 것이다. >>>

자료수집 방법의 장단점

안타깝게도 완벽한 자료수집 방법은 없으며, 각 방법에는 장단점이 있다. 질문지와 인터뷰는 개인적 정보를 모으는 데 매우 유용하지만 사람들의 반응이 정확한지 여부에 대해서는 아무도 보증하지 못한다. 즉 매우 정직한 사람들마저도 자신의 행동에 대해 완벽하게 객관적이지는 않다. 자연관찰은 연구자들이 참가자의 자연적인 행동을 직접 관찰한다. 하지만 방해를 하지 않고 행동을 관찰하는 것은 어려우며, 관찰된 결과를 통계적으로 분석하는 것이 까다롭다. 검사지들은 편리하고 쉽게 채점을 할 수 있지만 인위적일 수 있다. 즉 5.2분 안에 논리퍼즐을 해결하는 능력이 일상생활에서의 논리와 관련이 없을 수도 있다. 연구자들은 연구방법으로 실험설계를 선택할 때, 그것이 그들이 연구하고 있는 이론에 관한 유용한 정보를 제공할 것이라는 확신이 있어야 한다.

심리학에서의 통계방법

연구자들은 자료를 수집한 후 자료를 분석하고 유의미한 패턴을 찾기 위해 통계를 사용한다. 통계에는 **기술통계**(descriptive statistics)와 **추리통계**(inferential statistics)가 있다. 기술통계는 키, 몸무게, 학점 등과 같은 자료를 요약하는 데 사용되며, 추리통계는 연구자들이 그들의 결과가 우연에 의한 것인지 관찰된 결과를 모집단에 적용할 수 있는지를 결정할 수 있게 확률의 법칙을 사용하는 것을 말한다.

기술통계
집중경향치

만약 여러분이 살고 있는 지역의 휘발유 가격의 평균이 얼마인지 알고 싶다면, 또는

여러분이 살고 있는 지역에서 하이브리드 차를 가지고 있는 사람들 수의 평균을 알고자 한다면, 어떤 종류의 수치가 필요할까? 바로 평균이다. 데이터 세트를 가장 전형적으로 나타내는 점수에는 세 가지의 **집중경향치**(measures of central tendency)가 있다. **평균**(mean)은 산술평균, 즉 모든 점수들을 다 더한 후 점수들의 사례수로 나눈 것을 말한다. **중앙값**(median)은 자료들의 중앙에 오는 점수를 말한다. 모든 점수들을 가장 낮은 점수에서 가장 높은 점수로 배열을 하거나 또는 가장 높은 점수에서 가장 낮은 점수로 배열을 하였을 때 점수의 반은 중앙값보다 위에 나머지 반은 중앙값보다 아래에 있다. **최빈값**(mode)은 빈도가 가장 많은 점수를 말한다.

분산도

분산도(variability)는 데이터들이 평균으로부터 서로 떨어져 있는 정도를 말한다. 가장 간단한 분산도는 **범위**(range)이다. 범위는 최고 점수와 최저 점수 간의 차이를 말한다. 만약에 휘발유 가격이 12월에 갤런당 3.2달러로 바닥을 쳤으나 현충일에 갤런당 4.5달러로 급상승했다면, 이 기간 동안 갤런당 휘발유 가격의 범위는 1.3달러가 된다. 범위가 항상 정확한 분산은 아니다. 왜냐하면 범위는 어떤 점수들의 극단적인 특성을 고려하지 않기 때문이다. 예를 들어 대부분의 미국의 주유소 사장들이 갤런당 4달러에 휘발유를 판다고 상상

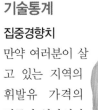
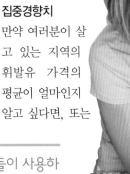

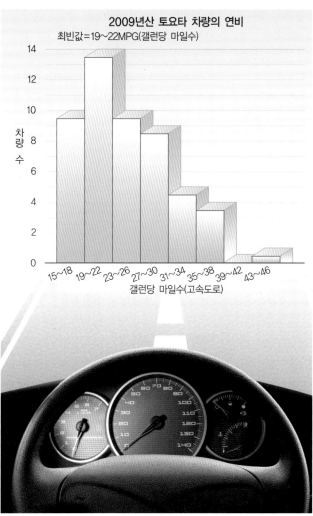

2009년산 토요타 차량의 연비
최빈값 = 19~22MPG(갤런당 마일수)

차량수 (Y축): 0, 2, 4, 6, 8, 10, 12, 14

갤런당 마일수(고속도로) (X축): 15~18, 19~22, 23~26, 27~30, 31~34, 35~38, 39~42, 43~46

출처 : http://www.fueleconomy.gov

<<< 비싼 휘발유 가격과 소비자들의 연료소비 및 지속가능한 삶에 관한 의식 증가에도 불구하고 대부분의 2009년산 토요타 차량은 갤런당 겨우 19~22마일밖에 가지 못한다. 토요타의 인기 있는 하이브리드 차 프리어스는 갤런당 45마일을 갈 수 있으며, 히스토그램의 가장 오른쪽에 있는 것에 해당된다.

해 보자. 그러나 한 주유소 사장은 휘발유를 갤런당 2.5달러에 파는 반면 다른 한 주유소의 사장은 갤런당 휘발유를 5.5달러에 팔았다. 가격에서 이렇게 큰 편차는 대부분의 주유소 휘발유 가격이 거의 같음에도 불구하고 점수에서 믿을 수 없이 높은 범위를 만들어 낼 것이다.

보다 나은 분산도는 **표준편차**(standard deviation)이다. 표준편차는 각 점수의 정보를 사용한 값의 분산을 고려한다. 각 값은 **편차점수**(deviation score)가 주어지는데 편차점수는 각 값과 전체 점수의 평균 간의 차이를 말한다. 표준편차의 계산은 점수들이 모여 있는지 흩어져 있는지에 대한 보다 정확한 정보를 줄 수 있다.

빈도분포
빈도분포(frequency distribution)는 한 데이

터 세트의 각 점수들의 빈도를 요약해 놓은 것이다. 빈도분포를 구하기 위해서 연구자는 데이터를 최고값에서 최저값 순으로 나열한 다음 급간으로 데이터를 분류하여야 한다. 그런 다음 빈도분포표를 만든다. 점수의 순서대로 급간을 만들고 각 급간에 얼마나 많은 점수들이 해당되는지 확인한다. 마지막으로 점수들의 정보를 나타내기 위하여 그래프를 그릴 수 있다. **막대그래프**(bar graphs)는 값들의 길이에 비례하는 수평 또는 수직의 막대를 사용한다. **히스토그램**(histogram)은 막대그래프와 시각적으로 유사하나 X축에는 급간을 Y축에는 빈도를 나타내므로 특히 빈도분포를 그래프로 그리는 데 적합하다.

추리통계
여러분이 모은 결과는 우연 때문일 가능성이 있으므로 데이터를 해석하는 것은 어려울 수 있다. 여러분의 측정치는 여러분이 원했던 것만큼 정확하지 않을 수도 있다. 여러분의 데이터는 통제하기 어려운 변수들에 의해 영향을 받았을 수도 있고, 여러분의 연구대상 집단이

> **"** 주정뱅이가 조명보다는 지지를 위해 전신주를 사용하듯이 그는 통계를 사용한다. ―스코틀랜드 학자 앤드류 랭(1844~1912) **"**

실제로 무선적으로 표집된 것이 아닐 수도 있다. 이러한 문제를 설명할 수 있는가? 그리고 여전히 유용한 데이터라고 말할 수 있는가? 하지만 걱정할 필요가 없다. 통계적 방법이 여러분의 걱정을 해결해 줄 것이다.

정규분포 및 비대칭분포
데이터가 고르게 분포되어 있는 변인의 자료를 그래프로 나타낸 것을 **정규분포곡선**(normal curve)이라 한다. 정규분포곡선은 좌우 대칭의 종 모양을 하고 있는데 이는 정상적으로 분포된 데이터 세트에서는 데이터가 중심으로 모이는 경향이 있기 때문이다. 정규분포곡선에서 평균, 중앙값, 최빈값은 같다. 불균형하게 분포된 결과의 데이터 세트에서 그래프는 **비대칭분포**(skewed distribution)를 보여준다. 비대칭분포는 점수들이 중앙이 아닌 어느 한쪽 가장자리에 밀집해 있으며, 평균, 중앙값, 최빈값이 다르다. 대부분의 실증적인 데이터는 정규분포곡선처럼 나타나지 않는다. 하지만 데이터의 통계적 유의성을 결정하기 위해 우리는 정규분포곡선을 활용한다.

통계적 유의성
만약 두 표본의 평균차가 크고 두 표본이 신뢰성이 있다면 그 차이는 우연에 의한 것이 아니라 **통계적으로 유의미한**(statistically significant) 차이가 있는 것이다. 예를 들어, 심리학자가 대학 1학년과 4학년 학생들에게 언어기술 검사를 실시하여 이들 두 집단 간의 언어기술 검사 평균의 차이가 크다면 그 결과는 아마 통계적으로 유의미할 가능성이 있다. 일반 사람들에게 있어 알파벳 p는 전혀 특별하지 않지만 과학자들에게는 매우 중요하다. 통계적으로 알파벳 p는 확률을 의미하며, 효과의 **유의수준**(level of significance)을 나타내는 데 사용된다. 유의수준 또는 p값은 연구결과가 우연에 의해 나타날 수 있는 확률을 의

미하는 통계치를 의미한다. 낮은 p값은 관찰된 결과가 우연에 의한 것이 아니라 통계적으로 유의미하게 차이가 있는 것이다. 대부분의 연구자들은 그들 결과의 p값이 0.05 미만일 때 그들의 결과가 유의미하다고 간주한다(5%). 따라서 언어기술검사를 통한 대학 언어 연구의 결과가 우연에 의해 일어나지 않은 확률이 95%라면 그 결과는 유의미한 것이다.

결과의 통계적 유의성 결정을 위해 다음과 같은 요인들에 주의를 기울일 필요가 있다.

1 관찰결과의 크기. 여러분이 관찰한 결과는 얼마나 큰 차이가 있는가? 여러분이 살고 있는 지역의 환경 친화적인 노력을 하고 있는 자동차 대리점이 경쟁사보다 앞서기 위해 하이브리드 차량에 대해 엄청난 세일을 하기로 했다고 하자. 그 결과 그 자동차 대리점의 판매는 증가하였다. 그러나 얼마만큼 증가되었는가? 만약 이전의 차량 판매대수의 평균과

세일 기간의 차량 판매대수의 평균의 차이가 매우 크면 이 차이는 아마도 통계적으로 유의미할 것이다. 만약 평균의 차이가 적다면 이것은 우연에 의한 결과일 가능성이 높다.

2 피험자나 관찰의 수. 만약 어느 한 자동차 대리점이 하이브리드 차량에 대한 세일을 시작한 후 판매가 급증했다면 이것은 매우 인상적이다. 하지만 만약 국내의 모든 자동차 대리점이 같은 가격인하를 했고 유사한 결과가 나타났다면 훨씬 더 인상적이고 우연의 결과일 가능성이 낮지 않겠는가? 많은 수의 표본은 적은 수의 표본에 비해 우연의 영향을 적게 받으며, 많은 수의 표본을 대상으로 한 연구 결과는 연구대상 전체 집단에 대한 보다 정확한 정보를 제공할 수 있다.

3 각 집단 내에서의 분산도. 얼마나 많은 통제되지 않은 요인들이나 임의의 요인들이 자동차 판매에 영향을 미쳤을까? 새 하이브리드 차를 구입한 사람들에게 정부가 많은 세금 환불을 제안했을까? 지난 토요일 비가 와서 사람들이 야외 부지에 있는 차를 사고 싶지 않았을까? 집단내 분산이 작으면 그 결과들은 보다 유의미할 것이다.

모든 다른 것들이 동일한 상황에서 표본의 크기가 크고 집단내 분산이 적고 관찰 결과가 크면 그 연구의 결과는 통계적으로 유의미할 가능성이 높다.

통계적 유의성의 사용

여러분이 통계자료를 볼 때 유의성이라는 단어에 너무 많은 무게를 실으려고 하지 마라. 통계적으로는 유의미한 자료이지만 실제로는 아무런 현실적 유의성이나 가치가 없을 수도 있다. 어떤 연구에서 표본이 크면 별로 관련 없는 세부 사항도 통계적으로 유의성을 가질 수 있다.

심리학 연구에서 편향의 최소화

오류

한 과학자가 그의 연구에 참여하기 위

해 거짓말을 한 참여자들을 실수로 뽑았다고 가정해 보자. 이 참여자들로부터 나온 결과에는 **오류**(error) 또는 무작위 분산도(random variability)가 포함될 수 있다. 어느 정도의 오류는 심리학 연구에서 피할 수 없다. 왜냐하면 우리가 연구하고 있는 행동에 영향을 미칠 수 있는 모든 변수들을 다 통제하기는 어렵기 때문이다.

오류의 존재가 반드시 누군가가 실수를 했다는 의미는 아니다. 만약 연구의 규모가 충분할 만큼 크면 오류의 결과는 비교적 중요하지 않다. 연구자들은 적절한 자료의 표준편차 계산을 통하여 오류를 측정한다. 그리고 연구자들은 오류에 대한 정보를 고려하여 자료에 대한 통계적 분석을 실시한다.

편향

밀그램과 그의 동료들은 실험에서 연구대상과 상호작용을 할 때, **편향**(bias)을 피하기 위해 주의를 기울여야만 했다. 만약 그들이 모든 여자들에게는 일반적으로 대했지만 기분 나쁜 남자 피험자들에게는 경멸, 비웃음, 또는 생색내는 태도로 대했다면 어떤 일이 벌어졌을까? 그 연구 결과는 동등하지 않고 편향된 처치에 영향을 받았을 가능성이 있다. 편향은 통계적 절차에 의해 확인될 수도 없으며, 올바르게 고쳐지지도 않기 때문에 심리학 연구에서 심각한 문제이다. 오차는 연구 결과가 통계적으로 유의미할 가능성만을 감소시키는 반면, 편향은 연구자들이 잘못된 결과를 도출할 수 있게 한다. 과학자들은 이러한 편향에 대처하기 위해 실험에 다수의 연구자들을 활용한다. 그리고 모든 연구자들이 동일하고 타당한 실험기법을 사용하도록 엄격하게 훈련시킨다.

편향은 연구자들의 관점에 의한 문제만은 아니다. **요구 특성**(demand characteristics)은 참여자들로 하여금 연구자가 연구에서 원하는 대로 행동하게 하는, 그래서 잠재적으로 그 과정에서 연구의 결과가 무용지물이 되게 하는 환경의 측면이다.

편향된 표본 피하기

표본이 연구하고자 하는 전집을 대표하지 못할 때 우리는 편향되었다고 한다. 참여자가 집

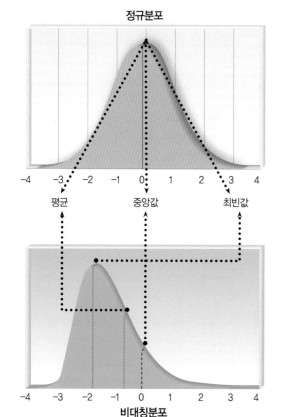

정규분포

-4 -3 -2 -1 0 1 2 3 4

평균   중앙값   최빈값

-4 -3 -2 -1 0 1 2 3 4

비대칭분포

단에 무선적으로 할당되었을 때 그들의 개인 차는 오차의 결과로 그 결과는 통계적 분석에서 고려된다. 그러나 참여자가 집단에 무선적으로 할당되지 않았을 때 오차와 편향의 두 요소가 있을 수 있다. 또 다른 잠재적 문제는 자기선택이다. 가끔 참여자들이 그 연구에 참여하는 선택을 하는 것만으로도 편향되게 한다. 예를 들어 설문지에서 개인적인 질문을 많이 하면 오직 그러한 질문에 답하는 것에 편안함을 느끼는 사람만이 그 질문지를 완성할 것이다. 그렇다면 우리는 편향되지 않은 표본이라고 어떻게 확신할 수 있는가? 사실은 아무리 큰 표본이라도 편향의 요소는 항상 있다는 것이다. 비결은 편향을 가능한 한 작고 영향력이 없도록 유지하는 것이다.

측정 편향 피하기

훌륭한 연구자는 그의 측정치가 신뢰성 있고 타당한지 확인할 것이다. **신뢰도**(reliability)는 특정한 조건하에 특정한 피험자에게 사용해도 매번 유사한 결과가 나오는 정도를 의미한다. 신뢰성 있는 척도는 서로 다른 참여자에게서 다른 결과를 얻을 수 있지만, 같은 참여자에게는 여러 번 실시하여 매번 동일한 결과를 얻어야만 한다. 어떤 척도가 신뢰성 있는지 확인하는 것은 편향보다는 오차와 관계가 있다. 왜냐하면 그의 연구방법이 일관적인지 확인하는 것은 연구자의 책임이기 때문이다. 만약 측정치의 신뢰도가 낮으면 그 측정치를 사용한 연구는 그 어떤 통계적 유의성도 있을 것 같지 않다.

타당도(validity)는 측정하고자 의도한 것을 측정한 정도를 말한다. 이것은 신뢰도보다 더 중요한 문제이다. 왜냐하면 절차가 신뢰성 있

다 해도 타당하지 않으면 아무것도 얻지 못한다. 타당도에는 다음과 같은 몇 가지 유형이 있다.

1 **안면타당도.** 안면타당도(face validity)는 어떤 연구가 측정하고자 한 것을 피상적으로 측정한 정도를 말한다. 여러분이 지능을 검사하기 위해 고안된 실험의 참여자이며, 연구자는 여러분에게 아이스크림을 좋아하는지 여부를 물었다고 가정해 보자. 이 질문은 안면타당도가 없다. 왜냐하면 아이스크림 선호도는 누가 봐도 지능과 연관이 있다는 명백한 증거가 없기 때문이다. 이 경우에는 안면타당도 측정치를 논리적으로 설명할 수 있어야 할 것이다.

2 **준거타당도.** 만약 여러분이 어떤 지능검사에서 우수한 점수를 받았다고 하자. 하지만 그 검사가 실제로 지능을 측정하고 있는지 어떻게 확신할 수 있을까? 이론

적으로 말하면, 그 검사가 **준거타당도**(criterion validity)를 가지고 있으면 된다. 준거타당도란 어떤 척도가 연구하고자 하는 특성의 또 다른 준거와 어느 정도의 상관이 있는가를 나타내는 용어이다. 어떤 지능검사가 타당하다고 결정하기 위해서 연구자는 검사 결과를 지능과 상관이 있는 다른 측정치와 비교할 수 있다. 예를 들어 지능검사의 점수들은 흔히 학교 성적과 비교된다(Aiken과 Groth-Marnat, 2005). 만약 학교에서 여러 우수한 학생들이 지능검사에서도 높은 점수를 받았다면, 그 지능검사는 준거타당도를 가지고 있다고 할 수 있다.

준거타당도 중의 하나는 **예언타당도**(predictive validity)이다. 만약에 어떤 검사가 예언타당도가 있으면 여러분은 이 검사의 결과를 다른 분야의 개인의 점수나 수행을 예언하는 데 사용할 수 있다. 예를 들어 진로 상담가는 여러분이 어떤 직업에서 잘할 수 있을지를 결정하기 위해 예언타당도가 있는 검사를 실시할 수 있다.

3 **구인타당도.** 구인타당도(construct validity)는 이론적이거나 실체가 없는 어떤 개념을 측정하거나 관련시키는 특정한 절차를 사용하는 타당도이다. 여러분은 지능을 끄집어내어 저울로 무게를 재거나 줄자로 둘레를 잴 수는 없다. 그러나 구인타당도가 있는 지능검사는 지능과 상관이 있는 구체적인 결과를 산출할 수 있다.

요구 특성은 참여자들로 하여금 연구자가 연구에서 원하는 대로 행동하게 하는 환경의 측면이다.

신뢰도는 특정한 조건하에 특정한 피험자에게 사용해도 매번 유사한 결과가 나오는 정도이다.

타당도는 측정하고자 의도한 것을 측정한 정도이다.

안면타당도는 어떤 연구가 측정하고자 한 것을 피상적으로 측정한 정도이다.

준거타당도는 어떤 척도가 연구하고자 하는 특성의 또 다른 준거와 어느 정도의 상관이 있는가를 나타내는 용어이다.

예언타당도는 한 검사의 결과를 다른 분야의 개인의 점수나 수행을 예언하는 데 사용할 수 있는 준거타당도의 한 종류이다.

구인타당도는 이론적이거나 실체가 없는 어떤 개념을 측정하거나 관련시키는 특정한 절차를 사용하는 타당도이다.

● ● ●

만약 어떤 연구가 하루에 1파운드의 캐비아를 먹으면 여러분의 지적 능력이 1%씩 향상될 수 있다는 결과를 제시했다고 가정하자. 하지만 캐비아의 가격이 1파운드당 5만 달러라면 이 연구는 과연 실용성이 있는가?

내적타당도는 연구자가 모든 매개변인을 통제할 수 있어서 독립변인만 그 연구의 결과에 영향을 미치는 것을 나타내는 타당도의 종류이다.

외적타당도는 검사의 결과가 나머지 모집단에 일반화가 가능한 정도를 나타내는 타당도의 종류이다.

관찰자 기대효과는 '관찰자 편향' 참고.

피험자 기대효과는 참여자들이 실험처치의 결과로 어떤 행동을 해야 한다는 기대 때문에 그들의 행동을 조절할 때 일어나는 것이다.

이중맹목 실험은 피험자와 관찰자 모두가 연구의 목적에 대해 알지 못한 채 연구가 진행되므로 관찰자 기대효과나 피험자 기대효과를 무효화할 수 있다.

위약은 의학요법과 비슷하지만 내적인 치료상의 효과가 없는 물질이나 절차이다.

● ● ●

4 내적타당도. 만약에 연구자가 모든 매개변인을 통제할 수 있어서 독립변인만 그 연구의 결과에 영향을 미칠 때 그 검사는 **내적타당도**(internal validity)가 있다고 한다. 연구자는 내적타당도를 제시함으로써 종속변인과 독립변인 사이의 인과관계를 증명한다.

5 외적타당도. 만약 검사의 결과가 나머지 모집단에 일반화가 가능하다면 그 검사는 **외적타당도**(external validity)가 있다고 한다. 만약 연구자가 연구에서 대표성을 가진 표본을 사용했다면 그 연구에서 도출된 결과는 어떤 다른 집단에도 적용이 가능하며 그 연구는 외적타당도를 가지고 있다고 할 수 있다.

관찰자와 피험자의 기대효과 피하기

영리한 한스와 그의 트레이너를 기억하는가? 연구자들은 연구를 하는 동안 연구결과에 대한 욕구 또는 기대가 있으며, 이러한 욕구와 기대는 무의식적으로 연구 참여자들의 행동에 영향을 미친다. 빌헬름 폰 오스텐도 한스에게 미묘한 실마리를 제공하였으며, 이것은 그의 실험결과를 편향되게 하였다. 뿐만 아니라 이러한 기대들은 연구자들의 연구 참여자 행동에 대한 지각에도 영향을 미칠 수 있다. 만약 오스카 풍스트가 한스에 대해 아인슈타인 같은 말이기를 기대했다면 폰 오스텐의 비언어적 실마리를 알아차리지 못했을 수도 있다. **관찰자 기대효과**(observer-expectancy effect), 또는 관찰자 편향은 연구의 목적을 전혀 모르는 맹목관찰자들을 활용함으로써 극복할 수 있다. 집단간 실험에서 맹목관찰자는

어떤 실험대상이 어떤 처치를 받았는지 모르기 때문이다.

피험자 기대효과(subject-expectancy effect)는 참여자들이 실험처치의 결과로 어떤 행동을 해야 한다는 기대 때문에 그들의 행동을 조절할 때 일어난다. 이것은 참여자들이 자신이 받은 처치를 보거나 인식하지 못하게 함으로써 해결할 수 있다. 예를 들어 1971년 심리학자인 산드라 벰(Sandra Bem)은 연구대상의 성 정체감이 남성적, 여성적, 양성적인지를 측정하기 위하여 벰 성역할검사(Bem Sex Role Inventory)를 개발하였다. 그 검사의 지시문은 참여자들에게 그들의 성격에 관한 질문에 간단히 답하도록 하였다. 참여자들은 그 검사가 실제로 성역할을 측정하는지 알지 못했다. 만약 그들이 알았다면 그들은 아마 매우 다른 반응을 보였을 것이다.

이중맹목 실험(double-blind experiment)에서는 피험자와 관찰자 모두가 연구의 목적에 대해 알지 못한 채 연구가 진행된다. 이중맹목 의약품 연구에서 어떤 참여자들에게는 검정된 약을 주는 반면, 어떤 참여자들에게는 **위약**(placebo, 약처럼 보이지만 효과가 없는 물질)을 주었다. 참여자나 관찰자 모두 어느 것을 먹었는지 모르므로 행동에서의 차이는 피험자나 관찰자의 기대에 의한 결과보다는 약에 의한 결과일 가능성이 높다. 이것이 현재 발기부전 알약으로 유명한 비아그라의 효과를 검증할 때 사용한 방법이다. 그 결과 비아그라를 복용한 사람 중 69%가

성공적으로 성관계를 가질 수 있었으며, 반면 가짜약을 복용한 남자는 22%만 성관계를 가질 수 있었다(Goldstein 등, 1998).

이중맹목 절차가 피험자와 관찰자 기대효과를 완벽하게 통제할 수 있는 것은 아니다. 암시에 대한 극단적인 예를 보여주는 **위약효과**(placebo effect)는 개인이 위약을 복용하고 단순히 처치를 받았다고 믿기 때문에 처치를 받은 것처럼 반응을 보일 때 일어난다. 연구

∧∧ 위약효과는 강한 힘을 가지고 있다. 위약효과의 존재가 정신력에 관해서 우리에게 말해주는 것은 무엇인가?

자들은 통증, 우울, 그리고 불안 처치 연구를 포함해 수많은 연구에서 위약효과를 관찰해왔다(Kirsch와 Saperstein, 1998).

심리학 연구에서 윤리적 문제

1971년 스탠포드대학의 심리학자 필립 짐바르도(Philip Zimbardo)는 감옥생활의 심리적 효과에 대한 연구를 위해 약 70명의 대학생들을 모집하였다. 진단검사를 마친 후 24명의 지원자들에게 2주의 실험에 참여하면 매일 15달러씩을 주겠다고 제안하였다. 동전을 던져 참여자들을 임의로 두 집단으로 나누었으며, 한 집단은 감옥 교도관, 그리고 다른 집단은 죄수의 역할을 하게 하였다. 죄수들은 눈을 가린 채 진짜 감옥에 수감된 후, 전과자의 도움을 받아 진짜 교도소 환경같이 만든 캠퍼스 건물로 옮겨졌다. 교도소에 도착하자마자 각 죄수들의 옷을 벗기고 알몸으로 만들어 몸수색을 하고 이를 잡기 위해 소독을 한 후 죄수복을 입게 하였다.

실험 둘째 날, 죄수들이 폭동을 일으켰지만 교도관들에 의해 진압되었다. 교도관들은 보다 공격적으로 변했으며, 죄수들에게 화장실 변기를 맨손으로 청소시키는 등 치욕적인 일을 하도록 강요하였다. 다섯 명의 죄수들은 정서적인 고통으로 몸이 아프기 시작해 중간에 포기하였다. 그 실험은 결국 실험을 시작한 지 5일 만에 취소되었다(Zimbardo, 1971).

인간대상의 연구

짐바르도가 참여자들에게 피해를 입히려고 실험을 한 것은 아니었다. 하지만 스탠포드 감옥 실험은 과연 윤리적이라고 할 수 있는가? 연구자들은 인간을 대상으로 하는 실험을 할 때, 다음과 같은 세 가지 중요한 문제를 고려해야 한다.

1 **인간의 사생활에 대한 권리.** 연구자들은 반드시 참여자로부터 동의를 얻어야 한다. 연구자들은 참여자들에게 공유하고 싶지 않은 그 어떤 정보도 공유할 필요가 없음을 알

려주어야 하며, 연구의 결과는 익명으로 유지하여야 한다.

2 **불편 또는 피해의 가능성.** 짐바르도가 실험의 결과를 예측할 수 있었다면 아마 실험을 진행하지 않았을 것이다. 연구자들은 연구기간 동안 참여자들이 가능한 한 최소한의 위험에 노출될 수 있도록 해야 하며, 그 어떤 위험도 잠재적 인간의 이득을 능가하게 해서도 안 된다. 참여자들은 언제라도 그만둘 자유가 있다는 것을 알고 있어야 한다.

3 **속임수의 사용.** 속임수의 사용은 참여자들이 사실적인 정보에 입각해 동의한 것이 아니므로 일부 심리학자들은 연구에서 속임수의 사용에 반대한다. 다른 일부 심리학자들은 속임수를 사용하지 않고는 어떤 주제들은 연구가 될 수 없다고 믿는다. 속임수 사용을 피하기 위해 심리학자들은 연구가 끝난 후에 참여자들에게 **연구에 대한 보고**(debrief)를 통해 연구의 실체와 목적에 대해 알려주어야 한다.

동물대상의 연구

심리학 연구에서 동물을 사용하는 것은 윤리적인가? 몇몇 학자들은 윤리적인 문제로 사람에게 시행할 수 없는 실험이 동물을 통해서는 가능하다고 믿는다. 근본적인 동물 행동의 대부분의 생물학적 기제가 인간의 행동 기제와 유사하므로 동물들의 연구는 인간에게 귀중한 정보를 제공할 수 있다. 지각, 감각, 약물, 뇌의 기능 등에 대해 우리가 알고 있는 대부분이 동물들을 대상으로 한 연구로부터 나왔다(Carroll과 Overmier, 2001).

하지만 동물이 스스로 연구에 동의를 할 수

> **연구자들은 인간을 대상으로 하는 실험을 할 때, 다음과 같은 세 가지 중요한 문제를 고려해야 한다: 인간의 사생활에 대한 권리, 불편 또는 피해의 가능성, 속임수의 사용.**

위약효과는 참여자가 위약을 복용하고 단순히 실제 처치를 받았다고 믿기 때문에 처치를 받은 것처럼 반응을 보이는 현상이다.

연구에 대한 보고는 연구가 끝난 후에 참여자들에게 연구의 실체와 목적에 대해 구술적으로 알려주는 것이다.

미국심리학회는 미국 심리학자들을 대표하는 과학적이고 전문적인 조직이다.

기관감사위원회는 공적자금이 지원된 연구기관에 의해 설립되었으며, 그 연구기관에서 제안된 모든 연구를 평가하는 윤리검열전문위원회이다.

● ● ●

없는 상황에서 동물을 사용하는 것이 과연 윤리적일까? 실험에서 동물들이 겪는 모든 고통은 연구의 잠재적 이점과 비교 검토되어야 한다. 만약 우리 인간들의 암 치료법을 찾게 해줄 수 있다면 쥐의 종양을 키우는 것에 반대할 수 있는가? 그 결과가 정당화될지 여부를 누가 결정하는가? 사회와 동물포럼(Society & Animals Forum)과 같은 동물보호단체들은 동물들이 실험실에서 실험되기보다는 자연적 환경에서 연구되어야 한다고 주장한다. 이러한 집단에 반대하는 사람들은 동물보호단체들의 제안을 따르는 것은 가치 있는 연구 기회를 막을 수 있다고 주장한다.

윤리적인 연구인지 어떻게 확신할 수 있는가?

미국심리학회(American Psychological Association, APA)는 심리학 연구를 위한 윤리규약을 제정하였다. 만약에 연구자들이 자신들의 연구결과를 미국심리학회 저널에 발표하려면 반드시 이 규약을 지켜야만 한다. 나아가 공적으로 지원받은 연구기관들은 법적으로 제안된 모든 연구를 평가하는 윤리검열전문위원회를 설치해야 한다. 이러한 전문위원회는 일반적으로 **기관감사위원회**(Institutional Review Boards, IRB)로 알려져 있다. 이러한 보호 수단 및 안내 지침의 결과로 한때 수용 가능한 것으로 간주되어 왔던 스탠포드대학 감옥 실험과 같이 이 책에 인용된 몇몇 고전적인 연구들은 오늘날에는 승인되지 않는다.

요 약

WHY **심리학 연구에서 왜 연구방법이 중요한가?**
● 심리학자들은 연구를 수행하고 사후과잉확신과 허구성 일치효과의 문제를 줄이기 위해 과학적 방법을 사용한다.
● 경험적 연구를 수행할 때, 심리학자들은 새로운 가설을 도출하기 위해 현재의 사실과 이론들을 사용한다.

WHAT **연구방법의 유형에는 어떤 것들이 있는가?**
● 연구방법의 유형에는 실험, 상관연구, 기술연구(자연관찰, 실험실 관찰, 사례연구, 조사) 등이 있다.
● 연구는 실험실이나 현장에서 이루어질 수 있다.
● 자료 수집은 자기보고식 또는 관찰에 의해 이루어질 수 있다.

HOW **자료를 수집하고 분석하는 데 통계방법은 어떤 도움을 줄 수 있는가?**
● 기술통계는 데이터 세트를 요약하고 집중경향치, 분산도, 빈도분포에 관한 정보를 제공하는 데 사용된다.
● 추리통계는 자료의 통계적 유의성에 관한 정보를 제공하는 데 사용된다.

HOW **편향을 최소화할 수 있는 방법은 무엇인가?**
● 심리학 연구에서 어느 정도의 오차는 피할 수 없으며 통계분석 과정에서 이것을 고려하여 분석한다.
● 연구자들은 대표성을 가진 표집과 신뢰성 있는 척도를 사용하고 피험자와 관찰자의 기대효과를 피함으로써 편향을 최소화할 수 있다.

WHAT **심리학자들은 어떤 윤리적 문제에 직면해 있는가?**
● 심리학자들이 연구를 수행할 때는 세 가지 문제, 즉 개인 사생활의 권리, 상해 또는 불쾌의 가능성, 속임수 사용을 고려해야 한다.
● 미국심리학회 윤리규정을 준수해야만 APA 저널에 논문을 게재할 수 있다.

이해 점검

1. 엔젤은 지금까지 형제들과 정치적 신념에 대해 말해본 적이 없지만 형제들이 자기가 지지하는 후보자를 지지한다고 생각하고 있다. 엔젤의 신념은 다음 중 어느 예인가?
   a. 이론
   b. 관찰자 편향
   c. 허구성일치효과
   d. 사후과잉확신

2. 사라는 모든 얼룩을 다 제거할 수 있다는 한 세제 광고를 보고 있다. 그러나 사라는 그 광고에 회의적이며, 그 주장을 받아들이기 전에 직접 세제를 사용해 보기를 원한다. 사라가 설명하고 있는 것은?
   a. 독단성
   b. 경험주의
   c. 허구성일치효과
   d. 통계적 방법

3. 필은 그의 연구에서 통제집단에 참가하는 사람들이 실험집단의 참가자들과 동질적이기를 원한다. 이를 위해 그가 사용할 수 있는 것은?
   a. 독립변인
   b. 종속변인
   c. 무선할당
   d. 연합

4. 다음 중 실험실 연구로서 가장 적합한 것은?
   a. 가족이 함께 식사할 때 어떻게 협력을 배우는지를 결정할 때
   b. 대학생들의 데이트 예의를 확인할 때
   c. 참여자들에게 화면에 여러 개의 숫자들을 보여 준 다음 그것을 알아맞히는 남녀의 기억력을 비교할 때
   d. 5년 동안 불규칙한 간격으로 그들의 행동에 관한 질문에 답을 하게 함으로써 자기인식을 연구할 때

5. 아리는 첫 수업 시간에 그의 교수가 그를 좋아하지 않을 것이라고 생각하고 이와 관련된 교수의 보디랭귀지를 관찰한다. 이것은 다음 중 어떤 것의 예인가?
   a. 관찰자 편향
   b. 맹목관찰
   c. 자연적 관찰
   d. 검사

6. 제이나는 연구 참가자들에게 그들의 의견을 묻는 연구를 하였다. 그녀가 수행하고 있는 연구방법은?
   a. 실험실관찰
   b. 조사
   c. 사례연구
   d. 편향연구

7. 데릴은 그가 살고 있는 도시의 10대 임신율에 대한 자료를 모은 결과 10대 임신 대부분은 사회경제적 지위가 낮은 여성들의 경우임을 발견하였다. 데릴은 10대 임신과 사회경제적 지위 간의 관계는 ____고 결론 내릴 수 있다.

a. 인과관계가 있다
b. 편향되었다
c. 신뢰성 있다
d. 상관관계가 있다

8. 마크가 결혼한 동료들의 결혼 연령에 대한 자료를 조사한 결과 37, 36, 25, 25, 32, 24, 26, 36, 25, 31이었다. 최빈값은?

a. 3
b. 25
c. 24
d. 36

9. 최근 윤리 규정에 의하면 스탠포드대학의 감옥 실험은 IRB에 의해 받아들이지 않았을 것이다. 그 이유는?

a. 무선적으로 참여자들을 각 집단에 나누었기 때문에
b. 연구가 대학 내에서 이루어졌기 때문에
c. 상해를 입을 가능성이 너무 컸기 때문에
d. 답 없음

10. 심리학 연구에서 속임수의 사용에 관해 옳은 것은?

a. 심리학자들은 참가자들을 절대 속일 수 없다.
b. 일반적으로 속임수가 사용된 연구 후에는 속임수의 사용과 연구의 사실을 참여자에게 말해준다.
c. 만약 속임수가 사용되었다면 참여자는 그 시간에 대해 보상받아야 한다.
d. 심리학 연구에서 속임수의 사용은 일반적으로 윤리적 문제로 간주되지 않는다.

11. 제이는 외적타당도가 있는 어떤 실험을 설계하고 있다. 그의 실험에서 외적타당도가 의미하는 것은 무엇인가?

a. 이중맹목실험
b. 실험의 결과를 전집으로 일반화할 수 있다.
c. 모든 매개변인들이 통제되었다.
d. 실험이 측정하고자 하는 것을 측정하는 것처럼 보인다.

12. 카야는 저소득층 가족의 지능 검사 연구를 하고 있다. 질문 중 하나는 참여자가 가입한 정당에 대해 묻는 것이었다. 이 질문은?

a. 안면타당도가 없다.
b. 외적타당도가 없다.
c. 신뢰도가 없다.
d. 편향되었다.

13. 데보라는 금연약품을 검증하는 한 연구에 참여했다. 그녀는 담배를 끊었다. 하지만 실제로 그녀가 먹은 것은 비활성물질이며 금연약품으로 검증되지 않은 것이다. 그녀가 담배를 끊은 것은 아마 ____ 때문일 것이다.

a. 사후과잉확신
b. 허구성일치효과
c. 위약효과
d. 관찰자편향

14. 다음 중 현장연구의 유형은?

a. 상관연구
b. 실험실관찰
c. 실험연구
d. 자연관찰

15. 연구 참여자의 반응시간, 몸무게, 키 등에 대한 특성을 ____(이)라고 한다.

a. 종속변인
b. 독립변인
c. 변수
d. 통제

16. 다음 중 어떤 요인과 결과가 합쳐져야 통계적으로 유의미한 결과를 낼 수 있을까?

a. 큰 관찰효과, 적은 표본, 작은 집단내 분산
b. 큰 관찰효과, 많은 표본, 작은 집단내 분산
c. 큰 관찰효과, 많은 표본, 큰 집단내 분산
d. 작은 관찰효과, 많은 표본, 큰 집단내 분산

17. 집중경향치의 종류가 아닌 것은?

a. 범위
b. 평균
c. 중앙값
d. 최빈값

18. 평균, 중앙값, 최빈값이 각각 다른 점수 집단은 ____일 것 같다.

a. 정규분포
b. 편포
c. 유의한 오차
d. 답 없음

19. 과학적 방법의 사용은 ____을(를) 최소화하는 데 도움이 될 수 있다.

a. 사후과잉확신
b. 경험주의
c. 가설
d. 외적타당도

20. 어떤 연구에서 피험자처럼 보이나 실제로는 연구자와 함께 일하는 사람을 무엇이라고 부르는가?

a. 공모자
b. 참가자
c. 통제
d. 변인

PSYCHOLOGICAL SCIENCE

짧은 보고서
사진 한 장의 가치
애인의 사진은 실험적으로 유발된 고통을 감소시킨다.

Sarah L. Master, Naomi I. Eisenberger, Shelley E. Taylor, Bruce D. Naliboff, David Shirinyan, and Matthew D. Lieberman
University of California, Los Angeles

서론에서는 이 연구가 무엇을 검증할 것인지를 설명한다. 서론은 또한 현재의 연구와 관련된 선행 연구 결과들에 대해서도 논의한다.

방법 부분에서는 이 연구에서 무엇을 했는지를 묘사한다. 방법에서는 또한 연구의 참여자 및 절차에 대해서도 설명한다.

제2장(20~23쪽)에서 여러분은 다양한 연구전략의 유형에 대해 읽었다. 이 연구에서는 어떤 유형이 사용되고 있는가?

사회적 지지는 여러 영역에 걸쳐 고통감소 경험과 관련이 있다(Cogan과 Spinnato, 1988; Kulik과 Mahler, 1989; Zaza와 Baine, 2002). 흥미롭게도 몇몇 실험 연구는 사회적 지지와 고통 감소 경험의 결합이 인과관계임을 시사하고 있다. 한랭압박과제 실험에서 상호지지를 받은 참가자는 혼자서 과제를 완수했거나 상호지지를 받지 못한 참여자보다 그 과제 수행 시 덜 고통을 느낀 것으로 보고하고 있다(Brown, Sheffield, Leary와 Robinson, 2003; Jackson, Iezzi, Chen, Ebnet과 Eglitis, 2005). 게다가 단 한 사람의 지지자가 있다는 것만으로도 한랭압박과제에서 고통을 감소시켰으며(Brown 등, 2003; McClelland와 McCubbin, 2008), 고통스러운 신체 부위에 자극을 받은 섬유근육통 환자들의 고통도 감소시켰다(Montoya, Larbig, Braun, Preissl과 Birbaumer, 2004).

자신을 지지해주는 사람의 심적 표상을 활성화시키는 것만으로도 사회적 지지의 고통감소 효과가 관찰될 수 있을까? 선행연구의 결과에 따르면 자신에게 중요한 사람들의 심적 표상을 활성화하는 일은 그 사람들이 실제로 옆에 있는 것과 비슷한 수준의 효과를 나타낼 수 있다(Fitzsimons와 Bargh, 2003; Mikulincer와 Shaver, 2001). 이 연구를 위해 단지 로맨틱한 애인의 사진을 보여주는 것이 신체적 고통 경험을 감소시킬 수 있는지 여부를 검증하였다. 우리는 이전의 사회적 지지 개념화와 더 일치하는 것, 즉 파트너의 손을 내미는 것과 이 조건이 어떻게 다른지를 비교했다.

방법

참여자는 파트너와 6개월 이상의 장기적인 관계를 유지하고 있는 28명의 오른손잡이 여자이다. 이 중 기술적 실패로 3명을 제외하고 최종적으로 25명이 연구에 참여하였다. 도착하자마자 참여자들은 검사실로 안내되었으며, 여자들의 파트너들은 나중에 사용할 사진을 찍기 위해 다른 방으로 안내되었다.

참여자들의 동의 후에 열 자극(0에서 20까지의 척도 중 적당하게 불편을 느낄 수 있는 10등급)을 위한 고통의 한계점이 결정되었다. 그런 다음 참여자들은 왼팔을 천장에 걸려 있는 불투명한 커튼 뒤에 두었다. 연구 내내 남자 실험자는 커튼 뒤에서 9cm²의 무인 펠티에타입 열극(TSAII, Medoc Inc., Ramat Yishai, Israel)을 사용하여 참여자의 왼쪽 팔뚝 세 군데에 6초간의 열 자극을 주었다.

참여자들에게 모두 84번의 열 자극을 주었는데, 7개의 과제 조건 각각에 20초 간격으로 자극을 6번씩 주었고 각 조건에서 두 번씩 실시하였다. 참여자들이 모르게 자극의 반은 온도 한계점으로 나머지 반은 한계점보다 1℃ 높게 제시했다. 7개의 연구 조건(각각 3분 14초 동안 지속됨)은 다음과 같다. (a) 커튼 뒤에 있는 파트너의 손을 잡음, (b) 커튼 뒤에 있는 실험자의 손을 잡음, (c) 스퀴즈볼을 잡음, (d) 도착하자마자 찍은 파트너의 사진을 컴퓨터 모니터를 통해 봄, (e) 참여자의 파트너와 인종이 같은 다른 남자의 사진을 봄, (f) 의자 사진을 봄, (g) 고정된 십자선을 봄(조작되지 않음). 참여자의 반은 손과 물체를 잡는 조건 실험을 먼저 했고 나머지 반

은 사진을 보는 조건 실험을 먼저 하였다.[2]

참여자들은 자극의 불편함의 정도를 Gracely Box Scale(Gracely, McGrath와 Dubner, 1978)에 있는 숫자에 표시하였다. Gracely Box Scale은 고통에 대한 불쾌감을 사전에 수량화한 언어적 서술과 결부시킨 21개 박스로 된 숫자 기술 척도이다. 참여자 쪽에 있는 여자 실험자는 평가점수를 기록하였다. 사회적 지지는 사람들로 하여금 고통에 집중하지 못하도록 하여 고통을 감소시킨다(Hodes, Howland, Lightfoot과 Cleeland, 1990)는 가설을 검증하기 위해 연구 내내 컴퓨터가 가끔 무작위로 내는 삐소리에 대한 참여자의 반응시간(예를 들어 그들 앞에서 키보드의 스페이스 바를 누르는 데 소요되는 시간)을 기록하였다. 이것을 통해 참여자들이 다른 조건보다 파트너의 손을 잡거나, 사진을 보는 등의 지지 조건에서 더 집중하지 못하는지를 평가했다.

결과 및 논의

7개의 조건에서 컴퓨터의 삐 소리에 반응하는 평균 시간은 반복측정 일원분산분석(one-way ANOVA)으로 처리되었다. 조작은 $F(6, 144)=0.42$, $p=.87$, $p_{rep}=.21$로 집중을 방해하지 못하는 것으로 나타났다. 즉 사회적 지지가 방해에 의해 무너지지 않는 것으로 보인다. 해석을 쉽게 하기 위해 각각 다른 조건에서의 고통 점수의 평균으로부터 고정된 조건에서의 고통 점수의 평균을

뺀 점수의 차이를 계산하였다. 일원분산분석(one-way ANOVA)은 $F(5, 120)=19.63$, $p_{rep} > .99$로 고통 점수에 대한 조건의 유의미한 주효과가 있음을 보여주었다. 계획된 쌍별비교를 통해 기대한 것처럼 파트너의 손을 잡는 것($M=.48$, $SD=1.97$)이 물체를 잡고 있는 것($M=.89$, $SD=1.41$), $t(24)=4.73$, $p_{rep}=.99$, $d=0.80$, 또는 모르는 사람의 손을 잡고 있는 것($M=1.55$, $SD=1.47$)게 고통을 느끼는 정도가 낮은 것을 알 수 있다. 흥미롭게도 파트너의 사진을 보는 것($M= -1.01$, $SD=1.56$)은 물체의 사진을 보는 것($M=0.14$, $SD=1.62$), $t(24)=4.37$, $p_{rep}=.99$, $d=0.72$ 또는 모르는 사람의 사진을 보는 것($M=0.22$, $SD=0.84$), $t(24)=-5.09$, $p_{rep}=.99$, $d=0.98$보다 유의미하게 고통을 느끼는 정도가 낮은 것을 알 수 있다. 게다가 파트너 사진을 보는 조건에서의 고통 점수는 $t(24)=-1.83$, $p=.08$, $p_{rep}=.84$로 파트너의 손을 잡는 조건에서의 고통 점수보다 미미하게 낮았다.[3]

이러한 결과들은 단순히 사랑하는 사람의 사진을 보는 것만으로 고통을 감소시키는 효과가 있다는 생각이 사실임을 확인시켜주는 것으로 사회적 구성을 제공하면 관련된 심적 표상을 충분히 활성화하고 행동을 편향시킬 수 있다는 사회 심리적 연구와

> p_{rep}는 결과의 반복검증 가능성을 나타낸다. p_{rep}가 .99보다 크기 때문에 이것은 이 결과들이 99% 이상 정확하며 우연에 의한 결과가 아니라는 것을 의미한다.

> 제2장에서 배운 연구 방법, 특히 통제된 조건과 변인들에 관해 생각해보라(20쪽). 여기에서 보여주고 있는 좋은 연구의 실례는 어떠한가?

---

[1] 비록 참여자들이 커튼 뒤를 볼 수 없었지만, 실험자는 각각의 조건들에서 그들이 잡고 있는 손이 그들의 파트너의 것인지 또는 모르는 사람의 것인지를 참여자들에게 말해주었다. 모든 참여자들은 실험자를 믿었다고 보고하였다.

[2] 하나의 실험장면을 만들기 위해 고정조건은 손이나 물체를 잡는 조건 또는 사진을 보는 조건 중 어느 하나를 무선적으로 포함시켰다. 제시의 순서는 서너 개 조건들의 각 장면 내에서 무선화하였다.

[3] 파트너의 사진의 효과는 기대효과 때문이지는 않은 것 같다. 교제 중이고(>6개월; $n=11$), 연구를 마쳤다고 상상하게 한 여자들의 한 분리된 표본은 그들의 파트너의 사진을 보았을 때보다 파트너의 손을 잡고 있을 때 유의미하게 덜 고통을 느꼈을 것이라고 예언하였다. $t(10)= 3.24$, $p_{rep}=.95$, $d=0.77$.

결과 부분에서는 연구자들이 연구를 통해 발견한 것을 기술하며, 논의 부분에서는 이러한 결과들을 해석하고 선행연구 결과들과 비교한다.

학문적인 저널에 소개된 결과들은 종종 인기 있는 매체에서 논의되기도 한다. 《Psychological Science》에 실린 연구결과가 어떻게 《NY Times》 블로거에서 논의되는지를 보라.

왜 사랑하는 사람들은 누군가가 경험하는 고통을 지지할 수 있는 능력에서 차이가 있을 수 있는가?

일치한다(Ferguson과 Bargh, 2004). 따라서 사랑하는 사람의 사진을 보는 것은 사랑받는 것과 지지받는 것에 대한 심적 표상과 결합되어 고통에 대한 경험을 감소시키기에 충분한 것처럼 보인다. 연구 결과는 고통스러운 수술을 할 때 사랑하는 사람의 사진을 가져가는 것은 특히 사랑하는 사람들이 그곳에 올 수 없을 때 매우 유용할 수 있다는 것을 시사한다. 사실 사랑하는 사람의 지지 능력은 변화할 수 있으므로 어떤 경우에는 사진이 사람의 지지보다 더 효과적일 수 있다. 결론적으로 이러한 결과들은 사회적 지지의 유익한 효과는 오로지 지지적인 사회적 상호작용에서만 올 수 있다는 개념에 이의를 제기하고, 사랑하는 사람들의 간단한 기념품이 지지의 감정들을 불러일으키는 데 충분하다는 것을 시사한다.

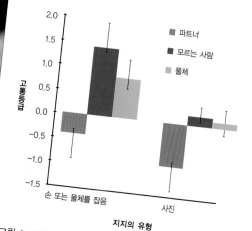

그림 1. 지지의 유형과 원천의 기능으로서 평균고통등급 세로좌표 상의 고통등급들은 다른 조건의 평균고통등급에서 고정조건에서의 평균고통등급을 뺀 차이 점수들이다. 따라서 음수는 고정조건과 비교해서 관심 있는 조건에서의 고통등급이 낮은 것을 의미한다.

참고문헌

Brown, J.L., Sheffield, D., Leary, M.R., & Robinson, M.E. (2003). Social support and experimental pain. *Psychosomatic Medicine*, 65, 276–283.

Cogan, R., & Spinnato, J.A. (1988). Social support during premature labor: Effects on labor and the newborn. *Journal of Psychosomatic Obstetrics and Gynecology*, 8, 209–216.

Ferguson, M.J., & Bargh, J.A. (2004). How social perception can automatically influence behavior. *Trends in Cognitive Sciences*, 8, 33–39.

Fitzsimons, G.M., & Bargh, J.A. (2003). Thinking of you: Nonconscious pursuit of interpersonal goals associated with Relationship partners. *Journal of Personality and Social Psychology*, 84, 148–164.

Gracely, R.H., McGrath, F., & Dubner, R. (1978). Ratio scales of sensory and affective verbal pain descriptors. *Pain*, 5, 5–18.

Hodes, R.L., Howland, E.W., Lightfoot, N., & Cleeland, C.S. (1990). The effects of distraction on responses to cold pressor pain. *Pain*, 41, 109–114.

Jackson, T., Iezzi, T., Chen, H., Ebnet, S., & Eglitis, K. (2005). Gender, interpersonal transactions, and the perception of pain: An experimental analysis. *The Journal of Pain*, 6, 228–236.

Kulik, J.A., & Mahler, H.I. (1989). Social support and recovery from surgery. *Health Psychology*, 8, 221–238.

McClelland, L.E., & McCubbin, J.A. (2008). Social influence and pain response in women and men. *Journal of Behavioral Medicine*, 31, 413–420.

Mikulincer, M., & Shaver, P.R. (2001). Attachment theory and intergroup bias: Evidence that priming the secure base schema attenuates negative reactions to out-groups. *Journal of Personality and Social Psychology*, 81, 97–115.

Montoya, P., Larbig, W., Braun, C., Preissl, H., & Birbaumer, N. (2004). Influence of social support and emotional context on pain processing and magnetic brain responses in fibromyalgia. *Arthritis and Rheumatism*, 50, 4035–4044.

Zaza, C., & Baine, N. (2002). Cancer pain and psychosocial factors: A critical review of the literature. *Journal of Pain and Symptom Management*, 24, 526–542.

November 19, 2009, 1:59 PM

사진으로 고통 완화

By RONI CARYN RABIN

사랑하는 사람의 사진을 보는 것이 고통을 줄일 수 있는가?

수많은 연구들은 건전한 사회적 관계가 건강에 도움이 된다는 것을 보여준다. 활동적으로 사회적 관계를 맺으면서 사는 사람은 고독하게 사는 사람들에 비해 더 오래 사는 것처럼 보인다. 결혼한 암환자는 이혼한 암환자에 비해 보다 나은 태도를 보인다. 한 연구는 단지 사랑하는 사람의 사진을 보는 것만으로도 신체적 고통의 지각을 경감할 수 있다고 시사하고 있다.

　　UCLA의 심리학자들은 든든한 남자친구가 있는 25명의 여자를 모집하였다. 여자들의 팔뚝에 열을 가하는 도구를 사용하여, 고통이 느껴질 정도로 온도를 올린 다음 느끼는 고통의 정도를 0~20 척도에 응답하게 하였다.

　　연구자는 열을 조작하였으며, 다른 조건 즉 그녀의 남자친구의 사진을 바라보고 있을 때와 전혀 모르는 사람의 사진이나 의자를 보고 있을 때 여자들의 반응을 기록하였다. 연구자들은 또한 여성들이 커튼 뒤에 숨겨진 모르는 사람의 손을 잡았을 때와 그들의 남자 친구의 손을 잡았을 때 또는 스퀴즈 볼을 잡았을 때 느끼는 고통의 정도를 측정하였다.

　　"우리는 여자들이 모르는 사람의 손이나 물건을 잡았을 때보다 그들의 파트너의 손을 잡았을 때 고통에 대한 평점의 평균이 낮은 것을 보았다"라고 논문의 주저자이자 UCLA에서 박사논문의 일부로 연구를 수행한 사라 마스터(Sarah L. Master)는 말하였다.

　　여성들은 그들의 남자친구의 사진을 보았을 때, 모르는 사람의 사진이나 의자 사진을 볼 때보다 고통을 더 낮게 평가하였다. 놀랍게도 남자친구의 사진을 보았을 때가 남자친구의 손을 잡을 때보다 고통을 더 낮게 평가하였다.

　　"단지 지지해 주는 누군가의 사진을 보는 것만으로도 신체적 지각은 보다 다루기 쉽게 된다는 사실은 흥미롭다"라고 마스터 박사는 이야기했다. 이 연구는 《Psychological Science》 저널의 11월호에 발행되었다.

　　마스터 박사는 특정 상황하에서 사진을 보는 것은 그 사람을 실제로 보는 것보다 더 강한 효과를 낼 수 있다고 제안한다. "그 사람이 기분이 좋지 않거나 그 순간 도움이 되지 않는다면 실제 사람이 있는 것은 좋지 않다. 한 장의 사진이 더 좋은 해결책일 수도 있다"고 말했다.

　　마스터 박사는 단지 사랑하는 사람을 생각하는 것만으로도 지지의 감정을 불러일으킬 수 있는데 이는 아마 고통감소 효과가 있는 뇌 화학물질인 내재성 아편물질 방출을 촉진해서인 것 같다고 말했다.

💬 Add a comment　　✉ E-mail This　　🖨 Print　　➕ Share

인간의 뇌

의족을

가지고 해변을 걷는 것을 상상하라. 당신이 발가락 사이로 따뜻한 모래를 느낄 수 없고 차가운 바닷물과 해초가 피부에 느껴지지 않는다면 당신에게 경험이 어떻게 다르게 느껴질까? 연구자들은 다리 절단 수술을 받은 사람이 이런 종류의 촉각 감각을 경험할 수 있도록 뇌의 힘과 표적 근육 신경 재분포(TMR)라 불리는 외과적 기술로 시작한 자신들의 방법으로 돕는다.

시카고에 있는 연구소에서 팔꿈치 위쪽이나 어깨를 절단한 연구 참가자들은 이런 유형의 수술을 처음으로 경험하였다. 수술로 절단된 팔과 연결되었던 신경이 절단면 가까이에 있는 큰 근육으로 다시 연결되었으며 이러한 경우는 팔 위쪽과 가슴까지였다. 만약 인공 팔이 환자 자신의 것이라면 사람들은 오로지 인공 팔로 운동하는 움직임에 대한 생각만을 한다. 가슴과 팔 근육에서 다시 연결된 신경이 수축을 감지할 때 근육 조직의 감각기는 끼워 넣을 것이고 보철물은 포크를 집는다든가 캐치볼, 다른 사람의 손 잡기와 같은 활동을 수행할 수 있는 특별한 신호를 인공 팔에 보내게 된다. 더 놀라운 것은, 2007년에서 2008년의 연구로 절단술 환자들이 특정한 운동을 일반인에 비하여 아주 짧은 순간 느린 정도로 로봇 팔을 이용하여 성공했다는 것이다.

외과의들은 최근 뇌로 감각을 전달하는 신경을 이식하여 인공 팔 사용자들이 정신적으로 접촉을 느끼게끔 하였다. 표적 감각 신경 재분포(TSR)라고 불리는 인공 팔에서부터 나온 신경은 환자 가슴의 피부로 연결된다. 이 부분에 대응하는 어떤 것을 설치한 환자는 마치 물리적으로 자신의 팔을 이용하여 무언가를 만졌다고 느낀다. 이 기술은 놀랍게 개선되어 참가자가 뜨거운 것과 차가운 것의 차이, 거친 것과 부드러운 감촉을 느끼게 해주었으며 심지어 자신의 가슴에 다른 곳과 연결된 손가락의 감각을 느끼기도 하였다. 연구자들은 미래에 다시 한번 환자들이 자기 손을 이용하여 직접적으로 환경을 경험할 수 있는 인공 팔이 새로 생긴 신경에 감각을 보내는 새로운 기술들이 개발되기를 바라고 있다. 인간의 경험에서 신경의 기능과 뇌의 역할을 중심으로 행해진 이 주목할 만한 진보는 절단술 환자들의 촉각을 회복시킬 뿐 아니라 그들이 자기 스스로 지각하고 다른 것에 의하여 지각되도록 하는 방법에서 큰 변화의 원인이 된다는 점이다.

<<< 버락 오바마 대통령이 메릴랜드 주에 있는 국립보건원에서 현미경 아래로 뇌세포를 지켜보고 있다. 최근 대통령은 50억 달러를 미국 전역의 의학 연구 발전 기금으로 할당하였다.

CHAPTER **03**

맥락에서의 뇌

왜 뇌를 공부하는가?

간단하게 이야기하자면, 인간의 뇌는 행동할 수 있다. 그러나 정확히 어떻게 이렇게 이루어지는지는 과학자들에게 미스터리로 남아있다. 현재 우리는 뇌 속의 일과 사람의 행동 사이를 단순하게 그려낼 수는 없지만 뇌 영역과 행동의 종류 사이의 일관되고 예측 가능한 관계를 수립할 수 있다. 어떻게 인간의 뇌가 일을 하는지는 우리가 왜, 무엇을 하는지를 이해하는 데에 결정적이다.

일반적으로 이야기하면, 인간의 뇌는 주요한 세 가지 특징을 가지고 있다.

1 통합. 뇌의 구조는 끊임없이 완성되고 협동한다.

2 정교. 심지어 가장 고기능의 컴퓨터도 사고와 행동의 복잡성에 있어 인간의 뇌와 맞수가 될 수 없다.

3 적응성. 인간의 뇌는 언제나 일을 하고 있으며 끊임없이 변화한다. 인공 팔을 통제하는 능력은 매우 드문 상황에서 완전하게 적응하고 기능할 수 있는 뇌의 확장이라는 놀라운 실례이다.

뇌와 신경계

신경계는 **중추 신경계**(central nervous system, CNS)와 **말초 신경계**(peripheral nervous system, PNS)의 두 영역으로 하위 분류가 된다. 중추 신경계는 신경에서 가장 큰 영역이며 척수와 뇌를 포함한다. 말초 신경계는 중추 신경계의 바깥쪽에 있으며 사지와 기관에 관여한다.

말초 신경계는 **체성 신경계**(somatic nervous system)와 **자율 신경계**(autonomic nervous system)로 다시 나뉜다. 체성 신경계는 외부로부터 자극을 잡아 우리의 운동과 의식적으로 통제하는 과제들을 조직화한다. 자율 신경계는 **교감 신경계**(sympathetic nervous system)와 **부교감 신경계**(parasympathetic nervous system)로 구성되어 있다. 교감 신경계와 부교감 신경계는 서로 반대되는 역할을 하며 같은 기관에 작용한다. 대부분의 상황에서 교감 신경계는 기관을 액셀러레이터처럼 활성화하는 반면 부교감 신경계는 브레이크와 같은 역할을 한다. 부교감 신경계는 즉각적인 행동을 요구하지 않는 기능에 대해 활성이 된다. 반대로 교감 신경계는 항상 활동적이며 스트레스 상황에서 조금 더 의미 있게 활성화한다. 이 두 시스템은 운율이 맞는 것으로 묘사되어 있다. 교감 신경계가 '싸우거나 도주'하는 일을 한다면 부교감 신경계는 '쉬거나 먹거나' 하는 우선 순위를 가진다.

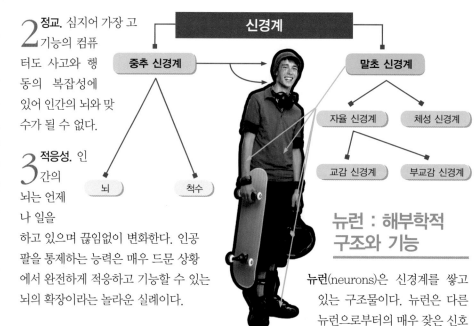

뉴런 : 해부학적 구조와 기능

뉴런(neurons)은 신경계를 쌓고 있는 구조물이다. 뉴런은 다른 뉴런으로부터의 매우 잦은 신호인 자극의 다른 유형을 받아들이는 흥분성 세포이다. 신호에 대한 반응에서 뉴런은 다른 뉴런들을 따라 신호가 지나가는 것으로 '발화'가 될 뿐 아니라 신호를 전송하지 않고 보유하고 있을 수도 있다. 자연에서 뉴런이 발화되거나 그렇지 않거나의 2진수로 있을 동안 뉴런들은 1초에 100회에서 1,000회까지 다양한 비율로 발화하며 그렇기 때문에 다른 뉴런들에게 미묘한 정보를 잘 전달할 수 있다.

뉴런의 구조

수상돌기(dendrites)는 비교적 짧고 덤불 같으며 잔가지같이 생긴 구조로 세포체로부터 분화되어 있고 근접한 뉴런에서 신호를 받는다. 한 개의 뉴런은 수상돌기 가지를 통하여 다른 뉴런들과 2,000개 이상의 연결을 갖는다.

뉴런의 세포체인 **소마**(soma)는 핵을 포함한다. 모든 정보는 수상돌기를 통해 수집되어 정보를 처리하는 소마에 모인다. 사실 소마는 모여진 모든 정보의 합을 계산하여 만일 전압의 합이 특정한 역치 이상이 되면 뉴런은 발화하게 되며 그 연결된 세포를 따라 신호가 전달된다.

뉴런이 발화할 때 신호는 뉴런의 **축색**(axon)을 따라 이동하고 케이블 선과 같은 확장이 의사소통의 표적으로 소마에서 신호가 전송된다. 축색은 근육, 분비샘, 이웃한 뉴런의 수상돌기인 세 가지 다른 표적과 '소통'한다. 축색의 길이는 뉴런들 사이에서 꽤 다양하다. 어떤 축색은 상대적으로 짧은 반면에 다른 것들은 뇌에서 발가락 끝까지 길게 늘여질 수도 있다.

전부는 아니지만 대부분의 축색은 **미엘린**(myelin) 수초로 싸여 있다. 지방질 물질은 전깃줄의 플라스틱 코팅처럼 되어 있고 신호가 이동하는 동안 신호의 강도

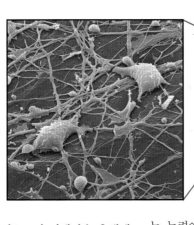

와 속도를 증강시킴으로써 미엘린은 축색에서 절연하는 역할을 한다.

각 축색으로부터 뻗어나간 구조물의 말단에 있는 가지인 **종말 단추**(terminal buttons)를 통하여 축색은 이웃한 수상돌기로 신호를 보낸다. 우리가 신호를 받을 때 종말 단추는 뉴런과 흥분한 이웃 수상돌기 사이의 공간에 화학적 물질을 방출한다.

뉴런의 유형

비록 모든 뉴런이 일반적으로 구조가 비슷한 것은 아니지만 모양과 크기에서 다양성을 지니고 있다. 그러나 모든 뉴런은 신경계에서의 위치와 기능에 따라 세 가지 범주로 나눌 수 있다.

- **감각 뉴런**(sensory neurons)은 감각 기관(눈, 귀, 코, 혀, 피부)으로부터 중추 신경계를 향하여 정보를 이동시킨다.
- **운동 뉴런**(motor neurons)은 근육과 분비샘을 작동시키기 위하여 중추 신경계로부터 정보를 이동시킨다.
- **중간 뉴런**(interneurons)은 감각 뉴런과 운동 뉴런 사이에 정보를 보낸다.

중간 뉴런은 인간의 신경계에 가장 많은 형태로, 감각 뉴런과 운동 뉴런이 수백만 개가 있는 반면 중간 뉴런은 약 억만 개가량 존재한다. 중추 신경계에서 배타적으로 존재하는 중간 뉴런은 다양한 출처에서의 정보를 받고 결합시키

는 능력이 있다. 중추 신경계의 작업 공간에서는 이러한 세포들이 감각으로부터 일반화된 지각에 반응할 수 있으며 우리의 내적 정신 언어를 창조하고 행동적인 활동을 정리하고 착수시킨다.

축색 종말
(시냅스 결절)

핵

소마

축색

수상돌기

미엘린 수초

축색

축색 종말
(시냅스 결절)

∧∧∧ 뉴런은 인간의 뇌에서 정보처리를 하는 가장 기본적인 단위로 신체 전반의 메시지를 주고받는 능력이 있다. 어떻게 뉴런의 형태가 이러한 기능과 관련되는가?

뇌로 향함

2 감각 뉴런이 척수의 회색 배측부에서 중간 뉴런을 흥분시킨다.

감각 뉴런

3 중간 뉴런은 척수의 회색 복측부의 운동 뉴런을 흥분시킨다.

4 운동 뉴런은 척수를 흥분시키고 근육을 흥분시키며 운동을 하게 만든다.

교세포

뉴런들을 서로 붙어 있도록 하는 풀이 무엇일까? **교세포**(glial cells) 이상 찾아볼 필요도 없다. 사람의 뇌에는 모든 뉴런에 10개

1 불꽃이 감각 수용기(감각 뉴런)를 자극한다.

의 교세포가 있다. 교세포는 여러 방식으로 뉴런들을 지지해주고 있다. 뉴런들이 자기 자리에서 일을 할 때 미엘린을 만들어 주고 영양을 공급하며 절연을 하도록 해 준다. 더욱이 성상세포라 불리는 교세포의 특정한 형태는 뇌의 혈관을 둘러싸고 있고 지방질 포장 봉투로 물질이 혈류를 벗어나지 못하게 하고 뇌에 도달할 수 있도록 노력하는 **혈뇌장벽**(blood-brain barrier)이라고 알려진 것을 만든다. 많은 독소와 독이 지방에 용해되는 것을 막아 그것들이 혈뇌장벽을 관통하여 뇌에 손상을 입힐 수 없다.

뉴런 사이의 소통

발화하거나 발화하지 않거나

뉴런은 매우 사회적인 존재이다. 그들은 **네트워크**(networks)라고 불리는 큰 커뮤니티에서

제13장

살며 **신경**(nerves)이라고 불리는 빡빡한 집단에 묶여 있다. 신경은 생존을 위해 다른 것들과 연결되어 의존하고 개별적으로 일을 하기도 하지만 큰 집단의 일부로써 일을 하기도 한다.

뉴런은 사람들이 흥미로운 수다를 떨 때와 거의 같은 방법으로 의사소통을 한다. 8학년 학생이 중학교 복도를 철거한다는 것을 가장 '최근' 그녀의 드러나지 않는 친구에게 이야기하는 것을 상상해 보라. 그녀의 흥분은 감지할 만하다. 친구에게 전달될 시 그녀는 귓속말을 할 것이고 친구는 흥분된 상태에서 소리를 지를 것이고 다른 친구들에게는 말하지 않을 것이다. 물론 뉴런은 귓속말보다 에너지를 통해 정보를 전송하지만 그들의 기본적인 의사소통 방식은 10대의 사회 활동과 유사한 것으로 보인다.

뉴런은 다른 뉴런이나 충격, 빛, 압력 등의 자극을 받아들이는 감각 수용기와 같은 자원에 의해서 자극될 때만 발화하게 된다. 많은 이웃한 다른 세포들은 하나의 뉴런으로 신호를 전달할 수 있다. 어떤 세포는 뉴런에게 다른 뉴런으로 정보를 전송하도록 발화할 것을 지시하기도 하며 그동안 또 다른 뉴런들은 발화하지 않도록 할 수도 있다[이러한 처리를 **억제**(inhibition)라고 한다]. 이런 복잡한 메시지들을 마주하여 뉴런은 자기 전공에 따라 매우 사회적인 역할

을 한다.

모든 뉴런은 발화가 되기 위해 도달되어야만 하는 특정한 **역치**(threshold)가 있다. 1밀리볼트나 100밀리볼트에 상관없이 양전하의 수가 역치를 초과하면 결과는 같다. 만약 역치를 지나치게 된다면 세포는 발화하게 될 것이다. 이를 **실무율의 법칙**(all-or-none principle)이라고 부른다. 우리가 다이빙 대에 서 있을 때 뛰어내리거나 멈춰 있거나 한다. '중간에 걸쳐 있는' 상태는 없다. 뉴런도 마찬가지이다.

뉴런이 발화할 때 수상돌기와 세포체가 받은 신호는 축색으로 내려가 신경 세포의 반대편 끝에 있는 종말 단추로 보내진다. 이를 성공시키기 위하여 뉴런은 세포체에서 종말 단추로 일하게 하고 다음 뉴런을 자극시키는 신경전달물질을 방출하도록 하는 전기 화학적 파급인 **활동 전위**(action potential)를 만들어낸다.

쉬고 있는 동안 뉴런의 유동액은 내부에 외부 환경에 비하여 좀 더 음성적인 전하를 띤 입자를 포함한다. 이는 상대적으로 내부가 음성 상태인 뉴런을 **안정 전위**(resting potential)라고 부른다. 음성적으로 전하를 띠는 단백질 분자와 염소 원자가 세포 내부뿐 아니라 뉴런에서 칼륨 이온이 뉴런 내부에 좀 더 많이 존재하며 나트륨 이온이 바깥쪽에 더 많이 있는 상태인 세포막의 이온 펌프에 의해 유지된다. 놀라울 것도 없이 칼륨과 나트륨 이온은 세포 안으로 들어오거나 나갈 때 서로 다른 채널을 이용한다.

뉴런이 자극이 되면 상대적으로 세포체에 비하여 축색막 대문은 이온 채널의 상태로 충전되어 있다. 그 결과, 칼륨 채널은 닫히고 나트륨 채널은 열린다. 결과적으로 많은 양성적인 나트륨 이온의 세포 안 유입이 증가되게 된다. 이러한 나트륨 이온의 쇄도는 축색의 내부 상태를 음성에서 양성으로 변화시키며 축색 막의 다음 부분으로 활동 전위를 전파한다. 안쪽으로 이동한 나트륨과 바깥쪽으로 이동한 칼륨 이온은 이온들이 왔던 곳으로 다시 돌아갈 뿐 아니라 축색을 따라 계속 이동하며 움직이는 전기적 신호를 만들어 낸다. 이 신호는 마치 인파가 스포츠 경기장 주변을 움직이는 것처럼 축색을 따라 같은 방향을 따라 이동한다.

자전 활동 전위는 곁에 있는 뉴런을 흥분시키는 화학물질의 방출이 이루어지는 종말 단추의 막으로 이동하는 일을 한다. 유수 축색은 이런 과정을 빠르게 할 수 있다. 축색을 싸고 있는 미엘린 수초는 계속적이지 않다. 오히려 교세포는 미엘린을 만드는 절연 부분으로 **랑비에 결절**(nodes of Ranvier)이라고 하는 아무것도 쌓여 있지 않은 축색의 작은 틈을 남긴다. 활동 전위는 노출된 공간에서 노출된 공간으로 뛰어넘기를 할 수 있다. 이렇게 결절과 결절을 뛰어넘는 것은 신호가 굉장한 속도로 축색을 따

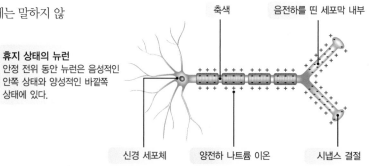

축색　　음전하를 띤 세포막 내부

휴지 상태의 뉴런
안정 전위 동안 뉴런은 음성적인 안쪽 상태와 양성적인 바깥쪽 상태에 있다.

신경 세포체　　양전하 나트륨 이온　　시냅스 결절

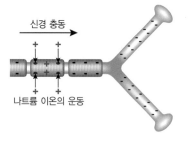

신경 충동

나트륨 이온의 운동

신경 충동
활동 전위는 음전하에서 양전하로 전기적 상태의 변환에 의해 양전하의 나트륨 이온이 세포 안으로 들어갈 때 발생한다.

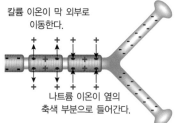

칼륨 이온이 막 외부로 이동한다.

나트륨 이온이 옆의 축색 부분으로 들어간다.

신경 충동의 지속
활동 전위가 축색 말단을 향해 축색을 따라 이동할 때, 활동 전위를 넘어선 세포 영역은 칼륨 이온이 재빠르게 세포 내부에서 빠져나가는 것으로 그들의 음전하 휴지 상태로 돌아간다.

∧ ∧ ∧ 음성적이고 양성적인 전하를 띠는 입자들은 전기적 신호가 축색으로 이동하도록 한다.

라 흐르게 하도록 한다.

시냅스

해부학자인 산티아고 라몬 이 카할(Santiago Ramón y Cajal, 1937)은 그의 현미경 아래에서 **시냅스**(synapses)를 보며 '원형질에서의 키스'라고 별칭을 붙였다. 시냅스는 두 뉴런 사이의 연결로 정보가 전송된다. 종종 시냅스는 전송하는 뉴런의 종말 단추와 받아들이는 뉴런의 수상돌기 사이의 좁은 공간이나 **시냅스 간극**(synaptic cleft)에서 만들어진다. 시냅스로 신호를 보내는 뉴런을 **전 시냅스 뉴런**(pre-synaptic neuron)이라고 하고 신호를 받는 뉴런을 **후 시냅스 뉴런**(post-synaptic neuron)이라고 한다. 시냅스 또한 뉴런 사이에 위치하고 있으며 근육뿐만 아니라 뉴런들과 분비 세포 사이에도 존재한다.

시냅스는 축색으로 내려온 전기적인 활동 전위를 **신경전달물질**(neurotransmitter)이라고 부르는 화학적 메시지로 전환시킨다. 뉴런이 발화할 때 뉴런의 종말 단추는 시냅스 간극으로 신경전달물질을 방출시킨다. 이러한 신경전달물질 중 일부는 시냅스를 떠돌아다니다가 화학적으로 이웃한 뉴런을 자극시킨다. 이 뉴런은 차례대로 화학적 신호를 전기적 신호로 전환시킨다.

신경전달물질은 오랜 시간 시냅스 간극에 머무르지 않는다. 이런 과정은 **재흡수**(reuptake)라 부르며 많은 양의 방출된 신경전달물질이 전 시냅스 뉴런으로 되돌아간다. [최근 연구는 교세포 또한 시냅스로부터 신경전달물질을 제거하는 역할을 하는 것으로 알려져 있다(Volterra와 Steinhäuser, 2004).] 만약

>>> SSRIs와 같은 약물은 재흡수 과정에 영향을 주고 시냅스 사이의 신호 전달을 대체하는 것으로 설계되어 있다. 이런 약물의 이점과 문제점은 무엇일까?

신경전달물질이 이웃한 뉴런에 있는 수용기에 빠르게 접착되지 않는다면 재흡수의 희생자가 되고 말 것이다.

약물의 특정한 종류는 우울 증상을 덜어주도록 만들어져 있고 이러한 과정에 효과적이다. 우울의 이론 중 하나는 세로토닌이라는 신경전달물질의 부족이 우울하지 않은 사람들이 하는 의사소통 방식으로 세포를 예방할 것이라는 가설을 가지고 있다. 약물은 시냅스 간극으로부터 세로토닌의 재흡수를 막는 것으로 선택적 세로토닌 재흡수 억제제 혹은 SSRIs로 불리고 있다. SSRIs가 빠르게 세로토닌이 재흡수되는 것으로부터 전 시냅스 뉴런을 방지하기 때문에 좀 더 많은 신경전달물질이 시냅스 간극에 머무를 수 있고 주변에 있는 후 시냅스 뉴런을 자극시킬 수 있는 가능성이 증가하게 된다.

시냅스 가소성

인공 사지가 드러나는 것에 대해 연구할 때 뇌의 인상적인 특징은 그것의 **가소성**(plasticity)이나 혹은 그것에 적응하거나 변화시키는 능력이다. 이 가소성은 뇌 전반에 대하여 증거가 있을 뿐 아니라 세포 수준에서도 일어난다. 1949년 도널드 헵(Donald Hebb)은 처음으로 어떻게 뇌가 학습을 하고 기억을 유지하는지를 설명하기 위한 이론적 모델로써 시냅스 가소성의 생각에 대해 이야기하였다. 헵은 더 많은 세포가 다른 세포와

신경은 뉴런의 집합이다.

억제는 뉴런이 다른 뉴런으로 정보를 전달하지 못하도록 지시하는 과정이다.

역치는 정보를 전달받기 전 많은 양성 입력을 받아야만 하는 것이다.

실무율의 법칙은 한번 특정한 뉴런에 대한 역치에 도달한 상태로 그것의 모든 정보를 전달하며 더 많은 양성 입력이 들어온다 하더라도 역치 이상으로 받아들이지 않는다.

활동 전위는 전기화학적 파문으로 세포체에서 종말 단추의 방향으로 움직이고 종결되며 신경전달물질의 방출은 다음 뉴런을 자극한다.

안정 전위는 뉴런 안쪽의 유체가 음성적으로 충전된 입자가 과잉하여 상대적으로 뉴런이 음성 상태에 있다.

랑비에 결절은 미엘린에 의하여 절연되어 있지 않은 축색의 한 부분이다.

시냅스는 신경충동이 이동하는 뉴런들 사이의 공간이다.

시냅스 간극은 전달하는 뉴런의 종말 단추와 받아들이는 뉴런의 수상 돌기 사이의 좁은 공간이다.

전 시냅스 뉴런은 시냅스로 신호를 전달하는 뉴런이다.

후 시냅스 뉴런은 시냅스로부터 신호를 전달받는 뉴런이다.

신경전달물질은 종말 단추에 의해 받은 전기적 메시지로부터 시냅스에 의해 창조되는 화학적 메시지이다.

재흡수는 신경전달물질이 전 시냅스 뉴런으로 되돌아가는 과정이다.

가소성은 성장하고 변화하는 유동적인 능력을 묘사이다.

● ● ●

이야기하며, 더 많은 시냅스 연결들이 생긴다는 것을 이론화하였다. 덧붙여 학습과 기억에 관한 주목할 수밖에 없는 모델을 제공함에 있어 이런 현상은 어떻게 뇌의 일부가 손상을 입은 것을 회복하도록 돕는지에 대한 이해를 할 수 있도록 돕는다. 두 개의 주요한 이론이 있다. 첫 번째 이론은 뇌가 새로이 기능하는 뉴

신경 충동

전 시냅스 뉴런의 시냅스 끝부분

시냅스 소포체

신경전달물질

후 시냅스 뉴런의 표면

나트륨 이온

수용기

런을 만들 수 없기 때문에 이전에 충분히 활용하지 않던 연결을 더 작게 구성하고 강화한다고 믿는다. 최근의 발견은 시냅스 가소성에 대한 헵의 이론을 좀 더 지지한다. 어느 연구에서 런던 택시 운전기사와 택시 운전기사가 아닌 비슷한 연령의 성인의 부피가 커진 해마를 비교하여 전시하였다. (해마는 공간 기억에 결정적인 역할을 하는 구조물로 이 장에서 더욱 자세히 논의될 것이다.) 과학자들은 운전기사들의 증가된 해마의 부피는 복잡한 운전 도로를 많이 알게 됨으로써 증가된 시냅스의 밀도와 자극의 결과라고 믿는다(Maguire, Spiers, Good, Hartley, Frackowiak과 Burgess, 2003). 두 번째 이론은 사람의 뇌는 새로운 뉴런을 만든다는 것을 믿는 뉴런의 가소성에 대한 것이다. 사실 현재 성인의 신경 발생이 해마와 같이 특정한 뇌의 영역에서 발생한다는 것을 지지하는 증거가 있다(Eriksson 등, 1998). 사실이라면 이 세포들은 일반적으로 학습, 기억, 뇌의 가소성에 관련되어 있을 것 같다.

중추신경계 : 척수

척수(spinal cord)는 뇌와 척수 신경으로 연결되어 있으며 단순 반사와 율동적인 운동으로 구성된다. 상향의 트랙과 하향의 트랙이 있으며 상향 트랙은 신체에서 뇌로 감각 정보를 전달하며, 반면 하향 트랙은 뇌로부터 근육으로 운동 명령을 운반한다.

척수가 하는 일

특별히 당신이 살아갈 수 있도록 설계가 된 것은 **반사**(reflexes)로 이는 특정한 자극에 대하여 일반적인 반응인 빠르고 자동적인 신경근육 활동이다. 매우 자주, 척수는 이러한 자동적 활동을 뇌의 의식적인 관장 없이 정리한다.

>>> 척수는 뇌에서 말초 신경계로 연결이 된다.

반사가 생성되는 것은 감각 뉴런이 척수로 자극을 이동시켜야만 하며 중간 뉴런이 특정한 운동 패턴을 만들어내는 운동 뉴런과 연결을 시키게 된다. 다음의 예를 생각해보라. 당신이 맨발로 해변을 걷는데 날카로운 무언가를 밟기 시작했다. 당신의 발에 있는 감각 뉴런은 즉시 통증 자극으로부터 활성화가 되며 척수에 있는 중간 뉴런으로 신호를 보낸다. 다음 중간 뉴런은 이 신호에 당신의 발로 이어지는 활성화된 운동 뉴런에 응답을 한다. 결과적으로 당신이 진짜 '그것에 대하여 생각하기' 전에 당신의 발을 급히 모래에서 떼어낼 것이며 당신은 부상을 피하게 된다.

당신은 신체 운동을 통제하지 못했던 것과 같은 것을 느껴본 적이 있는가? 반사가 일어날 때 당신은 의식적으로 통제할 수 없다. 단순한 운동이 요구될 때 뇌로 신호가 모두 보

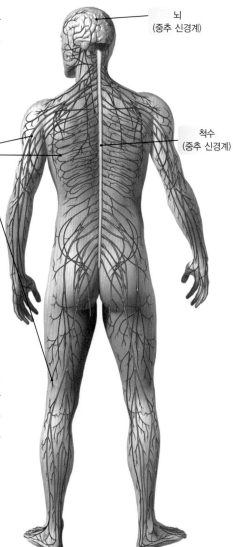

뇌
(중추 신경계)

신경
(말초 신경계)

척수
(중추 신경계)

내겼다 되돌아오는 것은 비효율적이다. 위험에 대하여 잠재적일 때 정교한 의사 결정은 가능한 빠르게 자극으로부터 피하는 것보다 덜 중요하게 된다. 물론 만약 당신이 날카로운 어떤 것을 밟았을 때 비록 신호 이동이 척수 반사보다 느리지만 통증 신호는 실제로 뇌에 도달하게 될 것이다. 신호가 도달했을 때 당신은 의식적으로 통증을 느끼게 되며 자신의 의식에 의해 빠르게 발을 움직일 것이다. 그러나 반사와 의식적 각성은 실제 연결되어 있지 않다. 비록 척수 손상을 입을 사람들이 척수 반사를 보이지만 그들은 의식적이거나 감각적인 활동의 각성은 존재하지 않는다.

척수의 손상

인간의 신체에서 조직의 좋은 처우와 달리 척수는 부상에 대해 스스로 복구할 수 있는 능력이 없다. 심각한 척수 손상의 다수는 오토바이 사고와 10세에서 30세 사이를 포괄한다. 매우 흔하게 척추 뼈의 손상이 척수를 자르거나 막아버린다. 상처 입은 척수는 크리스마스 전구의 줄을 끊어버린 것과 같으며 그에 따르는 모든 전구는 더 이상 불을 밝힐 수 없다. 비슷하게 사람도 부상당한 척수 영역에 의해 통제하던 모든 기능을 잃게 될 것이다. 예를 들어 경추 손상은 뇌가 신체와 접촉하지 않는 원인이 될 수 있다. 이 손상은 가슴과 폐뿐 아니라 온몸과 팔다리를 마비시키게 된다(환자는 숨을 쉬기 위해 기계에 의존할 것을 요구받는다). 반면 요추 손상이나 아래쪽의 손상은 엉덩이

제3장

나 다리를 마비시킬 수 있다. 드물게 척추는 완전히 망가지는 경우가 있으며 그래서 어떤 환자들은 어떤 기능의 측면을 회복하도록 관리하지만 완전한 회복은 거의 없다.

뇌의 삼위일체설

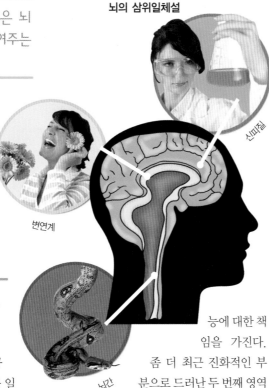

변연계

신피질

뇌간

중추 신경계 : 인간의 뇌

인간에게 발견되는 모든 세포나 구조물은 다른 동물들에게서도 발견된다. 그러나 왜 인간은 근본적으로 다른 것일까? 무엇이 특별하게 상징적 표상, 공감, 염세와 같은 인간의 생각과 정서를 일으키도록 하는가? 우리는 이러한 질문의 답을 잘 알 수 없지만 인간의 뇌 구조가 매우 독특하다는 것은 알고 있다. 사실 동물의 뇌에서 많은 구조물들은 진화론적 사다리 이하로 나누어진다. 이런 구조물들은 아마도 무언가 인간의 뇌를 실제적으로 독특하게 만드는지에 대해 사용되는 방식일 것이다.

폴 맥린(Paul MacLean, 1990)은 뇌의 '삼위일체'에 대하여 광범위하게 기술하였다. 맥린의 이론에 의하면 인간의 뇌는 세 개 영역으로 나뉘어 사회-인지적 맥락에서 가장 잘 이해할 수 있다.

일차적이고 진화적인 가장 오래된 뇌 영역은 **뇌간**(brain-stem)으로 이는 숨쉬기, 심장 기능, 기본적인 각성과 같은 생존과 관련된 기능에 대한 책임을 가진다.

좀 더 최근 진화적인 부분으로 드러난 두 번째 영역은 **변연계**(limbic system)이다. 사회적 행동과 정서적 행동을 통제하는 구조물 중 하나로 구성되어 있는 변연계는 인지적 처리와 특히 기억의 형태에도 영향을 미친다. 진화론적으로 가장 최근의 부분은 **신피질**(neocortex)로 특히 **전전두 피질**(prefrontal cortex)이다. 이런 진보는 가장 복잡한 인지과정의 주춧돌과 가능한 상징적 표상에 의해 진화적 사다리가 던져진 인간을 신뢰하게 한다.

맥린의 모델에 의하면 우리는 '하향'으로부터 인간의 뇌를 탐험하게 될 것이며 좀 더 복잡하거나 뇌의 '발달된' 부분으로 우리의 방법이 작동되기 전에 대부분 기본적이고 원리적인 구조를 볼 것이다.

뇌간과 피질하 구조물

뇌간은 확실히 '줄기'라든가 뇌의 기본처럼 들린다. 척수에 연결된 뇌간은 기본적인 생존 기능을 통제하는 구조로 되어 있다. 척수와 마찬가지로 이 구조물은 반사 행동을 할 수 있다.

뇌간은 두 가지의 주요 기능이 있다. 첫째, 척수와 매우 비슷하게 감각 정보를 받아들이고 운동 요구를 내보내는 전달자 역할을 한다. 둘째, 심혈관계 통제, 통증감각 통제, 의식에 대하여 결정적인 통합적인 기능을 처리한다. 이런 정보를 고려하면 왜 뇌간의 손상이 종종 삶의 위협이 되는지 쉽게 볼 수 있다.

불행히도 뇌간은 직접적이든 간접적이든 손상에 취약하다. 성인의 두개골은 약간의 틈을 가지고 있지만 매우 단단한 뼈로 만들어져 있다. 가장 큰 구멍은 두개골의 아래쪽에 위치한 **대후두공**(foramen magnum)으로 뇌간

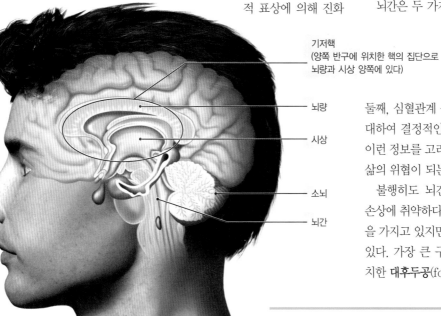

기저핵
(양쪽 반구에 위치한 핵의 집단으로 뇌량과 시상 양쪽에 있다)

뇌량

시상

소뇌

뇌간

<<< 뇌간은 기초적인 생존의 기능을 통제한다.

연수는 심장과 호흡 기능을 관장하는 뇌의 영역이다.

교는 수면과 꿈, 신체의 좌우 균형과 각성에 관여하는 뇌의 한 영역이다.

시상은 뇌간의 위에 위치한 부분으로 감각정보를 받아 처리를 하며 대뇌 피질로 전달하여 환기와 수면, 각성과 의식을 조절하는 데 도움을 준다.

대뇌 피질은 뇌의 바깥쪽 부분으로 주로 감각과 운동 정보의 조직화에 관여한다.

소뇌는 평형을 포함하여 근육 운동을 조직하는 뇌의 한 부분이다. 절차 기억과 운동과 관련된 습관을 조직화하고 형성한다.

기저핵은 뇌에서 상호 연결된 부분으로 운동 통제, 인지, 학습의 다른 형태, 정서 처리를 돕는다.

미상은 기저핵의 일부로 자발적 운동의 통제, 뇌의 학습과 기억 시스템 일부에 관련되어 있다.

피각은 기저핵의 일부로 강화 학습에 관련되어 있다.

담창구는 기저핵의 일부로 미상과 피각으로부터 시상까지 정보를 전달한다.

편도체는 변연계의 일부로 공포 탐지와 조건화에 관여한다. 싸움 혹은 도주 반응과 같은 무의식적인 정서 반응에 필수적이다.

해마는 뇌의 한 부분으로 외현 기억, 장기 기억에서의 회상과 재인, 조건화 처리에 관련되어 있다.

시상하부는 뇌 안에 있는 가장 작은 구조물로 신경계에서 내분비계까지 연결되어 있다.

대상 피질은 뇌의 한 부분으로 4개의 부분으로 구획되어 있으며 정서, 반응 선택, 개인적 성향, 기억 형성과 인출과 같은 다양한 기능에 관련되어 있다.

● ● ●

중한 뇌간에 대해 취약한 손상을 피하는 이런 특성들을 항상 이용하지 못할 수 있다.

시상

뇌간 위쪽에 위치한 **시상**(thalamus)은 다방면으로 결정적으로 중요한 기능을 한다. 시상은 감각 기관으로부터 감각 정보를 직접적으로 전달받고 대뇌 피질이나 뇌의 바깥쪽 부분으로 정보를 처리하는 역할을 하는 정거장으로 이해되었다. 그리고 정보를 **대뇌 피질**(cerebral cortex)의 다양한 부분으로 보낸다. 더욱이 시상은 우리의 환기와 수면, 각성과 의식을 조절하는 것을 돕기도 한다.

소뇌

소뇌(cerebellum)는 대뇌의 축소된 형태로 많은 부분이 비슷하며(예 : 구분되는 2개의 반구로 되어 있다) 뒷부분 아래에 위치하고 있다. 소뇌는 통합자로 일을 하고 있으며 우리에게 우리의 지각과 운동을 통제하고 처

을 통하여 뇌와 척수를 연결하고 있다. 뇌에서 가장 현저한 외상은 부종의 결과이다. 두개골은 단단한 반구이기 때문에 부은 뇌는 두개골의 크게 열려진 아래쪽으로 밖에 팽창할 공간이 없다. 이런 '추가적인' 뇌 조직의 부피는 두개골 아래쪽에 큰 압력을 가하게 되고 실제로 뇌간을 압박하기 때문에 혼수상태의 원인이 되기에 충분하다. 가장 극적인 사례는 부종이 심장과 호흡 기능을 조절하는 중심인 **연수**(medulla)와 **교**(pons)에 지장을 줄 수 있고 사망의 원인이 될 수 있다는 것이다. 우리가 뇌는 유동적이며 적응적이라는 공무원의 예로부터 알고 있는 동안 소

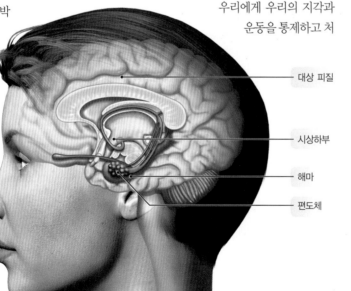

대상 피질

시상하부

해마

편도체

<<< 소뇌는 운동 선수가 빠르고 복잡한 운동을 할 수 있도록 돕는다.

리하도록 한다. 많은 신경 통로가 소뇌와 대뇌의 운동 피질, 척수와 연결되어 있다. 소뇌는 부드럽게 이런 통로들을 통합하고 있고 신체 위치에 대한 피드백을 받고 이 정보를 바로 운동으로 사용한다. 소뇌는 운동을 만들어내는 것보다 조정을 하기 때문에 소뇌 손상은 마비보다는 운동과 관련된 어려움이 원인이기 쉽다. 이런 어려움은 전화 다이얼을 돌리거나 운동하기, 악기 연주하기처럼 빠르고 때를 잘 맞추어야 하는 운동에서 매우 잘 보이는 경향이 있다. 운동 통제는 소뇌의 유일한 장점이 아니며 소뇌 또한 자극에 집중하고 감각 정보의 다양함을 처리하는 데 도움이 된다.

기저핵

기저핵(basal ganglia)은 상호 연결된 구조물들의 집합[**미상**(caudate), **피각**(putamen), **담창구**(globus pallidus)]으로 시상 옆에 있다. 인간의 기저핵은 뇌간, 시상, 대뇌 피질과 풍부하게 연결이 되어 있으며 운동 통제, 인지, 학습의 다른 형태(특히 운동 학습), 정서 처리에 필수적으로 관여한다. 헌팅턴 병과 같이 기저핵에 영향을 미치는 질병은 환자에게 팔, 다리, 안면에서 근육 경련을 일으키는 원인이 된다. 기저핵의 손상은 또한 저조한 조직화의 원인이 된다.

변연계

뇌간과 신피질에 상호적으로 연결되어 있는 변연계(Davis, 1992)는 생존과 관련된 많은 행동에 책임을 맡고 있다. 간단하게 변연계는 인간의 정서, 동기, 그리고 어떤 형태의 정서적이고 사회적 학습에 관한 결정적인 신경 구조물의 연속이다. 그러나 변연계에서 특정한 구조물들을 포함한 것에 대해 동의하지 않기도 한다. 현재 논의의 목적은 변연계의 서술은 **편도체**(amygdala), **해마**(hippocampus), **시상하부**(hypothalamus), **대상 피질**(cingu-

<<< 변연계의 구조물들은 동기와 정서에 관여되어 있다.

late cortex)의 일부를 포함한 정서적으로 역동적인 행동과 관련한 구조물로 제한될 것이다.

편도체

편도체(그리스 어인 *almond*에서 유래되었으며 이는 모양을 묘사한다)는 두려움의 탐지와 조건화에 관여한다. 과학자들은 이 구조물을 '의식적인 관여 없이 위험을 탐지하고 빠른 보호적인 반응을 발달시키는 신경 시스템'으로 묘사한다(LeDoux 등, 1994). 당신이 한밤 중에 창문에 무언가 부딪히는 소리를 듣고 잠에서 깨어났다고 상상을 해보라. 당신이 무엇을 보거나 들었는지 이해할 수 있기 전에는 편도체가 이런 감각 정보의 '대략적인 복사본'을 받을 것이다. 만약 편도체가 위험으로 받아들여 정보를 평가했다면, 그것은 신체를 준비시키는 **공격 또는 도주 반응**(fight or flight response)이란 심리학적 반응에 착수할 것이다. 당신은 심장이 매우 뛰고 갑자기 넓은 각성을 느끼는 등을 주목할 수 있을 것이다. 1초 안에 메시지는 좀 더 자세히 더욱 광범위한 처리와 의식적인 지각을 위하여 눈과 귀에서 평가하는 감각 피질로 이동한다. 당신이 들은 부딪히는 소리는 자세히 분석되어 뇌의 많은 영역으로부터 정보로 이용된다. 일단 당신의 뇌가 위협이 실제인지 상상인지를 결정하면 이 효과에 의해 메시지는 편도체로 되돌려지게 된다. 만약 도둑이 당신의 침실로 들어오고 있다면 당신의 편도체는 반응에 대해 당신의 몸을 준비시킬 것이다. 만약 들었던 소리가 나뭇가지가 창문을 두드리는 소리였다면 두려움 회로는 꺼지고 당신은 다시 잠자리에 들 수 있을 것이다(비록 그것이 시간이 걸릴 수 있지만).

해마

그리스 어로 *seahorse*라는 의미를 지닌 해마는 교차된 부분에서 보았을 때 그것의 구부러진 모양 때문에 이름이 붙여졌다. 해마는 새로운 기억을 창조하거나 저장하는 데 필수적이다. 해마는 매우 바쁜 사무실에서 최고 등급의 관리 보좌관처럼 생각할 수 있다. 해마는 기억 '파일'이 어디에 있는지 알고 필요할 때 인출하는 등 창조하고 논리적으로 저장하는 데에 책임이 있다. 좋은 관리 보좌관처럼 해마는 공간 기억을 포함하여 어디에 무엇이 있으며 기억 처리의 다양성에서 정확한 역할의 의미를 알고 있다(런던의 택시 기사들이 쉽게 묘사했던 것을 기억하는가?). 해마에 손상을 입은 사람들은 새로운 기억을 매우 짧은 시간 동안 보유할 수 있으나 기억으로 부호화하는 것은 불가능하다.

대상 피질

대상 피질은 각 반구의 바로 **뇌량**(corpus callosum) 위쪽, 뇌 중간을 따라 누워 있다. 대상은 기능적이고 해부학적으로 네 개의 영역으로 분리되어 있다(Vogt 등, 2005). 이마에 가까운 **전두대피질**(anterior cingulate cortex)은 정서와 본능적이고 인지적인 정보의 통합에 주된 역할을 한다. **중대상피질**(midcingulate cortex)은 전두대피질 뒤쪽에 누워 있으며 반응 선택, 특히 경쟁하는 자극에서의 선택에 관여한다. 머리 뒤쪽에 가까운 **후부대상**

공격 또는 도주 반응은 편도체에 의해 계기가 된 스트레스원에 대하여 신체가 행동을 준비하게 되는 것과 같은 생리학적 반응이다.

뇌량은 뇌의 두 반구를 연결하는 축색의 커다란 묶음이다.

전두대피질은 중요한 통제 시스템으로서 물리적 통증의 지각을 포함하여 사람의 행동을 조절하도록 돕는 뇌의 일부이다.

중대상피질은 일차적으로 반응 선택에 관여하는 대상 피질의 일부이다.

후부대상피질은 일차적으로 개인적 성향에 관여하는 대상 피질의 일부이다.

팽대후부피질은 일차적으로 기억의 형성과 인출에 관여하는 대상 피질의 일부이다.

내분비계는 대사, 성장, 발달, 조직의 기능과 기분을 조절하는 호르몬의 방출에 관련되어 있다.

뇌하수체는 인간 성장 호르몬을 분비하며 다른 모든 호르몬 분비선에 영향을 미친다.

● ● ●

피질(posterior cingulate cortex)은 당신이 어딘가에 있을 때 결정하는 것을 도울 뿐 아니라 사회적 상황에서 당신의 개인적 개입이나 관련을 평가하도록 용납하는 것과 같은 거의 개인적 성향에 의지한다. 대상피질에서 알려진 바가 가장 적은 마지막 영역은 **팽대후부피질**(retrosplenial cortex)로 기억의 형성과 인출에 거의 관여한다고 생각되고 있다.

시상하부

시상하부는 상대적으로 작지만 **내분비계**(endocrine system)와 신경계가 연결되는 중요한 결정적인 구조이다. 이는 체온, 배고픔, 목마름, 피로, 분노, 생체 주기를 조절하며(*hypo*의 그리스 어원은 '아래쪽'이다) 시상하부는 신체에서 많은 다른 분비선을 조절하는 **뇌하수체**(pituitary gland) 바로 위쪽에 위치하고 있다. 시상하부는 이러한 연결들을 통하여 신체의 많은 처리를 조절할 수 있다. 지시를 받게 되면 시상은 이러한 명령을 화학적 메시지로 변환시켜 뇌하수체를 통해 전달한다.

운동 피질
체감각 피질
연합 피질
연합 피질
두정엽
전두엽
브로카 영역
측두엽
후두엽
시각 피질
베르니케 영역

∧∧ 뇌의 가장 바깥쪽 부분인 대뇌 피질은 신경 연결로 가득히 싸여 있다.

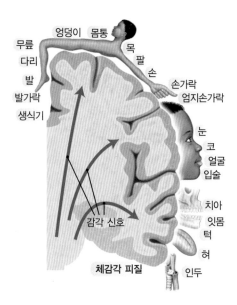

>>> 이 뇌난쟁이는 체감각 피질을 그리고 있다. 왜 뇌는 우리의 손과 입에 대하여 정보처리를 하는 데에 더 많은 공간을 할애할까?

대뇌 피질

진화론적으로 이야기하자면 대뇌 피질은 인간의 최신의 뇌로, 라틴어로 '뇌 나무껍질'을 의미한다. 실제로 피질은 1.5밀리미터에서 5밀리미터로 두꺼운 회질(gray matter)로 만들어져 있고 나무 껍질처럼 대뇌와 소뇌를 감싸고 있기 때문에 이 이름은 적절하다고 볼 수 있

다. 나무 껍질처럼 대뇌 피질 또한 불룩 튀어나와 주름진 이랑(gyri)이 있으며 홈이 패인 고랑(sulci)이 있다. 이런 주름들은 단지 심미적인 것이 아니며 이는 피질의 전체 면적을 증가시키기 때문에 처리 능력을 증가시키게 된다. 만약 당신이 전체 피질을 평평하게 만든다면 아마 거의 2.5평방피트가 되며 두개골에서 처리하기 어려울 만큼 넓다.

인간의 뇌는 구조가 오렌지와 비슷하다. 회질은 두꺼운 오렌지 껍질과 같고 뇌 전체 부피의 2/3를 구성한다. 피질의 회질은 거의 분홍빛이 도는 회색 세포체로 만들어져 있다. 혈액이 뇌에 공급되는 대뇌 피질 안쪽은 뇌의 활동을 하는 세포체로 구성되어 있다. 만약 당신이 피질을 벗긴다면(다시 오렌지 껍질을 생각해 보라) 남아 있는 조직은 흰색이고 반짝거릴 것이다. 당신은 뇌에서 1조 개 이상 연결된 유수수초인 백질(white matter)을 보게 된다. 이런 연결은 인간의 뇌가 믿기 어려울 정도로 일을 할 수 있는 것을 가능하게 한다. 회질을 도시라 생각하고(어디선가 무슨 일이 '생겨나는') 백질을 그 도시까지 연결시키는 길이라 생각해 보라. 그들의 기능은 독특하면서도 동등하게 필수적이다.

대뇌 피질은 좌, 우 두 개의 반구로 나누어져 있다. 각 반구는 상대적으로 특성화된 기능을 가진 네 개의 엽으로 나누어져 있다. 네 개의 엽의 구분은 뇌 표면에 특별히 깊이 패인 고랑에 의해 생성되었다. 각 엽은 기본적인 감각과 운동 기능을 하는 일차 피질(primary cortex)(운동이나 감각)

영역을 포함한다. 각 엽은 또한 뇌의 쉬고 있는 영역으로부터 온 자극을 통합시키는 특정 엽으로부터의 기본적인 감각과 운동 정보를 돕는 연합 피질(association cortex)을 포함한다.

후두엽

두개골의 가장 뒤쪽에 위치한 후두엽(occipital lobes)은 인간의 뇌에서 네 개의 엽 중 가장 작다. 후두엽은 시각 처리 기량을 가진 것으로 알려져 있다. 일차 시각 피질(primary visual cortex)은 눈으로 정보를 전달받아 우리가 무엇을 '보았는지' 입력을 변환시킨다. 후두엽의 연합 피질은 색깔, 크기, 시각적인 지각의 운동을 통합함으로써 시각 정보가 우리에게 인지되도록 한다. 연합 피질은 뇌의 다른 영역과 정보를 공유한다. 예를 들어 그 정보를 측두엽으로 보내면 두정엽은 그것이 어디에 놓여 있는지 결정한다.

측두엽

측두엽(temporal lobes)은 후두엽의 앞쪽에 위치하고 있으며 일차적으로 청각 처리에 관여한다. 측두엽은 뇌의 옆쪽에 있으며 두정엽(parietal lobes) 아래쪽에 있다. 그림에서 보듯 만약 당신이 뇌를 이러한 방식으로 본다면 측두엽은 벙어리 장갑의 엄지손가락 정도에 있다고 기대할 수 있다.

측두엽은 일차 청각 피질(primary auditory cortex) 영역이다. 연합 피질은 청각 피질을 둘러싸고 있고 언어를 이해하는 복잡한 과

제에 할애되어 있다. 측두엽의 연합 피질이 언어를 처리하는 데에 많이 관여되어 있기 때문에 종종 시각 과제(본 사물에 이름 붙이는 것 같은)와 기억과 관련된 과제(기억하기를 원하는 정보에 대해 이야기의 맥락을 만들어내는 것과 같은)의 처리에 기여할 수 있다.

두정엽

두정엽은 후두엽 위와 전두엽 뒤쪽에 위치하고 있다. 우리의 모든 신체적 감각들에 대한 정보를 받아들이고 해석하는 **일차 체감각 피질**(primary somatosensory cortex)은 두정엽이다. 이상하게 (혹은 섬뜩하게) 보이겠지만 우리는 피질의 이 영역을 뇌난쟁이나 '작은 사람'으로 생각할 수 있다. 뇌난쟁이는 일그러진 신체 지도로 신체의 각 부분은 신체의 부분에 대하여 뇌가 정보 처리에 얼마나 많은 공간을 주는지에 따른 크기이다(Jasper와 Penfield, 1954). 예를 들면 수많은 뉴런이 손이나 입술로부터 온 정보를 처리하기 때문에 뇌난쟁이의 손과 입술은 확연하게 과도한 크기로 되어 있다. 일차 체감각 피질은 문자 그대로 기이하게 생긴 사람으로는 보이지 않지만 그것의 영역은 뇌난쟁이의 영역과 일치한다. 피질의 공간은 엉덩이가 넓은 면적을 차지하고 있지 않는 반면 손에 큰 공간을 할애한다.

전두엽

전두엽(frontal lobes)은 당신의 이마 뒤쪽에 있는 뇌의 한 부분이다. 전두엽의 거의 끝부분에 운동 수행을 통제하는 신경 충동을 발생시키는 책임을 가진 **일차 운동 피질**(primary motor cortex)이 있다. 행동의 분류가 없는 인간 뇌의 행동 '생산'은 존재하지 않을 정도로 이것은 매우 중요한 기능이다. 연관된 연합 피질은 운동의 통합과 조직을 돕는다. 예를 들어 전두엽은 공간 내에서 운동이 바르게 형성되도록 확실히 하며 시각 정보가 적절한 운동으로 변환되도록 한다. 운동을 통제하는 피질 영

역은 직접적으로 체감각 피질에 인접하여 있고 거의 유사한 뇌난쟁이다. 이것은 모든 운동이 그들의 적절한 수행을 확인받기 위해 즉시 감각 피드백을 요구하기 때문에 일맥상통한다. 운동과 감각 피드백 사이의 상호 작용 중 가장 중요한 예의 하나는 인간의 언어 처리이다. 전두엽에 있는 **브로카 영역**(Broca's area)에서는 말하는 데 필요한 운동을 착수시키며, 잘못 발음한 단어를 교정하기 위하여 운동과 감각 피질이 주의 깊게 협동한다.

전두엽의 가장 중요한 부분은 뇌의 감독이다. 뇌를 기반으로 한 명시적인 주의, 작업 기억을 제공하며 손으로 하는 일을 수행하고 완성하도록 확실시 한다. 그것은 또한 추론, 문제 해결, 복잡한 사회적 행동의 다양성과 같은 복잡한 정보와 지지 과정의 어마어마한 양을 조직화한다.

분리뇌

뇌의 대칭성

뇌는 뇌량이라고 부르는 매우 많은 축색 다발로 연결되어 두 개의 반구로 나누어져 있다. 일차 감각과 운동 영역과 같이 뇌 기능의 엄청난 점은 좌, 우 대뇌 반구 양쪽에 존재한다. 그러나 이런 대칭성에 대해 무엇이 흥미로울까 하는 점은 사실 뇌와 신체가 교차하고 있다는 것이다. 예를 들어 좌반구

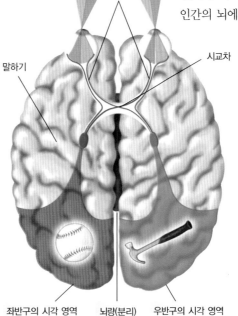

왼쪽 시야 　 오른쪽 시야

시신경

말하기

시교차

좌반구의 시각 영역 　 뇌량(분리) 　 우반구의 시각 영역

> 뇌량은 인간의 뇌에서 가장 큰 축색 다발이다.

의 운동영역은 신체의 오른쪽 부분의 운동을 통제한다. 이런 종류의 관계는 **대측성**(contralateral)이라 묘사할 수 있다. 뇌와 신체의 연결의 다수가 대칭성인 반면 한쪽 부분의 뇌가 신체의 같은 부분을 통제하는 **동측성**(ipsilateral)의 연결도 존재한다. 이런 일의 분리는 꽤 간단하게 보이지만 마음과 몸 사이의 관계는 대단히 더욱 복잡하다.

언어와 뇌

인간의 뇌에서 가장 흔하고 잘 알려진 기능적 비대칭은 언어이다. 언어는 일반적으로 좌반구에서 잘 발견되며 특히 오른손잡이 남자에게 잘 발견된다. 왼손잡이 사람들은 우반구에서 어떤 언어 기능을 가지고 있는 것처럼 보이기도 하며 여자의 경우 좀 더 어떤 언어의 기능이 양쪽 뇌에서 보이기도 한다. 그러나 좌반구에 언어 기능이 없는 사람은 여자든 남자든 발견하는 것이 거의 불가능하다. 왼쪽 뇌에 손상을 입

은 사람들은 거의 대부분 손상의 결과, 말을 하거나 이해하는 데에 어려움을 겪는다. 반대로 우반구에 손상을 입은 경우 지도를 읽거나 모양을 따라 그리거나 얼굴을 인지하는 것과 같은 과제 수행에 곤란을 겪는데 모두 자극의 공간적 관련성을 지각하고 통합하는 데 의존하는 것들이다. 말하기는 매우 일반적으로 좌반구가 언어에 결정적인 반면 오른쪽은 공간 관계성에 결정적이다.

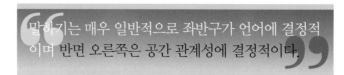

"말하기는 매우 일반적으로 좌반구가 언어에 결정적이며 반면 오른쪽은 공간 관계성에 결정적이다."

발달하는 뇌

뇌에서 기능이 분배되는 방법은 크게 인간 발달의 산물이다. 생애 초기, 피질의 커다란 분배는 수행할 수 있는 기능의 유형에 관하여 매우 유동적이었다. 결과적으로 몇 개만 언급하자면 성, 성별, 경험, 문화와 같이 발달상의 영

향이 현저한 많은 것들은 뇌가 조직화되는 중에 엄청난 영향력을 미칠 수 있다.

두 개의 마음?

어떤 부분은 마이클 가자냐(Michael Gazzaniga)와 그의 동료들로 하여금 뇌의 비대칭성에 대해 우리가 많은 이해를 하도록 기여하였다. 1960년대 동안 의사들은 두 반구 사이에 퍼지는 발작을 예방하기 위하여 뇌량을 절단하는 수술을 통해 다루기 힘든 간질 환자 집

뇌 그리기 : 뇌 영상 연대표

제3장

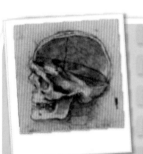

1489
레오나르도 다 빈치가 인간의 뇌를 스케치하다.

1543
이탈리아 타이탄의 화방 스튜디오의 예술가들이 시체의 뇌 그림을 자세히 스케치하였다. 이 스케치는 네덜란드의 해부학자 안드레아 베살리우스에 의해 책으로 출간되었으며 해부학 연구에 혁명이었다.

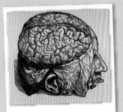

1861
프랑스 외과의인 폴 브로카가 부검을 통해 뇌의 말하기 센터를 규명하였다.

1911
산티아고 라몬 이 카할의 그림과 잉크 얼룩 방법이 뉴런, 수상돌기, 축색을 시각화한 카밀로 골지의 것을 발전시켰다. 카할은 '뉴런 이론'을 고취시켰고 이는 현대 신경과학의 기초적인 개념으로 뉴런이 중추 신경계에 기본적인 단위라는 것을 이야기한다. 좀 더 중요한 것은 카할은 뉴런이 좁은 틈 혹은 시냅스를 통해 의사소통한다는 점을 알았다는 것이다.

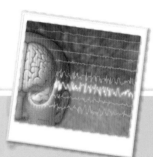

1929
'발화'하는 뉴런에 의해 생성된 전기적 파동 신호를 분 단위로 측정하고 기록하는 뇌전도(EEGs)가 소개되었다.

출처: Adapted from *The Dana Sourcebook of Brain Science*, 3rd ed.

단을 치료하였다. 이 수술은 환자들에게 간질로부터의 큰 안정을 가져다주었으며 매일의 삶에 큰 충격을 주지도 않은 것처럼 보였다. 그러나 가자냐 박사는 이 환자들에게 각각 다른 능력이 있다는 두 가지의 마음을 실증할 수 있는 연속적인 시험을 고안해 낼 수 있었다. 분리 뇌 환자의 좌반구에 일반적인 대상이 제시될 때 그들이 무엇을 보았는지 이야기하는 것은 문제가 없었다. 그러나 우반구에 제시될 때는 그렇지 않았다. 환자들은 자신들이 아무 것도 보지 못했다고 주장하거나 무작위로 추측했다.

가자냐 박사는 이후 환자들에게 대상을 식별하기 위해 오른손과 왼손을 사용하도록 하였다(각 손의 감각 피질이 대측성이었다는 것을 기억해 보라). 깜짝 놀랄 결론은 환자들이 대상에 대해 그들이 무엇을 보았는지 말하는 것에 대해서는 불가능했지만 왼쪽 손(우반구)을 이용하여 같은 대상을 선택하는 것은 가능했다는 점이다. 가자냐 박사는 이 현상을 우반구가 독립적으로 기능할 수 있지만 언어를 식별할 수 있는 입장은 아니라고 해석하였다.

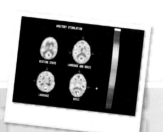

1973

첫 번째 컴퓨터 단층촬영(CT)이 만들어졌다. 이 카메라는 두개골을 회전하며 X레이를 방사하여 판독 장치로 합성된 영상을 만든다.

1975

처음으로 양전자 단층촬영(PET) 카메라가 덮개를 벗었다. PET 카메라는 혈액이 뇌의 활성화된 영역으로 집중되어 산소와 영양을 뉴런으로 운반한다는 개념을 이용한다. 환자들은 방사성 포도당을 주사한 뒤 용해가 대사되면서 방출선에 대하여 스캔을 하면 신경 활성이 일어난 곳이 빛난다.

1977

처음으로 자기 공명 영상(MRI) 카메라가 환자의 머리에 전파의 파동에 의해 강한 자기장을 투사하여 3차원적인 컴퓨터로 제작된 영상을 만들어 냈다.

1992

기능적 자기 공명 영상(fMRI)이 소개되었다. fMRI는 산소가 혈액에 나타날 때 변화량을 탐지하여 뇌 활성화 지도를 활용한다.

2003

피터 맨스필드와 폴 라우터부어가 MRI와 관련한 발견으로 노벨상을 수상하였다.

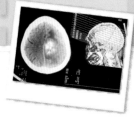

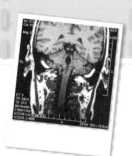

요약

HOW **어떤 특징이 인간의 뇌를 묘사하는가?**
● 인간의 뇌는 통합, 교양, 적응이라는 주요한 세 가지 특징이 있다.

HOW **어떻게 신경계가 조직되는가?**
● 신경계는 중추 신경계(뇌와 척수)와 말초 신경계(뉴런과 신경들이 신체의 다른 모든 영역을 담당한다)로 구성된다.
● 말초 신경계는 자극을 인식하고 의식적 행동을 조절하는 체성 신경계와 비자발적 행동을 통제하는 자율 신경계로 구분되어 있다.
● 자율 신경계에서 교감 신경계는 기관을 자극하고 스트레스에 반응하며 부교감 신경계는 기관을 가라앉히고 정상적인 기능을 유지한다.

HOW **어떻게 신경계가 세포 수준에서 작동되는가?**
● 뇌는 뉴런과 교세포로 만들어져 있다. 뉴런은 신경 신호를 수신, 처리, 보내기와 같은 일을 하는 의사소통 세포이다. 교세포는 뉴런을 지지하고 절연하는 뉴런이다.
● 뉴런의 신호는 전부이거나 전무의 사건이다. 많은 양의 양성 입력이 특정 역치를 초과할 때 뉴런은 활동 전위로 발화한다. 전기화학적 신호가 축색을 따라 이동한다. 시냅스에서는 신경전달물질이 옆의 뉴런이나 분비선으로 정보를 전달한다.

WHAT **무엇이 인간의 뇌에서 다른 부분이며 각 영역은 어떤 역할을 담당하는가?**
● 뇌간은 척수에 연결되어 있고 기본적인 생명 기능을 유지하는 구조로 되어 있다.
● 변연계는 정서, 동기, 사회적이고 정서적인 학습을 조절한다.
● 대뇌 피질은 가장 많이 정보처리를 수행한다. 네 개의 엽으로 나뉘어져 후두엽은 시각 정보를, 측두엽은 청각 입력과 언어를 처리하며 두정엽은 감각 정보를 해석하고 전두엽은 기억, 추리, 문제 해결, 사회적 행동, 언어, 운동을 조직화한다.

이해 점검

1. 신경계의 어느 영역이 '투쟁 또는 도주' 반응을 감독할까?
   a. 교감　　　　　　　　　 b. 중추
   c. 부교감　　　　　　　　 d. 체성

2. 다음 중 뉴런의 일부가 아닌 것은?
   a. 세포체　　　　　　　　 b. 핵
   c. 축색　　　　　　　　　 d. 중간 뉴런

3. 다음 중 뉴런을 지지하는 세포는?
   a. 교세포　　　　　　　　 b. 수상돌기
   c. 종말단추　　　　　　　 d. 랑비에 결절

4. 처리 과정 중 전 시냅스 뉴런으로 신경전달물질이 되돌아가는 데 관여하는 것은 무엇인가?
   a. 가소성　　　　　　　　 b. 억제
   c. 재흡수　　　　　　　　 d. 활동 전위

5. 당신이 무언가를 만질 때 매우 뜨거워서 반사적으로 손을 바로 떼었다면 어떤 유형의 뉴런이 자극된 것일까?
   a. 감각 뉴런　　　　　　　 b. 중간 뉴런
   c. 운동 뉴런　　　　　　　 d. 모두

6. 뇌가 독극물에 가장 손상을 입는 경우는 그것이
   a. 혈뇌 장벽을 통과하지 못했을 것이다.
   b. 지방에 용해가 잘 된 것이다.
   c. 지방에 용해가 일어나지 않은 것이다.
   d. 혈액으로 직접 주사가 된 것이다.

7. 어린아이가 날카로운 장난감을 밟았을 때 왜 울기 시작하기 전에 물리적으로 반응하게 되는가?
   a. 운동 뉴런이 뇌에 신호가 전달되기 이전에 자극되었기 때문이다.
   b. 뇌가 통증 신호를 받았을 때 근육 신호를 통제하는 데에 초점을 맞추어야 하기 때문이다.
   c. 어린이는 성인에 비해 적은 뉴런을 가지고 있다.
   d. 어린이는 성인에 비해 짧은 뉴런을 가지고 있으며 더군다나 뉴런 사이의 그 신호는 좀 더 빠르게 반응을 생산해낸다.

8. 뇌졸중이나 뇌 손상의 다른 유형에 의해 연필을 빠르고 순조롭게 집을 수 없다면 뇌의 어느 부분에 손상을 입은 것인가?
   a. 해마　　　　　　　　　 b. 소뇌
   c. 편도체　　　　　　　　 d. 시상하부

9. 왼쪽 손을 통제하는 뇌의 오른쪽 부분의 운동 피질은 인간 뇌에 대해 어떤 부분을 설명하는가?
   a. 연결은 무작위로 만들어진다.
   b. 우반구는 양쪽 손 운동 모두를 통제한다.
   c. 대측성 연결을 이루고 있다.
   d. 동측성 연결을 이루고 있다.

10. 뇌의 어느 부분이 당신이 열쇠를 어디에 두었는지를 기억하도록 도울 수 있을까?
    a. 뇌량
    b. 기저핵
    c. 해마
    d. 편도체

11. 싸우거나 언쟁을 할 경우 신경계의 어느 부분이 흥분을 가라앉히도록 도움을 주는가?
    a. 세포체
    b. 편도체
    c. 교감 신경
    d. 부교감 신경

12. 무언가를 발견한 사람이 그것에 이름을 붙인다면 뇌의 어느 부분이 발음에 대한 조직화를 도왔는가?
    a. 베르니케 영역
    b. 브로카 영역
    c. 피각
    d. 골지

13. 뇌의 어느 부분이 가장 기본적인 생존 기능을 하도록 통제하는가?
    a. 신피질
    b. 소뇌
    c. 변연계
    d. 뇌간

14. 뇌의 어느 부분이 꿈과 연관되어 있는가?
    a. 교
    b. 수질
    c. 소뇌
    d. 기저핵

15. 어떤 연결이 뇌 영역들에게 의사소통을 할 수 있도록 하는가?
    a. 고랑
    b. 백질
    c. 회질
    d. 이랑

16. 왜 뇌는 주름져 있는가?
    a. 뇌에 뇌척수액이 있기 때문에 주름이 져 있다.
    b. 대뇌 피질의 주름은 정보가 전달될 수 있도록 하기 위해 접혀진 것이다.
    c. 주름은 표면적을 넓히고 그럼으로써 뇌의 거대한 처리를 돕는다.
    d. 뇌가 나이 듦에 따라 더 많은 주름이 생겨난다.

17. 뉴런이 발화할 때 어떤 종류의 기록할 만한 신호를 생산하는가?
    a. 소리 신호
    b. 전기 파동 신호
    c. 빛 신호
    d. 방사성 파동

18. 뉴런이 휴식기에 있을 때 맞는 것은?
    a. 뉴런 내부는 외부와 비교하여 양성을 띠고 있다.
    b. 나트륨 이온이 뉴런 안으로 밀려온다.
    c. 뉴런이 발화한다.
    d. 뉴런 내부는 외부와 비교하여 음성을 띠고 있다.

19. 가소성의 예는 다음 중 어느 것인가?
    a. 신경전달물질의 재흡수
    b. 뇌의 많은 대측성 연결
    c. 언어는 일차적으로 좌반구에 위치한다.
    d. 뇌에 손상이 발생하였을 때 작고 충분한 활용가치가 없는 뉴런은 새로운 형태로 만들어진다.

20. 뉴런이 이웃해 있는 뉴런으로부터 거대한 억제 신호를 받았다면 무슨 일이 일어날까?
    a. 뉴런이 발화한다.
    b. 뉴런이 발화하지 않는다.
    c. 뉴런이 신경전달물질을 방출한다.
    d. 뉴런이 활동 전위를 발생시킨다.

THINK 읽을거리

정신건강의 실제와 허구

뇌에 대한 잘못된 상식

우리의 뇌에 있는 3파운드 기관과 관련된 근거 없는 믿음을 폭로한다.

BY SCOTT O. LILIENFELD & ARKOWITZ

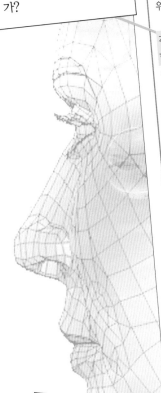

당신의 뇌에 대해 일반적인 오해에 대해 들어본 적이 없는가? 3장에서 이러한 오해들이 폭로되었는가?

우리의 대부분은 뇌를 부여받았다고 여긴다. 시인 로버트 프로스트는 "뇌는 위대한 기관이다. 뇌는 아침에 일어나는 순간부터 일을 시작하여 회사에 가기 전까지 멈추지 않는다."라고 하였다. 무게가 겨우 3파운드밖에 되지 않고 젤리 형태로 된 우리의 뇌는 놀랍게도 평범해 보인다. 그러나 뇌는 급상승하는 지적인 위업의 능력이 있다.

비록 우리의 뇌가 우리의 생각, 성격, 신분의 모든 관점을 거의 뒷받침한다 하더라도 다수의 오해가 있다. 이의 없이, 뇌의 구조와 기능의 허구를 연구하는 세계적 '신경 신화학자'인 전문가들은 사이먼 프레이저와 60세가 되던 해 6월에 사망한 심리학 교수 베리 베이어슈타인이다. 베리는 대중의 노력으로 주의를 이끌어내 뇌의 공공연한 오해를 자본화하기 위하여 1990년 논문에서 '뇌에 대한 잘못된 상식(brain-scams)'이라는 용어를 만들었다.

베리는 우리(릴리엔펠트) 친구 중 하나였고 *Scientific American*과 *Scientific American Mind*에 기여한 사람이었다. 우리는 이 칼럼에 대한 헌신과 그가 드러내고자 했던 세 가지 널리 알려진 뇌에 대한 잘못된 상식을 설명함으로써 명예로운 베리의 기억과 신경 신화학에 대한 공헌에 관한 것이 될 것이라고 생각한다.

1. 우리는 오로지 뇌의 능력 중 10퍼센트만을 이용하고 있다.

다양한 오해(*Scientific American* 2004년 6월 자, 전문가에게 질문한 칼럼을 포함한)에 대해 베리가 쓴 이 오해는 모든 대중적인 심리학에서 가장 깊게 단단히 자리 잡은 것 중 하나이다. 우리는 우리의 뇌가 풀리지 않은 엄청난 잠재적인 저장 능력을 가지고 있다고 믿는 것을 좋아하기 때문에 그것의 마음을 끄는 매력은 이해할 만하다. 10퍼센트의 잘못된 믿음은 추정하건대, 우리의 깨닫지 못한 능력을 이용하게 하라는 상업적으로 활용된 도구들인 자기개발서와 자기 증진 도구의 과잉이 키웠다.

이 믿음에 대한 과학적 증거는 압도적이다. 기능적 뇌 영상 연구는 일관적으로 뇌의 어떤 영역도 영구적으로 활성화하지 않는다는 사실을 나타내는 것을 보이지 못했다. 더욱이 뇌손상을 입은 사람들에 대한 연구에서 뇌의 어느 영역이든 병변을 가진 부분은 거의 모두 어떠한 심리학적 결함이 만들어진다고 하였다.

베리가 이야기한 것에 의하면 10퍼센트에 대한 잘못된 믿음은 아마 미국 심리학을 창설한 사람 중 하나였던 윌리엄 제임스의 글의 오해로부터 시작되었을 것이다. 20세기 무렵 그의 사색에서 제임스는 우리 대부분이 오로지 잠재적 지적

영역의 아주 적은 부분만을 실현하고 있다는 주장은 아마 어떤 이점을 지닌다고 기술하였다. 그러나 1936년 데일 카네기의 베스트셀러에 글을 썼던 로웰 토마스를 포함한 몇몇 유명 작가들은 어떻게 친구들과 영향력 있는 사람들을 이끌까에 대해 제임스의 글에서 우리는 우리의 뇌에서 단지 10퍼센트만을 사용한다는 제안에 의하여 자유를 얻었다. 이 이야기의 특징에 좀 더 공헌한 것은 초기 연구들이 대뇌 피질의 상당한 강점은 '침묵'이라고 제안한 것들이었다. 뇌 활동 측정에서의 진보 때문에 우리는 현재 이런 영역들이 침묵과 거리가 있다는 것을 알고 있다. 그들은 신경과학자들이 나누어진 뇌 영역을 가로질러 감각, 사고, 정서에 필수적인 기능을 실행하는 뇌를 '연합 피질'로 칭하도록 만든다.

2. 어떤 사람들은 왼쪽 뇌를 사용하며 어떤 사람들은 오른쪽 뇌를 사용한다.

아마도 왼쪽 뇌를 사용하는 사람들은 분석적이고 논리적이며 언어에 뛰어난 반면, 오른쪽 뇌를 사용하는 사람들은 창조적이고 전체론적이며 공간 능력이 뛰어날 것이다. 많은 대중적인 책은 이렇게 주장된 이분법이 장악하고 있다. 스탠포드 대학의 심리학자인 로버트 온스타

예를 들어 해마의 손상은 장기 기억의 생성을 방해하며 기저핵의 손상은 근육 경련이나 나쁜 조직화의 원인이 된다. (44~45쪽)

이러한 주장을 믿는 것이 어려운 것은 제3장(45~46쪽)에서 대뇌 피질에 대해 무엇을 공부했기 때문인가?

52

읽을거리

인은 그의 1972년 베스트셀러 『의식의 심리학』에서 서구 사회가 너무 합리성, 좌뇌에 치우친 생각과 우뇌의 불충분한 직감을 강조했다고 주장하였다. 1979년에 예술가이자 심리학자인 베티 에드워드가 쓴 여전히 인기 있는 책인 『우뇌로 그림 그리기』는 비슷하게 예술가의 우뇌를 사용하는 형태가 좀 더 창조적인 것의 이점을 이야기한 것과 같다.

베리와 오클랜드대학의 심리학자인 마이클 콜바리스는 좌뇌형 대 우뇌형의 장점이 극도로 지나치게 단순화되었다고 이야기하였다. 하나의 예를 들자면, 이런 구분은 언어적으로 타고난 사람들이 예술적인 능력이 없는 것처럼 암시되지만 연구들은 다른 결과를 보인다. 더욱이 신경과학 연구들은 뇌의 두 개의 반구가 높은 수준의 조직화된 일을 한다고 제안하고 있다. 뇌에 대한 많은 잘못된 믿음처럼 이것은 진실의 핵심을 담고 있다. 1960년대 이후 수십 년 동안 캘리포니아공과대학의 신경과학자인 로저 스페리와 산타바바라대학의 심리학자 마이클 가자냐와 그의 동료들은 다루기 힘든 간질을 멈추기 위하여 뇌량(두 개의 반구를 연결하는 굵은 신경섬유 다발)을 절단한 수술을 한 환자들에 대하여 연구하였다. 이 연구는 좌반구와 우반구가 실제로 다르다는 것을 보여주었다. 우리의 대부분은 좌뇌에서 언어의 측면이 대부분 특성화되어 있는 반면, 우반구는 시공간적 능력이 특성화되어 있다. 그래서 예를 들면 좌반구가 우반구에 비하

여 언어로 말하는 목소리 톤을 잘 해석하는 경향이 있는 것 같이 이러 차이들이 연관되어 있다. 또한 우리 모두는 사실상 온전한 뇌량을 가지고 있기 때문에 우리의 반구들은 구준히 상호작용하는 것이다.

3. 우리는 알파파를 활성화함으로써 의식의 깊은 감각과 이완을 성취할 수 있다.

'알파 의식'의 공급회사는 사람들에게 뇌파 바이오 피드백을 겪게 함—어떤 경우 상업적으로 유용한 기계를 사용—으로써 그들의 알파파의 생성이 증가되며 뇌파는 1초에 8회에서 13회 주기의 주파수가 발생한다고 용기를 복돋아준다. 그러나 연구에서는 알파파 출력이 크고 전체적으로 장기적인 개인의 상태와 단기적인 만족의 상태와 연관성이 없다고 보여준다.

베리의 관찰에 의하면 알파 의식의 잘못된 믿음은 '연관성'과 '원인' 사이의 혼란을 반영한다. 사람들이 명상을 하거나 깊은 이완을 하는 동안 알파파의 비율을 고조시키는 것으로 보이는 경향이 있는 것은 사실이다. 그러나 이런 사실이 증가된 알파파의 비율이 고조된 이완의 원인이라는 것을 의미하는 것은 아니다. 또한 연구는 알파파의 상승된 레벨이 안정을 취할 수 없는 주의력결핍 및 과잉행동장애 아동에게서도 발견된다는 것을 보여주었다.

이러한 세 가지 잘못된 믿음은 신경 신화학의 제멋대로 뻗어나간 영역의 표면을 가까스로 긁어주었지만 그들은 뇌 기능에 대한 공공의 오해에 대한 전투에서 베리의 가치 있

는 역할의 풍미를 가져다주었다. 다행스럽게도 Scientific American의 독자로서 뇌 기능은 종종 실제 기능보다 더 재미있고 신기하다는 사실을 알고 있다. 뇌의 실제로부터 뇌에 대한 잘못된 믿음을 구분하는 비전문가를 돕는 것으로 공공의 과학적 문장력이 증가하는 것에 대한 계속 진행되는 노력에서 베리 베이어슈타인은 선구자였다. 우리는 그를 그리워할 것이다.

SCOTT O. LILIENFELD와 HAL ARKOWITZ는 Scientific American Mind의 자문위원으로 활동한다. 릴리엔펠트는 에모리대학의 심리학 교수이며 애커위츠는 애리조나대학의 심리학 교수이다. 컬럼 주제에 대한 제안은 편집장인 editors@SciAmMind.com으로 보내시오.

(더 읽을거리)
• Enhancing Human Performance: Issues, Theories, and Techniques. Edited by D. Druckman and J. Swets. National Academy Press, 1988.
• Brainscams: Neuromythologies of the New Age. B. L. Beyerstein in International Journal of Mental Health, Vol. 19, No. 3, pages 27–36; 1990.
• Mind Myths: Exploring Popular Assumptions about the Mind and Brain. Edited by S. Della Salla. John Wiley & Sons, 1999.
• Tall Tales about the Mind and Brain: Separating Fact from Fiction. Edited by S. Della Salla. Oxford University Press, 2007.

우리의 뇌는 우리가 충분히 각성되어 있으면서 안정적일 때 알파파를 생산한다. 우리는 제6장에서 뇌의 다른 주파수에 대해 좀 더 학습할 수 있다.

제2장으로 돌아가서 연관성과 원인 사이의 차이에 대한 당신의 기억을 환기해 보라(21쪽).

좌반구형 사람들과 여자들을 포함한 우리를 기억해 보면 적어도 어떤 언어 기능은 우반구에 나타난다. (47~48쪽)

우리는 뇌가 교양이 있고 고차 통합적이며 적응적이라는 것을 알고 있다(47~49쪽). 뇌의 두 반구에 대하여 신경과학 연구가 제공하는 이런 특성에 대한 증거는 무엇인가?

뇌 기능에 대한 진실은 종종 실제 기능보다 더 흥미롭고 놀랍다.

유전과 진화

WHAT   특질의 유전적 기제는 무엇인가?
WHAT   유전과 진화는 지금의 우리가 있기까지
       어떤 방식으로 상호작용하는가?
HOW   인간행동연구에 영향을 미치는 자연선택,
       그 진화 이론은 어떻게 성립되는가?
WHAT   다른 종들의 전형적인 교배 패턴은 무엇인가?

만일

우리가 자신의 장기(臟器)를 다시 자라나게 하는 능력을 가지고 있다면 어떻게 되었을까? 이 얘기가 공상과학 영화나 유머모음집에나 나오려니 생각하겠지만, 사실 인류는 어느 정도 이 가능성에 접근해 있다. 피부는 우리 몸에 가장 넓은 부분을 차지하는 기관이자 우리가 서로 맞닿을 수 있는 부분으로 지속적으로 재생산되고 또 스스로 회복하는 능력을 가지고 있다. 만일 과학자들이 이를 분리하여 다른 기관에서 이런 일들이 일어나도록 이를 적용한다면 어떨까? 치명적 질병으로 고통받고 있는 사람들이 언젠가 새로운 장기를 실험실에서 가져올 수 있을까?

사실 과학자들은 장기를 배양하는 법을 알고 있을 지도 모른다. 이 분야에 선두적인 연구자인 웨이크 포리스트대학 내 보스턴 어린이 병원의 앤소니 아탈라 박사는 실험실에서 배양한 세포조직을 사용하여 방광이식에 성공하면서 장기를 배양하는 데 성공한 첫 번째 과학자가 되었다. 조직을 배양하기 위해, 아탈라 박사 연

구진은 방광 모양을 한 콜라겐 뼈대에 환자 방광 내 손상된 조직에서 뽑아낸 세포를 심어 정상적 세포분열 과정을 통해 재생산하도록 했다. 이후 환자 방광의 남은 부분에 배양된 세포를 붙여 새로운 기관으로 성장하게 했다. 세포가 환자로부터 가져온 것이기 때문에 면역체계가 장기에 거부반응을 보일 위험도 없었다. 맞춤형이자 효율적인 과정이었다. 아탈라 연구진은 과학적으로 배양된 방광뿐 아니라 심장판막, 혈관 및 (지금까지도 배양접시에서 배양하기 너무나 어렵다는 세 가지 조직인) 췌장이나 간, 신경세포에서 재생시킨 (양막줄기세포 발견이 도움이 되었던) 조직들에 대한 자부심이 대단하다. 아탈라 박사 연구진은 심지어 특별한 형태의 세포를 정상적인 심장에서 보게 되는 3차원 모양에 찍어 넣어 사람 엄지손가락보다 더 작은 이심방(two-chambered) 심장도 만들어냈다. 4시간 만에 이룬 성과를 볼 때 실험실에서 배양된 심장은 수많은 말기 질환들을 극복할 열쇠를 쥐고 있는 과학의 일면을 보여줄 뿐이다. 의학과 기술의 진보가 심혈관 질환이나 장기에 나타난 암과 같은 문제에 해법이 된다면, 자연선택과정은 없어지는 것인가? 앞으로 진화는 과거의 산물이 되어버리는가?

<<< 2001년 9월 12일 이른 시간 미국 무역센터가 무너진 현장 잔해 속에서 마지막 생존자가 구출되었다. 구조된 건 사람이 아니라 트랙커(Trakr)라는 이름의 독일 셰퍼트였다. 8살 난 트랙커는 주인이자 경찰이었던 제임스 시밍톤이 유아견 시절부터 탐색견으로 훈련시켰던 터라, 탐색견으로 있을 동안 100명이 넘는 사람들을 찾아내는 활약을 했다. 2008년 후반기, 바이오아트인터내셔널 기업은 트랙커의 DNA를 복제하여 트러스트(Trustt)라는 강아지를 만들어냈다. 이 계획이 성공하면서 바이오아트사는 2009년 트랙커 강아지 4마리를 더 복제하였다. 트랙커는 이미 죽었지만, 강아지들이 유전자 속에서 꿈틀대는 트랙커의 위대한 유산을 잇게 될 것이다.

CHAPTER **04**

자연선택

19세기 중반, 진화는 이미 논쟁거리였고, 그 논쟁은 오늘날까지 이어지고 있다. 찰스 다윈이 이 분야에 대한 연구물을 출판할 때 다윈은 인간 기원에 대한 결론을 내리면서 '진화'라는 용어를 교묘히 피해갔다. 이런 노력에도 불구하고 여론은 '인간이 원숭이에서 나왔다'고 여기고 다윈을 조롱했다.

여전히 이 생각에 대한 논쟁이 계속되고 있음에도 불구하고, 다윈이 1859년 내놓은 『종의 기원』에서 소개한 **자연선택**(natural selection)이라는 개념은 생물학과 심리학에 길잡이 원리가 되었다. 다윈은 자연에 의해 선택된 최고의 특질을 가진 유기체가 좀 더 생존하기 쉽고 재생산하기 쉽다는 이론을 주장했다. 즉 강인한 유기체는 생존에 있어 자연스럽게 선택을 받는다. 이런 과정이 발생하면서, 독특한 종들이 다른 환경적 압력에 반응하며 진화할 수 있었지만 공동의 조상을 가졌기에 서로 닮은 부분을 갖게 된다. 인간은 침팬지와 유전적 정보에 있어 99% 일치한다. 진화심리학자인 데이비드 부스(David Buss)에 따르면, "인간은 살아 있는 화석이다. 이전의 선택 압력에 의해 생산된 구조의 집합체이기 때문이다"(1995).

유전 기제

염색체, 유전자, DNA

다윈이 염색체라든지, 유전자, DNA와 같은 것

> **자연선택**은 환경에 가장 잘 적응한 유기체가 살아남아 다음 세대에 그들의 유전 특징을 전달한다는 이론이다.
> **염색체**는 세포 핵 내에 있는 기다란 유전물질 가닥이다.
> **염색분체**는 복제된 염색체 쌍이다.
> **동원체**는 두 개의 염색분체가 만나는 지점을 말한다.
> **DNA**는 염색체를 주로 구성하는 복잡한 분자이며 모든 유전정보를 유전암호로 가지고 있다.
> **유전자**는 몸속에 단백질을 만드는 특수한 방법을 가진 DNA의 부분이다.
> **게놈**은 유기체를 만들어내는 완벽한 지침서이다.
> **외부환경**은 외부세계의 사건과 상황들로 구성된다.
> **화학적 환경**은 유기체 내 조건이나 사건을 포함한다.

만 알았어도 사람들이 다윈을 좀 더 진지하게 받아들였을 것이다. 20세기의 발견은 다윈의 이론을 확인하는 데 일조할 뿐 아니라 "CSI"나 "콜드 케이스"(Cold Case, 지난 사건들을 파헤쳐

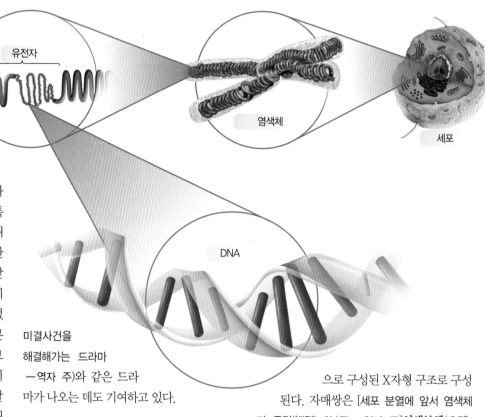

미결사건을 해결해가는 드라마 ―역자 주)와 같은 드라마가 나오는 데도 기여하고 있다.

염색체

범죄사건을 풀어내기 위해 TV든 실제 생활에서든 검시관은 **염색체**(chromosomes)를 분석한다. 염색체는 모든 세포의 핵에 존재하는 긴 유전물질 가닥이다. 염색체는 각각의 유기체가 만들어지는 데 필요한 모든 유전정보를 담고 있는 생물학적 설계도 같은 것이라 할 수 있다. 과학자들은 각기 다른 종들이 얼마나 긴밀히 연결되어 있는지, 아니면 서로 다른 개체인지를 알아내고 가족원들이 얼마나 밀접하게 연결되어 있는지를 결정하기 위해 염색체를 연구한다.

정상적 인간세포는 23쌍의 염색체, 총 46개의 염색체를 가지고 있다. 22개의 상염색체 쌍을 가지며, 각각의 세포 역시 여성이 될지 남성이 될지를 결정하는 XX 혹은 XY 쌍을 가지고 있다. 일반적으로 염색체는 핵 전체에 퍼져 있고 보이지 않지만, 세포분열 직전에는 볼 수 있다. 염색체가 세포분열을 할 때 자매쌍

염색체는 기다란 DNA 가닥들로 구성되어 있다. 유전자는 이중 나선형 DNA 분자 부분을 말한다.

으로 구성된 X자형 구조로 구성된다. 자매쌍은 [세포 분열에 앞서 염색체가 종렬(縱裂) 2분된 ―역자 주]**염색분체**(分體, chromatids)로 염색체 두 줄로 구성되며 두 줄이 만나는 지점에 연결점인 **동원체**(centromere)로 연결되어 있다.

유전자와 DNA

염색체 덩어리를 DNA(deoxyribonucleic acid)라고 한다. DNA 분자는 이중나선형으로 길고 꼬여 있는 사다리같이 보인다. **유전자**(genes)는 몸속에 있는 수천 개의 단백질을 만드는 특별한 방법을 담고 있는 DNA 부분이다. 유전자가 유기체의 신경계, 감각계, 운동계에 있는 단백질 유형을 통제하기 때문에 개인의 특질과 행동에 영향을 미치게 된다. 제임스 시밍톤의 강아지는 복제과정을 통해 명견 트랙커의 유전자에서 가져온 단백질을 담고 있다.

생식을 통해 재생산하는 유기체에서 난자와 정자는 모든 다른 세포 염색체 숫자의 절반만을 담고 있다. 수정이 되는 동안 어머니

제4장

의 염색체가 아버지의 염색체와 짝을 이루어 하나의 쌍을 만들어내게 된다. 수정된 난자가 분열을 하면서, DNA는 모든 세포가 그 유기체의 완벽한 유전정보를 갖도록 복제된다.

인간 게놈

사람들 사이에 눈으로 관찰할 수 있는 문화적 · 신체적 차이가 있음에도 우리의 공통된 인간 **게놈**(genome) — 한 유기체를 만들어내는 완벽한 지침 — 이 우리를 행동 면에서나 생물학적인 면에서 비슷하게 만든다. 인종, 민족 간 차이는 약 5% 정도의 유전적 차이만 날 뿐이다. 대신, 개인 간에 나타나는 95%의 유전적 변이가 집단 내에서 발생한다. 이것은 인간의 유전적 차이에 따라 그룹을 지어온 숱한 역사적 시도에 의미 있는 답변을 해준다.

염색체와 DNA가 발견된 이래, 과학자들은 인체 내 모든 유전자 지도 혹은 인간 게놈 지도를 그리기 시작했다. 미국 정부는 총 3만 개의 염색체 지도를 그리는 시도로 인간게놈프로젝트(HGP)에 착수했다. HGP가 2003년 기본 지도를 마친 이래, 연구자들은 거의 30억 개의 DNA를 확인했고, 다양한 질병과 상황에 연관된 유전자를 알아내기 시작했다. 과학자들은 유전자가 서로 조화롭게 협력하고 있으며 복잡한 상호작용과정 때문에 특징과 질병

> **인종, 민족 간 차이는 약 5% 정도의 유전적 차이만 날 뿐이다. 대신, 개인 간에 나타나는 95%의 유전적 변이가 집단 내에서 발생한다.**

이 항상 단일 유전자에서만 연결되는 것이 아니라는 점을 알게 되었다.

유전자와 환경

최근 연구자들은 정신분열증과 비만과 같은 다양한 상황의 유전적 뿌리를 확인하고자 애쓰고 있다. 그러나 유전자는 지속적이지 않고 불변하지도 않는다. 그들은 개인의 환경에 따라 환경과 상호작용하고, 자신을 조절하며 변경해가며 반응한다. 환경은 유기체와 그 주변을 둘러싼 모든 것을 포함한다. 거기엔 자궁 속에 있는 개인의 생명도 포함된다.

개인 환경 속 사건과 상황은 단백질을 만들어내는 유전자를 활성화시키고, 그 결과 개인의 특질과 행동에 영향을 미치게 된다. **외부환경**(external environment)은 개인의 외부세계 — 나라의 부유함이나 빈곤, 사랑하거나 사랑하지 않는 가족, 고요하거나 스트레스 가득한 일상 — 에서 발생하는 일들을 포함한다. 유기체 내에서 일어나는 일은 **화학적 환경**(chemi-

> 유전자형은 하나의 유기체가 전달한 유전자 구조이다.
> 표현형은 유전자형에서 나온 관찰 가능한 특징이다.

cal environment)을 만들어낸다. 쥐와 그 양육에 관한 연구에서 연구자들은 정상적으로 출산을 하지 않은 쥐들이 새끼를 피해 다녔지만, 장기적으로 계속 노출시키자 결국에는 그 새끼를 돌보기 시작한다는 점을 알아냈다. 쥐의 외부환경이 새끼에 관심을 갖는 데 동기를 자극하는 것으로 알려진 뇌세포 부분을 활성화시킨 것이다. 이는 학습이 유전자의 활성화를 포함한다는 것을 보여주었다(Johnston과 Edwards, 2002).

유전자형과 표현형

하나의 유기체가 전달한 유전자 구조는 그 유기체의 **유전자형**(genotype)이다. 그리고 이런 유전자에서 나온 관찰 가능한 특질들이 **표현형**(phenotype)이다. 사람들이 같은 유전자형을 가지고 있다 해도, 자신이 경험한 환경조건에 따라 다른 표현형 특징이나 행동이 나타날 수 있다. 양육연구에서 같은 유전자형을 공유한 쥐들이라도 직접 새끼를 낳았는가 아니면 장기간 새로 태어난 새끼에 노출이 되었는가에 따라 눈에 띄게 다른 행동을 보였다. 이런 환경 요인들이 설치류 행동을 변화시켰고, 이는 유전자형이 같더라도 표현형이 다르게 나타나기 때문이다.

멘델의 유전형질

부모 자녀 사이에 어떻게 특징이 전달되는지 궁금하게 생각한 적이 있는가? 왜 사람들은 다른 사람들보다 혈육을 더 닮는 것일까? 19세기 중반, 오스트리아 수도승이었던 그레고어 멘델(Gregor Mendel)은 주름진 콩과 둥근 모양의 콩을 잡종 교배하였다. 그 자손이 둥

우리는 점점 똑똑해지고 있는가?

시간경과에 따른 평균 IQ 점수

100
95
90
85
80
75

1910   1930   1950   1970   1990

연도

<<< 적어도 100년 동안 선진국에 살고 있는 사람들의 IQ 점수는 꾸준히 올라가고 있다. '똑똑한' 유전자가 이런 나라 국민들에게서 증가하고 있나? 아니면 교육, 영양, 생활환경이 이미 존재하고 있던 유전적 능력을 향상시킨 것인가?(Flynn, 1987, 1999)

근 씨를 가지자, 멘델은 유전특질이 두 가지 요인에서 나오며 둥근 씨 요인이 주름진 씨 요인을 지배한다고 결론 내렸다. **멘델의 유전법칙**(Mendelian heredity)에 따르면, 유전 요인은 쌍으로 나오고 각 쌍의 한쪽이 다른 한쪽을 지배할 수 있다. 오늘날 우리는 이 요인들이 바로 염색체라는 것을 알고 있다. 염색체 쌍의 같은 자리에 놓인 유전자를 **대립유전자**(alleles)라고 부른다. 우리는 또한 대부분의 유전특질이 복수 염색체의 보다 복잡한 상호작용의 영향을 받는다는 것 역시 알고 있다.

우성유전자와 열성유전자

대립유전자의 동일한 쌍은 **동종접합**(homozygous), 그리고 동일하지 않은 쌍은 **이질접합**(heterozygous)이다. 이질접합 쌍에서 신체가 어떤 유전자를 나타낼지 어떻게 알 수 있을까? 멘델의 콩 중 둥근 씨처럼 어떤 유전자들은 **우성**(dominant)이라 **열성**(recessive)인 다른 유전자와 짝을 이룰 때면 언제나 자기를 드러낸다. 예를 들어, 이마에 난 V자형 머리털 끝선(widow's peak) 유전자는 눈으로 볼 수 있는 특질인 표현형을 나타내는 다른 유전자를 지배한다. 만일 어떤 사람의 머리털 라인이 V자로 움푹 들어갔다면 그 사람은 V자 머리털 형태에 대해 적어도 하나의 대립유전자를 가지고 있는 것이다. 곧은 머리 형태에 대

한 유전자를 가진 이질접합이라면, V자형 머리털 끝선 대립유전자는 그 사람이 V자형 머리털 끝선을 가지고 있다는 것을 확실히 보여줄 것이다.

모든 유전자가 우성이거나 열성인 것은 아니다. 어떤 경우엔 서로가 섞여서 두 개의 유전자 특질이 결합하여 나타나기도 한다. 예를 들자면, 붉은 꽃잎 분꽃과 흰 꽃잎 분꽃을 교배하면 분홍색 꽃잎의 자손이 나온다. 대부분의 특질이 하나 혹은 그 이상의 염색체 쌍에서 나온 다수의 유전자들이 조합하여 나타난다.

유성생식

유성생식은 한쪽 부모의 유전 정보와 다른 쪽 부모의 유전 정보를 결합해 새롭고 독특한 유전 조합을 이룬다. 생식세포 — 난자와 정자 — 는 체세포 유전정보의 딱 절반만을 가지고 있다. 정자와 난자가 성공적으로 만날 때, **접합체**(zygote)로 불리는 새로운 세포가 형성된다. 한쪽 부모의 23쌍의 염색체가 다른 쪽 부모의 23쌍과 짝을 이루어, 그 사람만을 독특하게 만드는 필수 유전 구성 쌍을 만들게 된다. 이러한 지속적인 유전자 재조합을 통해 만들어지는 개인의 다양성은 유성생식을 하는 유기체에게 커다란 진화상의 이익을 준다. 유전자가 스스로 재배열하면서 새로운 특질이 생겨나 그 유기체가 새로운 환경에 적응하도록 돕게 된다.

형제자매와 쌍둥이

유전자 재조합이 각 개인을 독특하게 하지만, 가족이 닮은 것을 보면 인간 역시 많은 유전적 특성을 공유하고 있음이 분명하다. 당신이 언니와 비슷하게 높은 톤의 목소리를 가지고 있을 수도 있고, 아빠와 비슷한 곱슬머리이거나 엄마를 닮아 키가 작을 수도 있다. 사람들은 일반적으로 자신의 형제나

>>> 벤 애플렉과 그의 동생인 케이시는 둘 다 우성인 오목하게 갈라진 턱을 물려받았다.

부모와 유전자의 50%만을 공유한다. 따라서 다른 점이 많을 수도 있는 것이다.

일란성 쌍생아(monozygotic)들은 자연이 만든 복제인간이다. 수정이 이루어진 후, 단일 접합체가 나누어져 100% 일치하는 유전물질을 가진 배아로 성장하는 2개의 접합체가 된다. **이란성 쌍생아**(dizygotic)들은 2개의 다른 난자에서 만들어진 2개의 별개의 접합체로 동시에 2개의 다른 정자를 만나 수정이 이루어진 것이다. 이들은 동시에 태어난 보통의 형제인 것이다. 따라서 이들은 다른 형제들이 그렇듯 50%의 유전물질을 공유하고 있다. 복제인간처럼 트러스트(Trustt), 솔레이스(Solace), 프로디지(Prodigy), 베일러(Valor), 데자뷰(Dejavu)(9.11 구조견 트랙커의 5마리 복제 강아지 — 편집자 주)가 완전히 똑같은 쌍둥이들인 반면, 정상적으로 한 배에서 난 강아지들은 이란성 쌍생아로 보면 된다.

세포분열

유기체의 생식세포는 **생식체**(gametes)라고 부른다. 유성생식 유기체는 **감수분열**(meiosis)로 알려진 특별한 세포분열을 통하여 생식체를 생산한다. 감수분열 동안, 염색체는 스스로를 복제하여 하나의 세포가 2개의 새로운 세포를 형성하기 위해 나누어진다. 이 두 세포는 두 번 나누어져 절반이 하나의 세포가 되고 다른 절반이 또 하나의 세포가 된다. 그 결과 원래 염색체의 절반의 수로 4개의 새

로운 세포가 만들어진다. 이 각각의 세포가 이제 하나의 난자세포 혹은 정자세포로, 각각은 임신시기에 배우자의 생식체와 결합하게 된다. 그러나 모든 세포가 생식세포가 되는 것은 아니다. 사실 상당수의 체세포가 보다 전형적인 세포분열 방식인 **유사분열**(mitosis)을 한다. 유사분열을 할 동안, 염색체는 세포분열 전에 스스로를 복제하여 본래의 세포와 유전적으로 일치하는 2개의 세포를 만든다.

처음 볼 때에는 감수분열로 하는 세포분열 첫 단계가 유사분열과 무척 흡사해 보인다. 그러나 실상 초기 분열은 유성생식을 하는 유기체의 유전적 다양성이 뚜렷하게 나타난다는 면에서 중요한 차이가 난다. 첫 분열(감수분열 I) 동안 복제된 염색체 접합부분이 교차하면서 새로운 염색체를 만들기 위해 재결합한다. 이 2개의 새로운 세포가 감수분열 II에서 분열할 때, 4개의 새로운 생식체는 원부모 세포와 다르고 다른 생식체와도 다른 염색체를 포함하게 된다. 결국 유성생식은 한 번은 감수분열 동안, 그리고 한 번은 수정이 이루어질 동안에 유전자 카드 패를 두 번 섞어 쳐서 떼는 셈이다. 어떤 이유에서든 원부모 세포가 감수 분열 전에

돌연변이를 일으킨다면, 돌연변이 역시 생식체에 전달되어 유전적 변이에 다른 가능성을 만들어내게 된다. 혈우병과 색맹은 이 조건에 대한 돌연변이 유전자를 받은 사람에게 발생한다. 염색분체가 적절하게 분리되지 않아 한쪽보다 다른 한쪽에 유전정보가 더 많이 남아 있게 된다면 감수분열 동안 돌연변이도 발생할 수 있다. 예를 들어 세포핵에 있는 21번 염색체가 하나 더 있는 경우 다운증후군이 나타난다. 돌연변이가 긍정적인 효과를 갖는 경우도 있다. 겸상적혈구 빈혈증을 가진 사람들은 적혈구가 낫모양인 돌연변이를 가지고 있다. 이런 돌연변이는 피가 산소를 실어나르는 능력을 강화시키기 때문에, 통증과 피로감을 유발하기도 하지만 동시에 말라리아에 대한 내성을 갖게 하기도 한다.

유전형질 : 선천성 vs. 후천성 논란

단일유전 특질

멘델의 유전이론은 어떻게 단일유전 특질이 부모에게서 자녀들에게 전달되는지를 설명해준다. 벤 애플렉과 케이시는 둘 다 분명히 애플렉 가문의 오목하게 갈라진 턱을 가지고 있다. 그 이유는 오목하게 갈라진 턱 유전자가 그렇지 않은 턱 유전자보다 우성이기 때문이다. 오목하게 갈라진 턱처럼, 폐와 소화기능에 영향을 미치는 질병인 낭포성 섬유증 역시 하나의 특정 유전자에 그 기원을 둔다. 열성인 낭포성 섬유증 유전자는 사람에게 그 질병을 유발하는 대립유전자가 둘 다 있을 때만 나타난다.

다원유전 특질

대부분의 특질이 단일유전 쌍에서만 나타나지는 않는다. 따라서 과학자들은 함께 작용하는 유

전자 집단인 **유전자 집합체**(gene com-plexes)를 찾고 있다. 머리카락 색깔, 눈 색깔, 신장은 모두 **다원유전**(polygenic) 특질의 예이거나 하나 이상의 유전자에서 유발된 특질의 예이다. 피부, 머리칼, 눈 색깔 등 색소나 색깔 특질은 딱 2개의 색이 아니라 범위에 따라 다양한 색깔 차이를 보이기 때문에 **연속특질**(continuous traits)로 알려져 있다.

복합유전자 또한 어떤 특징을 만들어내기 위해 환경과 상호작용한다. 어떤 사람이 어느 정도의 키까지 자랄지는 유전 성향을 가지겠지만, 그 사람이 실제로 얼마나 클 것인가는 뇌하수체 호르몬이 분비하는 성장 호르몬과 어린 시절 공급받은 영양 상태에 달려 있다. 다원유전자에 근원을 두고 있는 질병에는 심장질환과 암이 포함된다. 복합유전자는 식사와 생활환경과 같은 환경적 요인과 상호작용하여, 사람이 그 질병에 걸릴 것인지 아닌지를 결정하게 된다. 복잡한 다원유전 특질 때문에 지능과 성격 역시 사람마다 무척 다양한 것이다. 지능이나 성격이 한두 가지 형태로 나타나지 않는 것은 환경의 영향 때문이다.

자웅선택

데이트 경험이 있는 사람이라면 모든 사람이 이성에게 동일하게 끌리는 것이 아니라는 점을 알 것이다. 인간이나 다른 유성생식종에게 있어 이런 **자웅선택**(sexual selection) 과정은 어떤 특질이 다음 세대에 전달될 것인지에 영향을 미치게 된다. 배우자 선택을 강조하는 종

유사분열은 염색체가 세포분열 전에 스스로를 복제하여 본래의 세포와 유전적으로 일치하는 두 개의 세포를 만드는 세포 분열 과정이다.

유전자 집합체는 함께 작용하는 유전자 집단을 말한다.

다원유전은 "여러 개의 유전자의 상호작용에서 나온다"는 뜻이다.

연속특질은 키, 몸무게, 피부색처럼 범위에 따라 다양한 결과를 갖는다.

자웅선택은 짝이 선택되는 과정을 말한다.

유전과 진화

<<< 마일리와 그녀의 아버지 빌리 레이 사이러스는 둘 다 비슷한 눈동자 색과 머리카락 색을 가졌지만, 이 둘이 닮은 점에 대해 전적으로 책임을 지는 유전자는 없다.

(species)은 대개 수컷이 암컷을 매료시키기 위해 두드러지고 쉽게 눈에 띄는 특징을 보인다. 밝은 깃털을 가진 수컷 조류는 색이 덜 화려한 동족 새들에 비해 더 암컷에게 경쟁력이 있다. 결국 화려한 깃털이 있거나 수려한 뿔처럼 성 특성에 관련된 유전자는 다음 세대에 전달되어 더 큰 뿔이나 더 밝은 깃털이 세대 과정에 나타나게 한다.

선별사육

선택은 **선별사육**(selective breeding)을 통해 인위적으로 발생하기도 한다. 다양한 개 품종들은 바람직한 특질을 선택하기 위하여 그 특성들을 가진 개체와 교미를 시켜 산출해낸 것들이다. 시간이 가면서 개는 사냥을 하고, 냄새를 맡고, 앙증맞게 작거나 털이 보슬보슬하도록 특별히 사육되었다. 1940년 유명한 연구에서, 로버트 트라이언(Robert Tryon)은 유전자가 행동특성에 강한 영향을 미치게 하는 선별사육의 사례를 보여주었다. 처음 트라이언은 두 종류의 쥐를 발견했다. 이들은 거의 실수를 하지 않고 미로를 빠져나가는 쥐(미로천재쥐)와 실수를 연발하며 미로를 찾아가는 쥐(미로바보쥐)였다. 그때 트라이언은 미로천재쥐를 다른 미로천재쥐와 교미를 시키고, 미로바보쥐를 다른 미로바보쥐와 교미시켰다. 21세대 이상 천재쥐와 천재쥐, 바보쥐와 바보쥐를 교미시켜 사육한 후, 그는 유전적으로 완전히 다른 두 종류의 쥐를 탄생시켰다. 대부분의 천재쥐들은 바보쥐들 중 가장 똑똑한 놈들보다 실수량이 적었다. 특성이 세대를 넘어 어떻게 진화하는가를 보여준 사례이다.

행동유전학

영화 "페어런트 트랩(The Parent Trap)"에서, 할리와 애니는 일란성 쌍둥이지만 따로 떨어져 양육되다가 한 여름 캠프에서 만나 자신들의 이혼한 부모들을 재결합시키기 위해 서로의 역할을 바꾸게 된다. 영화의 플롯은 부분적으로 두 쌍둥이의 반대되는 성격을 중심으로 돌아간다. 할리는 아버지와 살며 캘리포니아 말괄량이로 자라고, 애니는 어머니와 함께 살며 단아하고 여성적인 영국 소녀로 자라난다. 같은 유전자를 가진 두 사람이 서로 다를 수 있다는 것이 놀랍다. 그러나 개인의 특성의 어느 정도가 유전에서 나오고 얼마만큼이 환경에서 나오는 것일까?

행동유전학(behavior genetics)을 연구하는 학자들은 행동과 정신과정에 대한 유전자와 환경의 상대적 효과를 확인하려고 한다. 할리와 애니가 일란성 쌍둥이지만 다른 환경에서 자란 것을 보면서 행동유전학자들은 이 사례를 성격이 개인의 유전자보다는 개인의 환경에 더 많은 영향을 받는다는 증거로 사용할 수 있었다. 떨어져 성장한 일란성 쌍둥이의 실제 사례가 제한적이라 할지라도, 행동유전학은 함께 성장한 쌍생아와 떨어져 성장한 쌍생아를 비교하는 쌍생아 연구에 의지하고 있다. 떨어져 자란 쌍둥이가 비슷한 특성을 보이면 연구자들은 이런 특질이 아마도 유전적 기원에서 비롯된다고 추론한다. 같이 성장한 쌍둥이가 다른 특질을 보인다면, 연구자들은 환경 요인이 이런 차이에 영향을 미쳤다고 생각한다.

쌍생아 연구

엘리제 샤인은 자신의 생모를 찾을 때, 자신이 쌍둥이 언니가 있었다는 사실은 전혀 몰랐

피부색은 연속 특질의 한 예이다. 당신의 다른 특질 중 어떤 것이 연속적인가?

다. 이들이 만난 첫 순간, 엘리제와 그녀의 언니 파울라 번스타인은 자신들이 많은 유사점을 가지고 있다는 것을 알게 되었다. 그들은 비슷한 말투를 사용하고, 얼굴표정이나 제스처, 건강상태도 비슷했다. 엘리제와 파울라 모두 고등학교 신문의 편집 일을 맡고 있었고 둘 다 같은 나이에 이탈리아로 여행을 갔다. 또한 둘 다 뉴욕에서 영화를 공부했다. 엘리제와 파울라같이 따로 떨어져 성장한 일란성 쌍둥이들은 직업선택, 음식 기호, 제스처와 같은 많은 부분에서 놀라운 유사점을 보였다(Wolff, 2007). 그러나 따로 떨어져 자란 일란성 쌍둥이들은 같은 가족으로 성장한 쌍둥이들보다는 좀 더 서로 다른 성격을 가지고 있었다(Pedersen 등, 1988). 영화 "페어런트 트랩"의 애니와 할리같이, 엘리제와 파울라 역시 성격에서 많은 차이가 있었으며 매우 다른 삶을 살고 있었다.

입양 연구

쌍생아 연구와 더불어, 행동유전학자들은 선천성과 후천성의 영향 정도를 구별하기 위해 입양 연구도 사용하고 있다. 얼마나 특별한 특질이 유전되는지를 산출하기 위해, 연구자들은 개인의 특질이 생물학적 부모의 특질을 닮은 정도와 입양 부모의 특질을 어느 정도로 닮았는지를 비교한다. 흥미롭게도, 입양아들은 특정 선호부분, 성격, 행동에서 입양 부모보다는 생물학적 부모를 닮는 것으로 나타났다. 입양 연구는 비만이나 알코올 중독과 같은 조건에 관한 유전적 영향력을 보여주고 있다(Cloninger, 1981).

유전가능성

유전가능성(heritability)은 유전자가 관찰 가능한 특질에서 나타나는 개인적 변화를 설명하는 정도를 말한다. 같은 환경에서 유전가능성은 개인차에 영향을 미치기 때문에 중요하다. 만일 환경이 어떤 특질을 변화시키거나 영향을 미치게 된다면, 유전가능성의 영향력은 줄어드는 셈이다. 눈 색깔과 같은 특질은 차이를 내는 유전자가 환경 영향 없이 눈 색깔에 변화를 주기

<<< 부모를 재결합시키기 위해 노력하던 중, 따로 떨어져 성장한 일란성 쌍둥이 애니와 할리는 자신들의 차이를 알고 비슷한 점을 알아가게 된다.

선별사육은 바람직한 특질을 가진 동일종의 유기체 쌍을 그와 같은 특질을 갖도록 하기 위하여 짝짓는 과정을 말한다.

행동유전학은 한 특질이 유전적으로 전달될 수 있는 정도를 설명한다.

유전가능성은 한 특질이 유전적으로 전해 내려올 수 있는 정도를 말한다.

분자유전학은 특정 질병이나 특질, 행동에 영향을 미치는 특수 유전자를 확인하기 위하여 유전자의 분자 구조와 기능을 분석하기를 강조하는 연구 분야이다.

진화심리학은 적응적인 행동이 인류 조상들이 생존하고 번식하는 데 얼마나 도움이 되었는가를 연구하여 인간 심리와 행동 발달을 설명하는 심리학의 한 분야이다.

● ● ●

때문에 높은 유전가능성을 갖는다. 반대로, 지능은 환경요인 역시 개인 간 지능 차이에 영향을 미치기 때문에 훨씬 더 낮은 유전가능성을 갖게 된다. 유전가능성은 유전자가 몇 퍼센트 영향을 미치느냐를 말해주는 것이 아니라, 개인 간 변화가 유전 영향에 몇 퍼센트 기여하는가를 설명해준다.

백 년 전 사람들은 음식은 덜 먹고 일상생활에서 더 많은 칼로리를 소모했다. 오늘날은 음식이 어디든 흔하고 활동으로 소모되는 칼로리는 거의 없다. 미국인들은 점점 더 살이 찌고 있다. 우리 유전자가 바뀌지는 않기 때문에 환경이 몸무게와 같은 강한 유전적 기반을 둔 특질에 강력한 영향을 미친 것이다. 행복감 같은 기질적 특징조차 유전적 소인이 있어서 어떤 사람들은 말 그대로 상대적으로 더 큰 행복감을 타고난다. 연구자들은 행복감에 있어 이란성 쌍둥이 사이에서는 일치점을 발견하지 못했다. 그러나 일란성 쌍둥이에게서는 행복 비율이 80% 정도 일치한다는 것을 발견했다(Lykken과 Tellegen, 1996). 정신분열증의 유전가능성 역시 확실해졌다. 만일 일란성 쌍둥이 중 한쪽이 정신분열이라면 다른 한쪽에게서 그 조건이 발생할 가능성이 50%이다. 이란성 쌍둥이 형제 중 하나가 정신분열이라면, 다른 쪽 쌍둥이는 질환이 발생할 가능성이 27%이다(Cardo와 Gottesman, 2000).

분자유전학

평생 낭포성 섬유종을 가지고 살아가는 사람들은 폐와 소화기 문제로 고통받기 때문에 영양상태가 불량하고 30세경이면 사망한다. 그러나 이런 유전질환 치료 관점이 1989년 극적으로 진전을 이루었다. 당시 **분자유전학**(molecular genetics)을 연구하던 연구자들은 낭포성 섬유종 유전자의 정확한 위치들은 7번 염색체라는 것을 알아냈다(Hillier 등, 2003). 분자유전학자들은 유전자의 분자 구조와 기능을 연구하고, 특정 질병이나 특질, 행동에 영향을 미치는 특수 유전자를 확인하기 위해 노력하고 있다. 이들의 노력으로 어떤 사람들이 어떤 질병에 걸릴 위기에 있는지를 예측할 수 있는 유전자 실험이 가능해졌다. 태아선별검사가 발전하면서, 부모들은 아기의 유전 정보, 기형 등의 정보를 정확하게 받아볼 수 있게 되었다. 이런 새로운 지식이 어떤 질병을 초기에 치료할 수 있게 되면, 부모가 자신들이 선호하는 특질 — 아기 모차르트나 꼬마 아인슈타인 — 을 정확하게 가지고 있는 '주문제작' 아기를 얻기 위해 선택적으로 태아를 유산할 수 있게 되면서 가까운 미래에 윤리적 문제가 제기될 수도 있을 것이다.

자연선택에 의한 진화

진화심리학

대부분의 사람들처럼, 여러분도 아마 신 레몬을 빨아먹거나 쓰디쓴 약을 삼키기보다는 달콤한 과일 먹기가 더 좋을 것이다. 독(毒)은 쓴맛을 내고 음식은 상하기 시작하면 신맛을 내기 시작한다. 시거나 쓴 것보다는 달콤한 것을 선호하는 것은 우리 조상들이 몸에 해로운 음식을 피해 살아남는 데 도움이 되었을 것이다. 이런 맛을 구분해내는 능력이 없는 사람들은 다음 세대를 생산해낼 만큼 충분히 오래 살지 못했을 것이다. 그 결과 우리 모두는 지금 이런 맛선호를 가지고 있다. **진화심리학**(evolutionary psychology)을 연구하는 학자들은 특정한 맛선호와 같이 적응적인 행동이 우리 조상들이 생존하고 자손을 이어가는 데 얼마나 도움이 되었는지를 연구하여 우리 정신과 행동의 발전을 설명하고 있다.

순한 여우 : 인간의 새로운 최고의 친구?

진화심리학에서 흥미로운 연구 영역 중 하나는 야생동물을 길들이는 과정이다. 러시아 연구진인 벨라예프(Belyaev)와 트루트(Trut)는 여우를 길들이기 시작하여 자연 상태에서는 몇천 년에 걸쳐 발달해야 할 행동변화를 몇십년 만에 이루어냈다. 과학자들은 30세대 이상을 거치면서 가장 잘 길들여진 수컷과 가장 잘 길들여진 암컷을 교배했다. 40년이 지난 후 야생에 의심 많은 여우는 친근하고 관심받고 싶어 하는 여우 종(種)이 되었다. 이 여우들이 얼마나 잘 길들여졌는지 연구소에서는 그들을 가정용 애완동물로 판매하기 시작했을 정도였다. 가장 순한 여우들만 골라 교미를 시킴으로써 연구자들은 결국 이런 성격 특성에

> ❝ 눈 색깔과 같은 특질은 차이를 내는 유전자가 환경 영향 없이 눈 색깔에 변화를 주기 때문에 높은 유전가능성을 갖는다. 반대로, 지능은 환경 요인 역시 개인 간 지능 차이에 영향을 미치기 때문에 훨씬 더 낮은 유전가능성을 갖게 된다. ❞

진화상의 이익을 주게 된 것이다(Trut, 1999).

선천특질

단지 특정 특질을 갖는다고 해서 반드시 그것이 **적응적**(adaptive)이 되는 것은 아니다. 우리가 가진 특질 중 많은 것이 우리가 적응하고 환경에서 기능하도록 돕는다. 모든 인간의 아기들은 뺨을 톡톡 두드리면 입술을 그쪽으로 움직여 빨고자 한다. 닿은 쪽 뺨을 돌리는 것은 젖꼭지 접촉을 가능하게 하고, 빨기 작용은 아기가 젖을 먹고 생존에 필요한 음식을 얻게 한다. 진화심리학자들은 **영아기 반사**(infant reflexes)와 같은 선천특질이 어떻게 진화했는지를 연구한다. 그들은 또한 일반적 공포가 선천적 기원을 가지고 있는지도 살핀다. 인간이 사실상 더 해로운 운전 같은 것보다 거미나 뱀을 훨씬 더 두려워하는 것은 왜일까? 오늘날 개발된 곳에서 살고 있는 사람들은 거미나 뱀보다는 자동차를 더 자주 만난다. 그러나 진화과정에서 거미와 뱀은 위협이 되어왔다. 과거에 거미와 뱀에 대한 공포는 중요한 보호과정을 만들어냈다. 또한 보호본능이 지속되는 것은 진화과정이 우리가 새로운 환경에서 선천적 공포에 적응하는 데 얼마나 오래 걸리는지를 보여주는 좋은 예이다.

진화적 관점의 문제점

진화적 관점은 효과 혹은 특질에서 시작해서 거꾸로 거슬러 올라가야 하기 때문에 어떤 특정 특질을 설명할 수 없다는 점에서 비판받고 있다. 어떤 특질이 어떻게 진화를 이루었는가를 이해하기 위해 진화심리학자들은 그 원인에 대해 고찰해야 한다. 그러나 그들도 그 설

> **몇몇** 사람들은 배우자의 부정은 그것이 진화적 이점을 가진 선천적 특질이라고 설명하려고 한다. 그러나 그러자면 과학자들은 먼저 '속이는 유전자'를 찾아내 확인시켜야 할 것이다.

명이 옳다는 것을 증명할 수는 없다. 예를 들어 몇몇 사람들은 배우자의 부정은 그것이 진화적 이점을 가진 선천적 특질이라고 설명하려고 한다. 그러나 그러자면 과학자들은 먼저 '속이는 유전자'를 찾아내 확인시켜야 할 것이다.

획득형질 : 진화 초기 이론

다윈 이전 프랑스 생물학자인 장 밥티스트 드라마르크(Jean-Baptiste de Lamarck)는 **획득형질**(acquired characteristics)의 유전에 기초한 진화 이론을 제시하였다. 그는 다른 종이 같은 조상을 가지고 있지만 진화하면서 이후 자손들에게 전달할 유용한 형질을 획득하여 '더 고등한' 유기체로 변화했다고 주장했다. 목을 길게 뻗을 수 있었던 기린들은 자손에게 너 긴 목을 전달했고 세대를 거듭하면서 기린의 목은 더 길어졌다. 라마르크의 이론은 진화에 관한 이론을 소개했다. 그러나 그의 이론들은 유전을 적절하게 설명하지 못했다. 개인이 특별한 특질을 사용한다 해도 자손에게 그 특질이 전달되지 않으며, 마찬가지로 그것을 사용하지 않는 특질도 전달될 수 있기 때문이다. 그러나 특질을 사용하는 것이 동물이 생존하고 번식하는 데 더 나은 기회를 줄 수는 있었을 것이고, 바로 이것이 다윈의 생각이었다.

다윈과 선별사육

다윈은 어떻게 진화가 실제로 발생했는지를 설명하는 데 있어 라마르크보다 훨씬 더 큰 진전을 보여주었다. 다윈은 사람들이 원하는 형질을 위해 가축이나 곡식을 선택적으로 기르는 **인위적 선택**(artificial selection)을 사용하듯이, 자연 역시 선택적 사육과정을 유도한다, 즉 자연선택을 한다고 믿었다. 라마르크

와 달리 다윈은 유전이 어떤 특질이 유용하기 때문에 발생하는 것이 아니라 특질의 유용함이 유기체의 생존과 번식을 도울 때 발생하며 그 특질들이 다음 세대에 전달된다고 믿었다. 다윈이 유전 기제에 대해 몰랐음에도 불구하고 그는 새로운 특질이 우연히 발달한다는 것을 알았다. 유전학의 발달을 통해 우리는 이런 다양성이 감수분열과 수정이 일어날 동안 발생하는 유전적 변화 때문에 일어나며 DNA 복제 동안 발생하는 돌연변이 때문에 일어난다는 것을 알고 있다.

환경 변화

기후 변화, 재난, 심지어는 사소한 사건들조차 환경이 지속적으로 변한다는 것을 보여준다. 이런 환경 변화는 자연선택에 의한 진화를 촉진한다. 다윈 이후 100년이 더 지나, 피터(Peter)와 로즈메리 그랜트(Rosemary Grant)는 어떻게 환경이 자연선택에 영향을 미치는지를 알기 위해 갈라파고스 섬에서 같은 새 종류를 연구했다(2002). 가뭄으로 큰 씨가 남을 때는 큰 부리를 가진 새들이 그 씨를 부수어 먹을 수 있었기에 큰 종류의 새들이 살아남았다. 폭우가 올 때는 그 반대 효과가 나타났다. 작은 씨가 많았기 때문에 작은 부리를 가진 새들이 살아남아 그 수가 많아졌다. 작은 크기 때문에 성체(成體)까지 성장해서 더 빠르게 번식을 할 수 있었기에 큰 부리를 가진 새들보다 개체수가 많아졌다.

진화에 대한 오해들

진화는 환경 변화에 대한 반응에서 일어나고 미리 예견되거나 사전에 결정된 결과가 아니다. 종(種)은 환경 변화에 준비하기 위하여 변화하지 않으며, 좀 더 '고도로 진화된' 유기체가 되기 위해 변화하지도 않는다. 피리새는 가뭄이나 폭우에 따라 더 크거나 더 작은 부리를 발달시킬 수 없다. 다른 새들은 단지 다른 크기의 부리를 가졌을 뿐이고, 때문에 조건이 변화하게 되면 환경에 가장 적합한 부리를 가진 새들이 가장 많이 살아남는다. 또 다른 오해는 아메바와 같은 단세포 동물들이 복잡하지 않다는 이유로 인간보다 "덜 진화되었다"라고 생각하는 것이다. 이 단세포 동물들은 자신의 환경에 가장 잘 적응하는 것이고 따라서

세

적응적이란 말은 환경에 따라 적응하고 기능하는 능력을 말한다.

영아기 반사는 인간의 선천적인 특질이다.

획득형질은 유기체가 획득한 유용한 특질이다.

인위적 선택은 자연선택과 상대적인 개념으로 인간이 바람직한 특성을 선택하여 자손에게 전달한다는 개념이다.

두발보행은 두 다리로 걸을 수 있는 능력이다.

대뇌화는 뇌 크기의 증가를 말한다.

계통발생은 종의 발달을 말한다.

종 특유 행동은 어떤 종에게 나타나는 본능적이거나 특징적인 방식의 행동유형이다.

덜 진화되었다고 할 수 없다.

인간 진화 : 두발보행, 대뇌화, 언어

침팬지와 인간은 DNA에 있어 1~2% 차이가 나며, 이런 차이로 우리의 예외적으로 큰 두뇌, 두 발로 걷는 능력, 언어사용능력이 설명된다. 5백만 년에서 천만 년 전 사이에 우리 조상들은 네 발 대신 두 발로 걷기 시작했다. 2백만 년과 3백만 년 전 사이에 인간은 호모(Homo) 인류가 처음 진화 가계도를 시작하게 된다. **두발보행**(bipedalism), 곧 두 다리로 걷는 능력은 우리가 기계를 다루고 환경을 변경하도록 하였다. **대뇌화**(encephalization), 즉 뇌 크기의 증가는 우리가 더 잘 생각하고 계획하고 기억할 수 있다는 것을 의미했다. 추상적 사고에 대한 우리의 특별한 능력은 과학자들에게는 아직 밝히지 못한 방식으로 진화를 이루어 언어를 발달시켰다. 언어로 소통을 할 수 있다는 것은 인간이 서로 지식을 나누고 협동하며 미래세대에게 정보를 전달할 수 있다는 것을 말한다.

인간 뇌의 진화

진화역사에서는 눈 깜박할 시간 정도인 천만 년 전이나 돼서야 어마어마한 유전변화가 우리의 신경계를 만들어냈다. 최근 증거를 보면 인간 두뇌의 **계통발생**(phylogeny) — 종의 발전 — 은 다른 종들의 뇌보다 훨씬 더 빠르게 진화되었다. 특히 신경계 내 단백질을 구성하는 유전자는 설치류나 다른 동물들보다 훨씬 더 빠른 속도로 우리 조상에게서 진화했다. 과학자들은 우리의 진화속도가 많은 유전자에서 발생한 엄청난 수의 돌연변이, 그리고 이런 돌연변이가 만들어낸 정신능력에 대한 선택과 관련되어 있다는 것에 의구심을 가지고 있다(Dorus 등, 2004).

믿거나 말거나, 인간 종(種)은 훨씬 더 영리해졌다. 뇌의 크기를 조절하는 다른 두 개의 유전자가 발달해서 특히 37,000년과 5,800년 전에 퍼지게 된다(Evans 등, 2005; Mekel-Bobrov 등, 2005). 만일 우리가 이런 속도로

계속 진화를 하게 된다면 지금으로부터 10만 년 혹은 5천만 년 후엔 우리가 어디에 있을지 누가 알겠는가. 우리가 머리를 지탱하기 힘들어지거나 출산에 어려움을 겪기 전까지 우리 뇌는 얼마나 커질 수 있을까?

종 특유 행동

인간 행동

고양이는 나무에 올라가고 개는 짖으며 다람쥐는 도토리를 모은다. 그러나 개는 나무에 올라가지 않으며 고양이는 도토리를 모으지 않고 다람쥐는 짖지 않는다. 모든 동물은 **종 특유 행동**(species-typical behaviors), 즉 어떤 종에게 나타나는 본능적이거나 특징적인 방식의 행동유형을 가지고 있다. 웃고, 말하고, 두 발로 걷기는 모든 인간에게 공통적인 행동이다. 인간을 포함하여 동물들은 자세, 움직임, 얼굴표정으로 감정을 교환한다. 『인간과 동물의 감정 표현』(1872)에서 다윈은 얼굴표정과 표현하는 감정의 보편성에 대해 논하며 유전적 선천성을 말하였다.

얼굴표정의 보편성

1960년대, 폴 에크만(Paul Ekman)과 월리스 프라이젠(Wallace Friesen)은 다윈의 생각을 이해한 후, 문화를 막론하고 인간은 특별한 감정을 교환하는 공통의 얼굴표정을 가지고 있다고 주장하였다. 연구자들은 수많은 얼굴표정에 대한 '감정 지도'를 편찬하여, 놀람, 공포, 역겨움, 슬픔, 분노, 행복과 같은 여섯 가지 보편적으로 인식되는 감정을 확인하였다. 한 연구에서, 그들은 뉴기니아에서 온 문맹자들에게 사진 속 배우가 일련의 얼굴표정을 지은 것을 보고 그 감정을 맞혀보게 했다. 연구자들이 살폈던 다른 31개 문화 사람들의 표정을 보고 뉴기니아 사람들은 그 감정들을 정확히 맞혔다. 반

대로 연구자들은 뉴기니아 족 사람들이 표정을 지은 것을 비디오테이프에 담아 미국 대학생들에게 알맞은 감정을 맞혀보도록 하였다. 다시금 대학생들은 정확히 그 감정을 맞혔다(Ekman과 Friesen, 1975; Ekman, 1982).

그러나 감정의 보편성은 그 한계를 가지고 있다. 세상 사람들이 공통의 감정을 알아차리지만, 자신이 속한 문화 구성원들의 감정은 더 빨리 알아차린다는 점이다(Elfenbein과 Ambady, 2002, 2003). 사람들이 감정을 표현하는 방식으로 볼 때 문화적 다양성은 같은 집단원들에게는 '집단 내 이익'을 준다. 얼굴표정은 유전적 경향이나 공통으로 학습된 행동, 이 둘의 조합 때문에 보편적이겠지만, 만일 문화 집단 내에 있는 사람들이 서로의 감정을 더 쉽게 인식한다면, 아마도 그것은 학습의 역할 때문일 것이다.

학습의 역할

경향성에 근거하고 있는 많은 종 특유 행동들이 학습의 결과만으로 표현될 수 있다. 인간은 두 다리로 걷는 유전 경향성을 가지고 있지만 아기들은 걸을 준비가 된 채 태어나지 않는다. 그들은 시간이 지나야 할 수 있고, 그러기 전에 균형을 잡고 걸음마부터 배워야 한다. 유사하게 인간 역시 언어를 습득할 유전 경향을 가지고 있지만 아기들은 문장을 말할 수 없고 심지어 단어 조합조차 하지 못한다. 대신 그들은 언어를 배울 준비를 하게 된다. 아기들은 특정 언어에 있는 음절(구별된 소리)을 배울 때까지 옹알이를 한다. 학습을 통하여 아기들은 정확하게 발음하는 법을 알게 되고 문법을 쓸 수 있게 되며 모국어 문장을 구사하게 된다.

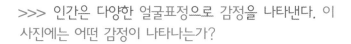

>>> 인간은 다양한 얼굴표정으로 감정을 나타낸다. 이 사진에는 어떤 감정이 나타나는가?

생물학적 준비성

우리의 몸은 우리가 무엇을 어떻게 왜 배우는가를 어떻게 아는가? **생물학적 준비성**(biological preparedness)은 생물학적 특징이 특정 특질을 촉진시키기 위해 어느 정도까지 발달하는가를 설명한다. 인간은 두 발로 걷도록 생물학적으로 준비되어 있다. 물리적으로, 우리는 곧추 선 몸통, 강한 다리, 그리고 약한 두 팔을 가지고 있다. 우리 신경계 역시 두 다리로 걷도록 협력할 준비가 되어 있다.

조건화를 통하여 네 발로 걷는 동물이 두 발로 걷는 것과 같은 행동을 하거나 그런 행동을 하는 척할 수 있다. 그러나 그들은 도로 **본능회귀**(instinctual drift)로 알려진 경향인 본래의 본능적인 행동으로 돌아온다(Breland와 Breland, 1951, 1961). 동전을 잡아서 그것을 돼지저금통에 넣도록 훈련된 너구리는 저금통에 동전을 넣기 전에 마치 가재껍데기를 벗기듯이 먼저 동전을 두 손으로 문질렀다. 같은 기술을 학습한 돼지는 저금통에 동전을 넣기 전 동전을 땅에 떨어뜨리고 음식을 먹을 때처럼 코로 냄새를 맡았다. 조건화에도 불구하고, 동물들은 자신의 예비된 본능적 행동을 유지했고 이런 경향은 시간이 지나며 점차 증가

했다. 가장 오랫동안 남아 있는 이런 행동들은 동물이 생물학적으로 준비된 상태이며 이것이 강한 유전적 기초를 가지고 있다는 점을 보여준다.

짝짓기 패턴

차별적 부모투자이론

여성은 한 사람과의 지속적 헌신을 원하지만 남성은 다수의 사람들과 성관계를 원한다고들 한다. 연령노화이론에 대한 진화론적 설명을 하면서, 진화심리학자인 로버트 트리버스(Robert Trivers)는 짝짓기 패턴은 **부모투자**(parental investment)의 양에 있어서의 성차(性差)에 의존한다는 것을 알아냈다. 부모투자는 자손을 낳고 키우는 데 들어가는 시간, 에너지, 위험도를 포함한다. 어떤 성(性)이 짝을 선택하고 어떤 성(性)이 짝과 경쟁하는가는 부모투자의 양에 달려 있다. 더 많은 투자를 한 성(性)이 짝을 선택하는 편이며, 덜 투자를 하는 성(性)은 짝짓기를 할 권리를 두고 다른 대상들과 경쟁하게 된다. 여성이 '완벽한 남성'에게 헌신을 하고자 하는 반면 남성은 완벽한 남성이 되기 위하여 서로 경쟁한다는 것은 일반적이다. 물론 고도로 발달된 서방사회에서는 인공수정이나 입양, 직장여성의 존재와 같은 대안들은 아직 미결의 문제이다.

일부다처제 : 한 남자와 다수의 여자

대부분의 포유종들이 일부다처제인 이유는 암컷이 임신을 하고 자녀를 키우는 데 상당한 시간을 투자하기 때문이다. 반면 수컷의 일은 암컷을 임신시키면 그걸로 끝이다. 긴 임신기간과 수유기간은 암컷이 낳을 수 있는 자손의 숫자를 제한한다. 다

른 자손을 가질 유전적 가능성을 최대화하기 위하여, 암컷들은 자신의 유전자를 조합할 더 좋은 짝을 선택해야 한다. 반면 수컷들은 자식들에게 시간이나 노력을 많이 투여할 필요가 없기 때문에 가능한 한 많은 암컷과 짝짓기를 하고자 한다. 수컷이 생산하는 자손의 숫자가 증가한다는 것은 더 많은 자손이 살아남고 수컷의 유전자가 더 많이 전달된다는 것을 의미한다. 일반적으로 일부다처제가 많은 종일수록 암컷과 수컷 사이의 크기차이가 크다. 크기가 큰 것은 수컷이 짝짓기 권한을 두고 서로 경쟁할 때 중요한 차이를 만들어낸다. 모든 수컷이 짝짓기 기회를 가질 수 있는 것은 아닌 것이다. 인간에 있어서는 매우 발달된 두뇌가 남성들이 일부다처를 거느려야 한다는 압력을 비껴가게 한다는 점을 기억해야 한다.

일처다부제 : 한 여자와 다수의 남자

일부다처제처럼 일반적이지는 않지만 일처다부제는 일부 난생 어류와 조류에서처럼 여성들이 부모투자를 덜 할 때 발생한다. 암컷들의 임신기간이 짧고 양육을 하지 않기 때문에, 번식 주기가 암컷의 몸에 의존하지 않는다. 일단 암컷이 알을 낳으면 다른 쪽 부모가 자손을 돌보게 된다. 이런 종들에서는 암컷이 더 크고, 더 강하며 더 밝은색을 띤다. 놀라울 것이 없는 게, 그들은 적극적이고 공격적으로 수컷에게 구애한다. 암컷 북쪽자카나새는 다수의 수컷이 작은 지배영역을 가지고 있는 것과 달리 큰 지배영역을 가지고 있다. 암컷은 각각의 수컷과 짝짓기를 하고 며칠 후, 새끼를 부화시킬 알을 낳고 이를 수컷들이 키운다

>>> 2008년 텍사스 주에서는 시온주의를 추종하는 일부다처주의자를 급습하여 400명의 아이들에 대해 보호관리신청을 하였다. 경관들은 성적 학대가 만연해 있어서 구성원들 중 누구도 자신의 아이들을 지킬 수 없는 상태라고 믿었다. 이런 주장을 뒷받침할 증거가 부족하여 아이들은 두 달 후 가족에게 되돌아갔다.

(Ehrlich 등, 1988).

일부일처제 : 한 남자와 한 여자

양쪽 성(性) 각각이 동일한 부모투자를 할 때 그 종은 일부일처제이기 쉽다. 조류는 자손이 양부모 모두의 돌봄이 필요하기 때문에 조류의 90% 이상이 일부일처제이다. 암컷과 수컷이 가족단위를 이루고 '사회적 일부일처제'를 실현함에도 불구하고 성적 정절은 어느 종이 확실히 지켜진다고 알려진 바가 없다. 한 연구에서 정관절제술을 시킨 짝을 둔 암컷 찌르레기가 여전히 유정란을 낳았다(Bray 등, 1975). 수컷 황제펭귄들은 부화의무를 가지고 있어서 이 종류는 연속적인 일부일처제를 한다. 즉 이 펭귄들은 1년 동안은 한 짝에게 충실하지만 다음 해에 새끼를 키울 시기가 되었을 때 반드시 같은 배우자를 기다리지는 않는다. 포유동물에게 있어 일부일처제는 여우와 코요테처럼 젖보다는 음식을 새끼에게 먹여야 하는 종들에게 일어난다. 특히 프레리 들쥐와 같은 설치류와 같은 종의 자손 역시 포식자로부터 새끼를 보호하기 위하여 수컷부모가 필요하다.

다처다부제 : 다수의 남성과 다수의 여성

다처다부제는 침팬지와 보노보와 같이 20~30마리가 집단을 이루고 공동 부모투자가 이루어지는 종의 특징이다. 암컷이 배란기가 되면 엉덩이가 핑크색으로 부풀어 오르게 되는데, 이때가 되면 집단에 있는 모든 수컷과 짝짓기를 한다. 고릴라와는 달리, 수컷 침팬지와 보노보는 짝짓기 특권을 두고 서로 간의 경쟁이 덜하다(De Waal, 1995). 영아살해를 막을 수 있기 때문에 여러 아버지 체제 역시 전체적으로 집단에 이익이 된다. 반대로 부성(父性)에 이익을 두는 다른 종의 수컷들처럼 수컷 사자들은 경쟁자 수컷의 자식들을 죽인다(Packer와 Pusey, 1983).

인간 짝짓기 패턴

남성이 여성보다 약간 더 큰 것을 볼 때, 인간은 주로 일부일처제이고, 또 어느 정도 일부다처제이기 쉽다. 인간의 짝짓기 패턴이 문화마다 다양하기 때문에 모든 문화는 오랜 짝짓기 계약을 가지며 대개는 이 계약은 사회적으로 인정된 결혼계약이다. 반면 인간문화는 인간의 가장 가까운 친척뻘인 침팬지와 보노보처럼 난잡하지는 않다. 서방문화는 일부다처제를 불법으로 규정하지만, 서양화가 덜 이루어진 문화에서는 일부일처제와 일부다처제가 섞여 있는 형태를 보인다. 그러나 많은 유럽 문화 역시 혼외관계를 암묵적으로 수용하고 있다.

일부일처제는 다른 유인원들보다 더 오랜 돌봄이 필요하기 때문에 인간에게 잘 맞는다. 문화에 따라, 어머니가 아이들에게 대부분의 직접적인 물리적 돌봄을 주기도 하고, 반면 아버지들은 간접적으로 음식이나 쉼터 혹은 다른 식량을 제공한다. 그러나 직간접적 돌봄을 모두 합쳐도 아버지의 부모투자는 어머니의 투자보다 뒤처진다. 로맨틱한 사랑과 성적 열망, 짝짓기 결합에 대한 생물학적 준비성을 볼 때 인간은 짝짓기 행동에 있어 침팬지보다는 조류에 더 유사하다. 그러나 생물학적 준비성 역시 인간이 배우자 이외에서 성관계를 찾게 하는 경향이 있다. 다른 집단과 문화를 살펴볼 때, 사회적으로 일부일처제 가정의 2~10%의 아이들은 남편의 자녀가 아니다(Marlowe, 2000).

이론상의 오류

19세기 후반까지, 다윈의 생각이 너무나 큰 영향을 미쳤기 때문에 철학자들과 정치 사상가들은 이 진화론을 정부, 사회 및 모든 인간관계에 적용하려 했었다. 종종 그들은 다윈의 이론을 오해하고 자신의 목적에 맞는 방법으로 해석하였다. 우리가 때로로 '적자생존'을 자연선택 개념으로 생각하지만, 다윈은 그런 생각을 한 적이 없었다. 대신, 철학자 허버트 스펜서(Herbert Spencer)는 적자생존을 사회와 문화가 더 높은 형태를 향하여 진화한다는 믿음을 설명하기 위해 새로운 단어를 만들어낸다. **사회적 다윈주의**(social Darwinism)에 따르면, 사람은 적응하고 살아남거나 아니면 주변으로 떨어져 버리게 되는데, 이것은 정부가 가난이나 다른 사회적 문제로 씨름하는 사람들을 돕지 말아야 한다는 믿음을 지지해준다. 철학자 무어(G. E. Moore)는 이후 스펜서가 '자연'을 '선' 혹은 '옳은 것'과 같은 것으로 놓아 **자연주의적 오류**(naturalistic fallacy)를 저질렀다고 논박했다. 무어는 스펜서가 자연적 설명을 사회와 정부의 비자연적 현상에 적용했으며 또한 그의 개인적인 윤리적 의견을 사실인 것처럼 보이고 있다고 비판한다. 이 점에서 우리는 개인주의와 경쟁이 결국 인류에 유익이 될 것인지 어떨지 알 수가 없다.

새로운 유전자가 지속적으로 지도를 그려나가고 유전학 지식도 놀라울 정도로 증가하고 있기 때문에, 사람들은 때때로 **결정론적 오류**(deterministic fallacy)를 저지르고 특성과 행동을 전적으로 유전자를 통해 설명하려고 한다. 유전학은 환경과 더불어 작용하면서 행동을 만들어내기 위해 환경과 상호작용하고 있는 생물학적 구조를 만들거나 변경한다. 우리는 유전자가 필수적이라는 것을 알지만, 유전자가 특성과 행동을 설명하는 데 충분하지는 않다. 유전자는 우리에게 영향을 미치지만, 우리가 누구여야 하는지 명령할 수는 없다. 이는 결국 인간은 자신의 행동을 통제할 수 있고 통제하기 때문이다.

04

복습

요 약

WHAT **특성 유전의 유전적 기제는 무엇인가?**
● 세포핵 안에 있는 염색체는 DNA로 구성되어 있으며, 유기체를 만드는 데 필요한 모든 유전적 정보를 포함하고 있다.
● 인간의 세포는 남자가 될지 혹은 여자가 될지를 결정하는 XX 쌍 혹은 XY 쌍을 포함하여 23쌍의 염색체를 가지고 있다.
● 난자세포와 정자세포는 다른 세포의 유전정보의 절반을 가지고 있다. 이 세포들은 수정될 동안 결합하여 새로운 순서로 부모의 유전정보를 전달하게 된다.

WHAT **유전자와 환경은 지금의 우리를 만들기 위해 어떤 방식으로 상호작용하는가?**
● 눈 색깔과 같은 특정 특질들은 전적으로 유전자에 의존한다. 키나 몸무게와 같은 다른 특질들은 환경의 영향을 받을 수 있다.
● 유전학이 개인이 어떤 특질을 갖게 할 경향이 있는 반면, 그 특질이 어떻게 표현되는가는 환경 요인에 달려 있다.
● 환경은 외부적이거나 화학적일 수 있다.

HOW **자연선택에 의한 진화론은 어떻게 인간행동연구에 영향을 미쳤나?**
● 자연선택이론에 따르면, 환경에 가장 잘 적응한 특징을 가진 유기체는 생존하고 번식할 가능성이 더 높다.
● 몇몇 유전자는 우성이거나 혹은 열성이며 특정 특질이 유전될 가능성에 영향을 미친다.
● 행동유전학, 분자유전학 및 진화심리학 연구는 자연선택 이론에서 발달했다.

WHAT **다른 종들의 전형적 짝짓기 패턴은 무엇인가?**
● 짝짓기 패턴은 부모투자에 대한 성차(性差)에 달려 있다.
● 짝짓기 유형에는 4가지가 있다. 일부다처제, 일처다부제, 일처일부제, 그리고 다처다부제.

이해 점검

1. 다음 중 단일 조건을 유발하는 유전자를 확인하기 어려운 이유를 설명하는 것은?
   a. 환경은 유전자가 활성화될지를 결정하는 것을 돕는다.
   b. 단일 조건에 기여하는 유전자는 확인할 수 없다.
   c. 인간 중 단 5%만이 유전자의 영향을 받는다.
   d. 같은 유전자형을 가진 사람들은 같은 표현형을 갖는다.

2. 다음 특질 중 유전가능성이 가장 낮은 것은?
   a. 지능
   b. 머리카락색
   c. 눈동자색
   d. 위의 것들은 모두 유전가능성이 같음

3. 다음 중 인간 유전자가 어떻게 인간 진화에 기여했는가에 대한 설명으로 맞는 것은?
   a. 생존에 기여하는 유전자를 가진 자손은 번식을 통하여 자신의 유전자를 전달하기 쉽다.
   b. 한 개인의 유전자는 종의 진화를 위하여 한평생 살아가는 동안 내내 변화한다.
   c. 번식 동안 오직 적응적 특질을 가진 유전자만 전달된다.
   d. 오직 우성 유전자만 번식 동안 전달된다.

4. 어떤 요소가 인간들 사이의 유전적 다양성에 기여했는가?
   a. 감수분열
   b. 유사분열과 감수분열
   c. 유사분열, 수정 및 DNA 돌연변이
   d. 감수분열, 수정 및 DNA 돌연변이

5. 뒷마당에 뼈를 묻고 있는 개가 보여주는 것은?
   a. 계통발생   b. 종 특유 행동
   c. 대뇌화   d. 인위 선택

6. 태어날 때부터 가정용 애완동물로 성장한 야생동물이 갑자기 주인에게 사납게 구는 이유는 어떻게 설명할 수 있는가?
   a. 부모투자   b. 사회적 다원주의
   c. 자연주의적 오류   d. 본능회귀

7. 패티의 모든 자매들은 고혈압이다. 그녀는 아니지만 자신도 그렇게 될 것이라 생각한다. 그녀의 믿음이 보여주는 것은?
   a. 자연주의적 오류   b. 결정론적 오류
   c. 사회적 다원주의   d. 생물학적 준비성

8. 인간이 일부일처제를 택하는 경향은 무엇 때문인가?
   a. 인간은 비교적 긴 유아기와 아동기를 갖는다.
   b. 남성은 여성과 짝짓기를 하기 위하여 경쟁해야 한다.
   c. 여성은 남성과 짝짓기를 하기 위하여 경쟁해야 한다.
   d. 여성은 남성보다 더 많은 부모투자를 한다.

9. 여성이 데이트할 파트너를 고르는 이유는 어떤 이론으로 설명할 수 있는가?
   a. 본능회귀
   b. 사회적 다윈주의
   c. 차별적 부모투자이론
   d. 인위 선택

10. 짧은 시간 내에 발생하는 엄청난 양의 유전자 돌연변이가 야기하는 것은?
   a. 특질 혹은 특성의 진화
   b. 비자연적 감수분열
   c. 비자연 선택
   d. 열성 선택

11. 다음 중 에크만과 프라이젠 연구자에 의해 알려진 보편적 인식 감정에 해당하지 않는 것은?
   a. 슬픔
   b. 불안
   c. 분노
   d. 역겨움

12. 진화를 촉발하는 것은 무엇인가?
   a. 변화의 필요성에 대한 기대
   b. 환경변화
   c. 자연선택
   d. 인위 선택

13. 다음 중 유아기 반사가 아닌 것은?
   a. 잡기 반사
   b. 빨기 반사
   c. 울기 반사
   d. 블록 쌓기 반사

14. 푸른 눈동자가 열성 특질이라면 푸른 눈동자 유전자는?
   a. 표현형이 자녀에게 나타나기 위해서는 오직 한쪽 부모에게서만 유전된 것이다.
   b. 표현형이 자손에게 나타나기 위해서는 양 부모 모두에게서 유전되어야 한다.
   c. 한쪽 부모가 갈색 눈동자인 경우 유전될 수 없다.
   d. 이어지는 세대에서 우성으로 나타날 것이다.

15. 다음 연구 중 진화심리학자들이 수행했을 법한 연구는?
   a. 진짜 거미 혹은 사진상으로도 거미를 본 적이 없는 작은 아이들이 거미에 무섭게 반응하는가를 보는 검사
   b. 새로운 약이 정신분열증을 가진 사람들에게 증상을 감소시키는지를 보는 연구
   c. 불면증과 우울 간의 관계에 관한 연구
   d. 앵무새가 숫자를 세고 사용하는 법을 배울 수 있는가에 대한 검사

16. 가족 중 생물학적으로 자매인 4명 모두가 서로 다른 머리카락색을 가졌다. 이런 일이 일어나는 이유는?
   a. 머리카락색은 다원유전자성 특질이기 때문에
   b. 머리카락색은 열성 특질이기 때문에
   c. 머리카락색은 성적으로 선택되기 때문에
   d. 머리카락색은 유전특질이 아니기 때문에

17. 카야는 신장이식이 필요하다. 그녀의 자매가 계모보다 기증 장기가 더 잘 맞을 가능성이 높은 이유는?
   a. 자매는 생물학적으로 무관한 사람들보다 더 많은 유전자를 공통으로 갖기 때문에
   b. 새 부모와 아이는 자매들보다 나이 차이가 훨씬 많이 나기 때문에
   c. 장기 적합성을 조절하는 염색체가 자매들 간에는 항상 같기 때문에
   d. 계모의 유전자가 나이가 들어감에 따라 돌연변이를 일으켰을 가능성이 더 크기 때문에

18. 다음 중 인간의 아이가 두 발로 걷기 시작했을 때 기기를 포기하지만, 두 발로 걷도록 훈련된 개가 네 다리로 걷기를 포기하지 않는 이유는?
   a. 생물학적 준비성
   b. 부모투자
   c. 대뇌화
   d. 후천적 특질

19. 다처다부제를 하는 종의 수컷이 집단 내 다른 수컷의 새끼를 돌보는 이유는?
   a. 암컷이 새끼를 돌보지 않는 수컷을 죽이기 때문에
   b. 수컷들이 어떤 자손이 자신의 자손인지 확실하지 않기에 살아남은 자손이라면 자신의 자손이라 확신하기 때문에
   c. 암컷과 수컷이 크기가 서로 비슷해서 암컷의 특성을 잘 알고 있기 때문에
   d. 짝짓기 특권에 대한 경쟁이 없어서 수컷이 경쟁하는 데 시간을 덜 소모하기 때문에

20. "인간은 사냥하고 고기를 먹도록 진화했기 때문에, 음식으로 쓰기 위해 동물을 죽이는 것은 도덕적으로 옳다." 이러한 관점이 간과하고 있는 것은?
   a. 자연주의적 오류
   b. 결정론적 오류
   c. 사회적 다윈주의
   d. 자연선택과 유사

감각과 지각

만약

생일 케이크를 먹는 것이 전반적으로 별로였던 경험으로 맛 감각과 강렬하게 연합되어 있다고 상상해보라. 과학자들은 어떤 사람들이 평범하지 않게 많은 미뢰가 있다는 것을 발견하였고 그들은 음식 기호뿐 아니라 음식 경험에도 영향을 받았다. 1990년대 예일 대학교 연구원인 린다 바터섹(Linda Bartoshuk)은 미국 백인 중 거의 35%의 여성과 15%의 남성이 나머지 사람들에 비하여 높은 미뢰 밀도를 가지고 있다는 것을 발견하였다. 그녀는 이런 타고난 감각을 가진 사람들을 '초미각자'라고 이름 붙였다.

많은 초미각자들은 그들이 가진 이러한 능력이 축복받은 것이라는 개념에 이의를 제기한다. 각 미뢰들은 통증섬유의 무리와 연합이 되어 있기 때문에 많은 미뢰를 가지고 있는 사람들은 심화된 통증점의 맛 감각을 경험한다. 버섯유두(혹은 미뢰로 더 잘 알려져 있는)에

서 닿는 감각의 지방 느낌이 거슬리는 동안에 칠리를 먹고 나서 느끼는 타는 듯한 매운 감각은 견딜 수 없을 것이다. 초미각자에게 캔디바를 먹는다는 것은 즐거운 맛 감각이라기보다 오히려 불쾌하고 짜증나는 일일 것이다.

바터섹은 초미각자들은 특정 음식을 피하기 때문에 장기적인 건강 위험성의 지배를 받는다는 사실에 주목하였다. 예를 들어 비록 초미각자들이 지방질 음식의 식감을 좋아하지 않는다 하더라도 그들은 극단적으로 씁쓸한 맛의 특정 과일이나 채소를 찾는다. 그러므로 초미각자들은 캔디바 같은 것들을 피하기 때문에 평균 사람들보다 날씬하고 건강할 수 있고, 대장암과 같이 위험성이 빠르게 발달하는 질병을 과일과 채소를 많이 먹음으로써 예방할 수 있다.

어떻게 우리의 감각은 우리가 세상을 지각하는 데 영향을 미칠까? 누군가에게는 새로운 요리가 흥미진진한 모험이지만 반면 어떤 사람에게는 잠재적으로 지뢰밭과 같은 참기 힘든 식사이다. 우리는 끊임없이 감각을 이용하여 우리 주변 세상에 대한 정보를 모으고 있지만 두 사람이 보는 세상은 같은 방식으로 경험되지 않는다.

<<< 작은 동물의 감각은 생명을 지켜줄 수 있을까? 피로 물든 전쟁이 끝나고 10년이 지난 후 남아프리카 국가 중 모잠비크는 여전히 심각한 문제에 당면해 있다. 전쟁으로 인한 지뢰가 여전히 주거 지역에 빼곡히 묻혀 있고 이는 수백만 주민에게 거대한 위협을 제기한다. 해결책? 냄새에 대해 엄청나게 발달되어 있다고 알려진 토착 쥐가 지뢰 냄새를 맡도록 훈련을 시켰다. 훈련시키기 쉽고 비용이 적은 지뢰 탐지 쥐들은 모잠비크 주민의 안전을 보호하는 데 성공적인 역할을 한다. 그리고 어떻게 우리의 기본적인 감각이 생존에 관여하는지를 설명하고 있다.

CHAPTER 05

감각

감각 정보를 처리하는 데 책임이 있는 신경계의 한 부분인 **감각계**(sensory systems)는 인간과 동물이 외부 세계로부터의 자극을 해석할 수 있도록 한다. 이런 시스템들은 생존과 번식에 필수적이다. 만약 우리의 조상이 위험이 다가오고 있다는 경고로 나뭇가지가 부러지는 소리를 들을 수 없었다고 상상해 보라. 인류는 길게 남을 수 없었을 것이다! 감각계는 요구특정적이다. 다른 말로 하면 각 종은 그들의 행동과 환경에 따르는 특별한 감각이 있다. 예를 들면, 박쥐는 어두운 밤에 사냥을 하기 때문에 시력에 의지할 수 없다. 그 대신 청력은 반향 위치 측정을 이용하여 모기 정도의 먹잇감을 찾아내는 데 섬세하게 적절히 대응한다.

감각(sensation)은 우리가 환경으로부터 물리적 에너지를 탐지하는 과정이며 신경 신호와 같은 에너지 코드이다. 우리가 이런 감각을 선택하고 정리하며 해석하는 방법은 **지각**(perception)의 과정이다. 감각과 지각은 우리에게 외부 세계의 자극을 받아들이고 해석할 수 있게 함께 일을 한다.

감각 역치

심리물리학

우리는 우리 주변의 많은 물리적 에너지를 감지할 수 없다. 예를 들면 매우 낮거나 높은 주파수의 파동은 사람이 들을 수 있는 범위를 벗어난다. 모든 종은 서로 다른 감각 역치를 가지고 있다. 이것은 개를 부르는 휘파람 소리가 사람에게는 별다른 효과가 없지만 한 지역의 개로부터는 즉각적인 반응이 나타나는 이유이다.

심리물리학(psychophysics)은 자극의 물리적 특성과 그것을 동반하는 경험들 사이의 관계에 대한 학문이다. 그것은 멀리 있는 초를 보는 데 얼마나 많은 감각 자극이 필요한지 혹은 쥐가 주방 바닥을 날쌔게 가로지르는지 듣도록 돕는다.

절대역

절대역(absolute threshold)은 인간이 시행 시 50%의 자극(빛, 소리, 압력, 맛, 냄새)을 탐지할 수 있는 데 필요한 가장 적은 양의 에너지이다. 심리학자들은 사람들에게 다른 강도의 자극을 제시하고 무엇을 느꼈는지 물어봄으로써 절대역을 수립할 수 있다. 일반적으로 성인은 어린이들에 비하여 높은 절대역을 갖지만 우리 모두는 주변 세상의 변화에 매우 민감하다. 예를 들면 인간은 방이 세 개 달린 아파트에 뿌려진 한 방울의 향수도 맡을 수 있다 (Galanter, 1962).

신호 탐지 이론

사람들이 항상 일관적으로 자극을 탐지할 수

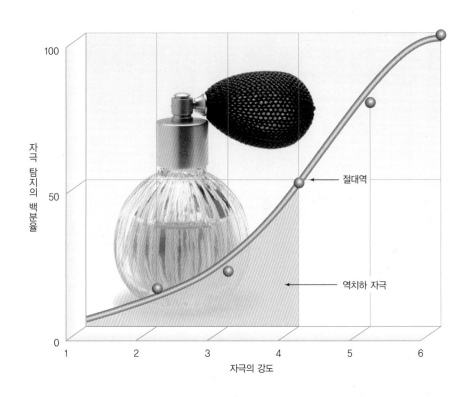

> 사람들이 항상 일관적으로 자극을 탐지할 수 있는 것은 아니다. 각성은 개인이 피곤함을 느끼거나 경계 상태에 있는지, 자극이 예견되거나 잠재적 결과에 있는지에 의존할 수 있다.

있는 것은 아니다. 각성은 개인이 피곤함을 느끼거나 경계 상태에 있는지, 자극이 예견되거나 잠재적 결과에 있는지에 의존할 수 있다. 만약 당신이 폭발 때문에 발자국 소리를 탐지하는 것을 실패하는 것으로 이야기되었다면 당신은 아마 평소보다 상당히 더 많은 경계를 할 수 있다. 심리학자들은 **신호 탐지 이론**(signal detection theory)을 이용함으로써 서로 다른 자극에 대한 사람들 사이의 반응과 그들이 의존하는 상황이 어떻게 다른지에 대해 이해하고자 시도한다. 신호 탐지 이론은 오경보와 성공적인 탐지의 숫자의 비교를 통해 어떻게 종종 사람들이 약한 자극을 관찰하는지에 대해 평가한다.

차이역

차이역(difference threshold) 혹은 **최소 가지차**(just noticeable difference, jnd)는 두 자

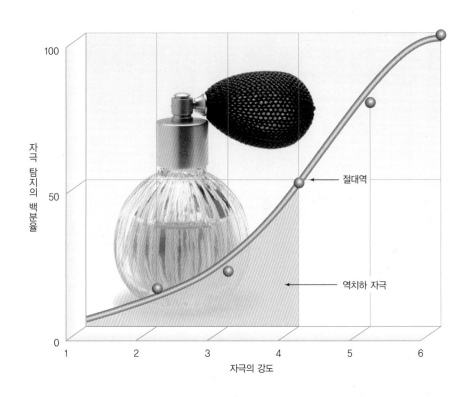

- **감각계**는 신경계의 일부로 감각 정보를 처리하는 역할을 한다.
- **감각**은 환경으로부터의 물리적 에너지를 탐지하고 신경 신호로 에너지를 변환시키는 과정이다.
- **지각**은 감각 정보를 인간이 선택, 정리, 해석하는 과정이다.
- **심리물리학**은 자극의 물리적 특성과 그것을 동반하는 감각 경험 사이의 관계에 대한 학문이다.
- **절대역**은 인간이 시행 시 50%의 자극(빛, 소리, 압력, 맛, 냄새)을 탐지할 수 있는 데 필요한 가장 적은 양의 에너지이다.
- **신호 탐지 이론**은 어떻게 그리고 언제 배경 자극 중 희미한 자극의 존재를 탐지하는가에 대한 예견이다.
- **차이역** 혹은 **최소 가지 차(jnd)**는 두 자극 사이에서 50%의 차이를 탐지할 수 있는 최소한의 차이이다.

(그래프 y축: 자극 탐지의 백분율, x축: 자극의 강도)
- 절대역
- 역치하 자극

	반응 '부재'	반응 '존재'
자극 제시	누락	정답
자극 부재	정기각	오경보

∧∧ 심리학자가 어떤 남자에게 그가 삐
∧ 소리를 들으면 고개를 끄덕이라고
요구하였다. 그 남자의 반응과 소리의
존재나 **부재**에 근거하여 심리학자는 남
자의 반응을 **누락, 정답, 정기각, 오경
보**로 채점할 수 있었다.

극 사이에서 50%의 차이를 탐지할 수 있는 최
소한의 차이이다. 이 역치는 자극의 크기에 따
라 증가한다. 예를 들어 당신이 찻잔에 설탕
한 스푼을 넣었다면 아마도 좀 더 달콤해졌다
는 것을 알아챌 것이다. 그러나 만약 공장에
서 사용하는 크기의 차 항아리에 설탕을 한 스
푼 넣었다면 아마 그 차이를 이야기하기 어려
울 것이다.

에른스트 베버(Ernst Weber, 1795~1878)
는 크기에 관계없이 두 자극은 알아챌 수 있는
차이에 대한 상수에 의해 다를 수밖에 없다고
이야기했다. 그의 개념은 **베버의 법칙**(Weber's
Law)으로 알려지게 되었다.

감각 처리 과정

심리학자들은 우리의 심리학적 반응으로서 물
리적 자극과 그 결과로서의 감각 경험 사이의
관계를 분석하는 데에 관심을 가지고 있다.

만약 누군가 당신에게 인간에게서는 얼마
나 많은 감각이 처리되는지 묻는다면 당신은
아마도 넌센스 퀴즈라고 생각할지 모른다. 그
러나 어떤 감각이 균형 잡혀 있을 때 신체에
대해 이야기할까? 혹은 손이 발과 연관되어
있는 곳이 어디인지 아는가? 우리는 실제로
전통적으로 공부한 5개의 감각보다 더 많은
감각을 가지고 있다.

>>> 전쟁통이나 평화로울 때에 군인들은 좀 더 미세한
자극을 찾는 경향이 있는가?

감각은 감각 기관에 있는 **수용기 세포**(re-
ceptor cell)가 에너지에 의해서 자극받을 때 발
생한다. 에너지 수준이 절대역을 넘어설 때 수
용기 세포는 신경 충동으로 발화한다. **감각 뉴
런**(sensory neurons)은 감각 수용기에서 뇌로
신호를 부호화하여 정보 전달을 한다.

빛이나 소리와 같은 물리적 에너지를 통한
과정은 **변환**(transduction)으로 알려진 전기
적 변화로 바뀐다. 자극의 강도는 감각 뉴런
이 얼마나 빠르게 발화하느냐에 영향을 미친
다. 예를 들면 밝은 빛은 감각 뉴런을 빠르게
발화시키겠지만 반면 희미한 빛은 뉴런의 발
화를 천천히 진행시킬 것이다. 각 수용기 세
포는 특정한 에너지의 형태에 민감하다. 그래
서 눈에 있는 수용기 세포는 오로지 빛 파장
에만 반응을 하고 귀에 있는 수용기 세포는 오
직 소리 파장에만 반응을 한다.

당신이 헛간으로 처음 걸어 들어갈 때나 화
학 공장 곁을 지나갈 때 맡게 되는 냄새를 상
상해 보라. 처음에는 불쾌한 냄새에 사로잡히
지만 몇 분이 지나면 우리는 더 이상 그것을
알아채지 못한다. 이것은 우리의 감각 수용기
세포가 변화하지 않는 자극에 대하여 덜 반응
적이기 때문이며 이런 과정을 **감각 순응**(sen-
sory adaptation)이라고 부른다. 감각 순응은
우리를 환경 변화에 맞춰 적응할 수 있게 한
다. 감각 순응이 없다면 우리는 끊임없이 발
바닥 아래의 땅의 느낌이나 사무실에서 에어
컨의 윙윙거리는 소리를 인식해야 할 것이다.

감각 세포의 양, 세포가 발화하는
비율, 뇌의 감각 피질의 부합
성의 세 가지 요소가 감각 순
응을 통제한다.

시각

당신의 감각
중에 어떤 것
이 가장 가치
있는가? 이러
한 질문에 당
면할 때 많은

베버의 법칙은 크기와 관계없이 두 자극은 알아챌 수
있는 차이에 대한 상수에 따라 다르다.

수용기 세포는 특정한 에너지의 유형에 반응하는 특성
화된 세포이다.

감각 뉴런은 감각 수용기에서 뇌로 부호화된 신호인 정
보를 전달하는 뉴런이다.

변환은 빛이나 소리와 같은 물리적 에너지를 전기적
변화로 바꾸어 처리하는 과정이다.

감각 순응은 감각 수용기 세포가 변화하지 않는 자극
에 대해 덜 반응하게 되는 과정이다.

시각 조절은 초점을 맞춘 사물이 가까이에 있느냐 멀
리 있느냐에 따라 수정체가 두꺼워지고 얇아지는 것을
통해 모양을 조절하는 과정이다.

● ● ●

사람들은 시각을 선택한다. 비록 우리가 실제
로 빛이 없는 세상에서 방향을 분간할 수 있
도록 적응할 수 있지만 우리 대부분은 이런 적
응적 도전을 찾을 것이다. 시각은 핵심 감각
인데 어떻게 일을 하고 있을까?

눈의 구조

근처에 보이는 사물에 초점을 맞추어 보라. 그
리고 바로 창문 밖을 보며 멀리 있는 사물에 초
점을 맞추어 보라. 어떻게 우리는 둘 다 잘 볼
수 있을까? 수정체는 사물이 가까이 있건 멀
리 있건 두께를 두껍고 얇게 조절함으로써 초
점을 맞출 수 있게 해준다. 이 과정을 우리는
시각 조절(visual accommodation)이라고 부
른다. (안경을 쓰지 않으신!)어르신에게 같은
것을 해보시라고 해보라. 그 노인은 아마도 그
과제를 하는 데에 어려움을 겪을 것이다. 우
리는 나이가 듦에 따라 수정체는 딱딱해지고
노안이라고 알려진 과정처럼 거리에 대해 조
절하기가 어려워질 것이다.

● ● ●

망막(retina)은 눈 뒤에 위치한 여러 층의 조직으로 시각 변환에 역할을 한다. 수정체의 크기와 구조로 인하여 영상은 망막에 거꾸로 뒤집어진 상태로 투영되며 매우 혼란스러움을 야기한다. 다행스럽게도 망막 안에 있는 수용기 세포는 처리를 위해 신경 충동의 빛 에너지를 변환시켜 처리 과정을 위해 뇌로 전달한다. 여기에서 상이 제자리로 보이게 되어 우리는 세상을 바로 볼 수 있게 된다.

망막에는 간상체와 추상체라는 두 가지 유형의 광수용기가 있다. 그들은 생김 모양에 의하여 이름이 지어졌고 간상체와 추상체는 각각 시각 처리의 특정한 파트에서 역할을 한다.

간상체(rods)는 다양한 정도의 밝음과 어두움에 반응한다. 간상체는 중심와(fovea) — 시야의 중심을 차지하고 있는 망막에 눌려 들어간 부분 — 를 제외한 모든 곳에서 관찰된다. 눈앞에서 사라진 별을 보며 헤아린 적이 있는가? 옆으로 시선을 옮겨보라. 간상체가 희미한 빛 속에서 기능을 할 수 있기 때문에 우리는 빛이 중심와의 바깥쪽에 당도했을 때 희미한 빛 속에서 사물을 좀 더 선명하게 볼 수 있다. 이 현상은 우리가 직접 사물을 보지 않을 때 생겨나며 대신 옆으로 조금 시선을 떼야 한다.

추상체(cones)는 우리에게 색깔을 보게 한다. 추상체는 일차적으로 중심와에 몰려 있다. 추상체는 밝은 빛이 있는 상태에서 가장 일을 잘하며 이는 우리가 왜 어두운 곳에서 색을 보지 못하는지에 대해 설명할 수 있다. 추상체는 시력(acuity), 시각의 선명함, 색체 지각에 특화되어 있다. 당신이 무언가 주의 깊게 평가하기를 원할 때 당신은 밝은 빛 쪽으로 가는가 혹은 불을 꺼버리는가? 추상체가 시력과 색체 지각에 특성화되어 있기 때문에 우리는 사물을 자세히 보기 위하여 밝은 빛의 사용을 필요로 한다.

생리적 반응

물리적 자극

감각 경험

우리의 감각계는 세 가지 단계의 처리에서 작동한다.

시각 정보 처리

망막은 태아 발달 기간에 뇌로부터 눈으로 이동을 한 것이기 때문에 사실 뇌의 확장이다. 우리가 영상을 처리할 때 빛 파장은 망막에 부딪히고 시신경(optic nerve)으로 만들어지는 축색을 가진 신경절 세포(ganglion cells)로 전송된다.

각 눈의 망막의 왼쪽으로부터 들어온 빛은 신경 메시지로 변환되어 시신경을 따라 왼쪽 시각 피질로 이동한다. 오른쪽 눈으로 들어온 정보는 교차하여 시신경 교차(optic chiasm)를 거쳐 좌반구로 향한다. 비슷하게 양쪽 눈의 망막의 오른쪽으로부터의 메시지는 시신경을 따라 왼쪽 시각 피질로 이동한다. 왼쪽 눈으로부터의 정보는 시신경 교차를 통하여 우반구로 교차하여 들어간다. 그리하여 뇌 뒤쪽의 시각 피질은 이러한 정보를 처리한다.

형태 탐지

노벨상 수상자인 데이비드 허블(David Hubel)과 토르스텐 비셀(Torsten Wiesel, 1979)은 일차 시각 피질이 특정한 유형의 형태에 반응하는 형태 탐지자(feature detector) 뉴런을 가지고 있다는 것을 증명하였다. 그들은 단순 세포(simple cells)가 수직선과 같은 하나의 형태에 반응하는 반면 복합 세포(complex cells)는 수평 방향에서 수직선이 이동하는 것 같은 자극의 두 형태에 반응한다는 것을 발견하였다. 과복합 세포(hypercom-plex cells)는 자극의 다중 형태에 반응을 하는데, 예를 들면 수직선이 수평 방향으로 이동하는 것은 특정한 길이이다. 많은 뉴런 시스템이 함께 일을 할 때 우리는 사물의 전체를 지각할 수 있다. 뇌의 어떤 영역들은 사물의 특정 유형을 인식하는 데 매우 탁월하다. 예를 들면 양쪽 귀 뒤쪽 시각 피질의 한 부분은 특별히 얼굴에 잘 반응하고 인지한다. 이것은 잘 알려진 방추형 얼굴 영역(fusiform face area)이다. 이 뇌 영역은 얼굴 사진을 보여주었을 때 fMRI 스캔에서 현격히 활

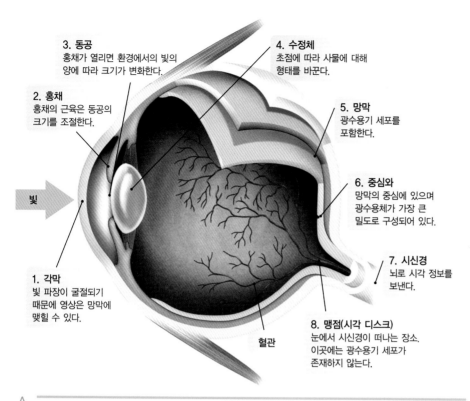

3. 동공
홍채가 열리면 환경에서의 빛의 양에 따라 크기가 변화한다.

2. 홍채
홍채의 근육은 동공의 크기를 조절한다.

4. 수정체
초점에 따라 사물에 대해 형태를 바꾼다.

5. 망막
광수용기 세포를 포함한다.

6. 중심와
망막의 중심에 있으며 광수용체가 가장 큰 밀도로 구성되어 있다.

1. 각막
빛 파장이 굴절되기 때문에 영상은 망막에 맺힐 수 있다.

7. 시신경
뇌로 시각 정보를 보낸다.

빛

8. 맹점(시각 디스크)
눈에서 시신경이 떠나는 장소. 이곳에는 광수용기 세포가 존재하지 않는다.

혈관

∧∧ 빛은 각막과 동공을 통해 눈으로 들어온다. 그리고 눈을 통과하여 수정체에 의해 망막 위에 상을 맺는다. 이후 시각 정보는 시신경을 통하여 뇌로 전달된다.

병렬 처리는 같은 시간에 여러 가지 일들을 처리하는 과정을 묘사한다.

맹시는 사람들이 무엇을 보았는지 의식적으로는 알아채지 못하지만 여전히 시각 정보에 대해 불완전하게 반응할 수 있다.

색조는 특정한 색깔이다.

채도는 색의 강도를 묘사한다.

명도는 빛 파장의 강도를 묘사한다.

● ● ●

성화된다.

병렬 처리

차근차근 과정을 처리하는 기계와 다르게 우리의 뇌는 몇 가지 일을 한 번에 할 수 있다. 다른 말로 뇌는 **병렬 처리**(parallel processing)에 대한 재능을 가지고 있다. 우리가 그림을 볼 때 뇌의 서로 다른 영역에서 색깔, 깊이, 동작, 형태를 처리한다(Livingstone과 Hubel, 1988). 놀랍게도 우리는 이 정보를 매우 짧은 시간에 모두 끌어당겨서 우리의 마음속에서 심상을 재구성할 수 있다. 이것은 속도의 기록을 깨뜨리는 퍼즐을 함께 하는 것과 같다.

병렬 처리의 개념은 왜 뇌 손상이 어떤 흔하지 않은 시각 장애의 원인이 될 수 있는지를 설명한다. 뇌의 양쪽 뒷부분 가까운 곳에 손상을 입어 운동을 지각하는 능력을 잃게 된 M이라는 환자를 상기해 보라. 차를 붓는 일은

액체가 공기 중에서 얼음으로 바뀌기 때문에 좀 더 곤란한 일이 되었다(Hoffman, 1998).

또한 **맹시**(blindsight)라고 알려진 개념인 시야의 한 부분이 전혀 보이지 않는 것을 경험하는 사람들에게 (일차 시각 피질의) 뇌 손상은 하나의 원인일 수 있다. 어떠한 자극도 의식적으로 볼 수 없고 보이지 않는 지점을 가지고 있음에도 불구하고 환자들은 그들의 보이지 않는 지점에 자극의 형태를 제시한 후 추측해 보라 하였을 때 여전히 높은 수준의 정답률을 유지하고 있다. 예를 들어 환자들은 그들의 시력 손실 영역에서의 막대

기와 같은 사물을 알아볼 수 없을지 모르지만 막대가 수직인지 수평인지에 대해 물었을 때 이 환자들은 거의 언제나 바른 결정을 내릴 것이다.

색

왜 하늘은 푸른색일까? 기술적인 감각에서 하늘은 푸른색 말고 여러 가지 색이 있지만 푸른 파장을 반사하기 때문에 그렇게 보인다. 빛은 자체로 색을 발하지 못하고 우리는 뇌에서 색 경험을 창조해 낸다. 인간의 뇌는 700만 개의 서로 다른 색을 구별해 낼 수 있다(Geldard, 1972).

우리의 눈에 도달한 빛 파장의 길이는 특정한 색이나 **색조**(hue)를 창조해낸다. 색의 강도나 순수성은 **채도**(saturation)라고 부른다. 빛 파장의 강도는 색의 **명도**(brightness)에 영향을 미친다.

>>> 시각 경험을 하게 되면 메시지는 눈에서 시각 피질로 이동하게 된다.

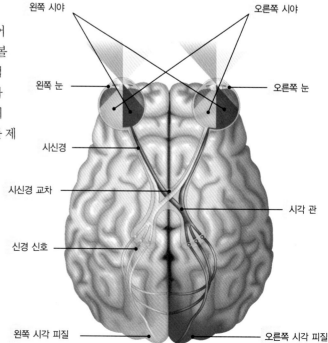

왼쪽 시야

오른쪽 시야

왼쪽 눈

오른쪽 눈

시신경

시신경 교차

시각 관

신경 신호

왼쪽 시각 피질

오른쪽 시각 피질

색 항상성은 감각 정보에서 색이 변한다 하더라도 친숙한 대상을 지각하는 경향이다.

소리 파장은 공기 중 분자나 유동액의 충돌, 조직의 이동에 의해 생기는 기압의 변화이다.

주파수는 1초에 파장이 순환하는 주기의 수이다.

진폭은 파장의 높이이다.

음색은 소리 톤의 질과 순수성이다.

토노토픽은 특정 주파수에 반응하는 뉴런이 함께 그룹화되기 위해 청각 피질이 조직화되는 방식으로 적용된다.

소리 그림자는 소리 발원지에서 멀리 떨어져 귀 주변에서 소리가 경감되는 부분이다.

반향위치추적은 소리 파장이 발생하여 뒤에서 반사된 소리 주파수를 듣는 것에 의하여 환경이 분석되는 과정이다.

● ● ●

위쪽에 있는 체스판 위의 초록색 원통을 보라. A조각이 B조각보다 어두운가? 아주 놀랍게도 실제 A와 B는 같은 명암을 가지고 있다. 우리의 색 경험은 맥락에 의존한다. 우리는 빛과 파장이 거듭 변화함에도 불구하고 익숙한 대상은 일관된 색을 가지고 있다고 지각한다. 이러한 현상을 **색 항상성**(color constancy)이라고 한다.

갈색 렌즈의 선글라스를 써보라. 몇 초가 지난 후에도 여전히 사물들이 갈색으로 보이거나 파란색 물과 회색 건물에서 초록색 풀을 구분할 수 있겠는가? 우리의 대상의 색채에 대한 지각은 현상과 분리되지 않는다. 지각은 주변 대상의 색깔에 의존하고 있다.

듣기(청각)

평균적인 사람들은 돌고래나 박쥐처럼 음파 탐지를 할 수 없지만 우리의 듣는 감각 역시 꽤 놀랍다. 우리의 뇌와 귀의 도움으로 우리는 기품 있게 의미 있는 소음에서 공기의 떨림에 의한 소리 파장을 변환시킨다.

소리 파장

만약 당신이 깊은 곳을 여행한다면 아마 한 가지 소리만을 듣게 되지는 않을 것이다. 왜일까? **소리 파장**(sound wave)은 공기 분자나 유동액 충돌과 이동 때문에 기압에서 변화한다. 깊은 공간에서는 다른 것들과 충돌할 분자가 없다. 소리는 진공상태에서 존재하지 않는다 (이후 "스타워즈"를 보게 되면 모순점을 찾아보라!).

소리는 사인(sine) 파장으로 제시될 수 있

다. 빛 파장과 같이 소리 파장도 주파수, 진폭, 명도가 있다.

소리 파장의 **주파수**(frequency)나 음조는 1초당 한 주기나 헤르츠(Hz)로 측정된다. 도표에서의 첫 번째 파장은 세 번째 파장이 플루트와 같은 높은 음조를 보이는 동안 트럼본이나 튜바를 대표할 수 있다. 사람의 귀는 20Hz에서 2,000Hz의 범위를 들을 수 있다. 이것을 200,000Hz 이상의 놀라운 수준의 소리를 듣는 돌고래와 비교했을 때 우리는 사실상 귀머거리 수준이다.

소리의 **진폭**(amplitude)이나 높이는 소리가 얼마나 크거나 작은지 그 크기로 해석된다. 소리의 크기는 데시벨로 측정된다. 청력의 절대 역은 0데시벨이고 85데시벨 이상의 어떤 소

<<< A와 B 중 어느 사각형이 더 어두운가?

리에 대한 장기적인 노출은 청력손실을 발생시킬 수 있다. 어떤 락밴드가 가까운 거리에서 140데시벨의 어마어마한 크기의 소리로 연주를 하면 어쨌든 그들(그리고 완고한 팬들)은 들을 수 있다는 것에 매우 놀라게 될 것이다.

"아메리칸 아이돌" 오디션을 처음 시작할 때의 그 끔찍한 소음에 귀를 틀어막아본 적이 있는가? 환멸이 느껴지는 참가자들은 아마도 그들의 **음색**(timbre)이라든지 자신의 목소리 톤에 대한 수준과 맑음을 다듬을 필요가 있다. 좋은 음악인은 소리의 질과 음의 공명을 조절할 수 있을 것이다. 숙련되지 않은 음악인은 소리의 크기에 귀머거리로 딱지가 붙고 사이먼 코웰에게 인정사정없이 무대에서 퇴장해 달라는 요청을 받을 것이다.

내이는 소리 에너지의 변환을 담당한다. 소리 파장은 귀를 통해 이동하며 기저막의 수용기 세포에 의하여 신경신호로 변환된다. 소리의 크기는 활성화하는 유모세포의 숫자에 영향을 미친다. 뇌는 활성화된 유모세포의 숫자로 소리의 세기를 해석할 수 있다. 너무 큰 소

감색법   가색법

색을 모두 섞으면 각 색깔의 파장이 다른 색에 의해 동화되어 갈색이나 검은색이 된다. 빛이 섞이게 되면 눈에 도달한 각 빛의 파장 때문에 흰색 빛이 생겨난다.

140	고통의 역치 항공기 이륙
130	
120	
110	
100	록밴드 공연
90	
80	고속도로 소음
70	
60	일상 대화
50	
40	
30	부드러운 속삭임
20	
10	
0	소리의 역치

∧∧∧ 매일 귀에 얼마나 많은 스트레스를 주고 있는가?

음은 유모세포를 고사하거나 융해시킴으로써 영구히 손상시킬 수 있다.

일차 청각 피질은 **토노토픽**(tonotopic)으로 조직화된다. 이것은 특정 뉴런이 특정한 주파수를 담당하고 선호하는 주파수에 따라 함께 집합이 된다는 의미이다.

소리 위치

혹시 우리의 귀가 왜 머리의 앞이나 뒤가 아니라 양쪽에 붙어 있는지 궁금했던 적이 있는가? 그것은 단순히 심미적인 아름다움 때문만은 아니며 우리의 귀는 우리에게 소리를 입체음향으로 들을 수 있도록 하기 때문이다. 개가 왼쪽에서 짖기 시작했을 때 소리는 오른쪽 귀에 비하여 왼쪽 귀로 더 일찍 도달한다. 우리의 머리는 **소리 그림자**(sound shadow)를 드리우게 되는데 이는 소리가 다른 쪽 위에 도달하기 위해서는 머리를 관통하거나 주변을 돌아야지만 가능하다는 이야기이다. 그렇게 될 때 소리는 약화되고 소리가 어디로부터 왔는지 다른 단서가 제공된다.

어떤 사람들은 소리 위치에 대하여 전문가라고 주장할 수 있다. 그러나 만약 우리가 어떻게든 우리의 **반향위치추적**(echolocation)을 가르칠 수 있다면 소리를 이용하여 방향 탐지를 할 수 있을 것이다. 박쥐와 돌고래와 같은 동물은 이러한 능력을 가지고 있다. 그들은 분석을 위해 소리 신호를 내보내고 그들에게 되돌아와서 반영되는 주파수를 들음으로

써 물체가 어디에 있는지를 정확하게 찾아낸다.

냄새(후각)

맛처럼 냄새도 화학적 감각이다. 물질의 분자는 공기를 통하여 우리가 냄새를 맡는 모든 것을 효과적으로 들이마시는 곳인 비강의 끝에 있는 수용기 세포로 운반된다. 한 여름날 당신이 장미꽃잎이 잔뜩 떨어진 곳에서 숨을 쉰다는 것은 매우 좋지 않을 뿐 아니라 아마도 당신은 이후에 하수 처리 공장 곁을 운전하며 지나갈 때에는 코를 틀어막고 싶을 것이다.

사고로 가스가 유출된 곳 곁을 지나가본 적이 있는가? 당신의 냄새에 대한 감각은 일찍

이 당신을 위험으로부터 보호하는 경보 시스템이다. 화학적 감각은 상대방의 마음을 끌어당기기도 하는데 이러한 개념은 1년에 수십억 달러의 향수 산업이 꾸준히 위업을 달성하는 것을 보면 알 수 있다. 우리의 냄새에 대한 감각은 눈으로 보는 것이나 듣는 것만큼 즉각적이지는 않으며, 최소 1억 2천5백만 수용기를 가진 개와 비교를 하면 완전히 당혹스럽다(인간은 비교하자면 보잘것없게도 5백만 개밖에 없다). 그러나 인간은 냄새에 대해 꽤 민감하게 반응한다. 우리는 1만 개의 서로 다른 냄새들을 구분할 수 있다(Malnic 등, 1999).

분자가 우리의 비강 끝으로 이동을 할 때 분자는 후각 수용기 영역에 도달하게 된다. 후각 신경에 있는 큰 단백질 분자는 특정한 착취제로 냄새를 잡아낸다. 우리는 자물쇠-열쇠와

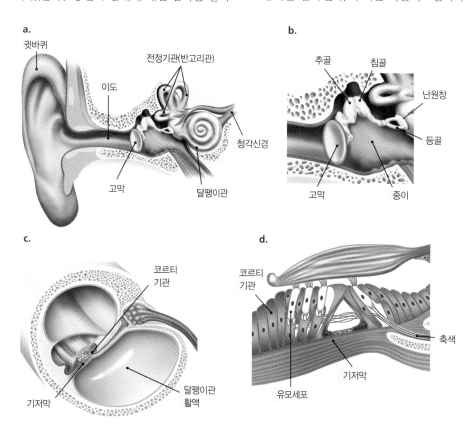

∧∧∧ 듣기의 과정 : a. 외이는 소리 파장에 대한 깔때기와 같은 역할을 하며 소리는 울림의 원인이 되는 고막을 지나게 된다. b. 추골, 침골, 등골은 서로 두드리며 난원창과 내이에 있는 달팽이관으로 울림을 보낸다. c. 달팽이관에 있는 활액은 움직이게 되며 이는 기저막 파문의 원인이 된다. d. 기저막은 유모세포로 덮여 있다. 유모세포 상단에 있는 섬모는 측두엽의 청각 피질로 청신경을 따라 메시지를 전달하는 수용기 세포의 축색을 자극한다.

유사한 방식으로 일을 하는 400개 유형의 감각 뉴런을 가지고 있다. 특정한 냄새가 날 때 그것은 열쇠처럼 맞는 수용기로 가서 민감하게 개별적인 냄새를 맡게 된다. 우리가 맡게 되는 10,000개의 각기 다른 수용기가 있지 않아도 냄새를 구분할 수 있는 이유는 수용기의 조합이 어떻게 이루어지느냐에 따라 다르기 때문이다.

당신은 갑자기 확 풍기는 향수 냄새를 맡고 행복한 경험을 기억하기도 하는가? 아마 세탁제의 냄새는 첫키스를 떠올리기 어렵게 만들 수도 있다. 비강 내에 있는 수용기 세포로부터 온 정보를 받아들이는 뇌의 한 영역은 기억 및 정서와 연관되어 있는 변연계와 가까이 연결되어 있다. 뿐만 아니라 냄새 자극은 시상을 이동할 수 없으며 편도체와 해마와 같이 정서 및 기억의 중추인 뇌 영역과 바로 연결이 된다. 또한 냄새는 기억과 감정을 떠오르게 하는 힘을 가지고 있다. 이러한 기억들이 기쁘든, 슬펐든지 간에 우리의 어렸을 때의 경험과 특정한 냄새가 연관되어 있다(Herz, 2001).

우리는 아마도 모든 맛에 대하여 종이 상자처럼 차갑게 불평해대는 사람을 보았을 것이다. 우리의 냄새와 맛의 감각은 구강 뒤로 비강이 연결되어 있기 때문에 불가분하게 관련이 있다. 콧구멍을 막고 눈을 감은 후 친구

에게 사과와 감자를 한입 먹여달라고 해 보라. 당신은 아마도 차이를 이야기할 수 없을 것이다.

연령차와 성차
당신은 남성입니까? 49세가 넘었습니까? 흡연자입니까? 이 모든 질문에 "그렇다"고 대답했다면 향수 제조사와 같은 일에 고용되는 것과 같은 직업적인 부분은 어려울 수 있다. 무언가를 구분하는 우리의 능력은 어린 시절이 절정이다. 일반적으로 여성은 남성보다 냄새에 민감하며 반복된 냄새의 노출을 더 잘 식별해 낸다(Dalton 등, 2002). 우리의 냄새를 맡는 능력은 흡연, 알코올중독, 알츠하이머병, 파킨슨병에 의해서도 부정적인 영향을 받는다(Doty, 2001).

의사소통과 페로몬
어떤 회사는 자신들의 페로몬 스프레이가 당신의 섹스어필 횟수를 증가시킨다고 말한다. **페로몬**(pheromones)은 어떤 종의 개체 사이

에서 동물의 행동적 반응을 유발시키는 것과 관련된 화학 물질이다. 대부분의 포유류의 비강에 있는 **서비기관**(vomeronasal organs)이라고 불리는 특정화된 세포는 페로몬을 탐지하고, 성적이거나 공격적이거나 영역표시 행동에 대한 반응의 도화선이 된다. 인간은 페로몬을 분비하기 위한 기관을 가지고 있지만 당신이 신용카드를 긁기 전에 이른바 섹스 스프레이가 어떤 종류라도 효과가 있다는 증거는 없다. 우리가 페로몬을 분비하는 능력을 가진 반면 인간의 서비기관 시스템의 존재는 과학자들 사이에서 뜨거운 논쟁의 주제로 남아 있다.

맛(미각)
만일 우리의 선조가 유액을 분비하는 식물의 맛을 음미했다면 오늘날 우리는 없을지도 모른다. 다행스럽게도 우리의 자연적인 성향은 쓴맛을 만들어 내는 많은 독성 식물에 대해 자연스럽게 방어할 수 있는 메커니즘의 결과로 쓴맛의 식품을 피하도록 발달하였다. 화학 회사는 사람들이 세제를 삼키지 못하도록 쓴맛을 가진 화학물질을 가미하는 것과 같은 기술을 이용한다. 우리의 맛에 대한 감각은 음식이 먹기에 위험할 때 경고를 한다.

맛 수용기 세포는 혀의 **돌기**(papillae)에 단단히 박혀 있는 **미뢰**(taste buds)에 있다. 당신은 육안으로도 돌기를 볼 수 있다. 맛 수용기 세

VV
VV 비강 안에 있는 후각 시스템의 수용기 세포는 뇌의 후구로 메시지를 전달한다.

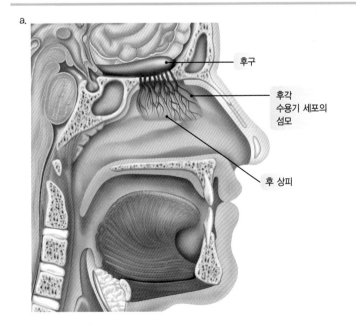

a.

후구

후각
수용기 세포의
섬모

후 상피

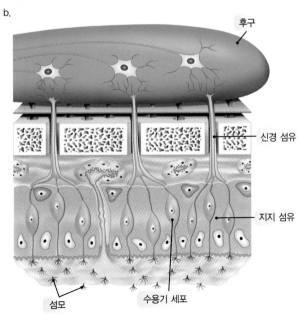

b.

후구

신경 섬유

지지 섬유

섬모

수용기 세포

제5장

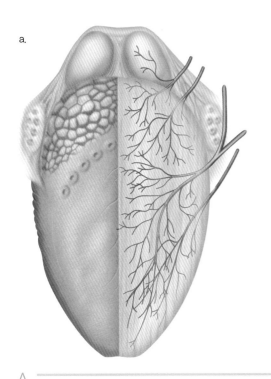

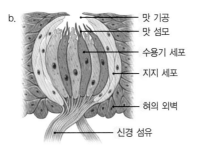

맛 기공
맛 섬모
수용기 세포
지지 세포
혀의 외벽
신경 섬유

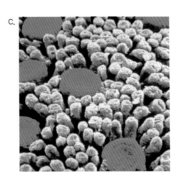

그림 a는 혀에 있는 신경들이다. 그림 b는 미뢰의 해부도이다. 그림 c는 혀 표면의 현미경 사진이다.

포의 끝부분에 있는 털인 **미세융모**(microvilli)는 신경충동을 만들어내며 특정한 맛을 뇌로 해석해낸다. 우리가 무언가를 먹을 때 침은 음식에 있는 화학물질을 녹여내고 미뢰에 도달하기 위하여 돌기를 미끄러져서 내려간다. 맛 신호는 변연계와 소뇌의 피질을 지나간다.

현재 심리학자들은 단맛, 짠맛, 신맛, 쓴맛, 감칠맛(수프, 닭고기, 치즈 등에 함유되어 있는 화학조미료 MSG와 같은 맛을 의미함) 등의 기본적인 5가지 맛을 인지하고 있다. 각 맛에 대한 수용기 세포는 혀, 입, 목에 걸쳐 위치하고 있으며 어느 영역에서는 다른 맛에 대한 수용기보다 좀 더 많이 분포하기도 한다(이는 초등학교 때 서로 다른 맛은 혀의 특정 부위와 관련이 있다고 배운 내용일 것이다).

우리의 맛에 대한 정서적인 반응은 고정화되어 있다. 만약 당신이 갓 태어난 아기의 혀에 쓴맛이 나는 것을 올려두었다면 그 아기는 어른이 하는 것과 비슷하게 역겨워하는 표현으로 반응할 것이다(Bartoshuk, 1993).

몸(체성)과 피부 감각

우리의 다섯 번째 감각은 보편적으로 촉감으로 알려져 있지만 사실은 몇 가지 감각들의 조합이다. 압력과 감촉, 고통과 관련되어 있는 **피부 감각**(skin senses)과 사람 몸의 한 부분이 어떻게 다른 부분과 상호작용하는지와 관련된 **역동적 감각**(kinesthetic sense), 운동과 신체 균형과 관련된 **전정 감각**(vestibular senses)의 조합이다.

통증

TV 쇼인 "뱀파이어 다이어리"의 주연 중 한 명인 스테판 살바토어는 대부분의 사람들에게는 참을 수 없는 고통의 상처에 대해 통증을 느끼지 않는다. 그 결과 그는 죽음을 불사하는 인상적인 스턴트 묘기를 수행할 수 있는 능력이 있다. 평범한 사람들은 고통을 느끼지 못하는 것이 궁극적으로는 치명적이다. 통증은 당신의 손이 뜨거운 오븐 위에 있거나 벽돌벽으로 질주하고 있는 등과 같이 좋지 않은 상황에 대해 이야기해주는 등 몸의 방식인 것이다. 그것은 이러한 것

들을 두 번 다시 반복하지 않도록 함으로써 우리의 생존을 연장시킨다. 통증을 탐지하는 것을 방해하는 희귀 유전 질환을 가진 사람은 성인이 되기 전에 종종 사망하게 된다.

실제로 통증의 여러 가지 종류가 존재한다. 아픈 통증은 외적 자극에 의해 부적인 감각을 느끼는 것이다. 만약 당신의 발목에 염좌가 생기고 팔에 멍이 들거나 뜨거운 난로에 데인다면 당신은 **아픈 통증**(nociceptive pain)을 느낄 것이다. 이런 통증은 대개 시간의 제한이 있어서 상처는 치유되고 통증도 희미해진다.

신경병증성 동통(neuropathic pain)은 중추 신경계의 기능 장애로부터 비롯한다. 이 통증은 상처나 세포의 기능을 방해하는 암과 같은 질병에 의하여 촉발된다. 환상지 통증─팔다리 절단 수술을 받은 사람이 때때로 실제 존재하지 않는 사지에서 통증이나 운동 감각을 느끼는 것─또한 신경병증적 동통의 한 예이다(Melzack, 1992). 신경병증적 동통은 비정상적인 신경성 활동을 약물과 기타 치료로 치료할 수 있지만 완전히 되돌릴 수는 없다.

연관통(referred pain)은 척수에서 동일한 신경 세포상 내부나 외부 영역의 감각 정보가 중첩될 때 발생한다. 다른 말로 이야기하면, 통증이 상처의 부

위보다는 신체의 다른 부분에서 경험된다는 것이다. 이에 대한 일반적인 예는 심장마비 환자들이 자신의 어깨나 왼쪽 팔에서 통증을 느끼는 것으로 볼 수 있다.

어째서 어떤 사람들은 다른 사람들보다 더 강렬히 통증을 느끼는 걸까? 우리가 통증을 느끼는 경로에 대한 가장 최신의 설명은 **수문-통제 이론**(gate-control theory)이다(Melzack, 1980; Melzack과 Katz, 2004). 통증 신호는 신호를 차단하거나 통증을 뇌로 통과시킬 수 있는 척수에 있는 '수문'을 통하여 전달된다. 통증 신호가 뇌에 도달하게 되면 신호는 시상, 체감각 피질, 변연계에 있는 세포를 활성화시킨다. 뇌는 메시지를 해석하고 통증을 더 크게 느끼도록 수문을 조금 더 열 것인지, 더 큰 통증을 예방하기 위해 문을 닫을 것인지에 대한 신호를 보내게 된다.

여러분은 아마도 육상 선수가 부상당한 다리로 경주를 마쳤다는 이야기나 축구 선수가 쇄골이 부러진 채로 경기를 마쳤다는 이야기를 듣고 어떻게 그들이 통증이 극심한 상태에서도 얼굴색 변화 없이 경기를 마칠 수 있는지에 대해 놀라워했던 적이 있을 것이다. 신체에서 분비되는 모르핀인 **엔돌핀** (endorphins)은 통증이 뇌로 전달되는 것을 억제하는 물질로 우리가 스트레스 상황에 있을 때 외견상으로 초인적인 위업을 달성할 수 있게 해준다.

촉각

당신은 자신의 신체에 약 21평방피트의 피부

가 있다는 것을 아는가? 그것은 매우 많은 수용기 세포들이다! 우리는 피부 층에 통증, 압력, 온도를 처리하는 세포의 다양한 유형을 지니고 있다.

애인의 손을 잡을 수 없고, 작별의 키스를 하지 못하며, 친구를 위로하기 위해 포옹을 하지 못하는 세상을 상상해 보자. 만약 이런 이야기가 살기 끔찍한 곳이라는 생각이 든다면 이는 다음과 같은 이유에서일 것이다. 스킨십은 우리의 발달과 웰빙에 필요하기 때문이다. 어미의 손길을 박탈당한 새끼 쥐는 또래에 비하여 더 적은 양의 성장 호르몬을 분비했고 더 낮은 신진대사율을 보였다(Schanberg, 1988). 가림막을 사이에 두고 어미 원숭이와 분리되어 있는 동안 어미의 손길을 금지당한 새끼 원숭이는 몹시 불행해졌고 스킨십이 많은 내용을 가진다는 것을 보여주었다(Halow, 1965).

신체 균형과 운동

우리의 역동적인 감각은 근육과 관절의 균형과 운동에 대한 정보를 뇌에 제공한다. 감각이 없다면 곧은 선을 따라 걸을 수 없을 것이고 입술로 잔을 가져올 수도 없을 것이며 연

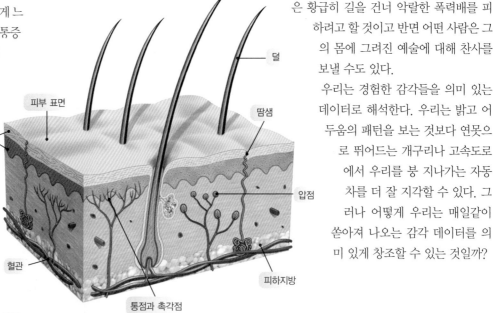

- 털
- 땀샘
- 피부 표면
- 피층
- 압점
- 혈관
- 피하지방
- 통점과 촉각점

필을 집기 위해 몸을 구부릴 수도 없을 것이다. **고유 수용체**(proprioceptors)라고도 하는 특정 신경 말단으로부터 오는 신호는 척수와 두정엽 피질로부터 오는 끊임없는 정보의 흐름을 제공한다.

전정기관은 공간에서 신체의 균형을 잡는다. 전정기관은 내이에 있으며 이는 왜 우리 귀에 염증이 생겼을 때 균형감각을 상실하는지 설명할 수 있다.

반고리관(semicircular canals)은 앞뒤로 움직이면서 뇌로 정보를 전달한다. 운동은 **전정낭**(vestibular sacs)에서 와우와 연결된 작은 결정을 자극한다. 수용체는 소뇌로 정보를 전달하고 이로써 우리는 신체의 균형감각을 유지할 수 있다.

지각

지각은 우리가 외부 세계로부터 받은 자극을 의미 있게 조직화하고 해석하는 방식이다. 서로 다른 사람은 같은 방식으로 세계를 지각하지 않는다. 버스 정류장에 문신을 한 폭력배가 있다고 생각해 보자. 우리 중의 어떤 사람은 황급히 길을 건너 악랄한 폭력배를 피하려고 할 것이고 반면 어떤 사람은 그의 몸에 그려진 예술에 대해 찬사를 보낼 수도 있다.

우리는 경험한 감각들을 의미 있는 데이터로 해석한다. 우리는 밝고 어두움의 패턴을 보는 것보다 연못으로 뛰어드는 개구리나 고속도로에서 우리를 붕 지나가는 자동차를 더 잘 지각할 수 있다. 그러나 어떻게 우리는 매일같이 쏟아져 나오는 감각 데이터를 의미 있게 창조할 수 있는 것일까?

∧∧ 피부는 여러 겹의 층으로 이루어져 있다. 어떤 수용기 세포는 진피에서 털의 끝부분에 싸여져 있고 어떤 것들은 **표피**의 표면 가까이에 있기도 하다. 그리고 어떤 세포는 조직의 가장 위층 아래에서 발견되기도 한다. **피질하층**에서는 지방을 저장한다.

주의와 지각

우리의 의식적인 지각은 선택적이다. 심지어 대체 해석이 가능한 경우라는 것을 알지라도 우리는 어느 순간에도 오로지 한 가지에만 집중할 수 있다는 의미이다. 직접 Necker의 육면체를 바라보고 실험해보길 바란다. 당신은 이미지들 사이에서 앞뒤로 마음이 옮겨가는 것을 알 수 있을 것이다. 결코 같은 시간에 두 가지 해석을 할 수 없다.

때로 우리의 주의는 **내인성**(endogenous)이거나, 내적 결정에 의하여 방향지어진다. 우리는 특정한 자극에 주의를 기울이는 것으로 분명한 선택을 한다. 아마도 당신은 주변에 있는 새로운 음악 소리보다는 책에 의식적인 집중을 하고 있을 것이다.

다른 시간에 우리의 주의는 외부 자극에 의해 **외인성**(exogenous)이거나 직접적이다. 만약 당신의 방 창문 바깥에서 행성이 크게 충돌한다면 아무리 지금 읽고 있는 이 책이 매력이 넘친다 하더라도 당신의 주의는 자동적으로 행성의 충돌 장면으로 빨려 들어갈 것이다.

비주의적인 자극과 돌출 자극

우리는 끊임없이 자극의 홍수에 빠져 있기 때문에 같은 시간에 몇 가지의 것들을 선택할 수 있다. 이것은 왜 운전 중 통화가 극도로 위험한지에 대한 이유가 될 수 있다. 만약 우리가 지난 밤 생긴 소문에 집중을 한다면 가장 주의를 집중해야 하는 중요한 교통 신호를 놓칠 수 있다. 주어진 자극을 지각하는 것에 실패하는 것을 **부주의로 인한 시각장애**(inattentional blindness)라고 한다.

당신은 아는 사람의 외모가 갑작스럽게 변화한 것을 눈치챌 수 있는가? 우리는 관찰력 있다고 생각하기를 좋아

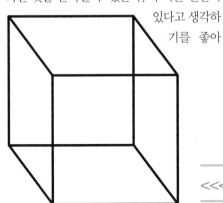

<<< 직육면체가 어떤 모습으로 보이는가?

하지만 우리 중 많은 사람들은 **변화맹**(change blindness)이거나 극적인 시각적 변화를 탐지하는 데 실패한다. 사이먼스(Simons)와 레빈(Levin)의 1998년 연구에서 공사판 인부의 옷을 입은 실험자가 길거리를 지나는 사람을 불러 세워 길을 물었다. 그때 문을 옮기고 있는 노동자가 실험자와 길을 알려주고 있는 사람 사이를 지나가는 동안 인부의 옷을 입은 또 다른 실험자가 처음에 길을 묻던 사람의 자리에 섰다. 실험의 2/3에서 사람들은 중간에 인부의 외모가 바뀌었음에도 계속 길을 가르쳐주었다.

부주의로 인한 시각장애의 유사한 예가 **변화에 대한 청각장애**(change deafness)로 관찰될 수 있다. 극적인 소리 변화를 탐지하는 데 실패하는 것과 우리가 만들어 낸 선택에 대한 대체물을 탐지하는 것에 실패하는 **선택맹**(choice blindness)이 있다. 예를 들어, 연구의 참가자에게 여성의 얼굴이 그려져 있는 사진의 쌍을 보여주고 좀 더 매력적이라고 생각하는 쪽을 고르라고 요구하였다. 한쪽의 참가자는 특정한 카드를 골랐고 실험자는 교묘하게 다른 사진을 참가자에게 건네었다. 그 후 참가자에게 참가자들이 선택한 카드를 주지 않았음에도 불구하고 자신의 선택에 대해 근거를 이야기하라고 요청하였다. 대부분의 참가자들이 카드가 바뀌었다는 사실을 눈치채지 못하였을 뿐 아니라 자신들의 '선택'에 대하여 선호하지 않는 사진을 가지고 설명을 하였다(Johansson 등, 2005).

우리는 어떻게 사람이 많은 방 안에서 대화를 나눌 수 있을까? **칵테일 파티 효과**(cocktail party effect)는 어떻게 선택적 주의가 우리가 여러 소리를 무시하고 하나의 목소리에 집중할 수 있게 하는지에 대한 좋은 예이다. 중요하거나 흥미로운 자극은 **돌출 자극**(pop-out

stimuli)이라고 불리며 이는 우리의 집중을 유지하도록 한다.

전 주의 과정

만일 당신이 1초도 안 되는 시간 동안 어떤 이미지를 힐끗 본다면 아마 꽤나 상세하게 설명하기는 어려울 것이다. 그러나 당신은 생각하는 것 이상으로 그것에 대하여 많이 알고 있을 것이다. **전 주의 과정**(preattentive processing)은 의식적인 각성 없이도 일어난 정보를 처리하는 복잡한 과정이다. 만약 우리가 푸른 점들로 된 격자 무늬에서 빨간 점을 보게 된다면 빨간 점을 기억하게 될 것이다.

전 주의 과정은 탐색 과정을 사용함으로써 우리가 본 이미지를 분석할 수 있도록 한다. 우리는 색이나 모양과 같은 특정한 생김을 찾아내는 것으로 뇌를 이용하여 이미지들을 빠르게 걸러낼 수 있다.

멀티태스킹

당신은 이 책을 읽고 있는 동안 라디오를 들을 수 있고 TV 채널을 돌리고 있을 수 있다. 친구와 전화를 하거나 차를 우려내면서 책을 읽으려고 노력할 수도 있다. 감각 입력과 상관없이 여러 가지를 할 때 당신은 **멀티태스킹**(multitasking)을 하고 있는 것이다. 이것은 오늘날 많은 사람들이 빠른 속도의 사회에서 스스로 자랑스러워하는 일이기도 하다. 그러나 정말로 당신은 같은 시간에 두 가지 이상

을 할 수 있는가?

뇌 영상 연구에서 연구자는 피실험자에게 청각과 같은 특정한 감각 정보 형태를 수행하게 하였고 그 결과 우리가 소음에 집중할 때 소리를 처리하는 뇌의 특정 영역이 활성화한다는 것을 설명하였다. 반면 시각적 인지와 같은 다른 형태의 감각 정보를 처리하는 영역은 감소하였다.

이러한 연구들은 뇌에 순환하고 있는 혈액의 양이 한정적이기 때문에 하나의 감각정보 형태로의 직접적인 자원이 다른 것으로부터 온 자원을 흘려버릴 수 있다는 것을 나타낸다. 피츠버그에 있는 카네기멜론대학의 신경과학자들은 아무리 서로 다른 일을 하며 다른 뇌 부위를 사용한다 해도 우리가 멀티태스킹을 하려고 할 때 뇌의 힘이 감소하는 활동성 수준이 두 배 이상이라고 하였다. 이것은 왜 우리가 전화를 하는 것이 운전 능력에 방해가 되는지를 설명한다(Strayer와 Johnston, 2001).

지각 이론

하향처리

우리가 세상을 지각하는 방식은 우리의 믿음,

왜 우리는 실제로 존재하지도 않는 중심부의 하얀 삼각형을 지각하는 것일까? ∨∨∨

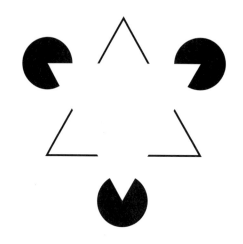

경험, 그리고 기대 등의 영향을 받는다. 심리학자들은 이를 **하향처리**(top-down processing)라고 부른다. 독일의 심리학자인 헤르만 폰 헬름홀츠(Hermann von Helmholtz, 1821~1894)는 우리의 의식적 지각이 **무의식적 추론**(unconscious inferences)에 의해 결정된다고 주장하였다. 우리의 시각 시스템은 우리가 본 것에 대하여 결론을 내리고자 감각 정보를 이용한다. 예를 들어, 우리가 달 앞에서 손가락을 동그랗게 모을 때 어떻게 달과 손가락 동그라미의 크기가 같지 않다는 것을 알 수 있을까? 헬름홀츠는 경험을 통하여 공간적인 추론을 학습했다고 주장하였다.

우리의 뇌는 논리와 지시를 창조하는 것을 자연적으로 열망한다. 종종 우리는 논리적인 형태로 실제로 존재하지 않는 윤곽과 선의 지각을 만들어 낸다. **착각적 윤곽**(illusory contour)은 실제로 없는 선임에도 불구하고 선을 지각하는 시각적인 착각이다. 연구자

들은 착각적 윤곽 이미지가 시각 피질의 특정 영역을 활성화한다는 것을 발견하였다. 이 영역에 있는 세포는 실제 선이나 모서리를 만들어 내는 것으로 반응한다(von der Heydt 등, 1984). 화이트(White)의 착각(81쪽 상단의 그림)에서 회색 직사각형은 오른쪽보다 왼쪽이 더 짙어 보인다. 사실은 동일하다. 우리의 밝기 지각은 자극의 맥락에 의존한다. 오른쪽에 있는 직사각형은 대부분 흰색에 둘러싸여 있고 왼쪽은 거의 검은색에 둘러싸여 있다. 우리의 뇌는 대상의 주변과 밝기를 비교하여 상대적으로 반응한다.

지각적 갖춤새

우리의 이전 경험과 기대들은 정신적인 전배치나 **지각적 갖춤새**(perceptual set)를 제공한다. 지각적 갖춤새는 우리가 사물을 지각하는 데 영향을 주는 방식을 의미한다. 예를 들어 만일 한 어린이가 당신에게 갈색으로 구불구불하고 점이 마구 찍힌 낙서된 종이를 주면서 말을 그린 것이라고 한다면 당신은 지저분한 갈색 낙서를 말로 지각하고자 애쓸 것이다. 하향처리는 우리의 뇌에서 이전에 존재하였던 지식을 이용하여 일관성 있는 이미지를 만들도록 할 수 있다.

당신은 친구가 무언가를 말하려고 할 때 기대한 바가 있었기 때문에 잘못 알아들은 적이 있는가? 지각적 갖춤새는 시각에만 엄격한 것이 아니다. 우리는 어떤 메시지를 넣은 락 음악을 연주할 수 있고 그에 대해 아무 생각도 하지 않을 수 있다. 그러나 만약 누군가가 방해하는 특정 단어나 문단이 음악에 숨어 있다고 하면 악마의 메시지라고 지각할 가능성이 크다(Vokey와 Read, 1985). 기독교 전도사인 게리 그린월드는 레드 제플린의 "Stairway to Heaven"을 뒤로 돌렸을 때 "그것을 부정하는 것은 없다. 여기 나의 달콤한 사탄이 있다."라는 문장이 들린다고 하였다. 들은 것에 대하여 이야기를 할 때, 그린월드의 종교 지지

<<< 이전의 경험에 비추어 우리는 두 사람이 정상적인 방 안에 있고 같은 거리에 있다고 가정한다. 결과적으로 우리의 뇌는 오른쪽에 있는 사람이 왼쪽에 있는 사람보다 훨씬 크다고 지각한다.

^^^ 어느 쪽 직사각형이 더 어두운가?

자들은 이단교도의 의미가 포함되어 있다는 것에 동의할 것이다. 비슷한 예로 조이스 심슨은 1991년 조지아의 아틀랜타에 있는 피자헛 광고판에 있는 스파게티에서 예수를 보았다. 지각적 갖춤새는 반짝이는 종교적인 열정으로 다른 것을 지각된 이미지로 보는 것을 가능하게 한다.

우리의 지각적 갖춤새는 우리가 도식이라고 하는 이전의 경험이나 대상의 내적 대표성에 의해 결정된다. 이것은 문화에 의해서 영향을 받을 수 있다. 예를 들어, 유럽인들과 북미 사람들은 그림을 원주민과 다르게 지각하는 경향이 있다. 우리는 흔히 '악마의 삼지창'으로 알고 있는 그림에서 이에 대한 증거를 발견할 수 있다. 유럽인과 북미 사람들은 3차원 물체로 이것을 해석하려는 자연스러운 경향이 있고 여전히 원주민들은 선과 원으로 이루어진 2차원으로 해석하려고 한다(Deregowski, 1969).

게슈탈트 원리

독일어로 게슈탈트는 '형태' 혹은 '전체'를 의미한다. 심리학적 용어로는 우리가 자연적으로 대상을 집단으로 통합하고 개별적인 부분보다 하나의 형태로 보는 것을 말한다. 예를 들어, Necker의 육면체는 실제로는 수렴되는 선이며 우리가 그것을 볼 때 3차원의 물체로 보게 된다. 게슈탈트 심리학은 20세기 초에 독일에서 구조주의의 자기 성찰에 대한 반응으로서 발전되었다.

집단화

게슈탈트 심리학의 주요 개념은 **좋은 형태의 법칙**(law of pragnanz)으로 우리가 자극을 가장 단순한 형태로 조직화하는 것이다. 6개월 된 유아는 이미 자극을 함께 집단화하는 특정한 법칙을 따를 수 있다(Quinn 등, 2002).

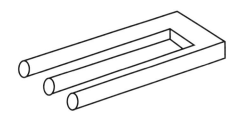

^^^ 어떻게 악마의 삼지창으로 지각하는가?

근접성. 우리는 가까이에 있는 다른 부분이 같은 집단이라고 지각하는 경향이 있다. 이 개념은 **근접성**(proximity)이라고 알려져 있다.

유사성. **유사성**(similarity)은 대상을 패턴의 한 부분으로 같은 크기나 모양, 색깔로 지각하는 경향이다. 예를 들어, 경찰들이 똑같은 제복을 입고 있으면 집단의 부분으로 지각할 수 있는 것이다.

폐쇄성. **폐쇄성**(closure)은 완전하지 않은 대상을 완전한 형태로 지각하는 경향이다. 원 형태에서 연결되지 않은 구부러진 선을 보았을 때 우리는 언제나 그것을 원으로 묘사한다.

연속성. **연속성**(continuity)은 분리된 선보다 교차하는 선이 연속적인 형태로 보이는 경향이다. 교차는 주로 중심점에서 만나는 네 개의 선보다는 두 개의 교차하는 선으로 지각한다.

대칭성. 우리의 지각 체계는 **대칭성**(symmetry)의 법칙이라고 하여 중심부를 기준으로 대칭적인 형태로 대상을 조직화하는 경향

좋은 형태의 법칙은 사람들이 자극을 가장 단순한 형태로 조직화하는 것을 말한다.

근접성은 가까이에 있는 다른 부분이 같은 집단이라고 지각하는 경향이다.

유사성은 대상을 패턴의 한 부분으로 같은 크기나 모양, 색깔로 지각하는 경향이다.

폐쇄성은 완전하지 않은 대상을 완전한 형태로 지각하는 경향이다.

연속성은 교차하는 선이 연속적인 형태로 보이는 경향이다.

대칭성은 두 개의 연결되지 않은 대상이지만 하나의 대상으로 대칭적인 형태로 보는 경향이다.

공동 운명의 법칙은 자극의 부분들이 모두 같은 방향으로 움직이고 있다면 그들을 전체의 부분으로 지각이다.

전경은 인간이 주의를 기울이는 대상이다.

배경은 전경이나 주의를 기울이는 대상 주변의 환경이다.

가역적 형태는 충분히 오랫동안 그림을 응시하다 보면 지각이 변화하여 전경과 배경이 바뀌게 되는 현상이다.

● ● ●

이 있다. 우리가 연결되지 않았지만 대칭적인 모양을 볼 때 자동적으로 하나의 대상으로 지각한다.

공동 운명. **공동 운명의 법칙**(law of common fate)은 만약 자극의 부분들이 모두 같은 방향으로 움직이고 있다면 우리는 그들을 전체 부분으로 지각한다는 것이다. 만약 당신이 파티에서 네 명이 함께 서 있는 것을 보았고 그들 중 두 명이 부엌으로 걸어가는 동안 다른 두 명이 거실로 간다면 당신은 네 명을 하나의 집단으로 생각하지 두 개의 쌍으로 생각하지는 않을 것이다.

전경-배경 관계

지각 과정의 중요한 부분은 우리가 주의를 기울이는 부분을 **전경**(figure)으로, 주변의 것을 **배경**(ground)으로 구분할 수 있는 것이다. 전경-배경 관계는 시각뿐 아니라 모든 감각과 연관되어 있다. 예를 들어, 운동 경기가 펼쳐지는 한가운데 불협화음 속에서 이름이 불리거나 길거리에서 향기가 나는 가운데에서 신선하게 구운 빵 냄새를 맡을 수 있는 것이다.

때로 루빈의 화병과 같은 **가역적 형태**(reversible figure)를 보는 것과 같이 배경에서 전경을 구분해 내는

>>> 지각적 조직화의 게슈탈트 개념

유사성	근접성	연속성	폐쇄성	대칭성

1. 이것이 무엇인지 추측할 수 있는가?
2. 이제 무엇으로 보이는가?

시선-의존은 최근에 보았던 대상이 망막에 맺힌 상과 비교되어 틀로 저장되는 것이다.

시선-비의존은 시각 시스템은 시각 영역의 조합으로 대상을 인지하는 것이다.

원격 자극은 주변 환경에 있는 대상으로부터 받는 자극이다.

인접 자극은 인간의 수용기를 자극하는 원격 자극에 의해 생겨난 물리적 에너지의 형태이다.

세부특징 통합이론은 어떻게 특징들이 서로 결합할 수 있는지에 대한 지식을 기반으로 하여 사람들이 자극을 통합하는지에 대한 이론이다.

착각적 결합은 두 개의 서로 다른 자극의 잘못된 결합 특징으로부터 온 결과이다.

지온은 단순한 3차원의 형태로 다른 지온들과 함께 모든 대상들을 만들어 낸다.

요소에 의한 재인은 인간이 친숙하지 않은 대상을, 이를 구성하는 원통, 뿔, 쐐기, 벽돌 모양 등 조각에 의하여 인지한다는 이론이다.

것은 어려울 수 있다. 당신이 처음 이 그림을 보았을 때 전경과 배경이 한 방향으로만 지각이 되겠지만 충분히 오랫동안 그림을 응시하다 보면 지각이 변화하여 전경과 배경이 바뀌게 된다. 당신은 한 번에 양쪽 모두를 볼 수 없다는 것을 알게 될 것이다.

대상 인지

우리가 어떻게 대상을 인지하는지에 대한 두 가지 주요한 이론이 있다. 시선-의존(view-dependent) 이론에 따르면 최근에 보았던 대상이 망막에 맺힌 상과 비교되어 틀이나 정신적 대표로 저장이 된다. 반면, 시선-비의존(view-independent) 이론들의 지지자들은 시각 시스템은 대상을 개별적인 부분의 결합으로 본다고 주장한다.

개가 짖는 것을 듣거나 새가 나뭇가지에 앉는 것을 볼 때 우리는 원격 자극(distal stimulus)(개의 짖는 소리, 실제 새)에서부터 물리적 에너지로 변환된 정보를 이용한다. 인접 자극(proximal stimulus)(우리의 청각 수용기를 자극하는 짖는 소리, 새의 망막에 맺힌 상)은 우리의 마음속에 원격 자극을 다시 창조해 낸다.

세부특징 통합이론

어떻게 우리는 특정한 모델을 이전에 보지 않고서도 자동차를 인지할 수 있을까? 심리학자인 앤 트레이스먼(Anne Treisman)은 모든 자극은 원시적인 형태로 부서질 수 있고 2단계의 과정을 통하여 결합될 수 있다는 세부특징

통합이론(feature integration theory)을 제안하였다(Treisman과 Gelade, 1980). 트레이스먼에 의하면 우리는 처음 시각적인 형태를 탐지하기 위해 우리의 뇌가 빠르게 평행하는 과정을 이용하고 전 주의적으로 돌출 자극(푸른 점들로 이루어진 격자에 새긴 빨간 점과 같은)에 대한 대상을 파악한다. 그 이후 순차적인 과정은 종종 저장된 지식을 이용하여 본 것이 무엇인지에 대한 결정을 도와서 형태를 대상으로 결합하는 공간을 확보한다.

트레이스먼의 이론은, 우리가 형태 결합에서의 오류들이 착각적 결합(illusory conjunctions)을 만들도록 할 수 있는 대상에 대하여 주의를 기울이고 있지 않거나 지식이 없을 때와 같은 사실에 의하여 지지된다. 심지어 우리는 모든 개별적 형태를 탐지하고 있으며 그것들을 순차적인 과정 단계에서 정확하지 않게 결합하고 있다. 당신에게 빨간색 C와 파란색 A를 보여주었을 때 파란색 C와 빨간색 A를 지각하는 결과를 보인다.

요소 이론

어빙 비더만(Irving Biederman)은 모든 대상은 지온(geons)이라고 부르는 극단적으로 단순한 3차원적 형태로 구성되어 있다고 제안하였

두 개의 얼굴로 보이는가, 아니면 술잔으로 보이는가?

다. 그의 요소에 의한 재인(recognition-by-components) 이론에 의하면 우리는 친숙하지 않은 대상을, 그것을 구성하는 원통, 뿔, 쐐기, 벽돌 모양 등 조각에 의하여 인지한다(Biederman, 1987). 비더만의 이론은 우리가 대상을 빠르게 식별하는 능력은 대상의 색깔이나 안쪽 선의 자세한 형태보다는 외부 모서리의 명확성에 의존한다는 사실에 의하여 지지된다.

맥락과 움직임

당신이 위의 그림에서 볼 수 있듯이, 그것은 맥락에 의하여 대상의 부분이라는 것을 식별해 내기가 매우 쉽다. 움직임 또한 우리의 지각을 보조할 수 있다. 1973년 심리학자인 군나르 요한슨(Gunnar Johansson)은 촬영 중에 어둠 속을 걷는 사람에게 작은 전구를 주요 관절과 머리에 부착하였다. 멈춘 상태일 때는 연결된 형태의 사람으로 구분해내기가 불가능하였다. 그러나 사람이 움직이자 사람이 걷고 있다는 것을 인지할 수 있었으며 이는 우리가 인지할 수 있는 방식에서 서로 연결되어 있지 않은 점이 움직이지 않는 한 완전한 이미지를 볼 필요가 없다는 사실을 알려준다(Johansson, 1973). 우리는 또한 독특한 움직임에 대하여 잘 인지하는데 만약 당신이 친구가 남과 구분되는 걸음걸이로 길을 건너는 것을 보았다면 사람들의 운동이 누구인지 판단하는 데에 결정적인 단서가 될 수 있다는 것을 잘 알아챌 수 있을 것이다.

지각적 통합

우리는 경험을 통해서든, 아니면 주변을 해석

LIFE
The Love and Terror Cult
The man who was their leader
The charge of multiple murder
The dark edge of hippie life

Charles Manson, cult leader

DECEMBER 19 · 1969 · 40¢

^^ 정서적 박탈은 그를 구석으로 몰아갔을까? 아니면 연쇄 살인범인 찰스 맨슨은 폭력에 이미 소인을 가지고 태어난 것일까?

하는 선천적인 능력을 가지고 태어나든 어떻게 세상을 지각하는지 배웠는가? 이 질문에 당신을 즉시 백만장자로 만들 것이라는 답변은 몇 세기 동안 철학자들에 의해 논의가 되어왔다. 독일의 철학자인 임마누엘 칸트(Immanuel Kant, 1724~1804)는 태어날 때 지각적 지식이 존재한다고 주장하였으며 영국의 철학자 존 로크(John Locke, 1632~1704)는 우리는 우리의 경험을 통하여 학습하게 된다고 주장하였다. 유전 대 양육의 논란은 오늘날까지도 여전히 범죄 예방에서부터 교육까지 전 영역에 걸쳐 영향을 미치고 있다.

시각장애를 가지고 태어났거나 영구적인 손상으로 인하여 일찍이 감각 박탈을 당한 사람조차도 볼 수는 있는 것일까? 연구들은 정상적인 감각과 지각적 발달이 이루어지는 **결정적 시기**(critical period), 혹은 시각의 시간적 시기는 생후 매우 짧다는 것에 대해 논증하고 있다. 예를 들어, 맹인으로 태어났지만 이후 백내장 제거로 시력을 회복한 성인은 확트인 시력을 얻지는 못했다. 그들은 배경에서 전경을 구분해 낼 수 있었고 밝음과 색상을 지각할 수 있었지만 사물을 인지할 수는 없었다(von Senden, 1932). 비슷한 지각적 한계는

다른 감각에서도 박탈로 발견되었다.

지각적 순응

감각 순응은 우리에게 환경의 변화에 적응하도록 하지만 **지각적 순응**(perceptual adaptation)은 우리가 경험한 환경의 변화에 적응하도록 돕는다. 친구의 안경을 써 본 적이 있는가? 처음에는 세상이 흐릿하게 보이겠지만 하루 이틀 계속 안경을 쓰고 있다면 시력은 적응할 것이다(물론 친구는 즐겁지 않겠지만!). 지각적 순응은 감각 입력에 적응하게 함으로써 세상이 다시 정상적으로 보이게끔 한다. 이것은 심지어 급진적인 시각 영역의 변화에도 적용된다. 한 달간 이어진 긴 연구에서 일본의 심리학자인 카오루 세키야마(Kaoru Sekiyama, 2000)는 4명의 학생에게 좌우가 바뀌어 보이는 돋보기 안경을 쓰도록 하였고 학생들은 처음에는 방향을 잡지 못했지만 몇 주가 지난 후 자전거 타기와 같은 복잡한 협응 기술 과제를 수행할 수 있었다. 이 실험이 끝나고 학생들은 빠르게 정상적인 시각으로 되돌아 왔다.

공감각

당신이 이야기한 것을 음미할 수 있다는 것이나 서로 다른 색깔의 무지개와 같은 음악의 한 소절을 듣는 것을 상상해 보기 바란다. 두 가지 이상의 감각으로 감각 정보를 해석하는 사람은 **공감각**(synesthesia)이라고 부르는 조건을 가지고 있다. 공감각은 감각 기관으로부터 온 신호가 뇌의 다른 영역에서 처리된다. 장애의 일반적인 형태는 **자소-색 공감각**(grapheme-color synesthesia)으로 이는 글자를 특정한 색으로 지각하는 것이다. 예를 들어, 글자 A는 붉은색으로 생각하는 것이다. 어떤 공감각은 **연결자**(associators)로 글자 A를 붉은색과 연관을 시키지만 실제로 붉은색으로 보는 것은 아니다. 소수의 사람들은 **투사자**(projectors)로, 이들은 읽고 있는 것이 검은색이라 하더라도 실제로는 A를 붉은색으로 본다.

>>> 힙합 뮤지션인 퍼렐 윌리엄스는 N.E.R.D 앨범의 기초로 '소리를 본다'는 공감각을 이용하였다.

> **결정적 시기**는 정상적인 감각과 지각적 발달이 이루어지는 생후 짧은 시각의 시간적 시기이다.
>
> **지각적 순응**은 조절된 감각 입력에 의하여 환경의 변화에 인간이 적응해가는 과정이다.
>
> **공감각**은 잘못된 대뇌 피질 영역에서 감각 기관으로부터 온 신호가 처리되는 상태이다.
>
> **자소-색 공감각**은 글자를 특정한 색으로 지각하는 상태이다.
>
> **연결자**는 공감각을 경험하는 사람이 글자에 색을 연합시키는 상태로 실제로는 그 색을 보는 것은 아니다.
>
> **투사자**는 공감각을 경험하며 원래의 색이 어떤 색인지는 알지만 실제로 특정한 색의 글자를 본다.

● ● ●

연구원인 덴코 니콜릭(Danko Nikolic)은 수정한 스트룹 실험을 이용하여 공감각의 실체를 연구하였다. 정규 스트룹 실험에서는 사람들에게 '파랑'과 같은 단어를 보여주고 처음엔 파란색(일치하는 조건)으로 인쇄된 것을 보여주지만 이후에는 빨간색(불일치하는 조건)으로 인쇄된 것을 보여준다. 글자의 색을 식별하라는 지시를 하였을 때 사람들의 반응 시간은 뇌가 혼란스러운 신호를 받지 않았기 때문에 일치된 조건에서 훨씬 빠르게 나타난다. 공감각이 같은 결과를 나타내는지를 평가하기 위해 니콜릭은 특정한 자소-색 변칙에 따르는 일치하는 단어를 제시했다. 예를 들어, 사람이 초록색 글자 B를 본다면 초록색 글자 B는 일치되는 것이지만 B가 다른 색이라면 불일치하는 것이다. 정규 스트룹 실험에서의 비슷한 결과는 공감각이 실재하는 현상임을 확인하였다.

피아니스트인 듀크 엘링턴이 공감각을 가지고 있다는 것을 아는가? 그들의 상태는 장애라기보다는 대부분의 공감각은 음악을 보는 능력을 포용한다. 공감각을 가진 많은 예술가들은 그들의 능력을 특별한 그림이나 작곡에 이용한다.

요 약

WHAT 감각 역치인가?

● 절대역은 빛, 소리, 압력과 같은 자극의 50%를 탐지하는 데에 필요한 최소한의 에너지이다.

● 차이역은 두 자극의 차이를 50%로 탐지하는 데에 필요한 최소한의 차이이다.

HOW 우리는 외부 세계에서의 자극을 처리하는가?

● 감각은 하나의 감각 기관에서 수용기 세포가 에너지에 의하여 자극을 받을 때 발생한다. 변환은 전기화학적 코드로 물리적 에너지가 수렴되는 과정이다.

● 빛은 각막과 동공을 통하여 눈으로 들어가며 망막에 있는 수정체에 초점이 맞춰진다. 빛파장은 시신경으로 연결되는 신경절 세포로 전달된다. 신경 정보는 시신경을 따라 시각피질로 이동한다.

● 소리 파장은 고막을 떨리게 만든다. 떨림은 와우로 전달이 되면 기저막 파장의 원인이 된다. 기저막에 있는 섬모는 수용기 세포를 자극하여 정보를 청각 피질로 전달한다.

● 공기 중에 떠 있는 분자는 비강의 위쪽에 있는 수용기 세포를 자극하며 뇌의 후구로 정보를 전달한다.

● 미뢰에 있는 수용기 세포의 끝부분에 있는 미세 융모는 변연계와 대뇌 피질로 정보를 전달한다. 5가지 기본적인 맛은 단맛, 신맛, 짠맛, 쓴맛, 감칠맛이다.

● 피부에 있는 수용기 세포는 통증, 압력, 온도를 처리한다. 통증은 최근 수문－통제 이론으로 설명되고 있다.

● 역동적인 감각은 근육 운동과 자세 변화에 대한 정보를 제공한다. 전정감각은 공간에서 신체의 균형에 대한 정보를 제공한다.

WHY 우리는 한 순간에 하나의 지각만을 경험할 수 있는가?

● 지각은 뇌에서 감각 정보가 조직화되고 만들어지는 감각 처리이다.

● 의식적 주의는 선택적이다. 우리는 한 순간 오로지 하나의 감각만을 경험할 수 있다. 자극을 지각하는 데 실패하는 것은 부주의로 인한 시각장애로 알려져 있다.

WHAT 지각에서의 주요한 이론들은 무엇인가?

● 게슈탈트 심리학자들은 자극들이 비슷한 크기, 색, 모양 혹은 형태 등이 서로 가까이에 있을 때 사람들은 함께 집단화를 만든다고 보았다.

● 트레이스먼의 형태 통합 이론은 우리가 시각적 형태를 탐지하기 위하여 평행하는 처리를 하며 그들을 결합하기 위해 순차적인 처리를 한다고 제안하였다.

IS 지각은 유전에 의해서 혹은 양육에 의해서 발달하는가?

● 정상적인 감각과 지각의 발달은 생후 짧은 결정적 시기에 이루어진다.

● 지각적 순응은 우리가 지각한 환경의 변화에 적응할 수 있도록 한다.

이해 점검

1. 앨라는 밤에 항구에 있는 배의 불빛을 볼 수 있다. 비록 그녀는 배 자체는 볼 수 없어도 서로 가깝게 있거나 동일하게 움직이기 때문에 세 가지의 빛으로 지각할 수 있다. 앨라는 어떤 게슈탈트 지각 법칙을 사용하고 있는 것일까?
   a. 공동 운명의 법칙과 근접성의 법칙
   b. 근접성의 법칙과 연속성의 법칙
   c. 연속성의 법칙과 공동 운명의 법칙
   d. 근접성의 법칙

2. 우리가 처음 대상의 색, 모양, 크기와 같은 형태를 식별하며 이것이 어떤 대상이라고 결정짓기 위해 결합시킨다는 것은 어떤 이론인가?
   a. 인접 자극 이론
   b. 원격 자극 이론
   c. 형태 통합 이론
   d. 유사성 이론

3. 한 실험에서, 쓰면 아래위가 바뀌는 안경을 쓴 피험자들이 처음에는 행동하는 것에 어려움을 느끼지만 며칠이 지난 후 더 이상 뒤집어서 지각하지 않는다. 이것은 어떤 것의 예인가?
   a. 감각 순응
   b. 공감각
   c. 지각적 순응
   d. 연속성

4. 피오나의 룸메이트는 그들의 작은 집에서 깜짝 파티를 열기로 결정하였다. 피오나의 모든 친구들이 파티에 참석했고 정말로 시끄러웠다. 피오나는 파티에 도착하였을 때 곧장 엄마의 목소리를 알아챌 수 있었다. 어떻게 피오나는 다른 소리 사이에서 엄마의 목소리를 들을 수 있었을까?
   a. 피오나는 엄마의 목소리에 대하여 감각 순응이 이루어졌기 때문이다.
   b. 엄마의 목소리가 돌출 자극이었기 때문이다.
   c. 피오나의 목소리가 외부 자극이었기 때문이다.
   d. 피오나는 반향 위치 측정기를 사용하였다.

5. 안토니오는 소방차가 먼 곳에서 다가오고 있는 것을 들었을 때 교차로에 서 있었다. 뒤돌아 보지 않고 그는 소방차가 자신의 왼쪽으로 오고 있다고 말할 수 있다. 안토니오가 이것을 아는 것은,
   a. 사이렌 소리가 그의 왼쪽 귀에 더 크게 들렸기 때문이다.
   b. 사이렌의 주파수가 그의 왼쪽 귀에 더 높게 들렸기 때문이다.
   c. 사이렌의 소리가 그의 왼쪽 귀를 더 긴장시켰기 때문이다.
   d. 소리가 그의 오른쪽 귀에 도달하기 전에 왼쪽 귀에 먼저 도달했기 때문이다.

6. 신체에서 분비되는 어떤 화학물질이 인간을 고통으로부터 견딜 수 있게 도움을 주는가?
   a. 고유 수용체   b. 엔돌핀
   c. 페로몬   d. 모르핀

7. 안나는 중요한 전화 회의를 하고 있었지만 창 밖으로 연기를 보았고 아무런 이야기 없이 전화를 끊었다. 그녀에게 대화를 계속할 수 없도록 그녀의 주의에 무슨 일이 생긴 것일까?
   a. 주의가 외부로 변화하였다.
   b. 주의가 내부로 변화하였다.
   c. 주의가 부주의로 인한 시각 장애로 변화하였다.
   d. 주의가 변화맹으로 변화하였다.

8. 야구에서 날아오는 공을 잡기 위하여 내야수는 장갑을 오른쪽에 끼고 있어야만 한다. 야구 선수는 보지 않고도 어떻게 팔과 장갑의 위치를 알고 있을까?
   a. 전정 감각   b. 역동적 감각
   c. 피부 감각   d. 엔돌핀

9. 왜 냄새는 다른 감각 자극에 비하여 기억이나 정서를 더 강력하게 떠올릴 수 있게 하는 것일까?
   a. 냄새는 위험을 탐지하도록 돕기 때문이다.
   b. 냄새와 연관되어 있는 미각은 정서를 유발한다.
   c. 후각(냄새)은 다른 감각보다 예민하다.
   d. 냄새 신호는 뇌에서 정서와 기억 센터와 직접 연결되어 있다.

10. 당신이 운전 중에 속도계와 도로를 번갈아 보고 있을 때 눈은 빠르게 가까운 대상과 멀리 있는 대상으로 초점을 바꾸어야 한다. 이러한 처리의 원인이 되는 것을 무엇이라 부르는가?
    a. 시각적 길 안내자   b. 시각 조절
    c. 형태 탐지   d. 평행적 처리

11. 파리가 짐의 목 뒤에 앉았으나 짐은 느끼지 못하였다. 왜 그럴까?
    a. 파리의 무게가 짐의 몸무게에 비하여 불균형적으로 적기 때문이다.
    b. 파리의 무게는 촉각에 대한 짐의 차이역에 미치지 못하기 때문이다.
    c. 짐은 어른이고 어린이가 촉각에 더 예민하기 때문이다.
    d. 파리의 무게는 촉각에 대한 짐의 절대역에 미치지 못하기 때문이다.

12. 로라는 아침에 목걸이를 찼을 때 무게가 얼마나 나가는지 잘 알 수 있었다. 그러나 몇 분이 지난 후 그녀는 더 이상 목에 걸려 있는 목걸이의 무게를 느낄 수가 없었다. 이것은 무엇의 결과인가?
    a. 감각 순응   b. 지각적 순응
    c. 변환   d. 베버의 법칙

13. 감각 탐지 실험에서 '오경보'로 생각할 수 있는 것은 무엇인가?
    a. 만일 자극이 없고 특정한 반응이 있는 것
    b. 만일 자극이 없고 특정한 반응도 없는 것
    c. 만일 자극이 있고 특정한 반응도 있는 것
    d. 만일 자극이 있고 특정한 반응이 없는 것

14. 한 번에 과제의 여러 부분을 수행할 수 있는 뇌의 능력은 무엇인가?
    a. 다중 처리   b. 평행 처리
    c. 멀티태스킹   d. 전 주의적 처리

15. 눈에서 광수용기의 큰 밀도가 관찰되는 곳은 어디인가?
    a. 중심와   b. 수정체
    c. 시신경 판   d. 각막

16. 그림에서 여러 가지 색이 혼합될 때 왜 색은 어두운 색으로 나타나게 되는 것일까?
    a. 색이 다른 색의 파장을 빼앗기 때문
    b. 색이 다른 색의 파장을 반사하기 때문
    c. 눈이 한 번에 모든 색의 파장을 보기 때문
    d. 눈은 오로지 어두운 파장을 보기 때문

17. 색의 순수성을 참고하는 방식은 무엇인가?
    a. 음색   b. 색조
    c. 채도   d. 색 항상성

18. 가브리엘은 오랜 시간 동안 MP3를 큰 소리로 들었다. 만약 그가 이러한 행동을 계속한다면 영구적으로 청력을 잃을 수 있는 이유는 무엇인가.
    a. 섬모 세포의 손상   b. 귓바퀴의 손상
    c. 한쪽 귀의 폐색   d. 이관의 부종

19. 꼭 마셔야 하는 시럽 감기약의 맛을 좋아하지 않는다면 어떤 기술이 이 경험을 좀 더 참을 만하게 할 수 있을까?
    a. 먹을 때 숨을 참는다.
    b. 체온과 비슷하게 약의 온도를 맞춘다.
    c. 소금 한 스푼을 넣는다.
    d. 혀의 끝부분에만 약이 닿도록 삼킨다.

20. 손으로 쓴 노트에서 하나의 수직선은 숫자 1이나 소문자 L처럼 보일 수 있다. 만약 당신이 손으로 쓴 전화번호 숫자 노트에서 여러 수직선을 보게 된다면 그것들을 숫자로 지각하지 문자로 지각하지 않을 것이다. 왜냐하면 전화번호들 사이에서 문자가 나올 것이라고 기대하지 않기 때문이다. 이것은 무엇의 예인가?
    a. 착각적 윤곽   b. 좋은 형태의 법칙
    c. 공감각   d. 하향처리

의 식

《콜롬비아

데일리 트리뷴》 스포츠 편집장인 켄트 헤이돌트(Kent Heitholt)는 2001년 10월 교대근무를 마친 후 얼마 되지 않아 미주리신문사 주차장에서 난폭하게 폭행당한 후 살해당했다. 그는 금속 둔기로 11차례에 걸쳐 머리를 가격당했고 자신의 벨트에 목이 졸렸다. 지문이나 DNA, 희생자의 손에 있던 혈흔이 묻은 머리카락을 포함해 그 현장에는 물리적 증거들이 수도 없이 많았지만, 경찰은 범인을 체포하기 위해 애를 써야 했다.

2년 후 19세 찰스 에릭슨(Charles Erickson)이 술에 취한 채 친구들에게 자신이 꾸었던 꿈에 대해 이야기를 시작했다. 다소 세부적인 부분이 불충분하기는 했지만 그 꿈은 그와 그 친구가 살인에 연루되었다는 느낌을 강하게 주었다. 한 친구가 에릭슨이 횡설수설하는 말을 경찰에 알린 후, 그는 경찰조사를 위해 소환되었다. 에릭슨은 살인사건이 있던 날 밤에 대해 거의 기억하지 못했고, 조사 중에도 그는 혼란스럽고 헛갈리는 듯 보였다. 에릭슨이 살인과 관련된 상세한 것들을 제공하지 않았기 때문에 경찰은 지속적으로 그를 심문했다. 사건의 진실은 이후에 언급할 전문가들이 사건 정보에 대한 이야기를 구성해서야 알 수 있었다. 에릭슨이 조사관 질문에 따라 했던 답변을 제공한 것대로 단순하게 따라 진술했다는 것이 조사 녹취록에 나타났다.

에릭슨의 중학교 동창인 라이언 페르구손(Ryan Ferguson)이 같은 날 체포되었고, 보석금 2천만 달러에 석방되었다. 이는 단일 살인사건 대비 미국에서 가장 많은 보석금이었다. 경찰은 페르구손이나 에릭슨이 범죄에 연루되었다는 물리적 증거를 찾지 못했다. 또한 목격자 진술에 따른 몽타주도 그 두 사람과 전혀 닮지 않았다. 재판 동안, 피고 측은 기억전문가인 엘리자베스(Elizabeth Loftus) 교수를 불렀다. 그녀에 의견에 따르면 에릭슨은 거짓 자백을 했다는 것을 증명했다. 그녀는 사람이 살인처럼 엄청난 사건과 같은 것을 잊어버렸다가 몇 년 후 갑자기 그 일을 기억해낼 수 있기는 어렵다고 주장했다. 그녀의 증언에도 불구하고 2005년 12월 페르구손은 살인 강도죄로 기소되어 징역 40년 형을 구형받았다. 그는 자신에게 내려진 구형을 최근 항소했다.

페르구손 사례를 보면서 의식에 관한 몇 가지 흥미로운 질문을 하게 된다. 몇 년 전에 발생했던 사건을 갑자기 기억할 수 있는가? 기억이 꿈속에서 복구될 수 있는가? 우리의 뇌가 실제로는 절대 일어날 수 없는 일들을 기억하는 듯 속임수를 쓸 수 있는가? 만일 그렇다면, 배심원은 어떻게 거짓 진술과 실제 사이를 구분할 수 있는가? 의식과 심리변화에 관한 한 심층연구에서 몸은 변경된 의식상태 동안 좀 더 분명한 판단을 할 수 있도록 한다.

<<< 스콧 팰러터(Scott Falater)는 평범한 사람이었다. 아내와 가족이 있었고 지역교회에서 활발히 활동하며 근처 공장에서 유능한 엔지니어로 일했다. 그러나 1997년 1월 19일에 그는 아내를 무참히 찔러 숨지게 했다. 한 이웃이 그 장면을 목격하고 경찰에 신고하여 그는 현장에서 체포되었다. 그러나 무슨 일인지, 스콧 팰러터는 살인이 발생할 동안 몽유병 상태였다고 주장했다. 경찰들은 당혹스러웠다. 살인행동에 대한 어떤 동기도 발견할 수 없었기 때문이다. 실상, 팰러터의 여동생과 그 가족의 가까운 친구들은 행복한 결혼생활을 했다고 진술했고, 부부관계도 따스하고 애정이 넘치는 관계라고 말했다. 그러나 어떻게 사람이 잠들어 있는 동안 그렇게 치밀한 살인을 저지를 수 있는가? 심지어 그는 사체를 숨기기 위해 멀리까지 가서 살해증거를 없애기도 했다. 스콧 팰러터는 기괴한 거짓말을 통해 단순히 책임회피를 하려는 것인가, 아니면 인간의식이 정말 우리가 알고 있는 바를 완전히 바꿀 만한 힘이 있는 것인가?

CHAPTER 06

의식과 정보과정

오늘날 대부분의 심리학자들은 **의식**(consciousness)을 우리 자신과 환경에 대한 인식이라고 정의한다. 그러나 이 정의는 너무 간단하다. 우리는 각각 서로 다른 관점에서 세상을 본다. 그리고 우리의 관찰과 경험은 주관적이기 마련이다. 누구도 세상을 —혹은 자신을— 정확히 같은 방식으로 볼 수는 없기 때문에, 의식이 각 개인에게 있어서는 유일한 경험일 것이다.

현상학(phenomenology)은 주관적 경험인 개인 의식에 관한 연구이다. 여러분은 빨간색이 어떤 것인지 알고 있다. 그렇기에 신호등의 빨간불이나 소방차를 지목하며 친구에게 그게 무슨 색깔이냐고 물어보면 "물론 빨간색이지."라고 답할 것이다. 그러나 당신 친구의 빨간색에 대한 인식과 당신의 빨간색에 대한 인식이 동일한 것인지 어떻게 알 수 있나? 당신의 친구가 빨간색이라고 설명한 색이 실제로 당신에게는 초록이나 보라색으로 보일 수도 있다. 불행하게도 빨간색에 대한 당신의 경험이 당신 친구의 경험과 일치하는지 아닌지를 확인할 방법은 없다. 다른 사람들의 의식을 이해하기 위해 노력하는 과정에서 겪는 이런 근본적인 어려움을 '**다른 마음의 문제**(problem of other minds)'라고 한다. 의식이 본래 내적이기 때문에 다른 사람의 인식과 우리의 인식이 얼마나 같고 다른지를 알 방법은 없다.

의식은 우리 자신과 환경에 대한 인식이다.

현상학은 주관적 경험인 개인의식에 관한 연구이다.

다른 마음의 문제는 의식이 본래 내적이기 때문에 다른 사람의 인식과 우리의 인식이 얼마나 같고 다른지를 알 방법은 없다고 말한다.

변경된 의식 상태는 괴이하고, 조직화되지 않고, 꿈 같은 사고 패턴으로 특징지어지는 상태이다.

최소한의 의식은 자기와 환경 사이에 상대적으로 분절된 관계로 그 속에서 우리는 깊이 생각하지 않고 자극에 반응하게 된다.

전적인 의식은 자신의 환경뿐 아니라 정신상태 및 그에 관한 정보를 제공하는 능력을 말한다.

자의식은 의식이 자신을 가장 잘 알고 있는 상태로 우리가 우리 자신에게 집중하도록 한다.

● ● ●

의식의 수준

스콧 팰러터는 자신의 아내를 44차례에 걸쳐 칼로 찔렀다는 것을 의식적으로 알았을까? 만일 그가 정말 몽유병이었다면, 각성상태에 있는 사람과 비슷한 인식수준에서 기능을 하지는 못했을 것이다. 정신과정이 충분히 또렷하지 않은 사람은 **변경된 의식상태**(altered state of consciousness) —괴이하고, 조직화되지 않고, 꿈과 같은 사고 패턴—를 경험할 수 있다. 졸리거나 백일몽에 잠길 때, 우리는 이런 변경된 의식상태로 들어간다. 물론 마약이나 명상, 최면을 통해 의도적으로 이 상태가 유도될 수도 있다.

잠을 잘 때, 우리는 **최소한의 의식**(minimal consciousness) —자기와 환경 사이에 상대적으로 분절된 관계로 그 속에서 우리는 깊이 생각하지 않고 자극에 반응하게 된다—을 경험한다. 잠에서 깨지 않은 상태에서 슬쩍 귀찮게 하는 데 반응을 하며 몸을 구르는 사람을 생각해보자. 이런 반응은 최소한의 의식의 기능이나. 즉 그 사람은 움직임을 통해 귀찮게 하는 것에 대해 반응할 만큼의 의식은 가지고 있지만, 좀 더 깊이 생각하는 방식으로 반응할 만큼의 의식은 가지고 있지 않은 것이다. 또한 아침에 귀찮게 했던 그 사람을 기억하지 못할 수도 있으니 한번 해볼 만한 일이다.

한편 **전적인 의식**(full consciousness)은 자신의 환경뿐 아니라 정신상태 및 그에 관한 정보를 제공하는 능력을 말한다. 메타인지(metacognition), 즉 생각에 대해 알고 있는 것은 이 수준의 특징이다. 팰러터의 재판 동안 검사들은 그가 아내 살해 후 즉시 중요한 증거를 없앨 마음 상태였기 때문에 분명한 전적인 의식 상태였기에 자신의 행동에 대해 범죄에 대한 책임을 져야 한다고 주장했다.

의식이 자신을 가장 잘 알고 있는 상태인 **자의식**(self-consciousness)은 우리가 우리 자신에게 집중하도록 한다. 우리가 거울 속에서

∧∧ 자의식이 없다면 거울에 보이는 것을 어떻게 이해하게 될까?

자신을 살필 때마다 자의식 상태로 들어간다. 자신이 거울에 비춰지고 있다는 것을 인식하는 것은 자의식을 수행하는 데 요구되는 매우 발전된 기술이다. 대부분의 동물들은 하지 못하는 일이기 때문이다. 실상 연구자들은 인간, 오랑우탄, 침팬지가 몇몇 수준의 자의식을 소유하고 있는 거의 드문 종들이라는 것을 증명하기 위하여 거울자기인식실험을 했다. 인간에게 이 기술은 대개 18개월 정도에 발달한다. 연구자들은 이 나이 이전에는 아기들이 거울 속에 비친 모습이 자기라는 것을 알아차리는 능력을 가지지 못한다는 것을 발견했다.

우리가 자신에게 관심을 둘 때, 우리는 장점과 단점을 알아차리게 된다. 즉 자기평가와 자기비판은 자의식의 두 단면인 것이다. 대부분의 동물과는 달리, 우리는 어떤 일을 잘했을 때 자축할 능력을 가지고 있기도 하지만, 거울을 보고 별로 내세울 만한 일을 하지 못했다는 생각을 하게 되면 죄책감과 수치심을 경험하기도 한다.

비의식, 전의식 그리고 무의식 정보

우리는 우리가 하는 모든 것을 알고 있을까? 물론 아니다. 사실 우리 뇌는 비(非)의식, 전의식, 그리고 무의식 정보를 상당량 저장하고 있다. 만일 이런 주장을 믿지 않는다면, 당신이 잠을 자고 있는 동안 심장이 계속 뛰고 있는지 확인했던 순간을 기억해보라. 우리가 의식적으로 그 과정을 살펴서 혈류, 맥박, 산소투과율과 같은 몸의 생명과정을 적용하지는 않는다. 그러나 우리 각자는 매일 이런 수백 가지의 **비의식적 활동**(nonconscious activity)을 한다. 우리는 대개 운이 좋게도 이런 과정을 알지 못하기에 이것을 의식화하지 않는다. 그러나 이런 일들은 지금 당신이 이 페이지를 읽고 있는 동안에도 계속해서 진행되고 있다.

다른 하나는 **전의식 정보**(preconscious information)로, 우리가 항상 알지는 못하지만 필요하면 의식으로 가져올 수 있는 부분이다. 예를 들어 약간만 노력해도 우리는 전의식 기억을 의식적 사고 안으로 가져올 수 있다. 익숙한 냄새나 선명한 사진은 오래된 전의식 기억을 다시금 기억할 수 있게 한다. 솔솔 풍겨오는 호박파이 냄새가 오래전 잊고 있었던 추수감사절 저녁 식사에 대한 기억을 불러일으키는 것은 이 때문이다(기억에 대한 좀 더 많은 정보를 위해서는 제8장을 보라).

지그문트 프로이트에 따르면, 몇몇 경험, 생각, 동기는 너무나 위협적이거나 받아들일 수 없는 것이어서 영원히 우리 의식에서 지워버린다. 프로이트는 우리가 이런 **무의식 정보**(unconscious information)를 억압과정을 통해 묻어버린다고 말한다(제16장을 보라). 현대 심리학자들은 이러한 생각을 재해석하여

>>> 의식의 제한 기능 때문에 사람들로 붐비는 방에서 당신과 대화하는 사람에게 의식을 집중시킬 수 있다.

인지적 무의식(cognitive unconscious) — 우리가 의식적으로 알지 못하더라도 우리가 느끼거나 행동하는 방식에 영향을 미치는 정신과정의 총체 — 이라는 개념을 발달시켰다. 예를 들어 만일 웃고 있는 사람의 사진이 여러분의 눈앞에서 빠르게 지나가는 경우, 여러분이 그것을 보았다는 사실조차 모를 것이다. 그러나 왠지 설명을 못하겠지만 여러분은 전보다 더 행복한 기분을 느낄 것이다. 이 과정은 무의식적으로 받아들여진 자극이 우리의 생각과 감정에 영향을 미칠 수 있다는 것을 보여주는 것으로 인지적 무의식의 부분이다.

의식의 생존 이점

많은 수준에서 정보를 아는 능력 — 그리고 필요할 때 정보를 의식에 넣었다 뺄 수 있는 능력 — 은 생존에 큰 이점을 준다. 만일 우리가 우리 자신과 환경을 완전히 모른다면 포식자 그룹에서 오래 살아남지 못했을 것이다. 동시에, 만일 우리가 주변과 우리 안팎에서 일어나는 모든 일을 다 알고 있다면, 우리는 완전히 압도되어서 효과적으로 기능할 수 없었을 것이다. 우리에게는 참으로 다행인 게, 우리는 주어진 때에 가장 중요한 것들에만 주의를 집중해야 의식에 초점을 맞출 수 있다.

제한 기능

의식의 **제한 기능**(restrictive function) 덕에 우리는 우리 상황에 적절하지 않은 정보에 시간을 버리지 않게 된다. 제한 기능으로 우리는 선택적으로 집중하고 혹은 주어진 시간에 의식이 한 가지 자극이나 한 가지 인식에 초점을 맞출 수 있다(제5장을 보라). 예를 들어 여러분이 시험을 볼 때, 의식의 제

한 기능이 여러분이 피부에 닿는 셔츠의 감각이나 손가락을 누르는 연필의 압력에 신경을 쓰지 않으면서 질문을 읽고 답을 할 수 있게 한다. 이런 기능은 또한 칵테일파티 현상, 즉 붐비고 시끄럽고 정신없는 환경 속에서 다른 사람들을 걸러내고 특수한 메시지를 선별해내는 능력에도 관여한다(제8장을 보라).

선택적 저장 기능

제한적 기능과 밀접하게 연결되어 있는, 의식의 **선택적 저장 기능**(selective storage function)은 우리가 자극에 대해 선택적으로 분석하고 해석하고 행동하게 한다. 다시 말해, 우리는 우리가 특별히 주의집중하고 싶은 장면, 소리, 감정들을 선택할 수 있다는 것이다. 예를 들어 만일 여러분이 동시에 각 귀에 따로따로 하나씩 두 개의 메시지가 들리도록 고안된 특수 헤드폰을 낀다면, 여러분은 오른쪽 귀에 있는 메시지만을 듣기를 선택하고 왼쪽 귀에 들리는 메시지를 무시하게 될 것이다. 그때 만일

계획기능은 도덕적이지 않거나 윤리적이지 않거나 실용적이지 않은 주장을 잠재우고 우리가 행동하기 전에 우리 생각을 분석하고 평가하는 데 필요한 의식적 자기 인식을 하도록 돕는 의식의 한 측면이다.

수면은 의식의 자연적 상실을 말한다.

생체리듬은 24시간 주기로 몸이 규칙적으로 기능을 하도록 하는 생체시계이다.

시교차상은 생체시계를 통제하는 시상 하부 부분이다.

멜라토닌은 수면을 유도하는 호르몬이다.

아데노신은 수면을 유발하는 호르몬이다.

빠른 안구운동(REM) 수면은 생생한 꿈이 나타나는 동안 반복되는 수면 단계를 말한다.

베타파는 활동적인 각성상태에서 나타나는 뇌파 유형이다.

알파파는 각성상태 중 이완된 상태에서 나타나는 뇌파 유형이다.

세타파는 1단계 수면에서 나타나는 뇌파 유형이다.

선잠은 1단계의 전형인 각성과 수면 사이의 변화기간이다.

K 복합은 잠에 듦과 동시에 나타나는 두 상(相)을 갖는 뇌파이다.

수면방출은 빠르고 날카로운 뇌파가 갑자기 출현하는 것이다.

여러분이 대신 왼쪽 귀에 들리는 메시지에 집중하기로 마음먹는다면 의식적으로 여러분의 집중 영역을 옮길 수 있다.

한번 관심을 두었던 것이 의식적으로 봤을 때 덜 중요해지기 때문에 선택적 저장 기능의 '선택성(selectivity)'은 시간이 지나며 다양해질 수 있다. 처음 어떤 소설이나 복잡한 일 — 이를테면 운전과 같은 — 을 배울 때, 의식적으로 활동의 각 부분에 집중을 한다. 기어를 바꾸고 가속기를 밟고, 혹은 주차를 하는 등. 이런 학습시간 동안, 다른 자극이나 생각 — 먼 거리에서 들리는 천둥소리, 다가오는 주말 동안의 계획 — 은 선택적으로 우리 의식 영역에서 제한된다. 우리가 운전에 능숙해지게 되면 자동 과정이 된다. 이런 변화는 다른 생각에 집중하게 하는 우리 의식을 '해방'시킨다. 즉 우리는 안전하게 운전을 즐기면서도 동시에 주말 계획을 짤 수도 있게 된다.

계획기능

친구가 여러분의 공부를 돕기로 한 약속을 깨버려서, 여러분이 큰 시험을 앞두고 무방비 상태라고 생각해보라. 화가 머리끝까지 날 것이다. 그러나 주먹이나 말로 그 친구를 작살낼 수도 있겠지만, 그보다는 여러분은 분명하지

만 재치 있는 말로 여러분의 절망상황을 설명할 것이다. 무엇이 당신이 이런 현명하고도 의식적인 선택을 하게 하는 것인가? 바로 의식의 **계획기능**(planning function)이다. 계획기능은 도덕적이지 않거나 윤리적이지 않거나 실용적이지 않은 주장을 잠재우고 우리가 행동하기 전에 우리 생각을 분석하고 평가하는 데 필요한 의식적 자기 인식을 하도록 돕는다. 이런 높은 수준의 의식과정 때문에 우리는 부적절한 것들을 말하거나 행하는 것을 피할 수 있다. 대부분의 사람들이 계획기능이 특히 사회현장에서 중요하다는 데 동의한다. 그것이 한 번에 일어나기보다는 연속적으로 일어나기 때문에 높은 수준의 의식과정은 다른 유형의 정보과정에 비해 비교적 천천히 일어난다. 만일 여러분이 깨진 약속에 대해 가능한 한 쿨하고 이성적으로 대하길 원한다면, 그 말은 여러분이 계획기능이 시작될 수 있도록 몇 분 동안 기다려야 한다는 말이다.

수면

만일 여러분이 밤새 뒤척여본 경험이 있거나 강의실에서 깜박 졸아본 적이 있다면, 여러분은 **수면**(sleep) — 의식의 자연적 상실 — 이 여러분의 통제를 벗어난다는 것을 알 것이다. 사실 이런 생각은 스콧 팰러터의 살인 책임을 변호하는 데 기초를 이루었다. 그는 자신이 잠을 자는 동안이었기에 조절할 수 없었고 또 책임질 수도 없다고 주장했다. 그러나 팰러터의 주장을 보면 이런 질문이 생긴다. 만일 우리의 의식적 생각이 우리의 잠든 몸이 한 행동을 통제하지 않는다면, 무엇을 통제할 수 있단 말인가?

생체리듬

우리의 수면패턴을 통제하는 한 가지 힘은 몸의 **생체리듬**(circadian rhythm), 즉 24시간 주기로 몸이 규칙적으로 기능을 하도록 하는 생체시계이다. 우리 생체리듬은 우리가 깨어나 잠드는 것에 영향을 미칠 뿐 아니라 체온 변화나 수면과 각성 기간 동안의 발기 수준에도 영향을 미친다. 우리 체온은 아침에는 올라갔다가 낮에 정점을 이루고 이런 오후나 잠

> 우리 체온은 아침에는 올라갔다가 낮에 정점을 이루고 이런 오후나 잠을 자러 갈 때는 내려간다. 최근 연구는 사고와 기억은 생물학적 주기에 따른 기상 때에 연속적으로 정점을 이룬다고 주장한다.

을 자러 갈 때는 내려간다. 최근 연구는 사고와 기억은 생물학적 주기에 따른 기상 때에 연속적으로 정점을 이룬다고 주장한다. 이 정점은 사람마다 때가 다르게 나타나기 때문에, 나이가 들어가면서 하루 중 점점 이른 시간에 발생한다(Roenneberg 등, 2004). 이것은 많은 노인들이 새벽에 일어나고 오후 5시면 저녁을 먹고 8시나 9시에는 잠이 드는 이유를 설명해준다. 게다가 연구는 또한 젊은 성인들이 낮 동안에 일의 능률이 오르지만, 노인들은 낮 동안에는 능률이 떨어진다고 보고하고 있다(May와 Hasher, 1998). 여러분과 같은 대학생들은 밤에 생기가 넘치고 에너지가 느껴지지만 오전 9시 수업에 오려면 죽을 맛이다. 이것은 놀라운 것이 아니다.

생체리듬은 우리 생명작용의 유전적 부분이기 때문에 외부 요소들에서 기인한 결과들에는 취약하다. 예를 들어 빛은 우리 생체시계를 변경시키거나 재시작하게 한다. 어떻게 한 것일까? 빛이 우리 눈에 와 닿으면 이것이 망막에 있는 빛에 민감한 단백질을 활성화시킨다. 이 단백질들이 번갈아 가며 **시교차상**(suprachiasmatic nucleus) — 생체시계를 통제하는 시상 하부 부분 — 에 신호를 한다. 시교차상은 뇌의 송과선이 잠을 유도하는 호르몬인 **멜라토닌**(melatonin)을 (저녁에) 증가시키거나 (아침에) 감소시킨다. 우리가 조명이 우수한 곳에서 책을 읽거나 교제를 하면서 새벽 1시에 깨어 있다면 우리는 인공 빛에 노출되게 되면서, 이 불빛이 잠을 미루고 우리의 생체시계를 뒤로 밀면서 원래는 더 많이 생성되어야 할 멜라토닌을 덜 생성하게 된다(Oren과 Terman, 1998). 결국 오늘날 많은 젊은이들이 늦게까지 깨어 있고 늦은 아침이나 이른 오후가 되도록 일어나지 않기 때문에 25시간 주기를 갖고 있다. 이것이 인간에게만 있는 일

은 아니다. 대부분 지속적으로 빛에 노출된 동물들은 하루 24시간보다 더 많이 측정되는 생체시계를 발달시키게 된다(DeCoursey, 1960).

시교차상이 수면을 조절하는 데 중요한 역할을 하기 때문에 뇌의 이 부분이 손상되면 낮 시간 동안 아무 때나 잠을 자는 등 황당한 효과를 낼 수 있다. 시교차상이 손상된다는 것은 생체시계 배터리가 나가는 것과 같다고 보면 된다.

생체리듬에 영향을 미칠 수 있는 것은 또 무엇이 있을까? 야행성을 살아가는 사람들은 알겠지만, 카페인이 그 하나이다. 정상적 환경 내에서, 수면을 유발하는 다른 호르몬인 **아데노신**(adenosine)은 밤이 흘러가고 어떤 뉴런은 억제하면서 잠이 올 때 증가한다. 그러나 만일 우리가 아데노신의 졸리게 하는 효과를 밤늦게까지 미루려 한다면 몇 잔의 커피나 레드불 혹은 카페인이 포함된 음료를 마셔서 이 활동을 막을 수 있다.

수면 단계

1950년대 이전, 과학자들은 모든 수면은 근본적으로 같다고 가정했다. 즉 그들은 누운 후 첫 10분 동안에 경험하는 수면과 한밤중에 나타나는 수면 사이에는 생리학적이거나 심리학적 요인들은 구분할 수 없다고 생각했다. 그러나 1952년 시카고대학의 대학원생이었던 유진 아제린스키(Eugene Aserinsky)가 잠을 특징짓는 구별된 리듬과 패턴에 새 장을 여는 뜻밖의 발견을 하게 된다. 기능불량인 뇌전도(EEG) 기계를 수리하던 아제린스키는 그 기계를 잠자고 있던 8살 아들 아몬드에게 실험해보기로 결심한다. 뇌전도 기계는 사람의 두개골 위에 놓인 전극을 통해 두뇌의 전기 활동 기록을 모았다. 아몬드의 눈 주변에 전극을 붙인 후, 아제린스키는 극적인 지그재그 패턴이 기록되고 있는 것을 보고 깜짝 놀랐다(Aserinsky, 1988; Seligman과 Yellen, 1987). 그 패턴은 아몬드의 선명하게 씰룩거리는 눈의 움직임과 일치하고 있었으며, 밤 동안 몇 번이나 다시 나타났다. 아몬드가 이 기간 중 한 번 일어나서, 아빠에게 꿈을 꾸었다고 말했다. 아제린스키는 요리조리 움직이는 눈, 생

생한 뇌파, 그리고 꿈이 연관이 있으며 가장 중요하게는 수면의 구별되는 단계 — **빠른 안구운동 수면**[rapid eye movement(REM) sleep]을 나타내는 것, 그리고 보통 생생한 꿈이 나타나는 동안 수면 단계가 다시 발생한다는 것을 알았다.

아제린스키는 비슷한 연구를 하고 있던 너대니얼 클라이트만(Nathaniel Kleitman)과 공동연구를 진행하였는데, 다른 연구진들 중 그들의 연구가 특수한 뇌파 활동에 의해 특징지어지는 다른 수면 단계의 발견을 산출하게 된다(Aserinsky와 Kleitman, 1953). 우리는 이제 수면 중인 연구 참여자들에게 EEG를 사용한 연구를 통해 수면이 매 90분마다 반복되는 다섯 가지 다른 단계로 구성되어 있다는 것을 알고 있다.

1단계 수면과 2단계 수면

여러분이 막 잠든 사람의 신경활동을 특정하기 위해 EEG를 사용한다면 무엇을 발견할 수 있을까? 여러분은 몇 가지 뇌파의 다른 유형 증거를 얻게 될 것이다. 잠을 자려고 준비하는 동안 우리 뇌는 저진폭에 빠르고 불규칙적인 **베타파**(beta wave, 활동적인 각성상태를 나타냄)를 만들어 내다가 각성상태가 느슨해지는, 이전 베타파보다 느린 **알파파**(alpha wave)를 만들어 내기 시작한다. 우리가

| 각성 | 1단계 | 2단계 | 3단계와 4단계 | REM 수면 |

1단계 수면에 들어가면, 알파파 활동이 감소하고 더 크고 더 느린 **세타파**(theta wave) 활동이 증가한다. 1단계는 거의 평균 10분 동안 유지된다.

몇 번에 걸친 이상하고도 종종 혼란스런 감정이 **선잠**(hypnagogia), 즉 1단계의 전형인 각성과 수면 사이의 변화기간 동안 일어난다. 이것 중 하나가 선잠을 잘 때 마치 움츠리듯이 몸에 갑작스런 근육반응이 일어나는 것이다. 조금 덜 나타나는 선잠 반응 중 하나는 사람이 잠에 막 빠졌을 때 커다란 총성 같은 소리로 특징지어지는 '머리가 터질 듯한 증상'이다. 몇몇 사람들은 선잠을 자는 동안 무게를 전혀 느끼지 못한 채 침대 위에 둥둥 떠 있는 듯한 느낌도 든다고 말한다. 이런 이상한 느낌에 대해 다른 세상에 있는 것이 아님에도 불구하고 외계인에게 납치를 당했거나 다른 '초자연적' 경험을 한 사람들의 진술처럼 나타난다(Moody와 Perry, 1993).

꾸벅꾸벅 졸 때, 우리는 급격하게 이완이 되고 곧 제2단계 수면으로 들어간다. 이 단계는 약 20분 동안 지속되며 빠르고 날카로운 뇌파가 갑자기 출현하는 **K 복합**(K-complexes)과 **수면방출**(sleep spindles)이 구간마다 나타난다. K 복합과 수면방출의 생리학적 역할은 아직 불분명하지만, 많은 연구자들은 그 기능이 잠자는 사람이 깨지 않도록 의식적 각성을 억

> 몇몇 사람들은 선잠을 자는 동안 무게를 전혀 느끼지 못한 채 침대 위에 둥둥 떠 있는 듯한 느낌도 든다고 말한다. 이런 이상한 느낌에 대해 다른 세상에 있는 것이 아님에도 불구하고 외계인에게 납치를 당했거나 다른 '초자연적' 경험을 한 사람들의 진술처럼 나타난다(Moody와 Perry, 1993).

제하는 것이라 믿는다(Hess, 1965). 그러나 2단계 동안에도 꽤 잘 깨게 된다.

3단계 수면과 4단계 수면

3단계와 4단계 수면의 특징은 깊고 충전이 되며 방해받지 않고 잠을 자는 것이다. 3단계로 전환되는 동안 느리고 불규칙적이며 고진폭의 **델타파**(delta wave)가 출현하기 시작한다. 이런 패턴은 4단계로 이어지며 (더 짧아질 수도 있고 결국 밤 시간이 지나며 소실되겠지만) 또 다른 종류의 느린 전파가 나오는 깊은 수면상태로 30분가량 지속된다. 3단계와 4단계 수면 상태에 있는 사람들은 대개 깨어나기 어렵고, 깨어난다 해도 방향을 잃고 비틀거린다. 과학자들이 완전하게 이해하지는 못했지만, 밤새 이불에 오줌을 싸거나 수면 중 보행을 하는 어린이들은 4단계 끝지점에 그렇게 하는 경향이 있다. 3세에서 12세 아이들의 거의 20%가 적어도 한 번 2~10분 정도 지속하는 수면 중 보행을 하며, 5%는 한 번 이상 수면 중 보행을 한다(Giles 등, 1994). 어린아이들이 성인들보다 더 오랜 시간 동안 4단계 수면을 경험하기 때문에 어른들이 경험하는 수면 중 보행보다 훨씬 더 많다. 40대 이후가 되면 수면 중 보행은 거의 드물다. (이 사실은 스콧 팰러터가 자신이 수면 중 보행 때 범죄를 저질렀다고 한 부분을 인정받지는 못하고 도리어 그런 변호의 타당성에 의구심만 일으켰다.)

REM 수면

우리가 잠이 들고 4번의 비(非)REM 수면 단계가 한 번 돌고 난 뒤 한 시간가량 3단계와 2단계로 돌아왔다가 REM 수면으로 들어간다. REM 수면은 수 분에서 한 시간까지 어디서나 지속될 수 있다. 우리는 REM 수면에 하룻밤 평균 약 20~25%(약 100분)를 보낸다.

REM 수면이 시작될 때 우리 뇌파는 1단계 수면 동안 나타나는 뇌파와 닮아 있다. 그러나 1단계 수면과는 달리 REM 수면 단계는 평온이 증가하는 시기가 아니라 생리적 각성이 일어나는 시기이다. 심장박동이 증가하고 호흡이 빨라지며 불규칙해지고 눈꺼풀 뒤에 있는 안구가 매 30초 단위로 빠르게 활동한다. 그러나 이런 흥분 상황 중에도 근육은 이완된 상태이다. 이런 이유 때문에 REM 수면은 '역

설적 수면'이라고도 불린다. 뇌의 운동피질은 여전히 활동적이고 과분극하거나 과흥분되어 있지만, 뇌간과 척수에 있는 뉴런들은 몸의 나머지 부분에 메시지를 전달할 수 없다. 때문에 근육은 활동불능상태로 그대로 있게 된다. 연구자들은 수면 동안 불규칙적으로 발생하는 얼굴 씰룩거림 현상을 설명하면서, 아미노 아세트산—수면 동안 근육활동을 중지시키는 억제 신경전달물질—이 두개골 신경물질의 운동핵을 방해하지는 않는다는 것을 발견했다. 대개는 REM 관련 근육활동중지는 몸이 REM 수면 단계에서 발생하는 꿈을 행동으로 옮기지 않도록 하기 위해 발생한다고 본

>>> 꿈을 기억하는 방법 중 하나는 잠에서 깨자마자 꿈을 적어두는 것이다. 살바도르 달리가 "깨어나기 직전에 석류나무 주변을 나는 꿀벌 꿈"을 그렸듯이 꾸었던 꿈을 그림으로 그려도 좋다.

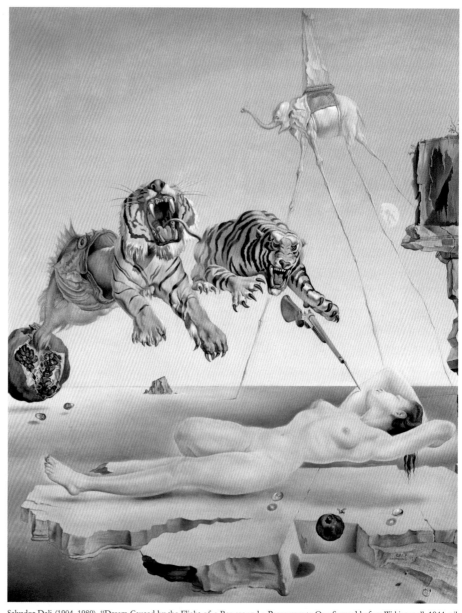

Salvador Dali (1904–1989), "Dream Caused by the Flight of a Bee around a Pomegranate One Second before Waking up", 1944, oil on panel/Thyssen-Bornemisza Collection, Madrid, Spain, © DACS/Lauros/Giraudon/The Bridgeman Art Library. (c) Salvador Dali, Gala-Salvador Dali Foundation/Artists Rights Society (ARS), New York.

다. 이를 통해 우리가 보라색 말을 타거나 로봇 외계인으로부터 우주를 구하는 동안 발생할 수 있는 부상을 피한다는 것이다.

REM 수면은 우리가 꿈이라고 부르는 뒤죽박죽 환상 이미지들의 주요 무대이다. 약 37%의 사람들이 자신들은 거의 혹은 전혀 꿈을 꾸지 않는다고 말하지만, 평균적으로 사람들은 매년 600시간 동안 꿈을 꾸고 평생 10만 편 이상의 꿈을 꾼다(Moore, 2004). 사실 절대 꿈을 꾸지 않는다고 보고하는 사람들 중에도 80%는 REM 수면 동안 깨우면 하나의 꿈 정도는 기억한다.

몇몇 수면 연구가들은 REM 수면의 특징인 빠른 안구운동이 꿈의 시각적 측면과 연관되어 있다는 점을 의심하지만, 대부분의 과학자들은 이런 안구운동이 활동신경계의 과잉 결과라고 믿는다. REM 동안 발생하는 꿈은 이야기가 있고 감정적이며 환상적인 경향이 있다(예를 들어, "내 친구와 내가 산책을 하고 있었는데, 그때 갑자기 우리가 사자로 변신을 했다"). 이는 다른 단계에서 경험하는 모호하고 인상적인 꿈(예를 들어, "어딘가에다 뭔가를 두고 왔다")과는 상반된다.

밤이 흘러가면서 우리는 REM 수면에 더 많은 시간을 보내게 되고 깊은 잠인 3단계와 4단계에는 시간을 덜 보내게 된다. REM 수면 기간은 대개 우리가 잠을 자는 기간과 빈도 모두에 따라 증가한다.

자극 각성과 학습

고양이가 낮잠을 자는 것을 본 적이 있다면 고양이가 잠을 자는 동안에도 귀가 소리에 반응해 계속 이리저리 움직인다는 것을 알아챌 수 있을 것이다. 의식세계 바깥으로부터 너무나 많은 정보가 발생하기 때문에 잠을 자는 동안에도 자극을 처리할 수 있다. EEG 기록은 청각피질이 수면 동안 소리자극에 반응한다는 것을 보여 준다. 이는 우리가 옆방에서 아기가 울거나 누군가 우리 이름을 불렀을 때 잠에서 깰 수 있는 이유이다(Kutas, 1990). 또한 우리는 침대에서 떨어지거나 발밑에서 잠자던 강아지를 걷어차지 않고도 잠을 자는 동안 이리저리 굴러다닐 수 있다.

몇몇 연구들은 **수면학습법**(hypnopaedia)—잠을 자는 동안 학습을 하는 것—사례까

지 만들고 있다. 예를 들어 한 연구의 참여자들이 수면 동안 어떤 소리를 자극이 적은 전기 충격에 연결시킬 수 있었다(Graves 등, 2003). 또한 다른 연구에서는 수면 동안 "내 손톱은 지독하게 쓴맛이 난다"라는 문구를 녹음한 축음기 소리를 반복적으로 들은 후 손톱을 뜯기를 멈추었다(LeShan, 1942). 수면 동안 이런 종류의 행동학습과제를 하지만, 반면 인지학습에서는 그만큼은 안 되는 것 같다. 수면 동안 학습내용을 팟캐스트로 듣는 게 특히 편리해 보일 수도 있지만, 우리가 그 정보를 기억한다는 생각을 지지할 만한 증거는 거의 없다. 우리는 대개 잠들기 5분 동안 일어난 일들 혹은 잠에서 막 깨어나서 있는 일은 잊어버리기도 한다.

수면의 목적

심리학자들이 사람이 잠을 잘 때 몸과 뇌에서 일어나는 일에 대해 상당한 내용을 알고 있지만, 정확히 우리가 왜 잠을 자는가는 아직도 논쟁 주제이다. 뒤의 표에 정리한 몇 가지 이론이 이 흥미로운 질문에 해결가능성을 보여 준다(이 이론에 대한 좀 더 자세한 내용은 제13장을 보라).

잠의 필요량과 패턴

"밤새 잘 잔다"는 건 시간상 8시간 정도일 것이라 생각하지만, 최적의 기능을 위해 필요한 잠의 양은 사람마다 다르다. 몇몇 사람들은 6시간만 자도 괜찮지만, 다른 사람들은 10시간은 자야 문제가 없다. 신생아는 하루의 2/3를 자는 데 보내지만, 대부분의 성인들은 약 6시간 정도를 잔다. 다른 경우, **잠을 거의 자지 않는 사람들**(nonsomniacs)로 알려진 사람들은 대개 사람들이 낮시간에 피곤함을 느끼지 않을 정도로 자는 시간보다 훨씬 덜 잔다. 유명 여가수 마샤 스튜어트와 한밤의 토크쇼 진행자인 제이 르노의 경우 하룻밤에 4시간 정도만 자고 사는 것으로 알려져 있다.

우리의 수면 패턴은 유전자의 영향을 받는 것 같다. 연구자들이 일란성 쌍생아와 이란성 쌍생아의 수면패턴 연구를 했을 때, 일란성 쌍생아의 수면패턴만 유사했다(Webb과 Campbell, 1983). 알람시계나 시끄러운 아이들, 배고픈 애완견에게 방해받지 않고 잔다면, 대부

분의 사람들은 적어도 하루에 9시간을 자게 될 것이다. 이런 경우 일어났을 때 활력이 넘치고 기분에 있어서나 일 성취에 있어서도 자신감에 차 있다(Coren, 1996). 그러나 문화적 습관이 이런 자연 패턴을 바꿀 수 있다. 현대의 불빛, 교대근무, 유희활동이 산업화사회에서 생겨나면서 사람들은 1세기 전보다 잠을 훨씬 덜 잔다.

수면박탈

잠을 못 자면 하루 종일 걸어 다니는 좀비처럼 느껴지는가? 만일 그렇다면, 그건 혼자만의 느낌이 아니다. 실상 코넬대학교 수면전문가인 심리학자 제임스 마스(James Maas, 1999)에 따르면 미국은 '눈 뜬 좀비 나라'가 되었다. 수면박탈은 모든 사람들에게 너무나 일상적이 되어서 기능에 영향을 미칠 뿐 아니라 부족한 잠을 쉽게 채울 수 없기 때문에 특히 문제가 되고 있다. 잠을 달랑 5시간만 자거나 아니면 10시간 동안 자보려고 며칠 동안 시도한 적이 있는가? 불행하게도 이런 전략은 효과적이지 않을 뿐 아니라 우리가 별로 원하지도 않는다. 게다가 오랜 시간 잠을 잔 후에는 어지럽기까지 하다.

청년들, 특히 10대들은 잠을 줄이기 쉽다. 10대들은 하루에 8~9시간의 수면이 필요하다. 그러나 평균적으로 10대는 80년 전 10대들보다 2시간이 부족한 7시간가량만을 잔다(Holden, 1993; Maas, 1999). 미국 10대 5명 중 4명, 18~29세 5명 중 3명은 주말에 잠을 더 잤으면 한다(Mason, 2003, 2005). 설상가상으로 낮시간 동안 수면박탈로 고생하는 청소년들은 침대에 가서 더 잠을 자지 못하고 밤 11시경이면 '2차전'에 돌입한다. 스탠포드 연구진인 윌리엄 디멘트(William Dement, 1997)는 학생의 80%가 위험한 정도의 수준으

로 잠을 자지 못하고 있기에 학업의 어려움, 짜증, 피로, 낮은 생산성, 실수를 하는 경향을 보인다. 게다가 좋은 성적을 낸 상위권 학생들은 매일 밤 25분을 더 자고 하위권 학생들보다 40분 정도 더 일찍 잠이 든다. 이런 결과는 높은 성적을 받기 위해서는 잠이 우선이라는 것을 보여준다.

수면박탈의 위험성

불행하게도 수면박탈의 효과는 단지

무기력하거나 기분이 우울한 것으로 제한되지 않는다. 실상 수면박탈이 비극적인 결과를 가져올 수 있다는 것을 연구들과 사례들이 보여주고 있다. 교통사고 기록을 보면 자동차 사고가 많이 발생하는 시간은 대개 사람들이 시간대가 바뀌어 잠을 잘 수 없는 시간이다 (Coren, 1996). '끼어들기' 빼고는 미국 교통사고 원인의 30%가 운전자의 피로이다(미 교통국). 수면박탈은 반응시간을 늦추고 시각과제에서 실수를 증가시켜 운전자에게나 이런 류의 직업을 가진 사람들 — 조종사, 항공화물점검기사, 외과의사, 엑스레이 기술자 등 — 모두에게 비극적 참사를 불러올 수도 있다(Horo-witz 등, 2003). 1989년 엑손 발데즈 기름 유출사건, 1984년 인도 연합카바이드 보

팔 참사, 1979년 쓰리마일 섬 핵유출사건, 1986년 체르노빌 핵유출사건 모두 자정이 지나 대부분의 종사자들이 피곤함을 느낄 때 발생했다.

수면박탈은 우리 건강에도 비참한 결과를 가져올 수 있다. 잠드는 데 문제가 없는 노인들과 하루 7~8시간을 자는 사람들은 장기간 불면에 시달렸던 사람들보다 더 장수한다 (Dement, 1999; Dew 등, 2003). 수면박탈은 또한 면역체계를 약화시키기에 피로감과 질병이 서로 형제지간인지, 왜 아플 때는 잠을 더 자는지를 설명해준다(Beardsley, 1996; Irwin 등, 1994). 수면박탈로 우리는 감염에 더 취약해지고 나이가 들어 보이게 된다. 충분히 잠을 자지 못하면 신진대사와 내분비 체계가 노화과정을 닮게 변하면서 비만, 고혈압, 기억상실 등을 일으킬 수 있다(Spiegel 등, 1999; Taheri, 2004).

수면장애

종종 수면박탈이 잠잘 시간이 거의 없을 정도로 바쁜 스케줄 때문에 생기기도 한다. 그러나 때로는 잠들기가 어렵거나 잠을 계속 자기가 어려운 수면장애인 **불면증**(insomnia) 때문에 발생하기도 한다. 성인의 10~15%가 불면증을 호소하지만, 대개는 잠드는 데 얼마나 오랜 시간이 걸리는가(두 배)를 과대평가하거나 얼마나 많이 자야 하는가(절반)를 과소평가한다(Costa e Silva 등, 1996). 만일 때때로 잠들기가 어렵거나 불안이나 흥분으로 자주 깬다면 놀랄 건 없다. 대부분의 사람들이 이런 우연한 경우를 경험하고 있고 또 이런 일이 자주 반복되지 않는다면 불면증 증상이 아니다. 그러나 정말로 불면증을 겪어본 사람들은 술이나 수면제처럼 REM 수면을 줄여 다음 날 피로감을 더 가중시켜 문제를 악화시키는 이

이론	설명	예
보존과 보호	수면은 어두워졌을 때 위험으로부터 우리를 지켜주는 진화적 적응이다.	다른 종들은 다른 시간대에 잠을 잔다. 대부분의 포유종에서 유아는 성인보다 더 많이 잔다.
신체회복	몸은 낮 동안 손상된다. 잠은 회복을 위해 필수적이다.	뇌조직은 수면 동안 복구된다.
기억	수면은 전달의 경험에 대한 기억을 저장하고 재생한다.	과업을 성취하도록 훈련된 사람들은 몇 시간을 깨어 있던 상태보다는 밤잠을 충분히 잔 후에 더 잘 해낸다. 사람들은 계속 깨어 있을 때보다 잠을 잔 이후 문제를 더 창조적으로 해결한다.
성장	뇌하수체호르몬은 숙면을 취하는 동안 성장 호르몬을 방출한다. 따라서 수면은 성장과정에 중요한 역할을 한다.	성인이 나이가 들어가고 잠이 줄어듦에 따라 이 호르몬은 덜 방출된다.

수면의 이론

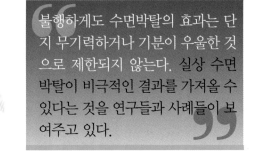

제6장

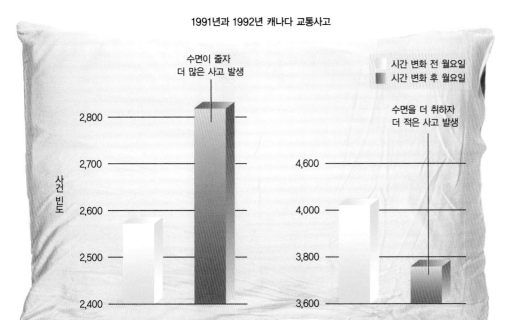

1991년과 1992년 캐나다 교통사고

수면이 줄자
더 많은 사고 발생

수면을 더 취하자
더 적은 사고 발생

시간 변화 전 월요일
시간 변화 후 월요일

사건 빈도

봄 시간 변화(수면시간 감소)

가을 시간 변화(수면시간 증가)

출처 : Coren, 1996.

와 같은 '임시 처방'에 의존해서는 안 된다. 게다가 술이나 약을 정기적으로 사용하는 사람들은 끊기 힘들고 '수면보조제'가 없을 경우 불면이 더 악화될 수도 있다. 휴식, 운동, 카페인 피하기, 규칙적 수면 스케줄을 지키려는 노력이 자연스럽고도 효과적인 불면 치료법이다.

불면의 정반대는 간헐적이고 통제 불능 수면 발작인 **기면증**(narcolepsy)이다. 이런 예기치 못한 간헐적 수면은 대개 5분 미만으로 유지된다. 그러나 예상치 못한 시간에 발생하기 때문에 — 예를 들어 대화 도중, 운전 중 — 안전은 말할 것도 없고 삶의 질을 심각하게 해칠 수 있다(Dement, 1978, 1999). 거의 2,000명 중 1명이 기면증으로 고통받고 있다(스탠포드대학 기면증센터, 2002). 그러나 희망은 있다. 신경과학자들이 이런 고통을 받고 있는 사람들의 뇌에서 빠른 신경전달물질인 **히포크레틴**(hypocretin)을 생산하는 시상하부 신경 중심이 비교적 비어 있다는 것을 발견했다. 이런 지식을 바탕으로 과학자들은 지금 히포크레틴을 닮은 약을 개발하고 있으며 기면증 증상이 호전될 것이다. 그런 약이 개발될 때까지 기면증 환자는 운전이나 요리 혹은 위험한 활동을 하다가 갑자기 잠들지 않도록 조심해서 살아가야 할 것이다.

수면 중 무호흡(sleep apnea)은 말 그대로

사람이 호흡이 없는 상태로 있는 질환으로 미국 인구의 5%가 겪고 있다. 수면 중 무호흡으로 고통받고 있는 사람들은 수면 중에 간헐적으로 호흡이 끊기기 때문에 혈중 산소 수치가 갑자기 떨어질 수 있다. 결국 이 사람들은 공기를 마시기 위해 밤에 400번가량 깬다. 이렇게 힘들고 지속적으로 깨기 때문에 이 사람들은 깊은 잠을 잘 수가 없고 낮 시간 동안 지속적으로 몽롱한 상태이고 만사가 귀찮다. 이들은 밤 동안 잠깐씩 깼다는 것을 기억하지 못하기 때문에 많은 사람들이 수면 중 무호흡이 수면장애라는 것도 모르는 경우가 많다. 수면 중 무호흡은 특히 비만인 사람들에게 일반적으로 나타나고, 미국의 비만비율이 높아짐에 따라 수면 중 무호흡 환자도 증가하고 있다. 수면 중 무호흡 치료를 위해서는 대개 수면 동안 폐에 공기를 강제로 제공하기 위해 마스크처럼 생긴 장치를 낀다.

몇몇 수면장애는 아이들에게 잘 나타난다. 어린 시절 기진맥진하고 놀란 숨소리를 내며 침대에 앉아서 비명을 지르고 뭐라고 횡설수설하면서 부모를 놀라게 한 적이 있었을지도 모른다. 이런 증상을 보이는 사람들은 수면에 방해는 되지만 비교적 양호한 수면장애로 주로 어린아이들에게 나타나며 흥분과 공포반응을 특징으로 하는 **야경증**(night terrors)을 겪는 것이다. 악몽과는 달리 야경증은 주로

4단계 수면 상태인 잠이 든 지 2~3시간 내에 나타난다(Garland와 Smith, 1991). 아이들은 야경증 동안 거의 깨지 않기 때문에 다음 날 이런 일을 기억하지 못한다. 4단계 수면이 나이가 들어감에 따라 감소하기 때문에 야경증의 빈도도 감소한다.

꿈

꿈(dreams)은 수면 동안 우리 마음을 지나가는 이미지, 정서, 생각 및 인상의 연속으로 인간 의식의 가장 매력적인 부분이다. 꿈은 공포 혹은 웃음으로 우리를 흔들고 시간이 지나면 다른 곳으로 데려가고, 불가능한 것들이 가능하도록 한다. 완전히 이해가 되지 않는 적도 자주 있다. 이런 점 때문에 사실 인간이 꿈 해석을 시도할 엄두가 안 나지만, 적어도 일생에 한 번 기억에 남는 꿈을 꾸다가 깨고 "이 꿈은 뭐지?" 하며 궁금해한다. 꿈 연구와 꿈꾸기에 관해 연구를 하면서 심리학자들은 비슷한 질문을 한다. 우리는 어떤 꿈을 꾸고 왜 꾸는 걸까?

꿈 내용

지금까지 살펴보았듯이 꿈은 REM 수면 동안 나타나며 정말 비논리적이지만 기이한 이미지와 생생한 내용을 남긴다. 그럼에도 불구하고 꿈을 꿀 때 우리는 이런 낯선 요소들을 무비판적으로 받아들이고 때로는 현실과 혼돈하기도 한다. 꿈이 각성상태의 생활 속 사건의 영향을 자주 받는 것 같다. 예를 들어 사람들은 심리적 상처를 받은 사건을 겪은 후 악

> 어린 시절 기진맥진하고 놀란 숨소리를 내며 침대에 앉아서 비명을 지르고 뭐라고 횡설수설하면서 부모를 놀라게 한 적이 있었을지도 모른다. 이런 증상을 보이는 사람들은 수면에 방해는 되지만 비교적 양호한 수면장애로 주로 어린아이들에게 나타나며 흥분과 공포반응을 특징으로 하는 야경증을 겪는 것이다.

몽을 꾸기 쉽다. 한 연구에서 심리학자들은 잠들기 전에 7시간 동안 테트리스 게임을 한 사람들이 꿈에 떨어지는 블록 이미지를 보기 쉽다고 보고한다(Stickgold 등, 2001).

프로이트는 그의 이론 대부분을 꿈과 꿈분석의 중요성에 기초하고 있다(제16장과 제18장을 보라). 이는 꿈의 내용을 두 가지, 즉 명백한 내용과 암시적 내용으로 설정하고 있다. **명백한 내용**(manifest content)은 우리가 꿈에 대해 꿈의 이야기, 등장인물, 세부항목 등을 분명하게 기억하고 있는 것이다. 명백한 내용은 대개 직장에서의 회의라든가 시험을 치른 일, 가족들과 상호작용했던 일 등과 같이 일상적인 삶에 관련된 일이나 경험을 포함한다(De Koninck, 2000). 명백한 내용은 잠을 자는 사람의 환경에서 오는 감각 자극을 통합할 수도 있다. 예를 들어 잠을 자는 동안 얼굴에 찬물이 살짝 뿌려진 사람들은 물에 관한 꿈을 꾸기 쉽다(Dement와 Wolpert, 1958). 아침에 알람시계를 끌 때, 여러분은 알람의 단조로운 소리를 꿈에 통합시키고 있다는 것을 알 수도 있다.

명백한 내용에 관한 연구들은 우리가 꾸는

꿈이 어떤 경향성을 가지고 있으며 그런 경향성이 불행히도 혼란을 줄 수도 있음을 발견했다. 남자와 여자 모두에서 10편의 꿈 중 8편은 실패하거나 불운을 겪거나 공격을 당하거나 쫓기거나 거부당하는 등 부정적 감정으로 나타난다(Domhoff, 2002). 많은 사람들은 섹스를 하는 꿈을 자주 꾼다고 생각하지만, REM 수면동안 깨워보니 10명의 젊은 남성 중 1명, 그리고 30명의 여성 중 1명만이 성적 이미지를 포함하는 꿈을 보고했다(Domhoff, 1996; Foulkes, 1982; Van de Castle, 1994).

때때로 우리가 꿈을 꾸는 동안에 내가 꿈을 꾸고 있다는 것을 알 때가 있다. 이 현상은 **자각몽**(lucid dreaming)으로 알려져 있으며 리처드 링클레이터 감독의 2001년 로토스코프[사진이나 영화를 바탕으로 동화(動畵)를 그려가는 방법 및 장치 —역자 주] 영화 "웨이킹 라이프(Waking Life)"와 카메론 크로우 감독의 영화 "바닐라 스카이(Vanilla Sky)"에서 잘 나타난다. 자각몽을 꾸는 사람들은 명백한 내용을 평가하여 자신들이 지금 꿈을 꾸고 있는지 아닌지를 검사할 수 있다. (불규칙한 시간으로 가는 시계, 날아다니는 능력, 보라색 바나나와 대화하기, 우리가 켜지 않은 불 스위치 등과 같은) 꿈에서만 가능한 요소들을 통해 자각몽을 꾸는 사람들이 실제로는 깨어 있는 것이 아니라는 것을 알 수 있다.

꿈의 목적

어젯밤에 꾸었던 꿈이 여러분에게 뭔가를 말하려고 하는 듯하다는 느낌을 받은 적이 있는가? 너무나 신비했기 때문에 그 꿈이 분명 깊은 뜻이 있고 그것을 풀어봐야겠다고 결심했었는가? 많은 사람들은 꿈이 우리의 삶의 문제를 풀거나 미래에 대한 실마리를 준다고 믿는다. 다른 이론들이 우리가 꿈꾸는 이유를 설명하려고 했듯 꿈의 목적에 관한 많은 경쟁이론들이 있다.

프로이트와 꿈의 해석

『꿈의 해석』(1900)에서 프로이트는 꿈을 통해 우리는 우리의 바람을 성취하고 안전한 환경에서 용납할 수 없는 감정들을 표현한다고 말한다. 프로이트는 꿈은 명백한 내용뿐 아니라 위협적이거나 받아들일 수 없는 충동과 소망

을 나타내는 꿈의 근원적 의미인 **암시적 내용**(latent content)도 가지고 있다고 주장한다. 프로이트는 꿈을 통해 표현되는 성인들의 소망은 성적이고, 심지어 성적인 이미지가 분명하게 나타나기도 한다는 이론을 세웠다. 프로이트에 따르면 우리의 내부 갈등과 비의식화된 소망들이 꿈해석을 통하여 확인되거나 분석될 수 있다. 그러나 프로이트의 꿈이론을 비판하는 사람들이 많다. 이 비판 중 일부는 꿈이 해석자의 창조성에 따라 대략의 것을 나타내는 것으로 해석될 수 있다고 말한다. 다른 이들은 꿈은 표면 아래 아무것도 숨기지 않으며 우리의 무의식적 소망에 희미한 단서를 포함하는 것도 아니라고 말한다.

정보처리

최근의 꿈 이론은 꿈이 우리 기억 속에 있는 그날의 경험을 정리하고 배치하는 것을 돕는다고 주장한다. 서파 REM 수면은 우리의 기억과 경험을 안정시키고 그것을 장기 학습으로 변경시킨다. 들쥐의 뇌에 관한 한 연구는 꿈과 학습 사이의 이런 잠재적 관계를 보여주었다. 연구자들은 낮시간에 두 개의 다른 미로를 달릴 때 들쥐의 뇌활동을 측정했다. 쥐가 이후 잠을 잘 때 뇌활동을 측정했을 때, 쥐에게 나타난 패턴은 쥐들이 그날 들어간 미로를 달릴 때 꿈뿐만 아니라 두 개의 미로를 종합한 듯한 혼합미로에 관한 꿈을 꾸고 있었다(Louie와 Wilson, 2001; Maquet, 2001). 이런 결과는 꿈이 기억 통합에 한 역할을 담당하고 있다는 것을 암시한다(제8장을 보라).

활성화 종합

수면을 취할 동안 우리가 무의식상태일 수도 있다. 그러나 우리 뇌 속에 있는 뉴런들은 잠을 자는 동안에도 활발히 움직인다. 꿈의 **활성화 종합이론**(activation-synthesis theory)은 꿈이 뇌가 임의적인 신경활동을 한 결과라는

자각몽 상태에서, 날겠다는 시도에 성공한다면 꿈을 꾸고 있다는 것을 분명히 알 수 있을 것이다.

것을 말한다. REM 수면 동안 뇌 PET 스캔을 해보면 뇌의 시각 처리 영역에서 나타나는 자극을 볼 수 있다. 이것은 이미지가 만들어지고 있고 감정에 연결된 대뇌변연계가 활동을 하기 때문이다(Maquet와 Franck, 1996). 활성화 종합이론에 따르면, 우리 뇌는 이런 이미지들에 기초하여 감정에 연결된 신호를 이야기로 짜맞추어 꿈을 만들어낸다. 게다가 뇌의 (이성과 논리력을 책임지는)전두엽 영역이 수면 동안 대부분 활성화되지 않기 때문에 꿈은 부조리한 면이 있다(Maquet 등, 1996). 더나아가 활성화 종합이론은 시각처리영역이나 대뇌변연계 둘 중 하나에 발생한 손상이 꿈을 꾸는 동안 수선된다는 것을 보여준 연구를 통해 지지를 받고 있다(Domhoff, 2003).

발달
몇몇 심리학자들은 꿈은 잠자는 동안 활성화된 뇌의 환상적인 창조물일 뿐이라고 주장한다. 그 대신, 꿈이 인지발달의 중요한 요소일 수 있다고 말한다(Domhoff, 2003; Foulkes, 1999). 꿈과 관련된 뇌활동은 신경 경로를 발달시키고 보호하는 것을 돕는데, 특히 REM 수면에 충분한 시간을 쓰고 빠른 신경발달을 보이는 아기들에게는 더욱 그렇다. 꿈이 시간에 따라 변화하는 방법은 발달적 역할을 보여주는 것처럼 보인다. 9세 정도까지, 꿈은 개인적 장면이나 이미지가 연속되는 형태를 취한다. 후기 아동기와 초기 청소년기에 들어서면 꿈은 상호 연결된 이야기를 닮아간다. 결국 꿈 내용은 우리가 알고 배운 것을 명확히 말하고 그리가며 각성상태의 사고와 지능을 반영한다.

최면

'최면'이란 말을 들으면 무엇이 떠오르는가? 청중 앞에서 주머니 시계를 꺼내서 졸음이 올 것이라 말하고 있는 행사 진행자나 대상자들을 떡 주무르듯 무력하게 만드는 무대마술사, 혹은 비만이나 흡연을 해결할 수 있다고 유혹하

> " 최면에 빠지면 사람들은 새롭고 종종 기이한 체험에 즐거워하게 되는 걸 보면, 최면 능력을 가진 사람들이 매우 상상력이 풍부하고 창의적인 생각을 가지고 있는 것이 놀랄 일도 아니다. "

는 호객꾼이 떠오를 수도 있다. 최면에 대한 이런 일반적인 생각들은 실내게임이나 연예오락, 기적치료처럼 심리학 영역 내에서 그 용어의 참 뜻과 장점을 모호하게 만들 수 있다.

가장 기본적인 면에서 보면 **최면**(hypnosis)은 암시 훈련이다. 최면 동안 최면술사가 다른 사람에게 참여자가 경험한 생각과 느낌, 관념과 행동에 관해 암시를 일으킨다. 오스트리아 의사인 안톤 메스머(Anton Mesmer)는 현대 최면에서 사용되는 기술들을 개발하여 명성을 얻었다.

감수성
최면은 암시의 힘으로 일어나기 때문에, 효율성, 즉 참여자에게 그것이 효과가 있을지 없을지는 암시를 받아들이는 참여자의 최면 감수성에 달려 있다. 최면이 아주 잘 걸리는 사람들이 특히 다른 사람들에게 속기 쉽다고 말할 수는 없다. 도리어 높은 최면 감수성인 **최면능력**(hypnotic ability)을 가진 사람들은 주어진 일에 깊고 강하게 집중해 몰입상태까지 갈 수 있다. 연구자들은

>>> 최면의 어떤 면이 심리학보다 소맨십에 더 많이 기초하는 걸까?

한 사람의 최면 감수성이 주의력과 연결된 뇌 영역인 전두엽의 능력에 달려 있다고 본다. 그루젤리어(Gruzelier, 1998)의 최면 3단계에 따르면, 특히 최면에 잘 걸리는 사람은 집중을 잘할 수 있는 사람이다. 최면 초기 단계에서 그런 사람들은 전두엽 영역 활성화를 보이며 최면술사에게 빠르게 집중한다. 그 후에는 전두엽 활동이 줄면서 집중력을 '놔버리고' 최면술사에게 통제권을 맡긴다. 세 번째 단계에서 그 사람은 후두엽 대뇌피질 활동이 증가되면서 주어진 이미지를 받아들이게 된다. 최면의 초기 단계 동안 전두엽 활동으로 지쳐 있기 때문에 최면상태에서 전두엽 쪽 복구에 들어간다. 최면에 빠지면 사람들은 새롭고 종종 기이한 체험에 즐거워하게 되는 걸 보면, 최면능력을 가진 사람들이 매우 상상력이 풍부하고 창의적인 생각을 가지고 있고 영화장면이나 소설에 쉽게 몰입하는 것이 놀랄 일도 아니다(Barnier와 McConkey, 2004; Silva와 Kirsch, 1992).

최면능력이 개인마다 다르지만, 주위를 내부로 돌려 어떤 것을 상상할 수 있는 사람, 즉 우리 대부분은 어느 정도의 최면을 경험할 수

있다. 인식을 하든 못하든 우리는 여러 면에서 암시에 민감하다. 예를 들어 사람들이 눈을 감고 서서 몸이 흔들린다는 말을 반복적으로 듣게 되면 거의 모든 사람들이 실제로 몸이 흔들리기 시작한다. '자세 흔들기 검사'라고 부르는 이 검사는 사람의 최면능력이 어느 정도인지를 평가하는 스탠포드 최면 감수성 척도 항목 중 하나일 뿐이다. 그 척도에 있는 다른 항목들 — 혀에서 단맛과 신맛을 동시에 느끼기 같은 — 은 그렇게 만능이지는 않다. 기대심 역시 기억하도록 하라. 자신이 최면에 걸릴 수 있다고 믿는 사람들과 최면반응을 기대하는 사람들은 의심이 가득한 사람들보다 훨씬 더 최면을 경험하기 쉽다.

무수히 많은 최면 지지자들이 최면이 유용하다고 주장하지만 모든 최면술사가 같은 목적을 가지고 하는 것은 아니다. 기억복구에서 금연에 통증완화까지, 최면은 이익이 많으며, 예상된 결과를 지지할 만한 증거도 많다.

회상

많은 사람들이 최면이 우리를 과거로 데려가서 뇌의 역사에 있는 오래전 묻힌 기억들을 복구시킨다고 믿는다(Johnson과 Hauck, 1999). 이런 믿음은 최면을 치료 현장에서 '나이 역행'을 이끄는 데 사용한 데서 기인한다. 이는 내담자가 심리적 문제의 근원을 발견하고 알 수 있도록 어린 시절 경험으로 돌아가게 하는 데 목적이 있다. 그러나 연구자들은 성공적인 나이 역행이 실상 최선의 방법인지 의문이라고 말한다. 밝혀진 바와 같이, 최면을 통해 과거로 돌아간 사람들은 특정 연령의 어린 시절에서 그들이 어떻게 실제로 행동하는가가 아니라 어떻게 생각하는가에 따라 행동하기 때문이다. 예를 들어 4~5세로 돌아간 '최면에 걸린' 내담자는 대부분의 4~5세 아이들이 상당 부분 문법에 맞는 말을 씀에도 불구하고 문법에 맞지 않는 문장을 구사하기 시작한다.

최면을 기억을 돕는 도구로 사용하는 것은 법적인 문제도 있다. 이론적으로는 멋지게 들린다. 목격자가 강도가 어떻게 생겼는지 정확히 기억할 수 없다? 최면현장에서 마음속으로 그들을 범죄현장으로 데리고 간다. 불행히도

이 방법은 효과가 없을 뿐 아니라 득보다 실이 많다. 도리어 잘못된 기억을 만들 수도 있기 때문이다(제8장을 보라). 최면술사나 참여자의 의도와 무관하게, 최면술사의 질문이 암시과정만으로도 사건에 대한 참여자의 기억을 만들어낼 수도 있다. 만일 최면술사가 "범인의 수염색깔은 무슨 색이었나요?"라고 묻는다면, 그 참여자는 실제 강도가 면도를 깔끔하게 해서 색을 볼 수 없었음에도 불구하고 강도의 수염색을 잘못 '기억'할 수 있다. 최면에서 유추해낸 '기억'이 신뢰도가 낮기 때문에 미국이나 영국을 포함하여 세계 여러 나라 법정에서는 목격자에게 최면을 걸지 못하게 하고 있다(Druckman과 Bjork, 1991; Gibson, 1995; McConkey, 1995).

치료

최면과 기억강화 간의 연결이 대개 근거가 없기는 하지만, 최면은 치료 환경에서는 실제적이고 가치 있게 사용된다. 사실 최면은 사람들이 바람직하지 않은 행동이나 증상을 조절하는 데 도움이 된다. **최면후 암시**(posthypnotic suggestion) — 최면 중에 피검자의 마음에 심어진 암시가 최면상태에서 회복된 후에 실행될 수 있는 것과 같은 암시 — 방법은 상당히 효과가 있다. 예를 들어 최면치료사가 불안 때문에 두드러기가 난 내담자가 불안할 때마다 깨끗하고 마음을 진정시키는 물이 있는 풀장에서 수영을 하고 있다고 상상하도록 암시를 줄 수 있다. 최면후 암시는 두통, 기침 및 스트레스 관련 장애를 줄이는 데 효과가 있는 것으로 보인다. 불행히도 마약중독이나 알코올 중독, 흡연의존은 최면에 잘 반응하지 않는다. 그러나 최면은 비만 치료에는 매우 도움이 되는 것 같다(Nash, 2001).

통증완화

최면은 통증완화 영역에서 유망한 방법이기도 하다. **최면무통치료**(hypnotic analgesia)로 알려져 있는 최면 통증완화는 우리 중 절반 정도 사람들에게 효과가 있으며, 10% 정도의 사람들은 너무나 최면에 잘 걸려서 전통적인 마취법을 사용하지 않고도 수술을 할 수 있을 정도다(Hilgard와 LeBaron, 1984; Reeves 등,

1983). 비약물 수술에 대한 전망이 아직은 불분명하지만 심지어 가벼운 정도의 최면도 우리를 안정시키고 (연속적인 과민성) 통증을 줄이는 데 도움이 된다는 것을 기억하라. 따라서 만일 근육경련 주사를 맞거나 충치를 치료한다고 생각하면 몸이 움츠러드는데, 고통과 연관된 뇌활동이 중지돼서인지 최면상태에 있는 사람들은 약물치료도 덜 하게 되고 더 빠르게 회복하며 전통적인 방식으로 치료를 받은 사람들보다 더 빨리 퇴원을 하게 된다.

최면무통치료는 어떻게 작용하는 것인가? 한 이론에서는 그것이 의식이 나누어지면서 동시에 일어나는 생각과 행동이 서로 따로따로 일어나도록 하는 **해리**(dissociation)를 유발한다고 주장한다. 최면을 통하여 통증감각이 통증경험에서 오는 정서적 고통과 분리되는 것이다. 예를 들어 한 연구에서, 참가자들이 경험을 통해 정상적으로 동반되는 불편감에 대한 정서적 반응을 전형적인 고통스런 자극—팔을 얼음 속에 넣는 것—에서 분리하도록 최면에 걸렸다. 이 기술은 효과가 있었다. 얼음장처럼 찬 물에 팔을 담근 후 고통스런 소리를 지르는 대신, 참가자들은 "음, 아주 차지만 그렇다고 고통스럽지는 않아"와 같은 말을 하면서 조용하고 찬찬히 대답을 했다(Miller와 Bowers, 1993).

최면무통치료가 성공한 것은 부분적으로 선택적 집중력의 덕분이다. 스포츠 현장에서 심각한 손상을 입었지만 경기가 끝날 때까지 자신이 입은 손상으로 인한 통증을 느끼지 못한 채 계속 운동을 하는 운동선수를 생각해보라. 이 운동선수들은 흔히 경쟁에 몰입하기 때문에 자신의 상처를 쉽게 잊는다. 유사하게 최면무통치료를 받은 사람들은 최면과정으로 상당히 이완되어 고통에 집중하지 않는다.

이런 이론이 어떻게 최면이 통증을 완화하는지를 설명하지만, 참가자들이 일정 수준에서 통증자극을 느끼는 것은 당연하다고 생각한다. 전기충격에 통증을 느끼지 않는다고 보고한 참여자들 역시 심장박동이 증가한다는 것을 보여준 실험실 연구가 이 이론을 지지한다. 게다가 최면에 걸린 사람들의 PET 스캔은 원감각자극을 받아들이는 감각 피질이 아니라 고통스런 자극을 처리하는 뇌영역에서 활동이 감소한다는 것을 보여주었다(Rainville 등, 1997). 최면이 고통스런 자극에 대한 우리의 인식을 바꾸기는 하지만, 감각 자극 자체를 막아낼 만큼 강력하지는 않아 보인다.

명상

과거 명상—극도의 평온감과 이완으로 자신을 알고 안녕을 추구할 목적으로 실시하는 의식적 변경과정—은 많은 사람들에게 '뉴에이지' 히피문화에서 사용된 수행법 같았다. 그러나 최근 (스팅이나 마돈나 같은) 잘 알려진 유명인들의 검증과정을 통해 힘을 받고, 더 중요하게는 과학적 연구 결과들 덕에 명상은 주류문화 안으로 편입되었다.

의식을 세상의 잡념에서 떨어뜨리는 방식으로 많은 동방 문화와 종교에서 의미 있게 사용되면서, 명상은 집중적이고 규칙적인 호흡, 독특한 몸의 자세, 외부 주의분산을 최소화하기, 정신적 심상, 정신적으로 맑아지기를 포함한다. 명상 상태에서 감각 자극은 점차 줄어들고, 캐링턴(Carrington, 1998)이 "정신적 고립의 방"이라고 부르는 상태를 만들어낸다. 사람이 각성상태임에도 매우 이완된 상태에 머무른다. 깊은 명상을 할 동안 뇌는 잠을 잘 때와 유사 뇌파활동을 보인다. 집중 명상을 할 때 참여자들은 특별한 신체 자세나 심리적 그림을 머리에 그리거나 단어를 생각하기와

>>> 수행가의 내적 집중을 도모하기 위해 명상요가 도중 특정 자세나 좌법(座法)이 사용되기도 한다.

같은 특별한 것에 초점을 맞추어 완벽한 정신적 평온상태에 도달한다. 반면, 마음챙김명상은 학교를 걸어가는 것에서 세탁소를 가거나 친구들과 대화를 하는 등 여러분이 경험하는 모든 것을 집중적으로 살핀다. 여러분은 "내가 그 순간에 있구나"라고 생각하게 될 것이다(마음챙김명상에 대한 더 많은 정보는 제18장을 보라).

명상으로 얻어진 생리적 변화는 여러 번 보고된 바 있다. EEG는 명상이 이완된 상태에서 나타나는 알파파 전형과 관련 있을 뿐 아니라 후상부 두정엽에서 나타나는 현저히 낮은 활동수준과도 연결된다(Herzog 등, 1990/1991; Newberg 등, 2001). 불가 승려들의 명상 역시, 체온을 올리거나 신진대사를 줄이는 데 명상을 사용할 수 있다고 연구된 바 있다(Wallace 와 Benson, 1972). 몇몇 연구자들은 명상이 지능을 증가시키고 인지활동을 증진시킬 수 있다는 증거를 발견하기도 했다(So와 Orme-Johnson, 2001).

명상프로그램의 최종 목적은 깨달음—탁월한 깨우침의 상태—이다. 이것이 반드시 수행되거나 얻어지는 것은 아니겠지만, 적어도 명상은 여러분의 마음과 생각을 자유롭게 하여 익숙한 것들을 새롭게 보게 해준다는 점을 기억하라. 많은 과학자들은 근심과 스트레스에 대한 강력하고도 자연적인 해결책이 될 수 있다는 데 동의한다(Bahrke와 Morgan, 1978; Kabat-Zinn 등, 1992).

복습

요 약

HOW 다른 수준의 의식은 어떻게 기능하는가?

● 최소한의 의식이 있을 때 우리는 희미하게만 환경을 인식하고 그것을 알지 못한 채 자극에 반응한다(예를 들어 잠을 잘 때).

● 충분히 의식이 있는 동안에, 우리는 우리 주변 환경을 알고 우리의 생각과 정신상태도 안다.

● 자의식은 가장 높은 수준의 의식으로 우리가 자신의 정체성을 반추할 수 있게 한다.

HOW 잠을 자고 꿈을 꾸는 동안 의식은 어떻게 변경되는가, 그 이유는 무엇인가?

● 몸의 24시간 생체리듬은 수면 패턴을 조절한다.

● 수면 주기는 몇 개의 단계로 구성되어 있다. 1단계는 매우 짧은 기간으로 느린 호흡과 불규칙적인 뇌파를 특징으로 하고, 2단계는 짧은 기간으로 뇌활동이 격발하며, 3단계와 4단계는 깊은 잠으로 긴 기간을 갖는다.

● 4단계 수면을 완수하고 나서, 다시 3단계, 2단계로 되돌아가 REM 수면으로 들어간다. REM 수면에서 심장박동과 호흡이 증가하고 뇌파가 빠르고 불규칙적이 된다.

● 이런 주기는 밤 동안 매 90분마다 일어난다. 3단계와 4단계 수면기간은 길이가 짧아지다가 결국 사라지는 반면 REM 수면 주기는 밤이 지나갈수록 길어진다.

HOW 최면과 명상이 의식을 변경할 수 있는가?

● 최면은 변경된 의식상태로 사회적 상호작용을 통해 얻을 수 있다. 최면은 동시에 발생하는 생각과 행동이 서로 따로 발생하도록 하는 의식적 해리를 야기한다.

● 명상은 사람들이 집중이나 마음챙김을 통해 깊은 정신적 고요상태를 얻는 과정을 말한다.

이해 점검

1. 다음 중 자의식을 설명하는 것은?
   a. 손거울을 들고 있는 침팬지가 입을 벌려 자신의 혀를 비추어 본다.
   b. 6개월 된 아기가 거울 속에 비친 모습을 보고 움직임을 멈춘다.
   c. 잠을 자는 고양이가 자극을 받은 후 깨어난다.
   d. 수면 중 돌아다니는 소년을 엄마가 깨웠다.

2. 다음 중 현상학의 근본적 문제는?
   a. 의식을 과학적으로 연구하기는 불가능하다.
   b. 인간만이 자의식 징후를 가지고 있다.
   c. 사람의 의식은 자신만 경험하는 것이라 주체의식 경험이 어떤지 알수 없다.
   d. 심리학자들은 우리가 왜 자는지 확실히 모른다.

3. 다음 중 선택적 집중의 가능한 생존 이점으로 맞는 것은?
   a. 우리가 의식적으로 아는 것을 제한하여 중요한 자극에 집중할 수 있게 한다.
   b. 우리가 재미없는 것을 무시하기 때문에 지루하지 않게 한다.
   c. 방해되는 사건이나 기억이 억압되어 무의식에 들어오게 한다.
   d. 잠이 들게 한다.

4. 제임스는 술을 서서 샌드위치를 시기 위해 기다리는데 화가 나 있다. 그가 막 불평을 하려고 했지만, 판매원이 열심히 일을 하고 있고 자신이 얼마나 배고픈지를 알지 못한다는 것을 알았다. 제임스는 다음 중 의식의 어느 영역을 사용하고 있는가?
   a. 주기리듬
   b. 최소한의 의식
   c. 제한적 기능
   d. 계획통제기능

5. 지하방사능낙진피난처에서 살고 있는 한 사람이 지속적으로 인공 불빛을 쬐었다면 가장 경험하기 쉬운 변화는 무엇일까?
   a. 생체리듬
   b. 수면 중 무호흡
   c. 계획 기능
   d. 의식

6. EEG상에서 어떤 단계의 수면이 전체의식상태이거나 변경된 상태에 비교해 훨씬 느리고 진폭이 더 큰 것은 무엇인가?
   a. REM 수면
   b. 3단계 수면과 4단계 수면
   c. 1단계
   d. 2단계

7. 피터는 TV를 보다가 잠이 들었다. 몸이 움찔해서 피터가 갑자기 깨어났지만 곧 다시 잠이 들었다. 피터가 경험한 것은?
   a. 최면감각
   b. 머리가 터질 듯한 증상
   c. 수면 중 무호흡
   d. 생체리듬 변화

8. 말론은 꿈속에서 사막을 가로질러 나는 말을 추적하다가 초등학교 때 건물을 보고 1학년 때 교실로 걸어 들어가는 꿈을 꾸었다고 보고한다. 꿈은 몇 단계 수면에서 일어나는가?
   a. 3단계　　　　　　　　　　b. 2단계
   c. REM 수면　　　　　　　　d. 4단계

9. 다음 중 꿈의 목적에 대한 이론이 아닌 것은?
   a. 사람들은 몸을 회복하기 위해 잠을 잔다.
   b. 수면은 그날의 기억을 복구하는 것을 돕는다.
   c. 수면은 어두워졌을 때 발생할 수 있는 위험에서 종(種)을 보존하도록 돕는다.
   d. 수면은 모든 뇌활동이 멈추는 시간을 갖도록 하여 뇌를 보호하는 것을 돕는다.

10. 아멜리아는 자주 밤에 깨기 때문에 하루 종일 피곤해한다. 그녀의 남편은 그녀가 공기를 마시려는 듯 짧은 코 고는 소리를 내서 자신이 자주 깬다고 말한다. 아멜리아가 경험하고 있는 것은?
    a. REM 수면　　　　　　　　b. 수면방추
    c. 수면 중 무호흡　　　　　　d. 수면 발작

11. 샘의 휴대전화는 그가 한참 자는 동안 아침이면 일찍 울린다. 샘이 일어났을 때, 그는 아내에게 소방차가 침대 위를 지나가는 꿈을 꾸었다고 말했다. 이것이 의미하는 것은?
    a. 분명한 꿈
    b. 꿈의 명백한 내용에 있는 통합감각자극
    c. 샘이 각성 상태에서는 수용할 수 없는 잠재적 느낌
    d. 활성화 종합 이론

12. 론다는 낚시를 했지만 고기를 낚아 올리지는 못한 꿈을 꾸었다. 다음 중 꿈의 암시적 내용으로 가능한 예는?
    a. 낚시 사건은 성적 좌절을 나타낸다.
    b. 론다는 놓쳐버린 물고기 때문에 아직도 속이 상해 있다.
    c. 론다는 임박한 낚시 대회로 긴장하고 있다.
    d. 론다는 낚시를 좋아하지 않는다.

13. 마크가 잠을 자는 동안, 그는 담배 맛을 싫어한다는 암시를 들었다. 마크는?
    a. 최면에 걸렸다.
    b. 최면학습법을 쓰고 있다.
    c. 명백한 꿈을 꾸고 있다.
    d. 활성화 종합을 하고 있다.

14. 다음 중 최면 감수성이 가장 낮은 사람은?
    a. 아미는 의지가 강하고 자기의 생각을 고집하곤 한다.
    b. 코리는 반에 있는 한 소녀에게 데이트 신청을 하는 몽상을 하고 있다.
    c. 아론은 매일 명상을 하고 자주 마음챙김명상으로 들어간다.
    d. 아비가일은 과학자이며 하루 중 많은 시간을 단일 과제에 집중하는 데 보낸다.

15. 최면의 위험은 무엇인가?
    a. 최면에 걸린 사람들은 잘못된 기억을 만들 수도 있다.
    b. 최면에 걸린 사람들은 나이 역행을 한다.
    c. 최면에 걸린 사람들은 오랫동안 묻어두었던 기억에 접근할 수 있다.
    d. 최면에 걸린 사람들은 중독을 치료할 수는 없다.

16. 마리아는 마취제 없이 수술을 받았다. 다음 중 그녀가 사용한 방법은?
    a. 최면마취를 했다.
    b. 마치 자신이 다른 사람인 듯 수술을 받기 위해 후최면 암시를 했다.
    c. 명백한 꿈상태가 되도록 최면에 걸렸다.
    d. 기면발작 상태가 되도록 최면에 걸렸다.

17. 명상이 "정신적 고립의 방"이라고 불리는 이유는?
    a. 방에 혼자 앉아서 하기 때문에
    b. 집중이 내부화하여 감각수용이 줄었기 때문에
    c. 개인이 더 평화롭게 고독을 즐길 수 있기 때문에
    d. 명상이 지능을 향상시키고 때때로 다른 사람들을 소외시킬 수도 있기 때문에

18. 다음 중 변경된 의식상태가 아닌 것은?
    a. 명상　　　　　　　　　　b. 메타인지적 사고
    c. 백일몽　　　　　　　　　d. 최면

19. 매트의 주치의는 그에게 불안을 줄여보라고 했다. 다음 중 이 목적을 이룰 수 있도록 도울 수 있는 것은?
    a. 히포크레틴　　　　　　　b. 명백한 꿈
    c. 명상　　　　　　　　　　d. REM 수면

20. 프로이트에 따르면, 다음 중 무의식 정보로 저장될 만한 것은?
    a. 어린 시절 학대 목격　　　b. 어린 시절 자의식 경험
    c. REM 수면 동안 경험한 꿈　d. 처리하지 못한 자극 기억

학 습

글을

거꾸로 써본 적이 있는가? 어릴 적에 이런 일이나 혹은 평상시와 달리 발이나 다른 쪽 손으로 잘 쓰지 않던 손으로 쓰는 일 같은 것을 해본 적이 있을지도 모른다. 성인으로서 우리 대부분은 새로운 방식으로 뭔가를 배운다는 것이 더 어렵다는 것을 알게 된다. 이미 성인 크기에 도달한 뇌가 이런 적응을 도울 수 있을까?

참여자들이 잡지기사를 거울에 비추어 읽게 한 최근 연구는 특정 과제를 학습하는 것이 신체적으로 뇌를 바꿀 수 있음을 보여준다. 대뇌피질은 진화에서 뇌의 가장 새로운 부분으로 회색물질로 이루어져 있고 뇌용적의 2/3를 차지한다. 이곳이 뇌의 '역할'이 이루어지는 곳이다. 그 연구에서 연구진들은 20~32세 사이의 남성 참여자들에게 거울에 비추어진 잡지기사를 읽도록 했

다. 2주일 동안 하루 15분씩 연습을 하자 사람들은 소설 읽듯 읽는 법을 배울 수 있었을 뿐 아니라, 거울 독서 사전 검사에서 가장 활발한 것으로 알려져 있던 대뇌피질 부분을 물리적으로 변화시켰다. 2주가 끝나고, 연구자들은 피실험자들이 후두엽 피질에서 회색물질 밀도가 놀랍게 증가한 것을 발견했다. 연구자들은 회색물질 밀도변화는 뇌세포 간 연결 수가 증가한 것으로 본다. 다시 말해 물리적으로 뇌를 변화시키는 능력은 새로운 기술을 배울 때 가능해진다. 연구자들은 짧은 기간의 연습 때문에 특수 과제 처리과정에서의 변화가 회색물질 증가를 가져왔다고 보았다. 따라서 뇌의 활용성을 증가시키고 싶다면 새로운 것을 배울 것이 아니라 새로운 방식으로 뭔가를 배우도록 하라.

우리가 그렇게 짧은 시간에 뇌를 바꿀 수 있는 능력을 가지고 있다는 것이 혼란스러울 수도 있다. 그러나 연구 결과들은 다른 연구에 중요한 암시가 된다. 만일 노화나 질병으로 인한 인지적 감소가 특수 과제를 함으로써 예방되거나 혹은 증가된다면 어떻게 될까? 다른 방식으로 뭔가를 배우는 것이 여러분이 생각하는 도전이 될까?

≪ 최근 연구는 돌고래나 코끼리 같은 몇몇 동물들이 거울에서 자신을 알아차리는 법을 배울 수 있다는 것을 보여주었다. 이것은 무엇을 말하는가? 연구자들은 그것이 자기 인식, 즉 그들이 주변의 다른 개체와 다른 개별체인 것을 아는 능력에 대한 신호라고 믿는다. 이것이 단순한 개념처럼 들릴 수 있겠지만 지금까지 오직 인간과 몇몇 유인원들만이 이런 능력을 보여 왔다. 자기 인식은 학습되는가 아니면 타고나는가? 학습과정의 경계가 있는 것인가?

CHAPTER 07

학습의 원리

심리학자들에게 **학습**(learning)은 경험이 미래 행동에 비교적 영구적으로 영향을 미치는 과정이다. 뜨거운 물이 담긴 주전자를 만지는 행동이 좋지 않다는 것을 배우지 않았다거나 못을 밟는 것, 또는 문을 열어놓고 집을 나가는 것이 좋지 않은 일이라는 것을 배우지 못했다고 생각해보라. 학습은 우리가 하는 거의 모든 것에 연관되어 있다.

행동주의

우리는 학습을 어떻게 공부하는가? 몇몇 초기 심리학자들은 우리가 직접 관찰할 수 있는 반응에 집중하고 내부의 생각이나 감정, 동기는 볼 필요가 없다고 생각했다. 이런 접근은 **행동주의**(behaviorism)로 알려져 있다. 스키너(B. F. Skinner)와 왓슨(John B. Watson)은 대부분의 행동은 단순한 형태의 학습의 결과물로 설명될 수 있다고 믿었다. 그들은 내성법(introspection)은 너무나 주관적이어서 과학적으로는 실행 불가능한 반면, 행동을 직접 관찰하면 심리학자들이 유기체가 어떻게 환경에 반응하는가를 분석할 수 있다고 보았다. 오늘날 연구자들이 정신과정을 연구하는 것이 별로 중요하지 않다고 보는 사람은 없지만, 한편 거의 모든 학자들은 행동관찰이 학습을 연구

하는 데 있어 매우 중요한 방법이라는 데 동의한다.

주요 용어들

학습 수행 식별

여러분이 곧 있을 심리학 시험을 위해 열심히 공부를 한다고 해보자. 시험이 임박해지면서 여러분은 열심히 자료를 공부했다. 그러나 시험을 치를 동안 너무 긴장한 나머지 한 줄을 빼고 답을 밀려 써 버렸다. 공부를 한 것과 그것을 적용한 것 사이의 차이를 **학습 수행 식별**(learning-performance distinction)이라고 한다. 학습을 통해 우리가 수행능력을 갖게 되지만, 그 능력을 항상 수행할 수 있는 것은 아니다.

연상학습

인간이 학습할 수 있는 능력을 가진 유일한 종은 아니다. 아쿠아리움에서 돌고래와 조련사를 본 적이 있는가? 돌고래는 훌라후프를 통과하기도 하고 코에 공을 놓고 균형을 맞추기도 한다. 보상으로 물고기를 받을 것이라는 것을 알기 때문이다. 함께 발생한 두 개의 사건을 연결하여, 돌고래는 **연상학습**(associative learning)을 보여준다. 우리는 항상 어떤 자극을 연상하는 법을 배운다. 이를테면 번개가 치면 천둥이 칠 것이고, 냄새가 나면 음식을 먹게 될 것이라는 것, 판자 위에 못을 밟으면 무척 아플 것이라는 것 등. 이런 학습연상과정은 **조건화**(conditioning)로 알려져 있다.

소거와 자발적 회복

돌고래 조련사가 돌고래가 후프를 통과하여 점프를 했는데도 갑자기 물고기를 주지 않는다면 어떻게 될까? 돌고래는 아마 한동안은 점프를 하겠지만, 음식에 대한 기대가 줄면서 점프기술을 보이는 일이 줄어들게 될 것이다. 물고기나 보상과 같은 무조건적 자극이 없어질 때 발생하는 학습반응의 점진적 감소가 **소거**(extinction)이다.

소거가 학습한 것을 완전히 지우지는 않는다. 학습된 행동은 휴식기 이후 다시 발생하게 되는데 이 현상을 **자발적 회복**(spontaneous recovery)이라고 한다. 점프하기를 몇 주 거부하더니 물고기를 주나 하는

희망에 한 번 더 점프를 하기로 결심하기로 한 것이다.

만일 조련사가 한 번 더 물고기를 주어야겠다고 생각하면, 연습 없이 오랜 시간이 지난 후에라도 돌고래는 처음에 재주를 부렸던 것만큼 잘 해내게 될 것이다. 학습된 능력을 원래 학습했던 것보다 더 짧은 시간에 다시 획득하는 능력을 **절약법**(savings)이라고 부른다.

일반화와 차별화

특정한 물건이나 상황이 서로 매우 닮아 있는 경우 학습자는 둘 다에 비슷한 방식으로 반응하기 쉬운데 이 과정을 **일반화**(generalization)라고 한다. 호루라기 소리를 들으면 공을 물어오도록 훈련된 개는 큰 종소리나 큰 벨소리에도 공을 물어온다. 말을 배우는 아이는 성인 여자들만 보면 '엄마'라는 단어를 연상한다.

심리학자 그레고리 라즈란(Gregory Razran, 1949)은 우리가 물리적으로 비슷한 물건뿐 아니라 주관적 의미가 비슷한 자극도 일반화한다는 것을 증명했다. 단어 목록을 보여주자 성인들은 음성론적으로 유사한 단어인 *stile*과 *style*보다는 의미상 유사한 *style*과 *fashion*을 일반화하였다. *stile*과 *style*이 더 비슷한데도 말이다. 라즈란의 연구는 우리가 소리나 외형보다는 의미에 기초하여 단어를 연상하는 법을 배웠다고 주장한다.

자극 변별(stimulus discrimination) 과정

몇몇 동물들은 맛있는 보상을 수행기술과 연결시키도록 조건화될 수 있다. ∨∨∨

> **학습**은 경험이 미래 행동에 비교적 영구적으로 영향을 미치는 과정이다.
>
> **행동주의**는 연구자들이 직접 관찰할 수 있는 반응에 집중하고 내부의 생각이나 감정, 동기는 볼 필요가 없다고 여기는 연구학습 영역이다.
>
> **학습 수행 식별**은 한 사람이 학습을 한 것과 특정한 날 그 학습한 것을 적용하는 것 사이에 나타나는 차이를 말한다.
>
> **연상학습**은 함께 일어나는 두 개의 사건을 연결시키는 학습을 말한다.
>
> **조건화**는 어떤 자극에 대한 반복적 노출로 암묵적 기억이 형성된 학습 연상 과정을 말한다.
>
> **소거**는 무조건 자극이 없어질 때 나타나는 학습반응의 점진적 감소를 말한다.
>
> **자발적 회복**은 학습된 행동이 휴식기 이후 다시 발생하게 되는 현상을 말한다.
>
> **절약법**은 학습된 능력을 원래 학습했던 것보다 더 짧은 시간에 다시 획득하는 능력을 말한다.
>
> **일반화**는 특정한 물건이나 상황이 서로 매우 닮아 있는 경우 학습자는 둘 다에 비슷한 방식으로 반응하는 과정이다.

● ● ●

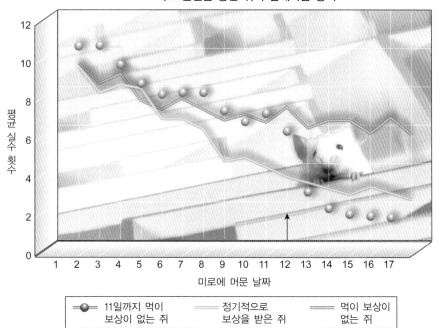

미로 훈련을 통한 쥐의 잠재학습 증거

평균 실수 횟수 (y축): 0, 2, 4, 6, 8, 10, 12

미로에 머문 날짜 (x축): 1 2 3 4 5 6 7 8 9 10 11 12 13 14 15 16 17

● 11일까지 먹이 보상이 없는 쥐
─ 정기적으로 보상을 받은 쥐
─ 먹이 보상이 없는 쥐

출처 : Tolman과 Honzik, 1930.

> ∧∧∧ 10일째 음식을 받은 쥐 집단은 즉시 미로를 헤매는 실수가 줄기 시작했고, 이는 이들이 미로를 사전에 학습했다는 것을 암시한다.

을 통하여 학습자들은 비슷하지만 차이가 있는 자극들을 구별하도록 훈련되었다. 모든 여성을 '엄마'라고 부르는 아이는 정적 강화 과정을 통해 실제 엄마를 구별하는 법을 배울 것이다. 그 아이는 엄마를 잘 구별해내면 칭찬을 받고 엄마를 다른 여자의 모습과 제대로 구분을 못하면 보상을 받지 못할 것이다. 아이의 엄마는 **변별 자극**(discriminative stimulus)이 되는데, 이는 특별한 반응이 강화되거나 처벌되는 큐 신호이다.

인지와 학습

행동조건화가 다른 종(種)에서도 나타나듯이 인지 학습 역시 그렇다. 연구자들은 미로에 있는 쥐를 연구하면서 동물의 인지 과정 증거를 발견했다. 심리학자 에드워드 톨먼(Edward Tolman)은 세 집단의 쥐에게 같은 미로를 찾게 하는 실험을 했다(Tolman과 Honzik, 1930). 첫 번째 집단의 쥐들은 각각 미로에 놓아주고 반대편까지 길을 찾아오면 음식을 주기로 했다. 이 과정은 몇 주 동안 반복되었다. 두 번째 집단의 쥐들은 같은 방식이었으나 실험 10일째까지 미로를 빠져나와도 보상을 하

지 않았다. 세 번째 집단은 통제집단으로 실험 내내 보상을 하지 않았다.

톨먼은 첫 9일 동안 미로 여기저기를 목적 없이 방황하던 두 번째 집단의 쥐들이 미로 탈출 후 일단 음식이 보상으로 제공되자 즉시 문제를 푼다는 것을 알았다. 그는 그 쥐들이 미로를 푸는 법을 학습했지만 그런 행동을 보인 것에 대해 보상을 하기 전에는 그렇게 할 동기가 없었다고 결론지었다. 동기가 있을 때만 나타나는 학습을 **잠재학습**(latent learning)이라고 한다.

런던 택시운전사들의 머리에 도시 전체 지도가 있듯이, 그 쥐들은 **인지도**(cognitive maps)를 만들거나 미로에 대한 정신적 표상을 발달시키는 것처럼 보였다. 톨먼의 실험은 학습이 강화나 처벌 없이도 발생할 수 있다는 것을 보여주었다.

동기

뭔가를 할 때 우리는 왜 행동을 하는 것일까? 자의로 어떤 행동을 하는 사람들은 **내재화된 동기**(intrinsically motivated)를 갖고 있다. 즉 흥미롭거나, 만족스럽거나 도전적이거나

혹은 즐겁기 때문에 그 일을 하는 것이다. **외재화된 동기**(extrinsic motivation)는 보상을 얻거나 처벌을 피하기 위하여 행동을 완수하려는 소망을 말한다. 때때로 과도한 보상이 내재적 동기의 원인이 되기도 하는데, 이 개념을 **과잉정당화**(overjustification)라고 한다. 특별한 장난감을 가지기로 약속한 어린이들은 그렇지 않은 아이들보다 그 장난감을 덜 가지고 놀게 될 것이다(Deci 등, 1999).

학습의 생물학적 경향성

동물의 선천적 경향성은 다른 종에 비해 특정 관계를 더 잘 배우는 성향을 만들어낸다. 닭에게 음식을 먹기 전 '춤을 추도록' 가르치기가 쉽다. 그 이유는 닭은 음식을 기다리면서 (막춤 같지만) 춤을 닮은 몸짓을 하며 자연스럽게 땅을 파헤치기 때문이다. 그러나 만일 닭에게 음식을 얻기 위해서 가만히 서 있도록 가르친다면 이게 훨씬 더 어렵다는 것을 알게 될 것이다. 닭은 생물학적으로 저녁식사를 인내를 가지고 기다리는 경향성을 가지고 있지 않다. 시간이 지남에 따라 동물들이 본능적 행동으로 되돌아가는 행동을 **본능적 회귀**(instinctual drift)라고 한다.

음식 선호

여러분이 전에 상한 햄버거를 먹고 식중독에 걸려 그 이후로는 햄버거에 흥미를 잃었다는 것을 알게 된다면, 그 경험이 바로 **맛혐오 학**

제7장

習(taste aversion learning)이다. 맛혐오 학습은 통증을 동반하는 맛에 노출되어 그 맛에 대해 지속적인 혐오감을 갖게 된 조건화된 학습 형태를 말한다. 심리학자 존 가르시아(John Garcia)는 단물을 받고 이후 메스꺼움을 유발하는 약이나 방사능에 노출된 쥐들은 다시는 단맛 용액을 건드리지 않는다는 사실을 발견했다(Garcia와 Koelling, 1966). 우리가 메스꺼움을 느끼기 몇 시간 전에 음식을 먹었다 해도 강한 맛혐오가 유발될 것이다.

우리가 필수영양소를 빼앗긴 경우라면, 우리에게 필요한 영양을 제공하는 음식으로 자동적으로 손이 갈까? 나트륨을 박탈한 쥐와 칼슘을 박탈한 쥐에 관한 연구는 이 동물들이 이런 미네랄 성분이 들어 있는 음식을 우선적으로 찾는다는 것을 보여준다(Richter, 1936; Richter와 Eckert, 1937). 이는 이전에 나트륨이나 칼슘에 노출되어본 적이 없는 쥐들에게도 해당되었는데, 이는 맛선호는 비학습적 반응이라는 점을 암시한다.

그러나 음식선호가 단지 생물학적 반응만은 아니다. (인간을 포함하여) 동물들 역시 어떤 음식을 먹을 수 있는지 사회적 관찰을 통하여 배운다. 노르웨이에서 시행된 실험은 설치류가 동료 쥐들이 이전에 먹어본 적이 있는 음식을 더 선호한다는 것을 밝혀내었다(Galef

와 Wigmore, 1983).

공포 관련 학습 편견

우리 대부분이 상어 공격을 받아본 적이 없다. 그러나 많은 사람들은 여전히 바다에 발을 담그고 있을 때 머리맡에서 영화 "죠스"의 테마곡이 들리는 것 같다. 인간은 우리 조상을 위협했거나 혹은 한 종(種)으로서 생존하는 데 위협이 되었던 대상이나 상황에 대한 공포를 습득하는 생물학적 경향을 가지고 있다. 폭풍우, 뱀, 거미, 절벽 등에 대한 공포를 빠르게 학습하게 되는데, 벌레에 대해서 느끼는 위협이 전기나 지구온난화처럼 사실상 더 큰 위협이 되는 현대의 위험요소들보다 더 크다(Lumsden과 Wilson, 1983).

장소학습능력

몇몇 동물들은 중요한 장소를 확인하는 데 특별한 학습능력을 가진 것처럼 보인다. 다람쥐는 음식을 묻어놓은 수없이 많은 장소들을 기억할 수 있다. 또한 연어는 산란기가 되면 자신이 부화된 자리로 되돌아오는 생물학적 경향성을 가지고 있다. 다람쥐는 해마백색관이 그리 큰 것도 아님에도 불구하고, 한 연구에서는 봄과 가을에 다람쥐가 열심히 견과류를 모으는 내면

∧∧ 다람쥐는 땅콩을 저장해놓은 장소를 어떻게 기억할까?

다른 때에 비해 해마백색관이 15%가량 증가하는 것으로 나타났다(Lavenex 등, 2000).

고전적 조건화

학습연상이 이 시점에서 새로울 것이야 없겠지만, 20세기 초 러시아 심리학자인 이반 파블로프(Ivan Pavlov)의 연구는 두 개의 자극을 연합하여 반사반응을 창출하는 것이 가능하다는 것을 증명하였다. 이 현상은 이후 **고전적 조건화**(classical conditioning)로 알려지게 된다. 파블로프는 개의 소화액을 연구하다가 개가 음식 장면을 보는 것만으로도 타액을 분비한다는 것을 알게 되었다. 부엌에서 개 밥그릇을 덜그럭거리는 소리만으로도 개들은 침을 흘렸다. 파블로프는 음식을 막 주려는 시점에 벨소리를 들려주는 과정을 통해 개의 반사를 연구했다. 개들은 두 개의 자극을 연합하는 것을 학습했다. 개들은 음식이 없는데도 불구하고 벨소리에 침을 흘리기 시작했는데, 이는 벨소리와 음식이 도착하는 것 사이의 관계를 학습했다는 것을 보여준다(Pavlov, 1927).

무조건 자극(unconditioned stimulus, US)은 **무조건 반응**(unconditioned response, UR)으로 알려진 특정 반사행동을 이끌어내는 학습되지 않은 자극을 말한다. 이런 경우 무조건 자극은 개가 먹고자 하는 음식이고, 침은 무조건 반응이 된다. **조건 자극**(conditioned stimulus, CS), 즉 무조건 자극과 반복적으로 짝지어진 사건이 출현하면 결국 무조건 자극 없이도 학습반응이 나타난다. 이것을 **조건 반응**(conditioned response, CR)이라고 한다. 습득기간 동안 파블로프는 개에게 음식에 대한 기대에 벨소리를 연합시켜 가르쳐서 벨이 울릴 때마다 개들이 침을 흘리도록 했다.

고전적 조건화 유형

파블로프는 몇 가지 유형의 고전적 조건화 실

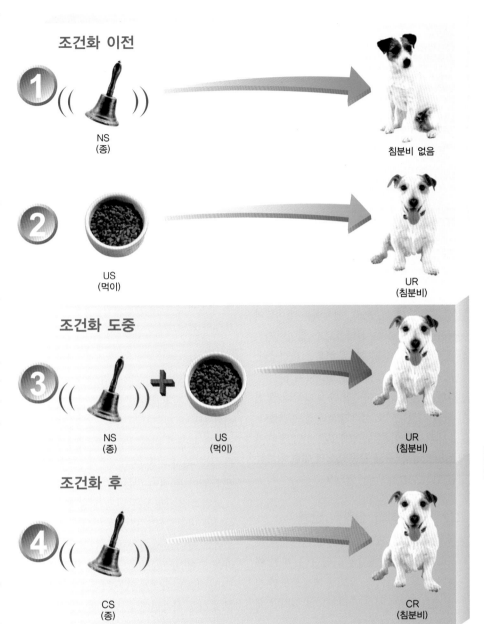

조건화 이전

1 ((🔔))
NS
(종)
침분비 없음

2 🍲
US
(먹이)
UR
(침분비)

조건화 도중

3 ((🔔)) + 🍲
NS   US
(종)   (먹이)
UR
(침분비)

조건화 후

4 ((🔔))
CS
(종)
CR
(침분비)

>>> 1. 중성 자극(NS)은 침반응을 일으키지 않는다. 2. 무조건 자극(US)은 무조건 반응(UR)을 일으킨다. 3. 무조건 자극이 중성 자극 이후에 곧 반복적으로 제시되자 무조건 반응이 나타난다. 4. 중성 자극이 무조건 자극 없이 조건 반응을 나타낸다. 중성 자극이 조건 자극(CS)이 된다.

험을 했다. **지연 조건형성**(delayed conditioning)에서는 조건 자극이 무조건 자극 전에 나타나서, 조건 자극의 결과가 무조건 자극이 나타날 때까지 지연된다. 예를 들어, 파블로프는 개가 음식을 볼 수 있을 때까지 벨을 계속해서 눌렀다.

흔적 조건형성(trace conditioning)에서는 조건 자극이 끝난 후에 무조건 자극이 나타난다. 예를 들어 파블로프는 벨소리를 먼저 들려준 후 자극 없이 일정 간격 후에 음식을 주었다. 파블로프는 조건 자극과 무조건 자극이 효과적으로 작용하기 위하여 각각 몇 초 안에 발생한다는 점을 알게 되었다.

동시 조건형성(simultaneous conditioning)에서는 조건 자극과 무조건 자극이 동시에 나타난다. 파블로프는 이 방법이 효과적이지 않다는 것을 알았다. 벨이 울리고 동시에 음식이 제공되자 개는 조건화에 반응하지 않았다(개가 연합자극을 학습했을지도 모르지만, 반응이 없는데 많은 양의 학습이 일어났다고 볼 수 없다).

후향 조건형성(backward conditioning)이라고 부르는 과정에서는 조건 자극이 무조건 자극 이후에 제공된다. 이 경우는 반응이 거의 나타나지 않았는데, 이는 고전적 조건형성이 생물학적으로 적응적이라는 생각(유기체가 사건에 대해 준비하도록 돕는다)을 뒷받침하고 있다. 이미 공격자(도망이나 도망반응행동을 유발하는 무조건 자극)가 머리 위로 쿵 소리를 내며 우리를 내리친다고 생각해보면, (위험을 알리는 조건 자극인)어두운 길에 이미 들어섰는데 우리 뒤를 따라오는 발자국소리를 들어봐야 이미 소용없는 일이다.

2순위 조건형성(second-order condition-

ing)은 조건 자극이 중성 자극과 짝이 지어질 때 발생한다. 중성 자극이 무조건 자극과 직접적인 관계가 전혀 없다 하더라도 중성자극이 두 번째 조건화된 자극이 될 수 있다. 예를 들어 파블로프는 이후 검은 사각형을 훈련된 벨소리에 짝지었다. 결국 개는 사각형이 음식과 전혀 상관이 없음에도 불구하고 사각형을 보고도 침을 약간 흘렸다.

공포조건화

공포는 생물학적으로 유용한 반응이 될 수 있다. 공포는 우리가 위험에 대처하게 하기 때문이다. 그러나 공포는 사람을 약하게도 한다

(나무나 박테리아에 대한 비합리적인 두려움을 가지고 있다고 생각해보라). 파블로프의 연구를 이용하여, 심리학자인 존 왓슨(John Watson)과 로잘리 레이너(Rosalie Rayner)는 공포와 같은 인간 감정을 조건화하는 것이 가능하다는 것을 증명하였다. 그들은 보통 아이들처럼 큰 소리는 두려워하지만 흰쥐는 무서워하지 않는 앨버트라고 하는 11개월 된 아기를 데리고 왔다. 이 실험이 현대 윤리적 관점에서는 문제가 될 수 있는 실험이었지만, 왓슨과 레이너는 앨버트에게 흰쥐를 보여주고 아기가 그것을 만지려고 할 때면 아기 뒤통수 바로 뒤에서 징을 울려댔다. 이런 절차가 후

에 몇 번 더 반복되자, 앨버트는 쥐를 보게 되면 울음을 터뜨렸다(Watson과 Rayner, 1920). 일반화 원리 때문에, 앨버트 역시 모든 털이 있는 것(토끼, 모직, 심지어는 아이들의 눈물을 그치게 하는 산타클로스 할아버지의 하얀 수염까지)에 불편한 두려움을 나타냈다.

공포조건화는 소거가 잘 일어나지 않는다. 심각한 경우 무조건 자극을 중성 자극과 한 번만 짝을 지었는데도 심각한 공포를 유발했다. 9.11 테러사건 이후, 뉴욕에 있는 수만 명의 아이들은 악몽을 꾸고 공공장소에 대한 공포를 경험했다(Goodnough, 2002).

고전적 조건화와 심리적 반응

고전적 조건화는 적어도 자극에 대해 우리의 생물학적 반응 두 가지에 나타난다. 바로 배고픔과 성적 각성이다. 우리는 파블로프의 개처럼 게걸스럽게 침을 흘리지는 않겠지만 배고픔은 수많은 생물학적 기능을 유도하는 조건화된 자극이다. 인간의 소화액은 위장 속에 숨어 있고, 침도 흘리며 몸은 식욕을 자극하는 호르몬을 방출한다.

여러분은 특별한 장면, 냄새, 노래와 연합된 사랑스런 파트너가 있을 수도 있다. 이런 연합이 특별한 것이 아니다. 실상 조건화의 한 예이다. 심리학자 마이클 토미얀(Michael Domjan, 1992)은 일본 남녀공학에 다니는 여학생을 몇 차례에 걸쳐 빨간 불과 짝을 지은 후 남녀공학에 다니는 남학생이 불빛을 보면 성적으로 짧게 각성된다는 것을 보여주었다. 비슷하게 인간은 특별한 대상, 장면, 냄새를 성적 쾌감과 연합시킬 수 있다.

여러분은 위험한 물질을 먹을 준비가 되어

있는가? 쉐퍼드 시겔(Shepard Siegel)과 그의 동료들이 실시한 연구는 유기체가 특정 약물에 대해 보상적인 반응을 한다는 것을 주장한다(Siegel 등, 1982). 시겔은 한 집단의 쥐에게 이틀마다 헤로인을 주입하고 다른 집단의 쥐에게는 설탕물을 주었다. 그리고 이 두 집단의 쥐들에게 한쪽 집단이 사용했던 헤로인의 두 배에 달하는 양을 주입하였다. 그는 이들 중 헤로인 집단보다 설탕 집단에서 2배가 죽은 것을 발견했다.

특수한 물질을 반복적으로 사용하는 경우 **약물내성**(drug tolerance)이 나타나 물질에 대한 생리적·행동적 결과가 감소하게 된다. 빈번하게 약물을 사용하는 경우 약물의 효과를 경험하기 위해서는 점점 더 많은 양을 사용해야 한다.

정신신경면역학

정신신경면역학(psychoneuroimmunology)은 심리가 신경계와 면역계에 연관된 사건에 어떤 상관이 있는지를 연구하는 학문이다. 여러분은 누군가 머릿니에 대해 이야기하는 것을 듣고 즉시 머리 여기저기가 가려운 것 같은 느낌이 든 적이 있는가?

고전적 조건형성은 인간의 생리적 반응뿐 아니라 면역계에도 영향을 미친다. 심리학자 로버트 아더(Robert Ader)와 면역학자 니콜라스 코헨(Nicholas Cohen)의 연구(1985)를 보자. 이들은 쥐에게 면역 기능을 억제하는 약물 주사를 사카린이 든 단물과 짝을 지었다. 몇 번 동안 이렇게 짝을 짓자 사카린 물만으로도 마치 약물을 주사했을 때처럼 면역 억제 효과를 내었다.

조작적 조건화

고전적 조건형성이 반사적이고 불수의적 행동을 유발했다면, **조작적 조건화**(operant conditioning)는 유기체가 자신의 행동을 결과에 연합시키는 학습 유형이다. 이런 유형의 조건화는 유기체에게 활동을 요구한다는 면에서 활동적이다. 고전적 조건형성에서는 유기체가 수동적이고 단순하게 자극을 결과에 연합하는 법을 배우기만 하면 되었다. 즉 특

수한 방식으로 반응할 필요가 없었다. 결국 이 과정은 보상행동을 더 반복하게 하고 처벌을 받은 행동은 줄여나가게 되었다.

조작적 행동

조작적 조건화는 **조작적 행동**(operant behavior) — 유기체가 환경에 대한 결과를 유발하는 반응 — 을 포함한다. 스키너에 따르면, 우리 행동의 대부분은 **강화**(reinforcement)의 결과이다. 강화는 좀 더 자주 발생할 수 있는 반응을 유발하는 행동을 말한다.

에드워드 손다이크(Edward Thorndike)의 '문제 상자'를 예로 들어보자. 손다이크는 배고픈 고양이를 나무 상자 안에 넣고 (레버를 당기는 것과 같은) 간단한 행동을 하여 그것을 열도록 하였다. 실패에 좌절하지 않고 탈출을 시도하도록 하기 위해 손다이크는 문제 상자 밖에 음식접시를 놓고 고양이가 그것을 볼 수 있도록 했다. 음식에 얻기 위해 고양이는 문을 열려고 레버를 누르는 법을 알게 되었다. 이 과정 동안 손다이크는 시간을 재었다. 상자 벽을 밀고 문지르다가, 고양이는 우연히 레버에 발을 대었고 문을 열게 되었다. 고양이가 레버와 자유를 얻는 길 사이의 관계를 즉시 배우지는 못했다. 그러나 레버 그리고 음식과 자유로 가는 통로 간의 연합을 배우자 매우 빠르게 문을 열 수 있었다(1898). 이 연구에 기초해, 손다이크는 **효과의 법칙**(law of effect) — 만일 반응이 만족스런 결과를 낸다면 다시 그 반응을 하게 될 것이다 — 을 주장한다.

강화 원칙

손다이크의 효과의 법칙을 바탕으로 하여, 스

키너는 몇 가지 행동 통제의 원칙을 발전시켰다. 그는 문제 상자를 자신의 방식대로 개발하여 '스키너 박스'라고 부르는 '조작적 조건화 방'을 만들었다. 방에 있는 바를 누르면 쥐가 음식이나 물 분배기를 해제하게 되고 그 과정을 장치가 기록하였다.

스키너는 인간과 동물 행동을 분석하기 위하여 각각의 행동이 세 부분, 즉 **3-기간 사건**(three-term contingency)으로 나누어질 수 있다고 믿었다. 여기에는 변별 자극(밀어야 하는 막대바), **조작 반응**(operant response)(막대바를 미는 행동), 그리고 **강화물/처벌물**(reinforcer/punisher)(음식이나 물을 받는 것)이 포함된다. 이 과정을 통하여 유기체는 어떤 자극이 있을 때 행동이 환경에 대해 특별한 효과를 갖게 된다는 것을 배우게 된다.

여러분이 일주일에 몇 시간을 체육관에서 보낸다면 무엇이 여러분을 그곳에 가게 한 것일까? 몸을 좋게 만드는 것? 가냘픈 몸매에 대한 찬사? 일상을 깨고 시도했던 건강에 관련된 많은 이유들이 있겠지만, 체육관에서 친구와 시간을 보내거나 지겨운 집안일을 하고 싶지 않아서와 같은 이유도 있을 것이다. 우리가 하는 모든 반복된 행동은 모두가 다른 유형의 강화물이다.

강화물의 유형

정적 강화물(positive reinforcers)은 유쾌한 결과를 보이는 반응을 강화한다. 일을 잘하면 칭찬을 받는다. 재활용품을 지역 재활용센터에 갖다 주거나 헌혈을 하면 뿌듯함을 느낀다.

반대로 **부적 강화물**(negative reinforcers)은 불쾌한 결과를 제거하는 반응을 강화한다. 화재경보 알람이 울리면 귀를 막는다. 아기가 울지 않고 잠을 재우기 위해 아기를 흔들어 재운다.

일차 강화물(primary reinforcer)은 배고픔과 목마름 같은 기본적인 생물학적 필요를 만족시킨다. **이차 강화물**(secondary reinforcer)은 경험을 통하여 만족을 느끼게 하거나 쾌감을 경험하게 한다. 어린아이에게 100달러짜리 지폐를 주어보면 별로 반응을 하지 않을 것이다. 그러나 그 아이가 100달러 지폐로 얼마나 많은 장난감을 살 수 있는지를 알면, 강한 동기 요소인 돈을 준 것에 대해 감사하는 법을 배우게 된다.

다른 동물과 달리, 인간은 **지연된 강화**(delayed reinforcement), 혹은 행동 후 잠시 뒤에 나타나는 보상에 반응하는 능력을 가지고 있다. 우리는 월급을 받기 위해 일주일 혹은 한 달을 기다리며, 시험을 보자마자 시험결과를 시간을 두고 기다린다. 그러나 우리가 지연된 강화 반응을 할 수는 있지만, 여전히 오래 기다리는 지연된 결과보다는 짧은 시간 나타나는 즉각적인 만족을 좋아한다. 몇 년 동안 눈에 보이는 환경 결과를 보지 못하면 이산화탄소를 줄여보겠다고 우리 생활양식을 급작스럽게 변화시키지는 않는다.

강화 계획

연속강화(continuous reinforcement)는 기대하는 반응이 발생할 때마다 강화될 때를 말한다. 이 계획은 학습이 빨리 일어나게 한다. 그러나 강화가 멈추면 소거 역시 빠르게 나타난다. 쥐가 갑자기 매번 막대바를 누를 때마다 받던 음식을 받지 못하면 곧 막대바 누르기를 그만둔다.

우리 일상 속에서는 연속강화를 경험하는 일이 많지는 않다. 텔레마케터는 백 명 중 한 명이 그에게 하루 종일 시간을 내준다면 운이 좋은 것이다. 스팸메일을 받은 경우 엄청난 양의 메일을 받자마자 즉시 메일 휴지통에 넣는 일도 흔한 일은 아니다.

간헐적 강화[partial (intermittent) reinforcement]는 반응이 때때로 강화되기도 하고 강화되지 못하는 경우에 발생한다. 이것은 초기학습이 좀 더 천천히 이루어지지만 소거가 좀 더 지연된다. 우리는 드물지만 만족스런 결과를 얻으면 더 지속하는 경향이 있다. 간헐적 강화에는 몇 가지 유형이 있다.

고정비율계획(fixed-ratio schedules). 행동이 몇 차례의 반응 후에 강화된다. 예를 들어 커피전문점에서 10번을 이용하면 공짜로 라테한 잔을 얻을 수 있다. 고정비율계획은 강화 뒤 휴지기간이 짧으면 높은 비율로 반응하게 된다.

변동비율계획(variable-ratio schedules). 행동이 변화하고 예측할 수 없는 반응 수에 따라 강화된다. 슬롯머신에서 게임을 하는 사람은 수천 개의 동전을 넣고도 나오는 것이 없거나, 기계에 동전 하나를 넣는데 수천 달러를 받기도 한다. 변동비율계획은 높은 반응 비율을 보이고 소거가 어려운 행동을 보인다.

고정간격계획(fixed-interval schedules). 행동이 정해진 기간 이후 나타나는 첫 번째 반응에 대해 강화된다. 만일 우리가 저녁식사가 거의 준비되었다는 것을 알면 좀 더 자주 오븐을 살펴보게 된다. 이는 기대하는 보상 시간에 빠른 반응을 보이나 그때가 될 때까지는 좀 더 반응이 느리게 나타난다.

변동간격계획(variable-interval schedules). 행동이 변화하는 기간 이후에 강화된다. 우리는 새 메시지가 왔다 하고 이메일을 강박적일 정도로 자주 체크하지만 정해진 시간에 하지는 않는다. 이는 일반적으로 느리고 지속적인 행동 반응을 보인다.

우발적 강화

우연히 운 좋은 결과를 낸 행동이 강화가 될까? 여러분이 장롱을 살펴보면 이 질문에 대답이 가능할 것이다. 여러분이 속한 팀이 챔피언 자리를 차지했을 때 입었던 셔츠라 로고만 봐도 '기분이 좋아지는' 셔츠를 장롱에서 보았다면 우연적 강화를 경험한 것이다.

스키너(Skinner, 1948)는 비둘기에게서 유사한 '미신적' 행동을 관찰하였다. 그는 배고픈 새를 먹이 분배기가 있고 임의적인 간격으로 음식이 나오게끔 한 새장에 두었다. 비둘기는 마치 음식이 새장 안으로 떨어지기 직전에 늘 해오던 행동을 반복했다. 즉 그들은 옆으로 뛰면서 둥글게 돌고 머리를 시계추처럼 흔드는 동작을 하였다. 비둘기의 행동과 그 결과 간에 행동적 관계가 없음에도 불구하고(여러분이 속했던 팀은 여러분이 그 옷을 입든 안 입든 상관없이 이기거나 지듯이) 비둘기는 같은 동작을 계속했다.

매력적 보상과 보상기대

몇몇 이론가들은 자극-반응 관계가 학습 과정을 지나치게 단순화하고 있다고 말하며, 보상기대에 관련된 인지적 요소가 있다고 주장한다. 예를 들어 만일 쥐가 미로를 완주하기만 하면 평소보다 더 많은 양의 음식을 받을 것이라는 걸 안다면 더 빨리 뛸 이유가 있겠는가?

보상의 매력정도가 급상승하는 것을 **보상상반효과**(reward contrast effect)라고 한다(Crespi, 1942, 1944). 반응 비율은 강한 강화물이 약한 강화물로 바뀔 때 부적 상반 효과를 내면서 감소한다. 반대로 만일 보상이 더 좋아진다면 반응 비율은 정적 상반 효과를 내며 증가할 것이다. 사회재활센터나 정신보건센터와 같은 기관은 이 이론을 쓰기 위해 **토큰경제**(token economies)를 사용한다. 간호를 받고 약을 받는 기대 행동은 공짜 쿠폰이나 맛있는 디저트처럼 기념물 분배로 보상을 받는다.

매력적인 보상은 동기를 촉발한다. **프리맥 원리**(Premack principle)는 선호하는 활동이 비선호하는 활동을 강화하는 데 사용될 수 있다는 것을 보여준다. 예를 들어 몇 주간 머리를 쥐어짜게 만든 보고서를 끝낸 것에 대한 보상으로 영화관람을 할 수 있다.

처벌과 조형

우리 대부분이 아마도 "우리가 한 짓에 대해

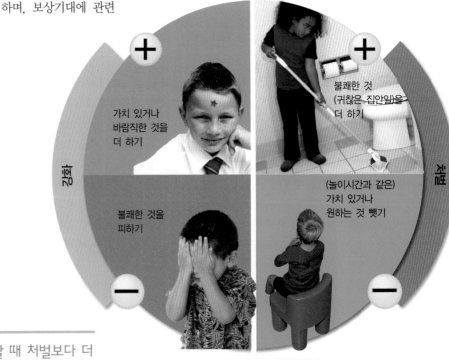

 정적   부적

>>> 강화는 일반적으로 아이들을 훈련할 때 처벌보다 더 효과적인 것으로 알려져 있다.

생각해 보라고" 우리 방으로 보내진 적이 있을 것이다. 우리 중 일부는 동생을 장롱에 가두어놓은 것 때문에 두 번째 방으로 보내졌을 수도 있다. 강화가 행동을 증가시키는 반면, **처벌**(punishment)은 행동을 감소시킨다. 고등학교 학생이 수업을 빼먹으면, 주말 수업 등으로 처벌을 받게 될 것이다. 우리 대부분이 별 좋은 토요일 아침에 교실에서 조용히 앉아 있고 싶지는 않기 때문에, 이 처벌에 대한 위협이 두려워 우리는 수업에 참석한다. 멋대로 행동하는 아이에게 좋은 식탁예절을 점진적으로 가르치는 것이 가능할까?

행동 **조형**(shaping) 과정은 대상의 행동이 바람직한 방향으로 가도록 강화물을 사용한다. 이 과정은 **성공적 근사**(successive approximation), 혹은 점차 원하는 행동에 가까워지는 행동을 사용한다. 예를 들어 첫날 아이에게 TV를 보게 해주겠다고 하고 그 시간 동안 식탁에 앉아 있게 할 수 있다. 이후 시간을 연장하여, 점차 냅킨을 사용하고 입에 음식을 문 채 말하지 않는 것과 같이 좀 더 복잡한 행동으로 확대해 갈 수 있다.

복잡한 행동을 조형하는 한 가지 방법은 **행동연쇄**(chaining)이다. 행동연쇄는 마지막 단계의 행동이 먼저 강화가 되는 과정으로 조건강화물이 행동에 따르게 된다. 이 과정은 종종 동물 조련에 사용된다. 예를 들어 쥐를 음식을 먹을 수 있는 우리 가장 꼭대기에다 둔다고 치자. 다음으로 꼭대기에 다다를 수 있도록 된 사다리를 올라타야 할 곳에 쥐를 둔다. 이런 과정은 복잡한 사건에서 조형을 하는 것으로 확장될 수 있다. 스키너는 쥐가 뒷발로 앉기 전에 "애국가"를 듣고, 성조기를 올리는 줄을 잡아당기게 해, 분명하지만 좀 더 다른 형태로 설치류가 애국심을 가지고 국기에 대한 경례를 하도록 했다.

조작적 조건화의 적용

생각이나 감정이 아니라 외부의 영향이 행동을 조성한다는 스키너의 이론은 대단한 논쟁을 불러왔다. 비평가들은 그가 인간의 자유를 무시하고 인간을 탈인간화했다고 비판했다. 스키너의 생각에 대한 반대가 무엇이었건 간에, 조작적 조건형성의 적용은 학교, 가정, 사업체에서 분명하게 나타나고 있다.

스키너는 이상적인 교육을 성취하는 것이 가능할 것이라고 믿었다. 그가 말하길, "좋은 교육에는 두 가지가 필요하다. 학생들은 자신이 하고 있는 것이 옳은지 아닌지 또 어느 때가 좋은지를 즉시 지시를 받고 다음 단계에 대한 조언을 들을 필요가 있다." 스키너의 비전이 온라인 학습 프로그램과 상호작용을 요하는 학생 프로그램을 사용하는 현대 수업시간에 어느 정도 사용되고 있다.

강화 원칙은 운동능력을 증진시키는 것으로도 나타났다. 토머스 시멕(Thomas Simek)과 리처드 오브 리언(Richard O'Brien)(1981, 1988)은 이 기술을 골프와 야구를 배우는 학생들 수업에 적용했다. 예를 들어, 골프반 학생들은 짧은 퍼트로 시작하여 점차 티 거리를 늘려갔다. 이런 행동훈련방법은 전통적인 방법으로 배운 학생들보다 더 빠른 기술 향상을 가져왔다.

처벌과 강화 모두 행동 수행 이후 곧 이어지면 가장 효과적이다. IBM의 거물인 토머스 왓슨은 직원이 칭찬할 가치가 있는 성취를 이룰 때마다 수표를 즉시 내놓았다(Peters와 Waterman, 1982). 그렇게 관대한 상사를 갖는 것도 좋겠지만, 일을 잘 해낸 것에 대해 "정말 수고했다"라는 간단한 말도 동일한 효과를 갖는다.

여러분이 갑자기 함께 쓰고 있는 집 전기세를 몽땅 물어야 된다면 전기를 끄는 일에 더 신경을 쓰게 될까? 아마도 여러분은 당신의 룸메이트가 불을 얼마나 켜놓고 다니는지를 알고 고심하고 있는 자신의 모습을 발견하게 될 것이다. 경제학자들과 심리학자들은 사람들의 소비행동은 그 행동의 결과에 의해 통제된다고 믿는다. 앨 고어(Al Gore, 1992)는 정부가 생필품에 세금을 매기기로 결정을 하면 사람들은 생필품을 덜 쓰겠지만(세금을 내고

싶지 않으니까), 정부가 생필품에 대해 보조금을 지급한다고 하면 생필품을 엄청나게 더 쓸 것(사람들은 상대적으로 싼값으로 이익을 보기 원하므로)이라고 설명한다. 앨 고어는 좋은 정책 이동은 사람들이 기름을 덜 쓰도록 화석연료에 대한 세금을 올리는 쪽으로 가야 한다고 주장한다. 최근 연료비 급상승과 이에 대해 항의하는 것을 보면 많은 미국인들이 운전하는 데에 돈을 쓰고자 하는 것에도 한계가 있다는 것을 보여준다.

관찰학습

우리가 아이일 때 배운 행동의 상당수는 우리가 직접 경험한 것이 아니다. 대신 우리는 다른 사람들을 관찰하며 배웠다. 2005년 4살이 된 미시간 출신 꼬마 아드리안 콜은 엄마 차를 운전하여 동네 비디오가게까지 왔다가 한밤중에 경찰에게 잡혔다. 경관들이 그에게 어떻게 운전하는 법을 배웠냐고 묻자, 아드리안은 엄마가 하는 것을 봤다고 대답했다. **관찰학습**(observational learning), 즉 우리가 관찰하고 다른 사람들을 모방하는 것은 학습 과정 전반에서 큰 역할을 한다.

관찰학습의 요소

자극 상승(stimulus enhancement)은 다른 사람이 흥미를 보인 특정 장소나 물건에 관심을 갖는 경향을 말한다. 어떤 악기를 연주하는 법을 배우는 것은 친구나 형제가 같은 악기를 불 경우 더 간절해진다.

과거에 얻었던 보상을 받고자 하는 열망을 **목적 상승**(goal enhancement)이라고 한다.

> **생각이나 감정이 아니라 외부의 영향이 행동을 조성한다는 스키너의 이론은 대단한 논쟁을 불러왔다. 비평가들은 그가 인간의 자유를 무시하고 인간을 탈인간화했다고 비판했다.**

우리는 이전에 보상을 받았던 행동을 하는 데 더 동기부여를 받는다. 원치 않았던 피아노 레슨도 이전 레슨을 마치고 영화를 보러 갔거나 자매가 악보를 잘 외워 피아노를 쳐서 보상을 받았다면 더 매력적인 일이 될 것이다.

관찰을 통해 배워 유기체는 관찰했던 행동을 운동으로 재생할 수 있어야 한다. 이 개념을 **모델링**(modeling)이라고 한다. 걸음마를 하는 아기들은 언니가 컵으로 먹는 것을 모방할 수 있지만, 재주를 넘는다든가 베토벤 5번 교향곡을 치는 것 같은 복잡한 행동은 관찰만

으로는 불가능하다.

앞에서 살펴보았던 잠재적 학습은 관찰학습의 또 다른 유형이다. 관찰자가 즉시 보일 수 없는 학습도 그 사람의 지식 영역에 추가될 수 있다. 관찰 행동은 학대받는 아동들이 더 공격적으로 성장하는 이유를 설명한다(Stith 등, 2000). 이런 아이들이 한 번에 공격적인 행동을 보이는 것은 아니지만 그들은 관찰을 통하여 학습을 하고 있는 것이다.

반두라의 실험

아이들은 성인들의 공격적인 행동을 보았을 때 어떻게 반응할까? 심리학자 앨버트 반두라(Albert Bandura)는 이 질문에 대답이 될 만한 유명한 실험을 했다(Bandura 등, 1961). 유치원 아이들 집단을 대상으로 하여, 연구자는 한 번에 한 아이씩 방에 초대하여 그림을 완성했다. 아이에게 감자도장을 만들어 어떻게 그림을 그리는지를 보여준 후 방의 반대편으로 가서 5피트 크기의 공기인형인 보보 인형을 가지고 놀았다. 그때 실험지는 공기인형의 이쪽저쪽을 치고 반복적으로 공격부분을 정해 코 부분을 가격하기를 반복하는 등 따라 하기 쉬운 행동을 사용하여 인형에 대해 공격적으로 행동하기 시작했다.

아동이 공격적인 행동을 관찰한 후 실험자는 아이를 장난감이 가득한 다른 방으로 데리고 갔다. 실험자는 아이가 몇 분 동안 놀게 하고 이후에 들어가 이 인형들이 다른 아이들 것이라고 설명해주었다. 그러자 실망한 아이는 공기인형을 포함하여 몇 가지 장난감이 있는 다른 방으로 옮겨졌다. 가능한 눈치채지 못하게 실험자는 인형을 대하는 아이의 행동을 지켜보았다.

폭력적인 반응을 보였던 아이들은 보보 인형을 훨씬 더 많이 깔아뭉개고 두들겨 팼다. 실험자들은 아이들이 자신들이 보았던 것과 정확히 똑같은 행동을 따라 했고 똑같은 공격적 언어를 사용했다고 언급했다. 반두라는 아

이들이 성인들에게서 본 대로 폭력적인 행동을 모방한다는 결론을 내리고 아이들이 TV 폭력에 노출되는 것과 타인에 대한 공격 행동 사이의 관계를 연구하기 시작했다.

관찰학습의 적용

반두라의 연구에 기초해볼 때, 우리는 관찰학습이 좋은 것이 아니라고 결론을 내릴 수도 있다. 부정적 역할 모델은 반사회적 효과를 내고 범죄와 갱 폭력을 부추길 수 있다. 일부 연구는 TV와 영화에서 본 폭력이 아이들의 행동에 부정적인 영향을 끼칠 수 있다고 결론 내리고 있다(Comstock와 Lindsey, 1975; Eron, 1987).

그러나 관찰학습이 모두 나쁜 것은 아니다. **친사회적**(prosocial) 모델 ― 긍정적이고 도움을 주는 사람들 ― 은 사람들의 행동에 유익한 영향을 줄 수 있다. 마틴 루터 킹 주니어나 마하트마 간디와 같은 인도주의자들은 비폭력 행동을 통해 인간 행동을 이끄는 데 영향을 미쳤다. 부모와 교사들 역시 아이들이 다른 사람들에게 친절하고 도움을 주는 행동을 하거나 세상에 긍정적인 영향을 미치는 행동을 했을 때 기꺼이 칭찬을 해주는 강력한 역할 모델들이 될 수 있다.

학습에 기반한 행동

선천적으로 동물들은 적극적 학습자들이다. 이들은 다른 동물들을 관찰하거나 날마다 하는 일을 해가며 새로운 행동을 습득한다. 동물과 인간 모두 놀이와 탐색을 통해 배운다.

> 선천적으로 동물들은 적극적 학습자들이다. 이들은 다른 동물들을 관찰하거나 날마다 하는 일을 해가며 새로운 행동을 습득한다. 동물과 인간 모두 놀이와 탐색을 통해 배운다.

제7장

목적 상승은 과거에 얻었던 보상을 받고자 하는 열망이다.

모델링은 관찰했던 행동을 운동으로 재생하는 능력이다.

친사회적이라는 말은 긍정적이고 도움을 주는 모델을 말한다.

정찰행동은 일단 새로운 환경에 익숙해져 만족스러우면 주기적으로 상황이 변하지 않았다는 것을 확인하는 것이다.

집단행동원칙은 뇌 부분이 얼마만큼 파괴되든 간에 학습상의 감소가 파괴된 조직의 양과 비례한다는 말이다.

장기 증강은 신경 연결은 신경전달물질이 동일한 시냅스를 반복적으로 돌아다닐 때 강화되는 과정이다.

세포군은 기억이 저장되는 뉴런 연결망이다.

장기 침체는 장기 증강의 반대 개념으로 뉴런 시냅스의 약화이다.

(James Schwartz)(1982)는 몇천 개의 뉴런으로만 이루어진 단순한 신경계를 가진 유기체조차도 기초적 학습능력을 보인다는 것을 증명하였다. 캘리포니아 바다달팽이 아플라시아를 몇 초간 살펴보자. 물을 끼얹어보면, 달팽이는 입을 방어적으로 움츠린다. 만일 물을 계속 끼얹으면 (센물일수록)움츠리는 반응이 줄어드는데, 그 이유는 반응이 습관화되기 때문이다. 그러나 바다달팽이가 물을 끼얹은 후 반복적으로 발쪽에 전기 충격을 받으면, 위축반응이 더 강해진다. 이런 민감화는 어떤 시냅스에 있는 신경전달물질인 세로토닌 방출과 연합된다. 이런 시냅스는 신호를 보내는 데 더 효율적이 된다. 충격이 장기적으로 반복된다면 바다달팽이의 위축반사는 몇 주 동안 더 늘어날 것이다. 이는 장기기억을 효과적으로 보여준다.

장기 증강(LTP)

몸의 근육을 사용하면 할수록 점점 강해진다. 우리 뇌도 그럴까? 심리학자 도널드 헵(Donald Hebb, 1949)은 만일 시냅스전 뉴런과 시냅스후 뉴런이 동시에 활성화된다면, 이 둘 사이의 시냅스가 강화된다고 주장했다. 이런 강화로 시냅스후 뉴런이 더 약한 자극에도 반응하게 되는데, 이 과정이 **장기 증강**(long-term potentiation, LTP)이다. 헵은 기억이 **세포군**(cell assemblies)이라는 뉴런 연결망에 저장된다고 주장했다.

LTP를 막는 약물이 학습을 방해한다는 연구가 있다(Lynch와 Staubli, 1991). 비슷하게 쥐들은 학습능력을 높이도록 유전적으로 설계되어 있다. 수정된 쥐의 난자에 여분의 유전자를 주입하여, 연구자들은 LPT를 유발하는 데 효과적인 시냅스후 뉴런 유형을 증가시켰다. 이렇게 탄생한 (TV쇼 "두기 하우저, MD"의 명석한 캐릭터의 이름을 따서) '두기'라는 쥐들은 숨겨둔 물 밑의 플랫폼 위치를 기억하고 곧 있을 충격신호에 대한 큐 신호를 알아챌 수 있었다(Tsien, 2000).

LTP의 반대과정은 **장기 침체**(long-term depression)로 뉴런의 시냅스가 약화된다. 장기간의 낮은 빈도의 자극이 뉴런의 민감성을 떨어뜨렸다. 장기 침체는 활성화된 시냅스에게 특수하게 반응했으며, 이것이 이웃하고 있

^ ^ ^ 이 아이들은 놀이를 하면서 어떤 기술을 배우고 있는 것인가?

놀이

놀이를 실제 목적을 동반하지 않는 유희의 형태로 치부하기 쉽다. 그러나 여러분은 새끼 고양이가 엉덩이를 비틀면서 노끈에 필사적으로 덤비거나 개의 꼬리를 따라가는 것을 본 적이 있는가? 이런 행동은 새끼 고양이가 사냥하는 법을 배우는 것을 돕는다. 동물들에게 놀이 활동은 지지한 상황에서 필요한 행동을 얻기 위한 자연 훈련 기능을 한다. 비슷하게 두 명의 어린이는 인형으로 소꿉놀이를 하는 과정을 통해 사회적 발달을 증명하는 중요한 행동 교훈을 학습한다(제12장을 보라).

탐색

만일 쥐를 익숙하지 않은 우리에 두고 그 반응을 관찰해보면 쥐가 새 환경을 평가라도 하듯 구석구석을 돌아다니는 것을 보게 될 것이다. 환경을 탐색하는 것은 놀이행동이라기보다는 원시적이고 일반적인 것으로 여겨진다. 새로운 환경은 유기체에게 호기심과 공포 모두를 가져온다.

쥐가 일단 새로운 환경에 익숙해져 만족스러우면 주기적으로 상황이 변하지 않았다는 것을 확인하기 위해 뒷다리를 딛고 올라서 우리를 살피는 **정찰행동**(patrolling)을 하는 모습을 보인다.

뇌 학습

조기교육

우리가 학습을 할 때 뇌에서는 어떤 과정이 일어나고 있는가? 심리학자 칼 래슐리(Karl Lashley, 1950)는 이 문제를 다른 각도로 접근하여 우리의 학습을 방해하는 것을 발견하고자 했다. 기억을 저장하는 뇌 부분을 알아보기 위해, 그는 한 집단의 쥐가 미로를 풀도록 훈련시킨 후 미로에 대한 기억을 재검사하기 전 쥐의 뇌 일부를 제거했다. 이 연구에서 래슐리는 **집단행동원칙**(mass action principle)을 발전시켰다. 집단행동원칙은 학습상의 감소가 파괴된 조직의 양과 비례한다는 말이다. 손상이 쥐의 뇌 어느 부분에서 이루어졌는가는 중요하지 않았다. 손상이 크면 클수록 쥐는 미로를 점점 잘 풀지 못했다. 래슐리는 과제가 복잡하면 복잡해질수록 손상이 더 커졌다고 보고하기도 했다.

에릭 칸델(Eric Kandel)과 제임스 슈워츠

제7장

> 몸의 근육을 사용하면 할수록 점점 강해진다. 우리 뇌도 그럴까? 심리학자 도널드 헵(1949)은 만일 시냅스전 뉴런과 시냅스후 뉴런이 동시에 활성화된다면, 이 둘 사이의 시냅스가 강화된다고 주장했다.

Marin 등, 2003) 연구가 있다. 수면박탈은 연속학습을 방해하기 때문에(Yoo 등, 2007), 금요일 강의에서 얻은 정보를 유지하고자 한다면 비교적 빨리 목요일 저녁 파티를 끝내는 것이 좋다.

시냅스 통합 vs. 시스템 통합

신경생물학자들은 기억 통합에 두 가지 유형이 있다는 것을 확인했다. 하나는 **시냅스 통합**(synaptic consolidation)으로 학습 후 몇 시간 내에 발생한다. 이것은 단백질 합성뿐 아니라 기억이 초기에 안정되는 데 필요한 형태 변화도 포함한다.

두 번째 기억 통합 형태는 시스템 수준에서 발생한다. **시스템 통합**(system consolidation)은 기억을 지탱하는 뇌 영역의 재구성을

포함하여 (몇 주 혹은 몇 달이 걸리는) 좀 더 점진적인 과정이다. **리봇 법칙**(Ribot's law)에 따르면, 뇌손상에 따른 기억 상실은 먼 기억보다는 상당 부분 최근 기억에 영향을 미친다. 여러분의 뇌를 파일을 저장하는 컴퓨터라고 생각해보라. 컴퓨터가 바닥에 떨어진다 해도 자동적으로 저장되지 않은 가장 최신 자료를 제외하면 그 파일에 있는 모든 정보는 유지될 것이다. 비슷하게, 뇌에서 정보를 적절하게 조직화할 기회를 갖기 전에 통합과정이 무너진다면 생겨났던 새 기억은 사라질 것이다.

인지도

다람쥐 연구에서 우리는 공간학습과 해마 사이에 관계가 있다는 것을 안다. 이런 지식을 확장하여 심리학자인 존 오키페(John O'Keefe)와 린 나델(Lynn Nadel)(1978)은 인지도 이론을 주장했다. **인지도 이론**(cognitive map theory)은 해마가 공간 체계를 제공하기 때문에 우리가 환경에 대한 정신 지도를 만들 수 있다는 이론이다. 오키페와 나델은 해마에 있는 **위치 세포**(place cells)는 유기체가 자연 환경 속의 특정 위치에 있을 때만 작용한다는 것을 밝혀냈다.

반대로 **관계 기억 이론**(relational memo-

는 LTP를 증가시킬 수 있다는 몇 가지 증거도 있다.

무엇이 LTP를 강화하거나 약화시키는가?

강한 자극이 우리 뇌를 증진시키는가? 연구를 보면 풍요로운 환경에서 사는 쥐들은 시냅스후 증강 — 설치류가 자극이 제거된 형편없는 우리에 있을 때 사라지게 되는 현상 — 이 강화되는 것을 알 수 있다(Rosenzweig 등, 1972). 이 장(章) 초반에 언급한 바 있는 거울을 판독하는 대상의 뇌처럼, 쥐의 뇌 구조는 경험에 따라 달라졌다.

어쩌면 늦잠 때문에 아침강의에 빠지는 것이 실제 졸업가능성을 증가시킬지도 모른다. 장기 증강은 각성 시간이 연장되면 보기 어려워진다(Vyazovskiy 등, 2008). 각성상태는 시냅스 증강과 연결된 것인 반면, 수면은 전반적인 시냅스 강화 균형을 맞추면서 시냅스 침체에 관여한다.

학습에서의 통합

어떻게 우리는 이전에 배운 것을 유지하는가? 수면 역시 장기기억 안정화 — 이후에는 학습 — 에 중요한 역할을 한다. 우리가 새로운 정보를 통합하기 위해서는 수면이 필요하다. 수면박탈이 뉴런이 자라고 생존하는 것을 돕는 단백질을 고갈시키고(Sei 등, 2000), 해마에 있는 세포 창출을 방해한다는(Guzman-

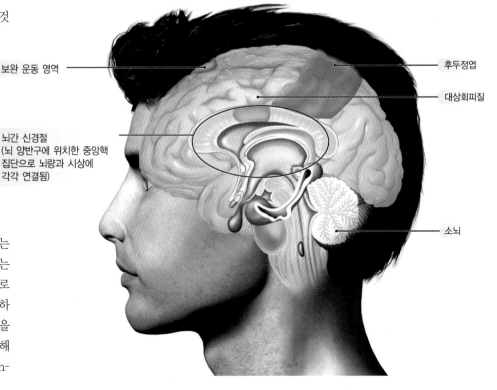

보완 운동 영역

뇌간 신경절
(뇌 양반구에 위치한 중앙핵 집단으로 뇌량과 시상에 각각 연결됨)

후두정엽

대상회피질

소뇌

ry theory) 지지자들은, 해마는 관계 체계에 연계해 사건을 처리한다고 주장한다(Cohen 과 Eichenbaum, 1993). 예를 들어 여러분이 가장 좋아하는 어린이 TV 쇼 주제가를 들으면 갑자기 수많은 것 ─ 그 쇼의 주인공이라든지, TV 쇼를 볼 때 먹었던 음식이라든지, 그 쇼를 보고 다음 날 학교에서 함께 따라 했던 친구들 등 ─ 들을 떠올리게 될 것이다. 이 이론은 위치 세포가 환경에 대한 전반적인 위치가 아니라 오히려 환경 내에 대상끼리의 관계를 나타낸다고 증거를 들어 설명하고 있다.

기술 학습 및 기초 신경절

많은 연구들이 기술 습득 동안 피질 재구조화가 일어난다는 것을 보여주었다. 신경생물학자인 그레그 레칸존(Gregg Recanzone)과 그의 동료들은 성체 부엉이 원숭이가 한 손가락에 있는 두 가지 자극 간 빈도 차이를 탐지하도록 훈련을 시켰다(Recanzone 등, 1992). 그들은 훈련을 하면서 그 손가락에 대해 반응하는 체성감각피질 영역이 상당히 증가하는 것을 발견했다.

그렇다면 뇌의 어떤 부분이 피질 재구성을 강화하는 것인가? 기초신경절은 종종 강화학습 과정이나 조작적 조건형성에 연합된다. 엄마가 웃고 있는 자신의 아기 사진을 볼 때 엄마 뇌의 보상 영역이 이 뇌 스캔 이미지에서 얼마나 빛이 났는지를 기억하는가? 보상을 가져오는 행동은 도파민 뉴런이 폭발적으로 활성화되게 한다. 반대로 예상된 보상이 주어지지 않으면 도파민 세포는 전혀 활성화될 생각을 하지 않는다. 이런 도파민 분출과 진정은 보상행동은 강화하고 그렇지 않은 행동은 강화하지 않으면서 기초신경절에 있는 시냅스 연결 강화에 변화를 주도한다고 여겨진다.

> **그렇다면 뇌의 어떤 부분이 피질 재구성을 강화하는 것인가? 기초신경절은 종종 강화학습 과정이나 조작적 조건형성에 연합된다. 엄마가 웃고 있는 자신의 아기 사진을 볼 때 엄마 뇌의 보상 영역이 이 뇌 스캔 이미지에서 얼마나 빛이 났는지를 기억하는가?**

운동 기술을 배우는 능력(후두정골피질, 추가운동 영역, 대상회피질, 소뇌에 이어지는)은 기초신경절에 상당 부분 의지한다. 운동 조절 면에서 기초신경절의 주요 역할 중 하나는 시상에 있는 흥분시키고 억제시키는 효과를 통해 반응을 선택하는 것이다.

뇌가 지각 능력을 강화할 수 있다는 증거도 있다. 몇몇 연구들은 방추형 안면 영역이 공간특수 구조가 아니라 이것 역시 일반적인 시각 기술에 연관된다는 것을 보여주었다. 예를 들어 자동차 정비공의 방추형 안면 영역은 자동차의 이미지에 반응하여 활성화하는 반면, 조류 관찰자의 방추형 안면 영역은 다른 새의 이미지에 의해 활성화된다(Gauthier 등, 2000).

조건화

흰쥐를 통해 공포에 조건화된 꼬마 앨버트는 큰 소리와 연합되어서 모든 털 종류에 비정상적인 공포를 보였다. 그러나 그의 뇌 속의 어떤 영역이 그런 조건화가 일어나게 한 것일까? 답은 편도체이다. 편도체는 작고 아몬드같이 생긴 구조로 측두엽 안쪽 깊이 위치해 있다. 편도체의 중심핵은 감정 조건화, 특히 공포 조건화에 중요하다.

놀란 쥐를 상상해보라. 몸을 쭈그리고 무감정하게 앉아 **얼어붙기**(freezing)라고 부르는 방어적인 반응을 보인다. 심장박동과 혈압이 상승하는 생리적 반응도 일어난다. 만일 쥐가 특수한 자극을 두려워하도록 조건화된다면 행동뿐 아니라 생리적 반응도 함께 일어날 것이다. 그러나 일단 편도체에서 중뇌까지 어떤 연결이 끊기게 되면 이런 반응은 더 이상 일어나지 않는다(Kim 등, 1993).

대부분의 조건화 역시 해마, 소뇌 및 기초신경절에 의지한다. 상황의 요구에 따라 뇌의 다양한 부분이 다른 정도로 사용된다.

다른 신경 기제

우리가 관찰을 통해 배울 때, 우리 뇌의 과정이 과제를 수행할 때 발생하는 과정과 비슷할까? 신경과학자들은 원숭이가 과제를 수행할 때뿐 아니라 다른 원숭이가 과제를 수행하는 것을 볼 때도 반응하는 짧은꼬리원숭이에게서 **거울뉴런**(mirror neurons)을 발견했다. 이 뉴런이 인간에게도 있고, 짧은꼬리원숭이에게 했던 동일한 기능을 수행하는 것으로 보인다(Fabbri-Destro와 Rizzolatti, 2008). 몇몇 과학자들은 이런 뉴런이 운동 피질 근처 전두엽 영역에서 발견되기 때문에 행동 모방과 언어 습득에 중요하다고 믿는다(Ramachandran, 2000).

편도체는 감행 조건화에 중요하다. 이 영역이 손상되면 공포심이 없어질 수도 있다. 공포가 없다면 어떤 불이익이 생길까?

07

복습

요 약

WHAT **학습의 원리는 무엇인가?**
● 학습은 미래 행동에 비교적 영구적 변화를 야기하는 경험 과정이다.
● 행동주의자 스키너와 왓슨은 대부분의 행동은 단순한 형태의 학습의 산물이라고 설명될 수 있다고 믿었다.
● 유기체는 생존을 위협하는 상황에 대한 선천적인 공포와 같이 어떤 형태의 연합을 학습하고자 하는 생물학적 경향성을 가지고 있다.

HOW **반사는 자극에 대한 우리 반응을 어떻게 조건화하는가?**
● 우리는 어떤 자극에 대해 어떤 방식으로 자연스럽게 반응한다. 고전적 조건형성은 우리에게 이전에 중성 자극에 반사적으로 반응하는 법을 가르쳐서 이런 반사적 반응에 유익을 준다.

HOW **연합은 우리 행동을 어떻게 조형하는가?**
● 우리 행동이 정적 혹은 부적인 결과와 연합할 때, 우리는 조작적 조건형성을 경험하는 것이다. 우리는 긍정적 결과를 가진 행동은 반복하고 부정적 결과를 가진 행동은 포기하기 쉽다.

WHAT **우리는 다른 사람들을 관찰함으로써 무엇을 배울 수 있는가?**
● 우리는 어떤 행동을 하는 사람들을 보고 그 행동을 모방하여 그 행동을 하는 법을 배울 수 있다. 이런 기술을 관찰학습이라고 한다.
● 관찰학습을 통하여 우리는 공격적 행동과 친사회적 행동을 배울 수 있다.

WHAT **우리가 학습을 할 때 어떤 두뇌과정이 발생하는가?**
● 우리가 학습을 할 때, 뉴런이 활성화되고 뉴런들 간에 시냅스 연결이 더 강해진다. 이런 과정은 장기 증강이라고 한다.
● 두 가지 형태의 기억 통합이 있다. 시냅스 통합은 학습 후 몇 시간 안에 일어나는 것이고, 시스템 통합은 학습 후 며칠 혹은 몇 주 내에 일어난다. 수면은 우리가 새로운 정보를 유지하는 것을 돕는다.

이해 점검

1. 에브너는 철자시험에서 A를 받아 금상을 타고 친구들 앞에서 선생님께 칭찬을 받았다. 선생님은 어떤 학습과정을 사용하고 있는가?
   a. 조건화
   b. 내적 동기화
   c. 수행
   d. 소거

2. 다음 시나리오 중 학습 수행 식별을 보이는 사례는?
   a. 드류는 너무 빨리 계단을 걷다 걸려 넘어져서 고통스러웠다. 다음에 계단을 걸을 때는 천천히 걸었다.
   b. 센자나는 4살 때까지 양친을 모두 "아빠"라고 부르다가 이후 엄마를 "엄마"라고 부르기 시작한다.
   c. 애티커스의 베이비시터는 애티커스가 만화를 볼 때 조용히 앉아 있으면 과자를 준다. 일주일간 방학이라 새로운 베이비시터가 아기를 돌보았다. 첫 이틀 동안은 만화를 보는 동안 가만히 앉아 있었지만 과자를 얻지 못했다. 나머지 5일은 만화를 보는 동안 장난감 트럭을 가지고 놀고 큰 소리를 고래고래 질러댔다.
   d. 톰은 역사시험 정답을 모두 알고 있다. 그러나 표기를 잘못하여 몇 개를 틀렸다.

3. 앤디는 기타를 칠 때 행복하다. 그가 밴드에서 기타를 치는 건 아니지만 매일 기타를 친다. 그가 기타를 칠 때 그는?
   a. 외적으로 동기화되었다.
   b. 잠재적 학습을 하고 있다.
   c. 내재적으로 동기화되었다.
   d. 지나치게 정당화되었다.

4. 지난 학기 아니타는 심리학 수업시간에 항상 좋은 냄새가 나는 귀여운 친구 옆에 앉았다. 이 친구를 볼 때마다 아니타는 자기도 모르게 얼굴이 붉어졌다. 학기가 끝나고 한 달이 지나 아니타는 면도 후 바르는 크림을 파는 상점 옆을 걷고 있다가 전에 친구에게서 나던 냄새를 맡았다. 전혀 생각도 못했는데, 아니타가 그 상점에서 얼굴이 붉어졌다면 이 예는?
   a. 조건 자극
   b. 조건 반응
   c. 무조건 자극
   d. 무조건 반응

5. 문제 4에서 향수의 냄새는 어떤 예인가?
   a. 조건 자극
   b. 조건 반응
   c. 무조건 자극
   d. 무조건 반응

6. 연구자가 벨을 울리고 10초 후 피실험자에게 견딜 만한 전기 자극을 주었다고 가정해보자. 몇 번의 시행 이후 피실험자는 다음 벨소리에 긴장하기 시작했다. 이것은 무엇에 관한 예인가?
   a. 흔적 조건형성
   b. 지연 조건형성
   c. 동시 조건형성
   d. 후향 조건형성

7. 문제 6에서 연구자가 벨소리와 빨간 불을 짝지었다고 해보자. 몇 번의 시행 이후, 빨간불과 전기 자극이 함께 나타나지 않았음에도 불구하고 피실험자는 빨간불이 켜지면 긴장하기 시작했다. 이것은 무엇에 관한 예인가?
   a. 지연 조건형성
   b. 2순위 조건형성
   c. 흔적 조건형성
   d. 후향 조건형성

8. 조지아의 고양이가 발톱으로 카펫을 긁어놓았다. 그렇게 하지 못하게 하려고 조지아는 고양이가 카펫을 긁을 때마다 고양이에게 물총을 쏘았다. 일주일이 지나자, 고양이는 더 이상 카펫을 긁지 않았다. 이것은 무엇에 관한 예인가?
   a. 조작적 조건화
   b. 강화
   c. 고전적 조건화
   d. 지연된 강화

9. 문제 8에서 고양이에게 물총을 쏘는 것은 무엇에 관한 예인가?
   a. 부적 강화
   b. 정적 처벌
   c. 부적 처벌
   d. 정적 강화

10. 매기는 강아지가 눕도록 훈련을 시키고 싶다. "누워!"라고 말을 하면서 강아지 앞에서 땅에 손을 대었다. 강아지가 그녀 손 근처에서 눕자 강아지에게 과자를 주었다. 매기는 한 번에 다섯 차례 강아지가 눕게 했고 그때마다 과자를 주었다. 이 예에서 과자의 역할은?
   a. 이차 강화물
   b. 정적 강화물
   c. 부적 강화물
   d. 조작적 반응

11. 문제 10과 관련하여, 만일 매기가 강아지에게 누우라고 하고 강아지가 누울 때 두세 번에 한 번씩 과자를 주었다면, 그녀는 무엇을 한 것인가?
   a. 고정 비율계획에 따른 간헐적 강화
   b. 변동 비율계획에 따른 간헐적 강화
   c. 변동 간격계획에 따른 간헐적 강화
   d. 연속 강화

12. 수진이는 책을 쓰고 있는데, 책을 쓰는 시간을 온전히 투자하기가 어렵다는 것을 알았다. 그녀는 최근에 문을 연 새로운 레스토랑에 친구들과 가는 것을 더 좋아한다. 수진이는 금요일까지 40페이지를 쓰면 그 주에는 친구와 레스토랑을 가기로 결심했다. 이 예는?
   a. 토큰 경제
   b. 보상상반효과
   c. 프리맥 효과
   d. 조형

13. 박물관을 견학하면서, 안소니는 한 젊은 여성이 자신은 전에 본 적이 없는 그림 앞에 서 있는 것을 보았다. 그녀가 떠난 후 안소니는 이 그림을 보면서 한참을 서 있었다. 이것은 무엇의 예인가?
   a. 연속적 근사
   b. 조작적 조건형성
   c. 자극 강화
   d. 친사회적 모델링

14. 엄마가 데이트를 하러 가는 준비를 하는 것을 보고, 쇼나는 드레스를 입고 엄마 하이힐을 신어본다. 어떤 종류의 관찰학습이 보이는가?
   a. 잠재적 학습
   b. 목적 증진
   c. 모델링
   d. 탐색

15. 문제 14와 관련하여, 만일 쇼나가 친구 집에 가서 하이힐을 신어보고 화장을 하고 직장에서 일을 하는 것처럼 한다면, 쇼나가 하고 있는 것은?
   a. 목적 증진
   b. 정찰행동
   c. 조성
   d. 놀이

16. 해마에 있는 뉴런의 활동이 사람이나 동물이 환경을 조절하게끔 돕는 정신 지도를 나타내는 것이라는 이론을 무엇이라 하는가?
   a. 인지도 이론
   b. 관계 기억 이론
   c. 장기 증강
   d. 시스템 통합

17. 쥐의 해마에 있는 위치 세포가 가장 잘 활성화되는 때는?
   a. 쥐가 보상을 받을 때
   b. 쥐가 우리 안의 특별한 장소에 있을 때
   c. 다른 쥐가 자신의 영역에 들어왔을 때
   d. 시스템 통합이 일어날 때

18. 장기 증강은?
   a. 뉴런 간 관계를 강화하는 기제
   b. 집단행동 원칙의 일부
   c. 뇌손상이 유지되는 형태
   d. 뉴런의 시냅스의 약화

19. 다음 중 방어적 반응은?
   a. 얼어붙기
   b. 장기 침체
   c. 모델링
   d. 간헐적 강화

20. 몇몇 연구자에 따르면, 다음 중 모방을 통해 새로운 행동을 학습하는 것이 포함되는 것은?
   a. 위치 세포
   b. 편도체
   c. 해마
   d. 거울뉴런

기억

질 프라이스는

엘비스가 사망한 날 무엇을 하고 있었는지 정확히 알고 있다. 그녀는 1984년 10월 2일 저녁 식사로 무엇을 먹었는지 기억한다. 그녀는 당신에게 1991년 방송된 유명한 TV쇼 "Dallas"의 마지막 에피소드에 대해 온갖 사소한 것까지 자세히 이야기할 수 있다. 프라이스에게 14세까지 매일의 생활에 대한 어떠한 세부적인 일상이라도 물어보면 그녀는 망설임 없이 답을 회상해낼 수 있다. 캘리포니아에 사는 43세 미망인인 프라이스는 극히 드문 신경학적 상태에 있다. 시간이 갈수록 희미해지는 대다수의 사람들의 기억과 달리 프라이스의 기억은 거의 완벽하다. 그녀는 그 어떤 것도 잊을 수 없다.

어떤 사람에게는 이것이 축복처럼 들릴지도 모른다. 우리 중 누가 자동차 열쇠를 어디에 두었는지를 기억하거나 과거의 아주 멋진 기억을 완전히 자세하게 떠올리기를 원하지 않을까? 그러나 모든 말다툼, 모든 고통스러운 거절, 모든 견딜 수 없이 당혹스러운 사고들이 자꾸 반복하여 연거푸 기억이 되살아나는 것을 상상해 보라. 우리가 파티에서 아는 사람의 이름을 기억하지 못할 때에는 불만스러울 것이지만 망각은 심리적 건강의 한 부분이다. 일상생활을 분할된 텔레비전 스크린 — 한쪽은 현재 활동을 볼 수 있고, 반면 다른 쪽에서는 기억의 끊임없는 고리가 돌아가고 있는 — 에 비유하는 프라이스에게는 시간이 지나도 상처가 치유되지 않는다. 주어진 특정 날짜를 프라이스는 마치 그녀의 관점에서 녹

화된 비디오 필름을 보고 있는 것처럼 마음속에서 재생할 수 있다.

2000년에 프라이스는 캘리포니아대학의 신경과학자인 제임스 맥거프(James McGaugh) 교수를 만났다. 심리학, 신경학, 생리학 검사가 있고 5년 후, 맥거프 교수는 그녀의 상태에 대해 새로운 용어인 '과잉기억 증후군(hyperthymestic syndrome)'을 만들었으며 이는 '지나치게 발달된 기억(overdeveloped memory)'이라는 의미이다. 프라이스의 사례에서 지나친 발달은 그녀 자신의 경험에 국한된다. 그녀는 숫자의 연속이나 시집을 기억하는 것에는 특별한 능력을 가지고 있지 않으며 사실을 기억하는 그녀의 능력과 매일의 평범한 삶과는 직접적으로 관련되어 있지 않다.

맥거프 교수는 프라이스의 뇌 일부가 그 또래 다른 여성의 3배 크기라는 점을 발견했다. 그녀 뇌의 확장된 부분은 종종 수집과 축적에 관여하는 상태인 강박장애와도 관련이 되어 있었다. 프라이스가 봉제 곰인형 비니베이비나 다른 수집품을 모으듯이 기억을 축적하고 있는 중일 수 있을까? 의사들은 더 많은 연구를 통해 프라이스가 인지 심리학에서 오랫동안 지속된 많은 질문들 — 어떻게 기억을 회상하는가? 어떻게 지속되도록 기억을 만드는가? 어떻게 우리는 언제, 무엇을 잊는지 아는가? — 에 답하도록 도움으로써 알츠하이머 치매 환자나 다른 환자를 돕길 바라고 있다.

<<< '슈퍼 메모리'는 질 프라이스에게 신의 선물이기도 하고 저주이기도 하다. 다시 기억해 내는 과정만큼, 잊어버리는 과정 또한 중요하다. 어제 아침에 무엇을 먹었는지 잊거나 옛날 유치원 선생님의 이름을 잘못 기억하는 것과 같은 망각은 우리에게 자연스러운 것이다. 그런데 왜 우리의 기억은 이런 방식으로 움직일까? 이런 방법들이 기억하거나 망각하도록 하는 능력을 증가시킬 수 있을까?

CHAPTER **08**

기억의 기능

질 프라이스가 너무 잘 아는 것처럼 우리가 기억하고 잇는 것은 우리의 삶에 중요한 영향을 가질 수 있다. **기억**(memory), 새로운 정보를 정리 보존하고 이전에 학습한 데이터를 재생시키는 우리 뇌 시스템은 그것이 성공할 때나 실패할 때나 모두 중요하다. 기억을 창조하고 접근하는 능력은 진화론적인 장점이며 실제로 그것은 생존하는 데에 필요하다. (우리의 이름, 가족 혹은 어디로 식료품을 사러 가는지 기억할 수 있는 사람이 아무도 없는 세상에서 생존하기 위해 노력하는 장면을 상상해보라.) 기억은 필수적인 인간의 속성이지만 약점이 될 수도 있다. 정확도라는 말에서 보면 기억은 비디오 테이프가 아니다. 다시 말해 기억은 항상 깨끗하게 보이는 것이 아니며 사건의 정확한 설명을 사실적으로 하는 것도 아니다. 그래도 비디오 테이프 같다는 것은 우리의 기억이 편집될 수 있고 완화되기도 하며 영원히 지워질 수도 있다는 것이다.

어떻게 기억이 조직되는가?

기억의 유형

모든 기억들이 똑같이 만들어지는 것은 아니다. 여기에는 **감각 기억**(sensory memory), **작업 기억**(working memory), **장기 기억**(long-term memory)이라는 세 가지 기본적인 기억의 유형이 있다. 감각 기억은 몇 초 이상 남지 않는다. 그러나 우리는 작업 기억이나 단기 기억에 정보를 좀 더 긴 시간 유지할 수 있다. 우리의 장기 기억은 삶 전반에 남을 수 있다. 이

기억의 유형과 하위 유형

런 세 가지 유형의 기억은 하위유형으로 더 잘게 나누어질 수 있다.

우리의 뇌는 기억 속에서 정보를 많은 다른 유형으로 저장할 수 있다. (당신은 당신이 어디에 살고 있는지, 당신의 친구 전화번호, 롤러블레이드를 타기 위해 필요한 근육같이 단지 이름을 붙일 수 있는 몇 가지 가능성이 있는 것을 기억한다.) 어떤 기억들은 다른 기억들이 좀 더 영구적으로 되는 동안 빠르게 소실되고 어떤 기억들은 당신의 의식적인 지식 없이 만들어지는 동안 의식적으로 형성되고 저장된다. 당신의 각각의 일상 경험들이나 기념할 만한 것, 일과는 마음속에 기억처럼 보존될 잠재성이 있다. (당신은 스스로 불꽃놀이 광경을 떠올린다거나 당신이 짠 안무의 움직임같이 기억에 남는 정보의 무수한 유형을 처리하는 뇌의 놀라운 능력의 진가를 아는 데에 1분 정도의 시간이 걸린다.)

정보 처리 : 인간 기억의 중추

어떻게 우리의 관찰과 경험들을 기억 속에 집어넣고 나중에 끄집어 낼 수 있을까?(자신만의 개인 관리 보조로 기억을 생각해보면 단지 기억은 보조로서 수백 개의 파일을 만들어 특정한 캐비닛에 분류를 하고 당신이 필요할 때 꺼내어주는데 당신의 기억은 정보를 부호화하고 저장해두며 이후 사용해야 할 때 인출을 한다.) 이런 **부호화**(encoding), **저장**(storage), **인출**(retrieval)의 과정은 기억의 정보 처리 모델로 알려져 있다.

기억의 부호화, 저장, 인출의 과정은 정리된 체계와 비슷하다. 어떤 종류의 기억이 각각의 '서랍'에 저장될 수 있을까?

비록 우리 기억의 정보 처리 기술이 세 가지 단계로 구성되어 있다고 해도 기억의 기능을 하나, 둘, 셋으로 나누는 것은 쉽지 않다. 때로 기억은 기본적인 세 단계의 처리 모델을 따르게 된다(Atkinson과 Shiffrin에 의한 첫 번째 과정).

1) 사건을 경험할 때 당신의 감각은 사건에 대한 정보를 수집하고 감각 기억에 그것들을 자세히 보관한다.

2) 당신이 수집한 몇몇의 감각 정보는 작업 기억에서 부호화되고 저장된다.

3) 만일 당신이 정보를 몇 초 혹은 몇 분 이상 기억하고 싶다면 두 번째 부호화 과정

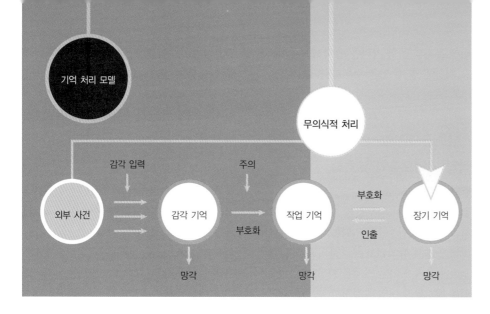

기억 처리 모델

무의식적 처리

외부 사건 → 감각 입력 → 감각 기억 → 주의/부호화 → 작업 기억 → 부호화/인출 → 장기 기억

망각   망각   망각

<<< 이 수정된 기억의 세 단계는 앳킨슨과 쉬프린의 1968년 모델로 외부 사건이 장기 기억으로 변환되는 과정을 그리고 있다.

울이지 않으면 몇 초 이내에 사라져버린다.

감각 기억과 뇌

우리는 감각 기억에 대하여 인간의 뇌를 살펴봄으로써 좀 더 구체적인 방식으로 생각할 수 있다. 뇌의 어떤 영역들은 감각 기억이 만들어지는 동안 활성화된다. 이 영역들은 **시각 피질**(visual cortex)과 **청각 피질**(auditory cortex), 그리고 **감각 피질**(sensory cortex)로 감각으로부터 입력을 받는다. 당신이 라디오를 들을 때 당신의 청각 피질은 활동적으로 듣고 있는 음악을 부호화하며, 당신이 사진을 보고 있을 때 당신의 시각 피질은 열심히 영상을 처리한다. 즉 당신의 감각이 자극과 만나게 되면 연관된 뇌의 감각 영역들은 그 자극을 처리한다. **전두엽**(frontal lobe)이 작업 기억과 장기 기억의 부호화와 저장에 더욱 중요한 역할로 작동을 하는 동안, 감각 기억 처리에서도 어느 정도 참여하고 있다.

형상 기억과 음향 기억

아마도 당신은 '사진을 찍듯이 암기(photographic memory)'라는 말이나 짧은 순간 본 후에 그 이미지에 대한 모든 세밀한 것까지 정확하게 기억하는 것에 대해 들어보았을 것이다. 사실 사진을 찍듯이 암기하는 것은 존재하지 않는다는 것(질 프라이스에게는 그렇지 않지만)을 연구가 제안하기는 하지만 대부분의 사람들은 시간의 매우 짧은 순간 동안(1초에 단 10분의 1)만 정확한 이미지를 회상할 수 있는 능력을 가졌다. 이런 능력은 **형상 기억**(iconic memory)이라고 부르는 감각 기억의 한 형태로서 가능하게 한다.

조지 스펄링(George Sperling, 1960)에 의한 연구는 우리의 시각적 등록기들이 이미지의 정확한 묘사를 저장할 수 있다고 설명하였

을 살펴볼 수 있고 장기 기억에 저장하게 될 수 있다. (당신은 이후에 장기 기억에 저장한 정보를 인출할 수도 있고 단기 기억으로 되돌릴 수도 있다.)

그러나 앳킨슨(Atkinson)-쉬프린(Shiffrin) 모델이 상당히 완벽한 것은 아니다. 예를 들면, 당신이 이전에 저장한 정보를 인출하지 못할 수도 있다. 당신은 아마도 이런 현상을 '**망각**(forgetting)'으로 더 잘 알 것이다. 게다가 최근 연구는 모든 기억이 장기 기억 저장고로 넘어가기 이전에 작업 기억을 거치는 것은 아니라는 것을 이야기하고 있다. 때로 우리의 뇌는 의식적인 지식 없이도 모델에서의 처음 두 단계를 간과하고 정보를 바로 장기 기억으로 보내어 넣어두기도 한다. 그렇긴 하지만 기본적인 골조는 세 가지 단계 모델이 우리가 세 가지 유형의 기억을 이해하고 서로 간의 연결을 이해하는 데 도움을 줄 수 있다.

감각 기억

감각 장치

시각피질, 청각피질, 감각피질, 전두엽은 모두 감각 기억 과정의 한 부분으로 활동한다. 심상, 소리, 맛, 냄새, 느낌 등등 특정한 내용이 무엇이든 간에 기억은 감각 경험의 산물이다. 우리는 주변 세계에서 일어나는 정보를 수집하기 위해 끊임없이 다섯 가지 감각을 사용한다. 이런 정보는 기억이 만들어낸 원시적인 것들이다. 감각으로부터 온 정보는 뇌에 있는 감각 기억을 만드는 **감각 등록기**(sensory registers)에서 변환된다. 각 감각들은 그 자체의 장치에 정보로 보존된다. 이런 감각 장치들은 엄청난 양의 데이터를 담을 수 있지만 우리가 감각 장치 안에 있는 정보에 주의를 기

체감각 피질

청각 피질

전두엽

시각 피질

∧∧ 시각 피질, 청각 피질, 감각 피질, 전두엽은 모두 감각 기억 처리의 한 부분으로 작동한다.

121

기억

잔영 기억은 짧은 시간 동안 본 이미지를 이후에 선명하게 회상하는 능력이다.

음향 기억은 청각 자극에 관련된 감각 기억의 유형이다.

주의는 마음을 감각이나 생각에 주는 행위이다.

의식적 부호화는 정보를 기억을 하기 위해 특별한 주의를 가지고 부호화된 처리이다.

무의식적 부호화는 어떤 의도적인 생각이나 행위와 관련되어 있지 않은 부호화 과정이다.

시각적 부호화는 이미지를 부호화하는 과정이다.

청각적 부호화는 소리를 부호화하는 과정이다.

의미적 부호화는 의미를 부호화하는 과정이다.

군집화는 큰 덩어리의 정보를 작은 덩어리로 조직하는 과정이다.

기계적 시연은 정보를 학습하려는 의지를 가지고 큰 소리를 내거나 조용히 하며 정보를 반복하는 과정이다.

다. 그러나 거의 즉각적으로 이 이미지들은 새로운 이미지들에 의해 교체가 되기 때문에 우리의 '사진을 찍듯이 암기'하는 것은 수명이 심히 제한적이다.

만약 사진을 찍듯이 암기하는 것이 근거 없는 이야기라면 **잔영 기억**(eidetic memory)은 무엇일까? '아이데티커(eidetikers)'라 알려진 몇 안 되는 사람들은 짧은 시간(몇몇 실험에서 30초 정도) 동안 본 후 자세한 이미지를 선명하게 회상해내는 능력을 가지고 있다. 그들이 자신이 본 이미지를 묘사할 때 아이데티커의 눈은 마치 그 이미지를 보고 있는 것처럼 움직이고 그들의 기억을 '보고 있는 중'이라고 이야기한다. 그러나 심리학자인 앨런 설먼(Alan Searleman)에 의하면 잔영 기억은 정말로 사진을 찍듯이 하는 것은 아니다. 아이데티커들은 때론 오류를 나타내기도 하고 사진과 똑같지 않으며 그들의 생생한 기억은 단지 몇 분 정도밖에 남지 않는다.

과학자들이 가장 많은 정보를 가지고 있다고 보는 다른 감각 등록기로는 청각 등록기가 있다. 간결하고 정확하게 소리를 기억하는 우리의 능력은 **음향 기억**(echoic memory)이라고 부른다. 형상 기억처럼 음향 기억도 빠르게 생겼다가 사라진다. 만약 우리가 소리에 주의를 기울이지 않는다면 우리는 그 기억이 사라지기

전에 우리의 음향 기억은 단지 3초나 4초 정도 회상해 낼 수 있을 것이다.

작업 기억

작업 기억으로의 부호화

주의

감각 등록기에서 대부분의 기억이 빠르게 겹쳐 쓰이는 동안, 이런 기억들의 일부는 작업 기억 안에서 유지되고 부호화되고 저장된다. 그러나 우리가 어떤 기억을 저장하고 어떤 기억을 폐기할지 어떻게 결정할 수 있을까?

그 질문의 답은 **주의**(attention)이다. 어떤 주어진 순간에 우리는 경험으로부터 온 한 다스의 이미지, 소리, 그 밖에 여러 감각들을 처리하고 있지만 이런 모든 감각 기억들에 주의를 기울이지는 않는다. 감각이 우리의 주의를 끌게 되면 우리는 그것에 주의를 기울이고 작업 기억으로 보낼 가능성이 크다. 이것은 특히 높은 흥미를 끌거나 익숙하지 않은 사건에 적용된다. 예를 들어 만일 당신에게 분홍색 닭을 상상하고 기억하라고 요청하면 이런 이상한 이미지는 당신의 주의를 잡아끌 것이다. 주의는 또한 제5장에서 언급한 칵테일 파티 효과에서 중추적인 단계이다. 우리가 사람들이 떠드는 소리와 웃음소리 가득한 방 안에 있을 때 우리는 배경에서 나는 수다 소리를 꺼놓고 당신과 이야기하는 사람의 말에만 주의를 집중할 수 있다. 당신은 또한 아마도 방을 가로

지른 곳에서 누군가가 당신의 이름을 말하는 것을 알아챌 수 있을 텐데 이는 당신의 주의를 잡아끌기 때문이다. 주의는 '소음' 자극의 배경에서 의미 있는 정보를 추출하도록 우리를 이끈다.

의식과 무의식적인 부호화

정보는 작업 기억에서 의식적이거나 무의식적으로 저장고에 부호화될 수 있다. '노력의 과정'이라고도 불리는 **의식적 부호화**(conscious encoding)는 기억을 하기 위해 정보에 대해 분명한 주의 집중을 요한다. 이 전략은 특히 당신이 새로운 정보를 기억할 필요가 있을 때 유용하다. 당신이 새로 알게 된 지인을 만났을 때 당신은 그 사람이 '로라'가 아닌 '라라'라는 사실을 기억하기 위하여 그 사람의 이름에 주의를 기울여야 한다(아마도 속으로 한두 번 이름을 조용히 반복해 볼 것이다).

'자동적 과정'이라고도 불리는 **무의식적 부호화**(unconscious encoding)는 우리가 종종 무언가를 하고 있으면서도 의식적인 각성 없이 주의를 두며 어떤 일을 한다는 사실과 관련되어 있다. 만약 누군가가 당신에게 오후 6시에 무엇을 하고 있었는지를 묻는다면 당신이 어디 있었는지 정확히 기억하기 위해 오후 6시에 몇 초간 메모를 하지 않았어도 "저녁식사를 하고 있었습니다."라고 말할 수 있을 것이다. 당신은 '읽었던 마지막 몇 개의 단어를 작업 기억에서 그에 대해 생각하지 않더라도 저장할 수 있다.'는 이 단락을 읽고 있는 동안에도 자동적 처리를 사용하고 있다.

작업 기억과 전두엽

뇌의 여러 영역이 작업 기억의 부호화와 저장에 공헌하고 있지만 전두엽이 그 과정을 관장한다. 연구자들은 작업 기억 과제를 수행하는 동안 전두엽이 활성화하는 것을 발견하였다. 뿐만 아니라, 전두엽 손상을 입은 환자들은 다양한 기억 과제를 수행하는 데에 어려움을 겪고 있었다. 이런 발견들은 전두엽과 작업 기억 사이의 연결을 강조한다. 전두엽이 작업 기억에 중요한 반면 뇌의 다른 영

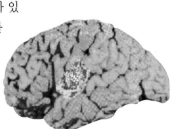

다른 감각 자극은 뇌의 다른 영역에서 활성화한다.

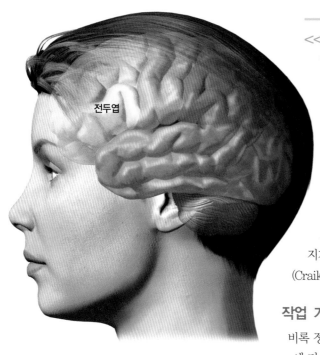

전두엽

역들은 처리되고 있는 정보의 유형에 의존하여 처리되고 있는 정보에 의존하여 부담을 덜수 있다.

신경영상 연구는 한 가지 유형의 지식은 뇌의 몇 군데 다른 엽에 걸쳐 저장이 된다고 자주 제안한다. 어떤 영역도 우리의 지속되는 모든 작업 기억을 책임지고 떠맡고 있는 것은 아니다(Gabrieli, 1998).

무엇을 부호화하는가? 이미지, 소리, 의미

우리의 뇌가 정보를 부호화하는 방법은 정보가 처리되는 유형에 달려 있다. **시각적 부호화** (visual encoding)는 이미지를 부호화하고 **청각적 부호화**(auditory encoding)는 소리를 부호화하며 **의미적 부호화**(semantic encoding)는 의미를 부호화하는 것이다. 정보의 어떤 부분은 다각적으로 부호화될 수 있다. 예를 들면 만약 당신이 정치적 여론조사의 결과인 원 도표를 본다면 당신은 그것을 시각적인 부호화(어떻게 보이는지를 기억)와 의미적인 부호화(각 후보자에게 어떤 조사 결과가 의미 있는지를 생각)를 할 수 있을 것이다.

비록 우리는 이미지, 소리, 의미를 부호화할 능력이 있지만 모든 유형의 부호화를 똑같이 효과적으로 부호화할 수는 없다. 일반적으로 우리는 우리에게 의미 있는 어떤 정보를 기억하기 위한 더 쉬운 방법을 찾는다. 예를 들어, 교과서에 20개 단어로 이루어진 문장은 의미

<<< 뇌의 전두엽은 작업 기억에서의 부호화와 저장에서 핵심적인 역할을 한다.

없이 20개가 나열된 단어를 기억하는 것보다 쉽다. 부호화의 실험 조사에 대한 세 가지 유형은 의미적으로 부호화된 정보가 시각적이거나 청각적인 부호화 정보처리 과정에 비해 더 유지가 되는 것 같다고 이야기한다(Craik와 Tulving, 1975).

작업 기억의 저장고

비록 정보가 감각 등록기보다 작업 기억에 더 길게 유지되기는 하지만, 작업 기억도 저장을 위한 특별히 큰 능력은 없다. 연구는 사람들이 작업 기억에서 최대한 7가지 다른 정보 유형을 가질 수 있다는 것을 발견하였다(Miller, 1956). 만약 누군가가 당신에게 7개의 나열된 숫자를 주었다면 당신은 대부분 짧은 시간 안에 기억할 수 있을 것이다. 그러나 당신이 좀 더 긴 숫자 배열을 외워야 한다면, 당신은 작업 기억에 저장하기 위해 전략을 쓸 필요가 있다.

조직화와 시연

만약 우리가 7가지 조각 정보를 한 순간 작업 기억에 저장할 수 있다면 어떻게 전화번호의 10자리 수를 기억할 수 있을까? 어째서 6175558342를 기억하는 것보다 617-555-8342를 기억하는 것이 더 쉬울까? **군집화**(chunking)를 생각하라. 군집화로 정보 조각들을 조직화하여 우리는 작업 기억에 좀 더 저장을 할 수 있다. 10개가 넘는 숫자 조합은 세 가지 군집으로 분리될 수 있고 작업 기억은 10개가 아닌 세 가지 조각으로 작업 기억에 처리될 수 있다. 그러나 이런 전략도 한 가지 지적이 있다. 커다란 군집화를 수집해도 그보다 적

은 양의 군집이 작업 기억에 저장될 수 있다. 예를 들면 우리는 물론 숫자들이 아닌 다른 것들을 기억하는 조직화 전략을 사용할 수 있다. 예를 들면 단어는 범주로 조직화되고, 이렇게 조직화된 단어들이 무작위로 나열된 단어를 외우는 것보다 더 쉽다(Bower 등, 1969).

작업 기억의 내용을 방치하게 되면 정보들은 오로지 짧은 시간 동안만 작업 기억 안에 있게 된다. 그러나 **기계적 시연**(rote rehearsal)을 통해 우리는 작업 기억에 정보가 남아 있는 시간을 길게 증가시킬 수 있다. 기계적 시연은 유지 시연으로도 알려져 있는데 정보를 학습하려는 의도로 소리 내거나 속으로 반복하는 과정이다. 예를 들어 당신은 시험을 보기 위하여 기억 속으로 데이터, 사실, 역사적 도표를 기계적 시연을 통하여 '밀어넣을 것'이다. 여기에서 학습을 위한 의지는 큰 역할을 담당하고 있다. 만약 당신이 주의를 기울이지 않고 무언가를 계속하여 반복한다면 정보는 작업 기억 속에 저장되지 않을 것이다(Nickerson과 Adams, 1979). 기계적 시연은 몇 초보다는 더 긴 시간 동안 작업 기억에 정보를 담아두는 효과적인 전략이긴 하지만 시험이 끝나고 나면 '밀어넣기'를 하여 기억을 했던 것은 기억할 수 없을 것이고 여러 해 동안 기억에 남길 수 없다.

작업 기억으로부터의 인출

작업 기억에 정보를 저장하는 것은 충분히 쉬

2008 미국 선거 결과

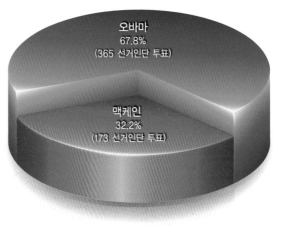

오바마
67.8%
(365 선거인단 투표)

맥케인
32.2%
(173 선거인단 투표)

어떻게 이 파이도표를 시각적으로 부호화할 수 있을까? 어떻게 그것을 의미적으로 부호화할 수 있을까?

운 일이지만 당신이 정보를 꺼낼 필요가 있을 때는 어떤 일이 일어날까? 일반적으로 작업 기억에 저장된 항목들은 상당히 쉽게 인출된다. 이것은 **최신효과**(recency effect)로 표현할 수 있다. 기억해야 할 항목의 목록을 주었을 때 우리는 마지막의 몇 가지 항목을 큰 어려움 없이 기억할 수 있다. 그것이 가장 최근에 제시되었기 때문에 작업 기억에 여전히 미무는 것이다. 그리고 우리는 감사하게도 **초두효과**(primacy effect) 때문에 처음 몇 개 항목을 기억하는 데에 별 어려움을 느끼지 못할 것이다. 우리는 처음 몇 개의 항목을 수차례 시연하기 때문에 기계적 시연에 의해 도움을 받고 이미 장기 기억으로 들어가게 된다. 목록의 중간에 있는 항목들은 회상하기가 어려운데 작업 기억에 별로 오래 머무르지 않으면서도 우리가 장기 기억으로 넘어가도록 시연할 기회를 가지지 못했기 때문이다. 아마 중간의 항목들은 주의를 기

울이지 않았을 것이다. 우리는 목록의 처음 몇 항목에 대한 시연에 바빴기 때문에 아마 그 다음에 나오는 항목에 많은 주의를 기울이지 못했을 것이다. 우리의 항목을 회상하는 능력은 그것의 위치가 목록 어디에 있는지에 의존하고 있고 이것은 **계열 위치 효과**(serial position effect)라고 알려져 있다.

우리의 장기 기억이 때때로 인출을 하는 것이 거의 불가능한 것처럼 보일 동안 이것은 작업 기억에서 오는 것이 아니다. 어떤 기억이 작업 기억에 머무는 짧은 기간 동안 그들은 '준비 중'인 것이다. 우리는 그것을 인출하기 위하여 우리의 뇌를 고통스럽게 하거나 진흙의 은유적인 층을 파낼 필요가 없다.

망각

비록 우리의 기억은 우리가 작업 기억에 있을 때 쉽게 접근이 용이하지만 역시 잊어버리기도 쉽다. 작업 기억은 능력뿐 아니라 기간에서도 제한이 있다. 시연 없이 정보는 작업 기억에 불과 15초에서 20초 정도 저장될 수 있다. 매우 짧은 시간 후에 작업 기억 속의 정보는 모두 함께 잊힐 때까지 퇴락하게 된다.

부호화 간섭

부호화 과정이 잘 작동되고 있을 때, 감각 등록기에서의 정보는 작업 기억에 저장된다. 그러나 무언가가 이 부호화 과정을 방해한다면 어떤 일이 일어날까? 망각의 한 가지 원인은 효과적이지 않았거나 간섭받게 된 부호화이다(Brown과 Craik, 2000). 예를 들면, 당신이 소설을 읽고 있는 동안 당신의 친구가 당신에게 그의 주말 계획을 이야기하려고 하는 것을 보자. 심리학적 용어로, 당신 친구의 이야기는 책을 읽는 당신의 주의를 간섭하고 있는 것이다. 당신이 정말로 책에 집중하고 있지 않았다면 아마도 무엇을 읽었는지 기억하기 어렵다는 것을 알 수 있을 것이다. 책에서의 어떤 정보라도 부호화하는 것을 관리할

<<< 어떤 정보가 사람의 작업 기억 속에 블랙잭 플레이어를 저장할 수 있을까?

수 있다는 가정하에 아마 의미적인 부호화보다는 시각적이거나 청각적인 부호화에 더 주의가 끌렸을 것이다. 당신은 단어의 의미가 아니라 그 단어 자체를 처리한 것이다. 이런 부호화 종류들은 의미적 부호화처럼 효과적이지 않기 때문에 당신이 부호화한 정보들은 망각이 되곤 한다.

읽으려는 시도처럼 정보를 부호화하고 있다는 것을 생각하는 동안 당신이 실제 어떤 정보를 저장한다는 점에 의해 주의가 방해받는 것 역시 가능하다. 기억을 떠올리고 잊어버린 것을 찾으려고 할 때 첫 번째 장소에 작업 기억으로 절대 기술적으로 이것은 정보의 망각의 예가 아니다. 정말 알지 못했던 것은 잊어버리는 것이 불가능하다. 차라리 이 부호화 간섭의 유형은 **가성망각**(pseudoforgetting)이라고 부른다.

그러나 만약 당신이 책에 상당히 가까이 집중을 하고 있다면 아마 당신은 무엇을 읽고 있는지 대부분 기억할 수 있을 것이다. 당신은 몇 페이지 앞에서 나왔던 밝은색 동물이 어떤 것이었는지 기억할 수 있는가?

단서화된 망각

어떤 망각의 유형은 의도적이다. 만약 우리가 정보를 기억하려고 의도한다면 항상 작업 기억에서 정보를 삭제하는 데에 어려움이 없을 것이다. **단서화된 망각**(cued forgetting)은 이런 과정의 한 예이다. 단서 의존 망각 연구의 참가자들은 몇 가지 정보를 기억하고, 쉬는 시간에 잊어버리는 것에 대해 이야기한 뒤 학습할 정보를 제공받았다. 이런 잊어버리라는 지시는 일반적으로 말해 상당히 효과적이다. 참

가자들은 그들이 잊어버렸다고 이야기한 정보를 기억하지 못한다. 그러나 어린이들은 어른들보다 '망각-단서' 정보를 잊는 데에 더 많은 어려움을 겪었다. 우리가 나이가 들어감에 따라 좀 더 우리의 부호화 과정을 잘 통제 또는 억제할 수 있다는 제안이다(Cruz 등, 2003). 이런 현상의 실제 단어 예는 전화번호에 대한 수신 정보의 경험이다. 전화가 걸리고 당신이 수화음을 들을 때 수화음은 교환원이 알려준 번호를 잊어버리는 단서가 된다.

우리 기억의 많은 것들이 형성되고 불과 몇 초 만에 사라지는 동안 모든 기억이 잊힌다는 비극적인 운명을 맞이하는 것은 아니다. 어떤 정보들은 작업 기억 안에 효율적으로 저장되고 장기 기억이라는 보다 안전한 장소로 이동한다.

장기 기억

장기 기억의 조직화

우리 곁에 머무는 기억들은 외현 기억과 암묵 기억이라는 두 가지 형태로 나타난다. 외현적으로 고등학교를 졸업했던 날을 기억할 수 있는 것과 편안했는지에 대한 느낌, 할머니가 만들어 주시곤 했던 매콤한 음식 냄새에 반응하는 것 같은 암묵 기억은 똑같이 중요하다.

외현 기억(explicit memory)은 우리가 어떤 사실이나 경험을 기억하고 그에 대해 기억하는 것을 진술할 수 있는 것 같이 의식적으로 각성된 상태에서의 기억들이다. 그러나 우리가 의식적으로 각성되어 있지 않다면 그것은 **암묵 기억**(implicit memory)이다. 우리가 정보를 암묵적으로 기억할 때 그 정보는 우리의 마음속에서는 유지되지만 그것에 대해 기억해낼 각성이 필요하지는 않다.

외현 기억

어떤 외현 기억은 **의미적**(semantic)이다. 이것은 어느 정도 확실하고 개념적인 정보로 직접적으로 인생에 연관된 것은 아니다. 만약 당신이 파티 때문에 피자 더즌을 샀다면 얼마나 많은 피자를 샀다는

>>> 자전거 타기에 필요한 기술과 운동은 절차적 기억으로 우리의 뇌 속에 저장되어 있다.

것일까? 당신이 12개라고 대답할 때 더즌은 12개라는 의미가 있기 때문에 당신은 의미적 기억에 접근한 것이다. 이 정보는 당신의 장기 기억에 저장된 의미적 사실의 방대한 양의 한 일부이다.

그렇긴 하지만 종종 우리는 **일화 기억**(episodic memories)처럼 사건이나 에피소드의 전체 연속적인 사건을 기억하는 것 같은 가장 기본이 되는 사실을 잊기도 한다. 당신이 긴 분열된 문제를 해결하는 과정에 대해 생각을 할 때, 일화 기억이나 사건의 특정한 계열에 접근하려고 할 것이다. 많은 일화 기억은 자서전과 같다. 만약 당신과 당신의 친구가 더즌의 피자를 찾으러 가는 길을 잃어버린다면 피자 가게에 너무 늦게 도착할 것이고 파티는 이미 끝나버려서 당신은 굉장히 많은 피자를 먹어치워야 하며 아마도 이 경험에 대해 아주 생생한 기억을 하게 될 것이다. 질 프라이스의 '슈퍼 메모리'는 그녀가 생애 사건과 직접적으로 관련되어 있지 않은 것까지 기억하는 평균을 시험하는 것처럼 거의 자전적이다. 이것은 많은 자전적 기억들이 특히 정서적으로 가장 현저하기 때문에 그들은 특별한 정서가 부여되지 않은 일화적이거나 의미적인 기억보다 자주 회상하는 것이 더 쉽다는 점은 놀라운 것이 아니다. (우리는 이 장의 이후에 정서와 기억 사이의 연관성에 대해 이야기하게 될 것이다.)

암묵 기억

암묵 기억이 존재한다는 주장에 대하여 거의 논란이 없다. 어쨌든 어떤 사건이나 사실에 대

한 우리의 기억은 의식적이다. 그러나 만약 우리가 암묵 기억에 대해 의식하지 않는다면, 어떻게 우리는 암묵 기억이 존재한다고 알 수 있을까? 암묵 기억의 존재에 대한 어떤 증거들은 **점화**(priming)라는 현상으로부터 볼 수 있다. 심리학 연구에서 연구자들은 과제를 완성해야 하는 피험자들에게 질문하기 이전에 매우 빠르게 자극을 보여줌으로써 피험자를 미리 준비시켜 놓았다. 자극은 피험자들의 마음에 어떤 무의식적 연관성을 활성화시키도록 만들어졌다. 그들의 점화와 암묵 기억에 대한 중대한 연구에서 그래프(Graf)와 쉑터(Schacter)(1985)는 단어 목록을 주고 피험자들을 준비시켰다. 그 후, 그들은 피험자들에게 몇 가지 미완성의 단어를 주고 완성된 단어를 물어보았다. 이 연구의 결과는 예를 들면 목록에서 *trees*라는 단어를 본 사람들이 원래의 목록에서 *trees*를 봤다는 사실을 기억하지 못한다 하더라도 *tre_*라는 단어를 보았을 때 *trees*라고 응답한다는 것을 제안했다. 다시 말하면, 점화과정은 암묵 기억으로부터 기인한다고 볼 수 있다.

절차 기억(procedural memory)은 암묵 기억의 한 유형으로 우리가 했던 습관과 기술의 구성이다. 자전거 타기와 악기를 연주하는 것은 모두 절차 기억의 예이다. 이 기술을 모두 배우기 위해 시간이 걸리고 연습을 했었지만

친구 혹은 적? 이 광대에 대한 당신의 정서적 반응은 조건화에 의해 영향을 받게 될 것이다.

한번 학습을 하게 되면 장기 기억 속에 저장이 되고 우리는 그것을 하기 위해 의식적일 필요가 없게 된다. 더욱이 이런 경우 행동의 발

이러한 정서적 사건 중 무엇이 섬광 기억으로서 남게 되었는가?

현은 기억의 증거로서 제공된다.

다른 암묵 기억은 **조건화**(conditioning)를 통해 형성이 된다. 예를 들어 광대를 무서워하는 것에 대해 이야기해 보자. 빨간 코와 헐렁한 신발을 신는 것(당신이 어렸을 때 서커스에 갔던 소풍을 이야기하지 말라)으로 치장한 오싹한 악마가 묘사된 몇 개의 공포 영화를 본 뒤, 당신은 두려움이라는 느낌과 함께 광대를 연관시키기 시작할 것이다. 나중에 진짜 광대를 보게 되면 당신은 그 공포의 근원이 어디인지 알아차리지 못할지라도 공포를 느끼게 될 것이다. 광대에 대해 선천적으로 두려움이 없더라도 당신의 암묵 기억은 당신에게 광대가 도착할 때 공포 자극이 멀리 있지 않을 것이라고 이야기할 것이다.

어떻게 당신은 광대에 대한 공포를 치료할 것인가? 한 가지 방법은 얼굴에 약간 분장을 한 친구와 작은 차 안에서 시간을 보내기 시작하는 것이다. 비록 이것이 역설적으로 들리겠지만, 이 과정은 **습관화**(habituation)라고 알려진 것이다. 사람들은 반복적으로 자극(광대 같은)에 노출될 때 시간이 지나면 자극에 대한 사람들의 반응은 확실히 줄어들게 된다. 만약 당신이 광대와 시간을 보내게 된다면 그는 더 이상 두려움을 느끼게 되는 원인이 아니게 되며 그들의 존재에 대해 습관화가 될 것이다. 그리하여 광대에 대한 암묵 기억은 광대 주위에 있는 것은 두려움보다 편안함을 느끼는 원인이 될 것이다. 이런 결과는 **소거**(extinction)의 예이다. 우리가 완벽히 자극에

습관이 되었을 때 우리의 원래 조건화된 자극에 대한 반응은 감소할 것이다.

장기 기억으로의 부호화

정보가 작업 기억으로 의식적이거나 무의식적으로 모두 부호화가 되는 것처럼 장기 기억도 의식적이고 무의식적인 과정이 있다. 모든 기억이 장기 기억으로 저장되기 전에 작업 기억을 거쳐 가는 것은 아니다. 예를 들면, 특히 정서적 사건들은 **섬광 기억**(flashbulb memories)이라는 장기 기억으로 즉시 달궈진다. 섬광 기억은 많은 사람들과 공유될 수 있기도 하고 각자에게 매우 개인적일 수도 있다. 많은 사람들은 2001년 9월 11일에 있었던 테러범들의 공격을 기억하고 있으며 대부분의 미국인들은 그것을 생생하게 정서적 사건으로 기억하고 있다. 당신은 매우 특별하고 개인적으로 관련이 깊은 사건인 당신의 첫키스에 대한 생생한 기억을 가지고 있을 수 있다. 다른 조금 덜 드라마틱한 사건과 기술들 또한 장기 기억으로 무의식적으로 부호화될 수 있다.

만약 우리가 장기 기억에 저장할 필요가 있고 무의식적으로 모든 정보를 저장할 수 있다면 우리의 삶은 아주 간단해질 수 있다. 그러나 어떤 기억들은 계속 기억되기 위해서 의식적인 도움이 필요하다. 기계적 시연은 작업 기억에서 장기 기억으로 이동하는 데 유용할 수 있지만 훨씬 더 효과적인 방식은 **정교화 시연**(elaborative rehearsal)이다. 우리가 정교화를 할 때, 우리는 기억하고자 정보에 의미를 부

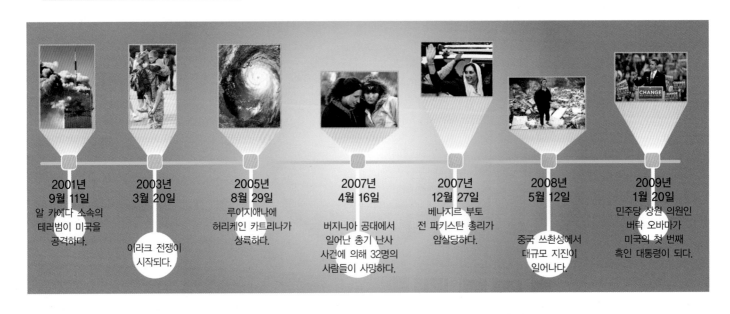

2001년 9월 11일	2003년 3월 20일	2005년 8월 29일	2007년 4월 16일	2007년 12월 27일	2008년 5월 12일	2009년 1월 20일
알 카에다 소속의 테러범이 미국을 공격하다.	이라크 전쟁이 시작되다.	루이지애나에 허리케인 카트리나가 상륙하다.	버지니아 공대에서 일어난 총기 난사 사건에 의해 32명의 사람들이 사망하다.	베나지르 부토 전 파키스탄 총리가 암살당하다.	중국 쓰촨성에서 대규모 지진이 일어나다.	민주당 상원 의원인 버락 오바마가 미국의 첫 번째 흑인 대통령이 되다.

여한다(심지어 정보가 정말 의미가 없을지라도). 또한 새로운 정보와 기존에 기억했던 정보 사이의 연결점을 만들기도 한다. 이러한 의미적 부호화 형태는 특히 장기 기억으로 정보를 저장하는 데 유용하다. 만약 당신이 π의 첫 몇 개 숫자를 기억하려고 한다면 기계적 시연을 이용하여 반복적으로 3.14159265를 외우는 것보다 숫자에 의미를 붙여서 정교화 시연을 하는 것이 더 나을 수 있다(당신의 지역 코드는 314이고, 1592년은 크리스토퍼 콜럼버스 여행의 백 주년이고 당신이 제일 좋아하는 숙모는 65세이다).

만약 '교육 수준이 매우 높은 당신의 어머니가 당신에게 피자 아홉 판을 주었다'면 당신은 아마도 **기억술**(mnemonics)에 친숙한 것이다. 기억술은 목록이나 정보 조각에 운율이나 근거를 제공하는 기억 보조장치이다. 예를 들어, 명왕성은 행성으로서의 지위를 잃었기 때문에 빠진다면, My Very Educated Mother Just Served Us Nine Pizzas(교육 수준이 매우 높은 나의 어머니는 우리에게 방금 피자 아홉 판을 주셨다.)라는 구절은 학생들이 태양계 행성의 순서를 외울 때 도움이 된다. 이 구절 안, 각 단어의 첫 번째 문자는 행성 이름의 첫 번째 문자와 상관이 있다(Mercury : 수성, Venus : 금성, Earth : 지구… 등). 다른 기억술은 짧은 운율의 시나 기억할 만한 구절들이다. 의미 있는 순서나 기억할 만한 맥락에서 정렬된 정보들을 따르면 우리는 정보를 몇 초 기억하는 대신 몇 년 기억하는 것에 도움을 받을 수 있다.

장기 기억에의 저장

처리 수준

확실히 얼마나 오래가 '장기'인가? 다른 말로 하면 우리는 얼마나 장기 기억에 정보를 저장할 수 있을까? 만약 운이 좋다면 장기 기억의 일부는 일생 동안 남을 것이다. 우리는 장기 기억 속에 매우 방대한 정보를 저장할 수 있는 능력이 있다. 그러나 개인 기억의 수명은 종종 기억이 부호화되는 방식에 의존하고 있다. 크레이크(Craik)와 털빙(Tulving)은 사람들에게 단어를 잠깐씩 보여주고 단어의 생김새(시각적 부호화), 소리(청각적 부호화), 의미(의미적 부호화)에 대해 생각해 보라고 지

시했던 1975년의 연구에서 결론에 도달하였다. 연구자들은 많은 사람들이 시각적으로 부호화한 것을 인지하지 못했다는 점을 이후에 발견했다. 절반보다 약간 더 많은 사람들이 청각적으로 부호화된 단어를 인지하였지만 거의 90퍼센트의 사람들은 의미적으로 부호화한 단어를 인지하였다. 이런 결과는 크레이크와 털빙으로 하여금 **얕은 처리**(shallow processing)(단어를 수나 형태로 부호화)는 **깊은 처리**(deep processing)(단어의 의미를 부호화)만큼 기억을 저장하는 데에 효과적이지 못한 다른 처리 수준들이 있다고 제안하도록 이끌었다.

장기 기억 저장과 뇌

만약 당신이 중앙의 장기 기억 처리와 저장 센터에 검색의 뇌를 통하여 여행했다면, 검색을 하는 데에 오랜 시간이 걸릴 것이다. 장기 기억의 처리와 저장에 대한 책임을 갖는 것은 단일한 영역이 아니다. 그러나 몇몇의 영역들은 기억을 만드는 데 특별히 결정적인 인지를 해왔다.

외현 장기 기억과 암묵 장기 기억은 우리에게 다르게 보이지 않는다. 그들은 실제로 뇌의 다른 영역에서 처리된다. **해마**(hippocampus)는 크게 우리의 외현 기억을 처리하는 책임을 가지고 있고 전두엽의 어떤 영역에 의해 기억이 형성되는 것을 보조

전두엽

기저핵
(군집으로 되어 있는 핵이 양쪽 반구 뇌량과 시상에 존재한다.)

소뇌

해마

한다. 의미적이고 일화적이고 자전적인 기억이 해마에서 형성된 후 저장을 위해 뇌의 다른 영역으로 보내지게 된다. 해마는 또한 장기 기억의 재인과 회상의 중심축이다. 해마에 손상을 입은 사람과 동물은 외현 기억을 기억해내는 데 어려움을 겪는다(Sherry와 Vaccarino, 1989; Schacter, 1996).

만약 당신 뇌의 기억 저장고를 신장시키기 원한다면 잠을 자는 것이 현명할 것이다. 몇몇의 최근 연구는 수면과 기억 사이의 흥미롭기도 하고 논란의 여지가 있는 내용을 제안하였다. 예를 들어 M.I.T.에서의 연구는 잠자고 있는 쥐의 뇌에서의 해마 활성화를 나타내었다. 설치류의 꿈으로써 나타난 쥐의 해마 활성화는 쥐들이 깨어 있는 동안 미로를 달릴 때 활성화가 발생하는 것과 동일하다는 제안이 더 우세하다. 이러한 결과는 쥐(그리고 인간)가 매일 잠자는 동안 일상 사건을 반복하고 기억을 보강한다고 제안한다.

이런 발견을 지지하는 연구에서 하버드의 연구자들은 부활절 달걀의 심상을 공부한 후 잠자리에 드는 사람들이 계속 깨어

<<< 소뇌와 기저핵이 암묵 기억을 만드는 것에 공헌하는 동안 **해마**와 **전두엽**은 외현 기억을 처리한다.

있는 사람에 비하여 달걀의 위치를 더 잘 기억한다는 것을 알아냈다. 만일 우리가 수면과 기억 사이에 연관된 모든 것들을 알지 못한다면, 우리의 뇌는 우리가 빨리 잠이 들 때조차도 과제를 처리하고 기억으로 저장하는 것에 집중하도록 유지하는 것처럼 보인다.

어디에서 암묵적 기억이 처리되고 저장되는가? 뇌의 세 영역인 해마, **소뇌**(cerebellum), 그리고 **기저핵**(basal ganglia)은 암묵적 장기 기억의 형성과 저장에 큰 역할을 한다. 해마와 소뇌는 한 절차에 의해 암묵적 기억이 형성되는 성공적인 조건화에 대한 중추적인 역할을 한다. 소뇌와 기저핵이 운동 기술에 관련되어 있기 때문에 그것은 절차 기억의 형성과 습관이 운동과 연관되는 것을 필요로 한다. 기저핵과 소뇌는 운동 기술의 다른 유형과 연관되어 있을지 모르지만 이 영역들에 손상을 입은 환자들은 새로운 절차 기억을 만들어 내는 것에 어려움을 가진다(Gabrieli, 1998).

뇌의 많은 부분들은 장기 기억에 포함되어 있지만 중요한 최근의 많은 연구들은 특히 **시냅스**(synapses)(제3장에서 기술되었던 대로 뉴런들 사이로 하나의 뉴런에서 옆에 있는 뉴런으로 충동 신호가 가로지르는 영역)에 관심을 두고 있다. 우리가 학습할 때 신경전달물질은 우리가 학습하는 정보와 관련된 시냅스를 가로지르며 움직인다. 정보를 검토하는 시간마다 이런 특별한 신경 연결은 강화되며 신경전달물질이 특정 시냅스 사이를 이동하는 것이 더욱 쉬워진다. 1949년 심리학자인 도널드 헵(Donald Hebb)은 이런 강력한 신경 연결들이 기억의 창조와 유지 사이에 관계가 있다고 이론화하였다. 헵의 이론이 1970년대에 확인되었을 때 과학자들은 이 신경 연결의 강력함을 **장기 상승 작용**(long-term potentiation, LTP)이라고 이름 붙였다. 헵의 제안에 따르면, LTP는 강력한 신경 연결로부터 기억할 때 우리는 기억을 좀 더 쉽게 할 수 있다는 기억의 생물학적 기초를 이야기하였다.

장기 기억에서의 인출

재인과 회상?

당신이 기억으로부터 정보를 인출할 때 당신은 **재인**(recognition)과 **회상**(recall)을 한다. 재인과 회상은 무엇이 다를까? 당신이 아침 식사 목록을 받아 그날 아침에 먹은 것에 동그라미를 치라고 요구받았다. 이 연습은 재인의 한 예이다. 당신은 외적 자극(목록의 단어)을 저장된 기억(당신의 아침 식사 메뉴)에 매치시켰다. 그러나 만약 빈칸이 있는 종이를 받고 아침에 무엇을 먹었는지 쓰라고 요청을 받으면 당신은 회상에 참여하고 있는 것이다. 당신은 어떤 외적 단서나 자극을 받지 못하고 오로지 당신은 아침 식사 기억을 인출하는 것에 의존할 수 있다.

인출 단서

배정된 교실의 자리는 아주 훌륭한가 아니면 고문인가? 모습이 드러남에 따라 배정된 좌석의 단조로움은 당신이 자기 자리에서 시험을 보는 동안 기말 시험에서 뛰어난 성적을 받는 것으로 보다 더 커질 것이다. 당신이 특정한 맥락에서 정보를 부호화할 때 같은 맥락에서의 정보를 인출하는 것이 좀 더 쉽다는 것을 발견할 수 있다. 그래서 만약 당신이 한 자리에 매 강의 때마다 앉았고 시험도 같은 자리에서 본다면 당신은 강의에서 배운 정보를 기억해내는 데에 유리하게 될 것이다. 이런 **맥락 효과**(context effect)는 하나의 **인출 단서**(retrieval cue)인데 이는 기억으로부터 우리가 정보를 인출하는 것을 돕는 자극이다. 당신의 기억은 마치 '문서 보관'처럼 견출지가 붙어 있는 것처럼 보관되어 있고 당신이 기억과 연관시킨 기억의 조각들은 이후에 기억에 접근할 수 있게 한다. **상태 의존 기억**(state-dependent memory)의 현상을 보면 예를 들어 만약 당신이 무언가를 어떤 상태에서 학습했을 때(사랑에 깊이 빠져 있거나, 죽음에 대한 공포, 그저 꾸밈없는 행복), 당신은 아마도 당신이 이와 비슷한 상태에 있을 때 정보를 더 잘 회상하게 될 것이다.

인출 실패 : 망각

최선의 노력을 하고도 우리가 장기 기억에 저장한 정보의 전부는 인출되지 않을 수 있다. 우리가 잊어버린 기억은 뇌에서 영구적으로 사라진 것일까? 아니면 우리가 감춰둔 기억을 찾는 방법을 생각해내는 데 문제가 생긴 것일까? 많은 경우, 장기 기억에서 발생하는 인출 실패나 망각은 우리의 기억이 '없어져버린 것'이나 새로운 것이 덮어 써져서 생기는 것이 아니라 그 기억에 접근하지 못해서이기 때문이다.

간섭

우리 대부분은 우리의 삶에서 이메일 비밀번호나 컴퓨터 로그인 정보, PIN 번호와 같은 것 그 이상을 잊고 살아가고 있다. 아마도 당신이 방금 이메일 비밀번호를 변경했다면 비록 당신이 새로운 비밀번호를 기억하지 못한다 하더라도 예전의 비밀번호를 기억하는 것은 어렵지 않을 것이다. 이런 현상은 **순행 간섭**(proactive interference)이라고 알려져 있

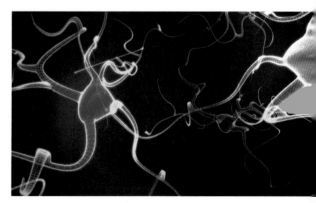

뉴런 사이의 연결은 기억에 생물학적인 기반으로서 제공된다.

> **만약** 당신이 무언가를 어떤 상태에서 학습했을 때(사랑에 깊이 빠져 있거나, 죽음에 대한 공포, 그저 꾸밈없는 행복), 당신은 아마도 당신이 이와 비슷한 상태에 있을 때 정보를 더 잘 회상하게 될 것이다. **"**

으며 이것은 이전에 학습된 정보가 새로운 정보를 회상하는 당신의 능력을 방해할 때 발생한다.

반대로, 아마 당신이 비밀번호를 바꾸고 시간이 지났다면 새로운 번호를 유용하게 사용할 수 있지만 예전의 번호는 더 이상 기억나지 않는다. 이것은 **역행 간섭**(retroactive interference)의 예로, 새로운 정보가 과거의 기억을 잊게 만들 때 발생한다.

저장 쇠퇴

간섭은 우리가 학습했던 것을 잊는 유일한 이유는 아니다. 1885년 독일의 심리학자인 헤르만 에빙하우스(Hermann Ebbinghaus)는 무의미한 음절의 목록을 외우고 30분이 지난 후 얼마나 많은 음절을 회상할 수 있는지 측정하였다. **망각 곡선**(forgetting curve)이라는 도표로 표현되는 그의 결과는 우리가 배운 대부분의 것을 빠르게 망각한다는 것을 제안한다. 그러나 만약 우리가 3, 4일이 지나도 잊지 않은 것이라면 며칠이 지나도 우리의 망각 수준의 비율은 30일이 지난 후에도 기억될 수 있다. 에빙하우스의 발견은 **저장 쇠퇴**(storage decay)라고 알려진 망각 이론에 이바지하였다. 그림이나 사진같이 단순하게 저장된 우리 기억의 많은 것들은 시간이 지나면서 퇴색한다.

기억의 고장

기억 기능이 잘될 때 그것은 가치 있는 자원이 아니다. 그러나 기억 기능이 좋지 않을 때 그 결과는 짜증이 유발되는 것(어디에 휴대전화를 두었는지 잊어버리는 것)부터 절망스러운 수준(질 프라이스처럼 회상되는 기억에 의해 걱정이 가득한 것)까지 광범위하다. 어떻게 이런 기억의 고장이 발생하는가?

정서, 스트레스, 기억

섬광 기억의 현상이 보여주는 것처럼 종종 정서적이고 스트레스적인 사건을 떠올리는 것은 우리에게 매우 쉽다. 약한 정서가 약한 기억을 만드는 경향이 있는 것과 대조적으로 고조된 정서나 스트레스로부터의 각성은 장기 기억의 정보 저장을 용이하게 할 수 있다. 그러나 스트레스는 항상 기억의 기능에 이로운 것은 아니다. 만약 당신이 너무 감정적이거나 스트레스를 받을 때 당신의 회상 능력은 실제로 감소하게 된다. 예를 들어, 만약 외상적 사건이 당신에게 공황을 유발했다면 당신의 '싸우거나 도망가거나'의 반응이 최대 크기로 증폭되는 **과잉 각성**(hypervigilance)의 단계로 들어갈 것이다. 각성이 실제로 기억 저장과 회복에 용이하다면, 과잉 각성은 기억을 손상시키는 경향이 있다. 이런 관계는 **여키스-도슨 법칙**(Yerkes-Dodson law)의 한 형태이며 일반적으로 중간 수준의 각성에서 최고 수행이 발현된다고 이야기한다(Yerkes와 Dodson, 1908).

기억 상실

"할리우드에 의하면", 신경심리학자 샐리 백슨데일(Sallie Baxendale)은 "(기억 상실)은 전문적인 암살범에 대한 직업적 위험의 어떤 것이다."라 하였다. 백슨데일은 "본 아이덴티티"와 다른 유명한 영화에 대해 이야기하였는데, 비록 영화들이 기억을 잃는 다양한 형태로부터 고통을 받고 있는 캐릭터로 특징을 갖는다고 하더라도, 정확한 기억 상실의 그림은 좀처럼 나타나지 않는다고 하였다. 영화 산업의 경계 밖에서는 **역행성 기억 상실**(retrograde amnesia)과 **순행성 기억 상실**(anterograde amnesia)이라는 기억 상실의 두 가지 구분되는 유형이 있다. 역행성 기억 상실은 과거의 기억

> **다른** 말로 하면, 만약 당신이 중간 정도 수준의 스트레스를 받는다면 당신은 당신이 완전히 이완되어 있거나 극도로 엄청난 스트레스를 경험할 때보다 좀 더 쉽게 기억할 수 있을 것이다. **"**

순행 간섭은 이전에 학습한 정보가 새로운 정보를 회상하는 사람의 능력을 방해하는 현상이다.

역행 간섭은 새로운 정보가 이전에 학습한 정보를 회상하는 사람의 능력을 방해하는 현상이다.

망각 곡선은 얼마나 빨리 사람이 정보를 망각하는지에 대한 경향을 도표로 제시한 것이다.

저장 쇠퇴는 사람의 많은 기억이 시간이 지남에 따라 퇴색해가는 현상이다.

과잉 각성은 사람의 '싸우거나 도망가는' 반응이 최대한 활성화되는 상태이다.

여키스-도슨 법칙은 일반적으로 각성의 중간 수준에서 수행이 최고조에 이르는 상태라고 말한다.

역행성 기억 상실은 과거 기억의 상실이다.

순행성 기억 상실은 새로운 장기 기억을 하는 것의 어려움이다.

출처 기억 상실은 정보를 기억은 하지만 그 정보가 어디에서부터 왔는지 망각하거나 기억하지 못하는 현상이다.

● ● ●

을 잃어버리는 것으로 보여진다(보통 손상 이전에 형성된 기억이 남는다). 반대로 순행성 기억 상실은 미래 기억에 영향을 미친다. 비록 순행성 기억 상실을 가지고 있는 사람이 자신의 과거를 기억한다 하더라도 그들은 새로운 장기 기억을 만드는 데에 고통을 겪을 것이다 (백슨데일은 순행성 기억 상실을 상당히 정확히 묘사한 영화로 2000년의 "메멘토"를 지목하였다).

두 유형의 기억 상실은 주로 사고나 수술, 질병으로 인한 뇌 손상과 관련이 있다. 기억 상실 환자는 뇌의 감정적인 영역에 의존하도록 발달한다. 뇌 전체(특히 해마)에 영향을 받아 치매처럼 보이는 질병을 가진 환자가 역행성 기억 상실의 전조로 보일 수 있는 반면, 자동차 사고로 인해 전두엽 손상을 입은 채 살아가는 사람은 기억을 부호화하는 데에 어려움을 겪고 순행성 기억 상실로 인하여 고통을 받을 수 있다. 유명한 환자인 H. M.은 그의 심각한 간질을 치료하기 위해 1953년 의사가 측두엽을 제거했을 때 순행성 기억 상실이 발생하였다. H. M.은 더 이상 장기 기억을 만들 수 없었지만 그의 절차 기억의 많은 것을 수행할 수 있는 것처럼 그의 작업 기억은 기능적으로 유지가 되었다. 비록 H. M.이 결코 알지 못했다 하더라도, 그의 사례는 기억과 기억 상실 그리고 뇌 사이의 생물학적 연관성 연구에 대한 과학자들의 길잡이로서 중요하였다.

기억의 7가지 죄

1999년 심리학자이자 기억 전문가인 대니얼 쉑터(Daniel Schacter)는 '기억의 7가지 죄'라고 이름 붙인 기억의 약점에 대한 기술을 제안하였다. 쉑터는 죄 중에서 세 가지는 우리에게 정보를 망각하게 하는 원인인 '누락의 죄'라고 설명하였다. 나머지 네 가지는 '수수료의 죄'로 우리가 인출하는 기억이 부정확하거나 신뢰할 수 없는 원인이다.

망각의 세 가지 죄
얼빠짐, 소멸, 저지 현상

왜곡의 세 가지 죄
귀인 오류, 피암시성, 편향

침해의 한 가지 죄
지속성

망각의 세 가지 죄

1 얼빠짐. 죄가 진행함에 따라 제자리에 두지 않은 당신의 선글라스는 그다지 끔찍하지 않다. 그러나 당신이 무엇을 하고 있는지 주의를 기울이지 않을 때 얼빠짐에 의해 유발되어 일어난다. 이런 주의의 부재는 작업 기억으로의 정보 부호화 실패라는 결과를 가지고 온다. (쉑터는 어느 음악가가 가격을 매길 수 없는 스트라디바리우스 바이올린을 자동차 지붕에 올려놓고 떠나버린 얼빠짐의 인상적인 예를 언급하였다.) 교수들 또한 이런 죄로 유명하다.

2 소멸. 우리 기억의 대부분은 영구적이지 않다. 시간이 지나면서 퇴색해버린다. 쉑터의 두 번째 죄는 저장 쇠퇴의 개념에 매여 있다.

3 저지 현상. 인출 실패는 우리를 저장된 기억에 접근하는 것을 못하게 한다. 만약 당신의 혀끝에서 질문에 대한 답이 맞다고 느껴진다 하더라도 당신은 그것을 기억하지 못할 수 있다. 당신은 저지 현상을 경험한 것이다.

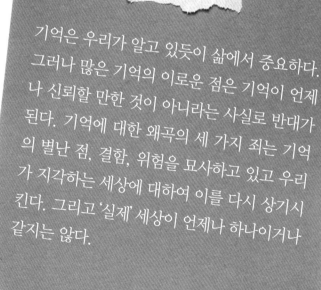

왜곡의 세 가지 죄

4 귀인 오류. 우리가 기억을 남의 탓으로 돌릴 때, 우리는 사실 몇몇 사건의 일부를 기억하지만 그 맥락을 잘못 이해하고 있다. 만약 전화로 동생이 당신에게 농담했는데 저녁 식사 때 당신의 룸메이트가 농담을 했다고 생각한다면 그것은 귀인 오류의 죄이다. 이런 현상은 특히 **출처 기억 상실**(source amnesia)이라고 알려져 있다. 우리는 정보를 기억하지만 그것의 출처를 잊거나 잘못 인지한다.

5 피암시성. 이 네 번째 기억의 죄는 쉐리 스톰(Sheri Storm)의 '뇌 얼룩'의 주요 원인 중 하나이다. 스톰의 정신과 의사는 그녀가 어린 시절에 외상적인 경험을 참아냈다고 제안한 이후, 스톰은 이런 경험들의 기억을 만들어내기 시작했다. 뇌는 기억이 진실로 자전적이라는 결정과 그렇지 않다는 것에 대한 어떠한 여과를 하지 않을 뿐 아니라 그것은 극단적으로 제안되기 쉽다. 잘못된 기억을 연구하는 엘리자베스 로프터스(Elizabeth Loftus)는 자동차 사고 장면을 참가자들에게 보여주는 실험을 수행하였다. 그러고 나서 그녀는 자동차들이 '서로 부딪힐 때' 얼마나 빠른 속도로 달렸는지를 몇몇의 참가자들에게 물었고, 다른 참가자들에게는 자동차가 얼마나 빠른 속도로 '다른 차들에게 돌진했는지'를 물었다. '돌진'이라는 단어를 들은 참가자들은 '부딪히다'라는 단어를 들은 참가자들보다 자동차들이 더 빨리 이동했다고 보고했다(Loftus와 Palmer, 1974). 질문의 표현을 단순하게 바꿈으로써, 로프터스는 사실 정보가 절대 외현적으로 주어지지 않았을 때 높거나(돌진) 낮은(부딪히다) 속도의 비율로 사고가 이루어졌다고 참가자들에게 주입했거나 제시했다. 우리의 기억은 비틀릴 수 있고 잘못된 기억은 단지 매우 적은 수의 단순한 단어와 제시의 힘으로 주입될 수 있다.

6 편향. 우리의 기억은 때로 정확도의 비용에서 우리의 개인적인 편향을 반영하고 지지한다. 예를 들어 당신이 환경 결정론에 대해 노골적으로 옹호한다고 이야기해보자. 비록 당신은 환경친화적인 것의 중요성을 막 최근에 깨닫게 되었지만 당신은 지구를 지키기 위하여 무엇을 해야 할지 강력하게 믿고 있다. 당신의 믿음은 기억에 색을 입히기 때문에 당신은 현실에서도 지난 5년 동안 재활용을 했다는 끊임없는 편향을 기억했을 것이다. 당신은 오로지 1년 전부터 규칙적인 재활용을 했다.

침해의 한 가지 죄

7 지속성. 진짜 기억과 잘못된 기억 모두 지속성의 죄에 관여할 수 있다. 종종 이런 기억은 고통스럽고 정서적이거나 충격적이다. 외상 후 스트레스 장애(PTSD)를 가지고 이라크나 아프가니스탄에서 집으로 돌아온 군인은 그가 전쟁 시 겪었던 것에 대한 섬광 기억을 생생하게 경험할 수 있다. 이런 기억은 한쪽으로 털어버릴 수 없고 매일의 생활이 심각하게 방해받을 수 있다. PTSD와 싸우고 있는 사람들은 그들이 전혀 기억하지 못하는 것이 나을지 모르는 너무나 강력하게 생생하고 고통스러운 기억을 지속적으로 다루어야 한다.

"우리의 기억은 때론 정확도의 비용에서 개인적 편향을 반영하고 지지하고 있다."

기억은 우리가 알고 있듯이 삶에서 중요하다. 그러나 많은 기억의 이로운 점은 기억이 언제나 신뢰할 만한 것이 아니라는 사실로 반대가 된다. 기억에 대한 왜곡의 세 가지 죄는 기억의 별난 점, 결함, 위험을 묘사하고 있고 우리가 지각하는 세상에 대하여 이를 다시 상기시킨다. 그리고 '실제' 세상이 언제나 하나이거나 같지는 않다.

복습

요 약

HOW 어떻게 기억이 조직되는가?

● 세 가지 유형의 기억이 있다 : 감각 기억, 작업 기억, 장기 기억.

● 정보 처리 모델에 따르면, 우리의 뇌는 정보를 부호화하고 그것을 기억으로 저장하며 우리가 그것을 기억해야 할 때 인출한다.

WHAT 무엇이 감각 기억, 작업 기억, 장기 기억의 특징인가?

● 감각 기억은 시각, 청각, 후각과 그 밖에 뇌에서 감각 피질과 관련된 감각이 전송되는 정보로 구성되어 있다.

● 작업 기억은 우리가 즉각 접근할 수 있는 정보를 포함한다. 이미지, 소리, 의미는 모두 작업 기억에서 부호화될 수 있다.

● 장기 기억은 암묵 기억과 외현 기억을 둘 다 포함한다. 의미 있거나 정서적인 정보는 종종 장기 기억으로 부호화된다. 장기 기억은 일생 동안 남아 있을 수 있지만 인출이 어려울 수도 있다.

HOW 기억은 어떻게 부호화, 저장, 인출되는가?

● 주의를 우리를 의식적이거나 무의식적으로 기억을 저장할 수 있도록 한다.

● 우리는 기억을 저장하기 위하여 시연, 기억술 그리고 기타 조직적인 전략을 이용한다.

● 전두엽, 해마, 기저핵, 소뇌는 기억의 부호화와 저장에서 활성화된다.

● 맥락 효과와 같은 인출 단서는 장기 기억의 기억이 '준비 완료된' 정보로 저장되는 작업 기억으로 이동할 수 있도록 돕는다.

WHAT 무엇이 기억의 약점과 한계점인가?

● 스트레스는 기억의 저장과 회상을 방해한다.

● 뇌손상은 순행성 기억 상실과 역행성 기억 상실을 유도할 수 있다.

● 기억은 망각되기 쉽고 왜곡되기도 쉬우며 심지어 우리가 기억을 잊으려고 노력할 때에는 집요하게 계속될 수도 있다.

이해 점검

1. 한나는 전시회에서 짧게 보았던 그림의 아주 세밀한 부분까지도 기억할 수 있고 자기가 본 것에 대하여 몇 분이 지난 후 친구에게 설명을 해 줄 수 있다. 한나는 말하자면 어떤 기억을 하고 있는 것일까?
   a. 형상 기억　　　　　　　b. 의식적 부호화
   c. 잔영 기억　　　　　　　d. 음향 기억

2. 아래의 활동 중 작업 기억에 가장 의존하는 것은 어떤 것일까?
   a. 당신의 지난 생일 파티에 대해 회상하는 것
   b. 시험에서 손으로 긴 답안을 작성하는 것
   c. 머릿속으로 두 개의 숫자를 더하는 동안 숫자를 기억하는 것
   d. 당신의 이메일 주소를 회상하는 것

3. 아래의 보기 중에서 장기 기억의 유형이 아닌 것은?
   a. 형상 기억　　　　　　　b. 암묵 기억
   c. 절차 기억　　　　　　　d. 의미 기억

4. 아래의 뇌 영역 중 어떤 부분이 손상을 입으면 음향 기억을 처리하는 데에 어려움을 겪게 되는 결과가 나타날까?
   a. 청각 피질　　　　　　　b. 시각 피질
   c. 전두엽　　　　　　　　d. B와 C 둘 다

5. 아래의 보기 중 감각 기억으로부터 작업 기억으로 기억이 부호화되는 것은 어떤 것인가?
   a. 점화
   b. 군집화
   c. 기억할 것에 대해 주의를 기울이는 것
   d. 기계적 시연

6. 얼마나 많은 수의 정보를 것을 주어진 시간에 작업 기억 속으로 담아둘 수 있을까?
   a. 5
   b. 7
   c. 20
   d. 작업 기억의 저장 능력은 무한정하다.

7. 패트리샤는 가게에서 만난 귀여운 소년에게 전화번호를 받았는데 그 번호를 받아 적을 방법이 없다. 그녀가 펜과 종이를 얻는 동안 작업 기억 속에 전화번호를 기억하려면 어떤 기술을 사용해야 하는가?
   a. 작업 기억에 정보가 머무를 수 있도록 하는 방법은 없다.
   b. 군집화
   c. 점화
   d. 기계적 시연

8. 에이든은 미국의 모든 주의 수도를 알고 있다. 이것은 무엇에 대한 예인가?
   a. 일화 기억
   b. 암묵 기억
   c. 절차 기억
   d. 의미 기억

9. 칼라는 수업 시간에 계산을 한다. 그녀의 교수님이 수학적 개념을 학생들에게 설명할 때 교수님은 그 개념이 시험에 나오지 않을 것이고 학생들은 그것을 기억할 필요가 없다고 하셨다. 칼라가 시험을 칠 때 그 수학적 개념이 해결할 수 있는 보너스 점수 문제가 출제 되었다. 칼라는 그에 대해 아무것도 기억할 수 없었다. 그녀는 무엇에 의해 방해받은 것인가?
   a. 단서화된 망각
   b. 가성 망각
   c. 초두 효과
   d. 소거

10. 마르코는 주유소에서 길을 물어보려 멈추었다. 불행히도 마르코는 주유소를 떠난 후 처음 몇 번의 모퉁이만 기억이 날 뿐 나머지 방향을 잊어버렸다는 사실을 깨달았다. 그것은 예들 중 어느 것과 가장 가까운가?
    a. 점화 효과
    b. 가성 망각
    c. 단서화된 망각
    d. 최신 효과

11. 10번 질문에서 마르코가 주유소 점원이 이야기해준 마지막 몇 개의 길의 이름을 기억할 수 있지만 첫 번째 가야 할 방향을 잊어버렸다고 가정해보자. 이는 어떤 예에 가장 근접한가?
    a. 점화 효과
    b. 최신 효과
    c. 단서화된 망각
    d. 가성 망각

12. 할머니 댁을 방문할 때, 벤지는 포도 주스를 할머니의 카펫에 엎지르고 할머니의 좋은 타월로 닦아냈던 것을 기억한다. 이것은 어떤 예인가?
    a. 의미적 기억
    b. 암묵 기억
    c. 절차 기억
    d. 일화적 기억

13. 데비는 몇 년 동안 운전을 했다. 그녀가 처음 운전하는 것을 배우지 않았더라면 그녀는 지금 멈추기 위해 브레이크를 밟거나 운전대를 어떻게 돌리는지를 생각하지 않고 운전할 수 없을 것이다. 이것은 무엇에 대한 예인가?
    a. 소거
    b. 절차 기억
    c. 의미적 기억
    d. 습관

14. 애슐리는 강에서 수영하는 것을 두려워하고 혼자 있는 것에 공황을 느낀다. 어느 여름, 그녀는 매일 강에 몸을 조금씩 담가보는 것으로 두려움을 극복하고자 결심하였다. 여름이 끝난 무렵 그녀는 강에서 수영을 하는 것을 더 이상 두려워하지 않게 되었다. 애슐리가 여름의 끝에서 두려움을 느끼지 않게 된 것은 어떤 예인가?
    a. 소거
    b. 단서화된 망각
    c. 정교화 시연
    d. 깊은 처리

15. 다음 예 중에서 어떤 것이 섬광 기억에 가장 가까운가?
    a. 시험 보기
    b. 강도의 총에 겨눠진 것
    c. 당신이 좋아하는 악기를 연주하기
    d. 당신이 가장 좋아하는 배우가 나오는 영화를 보기

16. 학생들은 콜럼버스가 첫 항해를 한 해를 '1942년 콜럼버스가 블루 오션을 항해한다.'라는 리듬감이 있는 암송을 통해 외우고 있다. 이러한 예는?
    a. 소거
    b. 기억술
    c. 깊은 처리
    d. 군집화

17. 보통 사람들이 단어의 정의를 알 때 단어의 목록을 기억하는 것이 더 쉽다. 이것의 이유를 하나 찾는다면?
    a. 얕은 처리는 깊은 처리에 비해 기억을 더 잘하게 한다.
    b. 깊은 처리는 얕은 처리에 비해 기억을 더 잘하게 한다.
    c. 암묵 기억은 외현 기억보다 회상이 더 잘된다.
    d. 외현 기억은 암묵 기억보다 회상이 더 잘된다.

18. 사람이 시험 공부를 하는 동안 기분이 나빴다면 시험을 볼 때 역시 기분이 나빠야 정보를 더 잘 회상할 수 있다면 이것은 무엇인가?
    a. 상태 의존 기억
    b. 역행 간섭
    c. 장기 상승 작용
    d. 여키스-도슨 법칙

19. 아래의 예 중 어떤 것이 순행 간섭을 잘 설명하고 있는가?
    a. 쥴리는 예전 집 우편번호를 기억하려고 애를 써도 현재 집 우편번호밖에 기억이 나지 않는다.
    b. 패트릭은 그가 어릴 때 어머니가 말씀하셨던 이야기를 기억하는 것이 몹시 어렵다.
    c. 쉴라는 과거에 있던 일을 기억할 수는 있지만 새로운 기억을 하는 것에 어려움이 있다.
    d. 교수님은 이전 학기에 기억했던 학생들의 이름과 헷갈리기 때문에 새로운 학생의 이름을 기억하는 데 어려움을 겪으신다.

20. 레베카는 휴가를 떠난다고 이야기하기 위해 어머니에게 전화를 걸었다. 레베카의 어머니는 이미 레베카가 그 사실을 이야기 했다고 하였다. 레베카는 어머니에게 이야기한 적이 없고 어머니에게는 남동생이 이야기를 했다고 확신한다. 레베카의 어머니는 무엇을 경험하신 것일까?
    a. 방심
    b. 귀인 오류
    c. 편향
    d. 지속성

인지와 지능

WHAT 인지심리학은 어떤 분야인가?

WHAT 지능은 무엇이며 어떻게 측정할 수 있는가?

HOW   인간은 어떻게 추론하고 문제를 해결하고 의사
       결정을 하는가?

HOW   주의는 정보처리에 어떤 도움을 주는가?

HOW   언어인지와 시각인지는 어떻게 관련되는가?

다중언어

사용자는 4개 국어 이상에 능통한 사람을 가리킨다. 직업이 국제적 성격을 띠게 되고 휴대전화와 인터넷이 세계 각지의 사람들을 연결하는 오늘날의 글로벌 사회에는 다중언어사용자가 아주 많다. 그러나 세계가 연결되는 속도로 볼 때 조만간 4개 국어를 아는 것만으로는 전혀 충분하지 않게 될 것이다. 인간이 20개, 40개, 심지어 100개 언어를 학습하고 사용할 수 있는 방법은 없는가?

6개 국어 이상을 능숙하게 말할 수 있는 사람은 흔히 찾아보기 어렵지만 뇌의 언어습득 역량을 연구하는 사람들에게는 흥미로운 연구대상이다.

6개 국어 이상에 능통한 역사적 인물 중에는 바티칸 도서관장을 역임하며 평생 이탈리아를 벗어난 적이 없지만 78개 언어와 방언을 구사한 것으로 알려진 주세페 메조판티(Giuseppe Mezzofanti) 추기경(1774~1849), 유명한 탐험가이자 『아라비안나이트』의 번역자인 리처드 프랜시스 버턴(Richard Francis Burton) 경 (1821~1890), 약 100개 국어를 알고 있던 독일인 통역사 에밀 크레프스(Emil Krebs, 1867~1930), 소설가 존 로널드 로엘 톨킨(J. R. R. Tolkien, 1892~1973) 등이 있다. 크레프스의 뇌는 사후에 보존되었으며 2003년에 독일신경학자들에 의해 연구되었다. 연구자들은 크레프스의 뇌와 1개 국어만 알았던 남성 11명의 뇌를 비교한 결과 언어를 관장하는 브로카 영역의 구조에 차이가 있다는 것을 발견하였다.

크레프스가 탁월한 언어능력을 가지고 태어난 것인지, 아니면 언어학습의 결과로 뇌가 그렇게 발달했는지

는 알아낼 수 없다. 그러나 인지과학자들은 현재 생존하고 있는 지아드 파자(Ziad Fazah)와 같은 다중언어사용자들을 대상으로 그들이 어떻게 그토록 많은 언어를 학습하는지를 밝혀낼 수 있게 될 것이다. 파자는 근래 사용하지 않았던 언어의 경우 그 언어에 대한 기억을 잠시 되살린 다음에 원어민과 대화를 나눈다. 그는 또 매일 적어도 30분씩 해당언어를 듣고 적어도 15분씩 소리 내어 암송하는 것과 같은 특별한 방법을 사용하여 언어를 학습한다.

일부 연구자들은 이런 정보를 바탕으로 다중언어사용자들이 각 언어의 기본적 학습전략을 알아내는 방법을 발견해냄으로써 그 언어를 철저히 학습한다는 이론을 수립했다. 이 연구자들은 올바른 방법만 사용한다면 누구나 4개 이상의 언어를 통달할 수 있다고 주장한다. 다른 연구자들은 환경요인이 제대로 갖춰져야 한다고 주장한다. 인간은 생후 2년까지 언어학습능력을 가지고 있고, 나이가 들면 새로운 언어를 습득하기가 점차 어려워진다. 예를 들어 주세페 메조판티 추기경은 12세 때 이미 10개 국어를 습득하였다. 리처드 프랜시스 버턴 경은 20세 이전에 그리스어와 라틴어뿐 아니라 프랑스어와 이탈리아어에 통달하였다. 현존하는 다중언어사용자인 지아드 파자는 아라비아어, 프랑스어, 영어가 함께 사용되는 환경에서 자랐으며, 18세 이전에 개인적으로 51개 언어를 더 학습하였다.

그럼에도 불구하고 언어는 타인과 의사소통하고 상호작용할 수 있게 해주는 열쇠 역할을 한다. 다중언어사용자들의 희귀한 언어능력에 대한 연구는 다른 사람들과 상호작용하는 방식에 대한 통찰도 제공해줄 것이다.

<<< 많은 연구들이 팔레스타인의 알 아말 청각장애학교 학생들처럼 수화와 문어/구어를 둘 다 학습한 청각장애 아동들이 장애가 없는 일반아동과 청각장애가 있는 단일언어 아동들과 비교할 때 언어습득 및 사용에서 더 뛰어나다는 것을 보고하였다. 청각장애가 없는 아동들도 이중언어 교육을 받으면 이와 유사한 반응을 보인다. 따라서 과학자들은 언어의 사용 및 범위를 늘리는 것이 의사소통을 담당하는 뇌 부위들 간의 연결을 증가시키는 결과를 가져온다는 이론을 수립하였다. 새로운 언어를 학습하는 것이 주변 세상과 (한 가지 이상의 방식으로) 의사소통할 수 있는 능력을 향상시킬 수 있는 것으로 보인다.

CHAPTER 09

인지심리학

무엇이 인간의 정신을 작용하게 만드는지 연구하는 과학은 새로운 것이 아니다. 사고, 지식, 기억, 의사소통과 관련한 정신활동인 **인지**(cognition)는 1950년대와 60년대 이후로 활발하게 연구되고 있다(Miller, 2003). 그러나 그 이전의 많은 심리학자들은 인지 연구를 묵살하는 경향이 있는 행동주의자들이었다. 이들은 쉽게 관찰할 수 있는 정신과정을 연구하기를 선호하였다.

행동주의자들과는 달리 촘스키(Chomsky)나 피아제(Piaget) 같은 인지심리학자들은 행동을 이해하기 위해서는 인지를 이해해야 한다는 것을 보여주었다.

정신과정

학교수업을 들을 때 여러분 주변에 있는 모든 자극들을 생각해보라. 교실의 크기, 친숙한 얼굴들, 교수의 질문, 교실의 냄새, 바깥에서 들리는 소리 등이 있다. 이 모든 자극에 일시에 동일한 주의를 기울여야만 한다면 어떻게 될 것인가? 도저히 집중할 수 없을 것이다. 다행히도 인간의 정신은 많은 양의 자극을 받아들이고 처리하는 데 다양한 과정들을 사용한다. 인지과학자들은 이 과정들을 다음과 같은 두 가지 일반적 범주로 분류하였다. (1) 얼마나 많은 주의를 기울여야 하는가와 (2) 주의를 동시에 기울여야 하는가 아니면 순차적으로 기울여야 하는가.

외관상 단순해 보이는 과제들일지라도 그 과제들을 수행하는 데 필요한 정신과정은 엄청나게 복잡하다. 예를 들어 식당에서 서빙을 하는 것과 같이 다양한 작업을 해야 하는 직업에서는 평균 여섯 가지 유형의 정신과정을 사용한다.

지금쯤이면 아마도 알아챘겠지만 우리의 정신과정은 매일의 생활에서 거의 쉴 틈이 없다. 학습을 하거나, 창조를 하거나, 문제해결을 하거나, 추론을 하거나, 또는 판단과 결정을 하는 등 우리는 인지에 의존하여 일상생활을 하고 학교에 다니고 직장에서 일하고 이 세상을 이해한다.

지능이론

모든 사람이 동일한 방식으로 정보를 처리하는 것은 아니다. 어떤 사람들은 복잡한 수학 문제를 푸는 데 능숙한 반면에, 다른 사람들

이러한 공헌들은 우리가 인간의 행동과 인지를 이해하는 데 어떤 도움을 주는가?

인지심리학에 공헌한 주요 인물들

촘스키는 청각장애 아동을 연구하고 그들이 자신만의 문법과 언어체계를 만들어낼 수 있다는 것을 발견함으로써 언어심리학의 장을 열었다.

노암 촘스키

피아제는 아동의 사고가 네 단계를 거쳐 발달한다는 이론을 내놓았다.

장 피아제

폰 노이만은 뇌의 작용에 관한 지식을 이용하여 컴퓨터 기억체계를 개발하였다.

요한 폰 노이만

사이먼과 뉴웰은 문제해결에 관한 연구를 바탕으로 인간의 사고를 모사하는 컴퓨터 프로그램을 만들었다.

허버트 사이먼 & 앨런 뉴웰

돈데르스는 정신과정의 복잡성을 알아내기 위한 수단으로 반응시간의 속도를 측정하였다.

프란스 돈데르스

은 엄청난 양의 문장을 암기할 수 있다. 어떤 기술이 정신기량을 나타내기에 더 나은 지표인가? 한 세기가 넘는 세월 동안 심리학자들은 추론하고 문제를 해결하고 새로운 정보를 습득하는 능력인 **지능**(intelligence)에 관해 다양한 이론들을 주창해왔다. 그러나 지능을 정의하기가 정말로 그렇게 쉬운가? 사람마다 전문분야가 서로 다를 때 각자의 지능수준을 어떻게 측정할 수 있는가? 지능은 타고나는 것인가, 아니면 정보를 조직하고 이해하고 전달하는 능력을 결정하는 데에는 환경이 중요한 역할을 하는 것인가?

지능의 측정

1904년 프랑스 과학자 알프레드 비네(Alfred Binet)는 특수교육을 받을 필요가 있는 학생들을 교사들이 가려낼 수 있게 해주는 검사를 개발해달라는 요청을 받았다. 비네는 아동의 **정신연령**(mental age) 또는 생활연령이 동일한 아동들의 전형적 능력을 측정하는 검사를 개발하였다. 이 검사는 큰 성공을 거두었고 유럽과 미국 전역에서 실시되었다. 1916년 루이스 터먼(Lewis Terman)은 비네 검사의 개정판인 스탠포드-비네 지능검사를 발간하였다. 이 검사의 점수와 아동의 연령을 사용하여 지능지수(IQ)를 계산하는 수학공식은 다음과 같다.

$$IQ = \frac{정신연령}{생활연령} \times 100$$

이 검사에서 아동의 정신연령과 생활연령이 동일하다면 IQ 점수는 100이다. 이 공식은 여러 다른 연령의 아동들을 비교하는 데 특히 유용하다.

데이비드 웩슬러(David Wechsler)는 뉴욕시 벨뷰 병원의 성인들을 대상으로 한 연구에 사용할 목적으로 스탠포드-비네 검사를 바탕으로 한 지능검사를 개발하였다. 그는 1939년에 웩슬러 성인용 지능검사(WAIS)를 제일 먼저 개발하였다. 이 검사는 스탠포드-비네보다 언어성 문항 수가 더 적었고, IQ가 아니라 **정상분포**(normal distribution)를 사용하였다. 정상분포에서는 점수들이 중앙에 많이 모여 있는 종 모양의 곡선을 이룬다.

오늘날의 지능검사들은 여전히 IQ 검사라 불리는 경우가 많지만 대개의 경우 편차 IQ 점수를 사용한다. 이 검사들은 평균점수가 100이고 표준편차가 15가 되도록 표준화되어 있다. 이럴 경우 서로 다른 IQ 검사들의 점수를 직접 비교할 수 있다. 따라서 연령에 관계없이 검사점수가 100점인 사람은 지능이 평균이고 125점인 사람은 평균 이상이라는 것을 알 수 있다.

이러한 지능검사들은 **성취**(achievement)(지식과 진전)가 아니라 **적성**(aptitude)(잠재력)을 측정할 목적으로 설계되었다. 그러나 비평가들은 적성이 실제로 측정될 수 있는지에 대해 의문을 제기하였다. 대개의 경우 보편적

> 인지는 감각, 지각, 사고, 지식, 기억, 의사소통과 관련한 정신활동을 가리킨다.
>
> 지능은 추론하고, 문제를 해결하고, 새로운 지식을 습득하는 능력이다.
>
> 정신연령은 생활연령이 동일한 아동들이 전형적으로 보이는 능력수준을 가리킨다.
>
> 정상분포는 점수들이 중앙에 밀집해 있어 종 모양의 곡선을 이루는 빈도분포를 말한다.
>
> 성취는 개인의 지식과 진전을 가리킨다.
>
> 적성은 개인이 지니고 있는 잠재력이다.
>
> 일반지능은 정신능력의 기저에 있는 공통요인이다.

지식을 검사하기 위해 노력하기는 하지만 검사문항들은 본질적으로 수검자가 가지고 있는 사실지식을 이용할 수밖에 없다(Ackerman과 Beier, 2005; Cianciolo와 Sternberg, 2004). 수검자가 검사제작자와 동일한 지식을 가지고 있다면 필시 매우 높은 점수를 받을 것이다. 이러한 비판에도 불구하고 심리학자들은 IQ 결과가 신뢰할 만하다고 생각한다. 여러 연구들은 IQ 검사점수가 학업성취수준 및 취업과 비교적 상관이 높다는 것을 보여준다. 그러나 이들 상관은 검사상황이나 학업 및 취업 상황에서 수검자들이 하는 일의 유형과 직접적인 관련이 있다.

일반지능

"맥가이버"라는 TV 프로그램을 시청한 사람이라면 맥가이버가 재간이 많고 문제를 해결하는 능력이 뛰어나다는 것을 알고 있을 것이다. 맥가이버는 밀림지대의 잡초를 몇 가지 섞어서 폭탄을 만들기도 하고 불시 착한 헬리콥터를 강력 접착테이프로 수리하기도 한다. 맥가이버는 엄청난 양의 실용적 지능과 과학적 지능을 보여준다. 이것은 그가 SAT의 과학부문에서도 높은 점수를 받을 것임을 의미하는가?

심리학자인 찰스 스피어먼(Charles Spearman)은 아마도 그렇다고 대답할 것이다. 그는 **일반지능**(general intelligence, g)이 정신능력의 기저에 있는

식당 웨이터의 일상적 정신과정

정신과정	예
주의: 가장 급박한 또는 중요한 일에 자원을 배정	새로 오는 손님을 맞이하는 것은 웨이터에게 매우 중요한 일이다.
순차적: 차례대로 수행해야 하는 사고/행위	음식을 내오기 전에 손님에게서 주문부터 받아야 한다.
병렬적: 동시에 수행할 수 있음	웨이터는 음료수를 나르는 것과 걷는 것을 동시에 할 수 있다.
통제: 주의를 기울일 필요가 있음	손님의 질문에 답하려면 주의를 해야 한다.
자동: 일반적으로 주의를 기울일 필요가 없음	손님의 메뉴판을 가져오는 데는 주의가 필요치 않다.
애로사항: 두 과정을 동시에 수행할 수 없고 순차적으로 수행해야 할 때 발생함	웨이터는 대형파티에서 서빙을 할 때에는 한 테이블에 음식을 나르는 일을 두 번 해야 할 수도 있다.

다른 어떤 유형의 직업들이 다중 정신과정을 필요로 하는가?

공통요인이라고 보았다. 스피어먼은 맥가이버의 과학적성이 수학과 논리 등 여러 능력을 광범위하게 포괄하는 **g요인**(g factor)을 구성한다고 말할 것이다.

반면에 심리학자 레이먼드 커텔(Raymond Cattell)은 지능이 단일한 실체가 아니고 여러 유형의 지능은 상호간에 뚜렷하게 구분된다고 주장하였다. 커텔의 정의에 따르면 **유동성 지능**(fluid intelligence)은 정보를 처리하고 그에 따라 행동하는 능력이고 **결정성 지능**(crystallized intelligence)은 과거경험으로부터 직접 습득한 정신능력이다. 커텔의 연구는 사람들이 나이가 들수록 결정성 지능은 점점 더 많이 축적되지만 유동성 지능은 감퇴한다는 결과를 내놓았다(Cattell, 1963; Horn, 1982).

심리학자들은 일반지능이 무엇으로 구성되어 있는지 밝히는 과정에서 정보처리 속도가 빠르면 IQ 점수가 높은 경우가 많다는 것을 발견하였다(Deary, 2001). 작업기억 용량이 큰 것도 일반지능에 중요한 역할을 하는 것으로 밝혀졌다(Kyllonen과 Christal, 1990). 이들 요인 외에 정신적 자기감찰도 일반지능에 일익을 담당한다. 연구자들은 목표, 전략, 정신활동의 조정 역할을 담당하는 **중앙집행기능**(central executive functioning)이 뛰어날수

록 지능이 높다는 것을 발견하였다(Duncan, 2000). 이 연구자들은 뇌 활동을 기록하여 이런 생각을 뒷받침할 수 있었다. 전전두피질 영역은 매우 힘든 과제를 수행하는 동안 활동이 증가한다. 또한 전전두피질의 크기는 뇌의 다른 어느 영역의 크기보다 IQ와 밀접한 관련이 있다(Reiss 등, 1996).

천성인가 또는 육성인가?

부모들은 자녀에게 책을 읽어주거나 "어린 모차르트(Baby Mozart)"나 "어린 아인슈타인(Baby Einstein)" 같은 미디어를 사줌으로써 자녀의 지능을 높이고 싶어 한다. 그러나 아이의 지능은 어느 정도나 유전에 의해 결정되는가? 쌍둥이, 형제, 유전적으로 관련이 없으나 같은 가정에서 양육된 형제(McGue 등, 1993) 등을 대상으로 한 연구의 결과는 궁극적으로 유전이 환경보다 영향력이 더 크다는 것을 보여준다. 다른 가정에서 자란 일란성 쌍둥이들은 IQ 점수에 약간 차이가 있는데 이는 환경이 일정한 역할을 한다는 것을 보여준다. 그러나 유전적 관련이 없으나 같은 가정에서 성장한 형제의 경우 IQ의 상관이 아동기에는 나타나지만 나이가 들수록 상관이 낮아진다.

문화와 사회경제적 지위가 IQ 점수에 영향을 미치는가? 그렇다는 것을 보여주는 연구들이 있기는 하지만 IQ 검사는 문화적 편향이 작용하기 쉽다는 것을 염두에 둘 필요가 있다. IQ 검사를 제작한 사람과는 다른 문화 또는 경제적 상황에서 성장한 사람들은 그 검사에서 낮은 점수를 받을 가능성이 높다. 이는 집단 간 점수 차이가 반드시 지능의 차이를 나타내는 것은 아님을 의미한다. 많은 검사제작자들은 문화적 편향이 전혀 없는 검사를 제작하기

> **"** IQ 검사는 문화적 편향이 작용하기 쉽다는 것을 염두에 둘 필요가 있다. IQ 검사를 제작한 사람과는 다른 문화 또는 경제적 상황에서 성장한 사람들은 그 검사에서 낮은 점수를 받을 가능성이 높다. 이는 집단 간 점수 차이가 반드시 지능의 차이를 나타내는 것은 아님을 의미한다. **"**

> **"** IQ 검사 점수는 30년마다 9~15점 가량씩 높아지고 있다. 유동성 지능 점수가 가장 많이 증가한 반면에, 학교학습과 관련한 점수는 가장 변화가 적었다. 요즘은 여행을 하거나 의사소통을 할 기회가 많아지면서 학습 환경이 풍요로워짐에 따라 지능이 증진되는 것으로 보인다. **"**

는 불가능하다는 결론에 도달하였다(Carpenter 등, 1990). 그 대신 검사제작자들은 언어 사용을 최소화하거나 아예 없애고, 속도와 같이 문화에 따라 차이가 있는 기술이나 가치를 축소함으로써 문화적으로 공평한 검사를 만드는 것을 목표로 삼는다.

IQ 점수는 요즘 왜 상승하고 있는가? 환경이 결정적 역할을 하고 있는 것으로 보인다. IQ 검사 점수는 30년마다 9~15점가량씩 높아지고 있다. 유동성 지능 점수가 가장 많이 증가한 반면에, 학교학습과 관련한 점수는 가장 변화가 적었다. 요즘은 여행을 하거나 의사소통을 할 기회가 많아지면서 학습 환경이 풍요로워짐에 따라 지능이 증진되는 것으로 보인다.

여러 유형의 지능

프로사이클선수인 랜스 암스트롱에게 NASA 우주선을 발사하기 위한 계산을 하거나 유명한 셰익스피어 전문가와 『햄릿』을 주제로 토론을 하라고 하면 그는 아마도 거절할 것이다. 그의 지적 능력은 보통사람 수준이기 때문이다. 그러나 그의 자전거 경주 능력은 경이로운 수준인 것으로 유명하다. 1999년부터 2005년까지 투르 드 프랑스(Tour de France, 프랑스와 주변국을 주파하는 장거리 자전거 경주 — 역자 주)에서 7번 연속 우승컵을 거머쥐었고 2009년에는 은퇴를 번복하고서 험난하기 짝이 없는 2천 마일 경기에 재도전을 감행하였다.

인지과학자들은 암스트롱이 지능은 보통이지만 비범한 재능을 지닌 **천재**(prodigy)라 할 것이다. 아무도 그를 차세대 아인슈타인이라 생각하지는 않을 것이다. 그의 능력은 수학이 아니라 운동경기에 있기 때문이다. 그러나 어

떤 학자들은 지능에는 여러 종류가 있고 운동 능력은 그중 하나라고 주장한다.

천재는 흔하지 않다. 그러나 천재가 아닌 사람들도 비상한 능력을 지니고 있다. "레인맨(Rain Man)"이라는 영화에서 더스틴 호프만이 맡았던 배역을 기억하는가? 호프만이 연기했던 인물은 자폐장애를 가지고 있었지만, **서번트 증후군**(savant syndrome)의 특징인 놀라운 기억력을 가지고 있었다. 서번트 증후군이 있는 사람들은 천재와는 달리 지능이 평균 이하이고, 자폐증 같은 발달장애나 실명 등의 장애를 겪는 경우가 많다. 그러나 그런 문제들이 있다고 해서 서번트들이 라스베이거스에서 카드를 세거나 전화번호부 책을 암기하는 등의 놀라운 능력을 발휘하지 못하는 것은 아니다. 그들도 천재와 마찬가지로 능력이 있지만 그 능력을 우리 문화에서는 '지능'이라고 분류하지 않을 뿐이다.

스턴버그의 삼원지능이론

그렇다면 지능에는 몇 가지 유형이 있는가? 이에 대해 심리학자들과 다른 전문가들 간에 일치된 의견이 없다. 로버트 스턴버그(Robert Sternberg)라는 심리학자는 성공적 지능의 세 가지 측면을 확인하였다(1985). 대부분의 사람들이 '지능'이라는 단어를 들을 때 머릿속에 떠올리는 측면은 **분석적 지능**(analytic intelligence) 또는 문제해결 지능이다. 이 유형의 지능은 잘 정의되고 정답이 하나뿐인 문제들을 제시하는 지능검사로 측정한다. 두 번째 측면인 **창의적 지능**(creative intelligence)은 창의적 예술 분야에 종사하는 사람들만이 활용하는 기술은 아니다. 여러분이 창의적 사고를 하는 사람이라면, 즉 새로운 상황에 적응할 수 있고 독특하고 흔치 않은 생각을 떠올릴 뿐 아니라 문제에 대한 새로운 해결방안을 생각해낼 수 있다면 창의적 지능을 가지고 있는 것이다.

스턴버그의 도식에서 세 번째 측면인 **실용적 지능**(practical intelligence)은 복잡하거나 잘 규정되지 않은 문제들에 대해 여러 해결책을 찾아내고 이 해결책들을 일상의 실제 상황에 이용하는 능력이다. 예를 들어 여러분이 친구를 위해 준비하고 있는 생일파티가 동생의 대학졸업식과 날짜가 같다는 것을 발견했을 때 실용적 지능을 이용하여 스케줄상의 문제를 해결할 방안을 찾아낼 수 있을 것이다.

가드너의 다중지능

하워드 가드너(Howard Gardner)는 하버드 대학교의 동료교수와 함께, 요즘 크게 이름을 떨치고 있는 다중지능 이론을 개발하였다(1983, 2004). 가드너에 따르면 여덟 가지 유형의 지능이 있다.

가드너의 여덟 가지 지능은 각기 독특해서 우리는 이 중 어떤 측면들에서는 매우 재능이 있고 다른 측면들에서는 전혀 재능이 없다. 춤을 잘 추는 사람은 신체운동지능, 음악지능, 공간지능을 가지고 있다. 그러나 친구를 사귀거나 사람들과 어울리는 것은 잘하지 못할 수 있다. 개인 간 지능은 그녀의 강점이 아닌 것이다. 가드너의 이론은 특히 교육자들에게 도움이 될 수 있다. 교육자들은 학생 각자의 강점과 약점에 맞춰 수업계획을 세울 수 있다. 예를 들어 음악지능이 뛰어난 학생의 경우 어떤 사실들을 암기하고자 할 때 그 사실들을 통합하는 노래를 만들도록 교사가 권장한다면 암기가 훨씬 더 쉬워질 것이다.

사회적 지능

여러분은 파티의 스타인가? 파티에서 중심적 역할을 하는 인물인가? 어떤 사회집단에도 쉽게 끼어들 수 있는가? 많은 사람들이 그렇게 하지 못한다. 그러나 우리 모두는 그런 기술이 있는 사람들을 알고 있다. 새로운 사회적 상황을 성사시키는 이런 능력을 **사회적 지능**(social intelligence)이라 한다(Cantor와 Kihlstrom, 1987). 사회적 지능이 뛰어난 사람은 사회적 상황을 쉽게 이해할 뿐 아니라 그 상황에서 자기 역할을 제대로 해내려면 어떻게 해야 하는지도 잘 알고 있다.

사회적 지능의 중요한 한 가지 측면은 **정서적 지능**(emotional intelligence)이다. 정서적 지능은 정서를 지각하고 이해하고 감당하고 활용하는 능력을 가리킨다. 정서적 지능이 높은 사람들은 보통 자기의식이 매우 강하다. 흥미롭게도 정서적 지능을 망가뜨리는 뇌손상을 입은 사람들이 인지적 지능은 훼손되지 않는 경향이 있다는 연구결과가 보고되었다(Bar-On 등, 2003). 이 결과는 인간에게 여러 유형의 독립적인 지능이 있다는 생각을 지지하는 생물학적 증거를 제공해준다.

신경학적 지능 측정

대개의 경우 근육이 클수록 근력이 강하므로,

뇌가 클수록 지능도 그만큼 더 높을 것이라고 생각할 수 있다. 사실 여러 연구가 뇌 크기와 지능 간에 일정한 상관이 있다는 결과를 보고하였다. 그러나 영양이나 환경자극같이 통제되지 않은 변수들이 평균 이상의 지능과 큰 뇌를 둘 다 초래했을 수 있으므로 뇌 크기와 지능 간에 관련이 있는지는 분명치 않다.

그 대신 지능의 신경요소는 (제3장에서 처음 논의된) 뇌의 **가소성**(plasticity)과 더 밀접한 관련이 있을 가능성이 높다. 신경과학자 필립 쇼(Phillip Shaw)와 동료들(2006)은 지능검사에서 '지능이 매우 높은' 아동들을 대상으로 연구를 실시한 결과, 뇌 피질이 두꺼워지고 얇아지는 속도와 지능 간에 관련이 있다는 것을 밝혀냈다. 즉 지능이 매우 높은 아동들은 또래 아동들에 비해 아동기에는 피질이 더 얇은 경향이 있지만 사춘기 직전 시기에는 피질이 급속히 더 두꺼워졌다. 이 결과는 적어도 아동기에는 뇌의 성숙속도와 IQ 간에 관계가 있다는 것을 보여준다.

지능은 뇌의 특정 부위에 위치하는가? 어떤 이들은 뇌 전두엽에 '정보를 조직하고 조정하는 포괄적 작업공간'이 있다고 생각하지만(Duncan, 2000), 이 주장은 지능 연구자들 간에 뜨거운 논쟁을 불러일으키고 있다. 그러나 우리가 지능과 뇌의 연결을 잡아낼 수 있게 해주는 몇몇 상관이 있다. 무엇보다도 개인의 지능검사 점수는 **지각속도**(perceptual speed), 즉 자극을 지각하고 비교하는 데 걸리는 시간과 상관이 있다. 지능검사 점수가 높은 사람들일수록 지각정보를 더 빨리 받아들이는 경향이 있다. 또 지능검사 고득점과 뇌 활동속도 및 복잡성 간에도 상관이 있는 것으로 보인다. 지능점수가 높은 사람들은 단순한 자극에 반응하여 빠르게 움직이는 복잡한 뇌파활동을 보이는 경향이 있었다. 이 결과가 흥미로운 것은 사실이지만 어떤 중요성이 있는지는 불분명하다. 단순한 자극에 대한 빠른 반응이 어째서 지능의 훌륭한 예측요인이어야 하는지는 밝혀지지 않았다.

문제해결과 추론

개념

지금까지 살아오면서 학습한 모든 내용과 수집한 모든 정보를 생각해보라. 지역 재활용센터로 가는 방향, 여덟 살 때 암기한 시, 블로그에 올리기 위해 머릿속에서 작성하고 있는 고양이에 관한 글, 끝없이 이어지는 날짜와 사실과 사건들…. 우리는 머릿속에 저장되어 있는 모든 것들을 어떻게 해서 계속 알고 있는가?

우선 우리는 **개념**(concepts)을 사용한다. 개념은 비슷한 사물, 사건, 사람들을 정신적으로 묶어놓은 것이다. 우리는 개념에 의해 관련된 사물, 사건, 또는 여타 자극들이 공유하는 특징들을 범주로 묶어주는 정신적 표상을 형성함으로써 방대한 양의 정보를 이해할 수 있다. 예를 들어 **자동차**라는 개념은 반짝이는 BMW에서 페인트칠이 엉망인 고물자동차와 2008년도 배트모빌(슈퍼영웅 배트맨이 몰고 다니는 자동차로서 첨단장치들이 장착되어 있음—역자 주)에 이르기까지 전부를 다 포함한다. 일단 한 가지 개념범주를 형성하면 이 범주를 **위계**(hierarchy)로 정리함으로써 더 세분화할 수 있다. 자동차라는 범주는 연비효율, 승용차, 경주차 등의 위계를 포함할 수 있다.

사람들은 때로 정의에 의해 개념을 형성한다. 운동선수는 한 가지 또는 그 이상의 스포츠에 능한 사람이라고 정의할 수 있다. 그러나 사람들은 대개의 경우 특정 범주와 관련된 모든 특징들을 나타내는 전형적 실례 또는 심상을 만들어냄으로써 개념을 형성한다. 이러한 심상 또는 실례를 **원형**(prototype)이라 한다. 어떤 사물이 원형과 비슷할수록 그 사물이 특정 개념의 실례인 것을 알아보기가 더 쉽다(Rosch, 1978).

개념 및 범주에 대한 이론

우리는 범주를 사용하여 주변세계를 체계화한다. 그러나 이런 인지과정은 정확히 어떻게 작동하는 것인가? 비트겐슈타인(Wittgenstein)의 **가족유사성이론**(family resemblance theory)(1953)은 사람들이 특정한 속성들을 공유하는 항목들을 하나의 범주로 묶는다고 주장한다. 그 범주의 모든 구성원이 유사한 특징을 갖지는 않는다 할지라도 그렇게 한다는 것이다. 비트겐슈타인은 게임을 예로 들었다. 즉 탁구, 포커, 사방치기 놀이는 서로 간에 공통점이 전혀 없지만 우리는 이 게임들을 공통의 실마리, 즉 가족유사성에 의해 연결하고 하나의 범주로 묶는다.

어떤 연구자들은 뇌의 전전두피질이 지능에 중요한 부위라고 생각한다.

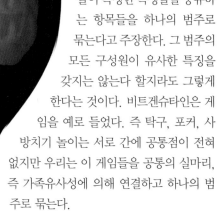

전전두피질

전두엽

∧∧ 버락 오바마는 대통령 선거를 위한 캠페인을 하면서 자신은 미화 1달러나 5달
러 지폐에 있는 사람들처럼 생기지는 않았지만 대통령이 될 능력을 갖추고 있
다고 주장하였다. 이 말은 원형의 개념을 어떻게 환기시키는가?

전형이론은 사람들이 새로운 사물들이 어떤 범주에 속하는지를 판단할 때 그 범주에 부합한다고 기억하는 다른 사물들의 예와 비교한다고 제안한다.

문제해결은 현재의 정보와 기억 속에 저장된 정보를 결합하여 문제의 해답을 찾아내는 행위이다.

최초상태는 문제해결 당사자가 불완전하거나 불충분한 정보를 가지고 있는 상태이다.

목표상태는 필요한 정보를 모두 확보한 문제해결 상태이다.

조작은 최초상태로부터 목표상태에 도달하기 위해 취할 필요가 있는 단계들로 구성된다.

연산법은 단계적 절차를 밟아서 특정한 문제의 해답에 도달하는 방법을 가리킨다.

마음갖춤새는 사람들이 문제를 풀기 위해 사용하는 기존의 마음상태로서 과거에 그와 비슷한 문제들을 풀 때 도움이 되었던 마음상태이다.

기능적 고착은 사람들이 관습에 얽매이지 않은 방식으로 생각하지 못하게 만드는 편향을 가리킨다.

전형이론(exemplar theory)은 우리가 새로운 사물들이 어떤 범주에 속하는지를 판단할 때 그 범주에 전형적으로 부합한다고 기억하는 다른 사물들의 예와 비교한다고 주장한다 (Ashby, 1992). 예를 들어, 여러분이 개에 대해 가지고 있는 개념은 단일한 원형에 의해 형성되는 것이 아니라 지금껏 마주쳤던 모든 개들에 의해 형성된다.

문제해결

최근에 길을 잃었던 때를 생각해보라. 길을 찾기 위해 어떻게 했는가? 아마도 지도를 확인했을 것이다. 목적지에 도달할 때까지 이리 가보고 저리 가보면서 시행착오를 거듭했을 수도 있다. 지나가는 사람에게 길을 물어보았는지도 모른다. 어떤 전략을 선택했든지 간에 **문제해결**(problem solving) 덕분에 결국에는 목적지에 도달할 수 있었을 것이다. 문제해결은 현재의 정보와 기억 속에 저장된 정보를 결합하여 문제의 해답을 찾아내는 행위이다.

뉴웰과 사이먼은 문제를 **최초상태**(initial state), **목표상태**(goal state), 그리고 일련의 **조작**(set of operation)에 의해 연구한다 (1972). 최초상태에서는 정보가 불완전하거나 불충분하다. (추수감사절 저녁식사를 하기 위해 이모 집에 가던 중에 길을 잃었는데 그 동

네의 지리를 전혀 알지 못한다.) 여러분은 목표상태 또는 필요한 정보를 모두 확보하는 상태에 도달하고자 노력하고 있다. (현재의 위치에서 이모 집으로 가는 길을 확실하게 찾아낸다.) 일련의 조작은 최초상태로부터 목표상태에 도달하기 위해 취할 필요가 있는 단계들을 가리킨다. (여러분은 휴대전화를 꺼내 이모에게 전화를 걸어 방향을 물어보고 이모의 설명을 메모한다.)

문제해결 전략

문제의 확인, 즉 최초상태와 목표상태가 무엇인지 알아내는 것은 별로 어렵지 않다. 그러나 여러분은 궁극적으로 해결책을 찾아내기를 원할 것이다. 우리는 다양한 방법을 사용하여 여러 종류의 문제를 해결한다.

연산법(algorithm)은 단계적 절차를 밟아서 특정한 문제의 해답에 도달하는 방법을 가리킨다. 연산법을 순서대로 밟아나가면 복잡한 나눗셈문제를 풀 수도 있고 암호화된 메시지를 해독할 수도 있다. 순서를 올바로 따르기만 한다면 틀림없이 옳은 답을 얻을 수 있다.

사람들은 누구나 어떤 문제들을 풀고자 할 때 과거에 그와 비슷한 문제들을 풀 때 도움이 되었던 기존의 마음상태, 즉 **마음갖춤새**(mental set)를 취한다. 마음갖춤새는 간단한 일상생활의 과제들을 해결하는 데 특히 유용하다. 그러나 때로 마음갖춤새는 문제해결을 방해할 수도 있다. 아래 그림의 문제를 풀어보라.

어떻게 했는가? 만약 여러분이 문제의 답을 찾지 못했다면 아마도 **기능적 고착**(functional fixedness)이 작용했을 것이다. 기능적 고착은 관습에 얽매이지 않은 방식으로 사고를 하지 못하게 만드는 편향을 가리킨다. 이 문제에서는 펜치가 해결의 열쇠인데, 여러분은 아마도 펜치를 평소의 용도와는 달리 사용할 생각을

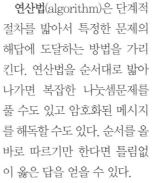

>>> 여러분은 두 줄을 묶을 방법을 찾아낼 수 있는가? 방에 있는
어떤 물건이라도 사용할 수 있다.

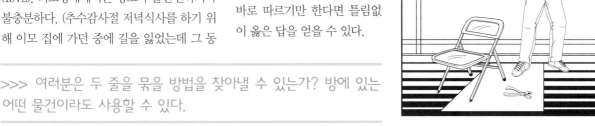

하지 못했을 것이다. 펜치를 한쪽 줄 끝에다 묶고 진자처럼 흔들리게 한 다음 펜치가 반대쪽 줄을 향해 다가오면 잡아서 두 줄을 묶으면 된다(Maier, 1931).

'두 줄' 문제가 보여주는 바와 같이, 어려운 문제를 풀고자 할 때에는 새로운 관점을 취하는 것이 도움이 될 수 있다. 특이하거나 언뜻 중요해 보이지 않는 요소들에 주의를 기울이는 것도 도움이 될 수 있다. 용기를 잃지 않는 것도 나쁘지 않은 방법이다. 기분이 문제해결에 영향을 미칠 수 있기 때문이다(Fredrickson, 2000). 기분이 언짢을 때에는 지각과 사고가 제한되므로 '고정관념을 벗어난 생각'을 하기가 더욱더 어려워질 것이다.

물론 문제를 해결하는 데 연산법이나 분석, 또는 복잡한 방법을 사용할 필요가 없는 때도 종종 있다. 우리는 그와 같이 드물고 경이로운 순간들에 **통찰**(insight)을 경험한다. 찾고 있던 해답이 아무런 경고 없이 갑작스럽게 머릿속에 떠오르는 것이다. 시험을 치르거나 불가능해 보이는 일을 해보려고 애쓰고 있을 때 불현듯 영감이 떠오른 적이 있는 사람이라면 통찰이 얼마만 한 기쁨을 가져다줄 수 있는지 알 것이다. 과학자들은 뇌의 통찰부위를 점찍을 수 있는 것으로 밝혀졌다. 근래 들어 심리학자들은 fMRI와 EEG 영상기법을 사용하여 문장제 수학문제를 풀고 있는 참여자들의 뇌 지

도를 만들었다. 연구자들은 실험참여자들이 문제해결에 도움이 되는 통찰을 할 때에는 우반구 측두엽의 활동이 활성화된다는 것을 알아냈다(Jung-Beeman 등, 2004). 통찰은 또 대상회, 측두, 전전두, 두정부위 피질의 활동 증가와 관련이 있는 것으로 나타났다(Vogeley 등, 2001).

추론

추론(reasoning)은 정보나 신념을 일련의 단계들로 체계화하여 결론에 도달하는 인지과정이다. 일반적으로 추론을 할 때에는 이미 알고 있는 사실들에 관해 생각하고 이 사실들을 이용하여 새로운 가정에 도달한다. 추론에는 몇 가지 종류가 있다. 무엇을 할지 또는 어떻게 할지를 생각할 때에는 **실제적 추론**(practical reasoning)을 한다. **이론적 추론**(theoretical reasoning) 또는 **논변적 추론**(discursive reasoning)은 현실적 결정을 내리기보다는 신념 또는 결론에 도달하기 위해 행하는 추론이다. 여러분의 종교적 신념은 이론적 추론에 의해 형성될 수 있다. 우리가 사실이라고 가정하는 둘 또는 그 이상의 진술문으로부터 특정 결론이 논리적으로 도출되는지 그렇지 않은지를 결정할 때에는 **삼단논법 추론**(syllogistic reasoning)을 한다. 예를 들어 야구선수들은 모두 손과 눈의 협응이 뛰어나다고 가정하자. 제임스는 야구선수이다. 그렇다면 여러분은 제임스가 손과 눈의 협응이 뛰어난 사람이라는 논리적 결론을 내려야 할 것이다. 이런 유형의 논리를 **삼단논법**(syllogism)이라 한다.

삼단논법은 보편적인 전제들에 근거하여 특정한 결론에 도달하는 하향식 방법인 **연역적 추론**(deductive reasoning)의 좋은 예이다. 앞서 든 예에서 여러분은 일반적인 두 가지 정보(야구선수는 손과 눈의 협응이 뛰어나며 제

> **추론**은 정보나 신념을 일련의 단계들로 체계화하여 결론에 도달하는 인지과정이다. 일반적으로 추론을 할 때에는 이미 알고 있는 사실들에 관해 생각하고 이 사실들을 이용하여 새로운 가정에 도달한다.

> 여러분은 어떤 일에 관해 자신이 옳다고 백 퍼센트 확신했는데 결국 자신이 완전히 오판했다는 것을 알게 된 적이 있는가? 그런 일은 어느 누구에게나 일어난다. 때로는 아무리 노력한다 해도 매우 잘못된 추론을 할 수 있다.

임스는 야구선수이다)를 사용해서 특정한 결론(제임스는 손과 눈의 협응이 뛰어나다)에 도달할 수 있다. 연역적 추론의 사용은 수학문제를 푸는 것과 비슷하다. 즉 어떤 규칙을 적절한 순서에 따라 적용하면 논리적이고 올바른 결론에 도달한다.

연역적 추론이 일반적인 것에서 시작해서 특수한 것으로 옮아가는 것이라면, 그와는 반대로 **귀납적 추론**(inductive reasoning)은 특수한 예들을 사용해서 일반적 결론에 도달하는 방법이다. 예를 들어 여러분은 살아오면서 지금껏 보았던 얼음이 전부 차가웠다는 것을 알고 있을 것이다. 여러분은 귀납적 추론을 사용하여 모든 얼음은 차갑다는 결론을 논리적으로 내릴 수 있다. 그러나 귀납적 추론은 오류의 여지를 남긴다. 가령 여러분이 여성 필드하키 선수만을 보았다면 필드하키 선수는 모두 여성이라고 추론할지도 모른다. 그러나 이세상에 있는 많은 남성 필드하키 선수들은 여러분의 의견에 동의하지 않을 것이다. 귀납적 추론에서는 미지의 상황에 관한 문제를 풀기 위해 그 상황을 과거에 경험했던 상황과 비교하고, 유추를 사용하여 과거의 상황으로부터 결론을 도출한다.

추론의 오류

여러분은 어떤 일에 관해 자신이 옳다고 백 퍼센트 확신했는데 결국 자신이 완전히 오판했다는 것을 알게 된 적이 있는가? 그런 일은 어느 누구에게나 일어난다. 때로는 아무리 노력한다 해도 매우 잘못된 추론을 할 수 있다.

과신

추론에서 보편적인 오류의 하나는 **과신**(overconfidence), 즉 자신이 실제보다 더 똑똑하

거나 올바르다고 생각하는 경향성이다. 2008년에 고개를 들기 시작한 서브프라임모기지(비우량 주택담보대출) 위기는 부분적으로 담보대출자와 주택구입자 양쪽 모두의 과신에서 비롯되었다. 이들 중 대다수는 자신이 제시간에 대출금을 지불하거나 주택을 판매하여 큰돈을 벌 수 있을 것이라는 잘못된 판단을 하였다. 물론 주택담보와 관련해서 이런 낭패를 당하지 않은 많은 사람들은 일이 터지고 난 후에 자신은 그런 위험한 행동을 한 적이 한 번도 없다고 믿었지만, 이런 반응은 과신의 일종인 **후판단 편향**(hindsight bias)의 한 예에 불과한지도 모른다. 후판단 편향은 상황에 대한 자신의 사전지식을 과대평가하는 경향성을 말한다(제2장 참조).

신념편향

논리는 때로 추론과 일치하지 않는다. 다음 문장을 보라.

- 전제 1 : 여자는 로맨틱 코미디를 시청하기를 좋아한다.
- 전제 2 : 남자는 여자가 아니다.
- 결론 : 남자는 로맨틱 코미디를 시청하기를 좋아하지 않는다.

이 결론이 논리적인 것처럼 여겨지는가? 그렇다면 여러분은 신념이 논리적 사고를 왜곡할 때 일어나는 결과인 **신념편향**(belief bias)에 사로잡힌 것이다. 앞의 두 전제는 일부 남성들은 로맨틱 코미디를 시청하기를 좋아할 수도 있는 가능성을 열어두고 있지만, 남성이 좋아하는 영화에 대한 자신의 신념이 여러분

으로 하여금 그와는 상반되는 결론을 내리게 만들었을 것이다. 우리가 가지고 있는 신념은 판단과 추론에 놀랄 만한 영향력을 발휘한다. 심지어 신념과는 상반되는 증거가 제시되는 경우에도 그 신념을 버리기는 대단히 어렵다. 이런 경향성을 **불굴의 신념**(belief perseverance)이라 한다.

발견법

비행기 추락사고와 자동차 충돌사고 중 어느 것이 죽음의 원인이 될 가능성이 더 큰가? 이 질문에 가능하면 빨리 대답하고, 질문에 대해 너무 깊이 생각하려고 하지 말라. 우리는 이런 식으로 신속한 결정을 할 필요가 있을 때 장시간에 걸친 논리적 분석 대신에 종종 직관을 따른다. 여러분은 해답을 신속히 얻고자 할 때 **발견법**(heuristics)이라는 정신적 지름길을 사용한다. 발견법은 경험에서 우러난 법칙들과 마찬가지로 의사결정 과정을 빠르고 간단하게 만들어주는 비공식적 규칙이다. 우리는 언제나 발견법을 사용한다. 사실 대니얼 카너먼(Daniel Kahneman)과 아모스 트버스키(Amos Tversky) 같은 심리학자들은 인간의 사고는 순전히 합리적인 분석과정보다는 발견법에 훨씬 더 많이 의존한다고 주장한다(1980). 그러나 발견법은 잘못되기 쉽다. 자동차 사고로 인한 사망이 비행기 추락으로 인한 사망보다 실제로는 훨씬 더 많지만, 비행기 추락 사고는 신문과 TV 뉴스에 훨씬 더 많이 보도될 뿐 아니라 우리는 비행기 추락 사고에 관한 뉴스를 더 잘 기억하는 경향이 있다. 여러분이 비행기 추락에 의한 사망이 자동차 사고에 의한 사망보다 일어날 공산이 더 크다고 대답했다면 **가용성 발견법**(availability heuristic)에 휘둘렸을 가능성이 크다. 가용성 발견법은 여러분이 어떤 사건(비행기 추락)의 예들을 머릿속에 쉽게 떠올릴 수

후판단 편향은 사건이 벌어진 후에 자신이 어떤 사실을 진작부터 알고 있었다고 생각하는 잘못된 신념을 말한다.

신념편향은 신념이 논리적 사고를 왜곡할 때 일어나는 결과를 말한다.

불굴의 신념은 자신의 신념과 상반되는 증거가 제시되는 경우에도 그 신념을 버리지 않고 고수하는 경향성이다.

발견법은 의사결정 과정을 신속하고 간단하게 만들어주는 비공식적 규칙이다.

가용성 발견법은 어떤 사건의 예들이 머릿속에 쉽게 떠오른다면 그 사건이 흔히 일어나는 사건임에 틀림없다는 것을 알려주는 일종의 발견법이다.

확증편향은 자신의 신념을 입증해주는 증거를 찾고 그 신념을 부정하는 증거는 간과하는 경향을 말한다.

있다면 그 사건이 흔히 일어나는 사건임에 틀림없다고 생각하게 만든다. 이러한 경험법칙은 많은 경우에 사실이지만, 언제나 사실인 것은 아니다.

확증편향

여러분이 어떤 정당의 당원이라면 미디어가 편파적이지 않다는 주장을 들을 때 수긍하지 않을 것이다. 여러분이 진보정당의 당원이라면 뉴스내용이 보수 성향을 띠고 있다는 것이 불을 보듯 뻔해 보인다. 이와는 반대로 보수정당의 당원에게는 전국의 뉴스리포터들이 명백히 진보 성향을 띠고 있는 것으로 보인다.

우리는 이미 어떤 것이 사실이라고 믿고 있을 때 자신이 가지고 있는 신념을 입증해줄 증거를 찾는 경향이 있으며 그 신념을 부정할 증거는 보지 못하고 놓치는 경향이 있다. 이 현상을 **확증편향**(confirmation bias)이라 한다. 스스로는 객관적이라고 생각할지 몰라도 사실은 누구나 자신이 이미 지니고 있는 신념을 확증하고자 노력하고 있는 것이다. 애초에 특정 미디어가 자신의 정치적 신념에 상반되는 쪽으로 편향되어 있다는 생각을 가지고 있는 사람이라면 자신의 신념과는 반대쪽으로 편향되어 있는 뉴스는 알아채기가 쉬운 반면에, 편향되지 않은 뉴스나 자신의 신념을 지지하

인지와 지능

<<< 여러분이 미디어의 편파성을 입증하고 싶다면 어떤 증거를 찾을 것인가? 어떤 증거를 무의식적으로 간과할 것인가?

는 쪽으로 편향되어 있는 뉴스는 알아보지 못하고 넘어갈 가능성이 높다.

결합오류

게이브는 대학에서 심리학을 전공하였다. 그는 최근에 지구 온난화의 위험에 관한 내용을 다루는 "불편한 진실"이라는 다큐멘터리를 재미있게 시청하였다. 게이브는 슈퍼마켓에 갈 때 비닐백을 사용하는 대신에 헝겊으로 만든 가방을 가지고 가서 식료품을 담아온다.

다음 중 어느 진술이 사실일 가능성이 더 높은가?

- 게이브는 신문기자이다.
- 게이브는 환경단체에서 활동하는 신문기자이다.

게이브에 관해 우리가 알고 있는 바로는 그가 환경보호에 관심이 많기 때문에 첫 번째 진술보다는 두 번째 진술이 더 가능성이 높아 보일 것이다. 그러나 게이브가 기자이면서 환경보호론자일 가능성보다는 그냥 기자일 가능성이 훨씬 더 높다. 첫 번째 진술이 두 번째 진술에 내포되어 있는 데다 두 번째 진술은 사실일 수도 있고 그렇지 않을 수도 있는 추가정보를 포함하고 있기 때문에 첫 번째 진술이 사실일 가능성이 더 높은 것이다. 여러분이 그렇게 생각하지 않았다면, 추가정보는 실제로는 어떤 진술이 사실일 확률을 낮추지만 사람들은 오히려 그 반대라고 믿는 현상인 **결합오류**(conjunction fallacy)를 경험한 것이다.

의사결정, 판단, 집행통제

이 장의 서두에서 언급한 언어학습 기법 중 한 가지를 시도해볼 생각이 있는가? 여러분은 아마도 이 기법들에 대한 판단을 내림으로써 그에 관한 의견을 형성했을 것이다. **판단**(judgment)은 의견을 형성하고 결론을 내리고 상황을 객관적이고 비판적으로 평가하게 해주는 기술이다.

의사결정

판단은 의사결정을 하게 해준다. **의사결정**(decision making)은 사용가능한 선택지들을 선택하거나 거부하는 과정이다. 논점 제시 또는 **틀 만들기**(framing)는 우리가 어떤 결정을 하느냐에 크게 영향을 미칠 수 있다. 예를 들어 사람들은 다진 쇠고기가 지방이 25%라고 할 때보다 살코기가 75%라고 할 때 구입할 가능성이 더 크다(Levin과 Gaeth, 1988; Sanford 등, 2002). 때로 우리는 너무 많은 대안 중에서 하나를 선택해야 하거나 어떤 결정을 너무 많은 모순된 틀을 통해 볼 수 있는 경우에는 아무런 결정도 하지 않으려고 하는 상태인 **결정혐오**(decision aversion)에 빠지기도 한다.

의사결정이론

일단 결정할 일이 주어졌다면 어떻게 결론에 도달하는가? **합리적 선택이론**(rational choice theory)에 따르면 우리는 결정이 초래하는 각각의 결과가 갖는 긍정적 또는 부정적 가치뿐 아니라 각 결과가 일어날 확률을 알아봄으로

써 결정을 내린다. 전자책 판독기의 구입 여부를 결정해야 할 때 여러분은 어떻게 할 것인가? 합리적 선택이론에 따르면 그 기기를 구입하는 것과 구입하지 않는 것의 장단점을 알아보고 이 장단점들 각각의 확률을 따져볼 것이다. 그런 다음 구입하는 것이 구입하지 않는 것보다 가치가 더 크다면 온라인으로 그 기기를 구입할 것이다.

카너먼과 트버스키는 대안의 의사결정이론인 **전망이론**(prospect theory)을 제안하였다. 이 이론은 사람들이 위험요인들이 있는 상황에서 어떻게 결정을 내리는지를 기술한다. 일반적으로 사람들은 이득을 얻게 되어 있는 상황에서는 위험을 피하지만, 손실을 눈앞에 둔 상황에서는 위험을 감수하는 행동을 더 많이 한다. 여러분이 게임쇼 프로에 참가했다고 하자. 사회자가 여러분에게 1,000달러짜리 수표를 건네준다. 여러분은 수표를 가짐으로써 1,000달러를 확보할 수도 있고, 수표를 사회자가 손에 들고 있는 봉투와 바꿀 수도 있다. 봉투에 2,500달러가 들어 있을 확률은 50%이지만, 봉투 안에 아무것도 없을 확률도 50%이다. 이런 상황에서 대부분의 사람들은 위험을 피하는 쪽을 선택하며, 자신이 확실히 딸 수 있는 1,000달러를 고수한다. 그러나 좀 더 가학적인 게임쇼를 생각해보자. 사회자는 여러분이 아무것도 하지 않으면 자기에게 1,000달러를 내야 한다고 말한다. 그러나 그는 여러분에게 다른 봉투를 제시한다. 그 봉투에는 여러분이 돈을 내놓지 않게 해줄 카드가 들어 있을 확률이 50%이고, 사회자가 여러분에게서 2,500달러를 받아낼 수 있게 해줄 카드가 들

<<< 여러분은 새로 출시된 이런 인기상품을 구입하기 위해 돈을 지불하기 전에 어떤 결과를 고려할 것인가?

어 있을 확률이 50%이다. 여러분은 봉투를 받을 것인가? 대부분의 사람들은 이런 결정을 해야 할 때 자기 돈을 하나도 내놓지 않을 가능성을 갖기 위해 2,500달러를 잃을 위험을 감수한다. 전망이론은 우리가 어떤 상황에 처해 있느냐에 따라 위험을 대하는 태도가 다르다고 제안한다.

의사결정의 신경기초

친구가 여러분이 동의하지 않는 결정을 했을 때 여러분은 그 친구가 그런 결정을 할 때 그 애 머릿속에서 도대체 무슨 일이 일어났는지 의아해할 것이다. 그 친구 머릿속에서는 무슨 일이 벌어졌는가? 한 가지 답은 **도파민**(dopamine)이라는 신경전달물질이다. 여러 연구는 뇌에 있는 도파민이 좋은 결과를 가져오고 나쁜 결과를 피하게 하는 결정을 하도록 돕는다는 것을 발견하였다(St. Onge와 Floresco, 2008). 의사결정에 중요한 역할을 하는 것으로 생각되는 뇌 부위인 기저핵(basal ganglia)에는 다량의 도파민이 존재한다. 우리가 어떤 결정을 해야 할 때에는 기저핵의 활동이 증가하고 도파민이 대량 분비되면서 가장 보상이 큰 결과를 선택하게 해준다.

우리를 기분 좋게 만들어주는 선택이 반드시 최선의 선택이 아닌 경우에는 무슨 일이 벌어지는가? 예를 들어 여러분은 더 건강한 식사를 하고 싶고 설탕을 뿌린 달콤한 컵케이크를 뿌리치고 싶지만 뇌의 도파민은 여러분이 컵케이크를 맛있는 보상으로 여기게 만들 것이다. 다행히도 우리의 뇌는 컵케이크를 만끽하려는 반응을 억제하고 원래의 계획을 고수하여 샐러드를 간식으로 먹게 만드는 **집행통제체계**(executive control systems)를 가지고 있다. 이 체계들은 일반적으로 뇌의 전두부위에 위치해 있는 것으로 생각되고 있다. 특히 **복내측 전전두피질**(ventromedial prefrontal cortex)은 우리가 사회적 및 행동적 규칙을 준수하게 도와주며 행동을 결과와 연결시킬 수 있게 해주는 역할을 한다. **배외측 전전두피질**(dorsolateral prefrontal cortex)은 행동을 시작하게 해주지만, 우리가 어떤 결정을 내리는가에 따라 그 행동을 변경하거나 억제할 수도 있다. **전측 대상회피질**(anterior cingulate cortex)도 행동을 통제하는 데 관여하

며, **두정피질**(parietal cortex)은 의사결정을 하는 과정에서 주의를 하게 만드는 중요한 역할을 한다.

주의

지극히 중요한 시험이 다가오고 있을 때 여러분은 어떻게 주의를 유지하는가? 아마도 정신이 초롱초롱한 상태를 유지하기 위해 커피나 강장음료를 마실 것이다. 아니면 주의집중을 돕기 위해 클래식 음악을 들을 것이다. 어떤 방법을 선택하든지 간에 **주의**(attention)가 필수적인 역할을 담당한다. 주의는 뇌가 중요한 정보를 선택적으로 처리하는 방식이다.

주의의 초점

의식적 주의는 선택적이다. 이것은 우리가 설사 대안의 해석이 있다는 것을 알고 있다 할지라도 한 번에 한 가지 지각만을 경험할 수 있다는 것을 의미한다(제5장 참조). 한 연구에 따르면 우리는 1초에 1,100만 비트의 정보를 받지만 그중에서 40비트 정도를 의식적으로 처리한다(Wilson, 2002).

인지과학자인 코르베타(Corbetta)와 슐먼(Schulman)은 주의에는 두 종류가 있으며 각각 독특한 처리체계가 있다고 제안하였다(2002). 어떤 것에 주의를 기울이겠다는 선택을 명시적으로 하는 것을 **목표지향적 선택**(goal-directed selection) 또는 내

> >>> 우리는 과제 각각의 지각적 부담이 비교적 적은 경우에는 여러 과제를 한꺼번에 할 수 있다.

도파민은 사람들이 좋은 결과를 가져오고 나쁜 결과를 피하게 하는 결정을 하도록 돕는 신경전달물질이다.

집행통제체계는 사람들이 당장은 기분이 좋지만 결국에는 자신에게 이롭지 못한 결정을 내리지 않을 수 있도록 쾌락반응을 억제하는 뇌 부위이다.

복내측 전전두피질은 개인이 사회적 및 행동적 규칙을 준수할 수 있게 도와주는 집행통제체계로 기능하는 뇌 영역으로서 개인이 자신의 행동을 결과와 연결시킬 수 있게 해주는 역할도 한다.

배외측 전전두피질은 행동을 시작하게 해주는 집행통제체계로 기능하는 뇌 영역으로서 개인의 결정에 따라 그 행동을 변경하거나 억제할 수도 있다.

전측 대상회피질은 행동의 통제를 돕는 집행통제체계로 기능하는 뇌 영역으로서 신체통증 지각에 관여한다.

두정피질은 의사결정 과정에서 주의에 관여하는 집행통제체계로 기능하는 뇌 영역이다.

주의는 마음을 감각이나 사고에 선택적으로 적용하는 행위이다.

목표지향적 선택은 어떤 것에 주의를 기울이겠다고 명시적으로 선택을 하는 주의유형을 가리킨다.

내생적 주의는 '목표지향적 선택' 참조.

자극주도적 포착은 외부 요인에 의해 동기화되는 주의유형이다.

● ● ●

생적 주의(endogenous attention)라 한다. 군중 속에서 특정한 얼굴을 찾거나 본문의 특정 부분을 암기하려고 노력하는 것을 예로 들 수 있다. 내생적 주의를 할 때에는 배측 뇌체계(외부세계로부터 뇌로 감각정보를 전달하는 역할을 맡고 있는 체성감각계의 일부)가 활성화된다.

외부자극이 우리의 주의를 끌어당기는 것을 **자극주도적 포**

> 여러분이 일련의 단어들을 제시받고 그중에서 나무를 묘사하는 데 사용될 수 있는 단어들을 전부 기억하는 과제를 해야 한다고 가정하자. 상당히 쉽지 않은가? 그러나 매우 짧은 시간 내에 '키가 큰'과 '잎이 무성한'이라는 단어들을 보게 되면 두 번째 단어를 보았다는 것을 나중에 기억하지 못할 것이다.

착(stimulus-driven capture) 또는 **외생적 주의**(exogenous attention)라 한다. 새롭거나 예기치 못한 일이 발생하면(가령 사슴 한 마리가 거실 창문으로 뛰어들면) 우리의 주의가 자동으로 그 장면으로 쏠리게 된다. 외생적 주의는 우반구의 복측 뇌체계(해석된 감각정보를 신경충동을 통해 근육으로 전달하는 체성 감각계의 일부)를 사용한다.

우리는 특정한 과제에 어느 정도 주의를 기울여야 하는지를 어떻게 결정하는가? 친구에게 전화를 하고 최근의 소문에 대해 얘기하면서 진행이 느린 로맨틱 코미디를 시청할 수는 있겠지만, 여러분이 할 일이 나무를 베어 넘기거나 핵물리학 리포트를 쓰는 일이라면 여러 과제를 동시에 하는 것은 권장되지 않는다. **지각적 부담**(perceptual load)은 과제의 처리난이도 또는 복잡성이다. 인간의 뇌는 자원이 제한

되어 있기 때문에 과제의 지각적 부담이 종종 그 과제에 배당되는 주의의 양을 결정한다.

주의를 기울이지 않은 자극

여과기 이론

우리의 주의는 제한되어 있어 한 번에 소량의 자극에만 주의를 기울일 수 있다. 그렇다면 우리는 어디에 주의를 기울일지를 어떻게 선택하는가? 브로드벤트(Broadbent)의 **여과기 이론**(filter theory)(1958)은 우리가 입력자극의 의미를 평가하기도 전인 지각과정의 초기에 일찌감치 자극을 선택한다고 제안하였다. 이 중첩청취 과제에서는 참가자들이 헤드폰을 끼고 한쪽 귀에 한 가시씩 서로 다른 두 가지 메시지를 동시에 듣는데, 어느 한쪽 귀로 듣는 메

시지에만 주의를 기울이라는 지시를 받는다. 참가자들은 그쪽 귀로 듣는 단어들을 뒤따라 말할 수 있다. 일반적으로 이런 과제에서 참가자들은 주의를 기울인 메시지만을 보고할 수 있다. 브로드벤트는 동시에 제시된 두 가지 자극이 **감각완충기**(sensory buffer)에 도달하고 감각완충기는 여과기가 정보를 수용하거나 거부할 때까지 짧은 시간 동안 그 정보를 담아두는 기능을 한다고 주장하였다. 감각완충기의 정보는 물리적 특징에 근거하여 여과기를 통과한다. 예를 들어 참가자들이 남성의 목소리를 들으라는 지시를 받았는데 다른 목소리는 여성의 목소리라면 참가자들은 여성의 목소리를 상당히 쉽게 여과해낼 수 있다. 두 메시지가 별다른 물리적 차이 없이 똑같은 어조로 제시된다면 이 둘을 분리하기는 더 어렵다(Cherry, 1953).

무주의 맹시

우리는 다양한 이유로 어떤 자극을 처리하지 못하는 경우가 생기는데 이것을 무주의 맹시(inattentional blindness)라 한다(제5장 참조). 이러한 처리실패의 한 가지 유형으로 **주의과실**(attentional blink)(특정 자극이 뇌의 주의를 끌면 순간적으로 인지 오류가 생기는 현상—역자 주)이 있다. 여러분이 일련의 단어들을 제시받고 그중에서 나무를 묘사하는 데 사용될 수 있는 단어들을 전부 기억하는 과제를

두 가지 메시지가 감각완충기에 도달하고, 믹싱 볼에 담겨 있는 음식재료들처럼 거기에 일시적으로 저장된다. 이 메시지들은 물리적 속성에 따라 마치 체로 걸러지듯이 여과된다. 원하는 물리적 속성은 인식된다. 이와 같이 단일한 한 가지 메시지에만 주의를 기울임으로써 그 내용에 초점을 둔 대화를 할 수 있게 된다.

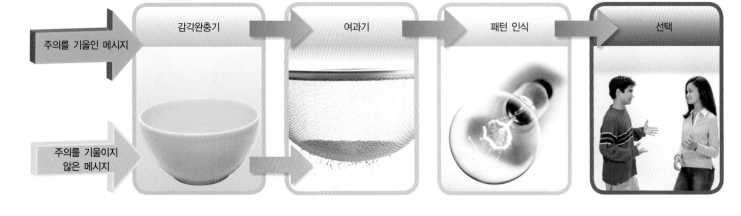

브로드벤트의 여과기 이론

주의를 기울인 메시지 → 감각완충기 → 여과기 → 패턴 인식 → 선택

주의를 기울이지 않은 메시지

해야 한다고 가정하자. 상당히 쉽지 않은가? 그러나 매우 짧은 시간 내에 '키가 큰'과 '잎이 무성한'이라는 단어들을 보게 되면 두 번째 단어를 보았다는 것을 나중에 기억하지 못할 것이다. 이것은 **심리적 불응기**(psychological refractory period)로 인한 것이다. 심리적 불응기란 뇌가 첫 번째 자극을 처리하느라 바빠서 두 번째 자극을 이해하지 못하는 시간대를 가리킨다.

특징통합

브로드벤트가 여과기 이론을 수립한 이후로 여러 학자들이 주의에 관한 모델들을 제안하였다. 심리학자 앤 트레이스먼(Anne Treisman)은 **특징통합이론**(feature integration theory)이라는 영향력 있는 이론을 내놓았는데, 이 이론은 우리가 자극의 특징들이 어떻게 조합되어야 하는가에 관한 지식에 근거하여 자극을 체계화한다고 제안한다(Treisman, 1987). 트레이스먼은 자극들은 대부분이 비슷하면서도 충분히 차이가 있기 때문에 자극의 특징들을 조합하는 방식은 그 수가 제한되어 있다고 주장한다(제5장 참조). 예를 들어 여러분은 몸집이 큰 사냥개의 일종인 아이랜드 울프하운드를 이전에 본 적이 없다 할지라도 특정한 물리적 특징을 가진 동물이 개라는 것은 쉽게 알아챈다. 여러분은 이전의 감각경험을 바탕으로 그 동물을 범주화하는 한편으로, 그 동물을 꼬리가 있고 네 발 달린 다른 동물들과 구별할 수도 있다.

언어와 언어인지

언어는 우리의 개념, 생각, 감정을 다른 사람들에게 전달할 수 있게 해주는 상징체계로서 우리가 어떻게 사고하는가에 중요한 역할을 한다. 그렇다면 이것은 우리가 사용하는 언어가 다른 사람들에 대한 태도를 형성할 수도 있다는 의미인가? 서로 다른 언어를 사용하는 사람들은 이 세상도 서로 다른 방식으로 보는가? 우리가 언어를 사용할 때 어떤 정신과정이 이루어지며 사람들은 어떻게 한 가지 이상의 언어를 이해할 수 있는가?

다중언어

지아드 파자 같은 다중언어사용자들은 보통 어릴 때 외국어를 배운다. 7세 이전에 새로운 언어를 습득하는 아동들은 원어민과 구별하기가 어려울 정도로 거의 완벽하게 그 언어를 숙달한다. 미국에 이민을 온 아시아인들에게 영문법 검사를 실시한 결과는 어렸을 때 미국에 온 이민자들은 원어민과 마찬가지로 영문법을 능숙하게 이해한다는 것을 보여준다(Johnson과 Newport, 1991). 그러나 유창성은 나이가 들수록 떨어지며, 심지어 수화를 배울 때조차도 그러하다. 왜 그럴까? 여러 연구는 언어에 기초한 과제를 하는 동안 성인보다는 아동의 경우에 뇌의 어떤 부위가 더 활성화된다는 것을 보여준다. 이 결과는 성인과 아동이 보이는 학습능력의 차이를 설명해줄 수 있다.

이러한 결정적 시기가 지난 이후에 외국어를 배우는 성인들은 아기들이나 어린 아동들과는 다른 인지적 전략을 사용한다. 사실 생애 후기에 외국어를 배우는 사람들의 뇌는 어

> **7세 이전에 새로운 언어를 습득하는 아동들은 원어민과 구별하기가 어려울 정도로 거의 완벽하게 그 언어를 숙달한다.**

릴 때 이중언어 사용자인 사람들의 뇌와는 차이가 있다(Marian 등, 2007). 어린 시절의 이중언어 사용은 정상적 인지발달을 방해하지 않는다. 사실 어릴 때부터 외국어를 배우면 좌반구 두정 부위의 회백질 밀도가 증가한다. 뇌의 이 부위는 언어유창성 과제의 수행과 관련이 있다.

언어산출

"입을 움직이기 전에 뇌를 먼저 움직여라."라는 어구를 들어본 적이 있을 것이다. 말을 하기 전에 생각부터 해야 한다는 뜻이다. 그러나 우리가 말을 하기 전에 실제로 마음속에서는 어떤 일이 벌어지는가? 사회언어학자인 앨

>>> 스타일 전환은 잘못된 것으로 비칠 경우 효과가 없을 수도 있다.

심리적 불응기는 뇌가 한 자극을 처리하느라 바빠서 그 다음 자극을 이해하지 못하는 시간대를 가리킨다.

특징통합이론은 사람들이 자극의 특징들이 어떻게 조합되어야 하는가에 관한 지식에 근거하여 자극을 체계화한다고 제안한다.

청중설계는 사람들이 말하는 내용은 그것이 무엇이든지 간에 특정한 청중을 향한 것이라고 보는 개념이다.

스타일 전환은 사람들이 자신의 말을 듣는 사람이 누구인가에 따라 유대감을 표현하거나 거리를 두는 식으로 자신이 말하는 스타일을 조절하는 습관을 가리킨다.

협동원리는 말하는 사람들이 발언을 진실하고 유익하고 적절하고 명확하게 해야 한다는 것을 알려준다.

런 벨(Allan Bell, 1984)은 우리가 말하는 내용은 전부 특정한 청중을 향한 것이라는 **청중설계**(audience design)라는 개념을 제안하였다. 벨은 우리가 어떤 대상에게 말을 거는가에 따라 유대감을 표현하거나 또는 거리를 두기 위해서 말하는 스타일을 조절한다고 주장하였다. 그는 이런 습관을 **스타일 전환**(style-shifting)이라 불렀다. 여러분은 부모가 10대 자녀와 관계를 개선하기 위해 요즘 쓰이는 속어들을 힘들여가며 서툴게 사용하는 과정을 보았을 것이다.

인지과학자 그라이스(H. P. Grice, 1975)는 말하는 사람의 발언이 진실하고 유익하고 적절하고 명확해야 한다는 **협동원리**(cooperative principle)를 기술하였다. 말을 하는 사람과 듣는 사람 둘 다 효율적으로 의

Marijuana Issue Sent to Joint Committee

게 된다.

언어이해

위의 헤드라인은 《Toronto Star》라는 신문에 실린 것으로서 전문가들조차도 한 단어 또는 구절(여기서는 *joint*)이 여러 의미를 갖는 **어휘모호성**(lexical ambiguity)을 벗어나기 위해 어떻게 고투하는지를 보여준다(마리화나 안건이 합동위원회에 송부되다/마리화나 안건이 위원회에 합류하도록 파견되다). 우리는 단어 사용의 상대적 빈도와 맥락에 기초하여 *carrot*과 *karat* 같은 동음이의어를 구별한다. 하나의 문장이 통사에 따라 여러 의미를 갖는 **구조모호성**(structural ambiguity)을 해결할 때에는 서로 다른 의미를 갖는 여러 문장구조들을 구별한다. 다음 헤드라인을 예로 들어보자. "Stolen painting found by tree(도난당한 그림이 나무 옆에서 발견되다/도난당한 그림을 나무가 발견하다)." 나무가 그림을 발견했겠는가? 그렇지 않을 것이다! 우리는 대개의 경우 과거경험에 기초하여 어떤 단어나 문장이 나타내고자 히는 의미에 대해 논리적 추론을 할 수 있다.

언어와 사고

서로 다른 문화권의 사람들은 이 세상을 서로 다르게 지각하는가? 많은 연구들은 그렇다는 것을 보여준다(Nisbett과 Norenzayan, 2002; Peng과 Nisbett, 1999). 한 연구에서는 일본학생과 미국학생들에게 큰 물고기 한 마리가 작은 물고기들 사이에서 헤엄치는 수중장면 동영상과 그 밖의 수중생물들을 보여주었다. 무엇을 보았는지 기술하게 했을 때 일본학생들은 배경에 대해, 그리고 장면의 각 부분들(물속에 있는 바위, 물의 색깔, 해초를 가로질러 유영하는 물고기)이 상호 어떤 관련이 있는지에 대해 먼저 기술하는 경우가 훨씬 더 많았다. 반면 미국학생들은 그 장면에서 눈에 띄는 개별적 측면들(가장 크고 가장 빠르고 가장 빛나는 물고기)에 대해 기술하기 시작하는 경우가 훨씬 더 많았다. 니스벳과 동료들은, 일본인들은 사회적 세계의 맥락에도 이와 유사하게 민감할 뿐 아니라 상황의 압력이 사람들의 행동에 어떤 영향을 미치고 있는지를 미국인들보다 더 빨리 잡아낼 수 있다는 것을 발견하였다. 이 연구의 결과는 동양인과 서양인이 세상을 지각하는 방식에 근본적인 차이가 있다는 것을 보여준다.

언어는 또 우리가 사고하는 방식에도 영향을 미치는가? 언어학자인 에드워드 사피르(Edward Sapir)와 벤자민 워프(Benjamin Whorf)는 우리가 사용하는 언어가 현실에 대한 이해에 영향을 미친다고 제안하였다. 이들의 이론은 **언어상대성 가설**(linguistic relativity hypothesis)로 알려져 있다(Whorf, 1956). 예를 들어 영어와 그 밖의 유럽언어들은 자기중심적인 참조 틀을 가지고 있다. 다시 말해 공간은 우리 자신을 중심에 두고 표상된다. 여러분은 동네 슈퍼마켓이 자기 집에서 2마일 떨어진 거리에 있다고 기술하겠지만, 절대적 참조 틀을 가진 사람은 특정한 지리적 위치를 말할 것이다. 이와 유사하게, 일본어에는 공감과 같은 대인관계 정서를 나타내는 단어들이 많은 데 반해 영어에는 분노와 같이 자기중심적 정서가 많이 들어 있다(Markus와 Kitayama, 1991). 이것이 문화의 차이에 영향을 미칠 것인가? 많은 이중언어 사용자들은 어떤 언어를 사용하느냐에 따라 자기에 대해 갖는 느낌이 다르다고 보고한다(Matsumoto, 1994).

사소통하기 위해서는 특정한 의미규칙과 통사규칙을 따라야 한다. 말하는 사람이 듣는 사람의 지식을 정확히 이해하는지 여부도 중요한 고려사항으로서 이는 두 사람이 '공통의 기반(common ground)'을 찾을 수 있게 해준다(Clark과 Marshall, 1981). 예를 들어 야구경기에 대해 한 번도 들어본 적이 없는 사람과 대화하면서 야구용어를 은유로 사용하는 것은 아무런 의미가 없을 것이다.

말실수는 언어를 산출하는 동안 다양한 수준에서 정보처리가 이루어진다는 증거이다. **두음전환**(頭音轉換, spoonerism)은 *fast car*를 *cast far*로 발음하는 경우와 같이, 한 어구에 있는 두 단어의 첫음을 바꿔서 말하는 실수를 가리킨다. 연구들은 전환의 결과가 실제 존재하는 단어일 경우에 두음전환이 일어나기가 더 쉽다는 것을 보여준다. **단어전환**(opportunism)과 같은 다른 실수들은 단어가 추출된 두 개의 관용구가 동일한 의미를 전달할 때 일어나기 쉽다. 예를 들어 어떤 사람이 *meet your maker*(조물주에게로 돌아가다, 즉 죽다)와 *kick the bucket*(밥숟가락을 놓다, 즉 죽다)을 혼동하여 *kick your maker*와 같은 황당한 표현을 할 수 있다. 언어산출을 빨리 해야 할 필요가 있을 때에도 실수를 하게 된다. 어느 누구도 완벽한 문장으로 된 재치 있는 반박을 순식간에 생각해낼 수는 없다. 그럴 경우 대개는 엉성한 답변을 하게 되기 마련이다. 그러나 그 이후로 점점 더 멋진 답변이 생각나면서 그날 내내 자기 자신을 타박하게 된다.

> 어느 누구도 완벽한 문장으로 된 재치 있는 반박을 순식간에 생각해낼 수는 없다. 그럴 경우 대개는 엉성한 답변을 하게 되기 마련이다. 그러나 그 이후로 점점 더 멋진 답변이 생각나면서 그날 내내 자기 자신을 타박하게 된다.

다음의 수수께끼를 풀어보라. 어떤 유명한 외과의사가 10대 아들이 운전하는 차를 타고 가고 있었다. "병원에 내려드릴게요, 아빠."라고 아들이 말했다. "그래, 얘야."라고 아버지가 말했다. 그게 아버지의 마지막 말이었다. 무섭게 질주하는 컨버터블 승용차가 중앙선을 넘어 이들이 타고 있는 차를 덮쳤다. 응급실에 도착했을 때 아버지는 이미 사망했다는 진단을 받았고 아들은 응급수술실로 옮겨졌다. 수술실에 온 의사는 수술을 하기 위해 메스를 잡다 말고 동작을 멈추었다. 의사는 "나는 수술을 할 수 없습니다. 이 아이는 내 아들입니다."라고 말하였다. 이런 일이 가능한가?

어떤 상황인지 알아챘는가? 여러분이 의사가 소년의 어머니라는 것을 알아채는 데 몇 초 이상 걸렸다면 일부 심리학자들은 he와 man의 일반적 사용이 특정 직업을 지각하는 방식에 영향을 미쳤다고 주장할 것이다. 20편에 달하는 연구들은 일반 명칭인 것으로 가정되는 he가 여성을 포함하는 것으로 해석되지 않는다는 결과를 일관성 있게 보고하였다(Henley, 1989).

언어결정론(linguistic determinism)은 서로 다른 언어들이 현실을 달리 이해하게 만든다는 이론이다. 그러나 어떤 연구는 이 이론을 깎아내린다. 워프는 호피(Hopi)라는 인디언 부족이 과거, 현재, 미래에 해당하는 단어를 가지고 있지 않지만 그래도 시간의 연속성에 대한 관념은 가지고 있다는 것을 발견하였다. 그렇기는 하지만 언어와 사고가 상호간에 상당한 정도로 영향을 미친다는 것은 분명하다. 즉 인지는 언어를 조형하고 언어는 인지를 조형하는 데 도움을 준다.

시각인지

여러분이 한때 살던 집 또는 좋아하는 가족휴가여행을 생각해보라. 아마도 온갖 심상이 마음속에 떠올랐을 것이다. 시각적 표상은 우리가 경험을 기억하게 해주는 유용한 방법이다. 이제 시각적 심상을 사용하여 어떤 개념을 생각해보라. 그리 쉽지 않을 것이다. 패이비오(Paivio)의 **이중부호이론**(dual-coding theory)(1986)에 따르면 구체적 단어들은 마음속에 시각적으로도 표상되고 언어적으로도 표상되지만, 가령 선택과 같이 추상적인 단어들은 언어로만 부호화되므로 더 복잡하게 부호화둘 필요가 있고 나중에 인출하기도 더 어렵다. 뇌의 전기활동을 측정하는 사건관련 전위(event-related potential, ERP) 연구들은 사람들이 쉽게 시각화할 수 있는 단어들과 그렇지 못한 단어들을 처리할 때 뇌 활동의 패턴에 차이가 있다는 것을 보여준다(Kounios 와 Holcomb, 1994).

시각인지 연구는 우리가 어떤 활동을 상상할 때에는 그 활동을 물리적으로 수행할 때와 동일한 뇌 부위가 활성화된다는 것을 발견하였다. 우리는 잠을 자는 동안에도 심상으로 생각한다. 미로에서 길을 찾아내는 것과 같이 어떤 것을 학습하고 나면 인간의 정신은 잠을 자는 동안 그 과정을 되짚어본다(O'Neill 등, 2006). 이런 활동이 학습의 기제로 작용한다고 알려져 있으며(제7장 참조), 오후에 잠깐 자는 낮잠을 옹호하는 그럴듯한 구실이 되어준다.

> 여러분이 한때 살던 집 또는 좋아하는 가족휴가여행을 생각해보라. 아마도 온갖 심상이 마음속에 떠올랐을 것이다. 시각적 표상은 우리가 경험을 기억하게 해주는 유용한 방법이다.

일본인들은 "모난 돌이 정 맞는다"는 속담을 가지고 있는 반면, 미국인들은 개인주의와 고독한 카우보이라는 영웅의 이미지를 소중히 여긴다. 이것은 문화적 이해에 어떤 영향을 미칠 것인가?

복습

요 약

WHAT 인지심리학은 어떤 분야인가?

● 인지는 사고, 지식, 기억, 의사소통과 관련된 정신활동으로 구성된다.

● 인지과학자들은 주의 및 정신과정과 관련된 단계들을 측정한다.

WHAT 지능은 무엇이며 어떻게 측정할 수 있는가?

● 지능은 추론하고 문제를 해결하고 새로운 지식을 습득하는 능력이다.

● 웩슬러 성인용 지능검사 같은 지능검사들은 성취가 아니라 적성을 측정한다.

● 유전은 환경요인보다 지능수준에 더 큰 영향을 미치는 것으로 생각된다.

● 많은 심리학자들은 여러 유형의 지능이 있다고 생각한다.

HOW 인간은 어떻게 추론하고 문제를 해결하고 의사결정을 하는가?

● 우리는 현재의 정보와 기억된 정보를 사용하여 문제에 대한 해답을 찾는다. 문제를 풀기 위해 (연산법 같은) 특정 전략들을 사용할 수 있으며, 때로는 통찰을 경험한다.

● 추론은 결론에 도달하기 위해 정보들을 일련의 단계들로 체계화하는 과정이다. 과신, 신념편향, 확증편향, 결합오류는 모두 추론오류를 가져올 수 있다.

● 의사결정은 사용가능한 선택지들을 선택하거나 거부하는 과정이다. 합리적 선택이론과 전망이론은 둘 다 인간이 하는 의사결정의 여러 측면들을 설명해 준다.

HOW 주의는 정보처리에 어떤 도움을 주는가?

● 주의는 뇌가 중요한 정보를 선택적으로 처리하는 방식으로서 내생적(목표지향적)이거나 외생적(자극주도적)이다.

● 우리가 어느 한 순간에 기울일 수 있는 주의는 일부 자극에 국한된다.

HOW 언어인지와 시각인지는 어떤 관련이 있는가?

● 언어상대성 가설에 따르면, 우리가 말하는 언어는 우리가 세상을 지각하는 방식에 영향을 미친다.

● 이중부호이론에 따르면, 우리는 구체적 개념을 나타내는 단어들은 시각과 언어 둘 다로 처리하지만, 추상적 개념을 나타내는 단어들은 언어로만 부호화한다.

이해 점검

1. 검사 설계상 평균지능을 나타내는 IQ 점수는 얼마인가?
   a. 15　　　　　　　　　　b. 100
   c. 150　　　　　　　　　 d. 200

2. 문화나 배경에 따른 점수 차이를 최소화하기 위해 IQ 검사를 변경한다면 다음 중 어떤 방법을 택해야 하는가?
   a. 검사를 치르는 시간제한을 없앤다.
   b. 대부분의 검사문항들이 사회경제적으로 하위계층인 사람들이 알고 있는 문화에 초점을 맞추도록 한다.
   c. 대부분의 검사문항들이 사회경제적으로 상위계층인 사람들이 알고 있는 문화에 초점을 맞추도록 한다.
   d. 대부분의 검사문항들이 어휘에 초점을 두도록 한다.

3. 자폐증이 있는 로비는 단순한 과제들을 처리하지 못하는 경우가 많지만, 어떤 날이든지 그날이 무슨 요일인지 알아맞힐 수 있다. 로비는 다음 중 무엇을 지닌 사람이라고 할 수 있는가?
   a. 창의적 지능　　　　　　b. 서번트 증후군
   c. 유동적 지능　　　　　　d. 실제적 지능

4. 다음 직업들 중에서 정서지능이 가장 필요한 직업은 무엇인가?
   a. 연기　　　　　　　　　b. 과학연구
   c. 건축　　　　　　　　　d. 악기연주

5. 한 분야에서 성공한 사람들은 상당수가 외견상 관련이 없어 보이는 다른 분야에서도 성공을 거둔다. 예를 들어 수학천재는 음악가로서의 기량이나 작가로서의 기량도 뛰어날 수 있다. 이런 현상은 다음 중 어느 것을 지지하는가?
   a. 일반지능　　　　　　　b. 다중지능
   c. 결정성 지능　　　　　　d. 사회지능

6. 캐리는 6살이고 자기 나이에 맞는 보통 아이로 보이지만 이미 대다수의 어른들보다 그림을 더 잘 그릴 수 있다. 캐리는 다음 중 어떤 사람으로 볼 수 있는가?
   a. 서번트 증후군이 있는 사람　　b. 천재
   c. 정서지능이 뛰어난 사람　　　d. 지각속도가 빠른 사람

7. 다음 중 IQ 점수와 다른 요인들과의 상관과 관련해 사실이 아닌 것은?
   a. 아동의 경우 뇌의 성숙속도는 IQ 점수와 상관이 있다.
   b. 뇌파활동은 IQ 점수와 상관이 있다.
   c. 자극들을 재빨리 지각하고 비교할 수 있는 사람들은 IQ 점수가 높은 경향이 있다.
   d. 뇌의 크기는 지능과 높은 상관이 있다.

8. 미키는 여러 집단과 연령층에 친구가 많이 있다. 이것은 그가 다음 중 어떤 사람이라는 것을 의미하는가?

    a. 운동지능이 높다.   b. 분석지능이 높다.

    c. 사회지능이 높다.   d. 천재이다.

9. 플루트, 클라리넷, 색소폰, 백파이프는 공통적인 한 가지 특징을 가지고 있지는 않지만 전부 목관악기 범주에 속한다. 이들 악기는 소리를 내는 기제가 전부 동일하기 때문이다. 이것은 다음 중 무엇의 예인가?

    a. 전형이론   b. 원형

    c. 가족유사성이론   d. 기능적 고착

10. 어떤 어린아이가 동물원에서 이상하게 생긴 새를 보았다고 가정하자. 이 새를 한 번도 본 적이 없기는 하지만 아이는 그 새를 전에 본 적이 있는 다른 새들과 머릿속으로 비교해보고 새라고 옳게 알아볼 수 있다. 이것은 다음 중 무엇의 예인가?

    a. 전형이론   b. 마음갖춤새

    c. 가족유사성이론   d. 기능적 고착

11. 엘린은 사무실에 그림을 걸려고 한다. 그러나 벽에 못을 박을 망치가 없다. 엘린은 벽에다 못을 박는 데 스테이플러를 사용할 수 있다는 생각을 전혀 하지 못한다. 이것은 다음 중 무엇의 예인가?

    a. 연산법   b. 논변적 추론

    c. 발견법   d. 기능적 고착

12. 마리는 한 구절에 글자들이 뒤섞여 있는 컴퓨터게임을 하고 있다. 얼마 동안 글자들을 바로잡아보려고 체계적으로 노력한 끝에 그녀는 그 구절이 무엇인지 갑자기 알게 되었다. 이것은 다음 중 무엇을 나타내는가?

    a. 연산법   b. 통찰

    c. 삼단논법 추론   d. 논변적 추론

13. 카림은 교수에게 기말고사 답안지를 제출하면서 적어도 문제의 95%에 대해서는 정답을 맞혔음을 자신한다고 말한다. 카림은 나중에 자신이 정답을 맞힌 것은 문제의 70%에 불과하다는 것을 알게 된다. 이것은 어떤 종류의 추론오류인가?

    a. 불굴의 신념   b. 신념편향

    c. 후판단 편향   d. 과신

14. 가브리엘이 '무슬림'이라는 단어를 들었을 때 불현듯 뉴스에서 본 이슬람 테러리스트 생각이 났다. 따라서 가브리엘은 대부분의 무슬림이 테러리스트라고 잘못 생각한다. 이것은 무엇의 예인가?

    a. 신념편향   b. 가용성 발견법

    c. 확증편향   d. 결합오류

15. 뇌에 있는 집행통제체계는 다음 중 어디에 주로 위치해 있다고 생각되고 있는가?

    a. 전두피질   b. 측두피질

    c. 편도   d. 뇌간

16. 미아는 드레스를 쇼핑하고 있다. 그런데 제일 마음에 드는 드레스는 세 가지 색깔이 있고 그중 어떤 색으로 구입을 할지 결정할 수가 없다. 그녀는 낙담해서 집으로 돌아간다. 미아는 다음 중 무엇을 보이고 있는가?

    a. 신념편향   b. 결정혐오

    c. 논변적 추론   d. 스타일 전환

17. 그웬은 친구들하고 말할 때보다 직장상사에게 훨씬 더 격식을 차려 정중하게 말한다. 그웬은 다음 중 어떤 경향을 보이는 것인가?

    a. 협동   b. 스타일 전환

    c. 언어결정론   d. 여과

18. 여러분이 색깔이름이 몇 개밖에 없는 언어로 말하는 사람을 만났다고 하자. 언어상대성 가설에 따르면 이 언어를 말하는 사람들은 다음 중 어떤 모습에 가까울까?

    a. 여러분이 다르게 지각하는 두 가지 비슷한 색깔을 동일한 것으로 지각할 것이다.

    b. 미국인들이 수많은 상이한 색깔들을 가지고 있는 것에 놀랄 것이다.

    c. 영어를 배우기 어려워할 것이다.

    d. 언어부호보다는 시각부호에 더 크게 의존할 것이다.

19. 권투시합이 진행되는 동안 흥분한 아나운서가 "What a crushing blow!(치명적 결정타입니다!)"라고 말할 것을 "What a blushing crow!(얼굴 붉힌 까마귀입니다!)"라고 말한다. 이것은 다음 중 무엇의 예인가?

    a. 단어전환   b. 기회주의

    c. 두음전환   d. 구조적 모호성

20. 30개의 단어로 된 목록을 암기해야 한다고 하자. 이중부호이론에 따르면 다음 중 어떤 단어가 기억하기가 가장 어려울 것인가?

    a. 연필   b. 당근

    c. 이유   d. 잎사귀

정답: 1) b, 2) a, 3) b, 4) a, 5) a, 6) b, 7) d, 8) c, 9) c, 10) a, 11) d, 12) b, 13) d, 14) b, 15) a, 16) b, 17) b, 18) a, 19) c, 20) c

인간발달 I
신체, 인지 및 언어의 발달

HOW 생물학과 환경은 발달에 어떤 영향을 미치는가?
WHAT 우리는 인생의 여러 단계에서 어떤 보편적 변화를
겪는가?
WHAT 신체, 인지 및 언어의 발달에서 중요한 이정표는
어떤 것들인가?
HOW 심리학자들은 인간의 발달을 어떻게 연구하며
어떤 질문들에 대한 답변을 구하는가?

아이를

매일같이 비디오 앞에 앉히기만 하면 곧 자기 반에서 일등을 할 것이라니, 잔뜩 지쳐 있는 많은 부모들에게는 그런 일이 마치 꿈같이 여겨질 것이다. 지난 10여 년 동안 "베이비 아인슈타인(Baby Einstein)"이나 "브레이니 베이비(Brainy Baby)" 비디오 시리즈 같은 교육상품들은 자녀가 일찌감치 성공가도에 들어서게 해주고 싶어 안달하는 부모의 염원에 힘입어 매년 200억 달러에 달하는 매출을 기록하는 사업이 되었다. 그러나 학습용 비디오나 DVD가 사람들 간의 실제 상호작용을 대체할 만한 가치가 있는가? 연구 결과는 언어발달의 경우 아기들에게는 대면학습이 효과적이라는 것을 보여 준다.

러시아 심리학자 레프 비고츠키(Lev Vygotsky, 1896~1934)는 아이들이 사회적 상호작용을 통해 학습한다는 이론을 내놓았다. 아이는 부모의 말과 행동을 따라 하고 그 정보를 내면화한다는 것이다. 다시 말해, 학습과정은 먼저 부모와 아이 간에 일어나고 그 다음에 개인 내부에서 일어난다.

아기들이 실제로 언어를 습득하는 과정에 대해서는 밝혀진 것이 거의 없지만 최근에 워싱턴대학교에서 실시된 연구는 비고츠키의 이론을 지지한다. 연구자들은 생후 9개월 된 미국 아기들이 12회기 동안 만다린 중국어 원어민과 상호작용하게 하였다. 또 다른 아기들은 동일한 원어민과 자료들을 청각 또는 시청각 녹화자료를 통해 접하게 하였다. 통제집단 아기들도 12번의 언어회기에 참여했으나 이 아기들은 영어만 들었다. 원어민과 상호작용을 했던 아기들은 학습을 한 것으로 나타났다. 그러나 미리 녹음된 언어수업을 청취하기만 했던 아기들은 학습을 전혀 하지 못했다.

인간의 상호작용은 왜 언어습득에 차이를 초래하는가? 워싱턴대학교의 패트리샤 쿨(Patricia Kuhl)과 동료들은 초기의 수업 몇 번에서 실제 인물과 함께 하는 것이 중요한 사회적 단서를 제공함으로써 아기의 주의를 끌어당기고 학습동기를 높여준다고 생각하였다. 예를 들어 어떤 사람이 특정한 책에 대해 얘기하면서 그 책에 있는 그림에 주의를 기울일 때 아기는 그 사람의 시선을 따라갈 수가 있으며, 이는 아기가 그림 속의 대상을 나타내는 어휘단어를 파악하고 그 단어를 다음에 오는 말과 분리하는 데 도움을 준다.

쿨 연구의 결과가 수백억 달러 매출을 기록하는 산업을 폭락하게 만들지는 않겠지만, 다음과 같은 몇 가지 흥미로운 의문을 제기한다. 아기들은 언어를 어떻게 습득하는가? 외국어의 음소들을 구별하는 능력은 왜 어릴 때부터 하락하는가? 우리가 배울 수 있는 언어의 수에는 한계가 있는가? 이론가들은 인지 및 언어의 발달에 관여하는 내적 과정이 있다고 주장하고 있다.

<<< 2009년 후반에 월트 디즈니사는 "베이비 아인슈타인" 테이프에 대해 환불조치를 하겠다고 발표하였다. 어린 아기가 있는 미국 가정의 적어도 1/3이 사용하고 있는 것으로 추정되는 이 비디오는 아이들에게 교육적 즐거움을 주고 싶어 하는 젊은 부모들에게 인기 만점이었다. 그러나 대부분의 성공적 마케팅 전략과 마찬가지로 "베이비 아인슈타인"이 내세운 구상은 사실로 받아들이기에는 지나치게 비현실적이다. 실제로 미국 소아과학회의 연구에 따르면 두 살 이전에 TV를 시청하는 것은 언어습득을 지연시키고 아동기에 주의문제를 일으킬 수 있다.

CHAPTER 10

발달심리학은 어떤 분야인가?

가족물품 보관함의 뒤쪽 어딘가에는 생애 최초로 내디뎠던 발걸음, 처음 빠졌던 유치, 충격적이었던 첫 등교일, 볼썽사나웠던 4학년 때의 헤어스타일 등 지금까지 여러분의 인생에서 중요했던 순간들을 보존하고 있는 사진앨범, 필름, 육아일기가 있을 것이다. 부모들이 이 때로 자신의 아동기를 회상하는 것처럼, **발달심리학자**(developmental psychologist)들은 우리가 평생에 걸쳐 경험하는 신체적 · 인지적 · 사회적 변화를 연구한다. 여러분은 자신의 발달을 뒤돌아보며 어렸을 때 가족들이 자신에게 왜 그렇게 바보 같은 옷을 입혔을까를 생각하겠지만, 발달심리학자들은 세 가지 주요 논점을 중심으로 다음과 같은 질문들을 제기한다.

- **안정성/변화**: 여러분의 어떤 측면이 평생에 걸쳐 그대로 남아 있고, 어떤 측면이 발달하면서 변화해왔는가?
- **천성/육성**: 유전과 생활경험이 여러분의 발달에 어떤 영향을 미치는가?
- **연속성/단계**: 발달은 연속적이고 점진적인 과정인가, 일련의 단계에 따라 진행되는가?

연구방법

발달심리학자들은 이 질문들에 답하기 위하여 발달에 따른 변화를 두 가지 방식으로 기록하는 연구를 수행하였다. **연령변화**(age change)는 사람들이 나이가 들어가면서 어떻게 변화하는지를 알아보는 반면에, **연령차**(age difference)는 여러 연령의 사람들이 상호간에 어떤 차이가 있는지를 알아본다. 그러나 연령은 한 가지 고려사항일 뿐이고, 경험의 차이가 그보다 더 중요한 역할을 한다. 연구자들은 **규준연구**(normative investigation)를 통해 발달의 이정표, 즉 특정 연령이나 발달단계에서 나타나는 특성들을 찾아낸다. 연구자들은 규준 또는 표준발달패턴을 알아냄으로써 생

활연령(chrono-logical age)(살아온 시간의 양)과 **발달연령**(developmental age)(특정 발달단계에 속하는 시점)을 구별할 수 있다. 발달심리학자들은 두 유형의 연구에 의존하여 연구 질문들의 틀을 잡는 경향이 있다. **횡단연구**(cross-sec-tional study)는 여러 연령의 사람들을 관찰하여 연령차를 찾아낸다. 이 연구들은 비교적 신속하고 비용이 적게 들며 수행하기가 용이한 반면에, 연구하는 연령집단들 간의 차이를 통제할 수가 없다. **종단연구**(longitudinal study)는 동일한 사람들을 일정 기간 동안 관

찰하여 연령에 따른 변화를 추적한다. 흔히 종단연구는 매우 가치 있는 통찰을 제공해주기는 하지만 시간과 돈과 노력이 많이 든다.

신체발달

태내발달

여성은 출생 시 미성숙한 난자들을 전부 다 가지고 태어난다. 평생에 걸쳐 이 난자들 가운데 5천 개에 하나 정도만이 난소에서 방출된다. 난자는 정자보다 8만 5천 배나 더 크지만 정자가 난자보다 양은 훨씬 더 많다. 남성은 사춘기부터 시작해서 평생 동안 하루 24시간 정자세포를 생산해내며 한 번의 성교행위에서 평균 2억 개의 정자를 방출한다. 그 중 몇 개만이 난자에 도달하는데, 정자 하나가 난자의 보호막을 뚫고 들어가자마자 난자는 다른 정자들을 차단하고 손가락 같은 돌기를 사용하여 그 정자를 받아들인다. 반나절도 지나기 전에 정자와 난자는 단일 접합자로 융합된다.

스트레스와 손상

엄마의 생활양식이 아직 태어나지 않은 아이에게 얼마나 큰 영향을 미칠 수 있는가? 임신한 여성이 하는 경험은 뱃속에 있는 발달하는 생명과 공유된다. 태반은 해로운 물질들이 엄마에게서 배아 또는 태아에게 전달되는 것을 차단하지만, 화학물질이나 바이러스 같은 **기형발생물질**(teratogen)은 자궁에 침투하여 선천적 결손증을 초래할 수 있다. 지금이 흡연을 포기하기에 딱 좋은 시점인 것 같다!

담배가 임신 중에 문제를 일으키는 유일한 원인인 것은 아니다. 임신한 여성이 마시는 술은 아이에게 **태아알코올증후군**(fetal alcohol syndrome, FAS)이라는 신체적 · 인지적 이상을 일으킬 수 있다. 임신 중 어느 시점에서 얼마만큼 술을 마시면 태아알코올증후군을 일으킬 수 있는지는 아직 밝혀지지 않고

수정

수정~2주

수정에서 시작된 접합자(정자와 난자가 융합하여 생겨난 세포)는 배종기에 들어선다. 2주에 걸쳐 급속한 세포분열이 이루어지는 배종기 동안 세포들이 구조와 기능의 전문성을 갖추는 쪽으로 분화한다. 10일째에는 어머니의 자궁벽에 붙어서 태반을 형성하고 이를 통해 영양분을 전달받는다. 일란성 쌍생아라면 이 시기에 접합자가 둘로 분리된다.

2주~8주

배아기에 해당하는 6주 동안 신체기관들이 형성되고 기능하기 시작하며, 심장이 뛰가 시작한다. 이 시기 말에는 배아가 1인치 정도로 커진다.

8주~출생

태아기는 8주에서 출생 때까지 지속된다. 이 시기의 태아는 소리에 반응한다. 즉 잘 들리진 않지만 어머니의 목소리를 들을 수 있고(Ecklund-Flores, 1992) 발로 차는 반응을 보인다. 6개월이면 신체기관들이 완전히 발달하며, 미숙아로 태어난다 해도 생존할 가능성이 높다. 이때부터 출생 때까지 급속히 성장하며, 피부 아래쪽에 지방층이 생긴다. 호흡기관과 소화기관이 성숙하고, 뇌의 발달도 이루어진다.

배종기

배아기

태아기

출생

있다. 그러나 임신한 여성이 얼마만큼 술을 마시면 안전한지도 알려지지 않고 있다(Braun, 1996; Ikonomidou 등, 2000). 태아알코올증후군은 뚜렷이 눈에 띄는 얼굴기형을 초래하며 정신지체의 주요 원인이다(Niccols, 1994; Streissguth 등, 1991).

아홉 달 동안 흡연과 음주를 중단한다는 생각이 여러분의 혈압을 위험수준에까지 치솟게 만든다면, 또는 여러분이 스트레스를 매우 심하게 받는 경향이 있고 X 염색체를 두 개 가지고 있다면, 가까운 장래에 아이를 가지는 것에 대해 재고해야 할 것이다. 어머니의 심리적 상태와 스트레스도 태아에게 영향을 미치는 것으로 생각되고 있다. 임신한 여성이 자기존중감이 낮고 매우 비관적이며 스트레스가 많고 불안수준이 높으면 미숙아나 저체중아를 낳을 가능성이 높다(Rini 등, 1999).

아기의 반사행동
인간은 양막 주머니 밖의 세상에 적응할 시간을 갖기도 전에 세상과 상호작용할 수 있는 능력을 내장한 채 태어난다. 출생하면 신체는 공기를 호흡하고 체온을 조절하고 배고플 때 울기 시작한다. 다음 표는 신생아의 반사행동 몇 가지를 보여준다. 의사들은 이런 반사행동들을 관찰함으로써 신경계가 제대로 작동하고 있는지를 확인한다.

유아기와 아동기
신경발달
여러분의 뇌는 여러 해 동안 쌓은 지식과 경험으로 가득 차 있을 것이지만 실제로 거의 모든 뇌 세포는 출생 때 갖게 된 것들이다. 인간의 신체는 자궁 속에 있을 때 1분에 25만 개가량의 신경세포를 형성하는 반면에 뇌 피질은 28주에 뉴런 생산이 최고조에 달하고 태어날 때에는 230억 개로 줄어든다.

뇌는 신생아 때 세포 수로는 최대치에 달하지만 신생아의 신경체계는 아직 미숙하다. 아기가 주변세계와 점점 더 많이 상호작용함에 따라 걷고 말하고 기억하게 만들어주는 신경망이 엄청난 성장급등을 겪는다. 아기의 뇌는

발달심리학자는 사람들이 평생에 걸쳐 경험하는 신체적·인지적·사회적 변화를 연구한다.

연령변화는 사람들이 나이가 들어가면서 어떻게 변화하는지를 추적한다.

연령차는 여러 연령의 사람들이 상호간에 어떤 차이가 있는지 알아본다.

규준연구는 규준을 수립하기 위해 수행되는 연구이다.

생활연령은 사람이 태어난 이후로 경과한 시간의 길이이다.

발달연령은 사람들이 발달단계들에 속하는 시점으로서 생활연령과 반드시 관련되는 것은 아니다.

횡단연구는 연령차를 알아보기 위해 여러 연령대의 사람들로부터 자료를 수집한다.

종단연구는 일정 기간 동안 동일한 사람들로부터 자료를 수집하여 연령에 따른 변화를 알아낸다.

기형발생물질은 태반을 통과하는 독성물질이며 선천적 결손증을 초래할 수 있다.

태아알코올증후군(FAS)은 어머니의 심한 음주에서 비롯되는 신체적·인지적 이상을 가리킨다.

운동발달은 신체활동 수행능력의 출현이다.

두부-미부 순서 규칙은 운동기술이 머리에서 다리 방향으로 가면서 발달하는 경향성이다.

3~6세 사이에 전두엽이 최고의 성장급등을 보인다. 전두엽은 성격이나 복잡한 의사결정과 같은 고등정신기능과 관련이 있는 부위로서 이후로 평생 동안 계속 발달한다. 사고, 기억, 언어와 관련된 피질 영역은 가장 나중에 발달한다.

운동발달
근육과 신경계가 발달함에 따라 신체협응도 발달한다. **운동발달**(motor development)(신체활동 수행능력의 새로운 출현)은 보편적 순서로 일어나는 경향이 있다. 대부분의 아기들은 뒤집기를 먼저 하고 그 다음에 일어나 앉을 수 있게 되며, 먼저 기어 다니고 그 다음에 걸을 수 있게 된다. 이러한 순서는 시각장애 아동에게도 그대로 나타나는 경향이 있는데, 이는 이런 행동들이 단순한 모방이 아니라는 것을 시사한다.

운동기술의 발달은 두 가지 일반적인 규칙을 따른다. **두부-미부 순서 규칙**(cephalocaudal rule)은 운동기술이 머리에서 다리 방향으

<<< 아기가 보이는 이런 반사들은 왜 진화했을까? 이 반사들은 진화에서 어떤 이점으로 작용했을까?

반사	아기의 신체반응
위축/통증 반사	통증의 원천을 피하기 위해 팔다리를 움츠린다.
젖찾기 반사	아기의 볼을 만지면 그쪽으로 고개를 돌리고 입을 벌리고 젖꼭지를 찾는다. 젖꼭지를 찾으면 다른 반사(빨기, 삼키기 등)를 시작한다.
바빈스키 반사	아기의 발바닥을 살짝 치면 엄지발가락을 치켜 올리고 다른 발가락들은 아래로 펼친다.
모로/놀람 반사	아기는 큰 소리가 나거나 떨어지는 느낌이 있으면 아직 이런 공포를 학습하지 않았음에도 불구하고 팔을 활짝 벌린다.
잡기 반사	손가락이나 그 밖에 손에 놓인 물체는 무엇이든지 꽉 잡는다.
걷기 반사	아기의 다리가 평평한 면에 닿도록 하여 일으켜 세우면 마치 걷는 것처럼 다리를 움직인다.
울음 반사	울음으로 자신이 배가 고프다는 것을 부모에게 알린다. 부모는 아기의 울음소리를 들으면 마음이 불편해져서 아기에게 젖을 주게 된다.
호흡제한 반사	아기는 천조각이 얼굴을 덮으면 머리를 양쪽으로 움직인다. 또한 호흡이 제한되지 않도록 하기 위해 손으로 천조각을 칠 수도 있다.

로 가면서 발달하는 경향성이다. 아기가 머리를 움직이고 입을 벌리고 젖꼭지를 찾게 만드는 젖찾기 반사를 생각해보라. 아기는 다리로 걸을 수 있기 훨씬 이전에 머리를 움직일 수 있는 능력을 갖추고 있다. **중심부-말단부 순서 규칙**(proximodistal rule)은 운동기술이 신체 내부에서 외부 방향으로 가면서 발달하는 경향성이다. 아기 몸의 중심부는 말단부보다 먼저 운동기술을 갖는다. 글쓰기를 배웠던 기억이 나는가? 처음에는 어깨를 사용하여 연필을 움직였기 때문에 아마도 연필 끝을 잡고 글을 쓰기 시작했을 것이다. 움직임의 원천은 갈수록 아래쪽으로 내려와서 팔목에 이르고 결국에는 엄지와 나머지 네 손가락에 이른다(Payne과 Isaacs, 1987).

운동기술 발달의 순서는 대개는 보편적이지만 각자의 유전이나 경험에 따라 타이밍은 다양할 수 있다. 일란성 쌍생아가 거의 같은 날에 일어나 앉고 걷는 확률은 유전의 영향을 보여준다(Wilson, 1979). 경험은 운동발달을 늦출 수 있다. 미국 아기들 중 바로 누워 자는 아기들이 엎드려 자는 아기들보다 기는 시점이 더 늦지만, 수면습관이 걷는 시점에 영향을 미치지는 않는 것으로 보인다(Davis 등,

1998; Lipsitt, 2003). 그러나 근육과 신경이 충분히 성숙하기 이전에는 경험이 운동발달을 촉진하지 못한다. 대부분의 아기들은 소뇌가 신체협응을 할 수 있을 정도로 충분히 발달하는 1세경에 걸을 준비가 완료된다. 부모가 6개월 된 아기에게 또래보다 일찍 걷게 만들려고 온갖 시도를 해볼 수는 있겠지만 아무런 효과도 볼 수 없을 것이다. 장과 방광의 통제와 같은 신체기술들도 서두른다고 해서 빨리 습득되지 않는다.

청소년기

사춘기

우리가 성장하고 기술을 다듬는 시기인 아동기가 지나고 나면 아동기에서 성인기로 넘어가는 과도기인 **청소년기**(adolescence)가 도래한다. 청소년기는 우리 생애에서 가장 힘겨운 시기인 **사춘기**(puberty)이다. 이 시기에 신체는 생식을 할 수 있도록 변화한다. 키의 급성장, 체형의 변화, **일차성징**(primary sex characteristics)(생식기관과 외부성기)과 **이차성징**(secondary sex characteristics)(소녀의 가슴과 엉덩이, 소년의 수염과 변성 등 생식과 직접적 관련이 없는 특징)의 발달 등이 이루어진다. 잘 기억하고 있겠지만 사춘기의 이정표는 소녀의 **초경**(menarche)(최초 월경)과 소년의 **몽정**(spermarche)(최초 사정)이다.

북미 국가들에서는 사춘기가 시작되는 평균 연령이 소녀는 10세이고 소년은 12세이다. 산업화 이전 사회에서는 125년 전의 북미 국가들과 마찬가지로 성장급등이 4년 정도 늦게 시작된다. 초경도 이와 비슷한 동향을 뚜렷하게 보인다. 오늘날 북미 국가에서는 초경이 12~13세에 시작되는 경향이 있지

만 산업화 이전 사회에서는 16~17세 사이에 시작된다. 북미에서 사춘기가 비교적 빨리 시작되는 것은 영양섭취 증가나 질병발생 감소와 같은 요인들에 기인하는 것으로 생각된다.

두뇌발달

사춘기의 어려움이 청소년이 기분기복이 심하고 정서적으로 미숙하며 만사가 힘든 것을 설명하기에 충분치 못하다면 이 시기에 뇌에 어떤 일이 일어나는지를 알아보는 것이 더 확실한 해답을 찾도록 도와줄 수 있을 것이다. 사춘기에 이르기까지 뇌세포들은 상호간의 연결이 증가한다. 그러나 사춘기에는 뇌가 '용불용설' 정책을 채택함으로써 사용되지 않는 뉴런들과 이들 간의 연결을 선별해서 가지치기하는 작업을 한다(Durston 등, 2001). 청소년들은 또 뇌 부위들의 각기 다른 발달속도에 대처해야 한다. 정서를 통제하는 변연계는 전두엽보다 더 빨리 성숙한다. 따라서 10대 청소년들은 성인과 같은 감정을 느끼지만, 심사숙고하여 합리적인 결정을 내릴 능력은 갖추지 못하고 있다(Baird와 Fugelsang, 2004). 이런 문제들이 급격한 호르몬 증가와 결합되면 질풍노도를 초래함으로써 청소년들이 충동적이고 위험한 행동을 하게 만든다. 10대 청소년의 미성숙은 법질서를 위반하는 것과 같은 중대한 결과를 초래할 수도 있다. 그러나 2005년 대법원은 미성년자의 사형을 금지하는 판결을 내렸으며, 청소년의 판단력에 생물학적 결함이 있음을 법적으로 인정하였다. 전두엽이 10대 후반과 20대 초반에 더 완전하게 발달함에 따라 대부분의 사람들은 판단력이 크게 향상되고, 충동을 통제할 수 있으며, 장래계획을 세울 능력이 생긴다(Bennett과 Baird, 2006).

성인 초기

청소년기의 진통을 무사히 넘기고 나면 성인

<<< 아이들은 왜 필기도구를 손 전체로 주먹 쥐듯이 잡을까? 우리가 글쓰기를 배울 때에는 말단부위의 운동기술이 아직 세밀하게 조율되지 않은 상태이다.

초기에는 절정에 이른 체력이라는 보상을 받는다. 사춘기의 시작과 마찬가지로 여성이 남성보다 더 빨리 절정에 다다른다. 20대 중반이면 근육이 강하고 반응시간이 빠르며 대부분이 눈가나 목의 주름과 같은 신체적 하락의 징후를 거의 느끼지 못한다.

성인 중기

성인 중기로 넘어가면서 체력은 연령과는 상관이 적어지고, 갈수록 건강이나 운동습관과 관련이 많아진다. 성인 중기에는 예전처럼 새벽녘까지 파티를 할 수가 없고, 아침식사로 일주일에 세 차례씩 피자를 먹을 수 없으며, 마라톤을 할 만큼 건강하다고 느끼지 않는다. 흡연자, 술꾼, 일광욕을 즐기는 사람들은 이들과 달리 건강하지 못한 행동을 하지 않고 영양과 운동에 신경을 쓰고 스트레스를 줄이는 사람들에 비해 더 늙어 보이고 더 늙었다고 느끼는 경향이 있다. 그러나 청각, 시각, 신진대사, 체력, 생식력 등의 불가피한 감퇴를 완전히 물리칠 수 있는 방법은 없다.

노화과정을 어떻게 지각하느냐에 따라 신체변화는 다양한 심리적 반응을 불러일으킬 수 있다. 서구 문화는 노화를 부정적으로 보는 경향이 있으며, 이러한 인식이 전형적인 중년기 위기를 초래한다. 가발을 쓰고 컨버터블 스포츠카를 모는 중년남성을 본 적이 있는가? 가슴이 나이에 맞지 않게 탄력 있는 중년여성을 본 적이 있는가? 그들은 노화에 대한 공포를 느끼고 있을 가능성이 높다. 연구에 따르면 인구의 10%만이 중년위기를 겪고 있다고 보고한다(Brim, 1999). 그러나 TLC의 "*10 Years Younger*" 같은 TV 프로그램은 인구 전반이 나이에 대한 강박관념을 가지고 있음을 보여준다. 이 프로그램의 참여자들은 공공장소에 놓여 있는 투명상자 안에 서 있고, 낯선 사람들이 그 사람의 나이를 추측한다. 의사와 치과의사와 스타일리스트들이 참여자의 외모에서 10년을 벗겨내고 난 후에 같은 실험을 반복한다. 하지만 어떤 사람들은 노화가 지혜와 안정감을 가져다준다고 생각한다. 동양권 문화에서는 나이가 들면 존경을 받고 권세를 누린다.

생식력 저하

똑딱똑딱. 성 평등과 과학의 발전에도 불구하고 중년기(와 때로는 더 이른 시기)의 여성들은 자신의 가임기를 초읽기하는 생물학적 시계의 똑딱거리는 소리를 멈추기가 어렵다. 35~39세 사이 여성들의 경우 19~26세 여성들에 비해 한 번의 성교로 임신을 할 확률이 절반밖에 안 된다(Dunson 등, 2002). 대부분의 여성들이 50세 무렵에 월경주기가 끝나고 수태능력이 없어지는 **갱년기**(menopause)를 시작한다. 이때 에스트로젠이 감소하면서 일과성 열감과 같은 불편한 결과를 가져올 수 있다.

일반적 노화와 마찬가지로, 폐경에 대한 여성의 심리적 반응은 폐경에 대해 어떤 태도를 갖느냐에 달려 있다. 폐경 후 여성들에 대한 연구는 월경이 끝났을 때 대부분이 '안도감'을 느꼈으며 2%만이 '애석함'을 느꼈다는 결과를 얻었다(Goode, 1999). 폐경기가 되면 여성성을 잃고 성에 대한 관심이 감소하는 여성들도 있지만, 여성위생제품과 피임도구를 더 이상 쓸 필요가 없다는 데 기쁨을 표시하는 여성들도 있다.

남성은 여성보다 노화에 따른 성적 변화가 더 점진적이다. **남성갱년기**(andropause)(Carruthers, 2001)에는 정자 수, 테스토스테론 수준, 발기와 사정의 속도가 떨어진다. 테스토스테론 수준이 너무 빨리 감소하면 우울, 과민성, 불면증, 발기부전, 무기력 등을 경험한다. 이런 증상들은 테스토스테론 대체요법으로 치료할 수 있다. 남성의 경우 정력이 감소하는 변화가 비교적 장기에 걸쳐 일어나고 감지하기가 힘들기 때문에 그러한 변화에 대한 심리적 반응도 완화되어 나타나는 경향이 있다.

성인 후기

기대수명

전 세계의 기대수명이 1950년도 49세에서

2004년도 67세로 증가하고 출생률이 감소함에 따라 성인 후기 인구의 비율이 늘어나고 있다. 2050년에는 유럽인구의 약 35%가 60세 이상이 될 것이다(Population Division of the Department of Economic and Social Affairs of the United Nations Secretariat, 2006). 그러나 그들이 전부 흔들의자에 앉아서 뜨개질을 하고 있을 것으로 가정하지는 말라. 남녀 모두 생식력 저하가 바로 성기능 저하를 뜻하는 것은 아니다. 미국의 전국노화협회가 60세 이상 성인들을 설문조사한 바에 따르면 39%가 현재의 성행위 횟수에 만족한다고 보고하였고 39%는 성행위를 더 많이 하기를 원한다고 보고하였다(Leary, 1998).

영화에서는 종종 너싱홈에 있는 여성노인들이 싱글 남성노인들의 주변을 굶주린 상어처럼 맴돌고 있는 것으로 묘사한다. 통계적으로 65세 이상의 싱글남성은 매우 드물다. 여성이 남성보다 전 세계적으로는 4년을 더 오래 살고, 미국, 캐나다, 오스트레일리아에서는 5~6년을 더 오래 산다. 출생 때에는 남녀의 비율이 여성 100명에 남성 105명이다. 그러나 생후 첫해에 남성아기가 여성아기보다 사망률이 25%가량 더 높으며, 100세에는 여성이 남성보다 5 대 1의 비율로 더 많다.

100세까지 사는 사람은 많지 않다. 사실 영국에서는 100세 생일을 맞이할 정도로 운이 좋은 사람은 여왕이 보낸 전보를 받는다. 그러나 영광은 상당히 큰 대가를 요구한다. 시력, 근력, 반응시간, 체력, 청력, 거리지각, 냄새감각 등이 감퇴하여 일상생활을 하기가 매우 힘들어진다. 신체는 노화로 인해 무더운 날씨나 낙상과 같이 젊었을 때에는 쉽게 처리할 수 있었던 많은 일들에 취약해진다. 나이 든 사람들은 평생 축적해온 항체로 인해 흔한 단기적 질병에는 잘 걸리지 않지만, 암이나 폐렴 같은 치명적인 질병들에는 걸리기 쉽다.

이런저런 질병들이 존재하지 않고 50세 이전에는 아무도 죽지 않는다고 할지라도 평균 기대수명은 최고 85세일 것이다(Barinaga, 1991). 진화생물학자들은 인간이 궁극적으로 퇴화하는 이유가 종의 생존과 관련이 있다고 제안한다. 자녀를 키울 때 유전자를 가장 잘

> **"** 10대 청소년의 미성숙은 법질서를 위반하는 것과 같은 중대한 결과를 초래할 수도 있다. 그러나 2005년 대법원은 미성년자의 사형을 금지하는 판결을 내렸으며, 청소년의 판단력에 생물학적 결함이 있음을 법적으로 인정하였다. **"**

인지발달

우리는 이제 수태에서 노년에 이르기까지 몸이 어떤 변화를 겪는지 알고 있다. 그러나 사고능력의 발달은 어떻게 구현되는가? 우리는 언제 어린 시절의 경험을 기억할 수 있는가? 어떻게 의사소통하는 것을 학습하는가? 심리학자들은 이에 대한 답을 얻기 위해 감각과 지각, 사고, 지식, 기억, 의사소통과 관련된 수많은 정신능력, 즉 **인지**(cognition)를 연구한다.

유아기와 아동기

감각과 지각

아기의 감각체계는 태어날 때부터 작동하지만, 시각은 아직 미성숙하므로 이 분야의 인지발달을 연구하기는 쉽지 않다. 연구자들은 안구추적장치나 전기배선이 된 고무젖꼭지 등 아기가 응시하고 빨고 고개를 돌리는 능력을 이용하는 연구기법을 개발하였다. 연구결과는 아기들이 인간의 목소리가 들리는 방향으로 고개를 돌리고, 다른 패턴처럼 보이는 자극보다는 얼굴처럼 보이는 자극을 더 오래 쳐다보며(Fantz, 1961), 엄마가 아기에게 젖 먹일 때 적당한 거리인 8~12인치가량 떨어진 곳

전달할 수 있으며 그런 후에는 자원소비를 중단하는 것이 젊은 세대가 자녀를 키우는 나이에 도달하고 생산을 하는 데 필요한 것들을 얻을 가능성이 높아진다.

두뇌발달

뇌도 몸과 마찬가지로 나이가 들면서 쇠퇴한다. 나이 든 성인들은 신경처리속도가 느려지며, 젊은 성인들보다 반응하고 지각퍼즐을 풀고 이름을 기억하는 데 시간이 더 많이 걸린다. 기억력 감퇴는 부분적으로 뇌세포의 점진적 상실에 의해 설명될 수 있다. 뇌세포는 성인 초기에 소실되기 시작하여 80세에는 뇌의 무게가 약 5% 감소한다. 고등정신기능을 담당하는 전두엽에서 세포손실이 가장 크게 일어나는 경향이 있다. 여성과 활동이 많은 성인의 경우에는 이런 감퇴가 더 느리게 일어난다. 산소와 영양분의 흐름을 증가시키는 운동은 비만과 심장병을 예방하고 근력, 골강도, 에너지를 증진할 뿐 아니라 뇌세포와 신경연결이 발달하도록 자극한다.

>>> 많은 연구들은 앉아서 생활하는 노인들이 정기적으로 유산소운동을 하게 되면 기억력과 판단력이 향상된다는 것을 입증하였다.

에 있는 사물들을 쳐다보는 것을 선호한다는 것을 보여준다(Maurer와 Maurer, 1988). 이런 지각능력들은 신속히 발달하여 태어난 지 며칠 후면 신경구조가 엄마의 냄새와 목소리에 맞춰진다. 생후 1주 된 아기는 자기 엄마의 브라 조각과 다른 젖먹이엄마의 브라 조각을 양쪽에 제시하면 자기 엄마의 브라 조각으로 얼굴을 돌릴 것이다(MacFarlane, 1978). 생후 3주 된 아기는 엄마 목소리를 녹음하여 들려줄 때 다른 여성의 목소리를 녹음하여 들려줄 때보다 고무젖꼭지를 더 많이 빨 것이다(Mills와 Melhuish, 1974; Kisilevsky 등, 2003).

자극선호

시각과 마찬가지로 아기들은 말하는 능력도 아직 미성숙하므로 자신이 왜 어떤 행동을 하는지 연구자들에게 말해줄 수 없다. 연구자들은 여러 연구를 바탕으로 아기들이 새로운 자극과 자신이 통제할 수 있는 자극을 선호한다고 추론하였다. 새로운 자극에 대한 선호는 반복되는 자극에 대한 반응이 감소하는 **습관화**(habituation)와 관련이 있다. 직장에서 퇴근해서 집에 돌아왔을 때 거실에 말이 있다고 생각해보라. 여러분은 아마 매우 강력한 반응을 보일 것이다! 그러나 말이 몇 주 동안 거실에서 지낸다면 여러분은 결국은 말의 존재에 익숙해져서 귀가했을 때 별다른 반응을 보이지 않을 것이다. 아기들은 친숙한 자극을 계속 접하게 되면 예전보다 더 빨리 그 자극에서 눈을 뗄 것이고, 친숙하지 않은 자극이 제시된다면 그 자극을 친숙한 자극보다 더 오래 쳐다볼 가능성이 높다. 이런 경향성은 아기들이 친숙한 자극을 기억하며, 새로운 자극으로부터 무언가를 학습하고자 한다는 것을 시사한다.

생후 5~6개월 된 아기들이 조사하려는(대상들을 눈앞에 들고 와서 조작하고 탐구하며, 이리저리 돌려보고, 이 손에서 저 손으로 옮기는) 경향성을 가지고 있는 것도 학습하려는 욕구와 관련이 있는 것으로 보인다. 따로 학습할 필요가 없고 어느 문화에나 존재하는 생득적 행동인 것으로 보이는 조사행동도 친숙성이 증가할수록 감소한다.

흥미롭게도 인간은 누구나 A유형 경향성에서 시작하는 것 같다. 즉 아기들은 환경에서

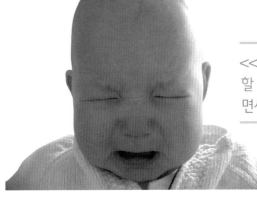

자신이 통제할 수 있는 부분들에 특별한 흥미를 보인다. 한 연구에서 2개월 된 아기들은 자기 몸으로 통제하지 않았던 모빌보다는 자기가 통제했던 모빌을 더 주의 깊게 바라보았다(Watson과 Ramey, 1972). 이 아기들은 또 팔목에 연결돼 있는 줄을 잡아당겨서 비디오와 "세사미 스트리트" 주제곡 녹음을 켜는 것을 학습하였다. 비디오가 끊기고 자신이 그 장치를 더 이상 통제할 수 없으면 아기들은 분노하는 얼굴표정을 보였다. 생후 4~5개월에 실시한 후속연구는 비디오/녹음이 켜져 있는 경우에도 자신이 그 장치를 통제할 수 없을 때(실험자가 통제할 때) 아기들이 분노하고 슬퍼하는 얼굴표정을 보인다는 것을 발견하였다(Alessandri 등, 1990; Lewis 등, 1990).

피아제의 인지발달이론
20세기 초반 장 피아제(Jean Piaget)는 아기

기억은 아동기에 발달하고 변화하는 인지과정의 하나이다.

들을 주의 깊게 관찰하고서 아기들이 성인보다 조금밖에 모르는 것이 아니라 주변세계를 성인과는 다른 방식으로 이해한다는 생각을 하게 되었다. 그의 혁신적 견해에 따르면 아동의 마음은 성인 마음의 축소판이 아니라, 탐구하고 이해하려는 내적 동기로 인해 일련의 단계를 거쳐 발달하는 마음이다.

피아제 이론은 도식(schema)을 적응시키는 두 가지 과정을 기술하는데, 도식은 우리가 주변세계를 조직하고 해석할 때 이용하는 개념 또는 틀을 말한다. 동화(assimilation)는 새로운 경험을 기존의 도식을 통해 해석하는 것이다. 애완고양이를 가지고 있는 아동은 생전 처음 본 개를 '고양이'라 할 수 있다. 개와 고양

<<< 어떤 사람들은 상황을 직접 통제할 수 없을 때 평생 이런 표정을 지으면서 살아간다.

이는 둘 다 발이 네 개이고 털이 있기 때문이다. 그러나 일단 개와 고양이의 차이를 배우고 나면, 개와 고양이의 차이에 관해 새롭게 배운 정보를 통합하기 위해 자신의 고양이 도식을 다듬는 조절(accommodation)을 할 것이다. 피아제 이론의 주요 개념은 정신발달이 아동과 주변세계의 상호작용에서 유래한다는 것이다. 이러한 생각은 학생들이 (아주 어린 학생들까지도) 스스로 생각하게 만드는 상호작용적이고 실천적인 교육적 접근을 시사한다.

피아제는 이런 인지발달이 유아기에서 성인기까지 네 단계에 걸쳐 이루어진다고 기술하였다. 이 단계들은 이정표에 도달하는 연령보다는 순서에 중점을 둔다. 다음 표에는 피아제 이론의 단계들이 요약되어 있다.

인간발달 I : 신체, 인지 및 언어의 발달

	출생~1세	1~2세	2~3세	3~4세	4~7세	7~8세	8~10세	10~15세	15세~성인
영속기억	우리는 종종 3세 이전에 있었던 일들에 대해서는 전혀 기억하지 못한다. 의식적 기억이 가장 빨리 나타나는 평균연령은 3.5세이다(Bauer, 2002). 사람들은 이 무렵부터 기억을 이전과는 달리 조직하기 시작한다. 걸음마 아기는 뇌 피질이 성숙해짐에 따라 자기개념이 생겨나며, 장기기억이 증가한다.			3~4세 이후로 소수의 일화기억만이 성인기까지 존속한다.	성인은 7세 이후에 있었던 일들부터 자세한 내용을 기억할 수 있다.				
			특정 연령 때 있었던 일들을 의식적으로는 기억하지 못할지라도 신경계는 기억하는 것으로 보인다. 10세 아동들에게 유치원 이후로 보지 못했던 학급친구들의 사진을 보여주었을 때 5명 중 1명만이 알아보았다. 그러나 의식적 기억에 관계없이 생리학적 반응(예 : 피부의 땀 분비)은 실제 학급친구들에 대해 더 큰 것으로 나타났다(Newcombe 등, 2000).					
작업기억	작업기억에 담아둘 수 있는 정보의 양은 연령에 따라 증가하며, 15세경에 성인수준에 도달한다.								
의미기억	아기가 10~12개월에 물건들을 옳게 명명하기 시작할 때 처음으로 의미기억이 나타난다. 의미기억은 사실, 신념, 단어의미에 대한 외현적 기억이다.								
일화기억		아동들이 일화기억을 형성하기 위해서는 먼저 경험을 단어로 부호화하는 능력이 발달해야 한다. 일화기억은 일상생활의 사건들에 대한 외현적 기억이다. 20~24개월경에는 그날 또는 전날 있었던 일들에 관해 얘기하는 능력이 발달하기 시작한다.		아동들은 3~4세경에 과거경험에 대한 질문에 신뢰할 만한 답변을 하기 시작한다.		아동들은 7세경에 자신의 경험을 언어로 부호화하고 회상하는 능력이 크게 향상된다.			

피아제 이론에 대한 소고(小考)

아동이 환경과 상호작용함으로써 학습한다고 하는 피아제의 생각은 교육 분야에서 널리 채택되었지만, 오늘날 많은 연구자들은 인지발달이 피아제 이론에 비해 좀 더 가변적이고 연속적이라고 생각한다. 많은 연구자들은 또 피아제가 아동의 인지능력을 과소평가했을지도 모른다고 생각한다. 피아제는 아기들이 두 살 이전에는 생각을 할 수 없다고 생각했지만, 연구자들은 아기들이 일정한 논리를 가지고 있다는 결과를 얻었다. 즉 아기들은 자동차가 단단한 고체를 통과하는 것과 같이 예상치 못한 장면(Baillargeon, 1995, 1998, 2004; Wellman과 Gelman, 1992) 또는 수적으로 불가능한 결과(Wynn, 1992, 2000)를 더 오래 쳐다본다는 것이다. 오늘날 연구자들은 형식적 조작 사고의 토대가 청소년기보다 더 일찍 출현하는지, 또 피아제가 인지발달에서 사회적 상호작용의 역할을 과소평가했는지 여부에 대해 의견이 일치하지 않고 있다.

비고츠키의 사회적 영향 이론

인지발달에서 사회적 영향을 강조한 대표적인 학자는 러시아 심리학자인 레프 비고츠키(Lev Vygotsky)이다. 발달이 개인 수준에서 일어나기 전에 사회 수준에서 먼저 일어난다고 믿었던 비고츠키는 **근접발달영역**(zone of proximal development)이라는 개념을 내놓았는데, 근접발달영역이란 아동이 혼자서 학습할 수 있는 부분과 더 유능한 사람과 함께 학습할 수 있는 부분 간의 차이를 나타낸다. 근접발달영역에서 학습하는 동안 대화가 비판적 사고 및 아이디어의 수정과 질문을 촉진함으로써 이 아이디어들이 개선되거나 기각될 수 있다.

피아제가 아동이 논리적 기술을 발달시키는

피아제의 인지발달 단계

단계	인지발달	예
형식적 조작기 (12세~성인기)	사람들은 추상적 개념에 대해 논리적으로 생각하기 시작한다.	10대 청소년들은 가능한 일들과 가능하지 않은 일들을 상상하는 **가설적 사고**(hypothetical thinking)를 할 수 있다.
구체적 조작기 (7~12세)	아동들은 구체적 사건들에 대해 논리적으로 사고하게 해주는 정신적 조작들을 습득한다.	아동들은 **보존**, 즉 질량, 부피, 수 같은 속성들이 대상의 외관이 바뀐다 해도 동일하게 유지된다는 원리를 이해한다.
전조작기 (2~7세)	아동들은 언어사용을 학습하지만 아직 구체적 논리의 정신적 조작을 이해할 능력은 갖추지 못하고 있다.	아동들은 **자아중심성**(egocentrism)을 보인다. 의도적 이기심을 보이는 것이 아니라 타인의 관점을 취하기가 어려운 것이다. 아동들은 **마음이론**(자신과 타인의 마음상태에 관한 생각)이 발달하면서 타인의 감정을 이해할 수 있게 된다. 놀리고 공감하고 설득할 수 있으며, 사람의 행동을 지각과 정서와 욕구를 가지고 설명하며(2~3세), 생각이 감정을 초래할 수 있음을 이해하며, 스스로 산출하는 자발적 생각이 감정을 만들어낼 수 있다는 것을 이해한다(5~8세).
감각운동기 (출생~2세)	아기들은 주변세계를 주로 감각경험과 운동활동(즉 보고 듣고 만지고 빨고 잡기)을 통해 이해한다.	어린 아기들은 **대상영속성**(object permanence) 개념이 없다. 즉 사물이 지각되지 않는다 해도 계속 존재한다는 인식이 없는 것이다. 5개월이 안 된 아기들은 숨겨진 물체의 올바른 이동경로를 계획하지 못함으로 인해 단순한 대상영속성 검사에서 실패한다. 8개월 경에는 지각되지 않는 물체들에 대한 기억을 보인다.

제6장

것이 목표인 과학자라고 보는 관점을 취했다면, 비고츠키는 아동이 성인 사회에서 효율적인 기능을 할 능력을 갖추는 것이 목표인 견습생과 같다고 생각하였다. 비고츠키에 따르면 아동은 자신이 속한 문화에서 중요한 활동들에 참여하고 싶어 한다. 그 결과 아동의 인지발달은 가정, 학교, 모임장소 등 특정한 문화적 경험에 영향을 받는다. 산업화된 사회의 아동은 정규 학교교육을 통해 수학을 학습하겠지만 비산업화 사회의 아동은 지역사회에서 다른 사람들과 상호작용하는 과정에서 수 계산을 배울 것이다.

아기들이 성인들의 단서를 지침으로 삼아 어떤 행동을 하는 것을 볼 때 비고츠키 이론이 실제로 활용되는 것을 볼 수 있다. 아기들은 생후 6개월에 성인이 물체들에 하는 행동을 그대로 따라 하며, 6개월에서 12개월 사이에는 성인의 눈을 보고 시선을 따라가서 그 성인이 보고 있는 대상으로 자신의 시선을 옮기는 **시각적 공동주의**(joint visual attention)를 한다(Corkum과 Moore, 1998). 이런 경향성은 아기들이 무엇이 성인들에게 중요한지를 학습하게 해주고 언어발달을 보조한다. 아기들은 생후 1년이 끝날 무렵이면 보호자의 정서표현을 보고 무엇이 위험한지에 대한 단서를 얻는 **사회적 참조**(social referencing)를 하게 된다(Rosen 등, 1992).

청소년기

추론

10대 청소년은 정서기복이 심하고 충동적이라는 고정관념이 있으며 이러한 고정관념이 전적으로 부당한 것만도 아니다. 많은 청소년들이 자신을 성인이라고 생각하지만 전두엽은 20대 초반까지는 완전히 발달하지 않는

다. 전두엽이 발달함에 따라 정보와 신념들을 일련의 단계들로 조직하여 결론을 이끌어내는 **추론**(reason)을 할 수 있게 된다. 청소년기에는 새로운 종류의 사회적 인식과 도덕적 판단을 할 수 있다. 청소년들이 사회에 대해 생각하고 비판하며 이 세상의 거의 모든 것에 대해 강력하게 의견을 피력하기 시작하는 것은 전혀 우연이 아니다. 청소년 초기에는 대개 자신에 관한 추론에 집중한다. "아빠는 내가 어떤 일을 겪고 있는지 이해하지 못할 거예요!"라고 소리치고 자기 방으로 뛰어 들어가서 문을 꽝 닫고 음악을 크게 튼 적이 있는가? 그렇다면 여러분은 청소년들이 종종 자기 경험이 유례없이 독특하며 지구가 무너질 정도로 중요하다고 생각한다는 것을 이해할 것이다.

대부분의 청소년들은 서서히 앞서 논의한 형식적 조작기에 도달한다. 점차 추상적 논리를 다룰 줄 알게 되면서 가설적 추론을 하고 결론에 도달하며 다른 사람의 의견에서 잘못을 잡아낼 수 있게 된다. 지난 시절을 되돌아볼 때 여러분이 갑자기 강한 의견뿐만 아니라 이를 뒷받침할 추론기술도 가지고 있었던 시점을 기억하는가? 청소년들이 이 세상에 대해 자신의 생각과 신념을 갖게 되면서 때로 이런 중첩은 부모나 다른 권위 있는 인물들과 갈

> " 청소년기에는 새로운 종류의 사회적 인식과 도덕적 판단을 할 수 있다. 청소년들이 사회에 대해 생각하고 비판하며 이 세상의 거의 모든 것에 대해 강력하게 의견을 피력하기 시작하는 것은 전혀 우연이 아니다. 청소년 초기에는 대개 자신에 관한 추론에 집중한다. "

등을 빚게 되는 원인으로 작용할 수 있다.

성인기

기억

체력과 마찬가지로 어떤 유형의 학습과 기억은 성인 초기에 절정에 달한다. 젊은 성인들은 나이 든 성인들보다 (기억검사 목록에 있던 단어들을 기억해내는 것과 같은) 회상은 더 잘하지만 (단어목록을 보고 그중 어떤 단어들이 기억검사에서 있었는지 찾아내는) 재인은 더 뛰어나지 않다. 더욱이 성인들은 카페인을 섭취하지 않는 한 하루 중 후반보다 초반에 재인을 더 잘한다(Schonfield와 Robertson, 1966).

또한 나이 든 성인들은 무의미철자나 중요하지 않은 사건과 같이 무의미한 정보를 회상할 때 젊은 성인들보다 오류를 더 많이 내는 경향이 있다(Gordon과 Clark, 1974). 의미 있는 정보는 기억하기가 더 쉽기는 하지만, 나이 든 성인들은 젊은 성인들보다 기억하는 데 시간이 더 많이 걸린다. 누구에게 전화를 걸거나 사무실에 점심도시락을 가져가는 것과 같이 특정한 행동을 할 것을 기억하는 **미래계획기억**(prospective memory)은 시간관리 및 상기단서들을 사용한다면 높은 수준으로 유지된다. 그러나 시간의존적이고 습관적인 일들의 경우에는 기억하기가 쉽지 않다. 다행인 것은 나이 든

<<< "아빠는 내가 어떤 일을 겪고 있는지 이해하지 못할 거예요!" 10대 청소년들은 자기 자신에게 집중하는 경향이 있다.

사람들의 학습능력과 기억력은 언어회상능력보다 적게 감퇴한다는 것이다.

지능

성인 후기의 지능은 이해하기 어렵고 논란이 많은 주제이다. 지능검사로 유명한 데이비드 웩슬러(David Wechsler)는 정신능력의 감퇴가 노화에 본질적인 부분이라고 보았다. 그는 횡단연구에서 각기 다른 시대를 살았던 70세 성인과 30세 성인을 비교하였다. 따라서 그의 결론은 코호트 또는 **동시대출생집단**(cohort)(동일한 시기에 성장한 사람들의 집단) 간 차이를 고려하지 않은 연령 간 비교에 근거하고 있다.

이후의 종단연구들은 지능이 안정적으로 유지되며 심지어 성인 후기에 향상될 수도 있다는 결과를 보고함으로써 지능이 전 생애에 걸쳐 감퇴한다는 신화를 무너뜨렸다. 그러나 이 연구들도 나름의 문제가 있다. 즉 종단연구에서 중도에 그만두지 않고 끝까지 참여한 사람들은 지능이 가장 적게 감퇴하는 사람들일 가능성이 있는 것이다.

그러나 지능이란 과연 무엇인가? 일반적으로 지능은 경험으로부터 학습하고, 지식을 습득하며, 새로운 상황에 적응하기 위해 자원을 활용하는 능력이라고 생각되고 있다(Stern-

berg와 Kaufman, 1998; Wechsler, 1975). 그러나 지능은 여러 다른 특질들을 기술하는 부정확하고 포괄적인 용어이기 때문에 지능 연구들은 상당한 문제점을 안고 있다. 이런 특질들 중 하나인 지혜는 오랜 기간에 걸친 사려 깊은 삶을 통해 습득한 근본적 생활실천의 전문성을 가리킨다. 대개의 지혜연구는 참여자들에게 가설적 상황들을 제시하고 그에 대해 생각하는 바를 바로바로 말하게 한다. 이 연구들은 문화적 편향뿐 아니라 그러한 문답들을 평가할 때 개재할 수밖에 없는 주관성으로 인해 결정적이고 확실한 결과를 내놓지 못했다.

> 이 세상에는 수천 가지 언어가 있지만 이 모든 언어들은 공통적인 몇 가지 특징을 가지고 있다.

언어발달

우리가 지능이 130이라 해도 말을 하지 못한다면 천재성을 세상에 드러내지 못하게 될 가능성이 높다. 언어는 그림이 아니라 단어로 생각하게 해주고, 생각과 감정을 다른 사람에게 전달하게 해주며, 질문을 함으로써 학습하게 해준다. 언어를 사용하는 능력은 중요한 능력임에 분명하다. 그러나 어떻게 발달하는가?

인간 언어의 보편적 요소

이 세상에는 수천 가지 언어가 있지만 이 모든 언어들은 몇 가지 공통적인 특징을 가지고 있다. 이러한 유사성은 여러 문화에서 발견되는 언어발달의 유사성을 설명해줄 수 있다. 모든 언어는 동일한 구성단위들을 가지고 있다. **형태소**(morpheme)는 어떤 언어의 어휘들에서 대상, 사건, 아이디어, 속성, 관계들을 나타내는 최소의 의미단위이다. **음소**(phoneme)는 기본적인 자음과 모음으로서 이들이 결합되어 형태소를 구성한다. 문법은 각 수준의 단위들을 **음운론**(phonology)(음소를 어떻게 배열하여 형태소를 만들어내는가), **형태론**(morphology)(형태소를 어떻게 배열하여 단어를 구성하는가), **통사론**(syntax)(단어를 어떻게

배열하여 구절과 문장을 산출하는가)의 규칙에 따라 결합하는 적절한 방식을 규정한다.

언어발달과정

초기옹알이와 옹알이

인간은 태어날 때부터 이미 의사소통 능력을 가지고 있다. 배고프다는 것을 알리기 위해 울음소리를 내고, 불편한 일이 생겼다는 것을 알리기 위해 그와는 다른 소리를 낸다. 2개월경에는 즐거운 소리(길게 끄는 반복적인 모음소리)를 내어 행복감을 전달하는 초기옹알이(cooing) 능력이 생긴다. 초기옹알이는 6개월경에 자음과 모음이 반복되는 옹알이(babbling)로 발전한다. 초기옹알이와 옹알이는 말을 하는 데 필요한 근육운동을 하게 만들고 이를 더욱 강화하는 역할을 한다.

생후 초기에 내는 이러한 소리는 아기가 듣는 말소리에는 좌우되지 않는 것으로 보인다. 옹알이는 모국어만큼이나 외국어의 소리들도 포함할 가능성이 높다. 일본 아기들은 생후 12개월 이전에 모국어에는 없는 *ra*와 *la*의 소리를 구별한다(Werker, 1989). 청각장애가 없는 일반 아기들은 생후 8개월이면 자신이 가장 많이 듣는 언어를 따라 하는 방식으로 옹알이를 하는 경향이 있고, 10개월에는 모국어의 음절이나 단어들과 흡사한 옹알이를 한다. 이런 변화가 일어나는 것은 부모가 성인언어에 가장 가까운 옹알이 소리를 강화하기 때문일 것이다(Skinner, 1957). 청각장애 아동들도 장애가 없는 아동들과 같은 시기에 같은 방식으로 옹알이를 한다. 청각장애 아동들이 수화에 노출될 경우 10개월경이면 손으로 하는 '옹알이', 즉 수화의 손동작과 유사한 손동작을 반복하는 옹알이를 하기 시작할 것이다(Petitto와 Marentette, 1991).

어휘발달

아기들은 단어를 산출할 수 있기 전부터 그 의미를 이해할 수 있다. 약 9개월경이면 많이 쓰이는 단어들을 듣고 명칭이 언급된 그 대상을 바라보는 반응을 할 수 있으며, 간단한 명령을 따를 수 있게 된다(Balaban과 Waxman, 1997; Benedict, 1979). 곧이어서 10~12개월경에는 알아들을 수 있는 단어들을 처음으로 산출하기 시작하며, 15~20개월 사이에는 단

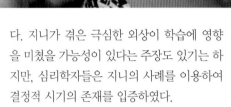

억으로 장기기억에서 단기기억으로 쉽게 이동되는 반면에 암묵적 기억은 과제, 기술, 습관, 학습된 반사행동을 하는 데 필요한 기억으로 의식에 쉽게 떠오르지 않는다. 그리하여 사람들은 때로 문법규칙들을 명명하거나 기술할 수는 없다 해도 그런 규칙들을 올바르게 적용할 수는 있다.

어습득 속도에 가속이 붙는다. 18개월경에는 명명폭발 시기를 맞이하는데, 이 시기에는 주변 사물들을 지칭하는 새로운 명사들을 매일같이 최고 45개까지 학습한다. 그러나 이러한 단어들을 올바로 사용하게 해주는 문법은 아직 완전하지 않다. 아기들은 이 단어들을 **과대확장**(overextended)(보통명사들을 성인언어에서보다 더 폭넓게 사용)하거나 또는 **과소확장**(underextended)(이 명사들을 성인언어에서보다 범위를 더 좁혀서 사용)하기 쉽다. 어떤 연구들은 후자가 전자보다 더 흔히 나타난다는 것을 보여준다(MacWhinney, 1998). 이런 경향성은 피아제의 동화와 조절이라는 개념과 어떤 관련이 있는가?

문법

약 18개월에서 24개월 무렵까지 내내 한 단어 발화를 하던 아기는 주로 **내용단어**(content words)들을 한데 묶어서 사용하기 시작한다. 내용단어는 의미를 갖는 단어들로서 구조를 만들어주는 **문법단어**(grammatical words)와는 대비를 이룬다. 이때의 발화는 'kitty eat'이나 'doggy sleep'과 같이 주로 명사와 동사로 이루어진다. 아기들은 정규교육을 받기 전에는 주변에서 듣는 언어로부터 적극적이고 무의식적으로 문법규칙들을 추론한다. 그러나 복수를 만들기 위해 -s를 추가하는 것과 같은 새로 습득한 규칙들을 과잉일반화할 수 있다. 4세경이면 의미 있는 대화를 하는 데 필요한 문법을 거의 다 습득한다. 문법규칙들은 외현적 기억보다는 암묵적 기억에 부호화된다. 외현적 기억은 외부세계의 사건들에 대한 기

언어습득 이론들

촘스키의 언어습득장치

아동이 강화를 통해 언어를 습득한다는 스키너(B. F. Skinner)의 주장과는 달리 언어학자 노암 촘스키(Noam Chomsky)는 아동들이 보편문법 원리들의 토대로 작용하는 **언어습득장치**(language acquisition device, LAD)를 가지고 태어난다고 주장하였다. 그는 『통사구조』라는 책에서 문장들은 위계구조를 가지고 있다고 강조하였으며, 사람들은 어떤 문장을 산출하기 전에 이미 그 문장의 의미표상을 가지고 있고 그 이후에 그 표상에 문법규칙들을 적용하고 위계의 더 낮은 수준들을 채워 넣는다고 주장하였다(Chomsky, 1957).

결정적 시기

감각기관들이 제대로 기능하기 위해서는 생애 초기부터 일찌감치 사용되어야 하는 것과 마찬가지로, 언어습득도 사춘기가 되기 전 몇 년 동안 언어가 가장 효율적으로 습득되는 결정적 시기가 있다(Lenneberg, 1967). 따라서 이 시기 동안 언어를 학습할 기회를 박탈당한 아동들은 나중에 언어를 배울 때 엄청난 어려움을 겪으며, 문법을 결코 완벽하게 숙달하지 못한다. 지니(Genie)라는 13세 아동을 대상으로 한 유명한 사례연구가 있다(Curtiss 등, 1974). 지니는 극도의 방치상태에 있었던 10대 소녀로 1970년 캘리포니아 주 로스앤젤레스의 한 학대가정에서 구출되었다. 처음에는 한두 마디 말밖에 하지 못하던 지니는 많은 어휘를 재빨리 습득하였다. 그러나 문장을 유창하게 말하는 데 필요한 문법은 이해하지 못했

다. 지니가 겪은 극심한 외상이 학습에 영향을 미쳤을 가능성이 있다는 주장도 있기는 하지만, 심리학자들은 지니의 사례를 이용하여 결정적 시기의 존재를 입증하였다.

결정적 시기 동안 모국어를 학습한 사람들은 생애 어느 시점에서든지 외국어를 상당히 잘 학습할 수 있다. 그러나 외국어는 생애 초기에 학습하는 것이 더 좋다. 10세나 11세에 외국어를 학습하는 사람들은 거의 언제나 외국인 말투가 섞인 말을 하며, 더 어렸을 때 그 언어를 학습한 사람들만큼 문법규칙을 완벽하게 또는 쉽게 학습하지 못한다.

사회적 환경

많은 심리학자들이 생득적 기제에 의해 언어습득을 완벽하게 설명할 수는 없다는 데 동의한다. 정상적인 언어발달은 아기가 태어나서 성장하게 될 사회적 환경인 **언어습득지원체계**(language-acquisition support system, LASS)를 필요로 한다. 성인은 아동의 학습을 돕기 위해 종종 자신의 말을 아동지향언어 또는 '엄마말투'로 바꾼다. 아동지향언어는 아기의 주의를 끌고 계속해서 흥미를 느끼게 만들고 지원하고 경고해줄 목적으로 상당히 과장되고 억양이 높다는 특징이 있으며 정서적 메시지를 포함하기도 한다. 그러나 아동과 성인 간에 이루어지는 언어적 상호작용은 그 성격과 정도에서 큰 차이가 있음에도 불구하고, 전 세계의 아동들은 거의 동일한 속도로 언어를 습득한다.

10

복습

요 약

HOW 생물학과 환경은 발달에 어떤 영향을 미치는가?

● 임신 중에 기형발생물질이 태반을 통과하여 배아나 태아에 돌이킬 수 없는 해를 끼칠 수 있다.

● 산업화된 사회에서 사춘기가 예전보다 더 일찍 시작되는 것은 음식섭취 증가와 질병 감소 때문일 것이다.

WHAT 우리는 인생의 여러 단계에서 어떤 보편적 변화를 겪는가?

● 신생아는 젖찾기 반사, 빨기 반사, 삼키기 반사, 잡기 반사, 걷기 반사 등을 보인다.

● 운동기술은 위에서 아래로, 또 안쪽에서 바깥쪽으로 발달하는 경향이 있다.

● 사춘기에는 우리 몸에 일차성징과 이차성징이 나타난다.

● 나이가 들수록 뇌세포의 수가 점차 감소하면서 기억력이 감퇴한다.

WHAT 신체, 인지 및 언어의 발달에서 중요한 이정표는 어떤 것들인가?

● 신체발달의 이정표는 배종기, 배아기, 태아기, 신생아의 반사행동, 운동발달, 사춘기, 폐경기, 노년의 체력감퇴 등이다.

● 피아제는 아동들이 동화와 조절을 사용하여 정보 도식을 발달시킨다는 이론을 수립하였다. 비고츠키는 아동의 인지발달이 자신이 속한 문화에서 어떤 경험을 하느냐에 영향을 받는다고 생각하였다.

● 언어발달의 이정표는 초기옹알이와 옹알이, 어휘산출, 문법규칙 학습 등이다.

HOW 심리학자들은 인간의 발달을 어떻게 연구하며 어떤 질문들에 대한 답변을 구하는가?

● 발달심리학자들은 안정성/변화, 천성/육성, 연속성/단계라는 세 가지 논점을 알아봄으로써 우리가 경험하는 신체적, 인지적, 사회적 변화를 연구한다.

● 발달 연구자들은 횡단연구와 종단연구를 모두 수행한다.

● 규준연구는 연구자들이 생활연령과 발달연령을 구분할 수 있게 해준다.

이해 점검

1. 아기를 똑바로 세워서 붙잡아주면 어떤 반사를 보이는가?
   a. 잡기 반사
   b. 울음 반사
   c. 젖찾기 반사
   d. 걷기 반사

2. 어떤 연구자가 대부분의 아기들이 어떤 연령에서 엄지손가락을 빨지 않게 되는지 알아보기 위하여 같은 아기들을 생후 6개월에서부터 시작하여 매달 한 번씩 관찰한다. 이것은 다음 중 어떤 연구의 예인가?
   a. 횡단연구
   b. 종단연구
   c. 편향된 연구
   d. 연령차 연구

3. 고등학생인 맥스는 같은 연령의 학급친구들보다 성장급등을 늦게 경험한다. 맥스는?
   a. 생활연령이 발달연령보다 높을 것이다.
   b. 생활연령이 발달연령보다 낮을 것이다.
   c. 운동발달이 지연되었다.
   d. 두부에서 미부로의 규칙이 친구들과는 달리 적용된다.

4. 아기들은 거의 언제나 걷기를 학습하기 전에 손으로 물건들을 잡는 데 필요한 운동기술을 먼저 습득한다. 이것은 다음 중 무엇의 예인가?
   a. 바빈스키 반사
   b. 젖찾기 반사
   c. 두부에서 미부로의 규칙
   d. 중심부에서 말단부로의 규칙

5. 다음 중 사춘기와 관련이 없는 것은?
   a. 이차성징의 변화
   b. 몽정
   c. 초경
   d. 남성갱년기

6. 다음 중 이차성징과 관련이 있는 문화적 관습은?
   a. 수염 깎기
   b. 스타킹 또는 바지 착용
   c. 포경수술
   d. 월경

7. 신생아의 인지능력과 운동능력은 왜 제한적인가?
   a. 출생과정에서 스트레스를 많이 받으므로
   b. 성인보다 뉴런의 수가 적으므로
   c. 뉴런이 양극화되어 있지 않으므로
   d. 뇌와 신경계가 미숙하므로

8. 다음 중 10대 청소년이 위험한 성적 행동을 하게 만드는 요인은 무엇인가?
   a. 뇌의 전두엽이 20대까지는 성숙에 도달하지 않는다.
   b. 뇌의 변연계가 20대까지는 성숙에 도달하지 않는다.
   c. 10대는 아직 구체적 조작기에 도달하지 않았다.
   d. 10대는 위험한 성행위로부터 어떤 결과가 비롯될 수 있는지 알지 못한다.

9. 다음 중 정력 증강을 위해 처방약을 복용하는 남성이 겪고 있을 가능성이 높은 것은?
   a. 이차 사춘기
   b. 폐경기
   c. 남성갱년기
   d. 이차성징

10. 다음 중 100살까지 살 가능성이 가장 높은 사람은 누구인가?
    a. 평균 남성
    b. 평균 여성
    c. 결합 쌍둥이
    d. 항체가 없는 사람들

11. 다음 중 피아제의 인지발달 단계 중 하나가 아닌 것은?
    a. 구체적 조작
    b. 감각운동
    c. 보존
    d. 전조작

12. 아기에게 예전에 가지고 놀던 장난감과 새로운 장난감을 보여주면 아기는 새 장난감을 훨씬 더 오래 쳐다볼 것이다. 아기가 예전 장난감에 관심을 보이지 않는 것을 무엇이라고 하는가?
    a. 습관화
    b. 기억상실
    c. A 유형 경향성
    d. B 유형 경향성

13. 윌라는 아버지가 사과주스가 반쯤 들어 있는 잔에서 더 작은 잔으로 사과주스를 붓는 것을 쳐다본다. 사과주스를 새로 부은 잔이 꽉 찼기 때문에 윌라는 사과주스가 아까보다 지금 더 많다고 생각한다. 다음 중 윌라가 아직 이해하지 못하는 것은 무엇인가?
    a. 보존
    b. 자기중심성
    c. 대상영속성
    d. 마음이론

14. 베카는 엄마가 담요 밑에 인형을 숨기는 것을 보고 있다. 그런 다음 즉각 담요를 들어 올리고 인형을 잡는다. 베카는 다음 중 무엇을 보여주고 있는가?
    a. 대상영속성
    b. 자기중심성
    c. 가설적 사고
    d. 보존

15. 마르코는 '우유'라는 단어를 안다. 어느 날 그는 오렌지주스 잔을 가리키며 "우유"라고 말한다. 피아제에 따르면 엄마가 단어를 바로잡아 준 후 마르코가 기존의 우유 도식을 변환하려면 다음 중 무엇을 해야 하는가?
    a. 동화
    b. 보존
    c. 대상영속성
    d. 조절

16. 어떤 아이가 장난감들을 혼자서 치우려고 애를 쓰고 있으나, 엄마가 도와주어야 장난감들을 치울 수 있다. 아이가 혼자 힘으로 할 수 있는 것과 도움을 받아서 할 수 있는 것 사이의 차이를 무엇이라 하는가?
    a. 공동주의
    b. 근접발달영역
    c. 조절
    d. 동화

17. 다음 중 아기들이 일찍부터(8개월 이전부터) 옹알이를 하는 이유로 가장 가능성이 있는 것은 무엇인가?
    a. 귀에 들리는 단어들의 발음을 연습하고 있는 것이다.
    b. 옹알이는 청각발달을 자극한다.
    c. 이후의 언어발달에 필요한 근육협응을 발달시키는 방법이다.
    d. 자궁에서부터 말소리는 옹알이와 비슷하다.

18. 'sh' 소리는 다음 중 무엇의 예인가?
    a. 형태소
    b. 내용어
    c. 음소
    d. 대명사

19. 성인이 될 때까지 언어에 노출되지 않은 사람들과 관련하여 다음 중 옳은 것은?
    a. 말하기를 학습하는 데 걸리는 시간이 아기들이 언어를 학습하는 데 걸리는 시간과 동일하다.
    b. 종종 언어를 숙달하지 못한다.
    c. 아이들보다 언어를 더 빨리 습득한다.
    d. 문법규칙은 쉽게 학습하지만 어휘단어들은 학습하기 어렵다.

20. 아기에게 하듯이 애완동물에게 말을 거는 사람들은 다음 중 무엇을 보여주는가?
    a. 과대확장
    b. 형태론
    c. 조절
    d. 엄마말투

성과 성별

<<< 태국 방콕에 살고 있는 편랍 통차이는 여자가 되고 싶어 했다. 남자 아이였지만 그는 드레스를 입고 싶어 했고, 보다 여성스러운 생활방식을 추구했으며 19세에 여성 호르몬을 투여하기 시작하였다. 27세가 된 통차이는 외적으로는 여자였지만 마지막 단계를 밟기로 결심하고서 오랫동안 혐오했던 남자의 신체부분들을 제거하였다. 태국은 세계에서 성전환자가 가장 많이 있는 국가 중 하나지만 성전환 수술에 대한 엄격한 법적 통제를 준비하고 있다. 태국 정부는 이런 조치가 충동적인 결정과 수준 이하의 시설들에 대한 예방이라고 보고 있는 반면, 편랍 통차이와 같은 사람들은 자신의 개인적인 권리에 대한 침해라고 주장한다.

WHAT 성별의 생물학적, 사회적 영향은 무엇인가?

WHAT 개인의 성정체감 발달과 관련된 전형적, 비전형적인 과정은 무엇인가?

WHAT 성별의 유사점과 차이점에 대한 연구는 어떻게 이루어져 왔는가?

WHAT 성적 지향의 생물학적, 사회적 영향에 대해 무엇을 알고 있는가?

토마스와

낸시 베아티는 두 아이가 있고 다른 여느 행복한 부부처럼 보인다. 오리건 주 벤드에 있는 낸시의 집을 서성거리다 보면, 낸시가 부부 사이에서 갓 태어난 아이에게 젖을 주는 동안 토마스가 정원을 가꾸고 있는 것을 볼 수 있을 것이다. 그러나 낸시 가족에게 부모의 길은 결코 일반적이지 않았다. 법적으로는 남자인 토마스가 두 아이를 출산했기 때문이다.

토마스의 이야기는 그가 트레이시라는 여자 아이로 자랐던 하와이에서 시작된다. 어린 나이에 자신의 여성스러움에 불편함을 느낀 그녀는 1998년 테스토스테론을 투여하기 시작했고, 2002년 공식적으로 성별을 여성에서 남성으로 바꾸었으며, 1년 후 현재 아내인 낸시와 합법적으로 결혼을 했다. 토마스는 유방재건수술을 통해 유방은 제거하였지만 여성 생식기관은 남겨 두었다. 토마스와 낸시가 가정을 꾸리기로 했을 때 두 사람은 매우 특이한 가능성을 고려해야 한다는 사실을 깨달았다. 낸시가 자궁절제술을 받았기 때문에 그들이 대리모 사용을 제외하고 생물학적 아이를 가질 수 있는 유일한 방법은 토마스가 아이를 가지는 것이었다.

아이를 가지기로 결정한 후, 토마스는 자신의 몸이 다시 일반적인 월경 주기를 시작할 수 있도록 테스토스테론 투여를 중단하였다. 이들 부부는 토마스의 난자와 기부받은 정자를 인공수정해서 임신했는데, 낸시가 그들의 침대에서 주사기 같은 기구를 토마스에게 직접 삽입했다. 9개월이 지난 2008년 6월 29일 40시간의 진통을 견디고서 수잔 줄리에트라는 아이를 출산하였다. 토마스는 출산 후에도 두 번째 아이를 가지기로 계획하고서 남성 호르몬인 테스토스테론을 투여하지 않았다. 첫째 아이 출산 후 몇 달 만에 토마스는 임신하였으며, 2009년 6월 9일에 둘째 아이를 낳았다. 토마스가 두 아이를 임신한 동안 설명하기 어렵지만 낸시의 유방에서 젖이 분비되었고 낸시는 두 아이에게 모유를 수유할 수 있었다.

낸시 가족들은 자신들을 전통적인 가족이라고 설명하지만 그들은 엄청난 조롱뿐만 아니라 심지어는 살인 위협도 참아내야 했다. 낸시와 토마스의 가족사를 모르고 이들 부부를 만난다면 이 부부가 비정상적으로 보일까? 많은 사람들이 이들의 이야기를 듣고 난 후 이들에 대한 인식을 바꾸는 이유는 무엇일까? 어떤 요소들이 성정체성과 '남성'과 '여성'에 대한 우리의 인식에 영향을 미칠까? 성별의 생물학적, 사회적 영향을 살펴보는 것은 이런 문제를 해결하는 데 도움이 될 것이다.

CHAPTER **11**

성과 성별

대부분의 사람들이 성과 성별이라는 단어를 구분하지 않고 사용한다. 표준화 검사를 실시할 때 성 또는 성별을 표시해야 하는데, 많은 사람들이 별 생각 없이 남성 또는 여성에다 동그라미 표시를 한다. 하지만 토마스 베아티의 경우를 보면 성과 성별이 동의어가 아님을 증명할 수 있을 것이다.

성(sex)은 DNA에 포함되어 있는 성 염색체에 기초하여 남자 또는 여자로 분류하는 생물학적 분류이다. 여성은 부모에게서 받은 두 개의 **X 염색체**(X chromosomes)가 있다. 남성은 어머니로부터 받은 X 염색체와 아버지로부터 받은 **Y 염색체**(Y chromosomes)가 있다.

하지만 **성별**(gender)은 행동이나 성격같이 사회에서 개인을 남자 아이와 성인 남자 또는 여자 아이와 성인 여자로 구분하는 요소이다. 즉 성이 생물학적인 현상이라면, 성별은 심리적인 현상이다. 어떤 사람은 극단적으로 사람의 성은 그들의 다리 사이에 위치해 있는 반면, 사람의 성별은 그들의 귀 사이에 위치해 있다고 말한다. 일반적으로 사람들의 성별을 식별하는 것은 토마스의 경우보다는 복잡하지 않지만, 그 과정은 생물학과 사회와의 상호작용으로 인한 영향 모두를 포함한다. 대부분의 경우 성별은 생물학적인 성과 같다. 두 개의 X 염색체를 가지고 태어난 사람은 자신을 여성이라고 인정하게 될 것이고, X 염색체와 Y 염색체를 각각 한 개씩 가지고 태어난 사람은 자신을 남성이라고 인정할 것이다. 그러나 토마스의 경우는 성과 성별의 구분이 그렇게 쉽지만은 않다는 것을 보여준다. 두 개의 X 염색체를 가진 사람이지만 여자보다 남자로 더 느껴질 때도 있고, 유전학적으로 남성이지만 여성으로 인식되는 것을 더 편안하게 느끼는 사람도 있다. 성별은 단지 남성과 여성 사이의 극명한 분할이 아니다. 그것은 연속체로 경험될 수도 있고, 사람에 따라 성별의 강도를 다르게 느낄 수도 있다. 새로운 수술 기술과 호르몬 치료법 덕분에 토마스와 같이 자신의 성과 성별 사이에서 갈등하는 사람들도 자신의 성별과 같게 하기 위해 역으로 자신의 신체를 변형할 수 있다.

성별의 본질

일차성징

우리가 성별을 지각하기 오래전부터 성별에 대한 감별의 과정은 시작된다. 태어나자마자 **일차성징**(primary sex characteristics) — 인간 번식과 직접적으로 관련이 있는 출생 때 나타나는 생식기 — 은 의사, 간호사, 그리고 부모가 볼 수 있으며, 그들은 일차성징에 따라 우리를 다른 방법으로 다룬다. 우리가 분홍색 또는 파란 모자와 앙증맞은 나비 또는 크고 튼튼한 소방차로 수 놓아진 유아복에 싸여 있을 때 우리는 성뿐만 아니라 성별도 가지고 있다.

생식선이나 내부 생식기, 그리고 외부 생식기와 같은 일차성징은 생식에서의 역할과 같이 남성과 여성의 주된 차이점을 강조한다. 하지만 태아기 때 남성과 여성의 일차성징이 얼마나 비슷한지 알면 여러분은 놀랄 것이다.

생식선과 내부생식기

첫 번째로 발달되는 생식기는 **생식선**(gonads)으로, 태아기의 첫 4주 동안의 남자와 여자의 태아에서 생식선은 같다. 4주 후에 만약 Y 염색체가 나타나면, 그것은 남자의 생식선을 고환으로 바꾸는 효소를 활성화시킨다. 하지만 Y 염색체가 없다면 그 태아는 여자이므로 난소를 발달시키기 시작한다.

임신 셋째 달까지는 그 태아는 성염색체에 관계없이 여성 생식기의 전구체인 **뮐러시스템**(Müllerian system)과 남성 생식기의 전구체인 **볼프시스템**(Wolffian system) 모두를 가진다. 셋째 달이 되면 남성의 고환은 볼프시스템을 발달시키기 위해 **안드로겐**(androgens) 또는 남성호르몬을 분비할 것이다. 그들은 또한 뮐러에 반대되는 호르몬을 분비해 여성 생식기의 발달을 멈추게 할 것이다. 이런 안드로겐의 부재 상황에서 뮐러시스템은 더 발달할 것이고 볼프시스템은 사라질 것이다. 다시 말해 그 태아는 여성 생식기를 발달시킬 것이다.

외부 생식기

외부 생식기(external genitalia) — 남성의 음경과 음낭, 여성의 음순, 음핵, 질 — 의 빌딜 또한 안드로겐의 존재 또는 부재에 달려 있다. 드물게 태아의 안드로겐 수용기가 제 기능을 하지 못하면 **안드로겐 무감각증후군**(androgen insensitivity syndrome) 때문에 유전적 남성이 여성 외부 생식기를 발달시키게 된다. 안드로겐 무감각증의 정도에 따라 남성의 고환이 내부적으로 발달되거나 사춘기 때 남자 아이들의 가슴이 발달되기도 한다.

이차성징

인간이 생식 가능 연령에 도달하면, 신체는 생식을 위한 준비를 하며 다른 사람들에게 육체적으로 생식이 가능하다는 것을 알린다. 이런 변화들은 **이차성징**(secondary sex characteristics) — 사춘기에 발달되며 생식과는 직접적인 관련이 없는 생식기와 특질 — 의 발달을 포함한다. 남자와 여자 모두 음모가 자라기 시작하고 급성장을 경험하게 된다. 여자아

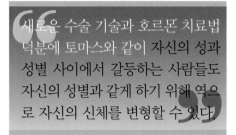
새로운 수술 기술과 호르몬 치료법 덕분에 토마스와 같이 자신의 성과 성별 사이에서 갈등하는 사람들도 자신의 성별과 같게 하기 위해 역으로 자신의 신체를 변형할 수 있다.

- 성은 DNA에 포함되어 있는 성 염색체에 기초하여 남자 또는 여자로 분류하는 생물학적 분류이다.
- X 염색체는 여성에게는 한 쌍으로 짝지어 존재하고 남성에게는 짝 없이 존재하는 성염색체이다.
- Y 염색체는 짝이 없이 남성에게 존재하는 성염색체이다.
- 성별은 행동이나 성격같이 사회에서 개인을 남자아이와 성인남자 또는 여자아이와 성인여자로 구분하는 요소이다.
- 일차성징은 태어날 때부터 존재하고 인간생식에 직접 관여하는 생식기이다.
- 생식선은 첫 번째로 발달되는 생식기로 태아기의 첫 4주 동안의 남자와 여자의 태아에서 생식선은 동일하다.
- 뮐러시스템은 여성 생식기의 전구체이다.
- 볼프시스템은 남성 생식기의 전구체이다.
- 안드로겐은 남성호르몬이다.
- 외부 생식기는 남성의 음경과 음낭, 여성의 음순, 음핵, 질이다.
- 안드로겐 무감각증후군은 유전적으로 안드로겐을 위한 남자 태아 수용기가 기능을 못해 여성 외부 생식기를 발달시키는 질환이다.
- 이차성징은 사춘기에 발달되며 생식과는 직접적인 관련이 없는 생식기와 특질이다.

이들은 남자아이들보다 2년 빨리 발달을 시작하는데, 중학교 1학년 댄스 반에서 대부분의 여자아이들이 남자아이들보다 훨씬 잘하는 이유가 여기에 있다. 여자들은 가슴이 커지고 아이의 출산을 대비해서 골반이 넓어지는 반면, 남자들은 수염과 가슴털이 자란다. 남녀아이 모두 목소리가 낮아지고 어른스럽게 발달되는데 이러한 변화는 특히 남자아이들에게서 두드러지게 나타나며, 종종 놀라울 정도의 빠른 속도로 소프라노에서 베이스로 바뀌는 경우도 있다.

호르몬

여러분이 이미 알고 있을지도 모르겠지만, 호르몬은 성징의 발달에 중요한 역할을 한다. 안드로겐 테스토스테론은 주요 남성 호르몬이다. 남성의 Y 염색체는 고환에서 **테스토스테론**(testosterone)을 만들게 하는 하나의 유전자를 포함하고 있다. 여성은 난소에서 테스토스테론을 생산하지만 양이 훨씬 적다. 많은 연구들에서 **성별 인식**(gender identity) — 남자아이 또는 여자아이, 남성 또는 여성이 된다는 것에 대한 지각 — 의 발달단계에 있을 때 유전적 남성과 여성의 테스토스테론의 불규칙한 밀집상태에 대한 영향을 검증하였다.

여러 연구 결과는 여성 배아의 지나친 안드로겐이 더 남자 같은 여자 아이를 만들어낼 수 있지만, 여자아이들이 이런 남성호르몬 때문에 스스로를 남자로 인식하지는 않는다고 시사하고 있다. 여성 배아가 지나친 안드로겐에

노출되어 남자 생식기 같은 것을 가지고 태어난다면, 의사들은 수술을 통해 여자 생식기처럼 보이게 바로잡을 것이다. 비록 이러한 여자아이들이 전형적인 말괄량이가 되는 경향이 있고, 다른 여자아이들에 비해 육체적으로 공격적인 행동을 하며, 여자아이보다는 전형적인 남자아이처럼 놀기도 하지만, 여자로서의 성별 인식은 과도한 남성호르몬에 의해 변경되지는 않는다(Berenbaum과 Snyder, 1995; Money와 Matthews, 1982; Money와 Norman, 1987). 박쥐에서 원숭이까지 인간 이외의 다른 종에 관한 연구 결과는 노출된 암컷 배아들이 수컷 같은 외관으로 발달하고 그들 종의 전형적인 암컷보다 더 공격적으로 행동한다는 것을 보여주고 있다(Brody, 1981).

정상적인 남성호르몬을 가진 몇몇 유전적인 남성들이 음경이 기형으로 태어나면 몇몇 부모들은 선의로 그 아들을 딸처럼 기르기도 한다. 하지만 여성으로 길러진 유전적 남성들은 가끔 그들이 여성으로 인식되는 것을 거부하기도 한다. 과거에는 의학계가 기형이거나 매우 작은 음경을 가지고 태어난 유전적 남성들을 위해 성전환 수술을 권고하였다. 이 같은 사례 14건을 대상으로 한 연구에서는 6명이 나중에 남성으로 확인되었고, 5명이 여성으로 확인되었으며, 나머지 3명은 성별 인식이 확실하지 않은 것을 발견하였다(Reiner와 Gearhart, 2004).

1997년 음악잡지인 《Rolling Stone》에 소개된 데이비드 레이머의 경우, 많은 독자들에게 성별의 생물학적 근거를 확신시켰다. 데이비드는 일란성 쌍생아로 유전적으로 정상인 남성으로 태어났지만, 그의 음경은 서투른 포경수술로 인

∧∧ 아동기 때 말괄량이였던 여자아이들이 점점 여성스러워지는 것은 흔한 일이다.

테스토스테론은 안드로겐의 일종으로 주요 남성 호르몬이다.

성별 인식은 남자아이 또는 여자아이, 남성 또는 여성이 된다는 것에 대한 지각이다.

중성은 비표준적인 남성이나 여성 생식기를 가지고 태어난 사람들이다.

● ● ●

해 망가졌다. 의사들은 성전환 수술을 시행했고, 데이비드는 여자로 길러지게 되었다. 데이비드의 쌍둥이 형제가 자연적 통제를 제공하였으므로, 의사들은 이 사례를 통해 성별이 전적으로 학습된다는 것을 증명하기 위해 수년 동안 노력하였다. 비록 데이비드가 14살 이전까지는 그의 과거를 알지 못하였고, 그의 부모가 그를 여자로 기르기 위해 노력했음에도 불구하고, 그는 언제나 전형적인 남자아이 같은 행동과 선호도를 보여주었다. 그가 그에게 무슨 일이 일어났었는지 알게 된 후로 그는 남자로 살기 시작했지만, 그의 경험이 데이비드에게 비극의 종을 울리게 하였고, 그는 결국 자살했다(Colapinto, 1997, 2000; Walker, 2004). 흥미롭게도 데이비드의 쌍둥이 형제는 데이비드가 자살하기 2년 전에 자살하였다.

연구자들이 성별의 생물학에 대해 더 많이 이해하게 되면서, 성전환 수술이 옛날만큼 쉽게 이루어지지 않는다. 북미중성자협회는 **중성**(intersex)인 사람들, 즉 비표준적인 남성이나 여성 생식기를 가지고 태어난 사람들에게 유아기 때 성전환 수술을 강요하지 않아야 한다는 권리를 지지한다. 의학계가 성별에 대한 복잡성을 더 이해하게 되면서 의사들은 흔쾌히 중성적인 사람들의 성기를 온전하게 남겨두기를 더 원하게 되었으며, 유아의 해부학적인 특징을 수술로 변환시키는 열망 또한 훨씬

>>> 강인한 정력과 함께 정력적인 활동 성향, 남부적인 매력을 가진 매튜 맥커너히는 매우 남성다운 성별 전형화를 보여준다.

줄었다. 개인이 성인으로서 성 배정(또는 재배정) 수술을 받을 때에도 그 과정은 성급하게 진행되지 않는다. 성별은 우리 삶에 꽤 강력한 영향을 주기 때문에 이러한 종류의 수술을 하기로 결정한 사람도 그들의 결정에 대해 충분히 숙지하고 편안해졌는가를 보장하기 위해 집중적인 상담을 실시해야만 한다.

성별의 육성

성별 전형화

우리는 태어날 때 자연적으로 결정되는 성(sex) 이상으로 태어난 후 사회적으로 형성되는 성별(gender)의 중요성을 부인할 수 없다. 우리는 아기를 볼 때 아기의 성별과 관련된 외부적인 단서를 찾고, 그 아기에게 어떻게 행동해야 하는지를 알게 된다. 만약 그 아이가 여자아이라면 우리는 그녀의 아름다움에 대해 칭찬을 쏟아낼 것이다. 하지만 남자아이라면 우리는 그가 용감하게 보이는 것에 대해 감탄할 것이다. 어떤 여자아이를 남자아이로 착각했다면 여러분도 알다시피 엄마는 크게 화를 내며 자기 아이가 여자아이라고 말하면서 재빨리 머리카락도 없는 머리에 머리핀을 꽂을 방법을 찾을 것이다. 여자아이를 남자아이로 착각하거나 남자가 된 여자가 출산을 하는 것과 같은 성별 모호성은 성별이 개인의 정체성에 중요한 부분인 만큼 사회에 불편함을 초래한다.

성별 인식 감각에 생물학이 어느 정도 역할

을 하지만, 각 성별과 관련된 많은 행동들과 생각들은 후천적으로 사회적인 경험의 영향을 많이 받는다. 여성은 감성적이고, 양육을 하며, 소극적인 것으로 비춰지는 반면, 남성은 합리적이고, 지배적이며, 공격적으로 비춰질 것이다. 이러한 연관성은 확실하게 **성별 전형화**(gender typed) ― 전통적으로 남성적인 특징과 행동을 보여주는 남자아이와 남자, 그리고 전통적으로 여성적인 특징과 행동을 보여주는 여자아이와 여자 ― 된 사람들에게서 두드러지게 나타난다.

양성성

전통적으로 성별은 남성과 여성으로 양분되어 왔지만, 심리학자이자 성별 연구자인 산드라 벰은 성별이 어느 한쪽으로 기울어지는 것보다는 남성적인 정도와 여성적인 정도 모두를 측정하는 BSRI라는 성역할검사를 개발하였다. 남성적인 특성과 여성적인 특성에 대해 비슷하게 반응한 사람들을 **양성성**(androgynous)이라고 한다. 벰 등은 양성적인 사람들이 성별 유형화에 의해 행동을 제한하는 사람들보다 더 기능적이고 효율적이라고 하였다. 왜냐하면 양성적인 사람들이 주어진 상황에서 가장 적합한 행동이나 특성이 무엇이든 간에 그에 맞게 편안하게 행동하기 때문이다(Bem, 1975, 1981, 1993). 어떤 여자가 전형적인 여성들의 장소인 직물가게로 가는 길에 타이어 펑크가 났다고 상상해보라. 만약 그녀가 BSRI의 여성 척도에서 높은 점수를 남성 척도에서 낮은 점수를 받았고, 그래서 전형적인 남성의 일인 펑크 난 타이어를 스스로 교체하려고 시도하는 생각이 마음속에 떠오르지 않는다면 그녀는 오도 가도 못하는 자신을 발견하게 될 것이다. 만약 그녀가 남성적인 특성과 여성적인 특성에 대해 비슷하게 반응한 양성적인 사람이라면, 펑크 난 타이어를 자신이 교체할 것이고, 직물가게가

문을 닫기 전에 그곳에 도착할 것이다.

성별 인식 장애

남성성과 여성성의 건강한 결합을 의미하는 양성성과 달리 **성별 인식 장애**(gender identity disorder) 때문에 사람들은 잘못된 성의 몸으로 태어났다고 느낀다. 성별 인식 장애는 성적 지향과는 아무런 관련이 없다. 즉 성별 인식 장애를 가진 사람들은 자신들의 성별이 신체구조와 맞지는 않지만 이런 부조화가 성적 기호와는 아무 상관이 없다고 생각한다. 토마스 베아티와 같은 사람들은 아마 성전환 수술을 통해 그들이 느끼는 생물학적 오류를 고치려고 할 것이다. 최초의 **성전환자**(transsexual) ― 성전환 수술을 통해 새로운 성을 가지고 사는 사람 ― 로 널리 알려진 미국 육군에 근무했던 크리스틴 조젠슨은 1950년대 초반에 성전환 수술을 위해서 덴마크로 갔던 사람이다. 다른 트랜스젠더들 ― 그들이 태어난 것의 반대되는 성에 좀 더 순응하는 다양한 범위의 행동에 참여하는 사람들 ― 은 여장이나 남장 차림을 번갈아 하거나 심지어는 드랙 쇼(drag show)에서 공연하기 위해서 남성은 여장을 하고 여성은 남장

>>> 수학과 과학 같은 분야에서 성별 간 차이를 유발하는 요인은 무엇일까? 이러한 차이를 없애기 위해 교사들이나 부모들은 어떤 전략을 사용해야 할까?

을 할 것이다.

유년기의 성별

데이비드 레이머와 크리스틴 조젠슨처럼 청소년기나 성인기에 일종의 성별 부조화를 겪은 대부분의 사람들은 유아기 이후로 그런 느낌이 들었다고 보고한다. 데이비드 엄마는 데이비드에게 처음 입혔던 드레스를 그가 손톱으로 찢었다고 회상하고, 그의 형은 데이비드가 인형이나 티파티보다는 남자들의 놀이인 난투극을 더 좋아했다고 회상한다(Colapinto, 1997). 이러한 초기의 성별 표현은 사회와 생물학 모두에 그 근거를 두고 있다는 것을 시사한다.

아기들은 그들의 성별이 알려지자마자 다르게 다루어진다. 아빠는 아직 자궁에 있는 아들에게 자동차 이야기를 할 것이고 엄마는 자궁속 딸에게 공주 이야기를 읽어줄 것이다. 갓 태어난 남자아기와 여자아기에게도 옷을 다르게 입히고 다르게 대우한다. 여자아이들에게 말을 더 많이 할 것이고 거칠게 노는 남자아이보다 더 부드럽게 대할 것이다(Maccoby, 1998). 어른들은 아이들의 성별에 맞는 장난감을 가지고 놀게 할 것이고, 다른 성별의 장난감을 가지고 놀지 못하게 말릴 것이다. 최근 디즈니 소비자 제품개발팀(Disney Consumer Products)은 분홍색 반짝이로 뒤덮인 최고로 잘 팔리는 디즈니 공주 장난감으로 엄청난 수

어른들은 여성은 집안에서 아이를 기르고 그의 남편을 가장으로 대해야 한다는 오래된 가정과 편견 때문에 여자아이들에게 수학이나 과학에 관련된 직업에 종사하라고 격려하지 않을 것이다. 이런 분류가 성 역할대로 수행하기를 원하는 여성이나 남성에게는 잘 작용할지 모르지만 남성과 여성의 역할에 대한 이러한 공식은 다른 시대의 유물에 불과하다는 것을 인식할 필요가 있다. 특히 21세기에는 이 공식이 모든 사람에게 다 통하는 것은 아니다.

익을 창출했는데 어린 여자아이들은 모두 무도회용 가운, 작은 왕관, 그리고 잘생긴 왕자를 좋아한다는 아이디어에 맞춰 성공적으로 전술을 바꾸었다. 디즈니의 공주에 기반을 둔 마케팅 계획은 당연히 남자아이들은 안중에도 없다. 연구자들은 한 살배기의 어린 남자아기들이 공, 총, 그리고 트럭을 선호하는 반면, 여자아기들은 인형, 봉제인형, 그리고 요리도구를 선호한다는 것을 발견하였다(Caldera 등, 1989). 인간 이외의 영장류를 대상으로 한 연구에서도 비슷한 선호도를 가지고 있음을 발견하였다(Alexander와 Hines, 2002). 이런 발견들이 생물학적 영향을 어느 정도 시사할 수는 있지만, 무엇이 모든 연령대의 암컷 원숭이가 요리 도구를 가지게 하는지에 대한 궁금증은 여전히 남아 있다.

아마도 더 위험한 것은 학교에 다니는 남자아이와 여자아이의 흥미와 능력이 차이가 있을 것이라는 어른들의 가정일 것이다. 이런 가정들은 불공평한 대우를 초래할 수 있다. 예를 들어 어른들은 여자아이에게 더 많은 도움과 편의를 제공하는 경향이 있는 반면, 남자아이들에게는 그들 스스로 문제를 해결하기

성전환자는 성전환 수술을 한 사람이다.

사회학습이론은 동기에 있어서 인지의 역할과 행동조형에 있어서 기대의 중요성을 강조하는 이론이다.

성별도식이론은 성별의 구분이 매우 어린 나이에서 시작되며, 주변 사물에 대한 도식을 발달시키면서 그들의 성에 대한 도식 또한 발달시키고, 자신의 성별에 맞게 행동을 수정한다는 이론이다.

를 기대한다(Maccoby, 1998). 남자아이들은 수학과 과학 분야에서 여자아이들보다 더 많은 격려와 지도를 받고(Sadker, 2000) 그래서 여자아이들은 이런 분야에서 남자아이들보다 직업을 덜 찾는 경향이 있다(O'Rand, 2004). 남녀공학을 반대하는 사람들은 교실에서 성별 간의 경쟁이 없다면 남자아이와 여자아이 모두 동등한 기회와 격려를 받을 것이라고 주장한다(Hughes, 2007).

성별 이론

심리학자들은 성별의 어떤 측면을 학습하게 되었는지뿐만 아니라 어떻게 그것을 배우게 되었는지 또한 고려한다. **사회학습이론**(social learning theory)은 어린이들이 어른들을 관찰하고 모방하고 보상과 벌에 반응함으로써 남녀 어느 한쪽 성 특유의 행동을 배운다고 가정한다. 그러나 **성별도식이론**(gender schema theory)은 사회학습이론에 인지적 요소들을 결합시킨다. 성별도식이론에 따르면, 성별 구분과정은 아주 어린 나이에서부터 시작된다. 한 살이 되기 전에 어린이들은 남성과 여성의 얼굴과 목소리를 구분하는 법을 배우게 된다(Martin 등, 2002). 아이들은 주변 사물들에 대한 도식을 발달시키면서 또한 성별에 관한 도식을 발달시키고 그들의 성별에 맞게 행동을 수정한다. 아이들은 언어를 배우면서 남성과 여성 대명사, 또는 남성적인 것과 여성적인 것의 분류를 통해 성별에 근거한 단어들을 체계화한다. 연구에 따르면 아이들은 세 살이 되면 자신과 동일한 성을 가진 또래들과 놀기

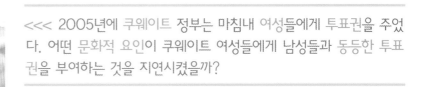

<<< 2005년에 쿠웨이트 정부는 마침내 여성들에게 투표권을 주었다. 어떤 문화적 요인이 쿠웨이트 여성들에게 남성들과 동등한 투표권을 부여하는 것을 지연시켰을까?

를 선호하지만 일반적으로 대여섯 살에 성별 경직의 정점에 도달하게 된다(Bem, 1993).

사회에서의 성역할

아이들은 아마도 성별에 따라 이행할 것이라고 기대되는 **성역할**(gender role) — 남자와 여자가 어떻게 행동할 거라는 것에 대한 기대 — 에 따라 다르게 대우받을 것이다. 어른들은 여성은 집안에서 아이를 기르고 그의 남편을 가장으로 대해야 한다는 오래된 가정과 편견 때문에 여자아이들에게 수학이나 과학과 관련된 직업에 종사하라고 격려하지 않을 것이다. 이런 분류가 성역할대로 수행하기를 원하는 여성이나 남성에게는 잘 작용할지 모르지만 남성과 여성의 역할에 대한 이러한 공식은 다른 시대의 유물에 불과하다는 것을 인식할 필요가 있다. 특히 21세기에는 이 공식이 모든 사람에게 다 통하는 것은 아니다.

이런 제한적인 성역할에 불만인 사람들은 그것이 바뀌려면 수백 년이 필요하다고 느낄 수 있겠지만 전 세계적으로 여성의 역할은 지난 1세기 동안 엄청나게 변했다. 1900년대 초기 여성이 투표를 할 수 있는 유일한 나라는 뉴질랜드였으며, 20세기 말까지 여성이 투표를 할 수 없는 유일한 나라는 쿠웨이트였다. 고작 50년 만에 미국의 법대 여학생들의 수는 1960년대 30명 중 1명에서 21세기 초기에 2명 중 1명으로 상승했다. 10년도 채 지나지 않아 결혼한 여성은 전업주부가 되어야 한다는 것에 동의한 여성의 비율은 1967년 45%에서 1972년 15%로 떨어졌다(Glater, 2001).

제3의 성별에 대한 실례들은 동서를 막론하고 전 세계적으로 존재하고 있다. 2005년 인도는 남성이나 여성과는 별개의 성별인 히즈라(Hijra)를 위해 여권에 그 명칭을 포함시켰

다. 히즈라는 전형적으로 남성 또는 중성으로 태어나고, 여성의 옷을 입지만, 남성이나 여성이라는 용어를 거부한다. 태국의 *kathoeyes*와 고유한 북미 문화의 *winkte* 또한 오늘날 전 세계에 살고 있는 제3의 성별의 실례들이다. 모든 남성이 남자가 아니고 모든 여성이 여자가 아닐 때 성과 성별은 항상 관련이 있는 것만은 아니라는 것을 더 쉽게 이해할 수 있을 것이다.

고정관념과 성차별주의

만약 여러분이 최근에 소셜 네트워크 웹 사이트인 페이스북에 접속한 적이 있다면 사이트 주변의 광고를 보았을 것이다. 아무나 페이스북의 광고란을 살 수 있으며, 18에서 30살 사이의 독신 여성이나, 미주리 주 출신의 보수적인 유대인 학생 등과 같이 어떤 유형의 사람이 그 광고를 볼 수 있는지 선택할 수도 있다. 2008년 몇몇의 페이스북 여성 사용자들이 체중감량 광고들이 그들의 스크린에 불쑥 나타났을 때 전혀 설레지 않았다. 그들은 그 광고가 오직 여자들만을 대상으로 한 것이라는 것을 알게 되었을 때는 오히려 더 분노했다. 그들의 남편, 애인, 남성 친구, 그리고 페이스북 프로필에서 자신을 여성이라고 밝히지 않은 다른 모든 사람들에게는 그들이 10파운드를 추가로 빼고 싶은지 절대 물어보지 않았다. 문제의 광고는 그것을 본 많은 사람들을 불쾌하게 했다. 왜냐하면 그들은 모든 남성은 날씬해지기를 원하지 않거나 필요하지 않는 반면, 모든 여성은 살을 빼기를 원하고 또는 살을 빼고 싶어 해야 한다고 암시하였기 때문이다.

체중 강박증 여성에 대한 생각은 수천 가지 성별 고정관념 중의 하나일 뿐이다. **성별 고정관념**(gender stereotype)은 사람들이 오로지 성별에 근거해

>>> 여러분은 여자 올림픽 선수들이 반드시 성별 검사를 받아야 한다고 생각하는가?

서 사람이나 집단을 생각하는 널리 퍼진 개념이다. 이런 고정관념들은 긍정적이고 부정적인 특징 둘 다를 가지고 있다. 예를 들어, 많은 문화에서 여성은 양육을 하고 공감적인 존재이지만, 또한 지나치게 감정적이고 비이성적이라는 고정관념을 가지고 있다. 고정관념은 남자를 강하고 합리적이지만, 또한 공격적이고 부주의하다고 묘사하기도 한다.

이러한 고정관념들은 가끔 **성차별주의**(sexism) — 성별 고정관념에 근거한 남성과 여성에 대한 편견과 불공정한 대우 — 로 이어진다. 수학과 과학시간에 여자아이보다 남자아이에게 더 많이 질문을 하는 교사들은 그들의 편견이 성차별주의의 결과라는 것을 인식조차도 하지 못한다. 성차별주의는 더 주제넘은 것이 될 수도 있다. 2008년 힐러리 클린턴의 민주당 대통령후보자 지명 당시, 미디어와 블로거 공간에서는 여성 대통령의 가능성에 대한 성차별적인 주장이 만연했었다. 논란의 여지가 있지만 클린턴이 무엇을 대표하는지 보다 무엇을 입었었는지에 더 관심이 많았다. 바바라 바레스라는 이름으로 MIT를 다녔던 스탠포드대학의 신경생물학 교수인 트랜스젠더 벤 바레스는 성차별주의에 관한 모든 것을 알고 있다. 바레스에 따르면, 그에 대한 그의 동료들의 대우는 그가 성별을 바꾸자 현저하게 달라졌으며, 이러한 대우는 바레스로 하여금 과학계에서 성차별주의는 아마 과학 분야에서 종신 교수자리를 가진 여성이 상대적으로 적기 때문일 것이라고 믿게 하였다. 바레스는 한 동료 과학자가 그를 보고 자신의 여동생 바바라보다(바레스가 여자였을 때를 비꼬아 표

현한 것) 연구가 훨씬 훌륭하다고 말했다고 설명했다. 바레스의 학문적인 능력은 전혀 바뀌지 않았지만 그의 성별의 변화가 그의 업적에 대한 사람들의 인식을 바꾼 것이다.

차별주의의 또 다른 유형은 모르는 사이에 진행된다. **호의적 성차별주의**(benevolent sexism)는 긍정적인 고정관념이나 성별에 근거한 불공평과 불균등을 전파하는 호의적인 편견 행동을 수용하는 것이다(Glick와 Fiske, 2001). 여성들에 대한 일부 정중한 태도는 호의적 성차별주의의 실례이다. 남자들이 여자들을 위해 문을 열어주거나 낭만적인 저녁 데이트마다 돈을 지불할 때 기사도를 발휘하는 남자들이나 그런 것을 바라는 여자들 모두 여자는 무력하고 약하며 스스로를 부양할 수 없다는 성차별주의적 생각을 지속시키는 것이다. 물론 다른 사람을 위해 문을 열어주는 것은 본질적으로는 성차별적인 것이 아니지만, 호의적 성차별주의 영향을 없애기 위해서는 남녀 모두 성별과 상관없이 누구에게나 흔쾌히 문을 열어주어야 한다.

성별 간 유사점과 차이점

2008 베이징 올림픽 이전까지는 올림픽 주최국들이 여성 운동선수들이 실제로 여성인지 아닌지를 확인할 수 있는 '성별확인실험실'을 만들었다. 이런 실험실의 개발에 대한 결정은 아마도 남성이 육체적으로 여성보다 강하기 때문에 만약 남성이 여성인 체하고 여성 운동선수들과 경쟁을 한다면 선천적인 생물학적 이점이 있다는 생각에 근거한 페어플레이 정신 때문이었을 것이다. 단지 올림픽을 포함한 스포츠 경기들이 거의 대부분 남자들의 경쟁과 여자들의 경쟁으로 나뉘어 실시된다는 사실이 이와 같은 일반화를 강화한다. 하지만 남자와 여자가 정말 그렇게 다른가? 그리고 운동선수 성별 검사의 윤리적인 영향은 무엇인가? 트랜스젠더 운동선수, 중성 운동선수, 그

리고 성과 성별의 경계를 흐릿하게 하는 사람들은 이런 기준에 어떻게 맞출 것인가? '성별확인실험실'에서조차 성별의 차이성과 유사성에 대한 질문은 계속되고 있다.

남녀 간의 평등을 강조하는 많은 노력이 있는 반면 몇몇 연구들은 남자와 여자가 어떻게 일관되게 다른지를 찾아내고 있다. 성별 그 자체만 볼 때, 이러한 차이는 생물학에만 근거를 두고 있지 않다. 어쨌든 46개의 염색체 중 45개는 남녀공용이다. 부모, 형제자매, 또래들 그리고 사회가 전체로서 성별에 따라 사람을 다르게 대우하는 것은 확실히 남자와 여자의 차이에 영향을 미친다. 가끔 사람들이 어떻게 행동할 것이라는 기대는 자기충족적인 예언이 될 것이다. 우리는 개인 간의 차이가 일반화된 성별 간의 차이보다 훨씬 크다는 것을 기억해야 한다.

육체적인 차이와 심리적인 취약성

남녀 사이에 매우 명백한 차이점도 있다. 평균적으로 여자는 남자에 비해 70%의 지방을 더 많이 가지고 있으며, 근육은 40% 더 적고, 키는 약 13cm 정도 작다. 또한 여자가 남자보다 2년 빨리 사춘기가 되며, 5년 더 많이 산다. 이런 발견들은 고정관념적인 결론을 이끈다고 믿기 힘들기 때문에 전혀 악의가 없다. 하지만 남녀 간 뇌의 차이에 관한 연구는 보다 복잡하다.

많은 연구들은 남자들이 공간적인 퍼즐에서 뛰어난 반면, 여자들은 어휘에서 우수하다는 일반적인 견해들을 지지한다. 연구자들은 이러한 일반화된 사실과 일치되는, 즉 공간지각에 관련된 두정엽은 성인

여자보다 성인 남자가 더 두껍고, 언어 유창성과 관련된 전두엽은 남자에 비해 여자가 더 두껍다는 것을 발견하였다(Gur 등, 1999). 이러한 연구 결과를 통해 우리는 이러한 뇌의 차이가 남성과 여성의 강점이 다른 원인이라고 결론지을 수 있을까? 그럴 수도 있지만, 그렇지 않을 수도 있다. 과학자들은 여전히 우리 뇌의 활동에 대해 거의 모른다. 어쩌면 공간적인 퍼즐의 반복적 연습이 남자들 뇌의 그 영역을 두껍게 하였고 남자들을 대상으로 한 장난감과 교육 때문에 남자들은 여자들보다 이런 퍼즐에 더 많이 노출된 것 같다. 이러한 원리는 여자들이 아기 때부터 말을 더 많이 듣고 다른 사람과 언어적으로 소통하도록 격려받기 때문에 언어 유창성이 남자들보다 우수하다는 결과에도 적용된다.

또한 우리는 남자와 여자의 다른 취약성에 기초한 인과관계에 대해 결론을 내리지 못한다. 여자들은 남자들에 비해 두 배 정도 더 많이 우울증을 겪고, 10배 정도 더 많이 섭식장애를 겪는다(Weissman과 Olfson, 1995). 어린 여자들의 섭식장애에 관한 사회의 영향을 입증하는 것은 어렵지는 않겠지만, 이 실례는 단지 생물학적으로 기반을 둔 무엇인 것처럼 보이기 때문에 내재된 인과관계를 가정할 수

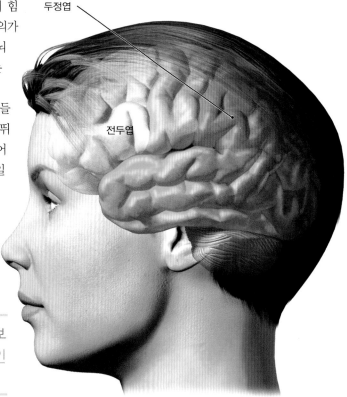

두정엽

전두엽

성과 성별

>>> 남자가 여자보다 두정엽 부분이 두꺼우며, 여자가 남자보다 전두엽 부분이 두껍다. 왜 우리는 뇌의 차이에 기초하여 인과관계에 관한 결론을 도출할 수 없는가?

2009년 미국 의회의 여자 및 남자

17 **83**

■ 여자 ■ 남자 　출처: http://www.senate.gov/artandhistory/history/common/briefing/women_senators.htm

비록 여성들이 중요한 국가적 지위에 선출되고 있지만 미국 의회에는 여전히 남성들의 수가 압도적으로 많다.

제11장

없는 이유를 명백하게 보여준다.

다른 한편으로, 남자들은 여자들에 비해 4배 정도 자살을 더 많이 하고(Centers for Disease Control and Prevention, 2005), 알코올 중독에 시달린다(Schneider Institute for Health Policy, 2001). 남자들은 또 자폐증(Baron-Cohen, 2002), 색맹, 과잉활동(Szatmari 등, 1989), 반사회적 성격장애(Torgersen 등, 2001) 진단도 더 많이 받는다. 이들이 모두 진단받을 가능성이지 실제 출현율을 반영하지 않았을 수도 있음을 주의하라. 또한 의학계는 성 편견의 면역성이 없음을 기억하라.

공격성과 힘

조사, 실험, 문화행동 관찰은 육체적인 공격성이 여자들보다 남자들에게 더 일반적이라는 견해를 지지한다. 한 연구는 남자들이 여자들보다 다른 사람들에게 더 고통스러운 충격을 행할 가능성이 높다는 것을 발견하였다(Bettencourt와 Kernahan, 1997). 남자는 또한 더 폭력적인 범행을 저지르기도 한다. 미국에서 남성 대 여성의 체포비율은 9 대 1이며(FBI, 2004), 캐나다에서는 7 대 1이다(Statistics Canada, 2003). 2005년 갤럽 여론조사에 따르면 남자들이 여자들보다 이라크전쟁을 더 많이 지지했으며, 전 세계적으로 남자들이 여자들에 비해 사냥, 낚시, 그리고 전쟁에 참여할 가능성이 높은 것으로 나타났다(Wood와 Eagly, 2002). 한편, 여자 청소년들은 험담, 소문 퍼뜨리기, 그리고 각자의 비밀을 드러내는 간접적이고 언어적인 공격에 더 많이 관여한다(Björkqvist 등, 1992).

남자들의 공격적인 경향이 여자들보다 우세하듯이 남자들은 대부분의 문화에서 사회적으로 보다 지배적이다. 남자들이 배심원단이나 회사 같은 그룹에서만 리더가 되는 경향이 있는 것이 아니라(Colarelli 등, 2006), 그들은 또한 2005년에 세계의 지배적인 의회 좌석 84%를 차지했다(United Nations, 2005). 남성 지도자와 여성 지도자를 비교하는 연구들은 남자들이 더 지시적이고, 독재적이며, 독선적이고, 더 단정적으로 말하며, 방해하고, 감정을 불러일으키고, 응시하고, 덜 웃는 경향이 있는 반면, 여성은 더 민주적이고 의사 결정에서 부하의 참여를 더 환영하고, 더 많은 지지를 표현한다(Aries, 1987; Eagly와 Johnson, 1990; Hall, 1987; Major 등, 1990; van Engen과 Willemsen, 2004; Wood, 1987).

사회적 유대감

남자들이 더 공격적이고 독재적이라면 여성은 더 친화적이고 사회적으로 밀접할 것이다. 심리학자이자 여권 운동가인 캐롤 길리건과 그녀의 동료들(1982, 1990)은 사회적 유대감은 주로 여성의 욕구이고 독립된 정체성은 주로 남성의 욕구라고 설명했다. 많은 연구에서 어떻게 이런 패턴이 아동기에 시작해서 성인기까지 계속되는지를 보여준다.

아동기

아동기 놀이에서 성별 분리는 8살에서 11살 사이에 절정에 이르게 된다. 성별 분리는 어른들뿐만 아니라 여자 대 남자라는 지배적인 사고방식을 믿지 않는 듯한 또래들을 비웃는 아이들로부터 강화된다. 남녀별로 분리된 집단의 놀이 종류 또한 뚜렷이 구분된다. 남자아이들이 논의보다는 활동 중심의 큰 그룹에서 노는 경향이 있는 반면, 여자아이들은 작은 그룹이나 짝을 이루어 노는데, 경쟁심이 적고 사회관계에 초점을 더 많이 두는 편이다.

성인기

유아기의 놀이가 성인의 대화로 대체되면서, 남자와 여자는 계속해서 차이를 드러낸다. 여자는 남자에 비해 피드백에 수용적이고 많은 남자들은 **남성대답증후군**(male answer syndrome, 문제에 대한 답변을 알지 못하면서도 일단 답을 하는 남성의 행동)이라는 재밌는 상황에 시달린다. 즉 남자들은 여자들에 비해 어려운 질문에 모른다는 말보다는 답을 추측하는 경향이 있는 것 같다(Campbell, 1992). 여성은 또한 더 상호의존적이다. 그들은 사회관계를 탐색하고(Tannen, 1990), 스트레스에 대처하기 위해서 대화를 한다(Tamres 등, 2002; Taylor, 2002). 흥미롭게도 여자와 남자 모두 여자들과 더 친밀하고, 즐겁고, 우정을 키우는 것으로 보고되고 있다(Hall, 1984).

성적 열망

성적 활동에 대한 성별의 이중 잣대는 누구에게도 새로운 것은 아니다. 우리는 모두 남자아이가 성적으로 노력한 이야기를 들으면 격려를 받고 여자아이가 그렇게 한 이야기를 들으면 할머니가 문란하다고 부르는 것을 보았다. 성적 모험을 열렬히 찾고 자랑스럽게 여기는 남자아이들을 격려하는 것은 단지 미국뿐만 아니라 범문화적으로 사실처럼 보이는 관행이다. 이러한 관찰 결과에 대한 가능한 생물학적 영향을 살펴보자.

진화 원리들에 기초한 많은 이론들은 남자와 여자의 다른 생식 역할이 남자들로 하여금 여자들보다 더 자주 더 많은 사람들과 섹스를 하려 한다고 추측한다. 이 논쟁은 일반적으로 남자들은 많은 여자들을 임신시킴으로써 생물학적으로 가능하면 그들의 종을 많이 번식시키려고 하며, 또 그렇게 할 수도 있다고 진술한다. 또한 남자들은 단순히 쾌락을 위해 섹스하기를 열망한다고 이야기한다. 육아에 보다 지배적인 역할을 하는 여자들은 섹스와 사랑을 연결하려고 하며, 가족을 돌볼 수 있는 사람을 찾는 것을 우선시한다(Gordon과 Gilgun, 1987; Michael 등, 1994). 물론 성별에 따라 이러한 차이가 존재한다는 사실은 강간이나 아첨 등과 같은 사회적 일탈행동들이 옹호될 수 있다는 의미는 아니다. 결정적 방식으로 개인의 행동을 억제할 정도로 충분히 강한 유전자는 없으니까. 이상하게도 범문화간 연구들은 남성과 여성의 상대를 가리지 않는 성행위(혼음)는 남자들이 자식을 위해 거의 시간을 투자하지 않는 문화에서 더 자주 발생하는 반면, 성적 통제는 남자들이 더 많은 시간을 그들의 자식들을 돌보는 데 사용하는 문화에서 일어난다(Marlowe, 1999).

성적 지향

많은 성과 성별에 관한 연구가 이성 관계와 정상적인 것에 기초하여 이루어지기도 하였지만, 대안적인 성적 지향의 원인에 대한 연구도 이루어져왔다. **성적 지향**(sexual orientation)은 같은 성을 가진 사람들(동성애자), 다른 성(이성애자), 또는 모두(양성애자)에게 성적 매력이 오래가는 것을 말한다. 1973년 전까지 동성애는 미국심리학회에 의해 정신병으로 분류되었다. 이 분류는 WTO에서 1993년까지, 중국에서 1995년까지, 그리고 일본에서 2001년까지 지속되었다. 아직도 동성애를 치료해야 한다고 주장하는 집단이 있기는 하지만 이제 심리학자들은 성적 지향과 관련된 환경적 · 생물학적 요인을 밝히는 연구에 초점을 맞추고 있다.

초기의 심리학적 연구는 성적 지향이 전적으로 아동기 성적 학대 또는 프로이트가 말한 미해결된 초기 오이디푸스 콤플렉스 갈등 등과 같은 가정교육의 결과라고 결론을 내렸다. 하지만 최근의 신뢰성 있는 연구는 성적 지향에 상당히 영향을 미치는 육아의 그 어떤 측면을 밝혀내는 데 실패했으며, 초기의 성적 접촉이 성적 기호에 지속적인 영향을 준다는 생각 또한 거의 지지를 받지 못하고 있다. 최근에는 성적 지향에 영향을 미칠 수 있는 잠재적인 생물학적 요소에 초점을 맞추는 연구들이 이루어지고 있다.

하지만 생물학의 영향은 단지 일부에 불과할 것이다. 사회 심리학자 데릴 벰(Daryl J. Bem, 1996)은 이국적인 것에 성적 매력 느끼기(exotic-becomes-erotic) 이론을 제시했는데 이는 생물학이 성적 지향에 직접적인 영향을 주지 않음을 가정하고 있다. 대신 우리의 생물학은 기질에 영향을 미치고 선호하는 활동을 결정함으로써 간접적 역할을 한다. 같은 성을 가진 아이들의 전형적인 행동 패턴을 따라 하는 아이들은 같은 성에 친숙하고 다른 성이 어색하다는 것을 알게 된다. 하지만 비전형적인 성 행동패턴을 따르는 아이들은 자기와 같은 성 구성원들을 낯설게 느낄 것이다. 벰의 이론은 우리는 보다 이국적이거나 우리 자신과 다른 성에 더 낭만적으로 흥미를 느낀

다고 제안한다. 이국적인 것에 성적 매력 느끼기 이론은 과학적 자료에 의해 충분하게 입증되지 않았고, 두 성별 모두의 동성애에 대한 설명이 정확하지 않음을 발견한 많은 비평가들에 의해 맹비난을 받았다(Peplau 등, 1998; Stein, 1999).

우리는 아직 성적 지향의 기원에 대해 잘 알지 못하고 주어진 인구에서 정해진 인구의 동성애자 비율을 밝히는 것조차 어렵고 신뢰성도 없다. 한 연구에서는 성적 지향이 남녀 간에 다르게 작용할 수 있다는 것도 밝혔다. 여자들은 **성적 유연성**(erotic plasticity)을 경험할 수 있다. 즉 여자들의 성적 지향은 남자들에 비해 덜 강하게 느껴지고 더 유동적인 경향을 보인다(Baumeister, 2000). 일반적으로 받아들여지는 생각 하나는 성적 지향이 의도적으로 선택되거나 의도적으로 바뀌지 않는다는 것이다.

유전학의 역할

쌍둥이와 가족 구성원에 관한 연구들은 유전자가 사람의 성적 지향을 결정하는 데 최소한의 역할을 한다고 일관되게 주장한다. 남녀 동성애자들은 이성애자보다 동성애인 형제자매를 가질 비율이 더 높다(Bailey와 Bell, 1993). 다른 연구들은 동성애자 형제 40명 중에서 33명이 X 염색체의 다른 유전자들은 차이가 있었지만 X 염색체의 한 부분에서는 공통적으로 동일한 유전자가 있음을 밝혀냈다(Hamer 등, 1993; Hu 등, 1995; Turner, 1995). 남성들이 X 염색체를 어머니로부터 받기 때문에 이러한 연구들은 남성 동성애자들의 아버지 쪽 가계보다 어머니 쪽 가계에 동성애 친척들이 더 많다는 연구와 일치한다(Camperio-Ciani 등, 2004).

성적 지향의 유전적 영향에 더 설득력 있는

결과도 있다. DNA가 동일한 일란성 남자 쌍둥이 중 한 명이 동성애자라면 다른 한 명이 동성애자가 될 확률은 50%이다. 하지만 이란성 쌍둥이나 쌍둥이가 아닌 형제자매에서 다른 형제들이 동성애자가 될 확률은 15%라는 것이다(Bailey 등, 2000; Dawood 등, 2000). 그러나 이런 확률은 일란성 쌍둥이 중 한 명이 동성애자라도 다른 한 명은 이성애자가 될 수도 있다는 것을 의미하므로 유전자보다는 성적 지향에 알아야 할 것이 더 많다는 것을 분명히 알 수 있다.

많은 연구자들은 출생순위가 성적 지향의 결정에 영향을 미칠 수 있다고 생각한다. 형제 출생순서 효과에 따르면, 형의 수가 한 명씩 늘어날수록 남성이 동성애자가 될 가능성은 33%씩 늘어난다. 형제 출생순서 효과는 연속적인 출산으로, 남자 태아가 생산하는 이물질에 방어적인 어머니의 면역 반응이 증가하는 것으로 설명될 수 있을 것이다(Blanchard, 1997, 2001; Blanchard 등, 1998; Ellis와 Blanchard, 2001).

뇌의 구조와 성적 지향

성적 지향의 생물학적인 기원에 대한 연구는 뇌의 구조에 대해서도 자세히 살펴보았다. 뇌의 구조가 경험에 의해 변경될 수 있는 반면 사후 연구에서 관찰된 차이점은 뇌의 구조와 성적 지향 간에 특정한 상관관계를 밝히고 있다. 예를 들어, 뇌의 두 개의 반구를 연결하는 전교련의 한 부분은 남성 동성애자가 더 크고(Allen과 Gorski, 1992), 시상하부무리(hypothalamic cluster)라고 불리는 시상하부의 혹덩어리들은 남성 동성애자보다 남성 이성애자가 더 크다(LeVay, 1991).

다른 한 연구는 시상하부와 성적 지향을 관련지었다. 여성 이성애자와 남성 동성애자의 연구에서 남자의 땀에서 발견되는 테스토스테론의 파생물인 AND의 향이 성적 행위와 주로 관련 있는 시상하부의 반응을 활성화시켰다. 이와는 반대로 남성 이성애자는 여성의 오줌에 들어 있는 에스트로겐의 파생물인 EST에 대한 시상하부의 반응과 성적으로 유사한 행동을 보였다는 것이다(Savic 등, 2005). 전체적으로 사후 연구는 남녀 동성애자의 뇌가 남성 동성애자와 남성 이성애자의 뇌보다 더 유사함을 발견하였다. 이러한 연구 결과로 결론을 도출하기는 힘들지만 궁극적으로 성적 지향의 기원을 이해하는 데는 도움이 될 것이다.

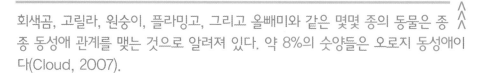

회색곰, 고릴라, 원숭이, 플라밍고, 그리고 올빼미와 같은 몇몇 종의 동물은 종종 동성애 관계를 맺는 것으로 알려져 있다. 약 8%의 숫양들은 오로지 동성애이다(Cloud, 2007).

11

복습

요 약

WHAT **성별의 생물학적, 사회적 영향은 무엇인가?**

● X와 Y 염색체는 사람의 성 ─ 사람이 남성 또는 여성인지에 관한 생물학적인 분류 ─ 을 통제한다.

● 성역할과 조건형성은 성별을 결정하는 행동과 성격에 영향을 주고, 사람의 성별 정체성은 유동적일 수 있다.

WHAT **개인의 성별 정체성 발달과 연관된 전형적인 과정과 비전형적인 과정에는 무엇이 있는가?**

● 전형적으로 유아는 출생 때 남성 혹은 여성의 생식기를 가지고 있으며, 사춘기 동안 이차성징을 발달시킨다. 개인은 이런 생물학적인 특징과 타인의 반응을 바탕으로 자신의 성별을 찾는다.

● 비전형적으로 사람은 애매한 생식기를 가지고 태어날 수 있다. 하나의 성적 특성들을 안고 태어난 사람은 다른 성을 발견하게 될 것이고 성전환수술을 받을 것이다.

WHAT **남녀의 유사점과 차이점에 대해 관찰되었거나 연구된 것에는 무엇이 있는가?**

● 여자들은 남자들보다 작은 경향이 있다. 여자들은 남자들보다 지방이 많으며, 근육이 적고, 더 오래 산다.

● 남성의 뇌는 공간지각과 관련된 영역에서 더 두껍고 여성의 뇌는 언어 능력과 관련된 영역에서 더 두꺼운 것으로 보인다.

● 일반적으로 남자들은 공격적이고 사회적으로 우세한 경향이 있는 반면, 여자들은 상호의존과 사회적 유대감을 중시하는 경향이 있다.

WHAT **성적 지향의 생물학적, 사회적인 영향에 관해 무엇을 알고 있는가?**

● 초기 심리학적 연구는 사람의 성적 지향이 그들의 가정 교육에 의존한다고 제안하였다.

● 가장 최근의 연구는 성적 지향이 유전적 또는 출생순서와 같은 요소에 영향을 받는다고 시사한다.

이해 점검

1. 다음 중 안드로겐 무감각증의 원인이 아닌 것은?
   a. 남성이 사춘기 동안 가슴이 발달하는 것
   b. 여성이 뮐러시스템이 발달하는 것
   c. 남성의 내부에 고환이 발달하는 것
   d. 남성의 외부에 여성 생식기가 발달하는 것

2. 다음 중 이차성징이 아닌 것은?
   a. 남성의 고환   b. 얼굴의 털
   c. 여성의 가슴   d. 넓은 골반

3. 다음 중 용어 '성(sex)'과 '성별(gender)'에 대해 바르게 설명하고 있는 것은?
   a. 성(sex)이 심리학적인 현상인 반면, 성별(gender)은 생물학적인 현상이다.
   b. 용어 '성(sex)'과 '성별(gender)'은 동일한 의미를 가지고 있고 교대해서 쓰일 수 있다.
   c. 사람의 성(sex)은 단지 그들의 염색체에 의해서만 결정된다.
   d. 사람의 성별(gender)은 언제나 남성 혹은 여성 중의 하나인 반면, 성(sex)은 중성적일 수 있다.

4. 다음 중 성별의 특징이 가장 잘 나타난 사람은?
   a. 여성 트럭 운전사
   b. 남성 간호사
   c. 육체적인 싸움을 시작하는 남자아이
   d. 육체적인 싸움을 시작하는 여자아이

5. 남성의 것으로 보이는 생식기를 가지고 태어난 여성은 어떤 사람으로 간주되는가?
   a. 성별의 특성을 지닌 사람
   b. 중성의 사람
   c. 성 전환한 사람
   d. 안드로겐이 무감각한 사람

6. 성별 정체성 장애를 겪고 있는 사람이 성전환수술을 선택하였다면 이 사람을 무엇이라고 부르는가?
   a. 중성   b. 동성애자
   c. 양성   d. 성전환자

7. 다음 중 성별 전형화에 대해 설명한 것은?
   a. 단일 성별(single-gender) 교육
   b. 단일 성(single-sex) 교육
   c. 여자아이들이 선물로 인형을 받는 것
   d. 독서를 좋아하는 남자아이

8. 게마가 트럭을 가지고 노는 것을 본 친구들이 그녀를 놀린다. 대신에 그녀는 엄마의 옷을 입고 노는 것을 더 선호하기 시작한다. 이것이 설명하고 있는 것은?
   a. 성별에 대한 성별도식이론   b. 성별에 대한 사회학습이론
   c. 성별 정체성 장애   d. 성전환된 교육

9. 인도와 그 이웃나라에서 그들 스스로를 '히즈라'로 인식하는 사람은?
   a. 남성 주부
   b. 전통적인 성역할을 받아들이지 않는 여성
   c. 여성은 남성에게 순종해야 한다고 믿는 남성
   d. 남성과 여성 둘 다 아닌 것으로 간주되는 사람

10. 톰은 여자아이들이 수학을 잘 못한다고 생각하기 때문에 수학시간에 그 어떤 여자아이에게도 그의 스터디 그룹에 들어오라고 하지 않는다. 이것은 다음 중 무엇의 예시인가?
    a. 온정적 성차별주의   b. 성별 고정관념
    c. 성 정체성   d. 성별 전형화

11. 능력이 아주 뛰어난 미리엄은 월스트리트의 경제 분석가 자리에 지원하였다. 거기에는 두 자리가 있으며, 그중 하나는 미리엄이, 나머지 하나는 미리엄만큼 뛰어나지 않은 한 남자가 취업하였다. 미리엄은 그 남자의 초봉이 그녀가 받는 것보다 25%나 많은 것을 알게 된다. 이것이 설명하고 있는 것은?
    a. 온정적 성차별주의   b. 성차별주의
    c. 성별 전형화   d. 성 고정관념

12. 다음 중 온정적 성차별주의의 예시로 적절한 것은?
    a. 남녀 혼합 배구팀
    b. 여자 친구와 쇼핑을 하러 갈 때 항상 가방을 들어주는 남자
    c. 같은 위치에 있는 남성과 동등한 보수를 요구하다 그 직업으로부터 해고당하는 여성
    d. 여자들이 군대에 갈 수 있도록 허용하는 것

13. 오직 여성만이 체중 감소에 집착할 것이라는 가정은 다음 중 어디에 해당되는가?
    a. 성 고정관념
    b. 온정적 성차별주의
    c. 실제의 심리학적 차이
    d. 육체적 차이에 기초한 심리학적 차이

14. 공간지각과 관련된 두정엽의 부분이 여성보다 남성이 더 두꺼움에도 불구하고, 과학자들은 선천적으로 남성이 여성보다 공간적인 퍼즐에 더 뛰어난지 결정을 내리지 못하는 이유는?
    a. 뇌의 다른 부분들이 사용을 위해서 더 두꺼워졌을 것이다.
    b. 남성의 뇌의 피질이 여성보다 일반적으로 두껍다.
    c. 피질의 두께는 능력 또는 사용에 관해 아무런 관련이 없기 때문이다.
    d. 정답 없음

15. 남녀의 여러 심리적 문제의 비율 차이에 대한 설명으로 옳은 것은?
    a. 여자들은 남자들보다 알코올 중독으로 더 많이 고통을 받는다.
    b. 평균적으로 여자들은 남자들보다 두 배 더 많이 우울증으로 고통을 겪는다.
    c. 여자들의 섭식장애 비율이 더 높다는 것을 보여주는 연구는 생물학에 기반을 두었다.
    d. 여자들은 남자들보다 반사회성 성격장애를 더 많이 겪는다.

16. 연구에 의하면, 다음 중 일반적으로 사실이 아닌 것은?
    a. 남자들은 집단에서 지도력 있는 역할을 맡는 경향이 있다.
    b. 여자 청소년들은 남자들보다 수다를 더 많이 떤다.
    c. 여자보다 남자들이 더 많이 폭력적인 범죄로 인해 구속된다.
    d. 여성 지도자들은 남성 지도자들보다 더 독선적이다.

17. 아동기의 성별 분리놀이가 강화시키는 것은?
    a. 성별 전형화
    b. 문제에 대한 답을 알지 못하면서 일단 답을 하는 남자들의 행동
    c. 동성 매력
    d. 성적 유연성

18. 다음 중 남성의 성적 열망에 가장 적게 기여한 것은?
    a. 성별 전형화
    b. 어린이들을 보살피고 돌보는 것을 열망하는 것
    c. 생물학
    d. 또래 압력

19. 다음 중 성적 지향이 유전적일 수 있음을 가장 잘 입증하는 것은?
    a. 남성 일란성 쌍둥이는 이란성 쌍둥이보다 더 빈번하게 같은 성적 지향을 갖는다는 연구
    b. 형이 있으면 게이가 될 확률이 늘어난다는 형제 출생순위 효과
    c. 비전형적 행동패턴을 가진 아이들이 그들 자신의 성을 낯설게 보고 따라서 그들 자신의 성의 구성원들에게 성적으로 매력을 느끼는 것
    d. 반대되는 성적 지향을 가지는 일란성 쌍둥이들

20. 사후연구에 의하면 남성 동성애자의 뇌와 가장 닮은 것은 누구의 뇌인가?
    a. 여성 동성애자
    b. 남성 이성애자
    c. 여성 이성애자
    d. 답 없음(성적 성향은 뇌와 관련이 없다)

인간발달 II
사회적 발달

메건

마이어는 미주리 주 출신의 수줍음 많은 13세 소녀로 우울증 병력을 가지고 있었다. 자기존중감이 낮았던 메건은 사회연결망 웹사이트인 마이스페이스(MySpace)와 마음을 편하게 해주는 사이버 우정의 세계에 의지하였다. 메건이 온라인으로 조쉬 에번스라는 멋진 16세 소년과 친구가 되었을 때에는 그녀의 운명이 바뀌는 것처럼 보였다. 둘은 이메일을 주고받기 시작하면서 한 달 동안 뜨거운 관계에 돌입하였다. 메건은 매일같이 조쉬와 채팅할 시간을 기다렸으며 자기존중감이 향상되기 시작하였다.

2006년 10월까지는 모든 것이 순조로웠다. 이 무렵 메건은 조쉬로부터 다음과 같은 이상한 메시지를 받았다. "난 더 이상 네 친구가 되고 싶지 않아. 네가 친구들한테 다정하게 대하지 않는다는 말을 들었거든." 당황하고 속이 상한 메건은 그게 무슨 말인지 알아보고자 했으나 상처를 주는 메시지들이 연속으로 퍼부어졌을 뿐이었다. 그녀가 받은 마지막 메시지는 "네가 없으면 이 세상이 더 좋아질 거야."였다. 이러한 배척을 감당할 수 없었던 메건은 침실 벽장에서 목을 매었다. 그 다음 날 그녀는 사망하였다. 14세 생일이 몇 주밖에 남지 않은 때였다.

더욱 기가 막히게도 메건의 부모는 딸이 죽은 지 6주 후에 조쉬 에번스가 16세 소년이 아니라는 것을 알게 되었다. 이웃에 사는 친구의 엄마인 로리 드류가 메건이 온라인으로 자기 딸에 대해 무슨 말을 하는지 모니터링할 수 있도록 마이스페이스에 가공인물의 프로필을 개설하였던 것이다. 이후 49세의 드류는 컴퓨터 사기와 관련한 경범죄 3건으로 유죄판결을 받았다.

메건은 조쉬와 만난 적도 없고 전화로 얘기해본 적도 없었지만, 가상공간의 친구에게 너무나 강렬한 유대감을 느꼈던 나머지 온라인 친구로부터 거부당하느니 차라리 목숨을 끊겠다고 생각할 정도였다. 사회연결망 사이트들은 애착을 형성하는 비교적 새로운 방법이며, 또래관계를 맺는 방법이자 강한 자아감 형성의 보조수단으로 사용하는 감수성 예민한 10대 청소년들에게는 특히 인기가 높다. 이런 유대가 위협당하거나 단절될 때 비극적인 결과가 초래될 수 있다. 우정의 단절은 소녀들이 자살시도를 하게 만드는 원인들 중 두 번째로 많은 원인이다(Bearman과 Moody, 2004). 사회적 관계는 왜 이렇듯 강력한 힘을 갖는가? 사람들 사이의 애착유대는 어떻게 형성되며, 애착유대는 인간발달에 왜 그토록 중요한가?

<<< 또래의 지지는 청소년기에 매우 중요하다. 인터넷은 청소년(과 성인들)을 사회적으로 고립시키기보다는 다른 사람들과 관계를 맺을 기회를 폭넓게 제공한다. 요즘 사람들은, 의사소통 방법은 과거와 다를지 모르지만 100년 전 또는 심지어 1만 년 전 사람들이 가졌던 것과 똑같은 사회적 욕구를 기본적으로 가지고 있다.

CHAPTER **12**

애착

우리는 성장하면서 사회의 행동규범에 적절히 대응하게 된다. 교육을 잘 받는 것은 귀중한 자산이지만, 6~7세 이후로 공공장소에서 벌거벗는 것은 절대로 안 될 일이라는 것을 배운다. 각자가 살고 있는 사회의 가치에 맞게 행동패턴을 형성해가는 이런 **사회화**(socialization) 과정은 태어나면서부터 거의 바로 시작된다. 우리의 행동은 부모, 친척, 친구, 교사 등 사람의 영향을 받을 뿐 아니라 학교, 교회, 직장과 같은 제도의 영향도 받는다.

신생아가 보호자와 공유하는 정서적 유대를 **애착**(attachment)이라 한다. 애착은 1950년대에 심리학자 존 보울비(John Bowlby)가 개발한 용어이다. 보울비는 아이와 보호자 간의 정서적 유대가 본능에서 생겨난다고 믿었다(Bowlby, 1969). 아기들은 보호자가 가까이 있을 때에는 미소를 짓고 초기옹알이를 할 것이지만 보호자가 멀어지면 칭얼거릴 것이다. 아기들은 친숙한 얼굴과 목소리를 알아보고 또 선호한다. 생후 8개월경에는 이런 선호가 더욱 강해져서 **낯선 이 불안**(stranger anxiety)이라는 공포로까지 발전한다. 여러분이 음식점에 갔을 때 가까이 앉아 있는 아기에게 인사를 하려고 하다가 아기가 싫다고 비명을 지르는 경우를 당한 적이 있다면 그것을 여러분 개인에 대한 반감으로 받아들여서는 안 된다. 낯선 사람에 대한 불안은 아기들이 낯선 얼굴들을 잠재적 위협으로 지각하게 해주는 생존전략이다.

애착의 기원

신체접촉
우리가 보호자와 유대관계를 맺는 이유는 무

엇인가? 심리학자들은 처음에는 아기들이 음식을 주는 사람에게 애착을 갖게 된다고 생각했다. 그러나 위스콘신대학교의 심리학자 해리 할로우(Harry Harlow)의 1950년대 연구는 그게 아니라는 것을 보여주었다.

할로우는 어미원숭이와 떨어져 자란 아기원숭이들을 연구하였는데 그는 이 아기원숭이들이 우리 바닥을 덮는 데 사용하는 헝겊받침에 강한 애착을 갖게 되었다는 것을 알게 되었다. 어린 원숭이들은 헝겊받침을 치우면 난폭한 행동을 하였다. 헝겊받침이 없이 철망으로 만든 우리에서 자란 원숭이들은 생존하기 어렵거나 생존하지 못했다. 헝겊조각은 음식을 제공해주지 않음에도 불구하고 원숭이의 발달에 중요한 것으로 보였다.

할로우는 자신의 이론을 검증하기 위해 두 개의 인공어미를 만들었다. 하나는 철사원통이고 다른 하나는 스펀지고무와 부드러운 천을 씌운 나무원통이었다. 이 두 가지 대리어미를 원숭이 우리에 놓아두었는데, 그중 한 어미만이 음식을 제공하였다. 할로우는 아기원숭이들이 음식 제공 여부에 관계없이 헝겊어미를 더 선호하여 철사어미보다는 헝겊어미에 더 오랜 시간 매달려 있는 것을 발견하였다. 이 결과는 안정감을 주는 보호자와 신체접촉을 하는 것이 원숭이들에게 중요하다는 것을 보여준다(Harlow, 1958).

인간 아기도 이와 유사하게 온화하고 따뜻하며 다정하게 어루만져주는 부모에게 애착을 형성하게 된다. 접촉을 통한 정서적 의사소통은 애착을 촉진할 뿐 아니라 발달에 필수적인 요소이기도 하다.

친숙성
친숙성도 애착에 필수적이다. 제5장에서 논의한 대로, 장님으로 태어나서 생애 후기에 백내장을 제거한 성인들은 결코 시력을 완전하게 회복하지 못한다. 이와 유사하게 많은 동물의 경우에도 특정 자극에 대한 노출이 적절한 발달을 가져오는 **결정적 시기**(critical pe-

riod)가 있다. 예를 들어 새끼거위, 새끼오리, 또는 병아리가 알에서 깨어나서 처음으로 보게 되는 움직이는 물체는 대개의 경우 어미이다. 이 시점 이후로 어린 새는 어미를 따르며 어미만을 따를 것이다. 이와 같은 초기 애착 과정을 **각인**(imprinting)이라 한다.

그러나 만약 새끼거위가 최초로 본 것이 자동차이거나, 양치기 개이거나, 세발자전거를 탄 어린아이라면 어떻게 될 것인가? 콘라트 로렌츠(Konrad Lorenz, 1937)는 이 의문에 대한 답을 알아보기 위해 자기 자신이 알에서 갓 깨어난 새끼거위가 처음으로 보는 움직이는 물체가 되도록 하였다. 그 결과는 헌신적 추종자 무리의 즉각적 결성이었다. 이와 유사한 연구들은 비록 새들이 자신의 종에 가장 각인이 잘되기는 하지만, 움직이는 물체라면 그것이 어떤 종류이든지 그 물체에 각인이 되며 그 물체와 깨뜨리기 어려운 유대를 형성할 것임을 입증하였다.

아동들은 이런 동물들처럼 각인이 되지는 않지만, 친숙한 대상에게 애착을 형성한다. 특정한 사람이나 대상을 접하는 것 자체가 애착

> **사회화**는 개인이 각자가 살고 있는 사회에 따라 행동패턴을 형성해가는 과정을 말한다.
>
> **애착**은 신생아가 보호자와 공유하는 정서적 유대이다.
>
> **낯선 이 불안**은 아기가 낯선 사람에 대해 느끼는 공포이다.
>
> **결정적 시기**는 출생 직후 정상적인 감각 및 지각 발달이 이루어지는 최적의 시기이다.
>
> **각인**은 갓 태어난 아기가 처음으로 보게 되는 대상을 엄마로 생각하는 초기 애착 과정을 가리킨다.

을 촉진한다. 아기들을 돌보는 보모노릇을 해본 사람이라면 아기들이 같은 동화책을 또 읽어달라고, 같은 카드속임수를 또 보여달라고, 또는 같은 노래를 또 불러달라고 수백 번이나 요청했던 것을 기억할 것이다. 아이들에게는 친숙성이 안전과 만족감의 신호인 것이다.

애착의 차이

주된 보호자의 행동이 애착에 영향을 미치는가? 심리학자 메리 에인스워드(Mary Ainsworth, 1979)는 '낯선 상황' 검사를 개발하였는데 이 검사에서는 한 살 된 아기들이 잠깐 동안 엄마와 떨어져서 낯선 사람의 감독을 받으며 새로운 상황에서 놀게 하였다. 에인스워드는 아기들이 엄마가 돌아올 때 어떤 반응을 보이는지 관찰함으로써 애착을 여러 유형으로 분류하였다.

- **안정애착** : 에인스워드가 연구한 아기들은 대부분이 안정애착인 것으로 나타났다. 이 아기들은 새로운 환경에서 엄마와 같이 있는 동안에는 즐겁게 놀았지만 엄마가 그곳에서 나가게 되면 불안을 느꼈다. 그러나 엄마가 다시 돌아와서 접촉을 하게 되면 금방 안정을 되찾았다.
- **불안/양가애착** : 양가애착 아기들은 처음에는 불편해하는 정도였다가 엄마가 방에서 나가면 극도로 불안해하였다. 엄마가 돌아와도 쉽게 달래지지 않았다. 이 아기들은 엄마가 돌아왔을 때 종종 혼합된 반응을 보였는데, 자신을 안아주기를 요구하는 동시에 엄마를 밀쳐 내거나 발로 차는 행동을 하였다.
- **불안/회피애착** : 회피애착 아기들은 엄마가 방에서 나갈 때 별로 불안해 보이지 않았다. 엄마가 돌아오면 대놓고 무시하면서 그 대신에 방 안에 있는 장난감이나 다른 대상에 주의를 기울였다.

후속 연구자들은 에인스워드의 결과에 다음과 같은 범주를 하나 더 추가하였다(Main과 Hesse, 1990).

- **혼란애착** : 이 아기들은 엄마가 돌아왔을 때 보이는 정해진 반응이 없다. 어떤 반응을 보여야 할지를 결정하지 못하는 것

으로 보이며, 따라서 일관성 있는 대처 패턴을 가지고 있지 않음을 알 수 있다.

에인스워드의 결과는 아기 엄마들의 행동과 상관이 있었다. 온화하고 다정하며 아기의 욕구에 세심하게 신경을 쓰는 엄마들은 아기들과 안정애착을 형성하였으나, 반응을 하지 않거나 민감하지 않은 엄마들은 아기들과 불안정애착을 형성하였다. 아이에게 주의를 기울이지 않는 무심한 엄마들은 그렇지 않은 엄마들과는 뇌의 처리과정에서 차이가 있을 가능성이 있는가? 앞으로의 연구는 왜 어떤 엄마들이 아이들과 유대관계를 잘 맺지 못하는지를 밝혀줄 수 있을 것이다.

낯선 상황 검사의 제한점

에인스워드의 검사를 비판하는 사람들은 어린아이들을 낯선 상황에 두는 것으로는 그보다 스트레스가 덜한 상황에서 엄마와 아이의 상호작용을 파악하지 못할 수도 있다고 지적하였다. 아기의 기질도 엄마의 반응에 영향을 미칠 수 있다. 예를 들어 반응이 매우 심하거나 일반적으로 불안한 기질을 가진 아이라면 엄마가 아무리 세심하고 민감하다 해도 그 아이를 달래기는 어려울 수밖에 없다. 일본 연구자들은 낯선 상황 검사가 일본 문화에서는 애착을 검사하기에 타당한 도구가 아니라고 생각한다. 일본 아기들은 엄마와 분리되는 경우가 거의 없기 때문이다(Miyake 등, 1985).

전 생애에 걸친 관계

어느 문화에서나 4~5세에서 그 이후로의 아이들은 부모보다는 또래와 더 많은 시간을 보낸다. 우리 주변에 있는 사람들과의 관계는 사회적 발달에 중요한 역할을 한다.

놀이의 역할

여러분은 수건돌리기 게임을 어떻게 하곤 했는지 기억하는가? 또는 자신이 제일 좋아하는 영웅으로 변장하고 충직한 조수와 함께 세계를 구했던 때를 기억하는가?

> 여러분은 수건돌리기 게임을 어떻게 하곤 했는지 기억하는가? 또는 자신이 제일 좋아하는 영웅으로 변장하고 충직한 조수와 함께 세계를 구했던 때를 기억하는가? 여러분은 그 당시 중요한 사회화 기술을 학습하고 있었던 것이다. 아이들은 어느 문화에서나 놀이를 하며, 아이들의 상호작용 방식은 놀라울 정도로 보편적이다.

여러분은 그 당시 중요한 사회화 기술을 학습하고 있었던 것이다. 아이들은 어느 문화에서나 놀이를 하며, 아이들의 상호작용 방식은 놀라울 정도로 보편적이다.

성 분리

아동들은 아주 어릴 때부터 성을 인식하며, 남녀로 나뉘어서 놀이를 한다. 그렇게 함으로써 자기 문화에서 각각의 성에 특수한 기술과 태도를 습득한다. 초등학교 놀이터에 가보면 남자아이들은 떼로 모여서 저돌적이고 경쟁적인 놀이를 하고 있는 반면에, 여자아이들은 보통 그보다 더 작은 규모로 삼삼오오 모여서 집단결속을 다지고 있는 것을 볼 수 있을 것이

사회에서 성인이 하는 행동은 아동의 놀이에 반영되는가?

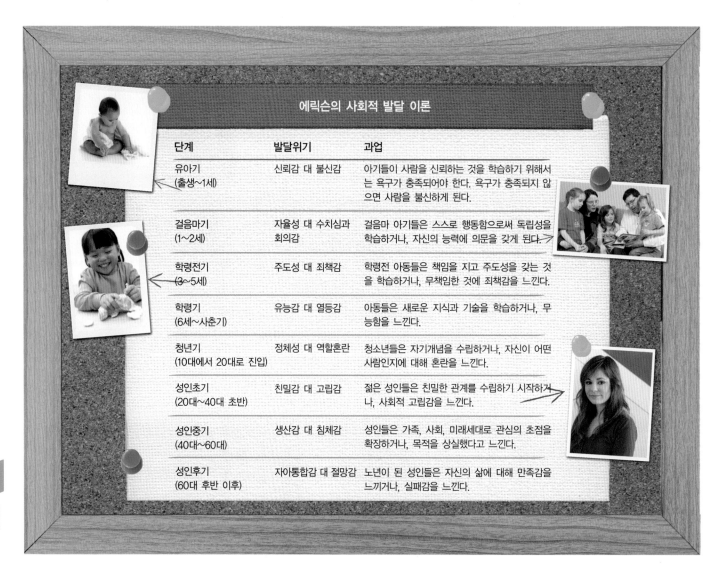

에릭슨의 사회적 발달 이론

단계	발달위기	과업
유아기 (출생~1세)	신뢰감 대 불신감	아기들이 사람을 신뢰하는 것을 학습하기 위해서는 욕구가 충족되어야 한다. 욕구가 충족되지 않으면 사람을 불신하게 된다.
걸음마기 (1~2세)	자율성 대 수치심과 회의감	걸음마 아기들은 스스로 행동함으로써 독립성을 학습하거나, 자신의 능력에 의문을 갖게 된다.
학령전기 (3~5세)	주도성 대 죄책감	학령전 아동들은 책임을 지고 주도성을 갖는 것을 학습하거나, 무책임한 것에 죄책감을 느낀다.
학령기 (6세~사춘기)	유능감 대 열등감	아동들은 새로운 지식과 기술을 학습하거나, 무능함을 느낀다.
청년기 (10대에서 20대로 진입)	정체성 대 역할혼란	청소년들은 자기개념을 수립하거나, 자신이 어떤 사람인지에 대해 혼란을 느낀다.
성인초기 (20대~40대 초반)	친밀감 대 고립감	젊은 성인들은 친밀한 관계를 수립하기 시작하거나, 사회적 고립감을 느낀다.
성인중기 (40대~60대)	생산감 대 침체감	성인들은 가족, 사회, 미래세대로 관심의 초점을 확장하거나, 목적을 상실했다고 느낀다.
성인후기 (60대 후반 이후)	자아통합감 대 절망감	노년이 된 성인들은 자신의 삶에 대해 만족감을 느끼거나, 실패감을 느낀다.

다. 이것이 바로 심리학자 엘리노어 맥코비(Eleanor Maccoby)가 말한 '아동기의 두 문화'이다(Maccoby, 1998).

인간 고유의 기술

놀이는 아이들이 생애 후반부에 필요한 기술들을 습득하게 해준다. 술래잡기는 체력과 민첩성을 기르게 해주며, 인형놀이는 아이를 돌보는 양육역할을 하도록 장려한다. 두 종류의 놀이는 어떤 문화에서나 보편적으로 나타난다. 탑을 쌓거나 상자로 집을 만드는 것과 같은 건설놀이는 아이들이 손으로 물건을 만드는 기술을 향상시키게 해준다. 단어놀이는 언어발달에 도움을 주며, 가상적인 역할놀이는 아이들이 상상력을 키우는 훈련을 하게 해준다.

문화적 기술과 가치

여러분이 특정한 문화에서 아동의 놀이를 연구한다면, 아이들이 하는 놀이가 그 사회의 가치와 기술을 어떻게 반영하는지 종종 볼 수 있을 것이다. 인류학자 더글라스 프라이(Douglas Fry)는 멕시코에서 사포텍 부족이 사는 두 마을에서 3세에서 8세까지 아동들의 행동을 연구하였다. 두 부족의 놀이방식은 매우 비슷했지만[남자아이들은 장난감 쟁기를 가지고 놀고 여자아이들은 토르티야(달걀과 감자를 함께 기름에 튀긴 스페인 음식 — 역자 주)를 만들었다] 두 마을은 한 가지 점에서 분명한 차이가 있었다. 라 파즈 마을 사람들은 평화를 중요하게 생각했고 아이들이 싸우는 놀이를 하지 못하게 했다. 아이들은 부모가 폭력을 사용하는 것을 보지 못하고 자랐다. 그러나 산 안드레스 마을에서는 폭력이 일상적이었다. 아이들은 어른들이 파티에서 서로 싸우고 형제들이 막대기로 서로 때리는 것을 보고 자랐

다. 싸움놀이가 적극 권장되었고 라 파즈에서보다 세 배 더 많이 발생하였다. 프라이는 공격성이 학습된 사회적 행동의 결과이며 아동기에 시작된다는 결론을 내렸다(Fry, 1992).

사회적 규칙의 학습

우리는 사회적으로 받아들여지는 행동유형을 어떻게 학습하는가? 발달심리학자 장 피아제는 지도감독을 받지 않고 또래친구들과 노는 것이 도덕성 발달에 중요하다고 주장하였다(Piaget, 1932). 아동은 또래친구들과의 놀이를 통해 자신의 갈등을 해결할 수 있게 되고, 권위보다는 추론에 기초하여 사회적 규칙을 이해할 수 있게 된다. 다시 말해, 어린 제이슨이 어린 토미에게 장난감 트럭을 주는 것을 학습하는 것은 부모 말을 듣지 않으면 3주 동안 자기가 좋아하는 TV 프로그램을 보지 못하게

하겠다고 부모가 위협하기 때문이 아니라, 장난감을 교대로 가지고 노는 것이 공정하다고 생각하기 때문이다. 심리학자 앤 크루거(Ann Kruger)는 아이들이 사회적 딜레마에 대해 부모와 논의할 때보다는 또래들과 논의할 때 도덕성 발달이 더 강화된다는 것을 발견했는데(Kruger, 1992), 이 결과는 피아제의 주장을 뒷받침한다.

규칙을 따르는 놀이는 자기통제를 발달시킬 수 있는가? 러시아 심리학자 레프 비고츠키는 아이들이 게임의 규칙을 준수하면서 노는 동안 타고난 충동을 통제하는 것을 학습한다고 믿었다. 예를 들어 아동이 자신은 엄마이고 인형은 아이라고 상상한다면 엄마가 하는 행동의 규칙을 따를 것이다(Vygotsky, 1978). 놀이는 아동들이 **자기조절**(self-regulation)을 연습할 기회를 제공해준다. 이 생각을 지지하는 결과로서 연구자들은 어린 아동들이 역할놀이의 규칙을 만들고 강화하는 데 많은 노력을 들인다는 것을 발견하였다. 아이들과 변장놀이를 하면서 망토와 타이츠를 차려입었다가 자신이 돌봐주는 아이가 깔보는 투로 "슈퍼맨은 그렇게 달리지 않아요."라고 하는 말을 들은 적이 있는 베이비시터들이 있을 것이다. 이런 유형의 아이들은 때로 베이비시터의 연기력을 비판하기는 할지라도 사회적 적응을 잘하는 인물로 성장할 가능성이 높다. 아동이 상상의 사회적 역할놀이에 참여하는 정도와 이후의 자신감수준 및 자기통제 간에 정적 상관이 있다는 것이 발견되었다(Elias와 Berk, 2002).

연령혼합 놀이
연령 및 학년에 기초한 전통적인 미국 교육체계는 여러 연령집단의 아동들이 함께 노는 것을 장려하지 않지만, 어린 아동들과 나이 든 아동들 간의 사회적 상호작용은 여러 장점이 있을 수 있다. 연령이 다른 아동들은 서로 간에 경쟁을 적게 하는 경향이 있으며, 어린 아동들은 더 나이 든 아동들을 지켜봄으로써 수준이 더 높은 기술들을 배울 수 있다(Brown과 Palinscar, 1986). 이와는 반대로, 나이 든 아동들은 어린 아동들을 도와주면서 그들을 돌보는 방법을 배우며, 그 결과 건강한 사회적 상호작용을 할 수 있게 된다(Ludeke와 Hartup, 1983).

청소년기
우리 모두가 겪은 바 있다. 하루는 모든 것이 잘 풀리다가 그 다음 날은 기분이 울적하고 혼

> 많은 부모들은 자녀가 알코올, 약물, 무책임한 성행위의 세계로 유혹하는 부정적인 또래압력을 받지 않을까 걱정이 되어 하루도 마음 편할 날이 없다. 연구들은 이러한 걱정이 분명한 근거가 있다는 것을 보여준다. 같은 친구집단에 속한 청소년들은 비슷한 위험행동을 하며, 담배를 피우기 시작하는 청소년들은 친구 중 한 명이 담배를 권했거나 친구가 담배 피우는 모습이 멋져 보여서 담배를 피우는 경우가 많다(Rose 등, 1999).

란스러우며 부모가 우리를 다른 집에 입양시키겠다고 위협하고 있다. 청소년기는 다루기 힘든 것으로 유명한 시기이며, **정체성**(iden-

> 자기조절은 자기관리 및 수양을 연습하는 과정이다.
> 정체성은 자기개념을 말한다.

tity) 또는 자기개념이 다른 사람과 맺는 관계의 중요한 부분이 되는 시기이다. 심리학자 칼 융(Carl Jung)은 우리가 청소년기가 되기 전에는 자기개념을 수립하지 못한다고 생각하였다.

정체성 탐색
10대 청소년들은 누구나 정체성 위기를 겪는가? 이론가 에릭 에릭슨(Erik Erikson, 1963)은 생애의 모든 단계에는 해결해야 할 위기가 있으며, 청소년기에는 정체성 대 역할혼란의 위기를 겪는다고 생각하였다. 청소년들은 각자의 신념과 가치체계를 정함으로써 자기개념을 수립해야 한다. 나는 어느 정당을 지지해야 하는가? 나는 종교를 어떻게 생각하는가? 나는 어떤 직업을 선택해야 하는가? 청소년기는 전환과 혼란의 시기이다.

대부분의 청소년들은 정체성을 형성하기 위해 학교에서는 부지런한 학생, 친구들 사이에서는 어릿광대 역할, 집에서는 침울한 10대 청소년 등 다양한 역할을 시도해보곤 한다. 청소년이 강한 자기개념을 갖게 됨에 따라 이런 역할들은 궁극적으로는 하나의 정체성으로

>>> 특정 또래집단에 동조하는 것은 청소년들이 정체감을 형성하는 데 도움을 줄 수 있다.

인간발달 II : 사회적 발달

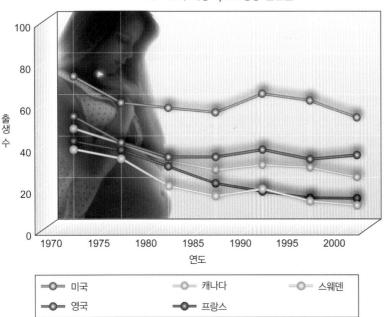

15~19세 여성 1,000명당 출산율

(그래프: 세로축 "출생 수" 0~100, 가로축 "연도" 1970~2000)
범례: 미국, 캐나다, 스웨덴, 영국, 프랑스

출처 : Darroch 등, 2001.

<<< 미국 10대 청소년의 임신율은 떨어지고 있지만 서구세계에서 10대의 임신율은 미국이 여전히 가장 높다.

세했다 할지라도, 10학년이 되면 소울메이트인 줄 알았던 그 친구들이 그저 스쳐 지나가는 사람들에 불과했음을 깨닫게 될 것이다. 패거리는 대부분 청소년 중기에 와해되며, 좀 더 느슨한 관계를 맺는 집단에 자리를 내주게 된다. **동아리**(crowd)는 주말에 모여 함께 파티를 하곤 하는 혼성친구 집단으로, 패거리보다 규모가 크다. 소년 패거리와 소녀 패거리들이 서로 교류하기 시작하고 아동기에 그토록 확고하게 자리 잡고 있던 성의 장벽이 무너지면서 청소년의 사회적 네트워크에 이성또래들의 수가 증가한다.

또래 압력

여러분이 친한 친구에게 차였거나 구내식당에서 외면당한 적이 있다면 사회적 배척, 특히 10대들 간의 사회적 배척이 얼마나 고통스러울 수 있는지 잘 알고 있을 것이다. 흔히 청소년은 왕따가 되는 것이 너무나 끔찍하여 죽음보다 더 비참한 운명으로 여긴다. 따라서 서로 또래들처럼 말하고 옷을 입고 행동함으로써 또래들과 어울리기 위해 안달을 하는 복제 청소년 집단들이 양산된다. 많은 부모들은 자녀가 알코올, 약물, 무책임한 성행위의 세계로 유혹하는 부정적인 또래압력을 받지 않을까 걱정이 되어 하루도 마음 편할 날이 없다. 연구들은 이러한 걱정이 분명한 근거가 있다는 것을 보여준다. 같은 친구집단에 속한 청소년들은 비슷한 위험행동을 하며, 담배를 피우기 시작하는 청소년들은 친구 중 한 명이 담배를 권했거나 친구가 담배 피우는 모습이 멋져 보여서 담배를 피우는 경우가 많다(Rose 등, 1999). 흥미나 행동이 자신과 비슷한 사람들을 친구로 택한다는 선택효과가 또래 유사성을 어느 정도는 설명해주지만, 대개의 경우 친구들은 잦은 흡연, 음주, 또는 그 밖의 위험행동 면에서 갈수록 서로 비슷해지게 된다.

또래압력은 보통 부정적 관점에서 보게 되는 경우가 많지만 긍정적 효과가 있을 수도 있

융합된다. 그러나 에릭슨은 어떤 청소년들은 부모의 가치와 기대를 그대로 받아들임으로써 다른 청소년들에 비해 훨씬 더 빨리 정체성을 형성한다는 것을 발견하였다. 다른 청소년들은 부모의 견해에 의도적으로 반대하는 부정적 정체성을 채택하는 한편, 또 다른 청소년들은 특정 또래집단과 보조를 같이함으로써 전형적인 괴짜들을 모아놓은 "퀸카로 살아남는 법(Mean Girls)"같은 10대 영화가 일부 진실임을 입증한다.

에릭슨은 우리가 분명하고 편안한 자기개념을 가지게 되면 친밀감, 즉 다른 사람들과 가까운 관계를 형성할 준비가 갖춰지게 된다고 믿었다.

청소년기의 갈등

청소년기는 힘든 시기일 수 있지만, 10대 청소년들은 대중문화가 암시하듯이 정말로 반항적이고 조소적인가? 꼭 그런 것은 아니다. 많은 연구들은 대부분의 10대 청소년들이 부모를 존경하며 자신의 종교적·정치적 신념을 지지한다는 것을 보여준다. 청소년기의 갈등은 헤어스타일이나 옷차림같이 믿기 어려울 정도로 사소한 일들로 인해 일어나는 경우가 대부분이다. 그러나 부모와 자녀 간의 이러한 승강이는 종종 통제라는 더 기본적인 쟁

점으로 귀착되곤 한다. 청소년들은 성인으로 취급받고 싶어 하지만, 부모들은 10대 자녀에게 너무 많은 자유를 주게 되면 이들이 알코올, 약물, 여타 잠재적 위험에 노출되지 않을까 걱정한다. 심각한 갈등은 보통 10대 초반에 일어난다. 10대 후반이 되면 많은 청소년과 부모가 아동기의 의존성과 자립성 간에 임종의 균형을 수립하게 되며, 대개의 경우 이 무렵에 독립을 쟁취하기 위한 전쟁이 막을 내린다.

또래 지지

여러분이 고등학교 때 실연을 했다면 죽을 것 같이 힘든 그 경험에서 헤어나기 위해 도움을 청할 첫 번째 사람은 부모가 아니라 친구일 것이다. 청소년들은 점차 또래들로부터 정서적 지지를 더 많이 구함으로써 부모로부터 독립해나가고 자기개념을 강화할 수 있게 된다.

오스트레일리아의 연구자 텍스터 던피(Dexter Dunphy, 1963)는 패거리와 동아리라는 두 종류의 친구집단이 있다는 것을 확인하였다. **패거리**(cliques)는 사적인 비밀을 공유하고 서로를 절친한 친구라고 생각하는 서너 명이 모인 소규모의 동성친구 집단이다. 그러나 여러분이 7학년 때 리사와 토리와 영원히 절친한 친구일 것을 새끼손가락을 걸고 맹

다. 예를 들어 중국의 10대 청소년들은 종종 함께 모여 숙제를 하며 공부를 잘하도록 서로를 격려한다. 중국 부모들과 교사들은 또래압력을 긍정적 영향력으로 본다.

청소년의 성

초등학생들은 이성을 적으로 보거나, 아니면 완전히 무시하곤 한다. 그러다가 어느 날 갑자기 미술반의 빨간 머리 남자아이가 이상하게도 멋져 보이기 시작한다. 여자아이들은 남자아이들보다 신체성장이 더 빠르지만 성적 흥미가 생기는 시기는 동일하다. 이는 사춘기에 생산이 증가하는 호르몬인 **부신성 안드로겐** (adrenal androgen)이 성적 흥미의 발달에 중요한 역할을 한다는 것을 시사한다.

성은 산업화된 사회의 청소년들에게는 혼

란을 주는 쟁점이다. 10대 청소년들은 생식능력을 갖고 있음에도 불구하고 사회적으로는 성인으로 인정받지 못하기 때문이다. 성을 암시하는 광고, 잡지, TV 프로그램들이 쏟아져 나오지만 10대 청소년들은 성적 활동을 하지 말 것으로 기대되며 성적 행동을 하는 청소년들은 흔히 비행과 연관된다.

미국은 10대의 임신율이 서구사회에서 가장 높다. 1990년대 이후로 임신율이 낮아지고 있지만 2006년에는 3% 증가하였다. 이 증가가 단기적 등락인지 장기적 증가의 시작인지는 확실하지 않다(Guttmacher Institute,

2010). 이런 임신의 대부분은 결혼제도 밖에서 일어나며, 1/3가량이 낙태를 한다. 어린 미혼모는 나이 들기까지 임신을 늦추는 여성들보다 일반적으로 장래가 더 암울하고 절망적이다. 10대인 엄마들은 고등학교를 졸업하지 못하는 경우가 많고, 경제수준이 나아지기 어려우며, 결혼을 장기적으로 유지할 가능성이 낮다(Coley와 Chase-Lansdale, 1998).

이런 통계수치들이 걱정스러워 보이기는 하지만 미국의 10대 임신율은 지난 30년 이래 실제로 가장 낮은 수준이다. 연구는 이런 감소가 주로 피임약 사용의 증가에 기인한다는 것을 보여준다(Santelli 등, 2007). 학교 성교육의 개선과 부모가 아동기 및 청소년기 자녀들과 성에 관해 개방적으로 논의하고자 하는 태도가 청소년들이 안전한 성행위를 하게 만드는 설득력을 갖는 것으로 보인다.

성인출현기

최근 들어 청소년기와 성인초기 사이의 불안정한 시기를 가리키는 '청년위기(quarter-life crisis)'라는 용어가 만들어졌다. 큰 성공을 거둔 브로드웨이 뮤지컬 "Avenue Q"는 대학을 졸업했으나 자신이 앞으로 어떻게 살아가면 좋을지 알지 못하는 20대 언저리 세대의 심리를 다루었다. 한두 세대 전에는 성적 성숙에 도달하고 직업을 가지고 결혼하고 아이를 낳는 일을 2년 정도 내에 전부 다 해낼 것으로 기대되었다. 그러나 고등교육을 받을 기회가 증가하고 직업선택이 수도 없이 다양해짐에 따라 산업화 사회의 청소년들은 대학을 마치고 지

금까지의 편안한 둥지를 벗어나 독립을 하기까지 더 많은 시간이 걸리고 있다. 미국에서는 초혼의 평균연령이 1960년 이래로 (남성은 27세, 여성은 25세로) 4년 이상 늦춰졌다.

20대에 집세를 내거나 차를 사거나 새 아파트로 이사하기 위해 부모에게 약간의 도움을 청하는 것은 흔한 일이 되어버렸다. 청소년은 성인기에 도달하면서 부모와의 정서적 유대가 느슨해진다. 그러나 많은 사람들이 20대 초반에도 여전히 부모의 재정적·정서적 지원에 크게 의존한다. **성인출현기**(emerging adulthood)라 불리기도 하는(Arnett, 2000) 이 시기에는 시험결과가 기대에 못 미치거나 새로 들어간 직장에서 정착하는 데 어려움이 있거나 할 때 집으로 돌아가고 싶은 유혹을 강하게 느낀다. 이런 불확실성의 시기는 보통 20대 후반에 해소된다. 사람들은 이 무렵부터 부모의 지원을 받지 않고 독립을 하며, 같은 성인의 처지에서 다른 사람들에게 공감하는 능력을 갖추게 되는 경향이 있다.

>>> 결혼생활의 행복은 삶에 대한 전반적 만족 수준을 높여준다.

인간발달 II : 사회적 발달

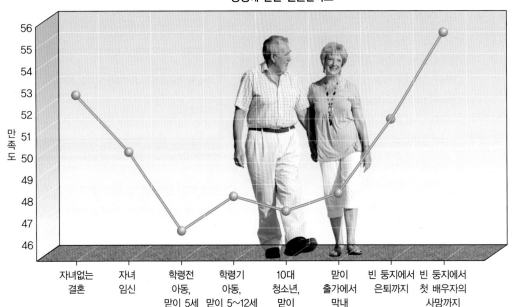

평생에 걸친 결혼만족도

만족도

| 56
| 55
| 54
| 53
| 52
| 51
| 50
| 49
| 48
| 47
| 46

자녀없는 결혼 / 자녀 임신 / 학령전 아동, 맏이 5세 / 학령기 아동, 맏이 5~12세 / 10대 청소년, 맏이 12~16세 / 맏이 출가에서 막내 출가까지 / 빈 둥지에서 은퇴까지 / 빈 둥지에서 첫 배우자의 사망까지

출처 : Rollins와 Feldman, 1970.

> 결혼만족도는 결혼 초기에는 높지만 첫 아이가 태어나면 떨어지며, 조금 지나서 회복되기 시작하지만 자녀가 청소년기에 들어서면 다시 떨어지며, 자녀가 출가할 때 결혼 전 수준으로 되돌아간다.

성인기

사람들은 몇 살 때 처음으로 집을 사는가? 언제 처음으로 부모가 되는가? 언제 은퇴할 목표를 세워야 하는가? 아동기와 청소년기는 거의 같은 시기에 일어나는 공식적인 통과의례가 간간이 있는 반면에, 성인기는 예측하기가 어렵다. 행동과학자 버니스 뉴가튼(Bernice Neugarten)은 출생 이후로 경과한 시간을 말하는 **생활연령**(chronological age)과 생활경험에 기초한 성숙수준을 말하는 **사회연령**(social age)의 차이를 강조하였다(Neugarten, 1996). 요즘 사회에서는 누구나 18세에 직장에 들어가고 65세에 은퇴하지는 않는다. 어떤 사람들은 다른 사람들에 비해 훨씬 더 늦게 청소년기에서 성인기로 전환하며, 많은 사람들이 80세까지도 일을 계속한다.

성인의 정의는 무엇인가? 에릭슨의 전 생애 이론은 성인 초기와 중기의 기본과업이 친밀하고 배려하는 관계를 수립하고 의무를 이행하는 능력이라고 제안한다. 이와 유사하게, 프로이트(1935)는 정서적 성숙이 일하고 사랑하는 능력이라고 정의하였다.

사랑과 결혼

사람들은 종종 "사랑에 미친다."는 말을 한다. 이것은 로맨스와 온전한 정신이 양립할 수 없다는 의미를 내포한다. 사랑에 빠지는 것이 실제로 사람을 미치게 하는 것은 아니지만 뇌가 특정한 활동을 하게 만드는 것은 사실이다. 미소 짓는 아기의 사진이 엄마의 뇌에 있는 보상중추를 어떻게 활성화할 수 있는지 기억나는가? 두 성인이 맺고 있는 유대감의 신경 및 호르몬 기제는 아기와 보호자 간의 유대감과 비슷하다. 사랑하는 사람들은 함께 있을 때 매우 안정되게 느끼고 자신감이 넘치며, 서로 떨어져 있을 때에는 고통을 느낀다는 생리적 증거까지도 나타낼 수 있다. 나이 든 부부 중 한 명이 사망하면 다른 한 명이 며칠 내로 사망

> 결혼은 행복, 건강, 성적 만족, 소득 수준을 예측해주는 요인이다.

하는 것은 드문 일이 아니다. 혼자서는 삶을 견뎌낼 수 없기 때문일 것이다.

아기들이 보호자와 각기 다른 유형의 애착을 형성하듯이, 성인 파트너들의 행동을 보면 그들이 맺는 관계의 특징을 알 수 있다. **안정관계**(secure relationship)를 맺고 있는 파트너들은 서로에게 안정감과 편안함을 준다. **불안관계**(anxious relationship)인 경우 파트너의 사랑에 대해 또는 파트너로부터 사랑을 받지 못하는 것을 우려한다는 특징을 보인다. **회피관계**(avoidant relationship)인 파트너들은 서로에게 전혀 친밀감을 표현하지 않으며 헌신을 해야 할 것인지에 대해서도 확신하지 못한다.

여러 연구들은 성인기의 낭만적 애착에 대한 묘사가 어린 시절 부모와의 관계에 대한 기억과 밀접한 관련이 있다는 것을 보여주었다. 예를 들어 어릴 때 어머니와의 관계가 긍정적이고 사랑이 넘쳤다고 평가하는 사람들일수록 성인이 되었을 때 다른 사람들을 더 신뢰하는 경향이 있었다. 따라서 그들은 사랑하는 사람으로부터 위안을 얻고자 하며, 솔직하고 개방적인 관계를 맺는 경향이 있었다(Black과 Schutte, 2006).

결혼생활을 오래 한 부부가 반드시 같은 취미를 갖는 것은 아니다. 그러나 대부분의 사람들은 정서적 지지와 물질적 지지, 친밀성, 공동의 관심사에 기초를 둔 결혼을 견고하다고 여긴다. 때로 배우자 간 정서적 유대의 강도가 이혼을 하거나 어느 한 사람이 사망한 후에야 드러나기도 한다. 이런 경우 남은 배우자가 오랜 기간에 걸쳐 슬픔과 우울을 겪는다.

왜 어떤 결혼은 문제없이 잘 굴러가는데 다른 결혼은 실패하는가? 결혼한 두 쌍 중에서 한 쌍이 이혼하는 미국에서는(Bureau of the Census, 2002) 이혼전문 변호사 말고는 누구든지 이 질문에 대한 답을 열심히 찾고 있다. 통계적으로는 부부가 교육수준이 높고 20세 이후에 결혼할 때 파경에 이르지 않고 결혼이 지속될 가능성이 매우 높다. 행복한 결혼생활

을 하고 있는 부부들은 또한 면담과 설문지에서 다음과 같은 반응을 한다.

- 한결같이 서로를 좋아한다고 말한다.
- 자신들의 활동을 묘사할 때 '나'가 아니라 '우리'라는 표현을 사용한다.
- 의존보다는 상호의존을 중요하게 여긴다.
- 결혼에 대한 각자의 헌신을 의논한다.
- 불행한 결혼생활을 하는 부부들만큼이나 언쟁을 많이 하지만, 건설적으로 한다.
- 배우자가 말로 표현하지 않은 욕구와 감정을 늘 세심하게 헤아린다.

그러면 어떻게 하면 행복한 부부가 될 수 있는가? 많은 사람들은 결혼 전에 동거함으로써 두 사람의 관계를 시험해보는 것이 결혼 후에 있을 수 있는 문제를 바로잡는 좋은 방법이라고 생각한다. 많은 커플들이 행복한 동거생활을 하고 상당수가 결혼에 이르지만, 연구들은 결혼 전에 함께 생활하는 커플들이 그렇지 않은 커플들보다 이혼할 가능성이 더 높다는 것을 보여주었다(Myers, 2000). 이 결과는 인과관계가 아니라 상관관계임을 명심할 필요가 있다. 다시 말해, 강한 종교적 또는 도덕적 신념 때문에 동거하지 않기로 결정하는 커플들은 바로 그 신념 때문에 이혼할 가능성도 더 낮을 수 있는 반면에, 동거가 도덕적으로 받아들여질 수 있다고 믿는 커플들은 결혼생활에 문제가 생기면 이혼할 수 있다는 생각도 더 쉽게 할 수 있다.

아이를 갖는 것에 대해서는 어떠한가? 2008년에 미국에서 방영되었던 TV 리얼리티 쇼인 "아기를 빌려드립니다(Baby Borrowers)"를 시청한 사람이라면 누구나 동의하겠지만, 아이를 갖는 것이 마치 마술처럼 결혼만족도를 높여줄 수 있는 것은 아니다. 신생아를 보면 엄마 뇌의 쾌락중추가 활성화되기는 하지만, 연구는 아이가 있는 부모가 그렇지 않은 부모보다 대개의 경우 결혼만족도가 더 낮을 뿐 아니라 아이의 수가 많을수록 결혼만족도가 더욱 낮다는 것을 보여준다. 취업한 여성들은 가정과 직장을 오가며 일에 치여서 결혼에 불만을 느낄 가능성이 특히 더 높다(Belsky 등, 1986).

갓 결혼한 부부들에게 불리한 결과가 계속 쌓이고 있기는 하지만 결혼제도는 붕괴할 조짐을 보이지 않고 있다. 비관적인 이혼통계수치에 타격을 받기는커녕 많은 동성애 부부들은 결혼할 권리를 주장하는 캠페인을 펼치고 있다. 서구사회에서는 이혼한 성인 4명 중 1명이 재혼하며, 두 번째 결혼은 초혼만큼이나 행복할 가능성이 높다(Vemer 등, 1989).

메릴랜드 주의 볼티모어 시에서는 활짝 웃는 부부들의 사진을 올린 광고게시판들이 "Marriage works."라고 선언한다. 아동을 위한 캠페인(Campaign for Our Children)이라는 단체가 출범시킨 이 광고들은 결혼의 혜택을 홍보함으로써 15~19세 사이 10대 청소년들의 태도를 변화시키는 데 목적이 있다. 결혼이 행복, 건강, 성적 만족, 소득수준을 예측하게 해주는 요인이라는 이 단체의 캠페인을 지지하는 많은 연구결과가 있다. 1972년 이래 미국인을 대상으로 하는 설문조사는 결혼한 성인의 40%가 "매우 행복"하다고 보고하지만 결혼하지 않은 미혼성인의 경우에는 이 수치가 23%에 불과하다는 것을 보여준다. 동성애 부부도 독신 동성애자에 비해 더 행복하다고 보고한다(Wayment와 Peplau, 1995). 또 결혼비율이 높은 지역은 그렇지 않은 지역에 비해 범죄율이 낮고, 비행청소년이 적으며, 정서장애가 있는 아동의 수가 적다(Myers, 2000).

취업

자신이 좋아하는 직업을 찾으면 평생 하루도 일할 필요가 없다고 사람들은 말한다. 우리는 성인기의 1/3가량을 일을 하며 살아가기 때문에, 매주 일요일 저녁마다 다음 날 일터로 돌아가야 한다는 생각으로 두려움에 사로잡히지 않을 수 있는 직업을 찾는 것이 중요하다. 잘만 하면 아이에게 놀이가 주는 것과 똑같은 심리적 혜택을 성인은 일에서 얻을 수 있다. 일은 가정 밖에서 동년배 사람들과 사회적 접촉을 하게 해주고, 해결해야 할 문제를 제시해주며, 신체적·지적 기술을 연마할 기회를 제공해준다.

대부분의 사람들은 단순하기보다는 복잡한 일, 규칙적이기보다는 다채로운 일, 다른 사람으로부터 빡빡하게 관리감독을 받지 않는 일을 좋아한다고 보고한다. 사회학자 멜빈 콘(Melvin Kohn)은 이와 같이 바람직한 직업속성을 **직업적 자기주도**(occupational self-

생활연령은 출생 이후로 경과한 시간을 말한다.

사회연령은 생활경험에 기초한 성숙수준을 말한다.

안정관계는 두 파트너 모두 서로에게 편안함과 안정감을 느끼는 친밀한 관계이다.

불안관계는 파트너의 사랑에 대해 또는 파트너로부터 사랑받지 못하는 것에 대해 우려하는 친밀한 관계이다.

회피관계는 서로에게 헌신할 것인지에 대한 확신이 없고 친밀감 표현도 전혀 없는 친밀한 관계이다.

직업적 자기주도는 단순하기보다는 복잡하고, 규칙적이기보다는 다채롭고, 다른 사람으로부터 빡빡하게 관리감독을 받지 않는 등 직업의 바람직한 속성들을 가리킨다.

direction)라 부른다(Kohn, 1977). 직업적 자기주도 수준이 높은 직업은 그 직업에 종사하는 사람이 매일같이 많은 선택과 결정을 하게 해준다. 놀랍게도 이런 직업들은 요구수준이 높음에도 불구하고 이런 일을 하는 사람들은 엄격한 감독을 받으며 결정을 스스로 하지 않는 사람들에 비해 일로 인한 스트레스를 더 적게 받는다.

1960년대 이래로 여성이 직장과 가정 일을 병행하는 것이 사회적으로 받아들여지고 있으므로 자녀를 양육하고 집안일을 하면서 직장일까지 감당해내기 위해서는 균형을 잘 잡을 필요가 있다. 30년 전에 비해 남자들이 집안일과 육아에 더 많이 관여하기는 하지만, 집안일은 보통 여자 몫이다. 위스콘신대학교에서 실시한 최근의 전국적 조사에 따르면, 평균적으로 아내는 매주 집안일을 31시간 하지만 남편은 14시간밖에 하지 않는다(Belkin, 2008). 일 부담이 더 많음에도 불구하고 대부분의 여성들은 급여를 받는 직업을 갖는 것이 자아존중감을 높여준다고 보고하며(Elliott, 1996), 돈이 필요하지 않다 해도 일을 계속할 것이라고 말한다(Schwartz, 1994).

노화

미국인의 상당수를 차지하는 베이비붐세대는 제2차 세계대전 말에서 1960년대 초반에 태어났으며, 여러분이 이 책을 읽는 지금 이 순간에도 미국 전역에서 60세 생일을 축하하는 파티를 하고 있다. 의료기술 발달에 힘입어 평균수명이 늘어나고 있다. 다른 무엇보다도 이런 요인들로 인해 미국 인구는 급속히 노화하고 있다. 2000년에는 65세 이상 인구가 3,500

> **나이는 물질을 넘어서는 정신의 문제이다. 신경을 쓰지 않으면 문제가 되지 않는다.**
>
> —마크 트웨인(1835~1910)

만 명이었다(U.S. Bureau of Census, 2001). 이 수치는 2030년이면 7,000만 명을 넘어설 것으로 예상된다.

나이 든 사람들에 대한 **연령편견**(ageism)은 연령이 높은 사람들을 고립시키고 부정적인 자기개념을 갖게 만드는 결과를 초래한다. 리포터인 팻 무어(Pat Moore)는 85세 여성으로 변장하고 미국의 100여 개 도시의 거리를 돌아다녔는데, 무시당했고 무례한 취급을 받았으며 강도한테 맞아죽을 뻔했다. 나이 든 여자라 만만해 보였기 때문이다. 대부분의 사람들은 그녀가 잘 듣지 못한다고 생각하여 큰 소리로 고함을 치거나, 가게에서 물건을 사기 위해 줄을 섰을 때 그녀 앞으로 끼어들었다(Moore, 1985).

나이가 들면 직업과 사회적 역할의 상실은 물론이고 체력, 민첩성, 감각능력, 기억 등 많은 상실을 겪게 되지만, 대다수 노인들은 나이 든다는 것이 젊은 사람들이 생각하는 것만큼 나쁘지는 않다고 말한다. 많은 사람들은 65세 이후가 인생에서 최악의 시기라고 가정한다(Freedman, 1978). 그러나 삶에 대한 만족도는 중년기 이후로 오히려 증가한다(Mroczek, 2001). 놀랍게도 노인들이 중년성인들보다 삶이 더 행복하다고 보고하고 중년성인들은 또 젊은 성인들보다 더 행복하게 느끼는 '노화의 역설' 현상이 나타난다. 여러분은 고령이 죽음으로 나아가는 길고 느린 발걸음이라고 여길지 모르지만 막상 나이가 들어보면 그 길을 거니는 것이 그다지 나쁘지 않을는지도 모른다.

노화이론

아침마다 직장에 가기 위해 일어날 필요가 없게 될 때면 무엇이 우리를 움직일 것인가? 자식들이 갑자기 부모의 손길을 필요로 하지 않게 되면 어떤 느낌이 들 것인가? **유리이론**(disengagement theory)에 따르면(Cumming과 Henry, 1961), 나이 든 사람들은 날이 갈수록 기꺼이 주변세계로부터 물러난다. 고령세대에 속하는 사람들은 죽음에 대비하여 모든 사회적 유대를 단절하고 점차 자신만의 기억, 생각, 감정에 몰두하게 된다는 것이다. 커밍과 헨리는 이런 과정을 통해 나이 든 세대가 젊은 세대에게 힘을 전이해줌으로써 개별구성원들이 사망한 후에도 사회가 기능을 지속할 수 있게 된다는 이론을 내놓았다.

이와는 대조적으로, **활동이론**(activity theory)은 나이 든 사람들이 활동을 계속하면서 지역사회에 관여할 때 가장 행복하다고 주장한다(Havinghurst, 1957). 나이 든 사람들이 바깥세상으로부터 기꺼이 자신을 단절한다는 견해와는 달리, 활동이론은 강제로 은퇴하게 되거나 사회적 모임에 더 이상 초대받지 못할 때 사회로부터 유리된다고 제안한다.

최근의 연구는 나이 든 사람들이 과연 활동하기를 선호하는가에 관한 질문을 다루기보다는 그들이 선택하는 활동의 종류와 그런 활동을 선택한 이유에 관한 질문을 다루는 쪽으로 전환되었다. 로라 카스텐슨(Laura Carstensen, 1991)은 **사회정서적 선택성 이론**(socioemotional selectivity theory of aging)을 내놓으면서 사람들이 나이가 들면서 자신에게 남아 있는 시간이 얼마 되지 않는다는 것을 인식하게 됨에 따라 미래에 기대를 걸기보다는 현재를 즐기는 데 초점을 두게 된다고 제안하였다. 나이 든 사람들은 기왕에 친밀한 정서적 유대를 맺고 있는 사람들에게 더 주의를 기울이며, 잘 모르는 사람들에게는 시간을 들이지 않는다. 오랜 결혼생활을 한 부부들은 서로 간에 점점 더 가까워지고, 결혼만족도가 증가하며, 자녀와 손자손녀, 오랜 친구들과의 유대가 더욱더 강화된다. 나이가 들어서까지 일을 계속하는 사람들은 이제는 직장에서 승진보다는 동료와 사회적 관계를 유지하는 데 더 관심을 갖기 때문에 젊었을 때보다 지금 더 많은 즐거움을 누린다고 보고한다.

<<< 나이 든 사람들이 젊은 사람들보다 자신의 삶에 더 만족한다고 말하는 이유는 무엇인가?

콜버그의 도덕추론의 사다리

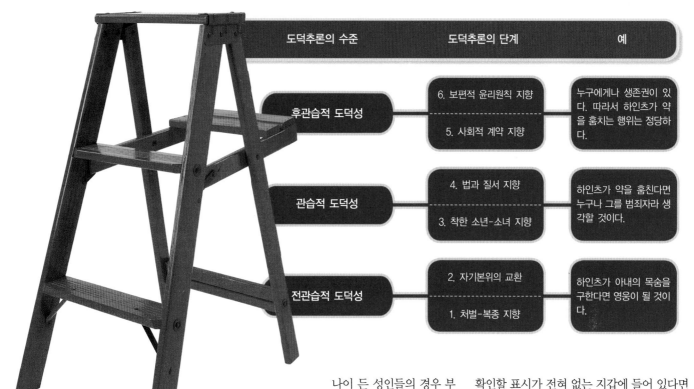

도덕추론의 수준	도덕추론의 단계	예
후관습적 도덕성	6. 보편적 윤리원칙 지향 5. 사회적 계약 지향	누구에게나 생존권이 있다. 따라서 하인츠가 약을 훔치는 행위는 정당하다.
관습적 도덕성	4. 법과 질서 지향 3. 착한 소년-소녀 지향	하인츠가 약을 훔친다면 누구나 그를 범죄자라 생각할 것이다.
전관습적 도덕성	2. 자기본위의 교환 1. 처벌-복종 지향	하인츠가 아내의 목숨을 구한다면 영웅이 될 것이다.

기억과 기분

나이가 들수록 주름살이 많아지고 번지점핑을 하러 갈 일은 점점 더 없어지지만 나이가 들면 적어도 한 가지 좋은 일이 있다. 나쁜 기억을 끊어버리기 시작한다는 것이다. 카스텐슨과 동료들은 일련의 실험에서 젊은 성인(18~29세), 중년성인(41~53세), 나이 든 성인(65~80세)들에게 긍정적, 부정적, 중립적 장면을 나타내는 사진들을 보여주었다. 그런 다음 각 집단에게 사진을 최대한 많이 기억해내서 기술하게 하였다. 이 연구의 결과는 나이 든 사람들이 전반적으로 사진을 적게 기억해내었으며, 따라서 연령에 따라 기억이 감퇴한다는 것을 보여주었다. 그러나 젊은 사람들은 긍정적 장면과 부정적 장면을 모두 기억한 데 반해, 나이 든 사람들은 부정적 장면보다는 긍정적 장면을 더 많이 기억하였다. 이 결과는 사람들이 나이가 들수록 긍정적인 면에 선택적으로 주의를 기울일 수 있게 된다는 것을 보여준다(Munsey, 2007).

같은 주제를 다루고 있는 신경학적 연구는 나이 든 성인들의 경우 부정적 사건을 접했을 때 젊은 성인들에 비해 뇌의 정서중추인 편도가 덜 활성화되는 경향이 있지만 긍정적 사건에는 두 집단의 뇌가 동일한 수준으로 반응한다는 것을 보여준다(Mather 등, 2004). 다시 말해, 사람들은 나이가 들수록 부정적 감정에 휘둘려서 맥이 빠지지 않는 것을 학습하는 것으로 보인다.

우리는 왜 나이 든 사람들이 흥분해서 펄쩍펄쩍 뛰는 것을 볼 일이 거의 없는가? 신체가 노화했기 때문만은 아니다. 나이가 들면 기분이 극단으로 치닫지 않는 대신에 더 오래 지속된다. 젊은이들은 정서기복이 심해서 의기양양했다가 금세 의기소침해지지만, 나이 든 사람들의 정서전환은 훨씬 덜 극단적이다. 강렬한 흥분을 느끼는 경우도 더 적지만 극단적 우울을 느끼는 경우도 더 적다(Costa 등, 1987).

도덕성 발달

여러분은 길에서 20달러짜리 지폐를 주우면 자신이 가질 것인가? 그 돈이 주인의 신원을 확인할 표시가 전혀 없는 지갑에 들어 있다면 어떻게 할 것인가? 이제 그 돈이 모르는 사람의 웃옷에서 떨어지는 것을 보았다고 생각해 보라. 그 돈을 내 주머니에 집어넣을 것인가, 아니면 그 사람에게 돌려줄 것인가? 인격을 도야하고 선악을 구별하는 것을 학습하는 것은 청소년기의 중요한 부분이다. 발달심리학자인 로렌스 콜버그(Lawrence Kohlberg, 1981, 1984)는 아동의 도덕적 판단이 인지발달 수준에 좌우된다는 피아제의 관점에 기반을 두었다. 그는 사람들에게 가상의 시나리오를 제시하고 그 시나리오에 등장하는 인물이 어떤 행동을 해야 한다고 생각하는지 질문함으로써 도덕추론을 평가하였다. 다음은 콜버그의 시나리오 가운데 하나인 '하인츠 딜레마'이다.

유럽에서 어떤 여자가 특별한 종류의 암에 걸려 죽음을 앞두고 있었다. 의사들이 여자의 생명을 구할 수 있을지도 모른다고 생각하는 한 가지 약이 있었다. 같은 동네의 약사가 최근에 발견한 일종의 라듐이었다. 그 약은 제조하는 데 많은 돈이 들었으나 약사는 제조비용의 10배를 약값으로 청구하였다. 그는 라듐을 사기 위해 200달러를 치렀는데 소량의 약값으로는 2,000달러를 매겼다. 병든 여자의 남편인 하인츠는 돈을 빌리기 위해 자신이 아는 사람을 전부 찾아다녔지만 약값의 절반인 1,000달러 정도만을 빌릴 수 있었다. 그는 약사에게 아내가 죽어가고 있다고 말하고, 약을 싸게 팔거나 모자라는 돈은 나중에 갚게 해달라고 부탁하였다. 그러나 약사는 "안 됩니다. 나는 그 약을 발견했고 약을 팔아서 돈을 벌려고 합니다."라고 말하였다. 그래서 하인츠는 절망에 빠졌고 아내를 위해 약을 훔치려고 약국에 침입하였다(Kohlberg, 1969, p.379).

하인츠는 약을 훔쳐야만 했는가? 콜버그는 사람들의 신념에는 관심이 없었고 그들이 어떻게 해서 그런 결론에 도달했는지에 관심이 있었다. 그는 도덕추론이 단순하고 구체적인 단계에서 추상적이고 원칙에 입각한 단계까지 여섯 단계를 거쳐 발달한다고 믿었다. 각

단계에 도달하기 위해서는 반드시 그 이전 단계를 거쳐야 한다. 콜버그는 누구나 도덕발달의 최고수준에 도달하는 것은 아니어서 대부분은 4단계에서 머뭇거리고 상당수는 2, 3단계 이상으로는 발달하지 못한다고 믿었다. 도덕성 발달 단계들이 특정 연령과 연계되어 있는 것은 아니지만, 콜버그는 청소년기와 성인 초기가 도덕성이 더 높은 수준으로 발달할 가능성이 가장 큰 시기라고 제안하였다.

전관습적 도덕성. 청소년기 이전의 아동들은 처벌과 보상의 관점에서 도덕성을 보는 경향이 있다. 보상받는 행동은 옳지만 처벌받는 행동은 옳지 못하다고 생각한다.

관습적 도덕성. 청소년 초기에는 도덕성이 관습에 의해 규정된다. 다른 사람을 보살피고 법을 지키는 것이 옳다고 생각한다. 법은 그 사회의 규칙이라는 이유에서이다.

후관습적 도덕성. 최고 수준의 도덕추론은 정의, 자유, 평등 같은 추상적 원리에 기초를 두

고 있다. 이 수준에 도달한 사람들은 사회의 규범을 따르지 않고 자신만의 개인적 도덕원리를 따를 수 있다.

도덕적 행위

여러분이 20달러 지폐를 낯선 사람에게 돌려주는 것이 옳은 행동이라고 추론할 수 있다면 그것으로 착한 사람이 되는 것인가? 콜버그는 도덕적 추론과 도덕적 행위의 차이를 인정하였다. 올바른 도덕적 선택이 무엇인지 이론으로 제시하기는 쉽지만 실제세계의 상황에서는 그것이 그리 단순한 일이 아니다. 얼마나 많은 나치수용소 경비원들이 제2차 세계대전 이전에는 자신을 평범한 '도덕적' 인물로 분류했을 것인가? 우리 모두는 천연자원을 보존해

사람들이 지역사회의 다른 사람들을 돕겠다는 동기를 갖게 만드는 것은 무엇인가?

제12장

야 하고, 공정무역 상품을 구매해야 하며, 에너지 소비를 줄여야 한다는 것을 알고 있다. 그러나 우리 중 얼마나 많은 사람들이 실제로 그렇게 살고 있는가?

오늘날의 인성교육은 단순히 도덕적 사고를 하는 것이 아니라 옳은 행동을 하는 데 초점을 둔다. 예를 들어, 아동들은 경쟁보다는 집단학습을 강조하는 협동학습 교육을 통해 다른 사람의 감정에 공감하는 법을 배운다. 아동들은 집단학습이 주요 가치가 될 때 사회적으로 더 책임감 있게 행동하고, 학업에 더 성공적이며, 다른 학생들을 더 잘 받아들인다(Leming, 1993). 많은 봉사학습 프로그램들은 학생들이 이웃을 청소하거나 노인들을 돕거나 노숙자 쉼터에서 자원봉사를 하는 것과 같이 공동체 정신에 입각한 행동을 하게 한다. 인성교육 프로그램에 참여하고 봉사학습을 장려하는 학교들은 중퇴율이 낮고 출석률이 개선되는 경향이 있다(Greenberg 등, 2003).

도덕적 감정

청소년들의 사고와 경험은 그들의 도덕성 발달에 어떻게 기여하는가? 심리학자 대니얼 하트(Daniel Hart)와 동료들은 소득수준이 낮고 도심지역에서 살고 있는 청소년들 가운데 지역사회의 여러 기관들로부터 도덕적 본보기로 인정받은 청소년 15명을 연구하였다. 이 청소년들은 범죄행위에 가담하기를 거부했으며

무료급식소, 쉼터, 상담소, 커뮤니티 정원에서 자원봉사를 하는 데 많은 시간을 바쳤다.

콜버그 이론에 의하면 10대 청소년들은 옳고 그름에 관한 추상적 사고에 기초하여 행동해야 한다. 그러나 하트는 자원봉사를 하는 이 청소년들이 그저 옳은 일을 하고 싶다는 동기에 의해 행동한다는 것을 발견하였다. 그들의 자아상은 다른 사람들에게 좋은 본보기가 되겠다는 열망과 연결되어 있었다. 하트는 또 자원봉사에 참여하지 않은 비교집단 또래들에 비해 이 청소년들이 지닌 이상적 자아상이 그들 부모의 이상적 자아상과 매우 근접하다는 것을 알게 되었다(Hart와 Fegley, 1995). 이 연구는 부모의 영향과 같은 사회적 요인이 도덕성 발달에 기여할 수 있다는 것을 보여준다.

우리는 산업화 사회의 일원으로서 전 세계 노동자들이 기본권을 누릴 수 있도록 해줄 책임이 있는가? 도덕성을 **사회적 직관론자**(social intuitionist)를 가지고 설명한 조너선 헤이트(Jonathan Haidt)에 따르면 우리는 이 질문에 대해 즉각적으로 '예' 또는 '아니요'라는 반응을 생각해내고 몇 가지 이유를 들어 그 반응을 정당화한다. 헤이트는 우리가 도덕적 상황에 대해 도덕적 추론을 하기 전에 즉각적인 직감적 반응을 한다는 이론을 제시하였다(Haidt, 2001). 그는 우리의 도덕적 추론이 우리가 직감적으로 느낀 바를 스스로 납득하고 확신하게 해주는 역할을 한다고 생각하였다.

헤이트가 내놓은 별로 건전하지 않은 예들 중 하나를 보자. 오빠와 여동생이 프랑스로 휴가를 떠났다. 둘이서 와인을 마셨는데 한 가지 일이 자연스럽게 다음 일로 이어져서 성행

위를 하고 싶다는 생각을 하게 되었다. 그들은 각기 다른 종류의 두 가지 피임법을 사용하고 성행위를 즐겼으나, 두 번 다시는 그런 일을 하지 않기로 했다. 헤이트는 이 시나리오를 제시하고 사람들의 반응을 물어보았다. 사람들은 누구나 이 일은 도덕적으로 옳지 않다고 말했으며, 이유가 무엇인지 물으면 대부분이 태어날 아기에게 선천적 결손증이 발생할 가능성을 지적하였다. 사람들은 남매가 두 가지 피임법을 사용했다는 사실을 상기시켜주면 당황스러워하고 난감해했으나 그 시나리오가 부도덕하다는 생각만큼은 단호하였다. 헤이트는 이런 현상을 '도덕적 아연실색(moral dumbfounding)'이라 지칭했는데, 이 현상은 우리가 도덕적 상황을 맞닥뜨렸을 때 즉각적으로 직감적 반응부터 보인다는 그의 이론을 지지한다. 왜 이런 일이 일어나는가? 근친상간과 같이 사회적으로 금지된 개념에 대해 사회적으로 용인되는 반응은 아주 어릴 때부터 우리에게 주입된다. 우리는 친구와 가족이 그런 개념에 대해 부정적인 언급을 하는 것을 듣고, 대중매체가 탈선이나 **일탈**과 같은 용어를 사용하는 것을 본다. 우리의 혐오반응은 시간이 갈수록 자동화되고 그리하여 헤이트의 시나리오를 받았을 때 즉각적으로 직감적 반응을 하게 된다. 이와 유사하게, 정직과 성실의 가치를 일관되게 반복하는 부모의 자녀들은 지금껏 부모로부터 뒤섞인 도덕적 메시지를 받아온 자녀들에 비해 낯선 사람의 주머니에서 떨어진 20달러 지폐를 돌려줄 가능성이 더 높다.

12

복습

요약

HOW 우리는 애착유대를 어떻게 형성하는가?

● 애착은 신생아와 보호자 간의 정서적 유대이다.

● 촉감과 친숙성이 애착에 필수적이다. 많은 동물들에게는 정상적으로 발달이 이루어지는 결정적 시기가 있다. 어떤 종의 동물들의 경우에는 결정적 시기가 각인을 통해 드러난다.

● 에인스워드의 낯선 상황 검사에 따르면 보호자의 행동이 아기가 안정애착을 형성하느냐 또는 불안정애착을 형성하느냐를 결정할 수 있다.

WHAT 또래는 사회적 발달에서 어떤 역할을 하는가?

● 놀이는 아동의 사회화에 중요하다. 놀이는 보편적으로 성별에 고유하며, 기술의 발달을 촉진하며, 개별문화의 가치와 기술을 반영하는 경우가 많다.

● 정체감은 청소년기에 확립된다. 청소년들은 패거리와 동아리라는 두 종류의 또래집단을 형성한다. 10대 청소년들은 자기개념을 확고히 수립하기 전에는 또래압력을 받기 쉬운데 또래압력은 청소년들이 위험한 행동을 하게 만들 수 있다.

● 부모와의 정서적 유대는 성인출현기에 느슨해진다. 성인기는 친밀하고 배려하는 관계를 맺고 경력성취를 추구하는 능력이 특징이다.

● 사회정서적 선택성 이론에 따르면 사람들은 나이가 들수록 미래를 바라보기보다는 현재를 즐기는 데 초점을 두게 된다. 사람들은 또 나이가 들수록 사랑하는 사람들에게 더 주의를 기울이고 조금밖에 모르는 사람들에게는 별로 주의를 기울이지 않게 된다.

HOW 도덕성은 어떻게 발달하는가?

● 도덕성은 청소년기와 성인 초기에 발달한다. 콜버그에 따르면 도덕추론은 6단계에 걸쳐서 발달한다. 4단계를 넘어 발달하는 사람은 거의 없다.

● 현대의 인성교육 프로그램들은 도덕적 추론과 도덕적 행위의 차이를 강조하며 젊은 사람들이 공유, 공감, 사회적 책임성을 실천하도록 권장한다.

이해 점검

1. 카렌의 6개월 된 딸은 엄마를 분명하게 알아본다. 다른 어른이 안아줘도 가만 있기는 하지만 엄마하고 있을 때 눈에 띄게 더 편안해한다. 이것은 다음 중 어떤 것의 예인가?

   a. 낯선 이 불안   b. 결정적 시기

   c. 사회화   d. 애착

2. 심리학자 해리 할로우는 한 유명한 실험에서 아기원숭이들이 다음 중 어느 하나를 제공하는 대리어미에게 애착을 갖게 된다는 것을 보여주었다.

   a. 음식   b. 물

   c. 부드러운 신체접촉   d. 기분 좋은 소리

3. 크리스의 엄마는 유치원 첫날에 아이와 함께 유치원에 머물기로 결정한다. 엄마가 방에 있는 동안 크리스는 혼자서 방을 탐색하고 다른 아이들과 함께 논다. 엄마가 몇 분 동안 방을 떠나자 크리스는 불안해하지만 엄마가 돌아오자 곧 다시 놀이를 한다. 이 행동은 다음 중 어떤 유형의 애착을 나타내는가?

   a. 불안-양가 애착   b. 안정애착

   c. 불안-회피 애착   d. 혼란애착

4. 다음 중 인간의 아동이 부모에게 애착을 형성하는 방식이 아닌 것은?

   a. 신체접촉

   b. 각인

   c. 부모에 대한 단순노출

   d. 위의 세 가지가 모두 인간이 부모에게 애착을 형성하는 방식이다.

5. 멕시코의 사포텍 부족이 사는 두 마을의 아동들을 비교한 연구에서는 공격적 행동에 대해 다음 중 무엇을 발견했는가?

   a. 공격적 행동은 주로 유전된다.

   b. 아동들은 공격적 행동을 학습할 수 있다.

   c. 공격적 행동은 아동이 도발되면 자연스럽게 보이는 반응이다.

   d. 장난감 쟁기 같은 남성적 대상을 가지고 노는 소년들에게 더 흔히 나타난다.

6. 스테파니는 연령이 각기 다른 아이 5명을 돌보는 베이비시터에게 간다. 아이들 중에서 스테파니가 가장 어리다. 스테파니는

   a. 다른 아이들을 돌보는 것을 학습할 것이다.

   b. 고등기술을 학습할 것이다.

   c. 외로움을 느낄 것이다.

   d. 자신감을 느낄 것이다.

7. 에릭슨에 따르면 다음 중 청소년들이 정체성을 어떻게 형성하는지를 기술하고 있는 문항은 어느 것인가?
   a. 부모의 정체성과 유사한 정체성을 채택한다.
   b. 부모의 정체성과는 반대되는 정체성을 채택한다.
   c. 특정 또래집단에 맞춰 정체성을 조절한다.
   d. 위 세 가지가 모두 청소년들이 정체성을 형성하는 방법이다.

8. 다음 중 청소년과 부모의 관계를 옳게 기술한 문항은 무엇인가?
   a. 대부분의 청소년은 부모를 존경하며 많은 신념을 공유한다.
   b. 대부분의 청소년은 부모를 싫어한다.
   c. 청소년과 부모 간 대부분의 갈등은 핵심 가치에 관한 것이다.
   d. 대부분의 갈등은 청소년이 가정에서 더 독립적이고 어른스러운 역할을 하기를 바라는 부모의 욕구 때문에 일어난다.

9. 다음 중 어느 것이 동아리 또래집단이라고 볼 수 있는가?
   a. 큰 체육관을 가득 메운 다양한 팬들
   b. 형제자매가 28명인 가족
   c. 같은 파티에 참석한 20~30명의 고등학생들
   d. 서로 '절친'이라 생각하는 소녀 5명의 모임

10. 다음 중 또래집단과 관련해 옳게 기술한 문항은?
    a. 중국에서는 또래압력을 특히 위험한 것으로 여긴다.
    b. 일반적으로 10대 청소년들은 또래집단 내에서 각자가 튀어 보이기를 원한다.
    c. 동일한 또래집단에 속한 10대 청소년들은 동일한 위험행동을 하는 경향이 있다.
    d. 또래집단의 청소년들이 동일한 행동을 하는 이유는 또래압력 때문이 아니라, 애초에 자기와 비슷한 흥미를 가지고 비슷한 행동을 하는 친구를 선택하기 때문이다.

11. 다음 중 미국 10대 청소년의 임신율 하락에 기여하는 것으로 생각되는 요인은 무엇인가?
    a. 성행위를 하는 10대 청소년 감소
    b. 성교육의 개선
    c. 성교육의 제한
    d. 출산율 감소

12. 마크는 30세 때까지 부모와 함께 살고 있으며 이제야 임대보증금과 집세를 낼 수 있을 만큼 돈을 버는 직업을 갖게 되었다. 마크는
    a. 생활연령보다 사회연령이 더 높다.
    b. 생활연령과 사회연령이 동일하다.
    c. 오랜 성인출현기를 보내고 있다.
    d. 부모와 안정적 관계를 맺고 있다.

13. 카일은 5년이나 데이트를 하고 있음에도 불구하고 여자친구의 손을 잡거나 애정표현을 하고 싶어 하지 않는다. 카일과 여자친구 둘 다 결혼을 하고 싶은지 여부에 확신이 서지 않는다. 이들은 다음 중 어떤 유형의 관계 패턴을 보이는가?
    a. 안정   b. 불안정
    c. 불안   d. 회피

14. 책 내용에 따르면 결혼 전에 동거한 커플들은 그렇지 않은 커플들보다 다음 중 어떻게 할 가능성이 더 높은가?
    a. 아이를 더 적게 낳는다.   b. 결혼을 지속한다.
    c. 이혼한다.   d. 아이를 더 많이 낳는다.

15. 본문의 통계수치에 따르면 다음 중 누가 행복하다고 보고할 가능성이 가장 높은가?
    a. 월급을 받는 직업과 가족부양 사이를 오가는 기혼여성
    b. 일하지 않는 기혼여성
    c. 일하지 않는 미혼여성
    d. 월급을 받는 직업을 가진 미혼여성

16. 60대 후반에 접어든 제랄도는 최근에 은퇴하였다. 지금껏 활동을 많이 해왔으나 이제는 집 안에 더 많이 머물기로 선택한다. 또 예전보다 자녀들에게 전화를 적게 한다. 제랄도의 행동은 다음 중 어느 이론과 일치하는가?
    a. 활동이론   b. 비활동이론
    c. 유리이론   d. 사회정서적 선택성 이론

17. 팀은 회사에서 승진의 사다리를 오르기 위해 평생을 일했지만 이제 은퇴를 앞두고 가족과 더 많은 시간을 보내기로 마음먹었다. 직장에서 시간을 더 많이 보내지 않는 이유를 묻자 나이가 들어가니 이제 삶을 즐기는 데 더 관심을 갖게 되었다고 말한다. 팀의 우선순위 전환은 다음 중 어느 이론과 일치하는가?
    a. 사회정서적 선택성 이론   b. 비활동이론
    c. 유리이론   d. 활동이론

18. 나이 든 성인들은 젊은 성인들에 비해 일반적으로
    a. 좋은 감정과 싫은 감정을 더 강렬하게 경험한다.
    b. 심한 우울증을 더 오랜 기간 겪는다.
    c. 좋은 감정과 싫은 감정을 덜 강렬하게 경험한다.
    d. 감정상태가 더 혼란되어 있다.

19. "사람들은 무엇이 도덕적이고 무엇이 도덕적이 아닌지를 결정하기 위해 추론을 사용하지 않는다. 어떤 것이 도덕적인지 아닌지를 직관적으로 결정하고 난 다음에 자신이 이미 내린 결정을 합리화하기 위해 추론을 사용한다." 이는 다음 중 어떤 도덕성 이론을 기술하고 있는가?
    a. 사회적 직관주의자
    b. 콜버그의 도덕적 추론의 사다리
    c. 전관습적
    d. 후관습적

20. 아네트의 친구는 그에게 은행강도를 할 생각이 있는지 묻는다. 아네트는 잡히면 감옥에 갈 것이므로 그렇게 하지 않을 것이라고 말한다. 이것은 다음 중 어떤 유형의 도덕성을 보여주는가?
    a. 사회적 직관   b. 관습적
    c. 전관습적   d. 후관습적

정답: 1) d, 2) c, 3) b, 4) b, 5) b, 6) b, 7) d, 8) d, 9) c, 10) b, 11) b, 12) c, 13) d, 14) c, 15) a, 16) b, 17) a, 18) c, 19) a, 20) c.

감정과 동기

100억 명의

사람들, 증가하는 인공제품들과 매일 생기는 쓰레기와 폐기물을 줄이거나 재사용하거나 재활용하는 방법이 충분하지 않은 세상을 상상해 보라. 역겹게 들리거나 건강하지 못하게 들리는가? 쓰레기 줄이기와 재료 재사용에 대해 소비자들을 교육시키려는 노력이 없다면, 그런 세상은 여러분이 살아 있는 동안만 존재할 수 있을 것이다.

불행하게도, 인구과잉과 지구에 과도한 부담이 주어지는 게 예상되지만, 개인과 정부는 중대한 변화의 필요성을 충분히 깨닫지 못했다. 연구 결과, 재활용이 이익이 된다고 믿거나 그 이익에 대해 알고 있을 때, 환경에 관심이 있거나 재활용에 대한 사회적 압력을 느낄 때, 금전적인 동기가 있을 때 사람들은 재활용을 할 것이라는 사실을 발견했다. 사람들은 다양한 이유로 재활용을 하지 않는다. 어떤 이들은 재활용이 주는 사회적 이익을 알지 못할 수 있다. 또 어떤 이들은 재활용이 불편하다고 생각할 수 있다. 그들은 재활용이 엄청난 에너지와 노력이 필요하다 — 누가 알루미늄 깡통을 납작하게 만들거나 서로 다른 종류의 플라스틱을 분류할 시간이 있겠는가? — 는 잘못된 인식을 갖고 있다. 많은 사람들은 쓰레기 재활용을 위해 엄청난 에너지와 노력이 더 이상 요구되지 않는다는 것을 깨닫지 못하고 있다.

재활용은행(RecycleBank)과 같은 회사들은 돈으로 사람들에게 동기를 부여하여 재활용 수준을 높이려고 노력하고 있다. 이 회사는 고객의 계좌정보가 내장된 라디오주파수 칩이 부착된 재활용 쓰레기통을 나누어준다. 한 가정의 재활용품이 수거되면, 쓰레기 트럭은 재활용되는 양의 무게를 잰다. 그 무게는 포인트로 전환되고 고객은 그것을 재활용은행의 사업 파트너들로부터 물건들을 구입하는 데 쓸 수 있다.

재활용을 하도록 하는 또 다른 동기부여 방법으로 사람들에게 그들이 무엇을 버리는가를 보게 할 수 있다. 쓰레기흐름 분석(waste-stream analysis)은 사람들이 자신이 생산하는 쓰레기를 분류한 정보를 기록하는 방법인데, 고등학생들과 같은 집단에서 효과를 보고 있다. 재사용될 수 있는 물질들이 얼마나 많이 버려지는지 알게 되고 아울러 그것들이 어떤 가치가 있는가를 이해하게 될 때 그것은 재활용에 대한 커다란 동기부여가 될 수 있다. 유리병 하나를 재사용해서 하루 동안 노트북 컴퓨터를 사용할 수 있는 에너지가 절약된다는 것을 알게 됨으로써 사람들에게 빈 병을 재활용 통에 넣게 할 수 있다. 어린이들에게는 보상으로 재미있는 활동을 제공하는 것과 같은 방법을 통해 특별한 동기를 부여할 수 있다.

정부는 재활용에 대한 국가의 요구를 따라야 하는 사람들이 재활용하도록 할 수 있는 더 많은 방법들을 조속히 강구해야 할 것이다. 이 지구가 거대한 쓰레기 매립장이 되지 않도록 도와줄 방법을 여러분은 생각해낼 수 있는가?

<<< 무엇이 우리로 하여금 재활용을 하도록 하는가? 환경이 취약해지고 있는 것을 학생들이 더 인식하게 되면서, "친환경적으로 되자"는 추진운동이 전국의 대학가를 서서히 휩쓸고 있다. 환경보호의 사회적 규준화는 많은 사람들에게 재활용 운동에 참여하게 하는 동기를 부여하며, "재활용하고 재사용하자"는 사회적인 압력을 증가시키고 있다. 당신이 그것을 알든지 모르든지 간에, 우리의 감정들은 우리의 행동 뒤에 있는 신체적이고 정신적인 충동을 일으키고 있다.

CHAPTER 13

감정에 대한 이론들

감정의 본질

웃거나 울거나 하는 것은 둘 다 감정의 표현이지만, 우리가 감정 자체에 대해 이야기할 때는 무엇을 의미할까? 감정에 대해 우리가 갖고 있는 모든 단어들과 그것을 표현하는 모든 예술적인 방법을 근거로 볼 때, 감정이란 복잡한 것임을 알 수 있다. 우리가 사물, 사건, 사람이나 기억에 주관적으로 반응할 때, 우리는 **감정**(emotion)을 경험하고 있는 것이다. 감정은 **정서적 요소**(affective component), 혹은 감정과 관련된 느낌을 포함한다. 또한 감정과 관련된 느낌은 **기분**(mood)을 포함하는데, 이것은 자유롭게 떠다니는 감정적인 느낌으로 자극에 직접적으로 연관된 것은 아니다.

감정은 뚜렷하게 구별되면서도 연관성 있는 구성 요소인 **생리적 각성**(physiological arousal), **표현하는 행동**(expressive behavior), **인지적 경험**(cognitive experience)으로 이뤄져 있다. 만약 당신이 다이빙 보드의 모서리를 걸을 때 두려움으로 심장이 마구 뛰거나, "브로크백 마운틴(Brokeback Mountain)"이나 "어톤먼트(Atonement)"라는 영화를 보면서 숨막히는 느낌이었다면, 당신은 생리적인 각성을 경험하고 있는 것이다. 만약 당신이 돌아서서 다이빙 보드의 사다리로 달려 내려가거나 영화를 보는 동안 운다면, 당신은 표현하는 행위를 보여주고 있는 것이다. 당신의 인

지적 경험은 당혹스런 느낌과 다시는 높은 다이빙 보드에서 다이빙하는 것을 시도하지 않으리라는 결심을 포함할 수도 있다. 반면, 당신은 감동을 느껴서 계속 슬픈 영화를 빌려보게 될지도 모른다.

보편적 가설

당신 생애의 어떤 부분에서, 당신은 너무나 고통스러운 감정을 경험하고 그로 인해 다시는 그 어떤 감정도 느낄 수 없게 되기를 바라게 될지 모른다. 하지만 인류는 생존과 번식을 돕기 위해 감정을 진화시켜왔다. 공포는 우리를 도망치도록 만들었으며, 분노는 우리 자신을 방어하도록 이끌었고, 사랑은 타인과 유대를 맺도록 북돋았을 것이다. 우리의 감정을 알려주는 얼굴 표정 또한 우리가 상호소통할 수 있도록 도움을 준다. 『인간과 동물에 있어서의 감정의 표현(The Expression of the Emotions in Man and Animals)』이라는 책에 있는 찰스 다윈의 **보편적 가설**(universality hypothesis)에 의하면 얼굴 표정은 모든 문화에 걸쳐 이해된다(1872/1965). 예를 들면, 찡그림은 일본, 영국, 보츠와나에서 슬픔이나 거절을 나타낸다. 하지만 제스처나 다른 감정표현은 문화 간에 다양하게 해석된다. 그러나 각기 다른 문화규범에도 불구하고 감정의 표현은 근본적으로 감정 그 자체에 달려 있다는 점에서 공통적이다.

제임스-랑게 이론

많은 심리학자들은 '생리적인 경험, 표현, 감정의 깨달음' 중 무엇이 먼저 생겨나서 다른 부분이 생성되었는지에 대한 물음에 해답을 찾으려고 노력해왔다. 19세기 말, 미국 심리학자 윌리엄 제임스(William James)와 덴마크 심리학자 칼 랑게(Carl Lange)가 동시에 그러나 독립적으로 감정에 대한 똑같은 이론에 도달했다. 그들은 감정에 대한 생리적인 경험이 감정에 대한 우리의 인지적인 이해에 앞선다고 믿었다. **제임스-랑게 이론**(James-Lange theory)은 두려움으로 당신의 심장이 쿵쾅거리거나 슬픔으로 인해 눈물이 흐르는 게 아니라, 심

장이 박동질치거나 눈물이 흘러넘치는 생리적인 경험이 당신으로 하여금 두려움을 느끼거나 슬픔을 느끼게 만든다고 시사한다(James, 1890/1950; Lange, 1887).

캐논-바드 이론

반면 월터 캐논(Walter Cannon)과 필립 바드(Philip Bard)는 갑작스러운 감정은 즉각적으로 경험되고 진행되므로 생리적인 반응이 감정에 앞선다는 사실을 믿지 않았다. **캐논-바드 이론**(Cannon-Bard theory)에 따르면, 감정의 정신적이고 생리적인 요소는 동시에 발생한다(Cannon, 1927).

2008년 7월 30일 진도 5.4의 지진이 로스앤젤레스를 강타했을 때, 헌팅턴 비치 주민인 대니 캐슬러는 잠에서 깨자마자 사각 팬티를 입은 채 집밖으로 뛰쳐나갔다. 캐논-바드 이론으로 보면, 캐슬러는 공포를 느끼는 동시에 집밖으로 뛰쳐나갈 결심을 했던 것이다.

> 감정은 생리적 각성, 표현하는 행동, 인지적 경험을 포함한다.

감정이란 한 객체, 사건, 개인이나 기억에 대한 주관적인 반응이다.

정서적 요소란 감정과 관련된 느낌을 의미한다.

기분이란 자극과는 직접적인 관련이 없는 자유롭게 떠도는 감정적 느낌이다.

생리적 각성이란 자극에 직접적으로 반응하는 극대화된 신체적 반응이다.

표현하는 행동이란 한 개인이 감정을 경험하고 있다는 외부적인 표시이다.

인지적 경험이란 감정을 경험하는 것에 대한 두뇌에 기억된 반응이다.

보편적 가설에서는 얼굴 표정은 모든 문화에서 이해된다고 추론한다.

제임스-랑게 이론은 가슴이 박동치는 것이나 눈물을 쏟아내는 생리적인 경험이 개인에게 두려움이나 슬픔을 느끼게 만드는 원인이라고 설명한다.

캐논-바드 이론은 감정의 정신적·생리적 인자들은 동시에 발생한다고 설명한다.

샤흐터와 싱어의 2요인 이론

1960년대 스탠리 샤흐터(Stanley Schachter)와 제롬 싱어(Jerome Singer)가 **샤흐터와 싱어의 2요인 이론**(Schachter and Singer two-factor theory)을 발전시켰는데, 이는 인지적 평가가 우리가 경험하는 감정을 일으키기 위해 우리의 생리적 각성과 더불어 생겨난다고 말하고 있다(1962). 이때 생리학적 경험들은 유사할 수 있기 때문에 분류(labels)는 중요하다. **샤흐터의 인지 플러스 피드백 이론**(Schachter's cognition-plus-feedback theory)은 환경이 어떻게 우리의 생리학적 각성으로 피드백되고, 우리가 느끼는 것에 영향을 주는지 설명하고 있다. 2008년 8월 인도의 한 사원으로 성지순례를 가는 동안, 철로가 부서지자 순례자들은 산사태가 난 것으로 믿었다. 산사태에 대한 소문이 군중들 사이에 퍼지자, 공황상태가 형성되었고 순례자들은 언덕 아래로 달렸으며 145명이 압사했다.

제이존크와 단순 노출효과

로버트 제이존크(Robert Zajonc)는 인지가 감정의 한 부분이 될 수 있는 반면, 어떤 감정적인 반응은 우리가 의식하고 있는 마음을 무시할 수도 있다고 믿었다(1980, 1984). 미소 짓고 있거나 화가 난 얼굴의 순간적인 영상은 비록 그 얼굴을 보았다는 자각은 없을지라도, 사람들의 감정에 영향을 미친다(Duckworth 등, 2002; Murphy

등, 1995).

자극에 대한 전단계의 경험이 **노출효과**(exposure effect)를 일으킨다. 즉 자극에 대한 친숙함이 우리로 하여금 특정한 방법으로 반응하도록 준비시킨다(Zajonc, 1968). 어떤 메시지들은 싸우거나 도망치는 것과 같은 무의식적인 감정 반응을 하는 데 필수적인 뇌의 한 구조인 **편도체**(amygdala)에 직접 전달되기도 하며, 나중에 우리의 대뇌피질로 하여금 정보를 생성하도록 한다.

인지적인 평가이론

제이존크와는 반대로, 리처드 라자루스(Richard Lazarus)는 감정을 발달시키기 위해서는 우리는 생리적인 반응에 대해 생각해야 한다고 했다. **인지적 평가이론**(cognitive-appraisal theory)에 의하면, 만약 당신이 특정한 생리적인 반응을 알아차리게 되면, 당신은 감정을 느끼기 전에 우선 이것이 무엇을 의미하는지 결정해야만 한다. 예를 들어, 당신의 가슴이 쿵쿵거리며 뛸 때 그것이 당신이 시험 준비를 하지 않아서 초조하기 때문일 수도 있고, 지난 주말 데이트했던 사람이 방으로 걸어 들어와서 흥분했기 때문일 수도 있다. 생리적인 반응이 어떤 감정을 나타내는가에 대한 결정이 잘못된 판단, 즉 **오귀인**(misattribution)일 수도 있다. 예를 들어, 당신이 누군가의 옆에 앉아서 시험을 치르고 있으면서 그 사람에게 끌린다고 느끼지만,

샤흐터와 싱어의 2요인 이론은 인지적 평가가 우리가 경험하는 감정을 일으키기 위해 우리의 생리학적 각성과 더불어 생겨난다고 말하고 있다.

샤흐터의 인지 플러스 피드백 이론은 환경이 어떻게 우리의 생리학적 각성으로 피드백되고 우리가 느끼는 것에 영향을 주는지 설명하고 있다.

노출효과는 자극에 대한 전단계의 경험에 의해 생겨나며 우리가 특정한 방법으로 반응하도록 준비시킨다.

편도체란 대뇌변연계의 일부이며 두려움을 감지하고 조절하는 데 관여하며 투쟁-도피 반응과 같은 무의식적인 감정반응에 필수적이다.

인지적 평가이론은 만약 당신이 특정한 생리적인 반응을 알아차리면, 당신은 한 감정을 느끼기 전에 우선 이것이 무엇을 의미하는지 결정해야만 한다고 설명한다.

오귀인이란 특정한 생리적 반응 때문에 어떤 감정에 대해 정확하지 않은 의미를 부여하는 것이다.

빠른 피질하부 경로는 시상과 편도체 사이의 경로이며 이 경로를 통해 편도체가 감각기관으로부터 영상을 받아들인다.

사실은 그 시험에 실패할까봐 단지 겁먹고 있는 것일지도 모른다.

플루칙의 주요한 감정들 모형

로버트 플루칙(Robert Plutchik)은 바퀴모형 주변에 감정들을 배치시킴으로써 감정을 이해할 수 있도록 설명했다(1980). 그는 8가지 근원적인 감정은 두려움(fear), 놀람(surprise), 슬픔(sadness), 혐오(disgust), 분노(anger), 기대감(anticipation), 기쁨(joy), 수용(acceptance)이라고 믿었다. 바퀴의 맞은편 끝에 있는 감정들은 채색판 위의 색들처럼 서로 상반된다. 기쁨은 슬픔과, 혐오는 수용과 상반될 것이다. 감정의 각 섹터(구역)로 되어 있는 파이모양은 격렬함의 정도에 따라 다양해질 수 있고, 분노와 기대감과 같은 감정들은 공격성을 생성하기 위해 결합될 수도 있다는 사실을 보여주고 있다.

감정과 신체

뇌구조

편도체

편도체는 자극에 대해 감정적인 심각성을 평가하는 뇌의 작은 구조로서, **빠른 피질하부 경로**(rapid subcortical pathway)를 통하여 뇌의 지시센터인 **시상**(thalamus)을 경유하여 감각기관으로부터 영상을 받아들인다. 편도

플루칙의 감정 바퀴

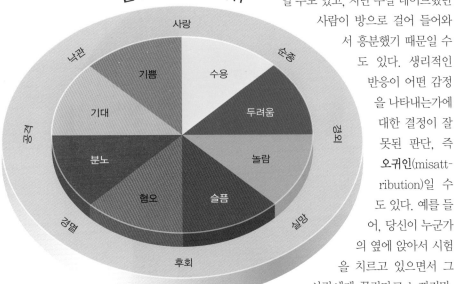

체는 감각정보가 대뇌피질에 전달되기도 전에 그 정보를 분석할 수도 있다. 만약 당신이 커다란 소음을 들었다면, 시신경상은 당신이 깜짝 놀라 펄쩍 뛰도록 곧바로 그 메시지를 편도체에 전달할 수도 있다. 아마도 당신은 주위를 둘러보고 그 커다란 소음이 바람 때문에 문이 쾅하고 닫히는 소리라는 걸 알게 됨으로써 안심하게 될 것이다. 그런 경우, 보다 **느린 대뇌피질경로**(slower cortical pathway)가 시신경상에서 **시각대뇌피질**(visual cortex)로 메시지를 보내고 나서 다시 편도체로 돌아와 당신의 인식이 감정에 영향을 미치도록 허용한다. 연구원들이 원숭이의 편도체와 **관자엽**(temporal lobes)을 제거하자, 원숭이들은 **심적 시각상실**(psychic blindness) 상태에 이르렀다. 이 상태의 원숭이들은 보통 때 같으면 두려워하는 대상(예를 들면 고무뱀)에 대해 두려움이나 분노를 느끼는 것 같지 않았으며 대상물의 감정적 심각성에 무관심하게 되었다 (Kluver와 Bucy, 1937).

전두엽피질

전두엽의 전방에 위치해 있는 **전두엽피질**(prefrontal cortex)은 감정의 인지적 경험에 필수적이다. 심각한 정신 장애(mental disorder)를 치료하면서, 1949년에서 1952년까지 미국에서는 케네디 대통령의 여동생인 로즈마리와 여배우 프란시스 파머(Frances Farmer)를 포함한 약 5만 명에 달하는 사람들이 **전두엽 절제수술**(prefrontal lobotomies)을 받았다. 뇌의 전두엽 부문의 장애는 사람들로 하여금 덜 긴장된 감정을 느끼도록 하지만 또한 그들의 삶을 계획하거나 영위해 나갈 수 없도록 만들었다. 전두엽피질은 두정엽(parietal lobes)에 있는 체성감각 피질(somatosensory cortex)과 편도엽으로부터 입력을 받아들인다. 따라서 전두엽피질은 감정에 대하여 계획하는 것, 목표를 설정하는 것, 이성적으로 판단하는 것과 같은 통제하는 삶의 기능을 수행하는 능력에 필수적일 수 있다.

자율 신경계

투쟁-도피 위기(fight-or-flight crisis)의 상황에서, **자율 신경계**(autonomic nervous system, ANS)는 신체가 행동을 하도록 준비시키고 땀을 흘린다든지 호흡작용을 하는 것과 같은 무의식적 과정을 통제한다. 자율 신경계의 두 분야는 우리로 하여금 감정적으로 취

한 행동에서 회복하도록 도와준다.

교감 신경계

당신이 있는 건물에서 불이 났거나, 당신 뒤에 걷고 있던 사람이 당신을 공격하거나, 당신이 타야 하는 버스가 떠나버렸다는 사실을 갑자기 알아차렸다고 상상해보라. 당신의 감정은 고조되고 행동할 필요를 느낀다. 행동을 준비하기 위해 자율 신경계의 **교감 신경계**(sympathetic division)는 소위 '투쟁-도피 반응(fight-or-flight response)'이라고 불리는 것을 시작한다. 이 체계는 먼저 척추신경과 말초 교감 신경구의 연결부분에서 일을 시작한다. 교감 신경계가 자극을 받으면, 이것은 부신수질에서 아드레날린이 다량 흘러나오도록 유도한다. 신체 내의 아드레날린과 아드레날린 수용체의 결합으로 투쟁-도피 반응이 생겨난다. 아드레날린을 분비하여 교감 신경세포체를 활성화시키면 눈동자가 확장되고 타액이 줄어들고 땀과 호흡이 증가하며 심장박동수가 늘어나며 소화능력이 떨어진다. 이러한 변화는 신체로 하여금 건물을 빠져나가거나, 공격자를 물리치거나, 버스를 잡기 위해 무엇이 필요한지 집중하게 만든다. 일반적으로 이러한 각성 상태는 잘 알려진 과제 수행을 하는 데는 도움을 주지만, 새롭거나 복잡한 과제를 수행하는 데는 방해가 된다. 2008년 북경 올림픽에서, 마이클 펠프스는 전례가 없는 8개의 금메달을 땄다. 수영은 펠프스가 잘 습득한 과제이기 때문에, 올림픽에 대한 흥분으로 그는 더

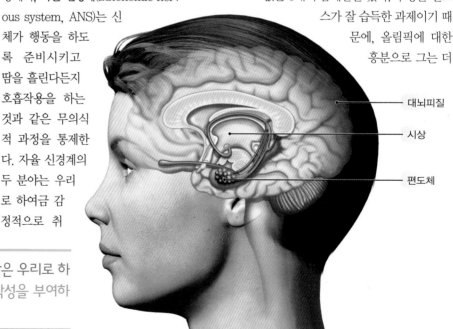

대뇌피질

시상

편도체

>>> 편도체와 시상, 대뇌피질 사이의 교감은 우리로 하여금 우리가 경험한 것에 대해 감정적 심각성을 부여하도록 허용한다.

잘 성공할 수 있었을 것이다. 그러나 갑자기 그가 탁구로 종목을 바꾸었다면, 각성 상태는 수영에서와 똑같은 득이 되지 못했을 것이며, 경기를 수행하는 데 방해가 되는 불안감을 자아냈을 것이다.

부교감 신경계

일단 위기가 끝나면, **부교감 신경계**(parasympathetic division)가 신체를 떠맡아 평소의 상태로 되돌려놓는다. 아드레날린 분비샘이 스트레스 호르몬 분비를 멈추면, 심장박동수와 호흡의 속도가 줄어들며 땀이 줄고 눈동자가 수축되며 소화가 제대로 된다.

특정한 감정을 비교하기

당신의 심장이 시험에 대한 초조함이나 매력적인 사람으로 인해 박동질 치듯이, 다수의 감정들에 있어서 각성의 단계는 유사하다. 많은 감정들은 생리학적 유사성을 가지고 있다. 복권에 당첨되어 느끼는 희열은 당신이 야생동물 때문에 도망칠 때 느끼는 공포와 똑같이 심장박동수를 증가시킨다. 그러니 당신이 희열을 느끼는지 두려움을 느끼는지 어떻게 구별할 수 있겠는가? 당신은 아마도 감정을 요리법쯤으로 생각하고 싶을 것이다. 각각의 감정은 그것을 갈라놓는 서로 다른 생리적인 재료들로 구성되어 있다.

분노는 기쁨이나 슬픔보다 손가락 온도를 더 많이 변화시킨다. 분노, 두려움, 슬픔은 행복, 놀라움, 역겨움보다 훨

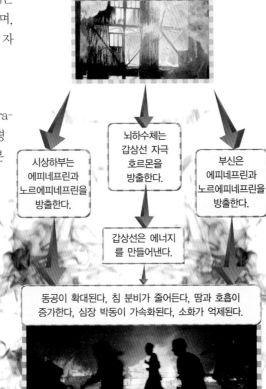

감정적으로 고조된 자극

시상하부는 에피네프린과 노르에피네프린을 방출한다.

뇌하수체는 갑상선 자극 호르몬을 방출한다.

부신은 에피네프린과 노르에피네프린을 방출한다.

갑상선은 에너지를 만들어낸다.

동공이 확대된다, 침 분비가 줄어든다, 땀과 호흡이 증가한다, 심장 박동이 가속화된다, 소화가 억제된다.

사람은 자극에 반응한다

씬 더 심장박동수를 증가시킨다. 두려움은 기쁨과는 다른 얼굴 근육을 움직이고, 편도엽은 화가 난 얼굴보다 두려워하는 얼굴을 보았을 때 훨씬 더 활성화된다. 긍정적이거나 부정적인 감정 또한 뇌의 다른 부분에 관여한다. 분개나 죄책감 같은 부정적인 감정은 전전두피질의 왼쪽보다는 오른쪽을 더 많이 활성화시킨다. 우울한 사람들은 전전두피질의 왼쪽 부분에서의 활동성이 덜 보이는데 이 부분은 긍정적인 감정과 관련이 있는 곳이다. 연구결과는 마약 중독의 주된 요인으로서, 특정한 방법으로 우리에게 쾌감기능을 느끼도록 허용하는 보상체계에 바로

다다를 수 있는 특정한 약이 포함되어 있음을 보여주었다. 두뇌의 기저부분에 있는 특별한 뉴런들은 도파민작동성 통로를 통하여 도파민을 **대뇌 측좌핵**(nucleus accumbens)이라고 불리는 전두피질 아래쪽 부분으로 보낸다 (Nestler와 Malenka, 2004). 우울증 환자의 대뇌 측좌핵에 전기적 자극을 주면 도파민이 분비되어 미소와 웃음을 촉발한다.

거짓말 탐지

"진실의 순간(The Moment of Truth)"이라는 쇼에서 경쟁자들은 상금을 타기 위해서 질문에 진실하게 대답해야만 한다. 이 경우, '진실'이란 그들이 프로그램에 나오기 전에 폴리그래프 검사를 받으면서 대답했던 내용에 의거한다. 누군가 거짓말을 하면, 그 사람의 신체가 각성의 신호를 보이고 이것을 폴리그래프 검사가 측정한다. 많은 감정들은 생리학적 각성을 일깨우기 때문에, 불안함이나 두려움을 느끼는 사람이 거짓말을 하는 것처럼 보일 수도 있다. 반대로 스파이들은 잘 알려진 대로 거짓말 탐지기를 속이는데 이는 그들이 자신의 생리적인 각성을 통제하는 방법을 알고 있거나, 기본적인 질문에도 각성을 보임으로써 혼란을 주는 방법을 알고 있기 때문이다. 열 이미지(thermal image) 또한 거짓말에 동반되는 얼굴 혈액 흐름의 서로 다른 패턴을 드러낼 수 있다. 그러나 이러한 수많은 기술도 오늘날 우리가 갖고 있는 폴리그래프 검사보다 더 신뢰할 수는 없다.

비언어적 감정 표현

얼굴 표정과 눈 맞춤

말을 하지 않고도 우리가 서로 의사소통을 할

<<< 폴리그래프 검사는 스트레스 수위를 알기 위해 혈압, 심박수, 호흡, 발한과 같은 생체 신호를 측정한다.

안면 피드백 가설에서는 특정한 얼굴표정을 짓는 사람은 다른 대립될 만한 감정을 느끼지 않는 한, 상응하는 감정을 느낄 것이라고 말한다.

행동구성단위는 감정표현을 나타내는 안면 표정과 관련된 46개의 독자적인 움직임이다.

강화는 감정을 과장하는 것이다.

약화는 감정을 약하게 하는 것이다.

가면쓰기는 다른 감정을 느끼면서 또 다른 감정을 보이는 것이다.

중화란 개인이 실제로 감정을 느끼지만 감정을 전혀 드러내지 않는 것을 말한다.

형태학은 어떤 것의 모양이나 형태이다.

기분-통합생성과정은 자극을 경험한 사람의 감정 상태와 그 자극을 통합하는 선택적인 인식이다.

감정조절은 한 개인의 감정적 반응을 조절하고 영향을 주는 인지적 전략을 사용하는 것이다.

정서적 예측은 한 개인이 미래에 일어날지 모르는 어떤 일에 대해 어떻게 느끼게 될지 상상하는 것을 말한다.

유인가는 연속성에 따라서 부정적인 가치와 긍정적인 가치가 된다.

수 있다는 사실은 인상적이다. 그저 '바라만 봐도' 서로를 잘 알고 있는 두 사람은 언제 파티에서 떠나고 싶어 하는지, 똑같은 생각을 해냈는지 어떤지 알 수 있다. 흥미롭게도, 모든 표정이 똑같이 관심을 끄는 것은 아니다. 우리는 위협에 대해 감지기를 갖고 있는 것처럼 서로 다른 얼굴 표정 중에서 화가 난 표정을 더 쉽게 집어낸다(Fox 등, 2000; Hansen과 Hansen, 1988). 경험은 또한 어떤 감정을 우리가 쉽게 알아볼 수 있는지에 영향을 미친다. 두려움, 슬픔, 분노가 섞인 얼굴 사진을 보여주었을 때, 육체적으로 학대를 당한 아이들은 더 빈번하게 표정을 분노로 분류한다.

성별의 차이

성별은 또한 우리가 어떻게 감정을 읽고 표현하는지 알려준다. 일반적으로, 여성들은 비언어적 단서들을 남성들보다 더 잘 알아채고 해석할 수 있다(Hall, 1984, 1987). 행복, 슬픔, 분노를 표현해보라고 요청받았을 때, 여성들은 남성들보다 행복을 더 잘 표현하고 남성들은 여성들보다 분노를 더 잘 표현한다(Coats

와 Feldman, 1996). 심리학자인 모니카 무어(Monica Moore)는 바람을 피우는 동안, 여성들은 비언어적으로 더 잘 의사소통하며, 머리를 뒤로 쓸어 넘기거나, 머리를 기울이거나, 남자를 접근하도록 부추기기 위해 부끄러운 듯이 미소짓는 것과 같은 52가지 기록된 바람 피우는 행동을 사용한다는 것을 발견했다.

문화

다윈의 감정의 보편적 이론에서 나온 것으로, 여러 연구들은 전 세계를 통틀어 사람들은 분노, 두려움, 역겨움, 놀라움, 행복, 슬픔을 나타내기 위해 똑같은 얼굴표정을 짓는다는 것을 보여주었다(Ekman과 Friesen, 1975; Ekman 등, 1987; Ekman, 1994). 얼굴표정을 한번도 본 적 없는 맹인 아이들도 눈이 보이는 사람들과 똑같은 표정으로 감정을 표현하는데 이는 감정표현의 선천적·생물학적인 기저에 대해 논쟁이 되고 있는 사실이기도 하다. 비록 얼굴표정이 보편적이라 할지라도, 신체적 제스처나 감정표현의 정도는 문화에 따라 다양하다. 조지 부시의 2005년 취임식을 본 노르웨이 사람들은 텍사스대학의 'Hook'em Horns'라는 인사를 악마의 표시로 해석했다.

안면피드백 가설과 얼굴 표정

다윈은 『인간과 동물에 있어서의 감정의 표현(The Expression of the Emotions in Man and Animals)』이라는 책에서 "감정의 외부적인 표시에 의한 자유로운 표현은 감정을 강화시킨다"라고 썼다(1872). **안면 피드백 가설**(facial feedback hypothesis)에서는 특정한 얼굴표정을 짓는 사람은 다른 대립될 만한 감정을 느끼지 않는 한, 그 표정과 상응하는 감정을 느낄 것이라고 말한다. 사람들은 슬픈 영화를 보는 동안 찡그리는 표정을 지으라고 요청받았다면, 찡그리지 않고 영화를 보았을 때 느끼는 것보다 훨씬 더 슬픔을 느낀다(Larsen 등, 1992). 사람들에게 이로 연필을 물게 하여

만화영화를 보는 동안 효과적으로 미소를 짓게 만들면 그 만화영화가 더 재밌고 즐길 만하다고 보고한다(Strack 등, 1988). 에크만(Ekman)과 프리즌(Friesen)은 감정표현과 관련 있는 얼굴근육을 광범위하게 연구하여 근육이 46개의 독자적인 움직임이나 **행동구성단위**(action units)를 만든다는 사실을 발견했다. 예를 들면, 뺨 위의 광대뼈 부분과 눈 주변의 안륜근은 우리가 미소를 지을 때 움직인다. 이러한 발견은, 감정을 표현하는 것은 우리가 감정을 느끼는 방식을 약화시키는 것이 아니라 강화시킨다는 사실을 보여준다.

기만적인 표현
감정을 숨기기

비록 억지로 미소 지음으로써 당신이 행복감을 느끼게 된다 할지라도, 진실한 표현은 실제로 거짓된 표현과는 다르다. 만약 당신이 어떤 사람을 만난 것이 좋아서 과장되게 기뻐하는 행동을 했다면, 당신은 당신의 감정을 과장해서 **강화**(intensification)를 보여준 것이다. 공공장소에서 심한 슬픔을 느낀 사람이라면 사람들과의 분위기를 원만하게 하기 위해서 자신이 느낀 감정을 다소간 **약화**(deintensification)시킬 필요를 느낀다. 다른 감정을 느끼면서 또 다른 감정을 보이는 것을 **가면쓰기**(masking)라고 하는데, 미인대회 참석자들이 경쟁에서 떨어진 것에 대해 비참함을 느끼지만, 크게 미소 짓는 것이 그렇다. 포커선수

>>> 2009년, 미셸 오바마가 영국 엘리자베스 여왕을 다정하게 껴안으며 맞이했을 때 이를 본 영국 시청자들은 충격을 받았다. 서로 다른 문화권에서 이 제스처를 어떻게 해석할 수 있을까?

들은 일상적으로 '포커 페이스(무표정한 얼굴)'를 유지하는데, 그들이 무엇을 느끼든 **중화**(neutralizing)시켜서 상대방에게 그들 손에 들어온 패에 대한 단서를 주지 않는다.

감정 알아채기

사람들이 얼마나 자신들의 감정을 숨길 수 있는가와 관계없이, 우리가 진실되거나 거짓된 감정들의 신호를 알고 있으면 그 감정들을 알아챌 수 있다. 거짓된 표현은 진실된 표현과는 다른 집단의 근육과 관련되어 있어, 그 근육의 **형태학**(morphology)이나 모양을 연구하면 그 감정이 진실한지 알 수 있다. 진지한 감정은 진지하지 못한 감정보다 더 대칭적이어서, 얼굴 양쪽 다 똑같은 표정을 보여준다. 진실한 표현은 약 30초가량 지속된다. 거짓된 표현은 더 오래 지속되거나 더 짧게 지속된다. 관자놀이 패턴도 거짓된 표현과 진실된 표현에서 서로 다르다. 진지한 표현은 부드럽게 왔다 갔다 하지만, 진지하지 못한 표현은 갑작스럽게 시작하고 끝난다.

경험된 감정

인지와 감정

인지 혹은 생각은 우리가 느낀 것과 느꼈다고 믿는 것에 영향을 줄 수 있다. 한 사건에서 생겨난 각성은 우리가 다른 사건에서 경험한 감정으로 흘러들 수 있다. 예를 들어, 만약 누군가가 당신이 장거리 질주를 마친 직후에 당신에게 모욕을 주었다면 평소보다 더욱 화가 나서 반응을 하게 될지 모르는데, 이는 당신의 신체가 신체적인 운동으로 인해 각성이 되어 있기 때문이다. **오귀인**(misattribution)은 때때

> 인식 혹은 생각은 우리가 느끼는 것 또는 느낀다고 믿는 것에 영향을 미친다. 한 사건에서 온 각성은 다른 사건에서 우리가 경험한 감정 속으로 흘러든다. 감정들은 생리학적 각성, 표현하는 행동과 인지적 경험을 포함한다.

로 사람들로 하여금 잘못된 자극에 각성을 일으키도록 이끌 수 있다. 자극을 일으키는 호르몬인 에피네프린을 주사했을 때, 피험자들은 그 방에 있는 누군가에게 끌리는 각성을 일으킨다(Schachter와 Singer, 1962). 때때로 우리의 감정은 **기분-통합생성과정**(mood-congruent processing)을 통해 감지하는 데 있어서 우리가 선택한 것에 영향을 미친다. 우울증 환자들은 다른 감정들보다 슬픔과 관련된 자극을 민감하게 알아챈다(Elliot 등, 2002, Erickson 등, 2005). 일반적으로, 사람들은 그들의 감정 상태와 동일한 자극을 감지한다(Ito, 2000).

때때로 감정은 우리의 인지적 통로에 이르지 못하거나 인지적 요소를 전혀 갖지 못하기도 한다. 사람들은 비록 그들이 보았다는 사실을 모를지라도 전에 본 적 있는 이미지를 선호하는 경향이 있다(Elliot와 Dolan, 1998). 자극에 대한 메시지는 시상핵(thalamic nuclei)에서 바로 대뇌피질에 도달하지 않고 편도체에 가기 때문에, 자극은 인지적 요소 없이도 감정적 반응을 이끌어낸다.

우리가 **감정조절**(emotion regulation)에 개입할 때, 우리 자신의 감정적 반응에 영향을 주고 통제를 하기 위해 인지적인 전략을 사용한다. 예를 들면, 만약 당신이 당신의 남자 친구 혹은 여자 친구가 다른 사람과 활기차게 이야기하고 있는 것을 본다면, 당신은 그 상황에 대해 이야기하는 것이 반드시 로맨틱한 관계를 의미하는 것은 아니라는 결론을 짓고 나서야 질투와 걱정을 하지 않게 된다. 또한 생각은 우리가 좀 더 나은 결정을 하도록 도와준다. 예를 들어, 당신이 어느 대학에 지원할지 결정하기 위해서 대학 웹사이트를 숙독하고 자신이 각 대학에 다니는 학생이 된 것처럼 상상할 수 있다. 그것은 당신이 미래에 일어날지 모르는 어떤 일에 대해 어떻게 느끼게 될지 상상함으로써 **정서적 예측**(affective forecasting)에 개입하게 된 것이다.

유인가와 각성

모든 감정은 유인가(valence)를 갖는데, 이는 연속성에 따라 부정적인 가치와 긍정적인 가치로서 각성의 정도에 따라 다양화된다. 불쾌하거나 두려운 느낌은 부정적인 유인가를 갖

는다. 아주 강력한 감정으로서, 이것의 높은 각성으로 인해 당신은 겁나는 상황에서 재빨리 행동을 취하게 된다. 사람들은 지루한 느낌을 즐기지 않기 때문에, 지루함은 부정적인 유인가를 갖지만 에너지가 낮은 감정이므로 각성의 상태도 낮다. 반대로, 크게 기뻐하는 감정(elation)은 긍정적인 유인가와 높은 각성의 상태를 갖는다. 이로 인해, 크게 기뻐하는 사람은 행복을 느끼며 흥분한다. 슬픔은 부정적인 유인가와 낮은 각성 상태를 갖는다. 이로 인해 슬픔에 젖은 사람은 불쾌함을 느끼지만 특정한 자극을 느끼지는 않는다.

두려움

두려움은 편안한 감정이 아닐지 모르지만, 우리가 위험에 직면해 있을 때 투쟁-도피 반응을 준비하게끔 조정하는 경고장치이다. 어린이들은 다른 사람들을 관찰하고 두려움을 유발하는 상황을 경험함으로써 두려움을 배운다. 그러나 뱀이나 거미와 같은 것들로 인한 두려움은 생물학적으로 우리에게 고정되어 있는 듯하다. 오늘날에는 행해지지 않는 고전적인 실험환경에서, 연구원인 왓슨(Watson)과 레이너(Rayner)는 앨버트(Albert)라는 유아에게 그의 두려움을 전이하고 일반화하도록 가르쳤다(1920). 초기에, 이 아이는 커다란 소음에 두려움을 보였다. 연구원들은 커다란 소음과 쥐를 보여주는 것을 동일화시켰고, 아이는 점차 쥐를 무서워하도록 학습되었다(모든 흰색 털을 가진 것들도 마찬가지로 — 좀 더 자세한 것은 "Little Albert" 연구, 제7장을 보도록). 이와 같은 원리로, 아이들은 반복적으로 떨어지거나 거의 떨어질 뻔함으로써 높은 곳에 대한 두려움을 배운다(Campos 등, 1992).

생리학적으로, 두려움은 편도체에 의해 크게 통제되고 있는 것으로 보인다. 편도체는 전측 대상회피질(anterior cingulated cortex)로부터 입력물을 받아들여 뇌의 두려움과 관련된 부분으로 영상을 보낸다. 따라서 편도체에 손상이 있는 사람들은 무섭게 생긴 얼굴에 두려움을 느끼는 것이 아니라 더 신뢰를 보이기도 한다(Adolphs 등, 1998). 어떤 두려움은 극단적일 수 있다. 예를 들어, 혐오증(phobias)은 사람들에게 특정한 물체나 상황에 대

정화이론은 사람은 감정이 축적되어 폭발하는 것을 막기 위해 감정을 표현해야 한다는 생각을 말한다.

기분이 좋을 때 좋은 일도 더욱 잘하는 현상은 사람들이 이미 행복해 있을 때, 그들은 더욱 유익한 일을 할 수 있음을 의미한다.

주관적인 안녕감이란 한 개인이 인생에서 스스로 감지한 만족감이다.

적응 단계 현상은 사람이 지금 경험하고 있는 것이 그 사람에게 일반적인 것이 되면 그 사람은 끊임없이 더 많은 것을 원하게 되는 현상을 말한다.

상대적 박탈감은 사람이 자신을 다른 사람과 비교하는 것을 말한다. 즉 사람은 자신을 사회적 지위가 더 높은 사람과 비교할 때 더 비참하게 느끼고, 자신보다 사회적 지위가 낮은 사람과 비교하면 기분이 더 좋아진다.

동기는 행동을 지시하고 **활**발하게 하는 필요와 욕구이다.

기질적 힘은 동기와 관련된 내부적 요인이다.

상황적 힘은 동기와 관련된 외부적 요인이다.

● ● ●

해 엄청난 두려움을 갖게 하여 제대로 움직일 수도 없게 만든다.

분노

분노의 얼굴표정은 보편적일 수 있지만, 분노의 요소는 문화적으로 세분화된다. 집단조화를 유지하기 위해, 상호의존이 강조되는 문화권 출신의 개인들은 분노를 종종 덜 표현하는 경향이 있다(Markus와 Kitayama, 1991). 예를 들면, 타이 사람들은 유별나게 공손하고 일본인들은 서양인들보다 종종 화를 덜 표현한다. 서구에서는, **정화이론**(catharsis theory), 즉 감정이 축적되어 폭발하는 것을 막기 위해 감정을 표현해야 한다는 생각이 일반적으로 받아들여지고 있다. 그 결과, 많은 형태의 치료가 억눌린 감정을 분출하기 위해 분노의 감정을 표현하도록 북돋우고 있다. 하지만 연구결과는 '분출(venting)'이 분노를 줄여주지 않고 사람들을 더 화나게 만든다는 사실을 보여준다(Bushman 등, 1999). 즉 분출이 일시적인 안도감을 줄 수 있다 하더라도, 실제로 그보다 더 효과적인 분노감 대처 기제는 자신을 혼란스럽게 만들거나 감정을 다른 곳으로 보내는 것이다.

행복감

행복의 무엇이 그렇게 대단한가? **기분이 좋을 때 좋은 일도 더욱 잘하는 현상**(feel-good, do-good phenomenon)에 따르면, 사람들이 이미 행복해 있을 때 그들은 더욱 유익한 일을 하게 된다. 심리학자들은 삶의 질을 평가하기 위해서 수입이나 건강과 같은 객관적인 측정과 더불어 **주관적인 안녕감**(subjective well-being) — 한 개인이 인생에서 스스로 감지한 만족감 — 을 측정하였다. 긍정적 심리학 분야의 창시자의 한 사람인 마틴 셀리그만(Martin Seligman)은 심리학은 단지 부적응을 겪는 사람들뿐만 아니라 무척 잘 적응하는 사람들에 대해서도 연구해야 한다고 믿는다. 이러한 믿음에 근거하여 이 심리학은 사람들을 행복해질 수 있게 하는 내적인 힘, 미덕, 자원, 성격 특성에 대해 규정하려 애써왔다. 그 결과, 일상적인 불쾌한 사건에서 생겨난 부정적인 느낌은 짧은 기간 동안 지속되며 종종 다음 날 더 긍정적인 느낌으로 바뀐다는 사실을 발견했다(Affleck 등, 1994; Bolger 등, 1989; Stone과 Neale, 1984). 유사하게, 극단적으로 긍정적인 사건은 사람들로 하여금 일시적으로 더 행복하게 느끼게 하지만, 그들을 곧 일상적인 상태로 돌아가게 만든다(Brickman 등, 1978).

속담에도 있듯이, 돈으로 행복을 살 수는 없다. 돈에 가치를 두고 추구하는 사람들이 사랑과 우정에 가치를 두고 추구하는 사람들보다 행복을 덜 느끼는 경우가 많다(Kasser, 2002; Perkins, 1991). 부유한 나라에 사는 사람들이 가난한 나라에 사는 사람들보다 더 행복한 것 같지는 않다(Diener와 Biswas-Diener, 2002; Eckersley, 2000). 우리는 우리의 현재 상태를 과거의 상태와 비교하여 판단하는 경향이 있다. 그리고 **적응 단계 현상**(adaptation-level phenomenon)으로 인해 현재 상태에 익숙해지면 그보다 더 상승된 기분, 더 많은 돈, 더 위대한 명성을 원하기 시작한다(Campbell, 1975).

> **적응** 단계 현상(adaptation-level phenomenon)으로 인해 현재 상태에 익숙해지면 그보다 더 상승된 기분, 더 많은 돈, 더 위대한 명성을 원하기 시작한다(Campbell, 1975).

또한 우리의 행복은 다른 사람들이 얼마나 행복한지 감지하는 것에도 달려 있다. 다른 사람들의 비참함을 모든 사람들이 즐거워하지는 않지만, 우리 대부분은 자신을 다른 사람들과 비교하여 **상대적 박탈감**(relative deprivation)을 느끼곤 한다. 우리 자신을 사회적 위치가 높은 다른 사람들과 비교할 때, 우리는 더 악화된 느낌을 갖는다. 반면에 우리 자신을 사회적으로 낮은 위치에 있는 사람들과 비교하면, 우리는 더 나은 기분을 느낀다. 유사하게, WWⅡ Army Air Corps에 있는 군인들은 다른 사람들이 빨리 승진하는 것을 보았을 때, 그들 자신의 승진전망에 대해 더 많이 당혹감을 느꼈다(Merton과 Kitt, 1950).

그러면 무엇이 사람을 행복하게 만드는가? 행복의 예측변수는 문화에 따라 약간의 차이를 보이지만, 공통적으로 낙관론, 친밀한 관계, 믿음, 의미 있는 노동, 양질의 수면, 식사 습관 등의 요소를 포함하고 있다. 몇몇 국가에서는 높은 자신감을 포함하기도 한다. 한편 나이, 성별, 교육수준, 부모의 훈육과 신체적인 매력도는 믿을 만한 행복의 예측변수가 아니다(Diener 등, 2003).

동기, 추동, 보상물에 대한 견해

동기

2008년 초 세계는 프랑스 은행 소시에테 제네랄(Société Générale)에 근무하는 31세의 금융거래인인 제롬 케비엘(Jérôme Kerviel)이 역사상 가장 큰 금융사기를 벌임으로써 7.5조 달러의 부채를 지게 했다는 사실을 알게 되었다. 그의 행위 동기에 대한 조사는 최근 부친의 죽음과 그의 내성적인 성격으로 인한 이혼과 그의 과도한 야망에 걸쳐 이루어졌다.

왜 우리는 어떤 일을 하게 되는 것일까? **동기**(motivation)는 행동에 활력을 불어넣고 방향을 잡아주는 필요이며 욕구이다. 이것은 내적 요소인 **기질적 힘**(dispositional forces)과 외적 요소인 **상황적 힘**(situational forces)으로 이루어졌는데, 이것들이 우리로 하여금 특별한 상황에서 특정한 일을 하도록 유발한다. **동기 상태**(motivation state)와 **추동**(drive)은 우리를 특정 목표로 향하게 만드는 내적인

204

제13장

조건으로서, 시간이 흐름에 따라 변할 수 있다. **의식적 동기**(conscious motivations)는 우리가 깨닫고 있는 상태에 머물러 있고, **잠재의식적 동기**(subconscious motivations)는 우리가 깨닫고 있는 상태에 있지는 않지만 우리가 쉽게 접근할 수 있고, **무의식적 동기**(unconscious motivations)는 우리가 깨닫지 못한 상태에서 작용한다. 시험에서 좋은 성적을 얻기 위해 공부하는 것 — 긍정적인 결과 — 은 **접근 동기**(approach motivation)의 한 예이다. **회피 동기**(avoidance motivation)는 당신이 실패하지 않기 위해서 밤새워 일하는 것과 관련 있다. 우리는 건강식을 먹음으로써 음식에 대한 신체적 필요와 요구를 충족시킨다. 반면에, 식사 후에 아이스크림을 먹는 것은 필요가 아니라 우리가 원하는 것을 만족시키기 위함이다.

동기에 관한 이론

다윈의 진화론이 유명해졌듯이, 인간의 본능을 구분 짓는 일도 유명해졌다. 윌리엄 제임스(William James)는 **본능**(instincts) — 한 종을 통하여 고정된 형태의 학습되지 않은 복잡한 행동 — 이 인간과 다른 동물 안에 목적의식을 갖는다고 믿었다(1890). 지그문트 프로이트(Sigmund Freud)는 **쾌락 원칙**(hedonic principle) — 사람들은 고통은 피하고 즐거움을 경험하고 싶어 한다는 믿음 — 에 근거하여 생명의 근원으로서의 욕구(성욕을 포함하여)에 의해 시작된 심리적 에너지의 힘을 묘사했다.

클락 헐의 **추동-감소 이론**(drive-reduction theory)에 의하면, 우리의 생리적인 욕구가 우리로 하여금 그 욕구를 감소시키도록 하는 각성 상태를 만들어낼 때, 우리는 행동을 한다. 만약 우리가 피곤하다고 느끼면, 우리는 꾸준하고 균형 잡힌 내적 상태인 **항상성**(homeostasis)을 축적하기 위해 자라 가는 행동을 취한다. 긴장을 줄이는 것은 행동을 강

> >>> 왜 발렌타인데이 때 연인에게 초콜릿을 주는 것이 생리적으로 의미가 있을 수도 있을까?

화한다(Hull, 1943, 1952). 최적의 상태에서 출발하는 것이 추동(drive)을 만들게 된다. 배고픔과 목마름과 같은 **조절 추동**(regulatory drives)은 항상성을 유지한다. 성욕과 사회적 욕구와 같은 **비조절 추동**(nonregulatory drives)은 다른 활동을 시작하게 한다. 안전함을 유지하려는 추동은 두려움, 분노의 느낌, 심지어 수면의 필요성에 대한 동기를 부여한다. 성적 욕구와 자손을 보호하려는 추동은 성적인 관계와 가족 관계에 대한 동기를 부여한다. 사회적 추동은 사람들로 하여금 협동하게 만들고, 교육적인 추동은 호기심과 놀이, 예술과 문학의 추구에 대한 영감을 준다.

줄리언 로터(Julian Rotter)는 동기에 있어서 인지의 역할과 행동형성에 있어서 기대의 중요성을 강조한 **사회적 학습 이론**(social learning theory)을 발달시켰다(1954). 사기꾼 주식 중개인 제롬 캐비엘은 돈을 많이 벌 것이라는 기대감으로 위험한 거래에 개입했을 수도 있다. 왜냐하면 사람들은 목적을 이룰 수 있다는 기대감과 그 목적의 중요성을 기반으로 둔 일들을 하기 때문이다. 만약 특정한 방법으로 행동해도 그들이 원하는 것을 얻을 수 없다는 것을 알게 되면, 그들은 행동을 바꿀지 모른다. 그런데 캐비엘은 자신이 선택한 방법을 통해 그가 원하는 것을 얻을 수 있다는 비이성적인 기대감을 가졌기에, 그의 행동을 바꾸는 대신 손실에도 불구하고 주식거래를 계속하게 된 것이다.

중앙-집중 이론(central-state theory)은 추

동을 신경계의 활동과 상응하는 것으로 이해하고 있다. 서로 다른 추동들은 서로 다른 **중앙추동체계**(central drive systems) — 추동을 일으키는 일련의 신경들 — 를 갖는다. 예를 들면, 배고픔과 성욕은 서로 다르지만 겹치는 추동체계를 갖고 있다. 이탈리아의 연구원들은 초콜릿 소비와 성욕과의 관계를 밝혀냈는데, 리비도가 낮은 여성들은 초콜릿을 먹은 후에 성에 훨씬 더 흥미를 보인다는 사실을 알아냈다.

뇌의 기저부에 위치해 있는 시상하부는 뇌줄기와 전뇌에 연결되어 있으며, 많은 중심적인 추동체계들을 조절하는 데 매우 중요한 역할을 한다. 시상하부는 내부기관에서 나오는 입력을 옮기고 다시 자율운동 출력을 내부기관으로 보내는 신경에 직접 연결되어 있다. 또 시상하부는 호르몬 분비를 조절하는 뇌하수체와 연결되어 작용한다.

동기 상태는 개인으로 하여금 특정 목표를 향하도록 하는 내부적 조건이다.

추동은 특정 목표를 향하도록 하는 내부조건이다. 이것은 최적의 상태에서 시작됨으로써 생겨난다.

의식적 동기는 개인이 깨닫고 있는 상태에 머물러 있는 동기이다.

잠재의식적 동기는 개인이 깨닫고 있는 상태는 아니지만 쉽게 접근할 수 있는 동기이다.

무의식적 동기는 개인이 깨닫지 못한 채 작용하는 동기이다.

접근 동기는 긍정적인 결과를 얻기 위한 노력과 관련된 동기이다.

회피 동기는 부정적인 결과를 회피하기 위한 노력과 관련된 동기이다.

본능은 한 종을 통하여 고정된 형태를 갖는 학습되지 않은 복잡한 행동이다.

쾌락 원칙은 사람들은 즐거움을 경험하고 고통은 피하려 한다고 말한다.

추동-감소 이론은 생리적인 필요가 그 필요를 감소시키도록 하는 각성된 상태를 만들어 낼 때, 개인은 반응한다고 설명한다.

항상성은 일정하고 균형 잡힌 내적 상태를 말한다.

조절 추동은 항상성을 유지하려고 한다.

비조절 추동은 항상성을 유지하려고 요구하지 않는 활동을 시작한다.

사회적 학습 이론은 행동을 형성하는 데 있어서 동기에 대한 인식의 역할과 기대감의 중요성을 강조한다.

중앙-집중 이론은 신경계 활동에 상응하는 것으로 이해될 수 있는 추동을 말한다.

중앙추동체계는 추동을 일으키는 일련의 신경들이다.

보상물은 환경에 따른 긍정적이거나 부정적인 자극이다.

내재적 보상은 그 자체나 그 안에 즐거움이 있는 과제이다.

외재적 보상은 과제를 수행함으로써 얻는 보상이다.

기호는 보상으로부터 생겨난 즐거움에 대한 주관적 느낌이다.

갈망은 보상을 받기 위해 특정한 목표를 성취하려는 욕망이다.

강화는 더 많이 순환될 것 같은 반응을 일으키는 행동을 일컫는다.

보상 신경계는 보상을 받는 것과 관련된 긍정적인 감정을 경험하는 것에 관여하는 신경세포이다.

안쪽앞뇌다발은 뇌의 보상통로이다.

기호 체계는 즐거움을 경험하는 것에 관련된 체계이다. 이것은 도파민에 의존하지 않는다.

엔돌핀은 통증신호를 막아주는 모르핀과 비슷한 화학물질이며 안쪽앞뇌다발에서 분비된다.

갈망 체계는 보상을 얻기 위해 목표를 성취하는 것과 관련된 체계이다. 도파민에 심하게 의존한다.

최적의 각성은 한 개인이 충분한 동기를 갖게 할 만한 각성 상태이며 초조함을 느껴 실행하지 못할 정도로 과도한 것은 아니다.

여키스-도슨 법칙은 실행은 적당한 단계의 각성에서 최고조에 이른다고 일반적으로 말하고 있다.

보상물

당신은 목이 마르기 때문에 탄산음료를 살 수도 있지만, 이것의 기분전환 효과에 대한 상업광고를 보고 살 수도 있다. 추동에 덧붙여, **보상물**(incentives) —환경에 따른 긍정적이거나 부정적인 자극 —도 동기를 부여함으로써 우리가 행동하게끔 한다.

강한 추동은 보상물의 유인가(誘引價)를 높일 수 있다. 만약 목이 마르다면, 상큼한 음료수의 모습에 당신은 더 많이 영향을 받을 것이다. 상이나 목적을 성취하는 것도 보상을 강화시킨다. 남을 돕거나 새로운 기술들을 배우려는 욕구 같은 **내재적 보상**(intrinsic reward)은 그 행동을 하는 자체로 즐거움이 생긴다. 좋은 점수를 받기 위해 공부하는 것과 같은 **외재적 보상**(extrinsic reward)은 각각 따로따로 형태를 알 수 있는 보상을 주는 행동을 하기 위해서 동기를 갖는 것을 의미한다. 3종 경기선수(트라이애슬리트)인 줄리 에르텔(Julie Ertel)는 자신은 운동을 즐기고 있지만, 운동선수들이 승리하는 데 너무 사로잡혀 있어서(외재적 동기), 재미를 느끼는 것(내재적 동기)을 놓칠 수 있다고 말한다.

갈망과 기호

스포츠를 즐기는 것과 이기는 것 둘 다 운동선수에게 **기호**(liking)라는 느낌을 준다. 이는 보상에서 오는 즐거움에 대한 주관적 느낌이다. 올림픽에서 메달 따기를 **갈망**(wanting)하는 것은 운동선수에게 보상을 위해 열심히 운동하도록 하는 욕망을 일으킨다. **강화**(reinforcement)는 배움에 대한 보상의 효과이고 운동선수들이 계속 스포츠를 추구하는 이유를 설명해 준다.

보상 신경계(reward neurons)가 사라졌거나 손상된 동물들은 모든 동기를 잃고 인위적으로 먹이를 주지 않으면 죽고 말 것이다. 뇌의 보상통로인 **안쪽앞뇌다발**(medial forebrain bundle)은 시상하부를 지나 중뇌에서 안쪽앞뇌뉴런(신경세포)으로 향하는 시냅스 말단인 대뇌측좌핵으로 꼬여서 들어간다. 이 통로가 보상을 조절하기 때문에 동물들은 이것을 자극하기 위해 오랜 시간 열심히 일을 할 것이다. 쥐들의 대뇌측좌핵에 전극을 부착하면 쥐들은 뇌의 보상 부분을 자극하기 위해 레버를 수천 번 눌렀다(Wise, 1978).

기호 체계(liking system)는 즐거움과 관련 있으며 도파민에 의존하지 않는다. 예를 들면, 신경과학자들은 달콤한 맛이 도파민 수치와 관계없이 기호 체계를 활성화시킨다는 사실을 발견했다. 쥐들이 도파민 감소 약을 섭취했을 때, 여전히 기호 활동에 관여하며 즉각적으로 얻을 수 있는 보상을 추구할 뿐이었다. **엔돌핀**(endorphins)은 안쪽앞뇌다발에서 분비되는 모르핀 비슷한 물질인데, 통증을 억제하고 러너스하이(runner's high)와 같은 즉각적인 보상의 즐거움과 관련되어 있다.

반대로, **갈망 체계**(wanting system)는 도파민에 의존한다. 보상을 위해 레버를 누르도록 훈련된 쥐들은 레버를 누른 후가 아니라 바로 직전에 대뇌측좌핵에서 짧은 도파민 분출활동이 이루어진다(Phillips 등, 2003). 도파민은 학습에도 한 역할을 담당한다. 쥐들이 먹이를 받기 전에 빛에 노출되면, 그들의 도파민 활동이 빛에 반응하여 일어나기 시작한다. 쥐들이 먹이를 기대할 때면 쥐들은 보상예감을 느끼기 시작하는데, 이는 중독자들에게 잘 알려진 느낌이다. 불륜과 같이 중독은 '기호'에

대한 감정(鑑定) 없이 '갈망'을 만들어낸다. 근본적으로 중독은 뇌의 보상체계를 무너뜨린다. 코카인, 앰페타민과 니코틴은 대뇌측좌핵에서 도파민과 엔돌핀의 효과를 모방한다. 그것들은 또한 약이 사용될 때마다 활성화되는 보상을 근거로 하여 학습을 조절하는 메커니즘을 자극하고 그 활동을 강화시킨다. 또한 도박이나 기회에 승부를 거는 게임들은 대뇌측좌핵과 보상통로를 활성화시킨다. 실험에 사용된 쥐들처럼, 보상에 대한 단순한 예감은 도파민 활성화를 야기하고 도파민이 유지하려는 메커니즘을 어지럽힌다. 주식거래에서 얻을 수 있는 막대한 이익에 대한 케비엘의 예상 또한 그의 행동에 기름을 부었을 것이다.

최적의 각성

올림픽 선수들에게는 그들에게 충분한 동기를 주는 **최적의 각성**(optimal arousal)이 필요하지만 실행할 수 없을 정도로 많은 각성은 필요하지 않다. 16살의 체조선수인 숀 존슨(Shawn Johnson)은 경쟁할 때마다 매번 초조함을 느끼지만 그녀가 쓰고 있는 시 속으로 그 감정을 실음으로써 자신감을 갖고 경기를 했다. 다라 토레스(Dara Torres)는 41세에 그녀의 다섯 번째 올림픽 출전권을 따냈는데, 그녀는 그 어느 때보다도 수영과 경쟁을 즐긴다고 말한다. **여키스-도슨 법칙**(Yerkes-Dodson law)은 실행은 적당한 단계의 각성에서 최고조에 이르는 것이 일반적이라고 말한다(Yerkes와 Dodson, 1908). 도표로 묘사된 여키스-도슨 법칙은 뒤집어진 U자와 비슷하다. 실행단계는 각성이 증가함에 따라 증가하지만, 특정 지점(뒤집어진 U자 꼭대기)까지만 그렇다. 그 이후에는 각성이 증가함에 따라 실행은 감소한다. 보다 쉬운 과제는 보다 높은 최적의 각성단계를 갖지만 보다 어려운 과제는 보다 낮은 단계의 최적의 각성단계를 갖는

다. 또한 지속성을 요구하는 과제는 일반적으로 지적인 과제보다 더 많은 각성을 요구한다. 한 스포츠에서 경쟁을 위한 최적의 각성은 체스를 두는 것보다 더 높다.

매슬로우의 욕구단계설

에이브러험 매슬로우(Abraham Maslow)는 **욕구의 위계**(hierarchy of needs)를 통하여 동기를 서술했는데, 보다 기본적인 단계는 보다 높은 단계 이전에 완성되어야 한다는 것이다 (1970). 배고픔이나 목마름과 같은 **생리적인 욕구**(physiological needs)는 가장 기본단계로 분류의 밑바닥에 나타난다. 안전한 환경에서 느끼는 감정인 **안전성**(safety)은 분류의 그 다음 단계에 나온다. 일단 한 개인이 생물학적인 안전성에 대한 욕구를 충족하면, 그 개인은 사랑받는 느낌과 고립을 피하려는 필요인 **소속감**(belongingness)을 추구한다. 그 다음으로 가치와 성취에 대한 느낌인 **존중 욕구**(esteem needs)에 대한 욕구가 온다. 매슬로우는 분류의 최상층에 자기 개념을 완수했다는 감정과 개인의 독특한 잠재력을 실현했다는 깨달음인 **자아실현**(self-actualization)을 두었다(1971).(욕구단계설에 관해 더 많은 정보를 원하면 제16장을 보라.)

배고픔

배고픔의 생리학

만약 당신이 이른 아침 수업 전에 아침을 거른 적이 있다면, 교실 안의 모든 사람들이 당신의 배고픔을 알아차릴 만큼 크게 배가 꼬르륵거리는 당황스러움을 경험했을 것이다. 와

<<< 도박중독과 마약중독은 어떻게 유사할 수 있을까?

시번(A. L. Washburn)은 위의 수축을 모니터링하기 위해 풍선을 삼켰는데 배고픔이 정말 위의 수축과 같은 반응이라는 것을 발견했다 (Cannon과 Washburn, 1912). 그러나 인간과 쥐의 위를 제거하여도 배고픔이 사라지지 않았고 배고픔의 근원에 대한 새로운 이론이 생겨났다.

배고픔, 신체의 화학작용과 뇌

혈당인 **포도당**(glucose)은 배고픔과 포만감을 결정하는 데 도움을 준다. 포도당 수치가 떨어지면, 우리는 배고픔을 느낀다. 만약 포도당 수치가 올라가면, **인슐린**(insulin)이라는 호르몬이 우리의 신체에게 포도당을 지방으로 바꾸라고 지시함으로써 포도당을 감소시킨다. 신체가 이러한 화학물질을 감시하면서 먹을 것인지 먹지 않을 것인지에 관한 메시지를 뇌에 보낸다.

연구 결과는, 시상하부가 이중 중심 모델(dual center model)에 따라서 배고픔을 조정하는 역할을 하고 있음을 보여준다. 측면 시상하부는 **오렉신**(orexin)이라는 호르몬을 분비하는데, 이는 식욕을 증가시키는(orexogenic) 반응인 배고픔의 느낌을 불러온다. 측면 시상하부가 전기적으로 자극을 받으면, 이미 배불리 먹은 쥐들도 먹기 시작한다. 이 부분이 손상되거나 제거되면, 굶주린 쥐들조차도 먹고 싶은 욕구가 없어진다(Sakurai 등, 1998). 복내측 시상하부는 배고픔을 억누르고 동물들에게 먹지 않도록 하는 **식욕상실**(anorexogenic)을 유발하는 신호를 보낸다. 시상하부의 **궁상핵**(arcuate nucleus)은 식욕자극과 식욕억제 신경세포를 둘 다 갖고 있다.

모든 배고픔이 다 신체 내부 상태에서 시작되는 것은 아니다. 많은 사람들은 식사를 하고 나서 이미 배가 부른데도 후식을 먹을 여력을 갖고 있는 듯하다. 이 경우에는 **미각**(gustatory sense) — 맛(taste) — 이 배고픔을 조정한다. 또한 만족의 느낌

욕구의 위계는 한 개인이 자아실현을 위해 만족시켜야 하는 다섯 가지 욕구를 보여주는 피라미드 구조이다.

생리적인 욕구는 배고픔이나 목마름과 같은 한 개인의 생리에 영향을 주는 필요이다.

안정성은 안정적이고 안전한 환경에 있을 때 느끼는 느낌이다.

소속감은 사랑받고 있다고 느끼고 고립을 피하려는 필요이다.

존중 욕구는 성취를 느끼고 자아존중에 대한 필요이다.

자아실현은 자아수긍과 개인의 잠재력 실현에 대한 완성된 느낌이다.

포도당은 혈액 내의 당분이다.

인슐린은 혈액 내의 포도당을 줄이는 호르몬이다.

오렉신은 배고픔을 느끼게 하는 호르몬이다.

식욕상실은 동물이 먹는 것을 멈추도록 하는 신호를 말한다.

궁상핵은 식욕자극과 식욕억제 세포 둘 다 포함하고 있는 시상하부의 한 부분이다.

미각은 맛을 느끼는 감각이다.

> **많은 사람들은 식사 후 이미 배가 부른데도 후식을 먹을 여력이 있는 듯하다. 이 경우에는 미각 — 맛 — 이 배고픔을 조정한다.**

인 포만감은 감각기관 내에서 감각자극을 포함한다. 후식은 입맛을 돋우는 것처럼 보여서, 우리는 후식을 먹고 싶은 느낌을 갖는다. 만족감을 느낄 때까지 특정 먹이를 먹는 동물들은 새로운 먹이나 맛을 접하게 되면 다시 먹게 될 것이다. 후식의 달콤한 맛은 식사의 짭짤한 맛과 비교하여 새로운 맛을 대표한다.

성적인 동기

일치성

대부분 포유류의 성적 욕구는 그들의 호르몬 수치와 화학적 신호와 일치한다. 암컷의 에스트로젠(estrogen)과 프로게스테론(progesterone)의 주기적인 생산은 인간에게는 생리 주기이며 다른 동물들에게는 에스트로스(estrous) 주기이다. 암컷 쥐의 시상하부의 복내측 부분은 수컷의 시각교차앞 구역에 해당한다. 포유류 암컷의 에스트로젠은 배란기에 최고조에 이르고, 이때 암컷은 성적으로 예민

해진다. 포유류 수컷의 테스토스테론(testosterone) 수치는 보다 일정하게 유지되지만 성적인 행위에 영향을 미친다. 인간 여성의 성적 욕구는 대다수 다른 포유류에 비해 호르몬 수치와 덜 일치한다. 여성의 성적 욕구는 배란기에 다소 증가하지만, 에스트로젠 수치보다는 테스토스테론과 더 관계가 있다(Harvey, 1987; Meston과 Frohlich, 2000; Meuvissen과 Over, 1992; Reichman, 1998). 테스토스테론 패치와 같은 테스토스테론 치료는 난소나 부신을 제거해서 성욕이 줄어든 여성들의 성적 욕구를 증가시킨다. 남성에게도 역시 테스토스테론은 성적 욕구를 조절한다.

거세

17세기와 18세기 유럽에서 높은 음의 노래를 부를 수 있는 목소리를 유지하기 위해서 거세되었던 사춘기 이전의 소년들은 성인 남성의 특징이나 성욕을 발전시키지 못했다. 1994년도 영화인 "파리넬리(Farinelli)"는 18세기에 가장 유명했던 카스트라토이자, 전 시대에 걸쳐 가장 위대한 오페라 가수 중 하나라고 여겨지는 카를로 브로스키(Carlo Broschi)의 일생을 묘사했다. 2006년도에 연구원들은 거세가 인간의 신체에 미치는 영향을 연구하기 위해 브로스키의 시체를 파냈다. 연구가 완전하게 완료된 것은 아니지만, 뼈에 있는 특이한 점들이 거세의 징후를 보여줬다. 거세당한 성인 남성 역시 테스토스테론의 수치가 감소하면서 성욕도 사라졌다. 사춘기 이전 수준으로 테스토스테론 수치를 줄이기 위해 데포-프로베라(Depo-Provera)가 투여된 남성 성범죄자들은 성에 흥미가 덜하다고 보고되고 있으며, 재범이 줄어든다는 연구 결과를 보여주기도 한다. 실제로 시상하부의 시각교차앞 구역에 테스토스테론 결정체를 이식하면 거세된 동물들의 성적 욕구가 복원된다(Everitt와 Stacey, 1987). 한편, 이런 약물 치료가 성을 통해서 폭력성을 표현하는 강간범들의 욕망을 줄이들

게 하지 않는다는 것을 보여주는 연구들도 있다(Criminal Justice Special Report, 1988).

수면 동기

우리는 왜 잠을 자는가?

보존과 보호 이론(preservation and protection theory)은 포식자로부터 오는 위험이 낮고 음식을 얻을 기회가 적을 때인 밤 동안 에너지를 보존하고 자신을 보호하기 위해 진화한 메커니즘으로 수면을 설명한다. 수면 유형은 동물의 신체적인 노력 단계에 의존하는 것이 아니라, 동물이 먹이를 찾고 자신을 보호하는 방식에 의존한다. 만약 포식자가 낮 동안 동물을 사냥한다면, 그 동물은 야행성이 될 가능성이 많고 최소한 낮 시간 동안에는 위험이 있는 길에서는 벗어나야 할 것이다. 유사하게, 인류와 같이 시각에 의존하는 종들은 일상 활동을 위해 햇빛의 이점을 이용할 수 있는 낮에 활동하는 경향이 있다.

신체회복 이론(body restoration theory)은 수면을 필수 휴식과 회복의 시간으로 설명한다. 잠자는 동안 신진대사율은 증가하고, 근육은 이완을 하며, 신체는 신경세포조직을 회복시키기 위해 성장호르몬을 분비한다. 수면을 박탈당한 쥐들은 신경조직이 손상되면서 결국에는 죽는다(Rechtschaffen과 Bergman, 1965). 수면을 박탈당한 사람들 또한 건강과 기능의 저하를 경험한다.

수면은 낮 동안 우리가 배운 것들의 기억을 강화하고 학습을 증진시키는 데 필수적인 것으로 보여진다(Guzman-Marin 등, 2005; Leprouit 등, 1997). 기억 저장고는 두 개의 신경세포(뉴런)가 만나는 접합점인 자극전달부(시냅스)에서 교류를 확장하기 위해 자극을 일으키며, **장기간 강화작용**(long-term potentiation, LTP)이 요구된다. 계속 깨어 있던 쥐들은 잠을 자도록 했던 쥐들보다 장기간 강화작용이 덜 보였다(Vyazovskiey 등, 2008).

활성화 합성이론(activation-synthesis theory)은 수면을 눈동자의 빠른 움직임이 특징인 **렘 수면**(REM sleep) 단계에서, 시각과 운동근육 신경세포의 활성화의 부수효과로 이해한다. 꿈은 뇌의 서로 다른 부분에 있는

신경세포들이 임의적으로 활성화되고, 대뇌피질은 어떤 일관성 있는 이야기 속으로 그것들을 합성하기 때문에 꾸게 된다고 본다. 하지만 활성화 이론은 꿈에 어떤 목적이 있다고도 생각하지 않으며 심리분석적 이론에 반하여 논쟁하지도 않는다.

개인별 다양성

비록 대부분의 사람들에게는 8시간의 수면시간이 요구되지만, 어떤 사람들에게는 정신이 들고 휴식을 취했다고 느끼기 위해서는 9시간이나 10시간의 수면시간이 필요하다. 전 영국 수상인 마가렛 대처는 하루에 4시간만 잤다고 주장하지만, 수면연구가 이안 힌드마치(Ian Hindmarch)는 수많은 사진들이 대처가 낮 동안 자고 있는 모습을 보여준다고 말한다. 플로랜스 나이팅게일(Florence Nightingale)과 나폴레옹(Napoleon) 또한 밤에 몇 시간만 잤다고 보고되었다. **비수면인들**(nonsomniacs, 보통사람보다 적게 자지만 피로를 느끼지 않는 사람들 — 역자 주)은 8시간보다 훨씬 짧은 수면시간을 필요로 하는 드문 사람들이다(때때로 하루 밤에 1시간만 필요하다). **불면증환자들**(insomniacs)은 대부분의 사람들만큼 수면이 필요하지만, 여러 이유로 해서 수면을 취할 수 없는 사람들이다.

소속감

고등학교 학생들이 파벌조직의 일원이 되려고 하거나 어른들이 직업적인 그룹에 가입하려고 하는 것은, 그들이 소속하려는 인간의 필요에 부응하는 것이다. 『니코마커스의 윤리학(Nichomachean Ethics)』에서 아리스토텔레스는 인간을 "사회적 동물(social animal)"이라고 불렀다. 소속감은 인생을 더욱 충만하게 만들 뿐만 아니라 부모와 자녀, 자녀와 자녀 사이를 더 가깝게 해주고 보호해줌으로써 생존율을 높이는 데도 기여한다. 비참한(wretched)이라는 단어는 중세영어 wrecche에서 유래했는데, 가까이에 일가친척이 없는 상태를 의미한다. 초기 인류는 아마 싸우고, 사냥하고, 포식자와 적들로부터 자신을 보호하기 위해 함께 침략하기도 했다.

이러한 소속의 욕구는 전 문화에 걸친 필요인 것 같다. 줄루족 속담에는 "한 개인은 다른 개인들을 통했을 때 한 개인이다(Umuntu ngumnutu ngabantu)."라는 말이 있다. 우리의 자긍심은 우리가 느끼는 것이 어떻게 평가되고 받아들여지는가에 따라서 흔들리기 때문에, 우리는 사회적 승인을 높이기 위해 행동한다. 관계를 유지하려 한다는 것은 친구들이나 친척들과 가까이 접촉할 수 있는 범위에 우리가 머무른다는 것을 의미한다. 빌과 힐러리 클린턴 부부의 결혼생활문제는 아주 공개적으로 다루어졌지만, 전 대통령과 현 국무부장관은 함께 살고 있다.

소외된다는 것은 상처를 주기 때문에, 단체들은 통제의 수단으로 사회적 추방방식을 사용한다. 한 온라인 조사는 아주 온건한 형태의 추방방식도 강력하게 행동을 통제할 수 있음을 보여준다(William 등, 2000). 가상게임을 하는 참가자들은 컴퓨터에서 만들어진 다른 참가자들이 그들을 소외시키기 시작하면 분노를 느낀다. 이후에 소외당한 참가자들은 보다 기꺼이 임무를 수행하려고 노력한다. 거부는 말 그대로 상처를 준다. 사회적 고통은 신체적 고통에 관여하는 부분인 **대뇌전두피질**(anterior cingulate cortex) 내의 활동 증가를 야기한다(Eisenberger와 Lieberman, 2004). 그룹에서 소외를 당하는 실험을 하는 동안 대학생들은 자기모멸과 파괴적인 행동을 더 많이 보이기 시작했다고 한다(Twenge 등, 2001, 2002). 반대로, 사회 안전망과 소속감은 건강을 증진시키고 유지한다.

직장에서의 동기

직업 만족

만약 당신이 싫어하는 직장에서 일을 하고 있다면, 전체 행복에 있어서 직업 만족이 얼마나 중요한지 알 것이다. 고지서를 지불하기 위해서 일하는 — 직업으로서 일을 생각하는 — 사람들은 직업 만족도가 제일 낮다고 보고되고 있다. 장기간의 경력으로 직업을 보는 사람들은 그보다는 더 많은 만족을 느낀다. 본질적으로 중요한 것인 '천직(calling)'으로 일을 생각하는 개인들은 가장 만족감을 느낀다(Wrzesniewski 등, 1997). 미하이 칙센트미하이(Mihaly Csikszentmihalyi)는 일 안에 온전하게 편안하게 참여하고 있는 느낌을 '몰입(flow)'이라고 정의했다(1990, 1999). 우리는 과제가 우리를 완전히 흡수하고 너무 과하지도 덜하지도 않게 우리에게 요구를 할 때 '몰입'을 경험한다. 무대에서 연주하는 음악가, 바쁘게 요리를 준비하는 요리사, 혹은 연구를 수행하고 있는 과학자들은 아마 모두 몰입을 경험할지도 모른다.

형평성 이론과 기대이론

형평성 이론(equity theory)에 의하면, 노동자들은 자신과 다른 사람들을 비교함으로써 자신들이 직업에 얼마나 만족하는지 결정한다고 한다. 만약 그들이 일정한 양의 일을 하고 특정한 보상을 받았는데 다른 사람들이 일을 덜 하고 똑같은 보상을 받았다는 것을 알아차렸다면, 그들은 부당하게 대우받았다고 느낄지 모른다. 그들은 아마 임금인상을 요구하거나, 일을 덜 하거나, 직위에서 물러날지도 모른다.

기대 이론(expectancy theory)은 직업 만족을 기대성(expectancy), 수단성(instrumentality), 유의성(valence)에 근거를 둔 특정한 결과를 성취하는 노동자의 감각으로 정의한다(Harder, 1991; Porter와 Lawler, 1968; Vroom, 1964). 예를 들면, 어메리칸 인터내셔널 그룹(American International Group)은 새 CEO인 로버트 윌럼스태드에게 8백만 달러의 보너스를 제안했다. 그의 기대치는 그 회사를 성공적으로 이끄는 그의 능력과 관계가 있을 것이다. 이때 수단은 결과를 얻어내기 위해서 그가 받기를 기대하는 보너스와 관련이 있고, 수가는 실제적인 액수의 보너스인 보상의 가치로 정의된다.

보존과 보호 이론에 의하면 수면은 밤 동안 에너지를 보존하고 자신을 보호하기 위해 발달한 메커니즘이다.

신체회복 이론에 의하면 수면은 필수적인 휴식과 회복을 위한 시간이다.

장기간 강화작용은 같은 말단부를 신경전달물질이 반복하여 왕래함으로써 신경계의 연결이 강화되는 과정이다.

활성화 합성이론은 수면을 눈동자의 빠른 움직임이 특징인 렘(REM) 수면단계에서, 시각과 운동근육 신경세포의 활성화의 부수효과로 이해한다. 꿈은 뇌의 서로 다른 부분에 있는 신경세포들이 임의적으로 활성화되고, 대뇌피질은 어떤 일관성 있는 이야기 속으로 그것들을 합성하기 때문에 생긴다.

렘 수면은 생생한 꿈이 주로 일어나는 동안인 수면의 순환 단계이다.

비수면인들은 8시간보다 훨씬 짧은 수면시간이 요구되는 드문 사람들이다.

불면증환자들은 대부분의 사람들만큼 수면이 필요하지만 여러 이유로 해서 수면을 취할 수 없는 사람들이다.

대뇌전두피질은 개인의 행동을 조절하도록 돕는 실행 통제 체계로 활동하는 뇌의 한 부분이다. 이것은 신체적인 고통을 인지하는 데 관여한다.

형평성 이론은 노동자들은 자신과 다른 사람들을 비교함으로써 자신들이 직업에 얼마나 만족하는지 결정한다고 설명한다.

기대 이론은 직업 만족을 기대성, 수단성, 유의성에 근거를 둔 특정한 결과를 성취하는 노동자의 감각으로 정의한다.

● ● ●

트와일라잇과 같은 유명한 영화 시리즈는 소속에 대한 필요성을 말하고 있다.

복습

요 약

WHAT 감정과 동기의 구성요소는 무엇인가?

● 감정은 세 개의 특징적이지만 관련된 부분으로 구성된다. 생리적 각성, 표현적 행동과 인지적 경험이다.
● 우리는 기질적인 능력(내적 상태와 욕구)과 상황적인 능력(외부적 자극) 둘 다에 의해 동기를 부여받는다.

WHAT 감정과 동기에 대한 주도적 이론은 무엇인가?

● 감정에 대한 이론들로는 제임스－랑게 이론(생리적 반응이 인지에 선행한다), 캐논－바드 이론(생리학적 반응에 따라 생겨난 자각이 감정을 생성한다), 인지적 평가이론(감정을 생성하기 위해 인지적 평가가 생리학적 반응에 뒤따른다)과 플루칙의 감정 바퀴모형(8개의 기본적 감정들은 보다 더 복잡한 감정을 형성하기 위해 결합한다)이 있다.
● 동기의 이론들은 추동－감소이론(행동은 생리적 필요를 줄이려는 욕구에 의해 추동이 유발된다), 사회적 학습이론(행동은 목표를 성취하려는 기대감에 의해 동기가 유발된다)과 중심적 상태이론(추동은 신경계에 의해 일어난다)이 있다.

HOW 우리는 어떻게 두려움, 분노와 행복의 감정을 설명하는가?

● 두려움은 투쟁－도피 반응을 시작함으로써 우리를 보호한다. 대부분 편도체에 의해 통제되며, 부분적으로는 학습되고 부분적으로는 타고난다.
● 분노는 보편적 감정이지만, 그것을 표현하는 것은 문화적으로 세분화된다.
● 행복은 일시적인 경향이 있지만, 사람들에게 도움을 주도록 만들며, 행복감의 정도는 돈보다는 다른 사람들과의 관계의 성공에 의해 결정된다.

HOW 우리는 어떻게 배고픔, 수면, 성욕, 소속감과 일을 이해하는가?

● 배고픔은 위 수축, 포도당 수치, 오렉신의 시상하부측면과 미각에 달려 있다.
● 수면은 포식자로부터 우리를 보호하며 우리의 마음과 신체를 회복시킨다.
● 우리 신체 내의 테스토스테론, 에스토로젠과 다른 호르몬의 수치가 우리의 성욕에 영향을 준다.
● 소속에 대한 느낌이 생존을 극대화하고, 이 감각의 부재는 신체적 고통과 같다.
● 사람들은 본질적으로 보상받는 일이 가장 만족스럽다는 것을 발견한다.

이해 점검

1. 베스는 천식으로 흡입기를 가지고 다닌다. 이 약의 부작용 중 하나는 그녀의 심장을 빨리 뛰게 만드는 것이다. 이런 현상이 일어나면, 초조해야 할 일이 전혀 없는데도 베스는 종종 초조감을 느낀다. 그녀의 흡입기에 대한 베스의 반응은 ＿＿에 의해 예측된다.
   a. 제임스－랑게 이론   b. 캐논－바드 이론
   c. 단순 표출효과   d. 2요인 이론

2. 로렌은 그녀의 가장 가까운 친구가 이사 간다는 소식을 듣고 슬픔을 느꼈다. 플루칙의 감정 바퀴모형에 의하면, 이것은 로렌이 ＿＿＿＿을 경험하고 있는 것 같다.
   a. 경외   b. 사랑
   c. 경멸   d. 실망

3. 제임스는 그가 벽에 구멍을 뚫으며 자신이 원하는 직업을 얻지 못했다는 것을 발견한다. 그가 보이는 감정의 요소는 ＿＿＿＿ 이다.
   a. 인지적 경험   b. 표현적 행동
   c. 생리적 각성   d. 기분

4. 멜리사는 그녀의 친구 결혼식에서 운다. 비록 그녀는 며칠 동안 울었지만, 자신이 결혼식을 좋아하고 행복하기 때문에 울어야 한다고 가정한다. 멜리사는 아마 ＿＿＿＿＿를 나타내고 있을 것이다.
   a. 표출 효과   b. 오귀인
   c. 심적 시각상실   d. 부정적 기분

5. 제이크는 야영을 하고 있는데 그의 텐트 근처에서 부스럭거리는 소리를 듣는다. 그는 땀을 흘리며 더욱 빨리 숨을 쉬기 시작한다. 무슨 일이 일어나고 있는가?
   a. 그는 심적 시각상실을 겪고 있다.
   b. 그의 신경계의 교감부가 그에게 투쟁－도피를 준비시키고 있다.
   c. 그의 전두피질이 제대로 작동하지 않고 있다.
   d. 그의 신경계의 부교감부가 활발히 작동하고 있다.

6. 애슐리의 남동생은 그녀 앞에 튀어나오며 "으악"이라고 소리 지른다. 그녀는 그가 누구인지 알아채기 전에 비명을 지른다. 애슐리의 비명은 아마 ＿＿＿의 결과일 것이다.
   a. 피질하부 통로의 빠른 활동성   b. 피질 통로의 활동성
   c. 심적 시각상실   d. 부교감성 활동

7. 한 개인이 감정적으로 충만한 자극을 경험할 때, 에피네프린(아드레날린)은 _____에 의해 분비된다.
   a. 전전두피질   b. 부교감신경계
   c. 뇌하수체   d. 부신

8. 정확도는 논란거리지만, 거짓말 탐지기는 종종 한 개인이 거짓말을 하고 있는지 확인하기 위해 사용된다. 이것들은 _____을 탐지함으로써 작동한다.
   a. 뇌파의 변화
   b. 심장박동수와 땀과 같은 생리적인 변화
   c. 체온의 변화
   d. 표정 변화

9. 제넬은 파티에서 다른 사람들이 그녀가 즐거운 시간을 보내고 있다고 생각하도록 미소를 지으려고 노력했다. 그녀가 미소 짓는 것을 기억할 때 제넬은 파티에서 훨씬 더 재미있게 지낸다. 이것은 _____의 예일 것 같다.
   a. 동작 단위   b. 최소화
   c. 정서적 예측   d. 안면 피드백 가설

10. 낸시의 남편은 최근 뇌졸중으로 병원에 입원해 있다. 낸시는 그를 생각하면 두렵다. 그녀가 딸의 집에 갈 때면, 그녀의 딸이 걱정하지 않도록 그녀는 미소를 지으며 행복한 척 행동한다. 낸시가 하고 있는 것은 무엇인가?
    a. 감정의 중화   b. 감정의 완화
    c. 감정을 가면으로 숨기기 d. 감정의 강화

11. 해롤드는 임상적으로 우울한 상태이다. 그는 친구들과 로맨틱 코미디를 보며 주인공들이 헤어지는 장면에서 운다. 영화가 끝날 때 비록 주인공들이 결혼했지만 해롤드는 이것이 슬픈 영화라고 말한다. 해롤드는 _____를 보여주고 있다.
    a. 기분 완화   b. 현세의 정형화
    c. 정서와 일치된 기억 회상과정   d. 정서적 예측

12. 맥스는 무직자이고 일자리를 찾을 수 없어서 우울함을 느껴왔다. 그는 낮에는 홈리스 가족을 위한 급식소에서 자원봉사를 하고 집에 돌아오면 기분이 한결 나아진다. 다음 중 어느 것이 맥스가 기분이 좋아지는 이유를 설명하고 있는가?
    a. 그는 자신의 상대적 박탈감을 재평가하고 있다.
    b. 그는 정서적 예측에 관여하고 있다.
    c. 그는 '기분이 좋을 때 좋은 일도 더욱 잘하는 현상'을 경험했다.
    d. 그는 적응수준 현상을 경험했다.

13. 다음 중 어느 것이 비조절 욕구인가?
    a. 배고픔   b. 성욕
    c. 목마름   d. 위의 모든 것

14. 다음 중 어느 것이 쾌락 원리를 보여주고 있지 않은가?
    a. 화가 난 유아가 자신의 머리를 벽에 치는 것
    b. 사람이 힘든 일을 회피하려는 것
    c. 아이가 자신이 좋아하지 않는 음식 먹기를 거부하는 것
    d. 큰 파이 조각을 먹는 사람

15. 다음 중 어느 것이 강화의 개념을 가장 적게 보여주고 있는가?
    a. 개에게 앉는 것을 가르치며 복종시키려 할 때 개에게 먹이를 주는 것
    b. 기분이 좋아지기 때문에 계속 헌혈하는 것
    c. 성적을 잘 받아오면 아이에게 돈을 주는 것
    d. 잘못된 행동을 한 것에 대해 아이에게 소리 지르는 것

16. 다음 중 어느 것이 내적 보상에 가장 많이 넘어갈 것 같은가?
    a. 주식에 투자하는 것
    b. 옆으로 재주넘기하기
    c. 시험 공부하는 것
    d. 아이스스케이트 경쟁을 위해 연습하는 것

17. 성욕이 낮은 남성은 _____을 가장 많이 가졌을 것 같다.
    a. 높은 에스트로젠 수치   b. 낮은 테스토스테론 수치
    c. 공격적인 행동 문제   d. 높은 테스토스테론 수치

18. 매슬로우의 욕구위계설에 의하면, 다음 중 어느 것이 한 개인의 첫 번째 우선순위에 해당되는가?
    a. 직업을 갖는 것   b. 음식을 찾는 것
    c. 집을 사는 것   d. 애정관계를 맺는 것

19. 다음 사람들 중 누가 낮 동안 가장 피곤할 것 같은가?
    a. 비수면인
    b. 불면증환자
    c. 데포 프로베라(Depo-Provera) 주사를 맞은 사람
    d. 테스토스테론의 수치가 낮은 사람

20. 다음 중 어느 것이 '몰입(flow)'을 가장 잘 나타내고 있는가?
    a. 일하는 날이 빨리 지나가는 것 같음
    b. 일하는 날이 질질 끄는 것 같이 잘 안 지나감
    c. 수업이 얼마나 곧 끝나는지 보려고 계속 시계를 쳐다봄
    d. 다른 사람들이 무엇을 하나 보려고 주위를 둘러봄

사회심리학

마을을

휩쓸고 간 엄청난 재난이 닥쳤고, 도망가거나 피신처를 찾는 데 여러분에게 단 30분밖에 없다면 어떨까? 준비할 시간이 없기 때문에 옷가지 하나 없이 빈 몸으로 도망할 것이 분명하다. 이 일은 2007년 5월 엄청난 토네이도로 완파된 캔자스 주 그린스버그 마을 2마일 내에 있던 사람들이 했던 경험이다. 마을의 95%가 파괴되었고, 1,400명에 달하는 주민 대부분이 집도 없고 직업이나 다닐 학교도 없이 떠났다.

힘을 합쳐 "다시 푸르게 만들자"라고 주민들이 다짐을 하고는 친환경 건물과 친환경 제조를 강조하며 재건에 들어갔다. 마을뿐 아니라 마을 사람들의 생활 둘다를 재건하는 데 어려움이 컸지만, 제너럴 모터스와 존 디어 판매 대리점, 지역 은행, 교회, 마을 병원을 포함하여 그린스버그에 있는 수많은 주민들이 푸른 재건

을 위해 애를 썼다. 마을은 새로운 '친환경 주택'을 지어 미래에 닥쳐올 토네이도를 견딜 만큼 견고하게 짓되 평균 가정주택보다 70% 이상 에너지를 절약할 수 있게 지었다.

그러나 마을을 재건하는 것이 단순히 사람들에게 푸르게 만들자고 힘만 주는 것이 아니라 공동체를 유지하고 극도의 상실 뒤에 서로서로가 돕는 것도 포함되었다. 몇몇 토박이 거주민들이 그린스버그를 떠나기는 했지만, 아직도 많은 사람들이 되돌아와 새로운 삶을 일구기를 기다리고 있다. 최근 재난으로 모든 것을 잃은 사람들은 이러한 공동체의 투자가 그린스버그 사람들에게 밝은 미래를 가져올 새로운 가능성을 가져다줄 것이라고 확신한다.

공동체가 웰빙을 강조하는 것은 부분적으로는 사회심리학의 긍정적 측면을 보여준다. 그린스버그 주민들의 집단주의, 즉 하나가 되어 공동체에 기여하자는 모두의 의지가 이 성공의 기반이다. 물론 처음에는 재난의 충격과 슬픔이 마을 주민들을 압도했지만, 이런 친사회적 행동이 이들을 하나로 묶어주었다. 그 마을은 환경과 사람이 서로 조화롭게 살아가는 것에 대해 우리에게 많은 것을 가르쳐준다.

<<< 2010년 1월 12일 진도 7.0의 지진이 아이티를 강타하여 도시의 상당부분을 파괴했다. 음식과 물, 의약품이 부족해지자 많은 국제단체가 아이티에 시간과 돈을 지원하며 구조의 노력을 전달했다. 무엇 때문에 사람들은 다른 사람들을 도울까? 진정 이타주의 같은 것이 있는 것인가? 사회심리학은 사회적 상호작용과 개인의 영향력의 본질을 설명한다. 이것을 통하여 우리는 그것이 인간에게 무엇을 의미하는지를 이해하게 된다.

213

CHAPTER 14

214

사회심리학의 기초

인간은 개인이지만 모두가 집단에 속해 있다. **사회심리학자**(social psychologist)는 개인의 사고, 감정, 행동이 사람들 간의 상호작용에 의해 어떤 영향을 주고받는지를 연구한다. 우리가 타인(그리고 때로는 자신)과 하는 상호작용은 상당 부분 **사회적 인식**(social perception), 즉 우리가 타인의 행동을 이해하고 범주화하는 과정에 의지한다.

귀인 이론

리얼리티 TV 방송이 인기가 있는 것이 심리학자 프리츠 하이더(Fritz Heider)에게는 놀랄 일이 아니다. 그는 우리 모두가 '타고난 과학자'라 자연스럽게 다른 사람들의 성격이나 태도를 분석하는 데 관심을 가지고 있다고 믿는다. 하이더의 **귀인이론**(attribution theory)에 따르자면 우리는 타인의 행동을 이해할 때 그 행동이 내부 사정 때문이거나 아니면 외부의 상황 둘 중 하나 때문이라고 본다(1958). "아메리칸 아이돌"의 심사위원인 사이먼 코웰은 그가 원래 성격이 좋지 않거나 거만하게 행동하면 자신이 주목의 대상이 될 것이라고 생각하기 때문에 거만하게 행동을 한다고 생각을 한다면 여러분은 **귀인**(attribution), 즉 행동의 원인에 대한 주장을 하고 있는 것이다.

여러분이 한 개인의 행동을 그의 성격이나 특성에 귀인한다면, **기질 귀인**(dispositional attribution)을 하는 것이다. 대신 그 행동이 그 사람의 환경이나 상황과 같은 외적인 요소에 기인한다고 보면, **상황 귀인**(situational attribution)을 하는 것이다. 상원위원인 존 맥케인(John McCain)의 경제 자문인 필 그러햄(Phil Graham)은 최근 경제 침체로 미국을 '징징대는 나라'라고 말하며, 이것이 미국인들의 특성과 성격이라고 보고 기질 귀인으로 귀착했다. 오바마 대통령과 맥케인 상원의원 모두 '실제적인 어려움'에 대해 불만을 호소하는 것을 두고 "그걸 징징대는 거라고 보면 안 된다"라고 말하며 그러햄을 비난했는데, 이때 그 두 사람은 개인 내적 특질보다는 상황 요인을 고려해 미국 사람들의 행동이 나타났다고 보고 상황 귀인을 한 것이다(연합뉴스, 2008).

우리는 자신이 왜 그런 식으로 행동을 하는지 결정하기에는 사람들에 대한 정보가 충분하지 않은 경우가 많다. 다른 사람들의 마음을 읽을 수 없기 때문에, 우리는 다양한 상황과 환경 속에서 그들의 행동을 관찰하여 그 부분을 메우려 한다. 우리 관찰은 세 가지 특성에 근거한다. 즉 행동의 특이성(그 행동이 한 상황에서만 특수한가?), 행동의 일관성(그 사람은 보통 이런 방식으로 행동을 하는가?), 그리고 합의성(다른 사람들도 비슷한 상황에서 비슷하게 행동하는가?). 그때 우리는 사람들이 행동하는 방식에 대한 이유에 대한 결론을 내리기 위해 관찰이라는 방법을 사용할 수 있다. 이런 귀인 과정을 **공변원리**(covariation principle)라고 한다(Kelley, 1967).

기본적 귀인 오류

개인적 특성과 외부요인 모두가 행동을 결정하는 데 중요한 역할을 한다. 그러나 대부분의 사람들은 상황보다는 특성에 행동 귀인을 더 많이 하는 것으로 나타났다. 사회심리학자인 리 로스(Lee Ross, 1977)는 이런 현상을 **기본적 귀인 오류**(fundamental attribution error, FAE)라고 명명했다.

놀랍게도, 사람들이 상황이 실제 어떤 행동을 야기했다는 것을 알면서도 기질 요인을 한다는 것을 여러 연구가 보여준다. 공동 실험자가 참여자들에게 차갑게 혹은 따뜻하게 행동하도록 지침을 받았다고 들은 참여자들은 여전히 그 행동이 실험자의 실제 성격을 반영한다고 믿고자 했다(Napolitan과 Goethals, 1979). 물론 우리가 다른 사람들에 대해 하는 귀인은 우리 행동에도 중요하다. 만일 여러분 친구가 영화관에서 당신을 기다리게 한다면, 친구가 부모님이 아파 늦었다는 것은 모른 채 그/그녀의 행동이 사려 깊지 못하고 잔인하다고 생각하고 그/그녀에게 불쾌한 메시지를 남길 것이다.

귀인 편향

다른 사람들에 대해 결론을 내릴 때 사용하는 정보가 많지 않기 때문에, 대개 우리는 사전 지식이나 개인적 신념, 그리고 낯선 사람에 대한 가정을 담은 편견을 사용한다. 우리 모두는 **사전 도식**(preexisting schemata), 즉 우리 기대에 맞추어 사람들을 생각하는 타인에 대한 일련의 생각 혹은 믿음을 가지고 있다. 예를 들어 운동선수는 대개 운동선수가 아닌

> **사회심리학자**는 개인의 사고, 감정, 행동이 사람들 간의 상호작용에 의해 어떤 영향을 주고받는지를 연구한다.
>
> **사회적 인식**은 우리가 타인의 행동을 이해하고 범주화하는 과정이다.
>
> **귀인이론**은 사람들이 타인의 행동을 이해할 때 그 행동이 내부 사정 혹은 외부 상황 둘 중 하나 때문이라고 본다는 이론이다.
>
> **귀인**은 행동의 원인에 대한 주장이다.
>
> **기질 귀인**은 한 개인의 행동을 그의 성격이나 특성에 귀인하는 것이다.
>
> **상황 귀인**은 그 행동이 그 사람의 환경이나 상황과 같은 외적인 요소에 기인한다고 본다.
>
> **공변원리**는 행동은 세 가지 특징, 즉 행동의 특이성, 일관성, 합의성에 근거해 관찰된다는 귀인 과정이다.
>
> **기본적 귀인 오류**는 대부분의 사람들은 상황보다는 특성에 행동귀인을 더 많이 하는 현상을 말한다.
>
> **사전 도식**은 우리 기대에 맞추어 사람들을 생각하는 타인에 대한 일련의 생각 혹은 믿음이다.

불평꾼, 아니면 성실한 노동자? 우리가 다른 사람들의 행동을 이해하려고 최선을 다하지만 사람들이 생각하고 있는 것을 늘 잘 아는 것은 아니다.

사람들보다 똑똑하지 않다고 믿는 사람은 학교 최고의 축구선수가 학업성적 최우수자라고 생각하지 못할 것이다. 그 선수가 최고 학생으로 졸업을 하고 천체물리학과에 전액 장학생으로 가게 된다 해도 말이다.

> 우리는 종종 우리 실수를 외부 사건에 귀인하고 우리의 성공은 우리의 개인적 특징에 귀인하는 이기적 편향을 보인다(Gilovich, 1991).

우리는 외모에 속아 넘어갈 수 있다는 것을 머리로 잘 알고 있지만, 잠재의식으로는 외모로 사람을 평가한다. **매력 편향**(attractiveness bias) 때문에 우리는 신체적 매력을 가진 사람이 그렇지 않은 사람보다 더 똑똑하고 유능하며 사교적이고 예민할 것이라고 생각하게 된다(Eagly 등, 1991; Feingold, 1992; Hatfield와 Sprecher, 1986). 미국과 한국 모두에는 아기 얼굴을 가진 사람들이 더 순수하고 정직하며 착하고, 친절하고 따뜻할 것이라고 생각하는 '동안 편향(baby-face bias)'이 있다. 이런 편향은 심지어 동안인 사람이 소액 사건 법원에서 승소하는 데 도움이 되기도 한다(Zebrowitz와 McDonald, 1991). 아기와 강아지를 좋아하는 사람이라면 알겠지만, 인간은 본능적으로 아기 같은 특징에 대해 연민과 돌봄으로 반응한다(Lorenz, 1943).

사회적 실제 구축하기

우리가 다른 사람들의 행동을 판단할 때 기질 귀인을 사용하기 쉽지만 자신의 행동을 판단할 때는 좀 더 관대해진다. 우리는 종종 우리 실수를 외부 사건에 귀인하고 우리의 성공은 우리의 개인적 특징에 귀인하는 **이기적 편향**(self-serving bias)을 보인다(Gilovich, 1991). 자동차사고가 나거나 선수로 선발되지 못했을 때, 다른 운전자 탓을 하거나 분명 코치가 엉터리라 그럴 것이라

고 보고 우리는 자존감을 손상시키지 않고자 한다. 조지 버나드 쇼의 연극 "피그말리온"(뮤지컬 버전은 "마이 페어 레이디")에서, 자신만만한 언어학자인 헨리 히긴스는 자신이 그녀의 말하는 방식을 바꾸어 주는 것만으로도 런던 꽃 아가씨가 귀족처럼 보이게 했다고 말한다. 버나드 쇼의 연극에서 이름을 딴 **피그말리온 효과**(Pygmalion effect)는 사람들이 다른 사람들의 기대에 따라 행동하는 경향성을 설명한다. 만일 여러분이 누군가가 귀족이 되기를 바란다면, 그녀는 귀족적인 예절을 갖추어 행동해야 할 것이다. 피그말리온 효과는 **자기충족적 예언**(self-fulfilling prophecy)의 한 유형, 즉 이루어질 것이라는 믿음이다.

사회심리학자들은 이런 믿음이 특히 교실에서 강력하다는 것을 알고 있다. 로버트 로젠탈(Robert Rosenthal)은 보스턴초등학교에 있는 선생님들에게 특정 학생들이 학교생활에서 큰 진전을 보일 것이라고 말을 했다. 결과적으로, 이 학생들은 임의로 선택된 학생들이었는데 IQ가 10~20점이 상승했다(1974). 학생들의 능력을 믿었기 때문에 선생님들은 학생들을 격려하며 좋은 성적을 보일 것이라

고 기대했다. 이 결과는 **행동기대확증**(behavioral expectation confirmation) — 우리의 기대에 맞추어 다른 사람들이 행동하도록 영향을 미치는 현상 — 의 예이다(Snyder, 1984). 행동기대확증은 참여자들이 수줍어하는 사람에게 할 만한 질문을 선택하라는 말을 들은 연구에서 효과가 있었다. 대부분의 참여자들은 "어떤 요소 때문에 사람들 앞에서 자신을 개방하기가 어려운가?", "성대한 파티를 왜 싫어하는가?"와 같이 개인의 수줍음을 확인하는 질문을 선택했다(Snyder와 Swann, 1978).

> **매력 편향**은 신체적 매력을 가진 사람이 그렇지 않은 사람보다 더 똑똑하고 유능하며 사교적이고 예민할 것이라고 생각하는 경향을 말한다.
>
> **이기적 편향**은 우리 실수를 외부 사건에 귀인하고 우리의 성공은 우리의 개인적 특징에 귀인하는 경향이다.
>
> **피그말리온 효과**는 사람들이 다른 사람들의 기대에 따라 행동하는 경향을 말한다.
>
> **자기충족적 예언**은 이루어질 것이라는 믿음이다.
>
> **행동기대확증**은 우리의 기대에 맞추어 다른 사람들이 행동하도록 영향을 미치는 현상이다.
>
> **사회적 인지**는 집중과 기억처럼 사회적 활동을 가능하게 하는 기초과정을 이른다.

● ● ●

사회적 인지

사회적 인지(social cognition) 연구는 집중과 기억처럼 사회적 활동을 가능하게 하는 기초과정에 관심을 둔다. 두뇌 생물학에 대한 지식이 커질수록 사회인지신경과학은 이런 과정을 이해하는 방법으로 그 중요성이 커지고 있다. 뇌의 생물학적 구조와 과정은 군중 속에서 친구의 얼굴을 알아볼 수 있든 없든 간에 우리가 사람의 나이나 인종에 대해 결정을 하거나 타인에 대해 공감하면서 환경을 조절하도록 돕는다.

사회적 단서 인식 : 얼굴 인식

거리에서 사람을 만나면 그 사람이 친구인지

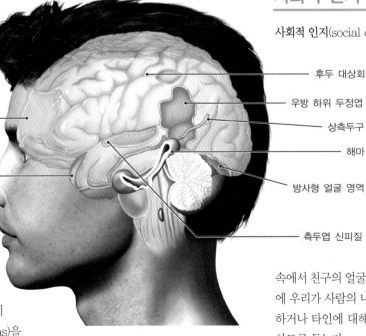

후두 대상회
우방 하위 두정엽
상측두구
해마
방사형 얼굴 영역
측두엽 신피질

전두극 피질
측두극

뇌의 몇몇 부분들이 얼굴 인식 과정에서 활성화된다.

아니면 낯선 사람인지 금방 구별을 할 수 있다. 그 사람의 얼굴만 봐도 여러분은 그가 어떤 타입이고 여러분에 대해 어떻게 느낄지를 말할 수 있을지도 모른다. 얼굴 인식은 사회적 상호작용의 필수적인 부분이다. 신경과학에 대한 논쟁이 집중적이고 일반화된 뇌기능에 대해 들끓고 있는 것과 달리 최근 연구는 **방추형 얼굴 영역**(fusiform face area), 즉 후두엽이 측두엽과 만나는 뇌 아랫부분이 얼굴 인식에 있어 중요한 역할을 한다는 것을 보여준다(Kanwisher 등, 1997). 우리가 얼굴을 인식할 때 방추형 얼굴 영역이 활성화되어 측두엽 신피질에 메시지를 보내는데, 신피질에서 얼굴 인식에 관련된 뉴런들이 활성화된다(Gross와 Sergent, 1992). 측두엽 뒤쪽의 측두엽 끝은 시각 정보를 감정 연상에 연결시킨다(Olson 등, 2007). 결국 얼굴을 인식하기 위해 해마가 필요한 기억을 가져온다(Rissman 등, 2008). 뇌의 다른 영역 간의 이러한 상호 정보 교환은 상당히 빠르게 일어나 우리는 익숙한 사람의 얼굴과 낯선 사람을 즉시 구별할 수 있다. 측두엽 내부에 손상을 입은 사람들은 얼굴 특징에 대한 정보를 처리하는 데 어려움을 겪는다. **상모실인증**(prosopagnosia)이라 알려진 이 상황에서 사람들은 얼굴을 인식하지 못한다. 그러나 이런 사람들은 보통 얼굴에 나타난 감정표현을 인식한다. 종종 상모실인증에 걸린 사람들이 음성이나 걷는 모습 혹은 동작에서 얻은 정보를 통해 연인을 구별할 수 있다.

> 친구를 배꼽잡고 웃게 하거나 뭔지도 모른 채 말을 하고 있어본 적이 있는가? 여러분이 단지 따라 하는 것만은 아니었을 것이다. 우리가 다른 사람들을 모방할 때는 다른 사람들이 느끼고 생각하는 것을 더 잘 이해할 수 있다.

사회적 범주화

우리가 만나는 사람들을 추측하기 위해 나이나 인종, 성과 같은 사회적 범주들을 사용한다. 사실 우리 뇌가 사회적 범주에 대한 정보를 처리할 때 뇌의 속도는 놀랍다. 연구자들은 뇌의 전기생리학 반응을 측정하고, 우리가 다른 나이나 성을 가진 사람들의 얼굴을 볼 때 우리 뇌가 145밀리초 만에 사회적 범주를 변환하여 반응한다는 것을 알았다(Mouchetant-Rostaing과 Giard, 2003). 우리가 다른 사람의 얼굴 특징을 보고 그 사람의 (동정심이나 지능, 공격성과 같은)성격을 파악하자면 시간이 걸리겠지만 그 사람을 나이와 인종, 성으로 범주화하는 데는 보통 그리 오래 걸리지 않는다.

사람들의 생물학적 반응을 관찰하여 사람들이 가지고 있는 인종적 편견에 대해 알 수 있을까? 2000년, 2003년경 연구자들은 전혀 모르는 흑인의 얼굴을 보도록 요청받은 백인 참가자가 무의식적인 부정적 편견을 얼마나 드러내는지를 보여주었다(Phelps 등, 2000; Richeson 등, 2003). 백인들이 전혀 모르는 흑인 남성들의 얼굴을 보았을 때, 흑인 남성들에게 부정적 특

징을 연상한 백인 참가자들은 다른 참가자들보다 강하게 눈을 깜빡이는 반응과 건강한 편도체 활동을 보이기도 했다(Phelps 등, 2000). 편도체 활성화와 눈깜빡이 반응 모두 두려움을 나타내기 때문에, 낯선 흑인 남자의 얼굴은 이 실험의 참여자들에게는 두려움을 일으켰던 것으로 보인다. 그러나 이런 결과는 참여자들이 가지고 있는 흑인에 대한 의식적이고 공공연한 긍정적 믿음과는 상반되는 것이었다. 이는 우리가 사람들에 대해 보이는 생물학적 반응이 우리의 의식적이고 사회적으로 통제된 반응과는 사뭇 다를 수 있다는 것을 암시한다(Richeson 등, 2003).

정신화

신경학적으로 볼 때 다른 사람을 동정하자면 그들의 신발을 신고 1마일을 걸어보아야 한다. 공감을 경험한다는 것은 다른 사람들을 느끼고 그들의 자리에 서보고 그들을 돕고 싶어 하는 마음을 갖는 것이다. 여기에는 **정신화**(mentalizing), 즉 우리의 행동과 다른 사람들의 행동이 우리 정신상태(사고, 신념, 감정)를 반영한다는 것을 이해하는 과정이 포함된다.

뇌는 여러 다른 방식으로 이러한 사회적 인지 형태를 돕는다. 예를 들어 뇌에 있는 거울 뉴런은 우리가 행동을 할 때나 다른 사람이 그와 같은 행동을 하는 것을 볼 때 이 두 상황 모두에서 활성화된다. 이는 우리 행동이 다른 사람들의 행동에 대한 의도를 연결하도록 돕는다(Ferrari 등, 2005). 우리는 다른 사람의 입장에 서보는 정신적 융통성을 가지고 있고 상황을 그 사람의 관점에서 보려고 하는 시도도 한다. 뇌의 전전두엽 피질은 세상을 다른 사람의 관점에서 보도록 자기인식과 자기조절을 한다(Decety와 Moriguchi, 2007).

사회적 영향력

대통령 후보자가 한 표 찍어달라고 한다. 살

<<< 사회적 압력은 부정적 의미를 가진다. 그러나 사회적 압력이 긍정적인 영향이 될 수도 있을까?

제14장

아 있는 도마뱀붙이가 TV에서 자기 회사의 자동차 보험을 들어달라고 한다. 친구가 일로 지쳤지만 퇴근 후 여러분이 한잔하자고 한다. 매일 우리는 **사회적 영향력**(social influence), 즉 행동 통제를 만나고 사회적 영향력을 행사한다. 사회적 영향력과 밀접한 개념이 **사회적 압력**(social pressure), 즉 다른 사람들이 자신들의 사례, 판단, 요구를 우리에게 행사하는 실제적이거나 예상되는 심리적 힘이다. 사회적 압력은 너무나 많은 형태로 나타나지만, 우리가 그것에 직면하게 될 때 저항하기가 힘들 수도 있다.

^ ^ 미셸 오바마의 패션 스타일은 미국 전역의 수백만 여성들이 따라 한다. 다른 사람들을 모방하는 것이 어떻게 사회적 행동을 촉진시키는 걸까?

쾌락 동기, 승인 동기, 정확성 동기

"지금 전화하세요!" TV 광고가 여러분의 귀를 자극한다. "스테이크 칼도 사은품으로 드려요!" 이런 마음을 흔드는 광고는 **쾌락 동기**(hedonic motive), 즉 어떤 방식으로 행동한 것에 대한 즐거운 자극 혹은 보상이라고 부르는 사회적 영향력 유형의 한 예이다(마지막 날까지 미처 돈을 내지 못해 두 배가 된 교통범칙금도 그런 예 중 하나이다).

승인 동기(approval motive), 즉 동료가 받아주었으면 하는 바람 역시 우리가 어떤 행동을 하게 한다. 사회적 용인에 대한 욕구가 겉으로 드러나지는 않는다. 사실 다른 사람들이 좋아하면 살아남기 좋다. 연구를 보면 사회적 용인은 실제 우리 건강을 증진시키는 반면, 고립과 고독은 질병에 취약하게 만든다(Pressman 등, 2005).

우리 대부분이 잘못된 일을 즐기지는 않기 때문에 **정확성 동기**(accuracy motive), 즉 옳고 정확하고자 하는 바람이 우리 행동을 강하게 밀어붙인다. 만일 여러분 정부가 지지할 만한 신에너지 개발을 지원해야 한다는 공통의 믿음에 대해 논의를 하고 있는 사람들 그룹에 속해 있다면, 지지자들이 옳다고 설득을 당했기 때문에 신에너지 여론을 듣고 그것을 지지하기로 마음먹게 된다.

전파 행동

라스베이거스에서 엘비스와 셰어의 모방 배우들이 그렇듯, 사람들은 서로를 모방할 수밖에 없다. 심지어 미국같이 개인과 독립성이 강한 문화적 가치가 되는 나라에서조차 그 한계가 보일 정도이다. 예를 들어 미셸 오바마가 흑백이 매치된 드레스를 입고 낮시간 토크쇼에 나

타나자 그 드레스는 모든 매장에서 동이 났다. 그렇다고 모방이 항상 의식적으로 발생하는 것은 아니다. 사람들의 표현이나 행동, 음성에 대한 무의식적 모방인 **카멜레온 효과**(chameleon effect)를 예로 들어보자(Chartrand와 Bargh, 1999). 친구를 배꼽잡고 웃게 하거나 뭔지도 모른 채 말을 하고 있어본 적이 있는가? 여러분이 단지 따라 하는 것만은 아니었을 것이다. 우리가 다른 사람들을 모방할 때는 다른 사람들이 느끼고 생각하는 것을 더 잘 이해할 수 있다.

만일 여러분이 '열정적이라 그를 따라 해야 할 것 같은' 사람을 만난다면 행동처럼 감정도 전파된다는 것을 알 것이다. 감정 전파는 빠르고 무의식적으로 발생한다. 실상 연구자들이 피실험자들 앞에서 감정이 깃든 얼굴을 자극으로 제시한 연구에서, 피실험자들이 의식적으로 자신의 얼굴표정을 지으려고 한 것이 아님에도 불구하고 피실험자들의 얼굴이 이미지에서 무의식적으로 보았던 표정과 같은

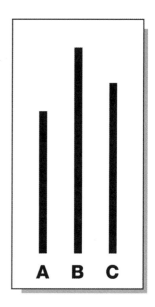

오른쪽 세 개의 선 중 어떤 것이 왼쪽에 있는 선의 길이와 일치하는가?

표정을 짓고 있었다(Dimberg 등, 2000). 다른 사람들은 슬픈 표정을 보고 자신의 얼굴도 약간 찌푸리는 정도로 자신의 감정에 어느 정도 영향을 받는 것으로 보인다.

동조

모방이 아첨의 가장 선한 형태인 것처럼, **동조**(conformity)는 한 집단의 기준에 적합하도록 행동이나 생각을 맞추게 한다. 우리가 다양한 상황에서 동조하도록 압력을 느끼지만, 어떤 조건은 동조를 촉진하기도 한다. 사람들이 최신 스타일의 청바지를 입고, 종교단체에 참석하고, 외부인을 배척하는 방식으로 동조를 발휘할 때마다 사회적 영향력이 역할을 한다. 규

범적 사회 영향력(normative social influence)은 한 집단의 일부가 되고자 하는 우리의 바람과 다른 사람들의 승인을 원하는 소망을 보여주는 영향력으로 집단이 가치 있다고 여기는 태도와 행동에 대한 규범이나 사회적 기대에 개인이 순응하도록 한다. **정보적 사회 영향력**(informational social influence)은 다른 사람들이 우리에게 주는 정보에 따라 행동을 하게 되는 영향력을 말하는데, 이것으로 우리는 사건이나 상황의 객관적 본질에 새롭게 눈뜨게 된다. 규범적 사회 영향력은 승인 동기와 인정받고 싶은 우리의 바람과 합치하고, 정보적 사회 영향력은 정확성 동기와 올바른 정보를 얻고자 하는 소망과 연결된다.

애쉬의 적합성 연구

유명한 사회심리학자 솔로몬 애쉬(Solomon Asch)는 **암시성**(suggestibility), 즉 다른 사람들의 의견에 동조하는 경향이 사람들을 얼마나 순응하게 하는지를 보여주었다(1940, 1956). 애쉬가 실험 참여자들에게 하나의 자극 선을 다른 세 개의 선 중 같은 것을 맞추어

고르도록 하자, 그들은 정확하게 과제를 수행하는 데 문제가 없었다. 그러나 실험 참여자들이 틀린 답을 하도록 지시를 받은 실험 공모자 집단과 앞의 문제와 같은 것을 풀자, 참여자들 중 1/3이 집단의 답과 일치하는 답으로 변경하였다. 규범적 사회 영향력과 정보적 사회 영향력 둘 다 이 결과에서 역할을 했다. 규범적 사회 영향력은 참여자가 자신의 답을 집단의 답에 맞추도록 했고 정보적 사회 영향력은 참여자들이 자신이 처음에 했던 것이 사실

동조에 영향을

자신이 없거나 무능하다는 느낌

적어도 3명 이상의 집단

반대자가 없는 만장일치 집단

명망 있는 사람들 사이에 있기

틀리다고 생각하게 만들었다. 결국 만일 10명이 두 선이 같다고 말하고 당신 혼자만 그 선들이 다르다고 말한다면, 다른 모든 사람들이 본 것을 미처 보지 못했다고 생각하는 것 같다(애쉬 실험에 대한 좀 더 많은 정보는 제2장을 보라).

방관자 효과

학교 매점이나 농구장 관람석과 같은 일반적인 장소에서는 사회적 규범을 따르는 데 순응하지는 않는다. 긴급 상황에서 사회적으로 용인된 행동 규칙이 특히 중요해진다. 38명의 목격자 앞에서 발생한 것으로 알려진 1964년 키티 제노비스(Kitty Genovese)의 강간살인 사건 이후 수많은 연구들이 **방관자 효과**(bystander effect)로 알려진 실험을 했다. 사람이 도움이 필요한 상황에서 방관자가 많으면 많을수록 도움이 필요한 사람을 도울 사람이 적어진다는 것이다. 달리(Darley)와 라타네(Latané)는 대부분의 사람들이 간질발작을 일으킨 사람의 도움 요청을 들은(그리고 도울) 유일한 사람이라고 생각하면 간질발작을 하는 그 사람에게 도움을 준다는 것을 제안하는 연구를 했다(1968). 만일 다른 사람도 도움이 필요한 사람의 요청을 들었을 거라고 믿는 경우 도움이 덜 일어난다. 사람들 역시 **주변 집단**(reference group), 즉 자신들이 연관된다고 느끼는 사람들이 어떻게 행동할지를 재고 있다. 만일 그들이 사람들이 무관심하게 행동을 하는 것을 보면 같은 방식으로 행동을 하지만, 한 사람이라도 도움을 주려고 한다면 다른 사람들도 따라 하는 경향이 있다. 나치 독일에서처럼 **전체상황**(total situations), 즉 사람들이 대안적 견해 없이 지도자로부터 엄격한 보상과 처벌을 받는 상황 역시 사람들이 사회적 규범을 열심히 따르도록 촉진한다.

복종

스탠리 밀그램과 권위에 대한 복종

캄보디아, 보스니아, 르완다, 다르푸르에서 일어난 대량학살은 나치 독일의 대학살과 더불어 정상적 인간이 비정상적으로 비인간적 행동을 할 수 있다는 점을 증명하고 있다. 사람들이 어떻게 그리고 왜 비도덕적이고 비윤리적인 명령에

복종에 영향을 미치는 조건들

4 참여자는 저항하는 사례를 볼 수 없다.

3 희생자를 비인격화하거나 먼 거리에 둔다.

5 중간 책임자가 참석한다.

2 명령을 내리는 사람은 명망 있는 기관의 지원을 받는 합법적 권력을 가진 인물이다.

6 참여자는 규범적이고 정보적 영향의 영향을 받는다.

1 명령을 내리는 사람은 참여자와 신체적으로 가깝다.

7 참여자의 행동이 몸에 밴 습관이다.

미치는 조건

특정 반응에 대해 이전에 확신이 없던 경험

공공 장소

사회적 기준을 고수하는 것을 격려하는 문화

개인이 깊이 연루되어 있다고 느끼지 않도록 하기

복종하는지를 이해하기 위하여, 스탠리 밀그램(Stanley Milgram)은 사회심리학에서 가장 유명한 실험이면서도 가장 악명 높은 실험을 시도했다(1963, 1974). 제2장에서 배웠듯이, 밀그램은 1,000명을 '선생님'으로 캐스팅하여 그들에게 학습자들이 잘못된 답을 할 때마다 전기충격을 가하라고 지시했다. '학습자들'은 사실상 실험 공모자들이지만 이들이 불편하고 고통스럽고 분노에 찬 소리를 내는데도 불구하고 대부분의 선생님 역할을 하는 참여자들은 학습자가 불편을 경험하자마자 멈출 수 있었음에도 불구하고 지속적으로 더 강한 충격을 가하였다. 심지어 학습자들의 목소리가 잠잠해진 후라 학습자가 전기충격으로 심하게 다쳤을 것이라는 것이 예측되는 상황에서도 실험자들은 참여자들에게 계속 전기충격을 주라고 명령했다. 선생님 역할을 한 참여자들이 모두가 매우 난색을 표하기는 했지만, 그들 중 놀라울 만큼 많은 수가 의무적으로 명령을 따랐다. 기억하다시피, 65%에 달하는 참여자들이 450볼트의 최대 수준까지 '치명적인' 충격을 가하라는 데 무조건 복종했다.

무엇이 평균적인 사람이 이렇게 비극적인 고문기술자로 행동하도록 한 것일까? 밀그램은 특정 조건이 참여자들이 명령에 따르도록 했다고 결론 내렸다. 예를 들어 우리는 대개 실험을 지시하는 대학 심리학자와 같은 권위적 인물에 복종하는 규범을 따른다. 실험자는 참여자들이 자신의 행동에 책임감을 덜 느끼도록 하면서 자신 있게 실험 결과에 대한 책임을 지겠다고 했다. 실험자는 또한 참여자들에게 점점 충격 강도를 높이라고 요구했다. 참여자들은 '학습자'에게 60볼트 충격을 주는 데는 일단 동의하자 70볼트 충격을 가하라는 말을 거부하기가 어렵게 되었다. 참여자들은 학습자와 다른 방에 있었고 행동반응을 볼 수 없도록 심리적 거리를 둔 상태에서 따라갈 만한 대안적 행동모델이 없었다. 즉 다른 사람들이 하는 것을 보는 것이라고는 실험자의 요구뿐이기 때문에 그렇게 따르기를 거부할 만한 모델이 없었다. 마침내 요구 특징, 즉 기대했던 행동에 대한 참여자의 믿음에 영향을 미치는 실험환경 내 신호가 대부분의 참여자들이 권위에 순응하게 하는 역할을 했던 것이다.

동조와 복종의 강약에 대한 연구

애쉬와 밀그램의 연구와 같은 적합성과 순응 연구는 인간이 받는 사회적 영향력에 대한 의미 있는 통찰을 주었고 우리가 때때로 잘못된 신념을 받아들이고 잔인함 앞에 무릎을 꿇는 이유에 대한 정보를 제공한다. 그러나 밀그램의 실험은 수많은 비난여론을 일으켰다. 오늘날 다른 사람들을 해하도록 강요받은 실험 참여자들이 입은 피해가 지속되는 것에 대한 윤리적 관심으로 이런 연구는 실행되지 않는다(그러나 밀그램 실험에 참여했던 84% 사람들이 이 실험에 참여했던 것을 기쁘게 생각했고 오직 2%만 이것을 후회했다는 점을 기억만 하자, Milgram, 1964; Errera, 1972). 비평가들은 실험결과가 실제 세계에서 일어나는 범죄를 어느 정도 설명하는가를 질문하기도 한다. 실험자가 결코 자신들이 다른 사람들을 심각하게 해치도록 하지는 않을 것이라는 참여자들의 신념(맞았든 틀렸든)이 참여자들이 그 지시를 더 쉽게 따르게 했을 수 있다(Orne과 Holland, 1968). 그러나 완전히 의도적으로 다른 사람들을 해하는 사람들은 명백하게 그런 믿음이 없다. 밀그램의 결과 영역이 실험실로 제한될 수도 있겠지만, 그의 실험은 우리에게 어떻게 정상적인 사람들이 대량학살이나 집단 살해와 같은 범죄를 저지르라는 명

령에 복종할 수 있는지에 대해 설명해준다.

순응

여러분은 친구가 짜증나도록 크게 틀어놓은 라디오 볼륨을 줄여달라고 하거나 형편없이 못하는 축구팀을 응원해주기를 원한다면, 그 친구가 당신의 요구를 어떻게 수락할지를 생각해야 할 것이다. **순응**(compliance)은 직접적 요구에 반응해 나타나는 개인의 행동 변화를 말한다. 우리가 항상 다른 사람들이 원하는 방식대로 행동하지는 않는다. 그러나 항상 순응한다는 작고 큰 몸짓을 하곤 한다. 우리는 왜 다른 사람들의 요구 때문에 우리 행동을 바꾸는 것일까?

인지 부조화

로봇군단이 지구를 정복하는 영화가 정말 재미없을 것이라 생각하지만 친구와 그 영화를 보려고 했다고 치자. 이전에 여러분 내부의 태도와 외부 행동의 불일치를 경험한 적이 있다면 여러분은 **인지 부조화**(cognitive dissonance)를 경험한 것이다. 사회심리학자 리언 페스팅거(Leon Festinger, 1957)가 이 용어를 만들었고, 그와 다른 연구자들이 인지적 부조화를 줄이려는 우리의 바람이 순응 현상에 중요한 역할을 한다는 것을 보여주었다. 우리는 종종 우리의 행동을 우리의 태도와 일치시키기 위해 요구에 따른다(혹은 그 반대도 가능하다).

사회심리학에서 고전이 된 실험을 하면서 페스팅거와 그의 동료들은 참여자들에게 실꾸러미를 쓰레기통에 넣으라든가 정사각형 마개를 한 번에 네 등분을 하라는 것처럼 정말 지루한 과제를 맡아달라고 요청했다. 그때 실험자는 각 참여자에게 다음 번 참여자에게 그 일이 즐겁고 좀 복잡하며 흥미로웠다고 말

> **"우리가 항상 다른 사람들이 원하는 방식대로 행동하지는 않는다. 그러나 항상 순응한다는 작고 큰 몸짓을 하곤 한다. 우리는 왜 다른 사람들의 요구 때문에 우리 행동을 바꾸는 것일까?"**

해달라고 요청했다. 참여자 절반에게는 거짓말을 하는 대가로 20달러를 주었고 다른 절반의 참여자들에게는 1달러만을 주었다. 페스팅거와 그의 동료연구자들은 참여자가 다른 사람들에게 거짓말을 하고 돈을 받은 이후 1달러를 받은 참여자들은 20달러를 받은 참여자들보다 그 일이 무척 재미있었다고 말하는 비율이 높았다. 페스팅거는 이 결과를 설명하기 위하여 자신의 인지적 부조화 이론을 사용하였다. 만일 당신이 믿지 않는 것을 말을 하기는 하지만 그것이 충분한 정당성(20달러처럼)을 갖고 있지 않는 경우, 인지적 부조화 효과를 줄이기 위하여 자신의 믿음을 바꾸려고 할 것이다(Festinger와 Carlsmith, 1959).

순응 동기

인간의 행동에 영향을 미치는 것이 너무나 쉽기 때문에, 순응을 사용하고자 하는 사람들은 몇 가지 면에서 전통적인 방법을 사용한다. 예를 들어 신용카드 회사는 자주 **낮은 견적 기술**(lowball technique)을 사용한다. 이 기술은 매력적인 거래를 제공해 순응을 촉발하는데, 이 순응이란 말을 나중에 거래라는 말로 바꾸기만 하면 된다. 7월 달까지는 없던 카드에 사인을 하고 나면 8월부터는 매달 카드값이 급상승하게 된다. 그러나 여러분이 신용카드의 그 점을 인정하기 때문에 계속 그 카드를 사용하게 된다.

광고주와 정치인들은 사람들이 새로운 상품이나 투표용지에 동그라미를 치도록 하기 위해 인지적 부조화를 동원한 불편한 감정을 이용한다. 예를 들어 **후리기 기술**(bait-and-switch technique)

> **인간의 행동에 영향을 미치는 것이 너무나 쉽기 때문에, 순응을 사용하고자 하는 사람들은 몇 가지 면에서 전통적인 방법을 사용한다. 예를 들어 신용카드 회사는 자주 낮은 견적 기술을 사용한다. 이 기술은 매력적인 거래를 제공해 순응을 촉발하는데, 이 순응이란 말을 나중에 거래라는 말로 바꾸기만 하면 된다.**

은 사람들에게 매력적으로 광고를 하지만 일단 그 사람이 이걸 사겠다고 생각하면 덜 매력적인 대체품을 제공한다. 선거기간 동안 정치인들은 세금을 올리지 않겠다고 약속을 하지만 일단 당선이 되면 사람들이 일정량의 돈을 버는 사람들을 위해서만 세금을 낮춰주는 안을 선택한다. 그 정치인에게 투표를 했던 사람들은 인지적 부조화를 줄이기 위하여 정치인들이란 약속을 지키지 않는 사람들이라고 생각하게 된다.

작은 기부를 요청하다가 나중에는 점점 더 기부를 많이 하라고 요청하는 자선단체와 지상파방송은 **들이밀기 기술**(foot-in-the-door technique)을 쓴다. 이것은 기금을 모으기 위해 사람들에게 작은 요구를 들어주도록 요청한 후 훨씬 더 큰 요구를 하는 절차를 말한다. 지역을 돕는 라디오라는 확신이 있기 때문에 일단 선호하는 지역라디오방송국에 10달러를 주면, 다음에는 방송국에서 이메일로 100달러를 요청하는 것을 마다할 수 없게 된다. 그렇게 우리는 우리 행동을 우리의 태도와 일치시킨다.

우리는 자주 인지적 부조화를 줄이기 위해 순응한다. 그러나 순응을 촉진하는 다른 요소들도 있다. 예를 들어 우리는 우리가 **정체성 공**

유(shared identity)를 하고 있다고 생각하는 사람들이나 우리와 친근한 대화를 했던 사람들에게는 가장 쉽게 순응한다. "서바이벌"과 같은 쇼를 보면 강한 동맹을 유지하는 경기 참여자들은 동맹을 맺은 사람들이 '섬에서 떠날' 사람을 뽑을 시간이 오면 어떤 방식으로 행동하거나 특별한 투표 형태를 따를 것이라고 확신하는 장면을 볼 수 있다. 물론 어떤 경기 참여자가 다른 사람을 도울 때는 상대방도 역시 도움을 줄 것이라고 기대한다. 사회화된 규범인 **상호성 규범**(norm of reciprocity)은 우리가 호의를 되돌려주기 원하기에 사람들은 과거에 요구를 들어주었던 사람들이 하는 요구를 들어주려고 한다.

한 걸스카우트 소녀가 여러분 방문을 두들기며 과자 100상자를 사달라고 요청한다면 아마 거절할 것이다. 그러나 그 소녀가 "좋아요 그럼 딱 세 박스만 사주시면 안 돼요?"라고 말한다면 그 요구를 들어줄 것이다. 이 똑똑한 걸스카우트 소녀는 **역단계적 요청**(door-in-the-face technique)을 사용했다. 이 기술은 큰 요구를 먼저 하고 그 요구가 거절당하면 비교적 인정할 만한 더 작은 요구를 해서 허락을 얻어내는 과정이다.

태도와 행동

태도(attitude)는 사람이나 물건, 사상 등에 대한 평가 신념이나 의견으로 우리 행동에 영향을 미친다. 우리는 의식적으로 알고 다른 사람들에게 알리는 신념이나 의견인 **명시적 태도**(explicit atti-tudes)와 우리가 말

<<< 2008년 대통령 선거운동기간 동안 버락 오바마 대통령과 조 바이든 부통령에게 미국 국민들은 어떤 명시적·암묵적 태도를 취했나?

암묵적 태도는 말하지 않으면서도 자동적으로 우리의 행동에 영향을 미치는 신념이나 생각이다.

설득은 태도나 행동을 바꾸려는 침착한 노력이다.

중심노선은 개인적으로 납득이 가고 이유가 타당한 힘차고 잘 구성된 주장이다.

주변노선는 논쟁의 핵심보다는 주변적인 정보에 바탕을 두고 논쟁을 해가는 과정이다.

정교화가능성 모델은 우리가 설득 메시지를 이해하고 고려하는 동기와 능력이 높을 때 중심노선을 통해 설득되는 경향이 있다고 말한다. 하지만 동기가 낮고 빨리 결론에 도달해야 하기에 비판적으로 생각할 시간이 없을 때는 주로 주변노선에 의해 설득되기 쉽다.

참을성 효과는 첫인상이 흔들리기 어려운 현상을 말한다.

수면자 효과는 일련의 정보의 일부에 대해 믿을 수 없는 부분은 잊어버리고, 그 정보 자체를 기억하고 나름 가치 있다고 생각하는 현상이다.

사회적 태만은 개인의 노력이 중요하지 않거나 집단원 중 한 명일 뿐이기 때문에 개인적으로 책임이 없다고 생각하는 현상이다.

탈개인화는 우리가 개인적 책임을 줄이고 우리를 집단 경험에 포함시키고자 하는 과정이다.

집단 편의는 집단원이 의견을 모으면 모을수록 그들의 입지가 점점 커지는 현상을 말한다.

집단 사고는 집단원의 의견이 일치해 반대가 나올 수 없는 현상을 말한다.

● ● ●

하지 않으면서도 자동적으로 우리의 행동에 영향을 미치는 신념이나 생각인 **암묵적 태도**(implicit attitudes)를 둘 다 가지고 있다. 모든 태도는 세 가지 부분으로 구성된다. 감정(우리의 정서나 느낌), 인지(생각), 그리고 행동이다. 느낌이나 생각, 행동은 우리 태도를 형성하는 데 협응한다. 태도는 많은 방식으로 만들어지는데, 고전적 조건형성을 통해서도 가능하고(제7장 참조) 사회적 규범을 수용하는 것으로도 만들어진다.

정치 선거는 명시적 태도와 암묵적 태도 양자에 아주 좋은 예들을 제공한다. 여러분이 후보에 대한 명시적 태도가 있다면 그/그녀의 의견을 의식적으로 지지할 것이다. 아마도 2008

> **2008년 대통령 선거에서 여러분의 암묵적 태도가 당신의 명시적 태도와 일치했을 수도 있지만, 특정 정당을 평생 지지하기로 하고 직감보다는 정치적 이슈에 기초해서 맥케인이나 오바마에게 투표하기로 결정했을 수도 있다.**

년 대통령 선거에서 버락 오바마의 경제적·환경적 입장에 찬성하여 그를 마음에 들어 했을 수도 있다. 혹은 그가 가진 사회적 가치가 당신과 달라 오바마를 싫어했을 수도 있다. 2008년 대통령 선거에서 여러분의 암묵적 태도가 당신의 명시적 태도와 일치했을 수도 있지만, 특정 정당을 평생 지지하기로 하고 직감보다는 정치적 이슈에 기초해서 맥케인이나 오바마에게 투표하기로 결정했을 수도 있다.

2008년 이탈리아 정치 연구에서 파두아대학 연구진들은 암묵적 정치 태도가 선거 당일 투표자의 행동을 결정한다는 것을 발견했다. "아직 결정을 못했다"고 말한 투표자들은 후보에 대한 명시적 태도를 보이지 않고 다만 후보나 그 정당에 대한 암묵적 태도만 가지고 있었기 때문에 이런 투표자들은 자신들이 특정 정당을 더 선호하는 것도 아니면서 결국 자신들이 암묵적으로 지지하는 정당 쪽에 표를 던졌다(Arcuri 등, 2008).

설득

우리가 견지하는 몇몇 태도는 다른 사람들보다 더 강하지만 거의 모든 태도는 변화하기 쉽다. **설득**(persuasion), 즉 태도나 행동을 바꾸려는 침착한 노력은 우리 삶의 많은 영역에 자리하고 있지만, 원래 생각을 견지하는 것이 도움이 될 때가 있는데 바로 법정이다. 변호사들은 보통 배심원들이 자기 쪽 손을 들도록 하기 위해 설득 기술을 사용한다. 배심원들은 설득의 **중심노선**(central route), 즉 개인적으로 납득이 가고 이유가 타당한 힘차고 잘 구성된 주장에 주의를 기울이고, 결국 마음이 흔들리게 된다. 혹은 **주변노선**(peripheral route)을 통해 설득이 이루어지기도 한다. 주변노선은 논쟁의 핵심보다는 주변적인 정보에 바탕을 두고 논쟁을 해가는 과정을 말한다. 예를 들어 한 배심원이 사건의 사실보다는 변호사의 잘생긴 외모나 수려한 모습에 기초해 변호사에게 설득될 수도 있다. 감정적 호소는 이성만큼이나 설득력이 있을 수 있지만 감정은 주변노선이고 후자는 중심노선이다. **정교화가능성 모델**(elaboration-likelihood model)에 따르면(Petty와 Cacioppo, 1986), 우리는 우리가 설득 메시지를 이해하고 고려하는 동기와 능력이 높을 때 중심노선을 통해 설득되는 경향

이 있다. 하지만 동기가 낮고 빨리 결론에 도달해야 하기에 비판적으로 생각할 시간이 없을 때는 주로 주변노선에 의해 설득되기 쉽다.

우리가 언제 어디서 정보를 학습하는가가 역시 설득되는 능력에 영향을 미친다. 우리 첫인상은 흔들리기 어려운데, 이 현상을 **참을성 효과**(perseverance effect)라고 한다. 만일 선생님이 한 학생에게 잘 쓴 첫 번째 페이퍼를 받았다면 선입견이 없는 선생님들이 학생의 결과물에 대해 모두 같은 의견을 내지는 않더라도 그 학생의 이어지는 보고서가 아주 훌륭할 것이라고 쉽게 설득이 될 수 있다. **수면자 효과**(sleeper effect)는 일련의 정보의 일부에 대해 믿을 수 없는 부분은 잊어버리고, 그 정보 자체를 기억하고 나름 가치 있다고 생각할 때 발생한다. 이 효과 역시 우리 판단이나 능력이 잘못된 진술에 영향을 줄 수 있다.

집단 영향력

집단은 개인의 행동에 강력한 영향을 미친다. 사실 다른 사람들의 약한 압력도 우리가 과제를 잘 수행하는 데 영향을 미칠 수 있다. 다른 사람이 우리를 관찰할 때 우리는 쉽거나 우리가 잘 알고 있는 일은 더 잘 수행하지만, 어렵거나 잘 모르는 과제는 잘 해내지 못한다(Guerin, 1986; Zajonc, 1965). 사람들이 개인의 노력이 중요하지 않거나 집단원 중 한 명일 뿐이기 때문에 개인적으로 책임이 없다고 생각할 때 이 현상을 **사회적 태만**(social loafing)이라고 부른다(Harkins와 Szymanski, 1989; Jackson과 Williams, 1988; Kerr와 Bruun, 1983; Latané, 1981).

스포츠 경기나 콘서트에서 혼자 서 있거나 큰 소리를 지르지는 않겠지만 집단이 응원을 하면 쉽게 그런 행동을 할 수 있다. 집단의 일원이 되면, 억제를 덜하고 좀 더 각성되는데, 바로 우리가 개인적 책임을 줄이고 우리를 집단경험에 포함시키고자 하는 **탈개인화**(deindividuation) 과정이다.

집단 상호작용 및 소수자 영향력

집단 영향력의 힘은 집단원이 의견을 모으면 모을수록 그들의 입지가 점점 커진다는 것을 말한다. 이런 현상은 **집단 편의**(group polarization)로 결의를 강화하지만 좀 더 급진적인

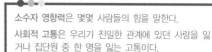

> **"** 정서는 우리가 다른 사람들과 어떻게 행동하는가에 영향을 미치고 사회적 상황은 우리 정서에 영향을 미친다. 사회적 동물로서 인간의 감정은 우리가 머물러 있는 사회적 상황과 불가분의 관계이다. **"**

일하게 활성화시키기 때문에 신체 통증만큼이나 생생하다(Eisenberger 등, 2003). 만일 신체적 고통을 경험하고 있다면 사회적 고통은 실제 우리의 고통을 극대화하게 될 것이다(Eisenberger와 Lieberman, 2004).

죄책감이나 수치심 같은 **자의식적 정서**(self-conscious emotions)는 우리 자신에 대한 생각과 행동에 연결되어 있어 사회적 관계에서 중요한 기능을 한다(Tangney, 1999). 관계 동기가 회복되면 죄책감은 최악의 경우 부적응적이 될 수도 있지만 사회적 유대를 보존하려는 측면에서는 진화론적으로 적응적인 기제가 될 수 있다. 당혹감은 사람들이 어색한 상황을 개선하도록 동기를 부여하여, 당혹감을 보이는 사람들이 좀 더 편안해지게 한다(Keltner와 Anderson, 2000; Semin과 Manstead, 1982). 수치심은 사회적 위축을 불러오는 데 특히 실패를 한 사람이 공개적으로 노출될 때 더욱 그러하다. 불명예를 안았던 뉴욕 전 시장 엘리엇 스피처가 공개석상에 거의 나타나지 않았던 것을 생각해보라. 스캔들이 일어났을 때 죄책감이 없는 듯이 행동을 한 것이 뉴욕 시민들의 마음을 돌아서게 했고 당황하지 않는 모습도 그에게 호의적인 마음을 접게 했다.

> 소수자 영향력은 몇몇 사람들의 힘을 말한다.
>
> 사회적 고통은 우리가 친밀한 관계에 있던 사람을 잃거나 집단원 중 한 명을 잃는 고통이다.
>
> 자의식적 정서는 우리 자신에 대한 생각과 행동에 연결되어 있는 정서이다.
>
> 고정관념은 한 집단에 대한 일반적 믿음이다.

편견

편견은 특정인이나 특정 물건에 대한 부정적 학습태도이다. 편견의 유해한 효과가 잘 알려져 있기는 하지만, 인종이나 민족, 성 혹은 다른 요인들 때문에 생기는 개인에 대한 편견은 여전히 유지되는 경향이 있다. 우리 대부분이 겉으로야 편견을 갖는 것에 대해 부정적이겠지만, 많은 사람들이 여전히 편견에 묻어나는 암묵적 태도를 보인다. 우리의 외부 신념과 행동 간에 이런 불일치를 유기하는 것은 무엇 때문일까? 선하고 공평하며 사려 깊은 사람들도 여전히 무의식적으로라도 강력한 고정관념의 영향을 받을까?

고정관념

고정관념(stereotypes), 즉 사람 집단에 대한 일반적 믿음은 우리를 둘러싼 세상을 해석하는 데 유용한 도구가 될 수 있다. 편견은 생각할 시간과 에너지를 줄여주고 한 개인에 대해 빠르게 결정할 수 있도록 돕는다. 예를 들어

행동을 만들어낼 수도 있다. 집단 상호작용은 집단원의 생각이 일치해서 반대가 불가능할 때 **집단 사고**(group think)를 유도할 수도 있다. 그런 의견 일치가 1961년 피그만 침공작전을 설명할 수 있을 것이다. 당시 케네디 정부 각료들은 자신들의 신념에 확신을 가지고 피델 카스트로 정부를 타도할 서툰 시도를 결행했다(Janis, 1982).

사회적 통제가 매우 강력하지만 자신의 입장이 확고한 개인들은 다수에 영향을 미칠 수 있다. **소수자 영향력**(minority influence)은 몇몇 사람들의 힘을 말하는데, 간디가 인도의 독립 운동을 이끌고 마틴 루터 킹 주니어와 같은 시민운동가들이 미국남부 인종차별 운동을 이끈 예가 그것이다.

사회관계

사회성의 정서적 기초

정서는 우리가 다른 사람들과 어떻게 행동하는가에 영향을 미치고 사회적 상황은 우리 정서에 영향을 미친다. 사회적 동물로서 인간의 감정은 우리가 머물러 있는 사회적 상황과 불가분의 관계이다.

로맨틱한 관계가 종료되면 상처를 받아 머리가 지근거리고 몹시 아플 수 있다. 그러나 머리가 지근거릴 때 이별을 통보받으면 두통이 훨씬 더 심해질 것이다. 적어도 연구자들의 연구 결과에 따르면 그렇다. 만일 우리가 친밀한 관계에 있던 사람을 잃거나 집단원 중 한 명을 잃게 된다면 **사회적 고통**(social pain)을 경험하게 될 것이다. 거부나 상실에 대한 고통은 뇌에서 대상회 피질과 전도 부분을 동

>>> 고정관념 위협이 여러분 삶에 어떻게 영향을 미칠까?

223

사회심리학

만일 한 남자가 결혼반지를 끼고 아기를 안고 있는 것을 보면 유부남 아빠들의 가장 전형적인 유형을 떠올리며 그 사람은 결혼 서약을 했고 안정적인 사람이며 돌봄을 잘하는 사람이라고 빠르게 생각하게 될 것이다. 고정관념이 유용한 기본 정보를 제공하기도 하지만 너무 잦아서 잘못된 결론을 내리고 결국 편견과 차별에 따라 행동하게 할 수도 있다. 고정관념은 논박하기가 쉽지 않다. 어떤 집단에 대한 고정관념을 가지고 있다면, 이런 고정관념을 뒷받침하지 않는 정보는 잘 믿지 않게 된다. 확증 편향(제9장을 보라) 때문에, 우리는 선입견을 지지하는 정보만을 선택적으로 수용한다(Munro와 Ditto, 1997).

부정적 고정관념이 적은 것이 해로울 수도 있다. 고정관념을 가진 사람이 **고정관념 위협**(stereotype threat), 즉 부정적인 고정관념에 대항하는 지식 때문에 정상적으로 해낼 수 있는 일을 잘 수행하지 못할 수도 있다(Steele과 Aronson, 1995). 예를 들어 여자들은 수학이나 과학을 잘 못한다는 고정관념을 알고 있는 여성은 수학 시험을 잘 보는 데 특히 압박감을 느끼고 그 고정관념을 증명하려고 했다. 하지만 스스로 느끼는 심리적 압박 자체가 그 일을 하는 데 방해가 되어 그 고정관념을 우연히 지지하게 되어버리는 수도 있다. 물론 다양한 다른 요인들이 수학과 과학에 있어서 남성과 여성 사이의 수행 차이를 만들기도 한다. 그러나 고정관념 위협이라는 단일 조건은 복합한 그림의 일부 역할을 할 뿐이다.

사람들이 **명시적 고정관념**(explicit stereo-

>>> 암묵적 연상검사를 받은 사람들은 흑인 미국인 얼굴을 '좋은'이라는 단어와 매칭시키도록 요청받았다.

type)을 가지고 있는 경우 그들은 의식적으로 특정 집단 사람들에 대한 일련의 믿음에 집착한다. 그러나 많은 신념들이 실제로는 **암묵적 고정관념**(implicit stereotypes), 즉 태도와 행동을 야기하는 무의식적 정신 표상으로 작용한다. 우리가 가진 암묵적 기억 기능 때문에 한 가지 개념을 마음에 새로 넣는다는 것이 관련된 개념에 가까워지도록 하기도 한다. 대부분의 사람들이 자신은 인종 편견을 가지고 있지 않다고 의식적으로 믿고 있지만 많은 백인 학생들은 백인 얼굴에 긍정적인 형용사를, 그리고 흑인 얼굴에는 부정적인 형용사를 더 빠르게 쓰는 것을 여러 실험이 보여주었다. 이는 백인 학생들이 흑인에 대해 암묵적 부정 고정관념을 가지고 있다는 것을 암시한다. 흑인 학생들은 그 반대의 결과를 보였다(Fazio 등, 1995). 마자린 바나지(Mahzarin Banaji)와 토니 그린월드(Tony Greenwald)가 ('하얗다', '좋다와 같은)어떤 개념에 단어를 짝짓는 데 걸리는 시간을 측정하여 암묵적 태도에 접근한 암묵연상실험(Implicit Association Test)

역시 인종과 성별에 관한 암묵적 신념을 보여주었다(Banaji와 Greenwald, 1995; Greenwald 등, 1998, 2002).

인종차별

1950년대까지 미국 일부 지역에 있었던 인종 구별은 선입견태도가 어떻게 **인종차별**(discrimination), 즉 특정 집단이나 그 구성원들을 향한 부정적 태도를 만들어내는지를 보여주었다. 대법원 사건이었던 브라운대학 토피카 교육위원회(Brown v. Board of Education)를 보면, 서굿 마샬(Thurgood Marshall)

과 다른 변호사들이 사회심리학자인 케네스(Kenneth)와 마미 클락(Mamie Clark)의 연구를 인종차별로 엄청난 피해를 본 증거로 제시했다. '인형 검사'를 할 동안 흑인 어린이들은 백인 인형을 공공연히 더 좋아했고 어떤 색을 좋아하느냐는 질문에 흰색이나 노란색 크레용을 골랐다(Clark과 Clark, 1947). '분리되었지만 동일한' 교육 체계가 어떻게 아이들에게서 열등감을 양산했는지를 보여주면서 '인형 검사'는 미국에서 차별을 끝내는 데 일조했다.

인종차별주의(racism)만이 인종차별의 유일한 형태가 아니다. 불행하게도 많은 나라에서 인종차별은 단지 몇 개의 범주만 말하자면 성별, 종교, 동성 선호 등에 기초해 자행되고 있다.

편견의 기초

사회적 동물로서 인간은 집단을 형성하고 이 집단에 자신의 정체성의 상당 부분을 할애한다. 이들은 자신이 속한 그룹을 **내부집단**(ingroup)으로 삼고 이 그룹과 그 구성원들에게 호의적이 된다. 한편 집단 외부에 있는 사람들은 **외부집단**(outgroup)으로 여긴다(Tajfel, 1982; Wilder, 1981). 극단적으로 보면 내부집단과 외부집단 분열이 폭력으로 치달을 수도 있다. 전쟁 상황에서나 혹은 심지어 두 라이벌 팀의 서포터들 간에 갈등이 폭발하는 경우가 그렇다.

편견은 감정 편향을 포함하기도 하기에, 두려움이나 분노와 같은 감정은 부분적으로 인종차별 때문이기도 하다. 실패로 좌절하게 되면, 우리 문제를 책임질 희생양을 찾곤 한다. 종종 이런 희생양은 외부집단 사람들이다. 예를 들어 2001년 9월 11일 공격 이후, 몇몇 사람들의 공포와 분노감정이 고정관념을 유발하여 전 세계에 있는 이슬람계 사람들을 적대적으로 대했다.

수많은 인지과정이 사람들이 자신의 위치를 '먹이 사슬의 꼭대기에서'뿐 아니라 더 힘든 사람들에게 형편없이 대한 것을 정당화하게 한다. 예를 들어 **공평한 세상 현상**(just-world phenomenon)은 세상이 선한 사람들에게는 보상을 주고 나쁜 사람들은 벌한다고

믿는 것을 말한다. 만일 이것이 정말이라면, 스스로 확신하고 자신이 좋은 사람이기 때문에 좋은 행동을 하게 될 것이다. 반면 고통을 받는 사람들은 당연한 벌을 받고 있는 것이 된다.

역편견

서로 미워하는 집단들이 만나면 편견이 줄어들 것이라고 직관적으로 생각할지도 모르지만, **단순노출**(mere exposure), 즉 두 집단 간의 짧은 접촉이 집단이 공동의 목적을 성취하지 않는 한 편견을 뒤집지는 못한다(Allport, 1954; Dovidio 등, 2003; Pettigrew와 Tropp, 2006). 이런 협동원칙은 교실에서 나타나는 관계들을 누그러뜨리는 데도 역할을 한다. 조각그림맞추기 수업에서 각 학생들은 집단이 전체 과제를 수행하려면 프로젝트의 일부를 꼭 맡아야 한다(Aronson과 Gonzalez, 1988). 우정이나 협동을 통해 외부집단에 대해 좀 더 알게 되면 사람들은 다른 집단의 규범이나 관습에 좀 더 인내력을 갖게 되는데, 이 과정을 **탈지방화**(deprovincialization)라고 한다.

공격성

무엇이 공격행동을 유발하는가?

교전을 했던 나라들 간에 일어났던 불화를 겪는 민족들, 혹은 수 주간 서로 서로 대립 중인 경쟁자 사이에서 일어났든 간에, 다른 사람들을 해할 목적으로 어떤 신체적 혹은 언어적 행동을 하는 것을 **공격성**(aggression)이라고 한다. 동물들에게서 공격성이 잘 나타나듯, 생물이 공격에 영향을 미치는 것이 놀라울 것은 없다. 진화론적 관점에서는 공격성을 생존과 자원을 위한 투쟁에서 비롯된 특성으로 설명할 수 있다. 공격성은 유전자에 의해서도 영향을 받는다. 한 아이가 공격적 성향을 가지고 있다면 그/그녀의 형제자매도 공격적이기 쉽다(Miles와 Carey, 1997; Rowe 등, 1999). 뇌에서 편도체와 다른 대뇌 변연계 구조가 공격을 시작하도록 하기 때문에, 전두엽 역시 공격성을 조절하는 데 역할을 하는 것 같다(Lewis 등, 1986).

알코올과 폭력은 주로 매체와 관련이 있는데, 알코올의 생물학적 효과가 공격적 행동을

> 내부집단은 자신이 속한 그룹을 말한다.
>
> **외부집단**은 자신의 집단 외부에 있는 사람들을 포함하는 집단이다.
>
> **공평한 세상 현상**은 세상이 선한 사람들에게는 보상을 주고 나쁜 사람들은 벌한다고 믿는 것을 말한다.
>
> **단순노출**은 두 개인 혹은 두 집단 간의 단순한 접촉을 포함한다.
>
> **탈지방화**는 우정이나 협동을 통해 외부집단에 대해 좀 더 알게 되면 사람들은 다른 집단의 규범이나 관습에 좀 더 인내력을 갖게 되는 과정이다.
>
> **공격성**은 다른 사람들을 해롭게 할 의도를 가진 행동이다.
>
> **좌절공격가설**은 사람들이 목적을 얻는 과정에서 길이 없다고 느끼면 좌절이 발생한다는 주장이다.

● ● ●

증가시키는 것이 사실이다. 공격성에 자주 노출되는 사람들은 술을 더 많이 마시고 폭력적이 되기 때문에, 10명의 폭력적인 범죄자 중 4명, 배우자 구타를 한 4명 중 3명이 최근에 술을 마신 후 폭력을 행사했다(Greenfeld, 1998; White 등, 1993). 이것은 알코올이 전두엽기능을 손상시켜 억제력을 줄이기 때문이다.

공격성에 영향을 미치는 몇 가지 요소들이 생물학적인 반면 다른 요인들은 환경이나 외부 상황과 관련이 있다. 많은 다른 공격적인 범죄자들과 마찬가지로 1960년대 보스턴 지역에서 13명의 여성을 살해했다고 말해 '보스턴 살인마'로 알려진 앨버트 드살보는 어린 시절 심하게 학대를 받았다. 사람과 다른 동물들이 학대와 같은 기피 사건을 경험하면, 그들이 학대를 하게 된다(Berkowitz, 1983, 1989). 더운 날씨 역시 급한 성질을 유발하기 때문에, 많은 연구들은 공격적인 행동에 대해 짜증나는 더위의 영향력을 지적한 바 있다(Anderson과 Anderson, 1984). 교통체증에 막혀 길바닥에서 짜증이 잔뜩 나 본 적이 있는 사람은 **좌절공격가설**(frustration-aggre-

> " 폭력의 실생활 모델은 폭력적 게임이나 영화라기보다는 행동에 더 영향을 많이 받는 것 같다. 신체 학대를 경험했거나 봤던 아이들은 폭력적이 되었다(Berkowitz, 2003; Salzinger 등, 2006). "

^^^ 무엇이 갈등을 물리적 폭력사태로 몰아가는 것인가?

ssion hypothesis)에 동의할 것이다. 좌절공격가설은 사람들이 목적을 얻는 과정에서 길이 없다고 느끼면 좌절이 발생한다는 주장이다(Dollard 등, 1939). 실직 역시 경제적인 좌절을 만들어 폭력 비율이 실업률만큼 올라간다. 결국 직업 상실에 대한 일반적 분노가 공격적인 감정을 대신한 것이다(Catalano 등, 1997, 2002).

문화적 압박

공격성을 수용하는 수준에 관련된 문화적 압박은 우리가 얼마나 많은 공격성을 보일지를 결정한다. 한 실험에서 미국인 아이가 일본인 아이보다 가상의 갈등 상황에 언어 공격을 더 많이 보였다(Zahn-Waxler 등, 1996). 심지어 미국 내에서도 공격성 수용수준은 지역마다 다르다. 북쪽과 남쪽에서 모욕에 대한 반응을 비교한 연구를 보면 남쪽에서 주로 사용되는 '명예 문화'는 "작은 토론이라도 명성과 사회적 지위를 위한 경쟁이 된다"는 의미다(Cohen 등, 1996; Nisbett과 Cohen, 1996). 공격성 기준 역시 일상에서의 공격성 모델에 의해 정해진다. 아이들이 폭력적 TV 프로그램이나 폭력적 비디오 게임에 노출되는 것이 이후 삶에서 공격적 행동으로 나타날 수 있다는 자료가 없지만, 매체와 연예오락 사업은 아동의 폭력성에 관한 수많은 모델을 제공하고 있다(Anderson과 Bushman, 2001, 2002). 폭력의 실생활 모델은 폭력적 게임이나 영화라기보다는 행동에 더 영향을 많이 받는 것 같다. 신체 학대를 경험했거나 봤던 아이들은 폭력적이 되었다(Berkowitz, 2003; Salzinger 등, 2006).

갈등

2008년 9월, 미네소타 공화당 전당대회에서

나온 시위대가 경찰과 격돌했다. 경찰은 군중을 해산시키기 위해 체류가스를 살포하고 물대포를 쏘았다. 이것이 **갈등**(conflict), 즉 사람들 혹은 집단의 행동, 목적 혹은 사상 간의 불일치이다. 우리는 자신의 이익을 추구하다가 갈등을 빚는 경향이 있지만, 갈등의 '승자'가 언제나 그 갈등을 시작했던 사람들보다 더 나은 상황에서 싸우러 나오는 것은 아니다. 때때로 정당 갈등은 서로 간 파괴적인 행동으로 시작해 **사회적 계략**(social trap)으로 끝내곤 한다. 모든 사람이 이기려고 하면 누구도 이길 수 없게 된다.

학살의 심리학

2008년 7월 21일 보스니아를 다스리는 보스니아계 세르비아인 대통령 라도반 카라지치가 도피생활 10년 만에 체포되었다. **대량학살**(genocide), 즉 한 집단이 다른 집단에 의해 조직적으로 파괴되는 일은 동부 유럽에서 공산정권이 붕괴되었을 때처럼 생활 조건이 매우

힘들 때 시작한다. 경제적, 사회적, 정체적 불확실성에 직면하여, 오랜 민족적 갈등이 보스니아계 세르비아인들은 자신들을 내부집단으로 여기고 보스니아계 모슬렘들을 희생양이 될 외부집단으로 규정하게 했다. 공정한 세상 현상이 나타나고 크로아티아인들 및 다른 외부집단의 공격을 받은 상태라 정당하다고 여겼기 때문에, 많은 보스니아계 세르비아인들이 자신의 앞집 이웃이었던 보스니아계 모슬렘들을 학살했다. 세상이 보스니아에서 일어난 대량학살에 대해 무관심했기 때문에 세르비아인들 사이에 정당하다는 정서가 더 강화되었다. 최근 다르푸르에서 일어난 대량학살 역시 UN이나 국제단체의 간섭을 거의 받지 않았다.

협동

최근 일어난 대량학살을 쉽게 생각할 수도 있겠지만 상황이 그리 암담하지만은 않은 것이, 겉으로 보기에는 풀릴 것 같지 않은 갈등이 최

근 해결되어가고 있기 때문이다. 예를 들어 북부 아일랜드의 긍정적 정치발전을 통해 **협동**(cooperation), 즉 집단의 이익을 위해 함께 일하는 것이 다른 사람들을 희생시켜 자신의 이익을 도모하는 **태만**(defection)보다 유익하다는 것이 증명되었다. 협동은 유익하다. 하지만 쉽지만은 않다. 우리는 개인에게 유익한 행동과정이 전체적으로는 집단에 해를 끼치고 모든 사람들이 같은 행동을 할 경우 이익보다는 손해가 많을 경우 사회적 딜레마에 직면한다. 이 딜레마는 종종 지구 전체에 관한 면에서도 나타난다. 산업화된 국가가 세계 인구의 20%를 차지하고 있지만 지구 탄소 배출량의 40%를 만들어낸다(Sierra Club, 2008). 중국과 인도도 급격하게 산업화되어 탄소 배출량을 더하고 있기 때문에, 전체 지구는 환경 결과를 신경 쓰지 않고 자국의 경제적 이익을 탐하는 각 개별 국가들의 행동으로 고통스러워하고 있다.

그러나 다른 사람들과 협력해야 할 이유는 많다. 예를 들어 사람들이 높은 수준의 개인적 책임감을 느낄 때 좀 더 협력하는 경향을 보인다. 사람들 역시 자신의 명성을 보호하고자 할 때 협력하거나 다른 사람들이 우리를 돕는다면 우리도 다른 사람들을 돕겠다는 상호성의 규준을 따른다. 공정성의 규준(사기꾼을 처벌하고 돕는 사람은 보상을 하는 것과 같은)은 협력을 독려하여 집단 내 공유된 사회적 정체성을 진작시키게 된다. 2010년 아이티에서 일어난 끔찍한 지진 직후, 국제 자원봉사자들이 함께 일하고 도움이 필요한 아이티 사람들을 돕기 위하여 자신의 시간과 돈을 기부했다.

소통할 수 없는(혹은 원치 않는) 경우에 다른 사람들과 협력하기란 어렵다. 따라서 의사소통은 협동의 매우 중요한 요소이다. 갈등하는 집단은 서로 동의할 만한 해법에 도달할 수 없을 경우 중재자가 집단끼리 서로 의사소통할 수 있도록 도와 양측에 이익이 되는 계획을 개발할 수 있다.

이타주의와 친사회적 행동

우리가 다른 사람의 이익을 먼저 생각하고 심지어 그 과정에서 자신의 안녕감에 위협이 오게까지도 하는 이유는 무엇일까? 다른 사람들을 도울 목적으로 수행하는 행동을 말하는 **친사회적 행동**(prosocial behavior)은 그것이 자신의 안전이나 자기 이익을 위한 것이 아닌 상태에서 수행될 때 **이타주의**(altruism)가 된다. 이타적 행동을 통해서 우리는 어떤 이익도 얻지 못한다. 사실 어떤 때는 불이익을 당하기도 한다(몇몇 심리학자들과 철학자들은 우리가 이타적 행동을 하고 기분이 좋아진다면 그 행동은 순수하게 이타적이었다라고 할 수 없다고 주장한다). 이타주의를 보이는 것이 영화나 TV에 나오고자 하는 것이 아니기 때문에 인간이 이기적인 행동뿐 아니라 이기심 없는 사회적 행동도 할 수 있다는 것을 기억하는 것이 중요하다.

우리가 이타적으로 행동하는 것은 무엇 때문일까? **호혜적 이타주의**(reciprocal altruism) 이론을 보면 사람들은 미래 어떤 때에 이타주의의 수혜자가 될 수 있다는 기대 때문에, 혹은 과거 어느 시점에 이타주의에 입각한 도움을 받은 적이 있기 때문에 이타적인 행동을 하게 된다고 말한다(Trivers, 1971). 일반적으로 사람들은 친척들에게 이타주의를 보인다(친척편중). 그러나 우리가 가족을 돌보는 이유는 그들도 우리와 같은 것을 할 것이라는 것을 알기 때문일 것이다(Burnstein 등, 1994). 이타주의는 심지어 매력을 강화하기도 한다. 한 연구에서, 어떤 남자의 이타적 행동을 받은 여대생들은 이 남자를 신체적으로 또 성적으로 매력적이라고 평가했다(Jensen-Campbell 등, 1995).

데니얼 뱃슨(C. Daniel Batson)에 따르면, 이타주의는 친사회적 행동을 하는 유일한 동기이다(1994). 타인의 자비로운 기부를 받아 승진 기회를 얻었던 기업주들은 **이기주의**(egoism), 즉 되돌려받을 것이라는 기대를 가지고 다른 사람들에게 유익한 행동을 하였다. 사회적 안전은 **집단주의**(collectivism)의 형태이다. 집단주의는 모든 사람들이 전체 집단을 돕기 위해 공동체의 중심에 기여한다. 다른 사람들을 돕도록 독려하는 종교적 가치는 **원칙주의**(principlism)의 예로 통한다. 원칙주의는 원칙에 따라 친사회적 행동을 하고자 하는 소망을 말한다. 그러나 그것이 무엇 때문이든 간에, 우리의 친사회적 행동은 사회를 발전시키고 우리의 관계를 진작하며 지탱하는 것을 돕는다.

친사회적 행동은 다른 사람들을 도울 목적으로 수행되는 행동이다.

이타주의는 개인의 안전이나 개인 이익을 위해서 수행되는 것이 아닌 친사회적 행동이다.

호혜적 이타주의는 사람들이 미래 어떤 때에 이타주의의 수혜자가 될 수 있다는 기대 때문에, 혹은 과거 어느 시점에 이타주의에 입각한 도움을 받은 적이 있기 때문에 이타적인 행동을 하게 된다는 이론이다.

이기주의는 돌려받을 것이라는 기대를 가지고 다른 사람들에게 유익한 행동을 하는 것을 말한다.

집단주의는 자신이 속한 전체 집단에 유익한 행동을 하는 것을 말한다.

원칙주의는 원칙에 따라 친사회적 행동을 하고자 하는 소망을 말한다.

14

요 약

WHAT **사회심리학이란 무엇인가?**

● 사회심리학은 개인의 생각과 행동, 활동이 집단에 의해 어떻게 영향을 주고받는가를 살핀다.

WHAT **어떤 인지 과정이 사회적 행동의 기초가 되는가?**

● 사회적 인지는 집중과 기억처럼 사회적 행동을 가능하게 하는 중요한 과정에 초점을 둔다. 뇌의 생물학적 구조와 과정이 우리의 사회적 환경을 조절하는 것을 돕는다.

● 우리는 뇌의 방추형 얼굴 영역으로 얼굴을 인식한다.

● 편도체는 사회범주화 과정에 관여한다.

● 상측두구는 생물학적 움직임을 처리한다.

● 전전두엽 뇌회에 있는 거울 신경은 우리가 공감할 수 있도록 돕는다.

HOW **사회적 영향력은 우리 사고와 행동에 어떻게 영향을 미치는가?**

● 사회적 압력을 통해 사회적 영향력은 사람들이 확신하고, 복종하고 다른 사람들을 모방하게 할 수 있다.

● 사회적 압력은 수행에 영향을 미치며 설득에 중요한 역할을 한다.

HOW **사회적 관계가 심리 현상에 의해 어떻게 영향을 받는가?**

● 두려움과 분노는 편견, 고정관념 및 갈등을 통해 사회적 관계에 영향을 미친다.

● 죄책감과 같은 자의식 감정은 사회적 회복을 유도한다.

● 집단 관계는 협동과 이타주의를 통해 증진될 수 있다.

이해 점검

1. 베키는 이틀 전 교수에게 이메일을 보냈지만 답장을 받지 못했다. 교수가 너무 바빴거나 휴가 중일 수도 있는 일이었지만, 베키는 교수가 무례한 사람이라고 생각했다. 이것은 어떤 예인가?
   a. 상황 귀인
   b. 기본적 귀인 오류(FAE)
   c. 매력 편향
   d. 이기적 편향

2. 당신이 졸업을 할 수 없을 것이라 생각하고 수업에 계속 빠진다면 당신이 하고 있는 것은?
   a. 상황 귀인
   b. 자기충족적 예언
   c. 기질 귀인
   d. 이기적 편향

3. 여자는 남자보다 똑똑하다는 신념은?
   a. 사전 도식 유형
   b. 기본적 귀인 오류(FAE)
   c. 상황 귀인
   d. 자기 충족적 예언

4. 엘리는 매트와의 수영 경기에서 졌다. 이후 그들이 인터뷰를 할 때, 엘리는 옆구리에 쥐가 나지 않았다면 이길 수 있었을 것이라고 말했다. 매트는 열심히 연습했고 행운이 있어서 이길 수 있었다고 말했다. 엘리의 생각과 매트의 생각은?
   a. 상황 귀인
   b. 기질 귀인
   c. 피그말리온 효과
   d. 이기적 편향

5. 우연히 같은 몸짓, 얼굴표정을 하는 친구들을 통해 알 수 있는 현상은?
   a. 상모실인증
   b. 카멜레온 효과
   c. 피그말리온 효과
   d. 정확성 동기

6. 카스는 로라의 집에 갈 때마다 선물을 들고 갔다. 카스의 행동은 무엇의 결과인가?
   a. 쾌락 동기
   b. 승인 동기
   c. 정확성 동기
   d. 카멜레온 효과

7. 다음 중 가장 사람을 순응하게 하지 않을 것 같은 것은 무엇인가?
   a. 불안정감
   b. 5명의 모임
   c. 사적 환경
   d. 존경하는 사람들과 있는 것

8. 애쉬의 유명한 실험(다양한 길이의 막대를 비교하는 실험)에서 몇몇 사람들은…
   a. 계속하기를 거절하고 실험실을 나갔다.
   b. 답이 명백하게 틀렸는데도 집단에 동의했다.
   c. 공모자들이 답을 바꿀 것이라 확신했다.
   d. 자극 막대선의 길이를 결정하는 데 어려움이 있었다.

9. 다음 중 사람이 고통을 가하라는 명령에 불복종하게 할 것 같은 상황은?
   a. 명령을 내리는 사람이 그 행동에 책임을 지는 경우
   b. 명령을 받은 사람이 희생자를 알 때
   c. 명령을 내리는 사람이 정부관료일 때
   d. 명령을 내리는 사람이 명령을 내리는 사람과 함께 방에 있을 때

10. 제니는 요청을 하더라도 엄마가 100달러를 주지는 않을 것이라는 것을 알고 있다. 대신 그녀는 엄마에게 20달러를 달라고 한다. 몇 주후 제니는 엄마에게 100달러를 달라고 하고 엄마는 그녀에게 그만큼을 주었다. 이것은 무엇의 예인가?
    a. 후리기 기술
    b. 들이밀기 기술
    c. 역단계적 기술
    d. 낮은 견적 기술

11. 래리는 파리로 여행을 하는 데 돈을 많이 썼다. 불행히도 파리에 있는 내내 비가 내렸고, 가고 싶었던 박물관은 문을 닫았고, 호텔방도 지저분하고 작았다. 그럼에도 래리는 그 여행이 돈을 쓸 가치가 있었다고 생각한다. 다음 중 여행에 대한 래리의 태도를 가장 잘 설명한 것은 무엇인가?
    a. 여행이 돈을 쓸 가치가 있었다고 믿는 것이 래리의 인지적 부조화를 증가시켰다.
    b. 여행이 돈을 쓸 가치가 있었다고 믿는 것이 래리의 인지적 부조화를 감소시켰다.
    c. 래리는 잘 속아 넘어가는 사람이다.
    d. 래리는 호혜성 규범을 따르고 있다.

12. 다음 중 설득에 있어 주변노선의 예를 사용하는 예가 아닌 것은?
    a. 제안이 매력적이라 그 사람에게 동의했다.
    b. 논쟁 이면논리를 연구한 뒤 정치인을 지지했다.
    c. 친구를 믿기 때문에 친구에게 동의했다.
    d. 같은 대학에 다녔기 때문에 동료를 지지했다.

13. 한 목격자는 피고인이 방아쇠를 당기는 것을 자신이 보았다고 증언했다. 목격자가 다른 세부항목에서 거짓말한 것이 알려졌고 다른 증인이 없었기 때문에 그 증언이 법정에서 채택되지 않았지만, 배심원들은 피고가 살인자라고 생각했다. 이것은 무슨 현상인가?
    a. 방관자 효과
    b. 집단사고
    c. 사회적 태만
    d. 수면자 효과

14. 벤은 룸메이트의 양복을 허락도 없이 입고 있다가 거기에 얼룩을 묻혔다. 벤은 룸메이트에게 일어난 일을 말하고 허락 없이 그렇게 한 점을 사과한 후 드라이클리닝 값을 지불하고 되돌려주었다. 다음 중 가장 적절한 이유는 무엇인가?
    a. 벤은 회복을 시도하고자 하는 자의식 감정을 경험했다.
    b. 벤은 친구의 신뢰를 저버렸기 때문에 사회적 고통을 경험했다.
    c. 벤은 탈개인화를 경험했다.
    d. 벤은 사회적 태만을 경험하고 이를 보상하기 위해 양복 값을 지불했다.

15. 폭력이 발생했던 두 문화 집단이 결국 서로의 차이를 이해하기로 결심하도록 도운 것은 어떤 과정인가?
    a. 공평한 세상 현상
    b. 집단 편의
    c. 탈지방화
    d. 인종차별

16. 백인인 라이언은 흑인들이 그의 회사에서 승진이 잘 되지 않고 급료도 적다는 것을 자주 느낀다. 그의 회사가 사람들을 인종에 기초해 불공평하게 대우한다는 생각 때문에 화가 난다. 이에 라이언은 회사에 있는 흑인이 열등한 직원이라고 믿는 편이 더 쉬웠다. 라이언의 행동은 어떤 예인가?
    a. 좌절 공격 가설
    b. 탈개인화
    c. 공평한 세상 현상
    d. 인종차별

17. 다음 중 가장 공격적일 것 같은 사람은 누구인가?
    a. 아동기에 학대를 받았던 사람
    b. 탈지방화를 경험한 사람
    c. 어려운 시기를 살고 있는 평범한 사람
    d. 희생양

18. 한 비행기 승무원이 기상악화로 본래의 목적지가 아닌 다른 도시로 비행기를 회항하자 몇몇 승객이 화가 나서 자신에게 항의한다는 것을 알고 있다. 승객들의 반응은 다음 중 어떻게 설명이 되는가?
    a. 단순노출효과
    b. 집단주의
    c. 고정관념 위협
    d. 좌절공격가설

19. 다음 중 이타적 행동은 무엇인가?
    a. 벡키는 친구와 공부를 하였기에 둘 다 시험에서 좋은 성적을 받을 것이다.
    b. 샌디는 매년 헌혈을 한다.
    c. 라이언은 양다리를 걸치고 있다.
    d. 사무실에 있는 모든 직원이 새로운 커피메이커를 사기 위해 5달러씩 내기로 했다.

20. 다음 중 사람들이 협동을 하는 전형적인 이유는 무엇인가?
    a. 개인적 책임감
    b. 자신의 명예를 보호하기 위해서
    c. 공평 규범
    d. 위의 항목 모두

스탠리 밀그램의 실험은 219쪽에 자세히 논의되어 있다.

정치 포럼

사회심리학
왜 평범한 사람들이 포로들을 고문하는가

수잔 T. 피스크, 래서너 T. 해리스, 에이미 J. C. 커디

공식조사와 군법 회의가 진행되면서, 작년에 아부 그라이브에서 일어난 사건에 모두가 놀라고 있다. 첫 반응은 충격과 역겨움이었다. 미국인들이 어떻게 누군가에게, 심지어 이라크 전쟁포로에게 이런 일을 할 수 있을까? 몇몇 참관인들은 즉시 "썩은 사과"를 운운하며 학대에 대한 책임을 물었다. 그러나 많은 사회심리학자들은 그것이 그리 간단한 것이 아니라는 것을 알고 있었다. 사회는 마치 군사 재판에서 했듯이 개인에게 그들의 행동을 책임지라고 말한다. 그러나 사회심리학은 사회적 상황을 통제하는 동료와 장교들에게도 책임을 지워야 한다고 주장한다.

사회심리학적 증거는 사회적 상황의 힘, 즉 개인 상호간 상황의 힘을 강조한다. 사회심리학은 사람들이 좋은 방식이든 나쁜 방식이든 서로에게 어떻게 영향을 미치는가에 관한 지식 1세기 분량을 쌓아왔다(1). 메타분석, 즉 다양한 연구의 결과물들에 대한 양적 요약을 보면 그러한 경험적 결과의 크기와 일관성이 나타난다. 최근 사회적 상황에 대한 믿을 만한 실험증거 메타분석 자료로 8백만 명의 참여자에 대한 2만 5천 개가량의 결과물이 있다(2). 아부 그라이브는 일반적인 사회과정이지 특수한 개인의 악마성에서 기인한 것이 아니다. 이 정치 포럼은 옳은(혹은 잘못된) 사회적 상황이 대부분의 사람들을 공격적이고 억압적이고, 순응적이고 복종적으로 만드는지를 설명하는 메타분석을 살필 것이다.

충분히 자극이 되고, 스트레스를 받고, 불만이 쌓이고 화가 나면(3~6), 사실상 누구나 공격적이 된다. 아부 그라이브를 경호하는 800번째 육군 경찰 여단의 상황은 공격성을 야기하는 것으로 알려진 사회적 상황과 모두 딱 들어맞는다. 군인들은 분명 화가 나고 스트레스가 가득한 상태였다. 전시(戰時)였고, 지속적인 위험상태였으며 자신들이 구하려고 했던 바로 그 시민들에게 조롱당하고 당황한 상태인 데다가, 전우들은 매일 예상치도 못하게 죽어나갔다. 사기는 땅에 떨어졌고 일에 대한 지식도 없었으며 군기(軍氣) 역시 빠져 있었고, 집으로 가려면 아직도 1년 이상이 남아 있었다.

훈련받은 군인이라는 정체성도 없어지고 설비도 전혀 쾌적하지 않은 상태였다(7). 뜨거운 열기와 불편함 역시 분명 한몫했다. 포로가 적으로 만난 집단의 일부라는 사실은 외부집단에 대해 무의식적 편견 경향성을 더 키울 뿐이었다. 이런 상황에서 압제와 인종차별은 같은 말이 된다. 사회심리강의의 가장 기본적인 원칙 중 하나는 사람들은 자기 집단을 좋아한다는 것(8)이고 나쁜 행동은 외부집단에 귀인한다는 것이다(9). 편견은 특히 사람들이 외부집단을 소중한 가치를 위협하는 대상으로 볼 때 곪아 터지게 된다(10~12). 이것은 확실히 아부 그라이브에 있는 포로 호위병들에게 적용되지만, 이 역시 좀 더 '정상적인' 상황에서도 적용이 된다. 최근 평범한 미국 시민들이 그 예인데, 그들은 무슬렘과 아랍인들을 자신들의 이익을 나누지 않는 듯이 보고, 그들을 특히 진지하지도 선하지도 친절하지도 따뜻하지도 않은 사람들로 고정관념을 갖고 보고 있다(13~15).

심지어 인종차별에 대해 좀 더 설득력 있게 말하는 사람들은 인지과정에 평행으로 작용하는 감정 편견(역겨움이나 경멸 같은 '상당히' 영향력 있는 감정)을 언급한다. 그런 감정 반응은 심지어 외부집단에 대한 뇌활동의 신경촬영에서조차 빠르게 나타난다(19, 20). 그러나 심지어 사회적 상황에도 영향을 받을 수 있다. 사람들을 외부 집단과 서로 구성원을 바꿀 수 있는 사람들로 범주화를 하면 사회적 상황에 따라 각성과 놀람에 대한 편도체 반응 특질을 증가시키고 역겨움이나 각성과 같은 인슐린 반응이 촉진된다. 이러한 효과는 같은 사람들끼리만 있을 때에는 없어진다(21, 22). 우리 조사 자료에 따르면(13, 14), 그 비열하고 역겨운 종류의 외부집단 ─ 낮은 지위의 적들 ─ 은 적극적이고 수동적인 위험이 섞여 나타난다. 즉 공격과 싸움뿐 아니라 배타성과 품위를 떨어뜨리는 일이 함께 나타난다. 이는 분명 아부 그라이브 포로 학대 사건을 설명하고 있다. 이는 또한 노숙자, 복지수혜자, 터키인들이나 아랍인들 같은 단정적으로 경멸하는 외부집단이 자주 공격당하고 배제된다고

보고한 바로 그 미국인들에게도 해당한다(14).

공격성이 이어지는 환경에 놓이고 죄수들은 역겹고 인간 이하라고 생각하고, 동료들에게 잘 구축된 동조 원칙이 적용되고 권위에 복종하는 것이(26) 학대의 광범위한 본질을 설명할 수도 있다. 전투에서 한 부대에 대한 동조는 생존을 의미하며, 추방은 곧 죽음이다. 사회적 상황은 분명하게 사람들이 복잡하고 혼란스럽고 애매한 상황을 자신이 속한 사회 집단에 의지해 이해하고자 하는 현상을 반영한다(27). 예를 들어 사람들은 1980년 영국 브리스톨에 있는 성 바울교회에서 자신들 가까이에서 일어난 사건에 동조하여 폭동을 일으켰다(28). 보호관들은 힘 있는 역할을 수행하기 위해 다른 보호관들이 하는 것에 동조하여 죄수들을 학대한다. 이것은 스탠포드 교도소 연구에서 나타났다. 스탠포드 교도소에서 평범한 대학생들이 임의대로 전일제 간수와 임시 교도소 수감자로 역할을 받았음에도 각각 학대자와 희생자로 행동했다(29). 사회심리학은 자신이 좋은 혹은 나쁜 선택이든 간에 대부분의 사람들은 다른 사람들이 개인적으로 선택하는 대로 다른 사람들도 행동한다고 믿는다는 것을 보여준다. 이 현상을 잘못된 일치(false consensus)라고 한다(30, 31). 동료들의 인식 반응에 대한 동조는 지협적인 규범이 좀더 큰 사회 규범에 얼마나 잘 맞는가에 따라 좋다 혹은 나쁘다라고 정의될 수 있다. 심리학 개론을 읽은 사람이라면 밀그램 연구에서 보았듯이(32), 평범한 사람들도 합법적 권위자가 명령을 하면 믿을 수 없을 정도로 파괴적인 행동에 가담할 수 있다. 그와 같은 연구에서, 교사처럼 행동했던 참여자들은 종종 학습자들(실제로는 공모자)에게 치명적인 수준까지 전기 충격으로 벌을 주라는 실험자들의 명령에 잘 따랐다. 권위에 대한 복종은 모든 문화에 적용된다(33). 불꽃을 뿜는 세계무역센터 안으로 영웅답게 뛰어들어간 소방관들은 부분적으로는 상관에 대한 복종, 부분적으로는 특별한 집단 충성에 대한 동조, 부분적으로는 믿을 수 없이 용감한 자기희생을 보

(측면 주석)

이 글에서 읽었듯, 이 장(216~223쪽)에서 논의된 사회적 영향력 개념을 살펴보라.

이 장(216쪽)에서, 여러분은 사회적 범주화에 대해 읽었다. 이것이 여기에 기술된 결과에 어떻게 연관되어 있는 걸까?

제15장에서 여러분은 스트레스가 정신·신체 건강에 어떻게 영향을 미치는지에 대한 자세한 사항을 보게 될 것이다.

제2장(18쪽)에서 잘못된 여론에 대해 좀 더 공부해보라.

복종에 영향을 미치는 조건에 대한 시각적 표상에 대해서는 219쪽을 살펴보라.

읽을거리

여준다. 그러나 사람들이 그들의 (매우 다른) 행동이 아무리 혐오스럽든 간에 복종과 동조가 비행기 납치 테러리스트와 아부 그라이브 보호관들의 동기이기도 하다. 사회적 동조와 복종 자체는 중립적이다. 그러나 그 결과는 영웅적이거나 혹은 악의적이다. 고문은 부분적으로 사회화된 복종에 관련된 범죄이다(34). 부하들은 명령을 받은 것만 한다. 그러나 그들은 상관이 그들에게 무엇을 명령할지를 생각하고 권위의 전체 목적에 대한 자기 나름의 이해를 가한다. 예를 들어 린치를 가하는 행동은 평범한 사람들이 법 뒤에서 공동체의 의지에 대한 자신의 관점을 실행한다는 것을 보여준다.

사회적 영향력은 작고 너무나 사소한 행동에서 시작하고(이 경우에는 모욕적인 말), 보다 심각한 행동으로 이어지며(멸시와 학대)(36~37), 신참은 망설임을 극복하고 행동을 통해 배우게 된다(38). 행동은 범법자가 그 행동이 악하다는 것을 알지 못했다 하더라도 항상 의도적이다. 사실 범법자들은 자신들이 보기에 매를 맞아 마땅한 집단을 처벌하거나 제거하는 것은 위대한 일을 하

는 것이라고 보기도 한다(39).

요약하면, 복잡한 사회적 힘의 영향력 아래에 있는 평범한 개인들이 사악한 행동을 저지를 수 있다(40). 그런 행동은 과학적으로 연구될 수 있고 또 연구되어야 하는 인간 행동이다(41, 42). 우리는 공격성을 촉진하는 상황에 대해 좀 더 알 필요가 있다. 또한 예외 — 이런 사회적 상황에 직면하여 모든 개인이 굴복하지 않는 이유가 무엇인가 — 에 대한 기본도 알아야 한다(43). 이렇듯 아마추어 관찰자들이 악을 설명하는 것은 악에게 변명의 여지를 주고 그 행동에 책임이 있는 사람들을 용서하는 것이라고 믿을지 모르지만, 사실 아부 그라이브와 같은 악을 설명하는 것은 그들에게 피할 길을 열어주는 과학적 원칙을 설명하는 것이다.

심지어 반대하는 사람들이 동조를 이끌어 낼 수도 있다(24). 예를 들어 내부고발자는 권위에 민감할 뿐 아니라, 동료들이 파렴치한 행동을 계속하지 못하게 한다. 권위는 의사소통을 가능하게 하는 상황을 재구성할 수 있다. 예를 들어 CEO들은 다양한 의견을 수용할 수도 있고 내리누를 수도 있다. 상

황이 편견을 훼손시킬 수도 있다(1). 외부집단 상호간에 개인적이고, 더 자세하고, 평등한 지위에, 건설적이고, 협력적인 계약은 (군복무 중인 미국 흑인들과 백인들이건 미군과 이라크 시민들이건) 상호존경을 증진시키고 호감을 증가시키기도 한다. 누군가 평범한 이라크인들 중에 친구가 있었다면 투옥된 이라크인들을 학대하고 몰인간화하기란 어려웠을 것이다. 전시(戰時)에는 어려운 주제이겠지만, 몇몇 이라크인들이 미국인 동료와 함께 일을 할 때 미래에 발생가능한 학대는 줄어들 것이다. 우발적인 학대는 피할 수 있다. 학대를 불러일으키고 허용했던 바로 그 사회적 상황이 학대를 막아내는 견인차가 될 수 있다. 또 다른 보고를 인용하자면[(45), p. 94, "수감자에서부터 최고 관리자에 이르기까지 구치소 일에 종사하는 모든 사람들이 전문적 윤리 프로그램에 참여해야 할 것이다. 이것이 도덕적 의무감을 자주 고민하는 상황을 만드는 날카로운 도덕적 잣대를 그들에게 주게 될 것이다."

도덕성이 어떻게 발달하는가를 보려면 제12장(191쪽)을 되짚어보라.

반대가 불가능할 수도 있나? 제14장의 집단 사고에 대해 읽었던 것을 기억해보라(223쪽).

지지침(SDO)은 그것이 제로섬(쌍방 득실차나 무(無)인 —역자 주)이고 일부 집단이 정당하게 다른 집단을 지배하는 먹느냐 먹히느냐 세계라는 현실적인 관점을 보여준다. SDO에서 낮은 점수를 얻은 사람들은 성직자를 돕기도 하고 좀 더 광범위하며 적게 공격하는 것에 찬성한다. 이들은 학대를 덜 하는 경향이 있다. 반면 군대와 같은 위계적인 구조에 있기로 한 사람들은 SDO에서 높은 점수를 받았다(47). 우익권위주의(RWA)는 전통적 가치에 동조하고, 권위에 복종했고, 권위에 의해 인정되었을 때 공격적이었다. RWA에서 낮은 점수를 받은 사람들은 학대에 덜 참여했다(48). SDO와 RWA에서 둘 다 낮은 점수를 받은 경우 외부집단, 즉 자신들 외부의 사회 집단에 대한 인내심이 적은 것으로 나타난다.

참고문헌과 주

1. S. T. Fiske, Social Beings (Wiley, New York, 2004).
2. F. D. Richard, C. F. Bond, J. J. Stokes-Zoota, Rev. Gen. Psychol. 7, 331 (2003).
3. B. A. Bettencourt, N. Miller, Psychol. Bull. 119, 422 (1996).
4. M. Carlson, N. Miller, Sociol. Soc. Res. 72, 155 (1988).
5. M. Carlson, A. Marcus-Newhall, N. Miller, Pers. Soc. Psychol. Bull. 15, 377 (1989).
6. C. A. Anderson, B. J. Bushman, Rev. Gen. Psychol. 1, 19 (1997).
7. A. Taguba, "Article 15-6. Investigation of the 800th Military Police Brigade," accessed 30 June 2004 from www.npr.org/iraq/2004/prison_abuse_report.pdf
8. B. Mullen, R. Brown, C. Smith, Eur. J. Soc. Psychol. 22, 103 (1992).
9. B. Mullen, C. Johnson, Br. J. Soc. Psychol. 29, 11 (1990).
10. J. Duckitt, in Advances in Experimental Social Psychology, M. P. Zanna, Ed. (Academic Press, New York, 2001).
11. When their own mortality is salient, as in wartime, people particularly punish those from outgroups seen to threaten basic values (12).
12. S. Solomon, J. Greenberg, T. Pyszczynski, Curr. Dir. Psychol. Sci. 9, 200 (2000).
13. S. T. Fiske, A. J. Cuddy, P. Glick, J. Xu, J. Person. Soc. Psychol. 82, 878 (2002).
14. A. J. Cuddy, S. T. Fiske, P. Glick, "The BIAS map: Behaviors from

intergroup affect and stereotypes," unpublished manuscript (Princeton University, Princeton, NJ, 2004).
15. L. J. Heller, thesis, Princeton University, 2002.
16. H. Schütz, B. Six, Int. J. Intercult. Relat. 20, 441 (1996).
17. J. F. Dovidio et al., in Stereotypes and Stereotyping, C. N. Macrae, C. Stangor, M. Hewstone, Ed. (Guilford, New York, 1996).
18. C. A. Talaska, S. T. Fiske, S. Chaiken, "Predicting discrimination: A meta-analysis of the racial attitudes– behavior literature," unpublished manuscript (Princeton University, Princeton, NJ, 2004).
19. A. J. Hart et al., Neuroreport 11, 2351 (2000).
20. E. A. Phelps et al., J. Cogn. Neurosci. 12, 729 (2000).
21. 신경촬영 자료는 외부집단원들의 사진을 본 대학생들의 반응을 보여준다. 이 자료가 그런 반응이 선천적이라든가 '안전인수'라는 식으로 해석되어서는 안 된다. 이 자료들은 장기적인 사회적 환경에서 나온 것이며(9) 단기적인 사회적 상황에 따라 달라진다(46).
22. M. E. Wheeler, S. T. Fiske, Psychol. Sci., in press.
23. J. P. Leyens et al., Eur. J. Soc. Psychol. 33, 703 (2003).
24. R. Bond, P. B. Smith, Psychol. Bull. 119, 111 (1996).
25. S. Tanford, S. Penrod, Psychol. Bull. 95, 189 (1984).
26. J. Tata et al., J. Soc. Behav. Pers. 11, 739 (1996).
27. J. C. Turner, Social Influence (Brooks/Cole, Pacific Grove, CA,

1991).
28. S. D. Reicher, Eur. J. Soc. Psychol. 14, 1 (1984).
29. C. Haney, C. Banks, P. Zimbardo, Int. J. Criminol. Penol. 1, 69 (1973).
30. B. Mullen et al., J. Exp. Soc. Psychol. 21, 262 (1985).
31. B. Mullen, L. Hu, Br. J. Soc. Psychol. 27, 333 (1988).
32. S. Milgram, Obedience to Authority (Harper & Row, New York, 1974).
33. T. Blass, J. Appl. Soc. Psychol. 29, 955 (1999).
34. H. C. Kelman, in The Politics of Pain: Torturers and Their Masters, R. D. Crelinsten, A. P. Schmidt, Eds. (Univ. of Leiden, Leiden, NL, 1991).
35. A. L. Beaman et al., Pers. Soc. Psychol. Bull. 9, 181 (1983).
36. A. L. Dillard, J. E. Hunter, M. Burgoon, Hum. Commun. Res. 10, 461 (1984).
37. E. F. Fern, K. B. Monroe, R. A. Avila, J. Mark. Res. 23, 144 (1986).
38. E. Staub, Pers. Soc. Psychol. Rev. 3, 179 (1999).
39. A. Bandura, Pers. Soc. Psychol. Rev. 3, 193 (1999).
40. L. Berkowitz, Pers. Soc. Psychol. Rev. 3, 246 (1999).
41. J. M. Darley, Pers. Soc. Psychol. Rev. 3, 269 (1999).
42. A. G. Miller, Ed., The Social Psychology of Good and Evil (Guilford, New York, 2004).
43. 사회적 상황이 대부분의 사람들이 생각하는 것보다 더 중요한 문제이지만, 대부분의 사람들의 생각처럼 개인의 성격 역시 중요하다. 사회지

44. A. G. Miller, A. K. Gordon, A. M. Buddie, Pers. Soc. Psychol. Rev. 3, 254 (1999).
45. J. R. Schlesinger, H. Brown, T. K. Fowler, C. A. Horner, J. A. Blackwell Jr., Final Report of the Independent Panel to Review DoD Detention Operations, accessed 8 November 2004 from www.informationclearing-house.info/article6785.htm
46. L. T. Harris, S. T. Fiske, unpublished data.
47. J. Sidanius, F. Pratto, Social Dominance: An Intergroup Theory of Social Hierarchy and Oppression (Cambridge Univ. Press, New York, 1999).
48. B. Altemeyer, Enemies of Freedom: Understanding Right-Wing Authoritarianism (Jossey-Bass, San Francisco, 1988).

건강과 스트레스

HOW 심리적 상태가 신체적 반응과 어떻게
연결되는가?

HOW 스트레스가 우리의 면역체계와 전체 건강에
어떻게 영향을 끼치는가?

WHAT 사람들이 스트레스를 다루는 서로 다른
방법으로는 무엇이 있는가?

WHAT 스트레스를 완화하거나 다루기 위해 우리는
어떤 기술을 사용할 수 있는가?

여러분은

지금 TV의 전원을 끄고 잠을 자려는 찰나 여러분이 좋아하는 방송의 재방송이 있다는 사실을 깨닫는다. 잠 1시간을 안 잔다고 달라지는 것은 있을까? 놀랍게도 영향이 있다. 연구가들은 잠에 인색한 사람은 잠을 잘 자는 사람에 비해 비만이 될 위험이 더 크다는 것을 발견했다.

2004년 컬럼비아대학의 연구가인 스티븐 헤임스필드(Steven Heymsfield)와 제임스 갱위치(James Gangwisch)는 정부의 국가 건강과 영양 조사 설문(National Health and Nurition Examination Survey)에서 6,000명 이상을 대상으로 잠 패턴과 비만에 대해서 분석했다. 1982~1984년의 결과와 1987년의 결과에서 4시간 미만으로 잠을 자는 사람은 7~9시간 자는 사람들에 비해 73% 정도 비만인 경우가 많다는 것을 발견했다. 또한 이 결과는 5시간 잠을 자는 사람은 7~9시간 자는 사람보다 비만인 경우가 50% 많고 6시간 잠을 자는 사람들은 비만인 경우가 23% 많다는 것을 보여주었다.

그렇다면 무엇이 수면결핍과 체중증가를 연결시키는 걸까? 해답은 식욕을 담당하는 호르몬과의 연관성에 있을 수 있다. 렙틴은 포만감, 칼로리 소모, 몸이 사용할 에너지 생성에 대해 뇌에 효과적으로 알리는 화학물이다. 렙틴의 양은 주로, 필요한 양의 에너지가 충족되어 더 이상 음식을 먹을 필요가 없는 수면을 취할 때 늘어난다. 하지만 우리가 충분한 수면을 취하지 않는다면, 렙틴의 양이 줄어든다. 우리의 뇌는 이것을 에너지 부족으로 여기고 음식이 필요하지도 않은 상태임에도 배가 고픈 것처럼 느끼게 만든다.

스트레스 또한 코르티솔이라는 호르몬의 양을 늘리며 이것은 부신에서 혈류로 분비되어 비만에 영향을 미친다. 이로 인해 코르티솔은 '스트레스 호르몬'이라고도 불린다. 과도한 코르티솔은 효과적인 지방의 연소를 저해하여 체중을 늘리고 식욕을 왕성하게 한다.

그러므로 여러분은 밤에 다음 날 치를 심리학 시험에 대해 고민하기보다 자신의 허리 라인을 생각하여 숙면을 취하는 것이 좋을 것이다.

<<< 2009년도 신종플루의 두려움은 전 세계에 경각심을 불러일으켰다. 미국에서는, 새로운 발병에 대한 보고가 있을 때마다 공포가 증폭되었고, 서서히 사망자 수가 증가하면서 공황상태가 퍼졌다. 비록 H1N1와 관련된 사망자 수는 독감 사망자의 연평균의 1/4에 불과하지만, 개인들은 지역 의료시설에서 이용할 수 있는 얼마 안 되는 백신을 접종받으려고 몇 시간이고 줄을 섰다. 걱정과 스트레스는 면역체계에 부정적으로 영향을 준다. H1N1에 대한 공포가 국가의 건강을 더 빈약한 상태에 이르게 할 수 있는 것이다.

233

CHAPTER **15**

정신과 신체의 연결

수면박탈과 비만에 대한 연구에서 보여주었듯이, 우리의 정신과 신체 사이에는 강력한 연결고리가 있다. 심리학자들은 심리적 스트레스가 신체적 반응에 이르는 방법을 탐구함으로써 정신-신체 연결에 대해 연구했다. 스트레스의 경우를 예로 들어보자. 스트레스는 생리적 질병이기보다는 심리적 현상이다. 그러나 한편으로 이것은, 네 가지 심각한 질병(심장병, 암, 뇌졸중, 만성 폐질환)의 발병과 사망 원인의 위험성을 심각하게 증가시킬 수 있다. 사람들이 느끼는 스트레스가 흡연, 과도한 음주나 수면부족과 같은 불건강한 행동과 결합하면 예상은 훨씬 더 심각해진다. 불행히도, 우리가 생활에서 스트레스를 점점 더 많이 느낄수록, 아마 우리는 스트레스 해소로서 더 많이 흡연하고 술을 마시며, 일을 마무리하려고 밤늦게 깨어 있거나 아침에 일찍 일어남으로써 스트레스를 줄이려 할 것이다. 이러한 상황에서, 우리의 행동과 심리적 상태는 잔인하고 불건강한 사이클로 우리를 끌어들인다.

이러한 스트레스 상황에서 우리는 어떻게 하면 우리 자신을 신체적, 정신적으로 건강하게 지킬 수 있을까? 해답은 예상수명을 늘리고 삶의 질을 높이기 위해서 행동적, 의학적, 사회적 지식을 통합하는, 의학적 치료에 대한 간학문적 접근(interdisciplinary approach)인 **행동의학**(behavioral medicine) 분야에 있

을지 모른다. **건강심리학**(health psychology)이라고 알려진 행동의학에서 심리적인 부분에 기반을 둔 이 분야는 사람들과 의사들이 질병의 위험성을 제거하거나 줄이는 데 사용할 수 있는 일반적 전술과 세부적 전략의 개발에 초점을 맞추고 있다. 예를 들면, 건강 심리학자들은 개인들이 건강에 대해 전체적으로 접근하도록 격려할 때 스트레스 관리기술, 체중감소

> 불행히도, 우리가 생활에서 스트레스를 점점 더 많이 느낄수록, 아마 우리는 스트레스 해소로서 더 많이 흡연하고 술을 마시며, 일을 마무리하려고 밤늦게 깨어 있거나 아침에 일찍 일어남으로써 스트레스를 줄이려 할 것이다. 이러한 상황에서, 우리의 행동과 심리적 상태는 잔인하고 불건강한 사이클로 우리를 끌어들인다.

계획, 혹은 지역사회 지원 그룹을 발전시킬 수 있다. 이 분야의 이름이 말해주듯이, 건강심리학은 신체적 건강과 정신적 건강의 긴밀성을 강조한다. 정신-신체의 연결은 실제적이고 강력하며, 우리의 심리적 상태가 종종 우리 건강 전반에 영향을 준다.

스트레스와 이것이 건강에 미치는 영향

스트레스와 스트레스 요인

당신에게 시험이 다가오고 있고, 서먹해진 옛 친구와 친밀함을 회복하기 위해 무엇인가를 해야 하고, 이번 달 신용카드 비용을 결제할 방법이 막막하다고 하자. 비록 이전에 이런 상황 중 그 어떤 것과 한번도 직면해본 적이 없다 하더라도, 스트레스가 쌓인 상황이 어떤 것인가를 충분히 느낄 수 있는 기회이다. **스트레스**(stress)란 우리가 위협적이거나 도전적이라고 생각하는 사건인 **스트레스 요인**(stressors)을 인식하고 반응하는 과정으로 묘사될 수 있다.

모든 스트레스가 동일하게 생겨나는 것은 아니다. 예를 들면, **급성 스트레스**(acute stress)는 그 강도가 다양한 일시적인 스트레스 상태이고, **만성 스트레스**(chronic stress)는 당신에게 쌓여 있는 모든 요구사항을 해결하기 위해 이용할 수 있는 어떤 자원도 당신이 가지고 있지 않다고 느끼는 동안 생긴 오래 지속된 각성 상태이다. 대다수의 사람들이 이들 중 어떤 종류의 스트레스를 경험한다. 미국인의 경우, 거의 40%는 자주 스트레스를 경험하고, 또 다른 40%는 가끔 스트레스를 경험한다고 보고되고 있다(Carroll, 2007).

스트레스가 우리 일상에서 얼마나 지배적인지를 정확하게 이해하게 됨에 따라, 연구원들은 스트레스를 연구하는 데 더욱더 관심을 기울이게 되었다. 즉 스트레스가 건강에 미치는 부정적인 영향을 밝혀내고, 이상적으로는 스트레스를 줄이는 방법을 찾아내기 위한 연구가 활발히 이뤄지고 있다. 또한 이러한 스트레스에 대한 관심의 증가로 인해 새롭고 다양한 분야에 대한 연구도 시작되었다. 예를 들면, 과학자들은 만성 스트레스가 사무실이나 도시 혹은 학교와 같은 특정 환경과 종종 연관이 있다는 사실을 최근에 깨닫게 되었다. 이러한 발견을 통해 물리적 환경이 행동이나 건강에 미치는 영향을 조사하는 분야인 **환경 심리학**(environmental psychology)이 발전하게 되었다. 예를 들면, 공기오염, 과도한 소음이나 물속에 있는 금속의 독성은 사람들의 웰빙에 부정적인 영향을 미치는 도시생활과 밀접한 관련성이 있는 환경적 스트레스 요인들이다. 또 다른 스트레스 관련 분야인 심리신경면역학은 면역체계가 바이러스나 박테리아와 같은 내부적 스트레스 요인에 반응을 하고 난 후, 외부 스트레스 요인들에는 어떻게 반응하는지를 탐색한다.

우리가 어디서 스트레스와 마주치든, 스트레스가 우리 몸에서 어떻게 생겨나든, 우리는 스트레스를 부정적인 용어로 생각하는 경향이 있다. 우리 대부분에게 스트레스는 피해야 되거나 극복해야 하는 것이다. 그러나 스트레스가 잠정적으로 심각한 질병의 위험을 증가시키고 건강과 관련된 문제를 일으키지만, 한편으로 이것은 당신의 생명을 구할 수도 있다.

- **행동의학**은 예상수명을 늘리고 삶의 질을 높이기 위해서 행동적, 의학적, 사회적 지식을 통합하려는 의학적 치료에 대한 간학문적 접근이다.
- **건강심리학**은 행동의학에서 심리적인 부분에 기반을 두고 있다.
- **스트레스**는 위협적이거나 도전적인 사건에 대한 심리적·정신적 반응이다.
- **스트레스 요인**은 우리가 위협적이거나 도전적이라고 인식하는 사건이다.
- **급성 스트레스**는 그 강도가 다양한 일시적인 스트레스 상태이다.
- **만성 스트레스**는 당신에게 쌓여 있는 모든 요구사항을 해결하기 위해 이용할 수 있는 어떤 자원도 당신이 가지고 있지 않다고 느끼는 동안 생긴 오래 지속된 각성 상태이다.
- **환경 심리학**은 물리적 환경이 행동이나 건강에 미치는 영향을 조사하는 분야이다.

● ● ●

스트레스가 단기간이거나 극복할 수 있을 정도의 도전이라고 느낀다면, 이것은 긍정적인 효과를 가진다. 이것은 당신이 질병과 싸워 이기거나 상처를 치유할 수 있도록 당신의 면역체계를 활성화시키는 것을 돕고, 당신이 문제에 대한 해결책을 찾을 수 있도록 동기를 부여하고, 당신이 감정적으로 회복될 수 있도록 가르친다. 예를 들면, 트랙 앞에서 약간의 스트레스가 느껴지는 것은 반드시 나쁜 것은 아니다. 이것이 실제로 당신을 더 빨리 달릴 수 있도록 돕는 것일 수 있다. 이러한 긍정적인 종류의 스트레스는 **유스트레스**(eustress, 좋은 스트레스)라고 한다. 반면에, 스트레스가 길어지거나, 과중한 장애물로 여겨지며, 부정적인 효과를 갖고 있을 때 이것을 **디스트레스**(distress, 나쁜 스트레스)라고 한다.

심각한 학대의 형태로 디스트레스를 겪은 아이들은 생애의 후반부에 만성질병에 이르는 생리적인 반응을 경험했다(Kendall-Tackett, 2000). 외상 후 스트레스 반응을 갖고 있는 개인들은 심각한 질병의 위험에 처한다. 예를 들면, 수많은 베트남전 참전군인들은 치열한 전투에 참전한 결과로 외상 후 스트레스를 경험했다. 이후에 이들은 외상 후 스트레스를 경험하지 않은 동료들보다 순환계, 소화계, 호흡계와 감염성 질병의 위험에 훨씬 많이 처하게 되는 것이 발견되었다(Boscarino, 1997).

스트레스 반응 체계

우리 각자는 스트레스 요인들을 다르게 인식하며, 스트레스에 대처하는 자신만의 전략을 갖고 있다. 그러나 우리 모두는 스트레스에 대한 유사한 면역적 생리 반응을 갖고 있다. 수년에 걸쳐, 이러한 반응들을 단순화하여 기술하려는 시도에 의해, 심리학자들은 몇 가지 스트레스 반응체계의 모형을 개발했다.

> 우리가 어디서 스트레스와 마주치든, 스트레스가 우리 몸에서 어떻게 생겨나든, 우리는 스트레스를 부정적인 용어로 생각하는 경향이 있다. 우리 대부분에게 스트레스는 피해야 되거나 극복해야 하는 것이다.

투쟁-도피

1915년에 미국 생리학자인 월터 캐논(Walter Cannon)은 극단적인 추위, 산소 부족, 감정을 자극하는 사건은 부신에서 스트레스 호르몬인 에피네프린(epinephrine)과 노르에피네프린(norepinephrine)의 분비 증가를 촉발한다는 사실을 관찰했다. 캐논에게 이러한 관측은 스트레스 반응이 정신-신체 체계의 일부라는 것을 보여주었다. 비록 스트레스가 정신적인 상태이지만, 이것은 신체적 증후를 일으킨다. 캐논은 감정적 각성에 대한 신체 반응을 **투쟁-도피 반응**(fight-or-flight response)이라고 명명했으며, 이 용어는 우리가 스트레스 요인과 마주쳤을 때 '싸울 것인가 안전지대로 도망칠 것인가'라는 우리의 진화상의 선택을 의미한다.

투쟁-도피 반응에 대한 캐논의 묘사는 동물의 스트레스에 대한 반응을 설명하는 데 사용된 가장 유명한 것 가운데 하나이다. 하지만 화학적인 면에서는 이것이 모든 것을 설명하지는 못한다. 캐논의 연구에 이어, 생리학자들은 부신의 바깥 부분으로 하여금 코르티솔과 같은 스트레스 호르몬을 분비하도록 하는 또 다른 스트레스 반응 체계를 규명했다. 즉 스트레스 호르몬은 근육에 이용할 수 있도록 연료를 태우기 위해 혈액 내의 포도당 응집을 증가시킨다. 이러한 발견은 스트레스에 대처하는 인간의 본능적인 반응에 대한 캐논의 믿음을 강화시켜준다. 우리가 싸울 준비가 되어 있든 안전한 지대로 달리든, 우리의 근육은 적절하게 반응하기 위해서 연료가 필요하다. 그래서 코르티솔의 분비는 투쟁-도피라는 범주에서는 완전히 이해가 된다.

일반적 적응 증후군

캐논의 이론만큼이나 인기 있지만, 이것은 단일의 스트레스 반응 모형이 아니다. 1930년대

> 유스트레스(좋은 스트레스)는 개인으로 하여금 임무를 수행하거나 목적을 이룰 수 있도록 도와주는 낮은 단계의 긍정적인 스트레스이다.
>
> 디스트레스(고통)는 지속적이고 부정적인 유형의 스트레스이며, 도전이 과중한 난관이라고 여겨지는 특징이 있다.
>
> 투쟁-도피 반응은 스트레스 요인에 대한 생리학적인 반응이며, 편도체에 의해 촉발된다. 편도체는 신체가 행동을 취하도록 준비시키는 역할을 한다.

<<< 베트남전 참전군인들처럼 이라크 참전군인들도 스트레스와 관련된 문제들로 인해 증가된 위험에 처해 있는 것 같다. 군인들과 그들의 의사들, 그들의 정부는 이러한 위험을 최소화하기 위해서 무엇을 할 수 있을 것인가?

에 내분비학자인 한스 셀리에(Hans Selye)는 **일반적 적응 증후군**(general adaptation syndrome, GAS)이라는 모형을 개발했는데, 이것은 신체가 어떻게 세 단계 — 경고, 저항, 탈진 — 로 스트레스에 적응하면서 반응하는지를 묘사하고 있다. 경고 단계에서 위협에 대한 신체의 초기 반응은 심장박동수를 증가시키고 혈액을 골격근으로 바꾸도록 한다. 저항 단계에서 체온, 혈압과 호흡은 높은 상태에 머무르며, 호르몬이 갑자기 분비되며, 신체는 마주친 도전에 맞설 준비가 된다. 탈진 단계는 지속적인 스트레스가 신체의 수용능력을 고갈시킬 때 일어난다. 이 마지막 단계에서 신체는 질병에 더욱 취약하며 쓰러지거나 사망할 수도 있다.

> 여러분은 아마 우리가 사소한 스트레스 요인이라고 여긴 것의 누적된 영향이 하나의 거대한 규모의 사건이 끼치는 영향만큼 중대할 수 있다는 것을 발견하고 놀랄지 모른다.

최근 연구는 GAS 이론의 마지막 단계의 관련성이 사실임을 보여주었다. 지속적인 스트레스는 체력의 저하와 빠른 노화에 이를 수 있다. 2008년의 연구는 아동학대나 배우자의 폭력과 같은 스트레스성 사건을 경험하거나 이른 나이에 과중한 책임을 지게 된 젊은 여성들이 그렇지 않은 여성들에 비해 훨씬 더 일찍 생리를 시작하며 신체적 쇠퇴(급속한 노화)와 이와 관련된 증상을 경험한다고 보고했다(Foster 등, 2008).

대안적 스트레스 반응들

때때로 스트레스는 우리로 하여금 싸우거나 도망치도록 내버려두지 않고 후퇴(withdrawal)하게 만든다. 예를 들어, 만약 당신과 가까운 누군가가 죽었다면, 아마도 당신은 홀로 시간을 보내거나 외부 세계를 회피함으로써 이런 스트레스성 사건에 반응할 것이다. 후퇴는 직업이나 관계를 그만두거나 혹은 현실을 도피하기 위한 수단으로 약물을 이용하는 형태를 띨 수 있다. 후퇴는 우리로 하여금 스트레스 요인을 회피하도록 하기 때문에 매력적일 수 있는 반면, 스트레스성 문제를 해결하거나 감정적인 건강을 증진시키는 데는 효과적인 방법이 될 수는 없다.

사회 심리학자인 셸리 테일러(Shelley Taylor)의 '보살핌과 어울림(tend and befriend)'은 캐논의 원조 모형에 경의를 표하기 위해 이름 붙여졌는데, 스트레스에 대한 좀 더 효과적인 반응을 묘사하고 있다. '보살핌과 어울림'이라는 모형은 여자들의 행동을 설명하기 위해 자주 사용되는데, 스트레스에 대응하기 위해 지원을 구하거나 주는 경향을 묘사하고 있다. 연구 결과, 친구와 가족의 지원 연결망을 가진 사람들은 사회적으로 이용할 수 있는 지원 연결망을 갖지 못한 사람들보다도 종종 더 잘 스트레스를 다룰 수 있다.

스트레스가 쌓이는 일상

일상생활에서 우리는 다양한 형태와 정도의 스트레스와 마주친다. 여러분은 다음 중 어느 것이 더욱 많은 스트레스를 준다고 생각하는가? 비행기 추락 사고에서 살아남는 것과 일상에서 교통 혼잡을 이겨내는 것과 허리케인으로 인해 도시 전체가 물에 잠겨 난민이 되는 것과 비가 올 때마다 여러분 집의 지하가 물바다가 되는 것. 우리가 작은 스트레스로 감지하는 것이 누적되면, 거대한 사건과 마찬가지로 중대한 영향을 끼친다는 것을 여러분이

>>> 사소하지만 귀찮은 상황이 거대한 스트레스와 동일한 상황으로 증가될 수 있다.

> 고맙게도 대다수의 사람들은 이러한 재앙을 직접 경험하지 않는다. 하지만 일상적이고 평범한 인생의 사건은 경험한다. 예를 들면 어릴 적 살던 집을 떠나는 것, 결혼하거나 이혼하는 것, 사랑하는 이를 잃는 것, 혹은 진로를 변경하는 것들은 우리의 삶에 많은 양의 스트레스를 유발한다.

알면 놀랄 것이다.

재앙

중대한 스트레스 상황은 **재앙**(catastrophes)(예측 불가, 대규모)으로 분류된다. 이라크 전쟁과 허리케인 카트리나는 재앙의 예시이며 9.11 테러 사건 또한 마찬가지이다. 이러한 재앙은 대체로 광범위하게 스트레스와 건강에 영향을 끼친다. 예를 들어 9.11 테러 사건 뒤 미국 전역에 걸쳐 많은 미국인의 혈압이 올랐으며 이것은 최소 2개월 동안 지속되었다(Gerin 등, 2005). 그리고 뉴욕 지역에서는 수면제의 처방이 28% 증가하였다(HMHL, 2002).

이러한 규모의 재앙을 겪은 사람은 PTSD를 겪을 수 있다. PTSD는 사건을 지속적으로 재경험하는 것이다(제17장 참조). PTSD의 증상으로는 수면, 집중 장애, 불안, 악몽, 그리고 회상이 있다. 또한 사람들은 더 지속적이고, 만성적이지만 더 가벼운 감정적 반응의 외상 후 스트레스 장애 증상인 잔여적 스트레스 패

미국에서 10가지 주요 사망원인

전신감염 1.4%
신장질환 1.9%
독감과 폐렴 2.2%
당뇨병 2.9%
알츠하이머 3.1%
사고 4.8%
호흡기 질환 5.3%
뇌혈관 질환 5.5%
암 23.1%
심장병 25.4%

출처 : National Vital Statistics Report, Vol. 58, No. 1 (August 2009).

스트레스가 심한 생활방식은 미국 내 사망원인 1위인 관상동맥질환이 시작되는 데 기여하고 있을지 모른다.

턴으로 반응할 수 있다. 스트레스 요인이 만성적인 경우에는 스트레스 반응이 허탈로 일어날 수 있다. **소진**(burnout)이란 긴 시간의 감정적인 개입이 요구되어 육체적, 감정적, 정신적으로 지쳐 있는 상태이며 낮은 성취도와 낮은 동기 부여를 동반한다. 소진 반응은 감정적으로 스트레스를 많이 받는, 남을 돕는 직종의 사람들에게 일반적으로 일어난다. 아동학대 사례를 자주 맞는 사회복지사나 전쟁에 의한 피해를 치료하는 의료 서비스 제공자가 여기에 속한다.

중요한 인생의 변화

고맙게도 대다수의 사람들은 이러한 재앙을 직접 경험하지 않는다. 하지만 일상적이고 평범한 인생의 사건을 경험한다. 예를 들면 어릴 적 살던 집을 떠나는 것, 결혼하거나 이혼하는 것, 사랑하는 이를 잃는 것, 혹은 진로를 변경하는 것들은 우리의 삶에 많은 양의 스트레스를 유발한다. 그리고 이러한 사건은 대개 성인기 초반인 10대 후반, 20대, 그리고 30대에 발생한다. 여러분은 이러한 도전과 스트레스 요인을 처음으로 가정을 떠나는 것, 일을 시작하는 것, 장기간에 걸친 관계를 형성하는 것, 새로운 가정을 꾸리는 것, 그리고 늙은 친척의 죽음을 지켜보는 것에서 찾을 수 있다.

사실 젊은 성인들은 너무 많은 변화를 경험해서 20대의 위기(quarter-life crisis)라는 용어가 최근 20대에 사람들이 공통적으로 고심하고 있는 스트레스적이고 과도한 느낌을 묘사하는 데 사용된다.

몇몇 통계에서는 중대한 인생의 사건에서 생긴 스트레스는 나이와 함께 감소하고 있음을 보여주고 있다. 예를 들어, 50세 이하의 미국인 절반은 빈번한 스트레스를 경험하는데, 50대 이후의 미국인의 경우에는 30% 미만이 이

소진은 낮은 성취도와 낮은 동기 부여로 인해 장시간의 감정적인 개입이 요구되어 육체적, 감정적, 정신적으로 지쳐 있는 상태이다.

성가심이란 사소한 골칫거리이지만 작은 문제들과 결합하면 스트레스를 받는 상황을 만들어낼 수 있다.

와 똑같은 스트레스를 경험한다고 보고되고 있다(Saad, 2001).

다른 스트레스성 사건처럼, 중대한 인생의 변화는 당신의 건강에 부정적인 영향을 줄 수 있다. 최근에 홀로되었거나, 은퇴했거나, 이혼을 한 사람들은 상대적으로 안정적이고 스트레스 없이 지내는 사람들보다 질병에 걸릴 확률이 더 높다.

일상적인 성가심들

가장 빈번하고 공통적인 스트레스 요인은 일상적인 **성가심**(hassles)인데, 이는 교통체증으로 차 안에 앉아 있어야 하거나, 긴 줄에 서서 기다려야 하거나, 과도하게 바쁜 스케줄을 가지고 있거나, 너무 많은 스팸 메일을 받거나, 사무실 커피포트가 항상 비어 있는 것을 발견하거나, 문 밖을 나설 때마다 룸메이트의 신발에 걸린다거나 하는 것과 같은 골칫거리를 포함한다. 이러한 성가심은 상대적으로 사소해 보이는 반면, 이것들이 우리에게 끼치는 영향이 쌓여 엄청난 양의 스트레스를 일으킬 수 있다.

이러한 유형의 스트레스는 사회경제적 요인 혹은 집세를 내거나 식료품을 사기 위해 애를 쓰는 것, 빈곤하거나 범죄율이 높은 동네에 사는 것, 인종차별이나 다른 종류의 편견을 경험하는 것과 같은 안전과 관련된 요인에 의해 악화되면 훨씬 더 해로울 수 있다. 사회경제적으로 더 낮은 지역에서는 일상적인 성가심이 특히 스트레스적이고 위험할 수 있다. 적절한 진료를 받을 만한 여력이나 접근이 어려운, 이런 곳의 거주자들은 스트레스성 환경에서의 고혈압 징후와 같이 우려할 만한 심각한 증세를 보여주고 있다.

스트레스와 심장

수면이 우리의 건강을 증진시키는 것과 마찬가지로, 스트레스는 우리의 건강을 악화시키

는 원인이다. 불행하게도, 우리는 하룻밤 숙면을 즐기기보다는 스트레스 상황을 걱정하느라 더 많은 시간을 보내는 것 같다. 우리의 일상에서 스트레스의 양은 1950년대 이후 북미인들의 주요 사망요인이 심장근육에 영양을 공급하는 혈관이 막히는 **관상동맥질환**(coronary heart disease)이라는 이유를 설명하는 데 도움을 준다. 여러 가지 요인들이 관상동맥질환을 발전시키는데, 과학자들은 그중에서도 심장질병과 스트레스가 종종 밀접한 관련이 있다는 사실을 발견했다.

심장질환과 성격

미국에서는 세금 납부가 매년 4월 15일로 예정되어 있는데, 바로 이날 세금 회계사들의 혈중 콜레스테롤은 위험한 수준까지 올라간다. 이런 연관이 단지 우연인가 아니면 이것이 더 많은 것을 암시하고 있는가? 이것은 1950년대에 메이어 프리드만(Meyer Friedman), 레이 로즌먼(Ray Rosenman)과 그의 동료들이 스트레스가 심장질환과 관련이 있는지를 찾아내려고 애쓸 때 던진 바로 그 질문이다. 그들은 세금 납부 집중시기(4월 중순)와 스트레스가 덜한 시기, 둘 다에서 세금 회계사들의 콜레스테롤과 혈액응고 속도를 측정했다. 연구원들은 회계사들이 세금 납부 시기 이전과 이후에 상대적으로 건강한 한편, 그들이 고객들의 세금 환불을 끝내기 위해 숨 가쁘게 일하는 4월 15일 무렵 그들의 콜레스테롤과 혈액 응고 측정치는 최고조에 이른다는 사실을 발견했다. 달리 말하면, 회계사들의 스트레스 수치는 그들의 건강과 직접적으로 상호관련성이 있는 것이다(Friedman 등, 1958).

이러한 연구는 9년간 35~59세의 건강한 3,000명 이상의 남성들을 연구한 고전적 조사의 초석이 되었다. 연구 초기에 연구원들은 두 가지 성격 중 하나를 내보이는 남자들을 면접했다. 이 연구는 대략적으로 같은 수의 **A유형**(Type A)(경쟁적이고 참을성이 없고, 호전적인 언어를 사용하고, 쉽게 화를 내는 남자)과 **B유형**(Type B)(느긋하고, 편안한 남자)을 포함시켰다. 이 연구가 끝날 무렵, 표본에 있는 257명의 남자들은 심장마비의 고통을 겪었고, 그들 중 67%는 A유형이었다. 더욱 인상적일 것 같은 사실은 가장 느긋하고 편안한(B유형 중에서 가장 B유형다운) 남자들은 모두 심장마비에서 자유로웠다는 사실이다(Rosenman 등, 1975).

그러면 무엇 때문에 A유형의 성격이 위험해질까? A유형의 사람들과 B유형의 사람들은 느긋한 상황에서 비슷한 수준의 각성 단계를 갖는 반면, A유형의 사람들은 그들이 괴롭힘을 당하거나 도전받거나, 위협을 느낄 때 더 많이 생리적으로 반응한다. 그들의 호르몬 분비, 맥박수와 혈압이 급격히 상승한다. 그 호르몬들은 동맥 혈관벽에 플라크가 빠르게 쌓이도록 하며, 동맥을 굳게 만들고, 혈압을 상승시키며, 뇌졸중과 심장마비의 위험을 증가시킨다. 활동적인 교감신경계는 근육으로 혈액흐름을 다시 보내고 간과 같은 내장기관에서 멀어지게 하는데, 간은 혈액 내의 콜레스테롤과 지방을 제거하는 데 중요한 역할을 한다. 결과적으로, 혈액이 실어 나르는 혈액 내의 과도한 콜레스테롤과 지방은 심장에서 쌓이게 된다.

부정적인 감정들, 특히 공격적인 분노는 A유형에게는 독소적일지 모른다. 한 베스트셀러의 제목 『사소한 것에 목숨 걸지 마라(sweat the small stuff)』에서처럼 우리가 그러지 말아야 할 의학적인 이유들이 있다. 사소한 일이나 불편함에 화를 내며 반응하는 성인들은 좀 더 침착하게 대응하는 사람들보다 심장질환의 위험이 더 높다. 또 다른 연구에 의하면 분노측정에서 높은 점수를 받은 정상 혈압의 중년들이 낮은 점수를 받은 중년들에 비해, 흡연과 과체중과 같은 다른 위험요소를 감안하더라도 심장마비에 걸릴 확률이 세 배나 높다(Williams 등, 2000). 그리고 심장에 대한 비관주의의 영향을 연구한 바에 의하면 비관적인 사람들이 낙관적인 사람들보다 심장질환

에 걸릴 가능성이 두 배나 더 많다고 한다. 비유적이든 문자 그대로이든 스트레스와 분노는 확실히 우리의 심장에 호의적이지는 않다.

스트레스와 면역체계

당신의 면역체계는 당신 자신만을 위해 설계되어 있는 보디가드와 같다. 이것은 매일 면역체계를 공격하려는 질병과 부상으로부터 당신을 보호해준다. 비록 면역체계는 강력하지만, 천하무적은 아니다. 당신의 나이, 유전적 배경, 영양섭취, 일상의 스트레스 양과 같은 요소들이 당신 면역체계의 효율성에 영향을 미친다. 당신의 전체적인 건강에 미치는 스트레스의 영향에 대해 당신이 이미 알고 있는 것을 근거로 했을 때, 당신이 스트레스를 받는 상황에서 당신의 면역체계가 재빠르고 효과적으로 당신을 치료하지 못하더라도 놀랄 일이 아니다.

백혈구의 두 가지 종류 혹은 **림프구**(lymphocytes)는 면역체계에서 중요한 역할을 한다. B 림프구(B lymphocytes)는 당신의 골수에서 형성되며 박테리아 감염과 싸우는 항체를 분비하고, T 림프구(T lymphocytes)는 당신의 흉선(thymus)과 림프조직에서 형성되며 암세포와 바이러스와 외부물질(장기이식과 같은 신체의 실제적인 적이 아닐 수도 있는 물질들을 포함해서)을 공격한다. 이러한 림프구가 적절하게 자신의 일을 할 때면, 그것들은 당신을 건강하게 지켜주며 상처를 치료한다. 그러나 당신의 면역체계가 적절하게 기능을 발휘하지 못하면, 이것은 과도하게 반응하거나 둔하게 반응할 수도 있다. 예를 들면, 면역체계는 당신이 더러운 문손잡이를 잡고 나서 눈을 비빈 후에 당신 몸에 들어온 박테리아를 퇴치하지 못할 수 있고 혹은 암세포를 증가시키도록 할 수도 있다. 면역체계가 과도하게 반응하면 이것은 당신 자신의 근육조직을 공격하여 천식, 알레르기, 루푸스(lupus),

"또 다른 연구에 의하면 분노측정에서 높은 점수를 받은 정상 혈압의 중년들이 낮은 점수를 받은 중년들에 비해, 흡연과 과체중과 같은 다른 위험요소를 감안하더라도 심장마비에 걸릴 확률이 세 배나 높다."

다발성경화증 등을 일으킬 수 있다. 여성이 남성보다 더 강한 면역체계를 가지고 있기 때문에, 여성은 유전적으로 감염에 덜 노출되나 자가 공격 질병에는 더 많이 노출된다.

스트레스는 면역체계의 기능과 어떤 연관이 있는가? 스트레스를 받는 동안 뇌는 스트레스 호르몬 분비를 촉진시키며, 이것은 B와 T 림프구가 질병과 싸우는 것을 억제시킨다. 스트레스는 또한 신체가 '공황상태'로 들어가도록 하며 면역체계 에너지의 상당 부분을 근육과 뇌로 전환시킨다. 스트레스에 대한 이런 반응은 외과적 부상이 느리게 회복하도록 만든다.

한 연구에서 감기에 대한 사람들의 민감성에 대한 영향을 조사했다. 감기 바이러스를 스트레스가 높은 환자와 낮은 환자의 코에 떨어뜨렸을 때, 스트레스가 높은 환자의 47%와 스트레스가 낮은 환자의 27%에서 감기가 진행되었다. 후속 연구는 가장 행복하고 여유로운 사람들이 실험적으로 접촉한 바이러스에 현저하게 덜 노출된다는 사실을 보여주었다 (Cohen 등, 2003).

스트레스와 HIV/AIDS

이미 면역반응이 억제된 사람이 스트레스를 경험할 때, 면역체계에 대한 스트레스의 영향은 훨씬 더 커진다. 인간 면역결핍 바이러스(HIV)와 같은 면역억제성 질병에 대한 단순한 진단은 스트레스 요인 HIV가 될 수 있으며, 이것은 정자나 혈액과 같은 체액을 통해서 퍼져서 후천성 면역결핍증(AIDS)에 이를 수 있다. 전 세계적으로 3천만 이상의 사람들이 HIV 바이러스를 가지고 살아가고 있다 (UNAIDS, 2008). 정기적으로 이 질병에 대한 검사를 하지 않은 많은 사람들이 감염 사실을 깨닫지 못한 채 다른 사람들에게 이 질병을 옮긴다. 뜻 그대로 면역억제성 질병은 다른 질병을 퇴치하는 것을 어렵게 만들기 때문에 HIV/AIDS를 가진 모든 사람들은 공통적으로 이러한 다른 질병의 결과로 죽게 된다.

연구 결과, 스트레스와 부정적 감정이 HIV가 AIDS로 진행하는 데 연관이 있으며, 이미 AIDS를 보유한 사람들의 쇠퇴를 가속화시킨다. 스트레스 감소 기술들은 이러한 쇠퇴를 감소시키는 데 희망을 제공하는 것 같다. 예를 들어, HIV를 보유한 어떠한 사람이든 새로운 교육적인 시도, 사별지원 그룹, 인지적 치료와 스트레스를 완화시키도록 기획된 운동프로그램으로부터 혜택을 받고 있다.

스트레스와 암

웃음과 긍정적인 감정들이 암환자들의 건강과 행복을 향상시키는 반면, 스트레스와 부정적인 감정들은 암을 진행시키는 것과 연관이 있다. 연구원들은 암을 유발하는 발암물질을 주입하거나 종양을 이식한 뒤, 피할 수 없는 전기 충격과 같은 통제불능의 스트레스에 설치류를 노출시키는 연구를 했다. 그들은 이러한 스트레스 요인에 노출된 설치류들이 발암물질이 주입되고 종양은 이식되었지만 통제불능의 스트레스에는 노출되지 않은 설치류보다 종양이 더 크고 빠르게 자란다는 사실을 발견했다(Sklar와 Anisman, 1981). 그러나 스트레스 자체가 암을 유발할 수 있는 것 같지는 않다. 강제수용소 생존자들과 전쟁 포로들은 가장 극단의 스트레스를 경험하지만 정상수치보다 더 높은 발병비율을 보이지 않는다. 스트레스와 암과의 연관성에 대한 개진 중인 의견은 이미 신체에 존재하고 있는 악성세포에 맞서서 물리치는 신체면역기능을 약화시킴으로써 스트레스가 암세포 성장에 영향을 준다는 것이다.

대부분 극단적인 스트레스조차 암세포를 발생시키는 것이 아니라 이미 존재했던 암세포를 악화시킬 뿐이다.

스트레스와 신체형 장애

어떤 사람들은 일반적인 의학적 조건으로는 완전히 설명되지 않는 신체적 증후군을 겪으면서 스트레스에 반응한다. 하나의 범주로서, 이러한 특징을 갖는 심리적 장애는 **신체형 장애**(somatoform disorders, 제17장 참조)로 알려져 있다. 비록 이러한 장애와 관련 있는 신체적 증후군이 생리적 원인에 의한 것은 아니지만, 이러한 증후군으로 고통을 받고 있는 사람들은 아주 실감나는 방법으로 이 증후를 경험한다.

편두통, 만성 피로감, 고혈압 등은 스트레스에 대한 생리적 반응으로 인해 야기되거나 악화되는 신체적 증후의 몇몇 예에 불과하다. 한때 정신신체의학적 증후라고 불렸던, 이러한 스트레스 관련 증상들을 **정신생리학적 질병**(psychophysiological 'mind-body' illness)이라고 말한다. 비록 이러한 신체적 증상들이 심리적인 원인을 갖고 있지만, 그 증상들은 상상으로 만들어낸 것이 아니다.

신체형 장애는 스트레스와 연관이 덜 한 것처럼 보이지만, 사람들이 스트레스가 쌓이는 상황에 반응하는 과정에서 부분적으로 이러한 장애들을 발달시킬 가능성이 있다. 이러한 장애 가운데 하나가 **건강염려증**(hypochondriasis)이다. 건강염려증으로 고통받는 사람들은 너무나 사소한 증상에 집착하여 그 증상이 생명을 위협하는 질병의 신호라는 과장된 믿음을 갖게 된다. 유사하게, **신체화 장애**(somatization disorder)를 겪는 사람들은 전혀 의학적으로 설명되지 않는 복합적인 신체적 불평을 표현한다. 건강염려증을 가진 사람들과 달리, 신체화 장애를 가진 사람은 증상의 심각성을 과장하지 않는다.

다른 사람들은 **전환장애**(conversion disorder)를 경험하는데, 이는 소집되어 아프가니스탄에 파견되는 것과 같은 눈앞에 곧 닥칠 현실적인 스트레스 요인에 반응하는 감각기능이나 동력의 상실을 말한다. 이 증상들은 실명이나 마비를 포함하기도 하는데, 신체적인 요인은 없으나 전환장애를 가진 사람들이 일부러 속이고 있는 것이 아니다. 비록 그들이 증상을 '행동화(acting out)'하는 것처럼 보이지만, 전환장애의 결과로 실명의 고통을 겪는 사람들은 실제로 그들이 눈이 안 보인다고 믿는다.

치료법 찾기

당신이 스트레스 관련 질병을 앓고 있든 단순 감기에 걸렸든, 병원을 찾아간다는 것은 그 자체가 스트레스를 일으키는 활동이다. 그러나 이러한 스트레스는 질병에 대한 치료 방법을 찾게 해주는 잠재적인 이득도 있다. 어떤 사람들은 다른 사람들보다 훨씬 더 질병의 신체적 증상을 민감하게 알아채는 것 같다. 어떤 사람은 두통이나 배탈에 관심을 기울이지 않는 반면, 어떤 사람은 이런 증상을 느끼자마자 진찰을 받으러 가야겠다고 결심할지도 모른다. 무엇 때문에 똑같은 증상에 대해 두 가지 반응이 나올까? 스트레스가 부분적인 대답이 될지 모르겠다. 이런 신체적 증상을 알아채고 의사에게 상담받는 사람들은 부정적인 경향이 있다. 이들은 종종 자신을 불안하고, 우울하고, 스트레스받고 있다고 말한다. 어떤 의사도 환자에게 불안하고, 우울하며, 스트레스받는 데 대한 치료를 위해 노력하라고 권유하지 않지만, 증상을 일찍이 알아챈 환자들은 초기에 효과적인 치료를 받는 것 같다. 이와 반대로, 증상에 무디거나 치료받기 전에 얼마 동안 참는 사람들은 그들의 상태를 악화시키는 위험에 놓인다. 즉 스트레스가 건강문제의 주된 원인일 수 있지만, 이것은 또한 당신이 진찰을 받고 건강을 증진시키는 동기가 되기도 한다.

건강을 향상시키기

스트레스 다루기

한번 곰곰이 생각해보자. 당신은 스트레스를 어떻게 관리하는가? 분명 그 방법은 당신의 친구나 당신의 어머니와는 다를 것이다. 실제로 세상에는 제각각의 장단점을 지닌 스트레스 관리법이 여럿 존재한다. **대처 전략**(coping strategy)은 스트레스 요인의 효과를 줄이거나 최소화하는 데 도움을 준다. 스트레스 관리법이 사람마다 다르긴 해도 일반적으로 접할 수 있는 방법은 감정적, 인지적 및 행동적 접근을 포함한다.

인지적 평가

우리는 보통 스트레스 요인에 대해 이성적, 합리적으로 생각하기 전에 부정적으로 반응하곤 한다. 가령 다음 주 일정을 봤을 때 하루에 시험 3개가 있는데 어느 하나도 공부를 시작하지 않았다는 점에 절망을 느낄 수도 있다. 하지만 스트레스 요인은 우리가 처음 생각하는 것보다는 훨씬 더 관리하기 쉬울 때가 많다. 좀 더 곰곰이 생각해보는 것만으로도 스트레스 요인이 가지는 악영향을 최소화하는 데 도움이 될 수 있다.

스트레스 요인에 대해 **인지적인 평가**(cognitive appraisal)를 내릴 경우, 우리는 그것에 대해 심사숙고하여 평가를 내린다. 인지 평가는 보통 두 단계를 거쳐서 이루어진다. 이는 스트레스의 심각도와 예상 요구치를 평가하는 **1차 평가**(primary appraisal) 혹은 초기 평가부터 시작된다. 하루에 시험 3개를 봐야 한다는 방금 전의 예제에서 1차 평가를 내려본다면, 스트레스 요인을 절대 넘을 수 없는 장애물이라고 생각할 수도 있겠지만 노력을 필요로 하는 도전으로 생각할 수도 있을 것이다. 이후 시간이 흐른 다음에는 취해야 할 행동과 사용 가능한 자원을 재평가하는 **2차 평가**(secondary appraisal)를 내려야 할 수도 있을 것이다. 2차 평가는 스트레스 요인을 평가하는 데 좀 더 많은 정보를 가지고 타당한 평가를 내릴 수 있게 해준다. 아까의 예제에서 당신은 시험 전에 3일 연속으로 쉴 수 있는 주말이 끼어 있어서 공부할 시간이 좀 더 많다는 걸 깨달을 수도 있을 것이고, 공부를 더 효율적이고 즐겁게 하기 위해 같이 공부할 다른 사람을 찾을 수도 있다. 스트레스 요인에 대해 합리적으로 생각하고 가용자원을 객관적으로 분석하는 것으로 당신은 처음의 감정적인 반응에서 벗어나서 계획적으로 접근할 수 있을 것이다.

합리적 대처, 억압적 대처 및 재구성

우리가 합리적이고 심사숙고를 거친 인지적 평가를 내릴 때, 우리는 스트레스 요인에 대해 **합리적인 대처**(rational coping)를 하는 것이다. 즉 스트레스 요인을 마주보고 그것을 넘기 위해 노력하고 있는 것이다. 이 실천적 스트레스 관리 방법은 보통 효과적이긴 하지만 때때로 어렵고 힘든 것으로 보이기도 한다. 만약 스트레스 요인에 대해 합리적인 대처를 하지 않겠다고 한다면 우리는 **억압적 대처**(repressive coping), 혹은 **재구성**(reframing) 기법을 사용할 수도 있다.

억압적 대처는 마치 방 안에 코끼리가 있다는 사실을 무시하는 것과 비슷하다. 이 방법은 인위적이고 거짓된 긍정적 인식을 유지하고 스트레스 요인에 대해 생각하지 않는 것을 포함한다. 사람들 중 일부는 이 방법이 효과적(특히 단기간의 경우)이라고 생각하지만, 다른 사람들은 스트레스 요인에 맞서서 고심하고 처리하지 않는다면 장기적으로 건강에 나쁜 영향을 줄 것이라고 걱정한다. 한 연구에 의하면 억압적 대처는 유방암 기록이 있는 환

자들 중에서 더 많이 발견되었으며, 유방암 말기 환자들 가운데서 가장 많이 보인다고 보고했다. 연구 참가자 중 11명의 사망자의 경우 8명이 억압적인 대처방식을 가지고 있었다(Jensen, 1987).

좀 더 유리한 접근 방법은 재구성이다. 이는 새로운 혹은 창의적인 사고방식을 통해 스트레스 요인의 위험도를 감소시키는 생각 방법이다. 아까의 예제에서 재구성 접근 방법을 사용한다면, 하루 3개의 시험을 치러야 하는 상황을 당신은 교수님께 어필해서 대학원 진학 시 극찬하는 추천서를 받을 수 있는 절호의 기회라고 생각할 수도 있다. 혹은 하루에 3개를 다 치르는 게 일주일 동안 퍼져서 치르는 것보다는 낫다고 생각할 수도 있다.

모든 스트레스 관리 방식은 각각의 장점과 단점을 가지며, 때때로 당신은 스트레스에 따라서 서로 다른 대처법을 써야 함을 확인할 수 있을지도 모른다. 예를 들면 최근에 심장마비를 경험한 사람은 다음에도 경험하게 되면 또 일을 쉬고 가족과 함께 할 시간을 줄 것이라고 짐작할 수도 있겠지만, 사실 가장 좋은 방법은 그냥 걱정하지 않는 것이다. 연구자들은 다음에 있을 심장마비를 걱정하는 환자가 걱정하지 않는 환자에 비해 악몽이나 불면증(게다가 이들은 실제로 심장마비 발생 확률을 높이는 문제이기도 하다!) 등 외상 후 스트레스를 더 많이 경험한다는 것을 밝혀냈다.

예상적 대처

걱정꾼은 스트레스 요인이 현실이 되기도 전부터 걱정을 한다. 이러한 사람들은 미래에 스트레스가 될 가상의 상황을 예상하고 아마도 존재하지 않을 가능성이 높은 문제를 어떻게 해결할지 가장 좋은 방법을 찾으려고 한다. 비

록 이러한 삶의 방식이 심각하면 굉장히 피곤한 삶이 되긴 해도 효과적이고 주도적인 대처 방법이 될 수도 있다. **예상적 대처**(anticipatory coping)는 미래에 있을 수 있는 스트레스 요인을 예상하여 과거 어떻게 유사한 스트레스 요인에 대처했고, 이번 경우에 어떻게 비슷하게 대처할 수 있는지, 그리고 과거의 실수로부터 배울 것은 있는지와 같은 면에서 고려해 보는 방법이다. 예를 들자면 지난 학기 학업을 다 따라갈 수 없었고, 이번 학기에도 그럴 것 같다고 예상한다면, 학업 외 활동을 줄임으로써 예상할 수 있는 스트레스의 정도를 줄일 수 있을 것이다. 훌륭한 보이스카우트와 같이 예상적 대처법을 사용하는 사람들은 항상 준비되어 있다.

문제 중심적 대처

스트레스 요인이 현실화되었을 때, 그것을 완화하는 방법은 문제 중심적이거나 감정 중심적일 수 있다. **문제 중심적 대처**(problemfocused coping)를 사용하는 사람들은 스트레스 요인의 원천을 없애거나 스트레스 상황에서의 행동법을 바꾸는 등 직접적으로 행동한다. 우리는 상황이 우리의 통제하에 있다고 느낄 때 이 방법을 주로 사용한다. 만약 우리가 상황이나 문제에 대한 우리의 행동을 바꿀 수 있다고 느낀다면 문제 자체를 처리하기가 더 쉽다. 예를 들자면 직장에서 특별히 힘든 프로젝트가 있을 때 상사에게 말해서 일의 일부분을 다른 사람과 분담하거나(상황의 변경) 야근을 해서 일을 끝낼 수도 있다(행동의 변경).

감정 중심적 대처

만약 스트레스를 주는 상황을 바꿀 수 없는 상태라면 우리는 **감정 중심적 대처**(emotionfocused coping)를 쓸 수 있다. 이 방법은 스트레스 요인을 피하고 스트레스와 관련된 감정을 가라앉히는 것을 통해 스트레스에서 벗어나려는 방법이다. 예를 들어, 이웃과 관계가 험악해졌다면 이웃을 피하고 다른 좋은 친구들과 더 많은 시간을 보내는 방법을 쓸 수 있다. 비록 이 방법이 스트레스를 줄여줄 수 있긴 하지만 일반적으로 이 방법은 문제 중심적 접근보다는 좀 더 건강하고 만족할 수 있는 생활을 만드는 데 덜 효과적이다. 만약 그 이웃과 직접 대화를 해보았다면 다른 사람과 잘 지내는 방법을 배워 이웃과 계속해서 싸우는 스트레스를 줄일 수 있었을지도 모른다.

비록 감정 중심적 대처법이 항상 가장 좋은 방법인 건 아니지만 그것만의 장점 또한 가지고 있다. 예를 들면 암 환자들이 웃거나 농담을 듣거나 TV에서 옛날 코미디 프로그램을 볼 때, 그들은 감정 중심적 스트레스 해소법을 쓰고 있는 것이다. 환자들은 암이라는 것에 대해 통제권을 가지고 있지는 않지만, 자신의 감정 건강에 좀 더 신경을 쓰는 것으로 훨씬 더 좋은 기분이 될 수 있다.

스트레스 (예방)접종법

스트레스에 대처하는 데 특별히 힘들다고 느끼는 사람들은 전문 치료사와 상담을 하여 효과적인 대처법을 만드는 데 도움을 받을 수도 있다. 그중 하나가 바로 **스트레스 (예방)접종법**(stress inoculation)인데 이는 1970년대에 도널드 마이켄바움(Donald Meichenbaum)에 의해 개발된 것으로 스트레스에 대한 효과적인 대응법을 평가하고 습득하며 최종적으로 적용하는 3단계로 이루어져 있다.

스트레스를 감소시키는 요인

지각된 통제

사람이나 동물이나 똑같이, 통제할 수 없는 위협이나 스트레스 요인에 대해서는 통제할 수 있는 위협에 대해서보다 더 강한 반응을 일으킨다. 우리가 어떤 상황을 통제할 수 없다고

① **개념화**
스트레스 요인과 스트레스 요인에 대한 환자의 효율 반응을 식별, 반응의 효율성 평가

② **기술 습득과 연습**
긍정적인 대처 진술과 휴식과 스트레스를 주는 상황에 대한 현실적 각성을 포함하는 스트레스 감소기술의 연습

③ **적용과 후속조치**
점점 더 스트레스를 주는 현실 상황에서 스트레스 감소기술의 적용

스트레스 예방접종 단계

∧∧ 마이켄바움의 스트레스 예방접종 전략은 스트레스와 싸우는 데 3단계의 과정을 사용한다.

믿을 때, 우리의 스트레스 호르몬 수치와 혈압이 상승하고 우리의 면역반응은 감소한다. 이러한 생리적 반응은 스트레스 요인에 대한 통제력 상실을 인지하는 것이 어떻게 심신의 취약함과 건강이 나빠지는 데 영향을 미치는지 설명하는 데 도움이 된다. 요양원에 있는 노약자들이 그들의 활동에 대해 인지적 통제를 거의 갖지 못하면, 그들은 일상활동에 대해 보다 많은 통제력을 갖는 사람들보다 더 빨리 건강이 쇠퇴하여 더 일찍 사망하게 된다(Rodin, 1986). 작업환경에 대한 인지적 통제력을 갖는 것도 중요하다. 한 연구에서 자신이 일하는 사무실의 가구와 전등을 배치할 자유를 가진 사람과 대화에 끼어들기와 주의가 산만해지는 것을 통제할 수 있는 사람은 자신

의 작업환경에서 통제력을 갖지 못한 사람들보다 스트레스를 덜 경험한다는 사실을 발견했다(Wyon, 2000). 만약 우리가 우리의 삶을 통제하는 힘을 가졌고, 변화에 영향을 준다고 믿는다면, 우리는 스트레스를 덜 경험하게 될 것이다. 짧게 말하면, 인지적 통제력이 클수록 스트레스는 더 낮게 되고 건강은 증진하게 된다.

인지적 통제력과 스트레스의 관계는 경제적 지위와 장수와의 연관성을 설명하는 데도 도움이 된다. 높은 경제적 지위는 심장과 폐질환, 영아사망률, 저체중아, 흡연과 폭력에 대해 위험이 덜하게 한다. 돈이 건강에 필수적인 것은 아니지만, 안락하게 살 수 있는 충분한 돈이 있다는 것은 당신의 스트레스 수치를 현저히 감소시키며 인지적 통제력을 증가시킨다. 만약 당신이 상대적으로 부유하게 살 만큼 충분히 운이 좋다면, 당신은 당신 인생의 여러 측면을 통제할 수 있다. 예를 들어, 건전한 동네에 살기를 선택할 수 있고, 멋진 체력단련클럽에 갈 수 있으며, 좋은 학교에 다닐 수 있다.

비록 재정적인 자원들이 사람들로 하여금 그들의 삶에 실제로 통제력을 많이 주지는 않지만, 스트레스 감소에 관한 믿을 만한 것은 재정적 자원이 증가시킨 인지적 통제이다. 연구 결과, 한 사람의 상황에 인지적 통제가 미치는 긍정적인 영향은 실체적인 통제가 갖는 긍정적인 영향과 매우 흡사하다는 사실을 발견했다. 당신은 당신의 통제를 벗어난 상황에 직면하게 될지 모르지만, 만약 당신이 그 상황을 다르게 만들 수 있다고 믿는다면, 당신은 자신의 스트레스 수치를 낮추고 전체 건강을 증진시킬 수 있다.

설명 양식

당신은 인생에 대해 근본적으로 긍정적인 전망을 갖고 있는가? 만약 그렇다면, 당신은 상대적으로 좀 더 쉽게 스트레스에 대처할 수 있다. 우리 삶에서 스트레스를 줄이고 스트레스를 물리치는 한 가지 방법은 **설명 양식**(explanatory style)을 만들어서 우리 자신에게 더 낙관적으로 사건을 설명하는 것이다. 심리학

> *우리는 가까운 관계에서 생기는 많은 스트레스는 이것이 유해한 것이 되기 전에는 참는 수밖에 없다. 결혼생활이 얼마나 잘되고 있는지는 고려해봐야 하는 중요한 요소이다. 오직 긍정적이고, 행복하고 그리고 지지적인 결혼생활만이 좋은 건강에 기여할 것이다.*

자 마이클 셰이어(Michael Scheier)와 찰스 카버(Charles Carver)는 낙관론자들이 비관론자들보다 더 많은 인지적 통제력을 가지며, 스트레스적 사태를 훨씬 더 잘 견디며, 전체 건강이 더 좋다는 사실을 발견했다(1992). 연구원들은 또한 학기의 마지막 달 동안, 낙관적인 학생들이 비관적인 또래들보다 피곤도 덜하고, 기침, 통증, 고통이 덜하다고 보고한다는 사실을 발견했으며, 이를 통해 낙관론자들이 스트레스를 덜 겪으면서 질병과 불면증도 덜하다는 사실을 알아냈다.

사회적인 지지

웃음은 그 자체만으로도 혜택이 있지만, 당신이 같이 웃어줄 가족이나 친구가 있다면 훨씬 더 좋다. 사회적인 지지는 협조적인 친구들과 가족이라는 친밀한 인맥의 형태를 갖고 있음으로써, 스트레스를 줄이고 건강과 행복을 증진시키는 데 중요한 역할을 한다. 사실, 건전한 사회적 지원 체계를 가진 사람들은 그렇지 못한 사람들보다 질병이나 부상으로 사망할 확률이 적다(Kulik과 Mahler, 1993). 이런 연관성은 부분적으로는 친구들이 제공하는 스트레스 해소 요인에 기인하는 한편, 사회적 지지를 받는 사람들이 다른 방법으로도 자신을 더 잘 돌보는 경향이 있다는 점에도 그 원인이 있다. 지지해 주는 친구들과 결혼생활 동반자가 있는 사람들은 더 잘 먹고 운동도 더 많이 하며, 더 잘 자고 담배를 덜 피우는데, 이러한 활동들은 스트레스를 더욱 효율적으로 대처하는 데 도움이 된다. 한 연구는 또한 사

> 연구 결과는 결혼한 사람들이 혼자인 사람들보다 더 오래 사는 것을 꾸준히 보여준다. 그런데 최근 그 격차가 가까워지고 있다. 이것은 왜 특정 사례가 될 수도 있는가?

회적 지원 인맥을 가진 여성들이 유방암 검진을 받게 될 확률이 높다는 것을 발견했다(Messina 등, 2004).

당신은 아마 당신의 흔들리는 연애관계, 간섭이 심한 부모, 다투는 형제자매를 생각하면서 어떻게 이렇게 많은 스트레스를 유발하는 관계가 실제로는 당신이 스트레스에 대처하는 데 도움이 될 수 있는지 의아해할 수도 있다. 때때로 친밀한 관계가 스트레스를 줄 수도 있는데, 특히 사생활이 많이 보장되지 않는 비좁은 환경에서 함께 살 때 그렇다. 그러나 가족관계가 항상 힘을 주거나 건강한 것이 아닌 반면에, 우리의 친밀한 가족 구성원들은 우리가 가장 필요로 할 때 위로와 사랑을 제공해줄 수 있다.

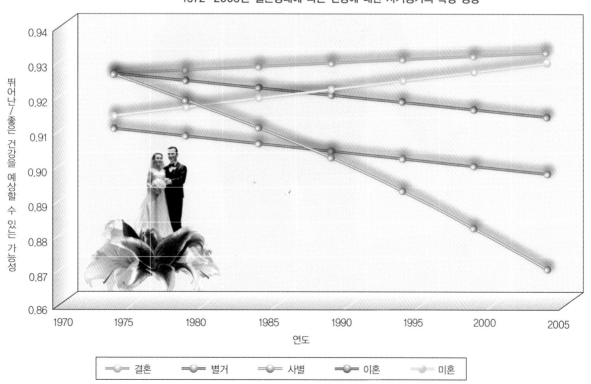

1972~2003년 결혼상태에 따른 건강에 대한 자기평가의 측정 경향

뛰어난/좋은 건강을 예상할 수 있는 가능성

연도

범례: 결혼 · 별거 · 사별 · 이혼 · 미혼

출처 : Liu, H. & Umberson, D. J. (2008).

비록 결혼관계가 어려움으로 인해 걱정스러울 수 있지만, 그것들은 또한 건강에 대한 긍정적인 예측변수가 되기도 한다. 국가 보건 통계국(The National Center for Health Statistics)은 나이, 성별, 인종과 수입에 관계없이 결혼한 사람들이 결혼하지 않은 사람들보다 더 오래 살고 더 건강한 경향이 있다고 보고했다. 물론 우리는 친밀한 관계에서는 너무 많은 스트레스라도 이것이 해로운 것이 되기 전에 극복할 수 있다. 결혼이 얼마나 제 기능을 잘 발휘하는지는 고려해야 할 중요한 요인이다. 오직 긍정적이고, 행복하고 지지해주는 결혼이 건강을 좋게 하는 데 기여한다.

성공적인 관계에서, 배우자는 종종 자신의 파트너를 '가장 친한 친구'라고 묘사한다. 연구원들은 비밀을 털어놓을 만한 누군가가 있다는 것은 우리의 전체 행복한 삶에 중요한 역할을 한다는 것을 발견했다. 제임스 페넨베이커(James Pennenbaker)와 로빈 오히론(Robin O'Heeron)(1984)은 자살을 했거나 자동차 사고로 죽은 사람들의 생존한 배우자들과 그들에게 특히 스트레스를 일으키는 사건을 가지고 연구를 행했다. 연구원들은 그들의 슬픔을 다른 사람들과 이야기할 수 없는 사람들이 비밀을 털어놓을 사람을 가진 사람들보다 더 많은 건강 문제를 가지고 있다는 사실을 발견했다. 비록 스트레스가 생기는 사건에 대해 이야기하는 것이 처음에는 어색하거나 어렵다 하더라도 장기적인 효과로 봐서는 이익이 될 수 있다. 홀로코스트 생존자에 대한 한 연구는 그들이 가족이나 친구들과 전에 보다 상세하게 경험을 공유하면, 생존자들은 14개월 후에 건강이 좋아졌다는 것을 발견했다(Pennebaker 등, 1989).

다른 사람들과 친밀한 감정을 공유하는 느낌을 가질 수 없는 사람은 그들의 경험에 대해 글을 써봄으로써 좋아질 수 있다. 한 연구에서, 일기에 개인적인 정신적 외상에 관해 적은 참가자들은 4달에서 6달 동안 건강문제로 고통을 덜 받았다(Greenberg 등, 1996). 다른 사람들에게는, 인류의 절친한 친구가 스트레스 완화, 건강증진과 침을 잔뜩 묻히는 입맞춤을 제공할 수도 있다. 한 연구는 개나 다른 애완동물 동반자가 있는 노인의료 환자들이 그렇지 못한 환자들보다 의사의 진찰을 받으러 갈 필요가 덜하다는 것을 발견했다(Siegel, 1990).

애완동물을 가진 사람들은 더 행복하고 더 건강하다. 많은 사람들은 그들의 애완동물을 중요한 가족 일원으로 여긴다.

V V V

스트레스 관리

오늘날처럼 빠르게 움직이는 사회에서는, 종종 스트레스를 완화시키는 것이 가능하지 않을 때가 있다. 여전히 우리는 매일 출퇴근에 직면하고, 직장과 가정생활을 곡예하듯 왔다갔다 하고, 장학금과 직업을 얻기 위해 경쟁하며, 넘치는 결재서류와 씨름해야만 한다. 그러나 운동, 휴식, 명상과 같은 다양한 스트레스 조절 기법을 통해 우리의 신체가 스트레스의 부정적인 영향에 잘 저항할 수 있도록 만들 수 있다.

운동

조깅, 수영과 자전거 타기 등의 규칙적인 유산소 운동(aerobic exercise)은 지속적인 운동으로 심장과 폐의 기능을 향상시키는데, 심혈관 건강에 좋을 뿐 아니라 스트레스, 우울증, 불안감을 감소시키는 효과를 보이고 있다. 오랫동안 운동은 건강에 긍정적인 영향을 미친다고 알려져 왔다. 운동은 심장을 강화시키고 혈액의 흐름을 증가시키며, 혈관이 닫히지 않도록 해주고, 혈압과 혈압스트레스에 대한 반응을 낮춰준다. 한 연구는 적당한 운동은 개인의 평균수명에 2년을 더해준다고 평가한다(Paffenbarger 등, 1993).

연구원들은 운동과 스트레스와의 관계를 수시로 점검한다. 한 연구에서 일주일에 세 번 이상 어떤 형태의 유산소 운동에 참가하는 미국인과 캐나다인 10명 중 3명은 유산소 운동을 덜 하는 사람들보다 스트레스가 생기는 사건을 더 잘 조정하며, 더 많은 자신감을 보이고 더 많은 활력을 느끼고 우울증과 피로감을 덜 경험한다는 것을 발견했다(McMurray, 2004). 유사하게, 2002년도 갤럽조사에서 운동을 하지 않는 사람들은 운동을 하는 사람들보다 "행복을 그다지 느끼지 못한다."는 보고를 두 배나 더 한다는 것을 발견했다. 운동을 하지 않는 것에 대한 많은 평계 중 하나가 운동할 시간을 낼 수 없다는 것이지만,

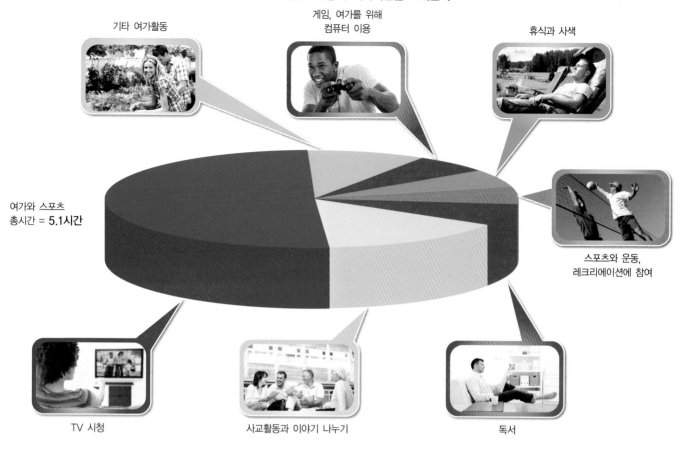

미국인들은 어떻게 여가시간을 보내는가

기타 여가활동

게임, 여가를 위해
컴퓨터 이용

휴식과 사색

여가와 스포츠
총시간 = 5.1시간

스포츠와 운동,
레크리에이션에 참여

TV 시청

사교활동과 이야기 나누기

독서

주 : 자료는 15세 이상 모든 개인을 포함한다. 자료는 1주일의 모든 날을 포함하며 2006년도 연평균이다.
출처 : 노동 통계청(Bureau of Labor Statistics).

^^ 규칙적인 유산소 운동의 이미 알려진 장점에도 불구하고, 대부분의 미국인들은 스포츠 활동에 참여하는 것보다 약 8배 정도 더 오래 텔레비전을 시청하며 시간을 보낸다. 이것이 어떻게 미국인들의 스트레스 수치에 기여할까?

단 10분만 걸어도 에너지 수치를 북돋우고 긴장 수치를 낮춰 두 시간의 행복감을 증가시키도록 자극할 수 있다(Thayer, 1978).

또 다른 연구는 운동과 스트레스의 관계에서 원인과 결과의 방향을 고려했다. 운동이 스트레스를 줄여주는가 아니면 스트레스가 적은 사람들이 운동을 더 하게 되는가? 평상적인 관계를 찾기 위한 노력을 하면서 리사 맥케인(Lisa McCann)과 데이비드 홈즈(David Holmes)는 보통의 우울증을 가진 여대생을 세 그룹 중 한 그룹에 배치했다. 한 그룹은 유산소 운동을, 또 한 그룹은 몸을 푸는 운동을 해야 하고 통제 그룹은

아무런 처방을 받지 못했다. 10주 후에, 유산소 운동 그룹에 배치된 여자들의 우울증이 가장 크게 감소했음을 확인할 수 있었다(1984). 150개 이상의 연구들은 운동이 우울증과 불안감을 감소시키고 그래서 운동은 치료요법과 항우울제를 결합하여 사용되는 유용한 도구가 된다는 것을 보여주었다(치료법에 대해서

> 만약 당신이 휴식을 취했다고 죄책감을 느낀 적이 있다면, 휴식이 건강에 많은 이득을 준다는 사실을 기억하라. 여러 연구에서 긴장완화 기법이 심한 두통, 고혈압, 불안감과 불면증에 도움이 된다는 사실을 보여준다(Stetter와 Kupper, 2002).

는 제18장을 참조).

우리의 심장을 건강하게 유지시켜주고 질병에 걸릴 기회를 줄여주는 것에 더하여, 운동은 노르에피네프린, 세로토닌, 엔도르핀과 같은, 기분을 상승시켜주는 호르몬을 분비함으로써, 우리의 감정 상태를 향상시킬 수 있다. 또한 운동은 체온을 따뜻하게 하고 신체 자극을 증가시킴으로써 기분을 좋게 하거나, 우리의 근육을 이완시켜 더욱 숙면하게 도와주며 우리의 겉모습을 향상시켜서 우리에게 성취감을 준다. 우리는 다양하고 흥미로운 야외활동의 유익한 점을 취하고 사회적 지지 그룹의 구성원들

과 함께 운동을 함으로써 운동의 이득을 더욱 극대화할 수 있다.

생체자기제어

생체자기제어(biofeedback), 이것은 공상과학 영화에 나올 법한 미래형 기술처럼 들리지만, 생리적 상태를 측정하여 알려주는 시스템을 말한다. 이것은 현상에 대해 마음을 중요시하는 스트레스 조절 치료법이다. 생체자기제어 전문가는 혈압, 심장박동수나 근육긴장과 같은 생리적 상태를 측정하기 위해 특별한 전자도구를 사용한다. 그리고 나서 이 도구는 사람들이 의지대로 할 수 없는 신체기능을 통제하고, 스트레스를 줄이는 데 도움을 주도록 고안된 피드백을 주게 된다. 예를 들면, 한 사람이 자신에게 특이한 근육긴장 현상이 있다는 사실을 깨닫지 못하고 있지만, 그가 근육긴장을 경험하고 있다고 알려주는 깜빡이 불빛을 보면, 긴장을 풀려고 계속 노력하게 될지도 모

른다. 생체자기제어가 1960년대에 처음 소개되었을 때, 사람들은 생리적 반응을 통제할 수 있고 특정한 약품사용을 배제할 수 있을 거라는 전망으로 흥분했다. 그러나 약 10년 후, 연구원들은 이 기술이 과대평가되었다는 것을 깨달았다. 예를 들면, 생체자기제어가 어떤 사람들의 극심한 두통을 치료할 수 있을지도 모르지만, 침술이나 명상 같은 대체의학기법은 이와 비슷한 효과를 주면서도 비싼 장비를 필요로 하지 않았다.

긴장완화와 명상

비록 생체자기제어가 기대에 미치지는 못했지만, 생리적 반응을 통제하기 위해 긴장완화기법을 사용하는 것은 스트레스를 감소하기 위한 치료적 접근방법으로 계속 인기를 얻고 있다. **긴장완화 치료**(relaxation therapy)는 긴장을 풀기 위해서 신체의 근육을 교대로 긴장시켰다가 이완시키거나 호흡연습을 하는 과정을 포함한다. 긴장완화 치료의 목적은 **이완반응**(relaxation response)(근육긴장이 줄어든 상태, 피질활동, 심장박동수, 호흡수와 혈압)을 얻는 것이다. 긴장완화를 달성한 사람들의 뇌 스캔사진은 두정엽(공간감각을 담당하는 영역)이 정상보다 덜 활성적이며, 전두엽(집중력을 담당하는 영역)이 정상보다 더 활발하다는 것을 드러낸다(Lazar, 2000). 리처드

데이비슨(Richard Davidson)이 명상 중에 찍은 승려들의 뇌 스캔사진을 연구했는데, 승려들의 좌전두엽(긍정적인 감정과 관련된 영역)의 활동수치가 증가하고 있음을 발견했다(Davidson, 2003).

A유형의 성격을 가진 심장마비 환자들을 연구한 연구에서, 모든 환자들에게 표준적인 의학 조언(약복용, 올바른 식습관과 운동)을 하고, 몇몇 환자들에게는 좀 더 휴식을 취하고 느긋하게 지내라고 가르친다. 궁극적으로, 휴식을 더 취한 환자들이 오직 표준적인 조언만 받은 환자들보다 절반 정도의 심장마비 재발을 경험했다(Friedman과 Ulmer, 1984). 만약 당신이 스트레스가 건강에 미치는 부정적 영향을 줄이기를 원한다면, 평정심을 유지하고, 운동을 하며, 당신 성격의 B유형의 면모를 강조하고 자신에게 휴식을 취하는 것이 결코 불필요한 호사가 아님을 상기시켜라. 이것은 정신적, 육체적 건강 모두를 증진시킬 수 있다.

집단 동기가 종종 사람들로 하여금 신체적 단련을 계속하도록 북돋는다.

복습

요 약

HOW 심리적인 상태가 어떻게 신체적 반응과 연결되는가?

● 건강심리학 분야에서는 신체적 건강과 정신건강이 긴밀하게 연관되어 있다는 생각을 강조한다.

● 스트레스는 질병과 사망의 주요 4대 원인(심장병, 암, 뇌졸중과 만성 폐질환)에 대한 개인의 위험을 현저하게 증가시킨다.

● 신체가 감정적으로 각성이 되면, 부신에서 스트레스 호르몬을 분비하여 투쟁-도피 반응을 일으킨다.

HOW 스트레스가 어떻게 우리의 면역체계와 전체 건강에 영향을 미치는가?

● 일반적인 스트레스 인자는 자연재해, 심각한 생활의 변화와 일상에서 일어나는 귀찮은 상황을 포함하여 우리가 도전이나 위협으로 느끼는 사태들이다.

● 스트레스는 심장질환과 관련이 있다. A유형의 사람들은 B유형의 사람들보다 스트레스에 대해 생리적으로 다르게 반응하기 때문에 심장병으로부터 더 고통을 받는 것 같다.

● 스트레스는 뇌로 하여금 스트레스 호르몬을 분비하게 해서 면역체계를 억제하고, 신체를 질병에 더 노출시키도록 만들며 암을 진행시킨다. 스트레스는 또한 HIV가 AIDS로 진행하는 데도 연관성이 있다.

WHAT 사람들은 어떻게 서로 다르게 스트레스에 대처하는가?

● 대처 전략은 이성적 대처, 억제 대처와 재구성을 포함하는데, 스트레스 요인의 영향을 최소화하는 데 도움을 준다.

● 스트레스의 근원을 예견하고 사전에 그것을 다루는 방법을 생각하는 것은 예상적 대처라고 알려져 있다.

● 스트레스를 완화하려는 시도 중에는 문제집중(스트레스의 근원을 직접 다루는 것)이나 감정집중(스트레스 요인을 피하는 것)이 있다.

WHAT 스트레스를 완화하거나 조절할 수 있는 기법에는 어떤 것들이 있는가?

● 스트레스 요인에 대해 통제력을 갖고 있는 사람들은 긍정적인 전망을 가지며, 사회적 지지를 받는 사람들은 스트레스를 더 잘 다룰 수 있다.

● 유산소 운동, 생체자기제어와 휴식과 명상기법은 스트레스를 푸는 데 도움을 줄 수 있다.

이해 점검

1. 도심에 살고 있는 것이 어린이들의 스트레스 수치에 미치는 영향을 연구하는 사람들은 _____ 일 것이다.
   a. 사회 심리학자
   b. 행동의학 의사
   c. 행동 심리학자
   d. 환경 심리학자

2. 직접 공격을 당한 적이 없거나 전투 경험을 하지 못한 군인이 전쟁지역에 배치되면 _____를/을 가장 느끼게 될 것 같다.
   a. 유스트레스
   b. 급성 스트레스
   c. 만성 스트레스
   d. 귀찮음

3. 스트레스 상황에 신체가 최초 반응하면 스트레스 요인을 대처하는 것을 도와주지만, 스트레스 상황이 계속되면 점차적으로 신체의 양분이 고갈되는 것을 예측하는 것은 어느 형태인가?
   a. 투쟁-도피 반응
   b. 유스트레스
   c. 코르티솔 분비
   d. 일반 적응 증후군(GAS)

4. 몰리는 자신의 여동생이 죽은 후 자신이 친구들과 더 가까워지고 있음을 깨닫게 되었다. 이는 스트레스에 대한 어떤 반응의 예인가?
   a. 보살핌과 어울림
   b. 극도의 피로
   c. 건강염려증
   d. 일반 적응 증후군(GAS)

5. 다음 사람들 중 누가 극도의 피로를 가장 적게 경험할 것 같은가?
   a. 구조대원
   b. 알코올이나 마약중독자와 같이 사는 사람
   c. 교통사고 생존자
   d. 강간 피해자를 상담치료하는 사람

6. 다음 중 어느 것이 A유형의 건강문제에 기여한다고 여겨지는가?
   a. 특정 호르몬의 수치가 더 높아져 혈압과 동맥경화를 상승시키고 다른 요인들이 뇌졸중과 심장마비의 위험을 높인다.
   b. 지속되는 부정적인 감정들이 신체에 해로운 생리적 영향을 미친다.
   c. 과도한 교감신경계의 활성화는 내장에서 멀리 혈액을 재분배하는데 이것이 콜레스테롤의 수치를 높인다.
   d. 위의 모든 것들이 A유형의 성격을 가진 사람들의 건강문제에 기여하는 것 같다.

7. 다음 중 어느 것이 가장 덜 귀찮은 상황으로 여겨질 수 있을까?
   a. 이혼하는 것
   b. 당신이 정상적으로 돌보았던 아이들이 남겨두고 간 장난감을 치워버리는 것
   c. 당신의 룸메이트가 남겨두고 간 접시를 치우는 것
   d. 우유가 다 떨어져서 시리얼을 먹을 수 없게 되었다는 것을 발견하는 것

8. 앤럽은 금융회사의 CEO이다. 그는 오랜 시간 일을 하고 종종 그의 스태프들에게 소리를 지르고 퇴근 후에도 휴식을 취하는 것이 어렵다. 앤럽은 _____의 좋은 보기이다.

    a. 극도의 피로
    b. B유형의 성격
    c. A유형의 성격
    d. 신체형 장애

9. 당신의 급우 몇몇이 감기바이러스를 갖고 있는데, 만약 당신이 _____면 당신도 감기에 걸릴 위험성이 더 높아진다.

    a. 낮은 림프구 수치를 갖고 있다
    b. 높은 림프구 수치를 갖고 있다
    c. 스트레스가 적다
    d. 휴식을 취한다

10. 패티는 스트레스성 사건이나 상황에서 편두통이 생긴다. 이것은 _____의 예이다.

    a. 신체형 장애
    b. 건강염려증
    c. 전환장애
    d. 정신생리학적 질병

11. 해리의 잇몸이 민감해지면서 그의 목에 날카로운 통증을 느끼고, 계속 잠을 자고, 머리카락이 빠진다. 그는 이 증상이 암을 나타낸다고 생각하고 병원을 찾아갔다. 의사는 잘못된 부분을 찾을 수 없었지만, 해리는 계속 자신이 죽어가고 있다고 생각한다. 해리는 _____를 가장 잘 보여주고 있는 것 같다.

    a. 신체형 장애
    b. 건강염려증
    c. 대처 전략
    d. 전환장애

12. 마사는 그녀의 일과표를 쳐다보고 즉시 그녀가 필요한 것을 결코 성취할 수 없다고 생각한다. 그녀가 하루 일과를 처리하기 시작하는 것을 가장 잘 도울 수 있는 것은 무엇인가?

    a. 일차적 평가를 만드는 것
    b. 억압 대처에 관여
    c. 이차적 평가를 만드는 것
    d. 감정 집중 대처

13. 크리스틴이 지난 번 부모님을 방문했을 때, 그녀는 5일의 여행 기간 중 마지막 며칠은 몹시 스트레스가 생기는 것을 알게 되었다. 올해에 크리스틴은 스트레스를 줄이기 위해서 여행기간을 3일로 줄이는 계획을 세웠다. 이것은 _____ 의 예이다.

    a. 재편성
    b. 예상 대처
    c. 억압 대처
    d. 일차 평가

14. 스트레스 경험을 더 잘 다룰 수 있는 기술을 발전시키는 데 도움을 주는, 세 단계의 과정을 포함하고 있는 스트레스 조절 기법은?

    a. 문제 중심 대처
    b. 감정 중심 대처
    c. 예상 대처
    d. 스트레스 예방접종

15. 앤디는 자신이 원하는 방법대로 일이 되지 않을 때, 자신은 일을 배우고 있는 중이며 다음 번에는 일이 더 잘 풀릴 것이라고 자신에게 말을 한다. 앤디에 관해 가장 사실일 것 같은 것은 무엇인가?

    a. 그는 낙관적 설명 유형이다.
    b. 그는 비관적 설명 유형이다.
    c. 그는 A유형의 성격을 갖고 있다.
    d. 그는 자주 아프고 불면증을 겪는다.

16. 다음 사람들 중에서 누가 스트레스 상황을 가장 잘 극복할 것 같은가?

    a. 최근 이혼한 여자
    b. 1년 동안 가족과 친구들과 떨어져 산 남자
    c. 그의 부인과 두 번의 별거를 겪었지만 25년 동안 결혼 생활을 한 남자
    d. 가장 친한 친구이며 오랜 시간을 같이 산 남자친구와 행복하게 지내는 여자

17. 다음 중 운동이 스트레스를 줄이는 데 도움을 주는 방법이 아닌 것은?

    a. 우울증의 수치를 줄인다.
    b. 기분 향상 화학물질을 분비한다.
    c. 온기와 신체자극을 증가시키고 근육 이완을 돕는다.
    d. 혈류를 저하하고 혈압을 높인다.

18. 전두엽 활동의 증가는 긴장완화 반응의 어떤 양상에 대한 반응일 가능성이 높은가?

    a. 집중된 관심
    b. 우주에서의 유영하는 느낌
    c. 혈압 감소
    d. 심장박동수 감소

19. 하루에 30분 동안, 팻은 근육 움직임을 알려주는 전극을 그의 턱에 부착한다. 팻이 그의 턱을 꽉 다물 때마다 기계는 삐 소리를 내며, 그에게 긴장을 풀 것을 상기시킨다. 시간이 지나서 팻은 그가 스트레스를 받을 때 경험하는 턱 근육통이 줄어들기를 희망한다. 이것은 _____의 예이다.

    a. 생체자기제어
    b. 명상
    c. 긴장완화 요법
    d. 스트레스 예방접종

20. 다음 중 최근 조사에 의해 뒷받침된 것이 아닌 것은?

    a. 웃음은 암환자의 건강을 증진시킬 수 있다.
    b. 스트레스는 암의 진행을 증가시킬 수 있다.
    c. 스트레스는 면역체계가 암세포와 싸우는 것을 방해할 수 있다.
    d. 스트레스는 암을 발병시킨다.

정답: 1) d, 2) c, 3) d, 4) b, 5) c, 6) d, 7) a, 8) c, 9) a, 10) d, 11) b, 12) c, 13) b, 14) d, 15) a, 16) d, 17) d, 18) a, 19) a, 20) d

성격과 개인차

Q

WHAT 성격이란 무엇이며, 어떻게 연구되는가?

WHAT 주요 특성이론에는 어떤 것들이 있고, 특성은
어떻게 측정되며, 유전자는 개인의 특성에 어떤
영향을 미치는가?

HOW 프로이트는 개인의 성격을 어떻게 개념화하였으며,
정신역동이론은 수년간 어떻게 발달되었는가?

WHAT 성격에 대한 주요한 인본주의적 접근에는 어떤
것들이 있는가?

HOW 학습과 행동에 대한 사회인지이론은 성격 연구에
어떻게 적용되며, 성격의 개념은 문화에 따라
어떻게 달라지는가?

1970년대 초

한 별난 엄마와 딸의 소유지가 보건부의 불시 단속에 걸렸고 그들의 이야기가 《New York Post》와 《New York Magazine》의 기사에 실린 후 두 모녀의 생활은 일반 대중들에게 폭로되었다. 에디스 '큰 에디' 유잉 부비에 빌과 그녀의 딸 에디스 '작은 에디' 유잉 부비에 빌 — 전 영부인이었던 자클린 부비에 케네디 오나시스의 이모와 첫째 사촌 — 은 영향력 있는 상류사회에서 한때는 유명했다. 하지만 그들은 뉴욕의 롱아일랜드에 있는 이스트 햄프턴의 부유한 해변마을의, 고양이와 너구리들이 득실대고 천 파운드가 넘는 쓰레기로 심각하게 황폐화된 방이 28개나 되는 맨션에서 은둔생활을 하고 있었다.

큰 에디와 작은 에디는 둘 다 예술적인 재능이 있다고 알려졌으며 작은 에디가 35세에 댄서를 그만두고 집으로 돌아간 후 37년 동안 두 사람은 함께 살았다. 약 20년 전에 작은 에디의 아빠가 떠난 이후 두 사람은 서로의 동반자로서 자기네끼리만 살았다. 두 사람의 의존관계는 그들 맨션 소유지의 이름을 딴 다큐멘터리 영화 "그레이 가든스(Grey Gardens)"로 만들어졌다.

영화는 이들 두 여성이 스스로를 사회로부터 고립되도록 만든 성격 특성을 잘 묘사하고 있다. 작은 에디는 레이스로 가리고 비단 머리 수건을 쓰는 등 다양하고 특이한 옷차림으로 다락방에 우글거리는 너구리들에게 빵을 주는 반면, 큰 에디는 대부분을 침대에서 보낸다. 1972년 《New York Magazine》은 보건부에서 그레이 가든스를 불시 단속할 무렵 한 이웃이 작은 에디와 처음 만난 이야기를 기사로 실었는데, 기사에서는 여전히 젊어 보이는 50대 중반의 여성을 다루었다. 그 여자는 엄마에게 몹시, 아니 지나칠 정도로 헌신적이었으며, 동물들을 사랑하고 그림을 그리고 시를 쓰고 가을에는 바다에서 수영을 즐겼다. 그리고 제2차 세계대전에서 죽지만 않았다면 정치가가 될 운명이었던 케네디의 첫째 아들인 존 케네디 주니어와 거의 약혼할 뻔했다며 옛 생각에 잠기기도 했다.

작은 에디는 다큐멘터리에서 "과거와 현재의 선을 지키는 것은 매우 어렵다"라고 말한다. 두 모녀가 보여준 기이한 행동은 정신 장애일까 아니면 특이한 성격 탓일까? 이 질문에 대한 대답은 없지만 두 사람의 생활방식이 친척과 이웃과는 완전히 다른 것은 확실하다.

CHAPTER 16

성격의 개요

오늘날 성격은 매우 광범위한 개념으로 사용된다. 패션잡지는 옷 입는 방식을 통해 '우리의 성격을 드러낼 수 있는지'를 가르쳐주는 반면, 온라인 결혼정보 사이트는 개개인의 성격의 다양한 측면들을 분석해 가장 로맨틱한 배우자를 성공적으로 만날 수 있게 해준다고 약속한다. 아마도 여러분은 월터 스콧의 『Personality Parade』를 읽으며 유명연예인들의 최근 기사나 소문들을 파악할 것이다. 그렇다면, 정확히 성격이란 무엇인가?

심리학에서 **성격**(personality)은 우리가 세계, 특히 다른 사람들과 소통하는 방식을 의미한다. 친구나 가족들과 시간을 보내는 동안 여러분은 개개 사람들의 행동이 비교적 일관된다는 것을 알 수 있을 것이다. 친구 중에는 아마도 전공수업 프로젝트에서부터 피자를 주문하는 것까지 모든 상황을 자원해서 떠맡는 친구가 있을 것이다. 아주 부끄러움을 많이 타는 친구도 있을 것이고, 어떤 상황에서든 다른 사람과 대화를 쉽게 하는 친구도 있을 것이다. 우리는 사람들이 어떻게 우리 자신과 그리고 다른 사람들과 다른지 선천적으로 관심을 가지고 적절히 대응한다. 게다가 인간은 대부분의 사람들이 가지고 있는 공통적인 특성들보다 각각의 개인들이 가지고 있는 고유한 특성에 더 집중하는 경향이 있다. 인간의 이러한 경향은 파트너나 친구를 선택할 때 도움을 주며, 독특한 사람들과의 상호작용에 대한 단서를 주기도 한다.

성격연구의 전략

일반적으로 심리학자들은 자기 보고 자료(여

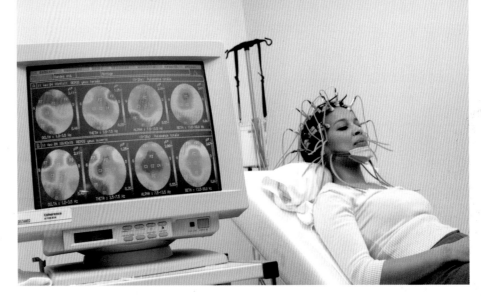

심리학자가 성격을 연구하는 한 가지 방법은 생리학적 데이터를 활용하는 것이다. 특정 자극에 대한 반응으로 뇌파 또는 혈압이 변화되는 것을 측정함으로써, 심리학자들은 특정한 성격 경향성이나 특성을 나타내는 패턴을 찾는다.

러분 자신에 대한 생각, 느낌, 행동, 또는 자질에 대해 여러분이 제공하는 정보), 관찰자 보고 자료(여러분에 대해 친구들이나 가족들이 제공하는 정보), 특정 행동 자료(여러분이 행한 특정한 행동에 관한 정보), 생활사건 자료(여러분에게 일어났던 일들에 관한 정보), 그리고 심리학적 자료(심장박동, 혈압, 그리고 뇌의 활동과 같이 여러분의 몸에서 일어나는 것에 대한 정보)에 기초해 성격을 연구한다. 뿐만 아니라 심리학자들은 다음과 같은 두 가지 서로 상반되는 접근방법으로 자신들이 수집한 자료를 해석한다. **개별기술적 접근**(idiographic approach)은 인간 중심적 접근방법으로 어떻게 인간 성격의 특정한 부분들이 일관된 전체를 형성하는지에 초점을 맞춘다. 이런 접근을 이용한 연구는 주로 개인의 성격을 묘사하고 분석하는 것과 관련이 있다. 이와 반대로 **법칙설정적 접근**(nomothetic approach)은 변수 중심적 접근방법으로 개인의 특성 중에 일관된 관계 패턴을 찾는 것에 집중한다. 법칙설정적 접근을 이용하는 연구들은 주로 많은 참여자들을 포함하고 있으며, 대체로 행동에 관한 일반적인 원리나 이론을 밝히는 것과 관련이 있다. 이 두 가지 접근방법 모두 지금까지 성격 연구에 중요한 역할을 해왔으며, 앞으로도 지속적인 역할을 할 것이다.

성격특성

여러분의 성격을 묘사하는 몇 가지 단어들을 재빨리 열거해보라. 당신은 어떤 단어들을 열거하였는가? 단어들이 '정직'과 '친절' 또는 '공격적'과 '야망적'이든 이 단어들은 특정 성격특성과 관련될 가능성이 높다. **특성**(trait)은 비교적 안정적인 행동 성향이다. 비록 환경이 사람들에게 특정한 방법으로 행동을 유발하게 함으로써 특성을 보이게 하는 핵심적인 역할을 하겠지만, 특성은 환경의 일부라기보다는 사람의 일부이다. 특성은 사람들의 차이를 효과적으로 설명하지만 무엇이 이런 차이를 만드는지에 대해서는 설명하지 못한다.

특성과 **상태**(states) 사이에는 중요한 차이가 존재한다. 특성과 상태 모두 어떤 사람의 관찰 가능한 행동을 통해 검사가 가능하지만, 특성은 지속적인 반면, 상태는 일시적이다. 더욱이 특성은 어떤 사람이 일시적인 상태에 빠지는 가능성을 밝혀낼 수 있다. 예를 들어, 불안정적인 특성을 가지고 있는 사람은 안정적인 특성을 지닌 사람보다 우울 상태에 빠질 가능성이 더 높다.

뿐만 아니라 특성은 지속적인 특징으로, 이것은 사람들이 특성을 표현하는 정도를 다르게 할 수 있다는 것을 의미한다. 예를 들어 매

제16장

성격은 사람들이 세계, 특히 다른 사람들과 소통하는 방식이다.

개별기술적 접근은 인간 중심적 접근방법으로 어떻게 인간 성격의 특정한 부분들이 일관된 전체를 형성하는지에 초점을 맞춘 성격 관련 데이터를 분석하는 방법이다.

법칙설정적 접근은 변수 중심적 접근방법으로 (대신에) 개인의 특성 중에 일관된 관계 패턴을 찾는 것에 초점을 맞춘 성격 관련 데이터를 분석하는 방법이다.

특성은 비교적 안정적인 행동 성향이다.

상태는 일시적인 행동 성향이다.

우 사교적인 사람은 아마 수백 명의 친구가 있는 반면, 적당히 사교적인 사람은 친구가 열 명 남짓밖에 되지 않을 것이다.

특성이론

사람들의 성격을 묘사하는 데 수많은 특성과 단어들이 있기 때문에 심리학자들이 사람의 성격을 간단히 그리고 일관되게 묘사하는 것은 어렵다. 따라서 많은 연구자들은 사람들이 어떻게 다른지를 묘사하는 데 쓰일 수 있는 중요하고 뚜렷이 구별되는 성격 차원들에 대한 다양한 **특성이론**(trait theories)을 제시하였다. 1930년대에, 심리학자 고든 올포트(Gordon Allport)는 그의 동료인 오드버트(H. S. Odbert)와 함께 사람들의 성격특성을 묘사하는 데 사용될 수 있는 사전에 있는 모든 가능한 단어들을 확인하는 노력을 한 결과 특성이론의 선구자가 되었다. 그것은 숭고한 목표였으나, 결과는 제법 압도적이었다. 그들은 거의 18,000개에 달하는 특성을 기술하는 단어들을 찾아냈다(Allport와 Odbert, 1936).

> **특성과** 상태 모두 어떤 사람의 관찰 가능한 행동을 통해 검사가 가능하지만, 특성은 지속적인 반면, 상태는 일시적이다. 더욱이 특성은 어떤 사람이 일시적인 상태에 빠지는 가능성을 밝혀낼 수 있다. 예를 들어, 불안정의 특성을 가지고 있는 사람은 안정적인 특성을 지닌 사람보다 우울 상태에 빠질 가능성이 더 높다

카텔의 16성격요인

심리학자 레이먼드 카텔(Raymond Cattell, 1965)은 올포트의 방대한 리스트를 170개의 뚜렷이 구별되는 형용사로 압축하면서 처음으로 유명한 특성이론을 만들었다. 그는 많은 사람들을 표집한 다음 그들에게 170개의 형용사를 사용하여 스스로를 평가하게 하였다. 그런 다음 카텔은 **요인분석**(factor analysis)이라는 통계 방법을 사용하여 각 형용사에 대한 반응들의 상관 패턴을 알아보았다. 그는 이런 패턴들을 이용해 함께 묶이는 경향이 있는 특

정한 반응들의 부분, 즉 요인을 결정하였다. 예를 들어 카텔은 그들 스스로를 완벽하다고 평가하는 사람들은 자신들을 체계적이거나 자기 수양적이라고 묘사하지 충동적이거나 느슨한 사람으로 묘사하지 않는다는 것을 발견하였다. 이런 연구에 기초해서 카텔은 16PF설문지(PF는 'Personality Factor'를 의미한다)로 측정된 16개의 구분되는 성격요인을 확인하였다. 16PF설문지는 행동의 특정한 양상, 예를 들어 "나는 조심스럽게 나의 일을 계획한다" 또는 "나는 화가 날 때에도 침착하다"와 같은 약 200개의 진술문으로 구성되어 있다. 참여자들은 각각의 진술문에 대해 '그렇다', '가끔', 혹은 '아니다'라고 응답할 수 있다. 심리학자들은 오늘날까지 이 설문지를 이용하고 있다.

아이젠크와 그레이의 2차원

심리학자 한스 아이젠크(Hans Eysenck, 1967)는 성격이 정서적 안정감 대 불안정, 그

> 심리학자 한스 아이젠크는 성격이 정서적 안정감 대 불안정, 그리고 내향성 대 외향성의 두 가지 중요한 차원으로 묘사될 수 있다고 믿었다

리고 내향성 대 외향성의 두 가지 중요한 차원으로 묘사될 수 있다고 믿었다. 정서적 안정감은 건강한 방법으로 삶의 스트레스 요인에 대처하거나 기분이나 행동에 있어서 극단적인 것을 피하는 우리의 능력을 말한다. 내향성과 외향성은 부끄러워하고, 심각해하고, 말을 잘 하지 않거나(내성적이거나), 친사회적이고, 활기차고, 다정한(외향적인) 사람들의 경향을 나타낸다. 아이젠크는 외향성과 내향성의 차이가 개인의 민감성 차이에서 생겨난다고 생각했다. 그는 각성을 조절하는 뇌의 한 부분인 **망양체**(reticular formation)가 부끄러움이 많은 사람보다 사교적인 사람들에게서 더 민감하다고 가정하였다.

다른 성격 연구자인 제프리 그레이(Jeffrey Gray)는 아이젠크의 생각을 다듬어서 두 가지 기본적인 뇌 체계들이 아이젠크의 두 가지 성격 차원을 반영한다고 제안하였다. 그레이

특성이론은 사람들이 어떻게 다른지를 묘사하는 데 쓰일 수 있는 중요하고 뚜렷이 구별되는 성격 차원이다.

요인분석은 설문지에 대한 반응들의 상관 패턴을 확인하는 데 사용되는 통계적 기법이다.

망양체는 각성을 조절하는 뇌의 한 부분이다.

행동활성체계는 보상의 예측에 대한 반응으로 접근행동을 활성화시키는 뇌의 한 부분이다.

행동억제체계는 처벌에 대한 예측으로 접근행동을 억제하는 뇌의 한 부분이다.

5요인모형은 개개인의 다섯 가지 차원 — 외향성/내향성, 우호성/적대성, 성실성/무목적성, 정서적 안정감/불안정감, 경험에 대한 개방성/폐쇄성 점수의 평가를 통해 성격을 묘사하는 모형이다.

에 의하면 **행동활성체계**(behavioral activation system, BAS)는 보상에 대한 예측반응으로 접근행동을 활성화시킨다. 예를 들어, 만약 학생이 열심히 공부하여 높은 학점을 받기 기대한다면, BAS의 활성은 학생으로 하여금 목표에 도달할 수 있도록 배운 내용 전반을 복습하게 할 것이다. 또한 그레이는 BAS가 희망, 의기양양, 행복과 같은 긍정적인 느낌을 경험하는 원인이 된다고 믿었다. 반대로 **행동억제체계**(behavioral inhibition system, BIS)는 처벌에 대한 예측으로 접근행동을 억제한다(1972). 그레이는 또한 BIS가 공포, 불안, 좌절감, 슬픔과 같은 부정적인 느낌들을 경험하는 원인이 된다고 믿었다. 그레이의 이론은 아마도 특정한 성격 특성을 설명하는 데에 도움을 줄 것이다. 예를 들어 특히 BIS 민감성이 높은 사람은 BIS 민감성이 낮은 사람보다 주차위반 딱지와 같은 임박한 처벌에 직면했을 때 극도로 불안해할 것이다.

5요인모형

'Big Five'는 국제 무역 기구 또는 악당의 무리 이름처럼 들릴 테지만, 실제로는 유명한 특성이론이다. 카텔의 16요인이론이 너무 복잡하고 과다하다고 생각한 로버트 맥크레(Robert McCrae)와 폴 코스터(Paul Costa)는 카텔의 자료를 다시 분석하여, 성격의 5가지 요인들을 확인하였다. **5요인모형**(five-factor model) ("**Big Five**" 이론)에 의하면, 우리는 개개인의 다섯 가지 차원의 점수를 평가해서 성격을 묘사할 수 있다.

❶ 외향성/내향성
❷ 우호성/적대성

❸ 성실성/무목적성
❹ 정서적 안정감/불안정감
❺ 경험에 대한 개방성/폐쇄성

게다가 각각의 특성 차원은 서로 연관성이 있는 여섯 가지 측면으로 구성되어 있다. 예를 들어, 우호성은 솔직함, 정직, 그리고 겸손과 같은 측면들과 연관성이 있다(McCrae와 Costa, 1999). 심리학 분야에서 성격에 대한 연구가 계속되고 있지만, Big Five 이론은 이 분야에서 성격을 기술하는 데 유용하고 일반적으로 수용된 구성개념이 되었다.

특성의 측정

여러분은 이상적인 직업 또는 데이트 방식을 찾기 위해 검사를 받아 본 적이 있는가? 여러분은 다른 것들보다 과학적인 이러한 퀴즈들을 여러분의 특성과 장단점을 측정하는 '성격검사'라고 생각할 것이다. 심리학에서 **성격검사**(personality inventory)는 다른 검사들에 비해 문항수가 많고 보다 과학적으로 엄격하게 만들어진 설문지를 의미하며, 여러 가지 행동들에 관해 질문하고 몇 개의 특성을 동시에 측정한다. 가장 많이 사용되고 연구된 성격검사는 **미네소타다면인성검사**(Minnesota Multiphasic Personality Inventory, MMPI)이다. MMPI는 원래 정서장애를 식별하기 위해서 만들어졌지만, 지금은 다양한 목적으로 사용된다.

실제로 모든 성격 설문지의 한 가지 주요 문제점은 문항들이 무엇을 묻고 있는지 누구나 다 알 수 있다는 것이다. 이러한 문제점 때문에 사람들은 자신들에 대해 솔직하게 답하지 않고, 그들이 그렇게 되었으면 하는 쪽으로 응답하는 것이 가능하다는 것이다. 여러분이 급한 성격을 가지고 있을지라도, 자신이 성급하다는 것을 알아차리지 못하고, 성격검사에서 스스로를 침착하고 차분하다고 반응할 수 있다. 성격검사 결과의 유용성은 응답자들이 얼마만큼 그들 자신의 행동과 태도에 대해 정직하고 통찰력이 있는지에 달려 있다.

성격검사의 예언적 가치

성격 측정치의 타당도는 각 특성의 점수와 그 사람의 실제 행동특성과의 연관성 정도로 결정된다. 예를 들어 블라디미르 푸틴이나 안젤

유명한 사람들은 성격검사에 자신들을 어떻게 묘사할까? 여러분은 이 검사가 정확하다고 생각하는가?

라 머켈과 같은 세계적인 지도자들이 성격검사에서 야망이나 지도력 자질에서 낮은 점수를 받았다면, 그 검사는 그들을 정확히 평가하는 데 실패했다는 것을 의미한다.

하지만 사람들이 직접 성격 설문지에 응답하거나 자신을 잘 아는 다른 사람들에게 성격 특성을 평가하게 한 연구에서는 사람들의 성격이 성인기 전반에 걸쳐 비교적 안정적임을 밝히고 있다. 몇몇 연구들은 50살이 될 때까지는 나이가 들수록 성격이 점점 더 안정적으로 된다고 주장한다(Asendorpf와 Van-Aken, 2003; McCrae와 Costa, 1999). 만약 여러분의 부모님이 점점 더 자신들의 방식대로 살아간다고 생각된다면 아마도 그 생각이 정확할 것이다!

또한 연구자들은 성격에 대한 평가는 시간이 흐르거나 관찰자가 바뀌어도 일관적인 반면 행동에 대한 평가는 그렇지 않다는 **일관성 역설**(consistency paradox)이라는 것을 밝혀냈다(Mischel, 1968, 1984, 2004). 이것은 얼마나 우리 행동이 다양하며 상황에 의존하는지를 설명한다. 연습을 위해 항상 제시간에 도착하는 훈련받은 운동선수라도 아마 친구의 파티나 입사 면접에는 늦을 수 있을 것이다. 우리는 지속적이고 근원적인 특성을 지니고 있지만 우리가 마주치는 상황처럼 사람들은 역동적이다.

성격의 유전적 영향

최근의 쌍생아 연구가 보여주듯이 **유전가능성**(heritability), 즉 특성이 유전될 수 있는 정도는 성격 형성에 중요한 역할을 한다. 연구자들은 특성이론으로부터 확인된 특성들이 비

교적 유전가능하다는 것을 발견했다. 일란성 쌍생아들은 같은 유전자들을 가지고 있기 때문에 이란성 쌍생아보다 비슷한 성격 특성을 가질 가능성이 많다. 심리학자 데이비드 리켄(David Lykken)은 같은 집에서 길러진 쌍생아들과 태어나자마자 나뉘어져 다른 집에서 길러진 쌍생아들에게 성격검사를 실시하였다(Lykken 등, 1988). 그 결과 쌍생아들이 같은 집에서 자랐는지 여부에 관계없이 일란성 쌍생아가 이란성 쌍생아보다 더 비슷한 성격을 가지고 있음을 발견하였다. Big Five를 포함한 대부분의 특성에서 유전적 요소가 개인차의 약 50%를 차지하는 것으로 추정되며(Loehlin 등, 1998), 비교문화적인 연구들에서도 Big Five 성격 특성이 모든 인간 집단에 존재한다는 것을 암시하고 있다(McCrae 등, 2005). 이런 특성들은 원숭이, 개, 고양이, 그리고 돼지들과 같은 여러 종들에 걸쳐 존재하는 것으로 보인다(Gosling과 John, 1999).

그렇다면 유전자는 성격 특성에 어떤 영향을 미칠까? 유전자들은 아마 신경계의 신경생리학적 특성, 특히 뇌의 신경전달에 영향을 미칠 것이다. 한 가지 이론은 유전자가 우리의 행동에 영향을 주는 기질 — 태어나면서 갖는 특징과 성격 특성 — 에 영향을 준다는 것이다. 이러한 행동 패턴과 방식은 머지않아 성격을 정의하는 데 사용될 것이다.

특성관점의 평가

특성관점의 시각을 통해 성격을 바라보는 것은 우리에게 친구, 가족, 그리고 자신의 행동에 대해 충분히 이해할 수 있는 장점을 제공하기도 하지만 한계점도 있다. 특성관점은 사람들이 어떤가에 대해서는 효과적으로 설명할 수 있지만, 왜 그런지에 대해서는 해답을 주지 못한다.

사람들의 행동이 성격특성보다 상황적 요인에 더 많은 영향을 받았는지에 대한 **개인-상황 논쟁**(person-situation controversy)은 여전히 존재한다. 사람의 특성이 오랜 시간 지속됨에도 불구하고, 사람들의 특정 행동은 상황에 따라 다양하므로 특성 하나만으로 행동을 예측하기는 어렵다.

정신역학적 관점

프로이트

유명한 심리학자인 지그문트 프로이트(Sigmund Freud)의 위대한 업적 중 하나는 성격을 이해하기 위해 임상적 접근을 시도했다는 것이다. 많은 사람들이 심리 상담이라면 수염을 기른 의사가 가죽 침대에 편안히 누워 있는 그의 환자에게 "당신의 어머니에 대해 말해보세요"라고 물어보는 것과 같은 이미지를 떠올리는데 이는 바로 프로이트의 임상적 접근에서 기원한다. 성적 억압이론으로 빅토리아시대의 유럽 사회에 충격을 주었던 프로이트는 초기에는 아무에게도 인정받지 못했다. 오늘날에도 심리학을 공부하는 학생들은 무의식에 관한 그의 이론에 종종 유사한 비난을 하고 있고 대부분의 교수들도 프로이트의 생각에 아주 회의적이다. 하지만 어느 누구에게나 프로이트의 기본개념을 설명하라고 하면 대부분이 설명을 할 수 있을 정도로 프로이트가 현대세계에 미친 영향은 부인할 수 없다. 전문가적 의구심에도 불구하고, 프로이트의 많은 개념들은 아직 현대 성격이론의 기초를 형성하고 있다.

프로이트에 의하면 인간이 성인기에 겪는 문제점들은 우리의 기억, 특히 유아기의 충격적인 기억에서 생긴다고 믿었다. 프로이트는 이런 기억들에 의식적으로 접속하는 것은 불가능하다고 하였다. 그들은 무의식 속에 깊이 묻혀 있다. 프로이트는 환자의 행동, 문제, 그리고 성격을 이해하기 위해서는 그들의 무의식에 있는 내용들에 접속해야 한다고 생각했다. 무의식적 과정이 모든 의식적인 생각과 행동의 기저를 이룬다는 개념은 **정신 결정론**

(psychic determinism)으로 알려져 있다. 프로이트가 개발한 **정신분석**(psychoanalysis)이라는 처치방법은 환자들이 정신과 의사에게 자신들의 삶에 대해 말하고, 정신과 의사는 각각의 단어들을 듣고, 분석하고, 해석할 것을 요구한다.

프로이트의 정신분석이론은 최초의 **정신역학이론**(psychodynamic theory)으로 정신력의 상호작용에 초점을 맞추는 성격이론이었다. 정신역학이론들은 다음과 같은 두 가지 신념에 기초한다. 첫째, 사람들은 일반적으로 자신의 진짜 동기가 무엇인지 모른다. 둘째, 사람들은 불쾌한 생각과 동기를 무의식 속에 두는 방어기제를 가지고 있다. 정신역학이론은 이러한 '정신력'이 어떻게 상호작용하고, 왜 우리는 우리의 동기를 알아차리지 못하며, 이런 방어기제는 정확히 무엇인가에 대해 몇 가지 흥미로운 답변을 제시한다.

원초아, 자아, 초자아

프로이트는 마음을 원초아, 자아, 초자아가 서로 상호작용하는 체제로 개념화하였다. **원초아**(id)는 우리의 기본적인 욕구와 생존본능을 만족시키려고 노력한다. 원초아는 **쾌락원리**(pleasure principle)에 따라 작동한다. 즉각적인 만족감을 추구하며,

사회적 기대나 제약은 고려하지 않는다. 원초아는 격식 있는 저녁 파티나 예배 시간에도 아랑곳 않고 원하는 것이 있으면 울고 그 욕구가 충족되었을 때 울음을 그치는 유아의 행동과 연관 짓는다면 쉽게 이해가 될 것이다.

자아(ego)는 원초아가 충족하고 싶어 하는 기본적인 욕구가 무엇인지를 찾아 그 욕구를 만족시키기 위해 현실적인 계획을 제시하는 역할을 한다. 원초아와 대조적으로 자아는 고통스럽기보다는 즐거운 행동을 통해 원초아의 목표를 이루기 위해 노력하는 **현실원리**(reality principle)에 의해 작동된다. 자아는 인간이 어느 정도 의식할 수 있는 지각, 생각, 판단, 그리고 기억을 포함한다.

원초아가 여러분의 보다 사악한 충동의 일부를 상징한다면, 초자아는 그 반대로 속담 속 여러분의 수호천사일 것이다. **초자아**(super-ego)는 자아로 하여금 사회적인 제약을 고려

하여 사회적으로 수용될 수 있는 행동을 하게 한다. 여러분이 번쩍거리는 새 자동차를 정말로 갖고 싶어 한다고 해보자. 만약 초자아가 없다면, 여러분은 법, 사회적 제약, 또는 옳고 그름에 대한 도덕관에 개의치 않고 주차장에서 차를 훔칠 것이다. 다행히 여러분의 초자아가 개입하여 절도는 불법이고 잘못된 일이라는 것을 상기시키며 직업을 갖거나, 계약금을 지불할 만큼의 돈을 벌거나, 담보를 맡기거나, 차를 사거나, 혹은 할부로 차를 사서 계속 갚아나가기 등과 같은 현실적인 방법으로 차를 가질 수 있도록 여러분의 자아에게 지시를 할 것이다.

정신에 관한 프로이트의 견해는 종종 빙산에 비유된다. 빙산은 수면 위의 보이는 부분과 수면 아래의 보이지 않는 부분으로 이루어져 있는데, 수면 위에 보이는 부분은 의식을 나타내고 수면 아래 보이지 않는 부분은 무의식을 나타낸다. 원초아는 완전히 무의식에 의해 지배를 받는 반면, 자아와 초자아는 의식적, 무의식적 요소 둘 다 가지고 있다.

심리성적단계

여러분은 책이나 영화에서 프로이트가 언급했던 성적 함축이나 심상에 대해 들은 적이 있을 것이다. 이 내용은 인간의 성격이 일련의 심리성적 단계를 통해 발달한다는 프로이트의 개념에 근거하고 있다. 프로이트는 성과 공격성이 인간의 성격 형성에 있어 매우 중요한 추동(drive)이라고 믿었다. 프로이트는 실제로 인간 행동의 대부분은 성과 공격성에 의해 나타난다고 생각했다. 그 결과 프로이트가 발달시킨 정신역동 이론은 인간의 성격 차이가 추동을 위장하고 전달하는 방법 차이에 기인하는 것으로 간주한다. 프로이트는 원초아의 쾌락

프로이트의 정신이론

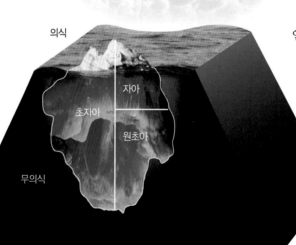

의식

자아

초자아

원초아

무의식

∧∧ 정신에 관한 프로이트의 개념이 일부를 제외한 대부분이 수면 아래 있는 빙산과 어떻게 비슷한가? 이 비유의 한계점은 무엇인가?

제16장

> 프로이트의 관점에서 본다면, 동성애의 충동을 불편하게 느끼는 사람이 반동형성을 통하여 동성애 혐오자가 될 수 있다.

의 욕구가 신체의 여러 성감대에 차례대로 집중하는 과정을 다섯 개의 **심리성적단계**(psychosexual stages), 또는 심리성적발달단계로 구분하였다. 프로이트에 따르면 불안이나 갈등은 모두 에너지를 특정 단계에 머물게 하거나 특정한 영역에 집중시켜 성인기 **고착**(fixation)을 유발할 수 있다고 하였다. 예를 들어 프로이트는 어떤 어린이가 늦게까지 손가락을 빠는 이유를 영아기에 갑자기 젖을 뗌으로써 유발된 구강고착에서 찾을 수 있다고 하였다. 프로이트의 관점에서 보면 엄격하게 조직적이거나 강박적으로 깔끔한 사람은 너무 강압적인 배변훈련의 결과로 항문기에 고착되었기 때문일 수 있다. 프로이트는 성격을 아동기의 경험과 밀접한 관련이 있다고 보았다.

방어기제

프로이트에 의하면 사람들은 불안에 대한 감정을 다스리기 위해 무의식적으로 **방어기제**(defense mechanisms)를 사용한다. 프로이트의 딸이자 심리학자인 안나에 의해 주로 연구되었던 이 방어기제들은 사람들의 걱정이나 불안을 완화시키는 데 도움을 주는 자기를 속이는 정신과정이다. 프로이트에 따르면 사람들이 방어기제를 사용하는 방법들은 그들의 성격에 관한 통찰력도 제공한다.

억압(repression)은 불안을 유발하는 사고를 의식으로부터 막는 과정을 말한다. 프로이트는 억압된 기억과 사고는 종종 꿈의 상징 또는 **은연중에 속마음을 드러내는 실수**(Freudian slips)의 형태로 나타난다고 믿었다. 미국의 전 국무장관이었던 곤돌리자 라이스는 가십난에서 조지 부시를 "나의 남편"이라고 언급해 큰 파장을 불러일으켰다. 만약 프로이트가 살아 있었다면, 수많은 열성적인 칼럼리스트들이 한 것처럼 라이스가 억압된 욕구에서 나온 은연중에 속마음을 드러내는 실수를 저질렀다고 생각했을 것이다.

퇴행(regression)은 아동기나 유아기와 같이 이전 발달의 초기 단계로 되돌아가는 것을 말한다. 여러분은 기분이 좋지 않은 날에 침대로 기어가 태아처럼 웅크렸던 적이 없는가? 프로이트는 아마 여러분이 퇴행을 통해 위안을 찾고 있다고 말할 것이다.

전위(displacement)는 무의식적이거나 받아들일 수 없는 바람이나 추동을 보다 더 받아들여질 수 있는 대안으로 전환하는 과정을 말한다. 만약 여러분이 가족 중 누군가를 때리고 싶은 충동이 있을 때, 여러분은 펀칭백을 대신 때림으로써 받아들일 수 없는 공격성을 대신할 것이다.

승화(sublimation)는 전위가 인간의 에너지를 중요하거나 가치 있는 활동으로 향하게 할 때 일어난다. 내면의 불안을 아름다운 예술의 창조로 돌리는 사람들을 '승화인(sublimator)'으로 간주할 수 있을 것이다.

반동형성(reaction formation)은 가능성이 낮은 소망을 받아들여질 수 있는 정반대의 것으로 바꾸는 것을 말한다. 프로이트의 관점에서 본다면, 동성애의 충동을 불편하게 느끼는 사람이 반동형성을 통하여 동성애 혐오자가 될 수 있다.

투사(projection)는 무의식적 충동을 경험한 사람이 그 충동의 원인을 다른 사람에게로 돌릴 때 일어난다. 예를 들어 슬픈 감정을 투사하는 사람은 "난 우울해"를 "나의 친구가 우울해 보인다"로 투사할 수 있을 것이다.

동일시(identification)는 위협이나 불안감을 더 잘 극복할 수 있을 것 같이 보이는 다른 사람의 특성을 무의식적으로 받아들이는 행동을 말한다. 여러분은 군중들 앞에서 연설을 하기 전에 여러분보다 훨씬 침착해 보이는 동료 연설자의 방법을 받아들일 것이다.

합리화(rationalization)는 불안한 사고나

> 심리성적단계는 원초아의 쾌락의 욕구가 신체의 여러 성감대에 차례대로 집중하는 발달 단계이다.
>
> 고착은 신체의 특정 성감대에 집중하는 것이다.
>
> 방어기제는 사람들의 걱정이나 불안을 완화시키는 데 도움을 주는 자기를 속이는 정신과정이다.
>
> 억압은 불안을 유발하는 사고를 의식으로부터 막는 과정이다.
>
> 은연중에 속마음을 드러내는 실수는 억압된 기억과 사고의 내면을 나타내는 말의 실수이다.
>
> 퇴행은 이전 발달의 단계로 되돌아가는 것이다.
>
> 전위는 무의식적이거나 받아들일 수 없는 바람이나 추동을 보다 더 받아들여질 수 있는 대안으로 전환하는 과정이다.
>
> 승화는 전위가 인간의 에너지를 중요하거나 가치 있는 활동으로 향하게 할 때 일어나는 과정이다.
>
> 반동형성은 가능성이 낮은 소망을 보다 받아들여질 수 있는 정반대의 것으로 바꾸는 것이다.
>
> 투사는 무의식적 충동을 경험한 사람이 그 충동의 원인을 다른 사람에게로 돌릴 때 일어나는 과정이다.
>
> 동일시는 위협이나 불안감을 더 잘 극복할 수 있을 것 같이 보이는 다른 사람의 특성을 무의식적으로 받아들이는 행동이다.
>
> 합리화는 불안한 사고나 감정을 해명하기 위해 의식적 추론을 사용하는 것이다.
>
> 집단 무의식은 모든 인간들이 공통적으로 가지고 있는 기억과 이미지의 공유 저장고이다.

감정을 해명하기 위해 의식적 추론을 사용하는 것을 말한다. 여러분은 친구에게 한 선의의 거짓말을 정말 그 친구를 위해서 한 말이라고 합리화할 수 있다.

후기 프로이트 정신역학 이론가들

프로이트에게는 그의 신념을 미래 세대에 전파하려는 다수의 지지자와 제자들이 있었다. 하지만 동시에 프로이트의 모든 면에 동의하는 제자들은 거의 없었다. 칼 융(Carl Jung), 알프레드 아들러(Alfred Adler), 카렌 호나이(Karen Horney), 그리고 에릭 에릭슨(Erik Erikson)을 포함한 많은 유명한 후기 프로이트 심리학자들은 성격에 대한 자신들의 믿음이나 개념들을 반영하기 위해서 프로이트의 최초 이론들을 수정하거나 개정하였다.

예를 들어 칼 융은 프로이트처럼 인간의 성격이 무의식에 의해 강하게 영향을 받는다고 믿었다. 하지만 융은 성욕을 덜 강조했고, 모든 인간들이 공유하고 있는 기억과 이미지가 있다는 **집단 무의식**(collective unconscious) 개념을 도입하였다. 예를 들어, 시대나 문화에 관계없이 어머니라는 이미지는 돌보는 사람이나 양

> 아들러는 사람들이 어린 시절 느꼈던 육체적이나 정신적인 열등감을 보상하기 위해 종종 성인기에 완벽이나 우월을 위해 노력한다고 믿었다.

육하는 사람의 전형적인 예이다. 융은 이러한 이미지를 **원형**(archetypes)이라고 불렀다.

알프레드 아들러는 인간 성격의 중요한 요소로 **열등감**(inferiority complex)이라는 생각을 발전시켰다. 아들러는 사람들이 어린 시절 느꼈던 육체적이거나 정신적인 열등감을 보상하기 위해 종종 성인기에 완벽이나 우월을 위해 노력한다고 믿었다.

심리학자 카렌 호나이는 프로이트의 가르침에 깊이 영향을 받았지만, 그녀는 사회적 요소, 특히 우리 성격에 매우 영향을 많이 미치는 불안의 중요성을 강조했다. 호나이에 따르면 인간의 일부는 순종적으로, 다른 일부는 공격적으로 또는 무관심으로 불안에 대처한다.

무의식의 측정

인간의 무의식 과정에 접근하고, 탐구하고, 평가하는 것은 매우 숙련된 의사에게도 무리한 요구로 들릴 수 있다. 다행히도 심리학자들을 도와줄 많은 검사들이 개발되어 왔다.

많은 정신역학 심리학자들은 사람들의 무

의식적 사고나 감정을 이해하기 위해 투사검사를 사용한다. 피검사자들은 투사검사들의 애매한 자극을 본 다음 그것에 대해 묘사하거나 이야기해야 한다. 예를 들어 헨리 머레이(Henry Murray)에 의해 개발된 **주제통각검사**(Thematic Apperception Test, TAT)는 사람들에게 익숙하지 않은 여러 장의 그림을 무작위로 보여준 다음 그것들에 관해 이야기해보라고 한다. 이러한 이야기들은 아마 사람들의 마음속에 내재해 있는 희망, 두려움, 그리고 욕구를 반영할 것이다.

주제통각검사와 유사하게 **로르샤흐검사**(Rorschach inkblot test)는 사람들에게 일련의 잉크 얼룩을 보여준 후 무엇이 떠오르는지를 이야기하게 한다. 로르샤흐검사는 잉크 얼룩에 대한 사람들의 해석이 무의식적 사고와 관련이 있을 것이라고 가정한다. 예를 들어, 만약 여러분이 흐릿한 잉크 얼룩에서 금방이라도 비를 뿌릴 듯한 폭풍우를 동반한 먹구름을 본다면, 심리학자는 여러분이 무엇에 관한 두려움이나 불안감을 가지고 있다고 추론할 것

이며, 만약 여러분이 개를 본다면, 여러분은 아마 친한 친구나 믿음직한 동료를 갈망하고 있다고 추론할 것이다. 이것이 무의식에 접근하는 데 신뢰성 없고 주관적인 방법처럼 보이겠지만, 심리학자들은 참가자들의 반응을 측정하기 위해 점수체계를 사용한다. 예를 들어 빈도분포표는 특정한 반응이 얼마나 자주 일반적인 사람들로부터 나올지를 보여준다. 또한 검사 실시자들은 참가자들이 잉크 얼룩에서 단지 무엇을 보는가에 집중하기보다는 반응의 애매모호함과 같은 특성에 관심을 갖는다.

정신역동 이론의 평가

프로이트의 몇몇 용어와 이론들이 중추적 역할은 하지만 성격에 대한 프로이트식 접근이 오늘날 얼마나 인기가 있을까? 프로이트가 무의식, 어린 시절, 그리고 성정체성과 공격성을 강조한 것을 고려해볼 때 세상에 이들을 처음 소개했을 때부터 정신역동 이론이 논쟁거리가 되었다는 것은 크게 놀랄 일은 아니다. 프로이트의 이론은 이미 발달된 개인의 성격특성은 설명하지만 이러한 특성을 예언하는 통찰력이나 방법을 제공하지 않기 때문에 사실상 그 유용성을 사후분석에 제한시켰다(Hall과 Lindzey, 1978). 이상하게도 프로이트 이론이 발달이론임에도 불구하고 아동 관찰이나 아동 연구의 지지를 받지 못한다. 카렌 호나이 등 많은 비평가들은 프로이트 이론의 대부분이 남성중심의 편견을 가지고 있다고 보았다.

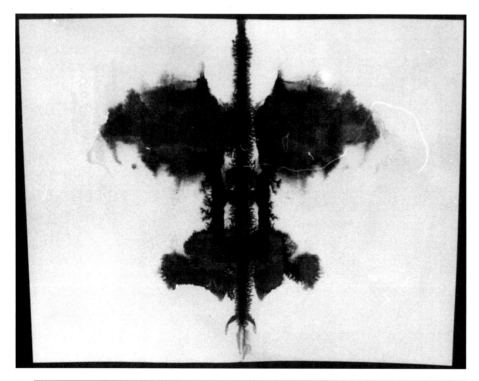

로르샤흐검사는 성격 측정에 대한 정신역동적 접근에 해당된다. 이 정신분석적 관점으로부터 검사의 이미지를 보고 참여자가 말한 시나리오는 그들 정신의 내부 작용을 반영한다.

하지만 이런 비난에도 불구하고 심리학자들이나 일반 사람들은 프로이트 이론의 기본적인 개념이 많은 가치를 가지고 있다고 생각하기 때문에 이를 기초로 한 정신역동 이론들은 오랫동안 지속되고 있다(Huprich과 Keaschuck, 2006; Western, 1998). 우리가 간혹 이해할 수 없는 방식으로 행동하는 이유가 일부 무의식적 과정 때문이라고 알고 있듯이 성격의 일부분은 아동기 초기 경험에 어느 정도 영향을 받는다는 말을 이해할 수 있을 것이다. 프로이트가 인간이 왜 그런지에 대한 모든 질문에 답을 줄 수는 없지만 그렇다고 그를 가치 없다고 인식해서도 안 된다.

인본주의적 접근

인본주의적 접근은 심리학자들이 인간 성격에 대해 분석하고 이해하려고 시도하는 또 다른 방법이다. 성격에 대한 **인본주의 이론**(humanistic theories)은 사람들의 의식적인 이해와 자기실현을 달성하기 위한 그들의 능력을 강조한다. 많은 인본주의 이론들은 프로이트의 이론과 같은 정신역동 이론의 우세에 대한 반작용으로 20세기 중반에 발달되었다. 인본주의 이론들은 너그러움, 자기수양, 높은 성취, 그리고 행복과 같은 인간의 역량을 강조하면서 우리 안의 낙천성에 호소하는 경향이 있다.

로저스와 자아개념

성격의 인본주의적 접근은 **자아개념**(self-concept)의 원리 혹은 인간의 이해를 강조한다. 인본주의 이론은 자아개념이 현실의 주요 부분을 구성한다고 주장한다. "나는 누구인가?"라는 질문에 대해 잠시 생각해 보자. 대학생, 딸 또는 아들, 여동생 또는 남동생, 친구…. 친절한 사람, 재밌는 사람, 야심 있는 사람, 느긋한 사람…. 이 문제에 답하는 것은 벅찬 과제일 수 있고, 여러분의 답변은 아마 여러분의 인생관과 기분에 따라 달라질 것이다. 하지만 여러분 스스로 자신을 어떤 사람인지 생각하는 것이 바로 여러분의 자아개념이다.

심리학자 칼 로저스(Carl Rogers, 1980)는 자아개념에 대한 생각을 확장시켜 **자아이론**(self theory)을 발달시켰다. 로저스는 모든 사람이 그들의 '실제' 자아가 되고 싶어 한다고 믿었다. 이 목표를 이루기 위해 우리는 다른 사람들의 소망보다 우리의 소망에 따라 삶을 살아야 한다. 하지만 동시에 다른 사람들은 우리를 인정해 주고, 진심으로 행동하고, 공감을 보임으로써 우리가 실제 자아가 되는 것을 도와줄 수 있다. 우리의 문제점들이나 약점들에도 불구하고 사람들이 우리를 가치 있게 대할 때, 그 사람들은 로저스가 자아 발달에 중요한 구성요소로 여긴 **무조건적 긍정적 존중**(unconditional positive regard)을 보여주고 있는 것이다.

로저스는 우리의 자아개념과 무조건적 긍정적 존중으로의 접근은 우리의 성격과 세상과의 상호작용과 불가분의 관계에 있다고 하였다. 그는 또한 긍정적인 자아개념은 세상과의 긍정적인 상호작용, 개인적인 만족과 행복으로 나타난다고 하였다. 하지만 무조건적 긍정적 존중이 부족하고 부정적 자아개념을 지닌 사람들은 불안감이나 의심으로 몸부림치는 경향이 있다.

매슬로우와 자아실현

인본주의 이론가들은 실제 자아가 되고 모든 잠재성이 실현되는 경험인 **자아실현**(self-actualization)의 중요성을 믿었다. 인간은 다 개성 있고 독특하기 때문에, 개개인에 따라 자아실현의 과정도 다르다. 하지만 자아실현을 향해 무슨 길을 선택하든, 그것은 여러분 자신을 위해 선택한 길이어야 한다. 여러분에게 여러분의 실제 자아가 되는 방법을 가르쳐 줄 오직 한 사람은 여러분 자신이다.

이 말이 외부 환경은 자아실현에 아무런 역할을 하지 않는다는 뜻은 아니다. 실제로 많은 인본주의자들은 우리가 완전한 자아실현을 성취하기 위해서는 바람직한 양육 환경이 필요하다고 주장한다. 하지만 목표에 도달하기 위해 환경과 환경 자원들을 활용하는 것은 오롯이 개개인의 책임이다.

로저스와 마찬가지로 에이브러험 매슬로우(Abraham Maslow) 역시 자신의 대부분의 생애를 인본주의 심리학 발달을 위해 바쳤다. 매슬로우(1954)는 자아실현을 위해 다섯 가지

원형은 시대나 문화에 관계없이 어머니라는 이미지는 돌보는 사람이나 양육하는 사람과 같은 특정한 이미지임을 말한다.

열등감은 사람들이 어린 시절 느꼈던 육체적, 정신적인 열등감을 보상하기 위해 종종 성인기에 완벽이나 우월을 위해 노력하는 것이다.

주제통각검사는 사람들에게 익숙하지 않은 여러 장의 그림을 무작위로 보여준 다음 그것들에 관해 이야기해 보라고 한다. 이러한 이야기들은 아마 사람들의 마음속에 내재해 있는 희망, 두려움, 그리고 욕구를 반영할 것이다.

로르샤흐검사는 사람들에게 일련의 잉크 얼룩을 보여준 후 무엇이 떠오르는지를 이야기하게 한다. 잉크 얼룩에 대한 사람들의 해석이 무의식적 사고와 관련이 있을 것이라고 가정한다.

인본주의 이론은 사람들의 의식적인 이해와 자기실현을 달성하기 위한 그들의 능력을 강조하는 성격이론의 한 유형이다.

자아개념은 자신이 누구인가에 대한 개인의 이해이다.

자아이론은 모든 사람들은 '실제' 자아가 되고 싶어 하는데, 이를 위해 사람들은 다른 사람들의 소망보다 자신의 소망에 따라 삶을 살아야 한다는 성격이론이다.

무조건적 긍정적 존중은 어떤 사람이 문제점이나 약점이 있어도 그 사람을 가치 있게 대하는 것이다.

자아실현은 성취감을 주는 고유한 잠재성의 자기 수용 및 지각에 대한 완전한 감정이다.

욕구위계는 자아실현을 위해 반드시 만족해야 하는 다섯 가지 욕구를 보여주는 피라미드 구조이다.

● ● ●

성격과 개인차

욕구를 만족해야 하며, 이것을 **욕구위계**(hierarchy of needs)로 널리 알려진 피라미드 구조물로 형상화했다.

매슬로우에 따르면, 인간은 가장 기본적인 욕구가 충족돼야만 더 높은 욕구에 집중할 수 있다. 예를 들어, 여러분이 굶고 있거나 물 한 잔을 간절히 원할 때 사랑 또는 자아표현에 많은 관심을 두지 않는다. 매슬로우의 위계는 진화적 관점에서 이치에 맞는다. 인간의 생리적 욕구와 안전의 욕구는 생존과 가장 직접적으로 연결되어 있기 때문에 가장 기본적인 욕구이다.

매슬로우의 관점에서 어떤 욕구는 다른 것들보다 더 필수적이지만 그들은 서로 연관되어 있다. 엄밀히 따져서 여러분은 음식이나 물과는 달리 친구 없이도 살아갈 수 있지만 강한 사회적 유대감을 유지하면 생리적 욕구와 안전의 욕구, 생식 욕구까지 충족할 수 있다. 뿐만 아니라 여러분은 자아실현을 수년간의 학습경험 결과로 생각할 것이다. 하지만 형식적 교육뿐만 아니라 놀고, 탐구하고, 창조하는 것과 같은 활동에서도 기술과 지식을 습득한다. 이런 습득된 기술들은 여러분의 자아실현

을 도와줄 뿐만 아니라 음식을 구하고, 위협으로부터 도망치고, 친구를 만나는 것을 더 쉽게 해준다. 여러분의 '덜 중요한' 욕구도 결국에는 꽤 중요하게 된다.

매슬로우는 심리적으로 건강한 사람들의 행복을 키우고 성취하는 능력에 초점을 맞춤으로써 개인의 심리학적인 문제의 뿌리를 알아내는 정신역동의 강조와는 뚜렷한 변화를 보였다. "당신의 어머니에 대해 말해보시오"는 "당신의 희망, 꿈, 그리고 미래에 대한 비전에 대해 말해보시오"로 바뀌었다. 매슬로우의 관점에서, 인간의 성격은 자발적이고 자기결정적이다. 매슬로우는 자아실현과 같은 더 높은 단계의 욕구를 위해 노력하는 사람들은 기본적인 욕구 만족에 집중하는 사람들보다 더 관대하고, 솔직하고, 침착한 경향이 있다는 것을 발견하였다.

맥아담스와 성격분석적 전기

만약 기회가 되면, 할아버지나 할머니 또는 아버지나 어머니에게 그들의 인생 이야기를 해달라고 부탁해 보라. 여러분은 그 사람에 대해 흥미로운 사실을 배울 뿐만 아니라 성격의 인생 이야기 이해인 **성격분석적 전기**(psychobiography)에 대해 조금 이해할 수 있을 것이다. 심리학자 댄 맥아담스(Dan McAdams, 1988)는 비록 사람의 인생 이야기가 겉으로는 꽤 다르나, 이야기의 구조들은 몇 가지 공통적인 관련성이 있다고 믿는다. 예를 들어, 우리가 우리 스스로에 대해 말하는 이야기들은 대부분 주제와 도덕, 우리에게 영향을 준 인물, 그리고 해결된 갈등을 포함하고 있다. 우리는 우리의 삶을 이야기 형태로 보

고, 생활사건을 넓은 주제나 목적과 연관 지을 수 있다.

맥아담스와 그의 성격분석적 접근은 우리가 우리 자신에 대해 말하는 방식에 의존한다. 즉 우리의 인생 이야기, 그리고 우리가 자신에 대해 말하는 사실과 허구가 우리가 누구이고 무엇이 되고 싶은지를 결정하는 것이다.

인본주의 접근의 평가

여러분이 일상생활에서 인본주의적인 관점을 찾기 시작한다면 어디에서나 볼 수 있을 것이다. 현대의 대중 심리학은 말할 것도 없고, 인본주의 심리학의 신념은 상담, 교육, 자녀 양육, 그리고 경영과 같은 다양한 분야에 영향을 주었다. 여러분은 자기개발서나 긍정적인 잡지를 통해 "자신을 찾는 것", "진짜 당신과 접촉하기", 또는 "당신이 원했던 삶을 살기"와 같은 책을 읽고 싶은 충동을 느꼈을 것이다. 이런 종류의 문구는 이제 자기개발서, 토크쇼에서의 수다, 그리고 일반적인 대화에서 매우 흔한 것이 되었다. 만약 여러분이 집중해서 듣는다면 보이지 않고 메아리치는 인본주의 심리학의 목소리를 들을 수 있을 것이다.

인본주의적 접근은 매우 매력적이다. 인본주의 접근은 인간 중심적이고, 일반 사람들이 접근가능하며, 낙관적이다. 긍정적인 자아개념의 형성은 행복과 성공의 주요 비결이며, 대부분의 사람들이

그들 자신을 긍정적인 시각으로 볼 수 있다고 생각한다. 게다가 인본주의자들의 개인 자아 강조는 서구문화 가치를 강화하기 때문에 서구 사람들은 인본주의 관점과 쉽게 관계를 맺을 수 있다.

인본주의적 관점의 인기에도 불구하고, 아니 어쩌면 그 인기 때문에 비평가들은 그들의 개념이 애매모호하고 주관적이라고 말한다. 이론적으로는 자아실현을 이룬 사람이 아주 훌륭하게 들리겠지만 정확하게 어떤 사람이 자아실현을 이룬 사람일까? 자아실현을 이룬 사람과 그렇지 못한 사람의 차이를 알 수 있는 구체적인 증거는 무엇인가? 몇몇 심리학자들은 인본주의적 접근이 개인주의를 중요시하고 자신을 강조하여 자칫 이기심을 조장하고 인간을 자기도취에 빠뜨릴 수 있다고 비판한다. 비평가들은 자기를 인식하고 자기를 좋게 생각하며 자기를 행복하게 하는 일에만 관심이 있다면 과연 다른 세상 일을 생각이나 할까라고 주장한다(Campbell과 Specht, 1985; Wallach와 Wallach, 1983).

다른 접근들과 마찬가지로 인본주의 관점도 한계가 있고, 이를 받아들이지 않는 사람들도 있다. 그럼에도 불구하고 로저스, 매슬로우, 그리고 맥아담스 등과 같은 인본주의자들은 인간을 가소성이 있고, 역동적이며, 멋진 일을 할 수 있다고 이해하며, 이런 점에서 성격의 희망적 관점을 제시하고 있다.

매슬로우의 욕구위계

자아실현욕구
자기표현, 창의성, 세상과 연결될 수 있는 넓은 감각

자아존중의 욕구
유능감

소속의 욕구
사랑

안전의 욕구
환경의 위험으로부터의 보호

생리적 욕구
목마름이나 배고픔 해소의 욕구

사회인지적 관점

"친구를 보면 그 사람을 알 수 있다"라는 속담을 말한 사람은 성격의 사회인지적 관점을 지지하는 사람이었을 것이다. 성격의 **사회인지 이론**(social cognitive theories)은 의식적이건 반사적이건 우리가 사회와 상호작용하면서 형성하는 사고의 신념이나 습관을 강조한다. 사회인지이론은 인본주의 견해와 겹치는 부분도 있지만 대부분의 인본주의적 성격이론과는 달리 실험실 연구에 크게 의존하고 있으며, 일상생활보다는 특정한 상황에서의 사람들의 행동을 예측하는 것에 관심이 있다.

사회인지이론가들은 인간의 행동이 다른 사람들이 하는 것을 관찰하거나, 조건화를 통해 배운 것을 연습하는 것에 의해 유래된다고 믿는다. 인간은 그들 부모가 장난기가 있고 다정하기 때문에, 그들도 장난기가 있고 다정하며 자연스럽게 부모의 행동을 모방한다. 인간은 책임감 있는 행동을 할 때마다 칭송받고 보상받았기 때문에 계속해서 책임감 있게 행동한다.

사회인지이론을 지지하는 심리학자들은 일반적으로 인간의 행동을 결정하는 데는 자기 자신과 자신이 처한 상황에 대한 독특한 인식과 사고가 중요한 역할을 한다고 믿는다. 이들의 관점에서 보면 성격은 근본적인 특성 또는 어린 시절의 충격적인 경험보다는 지금의 상황과 과거 상황으로부터 획득된 지식, 그리고 이 두 가지를 생각하는 방식에 더 많은 영향을 받는 것이다. 사회인지 심리학자들에게 성격은 매우 역동적이며, 개인의 사고패턴뿐만 아니라 사회적 단서와 규준의 연합을 반영하는 경향이 있다.

로터와 개인적 통제

여러분이 어떤 상황을 통제할 수 없다고 느끼면 이러한 생각은 여러분을 우울하고 힘들게 만든다. 사회인지적 성격이론들의 한 가지 중요한 견해는 **개인적 통제**(personal control), 즉 환경에 대한 통제력이다. 성격에 대한 사회인지적 관점의 주요 창시자 중의 한 사람인 줄리안 로터(Julian Rotter)는 개인의 통제력과 행동 간의 관계, 성격, 그리고 마음의 상태를 탐구하기 위하여 많은 연구를 하였다.

여러분은 빙고게임과 대조적으로 당구를 할 때 다르게 행동하는가? 한 실험실 연구에서 로터(1954)는 사람들이 어떤 과제나 게임을 할 때, 그 과제나 게임에 기술이 필요한지 또는 운이 필요한지에 따라 다르게 행동을 한다는 것을 발견하였다. 여러분이 만약 어떤 게임이 기술을 요구한다고 생각하면, 열심히 노력해서 수행을 향상시킬 것이다. 하지만 만약 어떤 게임이 단지 운만을 요구한다고 생각하면, 여러분은 그 게임의 결과를 조절할 수 없다고 믿고, 열심히 노력하지도 않을 뿐만 아니라 잘하려고 하지도 않을 것이다. 이러한 연구 결과를 바탕으로 로터는 인간의 행동은 특정한 상황에서 어느 정도 통제할 수 있는가에 대한 인식에 달려 있다고 하였다. 그는 이 성향을 **통제소재**(locus of control)라고 불렀다. 로터에 따르면 **내적통제소재**(internal locus of control)를 가지고 있는 사람들은 그들 자신의 보상과 운을 스스로 조절한다고 생각한다. **외적통제소재**

(external locus of control)를 가지고 있는 사람들은 보상이나 운이 외적인 요소에 의해 조절된다고 믿었다. 로터는 개인의 통제소재를 알아보기 위하여 1966년에 통제소재설문지(locus-of-control questionnaire)를 개발하였다.

로터가 통제소재설문지를 개발한 이후 많은 연구들이 이 설문지의 점수와 실제 행동 간의 관계를 입증해왔다. 내적통제소재를 나타내는 사람들은 성적이 우수하고 사전에 건강을 관리하고 집단압력에 저항하고, 스트레스에 효과적으로 대응하는 것으로 나타났다(Lachman과 Weaver, 1998; Lefcourt, 1982; Presson과 Benassi, 1996). 뿐만 아니

>>> 인본주의적 원리에 기초한 자조적 메시지의 대중문화의 편재는 도움이 될까 아니면 해가 될까?

제6장

최근의 연구에서는 사람들은 저마다 여러 가지 다른 통제소재를 가지고 있고 이들 각각은 삶의 특정 영역과 일치한다는 것을 밝히고 있다. 다시 말해, 학교에서 여러분의 수행은 전적으로 여러분의 손에 달렸지만 축구팀에서 여러분의 수행은 거의 운에 의해 결정된다고 생각할 것이다. 이 이론에 따르면 **결과기대**(outcome expectancies), 또는 행동의 결과에 대한 가정은 인간이 내적 또는 외적통제소재를 나타내는 정도에 많은 영향을 미친다.

사람들이 중요한 상황을 계속해서 통제하지 못하면 결국에는 **학습된 무력감**(learned helplessness)을 발달시킬 것이다. 학습된 무력감이란 대단히 충격적인 사건들을 피하거나 조절하지 못해 생긴 무력감과 소극성을 말한다. 심리학자 마틴 셀리그만(Martin Seligman, 1967)은 개들이 피할 수 없는 전기충격에 노출된 후 같은 상황에서 도망칠 기회가 있었음에도 불구하고 도망치려고 애를 쓰지도 않는다는 사실을 발견하였다. 사람이 고통스럽거나 충격적인 사건에 계속해서 노출되면 우울함을 느끼고 운명에 굴복하게 되는 것이다.

라 내적통제소재를 보이는 사람들은 외적통제소재를 보이는 사람들보다 덜 불안해하고 삶에 더 만족하는 경향이 있었다.

반두라, 상호결정론, 자기효능감

앨버트 반두라(Albert Bandura)는 사회인지적 관점의 또 다른 선구자였다. 그의 인지적 사회학습이론은 행동패턴을 습득하고 유지하며, 그 결과 성격이 형성되는 인지과정을 강조한다. 이 이론의 중심에는 **상호결정론**(re-

ciprocal determinism)이 있다. 상호결정론은 성격 요인이 환경과 공존하면서 환경에 영향을 주는 것처럼 환경 요인이 어떻게 성격과 공존하고 성격에 영향을 주는지에 대한 근거를 제시한다. 인간의 성격은 인간의 독특한 사고유형, 환경, 그리고 행동의 강한 혼합체로서, 이들 세 요인은 순환적 인과관계의 끊임없는 연속선상에 있다. 여러분이 세상의 이목을 끄는 것을 좋아한다고 하자. 여러분은 다른 사람들의 주목을 받을 때 기분이 좋다. 그 결과, 여러분은 연극 수업을 신청할 것이고, 사교적인 친구들과 어울려 다니기 시작할 것이다. 이런 새로운 환경은 여러분의 생각과 감정을 강화시키고, 곧 여러분은 증가된 외향성에 의해 "아메리칸 아이돌"에 오디션을 보거나, 지방에서 밤 공연을 하거나, 줄을 서 있는 동안 낯선 사람과 대화를 하는 등의 외향적인 행동을 할 것이다. 여러분의 사고와 성격은 환경에 의해 환경을 선택하며, 그러한 환경은 결과적으로 여러분의 생각, 행동, 그리고 성격을 형성하게 한다.

반두라는 또한 자기효능감(2003)에 대해 많은 연구를 하였다. 자신감과 의미가 비슷한 **자기효능감**(self-efficacy)은 사람들이 특정한 과제 수행에 필요한 자신들의 능력에 대한 기대를 말한다. 자기효능감 수준이 높을수록 주어진 과제를 수행할 수 있다는 신념은 높다. 신기록을 세운 2008년 올림픽 선수 마이클 펠프스는 수영에 관한 한 높은 자기효능감을 가지고 있는 것으로 보인다. 그는 또한 내적통제소재를 지니고서 자신의 뛰어난 수영실력과 더불어 수년 동안의 성실한 훈련이 올림픽 영광을 안겨줄 것이라고 믿었을 것이다. 통제소재와 같이 자기효능감은 특정한 과제나 광범위한 과제 영역과 관련이 있다. 예를 들어, 펠프스는 아마 수영에 관해서는 높은 자기효능감을 가지고 있겠지만, 이런 감각은 다른 운

<<< 게임의 결과에 대해 통제를 어느 정도 할 수 있는지에 대한 지각은 행동에 영향을 미친다. 많은 사람들이 그들의 당구 기술을 향상시키기 위해 많은 시간을 투자한다. 빙고와 같은 게임에도 당구처럼 시간을 많이 투자할까? 그 이유는?

동 또는 육상경기와 같은 일반적인 영역에서는 높아지거나 낮아질 수 있을 것이다.

자기효능감은 수학, 격렬한 신체 운동, 고통 참기와 같은 영역에서 좋은 결과를 낼 것이라고 일관되게 예측한다. 사실 반두라는 높은 자기효능감이 높은 수행을 예측할 뿐만 아니라 수행을 야기한다고 믿었다. 반두라의 관점에서 "나는 할 수 있다고 생각한다"라는 태도로 어떤 과제에 임하면 실제로 성취할 수 있다.

긍정적 생각의 힘

어떤 사람들은 레이첼 레이나 켈리 리파 같은 낮 시간대 토크쇼 진행자들의 지칠 줄 모르는 쾌활함에서 편안함과 영감을 느낀다. 하지만 어떤 사람들에게는 그것이 귀에 거슬리고 짜증스러울 수 있다. 그럼에도 불구하고 심리학 연구 결과들은 이런 기운찬 텔레비전의 유명 인사들에 대한 사람들의 감정과 상관없이, 사람들은 낙관주의로부터 유익한 이익을 얻을 수 있다는 것을 보여준다.

낙관주의와 비관주의가 사람의 성격 형성에 작용하는 역할은 사회인지이론의 중요한 부분이다. 심리학자들은 긍정적으로 또는 부정적으로 생각하는 사람의 일반적인 능력을 평가하는 다양한 설문지들을 개발해왔다. 예를 들어, 릭 스나이더(Rick Snyder)와 그의 동료들(1996)은 희망을 평가하는 설문지를 만들었고, 마틴 셀리그만(Martin Seligman)은 인생의 부정적인 사건에 대해 사람들이 얼마나 낙관적으로 또는 비관적으로 설명하는지를 평가하는 설문지를 만들었다.

이런 설문지들은 여러 상관 연구에 사용

되었으며, 낙관적인 사람이 비관적인 사람보다 부정적인 사건에 더 효율적으로 대처한다는 사실을 발견하였다. 예를 들어 공부에 대해 긍정적 태도로 노력하는 학생은 "이건 너무 어려워" 또는 "난 무엇을 하든 실패할 거야" 따위의 부정적인 사고유형을 가지고 있는 학생들보다 더 높은 학점을 받을 가능성이 높다(Noel 등, 1987; Peterson과 Barrett, 1987). 낙관주

의는 낙관적인 마음상태를 통해 몸의 면역체계를 강하게 유지시킴으로써 우리의 건강에 이익을 주는 장점도 있다. 연구 결과는 낙관주의자들이 비관주의자들보다 더 오래 살고, 일반적으로 건강하다는 것도 보여준다.

성격의 비교문화 간 차이

일본 도쿄에서 사는 사람과 캔자스 주 시골에서 사는 사람 간에는 성격 차이가 있을까? 성격은 분명히 차이가 있을 수 있다. 전 세계 사람들은 저마다 넓고 풍부한 문화가치의 다양성, 철학, 경제 상황, 그리고 행동 방식에 대한 기대 속에 살아간다. 문화는 집단주의적 이념에서 형성되었는지 아니면 개인주의적 이념에 의해 형성되었는지에 따라 매우 다르다. **집단주의 문화**(collectivist cultures)는 사람들의 상호의존을 중요시한다. 타인과 자신의 관계를 통해 자신이 누구인지 알 수 있고, 사람들

상호결정론

행동

American Idol

개인적 요인
(사고와 감정)

환경

<<< 사회인지적 관점은 여러분의 감정과 행동, 환경이 상호작용하여 성격을 결정하는 것으로 본다.

> 전 세계 사람들은 저마다 넓고 풍부한 문화가치의 다양성, 철학, 경제 상황, 그리고 행동방식에 대한 기대 속에 살아간다. 문화는 집단주의자의 이념에서 형성되었는지 아니면 개인주의자의 이념에 의해 형성되었는지에 따라 매우 다르다.

은 모두 그들의 가족과 사회에 책임이 있다. 동아시아, 아프리카, 그리고 남아프리카에서는 집단주의 문화가 우세하다. 그 결과 이런 문화권에서 자란 사람들은 자신들을 가족과 지역사회의 큰 네트워크의 일부로 보는 **상호의존적인 자기해석**(interdependent construal of self)을 지니고 있을 가능성이 많다.

반면에 **개인주의적 문화**(individualist cultures)에서는 개인적인 권리와 자유를 중요시하고, 다른 사람과의 관계에서 작용하는 사회적 역할의 중요성은 덜 강조된다. 북아메리카, 호주, 그리고 서부 유럽에서는 개인주의적인 문화가 우세하며, 이런 문화에서 자란 사람은 자신들을 자기 주도적이고, 독립적인 실체로 보는 **독립적 자기해석**(independent construal of self)을 가지고 있는 경향이 있다.

이 모든 것들이 성격과 무슨 관련이 있을까? 만약 여러분이 **타인중심적 사고**(allocentrism)라는 성격 특성을 보인다면, 여러분은 집단주의적인 태도로 생각하고 행동하는 경향이 있다. 하지만 여러분이 만약 **자기중심적 사고**(ideocentrism)를 보인다면 여러분은 보다 개인주의적인 문화에 중점을 둘 것이다. 타인중심적인 사람들은 친구, 가족, 그리고 다른 집단과의 대인관계나 그들의 관심사에 깊이 관심을 가진다. 그들은 일반적으로 다른 사람들과의 유사성을 중요시하고, 그들의 생각이나 행동은 사회 환경에 대한 반응이라고 믿는다. 반면 자기중심적 사고를 하는 사람들은 사

회에서 그들의 역할이 아니라 개인으로서 그들의 역할에 초점을 맞추는 경향이 있다. 이런 사람들은 그들을 특별하다고 보고, 그래서 그들은 개인적인 희망, 꿈, 그리고 열망이 그들의 삶의 추진력이라고 믿는다.

문화적 차이는 사람들의 성격뿐만 아니라 성격에 대한 견해에도 영향을 미친다. 만약 여러분이 집단주의적 문화에서 자랐다면, 개인차가 우리의 뿌리 깊은 성격특성 때문이 아니라 상황적이거나 환경적인 다양성에서 비롯됐다고 믿을 것이다. 따라서 성격검사와 '참된 자아 발견하기' 같은 것에 매료된 개인주의자들을 보면 당혹스러울 것이다. 문화적인 차이는 거기서 그치지 않는다. 예를 들어 동아시아 국가에서 중요시 여기는 성격특성의 차원은 개인주의적 문화에서 일반적으로 생각하는 성격의 차원과 차이가 있다. 중국인들은 조화(마음의 내적인 평화와 다른 사람과의 조화로운 상호관계), 체면(명성과 품위를 유지하는 것과 관련된), 그리고 인정(人情)(관계에서 호의를 서로 베푸는 것을 강조)과 같은 특성의 중요성을 믿는다. 여러분은 아마 이러한 특성들이 Big Five에서 묘사되었던 차원들과 전혀 일치하지 않는다는 것을 알아챘을 것이다. 이것은 성격검사가 반드시 모든 문화에 적용되지는 않는다는 것을 의미한다. 동서양이 성격에 대해 근본적으로 다르게 이해하고 있기 때문에 모든 문화에서 사용할 수 있는 성격검사의 개발은 쉽지 않다.

사회인지적 관점의 평가

성격에 대한 사회인지적 접근은 너무 외적인 상황만을 강조하고, 내적 특성 형성에 영향을 주는 생물학적이고 유전적인 요소를 간과하고 있다는 비판을 받고 있다. 뿐만 아니라 사회인지적 관점이 때때로 같은 상황에서 사람들이 매우 다르게 반응하는 이유에 대해서도 설명하지 못한다. 예를 들어 긴급한 상황에서 어떤 사람들은 공황상태에 빠지고 감당하기 힘들 정도로 불안해하는 반면, 다른 사람들은 매우 평온하다. 또 다른 가정에서 길러진 일란성 쌍생아가 같은 집에서 자란 이란성 쌍생아보다 성격검사에서 더 비슷한 점수를 받은 사실을 고려해 볼 필요가 있다(Lykken 등, 1998).

사회인지적 성격 접근의 이러한 한계에도 불구하고 대중문화에서는 이를 어느 정도 채택하고 있다. 사회인지적 접근은 사람들의 사고, 환경, 그리고 행동의 잠재적 연결을 이해하는 데 가치 있는 통찰력을 제공했다. 더욱이 이 관점은 사람들이 어떻게 삶을 향상시킬 수 있는지에 대한 전략을 제안한다. 예를 들어, 사회인지적 관점은 우리가 사고방식을 바꾸면 행동방식을 변화시켜서 자신들을 위해 긍정적인 상황을 효과적으로 만들어낼 수 있다고 제안한다. 만약 여러분이 다가오는 시험에 대해 긍정적인 태도를 유지한다면, 시험에 멋지게 통과할 것이다. 대중문화는 이 매력적인 이론을 이해해 왔고, 론다 번의 베스트셀러인 『시크릿(The Secret)』은 만약 우리가 긍정적으로 생각하고 멋진 일들을 기대한다면, 멋진 일들이 우리에게 이루어질 것이라는 전제를 기초로 한다. 안타깝지만 번의 주장처럼 이런 접근법을 누구나 이용할 수 있는 것은 아니다. 어쨌든 사회인지이론이 마법은 아니다. 하지만 그것은 자신의 성격을 이해하기를 원하고 자신들의 삶을 향상시키고 싶어 하는 사람들에게는 성공적인 첫걸음이 될 것이다.

요약

WHAT **성격은 무엇이고 어떻게 연구되는가?**

● 성격은 세상, 특히 다른 사람들과 상호작용하는 방식이다.

● 연구자들이 성격을 연구하는 방식은 표의적 접근이나 규범적 접근을 사용하여 자기보고식 데이터, 관찰자보고 데이터, 특정 행동 데이터, 생활사건 데이터, 생리학적 데이터를 검증하는 것이다.

WHAT **주요 특성이론은 무엇이고 특성은 어떻게 평가되며 유전자는 개인의 특성에 어떤 영향을 미치는가?**

● 특성이론은 사람들이 다른 사람과 어떻게 다른지를 설명하는 데 사용할 수 있는 의미 있고 독특한 성격요인들을 묶은 것이다.

● 선행 연구에 따르면 대부분의 특성에서 유전적 요인이 개인차의 약 50%를 차지한다고 한다. 유전자들이 뇌의 화학적 물질을 구성하는 데 영향을 줄 것이고 이러한 화학물질은 행동유형과 성격에 영향을 줄 것이다.

HOW **프로이트는 어떻게 인간 성격을 개념화했고 정신역동 이론은 지난 수년 동안 어떻게 발달했는가?**

● 프로이트는 인간의 정신은 원초아(id), 자아(ego), 초자아(superego)의 세 요소의 상호작용체계로 이루어진다고 믿었다.

● 프로이트에 따르면 인간의 성격은 일련의 심리성적단계를 거치면서 발달된다.

● 후기 프로이트 학파들에는 칼 융(집단 무의식), 알프레드 아들러(열등감), 그리고 카렌 호나이(사회 요인) 등이 있다.

WHAT **인본주의적 성격이론의 주요 원리는 무엇인가?**

● 인본주의적 성격이론들은 사람들의 자신에 대한 의식적인 이해와 자기만족을 이루는 능력을 강조한다.

● 인본주의 이론가들로는 칼 로저스(자아이론), 에이브러햄 매슬로우(욕구위계), 그리고 댄 맥아담스(성격분석 전기) 등이 있다.

HOW **학습과 행동에 대한 사회인지이론이 성격 연구에 어떻게 적용되고, 성격의 개념이 문화에 따라 어떻게 차이가 있는가?**

● 사회인지이론은 성격을 독특한 사회 경험을 통하여 습득된 사고의 신념과 습관의 기능이라고 여긴다.

● 집단주의적 문화의 사람들은 상호의존적인 자기해석을 주로 하는 반면 개인주의적 문화의 사람들은 독립적인 자기해석을 주로 한다.

이해 점검

1. 다음 개념들 중 파트너에 의해 성적 학대를 당한 여자가 파트너와 헤어지지 못하는 이유를 가장 잘 설명하고 있는 것은?
   a. 학습된 무력감   b. 자기효능감
   c. 동일시   d. 퇴행

2. 앨버트는 마음껏 먹을 수 있는 뷔페에서 아침, 점심, 저녁을 무엇이든지 자신이 원하는 만큼 먹는다. 프로이트에 따르면 앨버트의 식사 행위는 무엇에 의한 행동인가?
   a. 자아   b. 초자아
   c. 원초아   d. 현실원칙

3. 제임스는 상습적으로 자신의 손톱을 물어뜯는다. 프로이트의 이론에 근거하여 이 행동을 가장 잘 설명하고 있는 것은?
   a. 그의 초자아가 손톱 물어뜯기를 수용 가능한 쾌락으로 지각한다.
   b. 그는 구강기에 고착되었다.
   c. 그는 승화 방어기제로 손톱 물어뜯기를 활용한다.
   d. 그의 손톱 물어뜯기는 반동형성이다.

4. 평소 낙천적인 로저는 어느 일요일 슬퍼졌고 친구들의 위로가 전혀 도움이 될 수 없는 것 같았다. 로저의 슬픔은 다음 중 어디에 해당되는가?
   a. 성격   b. 특성
   c. 상태   d. 요인

5. 특성에 관한 다음 진술문 중 옳은 것은?
   a. 특성은 일시적이다.
   b. 일란성 쌍생아보다 이란성 쌍생아가 더 많은 특성을 공유한다.
   c. 특성의 종류는 다섯 가지밖에 없다.
   d. 특성은 유전될 수 있다.

6. 한 연구자가 다른 문화 집단의 성격특성 간의 관계를 확인하는 연구를 하였다. 이 연구에서 연구자가 사용한 것은?
   a. 5요인 모형   b. 망양체
   c. 개별기술적 접근   d. 법칙설정적 접근

7. 마이클은 부끄러움이 많고 자신이 좋아하는 여자아이에게 거절당할 것 같아 데이트를 신청하지 않는다. 다음 중 그의 행동을 가장 잘 설명하고 있는 것은?
   a. 마이클은 뇌의 행동억제체계를 사용하고 있다.
   b. 마이클은 그의 뇌에 예민한 망양체 영역을 가지고 있다.
   c. 마이클은 뇌의 행동활성체계를 사용하고 있다.
   d. 마이클은 방어기제로 투사를 사용한다.

8. 카렌은 매니저를 구하고 있다. 그녀는 면접 받는 사람들의 성격이 회사의 작업 환경과 잘 맞는지를 평가하고 싶다. 다음 중 카렌이 면접할 사람들과 일의 적합성을 평가하기에 가장 적절한 것은?
   a. 그들의 원형을 평가한다.
   b. 그들의 독특한 특성에 대한 유전가능성을 평가한다.
   c. 요인분석을 실시한다.
   d. 성격검사를 실시한다.

9. 악셀은 자신을 배려심이 매우 많은 사람이라고 생각하며, 다른 사람들도 그렇게 생각한다. 그는 그의 친구의 마음을 상하게 했을 때는 온갖 말로 사과하지만, 그의 동생의 마음을 상하게 했을 때는 사과하지 않는다. 이것이 의미하는 것은?
   a. 유전가능성   b. 정신 결정론
   c. 일관성 역설   d. 현실 원칙

10. 라이언과 수잔은 일부 사람들이 자선단체에 많은 돈을 기부하는 이유가 무엇인가에 대해 서로 의견이 다르다. 라이언은 그 사람이 얼마나 많은 돈을 가지고 있는가를 가장 중요한 요인으로 생각하며, 수잔은 그 사람이 넉넉한 성격을 가지고 있는지 여부가 가장 중요한 요인이라고 믿고 있다. 라이언과 수잔의 의견이 다른 것은 다음 중 어느 것의 예가 될 수 있는가?
    a. 개인-상황 논란   b. 천성과 교육 논쟁
    c. 현실 원칙   d. 요인분석

11. 팀과 톰은 쌍둥이다. 팀은 내향적이고 톰은 외향적이다. 다음 중 이들에 대한 설명으로 옳은 것은?
    a. 팀은 상냥하며, 톰은 적대적이다.
    b. 이들은 일란성 쌍생아라기보다는 이란성 쌍생아일 가능성이 높다.
    c. 톰은 행동억제체계를 사용하는 반면 팀은 행동활성체계를 사용한다.
    d. 그들 둘 다 불안과 싸울 것 같다.

12. 마크는 메리언이 곁에 없을 때 그녀 생각을 많이 하고 메리언과 함께 시간 보내기를 좋아하면서도 메리언을 못살게 굴고 욕을 한다. 다음 중 마크가 사용하고 있는 방어기제는?
    a. 투사   b. 동일시
    c. 퇴행   d. 반동형성

13. 에리카는 남자친구 때문에 화가 났다. 그녀의 여동생이 오늘 쇼핑몰에 갈 것인지를 묻자, 에리카는 네가 알 바 아니라고 소리를 질렀다. 에리카가 사용하고 있는 방어기제는?
    a. 승화   b. 투사
    c. 전위   d. 동일시

14. 다음 중 원형으로 간주될 수 없는 것은?
    a. 아버지   b. 전사
    c. 비서   d. 영웅

15. 사만다는 자기 일에서 언제나 최고가 되기를 바라고 종종 다른 사람들과 경쟁적이다. 다음 중 그녀의 성격을 가장 잘 설명하고 있는 것은?
    a. 그녀는 높이 발달된 자아개념을 가지고 있다.
    b. 그녀는 집단 무의식을 공유하지 않는다.
    c. 그녀는 열등의식을 가지고 있다.
    d. 그녀는 다른 사람에 대한 무조건적 긍정적 존중을 가지고 있다.

16. 칼 로저스의 자아이론에 의하면, 다음 중 실제 자아를 발달시키는 데 도움이 되지 않는 것은?
    a. 다른 사람들로부터 무조건적 긍정적 존중을 경험하는 것
    b. 자신의 의지대로 사는 것
    c. 공감을 받는 것
    d. 자신의 욕구를 거절하는 것

17. 신학자이자 학자인 에라스무스가 한 말, "나는 돈이 조금 있으면 책을 산다. 만약 책을 사고 돈이 조금 남으면 음식과 옷을 산다"가 가장 잘 나타낸 것은?
    a. 강한 자아효능감
    b. 매슬로우의 욕구위계를 통한 빠른 진전
    c. 매슬로우의 욕구위계의 전도
    d. 애착욕구

18. 성격에 대한 인본주의적 접근에 대한 설명으로 잘못된 것은?
    a. 긍정적 자아개념 함양을 옹호한다.
    b. 인간을 역동적으로 본다.
    c. 개인에 초점을 맞춘다.
    d. 정신역동적 이론에 기초한다.

19. 미샤는 가족들과 유대감이 강해서 가족들이 다른 나라에 살고 있음에도 불구하고 그들에게 돈을 보낸다. 미샤에 대한 설명으로 옳은 것은?
    a. 그는 독립적 자기해석을 가지고 있다.
    b. 그는 집단주의적 문화에서 자랐다.
    c. 그는 자아효능감이 낮다.
    d. 그는 자기중심적 사고를 한다.

20. 다음 중 강한 내적통제소재를 가진 사람의 행동으로 가장 적합한 것은?
    a. 공부 대신에 텔레비전으로 농구경기를 본다.
    b. 팀 훈련이 시작되기 전에 동료선수와 함께 공 던지는 것을 연습한다.
    c. 자신의 실패에 대해 부모의 탓으로 돌린다.
    d. 콜레스테롤이 높은 음식을 먹는다.

정답: 1) a, 2) a, 3) b, 4) c, 5) d, 6) d, 7) a, 8) d, 9) c, 10) a, 11) b, 12) d, 13) c, 14) b, 15) c, 16) d, 17) c, 18) d, 19) b, 20) b

PSYCHOLOGICAL SCIENCE

짧은 보고서
페이스북 프로필, 자아이상 아닌 실제 성격 반영

Mitja D. Back, Juliane M. Stopfer, Simine Vazire, Sam Gaddis, Stefan C. Schmukle, Boris Egloff and Samuel D. Gosling

전 세계 7억 명이 넘는 사람이 마이스페이스나 페이스북과 같은 온라인 소셜네트워킹(OSN)에 프로필을 가지고 있다(ComScore, 2008). OSN은 현대의 사회적 상호작용의 환경에 통합되었고, 의사소통과 인적 네트워크 형성의 주요한 매체로 사용되고 있다(Boyd와 Ellison, 2007; Valkenburg와 Peter, 2009). 하지만 OSN 활동의 일상생활 속으로의 통합이 증가함에도 불구하고, 그동안 OSN 프로필의 가장 기초적인 질문에 대한 연구가 없었다. OSN의 프로필이 프로필 소유자들의 인상을 정확하게 전달해 주고 있는가?

내용분석이 입증하는 널리 퍼져 있는 가정 중 하나는 OSN 프로필이 이상적 자아를 창조하고 전달하기 위해 사용된다는 것이다(Manago, Graham, Greenfield와 Salimkhan, 2008). 이상화된 가상정체성 가설(idealized virtual-identity hypothesis)에 따르면 프로필 소유자는 그들의 실제 성격이 아닌 이상화된 특성들을 보여준다. 따라서 OSN 프로필에 기초한 성격 인상들은 소유자들이 실제로 어떤가보다는 그들의 이상적 자아 인상을 반영해야 한다.

이와 반대되는 관점은 OSN은 개인의 실제 성격 특성을 표현할 수 있는 확장된 사회적 맥락이 되므로 정확한 대인지각을 조성하고 있다는 것이다. OSN은 개인 환경, 사적인 생각, 얼굴 이미지, 그리고 사회적 행동 등에서 발견되는 자료를 반영한 다양한 개인적 정보 자료들을 하나로 모은 것이고 이 모두는 성격에 대한 타당한 정보를 포함하고 있는 것으로 알려져 있다(Ambady와 Skowronski, 2008; Funder, 1999; Hall과 Bernieri, 2001; Kenny, 1994; Vazire와 Gosling, 2004). 더구나 이상화된 정체성을 만들어내는 것은 다음과 같은 이유로 매우 어려울 것이다. 첫째, OSN 프로필은 벽보(wall posts)처럼 통제하기 어려운 개인의 명성에 관한 정보를 포함하고 있다. 둘째, 친구들이 그 사람의 프로필에 대해 책무성과 절묘한 피드백을 제공

한다. 이런 이유로 확장된 현실 가설은 사람들이 그들의 실제 성격과 소통하기 위해 OSN을 이용한다고 예측했다. 만약 이 추정이 사실이라면, OSN 프로필 소유자에 대해 잘 모르는 관찰자들도 OSN 프로필 소유자의 성격 특징들을 정확히 추론할 수 있을 것이다. 본 연구에서는 앞에서 제시한 두 가지 경쟁적 가설을 검증하였다.

연구방법

연구대상

본 연구의 참여자들은 17~22세의 미국과 독일에서 가장 인기 있는 OSN 사용자들로 이 중 133명은 페이스북을 사용하고 있는 미국인(남자 52명, 여자 81명)이며, 103명은 StudiVZ와 SchuelerVZ를 사용하고 있는 독일인(남자 17명, 여자 86명)이다. 미국에서는 성격판단을 위한 실험실 연구를 위하여 텍사스대학교에 다니는 학생들을 대상으로 전단지와 사탕을 이용하여 지원자를 모집하였다. 참여자들에게는 돈과 학점이 보상으로 주어졌다. 독일에서는 온라인 성격 측정 연구를 한다는 광고를 통해 참가자를 모집하였다. 참가자들은 자신들의 성격 점수에 대한 개인적인 피드백을 보상으로 받았다. 참가자들이 그들의 OSN 프로필을 변경하지 않았다는 것을 보증하기 위해, 우리는 주제가 OSN이라고 밝히기 전에 그들의 프로필을 저장했다. 모든 측정치들은 고르게 분포되었다.

측정

정확성 준거 프로필 소유자들의 실제 모습에 대한 지수를 나타내는 정확성 준거는 여러 성격보고들을 합해서 만들었는데 각각의 보고는 Big Five 성격차원을 측정한 것이었다(John, Naumann과 Soto, 2008). 미국의 표본은 열 문항 성격검사(Ten Item Personality In-

---

여러분은 제16장에서 매슬로우의 욕구위계이론을 읽었다(259쪽). 어떤 욕구들이 페이스북과 같은 소셜네트워크사이트를 실행하게 하는가?

제2장의 연구방법에서 무엇을 배웠는지에 대해 생각해보라. 이 단계가 어떻게 좋은 연구 실행을 보여주고 있는가? 연구자들이 이렇게 하는 것을 생각하지 못했다면 어떤 일들이 일어났을까?

ventory, TIPI; Gosling, Rentfrow와 Swann, 2003)에 대한 프로필 소유자의 자기보고와 서로 잘 알고 지내는 네 명의 친구들의 보고를 통해 자료를 수집하였다. 독일 표본은 Big Five 검사의 축소 형태(BFI-10; Rammstedt와 John, 2007)와 NEO 5요인 검사(Costa와 McCrae, 1992)가 연합된 자기보고식 자료를 수집했다.

이상적 자아 평가   TIPI와 BFI-10의 평가 지시문의 말을 바꾸어서 이상적 자아를 측정하였다. 참가자들에게 "여러분이 이상적으로 되길 원하는 자신에 대해 이야기해 보세요"라는 질문을 하였다.

관찰자 평가   프로필 소유자들을 어떻게 인식하는지에 대한 관찰자 평가는 대학생 연구조교 9명(미국 표본)과 10명(독일 표본)이 실시했는데 이들은 각각의 OSN 프로필을 시간제한 없이 정독하고 TIPI의 관찰자 보고 형태를 이용해 프로필 소유자에 대한 그들의 인상을 평가했다. 관찰자들은 자기 나라의 참가자 프로필만을 평가하였다. 관찰자 합의는 각 표본 내에서 하나와 전체 평가의 급내상관(intraclass correlation)에 의해 계산되었다. 그런 다음 피셔의 r-to-z 변환을 통한 표본 간 평균에 의하여 합의가 결정되었다.

분석

각각의 표본에서 종합적인 관찰자 평가와 정확도 준거 간의 상관관계를 통해 정확도를 결정하였다. 자아 이상(self-idealization)의 영향을 측정하기 위해 정확도 준거를 통제한 다음 프로필 소유자의 이상적 자아 평가와 종합적인 관찰자 평가의 편상관을 계산하였다. 이 절차는 순수하게 자아이상만을 측정하기 위해 이상 자아 평가에서 현실 요소를 제거하기 위한 것이다.[1] 분석 결과들이 표본들과 일치하는지 알아보기 위해 '미국 대 독일 표본'의 임시변수를 계산하였고, 모든 상호작용 효과를 포함하는 일반선형모형을 이용하여 자료를 분석하였다. 하지만 유의미한 상호작용 효과는

나타나지 않았다. 따라서 효과 크기의 가장 견고한 추정치를 얻기 위해, 우선 각 표본 내에서 점수들을 z 표준점수화하였으며, 그런 다음 표본을 합쳐 다시 분석을 실시하였다. 정확한 추정과 개인 관찰자의 자아 이상 효과를 제공하기 위해서 관찰자별로 분리하여 효과를 계산하였고, 피셔의 r-to-z 변환을 이용해 관찰자들의 평균을 산출하였다(Hall과 Bernieri, 2001). 관찰자를 분석의 단위로 사용하여 단일표본 t 검정의 평균에 의해 유의성 검증을 실시하였다.

결과 및 논의

연구 결과들은 확장된 실생활 가설과 일치하였으며, 이상화된 가상정체성 가설과는 반대였다. 관찰자 정확성이 발견되었지만, 자아 이상에 대해서는 아무런 증거가 없었고(표 1을 보라), 이상적 자아 평가들은 실제 성격 외의 관찰자 인상을 예측하지 않았다. 이와 반대로 자아 이상 평가를 통제하였을 때에도 OSN 인상에 대한 실제 성격의 효과는 거의 모든 분석에서 유의미한 것으로 나타났다. 정확성은 외향성(마주보며 만나는 것과 결과가 아주 유사)과 솔직함(개인 환경에 대한 연구와 유사)에서 가장 강했다. 정확성은 신경증적 성격에서 가장 낮게 나왔는데 이는 전혀 모르는 사이에서는 신경증적 성격을 발견하기 어렵다는 선행연구와도 일치한다(Funder, 1999; Kenny, 1994). 이런 연구 결과들은 사람들이 이상화된 가상정체성을 증진시키기 위해 그들의 OSN 프로필을 사용하지 않는다는 것을 말한다. 대신 OSN은 아마도 실제 성격을 표현하고 소통하는 데 효과적인 매체이고 이 말은 OSN의 인기를 설명하는 데 도움이 될 것이다.

본 연구에서는 최초로 OSN상에서 사람들의 자기묘사의 정확성을 보여주었다. 과정과 적당히 관련된 요인들을 명확하게 하기 위해서 후속 연구에서는 더 나이 든 사용자와 다른 OSN, 다른 성격 특성들, 인상 관리의 다른 형태, 사진이나 선호도 등의 특수한 프로필 요소의 역할, 자기점검과 같은 대상들의 개인차를 연구해야 할 것이다.

신경증적 성격은 불안이나 공포증과 같은 장애를 동반하는 정신병이다.

제16장의 "Big Five"를 확인하라(253쪽)

실험자는 참여자들의 결론을 도출하기 위해 관찰자 평정의 평균과 참여자의 이상적 자아 평가를 비교한다.

표 1. 합의, 정확성, 그리고 자아이상: 페이스북에 대한 관찰자 평가 동의와 실제 성격과 이상 자아 간의 상관

관찰자 평가	ICC (합의)	실제 성격 r (정확성)	$r_{partial}$	r	이상 자아 $r_{partial}$ (자아이상)
외향성					.01
관찰자 평균	.81***	.39***	.32***	.13	.00
관찰자 1인	.31***	.25***	.21***	.08*	
기분 좋음					.08
관찰자 평균	.59***	.22**	.20*	.16	.04
관찰자 1인	.13***	.11**	.11**	.08*	
양심					−.02
관찰자 평균	.77***	.27**	.26**	.05	−.01
관찰자 1인	.27***	.17**	.16***	.03	
신경증적 성격					.11
관찰자 평균	.48***	.13	.13	.12	.04
관찰자 1인	.09***	.06	.06*	.04	
솔직함					.11
관찰자 평균	.72***	.41***	.37***	.24**	.06
관찰자 1인	.23***	.24***	.21***	.14***	

주 : 관찰자 간의 동의는 급내 상관(ICC)을 사용하여 계산되었다. 정확성은 관찰자의 평가와 실제 성격의 준거 측정치 간의 상관에 의해 결정되었다. 자기이상화 효과는 성격의 준거 측정치를 통제한 후 프로파일 소유자의 이상적 자아 평가와 관찰자 평가 간의 편상관에 의해 결정되었다. 뿐만 아니라 이 표는 프로파일 소유자의 이상적 자아 평가와 관찰자 평가 간의 단순 상관뿐만 아니라 이상적 자아 평가를 통제한 후 실제 성격의 준거 측정치와 관찰자 평가 간의 편상관을 보여주고 있다. 관찰자 1인 점수들의 경우, 관찰자 1인의 상관계수들의 평균이 제시되었다.
*p_{rep} > .95. **p_{rep} > .99. ***p_{rep} > .999.

이해관계의 상충에 대한 선언

저자들은 이 논문의 저자와 출판에 대하여 이해관계의 상충이 없음을 선언하였다.

주

1. 기대한 대로 정확성 준거와 이상 자아 평가는 중간 정도의 상관이 있었다.
   평균 $r = .28$(신경증적 성질: $r = .08$; 외향성 $r = .36$; 솔직함 $r = .33$; 기분좋음 $r = .22$; 양심 $r = .26$).

첫 번째 읽기자료(32쪽)에서 여러분은 'p_{rep}'의 정의에 대해 배웠다. 이 데이터들이 다른 prep를 가졌다는 것은 무엇을 의미하는가? 이것이 연구의 결과에 어떻게 영향을 미칠 수 있는가?

로버트 맥크레와 폴 코스타는 Big Five 이론의 발전에 핵심적인 인물들이다. 여러분은 제16장 (253쪽)에서 그들의 연구물을 더 읽을 수 있다.

참고문헌

Ambady, N., & Skowronski, J. (Eds.). (2008). *First impressions.* New York: Guilford.

Boyd, D.M., & Ellison, N.B. (2007). Social network sites: Definition, history, and scholarship. *Journal of Computer-Mediated Communication, 13,* 210–230.

ComScore. (2008). *Social networking explodes worldwide as sites increase their focus on cultural relevance.* Retrieved August 12, 2008, from http://www.comscore.com/press/release.asp?press =2396

Costa, P.T., Jr., & McCrae, R.R. *(1992). Revised NEO Personality Inventory (NEO-PI-R) and NEO Five-Factor Inventory (NEOFFI) professional manual.* Odessa, FL: Psychological Assessment Resources.

Funder, D.C. (1999). *Personality judgment: A realistic approach to person perception.* San Diego, CA: Academic Press.

Gosling, S.D., Rentfrow, P.J., & Swann, W.B., Jr. (2003). A very brief measure of the Big Five personality domains. *Journal of Research in Personality, 37,* 504–528.

Hall, J.A., & Bernieri, F.J. (Eds.). (2001). *Interpersonal sensitivity: Theory and measurement.* New York: Erlbaum.

John, O.P., Naumann, L.P., & Soto, C.J. (2008). Paradigm shift to the integrative Big Five trait taxonomy: History, measurement, and conceptual issues. In O.P. John, R.W. Robins, & L.A. Pervin (Eds.), *Handbook of personality: Theory and research* (pp. 114–158). New York: Guilford.

Kenny, D.A. (1994). *Interpersonal perception: A social relations analysis.* New York: Guilford.

Manago, A.M., Graham, M.B., Greenfield, P.M., & Salimkhan, G. (2008). Self-presentation and gender on MySpace. *Journal of Applied Developmental Psychology, 29,* 446–458.

Rammstedt, B., & John, O.P. (2007). Measuring personality in one minute or less: A 10-item short version of the Big Five Inventory in English and German. *Journal of Research in Personality, 41,* 203–212.

Valkenburg, P.M., & Peter, J. (2009). Social consequences of the Internet for adolescents: A decade of research. *Current Directions in Psychological Science, 18,* 1–5.

Vazire, S., & Gosling, S.D. (2004). E-perceptions: Personality impressions based on personal websites. *Journal of Personality and Social Psychology, 87,* 123–132.

" 사람들의 인기를 설명하는 데 도움이 될 수 있는 온라인 소셜 네트워킹 사이트는 실제 성격을 표현하고 의사소통하는 데 효과적인 매체일 수 있다. "

심리 장애

당신의

친구와 가족이 사기꾼과 교체되는 것을 하나씩 상상해 보자. 그들은 똑같이 생겼고 똑같은 소리를 낸다. 그러나 몇몇 이유로 그들을, 당신이 사랑하는 사람들인 체하는 사기꾼이라고 확신한다. 비록 "유괴들의 침입(Invasion of the Body Snatchers)"이라는 공상과학 영화의 시나리오 플롯처럼 들리지만, 카그라스증후군(Capgras syndrome)을 겪고 있는 사람에게는 사실로 여겨진다.

1923년에 이 증상을 진단했던 장 마리 조셉 카그라스(Jean Marie Joseph Capgras)의 이름을 따서 명명된, 카그라스증후군은 자신과 가까운 친구나 가족 구성원 중 1명 혹은 그 이상이 사기꾼과 바뀌었다고 믿는 피해망상을 겪게 하는 특이한 증상이다. 2005년에 생방송 "토요일밤(Saturday Night Live)" 배우인 동시에 카그라스 환자인 토니 로제토는 경찰에게 그의 아내와 딸이 사라졌고 복사판으로 바뀌었다고 반복적으로 불평한다는 이유로 체포당했다. 어떤 환자는 심지어 그들 스스로가 다른 사람이라고 믿는다. 그들은 거울 속에

자신의 모습이 보일 때, 자신의 정체성에 의심을 가지게 된다. 비록 환자들이 모든 다른 면에서는 정신적으로 명료하다 할지라도, 이 장애는 대체로 외상적인 뇌의 상처와 연관이 있을 때 일어난다.

신경과학자 빌라야누르 라마찬드란(Vilayanur Ramachandran)은 카그라스증후군은 방추상회(fusiform gyrus, 안면인식을 담당하는 뇌의 부분)에서 편도체(amygdala, 사건에 대한 감정적인 반응을 일으키는 뇌의 부분)로 가는 신경계 통로가 손상을 입어서 발생한다고 믿는다. 일단 손상이 발생하면 환자는 한 사람의 얼굴을 인식할 수는 있으나, 사랑하는 사람을 보면 가지는 감정을 느끼지는 못한다. 이 감정적인 손상은 그 사람이 사기꾼이라고 믿게끔 한다.

카그라스증후군은 드물기는 하나 이러한 종류의 많은 장애처럼 인간본성을 이해하기 위해 이 증상을 알아보고자 한다. 매년 거의 210만 명의 사람이 미국 정신병원과 정신병 시설의 입원환자로 인정된다(U.S. Census Bureau, 2002). 이 사람들은 광범위한 심리학적인 문제, 예를 들면 우울증과 불안 같은 증세를 겪고 있다. 그것들은 카그라스증후군보다는 훨씬 더 보편적이긴 하나 훨씬 덜 쇠약하게 한다. 그렇다면 어떻게 정신 장애를 범주화할 것인가? 무엇이 그것들을 일으키고, 어떻게 그것들은 밝혀질 수 있을까?

<<< 많은 스타들이 정신질환 혐의를 즉시 부인하는 반면에 글렌 클로즈(Glenn Close)는 그것을 받아들인다. 그녀와 그녀의 여형제 제시(Jessie — 정신 장애라는 오명을 없애자는 "BringChange2Mind" 운동의 설립자)는 정신질환이 가족에게 미치는 영향을 너무나 잘 알고 있다. 제시는 양극성장애를 겪고 있다. 그 질환은 의식의 부족과 잘못된 무엇인가가 있다는 것을 인정함으로써 수반되는 수치심 때문에 47년간 잘못 진단된 질환이다. 제시의 아들은 나중에 분열 정동형장애(schizo-affective disorder)를 진단받았다. 클로즈가 주장하기를, "정신 건강이 필요로 하는 것은 좀 더 많은 햇빛과 솔직함, 개인뿐만 아니라 가족에게도 영향을 미치는 질환에 대해 수치심을 느끼지 않고 대화하는 것이다."

CHAPTER 17

273

심리 장애

대부분의 사람들은 아기를 안고 있는 동안 엄마가 기차 앞으로 자신의 몸을 날리는 것은 정상적인 행동이 아니라고 생각한다. 그러나 정상과 비정상의 차이는 무엇인가? 우리는 외상분리를 겪은 후에 일시적으로 침대 밖으로 나오지 못하는 사람과 심각한 우울증을 겪고 있는 사람을 어떻게 구별할까? 우리는 어떻게 깊은 슬픔 후에 회복한 것으로 여겨지는 사람과 즉각적인 상담이 필요한 사람을 알아볼 수 있나? **이상(변태)심리학**(abnormal psychology) 혹은 **정신병리학**(psychopathology)은 정신, 기분, 행동 장애를 연구하는 학문이다.

이상심리학에 대한 정확한 정의는 말로 표현하기 어렵다. 어떤 사람에게는 정신병의 징후로 여겨지는 행동이 다른 사람에게는 창의적인 엉뚱함으로 여겨진다. 미국 정신의학회(American Psychiatric Association)의 **정신장애 진단 통계편람**(Diagnostic and Statistical Manual of Mental Disorders, DSM-IV-TR)은 정신질환을 분류하는 데 있어서 현재까지 권위를 가진 체계이다. 이것은 정신 장애를, 다음과 같은 과정 혹은 행동으로 여겨

지는 '한 인간의 감정과 충동 속의 동요'로 정의한다.

- 심각한 장기간의 정신적 고통을 보인다.
- 사회적이고 직업적인 관계를 유지하는 인간의 능력을 해친다.
- 한 사건에 대한 정상적인 반응이 아니다.
- 가난, 편견, 혹은 사회적 힘으로 설명할 수 없다.
- 정신건강 전문가에 의해 지속적으로 손상을 입고 비정상적이고 괴로운 기능장애가 있는 것으로 보여진다.

육체적인 질병이 특정한 물리적 결과를 양산해 낼 수 있는 것처럼 정신질환을 겪는 사람들도 잠재적인 정신적 장애를 나타내는 생각 혹은 행동 특징과 같은 **증상**(symptoms)을 보일 수 있다. 한 개인에게서 관찰되는 서로 밀접한 관계가 있는 증상들의 조합은 **증후군**(syndrome)으로 알려져 있다. 예를 들어, 아스퍼거장애(Asperger's syndrome)를 앓고 있는 아이는 반복적인 의식을 행하고, 또래친구와 어울리는 데 어려움을 겪고, 어색하고 조

정되지 않은 행동을 한다. 만일에 그것이 내적으로 주도된 기능의 손상을 포함하고 있다면, 그래서 자발적인 통제하에 있지 않다면 하나의 증후군은 정신적 장애로 여겨진다.

때때로 한 인간이 두 가지 이상의 정신적 장애를 겪고 있다면, 그것은 **동시이환**(同時罹患, comorbidity)으로 알려져 있다. 예를 들어 한 환자가 우울증과 불안을 동시에 겪을 수 있다. 흔히 알코올남용 등의 약물남용 문제는 정신적인 질병과 관계가 있다. 알코올 혹은 처방약을 남용함으로써 정신질환 증상을 자가치료하려는 시도는, 정신질환과 약물남용의 이환 비율을 높이는 데 기여하는 요소로 폭넓게 여겨지고 있다. 정신 장애와 약물남용이 동시에 존재하는 것은 **이중 진단**(dual diagnosis)이라고 일컬어진다.

한 사람이 하나의 육체적 혹은 정신적 질환으로 진단받는다면, 그 사람은 하나의 **예후**(prognosis, 질병의 전형적인 과정의 예측과 회복의 가능성)를 얻는다. 몇몇 사람이 화학요법(chemotherapy)에 반응을 보이는 것처럼 또 다른 사람들은 암, 정신질환의 치료에 굴복한다. 그리고 이어지는 회복도 환자 개인 그리고 질병의 중대성을 포함한 많은 인자에 의존한다.

심리 장애의 진단

정신 장애 진단 통계편람(2000년 '본문개정'으로 업데이트된 네 번째 편람)은 정신 장애를 진단하는 데 있어 미국 정신의학회의 현재 공식적 지도서이다 (다섯 번째 개정판은 2013년 초기에 출시

정신 장애 진단 통계편람(DSM-IV-TR)은 정신건강질환을 5개의 카테고리 혹은 축으로 나눈다.

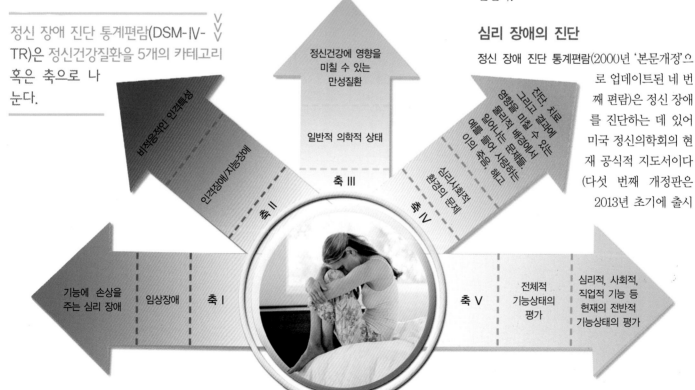

진단의 축

정신건강에 영향을 미칠 수 있는 만성질환

일반적 의학적 상태

축 Ⅲ

비적응적인 인격특성

인격장애/지능장애

축 Ⅱ

건강, 치료 결과에 영향을 미칠 수 있는 심리학적 문제와 응용과 사회환경의 이해, 혹은 해결

심리사회적 환경의 문제

축 Ⅳ

기능에 손상을 주는 심리 장애

임상장애

축 Ⅰ

전체적 기능상태의 평가

심리적, 사회적, 직업적 기능 등 현재의 전반적 기능상태의 평가

축 Ⅴ

될 예정이다). 이 지도서는 대략 250가지 장애들의 완전한 목록을 제공한다. 장애 각각은 중요한 행동 유형의 관점에서 정의되어 있다. 정신건강 전문가는 이 지도서를 정신 장애를 진단하는 데 사용하거나, 행동의 유형을 식별하고 분류함으로써 한 개인의 **심리 진단**(psychological diagnosis)에 사용한다. 예를 들어 환각증상을 보이고, 망상으로 고통받고, 사회적으로 내성적으로 행동하는 한 사람은 정신분열증 환자(schizophrenic)로 분류될 수 있다. 정신질환의 분류는 의사들에게 도움이 된다. **정신 장애 진단 통계편람** 덕분에 의사들은 각각의 장애에 대한 공통약식언어, 특정한 정신 장애의 원인에 대한 공통 이해, 폭넓은 치료계획을 가진다. 그러나 이러한 분류가 의사들에게 공통언어를 제공하는 반면 특정 환자를 묘사하는 데는 별 도움이 되지 않는다.

∨ ∨
∨ ∨ ∨ 축 I에 보이는 임상장애와 축 II에
∨ ∨ 보이는 인격장애는 진단분류로 더욱 세밀하게 나뉠 수 있다.

> " 심리 장애에 대한 정확한 정의는 말로 표현하기 어렵다. 한 사람에게는 정신병의 징후로 여겨지는 행동이 다른 사람에게는 창의적인 엉뚱함으로 여겨진다. "

심리 장애 분류

심리학자와 정신과의사에게는 정신질환을 범주화하는 것이 도움이 되는 반면 이 분류는 병에 대한 예견을 해칠 수 있다. 심리학자 데이비드 로젠한(David Rosen-han, 1973)은 8명의 정신적으로 건강한 지원자를 모집해서 그들을 정신과시설에 수용했다. 지원자들은 텅 빈(empty), 속이 빈(hollow), 쿵(thud) 같

이상(변태)심리학은 정신, 기분, 행동 장애를 연구하는 학문이다.

정신병리학은 이상심리학을 말한다.

증상은 잠재적인 정신 장애를 나타내는 사고 혹은 행동의 특성이다.

증후군은 한 개인에게서 관찰되는 서로 밀접한 관계가 있는 증상들의 조합이다.

동시이환은 한 사람이 2가지 이상의 정신적 장애를 겪는 것이다.

이중 진단은 정신 장애와 약물남용이 동시에 존재하는 것이다.

예후는 질병의 전형적인 과정과 회복의 가능성을 예측하는 것이다.

심리 진단은 행동유형을 식별하고 분류함으로써 매겨진, 한 사람의 정신 장애에 대한 꼬리표이다.

● ● ●

은 단어들을 말하는 소리가 머릿속에서 들린다고 불평했다. 지원자들은 거짓 이름과 직업을 제시하였으나 모든 다른 질문에는 충심으로 대답했으며 친구들, 동료들, 가족들과의 실제 관계를 기술했다. 8명 모두는 정신과시설에 입원하게 되었다. 그리고 7명은 환각증세

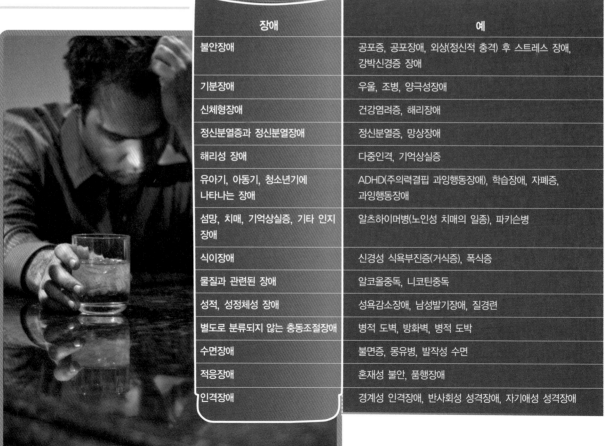

장애	예
불안장애	공포증, 공포장애, 외상(정신적 충격) 후 스트레스 장애, 강박신경증 장애
기분장애	우울, 조병, 양극성장애
신체형장애	건강염려증, 해리장애
정신분열증과 정신분열장애	정신분열증, 망상장애
해리성 장애	다중인격, 기억상실증
유아기, 아동기, 청소년기에 나타나는 장애	ADHD(주의력결핍 과잉행동장애), 학습장애, 자폐증, 과잉행동장애
섬망, 치매, 기억상실증, 기타 인지 장애	알츠하이머병(노인성 치매의 일종), 파키슨병
식이장애	신경성 식욕부진증(거식증), 폭식증
물질과 관련된 장애	알코올중독, 니코틴중독
성적, 성정체성 장애	성욕감소장애, 남성발기장애, 질경련
별도로 분류되지 않는 충동조절장애	병적 도벽, 방화벽, 병적 도박
수면장애	불면증, 몽유병, 발작성 수면
적응장애	혼재성 불안, 품행장애
인격장애	경계성 인격장애, 반사회성 성격장애, 자기애성 성격장애

문화적 상대성은 어떤 장애를 가진 사람이 그 장애를 진단받고 치료받기 위해서 양육되는 문화의 개별적인 특성들을 고려하려는 필요성을 말한다.

문화관련 증후군은 특정 문화 집단에 제한적으로 나타나는 질병이다.

의학적 모델은 심리학적 비정상이 생물학적 질병처럼 증상, 원인 그리고 치료가 있는 질병이라는 개념을 말한다.

생물학적 접근은 신체적인 문제들이 근본 원인이라고 여기는 심리 장애 분석 방법이다.

정신분석적 접근은 무의식적인 갈등과 다른 가능한 기저에 있는 심리적 요소들을 연구하는 심리 장애 분석 방법이다.

행동주의적 접근은 직접적으로 측정되고 기록될 수 있는 관찰 가능한 행동에 초점을 맞추는 심리학에 대한 접근방식이다.

인지적 접근은 심리적인 고통의 원인이 되는 사고 과정에 중점을 두고서 심리 장애를 분석하는 방법이다.

생물심리사회적 접근은 신체와 마음을 분리하는 것이 가능하지 않다는 인식으로 심리 장애를 분석하는 방법이다.

소인적 원인은 개인이 어떤 형태의 장애에 대해서 민감성을 보이게 하는 기저에 존재하는 요인이다.

촉진적 원인은 특정한 장애를 초래하는 일상생활의 사건들이다.

지속적 원인은 어떤 장애의 결과로서 일단 그 장애가 발현되면 지속력을 갖게 한다.

● ● ●

진단을 받았다. 이후에 임상의들은 지원자가 필기하거나 혹은 지겨움을 없애고자 복도를 걸어 다니는 것 등의 정상적인 행동을 정신질환의 증상으로 해석했다.

정신과의사 토머스 새즈(Thomas Szasz, 1960)는 정신질환이라는 견해는 근거 없는 통념이라고 주장한다. 그는 질병은 오직 신체에만 영향을 미칠 수 있고 반면 정신질환에 대한 생물학적인 증거는 없다고 믿었다. 새즈에 의하면, 정신질환자로 분류된 어떤 사람은 그가 다른 사람과 다르게 행동했기 때문에 격리 당하고 있다는 것이다. 새즈는 사람들이 다른 사람에게 위협이 되지 않는 한 그들은 다른 사람들과 똑같은 권리와 자유를 가져야 한다고 주장한다. 몇몇 심리학자들은 사람들을 미친 것으로 분류하는 것은 창조성과 개성을 억압할 수 있다고 믿는다. '미친' 것으로 여겨지는 위험스러운 존재가 되고 싶지 않은 사람들은 논쟁의 여지가 있거나 전위적인 아이디어를 내놓지 않는다. 빈센트 반 고흐는 천재와 광기 사이에서 줄타기를 했다. 그러나 그가 미술재료도 없이 격리당했다면, 여러 개의 문화 대작은 탄생하지 않았을 것이다.

'미친' 혹은 다만 약간 괴짜인? 배우 제시카 랭(Jessica Lange)과 드류 배리모어(Drew Barrymore)는 HBO 제작 영화 "그레이 가든스(Grey Gardens)"에서 엄마와 딸(큰 에디와 작은 에디) 역할을 맡았다.

∨∨
∨

정신질환자에게 문화적 오명이 따라 붙는 것은 흔한 일이다. 심리학자 스튜어트 페이지(Stewart Page)의 한 동료가, 임대를 위해 방을 내놓은 토론토의 180명에게 전화를 했을 때(1977), 그 방들은 거의 모두가 사용가능한 상태였다. 그런데 그녀가 정신건강시설로 사용하고자 한다고 했더니, 75%의 방들이 갑자기 더 이상 빈 방이 아니었다. 그러나 최근에는 정신질환과 관련 있는 오명은 사라져가고 있는 중이다. 또한 심리적 장애는 성격상의 결함이라기보다는 뇌 질환으로 폭넓게 인식되고 있다(Solomon, 1996). 그리고 정신건강질환에 대해 기꺼이 이야기하고자 하는 대중들의 숫자도 급격히 올라가고 있다. 영화배우 브룩 쉴즈(Brooke Shields)와 기네스 펠트로(Gwyneth Paltrow)는 불과 몇 년 전에는 생각도 할 수 없었던 토크쇼 주제인 산후우울증과의 투쟁에 대해 대중 앞에서 이야기했다.

❝ 몇몇 심리학자들은 사람들을 미친 것으로 분류하는 것은 창조성과 개성을 억압할 수 있다고 믿는다. '미친' 것으로 여겨지는 위험스러운 존재가 되고 싶지 않은 사람들은 논쟁의 여지가 있거나 전위적인 아이디어를 내놓지 않는다. ❞

문화적 차이

한 문화에서는 정상 행동으로 여겨지는 것이 다른 곳에서는 현저하게 비정상적인 것으로 보일 수 있다. 문화적 상대성(cultural relativity)은 한 문화의 개별적인 특성들을 인정하고자 하는 요구를 나타낸다. 예를 들어 대부분의 아시아 문화권에서 정실질환은 수치스러운 것으로 여겨진다. 그 결과 정신분열증이나 우울증 같은 장애를 겪고 있는 많은 아시아 사람들은 정신질환 증상보다는 육체적인 증상들을 이야기한다. 육체적인 질환이 정신질환보다는 좀 더 받아들여지기 때문이다(Federoff와 MacFarlane, 1998).

문화관련 증후군(culture-bound syndromes)으로 알려져 있는 몇몇 장애는 특정 문화 집단에 제한적으로 나타난다. 예를 들어, 음경소실공포증(Koro)은 남아시아와 동아시아 국가에서 주로 발견된 심리 장애다. 그 국가들에서는 환자들이 그 혹은 그녀의 외부생식기(혹은 여성의 경우 가슴)는 몸 안으로 들어간다고 믿는다. 그리고 이러한 점이 그들을 죽음에 이르게 한다고 믿는다. Tajin kyofusho(TKS)는 사회적 불안 장애다. 이 장애는 주로 일본에서 알려졌는데, 사람들에게 '대중 앞에서 적절하지 않은 일을 함으로써 다른 사람에게 실망을 줄 것'이라는 고통을 유발시켰다. 서양문화에도 역시나 특이한 장애가 있다. 신경성식욕부진증(anorexia)과 폭식증(bulimia nervosa)은 북미와 서유럽 도시 지역에서 드물게 발견된다.

문화적 가치는 특정 장애의 발현뿐만 아니라 그들의 분류에도 영향을 미친다. 지금은 믿기 어려운 것으로 여겨지지만, 동성애는 1973년까지 미국 정신과의사협회에 의해 정신질환으로 분류되었다. 1940년대에는 흡연은 해가 없는 사회적 오락으로 여겨졌다. 40년도 지나지 않아서, 니코틴 중독은 심리적 장애의 APA의 목록에 등재되었다.

심리학적인 장애의 역사적 관점

중세시대에 '미친' 것으로 여겨질 만큼 몹시 운이 없었던 사람들은 그들의 비정상적인 행동을 치료하려는 헛된 시도에 의해 투옥되거나 매 맞거나 태워지거나 액막이를 당하거나 혹은 거세당했다. 다행스럽게도 심리적인 비정상도 생물학적인 질병처럼 증상, 원인, 그리고 치료 과정이 있는 질병이라는 개념인 **의학적 모델**(medical model)이 1800년대에 등장했다. 프랑스 의사 필리프 피네(Philippe Pinel, 1745~1826)와 같은 개혁자 그리고 독일 정신과의사 에밀 크레펠린(Emil Kraepelin, 1856~1926)은 심리 장애의 분류시스템을 개발하는 일에 매달렸다.

정신병리학에 대한 현대의 관점들

심리 장애들에 대한 현대의 관점은 범위가 넓다. **생물학적 접근**(biological approach)을 사용하는 임상가는 육체적인 문제들의 근본 원인을 뇌의 구조적인 비정상들, 생화학적인 과정들 또는 유전적인 요소들이라고 본다. 예를 들면, 우울은 뇌에서의 화학적인 불균형에서 주로 유발된다고 여겨진다.

　　정신분석적 접근(psychoanalytic approach)을 사용하는 임상가는 무의식적인 갈등과 다른 가능한 기저에 있는 심리적인 요소들을 연구한다. 이러한 요소들은 주로 어린 시절까지 거슬러 올라갈 수 있다. 어린 시절에 아버지로부터 버림받은 여성은 다시 홀로 남겨진다는 것에 대해 무의식적인 불안을 가지고 있기 때문에 낭만적인 배우자에게 매달릴 수도 있다.

　　행동주의적 접근(behavioral approach)은 사람들의 현재 행동과 이 행동을 지속시키는 학습된 반응들에 초점을 맞추고 있다. 예를 들면, 의사소통을 제대로 하지 못한다고 확신하는 남자가 대중연설 기술들을 연습하고 싶어 하지는 않을 것이다. 그는 의사소통을 형편없이 한다는 것을 강화하면서, 어떤 연습 질문들도 예행연습하지 않았기 때문에 중요한 취업 면접에서 실수를 한다. 행동주의 치

료사들은 자기-충족 예언들이나 강화들을 분석함으로써, 사람들의 역기능적인 행동들을 고치는 것을 목표로 한다. 이와 유사하게, **인지적 접근**(cognitive approach)은 비관론과 빈약한 자긍심과 같은 심리적인 고통들에 기여하는 사고과정에 중점을 두고 있다.

　　오늘날 대부분의 정신건강 관련 종사자들은 그 장애가 발생하는 사회적인 맥락뿐만 아니라 앞서 언급한 접근방식 모두를 고려하면서, 심리 장애들에 대해 둘 이상의 분야에 걸치는 접근방식을 취하고 있다. 이러한 **생물심리사회적 접근**(biopsychosocial approach)은 신체와 마음을 분리하는 것이 가능하지 않다는 것(신체적인 비정상들이 심리 장애들의 가능성을 증가시키고, 부정적인 감정들이 신체적인 질병을 일으킬 수 있다)을 인식하고 있다.

심리 장애를 일으킬 수 있는 원인

뇌손상

회복불능의 뇌손상으로 인해 회복불능의 심리적 손상이 초래될 수 있으며, 일부 경우는 사회에서 정상적으로 기능할 수 있는 능력을 상실할 수도 있다. 신경과학자인 안토니오 다마시오(Antonio Damasio, 1994)가 발견한 사례를 보면, 엘리엇이라는 기업전문 변호사는 뇌종양 제거 수술을 받은 후 아무런 감정을 느낄 수 없게 되었다. 다친 사람들, 파괴된 시가지, 자연재해 등의 참담한 영상을 보고도 그는 아무런 감정을 느끼지 못했다. 감정 상실로 인해 그는 실직하고 결혼생활도 파경을 맞이했다.

　　알츠하이머병은 주로 노인에게 발병하며, 기억력 퇴행성 질병으로 신경전달물질인 아세틸콜린을 생산하는 뉴런의 퇴화가 그 원인

이다. 이 병이 진행되면서 환자는 감정이 무뎌졌다가 점차 분별력을 상실하고, 감정조절이 되지 않고, 결국 사물에 대한 정신적 이해가 불가능해진다.

원인의 복합성

대부분의 정신질환은 여러 삽화들로 되어 있다. 그것들은 개인의 평생 동안 재발했다가 잠복한다. 왜 이런 일이 발생할까? 발생 원인으로 유전적인, 생물학적인, 사회적인 환경들 모두가 그 역할을 한다.

　　소인적 원인(素因的 原因, predisposing causes)은 기저에 존재하는 요인으로 개인을 어떤 장애에 특히 취약하게 만든다. 선천적 결손증, 환경에 의한 뇌손상, 술 같은 독소, 세균이나 곰팡이 등 모두가 유인일 수 있다.

　　가령, 당신이 술에 의존할 유인이 있고 알코올 중독의 가족력이 있다고 하자. 애써 술집은 멀리했지만 새로운 일자리가 부담스러워지면 음주 충동을 억누르기가 갑자기 힘들어진다. 이때 특정한 장애를 초래하는 일상생활의 사건들이 **촉진적 원인**(促進的 原因, precipitating causes)이 될 수 있다. 예를 들면, 술을 마시면 직장에서의 압박감을 잠시 잊을 수 있다. 그리고 친구들과 가족들이 당신의 음주량이 늘었다는 것을 알고 당신이 술을 끊도록 다 함께 애를 쓰게 됨으로써 그들의 관심도 끌 수 있다.

불안 장애는 확인할 수 있는 이유 없이 항상 불안을 느끼는 정신질환이다.

범불안 장애는 설명할 수 없으면서도 계속적으로 긴장하고 불편함을 느끼는 불안 장애의 일종이다.

공포증은 특정 사물, 활동, 또는 상황에 대한 지속적이고 불합리한 두려움이다.

사회 공포증은 사회적 상황에서 창피를 당하거나 난처해지는 것에 대한 지속적이고 비합리적인 두려움이다.

공황 장애는 최초의 발작에 이어서 또 다른 공황발작의 가능성을 두려워하는 상황이다.

광장공포증은 탈출할 수 없는 상황에 있는 것에 대한 강렬한 두려움이다.

강박 장애는 혼란스러운 생각을 하게 하거나 무분별한 의례적인 행동을 하도록 몰고 가는 불안 장애이다.

● ● ●

지속적 원인(持續的 原因, perpetuating causes)은 어떤 장애의 결과로서 일단 그 장애가 발현되면 지속력을 갖게 한다. 이 요인들은 긍정적(자신의 행동이 관심을 끌기 때문에 계속해서 그런 경향을 보임)일 수도 있고, 부정적(과음으로 인해 업무수행이 저하되어 근무성적을 나쁘게 받음으로써 생기는 감정적 고통을 덜려고 술을 더욱더 마심)일 수도 있다.

성별 차이

통계적으로, 여성들이 남성들보다 우울과 불안 진단을 더 자주 받는다. 그러나 이런 불일치가 여성이 정신 장애를 일으키기가 더 쉽다는 의미는 아니다. 서구사회에서는 여성이 자신의 감정상의 문제를 이야기하는 것이 남성보다 문화적으로 더 너그럽게 용인되므로 여성들이 치료를 받고자 할 가능성이 높기 때문이다. 반대로, 남성이 약물 남용과 반사회적 인격장애(무모하고 무책임한 행동이 특징) 면에서 여성보다 더 높은 비율을 보인다. 남성이 비정상적인 행동을 할 때 과음을 하고 공격적인 행동을 보여 자신의 스트레스를 표출하는 반면, 여성은 우울증이나 무기력함에 빠져 자신의 정신적 고통을 내면화시키는 경향이 더 많다. 이런 차이는 성별 사회화가 심리 장애의 발생과 진단에 종종 중요한 역할을 한다는 점을 시사한다.

진단은 또한 각 성별에 대한 임상의의 기대심리의 영향도 받는다. 모린 포드(Maureen Ford)와 토마스 위디거(Thomas Widiger, 1989)는 한 가지 실험을 했다. 그들은 조작된 사례 연구 여러 건을 임상의들에게 보내 진단을 요청했다. 한 사례는 반사회적 인격장애 환자(대체로 남성이 진단받음)에 관한 것이었고, 다른 사례는 연기적(histrionic) 인격장애(대체로 여성이 진단받음)에 관한 것이었다. 각 사례 연구의 대상은 어떤 경우는 남성, 다른 경우는 여성임이 확인되었다. 포드와 위디거는 반사회적 인격장애 환자가 남성으로 확인되었을 때, 임상의들 대부분은 정확하게 진단했음을 보였다. 그러나 대상이 여성으로 확인되었을 때 임상의들 대부분이 연기적 인격장애로 확인했다. 연기적 인격장애 사례에서도 반대로 비슷한 결과가 나타났다. 이것은 우리와 마찬가지로 임상의들 역시 성별 문제에 있어서는 기대편견을 갖기 쉽다는 것을 지적한다.

불안 장애

어려운 시험이나 스카이다이빙을 앞두고 우리 모두 가끔씩은 불안감이나 두려움을 느낀다. 그러나 지속적으로 불안해하면서 그 불안의 원인을 알 수 없다면 어떻게 될까? 이런 유형의 흐릿하고 확인이 되지 않는 장기간의 불안은 **불안 장애**(anxiety disorder)의 한 증상일 수 있다.

범불안 장애(GAD)

설명할 수 없으면서도 계속적으로 긴장하고 불편한 사람들은 **범불안 장애**(generalized anxiety disorder)가 있을 수 있다. 이를 겪는 사람들은 여러 가지 문제를 걱정하고 근육 긴장, 과민성, 수면 장애와 자율신경계의 과도한 활동으로 위장 장애를 겪기도 한다. 진단을 내리려면 일반적인 불안감 외에도 위에 나열한 증상 중 최소 세 가지가 나타나야 한다.

범불안장애의 비율은 20세기 중반 이래로 서구 문화권에서 극적으로 증가했다. *DSM-IV*에 따르면, 약 5%의 사람들이 일생 중 어느 시기에 GAD가 발병할 수 있다. 이들 중 60%는 심각한 우울증을 겪게 되는데, GAD는 전형적으로 심각한 우울증이 발생하기 전에 나

남성과 여성에 있어서 심리 장애의 비율

남성	장애	여성
23.8%	알코올 남용 또는 의존	4.6%
10.4%	공포증	17.7%
2.0%	강박 장애	3.0%
5.2%	기분 장애	10.2%
1.2%	정신 분열증	1.7%
4.5%	반사회적 인격	0.8%

출처 : Robins와 Regier, 1991.

∧∧ 심리 장애를 겪은 적이 있는 미국의 남성과 여성의 백분율

타난다. GAD 진단을 받은 사람들의 2/3가 여성이다.

공포증

거미의 사진을 보면 구슬 같은 땀이 이마에 맺히고 심장이 격렬하게 뛰는가? 그렇다면 당신은 거미공포증(arachnophobia)이 있다. **공포증**(phobias)은 특정 사물, 활동, 또는 상황에 대한 지속적이고 불합리한 두려움이다. 거미들 중 일부는 독이 있지만 당신이 아마존 열대우림지역에 살지 않는다면, 독거미를 만날 가능성은 적다. 그러므로 모든 다리가 여덟 개인 거미를 무기력하게 두려워하는 것은 상당히 흔한 일이긴 하나 바보 같은 짓이다. 사물이나 상황에 대한 구체적인 공포증은 남성보다는 주로 여성들에 더 많이 진단된다. 공포증으로 분류되려면, 두려움의 정도가 일상생활을 어떤 식으로든 와해시킬 정도로 상당해야 한다. 뇌우를 두려워하는 사람이 불길한 일기예보를 보고 나서 일주일간 집에만 있지는 않지만, 뇌우 공포증이 있는 사람은 그럴 수도 있다. 다른 흔한 구체적인 공포증에는 높은 곳(고소공포증), 폐쇄된 공간(폐쇄공포증), 그리고 뱀(뱀공포증)이 있다. 심리학자 마틴 셀리그만(Martin Seligman, 1971)의 주장에 따르면, 사람들은 진화의 역사 전반에 걸쳐 인류에게 실질적 위협이 되는 사물과 상황에 대해 조심하는 유전학적 유인이 있다.

어떤 사람들은 **사회 공포증**(social phobias)이 있는데, 남들 앞에서 체면이 깎이거나 난처해질까 봐 분별없이 두려워하는 것이다. 보통의 대인공포증에는 남들 앞에서 말하기, 공중화장실 이용이나 모르는 사람과 인사하기가 있다. 대인공포증은 남성과 여성이 비슷한 비율로 진단된다.

공황 장애

공황발작이 있는 많은 사람들은 자신이 심근경색을 일으킨다고 잘못 생각한다. 즉 그들은 가슴 통증, 숨 가쁨, 심계항진, 식은땀 그리고 강렬한 공포나 공황을 갑자기 느낀다. 이 발작은 대체로 약 10분 내지 15분가량 지속된다. 이런 사례가 계속되면 **공황 장애**(panic disorder)가 진단되고, 이 경우 환자는 다음 발작의 가능성을 두려워하게 된다. 공포감은 최초 발작 후 대개 며칠 또는 심지어 몇 주간 지속된다.

어떤 사람들의 경우 공황 장애가 **광장공포증**(agoraphobia)으로 이어지기도 하는데, 이것은 그들이 탈출할 수 없는 상황에 있는 것에 대한 강렬한 두려움이다. 공공장소에서 공황발작을 일으키는 것에 대한 두려움 때문에 환자는 많은 사람들과 섞이거나, 기차나 버스여행, 또는 낯선 곳으로의 여행을 피하게 된다.

강박 장애(OCD)

대부분의 사람들은 차문을 잠그지 않았다거나 깜빡하고 주방가스를 잠그지 않았다는 갑작스런 두려움을 느껴 보았을 것이다. 그리고 신속하게 한번 점검해봄으로써, 대체로 안심하기에 충분했을 것이다. 그러나 **강박장애**(obsessive-compulsive disorder)가 있는 많은 사람들에게는 신속하게 한번 점검하는 것으로는 충분하지 않다. 강박증은 불안을 조성하고 방해가 되는 생각으로 그 생각이 터무니없음을 개인이 알면서도 그의 의식에 반복적으로 끼어든다. 충동은 반복적이고 의례적인 행동으로 대체로 강박증에 반응해서 나타난다. 강박 장애가 있는 사람은 군이 손을 반복해서 씻고, 일이 완결된 것을 확인하려고 고집스럽게 점검하거나 방에 들어갈 때마다 특정 횟수만큼 문간에서 발을 들였다 내었다 한다.

정상행동과 강박 장애의 경계는 아주 좁기 때문에, 그 경계를 넘으면 강박증이 너무 고집스러워져 우리의 정상생활이 와해된다. 추정컨대, 일반 대중의 1~3%가 강박신경증을 겪고 있으며 평균발병연령이 19세이다(Ke-

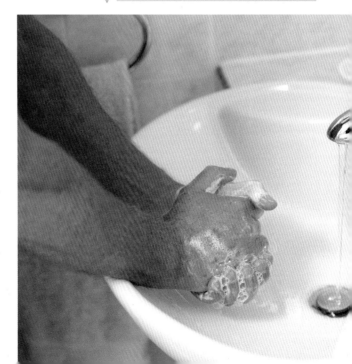

ssler 등, 2005).

강박 장애는 어떻게 발병할까? 심리적 외상, 독물 또는 질병으로 강박신경증의 시작이 초래될 수 있는데, 전두엽의 일부, 대뇌 변연계의 일부와 기저핵에서 자율행동을 통제하는 회로와 관련하여 생기는 두뇌의 비정상과 밀접한 관련이 있다. OCD가 있는 사람을 PET 검사를 해보면 이 부위에서 평상시보다 높은 활동이 관찰된다(Rauch와 Jenike, 1993). 환자들의 말에 따르면 자신들은 어떤 행위를 하고 나서 정상적인 성취감을 느낄 수가 없어서 다시 여러 번 반복하게 된다고 한다.

외상 후 스트레스 장애(PTSD)

심리적 외상 스트레스는 제어할 수 없는 사건을 무기력감이나 두려움으로 경험하거나 목격한 것이 원인인데, **외상 후 스트레스 장애**

(posttraumatic stress disorder)를 촉발할 수 있다. 학대 피해자, 사고나 재난을 겪은 사람, 전쟁터에 사는 사람들, 참전 용사들 모두가 PTSD 발병 가능성이 높다. RAND사의 최근 보고서의 추정에 따르면 미군 5명 중 1명이 이라크나 아프가니스탄에서 근무하고 나서 중대한 장애나 PTSD에 걸렸다고 한다. 불안 장애는 유일하게 특정 외상경험이 있어야만 발생하는데, PTSD의 증상은 이 외상과 직접 관련된다.

불면증, 무감증, 높은 흥분도, 민감성, 살아남은 자의 죄책감과 우울증 모두가 PTSD를 겪는 사람들의 공통된 증상이다. 추정컨대, 전체 인구의 7%가 일생 중 어느 순간 이 장애를 겪는다. 여성의 PTSD 발병률이 남성의 두 배이며, 외상을 주는 사건을 여성이 15세 이전에 겪는다면 이 수치는 증가할 가능성이 있다(Breslau 등, 1997, 1999).

불안 장애 설명하기

우리는 엄마의 초록색 눈과 아빠의 검은색 머리를 물려받는다. 그렇다면 특정 심리 장애에 대한 경향을 이어받는 것도 가능할까? 생물학적 요인이 불안 장애에 영향을 준다는 증거가 있다. 학자들은 사람들의 불안 장애를 유인하는 특정 유전자의 위치를 찾았다(Goddard 등, 2004; Hamilton 등, 2004). 두 가지 연구가 이 이론을 지지한다. 한편 다른 연구들의 주장에 따르면, 공포증의 주된 원인은 유전보다는 환경적 요인들이다(Skre 등, 1993).

심리역학적 접근은 불안을 억압된 욕구가 수면에 떠오르려 한다는 신호로 본다(Freud와 Gay, 1977). 이런 관점에 따르면, 우리는 이 불안을 외부 사

물이나 상황에 전이시키고, 이것이 두려움의 대상이 된다. 그러나 행동주의 학자들은 불안 장애를 무의식적인 두려움의 결과로 보지 않고, 불안한 행동은 학습된다고 믿는다. 제7장에서 다룬, 꼬마 알버트가 흰 쥐를 무서워하도록 학습되는 것을 기억하는가? 그 아이의 두려움은 반복을 통해 강화되면 조건 반사가 된다. 마찬가지로, OCD가 있는 사람들은 자신의 강박신경적 습관이 불안 수준을 줄이고 행동을 강화함을 알 수 있다.

인지주의 심리학자들은 불안 장애를 왜곡된 부정적인 생각의 결과로 본다. 불안 장애가 있는 사람들은 자신들이 겪는 위험을 과대평가하고 자신의 극복능력을 과소평가함으로써, 결국 인지된 위협을 완전히 회피하게 된다.

불안 장애의 정확한 원인은 아직도 과학자들이 찾을 수 없는데, 아마도 유전학과 각 개인마다의 다양한 환경 간의 복잡한 상호작용일 가능성이 높다.

기분 장애

우리는 살아가는 동안 깊은 절망에서부터 높은 환희에 이르기까지 다양한 감정을 경험하긴 하지만, 일반적으로 우리가 가지는 감정은 그러한 양극단의 중간 즈음에 위치한다. 하지만 **기분 장애**(mood disorders)를 가진 사람들은 극단적인 감정들을 당연한 것인 양 경험한다. 기분 장애는 크게 **우울 장애**(depressive disorder)와 **양극성 장애**(bipolar disorders)라는 두 가지 형태로 나눌 수 있다. 우울성 장애는 장기적이거나 극도로 오랫동안 지속되는 우울증이 특징이고, 양극성 장애는 우울증과 조증(지나치게 활동적인 상태)이 번갈아 나타나는 것이 특징이다.

우울 장애

임상에서 말하는 우울증은 우리가 뭔가 되는 일이 하나도 없어 보일 때 겪을 수 있는 침울함과는 조금 다르다. 일반적으로 사람들은 우

<<< 어두운 겨울 기간은 계절성 정서장애를 일으켜서 우리를 침울하고 무기력하게 만들기도 한다.

울한 상태에서 비교적 빠른 시일 내에 회복할 수 있지만, 만약 우울한 상태가 상당한 시간 동안 (혹은 그것보다 더 오랫동안) 지속되고 일상생활에 지장을 줄 정도라면 우울증이라고 진단을 내릴 수 있다. 우울증과 불안을 쉽게 느낄 수 있는 경향이 동일한 유전자와 관련이 있기에 그 둘은 같이 나타나는 경향성이 있다. 한 조사 결과에 따르면 우울증을 앓고 있는 환자의 58%가 (최소) 한 가지 형태의 또 다른 불안 장애를 가지고 있다고 보고되기도 했다(Kessler 등, 2005).

임상적 우울증에는 몇 가지 종류가 있다. **주요우울 장애**(major depressive disorder, MDD)는 2주 이상 특별한 이유를 찾을 수 없는 강렬한 우울증적 증세의 지속이 특징이다. 증세는 입맛 변화(혹은 상실), 수면장애, 죄책감, 집중력 저하, 혹은 자살에 대한 생각 등을 포함한다. MDD는 가장 많이 진찰되는 기분 장애이기도 하다(여성의 21%와 남성의 13%가 생애에서 한 번 이상 우울증을 경험한다).

기분부전증(dysthymia)(영문명 *dysthymia*는 그리스어에서 '나쁜 영혼 혹은 기분'을 뜻하는 단어에서 유래했다)은 만성적이지만 우울증보다는 덜 심한 형태로 2년 혹은 그 이상 지속되는 우울한 상태를 말한다. 살면서 기분부전을 경험할 확률은 약 2~3% 정도 되며, 이 또한 여성이 남성보다 약 2배 정도 더 많이 경험한다고 알려져 있다. 간혹 만성적 상태의 기분 부전에 심한 우울증이 겹쳐지는 경우가 있는데, 이 경우 **이중우울**(double depression)이라고 한다.

어떤 사람들은 자신이 1년 중 특정한 시간대, 특히 겨울에 우울증을 경험한다는 걸 깨닫기도 한다. 이 증상은 **계절성 정서장애**(seasonal affective disdorder, SAD)로 불리며 식욕 증진과 무기력증을 특징으로 가지고 있다(Partonen와 Lonnqvist, 1998). 짧은 낮과 긴 어둠에 의해 세로토닌(숙면/각성주기 조절, 에너지 상태와 정서를 조절하는 데 도움을 준다고 알려진 호르몬)의 양이 감소하여 이러한 증상의 기본이 되는 생물학적 상태를 유발한다고 몇몇 연구자들은 생각하고 있다.

양극성 장애

버지니아 울프, 어네스트 헤밍웨이, 에드거 앨런 포와 같은 작가들의 공통점은 과연 무엇일까? 그들은 자신들의 대작을 양극성 장애에 의해 고통을 받으면서 완성했다. 양극성 장애를 가진 사람들은 번갈아 되풀이되는 우울증과 **조증**(mania)(높은 자신감, 많아진 수다스러움, 에너지로 가득 차 있는 것 같은 느낌과 수면 필요의 감소 등이 특징인 행복감이 최대인 기간) 상태에 고통받는다. 최소 하나의 조증, 그리고 그 뒤를 따르는 최소 하나의 우울증 상태가 번갈아 나타나는 경험을 하게 되면 일반적으로 양극성 장애라 일컬어진다.

조증의 좀 더 약한 형태인 **경조증**(hypomania)은 덜 심각한 기분 상승을 유발하고 조증만큼 일상생활에 장애를 주지는 않는다. 약한 형태의 조증을 가진 사람들은 에너지가 꽉 찬 것 같은 상태가 창조적 능력을 향상시키는 등 미치광이 천재의 전형적인 형상을 나타낸다고 생각하기도 한다. 최소 한 번 이상의 경조증과, 그 뒤를 따르는 최소 한 번의 우울증이 한 번 이상 반복되는 경우 제2형 양극성 장애라고 진단할 수 있다.

1년에 네 번 이상 조증 혹은 우울증을 경험하는 경우, **급속 순환형**(rapid cycling)이라고 하며 약 10%의 상황에서 일어나고, 여성이 남성보다 더 많이 경험한다고 알려져 있다. 이러한 증상은 간혹 항우울제의 사용 때문이라고 주장되기도 한다(Wehr 등, 1988).

기분 장애를 설명하고 이해하기
우울증의 인지이론
실제로 진단되는 우울증의 빈도는 한 세대가 지날 때마다 계속해서 높아지고 있다. 1936년부터 1945년까지 주요우울증의 인구비율은 3%였으며, 18세부터 20대 사이에 처음 발병

했다. 1966년부터 1975년 사이에 주요우울증의 빈도는 23%로 껑충 뛰었고, 첫 발병 나이도 10대 중반으로 떨어졌다. 무엇이 이러한 경향성을 만들었을까? 상당수의 전문가들이 **부정적인 인식양식**(negative cognitive styles) (혹은 사고방식)이 우울증을 강화시키거나 최소한 유발한다고 생각한다.

심리학자 아론 벡(Aaron Beck, 1967)은 우울증에 걸린 환자들이 자신의 경험을 부정적으로 비틀어서 인지하는 경향을 발견했다. 환자들은 매일 만나는 간단한 문제조차도 마치 두더지 굴에서 커다란 산을 파내듯 자신들의 삶에 크나큰 장애가 되는 문제로 간주했다. 환자들은 또한 미래가 매우 불행할 것이라고 생각하고 단 하나의 부정적 상황조차 끝나지 않는 패배의 일부로 해석하는 과도한 일반화를 행했다. 만약 당신이 집 열쇠를 잃어버리거나 유리를 깼을 때, "제대로 되는 일이 하나도 없어!"라고 중얼거리는 버릇을 가졌다면, 당신은 아마 가끔씩 과도한 일반화를 하는 사람일 것

이다.

　　귀인 양식 질문지(attributional-style questionnaives)를 사용한 연구들은 벡의 발견을 지지한다. 연구자들은 사람들에게 12개의 가설적인 사건들이 담겨진 질문지를 주었는데, 절반은 긍정적인 경우를 나타내며(친구가 당신의 새로운 헤어컷을 칭찬한다) 절반은 부정적인 사건들(당신은 비참한 소개팅을 하고 있다)을 묘사하고 있다. 안정성(그것들이 얼마나 다시 발생할 것 같은가), 세계성(그것들이 얼마나 중요한가), 활동의 중심(누가 또는 무엇이 그 사건들을 유발했는가)이라는 관점에서 그 사건들을 평가하도록 함으로써, 연구자들은 사람들의 태도를 분석할 수 있었다. 그들은 부정적인 사고가 단지 우울증의 증세가 아니라 우울적인 인지양식이 장애를 촉발할 수 있다는 것을 알아냈다(Peterson 등, 1982). 린 애브람슨(Lyn Abramson)과 제랄드 메탈스키(Gerald Metalsky)와 로렌 앨로이(Lauren Alloy)는 부정적인 생각이 결과적으로 절망감이 된다고 보았다. 영원하다고 당신이 믿고 있고, 당신 삶의 모든 면에 영향을 미칠 것이며

전적으로 당신 잘못인 문제가 있다면, 당신은 좀 더 우울해질 것이다.

　　그러면 왜 사람들은 좀 더 긍정적으로 생각함으로써 그 문제에서 '딸깍'하고 나와 버리지 못할까? 마틴 셀리그만(Martin Seligman)은 우울증은 **학습된 무력감**(learned helplessness) — 과거의 반복된 실패의 내력 때문에 상황을 빠져나오려고 시도하지 않는 경향 — 으로 설명될 수 있다는 것을 이론화하였다. 이러한 무력감은 학대받는 가정의 사람들이 기회가 주어졌을 때조차도, 그들을 학대하는 사람을 떠나려는 것을 그만두는 이유를 설명하기도 한다.

우울증이 있는 뇌

우울증은 적어도 부분적으로는 우리 뇌에 있는 화학물질과 관련이 있는 것 같다. 즉 우울증은 종종 신경전달물질인 노르에피네프린과 세로토닌의 낮은 수준 때문이다. 세로토닌이나 노르에피네프린의 재흡수 차단제(SNRIs)라고 불리는 항우울제는 노르에피네프린이 재흡수되는 것을 억제하고, 세로토닌을 제거하는 것을 억제함으로써 신경전달물질의 수준을 증가시킨다. 그러나 SNRI에 의해 며칠 이내에 환자의 노르에피네프린과 세로토닌 수준이 높아지기는 하지만 눈에 띄는 행동의 변화는 적어도 2주 동안에는 유발되지 않는다. 더욱이 우울증이 있는 환자의 다수(대략 75%)가 둘 중 어떤 신경전달물질에 있어서도 특별히 낮은 수준을 보이지 않는다. 이는 우울증의 원인에는 화학물질 불균형보다도 더 많은 것들이 있음을 나타낸다(Valenstein, 1998).

　　베이글 위에 락스를 얹어 주문하는 것이 우리의 정신 건강을 향상시킬 수 있을까? 최근에 연구들은 우울증을 낮은 단계의 오메가3 지방산(연어나 송어와 같은 한류성 어류에서 발견되는 성분)과 연관시키고 있다. 임상적으로 우울증이 있는 사람들의 피는 오메가3 수준에 있어서 더 낮은 단계이다. 또한 여러 연구들이 오메가3가 있는 식단을 보충해주는 것이 우울증을 경감시키는 데 도움이 된다는 것을 보여준다(Kiecolt-Glaser 등, 2007).

　　뇌영상 연구들에 의하면 뇌의 국부적인 부분들이 우울증에 의해 영향을 받는다고 한다. 우울증이 있는 사람들의 오른쪽 배외측 전전

두피질에는 증가된 활동성이 보이는 반면에, 왼쪽 배외측 전전두피질에는 활동성이 줄어든 것이 보인다. 이러한 결과들과 일관되게, 연구들은 왼쪽 반구는 좀 더 긍정적인 감정에 치중하며 오른쪽 반구는 부정적인 반응에 집중하면서, 뇌가 긍정적인 그리고 부정적인 정서들에 의해 좌우 양측으로 나누어져 있을 수 있다는 것을 보여준다(Heller 등, 1998).

우울증에 대한 진화론적인 근거들

우리의 조상들은 현대의 기분장애에 대해 비난을 받아 마땅한가? 어떤 심리학자들은 우울증이 단순한 자가생산 본능으로부터 자기보존의 극단적인 형태로 진화해온 것일 수 있다고 믿고 있다. 우울적인 행동은 타인에 대해 위협할 일이 부족하거나, 자신에 대한 돌봄을 원하거나, 비현실적인 낙관주의를 최소화하는 것일 수 있다.

　　계절성 정서장애(SAD)의 증상들을 예로 들어보자. 곰들이 겨울 동안에 에너지를 보존하기 위해 동면하는 것처럼, 인간들도 겨울 기간 동안 증가된 식욕과 여분의 잠을 통해 자기를 보존한다. 이때 증가된 식욕과 여분의 잠은 바로 계절성 정서장애의 특징이다. 따라서 우울증은 인간의 자기 보존의 욕구가 극단적으로 진화해온 것이라고 할 수 있다. SAD가 우울증의 다른 형태로서 특징지워지는 슬픔, 자기비난 그리고 울부짖음의 단계들을 전형적으로 유발하지 않는다는 사실은 진화론적인 근거에 대한 생각들을 지지한다(Keller와 Nesse, 2005).

　　엄마를 존중해서 발들을 공중으로 향한 채로 등을 대고 뒹굴고 있는 강아지를 본 적이 있는가? 우울증을 가진 사람들에 의한 절망감의 신호들은 굴복이나 돌봄에 대한 필요를 유사하게 표현한다. 사별을 겪은 사람들은 슬픔과 울부짖음(그들이 타인으로부터의 사랑과 지지를 원하고 있다는 표시들)이 특징인 우울한 기분을 전형적으로 앓고 있다.

우울증의 생물학적인 원인들과 양극성 장애

연구 결과, 비록 고통스러운 경험들이 일정 기간의 우울증을 가져올 수 있지만, 어떤 사람들은 유전적으로 기분 장애에 걸리기 쉬운 경향이 있다는 사실이 밝혀졌다. 만약 당신에게

우울증이 있는 부모나 형제자매가 있다면, 주요 우울 장애와 양극성 장애의 위험들이 증가된다(Sullivan 등, 2000). 만약 일란성 쌍둥이 한 명이 주요우울 장애나 양극성 장애를 가지고 있다면, 다른 쌍둥이 1명이 기분 장애를 나타낼 가능성이 40~70% 사이라는 것을 쌍둥이에 대한 연구들은 보여주고 있다. 여성들이 남성보다 주요 우울장애에 두 배 정도 더 취약하다. 이런 현상에 대해 아직 완전히 이해되지는 않았지만, 심리적, 사회적, 경제적 그리고 생물학적인 요소들의 결합으로써 심리학자들에 의해 설명되고 있다.

정신분열증

글자 그대로는 '분열된 마음'을 의미하는데, 정신분열증(shizophrenia)은 사람들이 여러 개의 성격을 가지고 있는 것처럼 여겨지는, 그 존재 여부에 대해 논쟁적인 상태인 해리성정체감 장애(dissociative identity disorder)로 종종 오해된다. 그러나 정신분열증은 왜곡된 지각, 부적절한 감정들이나 반응들 그리고 혼란으로 특징지워지는 현실로부터의 개인의 실제적 분리를 말한다.

정신분열증으로 진단되려면, 개인은 적어도 1개월 동안은 두 가지 이상의 증세들을 반드시 보여야 한다. 정신분열증이 있는 사람은 질서가 문란하고, 비논리적이며

> 여성들이 남성보다 주요 우울장애에 두 배 정도 더 취약하다. 이런 현상에 대해 아직 완전히 이해되지는 않았지만, 심리적, 사회적, 경제적 그리고 생물학적인 요소들의 결합으로써 심리학자들에 의해 설명되는 불일치이다.

일관성이 없는 방식으로 종종 말하거나 생각한다. 정신분열증 환자들은 **망상**(delusions)이나 지속적인 잘못된 신념들을 겪고 있을 수 있다. 예를 들면, 환자들은 그들이 계속 감시당하고 있고, 누군가 그들의 생각과 행동들을 통제하고 있으며, 사람들이 그들에게 불성실하다고 믿고 있을 수 있다. 이러한 망상들은 비논리적인 사고에 의해 유지되기도 한다. 정신과의사인 실바노 아리에티(Silvano Arieti, 1955)는 한 환자의 추론에 있어서 커다란 차이를 주목했는데, 그 환자는 "성모 마리아는 처녀다. 나는 처녀다. 그러므로 나는 성모 마리아다"라고 주장한다.

정신분열증의 세 번째 증상은 **환각**(hallucination) — 개인이 사실이라고 믿고 있는 잘못된 감각적인 지각 — 이 존재한다는 것이다. 목소리들을 듣는 것은 환각의 가장 흔한 형태이다. 많은 정신분열증 환자들은 그들이 모욕

적인 말들을 듣거나 그들의 머리 내부의 목소리로부터 명령을 받는다고 보고한다. 기능적 자기 공명영상(fMRI) 스캔을 사용한 연구들은 정신분열증 환자들에게 있어서 언어적인 환각들이 사고 과정과 일반적으로 관련이 있는 뇌의 부분에서 활동을 동반한다는 것을 보여준다. 청각적인 환각들이 가장 흔한 한편, 사람들은 거기에 정말로 있지 않는 것들을 보고, 느끼고, 냄새 맡거나 맛을 볼 수 있다.

정신분열증 환자들은 사회적인 상황에서 적절하게 행동하는 데 자주 어려움을 겪는다. 그들은 긴장되어 있거나 몇 시간 동안 꼼짝도 하지 않은 채로 있기도 한다. 또는 그들은 아주 흥분되어 있기도 하고 끊임없이 말하거나 소리치기도 한다.

증상들을 모아놓으면 정신분열증을 유형화하는 데 도움이 될 수 있다. **양성 증상**(positive symptom)을 보이는 사람들은 망상이나 환각과 같이 정상적인 기능들을 왜곡하거나 과도한 상태를 반영한다. 장애가 재발했다가 완화되기도 하는 것처럼 이러한 증상들은 나타났다가 사라지는 경향이 있다. 혼란스러운 말투와 메마른 감정처럼 무질서한 증상들도 같은 형태로 이어진다. 그러나 **음성 증상**(negative symptoms)들, 또는 주의력이나 감정과 같은 정상적인 기능들에 있어서 저하를 보이는 정신분열증 환자들은 항우울제에 덜 반응하는 좀 더 지속적인 증상들을 드러내는 경향이 있다.

정신분열증 설명하기

인지적인 그리고 신경계의 비정상들

인지적인 결함은 정신분열증의 핵심 특징이다. 정신분열증이 있는 사람들은 많은 정보 처리 임무들을, 특히 지속적인 주의력을 요하는 활동들을 형편없이 해내는 경향이 있다. 새로운 정보의 습득과 회상을 포함하는

심리 장애

정신분열증의 하위유형

편집증	긴장형	혼란형	미분화형	잔여형
과대망상과 피해망상, 흔히 환각을 동반함		혼란스러운 말투, 메마른 또는 부적절한 감정		장애로서는 온건한 증상들을 보이며 회복으로 가는 중임
	환경에 대해 무반응, 극단적인 부정주의 또는 거칠게 동요함		다양한 증상들	

> "목소리들을 듣는 것은 환각의 가장 흔한 형태이다. 많은 정신분열증 환자들은 그들이 모욕적인 말들을 듣거나 그들의 머리 내부의 목소리로부터 명령을 받는다고 보고한다."

>>> 2001년 영화 '뷰티풀 마인드'에서 러셀 크로우가 역할을 맡았던 수학자 존 내쉬 박사는 일종의 편집성 정신분열증을 앓고 있었다.

장기 기억이 비교적 심각하게 손상된 반면에, 작업 기억(working memory)은 영구적으로 그리고 지속적으로 손상되어 간다(Saykin 등, 1991). 정신분열증이 있는 사람들이 정보의 출처를 기억하기가 어렵기 때문에, 그들은 사실적인 정보와 허구 또는 상상을 구별할 수 없을 가능성이 있다. 그 결과 그 장애의 특징인 망상에 이른다.

빈약한 인지 기능이 정신분열증이 있는 아동들을 진단하는 데 초기 경고 체계로서 사용될 수도 있다. 주의력결핍과 어린 시절의 기억은 다음에 뒤따르는 장애의 발병과 명확하게 서로 관련되어 있다. 한 연구에서 초기에 시작된 정신분열증이 있는 아동들은 그 장애를 지닌 더 나이 든 성인들보다 더 빈약한 언어적인 기억 기능들을 보여준다고 밝히고 있다(Tuulio-Henriksson 등, 2004).

뇌에 있어서 화학물질적인 불균형들이 정신분열증을 설명할 수 있을까? 연구자들이 성신분열증 환자들의 뇌를 사후에 검사했을 때, 도파민 수용체가 정상적인 수치보다 6배까지 더 높이 발견되었다(Seeman 등, 1993). 연구자들은 이 높아진 도파민 수준이 정신분열증 환자들에게 뇌 신호들을 강화시켜서 환각이나 편집증 같은 양성 증상들을 유발한다고 생각한다. 도파민 전달을 막는 약들은 정신분열증의 많은 증상들을 감소시키는 데 효과적이라고 증명되어 왔다. 반면에 암페타민이나 코카인처럼 도파민 활동을 증가시키는 약들은 증상들을 더욱 심하게 할 수 있다(Swerdlow와 Koob, 1987).

최근의 연구에서는, 또 다른 신경전달물질인 글루타민산염(glutamate)에 대한 중요한 수용체 분자들의 결함이 정신분열증의 증상들을 유발할 수 있다고 한다. 이것은 PCP('천사의 먼지'라고 주로 알려진)와 같은 거리의 약들의 효과를 설명할 뿐만 아니라, 일반적인 인지 결함들에 대해 책임이 있고, 글루타민산염의 전달을 방해하며 그렇지 않으면 정상적인 사람들에게도 일시적으로 정신분열증 같은 증상들을 야기한다.

뇌의 스캔들은 정신분열증이 있는 사람들이 비정상적인 뇌 구조를 가지는 경향이 있음을 보여준다. 몇몇의 환자들에게 있어서, 확장된 뇌실들(brain ventricles)이 둘러싸고 있는 뇌 조직들의 크기에 있어서 결함을 보인다. 전두엽에서는 비정상적으로 낮은 활동의 증거를 찾을 수 있다(Pettegrew 등, 1993). 정신분열증이 있는 뇌의 연구에서 확실한 것은 정신분열증의 원인이 되는 많은 뇌의 영역들이 있다는 것이다.

뇌가 어떻게 청년기에 선택적으로 사용되지 않는 신경계와 연결부를 제거하는지를 상기하라(제10장 참조). 몇몇 신경계학자들은 비정상적인 제거가 잠재적으로 정신분열증 증상을 유발하면서, 너무 많은 세포체의 손실을 초래할 수도 있다고 믿는다. 호주인 연구가 크리스 펜테리스(Chris Pantelis)와 그의 동료는 세 그룹의 젊은이들에게 MRI 스캔을 실시했다. 한 그룹은 정신분열증으로 최근까지 병원에 입원한 사람들이고, 한 그룹은 정신분열증을 가지지 않은 사람들, 그리고 한 그룹은 약 10년간 장애로 고생하고 있는 사람들이었다. 펜테리스는 첫 번째 그룹의 사람들의 뇌가 정신분열증이 없는 사람들의 뇌보다 두 배정도 수축되고 있는 것을 발견했다. 그리고 정상적인 발육상의 제거 과정이 정신분열증을 겪고 있는 사람들의 뇌에서는 가속화되고 있다는 것도 발견했다(Salleh, 2003).

유전적 특징과 환경

많은 연구들이 정신분열증은 강력한 유전적 인 요인을 가지고 있다고 제시하고 있다. 어빙 거테스만(Irving Gottesman, 1991)은 정신분열증을 발생시키는 위험들이 그 질병을 앓고 있는 사람과의 생물학적인 근접성의 정도와 더불어 증가한다는 것을 보여주는 자료들을 수집했다. 일반적인 사람들에게 정신분열증이 발생할 위험이 1%인 반면, 만약 형제자매가 그 병을 앓고 있다면 그 질병을 진단받을 가능성이 9%로 증가한다. 만약 일란성 쌍생아 한 명이 정신분열증이라고 진단받았다면, 다른 한 명이 그 질병을 겪을 가능성이 50%까지 급등한다.

이란성 쌍생아들은 쌍둥이가 아닌 형제자매들보다도 더 높은 일치율(9%와 비교되는 17%)을 보여준다는 사실은 태아기의 환경이 정신분열증을 발병시키는 역할을 한다는 것을 나타낸다. 임신 중기에 풍진이나 유행성 감기에 감염된 엄마들은 그 질병을 앓게 되는 아이를 출산할 가능성이 2배 정도 된다(Brown 등, 2000). 그러나 이러한 위험 요인이 바이러스 자체나 엄마의 면역 반응이나 그 바이러스와 싸우기 위해 복용한 약과 같은 다른 것들 때문인지는 여전히 불분명하다.

만약 정신분열증이 전적으로 유전자에 의해 지배를 받는다면, 두 명의 일란성 쌍생아들이 모두 그 질병을 발병시킬 위험이 100%에 가까울 것이다. 일치율이 절반이라는 것은 유전적 특징과 환경 둘 다 정신분열증의 발병에 중요한 역할을 한다는 것을 의미한다. 몇몇 심리학자들은 **취약성-스트레스 가설**(diathesis-stress hypothesis)을 제안하는데, 이는 사람들이 유전적으로 특정한 정신질환에 걸리기 쉽다는 것이지만, 그들이 결정적인 발달 시기 동안에 환경적이고 정서적인 스트레스에 노출되어 있을 경우에만 그 질병이 발병한다는 것이다.

성격장애들

성격장애(personality disorders)는 개인들이 정상적인 사회적 관계를 형성하는 것을 어렵게 하는 완고하고 부적응적인 행동 양식이다. 10가지 유형으로 인식되고 있으며, 세 개의 군집(기이하고 괴상한 행동들, 극적이고 충동적인 행동들 그리고 불안과 두려움을 나타내는 행동들)으로 나뉜다.

기이한/괴상한 성격장애

괴상한 성격장애들을 가지고 있는 사람들은 분열형(schizotypal), 편집성(paranoid) 또는 분열성(schizoid)으로 분류된다. **분열형 성격장애**(schizotypal personality disorder)를 지닌 사람들은 기묘하고 괴상한 방식들을 보여주며 사회적인 관계를 형성하는 것이 어렵다. 그들은 이상하거나 마술적인 신념들을 종종 지니고 있다. 분열형 성격장애는 종종 정신분열증이 경미한 형태로 나타난 것이며 때때로 완전한 장애로 발전된다.

편집성 성격장애(paranoid personality disorder)는 타인에 대한 극도의 의심과 불신이 특징이다. 편집성 성격장애를 가진 사람들은 종종 타인에 대해 질투를 하며 비판적이지만 스스로 비판을 받아들이지 못한다. 재빨리 지각된 위협들을 반격함으로써 이 장애를 지닌 사람들은 자주 법적인 논쟁에 연루될 수도 있다.

분열성 성격장애(schizoid personality disoder)를 지닌 사람들은 외로운 사람들이다. 타인에게 극히 관심이 적기 때문에 친구들이 거의 없고 종종 결혼하지 않는다. 분열성 성격장애를 가진 사람들은 흔히 정서적으로 냉담하거나 감정이 무미건조하다.

극적인/변덕스러운 성격장애

극적이거나 변덕스러운 성격장애를 지닌 사람들은 충동적인 행동을 보여준다. **경계선 성격장애**(borderline personality disorder)를 지닌 사람은 불안한 기분, 강렬하고 폭풍 같은 인간관계를 가지며 다른 사람들을 교묘하게 다루며 불신한다. 우울한 기간들, 과도한 낭비, 약물남용 또는 자살 행동이 이 장애의 특징이다. 정체감이 부족해서 이런 사람은 다른 사람들에게 들러붙어 있을 수 있으며, 종종 조종의 수단으로서 자살 행동을 사용하기도 한다.

반사회적 성격장애(antisocial personality disorder)는 가장 위험하며 잘 연구된 성격 장애들 중 하나다. 이전에는 소시오패스(sociopath)나 사이코패스(psychopath)라고 불렸는데, 이 장애를 가진 사람은 전형적으로 15세까지 양심이 완전한 결핍을 보여준다. 이 장애는 대개 후회하는 것 없이, 거짓말, 절도, 속이기 또는 심지어 살인에까지 이르게 된다. 여자보다는 남자가 거의 3~6배 정도 더 많이 반사회적 인격장애로 진단을 받는다(APA, 2000). 몇몇의 뇌영상 연구들이 살인을 저지르는 사람들은 충동을 조절하도록 도와주는 영역인 전두엽에서 제한된 활동을 보여주고 있음을 증명하고 있다. 아드리안 레인(Adrian Raine, 1999)은 41명의 살인자들의 뇌의 PET 스캔들을 비교해서 이것은 충동적으로 살인을 저지르는 사람들에게 특히 사실이라고 언급하였다. 다음 연구에서, 레인과 동료들은(2000) 반복적으로 폭력적인 범죄를 저지르는 범죄자들이 비폭력적인 통제집단의 피험자들보다 11%가량 더 적은 전두엽 조직을 가지고 있음을 밝혀냈다. 이것은 비폭력적인 범죄자들보다 그들이 자신의 행동을 통제하기가 더 힘들었을 것임을 나타낸다.

반사회적인 성격장애가 주로 남자에게 진단되는 반면에 **히스테리성 성격장애**(histrionic personality disorder)의 발생빈도는 여자에게 2배 내지 3배 더 높다(APA, 2000). 상황에 대해 지나치게 행동하는 경향, 과도한 감정표현 그리고 다른 사람들로부터 관심을 얻기 위해 교묘한 조작을 하는 것이 특징이며, 히스테리성 성격장애를 지닌 사람들은 관심의 중심에 위치하기 위해 종종 성적으로 도발적인 행동을 한다.

많은 사람들이 다른 사람보다 그들이 더 중요하다고 믿고 있으나, 이러한 특질이 극단으로 갈 경우 **자기애적 성격장애**(narcissistic personality disorder)의 징후를 나타낼 수 있다. 이러한 장애를 가진 사람들은 과장된 자존감과 존중에 대한 깊은 욕구를 가지고 있다. 그들은 다른 사람들의 감정에 대해서 거의 생각하지 않으며 자신의 성공에 대한 환상에 사로

> 편집성 성격장애를 가진 사람들은 종종 타인에 대해 질투를 하며 비판적이지만 스스로 비판을 받아들이지 못한다. 재빨리 지각된 위협들을 반격함으로써 이 장애를 지닌 사람들은 자주 법적인 논쟁에 연루될 수도 있다.

제7장

- **회피성 인격장애**는 높은 수준의 사회적 불안과 부적절감이 특징이다
- **의존성 인격장애**는 매달리며, 궁핍한 행동이 특징이다.
- **강박성 인격장애**는 강박적으로 깔끔하며, 사람들이 표준 이하일 수 있다는 두려움 때문에 타인에게 일을 맡기는 것이 어려우며, 규칙이나 일정표 그리고 정리정돈에 얽매이는 특징이 있다.
- **해리장애**는 정상적인 인지 과정들이 부서져서 갑작스런 기억 상실이나 성격 변화를 가져오는 상태이다.
- **해리성 기억상실증**은 갑작스럽고 선택적인 기억 상실을 초래하는 장애이다
- **해리성 둔주**는 불현듯 집을 떠나면서 수반되는 갑작스러운 기억 상실이 특징인 장애이다.
- **해리성 정체감 장애**는 하나의 신체 안에서 두 개 또는 그 이상의 성격들을 경험하는 것처럼 보이는 장애이다.
- **신체형 장애**는 원인을 확인할 수 없는 신체적인 증상들이 특징이다
- **신체화 장애**는 어지러움이나 메스꺼움과 같은 모호하고 증명할 수 없는 증상들이 특징인 장애이다.
- **전환장애**는 갑작스럽고 일시적인 감각 기능의 상실이 특징이다.
- **주의력결핍 과잉행동장애**는 주의를 집중하는 것이 어렵고 쉽게 주의가 산만해지는 장애이다.
- **자폐증**은 사회적인 발달과 의사소통 기술을 방해하는 발달장애이다.
- **아스퍼거 장애**는 정상수준의 지능과 인지 능력을 가지고 있으나 자폐증 같은 사회적인 행동들을 보여주는 증후군이다.

• • •

잡혀 있을 수 있다.

불안한/두려움을 느끼는 성격장애

불안감을 끊임없이 표현하는 사람은 불안이나 공포를 느끼는 성격장애를 앓고 있을 수 있으며, 회피성, 의존성, 강박성으로 분류된다.

회피성 성격장애(avoidant personality disorder)는 높은 수준의 사회적 불안과 부적절감이 특징이다. 이 장애를 지닌 사람은 사회적 상호작용을 갈망하지만, 그들의 극단적인 수줍음과 거절의 두려움으로 인해 사회화되기가 어렵다.

의존성 성격장애(dependent personal disorder)인 사람은 매달리고 비굴한 행동과 같은 형태로 유사한 불안정을 보여준다. 그런 사람은 과도한 승인이나 재확인을 요구하며, 자신을 위해 타인에게 결정을 내려달라고 부탁하며, 지지나 승인을 상실할까 봐 타인의 의견에 대해 반대로 하지 못한다.

과도하게 규율을 지키려는 것에서 보이는 불안은 **강박성 성격장애**(obsessive-compulsive personality disorder)의 증상일 수 있다.

> " 반사회적 성격장애는 가장 위험하며 잘 연구된 성격 장애들 중 하나다. 이전에는 소시오패스나 사이코패스라고 불렸는데, 이 장애를 가진 사람은 전형적으로 15세까지 양심이 완전한 결핍을 보여준다. "

이러한 종류의 성격장애를 지닌 사람은 강박적으로 깔끔하며, 사람들이 표준 이하일 수 있다는 두려움 때문에 타인에게 일을 맡기는 것이 어려우며, 규칙이나 일정표 그리고 정리정돈에 얽매이게 된다. 그러나 이 장애와 OCD를 구별하면, 이 장애를 가진 사람들은 의례적인 행동을 반복적으로 하고자 하는 욕구는 느끼지 않는다.

해리장애

만약 당신이 집으로 가는 익숙한 길을 따라 운전을 하고 있는데 그 길에 대해 아무것도 기억할 수 없다면, 당신은 이미 해리에 익숙해져 있다. 우리 뇌의 다른 부분이 어쨌든 교통신호와 정지 신호들을 통해 우리를 안내해 나가는 동안에, 우리의 의식하는 마음은 다음 주까지 예정인 학기말 과제에 집중할 수 있다. **해리장애**(dissociative disorders)는 정상적인 인지 과정들이 부서져서 갑작스런 기억 상실이나 성격 변화를 가져오는 것이다. 여러 가지 형태로 나타날 수 있으며, 몇 분에서 여러 해에 이르기까지 기간은 다양할 수 있다.

해리성 기억상실증(dissociative amnesia)은 갑작스럽고 선택적인 기억상실을 초래하는 장애이다. 이것은 대개

>>> 끊임없이 승인이나 재확인을 받으려는 사람은 의존성 성격장애를 겪고 있다.

성폭행이나 어린 시절의 학대와 같은 외상성의 사건에 의해 우선적으로 발생한다(Chu 등, 1999). 해리성 기억상실증은 역행성 기억상실증(retrograde amnesia)과는 다르며(제8장 참조), 여기서는 기억상실이 전형적으로 심리적인 외상보다는 머리에 가해진 타격에 의해 생긴다.

당신이 누구이며, 어떻게 거기에 왔는지 전혀 알지 못하면서 낯선 장소에서 깨어나는 것을 상상해보라. 이것은 질 나쁜 할리우드 영화 이야기처럼 들리는 반면에, **해리성 둔주**(dissociative fugue)는 실제 상황이며, 가정을 예기치 않게 떠나는 것을 동반하는 갑작스러운 기억 상실이 특징이다. 해리성 둔주를 겪고 있는 사람은 모든 개인적인 생활사를 잊어버리고 완전히 새로운 정체성을 취할 수도 있다.

하나 이상의 성격을 갖는 것이 가능할까? 심리학자들은 이전에는 다중성격장애로 알려진 **해리성 정체감 장애**(dissociative iduntity disorder)의 존재에 대해 논쟁하고 있으며, 이 장애는 하나의 신체 안에서 두 개 또는 그 이상의 성격들을 경험하는 것처럼 보인다. 각 성격은 그 자체의 목소리와 틀에 박힌 방식들을 가지고 있고, 타인들을 의식하고 있을 수도 있고 그렇지 않을 수도 있다.

회의론자들은 이 장애가 북미에서 진단된 사례들의 수가 1930년과 1960년 사이에 10년당 2건에서 1980년대에 2만 사례 이상으로 도약하였기에, 20세기 말에 아주 만연하게 된 것

> 한 가지 이상의 성격을 가지는 것이 가능한가? 심리학자들은 지금 해리성 정체감 장애의 존재에 대해 논쟁하고 있으며, 이는 이전에는 다중인격장애로 알려졌으며, 하나의 몸 안에 두 가지 이상의 성격들이 존재하는 것처럼 보이는 것이다.

을 불안하게 여기고 있다. 그러나 해리성 정체감 장애의 존재를 지지하는 몇몇 신경학적인 발견들이 있다. 한 개인이 오른손잡이인지 왼손잡이인지 하는 것은 때때로 성격과 더불어 전환된다. 한 연구에 의하면, 안과 의사들이 환자들 사이에서 이동할 때 환자들은 시각적인 예민함과 눈의 근육 균형을 바꾸는 것을 탐지했는데, 이는 다중성격을 가장하고 있는 통제된 피실험자들은 획득할 수 없었던 변화이다 (Miller 등, 1991).

신체형 장애

신체형 장애(somatoform disorder)는 원인을 확인할 수 없는 신체적인 증상들이 특징이다. 예를 들면, **신체화 장애**(somatization disorder)를 지닌 사람은 어지러움이나 메스꺼움과 같은 모호하고 증명할 수 없는 증상들에 대해 자주 그리고 극적으로 불평한다. 비록 그 사람이 이러한 증상들을 꾸며낸 것은 아니지만, 그 병은 신체적인 원인이 없고 치료는 스트레스나 우울과 같은 기저에 있는 심리적인 문제들과 종종 관련이 된다.

> 신체형 장애를 지닌 사람은 어지러움이나 메스꺼움과 같은 모호하고 증명할 수 없는 증상들에 대해 자주 그리고 극적으로 불평한다. 비록 그 사람이 이러한 증상들을 꾸며낸 것은 아니지만, 그 병은 신체적인 원인이 없고 치료는 스트레스나 우울과 같은 기저에 있는 심리적인 문제들과 종종 관련이 된다.

전환장애(conversion disorder)는 (비록 100년 전에는 아주 일반적이었지만) 북미나 서유럽에서 거의 보이지 않는 신체형 장애이다. 갑작스럽고 일시적인 감각 기능의 상실이 특징이며, 눈이 보이지 않거나 마비되며, 귀가 들리지 않거나 특정한 신체 부분이 무감각해지는 것을 경험할 수 있다. 이 증상들 중 어떤 것도 신체적인 원인이 없는 반면에, 이 장애는 주로 개인이 외상적인 사건에 노출되었을 때 발생한다. 예를 들면, 1970년대 크메르 루주의 공포 통치 후에 캄보디아 여성들 사이에서 심리적으로 눈이 보이지 않은 비율이 높았다.

아동기 장애들

어떤 장애들은 아동들에게 특정적이거나 아동기에 처음으로 명백하게 나타나기도 한다. 아동들에게 있어서 심리적인 장애들을 평가하기 위해 사용되는 진단적인 기준들은 성인들에게 사용되는 기준들보다 표준화가 덜 되어 있으며, 더 맥락화되어 있다. 그리고 증상들이 아동들과 성인들에 있어서 다를 수 있기 때문에 진단은 어려울 수도 있다. 미국의 공중위생국장에 의하면, 미국에서 5명 중에 1명은 어떤 주어진 시점에서 심리적인 장애를 겪는다. 다음에 나오는 장애들은 아동기에 경험되거나, 진단되는 널리 알려진 정신질환의 단지 일부분이다.

주의력결핍 과잉행동장애(ADHD)

주의력결핍 과잉행동장애(attention-deficit hyperactivity)로 진단받은 아동들은 전형적으로 주의를 집중하는 것이 어렵고 쉽게 주의가 산만해진다. 그들은 안절부절못하며, 순서대로 하는 것이 힘들며, 전체 질문을 다 듣기도 전에 충동적으로 대답을 불쑥 꺼내기도 하고, 지속적으로 자리에 앉아 있지 못한다. 학령기 아동들의 3~5%에게 영향을 끼치며, ADHD는 여자아이들보다는 남자아이들에게 2배 내지 3배 더 우세하다. 리탈린 또는 메틸페니데이트와 같은 자극제들로 치료하며, 이것들은 집중력과 동기를 관장하는 회로를 자극하면서 뇌에서 도파민의 수준을 증가시킨다.

자폐증

부모와 정상적인 애착을 형성하지 못하고 자신만의 동떨어진 세계로 물러나 있는 아이들은 사회적인 발달과 의사소통 기술을 방해하는 발달장애인 **자폐증**(autism)을 앓고 있을 수도 있다. 자폐 아동들은 앞뒤로 흔드는 것과 같은 반복적인 움직임이나 머리를 부딪치는 등 자기를 학대하는 행동을 할 수도 있다.

연구자들은 자폐증을 다인성 유전자 질환으로 생각하고 있으며, 이것은 많은 특정한 유전자들이 결합될 때 이 질환이 발생할 위험이 커진다는 것을 의미한다. 자폐 아동이 있는 가족들에게서 두 번째 아이가 이 질환을 가질 위험이 일반적인 경우보다 3%에서 8% 더 높다. 자폐증은 신진대사 장애, 유전질환들(취약 X 증후군) 그리고 발달상의 뇌 기형[소두증(microcephaly)]을 포함해서 기본적인 의학적 상태들과도 연관이 있다. 그러나 이러한 장애들은 단독으로 자폐증을 유발하지는 않는다. 이러한 상태를 지닌 대부분의 아동들은 자폐증이 아니다.

아스퍼거 장애

자폐증은 최근에 자폐 범주성 장애(ASD)라고 알려진 장애들의 범주의 일부로서 여겨지고 있다. 비엔나의 내과의사인 한스 아스퍼거(Hans Asperger)의 이름을 딴 **아스퍼거 장애**(Asperger syndrome)는 이 범주의 일부이다. 1944년에 아스퍼거는 정상수준의 지능과 인지 능력을 가지고 있으나 자폐증 같은 사회적인 행동들을 보여주는 아동들에 대한 논문을 썼다. 종종 별나거나 이상하게 보이며, 아스퍼거 장애를 가진 사람들은 사교적인 기술들에 있어 두드러진 결핍을 보이며 강박적으로 반복하기도 하며 그들이 흥미를 가지는 특정한 주제에 사로잡혀 있기도 한다. 이 장애는 1994년에 *DSM-IV*에 추가되었다.

복습

요 약

WHAT **정신질환은 무엇인가?**

● 정신질환은 사회적이고 직업적인 관계를 형성하는 개인의 능력을 손상시키고, 심각하고 오래 계속되는 괴로움을 수반하며 정신 건강 전문가에 의해서 해롭고, 일탈적이고 제대로 기능하지 않는다고 여겨지는 심리적 장애이다.

● 정신질환은 문화에 따라서 다양할 수 있다.

WHAT **정신질환을 일으킬 수 있는 원인들은 무엇인가?**

● 돌이킬 수 없는 뇌 손상이 심리적인 손상을 유발할 수 있다. 알츠하이머와 같은 퇴행성 기억 질병은 뇌에서 신경 세포의 퇴화 때문에 발생한다.

● 유전적인 특징, 선천적 결손증 그리고 알코올이나 유독물질과 같은 정신질환을 일으키기 쉬운 요인들은 개인으로 하여금 특정한 심리 장애에 민감하게 만든다.

● 환경적인 영향들이 생물학적으로 그러한 질병에 걸리기 쉬운 개인들에게 정신질환을 촉발시킬 수 있다.

WHAT **정신질환의 주요한 유형은 무엇이며, 그것들의 특징은 무엇인가?**

● 불안 장애는 지속적이며, 종종 정체를 알 수 없는 불안감이 특징이다. 범불안 장애, 공포증, 공황 장애, 강박 신경증 그리고 외상 후 스트레스 장애들이 불안 장애의 모든 유형들이다.

● 기분 장애는 크게 두 가지로 나눌 수 있다. 그것은 장기적이거나 극도로 오랫동안 지속되는 우울증이 특징인 우울 장애, 그리고 우울증과 조증이 번갈아 나타나는 양극성 장애이다. 주요우울 장애, 기분부전증 그리고 계절성 정서장애가 임상적인 우울증의 모든 형태들이다.

● 정신분열증은 망상, 환각 그리고 혼란스럽거나 긴장하는 행동이 흔한 특징이다.

● 성격 장애는 정상적으로 사회적인 기능을 하는 데 영향을 미치는, 융통성이 없고 비정상적인 행동 양식들이 특징이다. 기이한/괴상한, 극적인/변덕스러운 그리고 불안한/두려움을 느끼는 세 가지 유형의 성격 장애가 있다.

● 해리 장애는 기억의 갑작스러운 상실 또는 성격 변화를 초래한다. 해리성 기억상실증, 해리성 둔주 그리고 해리성 정체감 장애가 해리 장애의 유형들이다.

● 신체증상화와 전환장애를 포함하는 신체형 장애들은 확인할 수 있는 원인이 없는 신체적인 증상들이 특징이다.

● 아동기 장애들은 아동들에게 특징적이거나 아동기에 처음으로 명백하게 나타난다. 일반적으로 널리 알려진 아동기 장애들로는 주의력결핍 과잉행동장애, 자폐증 그리고 아스퍼거 장애가 있다.

이해 점검

1. 다음 중 공존질환의 예는 어떤 것인가?
   a. 진단 미확정의 정신분열증을 가진 사람
   b. 정신분열증 진단을 받은 사람
   c. 약물 남용
   d. 폭식증과 우울증을 앓고 있는 사람

2. 미국에서 정신질환을 진단하고 분류하는 데 가장 일반적으로 이용되는 책은 _____라고 불린다.
   a. 정신질환의 진단과 통계 설명서   b. 진단의 축
   c. 정신병리학 설명서   d. 이상심리학에 대한 지침서

3. 우울증을 치료하기 위한 약을 처방하는 것은 정신병리학에 대한 어떤 접근을 따르는 것인가?
   a. 정신분석적 접근   b. 생물학적 접근
   c. 인지적인 접근   d. 행동주의적인 접근

4. 앤냐는 그녀 평생 대부분 우울증을 겪어오고 있다. 그녀 어머니의 자궁에 있는 동안에, 그녀는 뇌 발달에 영향을 주는 높은 수준의 화학물질에 노출되어 있었다. 만약 이러한 노출이 앤냐의 이후의 우울증에 요인이 된다면, 앤냐가 노출되었던 화학물질이 그녀의 우울증과의 관련에 있어서 무엇이라고 여겨지는가?
   a. 생물학적인 환경들   b. 소인적 원인
   c. 촉진적 원인   d. 지속적 원인

5. 코스타스는 도박에 중독되어 있다. 그는 자주 가는 카지노에서 그가 이길 때 관심을 보이는 많은 여자들을 만나고 있다. 그리고 이러한 사실은 도박을 하려는 그의 욕구를 증가시킨다. 도박 중독과 관련해서, 코스타스가 이기는 것과 그가 마음을 끄는 여자들은?
   a. 촉진적 원인   b. 공존 질환
   c. 소인적 원인   d. 지속적 원인

6. 남자들보다 여자들이 불안 장애를 가지는 것으로 진단될 가능성이 더 많은 것은 다음 중 어떤 사실에서 기인하는 것일까?
   a. 임상심리학자들이 여자들이 남자들보다 더 많은 불안 문제를 가지는 것으로 종종 기대한다.
   b. 여자들이 남자들보다 그들의 불안 문제에 대해서 더 많이 도움을 구할 것 같다.

c. 남자들이 같은 불안 문제들에 있어서 여자들보다 종종 다르게 행동한다.

d. 위의 사실들 모두

7. 앤디는 방에 들어갈 때, 다섯 번씩이나 둘러봐야 한다고 느낀다. 다음 중 사실일 수 있는 것은?

a. 그는 공황 장애를 가지고 있다.

b. 그는 광장공포증을 가지고 있다.

c. 그는 사회 공포증을 가지고 있다.

d. 그는 강박 장애를 가지고 있다.

8. 외상 후 스트레스 장애(PTSD)에 대해서 다음 중 사실이 아닌 것은?

a. 여자들이 남자들보다 PTSD를 앓을 가능성이 더 많다.

b. PTSD가 있는 사람들은 수면을 취하는 데 어려움이 있을 수도 있다.

c. PTSD는 촉진적인 외상적인 사건이 없어도 종종 발병할 수 있다.

d. 15세가 되기 전에 외상적인 사건을 겪는다면 여자들이 PTSD를 겪을 가능성이 더 많다.

9. 프레다는 지난 3년 동안 주로 슬픔을 느꼈다. 그러나 대략 3주 동안 평소보다 훨씬 더 심해졌고 먹지를 않고 있다. 프레다가 앓고 있는 것은?

a. 기분부전

b. 주요우울 장애(MDD)

c. 이중우울

d. 급속 순환형

10. 조증에 대해 다음 중 사실인 것은?

a. 개인의 성적 욕구를 고갈시킨다.

b. 개인의 판단능력을 향상시킨다.

c. 항상 급속 순환을 동반한다.

d. 일시적으로 자긍심을 높여준다.

11. 우울증의 잠재적인 원인이 아닌 것은?

a. 학습된 무력감

b. 높은 수준의 오메가3 지방산

c. 낮은 수준의 노르에피네프린

d. 부정적인 인지 양식

12. 이제키엘은 정신분열증 환자이며 그가 비밀요원이기 때문에 정부의 스파이들이 그를 잡으려고 한다고 믿고 있다. 이제키엘의 신념은 무엇의 예인가?

a. 환각

b. 이중인격

c. 음성 증상

d. 망상

13. 에비는 그녀가 원하는 것들을 하지 않는다면 친구가 되지 않을 것이라고 말함으로써 친구가 되려는 사람들을 조정하려고 한다. 그녀의 기분을 예측하기란 어렵고 그녀는 사소한 이유로 사람들에게 종종 극도로 화를 낸다. 다음에서 그녀가 앓고 있는 것으로 가장 가능성이 있는 것은?

a. 경계성 성격장애

b. 분열형 성격장애

c. 편집성 성격장애

d. 반사회적 성격장애

14. 그래디는 그가 막 들어온 로펌에서 가장 유능한 변호사라고 믿고 있다. 그는 곧 파트너로 승진할 것이라고 기대하고 있다. 그가 이러한 생각을 함께 근무하는 다른 변호사에게 말했을 때, 그의 동료가 이 말에 상처를 받았다고 비웃었고, 그로 인해 그녀가 그와 의견을 함께 하지 않는다고 충격을 받았다. 그래디는 다음 중 어떤 장애를 앓고 있는 것일까?

a. 자기애적 성격장애

b. 분열성 성격장애

c. 해리성 정체감 장애

d. 의존성 성격장애

15. 케이시와 그녀의 남자친구가 함께 TV를 보고 있을 때, 그는 리모컨으로 20초마다 채널을 바꾼다. 케이시는 불평을 하고 그가 주의력 결핍 과잉행동장애(ADHD)가 틀림없다고 말한다. 그녀는 왜 이렇게 말하는가?

a. ADHD는 집중을 할 수 없는 것이 특징이다.

b. ADHD 환자들은 충동적으로 행동을 한다.

c. ADHD는 기억 상실이 특징인데, 이것이 주의산만성에 영향을 준다.

d. ADHD는 기억 상실이 특징인데, 이것이 안절부절못하는 행동으로 표현된다.

16. 한 여성이 모텔에서 눈을 떴는데 자기가 어떻게 거기에 왔고 자기가 누구인지 전혀 알지 못한다. 의사들이 그녀를 진찰했지만 신체적인 외상이나 손상에 대한 증거는 발견하지 못한다. 다음 중 어떤 증세를 가지고 있다고 진단받을 가능성이 가장 높은가?

a. 해리성 둔주

b. 전환 장애

c. 역행성 기억상실

d. 해리성 정체감 장애

17. 다음 중 정신분열증의 양성 증상인 것은?

a. 환청

b. 감소된 동기

c. 정서 결핍

d. 정신분열증과 관련된 양성 증상은 없다.

18. 아스퍼거 장애가 있는 사람들에게 있어서 다음 중 주로 사실이 아닌 것은?

a. 그들의 인지적인 능력은 평균 이하이다.

b. 그들은 어떤 것들에 대해서 강박적일 수 있다.

c. 그들은 다른 사람들과 상호작용하는 데 어려움이 있다.

d. 그들의 행동은 때때로 이상하게 보인다.

19. 취약성-스트레스 가설에 의하면 다음 중 사실인 것은?

a. 정신질환은 오직 개인의 유전자에 의해서만 결정된다.

b. 정신질환은 오직 스트레스에 노출되어서 결정된다.

c. 사람들의 유전자들은 그들로 하여금 정신질환에 쉽게 걸리게 한다. 하지만 그들 또한 환경적인 또는 정서적인 스트레스에 노출된다면 그들은 장애를 발병시킬 뿐이다.

d. 만약 일란성 쌍생아가 정신분열증을 발병시킨다면, 다른 한 명도 또한 정신분열증이 발병할 것이다.

20. 캔디스는 공황 발작을 일으켰고 붐비는 장소에서 그것을 겪을 것이라고 그녀는 지속적으로 걱정을 하고 있다. 결과적으로, 그녀는 거의 쇼핑몰, 슈퍼마켓 또는 극장에 가지 않으며 짧은 시간 동안만 집을 떠난다. 다음 중 캔디스가 앓고 있을 가능성이 가장 높은 것은?

a. 범불안 장애

b. 기분 장애

c. 외상 후 스트레스 장애

d. 광장공포증

정답: 1) d, 2) a, 3) c, 4) b, 5) d, 6) d, 7) d, 8) c, 9) c, 10) d, 11) b, 12) d, 13) a, 14) a, 15) d, 16) a, 17) a, 18) a, 19) c, 20) d

심리 치료

배우 가브리엘 번은 HBO의 치료 드라마에서
치료자 폴 웨스트 역할을 맡고 있다. 비록 그 쇼는 내담자를
진정한 인간으로 그리려는 시도와 특성에 공감적이지만,
어떤 사람들은 그 쇼가 드라마를 만들기 위해 전형적인 형태로
돌아가고 있다고 비난하고 있다. 심리적인 질병과 치료를
보여주는 드라마가 정신병의 사회적인 징후를 줄여주는가?
또는 그런 드라마가 사회에서 똑같이 치료를 받으려고
노력하는 사람들에게 단지 새로운 꼬리표를 만들고 있는가?

HOW   수년에 걸쳐서 정신 건강 체계는 어떻게 진화해왔는가,
그리고 오늘날에는 어떻게 구성되어 있는가?

HOW   생물의학적 치료법들은 어떻게 심리 장애를 치료하는가?

HOW   정신역동적이고 인본주의적 치료법들이 어떻게 심리 장애를
치료하는가?

HOW   인지적이고 행동주의적 치료법들이 어떻게 심리 장애를 치료
하는가?

WHAT   어떤 요소들이 심리치료를 효과적인 치료법으로 만드는가,
그리고 사용에 있어서 생물의학적 치료법들과 어떻게 비교되
는가?

과거,

의사들은 암 환자들에게 암이라는 사실을 알려주지 않
았다. 그때는 암에 걸렸고 치료받았다는 사실 자체로 인
해 일종의 사회적 낙인이 찍히게 되었기 때문이다. 당
신은 단지 암 치료(혹은 다른 질병의 치료)를 받고 있다
는 사실 때문에 가족과 친구들로부터 기분 나쁜 시선을
받게 되는 느낌을 상상할 수 있는가? 마치 너대니얼 호
손의 작품, 『주홍글씨(The Scarlet Letter)』에 나오는
헤스터 프린처럼 가슴에 붉은 A자가 새겨진 느낌이 들
지 않았을까?

이와 같이 (현재에는) 우울증이나 여타의 정신질환으
로 인해 정신과 치료를 받는 사람은 마치 그들이 처음
부터 뭔가 잘못된 사람인 것처럼 '미친 놈' 취급을 받을
때가 많다. 물론 사실은 그와 반대다. 치료를 받으려고
하는 사람들은 자신을 긍정적, 그리고 활동적으로 돕고
있는 것이다.

좋은 소식은 최근 들어서는 계속된 사회적 관심에 의
해 정신과 치료를 둘러싼 사회적 낙인 현상이 점차 나아
져가고 있다는 것이다. "그레이 아나토미", "닥터 필",
"인 트리트먼트"와 같은 유명한 TV 방송 덕분에 사람

들은 정신과 치료와 정신질환에 대해 더 많은 것을 알
수 있게 되었다. 하지만 몇몇 사람들은 이러한 방송들
이 정신과 치료와 그것이 무엇을 할 수 있는지에 대해
거짓된 인식을 심어주어 훨씬 더 심한 사회적 낙인을
유발할 수 있다고도 주장한다. 18세 이상 미국 성인 중
2,430만 명이 하나 혹은 그 이상의 정신질환을 가지고
있고, 자살률이 살인발생률의 두 배에 달하는 현재, 정
신 치료는 부끄러운 것이 아니라 희망적인 가능성이라
는 것을 반드시 알려주어야 한다.

그렇다면 어떤 사람들이 정신 치료가 좀 더 널리 받
아들여지도록 일하고 있을까? 상당히 흥미로운 상황으
로, 2008년 10월에 있었던 긴급 금융 구제 조치의 일환
으로 미 정부는 보험 회사들이 여타의 질병, 질환과 같
은 보험 보장을 정신질환에도 적용하도록 하는 정신건
강 동등지위 법률을 통과시켰다. 유사한 법안이 미국
상원에서 거부된 이래 12년간 논란의 중심에 있었던 이
법은 정신 치료를 받고자 하는 이가 금전적인 차별을
받지 않도록 해준다. 어쩌면 이 법이 정신질환자의 평
등을 위한 한 걸음이 되어 정신치료에 대한 사회적 낙
인을 줄이고 그들의 회복을 더 도와줄지도 모른다.

CHAPTER **18**

임상심리학과 정신건강 시스템

폴 웨스턴은 그 자신이 환자이자 임상심리학자라는 점에서 굉장히 특별한 사람이다. **임상심리학**(clinical psychology)이란 정신적 문제와 질환으로 인해 고통받는 사람들을 도와주기 위한 행위와 연구를 일컬어 말하는 것으로, 제17장에서 언급했던 것과 같은 문제를 가진 사람들이 도움을 받을 수 있는 분야이다.

오늘날에 와선 정신치료사에게서 정신 조언을 받는 것은 일반적인 일이 되었다. 일상적인 친구와의 대화에서 장난스럽게 '머리축소술'을 받는다거나, 혹은 아예 전문 조언이나 치료 지시를 언급하는 것도 다반사가 되었다. 또한 당신은 최근의 영화나 TV에서 정신치료사와 치료시간이 자주 등장한다는 사실("그레이 아나토미"에서 메레디스 그레이가 닥터 맥드리미와 논쟁을 벌인다거나, 닥터 필 맥그로우가 동명의 TV 토크쇼에서 참가자들에게 "이제 그만 현실을 직시하라."고 말하는 것)을 알고 있을지도 모른다. 재이미슨의 책 『나는 조울증을 이렇게 극복했다(An Unquiet Mind)』에서와 같이 심각하든, 현대의 많은 영화와 시트콤에서와 같이 유머가 첨가되어 있든, 정신 치료에 대한 문화적 언급은 많은 사람들에게 그러한 것들이 보통 가지고 있던 신비성을 없애며 사실을 설명해주고 또한 사회적 낙인을 줄여주었다. 이는 정신건강에 있어서 커다란 변화와 진보로 받아들인다.

정신 건강 제도의 역사

서양에서는 중세부터 17세기까지 대부분의

<<< 배우 패트릭 뎀시(Pactrick Dempsey)는 히트 드라마 "그레이 아나토미"에서 주연을 맡아 연기하고 있는데, 이 드라마는 때때로 정신건강시스템을 드라마화하고 있다. 당신은 대중문화 속에 나타난 임상심리학의 묘사가 정신질환에 대한 비난을 없앨 수 있다고 생각하는가?

사람들은 정신질환을 악마나 귀신에 홀린 것으로 보았다. 그 결과 치료는 대부분 효과가 없거나, 훨씬 더 나쁜 상황으로 몰고 갔다. 많은 고문, 교수형, 화형과 같은 '치료' 행위는 특히 끔찍하고 비인간적이었다. 몇몇 환자들은 신의 섭리에 의해 기적적으로 구해지지 않는 이상 익사할 것이 뻔한 '바보들의 배'에 태워져 물에 띄워졌다.

1792년, 파리의 큰 정신병원의 책임자였던 필리프 피넬이 정신 환자의 치료에 있어서 개혁을 일으켰다. 그는 정신병원에 있는 이들을 교도소 수감자보다는 환자로서 대우하자고 주장하였다. 그의 주장에 의해 환자들은 방에 갇혀 있거나 쇠사슬에 묶여 있던 상황에서 벗어나 자유롭게 움직이고 야외에서 운동할 수 있게 되었다. 1843년, 사회개혁가 도로시아 딕스(Dorothea Dix)는 교도소와 빈민 구호소의 처참한 상황을 기록한 책을 발간함으로써 정신 환자에 대해 도덕적인 치료를 할 것을 촉구하였다. 그리고 1919년, 클리포트 비어스(Clifford Beers)가 '국립 정신건강 위원회(National Committee for Mental Hygiene)'를 다른 사람과 함께 발족함으로써 정신질환의 치료 방향을 재활로 바꾸기 시작했다.

20세기 중반부터, 다수의 정신질환자를 수용하는 거대한 보호 시설의 유용성에 의문이 제기되기 시작했다. 그 결과, 정신약학의 발달에도 약간의 힘을 입어 정신질환 치료는 탈시설화되기 시작하였다. 이로써 서양 역사상 처음으로 고도의 정신질환자도 주의 깊은 약물 치료와 일반 치료에 의해 독립적으로 기능하고 생활할 수 있게 되었다.

그러나 이 탈시설화 경향이 반드시 성공적인 것만은 아니다. 넘칠 정도의 지원 없이는 많은 환자들이 필요한 약물 치료를 받지 못하고 실업자, 집 없는 사람, 그리고 스스로를 돌볼 수 없는 사람으로 끝나게 된다. 적극적 커뮤니티 치료 방법은 정신보건제도의 새로운 접근 방법으로 떠오르고 있다. 이들 프로그램은 커뮤니티 내의 고도 정신질환자가 어디에 있든 도움을 줄 수 있는 것을 목표로 한다. 이것은 각각의 환자에게 사례 관리자, 정신과 의사, 간호사와 사회복지사 등 여러 전문 분야의 사람들을 배정하므로, 유지에 대단한 경비를 지불해야 한다. 하지만 이 프로그램을 통해 환자들이 병원에 있을 필요가 없게 됨으로써 장기적 관점으로 보면 오히려 돈을 절약할 수 있을지도 모른다.

정신건강제도의 구조

정신건강 전문가를 고르는 데는 다양한 선택 가능성이 있다. 정신건강 전문가는 교육과정, 훈련과정, 전문분야 및 집중분야에 따라 여러 가지 이름과 기능을 가진다.

또한 '환자(patient)'와 '내담자(client)' 간의

제18장

차이를 아는 것도 중요하다. 정신질환에 대해 생물의학적인 치료방법을 택하는 전문가는 치료 대상을 주로 환자라고 지칭하는 반면, 정신적 고통을 병보다는 '생활의 문제'로 보는 전문가들은 그들의 도움을 청하는 사람을 내담자라고 부른다.

정신과의사

심리 장애 치료를 전업으로 하는 의사. 의사 학위를 가지고 있기 때문에 약을 처방할 수 있다. 몇몇 정신과의사들은 심리요법을 환자에게 실시한다.

정신과 병원 간호사

정신질환자 치료에 대한 특별한 훈련을 받은 간호학위를 가지고 있으며 일반적으로 병원 혹은 병원현장에서 일한다.

임상심리사

심리학 박사학위를 가지고 있으며 연구와 임상실험에서 광범위한 훈련을 수행한 전문가.

카운슬링 심리사

훈련과 학위에서 임상심리학자와 유사함. 카운슬링에 중점을 둠.

카운슬러 혹은 상담원

보통 카운슬링 석사학위 소지. 임상과 카운슬링 심리학자보다는 연구와 진단에서 훈련을 적게 함. 학교 혹은 시설현장에서 일함.

정신 사회사업가

사회복지사업 석사학위 소지. 심리적인 문제점을 가지고 있는 사람들을 연구대상으로 하는 경험과 훈련을 함. 보통 공립 사회 복지 기관에 고용됨.

임상 사회사업가

정신 사회사업가와 유사하나 특별한 훈련에 참여함. 정신과의사, 심리학자, 그리고 다른 정신건강 전문가들과 같이 일함.

예방의학과 정신건강

지난 수십 년간 정신치료에서의 주요 관점은 예방의학으로 옮겨갔다. 여기서 예방의학이란 정신질환을 일으킬 수 있는, 혹은 크게 만들 수 있는 상황을 처음부터 방지하고자 하는 노력이다. 예를 들면 가난, 인종차별과 가정폭력은 생활 가운데서 일어나는 스트레스에 대처하는 능력에 장기적이고 큰 악영향을 줄 수 있다(Albee, 1986).

예방의학 지지자들은 사회정의 프로그램이나 커뮤니티의 도움, 교육 기회를 통해 사람들의 삶에서 그러한 트라우마(외상)를 줄임으로써, 정신적 문제로 고통받는 사람들의 수 또한 줄일 수 있다고 믿는다. 물론 가난과 같은 복잡한 사회경제적 문제에 대한 간단한 처방은 당연히 없겠지만, 이러한 문제를 완화하기 위해 시간과 돈, 그리고 자원을 들이는 것은 사회적 관점이든 정신건강학적 관점이든 충분히 이상적인 방안이 될 수 있다.

현재의 건강보건제도에서 치료를 얼마나 쉽게 접할 수 있는가는 아직도 몇몇에게는 도전적인 문제가 되고 있다. 즉 자격을 가진 전문가의 부족과 보험 부족, 혹은 무보험자들을 빠뜨리는 복잡한 시스템에 의해 치료 받기 어려운 사람들이 아직도 많다는 것이다. 심지어 보험에 가입한 사람들조차 자신들이 가입한 보험이 정신 치료에 대해 엄격한 제한을 적용하고 몇몇 치료에는 아예 보험이 적용되지 않는다는 것을 알게 되는 경우가 자주 있다. 결과적으로 많은 정신질환자가 치료를 받으려 해도 제대로 된 정도의 치료를 받지 못하거나 아예 포기하고 고통스러운 삶을 살고 있다. 이로 인해 정신질환이 악화되는 경우가 많고 결국 비극적인 상황으로 끝날 가능성 또한 없지 않다. 따라서 현재의 정신보건제도에 아직도 개선의 여지가 많다는 점은 명백하다.

생물학적 치료 : 생물의학적 치료

몇몇 전문가들에게는 생물의학적 요법이 효과적인 치료 계획의 큰 부분을 차지하고 있다. 과거 50년 동안, 약이 정신과 행동에 어떤 영

<<< 극도의 가난은 정신질환에 기여하는 사회문제 중의 하나일 따름이다. 어려운 사회적 환경이 한 사람에게서 심리적 문제를 일으킬 가능성에 기여한다고 당신은 생각하는가?

향을 미치는지 연구하는 **정신약리학**(psychopharmacology)의 발전은 수많은 **향정신성 약물**(psychoactive medications)의 개발로 이어졌다. 이러한 약물은 추정되는 질환의 원인에 생화학적으로 작용하여 증상을 경감시킨다.

항정신성 약물

항정신성 약물(antipsychotic drugs)은 정신작용약물 중 환각, 편집증/피해망상, 망상 등의 정신병적 증상이 주로 나타나는 경우 치료에 사용되는 분야이다. 전형적 및 비전형적 항정신성 약물이 존재한다.

비록 상당수의 전형적 항정신성 약물이 1950년대부터 사용되었지만, 분열증 등의 증상을 치료하는 데는 새로 개발된 항정신성 약물과 비슷한 효능을 나타낸다. 전형적 항정신성 약물의 예로는 클로르프로마진과 할로페리돌이 있다.

이 약물은 망상과 환각 등(제17장) 분열증과 같은 질환이 보이는 양성 증상을 특정 시냅스에 작용하는 도파민 활동을 억제함으로써 효과적으로 줄이거나 없앤다(Lehman 등, 1998; Lezenweger 등, 1989). 이러한 약들이 효과적이라는 점은 과다한 도파민이 분열증의 한 이유라는 것을 시사한다(Pickar 등, 1984; Taubes, 1994). 전형적 항정신성 약물이 가지는 가장 큰 결점은 이들이 음성 증상을 치료할 수 없다는 점이다. 또한 전형적 항정신성 약물은 느림, 떨림, 심지어는 지발성 안면 마비(혀, 얼굴 및 그 외 근육이 무의식적으로 당겨지거나 수축하는 심각한 증상으로 많은

경우 되돌릴 수 없다)와 같은 부작용을 가지고 있다(Kaplan과 Saddock, 1989). 이러한 심각한 부작용의 위험 때문에 정신병을 가진 사람들은 장기간 항정신성 약물을 복용하기를 꺼린다.

무관심, 무감동이나 오랜 기간 동안 행동을 하지 않는 등 분열증의 음성 증상(제17장)을 나타내는 환자의 경우 비전형적 항정신성 약물의 복용을 통해 증상을 완화시킬 수 있다. 비교적 최근의 약은 도파민 외 세로토닌과 같은 다른 신경전달물질에도 영향을 줌으로써 음성 증상을 완화시킨다. 이들은 또한 전형적 항정신성 약물에 비해 뇌 내의 특정한 도파민 수용체에 작용하기에 부작용 또한 적다. 비전형적 항정신성 약물의 예로는 클로자핀, 리스페리돈과 올라자핀이 있다. 비록 비전형적 항정신성 약물이 전형적 항정신성 약물보다 부작용을 덜 나타내긴 해도, 두 종류 모두 어지러움, 체중 증가, 변비, 남성의 경우 성적 무기력증 및 메스꺼움을 일으킬 수 있다.

항우울제

미국에서의 우울증의 빈도(1년에 약 1,480만 명의 성인)를 생각해볼 때, 최근 대중이 항우울제에 대해 좀 더 잘 알게 되었다는 점은 전혀 이상하지 않다(Kessler 등, 2005).

항우울제(antidepressants)는 특정 신경전달물질(주로 세로토닌과 노르에피네프린)이 뇌 내에서 어떻게 순환하는지에 영향을 주어 우울증의 증상을 완화시킨다. 세로토닌과 노르에피네프린은 각성, 행복감과 관계가 있다고 알려져 있으며, 우울증으로 고통받는 사람들은 일반적으로 세로토닌 혹은 노르에피네프린의 결핍을 보인다.

1960~1980년대에 주로 사용되었던 가장 초창기의 항우울제는 삼환계 항우울제(tricyclics)라고 불린다. 여기에는 이미프라민(토프라닐)과 아미트립틸린(엘라빌)이 있다. 일반

적으로 세로토닌과 노르에피네프린은 뇌의 시냅스에 의해 재흡수된다(제3장 참조). 이러한 재흡수를 막음으로써 삼환계 항우울제는 환자의 기분을 완화시킬 수 있다. 하지만 삼환계 항우울제는 마른 입, 피로와 몽롱 등의 부작용을 나타낼 수 있으며 다른 항우울제에 비해 과다복용 시 죽음에 이를 확률이 높다(Anderson, 2000; Mulrow, 1999).

선택적 세로토닌 재흡수 억제제(selective Serotonin reuptake inhibitor, SSRI)는 삼환계 항우울제에 대한 대체제로 최근 개발되어 1980년대부터 사용되기 시작한 약이다. 이 약은 뇌 내에서 세로토닌의 재흡수만 선택적으로 저해하여 훨씬 부작용이 적다. 플루오제틴(프로작), 파로제틴(팩실)과 세트랄린(졸로프트)은 전부 SSRI에 속한다. 삼환계 항우울제와 SSRI가 일반적으로 우울증 치료에 대해선 비슷한 효용성을 보이나, SSRI가 부작용이 더 적기 때문에 요새는 일반적으로 SSRI를 많이 사용한다.

증언에 의하면 이 약들은 크게 효과적이다. ABC 뉴스의 정치분석가 조지 스테파노파울로스, 여배우 브룩 쉴즈와 코미디언 로지 오 도널, 모두 SSRI가 그들을 우울증으로부터 구해주었다고 공개적으로 증언했다. "잿빛 생활은 사라졌습니다. 전 이제 밝은 테크노색의 세계에서 살고 있습니다."라고 오도널은 적었다.

일아민 산화제/모노아민 옥시데이즈(monoamine oxidase, MAO) 억제제는 또 다른 항우울제이다. MAO는 노르에피네프린과 같은 일아민을 대사에 사용하는 효소로, 이를 억제함으로써 뇌 내의 노르에피네프린의 농도를 높일 수 있다.

MAO 억제제의 경우 치명적인 음식/약 조합이 있는 등 대단히 심각한 부작용을 가지기에, 다른 약물요법에 잘 반응하지 않는 환자들을 위해 마지막 방법으로 시도된다.

가장 최근 개발된 항우울제로는 비전형적 항우울제가 있으며, 이들은 특정한 조합으로 세로토닌, 노르에피네프린, 도파민을 포함해서 신경전달물질에 영향을 준다. 부프로피온(웰부트린)과 염산둘로제틴(씸발타)이 그 예이다. 흥미롭게

> ABC 뉴스 정책 분석가 조지 스테파노파울로스, 여배우 브룩 쉴즈 그리고 코미디언 로지 오도널 모두 우울증과의 한 판 승부 이후에 SSRI가 그들의 삶을 갱생하는 데 도움이 되었다고 진술한다.

도 노르에피네프린과 도파민의 재흡수를 막음으로써 항우울제로 작용하는 웰부트린은 금연을 하는 데도 평균정도의 효과를 나타내는 것으로 밝혀졌다.

이미 수백, 수천만 명의 사람들이 항우울제로부터 도움을 받았다. 프로작 혼자 3천8백만 명을 구했다(Goode, 2000). 저널리스트 엘리자베스 워젤의 1994년도 회고록 『프로작 국가』는 미국에서 항우울제가 얼마나 퍼져 있는지 익살스럽게 논증한다. 확실히 지난 20년 동안 이러한 약의 사용은 크게 증가했는데, 이는 눈에 띄는 광고 캠페인에 어느 정도 영향을 받은 것이긴 하다. 여러분은 졸로프트 광고에서 보이는 나비를 쫓는 달걀이나, 씸발타 광고에서 들리는 감정적인 변화 초래 해설을 들어보았을 것이다. 몇몇은 항우울제에 대해 아예 태연하게 '행복알약'이라고 지칭하기도 한다.

하지만 항우울제가 심각한 항정신제라는 점은 변하지 않는다. 항우울제는 심리치료와 함께 병행될 때 가장 효과적이고 안전하며, 치료 상황에 대해 충분히 잘 아는 의사의 철저한 관리감독 아래에서만 사용해야 한다. 어린이와 청소년 연령대의 항우울제 사용 증가와 자살률 증가를 밝혀낸 최근 연구를 본다면 의사의 감독하에 사용해야 함을 좀 더 확실하게 알 수 있다(Olfson 등, 2006). (물론 자살률 증가와 스트레스/우울증 증가, 그리고 이를 항우울제 사용의 증가로 엮는 게 더 타당한 통계분석일 수 있다.)

항불안제

불안장애로부터 고통받는 사람들에게는 항불안제가 평안을 가져올 수 있다. 이 약은 긴장이나 불안감 등 많은 종류의 불안장애가 보이는 증상을 중추신경계의 활동을 감소시킴으로써 완화할 수 있다. 가장 초기의 항불안제는 주로 '안정제(진정제)'라고 알려진 바비튜레

이트 계열의 약으로 중독성이 굉장히 높았다. 1960년대에는 **벤조다이아제핀**(benzodiazephines)이라는 훨씬 더 안전한 약이 바비튜레이트를 대체했다. 발륨과 자낙스를 포함하는 이 종류의 약은 일반불안장애와 공황장애를 치료하는 데 효과적이다. 부작용으로는 졸음과 운동 협응의 감소 등이 있다. 비록 벤조다이아제핀이 바비튜레이트보다는 덜 중독성이 있어도 몇몇 불쾌한 금단증상을 가지고 있다. 여기에 더해 많은 의사들이 항불안제는 그 근원을 치료하지 못한 채 오직 증상만 나아지게 한다고 생각한다. 이들은 치료계획에 약물치료와 행동치료를 둘 다 포함한다. OCD와 PTSD 같은 다른 불안장애의 경우 항우울제, 특히 SSRI에 의해 치료될 확률이 더 높다.

기분안정제

사람들이 양극성 장애의 전형적인 특징인 급속한 기분 변화를 경험할 경우, 의사들은 기분안정제, 다시 말해 리튬을 처방한다. 리튬은

장기간 사용될 경우 10명 중 7명의 양극성 장애 환자의 증세를 완화시킬 수 있다고 관찰된, 간단한 소금 원소이다. 정확히 어떻게, 그리고 왜 이 약이 작용하는지는 아직 전문가들도 풀지 못한 미스터리이나, 중요한 점은 리튬이 양극성 장애로 고통받는 사람들의 상당수에게 정말로 효과적으로 작용한다는 것이다. 저널리스트이자 TV쇼 호스트, 그리고 2001년도에 양극성 장애로 판단된 제인 파울리는 리튬에 대해 이렇게 말했다. "그건 정말로 안정제입니다. 그것이 절 저로서 살게 해줍니다."

전기충격요법

만약 당신이 켄 키지의 『뻐꾸기 둥지 위로 날아간 새(One Flew Over the Cuckoo's Nest)』나 그것의 영화화된 작품을 보았다면, 당신은 **전기충격요법**(electroconvulsive therapy, ECT)에 대해 매우 부정적인 인식을 가지고 있을 것이다. 초창기의 ECT 사용(환자의 뇌에 전기적 충격을 주는)은 대체로 효과가 없었으며, 더 심하게는 그저 야만적일 뿐이었다. 그러나 현대의 기술과 조심스러운 의학적 관리에 의해 ECT는 현재 심리치료나 약물치료가 효과가 없는 고도의 우울증 환자를 성공적으로 치료하는 데 쓰인다.

오늘날의 ECT는 이전과는 전혀 다른 방식으로 치료에 쓰인다. ECT를 사용하는 사람들은 환자가 고통을 거의 느끼지 않고 물리적인 위험에 놓이지 않도록 근육이완제 및 기타 약을 통해 신경과 근육의 활성화를 막는다. 연구 결과에 의하면 2주에서 4주간 6회에서 12회의 ECT를 통해 연구에 참가한 환자 중 80%가 우울증상의 큰 완화를 보였다고 한다

(Bergshlom 등, 1989; Coffey, 1993). 가장 신경 쓰이는 부작용은 기억 장애이나 최근 고안된 한쪽 면만을 처치하는 치료법을 통해 기억 장애가 일어나는 빈도를 줄일 수 있었다. 이 경우 의사들은 환자의 우반구에만 전기충격을 가하여 의식 및 언어기억에 주는 영향을 줄인다.

리튬과 마찬가지로 ECT가 효과적인 이유는 아직 아무도 알지 못한다. 비록 ECT의 사용에 아직 논란이 많긴 하지만, 다른 방법(약물치료)으로는 우울증으로부터 구원받을 수 없던 사람들에게는 효과적이고 유망한 치료방법이라는 평판을 얻기 시작하고 있다.

외과수술

ECT와 유사하게 외과수술 또한 다수의 사람들에게는 과거에 있었던 흉악하고 실질적으로 날림이라 부를 수 있는 수술 과정과 그것이 보여주는 그로테스크한 이미지를 떠올리게 한다. 다행히도 현대 의학은 과거의 문제의 소지가 많던 전두엽 절제술(뇌로부터 전두엽을 절제하여 식물인간에 가까운 상태를 보이게 하는 수술법)의 시대를 끝내고 외과 수술(정신질환을 고치기 위해서 뇌의 일부분을 수술로 통해 고치는 방법)을 '인간적인' 방법으로 변환했다. 이 개량된 방식의 **외과수술**

(psychosurgery)은 극도로 국부화되어 있으며 뇌의 특정 지역들에 대해서만 적용된다. 다만, 기존의 수술과 같은 위험 부담성에 더해 되돌릴 수 없다는 특성 때문에 외과수술은 오직 굉장히 드물거나 매우 심각한 경우에만 행해진다.

예를 들어 다른 방법으로는 치료될 수 없는 OCD는 외과수술로 치료될 수 있다. 의사들은 OCD 환자들에게서 지나치게 활동이 많은 뇌 영역(cingulum과 basal ganglia)에 전극을 꽂은 후, 전파 주파수의 전류를 흘린다. 뇌의 이러한 작은 부분을 파괴함으로써 OCD 증상을 완화시킬 수 있다는 것이 확인되었다(Sachdev와 Sachdev, 1997). 또한 심뇌자극법이라 불리는 새 방법으로도 굉장히 드문 경우나 기존의 방법으로 치료할 수 없었던 OCD를 치료할 수 있다. 외과의가 환자의 뇌에 얇은 전선 전극을 꽂고 활성화시키면, 전극은 근처 뉴런을 파괴하는 대신 자극할 수 있다. 과학자들은 이 방법이 OCD와 효과적으로 싸울 수 있는 이유로 강박증상과 충동증상의 기저에 있는 신경 루프를 방해하기 때문이라고 생각한다.

정신역동과 인간성 심리치료

심리치료(psychotherapy)는 정신질환을 앓고 있는 사람과 치료사 사이에서 문제에 대한 지지나 경감, 혹은 해방을 위해서 행해지는 일련의 소통(상호작용)을 일컫는다. 비록 몇몇 사람들이 심리치료를 생의학적 방법의 대체제가 될 수 있다고 생각하긴 하지만, 약물과 함께 병행되는 경우가 대부분이다. 이 합성요법(개인마다 다른 문제와 개인의 생물학적, 심리학적 및 사회적 영향력을 생각하여 다각도로 치료를 행하는 방법)은 **절충적 심리치료**

> 모든 정신치료가 똑같은 것은 아니다. 사실은 정신치료에 대한 각각의 접근방식은 마음이 어떻게 작용하는가와 '마음의 문제들'을 가장 잘 다룰 수 있는 방법은 무엇인지에 대한 다른 관점을 나타내고 있다.

(eclectic psychotherapy)라고 불리며, 지난 20년간 치료사들에게 인기리에 사용되었다(Beitman 등, 1989; Castonguay와 Goldfried, 1994).

모든 심리치료들이 동일한 건 아니다. 실제로 심리치료에 대한 각각의 접근법은 정신이 어떻게 작용하는가, 마음의 문제를 어떻게 가장 효과적으로 해결할 수 있는가에 대한 서로 다른 관점을 반영한다.

정신역동적 심리치료

정신역동적 심리치료(psychodynamic therapies)는 프로이트의 정신역학(제16장 참조)에 기반하고 있다. 정신역학이론에 따르면 무의식적인 갈등이 정신질환의 기저에 깔려 있으며 그러한 갈등이 우리의 말과 행동을 통해서 표면화된다고 한다. 이러한 관점에 의해 정신역학 치료사들은 정신질환의 증상을 심층에 깔려 있는 문제의 부작용으로 보고 그러한 문제를 해결해야 한다고 생각한다. 정신역학 치료사들은 그들이 가지는 정신질환에 대한 관점뿐만이 아니라 그것을 어떻게 치료해야 하는지에도 프로이트적 사고관을 사용한다. 치료사들은 내담자가 가지는 문제를 내담자의 과거 경험이나 유소년기로 거슬러 올라가서 원인을 찾아보며, 내담자의 중요한 인간관계로서의 관점에서 증상을 이해하려고 노력한다.

정신분석

비록 비싸고 시간이 많이 걸린다는 이유(수년간 일주일에 수차례의 상담)로 인해 그 인기가 사그라들긴 했지만, 아직도 몇몇 치료사들은 환자들을 치료할 때 **정신분석**(psychoanalysis)을 사용한다(Goode, 2003). 정신분석은 무의식적인 영향과 같은 프로이트적 개념과 굉장히 관계가 깊은 심리치료이다. 이 방법은 내담자들이 자신들의 문제를 '넘어서서' 정신적인 문제를 해결하는 것과 그것을 도와주는 것을 목적으로 하는 구체적인 기법과 개념을 여러 개 포함한다.

"어제 전 동물원에 갔어요… 코끼리… 잿빛… 목탄… 캠프파이어… 오크나무."

위 문장은 의미 없는 생각과 단어의 나열처럼 보일지도 모르지만 사실은 **자유연상**(free association)을 연습할 때 나올 수 있는 문장

외현적 내용은 개인이 꿈(그것의 이야기 줄거리, 등장인물들 그리고 세부사항들)에 대해서 명확히 기억할 수 있는 것이다.

잠재적 내용은 꿈의 무의식적인 의미를 묘사한다.

저항은 치료적인 작업을 하는 것을 회피하려는 내담자의 시도를 말한다.

전이는 내담자 인생의 중요한 인물에 대한 무의식적인 감정들이 치료사에게로 향하는 것이다.

카타르시스는 치유적인 감정의 해소이다.

대인관계 정신치료는 심리치료의 한 형태로, 이것은 정신적인 문제들을 해결하기 위한 수단으로서 내담자들이 그들의 관계, 특히 그들의 현재 관계들을 개선하도록 돕는 데 초점을 맞추고 있다.

실 자신이 어머니에게 가지고 있던 무의식적이고 풀리지 않은 분함을 치료사에게 전이시키고 있다고 볼 수도 있다. 이러한 사례를 확인하고 그것의 뿌리로 거슬러 올라가 분석함으로써, 치료사들은 내담자가 **카타르시스**(catharsis)(정화 작용), 혹은 감정의 치료적 해방을 경험할 수 있도록 통찰력을 주려고 노력한다.

신프로이트학파 치료법

몇몇 심리학자들은 프로이트의 가장 기본적인 생각에는 동의하면서도 프로이트가 사용했던 기법을 조금 고치거나 더 나아가 신프로이트적 치료법이라 불리는 것을 개발했다. 예를 들어 해리 설리번(Harry Sullivan)은 대인관계가 정신질환에 대해 중요하고 의미 있는 영향을 끼친다고 믿었다. 그의 철학은 내담자들이 정신적 문제의 해결 방안으로서 인간관계, 특히 현재의 대인관계가 나아지는 데 집중하는 **대인관계 정신치료**(interpersonal psychotherapy)의 기틀을 잡았다. 기존의 정신분석기법과 비슷하게 대인관계 정신치료기법은 환자들이 문제의 뿌리를 찾아야 한다는 개념에 기반하고 있지만, 정신분석기법보다는 훨씬 더 짧고 덜 강렬하며 좀 더 실용적이고 즉각적이고 가깝다. 이 방법은 우울증으로 고생하는 사람들에게 특별히 도움이 된다(Weissman, 1999).

인본주의 치료법

만약 당신이 모든 사람은 자라고, 더 뛰어나게 되어서 가장 최고의 사람이 될 수 있는 가능성을 내포하고 있다고 생각한다면, 생애를

정신역동 심리치료법은 자유연상이나 꿈분석을 포함하는 심리분석기법을 사용한다. 여러분은 이러한 방법들이 위대한 통찰을 만들어 내고 심리적인 문제들을 경감시킬 것이라고 생각하는가?

의 한 예이다. 자유연상은 치료사가 의뢰자에게 정신을 느긋이 하고 이성이나 자체 검열/수정을 피해서 가장 최근의 경험, 기억이나 꿈에서 시작하여 떠오르는 모든 이미지나 생각을 말하도록 격려하는 정신분석기법이다. 그 다음 치료사는 이러한 무작위적인 생각의 배열(=연상)이 내담자의 무의식에 존재하는 불안이나 갈등을 가리키는지 확인해 보려고 시도한다.

프로이트는 꿈이 자유연상의 가장 순수한 형태라고 보았으며, 꿈 해석은 정신분석기법 중 또 다른 유명한 방법이다. 내담자의 꿈을 해석할 때 치료사들은 **외현적 내용**(manifest content)(꿈을 꾸는 사람이 꿈을 경험하고 기억하는 방법과 순서)을 따라가면서 **잠재적 내용**(latent content)이나 꿈이 나타내는 무의식적 의미를 찾으려고 노력한다.

정신분석을 하는 동안 치료사들은 내담자들이 보일 수 있는 **저항**(resistance)이나 전이의 사례를 찾기 위해 눈에 불을 켜고 있다. 여기서 저항은 내담자가 보일 수 있는 치료행위에 대한 거부시도를 말한다. 예를 들어 내담자는 상담을 '잊어버리거나' 특정한 주제에 대해선 함구할 수도 있다. **전이**(transference)란 내담자 자신의 생에 있는 중요한 사람에 대한 무의식적인 감정이 치료사에게 대신 향하는 것이다. 정신분석적 관점에서 치료사에게 분하거나 억눌한 감정을 품게 되는 내담자는 사

휴머니즘적인 관점에서 볼 수도 있을 것이다. 심리(학)에 대한 휴머니즘(인간적, 혹은 인간성적인)적인 접근은 인간의 가능성과 건강, 행복 및 타인에 대한 너그러움을 위한 가능성을 강조한다(제16장 참조). 따라서 휴머니즘적인 정신요법이 정신적 문제를 긍정적이고 낙관적인 안경을 끼고 바라본다는 것은 당연한 일일 것이다. "정신적 문제를 반드시 문제라고 생각할 필요는 없다"라고 휴머니스트적인 치료사는 말할 수 있다. 그는 그 뒤에 "그러한 것은 삶에서 잠시 멈추어 우리가 어떻게 살아 왔는지 되돌아보고 우리의 가능성(잠재능력)을 증진시키기 위한 변화를 추구할 수 있는 기회이지 않은가"라고 덧붙일 것이다. 휴머니스트적인 치료는 병 자체를 치료하는 것보다는 건강과 행복(특히 위업)을 달성하는 것에 초점을 맞추며, 긍정적인 발전을 위한 개개인의 내적 잠재성을 찾고 깨우는 데 중점을 두고 있다.

휴머니스트적인 치료는 행복에 대해서는 그것을 실현할 힘이 사람 내부에 있다는 생각에 맞추어져 있다. 다른 말로 하면, 우리 자신의 행동에 대해 우리가 내리는 결정이 우리의 생존과 건강, 그리고 행복을 효과적으로 증진시킬 수 있다는 것이다. 휴머니스트적인 치료사들은 자신들의 내담자가 행복을 얻기 위해 필요한 자기 인식과 자신감을 발달시키는 데 도움을 주는 것을 목표로 한다. 그들은 내담자들이 자신들을 어떻게 '고치는지' 잘 보여주

지 않는 만큼이나 내담자들을 '고치려고' 하지 않는다. 당신은 어쩌면 이들을 정신세계의 긍정적인 치어리더라고 볼 수도 있다.

인간중심적 치료

인본주의적 심리학자였던 칼 로저스(Carl Rogers)는 인생에서 앞으로 나설 수 있도록 동기 부여가 되기 위해선 우리가 먼저 자기 자신이 좋다고 생각하고 우리의 결점과는 상관없이 다른 사람들로부터 받아들여지고 인정받아야 한다고 생각했다. 이 신조는 로저스가 개발한 **인간중심적**(person-centered), 혹은 **내담자 중심적 치료**(client-centered therapy)라고 불리는 유명하고 널리 퍼진 인본주의적 치료의 근간이 되는 것이다(Roger, 1961, 1980). 이 모델에서 치료 과정은 치료사의 생각과 기술보다는 내담자의 능력과 통찰에 중점을 둔다. 인간중심적 치료를 행하는 치료사는 내담자의 정신 건강에 대해 동기 부여자, 부역자와 조력자의 역할을 맡으려 한다. 그들은 설사 내담자 자신이 동의하지 않을지라도 내담자가 가치 있고 능력이 있다고 믿는다. 이렇게 치료사들이 진실하게 받아들이고 있다는 표현은 내담자들이 좀 더 긍정적이고 자신감 넘치게 하여 그들이 개인적인 성취를 얻을 수 있게 길을 열어주는 역할을 한다(Hill과 Nakayama, 2000).

당신은 TV에 나오는 사람 중 한 명이 "넌 내 말을 '듣고' 있지 않잖아!"라고 불평하는 것을 듣거나, 혹은 그 말을 생활하면서 직접 말했을지도 모른다. '경청'되고 있다는 사실, 혹은 이해받고 청취되고 있다는 사실은 능동적 경청이라고 불리며, 로저스의 인간중심적 치료에서 매우 중요한 부분을 차지하고 있다. 치료사가 내담자를 능동적으로 경청할 때, 치료사는 선입견이나 판단 없이 내담자의 관점에서 내담자의 말을 이해하려고 한다. 능동적 경청은 따라 하기, 고쳐 말하기, 내담자의 말을 정확히 하고자 하는 노력을 포함한다. 동시에 치료사들은 내담자가 대화의 주도권을 유지하고 대화 내용을 이끌어갈 수 있도록 주의하는 것

을 잊지 않는다. 능동적 경청의 한 예는 다음과 같다.

내담자: 가끔씩 전 제가 완전한 실패자라고 느껴요. 그러니까 아무것도 제대로 할 수 없다든지.

치료사: 즉 당신은 특정한 경우에 실패한다는, 뭔가를 제대로 할 수 없다는 거지요? 이게 맞습니까?

내담자: 네, 뭐랄까, 뭔가를 하려고 할 때마다 항상 그걸 망쳐버리는 것 같아요.

치료사: 그건 정말 고통스럽고 당황스럽겠군요. 한번 말해보고자 하는 예가 있나요?

로저스에 의하면 내담자를 '경청'하는 것은 도움을 요청하는 내담자들의 생과 마음에 강력하고 희망을 주는 원동력이 될 수 있다.

게슈탈트 치료

게슈탈트는 '전체'를 뜻한다. 따라서 인본주의적인 치료방법에 포함되는 **게슈탈트 이론**(gestalt therapy)이 '부족한 부분을 채워서 사람을 완전하게 만드는' 것을 목적으로 하는 것도 그리 놀라운 일은 아닐 것이다(Perls, 1969). 심리학자 프리츠 펄스(Fritz Perls)에 의해 개발된 게슈탈트 치료법은 내담자들이 자신의 생각, 행동, 경험과 감정을 알아내고 책임을 지는 것에 도움을 준다. 게슈탈트 치료법은 내담자들이 능동태("부모님들은 전화를 받았습니다." 대신 "저는 부모님에게 전화를 걸었습니다."와 같은 형식)를 사용하고 그들의 공포, 갈등이나 여타의 문제를 정면으로 마주하도록 격려함으로써 그러한 목적에 가까이 다가갈 수 있도록 한다.

집단 및 가족 치료

치료사가 얼마나 개방적이고 친절하고 솔직하고 공감할 수 있는가와 상관없이, 몇몇 사람들에게는 치료사와 1:1로 앉아서 상담하는 것이 정말로 두렵고 힘든 일이 될 수 있다. **집단 치료**(group therapy)는 그러한 사람들에게 1:1 상담보다는 덜 두려울 수 있기에 좀 더 효과적인 대안이 될 수 있다. 또한 집단상담은 내담자가 다른 참가자들을 살펴보고 그들이 가지는 대인관계 기술을 연습하며 타인의 영향과 조언에 따라서 생각과 행동을 바꿀 수 있는 경험의 기회를 준다. 많은 경우, 사람들은 다른 사람들이 유사한 문제를 어떻게 경험하는지 듣는 것이 얼마나 위로가 되고 도움이 되는지 알 수 있다. Alcohol Anonymous와 같은 동네 지원 단체와 자립단체는 상당히 효과적인 집단 치료의 예이다(Galanter 등, 2005; Kurtz, 2004; McKellar 등, 2003; Ouimette 등, 2001).

가족 전체가 중대한 갈등이나 스트레스에 직면했을 때, 그들은 가족치료사에게 도움을 요청할 수 있다.

가족 치료(family therapy)는 가족을 시스템 혹은 구성단위로 보고 가족이 갈등에 대응하고 해결할 수 있게 도와주는 효과적인 도구가 될 수 있다. 치료사는 개개인의 서로 다른 문제의 집합보다는 갈등이나 스트레스가 가족 구성원 간의 관계에 어떻게 작용하는지에 주안점을 둔다. 물론 상당수의 경우 개인에 대한 치료 또한 전체적인 치료 계획의 일부로 가족치료에 더해진다.

인지 및 행동적 심리치료

"나는 생각한다. 고로 나는 존재한다." 당신이 철학을 전공하지 않더라도 17세기의 유명한 철학자인 르네 데카르트가 말한 이 문구는 자주 들어봤을 것이다. 비록 데카르트가 심리학자는 아니었지만, 그가 생각, 행동과 실존 사이의 상호작용에 관해 믿었던 것은 정신질환에 대한 인지요법과 행동요법을 논의하는 데 좋은 출발점이 되어준다.

인지적인 치료법과 행동적인 치료법은 정신적인 문제가, 잘못되거나 비이성적인 생각으로부터 시작하여 비논리적인 행동으로 나타난다는 생각에 기반을 둔다.

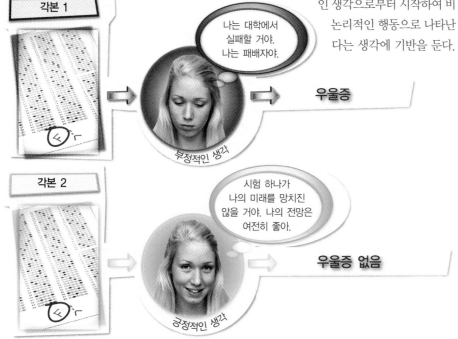

집단 치료는 치료사에 의해 이끌어지며 심리 장애를 겪고 있는 내담자들의 집단을 포함하는 치료 형태이다.

가족 치료는 치료사가 가족을 하나의 단위로 여겨서 가족 구성원들 사이에서 발생한 갈등과 스트레스를 해결하려고 하는 심리치료의 한 형태이다.

인지-행동 치료법은 정신적인 문제가 잘못되거나 비이성적인 생각으로부터 시작하여 비논리적인 행동으로 나타난다는 생각에 기반을 두고 있다. 그러므로 이러한 형태의 치료법은 내담자가 생각하고 행동하는 방식을 변화시키는 데 중점을 두고 있다.

인지 치료는 사람들의 정신적 문제가 그 자신의 비논리적이거나 잘못된 믿음과 생각에서 비롯될 수 있다는 이론에 근거를 두고 있는 치료 방법이다. 그러므로 이러한 형태의 치료법은 그러한 인지 양식들을 건강한 것들로 대체하려고 한다.

본질적으로 말하면 당신 자신이 당신을 어떻게 생각하느냐이다. 그 결과, 인지치료와 행동요법은 **인지-행동 치료법**(cognitive-behavior therapy, CBT)으로 자주 합쳐지며 사람들이 생각하는 방법(인지)과 행동하는 방법(행동)을 변화시키려고 한다. 이 접근은 정신역학과 휴머니스트적인 방법과는 크게 다르다. 내담자가 달성하고자 하는 것은 무의식에 대한 통찰이나 개인이 가진 잠재능력을 깨닫는 것이 아니다. CBT는 그 대신 문제의 원인이 될 수 있는 생각이나 행동 패턴을 파악하고 그러한 패턴을 깰 수 있는 당장, 그리고 양적인 변화를 나타내길 촉구한다. 흥미롭게도 공포증에 대해 CBT를 사용하는 것은 SSRI 치료법과 유사한 뇌 효과를 나타낸다고 발견되었다. 둘 다 편도체(amygdala)와 해마(hippocampus)의 활성화 혹은 반응도를 낮춘다고 확인되었다(Furmark 등, 2002). 이 발견은 CBT에 인체생리학적인 요소가 있다는 것을 암시하며 생각하고 행동하는 방식을 바꾸는 것이 말 그대로 뇌의 회로를 바꿀 수 있다는 것을 보여준다.

인지치료

인지치료(cognitive therapy)는 CBT의 하나, 혹은 별도의 치료 방법이 될 수 있으며 1960년대에 처음 조명을 받았다. 인지치료는 사람들의 정신적 문제가 그 자신의 비논리적이거나 잘못된 믿음과 생각에서 생겨났다는 이론에서 생겨났다. 예를 들어 사람들은 우울하고, 자기비하적, 자멸적이고 부정적인 생각

인지 치료사들은 내담자가 그러한 부정적인 생각 양식들을 그들이 우울증을 피하는 데 도움이 되는 좀 더 적응적인 생각으로 바꿀 수 있도록 내담자와 함께 노력한다.

∧∧∧ 마음챙김 명상은 불교적인 실천과 가장 자주 연관되며, 인지치료에서도 발견된다. 내담자는 구조화된 명상 회기에 참여하고 그들의 매일의 생각과 행동들에 대해 세심한 주의를 기울임으로써 자기인식을 얻을 수도 있다.

을 하기 때문에 우울증이라고 주장하며, 우려, 불안, 염려와 공포로 점철된 믿음 때문에 불안하다는 주장이다. 그러한 부적응적 사고와 믿음이 현실을 원래보다 더 나쁘게 보이게 할 수 있다고 생각하기에, 인지치료는 그러한 것들을 좀 더 건강한 인지 양식으로 바꾸려고 노력한다.

인지 재구성(cognitive restructuring)은 대부분의 인지치료에 있어서 대단히 중요한 부분을 차지하고 있다. 이 기법을 통해 치료사들은 내담자들이 부정적인 감정 상태를 유발하는 자동적 믿음, 가정과 예상에 의문을 품고, 부정적 사고를 좀 더 현실적이고 긍정적인 사고로 바꿀 수 있도록 가르친다. 아론 벡(Aaron Beck)과 협력연구자들은 이 개념에 기반을 두어 현재 널리 사용되는 방법을 고안했다(1979).

예를 들면, 우울증에 시달리는 환자는 "나는 수학 시험을 망쳤어. 그러니까 F를 받을 거야. 그러면 학위나 직업도 얻을 수 없겠지. 아, 난 왜 이렇게 패배자일까"와 같은 자기 파괴적인 생각에 사로잡힐 수 있다. 벡의 기법을 사용하는 인지치료사는, 내담자가 위와 같이 개별적인 상황을 더 끔찍하게 만드는 자신의 추론 뒤에 있는 비논리적인 사고를 깨닫고 이해하도록 내담자를 격려할 것이다. 수학 시험 하나를 망친다고 해서 그 사람이 패배자가 되는 건 아니다. "단지 수학 시험 하나를 망치는 것이 당신이 실패한 인간이라는 것과 무슨 관계가 있는가? 그저 몇몇 수학 문제를 푸는 데 약간의 실수가 있었을 뿐이다. 그것이, 수학

> 인디애나 존스를 예로 들어 보면, 노출 치료를 받는 것은 뱀과 함께 즐겁고 귀중한 시간을 보내는 것이다.

문제와 씨름하는 모든 사람들을 패배자로 만들 정도의 것인가?"라고 치료사는 말할 수 있다. 치료사는 내담자가 그러한 부정적인 생각을 현실에 기반을 둔 좀 더 생산적이고 효과적인 생각으로 바꿀 수 있도록 내담자와 노력할 것이다. "시험 하나를 망치긴 했지, 하지만 이건 최종 성적의 10%에 불과해. 만약 지금 좀 더 노력하고 교수님에게 추가로 도움을 요청한다면 수업에서 F를 띄우는 건 막을 수 있을 거야. 설사 F를 받아도 아직 계절학기가 남아 있어. 시간 내에 분명 졸업할 수 있을 거야. 고작 시험 하나를 망쳤다고 해서 미래에 얻을 직업의 예상이 망가지진 않을 거야."

일단 내담자가 특정한 사고방식이 얼마나 위험한지 깨닫고 이해한다면, 치료사와 내담자는 치료의 일환으로 깔끔하고 달성 가능한 목표를 정하기 위해 같이 노력할 수 있다. 그러한 목표는 일기를 적거나 문제/내담자를 괴롭히는 상황, 생각, 혹은 감정을 설명하는 글을 적는 등의 과제가 될 수도 있다. 내담자와 치료사는 다음 상담에서 해당 과제의 결과를 같이 토의하고 분석할 수 있다.

가끔 인지치료사는 내담자에게 불교에 기반을 둔 마음챙김 명상(mindfulness meditation)(매 순간마다 완벽하게 존재하는 것을 강조하는 것)을 하기를 추천할 때도 있다. 내담자들이 자신의 생각, 느낌과 감각을 강렬하

고 직접적으로 정확하게 알 때 문제로 발전할 수 있는 증상을 좀 더 잘 찾아낼 수 있다. 심리학자 도널드 메이켄바움(Donald Meichenbaum, 1977, 1985)에 의하면 그러한 자각은 사람들이 부정적인 상황에서 자신들의 위험한 생각을 효과적으로 검열삭제할 수 있게 도와준다고 한다. 메이켄바움은 이것을 **스트레스 접종 훈련**(stress inoculation training)이라고 불렀다. 예를 들어 사회불안증에 시달리는 내담자는 파티장에서 다음과 같은 의심과 두려움을 가지게 될 수 있다. "모두 나를 바라보고 나를 판단하고 있어. 저 사람들은 내가 대체 왜 여기에 있는지 분명 생각하고 있을 게 틀림없어." 마음챙김 명상과 스트레스 접종 훈련법은 내담자가 이러한 불안한 생각을 (조기에) 인지하고 통제불능이 되기 전에 바꿀 수 있게 해줄 수 있다. "나는 지금 불안하지만, 사실 그렇게 느낄 이유는 없어. 난 사람들이 나를 판단하고 있다고 생각하지만 사실은 아마도 그렇지 않을 거야. 사람들은 나보단 자기 자신에 더 관심이 있을 게 분명해. 나는 이제 내 불안을 내려두고 파티를 즐길 거야."

최종적으로 인지치료사들은 자신이 내담자의 생에서 가르치는 역할보다는 조언하는 역할을 맡을 수 있길 바란다. 치료사들은 치료 과정 동안 배운 기법을 통해 내담자들이 자기 중심적으로 자신의 문제를 통제할 수 있게 되

고 치료보단 안내를 위해 치료사에게 의지할 수 있기를 바란다.

행동요법

CBT의 다른 한 부분이자 그 자체로도 이미 치료방법 중 하나인 **행동요법**(behavioral therapy)은 정신적 고통과 관련된 행동을 바꾸고자 하는 시도를 말한다. 이 치료법은 두 가지의 기초적인 가정에 기반을 둔다.

- 정신적 문제와 관련된 행동은 단순히 질환을 나타내거나 더 깊은 문제를 암시하는 것이 아니라 그 자체로서 문제라고 가정한다.
- 그러한 행동이 조건부여나 모방을 통해서 학습되기에 비슷한 방법을 통해서 '잊도록' 학습할 수 있다고 본다.

이러한 가정의 결과로 행동치료사가 주로 사용하는 치료 방법은 여러 가지 자극에 대해서 다르게 반응하도록 몸과 마음을 훈련시키는 것을 포함한다.

반대조건부여(counterconditioning)는 특정한 상황에서 원치 않는 대응 대신 새로운 대응을 하도록 교체하는 방법이다. 예를 들면 어둠을 무서워하는 아이에게 행동치료사는 아이가 가장 좋아하는 노래를 어둠 속에서 듣도록 격려할 수 있다. 노래를 들으면서 점차 아이는 공포심보다는 노래가 가져오는 이완 효과와 즐거움을 통해서 어둠을 공포보다는 행복이나 휴식감과 연관시키게 된다. 이상적으로 아이는 어둠에 대해 완전하게 습관이 들어 익숙해질 것이다(조건부여와 습관화에 대해

서는 제13장과 제8장을 참조하라).

노출 치료법

노출 치료법(exposure treatment)은 반대조건부여의 특수한 예로 "두려움과 맞서라."라는 유명한 말을 치료방법으로 끌어올린 것이다. 두려움이나 공포증을 가진 사람을 여러 회기를 통해 계속해서 공포심을 불러일으키는 상황에 노출시킴으로써 결국 습관화되어 더 이상 무서워하지 않을 때까지 치료를 계속한다(Wolpe, 1958; Wolpe와 Plaud, 1997). 인디애나 존스를 예로 들어 보면 뱀과 함께 즐겁고 귀중한 시간을 보내는 것이다.

체계적 둔감법(systematic desensitization)은 치료 환경에서 환자들이 불안감을 느끼는 상황을 깊은 안심 상황과 연관시키도록 배우는 방법이다. 예를 들어 폐쇄공포증을 가진 사람에 대해 치료사는 그 사람이 깊은 안심 상황(거의 졸린 상황)까지 가게 한다. 그리고는 치료사는 그 사람이 불안감을 점점 높여가는 상황을 상상하도록 한다. 가령 큰 방에서 점점 작은 방 안, 자동차, 그리고 마지막으로 엘리베이터 안같이. 치료사는 그 과정에서 각각의 상상과 연관된 불안감을 깊은 안도감과 바꾸도록 함으로써, 실질적으로 민감소실을 일으키도록 한다. 최후에 사람들은 자신이 이전에 무서워했던 상황을 현실에서(예를 들면 엘리베이터를 타는 행위) 경험함으로써 민감소실을 하게 된다.

상상도 무서워하는 사람에 대해서는 가상현실기기라는 대체제를 사용할 수 있다. 컴퓨터 시뮬레이션을 이용하여 내담자는 공중연

설부터 비행기 탑승까지 여러 가지 불안감을 일으키는 상황에서 탈민감화를 할 수 있다. 상상을 통해서든 가상현실을 통해서든 체계적 민감소실법은 공포증 치료에 효과가 있다고 알려져 있다(Hazel, 2005; McNeil과 Zvolensky, 2000; Wang과 Chen, 2000).

당신은 **내파치료법**(implosin therapy)을 '엄한 사랑'의 노출치료법이라고 볼 수도 있을 것이다. 체계적 둔감법이 내담자가 천천히, 단계적으로 공포증과 마주할 수 있게 도와준다면, 내파치료법은 정반대의 접근 방법을 사용한다. 이 방법은 내담자를 대단히 강렬한 자극에 노출시킴으로써 해당 자극에 습관화되게 한다. 예를 들면 거미를 무서워하는 사람에게 수백 마리의 거미가 자신의 몸 위를 기어 다니고 있는 장면을 상상하게 한다. 갑자기 이제 화장실 세면대에 있는 그 한 마리의 거미류는 그다지 무섭지 않게 된다.

홍수법(flooding)은 내파요법을 한 단계 더 격상시킨 방법으로 의뢰자를 직접적이고 강렬한 방법으로 공포를 일으키는 상황에 노출시키는 방법이다. 예를 들면, 지하의 어두운

<<< 치료사들은 둔감화의 과정을 통해서 공포증이나 불안을 치료하기 위해 사람들을 가상현실에 노출시키기도 한다.

장소에 대해 두려움을 가지는 사람의 경우, 지하철역에서 몇 시간을 지내게 하는 방법이 그와 같다.

만약 당신이 당신의 가장 깊은 불안감을 단순히 눈을 움직이는 것으로 해결할 수 있다면 얼마나 좋을까? 듣기에는 단순히 그림의 떡으로 여겨지겠지만, 실제로 공포증과 PTSD를 치료하기 위해 최근에 개발된 **안구운동탈민감화 및 재처리**(eye movement desensitization and reprocessing, EMDR) 요법이 바로 그것이다. EMDR 치료사들은 내담자가 눈을 아래위로 움직이는 동안 기분 나쁜 이미지나 트라우마를 남긴 기억에 집중하도록 한다. 심리학자 사피로(Francine Shapiro, 1989, 2002)가 행한 연구에 따르면 EMDR이 효과적이라고 한다. 그러나 추가적인 연구 결과에 따르면, 안구 운동이 있거나 없거나 둘 다의 경우 내담자의 상황이 나아진다고도 한다 (Cahill 등, 1999; Davidson과 Parker, 2001; Lohr 등, 1998). 의심을 가진 사람들은 따뜻한 치료 환경에서 불안을 야기하는 상황을 대화하는 것이 빠른 안구이동보다는 EMDR의 성공에 더 기여했다고 생각한다.

혐오적 조건형성

치료사들이 행동요법을 공포증 치료에 이용하기는 하지만, 만약 공포증이 문제의 근원이 아니라면 어떨까? 예를 들면, 알코올중독자는 공포증 행동을 보이는 것이 아니다. 그들은 중독으로부터 고통 받는 중이다. 이러한 경우 치료사들은 **혐오적 조건형성**(aversive conditioning)을 통해서 치료를 하기도 한다. 이 치료법의 목표는 술과 같은 나쁜 자극에 대한 긍정적 반응을 부정적이고 혐오감이 드는 반응으로 대체하는 것이다. 예를 들면, 치료사들은 담배나 술을 멀미약과 한 쌍으로 만들어 술을 마시거나 담배를 피울 때마다 괴롭게 할 수 있다. 이것이 계속되면 내담자는 술이나 담배를 아픔과 연관하게 된다. 이러한 혐오적 조건형성이 알코올중독의 단기적 치료에 효과적이라는 연구 결과가 있긴 하지만, 장기적인 상황에선 그다지 효과가 없어 보인다(Wiens와 Menustik, 1983).

조작적 조건형성

조작적 조건형성, 혹은 행동변화요법은 행동요법의 다른 큰 축을 담당한다. 이 치료법은 보상(혹은 보상의 부재)이 우리의 행동에 큰 영향을 미친다는 생각에 기반을 둔다. **조건부 관리**(contingency management)라고 불리는 한 방법은 행동과 그 결과 사이의 관계를 바꾸어 원하지 않는 행동을 좋은 행동으로 바꾸게 하는 방법이다. 이 방식의 기법은 다른 결과를 포함해서 자폐증 어린이를 치료할 수 있었다. 한 연구 결과, 부모들이 아이들의 좋은 행동을 관심과 보상으로 강화하고 폭력이나 고함 등 나쁜 행동을 무시하거나 처벌했을 때 아이의 행동과 지적 발달에 큰 개선이 있었다(Lovaas, 1987). 학교와 같은 경우 조건부 관리는 바람직한 행동을 했을 때 개인에게 토큰을 주는 조작적 조건형성 과정인 **토큰 경**제(token economies)에서 찾을 수 있다. 토큰을 받은 사람들은 이후 그것을 특권이나 보상으로 교환받을 수 있다.

조작적 조건형성에 근거한 행동요법에서는 내담자와 치료사가 긍정적, 부정적인 행동과 그 결과에 대한 이해를 제대로 하는 게 중요하기에 치료사들은 몇몇 행동에 따르는 결과를 자세하게 설명하고, 내담자와 치료사가 가지는 예상을 명시적으로 적고 약속한 **행동 계약**(behavioral contract)을 맺기도 한다.

사회학습요법

사회학습요법(social learning therapy)은 우리가 타인의 행동을 관찰하고 모방함으로써 행동하는 법을 배운다는 이론에서 출발한다. 심리학자 앨버트 반두라(Albert Bandura)의 연구결과(제7장)에 기반을 두어, 사회학습요법은 내담자의 문제행동을 관찰과 행동강화를 통해 바꾸려고 한다. 유명한 연구에서, 반두라와 그의 동료들은 뱀 공포증을 가진 사람들에게 다른 사람들이 뱀과 편안하게 노는 영상물을 보게 함으로써 공포증을 넘어서게 도와주었다(Bandura와 Blanchard, Ritter, 1969). 내담자들은 먼저 행동과 그 결과를 상상하고, 실제로 그 행동을 행했을 때, 긍정적 강화를 받는 것으로 바람직한 행동을 하도록 배울 수 있다.

정신치료 평가하기

치료사와 대화하는 게 정말로 효과가 있는 걸까? 과연 그것이 정신질환을 해결하고 사람들이 좀 더 건강하고 행복한 삶을 살 수 있도록 도와 줄 수 있을까? 그리고 어떤 치료법(정신역학, 휴머니스트, 인지, 혹은 행동)이 가장 효과적일까? 특정한 질환이나, 특정한 그룹의 사람들에게 특별히 효과적인 치료법이 있을까? 그리고 약물치료는 어떤가?

정신의학에는 수많은 논란과 논쟁거리가 있고, 그 치료법 또한 예외는 아니다. 심리학자들은 특정한 치료법이 효과가 있는가에 대해 전부 동의하지도 않고 각각의 치료

> 만약 당신이 어떤 치료법이 가장 좋은가에 대해서 의문을 갖는다면, 안전한 답은 하나밖에 없다. 환자, 치료사, 그리고 병 모두가 다르다. 결과적으로 그 어떤 치료법이라 할지라도, 그 효능은 환자, 치료사, 그리고 그 사이의 관계에 따라 다르다.

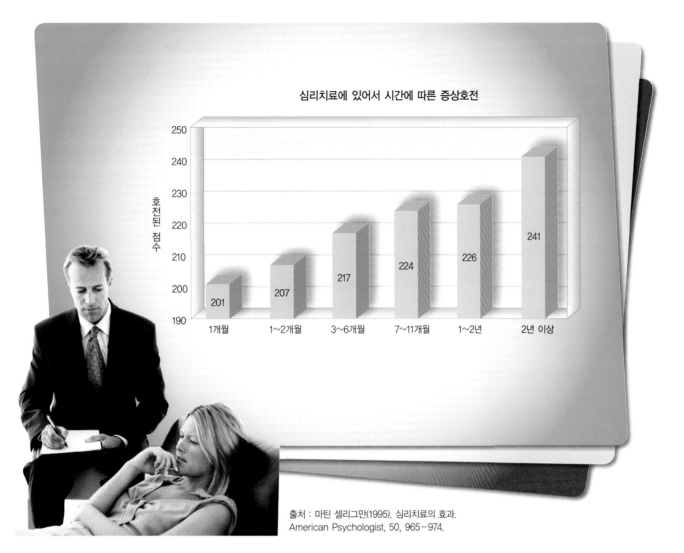

심리치료에 있어서 시간에 따른 증상호전

호전된 점수

1개월	201
1~2개월	207
3~6개월	217
7~11개월	224
1~2년	226
2년 이상	241

출처 : 마틴 셀리그만(1995). 심리치료의 효과.
American Psychologist, 50, 965-974.

∧∧ 심리학자 마틴 셀리그먼이 주도한 1995년 소비자 보고 연구에서 치료의 지속
기간과 참가자의 향상된 점수 사이에는 강력한 연관이 있음이 밝혀졌다.

법은 추종자와 회의론자들을 동시에 가진다. 하지만 만약 당신이 어떤 치료법이 가장 좋은지에 대해서 의문을 가진다면 안전한 답은 하나밖에 없다. 환자, 치료사, 그리고 병 모두 전부 다르다. 결과적으로 그 어떤 치료법이라 할지라도 그 효능은 환자, 치료사, 그리고 그 사이의 관계에 따라 다르다.

정신치료의 효험

점점 더 많은 수의 미국인들이 정신치료를 받고 있지만, 과연 이것이 치료에 대한 믿음이 증가한다는 것을 반증한다고 할 수 있을까? 한 연구결과에 따르면 그렇다고 한다. 이제는 고전적인 한 연구에서 심리학자 슬론(R. B.

Sloane)과 동료들(1975)은 일반불안증을 가진 참가자들을 모집하여 치료를 받지 않은 통제그룹, 정신역동적 치료법을 받은 실험그룹과 행동요법으로 치료 받은 실험그룹의, 총 세 그룹으로 나누었다. 이중맹검법을 사용하여 실험 전과 후의 사람들을 분석한 결과, 슬론은 비록 모든 그룹이 상태 호전을 보였지만 치료법을 받은 두 그룹이 통제그룹보다 훨씬 더 높은 향상을 보였다고 보고했다. 더해서 비록 행동요법을 받은 그룹이 다른 그룹보다 상태가 조금 더 호전되었지만 그 차이는 미미하여 실질적으로 의미가 없다는 결론을 내렸다.

다른 연구결과들도 이 결론을 뒷받침한다. 정신치료의 효능에 대해 조사한 475개의 연구를 통합적으로 분석한 결과, 메리 리 스미스(Mary Lee Smith)와 그 동료들(1980)은 정신치료를 받는 사람들의 80%가 그렇지 않은 사람들보다 훨씬 더 상태의 호전을 보인다고 결론을 내렸다. 최근의 연구 결과 또한 유사한 결론에 도달했으며 일반적으로 정신치료를 받는 사람들의 대부분이 상태의 호전을 보고하고, 몇몇 치료의 경우 치료받지 않는 것에 비해 확실하게 효과가 있다는 것이 확인되었다(Nathan과 Gorman, 2002; Shadish 등, 2000; Kopta 등, 1999). 추가로 1995년에 7,000명의 《컨슈머 리포트》의 구독자들을 대상으로 행해진 실험에서 치료를 더 장기적으로 받을수록 상태가 더 호전되었다는 것을 밝혀낼 수 있었다(Seligman, 1995).

이러한 결과의 맥락을 눈여겨볼 필요가 있다. 일반적으로 이러한 실험들은 경험이 많고 고도로 훈련되며, 또한 자신들이 평가받는다

는 것을 아는 의사들과 함께 연구시설에서 이루어진다. 결과적으로 상당수의 경우, 이는 정신치료를 받는 일반인이 경험하기 힘든 가장 이상적인 상황을 만들어낸다. 여기에 더해 이러한 실험에 참가하는 참가자들 또한 약간 편향된 집단일 수 있다. 도움을 받고자 하는 그들의 의지로 인해 치료법이 효능을 보일 수 있고, 또 보일 것이라는 믿음을 보여줄 수 있다.

사람들이 가장 많이 도움을 구하는 정신질환(범불안장애와 주요우울장애)의 경우 정신치료가 상당히 효과적인 치료법이라는 연구결과가 자주 있어왔다. 그러나 흥미롭게도 여러 가지 치료법의 효능을 조사했을 때, 모든 사람들의 모든 질환에 대해 공통적으로 효과적인 치료방법을 찾을 수는 없었다. 다만 특정한 질환의 경우 몇몇 치료법이 다른 치료법에 대해 훨씬 더 효과적이라는 것은 확인할 수 있었다. 예를 들어, 우울증의 치료에는 인지, 대인, 그리고 행동요법이 가장 큰 효과를 보였으며 불안장애를 치료하는 데에는 인지치료와 노출요법이 효과를 보였다. 행동요법은 충동장애가 있는 질환에 효과적인 것으로 보인다. 식욕 이상 항진증(예를 들어, 거식증)으로 고통 받는 사람에게는 CBT가 가장 효과적인 방법일 수 있다(Chambless 등, 1997; Norcross, 2002).

효과적인 정신치료의 요소들

무엇이 정신치료를 효과적인 치료법으로 만들어 주는 것일까? 정신치료의 성공은 여러 가지 확인 가능한 인자에 기반을 둔다(Frank, 1982; Goldfried와 Padawer, 1982; Strupp, 1986; Wampold, 2001).

지원. 우울증과 자기회의에 빠진 사람들에게 정신치료는 환영할 만한 정도의 인정받음, 공감과 격려를 보내줄 수 있다. 연구 결과에 따르면, 그러한 것은 치료의 성공에 매우 중요하며 치료사들은 내담자들의 치료에 지원을 해주는 것이 가장 먼저 해야 할 중요한 일이라고 생각한다(Blatt 등, 1996; Torrey, 1986).

희망. 정신질환을 앓고 있는 사람에게 터널 끝의 실낱같은 빛을 보는 것처럼, 상황이 호전될 것이라는 예상은 대단히 도움을 주고 편안함을 주는 것이다. 정신치료는 이러한 희망적인 기대를 가질 수 있도록 도와준다.

새로운 관점. 치료사들은 내담자들이 현 상황을 다르게 볼 수 있는 관점을 가지도록 해줄 수 있다. 치료사들의 전문성과 경험은 내담자들이 자신의 문제를 지금까지와는 전혀 다른 방법으로 볼 수 있게끔 도와준다. "나는 그 어떤 사람도 경험하지 않고, 그 누구도 고칠 수 없는 문제를 가지고 있다"라는 믿음이 "나는 다른 많은 사람이 고통받았고, 또한 뛰어넘었던 문제를 가지고 있다. 그들이 쓴 방법을 사용하면 나 또한 이 문제를 해결할 수 있을 것이다."라고 바뀔 수 있는 것이다.

동기부여. 치료사들은 내담자가 치료에 대해 반응, 혹은 상태 호전을 보이지 않는 이유를 내담자가 "그것을 하기에 아직 준비되지 않아서"라고 말한다. 치료는 수동적인 과정이 아니며 환자 혹은 내담자는 반드시 나아지려는 생각과, 그것에 필요한 시간과 노력을 들이려는 의지가 있도록 동기부여를 받아야 한다.

정신치료 대 약물치료

"정신치료와 약물치료 중 어느 것이 정신질환에 대해 더 효과적인가?"라는 질문은 양쪽 모두에서 매우 열정적이고 격렬한 논쟁을 이끌어낼 수 있다. 확실히 분열증이나 양극성 장애와 같은 몇몇 상황의 경우 둘 중 하나를 확실하게 정할 수 있긴 하다.

그러나 우울증이나 불안장애와 같은 경우, 정신치료나 약물치료, 혹은 둘 다를 사용하는 것이 해당 환자에 대해 가장 좋은 방법일 수 있다. 몇몇 환자들은 SSRI에 즉각적이고 확실하게, 그리고 장기적으로 반응한다. 다른 몇몇은 CBT에서 배운 것을 통해 문제를 넘어설 수 있다. 또한 또 다른 몇몇은 그렇지도 않다. 개개인과 각각의 상황, 그리고 하나하나의 치료방법은 서로 다르다. 비록 이게 정확하지 않게 들릴지라도 그것은 사실이다. 정신질환의 치료에 대해선, 모든 것이 상황에 따라 다르다.

제8장

복습

HOW 수년에 걸쳐서 정신 건강 체계는 어떻게 진화해왔는가, 그리고 오늘날에는 어떻게 구성되어 있는가?

● 17세기까지는 정신적으로 아픈 사람들은 종종 잔인하고 비인간적인 방식으로 대우받았다. 이후 피넬과 같은 개혁자들이 도덕적인 치료를 위한 캠페인을 벌였다.

● 오늘날 심리 장애를 겪고 있는 사람들을 돕고자하는 임상 심리학은 정신건강 체계 구조의 중심에 있다.

HOW 생물의학적 요법이 어떻게 심리 장애를 치료하고 있는가?

● 약이 정신과 행동에 어떤 영향을 미치는지 연구하는 정신약리학의 발전은 수많은 정신작용약물의 개발로 이어졌다.

● 항정신성 약물은 정신분열증 같은 질병들을 치료한다. 전형적 항정신성 약물(클로르프로마진과 할로페리돌)은 도파민의 활동을 억제함으로써 양성 증상들을 치료한다. 비전형적인 항정신성 약물은 음성 증상들을 치료한다.

● 벤조디아제핀은 중추신경계의 활동을 감소시킴으로써 불안장애를 치료한다. 반면에 리튬은 많은 환자들에게 있어서 양극성 기분 변화를 통제한다.

어떻게 정신역동적 요법과 인본주의적 요법이 심리 장애를 어떻게 치료하고 있는가?

● 정신역동적 치료법들은 내담자가 가지는 문제를 내담자의 과거 경험으로 거슬러 올라가서 원인을 찾아보며 내담자의 중요한 인간관계를 통해서 증상을 이해하려고 노력한다.

● 인본주의적 치료법들은 사람들이 효과적으로 그들 자신의 문제를 해결하기 위해서 자기인식과 긍정적인 자존감을 성취하도록 도와주는 것을 목표로 한다.

HOW 인지 요법과 행동 요법이 심리 장애를 어떻게 치료하고 있는가?

● 인지-행동요법은 사람들이 생각하거나 행동하는 방식을 변화시키는 것을 돕고자 한다.

● 인지 재구성으로 치료사들은 내담자들이 부정적인 생각을 현실적이고 긍정적인 생각으로 대체하도록 가르친다.

● 행동 요법은 체계적 둔감법, 내파치료법 그리고 홍수법과 같은 노출 치료들을 사용해서 심리적인 문제들과 관련이 있는 행동을 변화시키려고 한다.

WHAT 어떤 요인들이 심리치료를 효과적인 치료로 만드는가, 그리고 사용에 있어서 생물의학적 치료와 어떻게 비교될 수 있는가?

● 일반적으로, 심리치료를 받은 대부분의 사람들은 상태가 좋아졌다고 보고한다. 몇몇 치료법들은 전혀 치료하지 않는 것보다 더 나은 것 같다.

● 심리치료는 종종 효과가 있다. 왜냐하면 그것은 내담자들에게 지지, 희망 그리고 그들의 문제에 대한 새로운 지각을 제공하기 때문이다. 내담자들은 향상되기 위해서 동기를 부여받아 더 좋아져야 한다.

이해 점검

1. 본문에 따르면, 다음 중 심각한 정신질환을 가진 사람들을 돕는 데 상대적으로 새로운 접근법은 무엇인가?
   a. 적극적 지역사회치료   b. 정신병원
   c. 빈민구호소   d. 장기입원

2. 다음 중 환자들을 위해 약을 처방하기에 가장 적합한 사람은 누구인가?
   a. 정신과 간호사   b. 임상 심리사
   c. 정신과 의사   d. 임상 사회복지사

3. 다음 중 예방 정신건강 조치로 가장 알맞지 않은 것은?
   a. 알코올 중독의 결과들에 대해 사람들을 교육시키는 것
   b. 가정 내의 폭력을 피하는 방법에 대해 사람들에게 교육시키는 것
   c. 학대받은 여성들과 아동들에게 쉼터를 제공하는 것
   d. 스트레스를 줄이기 위해서 직장과 삶의 균형 프로그램을 제공하는 것

4. 내담자들을 도와서 정신건강 문제들을 해결해주는 사람을 가리키는 말로 가장 적절한 것은?
   a. 정신과 의사
   b. 상담사
   c. 정신질환에 관한 생물학을 전공한 임상 심리사
   d. 정신과의 간호사

5. SSRI로 치료될 가능성이 가장 적은 질병은 무엇인가?
   a. 우울증   b. 강박장애(OCD)
   c. 정신분열증   d. 외상 후 스트레스 장애(PTSD)

6. 다음 중 누가 어린 시절에 있어서 향정신성 약물치료의 효과를 연구할 가능성이 가장 큰가?
   a. 정신과 의사   b. 임상심리학자
   c. 정신약리학자   d. 약사

제18장

7. 다음 중 항우울제 처방의 증가에 대한 이유가 아닌 것은?

   a. 항우울제 의약품에 대한 광고들

   b. 예방 정신건강 프로그램

   c. 우울증과 관련된 진단의 증가

   d. 항우울제와 관련된 부작용의 심각성 감소

8. 불안장애 치료 시 바비튜레이트(신경안정제) 사용을 주로 대체하는 것은 어떤 치료인가?

   a. 전기 충격 요법(ECT)　　　　b. 벤조디아제핀 치료

   c. MAO 억제제 치료　　　　　　d. 강한 뇌 자극

9. 자유연상법과 내담자 중심 치료법의 조합을 사용해서 환자를 치료하는 심리학자는 어떤 타입의 접근을 사용하고 있나?

   a. 정신분석　　　　　　　　　　b. 행동치료

   c. 인본주의 심리학 치료　　　　d. 전기 심리치료

10. 리디아는 가족을 버린 엄마에게 화가 난다고 말하면서 치료 중에 울기 시작한다. 정신심리 분석 관점에 의하면, 리디아는 무엇을 경험하고 있는가?

    a. 전이　　　　　　　　　　　　b. 카타르시스

    c. 저항　　　　　　　　　　　　d. 잠재기

11. 치료에서 존은 그의 아버지와 관련된 기억에 대해서 말한다. 또한 그는 파트너 캐리와의 관계에서 느꼈던 좌절에 대해서도 말한다. 그의 카운슬러는 그를 도와서 그가 좌절을 이야기 하는 실용적인 방법을 생각하게 한다. 존이 겪은 상담의 타입은 무엇인가?

    a. 전통적인 심리분석　　　　　b. 게슈탈트 요법

    c. 인지 재구성　　　　　　　　d. 대인관계 치료

12. 마르시는 오랜 기간 사귀던 애인과의 관계가 깨어지자 우울해하고 있다. 그녀는 그녀의 전 애인에게 충분히 잘하지 못했다고 생각하며 그래서 그가 자신을 싫어한다고 생각한다. 그녀는 계속 애인에게 전화해서 울고 어떤 때는 그가 여전히 사랑한다고 말해주지 않으면 자살하겠다고 협박도 했다. 마르시의 상담자는 마르시의 전 애인이랑 그녀가 헤어진 이유는 책임질 능력이 없어서임을 이해시키려고 한다. 또한 상담자는 마르시가 이러한 새로운 생각을 말하도록 행동하게 돕는다. 상담자의 목표달성을 위한 가장 적절한 치료법은 무엇인가?

    a. 인본주의 치료　　　　　　　b. 게슈탈트 요법

    c. 정신분석　　　　　　　　　　d. 인지행동치료

13. 높이에 대한 두려움을 가지고 있는 사람을 치료할 때 상담자가 어떻게 할까?

    a. 한 시간 동안 높은 빌딩의 옥상에 그를 서 있게 하라.

    b. 편안한 분위기를 이끌어주고, 높은 빌딩에 서 있는 것을 그에게 상상하게 하라.

    c. 우주에 유영하고 있는 것을 마음속에 그리게 하라.

    d. 사다리에 서 있는 동안 아이스크림을 먹게 하라.

14. 다음 중 혐오적 조건형성의 예로 가장 적절한 것은?

    a. 생채기를 내지 않게 하기 위해 한 사람의 손에 고기를 건네주기

    b. 손톱 물어뜯기를 금지하기 위해 한 사람의 손톱에 쓴 액체를 올려두기

    c. 외상 후 스트레스 장애를 이야기하는 동안에 큰 소리로 음악 듣기

    d. 뱀에 대한 공포가 있는 사람에게 뱀이 사람을 물어뜯는 그림을 보여주기

15. 심리치료에 대한 다음의 글 중 사실인 것은?

    a. 한 사람의 치료기간이 길수록 심리치료는 덜 효과적이다.

    b. 행동효과는 심리치료의 가장 효과적인 방법으로 알려져 있다.

    c. 어떠한 치료보다 심리치료가 가장 효과적이긴 하나, 그보다 더 큰 치료방법은 휴식이다.

    d. 심리분석은 심리치료의 가장 효과적인 형태의 심리치료다.

16. 약물 리튬(lithium)은 주로 다음의 치료에 쓰인다.

    a. 정신분열증　　　　　　　　　b. 주요우울장애

    c. 양극성 장애　　　　　　　　　d. 강박장애

17. 다음 중 적극적 경청을 사용하는 치료사나 상담자가 가장 잘 이용할 것 같은 진술은?

    a. 나는 당신이 말하는 것을 듣고 있지만 동의하지 않습니다. 당신은 다른 방식으로 그 상황을 볼 수 있다고 생각하십니까?

    b. 당신은 주제를 회피하고 있는 것 같습니다. 왜 그런지에 대해 말하기를 원하십니까?

    c. 당신은 지쳐 보입니다. 이유를 설명해줄 수 있습니까?

    d. 당신이 항상 피곤함을 느낀다고 들었습니다. 구체적인 상황에 대해 말하기를 원하십니까?

18. 직장에서 그녀가 만성적인 자기회의(self doubt)를 극복하는 것을 돕기 위해서 자스민의 치료사는 여성들이 건설 직업에서 성공하는 영화를 그녀에게 보여준다. 어떤 종류의 접근 방식이나 치료법을 자스민의 치료사는 사용하고 있는가?

    a. 노출 치료법　　　　　　　　　b. 조건부 관리

    c. 조작적 조건 형성　　　　　　d. 사회학습 치료법

19. 다음 중 게슈탈트 치료 접근방식을 반영하고 있지 않는 것은?

    a. 나는 최근에 우리가 함께 시간을 보내지 못해서 슬프다.

    b. 당신은 내가 더 좋아지도록 돕지 않고 있다.

    c. 나는 당신이 야구 경기에 오지 않아서 화가 난다.

    d. 나는 감정을 표현할 때 더 행복하다.

20. 카라의 6학년 담당 선생님이 그녀가 숙제를 완성할 때마다 그녀에게 별모양의 스티커를 준다. 한 주가 끝날 때, 만약 카라가 다섯 개 이상 스티커를 모으면, 그녀는 그것을 여분의 10분간의 휴식과 바꿀 수 있다. 카라의 선생님이 사용하고 있는 것은?

    a. 토큰 경제　　　　　　　　　　b. 사회학습 이론

    c. 혐오적 조건형성　　　　　　　d. 인지적 재구성

1차 평가는 스트레스의 심각도와 개인에게 부과되는 예상 요구치를 평가하는 개인의 초기 평가이다.

2차 평가는 개인으로 하여금 스트레스 요인을 극복할 수 있도록 도와주고, 다음에 취해야 할 행동과 사용 가능한 자원의 재평가이다.

5요인모형은 개개인의 다섯 가지 차원-외향성/내향성, 우호성/적대성, 성실성/무목적성, 정서적 안정감/불안정감, 경험에 대한 개방성/폐쇄성 점수의 평가를 통해 성격을 묘사하는 모형이다.

A유형은 경쟁적이고 참을성이 없고, 호전적인 언어를 사용하고, 쉽게 화를 내는 성향을 가진 성격유형이다.

B유형은 느긋하고, 편안한 성향을 가진 성격유형이다.

DNA는 염색체를 주로 구성하는 복잡한 분자이며 모든 유전정보를 유전암호로 가지고 있다.

가설은 기존의 이론을 바탕으로 새로운 사실에 대해 예측하는 것이다.

가소성은 성장하고 변화하는 유동적인 능력을 묘사이다.

가역적 형태는 충분히 오랫동안 그림을 응시하다 보면 지각이 변화하여 전경과 배경이 바뀌게 되는 현상이다.

가족 치료는 치료사가 가족을 하나의 단위로 여겨서 가족 구성원들 사이에서 발생한 갈등과 스트레스를 해결하려고 하는 심리치료의 한 형태이다.

간상체는 망막에 있는 광수용기로서 밝음과 어두움의 다양한 정도에 역할을 한다.

감각은 환경으로부터의 물리적 에너지를 탐지하고 신경 신호로 에너지를 변환시키는 과정이다.

감각계는 신경계의 일부로 감각 정보를 처리하는 역할을 한다.

감각 뉴런은 감각 수용기에서 뇌로 부호화된 신호인 정보를 전달하는 뉴런이다.

감각 순응은 감각 수용기 세포가 변화하지 않는 자극에 대해 덜 반응하게 되는 과정이다.

감수분열은 감수분열 동안, 염색체가 스로를 복제하여 하나의 세포가 2개의 새로운 세포를 만드는 세포분열과정이다. 2개의 세포는 다시 나누어지고 그 결과 원래 염색체의 절반의 수로 4개의 새로운 세포가 만들어진다.

감정 중심적 대처는 스트레스 요인을 피하고 스트레스와 관련된 감정을 가라앉히는 것을 통해 스트레스에서 벗어나려는 방법이다.

강박성 인격장애는 강박적으로 깔끔하며, 사람들이 표준 이하일 수 있다는 두려움 때문에 타인에게 일을 맡기는 것이 어려우며, 규칙이나 일정표 그리고 정리정돈에 얽매이는 특징이 있다.

강박 장애는 혼란스러운 생각을 하게 하거나 무분별한 의례적인 행동을 하도록 몰고 가는 불안 장애이다.

개별기술적 접근은 인간 중심적 접근방법으로 어떻게 인간 성격의 특정한 부분들이 일관된 전체를 형성하는지에 초점을 맞춘 성격 관련 데이터를 분석하는 방법이다.

개인-상황 논쟁은 사람들의 행동이 성격특성보다 상황적 요인에 더 많은 영향을 받는지 여부에 대한 논쟁이다.

개인적 통제는 인간의 무력감이라기보다는 환경에 대한 통제력이다.

개인주의적 문화는 개인적인 권리와 자유를 중요시하고, 다른 사람과의 관계에서 작용하는 사회적 역할의 중요성은 덜 강조하는 문화이다.

건강심리학은 행동의학에서 심리적인 부분에 기반을 두고 있다.

건강염려증은 사람이 사소한 증상에 집착하여 그 증상이 생명을 위협하는 질병의 신호라는 과장된 믿음에 사로잡혀 있는 장애이다.

검사는 참여자에게 반응을 할 수 있는 자극이나 문제를 제시한 다음, 연구자는 참여자가 그 과제를 어떻게 완성하는지에 대한 자료를 수집하는 관찰방법의 유형이다.

게놈은 유기체를 만들어내는 완벽한 지침서이다.

게슈탈트 심리학은 사람들이 자신에게 주어지는 감각정보에서 패턴이나 전체를 찾아내는 경향이 있다는 신념에 초점을 둔 심리학적 접근법이다.

게슈탈트 이론은 인본주의적인 치료방법으로, 내담자들이 자신의 생각, 행동, 경험과 감정을 알아내고 책임을 지도록 치료사들이 도와주는 것을 통해 내담자들이 완전하게 느낄 수 있도록 한다.

결과기대는 행동의 결과에 대한 가정이다.

결정론적 오류는 특질과 행동은 전적으로 유전자에 의해 설명될 수 있다는 주장이다.

결정적 시기는 정상적인 감각과 지각적 발달이 이루어지는 생후 짧은 시각의 시간적 시기이다.

경계선 성격장애는 불안한 기분, 강렬하고 폭풍 같은 인간관계를 가지며 다른 사람들을 교묘하게 다루며 불신하는 특성을 갖는다.

경조증은 조증보다 덜 심각한 기분 상승을 유발하는 조증의 좀 더 온건한 형태이며, 조증만큼이나 정상적인 생활 기능들을 방해하지는 않는다.

경험주의는 지식이 경험에서 유래한다는 관점이다.

계절성 정서장애(SAD)는 한 해의 특정 시기에만 우울해지는 기분 장애이다.

계통발생은 종의 발달을 말한다.

고랑은 대뇌 피질에 패여 있다.

고유 수용체는 척수와 두정엽 피질을 통하여 근육으로부터 정보의 지속적인 흐름이 제공되는 특성화된 신경 말단이다.

고착은 신체의 특정 성감대에 집중하는 것이다.

공감각은 잘못된 대뇌 피질 영역에서 감각 기관으로부터 온 신호가 처리되는 상태이다.

공격 또는 도주 반응은 편도체에 의해 계기가 된 스트레스원에 대하여 신체가 행동을 준비하게 되는 것과 같은 생리학적 반응이다.

공동 운명의 법칙(혹은 투쟁-도피 반응)은 자극의 부분들이 모두 같은 방향으로 움직이고 있다면 그들을 전체의 부분으로 지각이다.

공모자는 실험에서 피험자처럼 보이지만 실제로는 연구자와 함께 일하기 위해 참여한 사람이다.

공포증은 특정 사물, 활동, 또는 상황에 대한 지속적이고 불합리한 두려움이다.

공황 장애는 최초의 발작에 이어서 또 다른 공황발작의 가능성을 두려워하는 상황이다.

과복합 세포는 자극의 다차원적 형태에 반응하는 형태 탐지자이다.

과학적 방법은 자료수집과 분석을 통해 객관적 탐구를 수행하는 과정이다.

관상동맥질환은 심장근육에 영양을 공급하는 혈관이 막히는 상태이다.

관찰법은 피험자의 행동을 관찰하고 기록하는 과정이다.

관찰자 기대효과는 '관찰자 편향' 참고.

관찰자편향은 관찰자가 특정한 행동을 보기를 기대하고 그 이론을 지지하는 행동만을 언급하는 상황이다.

광장공포증은 탈출할 수 없는 상황에 있는 것에 대한 강렬한 두려움이다.

교는 수면과 꿈, 신체의 좌우 균형과 각성에 관여하는 뇌의 한 영역이다.

교감 신경계는 항상 활성화되어 있으며 기관에 대해 가속기처럼 활성화하는 자율 신경계의 한 부분이다.

교세포는 뉴런이 고정된 자리에 있게 하고 미엘린을 만들며 영양을 공급하고 절연을 하는 방식으로 뉴런을 지지하는 세포이다.

구인타당도는 이론적이거나 실체가 없는 어떤 개념을 측정하거나 관련시키는 특정한 절차를 사용하는 타당도이다.

구조주의는 의식의 개개 요소들에 관심을 갖고 이 요소들이 어떻게 결합되고 통합될 수 있는지를 밝히는 데 역점을 두는 심리학의 한 학파이다.

귀인 양식 질문지는 세 가지 기준(안정성, 세계성, 활동의 중심)에 따라 그들 삶에서 발생하는 사건들을 사람들이 바라보는 방법을 평가하려는 질문지 형태이다.

근접성은 가까이에 있는 다른 부분이 같은 집단이라고 지각하는 경향이다.

급성 스트레스는 그 강도가 다양한 일시적인 스트레스 상태이다.

급속 순환형은 양극성 장애가 있는 사람이 1년에 조증이나 우울증 삽화들을 네 번 이상 경험할 때 발생한다.

기관감사위원회는 공적자금이 지원된 연구기관에 의해 설립되었으며, 그 연구기관에서 제안된 모든 연구를 평가하는 윤리검열전문위원회이다.

기능주의는 유기체가 학습 및 지각능력을 활용하여 환경에서 어떻게 기능하는지에 초점을 두는 심리학의 한 학파이다.

기분부전증은 2년 혹은 그 이상 지속되는 만성적이지만 덜 심각한 우울증의 형태이다.

기분 장애는 정규적으로 감정의 극단들을 경험하는 정신질환이다.

기술통계는 연구자들이 자료를 요약하기 위해 사용하는 통계이다.

기저핵은 뇌에서 상호 연결된 부분으로 운동 통제, 인지, 학습의 다른 형태, 정서 처리를 돕는다.

긴장완화 치료는 긴장을 풀기 위해서 신체의 근육을 교대로 긴장시켰다가 이완시키거나 호흡연습을 하는 과정을 포함하는 치료기법이다.

내담자는 심리적인 장애를 가지고 있는 사람으로, 그의 심리적인 장애가 행동적인 문제와 결함 있는 사고 과정에서 일어난다는 관점에서 치료를 받는다.

내담자 중심적 치료는 '인간중심적 치료'를 참조.

내분비계는 대사, 성장, 발달, 조직의 기능과 기분을 조절하는 호르몬의 방출에 관련되어 있다.

내인성은 인간의 내적 결정에 의한 방향성을 의미한다.

내적타당도는 연구자가 모든 매개변인을 통제할 수 있어서 독립변인만 그 연구의 결과에 영향을 미치는 것을 나타내는 타당도의 종류이다.

내적통제소재는 자신의 보상과, 운을 자신이 조절한다는 믿음(에 대한 경향성)이다.

내파치료법은 내담자가 그들의 두려움이나 공포의 극단적인 형태를 상상하도록 함으로써 대단히 강렬한 자극에 노출되도록 하는 노출 치료법이다.

네트워크는 뉴런들의 큰 커뮤니티이다.

노출 치료법은 두려움이나 공포증을 가진 사람들이 결국 그것에 너무 익숙해져서 더 이상 무서워하지 않을 때까지, 여러 회기에 걸쳐서 계속해서 공포심을 불러일으키는 상황에 노출되게 하는 반대조건부여의 한 유형이다.

뇌간은 뇌의 기초가 되는 기관으로 숨쉬기, 심장 기능, 기초적 각성과 같은 생존과 직접 관련이 있는 기능을 책임지고 있다.

뇌량은 뇌의 두 반구를 연결하는 축색의 커다란 묶음이다.

뇌하수체는 인간 성장 호르몬을 분비하며 다른 모든 호르몬 분비선에 영향을 미친다.

뉴런은 신경계를 만드는 블록으로 자극의 여러 유형을 받아들여 흥분하는 세포이다.

다원유전은 "여러 개의 유전자의 상호작용에서 나온다"는 뜻이다.

단순 세포는 자극의 단순 형태에만 반응하는 형태 탐지자이다.

담창구는 기저핵의 일부로 미상과 피각으로부터 시상까지 정보를 전달한다.

대뇌 피질은 뇌의 바깥쪽 부분으로 주로 감각과 운동 정보의 조직화에 관여한다.

대뇌화는 뇌 크기의 증가를 말한다.

대립유전자는 유전 단위 내 염색체 쌍의 같은 자리에 놓인 유전자 쌍을 말한다.

대상 피질은 뇌의 한 부분으로 4개의 부분으로 구획되어 있으며 정서,

반응 선택, 개인적 성향, 기억 형성과 인출과 같은 다양한 기능에 관련되어 있다.

대응집단은 각각의 집단에서 한 명씩 짝짓는 실험에서 한 특정한 변인이나 변인 세트에 대해 동일한 참여자들의 집합이다.

대응표본은 실험에서 참여자 집단이 적어도 한 변인이나 그 이상의 변인들에 관해 다른 집단과 동일한 집단이다.

대인관계 정신치료는 심리치료의 한 형태로, 이것은 정신적인 문제들을 해결하기 위한 수단으로서 내담자들이 그들의 관계, 특히 그들의 현재 관계들을 개선하도록 돕는 데 초점을 맞추고 있다.

대처 전략은 스트레스 요인의 효과를 줄이거나 최소화하는 데 도움을 준다.

대측성은 어떤 것에 반대되는 부분을 통제하는 어떤 상황을 묘사한다.

대칭성은 두 개의 연결되지 않은 대상이지만 하나의 대상으로 대칭적인 형태로 보는 경향이다.

대후두공은 두개골에서 가장 커다란 구멍으로 척수가 뇌와 연결되도록 한다.

독단주의는 사람들에게 무조건 정보를 받아들이고 권위를 의심하지 말라고 요구하는 신념이다.

독립변인은 실험에서 연구자가 조작할 수 있는 변인이다.

독립적 자기해석은 자신들을 자기 주도적이고, 독립적인 실체로 보는 관점이다.

돌기는 미뢰가 단단히 박혀 있는 혀에 있는 것이다.

돌출 자극은 사람에게 중요하거나 흥미로운 자극이다.

동시이환은 한 사람이 두 가지 이상의 정신적 장애를 겪는 것이다.

동원체는 2개의 염색분체가 만나는 지점을 말한다.

동일시는 위협이나 불안감을 더 잘 극복할 수 있을 것 같이 보이는 다른 사람의 특성을 무의식적으로 받아들이는 행동이다.

동종접합은 대립유전자의 동일한 쌍을 갖고 있는 것을 말한다.

동측성은 어떤 것의 같은 부분을 통제하는 어떤 상황을 묘사한다.

두발보행은 두 다리로 걸을 수 있는 능력이다.

두정엽은 촉감, 미각, 온도 등을 포함한 신체적인 감각에 일차적으로 관련된 뇌의 일부이다.

디스트레스(고통)는 지속적이고 부정적인 유형의 스트레스이며, 도전이 과중한 난관이라고 여겨지는 특징이 있다.

랑비에 결절은 미엘린에 의하여 절연되어 있지 않은 축색의 한 부분이다.

로르샤흐검사는 사람들에게 일련의 잉크 얼룩을 보여준 후 무엇이 떠오르는지를 이야기하게 한다. 잉크 얼룩에 대한 사람들의 해석이 무의식적 사고와 관련이 있을 것이라고 가정한다.

림프구는 백혈구의 한 유형이다.

막대그래프는 값들의 길이에 비례하는 수평 또는 수직의 막대를 사용하여 빈도분포를 나타낸 것이다.

만성 스트레스는 당신에게 쌓여 있는 모든 요구사항을 해결하기 위해 이용할 수 있는 어떤 자원도 당신이 가지고 있지 않다고 느끼는 동안 생긴 오래 지속된 각성 상태이다.

말초 신경계는 사지와 기관으로 연결된 신경계이다.

망막은 눈의 뒤쪽에 여러 층으로 되어 있는 조직으로서 시각 변환에 역할을 한다.

망상은 지속적인 잘못된 신념이다.

망양체는 각성을 조절하는 뇌의 한 부분이다.

맹목관찰자는 무엇에 관한 연구인지 모르기 때문에 관찰자 편향에 영향을 받지 않는 관찰자이다.

맹시는 사람들이 무엇을 보았는지 의식적으로는 알아채지 못하지만 여전히 시각 정보에 대해 불완전하게 반응할 수 있다.

멀티태스킹은 감각의 입력에 독립적으로 행동하는 것이다.

멘델의 유전법칙은 유전 단위는 쌍으로 나오며 한 쌍이 다른 한 쌍을 지배할 수 있다는 생각을 담고 있다.

명도는 빛 파장의 강도를 묘사한다.

무선표집은 전집을 대표하는 표본을 추출하는 방법이다.

무선할당은 실험에서 참여자들을 실험집단과 통제집단 중 어느 한 집단에 무선적으로 배치하는 과정이다.

무의식적 추론은 인간이 본 것에 대하여 결론을 내리기 위하여 시각 시스템이 사용하는 감각 정보에 대한 현상이다.

무조건적 긍정적 존중은 어떤 사람이 문제점이나 약점이 있어도 그 사람을 가치 있게 대하는 것이다.

문제 중심적 대처는 스트레스 요인의 원천을 없애거나 스트레스 상황에서의 행동법을 바꾸는 등 직접적으로 행동하려는 대처방법이다.

문화관련 증후군은 특정 문화 집단에 제한적으로 나타나는 질병이다.

문화적 상대성은 어떤 장애를 가진 사람이 그 장애를 진단받고 치료받기 위해서 양육되는 문화의 개별적인 특성들을 고려하려는 필요성을 말한다.

미국심리학회는 미국 심리학자들을 대표하는 과학적이고 전문적인 조직이다.

미네소타다면인성검사는 가장 많이 사용되고 연구된 성격검사로 원래 정서장애를 식별하기 위해서 만들어졌지만, 지금은 여러 다양한 목적으로 사용되는 검사이다.

미뢰는 맛에 대한 수용기 세포를 포함하고 있는 혀의 한 구조물이다.

미상은 기저핵의 일부로 자발적 운동의 통제, 뇌의 학습과 기억 시스템 일부에 관련되어 있다.

미세융모는 맛 수용기 세포의 끝에 있는 작은 털이다.

미엘린은 축색을 감싸고 절연하는 지방 물질이다.

반고리관은 공간에서 신체의 평형을 감찰하는 내이에 위치한 관이다.

반대조건부여는 특정한 상황에서 원치 않는 대응 대신 새로운 대응을 하도록 교체하는 방법이다.

반동형성은 가능성이 낮은 소망을 보다 받아들여질 수 있는 정반대로 바꾸는 것이다.

반사는 특정한 자극에 대한 반응으로 빠르고 자동적으로 일어나는 신경근육 활동이다.

반사회적 성격장애는 양심이 완전한 결핍된 특징을 갖는다.

반향위치추적은 소리 파장이 발생하여 뒤에서 반사된 소리 주파수를 듣는 것에 의하여 환경이 분석되는 과정이다.

방어기제는 사람들의 걱정이나 불안을 완화시키는 데 도움을 주는 자기를 속이는 정신과정이다.

방추형 얼굴 영역은 특별히 얼굴에 반응하고 이를 알아볼 수 있는 시각 피질의 한 영역이다.

배경은 전경이나 주의를 기울이는 대상 주변의 환경이다.

백질은 뇌 안에서의 연결로 유수 축색으로 구성된다.

범불안 장애는 설명할 수 없으면서도 계속적으로 긴장하고 불편함을 느끼는 불안 장애의 일종이다.

범위는 데이터 세트의 최고 점수와 최저 점수 간의 차이이다.

법칙설정적 접근은 변수 중심적 접근방법으로 (대신에) 개인의 특성 중에 일관된 관계 패턴을 찾는 것에 초점을 맞춘 성격 관련 데이터를 분석하는 방법이다.

베버의 법칙은 크기와 관계없이 두 자극은 알아챌 수 있는 차이에 대한 상수에 따라 다르다는 것이다.

벤조다이아제핀은 항불안약제로 주로 일반적인 불안장애와 공황장애를 치료하는 데 사용된다.

변연계는 인지적 처리, 특히 대부분의 기억의 형태에 영향을 미치는 사회적, 정서적 행동을 통제하는 커다란 구조물로 뇌 안에 있는 시스템이다.

변인은 나이, 몸무게, 키 등과 같이 변화할 수 있는 특성이다.

변화맹은 극적인 시각적 변화를 탐지하는 것에 실패하는 것이다.

변화에 대한 청각장애는 극적인 청각적 변화를 탐지하는 것에 실패하는 것이다.

변환은 빛이나 소리와 같은 물리적 에너지를 전기적 변화로 바꾸어 처리하는 과정이다.

병렬 처리는 같은 시간에 여러 가지 일들을 처리하는 과정을 묘사한다.

복합 세포는 하나의 자극에서 두 개의 형태에 반응하는 형태 탐지자이다.

본능회귀는 유기체가 새로운 행동을 하도록 훈련을 받은 후에 본능적인 행동으로 되돌아오는 경향을 말한다.

부교감 신경계는 즉각적인 활성화를 요구받지 않으며 기관에 대해 브레이크처럼 작동하는 기능을 가진 자율 신경계의 한 부분이다.

부모투자는 자손을 낳고 키우는 데 들어가는 시간, 에너지, 위험도를 포함한다.

부정적인 인지양식은 비관적이거나 부정적인 생각의 패턴을 나타낸다.

부주의로 인한 시각장애는 주어진 자극을 지각하는 것에 실패하는 것이다.

분산도는 데이터들이 평균으로부터 서로 떨어져 있는 정도이다.

분석수준은 뇌 수준, 개인 수준, 세계 수준 등 심리학자들이 하나의 심리학적 논점을 살펴볼 수 있는 다양한 방식을 말한다.

분열성 성격장애는 타인에게 극히 관심이 적기 때문에, 친구들이 거의 없다.

분열형 성격장애는 기묘하고 괴상한 방식들을 보여주며 사회적인 관계를 형성하는 것을 어렵게 만드는 특징을 가진다.

분자유전학은 특정 질병이나 특질, 행동에 영향을 미치는 특수 유전자를 확인하기 위하여 유전자의 분자 구조와 기능을 분석하기를 강조하는 연구 분야이다.

불안 장애는 확인할 수 있는 이유 없이 항상 불안을 느끼는 정신질환이다.

브로카 영역은 말하기를 만드는 데 필요한 운동을 생산하는 전두엽의 일부 영역이다.

비대칭분포는 점수들이 중앙이 아닌 어느 한쪽 가장자리에 밀집해 있는 분포이다.

비판적 사고는 가정을 검토하고, 증거를 평가하고, 숨겨진 의제를 찾고, 결론을 가늠해보는 정보처리 방식이다.

빈도분포는 한 데이터 세트의 각 점수들의 빈도를 요약해 놓은 것이다.

사례연구는 한 개인이나 몇몇 사람들에 대한 심층연구이다.

사실은 직접 관찰에 의한 객관적 진술이다.

사회 공포증은 사회적 상황에서 창피를 당하거나 난처해지는 것에 대한 지속적이고 비합리적인 두려움이다.

사회인지이론은 우리가 사회와 상호작용하면서 형성하는 의식적이거나 반사적인 생각에 대한 신념이나 습관을 강조하는 성격이론이다.

사회적 다윈주의는 개인이 역경에 적응하여 생존할지 아니면 중도에 그만둘지에 따라 나타나는 적응 과정을 통해 사회와 문화가 더 높은 형태로 발달한다고 말하는 이론이다.

사회학습요법은 관찰과 행동 강화를 통해서 내담자의 문제가 되는 행동 양식을 수정하기 위해 고안된 치료법이다.

사후과잉확신은 사건이 일어난 후에 어떤 것에 대한 모든 것을 알고 있었다는 잘못된 신념이다.

상태는 일시적인 행동 성향이다.

상호결정론은 인간의 행동은 개인적 요인에 영향을 받기도하고 주기도 한다는 이론이다.

상호의존적인 자기해석은 자신들을 가족과 지역사회라는 큰 네트워크의 일부로 보는 사람들의 관점이다.

색조는 특정한 색깔이다.

색 항상성은 감각 정보에서 색이 변한다 하더라도 친숙한 대상을 지각하는 경향이다.

생물심리사회적 접근은 신체와 마음을 분리하는 것이 가능하지 않다는 인식으로 심리 장애를 분석하는 방법이다.

생물학적 접근은 신체적인 문제들이 근본 원인이라고 여기는 심리 장애 분석 방법이다.

생물학적 준비성은 생물학적 특징이 특정 특질을 촉진시키기 위해 발달하는 범위를 말한다.

생식체는 유기체의 생식세포를 말한다.

생체자기제어는 현상에 대해 마음을 중요시하는 스트레스 조절 치료법이다.

서비기관은 페로몬을 탐지하고 반응을 시작하게 하는 기관으로 대부분의 동물에게 있는 비강 내 특수한 세포이다.

선별사육은 바람직한 특질을 가진 동일종의 유기체 쌍을 그와 같은 특질을 갖도록 하기 위하여 짝짓는 과정을 말한다.

선택맹은 자신이 한 선택에 대해 대체물을 탐지하는 것에 실패하는 것이다.

설명 양식은 개인이 사건을 자신에게 설명하는 방법을 말한다.

성은 DNA에 포함되어 있는 성 염색체에 기초하여 남자 또는 여자로 분류하는 생물학적 분류이다.

성가심이란 사소한 골칫거리이지만 작은 문제들과 결합하면 스트레스를 받는 상황을 만들어낼 수 있다.

성격은 사람들이 세계, 특히 다른 사람들과 소통하는 방식이다.

성격검사는 다른 검사들에 비해 문항수가 많고 보다 과학적으로 엄격하게 만들어진 설문지를 의미하며, 여러 가지 행동들에 관해 질문하고 몇 개의 특성을 동시에 측정하는 것이다.

성격분석적 전기는 성격에 대한 인생 이야기 이해이다.

성격장애는 개인들이 정상적인 사회적 관계를 형성하는 것을 어렵게 하는 완고하고 부적응적인 행동 양식이다.

세부특징 통합이론은 어떻게 특징들이 서로 결합할 수 있는지에 대한 지식을 기반으로 하여 사람들이 자극을 통합하는지에 대한 이론이다.

소뇌는 평형을 포함하여 근육 운동을 조직하는 뇌의 한 부분이다. 절차 기억과 운동과 관련된 습관을 조직화하고 형성한다.

소리 그림자는 소리 발원지에서 멀리 떨어져 귀 주변에서 소리가 경감되는 부분이다.

소리 파장은 공기 중 분자나 유동액의 충돌, 조직의 이동에 의해 생기는 기압의 변화이다.

소마는 뉴런의 세포체이다.

소인적 원인은 개인이 어떤 형태의 장애에 대해서 민감성을 보이게 하는 기저에 존재하는 요인이다.

소진은 낮은 성취도와 낮은 동기 부여로 인해 장시간의 감정적인 개입이 요구되어 육체적, 감정적, 정신적으로 지쳐 있는 상태이다.

수문-통제 이론은 척수에 있는 '신경학적 수문'이 통증 신호를 뇌로 전달하는 것을 통제하는 것을 의미한다.

수상돌기는 세포체에 나와 있는 비교적 짧고 덤불 같으며 가지같이 생긴 구조로 인접한 뉴런들에게서 신호를 받는다.

수용기 세포는 특정한 에너지의 유형에 반응하는 특성화된 세포이다.

스트레스는 위협적이거나 도전적인 사건에 대한 심리적 · 정신적 반응이다.

스트레스 요인은 우리가 위협적이거나 도전적이라고 인식하는 사건이다.

스트레스 (예방)접종법은 환자에게 다양한 스트레스 요인을 평가하고 대처하는 방법을 가르치고 나서 대처 메커니즘을 강화하기 위해 통제된 상황에서 가중된 스트레스 상황에 노출시키는 치료요법이다.

스트레스 접종 훈련은 내담자들이 다양한 스트레스 요인들을 평가하고 다룰 수 있는 방법에 대해 가르침을 받고, 그런 다음에 통제된 환경에서 이러한 대응 기제들을 강화시키기 위하여 점차로 스트레스가 있는 상황에 노출되도록 하는 치료적인 기법이다.

승화는 전위가 인간의 에너지를 중요하거나 가치 있는 활동으로 향하게 할 때 일어나는 과정이다.

시각 조절은 초점을 맞춘 사물이 가까이에 있느냐 멀리 있느냐에 따라 수정체가 두꺼워지고 얇아지는 것을 통해 모양을 조절하는 과정이다.

시냅스는 신경충동이 이동하는 뉴런들 사이의 공간이다.

시냅스 간극은 전달하는 뉴런의 종말 단추와 받아들이는 뉴런의 수상돌기 사이의 좁은 공간이다.

시력은 시각의 힘이다.

시상은 뇌간의 위에 위치한 부분으로 감각정보를 받아 처리를 하며 대뇌 피질로 전달하여 환기와 수면, 각성과 의식을 조절하는 데 도움을 준다.

시상하부는 뇌 안에 있는 가장 작은 구조물로 신경계에서 내분비계까지 연결되어 있다.

시선-비의존은 시각 시스템은 시각 영역의 조합으로 대상을 인지하는 것이다.

시선-의존은 최근에 보았던 대상이 망막에 맺힌 상과 비교되어 틀로 저장되는 것이다.

시신경은 신경절 세포의 축색 다발로 양쪽 눈에서 뇌로 신경 메시지를 전달한다.

시신경 교차는 뇌의 기본에 가까운 것으로 양쪽 눈의 시신경 일부 섬유가 뇌의 반대쪽 부분으로 교차하여 들어간다.

신경은 뉴런의 집합이다.

신경병증성 동통은 중추신경계의 기능 장애로 인하여 부정적인 감각을 느끼는 것이다.

신경전달물질은 종말 단추에 의해 받은 전기적 메시지로부터 시냅스에 의해 창조되는 화학적 메시지이다.

신경절 세포는 몇 가지 뉴런의 한 종류로 눈에서 뇌로 양극세포와 연결되어 있다.

신뢰도는 특정한 조건하에 특정한 피험자에게 사용해도 매번 유사한 결과가 나오는 정도이다.

신체형 장애는 원인을 확인할 수 없는 신체적인 증상들이 특징이다

신체화 장애는 구토와 현기증과 같이 막연하고 확인되지 않는 증상을 특징으로 하는 신체장애이다.

신피질은 상징적 표상과 같은 일을 가능하게 하는 진화론적으로 가장 신생의 뇌 영역이다.

신호 탐지 이론은 어떻게 그리고 언제 배경 자극 중 희미한 자극의 존재를 탐지하는가에 대한 예견이다.

실무율의 법칙은 한번 특정한 뉴런에 대한 역치에 도달한 상태로 그것의 모든 정보를 전달하며 더 많은 양성 입력이 들어온다 하더라도

역치 이상으로 받아들이지 않는다.

실험실관찰은 통제된 상황에서의 사람 또는 동물에 관한 연구이다.

실험실연구는 자료수집을 용이하게 하고 환경적 조건을 통제할 수 있도록 특별히 만들어진 곳에서의 참여자의 연구이다.

실험집단은 실험에서 독립변수의 영향을 받는 참여자 집단이다.

심리물리학은 자극의 물리적 특성과 그것을 동반하는 감각 경험 사이의 관계에 대한 학문이다.

심리성적단계는 원초아의 쾌락의 욕구가 신체의 여러 성감대에 차례대로 집중하는 발달 단계이다.

심리역동적 접근은 인간의 행동이 의식에 떠오르지 않는 내적 요인들에 의해 동기화된다는 신념에 기초한 심리학적 접근법이다.

심리 진단은 행동유형을 식별하고 분류함으로써 매겨진, 한 사람의 정신 장애에 대한 꼬리표이다.

심리치료는 치료사와 심리적인 문제를 앓고 있는 사람들 간의 상호작용이며, 목표는 지지를 제공하고 문제로부터 편안해지는 것이다.

심리학은 행동과 정신과정을 과학적으로 연구하는 학문이다.

아스퍼거 장애는 정상수준의 지능과 인지 능력을 가지고 있으나 자폐증 같은 사회적인 행동들을 보여주는 증후군이다.

아픈 통증은 외적 자극에 의해 부정적으로 느껴지는 것이다.

안구운동탈민감화 및 재처리(EMDR) 요법은 치료사들이 혼란스럽거나 외상적인 사건에 해 내담자들이 겪게 된 심리적인 문제들을 다룰 수 있도록 도와주려는 목적을 가지고서, 내담자들이 눈을 앞뒤로 움직일 때 내담자들로 하여금 혼란스러운 영상이나 트라우마를 남긴 기억에 집중하도록 지도하는 노출 치료법이다.

안면타당도는 어떤 연구가 측정하고자 한 것을 피상적으로 측정한 정도이다.

안정 전위는 뉴런 안쪽의 유체가 음성적으로 충전된 입자가 과잉하여 상대적으로 뉴런이 음성 상태에 있다.

양극성 장애는 우울증과 조증의 삽화가 교대로 일어나는 기분 장애이다.

양성 증상은 망상이나 환각과 같이 정상적인 기능들을 왜곡하거나 과도한 상태를 반영하는 증상이다.

억압은 불안을 유발하는 사고를 의식으로부터 막는 과정이다.

억제는 뉴런이 다른 뉴런으로 정보를 전달하지 못하도록 지시하는 과정이다.

억압적 대처는 인위적이고 거짓된 긍정적 인식을 유지하고 스트레스 요인에 대해 생각하지 않는 것을 포함하는 관점이다.

엔돌핀은 모르핀과 유사한 화학물질로 통증 신호를 억제하고 내측 전뇌에서 방출된다.

역동적 감각은 사람 몸의 한 부분이 어떻게 다른 부분과 상호작용하는지에 관련된 감각이다.

역치는 정보를 전달받기 전 많은 양성 입력을 받아야만 하는 것이다.

연결자는 공감각을 경험하는 사람이 글자에 색을 연합시키는 상태로 실제로는 그 색을 보는 것은 아니다.

연관통은 척수에서 동일한 신경 세포상에서 내부나 외부 영역의 감각 정보가 중첩될 때 발생한다.

연구방법은 관찰의 틀을 제공하는 규칙이나 기술이다.

연구에 대한 보고는 연구가 끝난 후에 참여자들에게 연구의 실체와 목적에 대해 구술적으로 알려주는 것이다.

연속성은 교차하는 선이 연속적인 형태로 보이는 경향이다.

연속특질은 키, 몸무게, 피부색처럼 범위에 따라 다양한 결과를 갖는다.

연수는 심장과 호흡 기능을 관장하는 뇌의 영역이다.

연합 피질은 대뇌 피질의 일부로 대뇌 피질의 각 엽에 하나씩 존재하며 뇌의 쉬고 있는 영역으로부터 온 자극을 통합시키는 특정 엽으로부터 기본적인 감각과 운동 정보를 돕는다.

열등감은 사람들이 어린 시절 느꼈던 육체적, 정신적인 열등감을 보상하기 위해 종종 성인기에 완벽이나 우월을 위해 노력하는 것이다.

열성 유전자는 대립유전자 쌍 내 우성 유전자에 의해 억압된다.

염색분체는 복제된 염색체 쌍이다.

염색체는 세포 핵 내에 있는 기다란 유전물질 가닥이다.

영아기 반사는 인간의 선천적인 특질이다.

예상적 대처는 미래에 있을 수 있는 스트레스 요인을 예상하여 과거 어떻게 유사한 스트레스 요인에 대처했고, 이번 경우에 어떻게 비슷하게 대처할 수 있는지, 그리고 과거의 실수로부터 배울 것은 있는지와 같은 면에서 고려해 보는 방법이다.

예언타당도는 한 검사의 결과를 다른 분야의 개인의 점수나 수행을 예언하는 데 사용할 수 있는 준거타당도의 한 종류이다.

예후는 질병의 전형적인 과정과 회복의 가능성을 예측하는 것이다.

오류는 우연히 실험에 포함된 무작위 분산도이다.

외과수술은 정신질환을 치료하기 위해 뇌의 일부를 외과적으로 변경시키는 치료방법이다.

외부환경은 외부세계의 사건과 상황들로 구성된다.

외상 후 스트레스 장애는 제어할 수 없는 사건을 무기력감이나 두려움으로 경험하거나 목격함으로써 생기는 불안 장애이다.

외인성은 외부 자극에 의한 방향성을 의미한다.

외적타당도는 검사의 결과가 나머지 모집단에 일반화가 가능한 정도를 나타내는 타당도의 종류이다.

외적통제소재는 보상이나 운이 외적인 요소에 의해 조절된다는 믿음(에 대한 경향성)이다.

외현적 내용은 개인이 꿈(그것의 이야기 줄거리, 등장인물들 그리고 세부사항들)에 대해서 명확히 기억할 수 있는 것이다.

요구 특성은 참여자들로 하여금 연구자가 연구에서 원하는 대로 행동하게 하는 환경의 측면이다.

요소에 의한 재인은 인간이 친숙하지 않은 대상을, 이를 구성하는 원통, 뿔, 쐐기, 벽돌 모양 등 조각에 의하여 인지한다는 이론이다.

요인분석은 설문지에 대한 반응들의 상관 패턴을 확인하는 데 사용되는 통계적 기법이다.

욕구위계는 자아실현을 위해 반드시 만족해야 하는 다섯 가지 욕구를 보여주는 피라미드 구조이다.

우성 유전자는 대립유전자 쌍 내 다른 유전자 표현을 억누른다.

우울 장애는 우울이 지속되거나 극단적으로 나아가는 기분 장애이다.

운동 뉴런은 정보를 중추 신경계에서 근육과 분비선을 작동하기 위해 정보를 내보내는 뉴런이다.

원격 자극은 주변 환경에 있는 대상으로부터 받는 자극이다.

원초아는 우리의 기본적인 욕구와 생존본능을 만족시키려고 노력하는 정신의 부분이다.

원형은 시대나 문화에 관계없이 어머니라는 이미지는 돌보는 사람이나 양육하는 사람과 같은 특정한 이미지임을 말한다.

위약은 의학요법과 비슷하지만 내적인 치료상의 효과가 없는 물질이나 절차이다.

위약효과는 참여자가 위약을 복용하고 단순히 실제 처치를 받았다고 믿기 때문에 처치를 받은 것처럼 반응을 보이는 현상이다.

유사분열은 염색체가 세포분열 전에 스스로를 복제하여 본래의 세포와 유전적으로 일치하는 두개의 세포를 만드는 세포 분열 과정이다.

유사성은 대상을 패턴의 한 부분으로 같은 크기나 모양, 색깔로 지각하는 경향이다.

유산소 운동은 조깅, 수영과 자전거 타기 같은 심장이나 폐의 기능을 향상시키는 지속적인 운동이다.

유스트레스(좋은 스트레스)는 개인으로 하여금 임무를 수행하거나 목적을 이룰 수 있도록 도와주는 낮은 단계의 긍정적인 스트레스이다.

유의수준은 연구결과가 우연에 의해 나타날 수 있는 확률을 의미하는 통계치이다.

유전가능성은 한 특질이 유전적으로 전해 내려올 수 있는 정도를 말한다.

유전자는 몸속에 단백질을 만드는 특수한 방법을 가진 DNA의 부분이다.

유전자 집합체는 함께 작용하는 유전자 집단을 말한다.

유전자형은 하나의 유기체가 전달한 유전자 구조이다.

육성은 양육방식, 물리적 상황, 경제적 쟁점 등의 환경 요인들을 가리킨다.

은연중에 속마음을 드러내는 실수는 억압된 기억과 사고의 내면을 나타내는 말의 실수이다.

음색은 소리 톤의 질과 순수성이다.

음성 증상은 주의력이나 감정과 같은 정상적인 기능들에서 저하를 보이는 증상이다.

응용심리학은 실세계의 문제들을 해결하기 위해 심리학 이론 및 실천을 활용하는 것을 가리킨다.

의존성 인격장애는 매달리며, 궁핍한 행동이 특징이다.

의학적 모델은 심리학적 비정상이 생물학적 질병처럼 증상, 원인 그리고 치료가 있는 질병이라는 개념을 말한다.

이란성 쌍생아는 두 개의 별개의 접합체에서 나온다.

이랑은 대뇌 피질에 불거져 있다.

이론은 기존의 사실들을 설명하는 데 도움을 주는 아이디어이다.

이상(변태)심리학은 정신, 기분, 행동 장애를 연구하는 학문이다.

이완반응은 근육긴장이 줄어든 상태, 피질활동, 심장박동수, 호흡수와 혈압으로 이루어져 있다.

이원론은 육체가 사망해도 정신은 소멸하지 않으며 사고와 개념은 몸과는 별도로 존재할 수 있다는 신념이다.

이중 진단은 정신 장애와 약물남용이 동시에 존재하는 것이다.

이중맹목 실험은 피험자와 관찰자 모두가 연구의 목적에 대해 알지 못한 채 연구가 진행되므로 관찰자 기대효과나 피험자 기대효과를 무효화할 수 있다.

이중우울은 기분부전의 상태에 주요우울 장애가 덧붙여지는 상황이다.

이질접합은 동일하지 않은 대립유전자를 갖고 있는 것을 말한다.

인간중심적 치료는 인본주의적 치료의 형태이며, 치료 과정은 치료사의 생각과 기술보다는 내담자의 능력과 통찰에 중점을 둔다.

인본주의 이론은 사람들의 의식적인 이해와 자기실현을 달성하기 위한 그들의 능력을 강조하는 성격이론의 한 유형이다.

인본주의 접근은 인간이 자유의지를 가지고 있고 자신의 운명을 통제할 수 있다는 신념에 바탕을 둔 심리학적 접근법이다.

인위적 선택은 자연선택과 상대적인 개념으로 인간이 바람직한 특성을 선택하여 자손에게 전달한다는 개념이다.

인접 자극은 인간의 수용기를 자극하는 원격 자극에 의해 생겨난 물리적 에너지의 형태이다.

인지심리학은 인간 뇌의 작용에 초점을 두고 인간이 환경으로부터 수집한 정보를 어떤 방식으로 처리하는지를 이해하고자 하는 심리학 분야이다.

인지적인 평가는 심사숙고한 해석과 평가이다.

인지적 접근은 심리적인 고통의 원인이 되는 사고 과정에 중점을 두고서 심리 장애를 분석하는 방법이다.

인지 재구성은 치료사들이 내담자들로 하여금 부정적인 감정 상태를 유발하는 자동적 믿음, 가정과 예상에 의문을 품고, 부정적 사고를 좀 더 현실적이고 긍정적인 사고로 바꿀 수 있도록 가르치는 치료적 기법이다.

인지 치료는 사람들의 정신적 문제가 그 자신의 비논리적이거나 잘못된 믿음과 생각에서 비롯될 수 있다는 이론에 근거를 두고 있는 치료 방법이다. 그러므로 이러한 형태의 치료법은 그러한 인지 양식들을 건강한 것들로 대체하려고 한다.

인지-행동 치료법은 정신적인 문제가 잘못되거나 비이성적인 생각으로부터 시작하여 비논리적인 행동으로 나타난다는 생각에 기반을 두고 있다. 그러므로 이러한 형태의 치료법은 내담자가 생각하고 행동하는 방식을 변화시키는 데 중점을 두고 있다.

인터뷰는 사람들이 자신에 관한 내용을 구두 기술한 내용을 통한 자료 수집 방법으로, 질문목록세트가 있는 엄격하게 구조화된 것과 덜 구조화된 대화식이 있다.

일관성 역설은 성격에 대한 평가는 시간이 흐르거나 관찰자가 바뀌어도 일관적인 반면 행동에 대한 평가는 그렇지 않다는 것이다.

일란성 쌍생아는 단일 접합체가 나뉘고 분리되어 나온다.

일반적 적응 증후군(GAS)은 경고, 저항, 탈진이라는 세 단계로 구성된 스트레스 반응이다.

일차 시각 피질은 눈으로부터 정보를 입력받아 사람들이 무엇을 보았는지 변환을 시키는 뇌의 일부이다.

일차 운동 피질은 운동의 기능을 통제하는 신경 충동을 발생시키는 일을 하는 뇌의 한 영역이다.

일차 청각 피질은 소리 처리를 하는 뇌의 일부분이다.

일차 체감각 피질은 두정엽에 존재하고 있으며 신체적인 감각에 대하여 정보를 받아들이고 해석하는 뇌의 일부분이다.

일차 피질은 대뇌 피질의 일부로 대뇌 피질의 각 엽에 하나씩 존재하며 기본적인 감각과 운동 기능을 담당한다.

임상심리학은 특정한 정신문제나 행동문제가 있는 사람들의 진단과 치료를 담당하는 심리학 분야이다.

자기보고방법은 사람들이 자신의 행동이나 마음상태를 평가하거나 기술한 자료를 통한 자료수집 방법이다.

자기애적 성격장애는 과장된 자존감과 존경받는 것에 대한 깊은 욕구가 특징이다.

자기중심적 사고는 개인주의적인 태도로 생각하고 행동하는 경향을 보이는 성격특성이다.

자기효능감은 특정한 과제 수행에 필요한 자신들의 능력에 대한 사람들의 기대이다.

자소-색 공감각은 글자를 특정한 색으로 지각하는 상태이다.

자아는 원초아가 충족하고 싶어 하는 기본적인 욕구가 무엇인지를 찾아 그 욕구를 만족시키기 위해 현실적인 계획을 제시하는 역할을 하는 정신의 부분이다.

자아개념은 자신이 누구인가에 대한 개인의 이해이다.

자아실현은 성취감을 주는 고유한 잠재성의 자기 수용 및 지각에 대한 완전한 감정이다.

자아이론은 모든 사람들은 '실제' 자아가 되고 싶어 하는데, 이를 위해 사람들은 다른 사람들의 소망보다 자신의 소망에 따라 삶을 살아야 한다는 성격이론이다.

자연관찰은 그들 자신의 환경에 있는 사람 또는 동물에 대한 연구이다.

자연선택은 환경에 가장 잘 적응하는 유기체가 생존하며 자신의 유전적 특성을 미래세대로 계승하는 경향이 있다고 말하는 이론이다.

자연주의적 오류는 자연스러운 것이라면 무엇이든 선하거나 옳다는 주장이다.

자웅선택은 짝이 선택되는 과정을 말한다.

자유연상은 심리분석적인 기법으로 치료사가 내담자로 하여금 마음을 편하게 하고서, 최근의 경험, 기억 또는 꿈에서 시작하여 논리나 자기 스스로 편집하는 것을 자제하면서 인식할 수 있는 모든 이미지나 생각을 보고하도록 하는 것이다.

자율 신경계는 말초 신경계의 일부로 기관을 가속기처럼 항상 활성화하여 움직인다.

자폐증은 사회적인 발달과 의사소통 기술을 방해하는 발달장애이다.

잠재적 내용은 꿈의 무의식적인 의미를 묘사한다.

재구성은 새로운 혹은 창의적인 사고방식을 통해 스트레스 요인의 위험도를 감소시키는 생각 방법이다.

재앙은 예측불가능한 대규모 사건을 말한다.

재흡수는 신경전달물질이 전 시냅스 뉴런으로 되돌아가는 과정이다.

저항은 치료적인 작업을 하는 것을 회피하려는 내담자의 시도를 말한다.

적응적이란 말은 환경에 따라 적응하고 기능하는 능력을 말한다.

전경은 인간이 주의를 기울이는 대상이다.

전기충격요법(ECT)은 현재 심각한 우울증을 겪으면서도 정신치료요법이나 항우울제 약물에 반응하지 않는 사람들을 성공적으로 치료하는 데 사용되고 있다.

전두대피질은 중요한 통제 시스템으로서 물리적 통증의 지각을 포함하여 사람의 행동을 조절하도록 돕는 뇌의 일부이다.

전두엽은 통합의 다양성을 수행하며 기능을 관리하는 뇌의 한 영역이다. 전두엽은 작업 기억과 장기 기억의 부호화와 저장과 관여하며 감각 기억에는 덜 관여한다.

전 시냅스 뉴런은 시냅스로 신호를 전달하는 뉴런이다.

전위는 무의식적이거나 받아들일 수 없는 바람이나 추동을 보다 더 받아들여질 수 있는 대안으로 전환하는 과정이다.

전이는 내담자 인생의 중요한 인물에 대한 무의식적인 감정들이 치료사에게로 향하는 것이다.

전전두 피질은 뇌의 가장 앞부분에 있고 신피질에 속해있는 영역으로 여러 가지 생각을 중재하고 옳고 그름을 판단하는 것과 같은 상위 기능을 수행한다. 정서의 인지적인 경험에 대하여 중요하다.

전정 감각은 운동과 신체 균형과 관련된 감각이나.

전정낭은 반고리관에서 와우로 연결되는 세포 덩어리이다.

전 주의 과정은 인간의 의식적 각성 없이 일어나는 정보의 복잡한 처리 과정이다.

전환장애는 갑작스럽고 일시적인 감각기관의 상실이 특징인 신체장애이다.

절대역은 인간이 시행 시 50%의 자극(빛, 소리, 압력, 맛, 냄새)을 탐지할 수 있는 데 필요한 가장 적은 양의 에너지이다.

절충적 심리치료는 각 개인의 독특한 문제에 따라 다양하고 생물학적인, 심리적인 그리고 사회적인 영향들을 고려하는, 다방면에 걸친 치료의 사용을 포함하는 심리치료의 형태이다.

접합체는 정자와 난자의 결합으로 형성된 세포이다.

정규분포곡선은 결과의 고른 분포와 고른 분포 안에서 중심으로 모이는 데이터 경향 때문에 좌우대칭으로 고르게 분포된 자료를 보여주는 종 모양의 곡선 그래프이다.

정신 결정론은 무의식적 과정이 모든 의식적인 생각과 행동의 기저를 이룬다는 개념이다.

정신병리학은 이상심리학을 말한다.

정신분석은 무의식의 영향과 같이 프로이트의 개념과 깊게 관련된 심리치료의 유형으로 환자들이 정신과 의사에게 자신들의 삶에 대해 말하고, 정신과 의사는 각각의 단어들을 듣고, 분석하고, 해석할 것을 요구한다.

정신분석적 접근은 무의식적인 갈등과 다른 가능한 기저에 있는 심리적 요소들을 연구하는 심리 장애 분석 방법이다.

정신분열증은 사람으로 하여금 왜곡된 지각, 부적절한 감정 또는 반응과 혼란을 경험하도록 유발하는 정신 장애이다.

정신생리학적 질병은 스트레스에 대한 심리적인 반응으로 야기되는 만성적 피로나 고혈압과 같은 증상이다.

정신약리학은 약물이 정신과 행동에 어떤 식으로 영향을 미치는지를 연구한다.

정신역동적 심리치료는 프로이트의 정신역동학에 근거를 하고 있는 치료 형태이며, 이 이론은 무의식적인 갈등들이 정신질환의 기저에 있으며 이러한 갈등들이 개인의 말과 행동을 통해서 표면으로 나오게 된다.

정신역학이론은 정신력의 상호작용에 초점을 맞추는 성격이론이다.

조건부 관리는 행동과 그 결과 사이의 관계를 바꾸어 원하지 않는 행동을 좋은 행동으로 바꾸게 하는 조작적 조건형성 방법이다.

조사는 질문지나 인터뷰에서 사람들의 행동이나 견해에 관한 일련의 질문들이다.

조증은 높아진 자존감, 증가하는 수다스러움, 고양된 에너지와 수면에 대한 필요가 줄어드는 것 등이 특징인 행복감의 상태이다.

종말 단추는 축색에서 나와 있는 가지의 말단 구조이다.

종속변인은 실험에서 독립변수에 의해 영향을 받는 변인이다.

종 특유 행동은 어떤 종에게 나타나는 본능적이거나 특징적인 방식의 행동유형이다.

좋은 형태의 법칙은 사람들이 자극을 가장 단순한 형태로 조직화하는 것을 말한다.

주요우울 장애(MDD)는 뚜렷한 이유 없이 2주 이상 지속되는 심각한 우울증을 나타내는 특징이 있는 기분 장애이다.

주의력결핍 과잉행동장애는 주의를 집중하는 것이 어렵고 쉽게 주의가 산만해지는 장애이다.

주제통각검사는 사람들에게 익숙하지 않은 여러 장의 그림을 무작위로 보여준 다음 그것들에 관해 이야기해보라고 한다. 이러한 이야기들은 아마 사람들의 마음속에 내재해 있는 희망, 두려움, 그리고 욕구를 반영할 것이다.

주파수는 1초에 파장이 순환하는 주기의 수이다.

준거타당도는 어떤 척도가 연구하고자 하는 특성의 또 다른 준거와 어느 정도의 상관이 있는가를 나타내는 용어이다.

중간 뉴런은 감각 뉴런과 운동 뉴런 사이에서 정보를 전달하는 뉴런이다.

중대상피질은 일차적으로 반응 선택에 관여하는 대상 피질의 일부이다.

중심와는 망막에 억눌려져 있는 지점으로 인간의 시각 영역의 중심을 차지하고 있다.

중앙값은 데이터 세트에서 중앙에 오는 점수이다.

중추 신경계는 척수와 뇌를 포함하는 신경계에서 가장 큰 부분이다.

증상은 잠재적인 정신 장애를 나타내는 사고 혹은 행동의 특성이다.

증후군은 한 개인에게서 관찰되는 서로 밀접한 관계가 있는 있는 조합이다.

지각은 감각 정보를 인간이 선택, 정리, 해석하는 과정이다.

지각적 갖춤새는 인간의 지각에 영향을 주는 이전의 경험과 기대를 배경으로 한 정신적인 배치이다.

지각적 순응은 조절된 감각 입력에 의하여 환경의 변화에 인간이 적응해가는 과정이다.

지속적 원인은 어떤 장애의 결과로서 일단 그 장애가 발현되면 지속력을 갖게 한다.

지온은 단순한 3차원의 형태로 다른 지온들과 함께 모든 대상들을 만들어 낸다.

진폭은 파장의 높이이다.

진화심리학은 적응적인 행동이 인류 조상들이 생존하고 번식하는 데 얼마나 도움이 되었는가를 연구하여 인간 심리와 행동 발달을 설명하는 심리학의 한 분야야이다.

진화적 접근은 어떤 패턴의 인간 행동이 생존에 유리하게 작용할 수 있는지를 연구하는 심리학적 접근법이다.

질문지는 엄격한 목적을 가지고 있으며, 정확한 용어, 주의 깊게 개발된 질문, 무선표집과 같은 신중한 관리를 통해 개발된 일련의 질문들이다.

집단간 실험은 집단별로 다른 독립변수에 노출되는 연구이다.

집단 무의식은 모든 인간들이 공통적으로 가지고 있는 기억과 이미지의 공유 저장고이다.

집단주의 문화는 사람들의 상호의존을 중요시하는 문화이다.

집단 치료는 치료사에 의해 이끌어지며 심리 장애를 겪고 있는 내담자들의 집단을 포함하는 치료 형태이다.

집중경향치는 데이터 세트의 가장 전형적인 세 가지 점수들로 평균, 중앙값, 최빈값이다.

차이역 혹은 최소 가지 차(jnd)는 두 자극 사이에서 50%의 차이를 탐지할 수 있는 최소한의 차이이다.

착각적 결합은 두 개의 서로 다른 자극의 잘못된 결합 특징으로부터 온 결과이다.

착각적 윤곽은 실제로 없는 선임에도 불구하고 선을 지각하는 시각적 착각이다.

참여자는 실험에서 피험자로 참여한 사람이다.

채도는 색의 강도를 묘사한다.

척수는 뇌와 척수 신경으로 연결되어 있으며 단순 반사와 율동적 운동을 조직한다.

천성은 성격, 신체성장, 지적 성장, 사회적 상호작용에 영향을 미치는 타고난 속성들을 가리킨다.

체계적 둔감법은 치료적 환경 내에서 사람들이 불안감을 느끼는 상황을, 이런 상황에서 느껴지는 불안을 안심으로 바꿀 수 있다는 목표를 가지고서, 깊은 안심 상태와 연관시키도록 배우는 것으로 노출 치료법의 변형된 방법이다.

체성 신경계는 외부로부터 자극을 잡아 우리의 운동과 의식적으로 통제하는 과제들을 조직화한다.

초자아는 자아로 하여금 사회적인 제약을 고려하여 사회적으로 수용될 수 있는 행동을 하게 하는 정신의 부분이다.

촉진적 원인은 특정한 장애를 초래하는 일상생활의 사건들이다.

최빈값은 데이터 세트에서 빈도가 가장 많은 점수이다.

추리통계는 연구자들이 그들의 결과가 우연에 의한 것인지 관찰된 결과를 모집단에 적용할 수 있는지를 결정할 수 있게 확률의 법칙을 사용하는 통계이다.

추상체는 망막에 있는 광수용기로서 색을 볼 수 있는 역할을 한다.

축색은 소통의 표적을 향하여 뉴런의 소마에서부터 신호가 전송되는 케이블과 같은 확장체이다.

취약성 스트레스 가설은 사람들이 유전적으로 특정한 정신 질환에 걸리기 쉽지만, 그들이 결정적인 발달 시기 동안에 환경적이고 정서적인 스트레스에 노출되어 있을 경우에만 그 질병이 발병한다고 말한다.

측두엽은 소리를 처리하는 뇌의 한 부분이다.

카타르시스는 치유적인 감정의 해소이다.

칵테일 파티 효과는 여러 가지 소리 중에 한 가지 소리에만 집중하여 선택적 주의를 할 수 있는 현상이다.

쾌락원리는 즉각적인 만족감을 추구하며, 사회적 기대나 제약은 고려하지 않는 것이다.

타당도는 측정하고자 의도한 것을 측정한 정도이다.

타인중심적 사고는 집단주의적인 태도로 생각하고 행동하는 경향을 보이는 성격특성이다.

토노토픽은 특정 주파수에 반응하는 뉴런이 함께 그룹화되기 위해 청각 피질이 조직화되는 방식으로 적용된다.

토큰 경제는 바람직한 행동을 했을 때 개인이 토큰을 얻으며, 토큰을 받은 사람들은 이후 그것을 특권이나 보상으로 교환받을 수 있는 조작적 조건형성 과정에 관한 용어이다.

통계적 유의성은 신뢰성 있는 두 표본의 평균점수의 차이가 단순히 우연에 의한 것이 아니라는 징후이다.

통제소재는 주어진 상황을 통제하는 데 대한 인간의 인식이다.

통제집단은 실험처치를 하지 않거나 영향을 미치지 않는 처치를 한 집단이다.

퇴행은 이전 발달의 단계로 되돌아가는 것이다.

투사는 무의식적 충동을 경험한 사람이 그 충동의 원인을 다른 사람에게로 돌릴 때 일어나는 과정이다.

투사자는 공감각을 경험하며 원래의 색이 어떤 색인지는 알지만 실제로 특정한 색의 글자를 본다.

투쟁-도피 반응(혹은 공격 또는 도주 반응)은 스트레스 요인에 대한 생리학적인 반응이며, 편도체에 의해 촉발된다. 편도체는 신체가 행동을 취하도록 준비시키는 역할을 한다.

특성은 비교적 안정적인 행동 성향이다.

특성이론은 사람들이 어떻게 다른지를 묘사하는 데 쓰일 수 있는 중요하고 뚜렷이 구별되는 성격 차원이다.

팽대후부피질은 일차적으로 기억의 형성과 인출에 관여하는 대상 피질의 일부이다.

페로몬은 종의 개체들에게 있어 행동적 반응을 이끌어내는 동물과 관련된 화학물질이다.

편도체는 변연계의 일부로 공포 탐지와 조건화에 관여한다. 싸움 혹은 도주 반응과 같은 무의식적인 정서 반응에 필수적이다.

편집성 성격장애는 타인에 대한 극도의 의심과 불신이 특징이다

편차점수는 각 값과 전체 점수의 평균 간의 차이이다.

편향은 실험 결과에 영향을 미칠 수 있는 연구자가 범할 수 있는 개인적이거나 불합리한 판단이다.

평균은 모든 점수들을 다 더한 후 점수들의 사례수로 나눈 산술평균이다.

폐쇄성은 완전하지 않은 대상을 완전한 형태로 지각하는 경향이다.

표준편차는 각 점수의 정보를 사용한 값의 분산 정도에 대한 측정치이다.

표현형은 유전자형에서 나온 관찰 가능한 특징이다.

피각은 기저핵의 일부로 강화 학습에 관련되어 있다.

피부 감각은 압력, 감촉, 고통과 관련된 감각이다.

피험자 기대효과는 참여자들이 실험처치의 결과로 어떤 행동을 해야 한다는 기대 때문에 그들의 행동을 조절할 때 일어나는 것이다.

피험자내 실험은 각 참여자가 몇 개의 다른 독립변수에 노출되는 연구이다.

하향처리는 우리의 믿음, 경험, 기대, 세상을 보는 다른 관점을 사용하는 것이다.

학술심리학자는 대개 학생지도와 교육, 행정업무 처리, 심리학연구 수행에 시간을 나눠 쓴다.

학습된 무력감은 외상적인 사건들을 통제하거나 피할 수 없었던 것에 의해 야기된 절망감이나 수동성을 나타낸다.

합리적인 대처는 스트레스 요인을 정면으로 마주하고 그것을 극복하려는 대처 전략이다.

합리화는 불안한 사고나 감정을 해명하기 위해 의식적 추론을 사용하는 것이다.

항우울제는 특정 신경전달물질(대부분 세로토닌과 노르에피네프린)이 뇌를 통해서 순환되는 방법을 바꿈으로써 우울증상을 경감시키는 작용을 하는 약물의 일종이다.

항정신성 약물은 환각, 편집증, 착각과 같은 정신병적인징후가 압도적으로 우세한 장애를 치료하는 데 사용되는 정신에 작용하는 약물이다.

해리성 기억상실증은 갑작스럽고 선택적인 기억 상실을 초래하는 장애이다.

해리성 둔주는 불현듯 집을 떠나면서 수반되는 갑작스러운 기억 상실이 특징인 장애이다.

해리성 정체감 장애는 하나의 신체 안에서 두 개 또는 그 이상의 성격들을 경험하는 것처럼 보이는 장애이다.

해리장애는 정상적인 인지 과정들이 부서져서 갑작스런 기억 상실이나 성격 변화를 가져오는 상태이다.

해마는 뇌의 한 부분으로 외현 기억, 장기 기억에서의 회상과 재인, 조건화 처리에 관련되어 있다.

행동 계약은 내담자와 치료사가 가지는 예상뿐만 아니라 몇 가지 행동들의 결과를 철저히 설명하는 명시적인 합의이다.

행동억제체계는 처벌에 대한 예측으로 접근행동을 억제하는 뇌의 한 부분이다.

행동요법은 정신적 고통과 관련된 행동을 바꾸고자 시도하는 치료 형태이다.

행동유전학은 한 특질이 유전적으로 전달될 수 있는 정도를 설명한다.

행동의학은 예상수명을 늘리고 삶의 질을 높이기 위해서 행동적, 의학적, 사회적 지식을 통합하려는 의학적 치료에 대한 간학문적 접근이다.

행동주의 접근은 직접 측정하고 기록할 수 있는 관찰 가능한 행동에 초점을 두는 심리학적 접근법이다.

행동활성체계는 보상의 예측에 대한 반응으로 접근행동을 활성화시키는 뇌의 한 부분이다.

향정신성 약물은 정신장애 징후를 일으킬 수 있는 신체변화에 작용함으로써 정신 장애 징후를 경감시킬 수 있는 약의 유형이다.

허구성일치효과는 자기의 신념이나 행동을 다른 사람들과 공유하는 정도를 과대평가하는 경향성이다.

현실원리는 고통스럽기보다는 즐거운 행동을 통해 기본적인 욕구와 생존본능을 달성하기 위해 노력하는 것이다.

현장연구는 실험실이 아닌 다른 상황에서 이루어진 연구이다.

혈뇌장벽은 물질이 혈류에서 벗어나 뇌에 도달하는 것을 정화하는 지방질의 막이다.

혐오적 조건형성의 목표는 (내담자가 술을 마시거나 담배를 피울 때 느끼는 즐거움과 같은) 일상적으로는 긍정적 반응을 부정적인 반응으로 대체하는 것으로, 해로운 자극을 부정적인 반응과 짝을 짓는 치료 방식이다.

형태 탐지자는 특성화된 뇌세포로 시야에서 오로지 특정한 요소에만 반응한다.

홍수법은 내담자를 자극에 직접 노출시킴으로써 강렬한 방식으로 공포를 일으키는 자극에 노출되도록 하는 노출 치료법이다.

화학적 환경은 유기체 내 조건이나 사건을 포함한다.

환각은 사람이 사실이라고 믿고 있는 잘못된 감각적인 지각이다.

환경 심리학은 물리적 환경이 행동이나 건강에 미치는 영향을 조사하는 분야이다.

환자는 심리적인 장애를 가지고 있는 사람으로, 생물의학적인 접근방식으로 치료를 받는다.

활동 전위는 전기화학적 파문으로 세포체에서 종말 단추의 방향으로 움직이고 종결되며 신경전달물질의 방출은 다음 뉴런을 자극한다.

회질은 대뇌와 소뇌를 감싸고 있으며 대뇌피질을 만들고 있는 물질이다.

회피성 인격장애는 높은 수준의 사회적 불안과 부적절감이 특징이다

획득형질은 유기체가 획득한 유용한 특질이다.

후두엽은 인간의 뇌에서 네 개의 엽 중 가장 작으며 시각 처리를 담당하는 뇌의 한 부분이다.

후부대상피질은 일차적으로 개인적 성향에 관여하는 대상 피질의 일부이다.

후 시냅스 뉴런은 시냅스로부터 신호를 전달받는 뉴런이다.

히스테리성 성격장애는 상황에 대해 지나치게 행동하는 경향, 과도한 감정표현 그리고 다른 사람들로부터 관심을 얻기 위해 교묘한 조작을 하는 것이 특징이다.

히스토그램은 사각형을 사용해 빈도분포를 나타낸 것으로 사각형의 가로는 급간을, 사각형의 넓이는 빈도에 해당되는 비율이다.

ABEND, L. (2008, July 18). In Spain, human rights for apes. *Time*. Retrieved October 13, 2008 from http://www.time.com

ABRAMSON, L. Y., METALSKY, G. I., & ALLOY, L. B. (1989). Hopelessness depression: A theory-based subtype. *Psychological Review, 96*, 358-372.

AC NIELSEN SURVEY. (2007, January 29). Global warming: A self-inflicted, very serious problem, according to more than half the world's online population. Retrieved July 18, 2008, from http://www.marketresearchworld.net/index.php?option=content&task=view&id=1264&Itemid=

ACETI ASSOCIATES. (2002). Recycling: Why people participate; Why they don't. Retrieved from http://www.acetiassociates.com/pubs/curbside.pdf

ACKERMAN, P. L., & BEIER, M. E. (2005). Knowledge and intelligence. In O. Wilhelm & R. W. Engle (Eds.), *Handbook of understanding and measuring intelligence*. Thousand Oaks, CA: Sage.

ADAMS, W. L. (2006, March/April). The truth about photographic memory. *Psychology Today*.

ADAMS, W. L. (2006, March 1). Could You Learn 40 Languages? *Psychology Today*. Retrieved February 16, 2010, from http://www.psychologytoday.com/articles/200605/could-you-learn-40-languages

ADER, R., & COHEN, N. (1985). CNS-immune system interactions: Conditioning phenomena. *Behavioral and Brain Sciences, 8*, 379-394.

ADLER, J. (2008, May 19). Unable to Forget. *Newsweek*. Retrieved February 16, 2010, from http://www.newsweek.com/id/136334

ADOLPHS, R., TRANEL, D., & DAMASIO, A. R. (1998). The human amygdala in social judgment. *Nature, 393*, 470-474.

AFFLECK, G., TENNEN, H., URROWS, S., & HIGGINS, P. (1994). Person and contextual features of daily stress reactivity: individual differences in relations of undesirable daily events with mood disturbance and chronic pain intensity. *Journal of Personality and Social Psychology, 66*, 329-340.

AIG SETS PAY, BONUS TARGET FOR NEW CEO WILLUMSTAD. (2008, July 21). *Insurance Journal*. Retrieved August 4, 2008, from http://www.insurancejournal.com/news/national/2008/07/21/92040.htm

AIKEN, L. R., & GROTH-MARNAT, G. (2005). *Psychological testing and assessment* (12th ed.). Boston: Allyn & Bacon.

AINSWORTH, C. (2003, November 15). The stranger within. *New Scientist, 180*(2421), 34.

AINSWORTH, M. D. S. (1979). Infant-mother attachment. *American Psychologist, 34*, 932-937.

ALBEE, G. W. (1986). Toward a just society: Lessons from observations on the primary prevention of psychopathology. *American Psychologist, 41*, 891-898.

ALESSADRI, S. M., SULLIVAN, M. W., & LEWIS, M. (1990). Violation of expectancy and frustration in early infancy. *Developmental Psychology, 26*, 738-744.

ALEXANDER, G., & HINES, M. (2002). Sex differences in response to children's toys in nonhuman primates (Cercopithecus aethiops sabaeus). *Evolution and Human Behavior, 23*(6), 467-479.

ALEXANDER, J. (2007, July 22). One Murder, Two Victims: The Wrongful Conviction of Ryan Ferguson. *Crime Magazine*. Retrieved February 16, 2010, from http://crimemagazine.com/07/ryan_ferguson,0722-7.htm

ALLEN, L. S., & GORSKI, R. A. (1992). Sexual orientation and the size of the anterior commissure in the human brain. *Proceedings of the National Academy of Sciences of the United States of America, 89*(15), 7199-7202.

ALLPORT, G. W. (1954). *The nature of prejudice*. Cambridge, MA: Addison-Wesley.

ALLPORT, G. W., & ODBERT, H. S. (1936). Trait names: A psycholexical study. *Psychological Monographs, 47*(1, Whole No. 211).

AMERICAN ACADEMY OF ACHIEVEMENT. (2005). *Elie Wiesel Biography*. Retrieved October 7, 2008, from http://www.achievement.org/autodoc/page/wie0bio-1

AMERICAN PSYCHIATRIC ASSOCIATION. (1994). *Diagnostic and statistical manual of mental disorders (Fourth Edition)*. Washington, DC: American Psychiatric Press.

AMERICAN PSYCHOLOGICAL ASSOCIATION, (2003, June 1). Ethical Principles of Psychologists and Code of Conduct. Retrieved February 5, 2010, from http://www.apa.org/ethics/code2002.html

AMUNTS, K., SCHLEICHERB, A., & ZILLESA, K. (2004). Outstanding language competence and sytoarchitecture in Broca's speech region. *Brain and Language, 89*(2): 346-353.

ANDERSON, C. A., & ANDERSON, D. C. (1984). Ambient temperature and violent crime: Tests of the linear and curvilinear hypothesis. *Journal of Personality and Social Psychology, 46*, 91-97.

ANDERSON, C. A., & BUSHMAN, B. J. (2001). Effects of violent video games on aggressive behavior, aggressive cognition, aggressive affect, physiological arousal and prosocial behavior: A meta-analytic review of the scientific literature. *Psychological Science, 12*, 353-359.

ANDERSON, I. M. (2000). Selective serotonin reuptake inhibitors versus tricyclic antidepressants: A meta-analysis of efficacy and tolerability. *Journal of Affective Disorders, 58*, 19-36.

ANGOLD, A., ERKANLI, A., EGGER, H. L., & COSTELLO, E. J. (2000). Stimulant treatment for children: A community perspective. *Journal of the American Academy of Child & Adolescent Psychiatry, 39*, 975-984.

ARCURI, L., CASTELLI, L., GALDI, S., ZOGMAISTER, C., & AMADORI, A. (2008). Predicting the vote: Implicit attitudes as predictors of the future behavior of decided and undecided voters. *Political Psychology, 29*, 369-387.

ARIES, E. (1987). Gender and communication. In P. Shaver & C. Hendrick (Eds.), *Review of Personality and Social Psychology, 7*, 149-176.

ARIETI, S. (1955). *Interpretations of schizophrenia*. New York: Brunner, p.195.

ARISTOTLE. (1908). *Nicomachean ethics*. Translated by W. D. Ross. Oxford: Clarendon Press. (Original work published in 350 BCE)

ARNETT, J. J. (2000). Emerging adulthood: A theory of development from the late teens through the twenties. *American Psychologist, 55*, 469-480.

ARONSON, E., & GONZALEZ, A. (1988). Desegregation, jigsaw, and the Mexican-American experience. In P. A. Katz & D. A. Taylor, (Eds.), *Eliminating racism: Profiles in controversy*. New York: Plenum Press.

ASCH, S. E. (1940). Studies in the principles of judgment and attitudes: II. Determination of judgments by group and ego standards. *Journal of Social Psychology, S.P.S.S.I. Bulletin, 12*, 433-465.

ASCH, S. E. (1956). Studies of independence and conformity: A minority of one against a unanimous majority. *Psychological Monographs, 70* (9, Whole no. 416).

ASENDORPF, J. B., & VAN-AKEN, M. A. G. (2003). Validity of Big Five personality judgments in childhood: A 9-year longitudinal study. *European Journal of Personality, 17*, 1-17.

ASERINSKY, E. (1988, January 17). Personal communication.

ASERINSKY, E., & KLEITMAN, N. (1953). Regularly occurring periods of eye motility, and concomitant phenomena, during sleep. *Science, 118*, 273-274.

ASHBY, F. G., & MADDOX, W. T. (1992). Complex decision rules in categorization: Contrasting novice and experienced performance. *Journal of Experimental Psychology: Human Perception of Performance, 18*, 50-71.

ASSOCIATED PRESS. (2008, May 2). Greensburg rises after tornado and goes green. *MSNBC.com*. Retrieved from http://www.msnbc.msn.com/id/24416341

ASSOCIATION FOR PSYCHOLOGICAL SCIENCE. (2007, July 26). Hearing Colors and Seeing Sounds: How Real Is Synesthesia? *Science Daily*. Retrieved July 10, 2008, from http://www.sciencedaily.com/releases/2007/07/070724113711.htm

ATKINSON, R. C., & SHIFFRIN, R. M. (1968). Human memory: A control system and its control processes. In K. Spence (Ed.), *The psychology of learning and motivation* (Vol. 2). New York: Academic Press.

ATLANTA JOURNAL-CONSTITUTION. (2009, June 26). The psychology of celebrity worship. Retrieved February 2, 2010, from http://www.ajc.com/health/content/shared-auto/healthnews/bhvr/628510.html

AVANIR PHARMACEUTICALS. (2006). Understanding involuntary emotional expression disorder. Retrieved July 21, 2008, from http://www.pbainfo.org/userfiles/File/IEED_ReviewPaper.pdf

AVANIR PHARMACEUTICALS. Patients' stories. Retrieved July 21, 2008, from http://www.pbainfo.org/pc/stories/

BABIES AND SIGN LANGUAGE. Creating a bilingual family. Retrieved December 16, 2009, from http://www.babies-and-sign-language.com/bilingual-children-family.html

BACK, M. D., SCHMUKLE, S. C., & EGLOFF, B. (2008). Becoming friends by chance. *Psychological Science, 19,* 439-440.

BAHRKE, M. S., & MORGAN, W. P. (1978). Anxiety reduction following exercise and meditation. *Cognitive Therapy and Research, 2*(4), 323-333.

BAILEY, J. M., & BELL, A. P. (1993). Familiality of female and male homosexuality. *Behavior Genetics, 23*(4), 313-322.

BAILEY, J. M., DUNNE, M. P., & MARTIN, N. G. (2000). Genetic and environmental influences on sexual orientation and its correlates in an Australian twin sample. *Journal of Personality and Social Psychology, 78*(3), 524-536.

BAILLARGEON, R. (1995). A model of physical reasoning in infancy. In C. Rovee-Collier & L. P. Lipsitt (Eds.), *Advances in infancy research* (Vol. 9). Stamford, CT: Ablex.

BAILLARGEON, R. (1998). Infants' understanding of the physical world. In M. Sabourin, F. I. M. Craik & M. Roberts (Eds.), *Advances in psychological science: Vol. 2. Biological and cognitive aspects.* Hove, England: Psychology Press.

BAILLARGEON, R. (2004). Infants' physical world. *Current Directions in Psychological Science, 13,* 89-94.

BAIRD, A. A., & FUGELSANG, J. A. (2004). The emergence of consequential thought: Evidence from neuroscience. *Proceedings of the Royal Society, B, Biological Sciences, 359,* 1797-1804. Reprinted in O. Goodenough and S. Zeki (Eds.), (2006), *Law and the Brain* (pp. 245-259). Oxford, UK: Oxford University Press.

BALABAN, M. T., & WAXMAN, S. R. (1997). Do words facilitate object categorization in 9-month-old infants? *Journal of Experimental Child Psychology, 64,* 3-26.

BANAJI, M. R., & GREENWALD, A. G. (1995). Implicit gender stereotyping in judgments of fame. *Journal of Personality and Social Psychology, 68,* 181-198.

BANDURA, A. (1986). *Social foundations of thought and action: A social cognitive theory.* Englewood Cliffs, NJ: Prentice Hall.

BANDURA, A. (1997). *Self-efficacy: The exercise of control.* New York: Freeman.

BANDURA, A. (1999). Social cognitive theory of personality. In L. A. Pervin and O. P. John (Eds.), *Handbook of personality: Theory and research* (2nd ed., pp. 54-196), New York: Guilford Press.

BANDURA, A., BLANCHARD, E. B., & RITTER, B. (1969). Relative efficacy of desensitization and modeling approaches for inducing behavioral, affective, and attitudinal changes. *Journal of Personality and Social Psychology, 13,* 173-199.

BANDURA, A., ROSS, D., & ROSS, S. A. (1961). Transmission of aggression through imitation of aggressive models. *Journal of Abnormal and Social Psychology, 63,* 575-582.

BANERJEE, S. (2008, June 8) Pregnant man Thomas Beatie may have more children. *Telegraph.* Retrieved September 2, 2008, from http://www.telegraph.co.uk/news/newstopics/howaboutthat/2093580/Pregnant-man-Thomas-Beatie-may-have-more-children.html

BARINAGA, M. (1991). How long is the human life span? *Science, 254,* 936-938.

BARNIER A. J., & MCCONKEY, K. M. (2004). Defining and identifying the highly hypnotizable person. In M. Heap, R. J. Brown, & D. A. Oakley (Eds.), *High hypnotisability: Theoretical, experimental and clinical issues.* London: Brunner-Routledge.

BAR-ON, R., TRANEL, D., DENBURG, N. L., BECHARA, A. (2003). Exploring the neurological substrate of emotional and social intelligence. *Brain, 126*(Pt 8), 1790-1800.

BARON-COHEN, S. (2002). The extreme male brain theory of autism. *Trends in Cognitive Sciences, 6*(6), 248-254.

BARTOSHUK, L. M. (1993). The wisdom of the body: Using case studies to teach sensation and perception. Paper presented at the National Institute on the Teaching of Psychology, St. Petersburg Beach, FL.

BATSON, C. D. (1994). Why act for the public good? Four answers. *Personality and Social Psychology Bulletin, 20,* 603-610.

BAUER, P. J. (2002). Long-term recall memory: Behavioral and neuron-developmental changes in the first 2 years of life. *Current Directions in Psychology, 11,* 137-141.

BAUMEISTER, R. F. (2000). Gender differences in erotic plasticity: The female sex drive as socially flexible and responsive. *Psychological Bulletin, 126,* 347-374.

BAXENDALE, S. (2004). Memories aren't made of this: Amnesia at the movies. *British Medical Journal, 329,* 1480-1483.

BEARDSLEY, T. (1996, July). Waking up. *Scientific American, 14,* 18.

BECK, A. T. (1967). *Depression: Clinical, experimental, and theoretical aspects.* New York: Hoeber Medical Division, Harper & Row.

BECK, A. T., RUSH, A. J., SHAW, B. F., & EMERY, G. (1979). *Cognitive therapy of depression.* New York: Guilford Press.

BECKMAN, H., REGIER, N., & YOUNG, J. L. (2007). Effect of workplace laugher groups on personal efficacy beliefs. *Journal of Primary Prevention, 28,* 167-182.

BEITMAN, B. D., GOLDFRIED, M. R., & NORCROSS, J. C. (1989). The movement toward integrating the psychotherapies: An overview. *American Journal of Psychiatry, 146,* 138-147.

BEKES, S. (2000). How many languages can a person speak? Records of multilinguality. Λογοι.com. Retrieved February 16, 2010, from http://www.logoi.com/notes/polyglots.html

BELKIN, L. (2008, June 15). When mom and dad share it all. New York Times. Retrieved August 14, 2008, from http://www.nytimes.com/2008/06/15/magazine/15parenting-t.html

BELL, A. (1984). Language style as audience design. *Language in Society, 13*(2), 145-204.

BELSKY, J., LANG, M., & HUSTON, T. L. (1986). Sex typing and division of labor as determinants of marital change across the transition to parenthood. *Journal of Personality and Social Psychology, 50,* 517-522.

BEM, D. J. (1996). Exotic becomes erotic: A developmental theory of sexual orientation. *Psychological Review, 103,* 320-335.

BEM, S. L. (1974). The measurement of psychological androgyny. *Journal of Consulting and Clinical Psychology, 42,* 155-162.

BEM, S. L. (1975). Sex role adaptability: The consequence of psychological androgyny. *Journal of Personality and Social Psychology, 31,* 634-643.

BEM, S. L. (1981). Gender schema theory: A cognitive account of sex typing. *Psychological Review, 88,* 354-364.

BEM, S. L. (1993). *The lenses of gender: Transforming the debate on sexual inequality.* New Haven: Yale University Press.

BENEDICT, H. (1979). Early lexical development A: Comprehension and production. *Journal of Child Language, 6,* 183-200.

BENNET, M. P., ZELLER, J. M., ROSENBERG, L., & McCANN, J. (2003). The effect of mirthful laughter on stress and natural killer cell activity. *Alternative Therapies in Health and Medicine, 9*(2), 38-45.

BENNETT, C. M., & BAIRD, A. A. (2006). Anatomical changes in the emerging adult brain: A Voxel-based morphometry study. *Human Brain Mapping, 27*(9), 766-777.

BERENBAUM, S. A., & SNYDER, E. (1995). Early hormonal influences on childhood sex-typed activity and playmate preferences: Implications for the development of sexual orientation. *Developmental Psychology, 31,* 31-42.

BERGSHLOM, P., LARSEN, J. L., ROSENDAHL, K., & HOLSTEN, F. (1989). Electroconvulsive therapy and cerebral computed tomography. *Acta Psychiatrica Scandinavia, 80,* 566-572.

BERKOWITZ, L. (1983). Aversively stimulated aggression: Some parallels and differences in research with animals and humans. *American Psychologist, 38,* 1135-1144.

BERKOWITZ, L. (1989). Frustration-aggression hypothesis: Examination and reformulation. *Psychological Bulletin, 106,* 59-73.

BERKOWITZ, S. J. (2003). Children exposed to community violence: The rationale for early intervention. *Clinical Child and Family Psychology Review, 6,* 293-302.

BERRIDGE, K. (2004, November). Simple pleasures. American Psychological Association. Retrieved August 4, 2008, from http://www.apa.org/science/psa/sb-berridge.html

BÉRTOLO, H., PAIVA, T., PESSOA, L., MESTRE, T., MARQUES, R., & SANTOS, R. (2003). Visual dream content, graphical representation and EEG alpha activity in congenitally blind subjects. *Cognitive Brain Research, 15,* 277-284.

BETTENCOURT, A. B., & KERNAHAN, C. (1997). A meta-analysis of aggression in the presence of violent cues: Effects of gender differences and aversive provocation. *Aggressive Behavior, 23*(6), 447-456.

BEY, L. (1996, August 17). Gorilla rescues boy: Child hurt in Brookfield fall. *Chicago Sun-Times.* Retrieved October 13, 2008 from http://www.suntimes.com

BIEDERMAN, I. (1987). Recognition-by-components: A theory of human image understanding. *Psychological Review, 94,* 115-147.

BJÖRKQVIST, K., LAGERSPETZ, K. M. J., & KAUKIAINEN, A. (1992). Do girls manipulate and boys fight? Developmental trends in regard to direct and indirect aggression. *Aggressive Behavior, 18,* 117-127.

BLACK, K. A., & SCHUTTE, E. D. (2006). Recollections of being loved: Implications of childhood experiences with parents for young adults' romantic relationships. *Journal of Family Issues, 27*(10), 1459-1480.

BLANCHARD, R. (1997). Birth order and sibling sex ration in homosexual versus heterosexual males and females. *Annual Review of Sex Research, 8,* 27-67.

320

참고문헌

BLANCHARD, R. (2001). Fraternal birth order and the maternal immune hypothesis of male homosexuality. *Hormones and Behavior, 40,* 105–114.

BLANCHARD, R., ZUCKER, K. J., SIEGELMAN, M., DICKEY, R., & KLASSEN, P. (1998). The relation of birth order to sexual orientation in men and women. *Journal of Biosocial Science, 30,* 511–519.

BLATT, S. J., SANISLOW, C. A., III, ZUROFF, D. C., PILKONIS, P. (1996). Characteristics of effective therapists: Further analyses of data from the national Institute of Mental Health Treatment of Depression Collaborative Research Program. *Journal of Consulting and Clinical Psychology, 64,* 1276–1284.

BLOOD, LEXINGTON. (2008, April 10). RecycleBank: Good Business, Green Motivation. *TriplePundit.* Retrieved February 16, 2010, from http://www.triplepundit.com/pages/recycle-bank-go.php

BOBOILA, C. (2004). From 'supertaster' to the taste-blind. *Yale Scientific.* Retrieved February 16, 2010, from http://research.yale.edu/ysm/article.jsp?articleID=77.

BOLGER, N., DELONGIS, A., KESSLER, R. C., & SCHILLING, E. A. (1989). Effects of daily stress on negative mood. *Journal of Personality and Social Psychology, 57,* 808–818.

BONE, J. (2008, March 26). Thomas Beatie, a married man who used to be a woman, is pregnant with a baby girl. *The Times.* Retrieved September 2, 2008, from http://www.timesonline.co.uk/tol/news/world/us_and_americas/article3628860.ece

BORCHARD, T. J. (2009, October 29). Glenn Close tackles mental illness. Retrieved from http://psychcentral.com/blog/archives/2009/10/24/glenn-close-tackles-mental-illness-thank-you.

BOSCARINO, J. A. (1997). Diseases among men 20 years after exposure to severe stress: Implications for clinical research and medical care. *Psychosomatic Medicine, 59,* 605–614.

BOSNIA WAR CRIME SUSPECT KARADZIC ARRESTED. (2008, July 21). CNN. Retrieved August 20, 2008, from http://www.cnn.com/2008/WORLD/europe/07/21/serb.arrest/

BOUCHARD, T. J., & SEGAL, N. L. (1985). Environment and IQ. In B. B. Wolman (Ed.), *Handbook of intelligence: Theories, measurements, and applications* (pp. 391–464). New York: John Wiley.

BOWER, G. H., CLARK, M. C., LESGOLD, A. M., & WINZENZ, D. (1969). Hierarchical retrieval schemes in recall of categorized word lists. *Journal of Verbal Learning and Verbal Behavior, 8,* 323–343.

BOWLBY, J. (1969). *Attachment and loss: Vol. 1. Attachment.* London: Hogarth.

BRAUN, S. (1996). New experiments underscore warnings on maternal drinking. *Science, 273,* 738–739.

BRAY, O., KENNELLY, J. J., & GUARINO, J. L. (1975). Fertility of eggs produced on territories of vasectomized red-winged blackbirds. *The Wilson Bulletin, 87,* 187–195.

BRELAND, K., & BRELAND, M. (1951). A field of applied animal psychology. *American Psychologist, 6,* 202–204.

BRELAND, K., & BRELAND, M. (1961). The misbehavior of organisms. *American Psychologist, 16,* 681–684.

BRESLAU, N., CHILCOT, H. D., KESSLER, R. C., PETERSON, E. L., & LUCIA, V. C. (1999). Vulnerability to assaultive violence: Further specification of the sex difference in posttraumatic stress disorder. *Psychological Medicine, 29,* 813–821.

BRESLAU, N., DAVIS, G. C., ANDRESKI, P., & PETERSON, E. L. (1997). Sex differences in posttraumatic stress disorder. *Archives of General Psychiatry, 54*(11), 1044–1048.

BRICKMAN, P., COATES, D., & JANOFF-BULMAN, R. J. (1978). Lottery winners and accident victims: Is happiness relative? *Journal of Personality and Social Psychology, 36,* 917–927.

BRIM, O. (1999). *The McArthur Foundation study of midlife development.* Vero Beach, FL: The McArthur Foundation.

BROADBENT, D. E. (1958). *Perception and communication.* Oxford: Pergamon.

BRODY, J. E. (1981, March 7). Male hormone tied to aggressive acts. *The New York Times.* Retrieved August 26, 2008, from http://query.nytimes.com/gst/fullpage.html?res=9F0DE6DD1539F934A35750C0A967948260&sec=health&spon=

BROWN, A. J., & PALINSCAR, A. (1986). Guided cooperative learning and individual knowledge acquisition. In L. B. Resnik (Ed.) *Knowing, learning, and instruction* (pp. 393–451). Hillsdale, NJ: Erlbaum.

BROWN, A. S., SCHAEFER, C. A., WYATT, R. J., GOETZ, R., BEGG, M. D., GORMAN, J. M., & SUSSER, E. S. (2000). Maternal exposure to respiratory infections and adult schizophrenia spectrum disorders: A prospective birth cohort study. *Schizophrenia Bulletin, 26,* 287–295.

BROWN, S. C., & CRAIK, F. I. M. (2000). Encoding and retrieval of information. In E. Tulving & F. I. M. Craik (Eds.), *The Oxford handbook of memory* (pp. 93–108). New York: Oxford University Press.

BUREAU OF THE CENSUS. (2002). *Statistical abstract of the United States, 2002.* Washington, DC: U.S. Government Printing Office.

BUREAU OF LABOR STATISTICS, U.S. DEPARTMENT OF LABOR. (2008). *Occupational Outlook Handbook, 2008-09 Edition, Psychologists.* Retrieved September 22, 2008, from http://www.bls.gov/oco/ocos056.htm

BURGER, J. (2007). Replicating Milgram. *Association for Psychological Science Observer, 20,* 15–17.

BURKE, D. (2008, April 1). Poll: 1 in 10 think Obama is Muslim. *USA Today.* Retrieved August 12, 2008, from http://www.usatoday.com/news/religion/2008-04-01-obama-muslim_N.htm

BURNSTEIN, E., CRANDALL, C., & KITAYAMA, S. (1994). Some neo-Darwinian decision rules for altruism: Weighing clues for inclusive fitness as a function of the biological importance of the decision. *Journal of Personality and Social Psychology, 67,* 773–789.

BUSH SHOCKS FOREIGNERS WITH 'SATANIC' SIGN. (2005, January 21). Fox News. Retrieved August 2, 2008, from http://www.foxnews.com/story/0,2933,145062,00.html

BUSHMAN, B. J., & ANDERSON, C. J. (2002). Violent video games and hostile expectations: A test of the general aggression model. *Personality and Social Psychology Bulletin, 28,* 1679–1686.

BUSHMAN, B. J., BAUMEISTER, R. F., & STACK, A. D. (1999). Catharsis, aggression, and persuasive influence: self-fulfilling or self-defeating prophecies? *Journal of Personality and Social Psychology, 76,* 367–376.

BUSS, D. M. (1995). Evolutionary Psychology: A new paradigm for psychological science. *Psychological Inquiry, 6,* 1–30.

CAHILL, S. P., CARRIGAN, M. H., & CHRISTOPHER, F. (1999). Does EMDR work? And if so, why?: A critical review of controlled outcome and dismantling research. *Journal of Anxiety Disorders, 13,* 5–33.

CALDERA, Y. M., HUSTON, A. C., & O'BRIEN, M. (1989). Social interactions and play patterns of parents and toddlers with feminine, masculine, and neutral toys. *Child Development, 60*(1), 70–76.

CAMPBELL, D. T. (1975). On the conflicts between biological and social evolution and between psychology and moral tradition. *American Psychologist, 30,* 1103–1126.

CAMPBELL, D. T., & SPECHT, J. (1985). Altruism: Biology, culture, and religion. *Journal of Social and Clinical Psychology, 3,* 33–42.

CAMPBELL, J. (1992). Male answer syndrome: Why men always have opinions, even on subjects they know nothing about. *Utne Reader, 49,* 107–108.

CAMPERIO-CIANI, A., CORNA, F., & CAPILUPPI, C. (2004). Evidence for maternally inherited factors favouring male homosexuality and promoting female fecundity. Proceedings of the Royal Society: Biological Sciences, *271*(1554), 2217–21.

CAMPOS, J. J., BERTENTHAL, B. I., & KERMOIAN, R. (1992). Early experience and emotional development: The emergence of wariness and heights. *Psychological Science, 3,* 61–64.

CANNON, W. B. (1915). *Bodily changes in pain, hunger, fear, and rage: An account of recent researches into the function of emotional excitement.* New York: Appleton.

CANNON, W. B., & WASHBURN, A. (1912). An explanation of hunger. *American Journal of Physiology, 29,* 441–454.

CANNON, W. B. (1927). The James-Lange theory of emotion: A critical examination and an alternative theory. *American Journal of Psychology, 39,* 10–124.

CANTOR, N., & KIHLSTROM, J. R. (1987). *Personality and social intelligence.* Englewood Cliffs, NJ: Prentice Hall.

CAPRARA, G. V., BARBARANELLI, C., & ZIMBARDO, P. G. (1996). Understanding the complexity of human aggression: Affective, cognitive, and social dimensions of individual differences in propensity toward aggression. *European Journal of Personality, 10,* 133–155.

CARDO, A. G., & GOTTESMAN, I. I. (2000). Twin studies of schizophrenia: From bow-and-arrow concordances to star wars Mx and functional genomics. *American Journal of Medical Genetics, 97*(1), 12–7.

CAREY, B. (2007, October 23). An active, purposeful machine that comes out at night to play. *The New York Times.*

CAREY, B. (2008, July 1). Decades later, still asking: Would I pull that switch? *The New York Times.* Retrieved October 17, 2008, from http://www.nytimes.com/2008/07/01/health/research/01mind.html?_r=1&emc=eta1&oref=slogin

참고문헌

CARNEGIE MELLON UNIVERSITY. (2001, July 27). Carnegie Mellon study provides conclusive evidence that cell phones distract drivers. *Science Daily.* Retrieved July 10, 2008, from http://www.sciencedaily.com/releases/2001/07/010727094311.htm

CARPENTER, P. A., JUST, M. A., & SHELL, P. (1990). What one intelligence test measures: A theoretical account of the processing in the Raven Progressive Matrices test. *Psychological Review, 97*(3), 404–431.

CARRINGTON, P. (1998). *The book of meditation: The complete guide to modern meditation* (revised ed.). New York: Element Books.

CARROLL, J. (2007, January 24). Stress more common among younger Americans, parents, workers. *Gallup Poll.* Retrieved September 25, 2008, from http://www.gallup.com/poll/26242/Stress-More-Common-Among-Younger-Americans-Parents-Workers.aspx

CARROLL, M. E., & OVERMIER, J. B. (2001). *Animal research and human health: Advancing human welfare through behavioral science.* Washington, DC: American Psychological Association.

CARROLL, R. (2010, January 24). Haiti earthquake death toll rises to 150,000 and could double. *Guardian.co.uk.* Retrieved February 16, 2010, from http://www.guardian.co.uk/world/2010/jan/24/haiti-earthquake-death-toll-rises

CARRUTHERS, M. (2001). A multifactorial approach to understanding andropause. *Journal of Sexual and Reproductive Medicine, 1,* 69–74.

CARSTENSEN, L. L. (1991). Selectivity theory: Social activity in life-span context. *Annual Review of Gerontology and Geriatrics, 11,* 195–217.

CASTILLO, R. J. (1997). Eating disorders. In R. J. Castillo (Ed.), *Culture and mental illness: A client-centered approach* (p. 152). Pacific Grove, CA: Brooks/Cole Publishing.

CASTONGUAY, L. G., & GOLDFRIED, M. R. (1994). Psychotherapy integration: An idea whose time has come. *Applied & Preventive Psychology, 3,* 159–172.

CATALANO, R., NOVACO, R. W., & McCONNELL, W. (1997). A model of the net effect of job loss on violence. *Journal of Personality and Social Psychology, 72,* 1440–1447.

CATALANO, R., NOVACO, R. W., & McCONNELL, W. (2002). Layoffs and violence revisited. *Aggressive Behavior, 28,* 233–247.

CATTELL, R. B. (1963). Theory of fluid and crystallized intelligence: A critical experiment. *Journal of Educational Psychology, 54,* 1–22.

CATTELL, R. B. (1965). *The scientific analysis of personality.* Baltimore: Penguin.

CELIZIC, M. (2008, June 27). Michael Phelps: Greatest Olympian ever? *MSNBC.* Retrieved August 4, 2008, from http://www.msnbc.msn.com/id/25396030/

CENTERS FOR DISEASE CONTROL AND PREVENTION. (2009). H1N1 flu. Retrieved December 17, 2009, from http://www.cdc.gov/h1n1flu/estimates_2009_h1n1.htm

CENTERS FOR DISEASE CONTROL AND PREVENTION. (2009). Seasonal influenza (Flu). Retrieved December 17, 2009, from http://www.cdc.gov/flu/about/disease/us_flu-related_deaths.htm

CENTERS FOR DISEASE CONTROL AND PREVENTION, NATIONAL CENTER FOR INJURY PREVENTION AND CONTROL. (2005). Suicide: facts at a glance. *Web-based Injury Statistics Query and Reporting System (WISQARS).* Retrieved August 1, 2008, from http://www.cdc.gov/ncipc/dvp/Suicide/suicide_data_sheet.pdf

CENTRAL VIRGINIA WASTE MANAGEMENT AUTHORITY. (2010). Why recycle? Retrieved from http://www.cvwma.com/why_recycle.wbp.

CHAMBLESS, D. L., BAKER, M. J., BAUCOM, D. H., BEUTLER, L. E., CALHOUN, K. S., CRITS-CHRISTOPH, P., DAIUTO, A., DeRUBEIS, R., DETWEILER, J., HAAGA, D. A. F., JOHNSON, S. B., McCURRY, S., MUESER, K. T., POPE, K. S., SANDERSON, W. C., SHOHAM, V., STICKLE, T., WILLIAMS, D. A., & WOODY, S. R. (1997). Update on empirically validated therapies, II. *The Clinical Psychologist, 51*(1), 3–16.

CHANG, M. (1996, October 4). Joined for life: Co-joined six-year-old Hensel twins share many body parts. *Science World.* Retrieved August 11, 2008, from http://wwww.findarticles.com[0]

CHAPOVAL, TOVA. World's greatest living polyglot: Brazilian makes his point in a mere 56 languages. *Reuters,* Retrieved February 16, 2010, from http://www.spidra.com/fazah.html

CHARTRAND, T. L., & BARGH, J. A. (1999). The chameleon effect: The perception-behavior link and social interaction. *Journal of Personality and Social Psychology, 76*(6), 893–910.

CHERRY, E. C. (1953). Some experiments on the recognition of speech, with one and two ears. *Journal of the Acoustical Society of America, 25,* 975–979.

CHOMSKY, N. (1957). *Syntactic Structures.* The Hague: Mouton.

CHRISTIE, W., & MOORE, C. (2005). The impact of humor on patients with cancer. *Clinical Journal of Oncological Nursing, 9*(2), 211–218.

CHU, J. A., FREY, L. M., GANZEL, B. L., & MATTHEWS, J. A. (1999). Memories of childhood abuse: Dissociation, amnesia, and corroboration. *American Journal of Psychiatry, 156,* 749–755.

CIALDINI, R. B. (2001). *Influence: Science and practice* (4th ed.). Boston: Allyn & Bacon.

CIANCIOLO, A. T., & STERNBERG, R. J. (2004). *Intelligence: A brief history.* Malden, MA: Blackwell Publishing.

CLANCY, S. A., McNALLY, R. J., SCHACTER, D. L., LENZENWEGER, M. F., & PITMAN, R. K. (2002). Memory distortion in people reporting abduction by aliens. *Journal of Abnormal Psychology, 111*(3), 455–461.

CLARK, C. (2008, July 23). The former pregnant man debuts his baby. *People.* Retrieved September 2, 2008, from http://www.people.com/people/article/0,,20214360,00.html

CLARK, H., & MARSHALL, C. (1981). Definite reference and mutual knowledge. In A. K. Joshi, B. L. Webber, & I. A. Sag (Eds.), *Elements of discourse understanding* (pp. 10–63). NY: Cambridge University Press.

CLARK, K. B., & CLARK, M. P. (1947). Racial self-identification and preference in negro children. In T. M. Newcomb & E. L. Hartley (Eds.), *Readings in social psychology* (pp. 169–178). New York: Henry Holt.

CLONINGER, C. R., BOHMAN, M., & SIGVARDSSON, S. (1981). Inheritance of alcohol abuse. *Archives of General Psychiatry, 38,* 861–868.

CLOSE, GLENN. (2009, October 21). Mental illness: The stigma of silence. Retrieved February 16, 2010, from http://www.huffingtonpost.com/glenn-close/mental-illness-the-stigma_b_328591.html

CLOUD, J. (2007). Yep, they're gay. *Time.* Retrieved September 2, 2008, from http://www.time.com/time/magazine/article/0,9171,1582336,00.html

COATS, E. J., & FELDMAN, R. S. (1996). Gender differences in nonverbal correlates of social status. *Personality and Social Psychology Bulletin, 22*(10) 1014–1022.

COFFEY, C. E. (Ed.). (1993). *Clinical science of electroconvulsive therapy.* Washington, DC: American Psychiatric Press.

COHEN, D., NISBETT, R. E., BOWDLE, B. R., & SCHWARZ, N. (1996). Insult, aggression, and the southern culture of honor: "An experimental ethnography." *Journal of Personality and Social Psychology, 70,* 945–960.

COHEN, N. J., & EICHENBAUM, H. (1993). *Memory, amnesia, and the hippocampal system.* Cambridge, MA: MIT.

COHEN, S., DOYLE, W. J., TURNER, R., ALPER, C. M., SKONER, D. P. (2003). Sociability and susceptibility to the common cold. *Psychological Science, 14,* 389–395.

COLAPINTO, J. (1997, December 11). The true story of John/Joan. *Rolling Stone,* 54–97.

COLAPINTO, J. (2000). *As nature made him: The boy who was raised as a girl.* New York: HarperCollins.

COLARELLI, S. M., SPRANGER, J. L., & HECHANOVA, M. R. (2006). Women, power, and sex composition in small groups: An evolutionary perspective. *Journal of Organizational Behavior, 27*(2), 163–184.

COLBIN, A. (2005, June 1). The cholesterol controversy. *Alternative and Complementary Therapies, 11*(3), 126–130.

COLEY, R. L., & CHASE-LANSDALE, L. (1998). Adolescent pregnancy and parenthood: Recent evidence and future directions. *American Psychologist, 53,* 152–166.

COLLEGE OF CHARLESTON AND THE NATIONAL MUSEUM OF LANGUAGE. (2005). How many languages is it possible for a person to speak? *The 5-Minute Linguist.* Retrieved February 16, 2010, from http://www.cofc.edu/linguist/archives/2005/11/how_many_langua_1.html

COMSTOCK, G., & LINDSEY, G. (1975). *Television and human behavior: The research horizon, future and present.* Santa Monica, CA: Rand.

CONLIN, M. America's reality-TV addiction. (2003, January 30). *Business Week.* Retrieved August 8, 2008, from http://www.businessweek.com/bwdaily/dnflash/jan2003/nf20030130_8408.htm

CONSENSUS CONFERENCE. (1985). Electroconvulsive therapy. *Journal of the American Medical Association, 254,* 2103–2108.

COOLIDGE, F. L., & WYNN, T. (2006, April). The effects of the tree-to-ground transition in the evolution of cognition in early *Homo. Before Farming,* 1–18.

CORBETTA, M., & SCHULMAN, G. L. (2002). Control of goal-directed and stimulus-driven attention in the brain. *Nature Reviews Neuroscience, 3,* 201–15.

COREN, S. (1996, April 4). Daylight savings time and traffic accidents. *The New England Journal of Medicine, 334*(14), 924–925.

COREN, S. (1996). *Sleep thieves: An eye-opening exploration into the science and mysteries of sleep.* New York: The Free Press.

참고문헌

CORKUM, V., & MOORE, C. (1998). The origins of joint visual attention in infants. *Developmental Psychology, 34*, 28-38.

CORRELL, J., PARK, B., JUDD, C. M., & WITTENBRINK, B. (2002). The police officer's dilemma: Using ethnicity to disambiguate potentially threatening individuals. *Journal of Personality and Social Psychology, 83*, 1314-1329.

COSTA, P. T., JR., ZONDERMAN, A. B., McCRAE, R. R., CORNONI-HUNTLEY, J., LOCKE, B. Z., & BARBANO, H. E. (1987). Longitudinal analyses of psychological well-being in a national sample: Stability of mean levels. *Journal of Gerontology, 42*, 50-55.

COSTA E SILVA, J. A., CHASE, M., SARTORIUS, N., & ROTH, T. (1996 June). Special report from a symposium held by the World Health Organization and the World Federation of Sleep Research Societies: An overview of insomnias and related disorders—recognition, epidemiology, and rational management. *Sleep, 19*(5), 412-416.

COUGHLAN, S. (2006, September 28). All you need is ubuntu. *BBC News.* Retrieved August 7, 2008, from http://news.bbc.co.uk/2/hi/uk_news/magazine/5388182.stm

COWAN, N. (1988). Evolving conceptions of memory storage, selective attention, and their mutual constraints within the human information-processing system. *Psychological Bulletin, 104*, 163-191.

CRAIK, F. I. M., & TULVING, E. (1975). Depth of processing and the retention of words in episodic memory. *Journal of Experimental Psychology: General, 104*, 268-294.

CRESPI, L. (1942). Quantitative variation of incentive and performance in the white rat. *American Journal Psychology, 55*, 467-517.

CRESPI, L. (1944). Amount of reinforcement and level of performance. *Psychology Review, 51*, 341-357.

CRIMINAL JUSTICE: NEW TECHNOLOGIES AND THE CONSTITUTION. (1988, May). Retrieved August 25, 2008, from http://books.google.com/books?id=W40kUdI8bGoC&pg=PA41&lpg=PA41&dq=Male+sexual+offenders+given+Depo-Provera&source=web&ots=SfAUAFOPf&sig=ES1IuOM8VzeUg427QoAzKN6E2qk&hl=en&sa=X&oi=book_result&resnum=3&ct=result#PPA41,M1

CRITERION. (2001). *Grey Gardens.* Dir. Ellen Hovde, Albert Maysles, David Maysles, Muffie Meyer, DVD.

CRUZ, C. A., HALL, L. C., LEHMAN, E. B., RENKEY, M. E., & SROKOWSKI, S. A. (2003). Directed forgetting of related words: Evidence for the inefficient inhibition hypothesis. *The Journal of General Psychology, 130*, 380-398.

CSIKSZENTMIHALYI, M. (1990). *Flow: the psychology of optimal experience.* New York: Harper & Row.

CSIKSZENTMIHALYI, M. (1999). If we are so rich, why aren't we happy? *American Psychologist, 54*, 821-827.

CUMMING, E., & HENRY, W. E. (1961). *Growing old: The process of disengagement.* New York: Basic Books.

CURTISS, S., FROMKIN, V., KRASHEN, S., RIGLER, D., & RIGLER, M. (1974, September). The linguistic development of Genie. *Language: Journal of the Linguistic Society of America, 50*(3), 528-554.

DALTON, P., DOOLITTLE, N., & BRESLIN, P. A. S. (2002). Gender-specific induction of enhanced sensitivity to odors. *Nature Neuroscience, 5*, 199-202.

DAMASIO, A. R. (1994). *Descartes error: Emotion, reason, and the human brain.* New York: Grosset/Putnam & Sons.

DAMASIO, H., GRABOWSKI, T., FRANK, R., GALABURDA, A. M., & DAMASIO, A. R. (1994). The return of Phineas Gage: Clues about the brain from the skull of a famous patient. *Science, 264*, 1102-1105.

THE DANA FOUNDATION. (2003). *The Dana Sourcebook of Brain Science* (3rd ed.). New York: Dana Press.

DARLEY, J. M., & LATANÉ, B. (1968). Bystander intervention in emergencies: Diffusion of responsibility. *Journal of Personality and Social Psychology, 8*, 377-383.

DARROCH, J. E., FROST, J. J., SINGH, S., & THE STUDY TEAM. (2001, November). *Teenage Sexual and Reproductive Behavior in Developed Countries: Can More Progress Be Made?* Occasional Report, New York: AGI.

DARWIN, C. (1964). *On the origin of species.* Cambridge, MA: Harvard University Press. (Original work published 1859)

DARWIN, C. (1965). *The expression of the emotions in man and animals.* Chicago: The University of Chicago Press. (Original work published 1872)

DAVIDSON, R. J., KABAT-ZINN, J., SCHUMACHER, J., ROSENKRANZ, M., MULLER, D., SANTORELLI, S. F., URBANOWSKI, F., ET AL. (2003). Alterations in brain and immune function produced by mindfulness meditation. *Psychosomatic Medicine, 65*(4), 564-570.

DAVIDSON, P. R., & PARKER, K. C. H. (2001). Eye movement desensitization and reprocessing (EMDR): A meta-analysis. *Journal of Consulting and Clinical Psychology, 69*, 305-316.

DAVIS, B. E., MOON, R. Y., SACHS, H. C., & OTTOLINI, M. C. (1998). Effects of sleep position on infant motor development. *Pediatrics, 102*, 1135-1140.

DAWOOD, K., PILLARD, R. C., HORVATH, C., REVELLE, W., & BAILEY, J. M. (2000). Familial aspects of male homosexuality. *Archives of Sexual Behavior, 29*(2), 155-163.

DEAN, J. (2008, June). Which cognitive enhancers really work: Brain training, drugs, vitamins, meditation or exercise? Retrieved August 28, 2008, from http://www. spring.org.uk/2008/06/which-cognitive-enhancers-really-work.php

DEARY, I. J. (2001). Human intelligence differences: Towards a combined experimental-differential approach. *Trends in Cognitive Sciences, 5*, 164-170.

DECETY, J., & MORIGUCHI, Y. (2007). The empathic brain and its dysfunction in psychiatric populations: Implications for intervention across different clinical conditions. *Biopsychosocial Medicine, 1*:21. Retrieved August 11, 2008, from http://www.bpsmedicine.com/content/1/1/22

DECI, E. L., KOESTNER, R., & RYAN, R. M. (1999, November). A meta-analytic review of experiments examining the effects of extrinsic rewards on intrinsic motivation. *Psychological Bulletin, 125*(6), 627-668.

DeCOURSEY, P. J. (1960, January). Daily light sensitivity rhythm in a rodent. *Science, 131*(3392), 33-35.

DE KONINCK, J. (2000). Waking experiences and dreaming. In M. Kryger, T. Roth, & W. Dement (Eds.), *Principles and practice of sleep medicine* (3rd ed). Philadelphia: Saunders.

DEMENT, W. C. (1978) *Some must watch while some must sleep.* New York: Norton.

DEMENT, W. C. (1997). What all undergraduates should know about how their sleeping lives affect their waking lives. Retrieved October 7, 2008, from http://www.stanford.edu/~dement/sleepless.html

DEMENT, W. C. (1999). *The promise of sleep: A pioneer in sleep medicine explores the vital connection between health, happiness, and a good night's sleep.* New York: Delacorte.

DEMENT, W. C., & WOLPERT, E. A. (1958, June). The relation of eye movements, body motility, and external stimuli to dream content. *Journal of Experimental Psychology, 55*(6), 543-553.

DEREGOWSKI, J. B. (1969). Perception of the two-pronged trident by two- and three-dimensional perceivers. *Journal of Experimental Psychology, 82*, 9-13.

DERRICK, J. L., GABRIEL, S., & TIPPIN, P. (2008). Parasocial relationships and self-discrepancies: Faux relationships have benefits for low self-esteem individuals. *Personal Relationships, 15*(2): 261-280.

DEW, M. A., HOCH, C. C., BUYSSE, D. J., MONK, H., BEGLEY, A. E., HOUCK, P. R., HALL, M., KUPFER, D. J., & REYNOLDS, C. F., III (2003). Healthy older adults' sleep predicts all-cause mortality at 4 to 19 years of follow-up. *Psychosomatic Medicine, 65*, 63-73.

DE WAAL, F. B. M. (1995, March). Bonobo sex and society: The behavior of a close relative challenges assumptions about male supremacy in human evolution. *Scientific American, 272*(3), 82-88.

DIENER, E., & BISWAS-DIENER, R. (2002). Will money increase subjective well-being? A literature review and guide to needed research. *Social Indicators Research, 57*, 119-169.

DIENER, E., OISHI, S., & LUCAS, R. E. (2003). Personality, culture, and subjective well-being: emotional and cognitive evaluations of life. *Annual Review of Psychology, 54*, 403-425.

DIMBERG, U., THUNBERG, M., & ELMEHED, K. (2000). Unconscious facial reactions to emotional facial expressions. *Psychological Science, 11*, 86-89.

DOLLARD, J., DOOB, L. W., MILLER, N. E., MOWRER, O. H., & SEARS, R. R. (1939). *Frustration and aggression.* New Haven: Yale University Press.

DOMHOFF, G. W. (1996). *Finding meaning in dreams: A quantitative approach.* New York: Plenum Publishing Co.

DOMHOFF, G. W. (2002). Using content analysis to study dreams: Applications and implications for the humanities. In K. Bulkeley (Ed.), *Dreams: A reader on the religious, cultural, and psychological dimensions of dreaming* (pp. 307-319). New York: Palgrave.

DOMHOFF, G. W. (2003). *The scientific study of dreams: Neural networks, cognitive development, and content analysis.* Washington, DC: APA Books.

DOMJAN, M. (1992). Adult learning and mate choice: Possibilities and experimental evidence. *American Zoologist, 32*, 48-61.

DONN, JEFF. (2006, April 3). Medical breakthrough: Doctors can grow human organs. *redOrbit.com.* Retrieved February 16, 2010, from http://www.redorbit.com/news/health/455900/medical_breakthrough_doctors_can_grow_human_organs

DORUS, S., VALLENDER, E., EVANS, P., ANDERSON, J., GILBERT, S., MAHOWALD, M., ET AL. (2004). Accelerated evolution of nervous system genes in the origin of *Homo sapiens. Cell, 119*(7), 1027-1040.

DOTY, R. L. (2001). Olfaction. *Annual Review of Psychology, 52,* 423-452.

DOVE, L., & PRICE, A. (1995). *Memory made manifest: The United States Holocaust Memorial Museum.* Retrieved October 7, 2008, from http://xroads.virginia.edu/~cap/holo/eliebio.htm.

DOVIDIO, J. F., GAERTNER, S. L., & KAWAKAMI, K. (2003). Intergroup contact: The past, present and the future. *Group Processes & Intergroup Relations, 6,* 5-21.

DOVIDIO, J. F., KAWAKAMI, K., JOHNSON, C., JOHNSON, B., & HOWARD, A. (1997). On the nature of prejudice: automatic and controlled processes. *Journal of Experimental Social Psychology, 33,* 510-540.

DRUCKMAN, D., & BJORK, R. A. (1991). *In the mind's eye: Enhancing human performance.* Washington, DC: National Academy Press.

DUCKWORTH, K. L., BARGH, J. A., GARCIA, M., & CHAIKEN, S. (2002). The automatic evaluation of novel stimuli. *Psychological Science, 13*(6), 513-519.

DUNCAN, J., & OWEN, A. M. (2000). Common regions of the human frontal lobe recruited by diverse cognitive demands. *Trends in Neurosciences, 23,* 475-483.

DUNPHY, D. C. (1963, June). The social structure of urban adolescent peer groups. *Sociometry, 26,* 230-246.

DUNSON, D. B., COLOMBO, B., & BAIRD, D. D. (2002). Changes with age in the level and duration of fertility in the menstrual cycle. *Human Reproduction, 17,* 1399-1403.

DURSTON, S., HULSHOFF, P., HILLEKE, E., CASEY, B. J., GIEDD, J. N., BUITELAAR, J. K., ET AL. (2001). Anatomical MRI of the developing human brain: What have we learned? *Journal of the American Academy of Child and Adolescent Psychiatry, 40,* 1012-1020.

EAGLY, A. H., & JOHNSON, B. T. (1990). Gender and leadership style: A meta-analysis. *Psychological Bulletin, 108*(2), 233-256.

EAGLY, A. H., ASHMORE, R. D., MAKHIJANI, M., & KENNEDY, L. C. (1991). What is beautiful is good, but... : A meta-analytic review of research on the physical attractiveness stereotype. *Psychological Bulletin, 110,* 109-128.

EBBINGHAUS, H. (1885/1913). *Memory: A contribution to experimental psychology* (tr. by H. A. Ruger & C. E. Bussenius). New York: Teachers College, Columbia University.

ECKERSLEY, R. (2000). The mixed blessings of material progress: diminishing returns in the pursuit of happiness. *Journal of Happiness Studies, 1,* 267-292.

ECKLUND-FLORES, L. (1992). The infant as a model for the teaching on introductory psychology. Paper presented to the American Psychological Association annual convention.

EHRLICH, P. R., DOBKIN, D. S., & WHEYE, D. (1988). Polyandry. Retrieved July 16, 2008 from Stanford University, Birds of Stanford Web site: http://www.stanford.edu/group/stanfordbirds/text/essays/Polyandry.html

EICHENBAUM, H., DUDCHENKO, P., WOOD, E., SHAPIRO, M., TANILA, H. (1999). The hippocampus, memory, and place cells: Is it spatial memory or a memory space? *Neuron, 23,* 209-226.

EISENBERGER, N. I., & LIEBERMAN, M. D. (2004). Why rejection hurts: A common neural alarm system for physical and social pain. *Trends in Cognitive Sciences, 8,* 294-300.

EISENBERGER, N. I., LIEBERMAN, M. D., & WILLIAMS, K. D. (2003). Does rejection hurt? An fMRI study of social exclusion. *Science, 302,* 290-292.

EKMAN, P. (1982). *Emotion in the human face.* New York: Cambridge University Press.

EKMAN, P. (1994). Strong evidence of universal in facial expressions: A reply to Russell's mistaken critique. *Psychological Bulletin, 115,* 268-287.

EKMAN, P., & FRIESEN, W. V. (1975). *Unmasking the face.* Englewood Cliffs, NJ: Prentice-Hall.

EKMAN, P., FRIESEN, W. V., O'SULLIVAN, M., CHAN, A., DIACOYANNI-TARLATZIS, I., HEIDER, K., KRAUSE, R., LECOMPTE, W. A., PITCAIRN, T., RICCI-BITTI, P. E., SCHERER, K., TOMITA, M., & TZAVARAS, A. (1987). Universals and cultural differences in the judgments of facial expressions of emotion. *Journal of Personality and Social Psychology, 53,* 712-717.

ELFENBEIN, H. A., & AMBADY, N. (2002). On the universality and cultural specificity of emotion recognition: A meta-analysis. *Psychological Bulletin, 128,* 203-235.

ELFENBEIN, H. A., & AMBADY, N. (2003). When familiarity breed accuracy: Cultural exposure and facial emotion recognition. *Journal of Personality and Social Psychology, 85,* 276-290.

ELIAS, C. L., & BERK, L. E. (2002). Self-regulation in young children: Is there a role for sociodramatic play? *Early Childhood Research Quarterly, 17*(2), 216-238.

ELLIOTT, R., & DOLAN, R. J. (1998). Neural response during preference and memory judgments for subliminally presented stimuli: A functional neuroimaging study. *The Journal of Neuroscience, 18*(12), 4697-4704.

ELLIOTT, R., RUBINSZTEIN, J. S., SAHAKIAN, B. J., & DOLAN, R. J. (2002). The neural basis of mood-congruent processing biases in depression. *Archives of General Psychiatry, 59,* 597-604.

ELLIOTT, M. E. (1996). Impact of work, family, and welfare receipt on women's self-esteem in young adulthood. *Social Psychology Quarterly, 59,* 80-95.

ELLIS, L., & BLANCHARD, R. (2001). Birth order, sibling sex ratio, and maternal miscarriages in homosexual and heterosexual men and women. *Personality and Individual Differences, 30,* 543-552.

ERICKSON, K., DREVETS, W. C., CLARK, L., CANNON, D. M., BAIN, E. E., ZARATE, C. A., JR., CHARNEY, D. S., & SAHAKIAN, B. J. (2005). Mood-congruent bias in affective go/no-go performance of unmedicated patients with major depressive disorder. *American Journal of Psychiatry, 162,* 2171-2173.

ERIKSON, E. H. (1963). *Childhood and society.* New York: Norton.

ERON, L. D. (1987). The development of aggressive behavior from the perspective of a developing behaviorism. *American Psychologist, 42,* 435-442.

ERRERA, P. (1972). Statement based on interview with forty "worst cases" in the Milgram obedience experiments. In J. Katz (Ed.), *Experimentation with human beings* (p. 400). New York: Russell Sage Foundation.

EVANS, P. D., GILBERT, S. L., MEKEL-BOBROV, N., VALLENDER, E. J., ANDERSON, J. R., VAEZ-AZIZI, L. M., ET AL. (2005, September 9). Microcephalin, a gene regulating brain size, continues to evolve adaptively in humans. *Science, 309*(5741), 1717-1720.

EVERITT, B. J., & STACEY, P. (1987). Studies of instrumental behavior with sexual reinforcement in male rats (Rattus norvegicus): II. Effects of preoptic area lesions, castration, and testosterone. *Journal of Comparative Psychology, 101*(4), 407-419.

EXPERT: L.A.'s 5.4 QUAKE 'SMALL SAMPLE' OF ONE TO COME. (2008, July 30). CNN. Retrieved August 2, 2008, from http://www.cnn.com/2008/US/07/29/earthquake.ca/

EYSENCK, H. J. (1967). *The biological basis of personality.* Springfield, IL: Thomas.

EYSENCK, H. J., & KAMIN, L. (1981). *The intelligence controversy.* New York: Wiley.

FABBRI-DESTRO, M., & RIZZOLATTI, G. (2008). Mirror neurons and mirror systems in monkeys and humans. *Physiology, 23,* 171-179.

FANTZ, R. L. (1961, May). The origin of form perception. *Scientific America, 204,* 66-72.

FAZIO, R. H., JACKSON, J. R., DUNTON, B. C., & WILLIAMS, C. J. (1995). Variability in automatic activation as an unobtrusive measure of racial attitudes: A *bona fide* pipeline? *Journal of Personality and Social Psychology, 69,* 1013-1027.

FBI. (2004). *Crime in the United States 2003, five-year arrest trends by sex, 1999-2003.* Table 35.

FEDEROFF, I. C., & MACFARLANE, T. (1998). Cultural aspects of eating disorders. In S. S. Kazarian & D. R. Evans (Eds.), *Cultural clinical psychology: Theory, research and practice* (pp. 152-176). New York: Oxford University Press.

FEINGOLD, A. (1992). Good-looking people are not what we think. *Psychological Bulletin, 111,* 304-341.

FERRARI, P. F., ROZZI, S., & FOGASSI, L. (2005). Mirror neurons responding to observation of actions made with tools in monkey ventral premotor cortex. *Journal of Cognitive Neuroscience, 17,* 212-226.

FESTINGER, L. (1957). *A theory of cognitive dissonance.* Stanford, CA: Stanford University Press.

FESTINGER, L., & CARLSMITH, J. M. (1959). Cognitive consequences of forced compliance. *Journal of Abnormal and Social Psychology, 58,* 203-210.

FEUILLET, L., DUFOUR, H., & PELLETIER, J. (2007). Brain of a white-collar worker. *Lancet, 370*(9583), 262.

Fighting with Russia Spreads to Cities Across Georgia. (2008, August 8). CNN. Retrieved August 20, 2008, from http://www.cnn.com/2008/WORLD/europe/08/08/georgia.ossetia/index.html

Flynn, J. R. (1987). Massive IQ gains in 14 nations: What IQ tests really measure. *Psychological Bulletin, 95,* 29-51.

Flynn, J. R. (1999). Searching for justice: the discovery of IQ gains over time. *American Psychologist, 54,* 5-20.

Food Navigator. Are you a 'supertaster'? (2003, February 19). Retrieved February 16, 2010, from http://www.foodnavigator.com/Science-Nutrition/Are-you-a-supertaster

Ford, M. R, & Widiger, T. A. (1989). Sex bias in the diagnosis of histrionic and antisocial personality disorders. *Journal of Consulting and Clinical Psychology, 57*(2), 301-305.

Foster, H., Hagan, J., & Brooks-Gunn, J. (2008). Growing up fast: Stress exposure and subjective "weathering" in emerging adulthood. *Journal of Health and Social Behavior, 49,* 162-177.

Foulkes, D. (1982). *Children's dreams.* New York: Wiley.

Foulkes, D. (1999). *Children's dreaming and the development of consciousness.* Cambridge, MA: Harvard University Press.

Fox, E., Lester, V., Russo, R., Bowles, R. J., Pichler, A., & Dutton, K. (2000). Facial expressions of emotion: Are angry faces detected more efficiently? *Cognition and Emotion, 14*(1), 61-92.

France Puzzles Over the Motives of the Rogue Trader. (2008, January 25). *The International Herald-Tribune.* Retrieved August 2, 2008, from http://www.iht.com/articles/2008/01/25/business/25sgreacFW.php

Frank, S. J. (1982). Therapeutic components shared by all psychotherapies. In J. H. Harvey & M. M. Parks (Eds.), *The master lecture series: Vol. 1. Psychotherapy research and behavior change.* Washington, DC: American Psychological Association.

Fredrickson, B. L. (2000). Why positive emotions matter in organizations: Lessons from the broaden-and-build theory. *The Psychologist-Manager Journal, 4,* 131-142.

Freed, D. A. (2007). From jokester to jailbird. *The Toronto Star.* Retrieved from http://www.thestar.com/News/article/213298

Freedman, J. L. (1978). *Happy people.* San Diego: Harcourt Brace Jovanovich.

Frequently Asked Questions About Lobotomies. (2005, November 16). NPR. Retrieved August 4, 2008, from http://www.npr.org/templates/story/story.php?storyId=5014565

Freud, S. (1960). *A general introduction to psychoanalysis.* New York: Washington Square Press. (Original work published 1935)

Freud, S. (1961). *Beyond the pleasure principle.* New York: Norton. (Originally published in 1920 as Jenseits des Lustprinzips)

Freud, S., & Gay, P. (1977). *Inhibitions, symptoms, and anxiety. Standard edition of the complete works of Sigmund Freud.* New York: W. W. Norton.

Friedman, M., Rosenman, R. H., Carroll, V., & Tat, R. J. (1958). Changes in the serum cholesterol and blood clotting time in men subjected to cyclic variation of occupational stress. *Circulation, 17,* 852.

Friedman, M., & Ulmer, D. (1984). *Treating Type A Behavior—and your heart.* New York: Knopf.

Frisoni, G., Testa, C., Zorzan, A., Sabattoli, F., Beltramello, A., Soininen, H., & Laakso, M. (2002). Detection of grey matter loss in mild Alzheimer's disease with voxel based morphometry. *The Journal of Neurology, Neurosurgery, and Psychiatry, 73*(6), 657-664.

Frith, C. D., & Frith, U. (1999). Interacting minds—a biological basis. *Science, 286,* 1692-1695.

Fry, D. P. (1992, Sept.). Respect for the rights of others is peace: Learning aggression versus nonaggression among the Zapotec. *American Anthropologist, 94*(3), 621-636.

Furmark, T., Tillsfors, M., Marteinsbottir, I., Pissiota, A., Långström, B., & Fredrikson, M. (2002). Common changes in cerebral blood flow in patients with social phobia treated with citalopram or cognitive-behavioral therapy. *Archives of General Psychiatry, 59,* 425-433.

Gabrieli, J. D. E. (1998). Cognitive neuroscience of human memory. *Annual Review of Psychology 1998, 49,* 87-115.

Galanter, E. (1962). Contemporary psychophysics. In R. Brown, E. Galanter, E. H. Hess, & G. Mandler (Eds.), *New directions in psychology.* New York: Holt, Rinehart, & Winston.

Galanter, M., Hayden, F., Castaneda, R., & Franco, H. (2005). Group therapy, self-help groups, and network therapy. In R. J. Frances, S. I. Miller, & A. H. Mack (Eds.), *Clinical textbook of addictive disorders* (3rd ed., pp. 502-527). New York: Guilford.

Galef, B. G., & Wigmore, S. W. (1983). Transfer of information concerning distant foods: A laboratory investigation of the "information-center" hypothesis. *Animal Behavior, 31,* 748-758.

Gallup. (2005, May 5). The gender gap: President Bush's handling of Iraq. *The Gallup Poll.*

Garcia, J., & Koelling, R. A. (1966). Relation of cue to consequence in avoidance learning. *Psychonomic Science, 4,* 123.

Gardner, H. (1983). *Frames of mind: Multiple intelligences.* New York: Basic Books, xi.

Gardner, H., Kornhaber, M. L., & Wake, W. K. (1996) *Intelligence: Multiple perspectives.* Orlando, FL: Harcourt Brace & Co.

Garland, E. J., & Smith, D. H. (1991). Case study: Simultaneous prepubertal onset of panic disorder, night terrors, and somnambulism. *Journal of the American Academy of Child & Adolescent Psychiatry, 30,* 553-555.

Gauthier, I., Skudlarski, P., Gore, J. C., & Anderson, A. W. (2000). Expertise for cars and birds recruits brain areas involved in face recognition. *Nature Neuroscience, 3*(2): 191-197.

Gazzaniga, M. S. (1967). The split-brain in man. *Scientific American, 217*(2), 24-29.

Geldard, F. A. (1972). *The human senses* (2nd ed.). New York: John Wiley & Sons.

Gerin, W., Chaplin, W., Schwartz, J. E., Holland, J., Alter, R., Wheeler, R., Duong, D., & Pickering, T. G. (2005). Sustained blood pressure increase after an acute stressor: The effects of the 11 September 2001 attack on the New York City World Trade Center. *Journal of Hypertension, 23,* 279-281.

Gershoff, E. (2000). The short and long-term effects of corporal punishment on children: A meta-analytical review. In D. Elliman & M. A. Lynch, *The physical punishment of children, 83,* 196-198.

Gibson, H. B. (1995, April). Recovered memories. *The Psychologist,* 153-154.

Gilbert, D. T., Tafarodi, R. W., & Malone, P. S. (1993). You can't not believe everything you read. *Journal of Personality and Social Psychology, 65*(2), 221-233.

Giles, D. E., Dahl, R. E., & Coble, P. A. (1994). Childbearing, developmental, and familial aspects of sleep. In J. M. Oldham & M. B. Riba (Eds.), *Review of psychiatry* (Vol. 13). Washington, DC: American Psychiatric Press.

Gilligan, C. (1982). *In a different voice: Psychological theory and women's development.* Cambridge, MA: Harvard University Press.

Gilligan, C., Lyons, N. P., & Hammer, T. J. (1990). (Eds.). (1990). *Making connections: The relational worlds of adolescent girls at Emma Willard School.* Cambridge, MA: Harvard University Press.

Gilovich, T. (1991). *How we know what isn't so: The fallibility of human reason in everyday life.* New York: The Free Press.

Ginzburg, K., Solomon, Z., Koifman, B., Keren, G., Roth, A., Kriwisky, M., Kutz, I., David, D., & Bleich, A. (2003). Trajectories of post-traumatic stress disorder following myocardial infarction: A prospective study. *Journal of Clinical Psychiatry, 64*(10), 1217-1223.

Glass, R. M. (2001). Electroconvulsive therapy: Time to bring it out of the shadows. *Journal of the American Medical Association, 285,* 1346-1348.

Glater, J. D. (2001, March 26). Women are close to being majority of law students. *New York Times.* Retrieved September 2, 2008, from http://query.nytimes.com/gst/fullpage.html?res=9806E3D8103CF935A15750C0A9679C8B63

Glick, P., & Fiske, S. T. (2001). An ambivalent alliance: Hostile and benevolent sexism as complementary justifications for gender inequality. *American Psychologist, 56*(2), 109-118.

Global Population and Environment: Population, Consumption, & Our Ecological Footprint. (2008). Sierra Club. Retrieved August 20, 2008, from http://www.sierraclub.org/population/consumption/

Goddard, A. W., Mason, G. F., Rothman, D. L., Behar, K. L., Petroff, O. A. C., & Krystal, J. H. (2004). Family psychopathology and magnitude of reductions in occipital cortex GABA levels in panic disorder. *Neuropsychopharmacology, 29,* 639-640.

Goldberg, A. B., & Thomson, K. N. (2009, June 9). Exclusive: "Pregnant Man" Gives Birth to Second Child. *ABCNews.com.* Retrieved February 16, 2010, from http://abcnews.go.com/2020/story?id=7795344&page=1

Goldfried, M. R., & Padawer, W. (1982). Current status and future directions in psychotherapy. In M. R. Goldfried (Ed.), *Converging themes in psychotherapy: Trends in psychodynamic, humanistic, and behavioral practice.* New York: Springer.

GOLDMAN, R. (2008, April 3). It's my right to have a kid, pregnant man tells Oprah. *ABC News.* Retrieved September 2, 2008, from http://abcnews.go.com/Health/story? id=4581943&page=1

GOLDSTEIN, I., LUE, T. F., PADMA-NATHAN, H., ROSEN, R. C., STEERS, W. D., & WICKER, P. A. (1998). Oral sildenafil in the treatment of erectile dysfunction. *New England Journal of Medicine, 338,* 1397-1404.

GOOD MORNING AMERICA. (2007, November 19). Parents: Cyber bullying led to teen's suicide. Retrieved February 16, 2010, from http://abcnews.go.com/GMA/Story?id=3882520

GOODE, E. (1999, February 16). Tales of midlife crisis found greatly exaggerated. *New York Times.* Retrieved August 11, 2008, from http://www.nytimes.com

GOODE, E. (2003, January 28). Even in the age of Prozac, some still prefer the couch. *New York Times.* Retrieved September 23, 2008, from http://www.nytimes.com

GOODMAN, A. (2009, June 1). Trash Picking. *Bay Weekly.* Retrieved February 16, 2010, from http://www.bayweekly.com/year09/issue_23/lead_3.html

GOODNOUGH, A. (2002, May 2). Post 9/11 pain found to linger in young minds. *New York Times.* Retrieved September 3, 2008, from http://query.nytimes.com/gst/fullpage.html?res=9E07EFDC1231F931A35756C0A9649C8B63

GORDON, S. K., & CLARK, W. C. (1974a). Adult age differences in word and nonsense syllable recognition memory and response criterion. *Journal of Gerontology, 29,* 659-665.

GORDON, S. K., & CLARK, W. C. (1974b). Application of signal detection theory in prose recall and recognition in elderly and young adults. *Journal of Gerontology, 29,* 64-72.

GORDON, S., & GILGUN, J. F. (1987). Adolescent sexuality. In V. B. Van Hasselt & M. Hersen (Eds.), *Handbook of adolescent psychology.* New York: Pergamon Press.

GORE, A., JR. (1992). *Earth in the balance: Ecology and the human spirit.* Boston: Houghton-Mifflin.

GOSLING, S. D., & JOHN, O. P. (1999). Personality dimensions in nonhuman animals: A cross-species review. *Current Directions in Psychological Science, 8,* 69-75.

GOTTESMAN, I. I. (1991). *Schizophrenia genesis: The origins of madness.* New York: Freeman.

GOULD, S. J. (1996). *The mismeasurement of man.* New York: W. W. Norton.

GRAF, P., & SCHACTER, D. L. (1985). Implicit and explicit memory for new associations in normal and amnesic subjects. *Journal of Experimental Psychology: Learning, Memory, and Cognition, 11,* 501-518.

GRANT, P. R., & GRANT, B. R. (2002). Unpredictable evolution in a 30-year study of Darwin's finches. *Science, 296,* 707-711.

GRAVES, L. A., HELLER, E. A., PACK, A. I., & ABEL, T. (2003). Sleep deprivation selectively impairs memory consolidation for contextual fear conditioning. *Learning & Memory, 10,* 168-176.

GRAY, J. A. (1972). The psychophysiological basis of introversion-extraversion: A modification of Eysenck's theory. In V. D. Nebylitsyn & J. A. Gray (Eds.), *The biological basis of individual behavior.* New York: Academic.

GRAY, K., & ESCHERICH, K. (2008, May 9). Woman who can't forget amazes doctors. *ABCNews.com.* Retrieved February 16, 2010, from http://abcnews.go.com/Health/Story?id=4813052

GREEN, C., & BAVELIER, D. (2003). Action video game modifies visual attention. *Nature, 423,* 534-537.

GREENBERG, M. A., WORTMAN, C. B., & STONE, A. A. (1996). Emotional expression and physical health: Revising traumatic memories or fostering self-regulation? *Journal of Personality and Social Psychology, 71*(3), 588-602.

GREENBERG, M. T., WEISSBERG, R. P., O'BRIEN, M. U., ZINS, J. E., FREDERICKS, L., RESNIK, H., & ELIAS, M. (2003). Enhancing school-based prevention and youth development through coordinated social, emotional, and academic learning. *American Psychologist, 58,* 466-474.

GREENFELD, L. A. (1998). *Alcohol and crime: An analysis of national data on the prevalence of alcohol involvement in crime.* Washington, DC: Document NCJ-168632, Bureau of Justice Statistics. Retrieved August 20, 2008, from http://www.ojp.usdoj.gov/bjs

GREENWALD, A. G., BANAJI, M. R., RUDMAN, L. A., FARNHAM, S. D., NOSEK, B. A., & MELLOTT, D. S. (2002). A unified theory of implicit attitudes, stereotypes, self-esteem, and self-concept. *Psychological Review, 109,* 3-25.

GREENWALD, A. G., MCGHEE, D. E., & SCHWARTZ, J. K. L. (1998). Measuring individual differences in implicit cognition: The Implicit Association Test. *Journal of Personality and Social Psychology, 74,* 1464-1480.

GREENWALD, A. G., OAKES, M. A., & HOFFMAN, H. (2003). Targets of discrimination: Effects of race on responses to weapons holders. *Journal of Experimental Social Psychology, 39,* 399-405.

GRICE, H. P. (1975). Logic and conversation. In P. Cole and J. Morgan, (Eds.), *Syntax and semantics: Vol. 3,* Academic Press, pp. 41-58.

GRILL-SPECTOR, J., & KANWISHER, N. (2005). Visual recognition: As soon as you know it is there, you know what it is. *Psychological Science, 16,* 152-160.

GROSS, C. G., & SERGENT, J. (1992). Face recognition. *Current Opinion in Neurobiology, 2,* 156-161.

GRUZELIER, J. H. (1998). A working model of the neurophysiology of hypnosis: A review of evidence. *Contemporary Hypnosis, 15,* 3-21.

GUERIN, B. (1986). Mere presence effects in humans: A review. *Journal of Personality and Social Psychology, 22,* 38-77.

GUNNEMARK, E. V. (2000). Donald Kenrick as a polyglot: could he be replaced by a machine? *Scholarship and the Gypsy Struggle: Commitment in Romani Studies.* Retrieved February 16, 2010, from http://www.lingua.org.uk/dk&mt.html

GUR, R. C., TURETSKY, B. I., MATSUI, M., YAN, M., BILKER, W., HUGHETT, P., ET AL. (1999). Sex differences in brain gray and white matter in healthy young adults: Correlations with cognitive performance. *The Journal of Neuroscience, 19*(10), 4065-4072.

GUTTMACHER INSTITUTE. (2006). *U.S. teenage pregnancy statistics: National and state trends and trends by race and ethnicity.* Retrieved July 16, 2008, from http://www.guttmacher.org/pubs/2006/09/11/USTPstats.pdf

GUZMAN-MARIN, R., SUNTSOVA, N., METHIPPARA, M. ET AL. (2005). Sleep deprivation suppresses neurogenesis in the adult hippocampus of rats. *European Journal of Neuroscience, 22,* 2111-2116.

GUZMAN-MARIN, R., SUNTSOVA, N., STEWART, D., GONG, H., SZYMUSIAK, R., & MCGINTY, D. (2003). Sleep deprivation reduces proliferation of cells in the dentate gyrus of the hippocampus in rats. *Journal Physiology, 549,* 563-571.

HAIDT, J. (2001). The emotional dog and its rational tail: A social intuitionist approach to moral judgment. *Psychological Review, 108,* 814-834.

HALL, C. (1996). Studies of dreams collected in the laboratory and at home. *Institute of Dream Research Monograph Series* (No. 1). Santa Cruz, CA: Privately printed.

HALL, G. S., & LINDZEY, G. (1978). *Theories of personality.* New York: John Wiley and Sons.

HALL, J. A. (1984). *Nonverbal sex differences: Communication accuracy and expressive style.* Baltimore: Johns Hopkins University Press.

HALL, J. A. (1987). On explaining gender differences: The case of nonverbal communication. In P. Shaver & C. Hencrick (Eds.), *Review of Personality and Social Psychology, 7,* 177-200.

HALLEY, D. (2009, June 8). Growing Organs in the Lab. *Singularity Hub.* Retrieved February 16, 2010, from http://singularityhub.com/2009/06/08/growing-organs-in-the-lab

HAMER, D. H., HU, S., MAGNUSON, V. L., HU, N., & PATTATUCCI, A. M. (1993). A linkage between DNA markers on the X chromosome and male sexual orientation. *Science, 261*(5119), 321-327.

HAMILTON, S. P., SLAGER, S. L., DE LEON, A. B., HEIMAN, G. A., KLEIN, D. F., HODGE, S. E., ET AL. (2004). Evidence for genetic linkage between a polymorphism in the Adenosine 2A receptor and panic disorder. *Neuropsychopharmacology, 29,* 558-565.

HANSEN, C. H., & HANSEN, R. D. (1988). Finding the face in the crowd: an anger superiority effect. *Journal of Personality and Social Psychology, 54*(6), 917-924.

HARBER, K. D. (1998). Feedback to minorities: Evidence of a positive bias. *Journal of Personality and Social Psychology, 74,* 622-628.

HARDER, J. W. (1991). Equity theory versus expectancy theory: The case of major league baseball free agents. *Journal of Applied Psychology, 76,* 458-464.

HARKINS, S. G., & SZYMANSKI, K. (1989). Social loafing and group evaluation. *Journal of Personality and Social Psychology, 56,* 934-941.

HARLOW, H. (1958). The nature of love. *American Psychologist, 13,* 573-685.

HARLOW H. F., DODSWORTH R. O., & HARLOW M. K. (1965). Total social isolation in monkeys. *Proceedings of the National Academy of Sciences of the United States of America, 54,* 90-97.

HART, D., & FEGLEY, S. (1995). Altruism and caring in adolescence: Relations to self-understanding and social judgment. *Child Development, 66,* 1346-1359.

HARVEY, S. M. (1987). Female sexual behavior: fluctuations during the menstrual cycle. *Journal of psychosomatic research, 31,* 100–110

HASSED, C. (2001). How humour keeps you well. *Australian Family Physician, 30*(1), 25–28.

HATFIELD, E., & SPRECHER, S. (1986). *Mirror, mirror . . . the importance of looks in everyday life.* Albany: State University of New York Press.

HAVINGHURST, R. J. (1957). The leisure activities of the middle-aged. *American Journal of Sociology, 63,* 152–162.

HAYASHI, T., URAYAMA, O., KAWAI, K., HAYASHI, K., IWANAGA, S., OHTA, M., ET AL. (2006). Laughter regulates gene expression in patients with type 2 diabetes. *Psychotherapy and Psychosomatics, 75*(1), 62–65.

HAZEL, M. T. (2005). Visualization and systematic desensitization: Intervention for habituating and sensitizing patters of public speaking anxiety. *Dissertation Abstracts International Section A: Humanities and Social Sciences, 66,* 30.

HEALEY, C. G., BOOTH, K. S., & ENNS, J. T. (1996). High-speed visual estimation using preattentive processing. *ACM Transactions on Human Computer Interaction, 3*(2), 107–135.

HEBB, D. O. (1949). *The organization of behavior.* New York: Wiley.

HEIDER, F. (1958). *The psychology of interpersonal relationships.* New York: Wiley.

HELLER, W., NITSCHKE, J. B., & MILLER, G. A. (1998). Lateralization in emotion and emotional disorders. *Current Directions in Psychological Science, 7,* 26–32.

HELLMICH, N. (2004, September 16). Nightmare of too little sleep is tied to too much weight. *USA Today.* Retrieved February 16, 2010, from http://www.usatoday.com/news/health/2004-11-16-sleep-weight_x.htm

HENLEY, N. M. (1989). Molehill or mountain? What we know and don't know about sex bias in language. In M. Crawford & M. Gentry (Eds.), *Gender and thought: Psychological perspectives.* New York: Springer-Verlag.

HENNINGER, P. (1992). Conditional handedness: Handedness changes in multiple personality disordered subject reflect shift in hemispheric dominance. *Consciousness and Cognition, 1,* 265–287.

HERRNSTEIN, R. J., & MURRAY, C. (1994). *The bell curve: The reshaping of American life by differences in intelligence.* New York: Free Press.

HERZ, R. S. (2001). Ah sweet skunk! Why we like or dislike what we smell. *Cerebrum, 3*(4), 31–47.

HERZOG, H., LELE, V. R., KUWERT, T., LANGEN, K. J., KOPS, E. R., & FEINENDEGEN, L. E. (1990/1991). Changed pattern of regional glucose metabolism during Yoga meditative relaxation. *Neuropsychobiology, 23,* 182–187.

HESS, R., JR. (1965). Sleep and sleep related disturbances in the electroencephalogram. In K. A. Kert, C. Bally, & J. P. Shade (Eds.), *Sleep mechanisms* (pp. 127–139). Amsterdam: Elsevier.

HILGARD, J. R., & LEBARON, S. (1984). *Hypnotherapy of pain in children with cancer.* Lost Altos, CA: Kaufman.

HILL, C. E., & NAKAYAMA, E. Y. (2000). Client-centered therapy: Where has it been and where is it going? A comment on Hathaway. *Journal of Clinical Psychology, 56,* 875–961.

HILLIER, L. W., FULTON, R. S., FULTON, L. A., GRAVES, T. A., PEPIN, K. H., WAGNER-MCPHERSON, C., ET AL. (2003). The DNA sequence of human chromosome 7. *Nature, 424,* 157–164.

HIRSTEIN, W., & RAMACHANDRAN, V. S. (1997). Capgras syndrome: A novel probe for understanding the neural representation of the identity and familiarity of persons. *Proceedings: Biological Sciences, 264*(1380) 437–444.

HMHL. (2002, January). Disaster and trauma, *Harvard Mental Health Letter; 1–5.*

HOBSON, J. A. (1988). *The dreaming brain.* New York: Basic Books.

HOBSON, J. A. (1990). Activation, input source, and modulation: A neurocognitive model of the state of the brain mind. In R. R. Bootzin, J. F. Kihlstrom, & D. L. Schachter (Eds.), *Sleep and cognition.* Washington, D.C.: American Psychological Association.

HOBSON, J. A., PACE-SCHOTT, E., & STICKGOLD, R. (2000). Dreaming and the brain: Towards a cognitive neuroscience of conscious states. *Behavioral and Brain Sciences, 23*(6), 793–1121.

HOFFMAN, D. D. (1998). *Visual Intelligence: How we create what we see.* New York: W. W. Norton.

HOLDEN, C. (1993). Wake-up call for sleep research. *Science, 259,* 305.

HOLLON, S. D., THASE, M. E., & MARKOWITZ, J. C. (2002). Treatment and prevention of depression. *Psychological Science in the Public Interest, 3,* 39–77.

HORN, J. L. (1982). The aging of human abilities. In J. Wolman (Ed.), *Handbook of developmental psychology* (p. 128). Englewood Cliffs, NJ: Prentice-Hall.

HOROWITZ, T. S., CADE, B. E., WOLFE, J. M., & CZEISLER, C. A. (2003). Searching night and day: A dissociation of effect of circadian phase and time awake on visual selective attention and vigilance. *Psychological Science, 14,* 549–557.

HOVLAND, C. I., LUMSDAINE, A. A., & SHEFFIED, F. D. (1949). *Experiments on mass communication.* Princeton, N.J.: Princeton University Press.

HOWELL, D. Flirting: interview with Monica Moore. *American Way.* Retrieved August 4, 2008, from http://www.geocities.com/marvin_hecht/flirting.html

HU, S., PATTATUCCI, A. M. L., PATTERSON, C., LI, L., FULKER, D. W., CHERNY, S. S., ET AL. (1995). Linkage between sexual orientation and chromosome Xq28 in males but not in females. *Nature Genetics, 11,* 248–256.

HUBEL, D. H., & WIESEL, T. N. (1979, September). Brain mechanisms of vision. *Scientific American,* 150–162.

HUGHES, T. A. (2007). The advantages of single-sex education. *National Forum of Educational Administration and Supervision Journal, 23*(2), 5–14.

HULL, C. L. (1943). *Principles of behavior: an introduction to behavior theory.* New York: Appleton-Century-Crofts.

HULL, C. L. (1952). *A behavior system: an introduction to behavior theory concerning the individual organism.* New Haven: Yale University Press.

HUNT, E. (1982). Towards new ways of assessing intelligence. *Intelligence, 6,* 231–240.

HUPRICH, S. K., & KEASCHUK, R. A. (2006). Psychodynamic psychotherapy. In F. Andrasik, (Ed.), *Comprehensive handbook of personality and psychopathology: Adult psychopathology* (Vol. 2, pp. 469–486). Hoboken, NJ: John Wiley & Sons.

IKONOMIDOU, C., BITTIGAU, P., ISHIMARU, M. J., WOZNIAK, D. F., KOCH, C., GENZ, K., ET AL. (2000). Ethanol-induced apoptotic neurodegeneration and fetal alcohol syndrome. *Science, 287,* 1056–1060.

ILG, R., WOHLSCHLAGER, A. M., GASER, C., LIEBAU, Y., DAUNER, R., WOLLER, A., ZIMMER, C., ZIHL, J., & MUHLAU, M. (2008). Gray matter increase induced by practice correlates with task-specific activation: A combined functional and morphometric magnetic resonance imaging study. *The Journal of Neuroscience, 28*(16), 4210–4215.

INDIAN ACTRESS SHILPA SHETTY WINS BRITAIN'S CELEBRITY BIG BROTHER. (2007, January 29). UPI News Service. Retrieved August 11, 2008, from http://www.realitytvworld.com/news/indian-actress-shilpa-shetty-wins-britain-celebrity-big-brother-1011432.php

IRWIN, M., MASCOVICH, A., GILLIN, J. C., WILLOUGHBY, R., PIKE, J., & SMITH, T. L. (1994). Partial sleep deprivation reduces natural killer cell activity in humans. *Psychosomatic Medicine, 56,* 493–498.

ITO, M. (2000). Mood-congruent effect in self-relevant information processing. A study using an autobiographical memory recall task. *Japanese Journal of Psychology, 71,* 281–288.

JACKSON, J. M., & WILLIAMS, K. D. (1988). Social loafing: A review and theoretical analysis. Unpublished manuscript. Fordham University.

JAMES, W. (1890/1950). *Principles of psychology.* New York: Dover.

JAMISON, K. R. (1995). *An Unquiet Mind.* New York: Vintage.

JANIS, I. L. (1982). *Groupthink: Psychological studies of policy decisions and fiascos.* Boston: Houghton-Mifflin.

JASPER, H., & PENFIELD, W. (1954). *Epilepsy and the Functional Anatomy of the Human Brain* (2nd ed.). Boston: Little, Brown and Co.

JENSEN, A. R. (1969). How much can we boost IQ and scholastic achievement? *Harvard Educational Review, 39,* 1–123.

JENSEN, M. R. (1987). Psychobiological factors predicting the course of breast cancer. *Journal of Personality, 55*(2), 317–342.

JENSEN-CAMPBELL, L., GRAZIANO, W. G., & WEST, S. G. (1995). Dominance, prosocial orientation, and female preferences: Do nice guys really finish last? *Journal of Personality & Social Psychology, 68,* 427–440.

JOHANSSON, G. (1973). Visual perception of biological motion and a model for its analysis. *Perception and Psychophysics, 14,* 195–204.

JOHANSSON, P., HALL, SIKSTRÖM, S., & OLSSON, A. (2005). Failure to detect mismatches between intention and outcome in a simple decision task. *Science, 310,* 116–119.

JOHNSON, J. S., & NEWPORT, E. L. (1991). Critical period effects on universal properties of language: The status of subjacency in the acquisition of a second language. *Cognition, 39,* 215–258.

JOHNSON, M. E., & HAUCK, C. (1999). Beliefs and opinions about hypnosis held by the general public: A systematic evaluation. *American Journal of Clinical Hypnosis, 42,* 10–20.

JOHNSON, W., & KRUEGER, R. F. (2004). Genetic and environmental structure of adjectives describing the domains of the Big Five model of Personality: A nationwide US twin study. *Journal of Research in Personality, 38*, 448-472.

JOHNSTON, T. D., & EDWARDS, L. (2002). Genes, interactions, and the development of behavior. *Psychological Review, 109*, 26-34.

JOSEPH, R. M., & TANAKA, J. (2003). Holistic and part-based face recognition in children with autism. *Journal of Child Psychology and Psychiatry, 44*(4), 529-542.

JUNG-BEEMAN, M., BOWDEN, E. M., HABERMAN, J., FRYMIARE, J. L., ARAMBEL-LIU, S., ET AL. (2004). Neural activity when people solve verbal problems with insight. *Public Library of Science Biology, 2*, e97.

KABAT-ZINN, J., MASSION, A. O., KRISTELLAR, J., PETERSON, L. G., FLETCHER, K. E., PBERT, L., ET AL. (1992). Effectiveness of a meditation-based stress reduction program in the treatment of anxiety disorders. *American Journal of Psychiatry, 149*(7), 936-943.

KAHNEMAN, D., & TVERSKY, A. (1979). Prospect theory: An analysis of decision under risk. *Econometrica, 47*, 263-291.

KANDEL, E. R., & SCHWARTZ, J. H. (1982). Molecular biology of learning: Modulation of transmitter release. *Science, 218*, 433-443.

KANWISHER, N. G., MCDERMOTT, J., & CHUN, M. M. (1997). The fusiform face area: A module in human extrastriate cortex specialized for face perception. *Journal of Neuroscience, 17*, 4302-4311.

KAPLAN, H. I., & SADDOCK, B. J. (Eds.). (1989). *Comprehensive textbook of psychiatry, V.* Baltimore, MD: Williams and Wilkins.

KARLINSKY, H. (2008). Grey Gardens: Exploration or exploitation? *Canadian Psychiatry Aujourd'hui, 4*(1). Retrieved from http://publications.cpa-apc.org/browse/documents/312&xwm=true

KASSER, T. (2002). *The high price of materialism.* Cambridge, MA: MIT Press.

KELLER, M. B., MCCULLOUGH, J. P., KLEIN, D. N., ARNOW, B., DUNNER, D. L., GELENBERG, A. J., MARKOWITZ, J. C., NEMEROFF, C. B., RUSSELL, J. M., THASE, M. E., TRIVEDI, M. H., & ZAJECKA, J. (2000). A comparison of nefazodone, the cognitive behavioral analysis system of psychotherapy, and their combination for the treatment of chronic depression. *New England Journal of Medicine, 342*, 1462-1470.

KELLER, M. C., & NESSE, R. M. (2005). Is low mood an adaptation? Evidence for subtypes with symptoms that match precipitants. *Journal of Affective Disorders, 86*, 27-35.

KELLEY, H. H. (1967). Attribution theory in social psychology. In D. Levine (Ed.), *Nebraska symposium on motivation* (Vol. 15). Lincoln: University of Nebraska Press.

KELLING, G. L., & COLES, C. M. (1996). *Fixing broken windows.* New York: Free Press.

KELTNER, D., & ANDERSON, C. (2000). Saving face for Darwin: The functions and uses of embarrassment. *Current Directions in Psychological Science, 9*, 187-192.

KENDALL-TACKETT, K. A. (2000). Physiological correlates of childhood abuse: Chronic hyperarousal in PTSD, depression, and irritable bowel syndrome. *Child Abuse and Neglect, 24*(6), 799-810.

KENYON, G. (2002, July 6). Less sleep may cure tiredness. *BBC News.* Retrieved on August 4, 2008, from http://news.bbc.co.uk/1/hi/health/2097666.stm

KERR, N. L., & BRUUN, S. E. (1983). Dispensability of member effort and group motivation losses: Free-rider effects. *Journal of Personality and Social Psychology, 44*, 7-94.

KESSLER, R. C., BERGLUND, P., DEMLER, O., JIN, R., MERIKANGAS, K. R., & WALTERS, E. E. (2005). Lifetime prevalence and age-of-onset distributions of DSM-IV disorders in the National Comorbidity Survey Replication. *Archives of General Psychiatry, 62*, 593-602.

KESSLER, R. C., CHIU, W. T., DEMLER, O., & WALTERS, E. E. (2005). Prevalence, severity, and comorbidity of twelve-month DSM-IV disorders in the National Comorbidity Survey Replication (NCS-R). *Archives of General Psychiatry, 62*(6), 617-627.

KHADEMHOSSEINI, A., VACANTI, J. P., & LANGER, R. (2009. May). How to grow new organs. *Scientific American.* Retrieved February 16, 2010, from http://www.scientificamerican.com/article.cfm?id=how-to-grow-new-organs

KIECOLT-GLASER, J. K., BELURY, M. A., PORTER, K., BEVERSDORF, D. Q., LEMESHOW, S., & GLASER, R. (2007). Depressive symptoms, omega-6: omega-3 fatty acids, and inflammation in older adults. *Psychosomatic Medicine, 69*, 217-224.

KIHLSTROM, J. F., & CANTOR, N. (2000). Social intelligence. In R. J. Sternberg (Ed.), *Handbook of intelligence* (pp. 359-369). New York: Cambridge University Press.

KIM, J. J., RISON, R. A., & FANSELOW, M. S. (1993). Effects of amygdala, hippocampus, and periaqueductal gray lesions on short- and long-term contextual fear. *Behavioral Neuroscience, 107*(6), 1093-8.

KIRSCH, I. (2000). The response set theory of hypnosis. *American Journal of Clinical Hypnosis, 42*, 274-292.

KIRSCH, I., & SAPIRSTEIN, G. (1998, June 26). Listening to Prozac but hearing placebo: A meta-analysis of antidepressant medication. *Prevention & Treatment, 1*, Article 0002a. Retrieved July 9, 2008, from http://journals.apa.org/prevention/volume1/pre0010002a.html

KISILEVSKY, B., HAINS, S., LEE, K., XIE, X., HUANG, H., YE, H., ET AL. (2003). Effects of experience on fetal voice recognition. *Psychological Science, 14*, 220-224.

KLINE, D., & SCHIEBER, F. (1985). Vision and aging. In J. E. Birren & K. W. Schaie (Eds.), *Handbook of the psychology of aging.* New York: Van Nostrand Reinhold.

KLUVER, H., & BUCY, P. C. (1937). "Psychic blindness" and other symptoms following bilateral temporal lobectomy in rhesus monkeys. *American Journal of Physiology, 119*, 352-353.

KOHLBERG, L. (1969). Stage and sequence: The cognitive-developmental approach to socialization. In D. A. Goslin (Ed.), *Handbook of socialization theory and research.* Chicago: Rand McNally.

KOHLBERG, L. (1981). *Essays on moral development: Vol. 1. The philosophy of moral development.* San Francisco: Harper & Row.

KOHLBERG, L. (1984). *Essays on moral development: Vol. 2. The psychology of moral development.* San Francisco: Harper & Row.

KOHN, M. (1977). *Class and conformity: A study in values* (2nd ed.). Chicago: University of Chicago Press.

KOPTA, S. M., LUEGER, R. J., SAUNDERS, S. M., & HOWARD, K. I. (1999). Individual psychotherapy outcome and process research: Challenges leading to greater turmoil or positive transition? *Annual Review of Psychology, 30*, 441-469.

KOUNIOS, J., & HOLCOMB, P. J. (1994). Concreteness effects in semantic processing: ERP evidence supporting dual-coding theory. *Journal of Experimental Psychology: Learning Memory and Cognition, 20*, 804-823.

KRAMER, A. F., HAHN, S., COHEN, N. J., BANICH, M. T., MCAULEY, E., HARRISON, C. R., CHASON, J., VAKIL, E., BARDELL, L., BOILEAU, R. A., & COLCOMBE, A. (1999). Ageing, fitness, and neurocognitive function. *Nature, 400*, 418-419.

KRAMER, M. (2006, July 19). Do taste buds make the wine critic? *New York Sun.* Retrieved February 16, 2010, from http://www.nysun.com/food-drink/do-taste-buds-make-the-wine-critic/36343.

KRUGER, A. C. (1992). The effect of peer and adult-child transactive discussions on moral reasoning. *Merrill-Palmer Quarterly, 38*, 191-211.

KUBZANSKY, L. D., SPARROW, D., VOKONAS, P., & KAWACHI, I. (2001). Is the glass half empty or half full? A prospective study of optimism and coronary heart disease in the normative aging study. *Psychosomatic Medicine, 63*, 910-916.

KUHL, P. K., TSAO, F. M., & LIU, H. M. (2003). Foreign-language experience in infancy: Effects of short-term exposure and social interaction on phonetic learning. *Proceedings of the National Academy of Sciences, 100*: 9,096-9,101.

KUIKEN, T. A., LI, G., LOCK, B. A., LIPSCHUTZ, R. D., MILLER, L. A., STUBBLEFIELD, K. A., & ENGLEHART, K. B. (2009). Targeted muscle reinnervation for real-time myoelectric control of multifunction artificial arms. *JAMA, 301*(6): 619-628.

KUIKEN, T. A., MILLER, L. A., LIPSCHUTZ, R. D., LOCK, B. A., STUBBLEFIELD, K., MARASCO, P. D., ZHOU, P., & DUMANIAN, G. A. (2007). Targeted reinnervation for enhanced prosthetic arm function in a woman with a proximal amputation: a case study. *Lancet, 369*(9559), 371-380.

KULIK, J. A., & MAHLER, H. I. M. (1989). Stress and affiliation in a hospital setting: Preoperative roommate preferences. *Personality and Social Psychology Bulletin, 15*, 183—193.

KULIK, J. A., & MAHLER, H. I. M. (1993). Social support and recovery from surgery. *Health Psychology, 8*, 221-238.

KURTZ, L. D. (2004). Support and self-help groups. In C. D. Garvin, L. M. Gutierrez, & M. J. Galinsky (Eds.), *Handbook of social work with groups* (pp. 139-159). New York: Guilford.

KUTAS, M. (1990). Event-related brain potential (ERBP) studies of cognition during sleep: Is it more than a dream? In R. R. Bootzin, J. F. Kihlstrom, & D. Schacter (Eds.), *Sleep and cognition.* Washington, DC: American Psychological Association.

KYLLONEN, P. C., & CHRISTAL, R. E. (1990). Reasoning ability is (little more than) working memory capacity? *Intelligence, 14*, 389-433.

328

참고문헌

LaBerge, S. P., Nagel, L. E., Dement, W. C., & Zarcone, V. P. (1981, June). Lucid dreaming verified by volitional communication during REM sleep. *Perceptual and Motor Skills, 52*(3), 727-732.

Lachman, M. E., & Weaver, S. L. (1998). The sense of control as a moderator of social class differences in health and well-being. *Journal of Personality and Social Psychology, 74*(3), 763-773.

Lagorio, C. (2006, March 3). A new age of celebrity worship. *CBS News.com.* Retrieved February 2, 2010, from http://www.cbsnews.com/stories/2006/03/03/health/webmd/main1366162.shtml?tag=contentMain;contentBody

Lambert, K., & Lilienfeld, S. O. (2007, October/November). Brain stains: Traumatic therapies can have long-lasting effects on mental health. *Scientific American Mind, 46-53.*

Lange, C. (1887). Ueber Gemuthsbewgungen, 3, 8.

Larsen, R. J., Kasimatis, M., & Frey, K. (1992). Facilitating the furrowed brow: An unobtrusive test of the facial feedback hypothesis applied to unpleasant affect. *Cognition and Emotion, 6,* 321-328.

Lashley, K. S. (1950). In search of the engram. In *Symposium of the society for experimental biology* (Vol 4). New York: Cambridge University Press.

Latané, B. (1981). The psychology of social impact. *American Psychologist, 36,* 343-356.

Lavenex, P., Steele, M. A., & Jacobs, L. F. (2000). The seasonal pattern of cell proliferation and neuron number in the dentate gyrus of wild adult eastern grey squirrels. *European Journal of Neuroscience, 12,* 643-648.

Lazar, S. W., Bush, G., Gollub, R. L., Fricchione, G. L., Khalsa, G., & Benson, H. (2000, May 15). Functional brain mapping of the relaxation response and meditation. *Neuroreport, 11*(7), 1581-1585.

Lazarus, R. S. (1991). Cognition and motivation in emotion. *American Psychologist, 46,* 352-357.

Lazarus, R. S. (1998). *Fifty years of the research and theory of R. S. Lazarus. An analysis of historical and perennial issues.* Mahwah, New Jersey: Lawrence Erlbaum Associates.

Leary, W. E. (1998, September 28). Older people enjoy sex, survey says. *New York Times.* Retrieved August 11, 2008, from http://www.nytimes.com

LeDoux, J. E. (1994). Emotion, memory and the brain. *Scientific American, 270,* 32-39.

Lefcourt, H. M. (1982). *Locus of control: Current trends in the theory and research.* New Jersey: Lawrence Erlbaum Associates.

Lehman, A. F., Steinwachs, D. M., Dixon, L. B., Goldman, H. H., Osher, F., Postrado, L., Scott, J. E., Thompson, J. W., Fahey, M., Fischer, P., Kasper, J. A., Lyles, A., Skinner, E. A., Buchanan, R., Carpenter, W. T., Jr., Levine, J., McGlynn, E. A., Roesenheck, R., & Zito, J. (1998). Translating research into practice: The schizophrenic patient outcomes research team (PORT) treatment recommendations. *Schizophrenia Bulletin, 24,* 1-10.

Leming, J. S. (1993). In search of effective character education. *Educational Leadership, 51,* 63-71.

Lemur Center. Duke University. Retrieved August 4, 2008, from http://lemur.duke.edu/animals/whatis.php

Lenneberg, E. (1967). *Biological Foundations of Language.* New York: Wiley.

Lenzenweger, M. F., Dworkin, R. H., & Wethington, E. (1989). Models of positive and negative symptoms in schizophrenia: An empirical evaluation of latent structures. *Journal of Abnormal Psychology, 98,* 62-70.

Leonard, T. (2008, April 5). Winning focus. Retrieved October 7, 2008, from http://www.signonsandiego.com/sports/golf/20080409-9999-1s9tiger.html.

Leproult, R., Copinski, G., Buxton, O., & Van Cauter, E. (1997). Sleepiness, performance, and neuroendocrine function during sleep deprivation: Effects of exposure to bright lights or exercise. *Journal of Biological Rhythms, 12,* 245-258.

LeShan, L. (1942). The breaking of habit by suggestion during sleep. *Abnormal Social Psychology, 37,* 406-408.

LeVay, S. (1991). A difference in hypothalamic structure between heterosexual and homosexual men. Science, 253(5023), 1034-1037.

Levin, I. P., & Gaeth, G. J. (1988). Framing of attribute information before and after consuming the product. *Journal of Consumer Research, 15,* 374-378.

Levin, T. (2009, October 23). No Einstein in Your Crib? Get a Refund. *The New York Times.* Retrieved February 16, 2010, from http://www.nytimes.com/2009/10/24/education/24baby.html

Lewis, D. O., Pincus, J. H., Feldman, M., Jackson, L., & Bard, B. (1986). Psychiatric, neurological, and psychoeducational characteristics of 15 death row inmates in the United States. *American Journal of Psychiatry, 143,* 838-845.

Lewis, M., Alessandri, S. M., & Sullivan, M. W. (1990). Violation of expectancy, loss of control, and anger in young infants. *Developmental Psychology, 26,* 745-751.

Lewis, M., & Brooks-Gunn, J. (1979). *Social cognition and the acquisition of self.* New York: Plenum Press.

Lilienfeld, S., & Arkowitz, H. (2008, February/March). Uncovering "brain-scams": In which the authors debunk myths concerning the three-pound organ inside our head. *Scientific American Mind,* 80-81.

Linguist Blogger, The. (2008, May 25). The Many Languages of Ziad Fazah. Retrieved February 16, 2010, from http://thelinguistblogger.wordpress.com/2008/05/25/the-many-languages-of-ziad-fazah/.

Lipsitt, L. P. (2003). Crib death: A biobehavioral phenomenon? *Current Directions in Psychological Science, 12,* 164-170.

Liu, H., & Umberson, D. J. (2008). The times they are a changin': Marital status and health differentials from 1972 to 2003. *Journal of Health and Social Behavior, 49,* 239-253.

Livesley, W. J., Jang, K. L., & Verson, P. A. (2003). Genetic basis of personality structure. In T. Millon & M. J. Lerner, (Eds.), *Handbook of psychology: Personality and social psychology* (Vol. 54, pp. 59-83). New York: John Wiley & Sons.

Livingstone, M., & Hubel, D. (1988). Segregation of form, color, movement, and depth: Anatomy, physiology, and perception. *Science, 240,* 740-749.

Loehlin, J. C., McCrae, R. R., Costa, P. T., Jr., & John, O. P. (1998). Heritabilities of common and measure-specific components of the Big Five personality factors. *Journal of Research in Personality, 32,* 431-453.

Loewenstein, G., & Furstenberg, F. (1991). Is teenage sexual behavior rational? *Journal of Applied Social Psychology, 21,* 957-986.

Loftus, E. F., & Palmer, J. C. (1974). Reconstruction of automobile destruction: An example of the interaction between language and memory. *Journal of Verbal Learning & Verbal Behavior, 13,* 585-589.

Lohr, J., Tolin, D., & Lilienfeld, S. (1998). Efficacy of eye movement desensitization and reprocessing: Implications for behavior therapy. *Behavior Therapy, 29,* 123-56.

Lorenz, K. (1937). The companion in the bird's world. *Auk, 54,* 245-273.

Lorenz, K. (1943). Die angeborenen Formen moeglicher Erfahrung [The innate forms of potential experience]. *Zeitschrift fuer Tierpsychologie, 5,* 233-519.

Louie, K., & Wilson, M. (2001). Temporally structured replay of awake hippocampal ensemble activity during rapid eye movement sleep. *Neuron, 29,* 145-156.

Lovaas, O. I. (1987). Behavioral treatment and normal educational and intellectual functioning in young autistic children. *Journal of Consulting and Clinical Psychology, 55,* 3-9.

Lu, Z.-L., Williamson, S. J., & Kaufman, L. (1992). Behavioral lifetime of human auditory sensory memory predicted by physiological measures. *Science, 258,* 1668-1670.

Luchins, E. A. S. (1946). Classroom experiments on mental set. *American Journal of Psychology, 59,* 295-298.

Ludeke, R. J, & Hartup, W. W. (1983) Teaching behavior of 9- and 11 year-old girls in mixed-age and same-age dyads. *Journal of Educational Psychology, 75*(6), 908-914.

Ludwig, A. M. (1995). *The price of greatness: Resolving the creativity and madness controversy.* New York: Guilford Press.

Lumsden, C. J., & Wilson, E. O. (1983). *Promethean fire: Reflections on the origin of mind.* Cambridge, MA: Harvard University Press.

Lykken, D. T., & Tellegen, A. (1996). Happiness is a stochastic phenomenon. *Psychological Science, 7*(3), 186-189.

Lykken, D. T., Tellegen, A., Bouchard, T. J., Jr., Wilcox, K., Segal, N., & Rich, S. (1988). Personality similarity in twins reared apart and together. *Journal of Personality and Social Psychology, 54,* 1031-1039.

Lynch, G., & Staubli, U. (1991). Possible contributions of long-term potentiation to the encoding and organization of memory. *Brain Research Reviews, 16,* 204-206.

Maas, J. B. (1999). *Power sleep. The revolutionary program that prepares your mind for peak performance.* New York: HarperCollins.

Maccoby, E. E. (1998). *The two sexes: Growing up apart, coming together.* Cambridge, MA: Harvard University Press.

MacFarlane, A. (1978, February). What a baby knows. *Human Nature,* pp. 74–81.

Mack, E. (2008, January 30). A tornado-razed town is rebuilding green. *PlentyMag.*com. Retrieved from http://www.plentymag.com/features/2008/01/greening_greensburg.php.

MacLean, P. (1990). *The triune brain in evolution: Role in Paleocerebral functions.* New York: Springer.

MacWhinney, B. (1998). Models of the emergence of language. *Annual Review of Psychology, 49,* 1999–2227.

Maguire, E. A., Gadian, D. G., Johnsrude, I. S., Good, C. D., Ashburner, J., Frackowiak, R. S. J., & Frith, C. D. (2000, April 11). Navigation-related structural change in the hippocampi of taxi drivers. *Proceedings of the National Academy of Sciences,* 97(8), 4398–4403.

Maguire, E. A., Spiers, H. J., Good, C. D., Hartley, T., Frackowiak, R. S., & Burgess, N. (2003). Navigation expertise and the human hippocampus: A structural brain imaging analysis. *Hippocampus,* 13(2), 250–259.

Mahowald, M. W., & Ettinger, M. G. (1990). Things that go bump in the night: The parsomnias revisited. *Journal of Clinical Neurophysiology, 7,* 119–143.

Maier, N. R. F. (1931). Reasoning in humans II. The solution of a problem and its appearance in consciousness. *Journal of Comparative Psychology, 12,* 181–194.

Main, M., & Hesse, E. (1990). Parents' unresolved traumatic experiences are related to infant disorganized attachment status: Is frightened and/or frightening parental behavior the linking mechanism? In M. T. Greenberg, D. Cicchetti, & E. M. Cummings (Eds.), *Attachment in the preschool years: Theory, research, and intervention* (pp. 161–182). Chicago: University of Chicago Press.

Major, B., Schmidlin, A. M., & Williams, L. (1990). Gender patterns in social touch: The impact of setting and age. *Journal of Personality and Social Psychology Bulletin, 10,* 634–643.

Malnic, B., Hirono, J., Sato, T., & Buck, L. B. (1999). Combinational receptor codes for odors. *Cell, 96,* 713–723.

Manning, R., Levine, M., & Collins, A. (2007). The Kitty Genovese murder and the social psychology of helping: The parable of the 38 witnesses. *American Psychologist, 62*(6), 555–562.

Mansfield, B. K., Haun, H. L., Bownas, J. L., Christen, K., & Mills, M. D. (2008, July 24). Human genome project information. Retrieved August 12, 2008, from http://www.ornl.gov/sci/techresources/Human_Genome/home.shtml

Maquet, P. (2001). The role of sleep in learning and memory. *Science, 294,* 1048–1052.

Maquet, P., & Franck, G. (1996). Functional neuroanatomy of human rapid eye movement sleep and dreaming. *Nature, 383,* 163–166.

Maquet, P., Peters, J-M., Aerts, J., Delfiore, G., Deguildre, C., Luxen, A., & Franck, G. (1996). Functional neuroanatomy of human rapid-eye-movement sleep and dreaming. *Nature, 383,* 163–166.

Marian, V., Shildkrot, Y., Blumenfeld, H. K., Kaushanskaya, M., Faroqi-Shah, Y., & Hirsch, J. (2007). Cortical activation during word processing in late bilinguals: Similarities and differences as revealed by fMRI. *Journal of Clinical and Experimental Neuropsychology, 29*(3), 247–265.

Markus, H., & Kitayama, S. (1991). Culture and the self: Implications for cognition, emotion, and motivation. *Psychological Review, 98,* 224–253.

Marlowe, F. (2000). Paternal investment and the human mating system. *Behavioural Processes, 51,* 45–61.

Martin, C. L., Ruble, D. N., & Szkrybalo, J. (2002). Cognitive theories of early gender development. *Psychological Bulletin, 128,* 903–933.

Maslow, A. H. (1970). *Motivation and personality.* New York: Harper & Row.

Maslow, A. H. (1971). *The farther reaches of human nature.* New York: Viking.

Mason, H. (2003, March 25). Wake up, sleepy teen. *Gallup Poll Tuesday Briefing.*

Mason, H. (2005, January 25). Who dreams, perchance to sleep? *Gallup Poll News Services.*

Mather, M., Canli, T., English, T., Whitfield, S. L., Wais, P., Ochsner, K. N., et al. (2004). Amygdala responses to emotionally valenced stimuli in older and younger adults. *Psychological Science, 15,* 259–263.

Matsumoto, D. (1994). *People: Psychology from a cultural perspective.* Pacific Grove, CA: Brooks/Cole.

Maurer, D., & Maurer, C. (1988). *The world of the newborn.* New York: Basic Books.

Mavromatis, A. (1987). *Hypnagogia: The unique state of consciousness between wakefulness and sleep.* London: Routledge & Kegan Paul.

Mavromatis, A., & Richardson, J. T. E. (1984). Hypnagogic imagery. *International Review of Mental Imagery, 1,* 159–189.

May, C., & Hasher, L. (1998). Synchrony effects in inhibitory control over thought and action. *Journal of Experimental Psychology: Human Perception and Performance,* 24, 363–380.

McAdams, D. P., & Ochberg, R. L. (1988). Psychobiography and life narratives. Durham, NC: Duke University Press.

McCain distances himself from adviser's "nation of whiners" comment. (2008, July 10). The Associated Press. Retrieved August 8, 2008, from http://www.nydailynews.com/news/politics/2008/07/10/2008-07-10_mccain_distances_himself_from_advisers_n.html

McCann, I. L., & Holmes, D. S. (1984). Influence of aerobic exercise on depression. *Journal of Personality and Social Psychology, 46,* 1142–1147.

McClain, D. L. (2008). For hostages, chess can be a solace. *The New York Times.* (2008, July 17). Retrieved August 4, 2008, from http://gambit.blogs.nytimes.com/2008/07/17/for-hostages-chess-is-often-a-solace/

McConkey, K. M. (1995). Hypnosis, memory, and the ethics of uncertainty. *Australian Psychologist, 30,* 1–10.

McCrae, R. R., & Costa, P., Jr. (1994). The stability of personality: Observations and evaluations. *Current Directions in Psycholgoical Science, 3,* 173–175.

McCrae, R. R., & Costa, P., Jr. (1999). A five factor theory of personality. In L. A. Pervin & O. P. John (Eds.), *Handbook of personality: Theory and research* (2nd ed, pp. 139–153). New York: Guilford Press.

McCrae, R. R., Terracciano, A., & 79 Members of the Personality Profiles of Cultures Project. (2005). Personality profiles of cultures: Aggregate personality traits. *Journal of Personality and Social Psychology, 89,* 407–425.

McGue, M., Bouchard, T. J., Jr., Iacono, W. G., & Lykken, D. T. (1993). Behavioral genetics of cognitive ability: A life-span perspective. In R. Plomin & G. E. McClearn (Eds.), *Nature, nurture and psychology* (pp. 442–443). Washington, DC: American Psychological Association.

McHugh, P. R. (1995). Witches, multiple personalities, and other psychiatric artifacts. *Nature Medicine, 1*(2), 110–114.

McKellar, J., Stewart, E., & Humphreys, K. (2003). Alcoholics Anonymous involvement and positive alcohol-related outcomes: Cause, consequence, or just a correlate? A prospective 2-year study of 2,319 alcohol-dependent men. *Journal of Consulting and Clinical Psychology, 71,* 302–308.

McMurray, C. (2004, January 13). U.S., Canada, Britain: Who's getting in shape? Gallup Poll Tuesday Briefing. Retrieved September 25, 2008, from http://www.gallup.com/poll/10312/US-Canada-Britain-Whos-Getting-Shape.aspx.

McNeil, D. W., & Zvolensky, M. J. (2000). Systematic desensitization. In A. E. Kazdin (Ed.), *Encyclopedia of psychology* (Vol. 7, pp. 533–535). Washington, DC: American Psychological Association.

Meichenbaum, D. (1977). *Cognitive-behavior modification: An integrative approach.* New York: Plenum Press.

Meichenbaum, D. (1985). *Stress inoculation training.* New York: Pergamon.

Meichenbaum, D. (1996). Stress inoculation training for coping with stressors. *The Clinical Psychologist, 49,* 4–7.

Mekel-Bobrov, N., Gilbert, S. L., Evans, P. D., Vallender, E. J., Anderson, J. R., Hudson, R. R., et al. (2005, September 9). Ongoing adaptive evolution of ASPM, a brain size determinant in *Homo sapiens. Science,* 309(5741), 1720–1722.

Melzack, R. (1980). Psychological aspects of pain. In J. J. Bonica (Ed.), *Pain.* New York: Raven Press.

Melzack, R. (1992, April). Phantom limbs. *Scientific American,* 27–33.

Melzack, R., & Katz, J. (2004). The gate control theory: Reaching for the brain. In T. Hadjistavropoulos & K. Craig (Eds.), *Pain: Psychological perspectives* (pp. 13–34). Mahwah, NJ: Erlbaum.

Merton, R. K., & Kitt, A. S. (1950). Contributions to the theory of reference group behavior. In R. K. Merton & P. F. Lazarsfeld (Eds.), *Continuities in social research: Studies in the scope and method of the American soldier.* Glencoe, IL: Free Press.

Messina, C. R., Lane, D. S., Glanz, K., West, D. S., Taylor, V., Frishman, W., & Powell, L. (2004). Relationship of social support and social burden to repeated breast cancer screening in the Women's Health Initiative. *Health Psychology, 23*(6), 582–594.

Meston, C. M., & Frohlich, P. F. (2000). The neurobiology of sexual function. *Archives of General Psychiatry, 57,* 1012–1030.

METCALFE, J. (1998). Cognitive optimism: Self-deception or memory-based processing heuristics. *Personality and Social Psychology Review, 2,* 100-110.

MEUWISSEN, I., & OVER, R. (1992). Sexual arousal across phases of the humans menstrual cycle. *Archives of Sexual Behavior, 21,* 101-119.

MICHAEL, R. T., GAGNON, J. H., LAUMANN, E. O., KOLATA, G. (1994). *Sex in America: A definitive survey.* Boston: Little, Brown and Company.

MILES, D. R., & CAREY, G. (1997). Genetic and environmental architecture of human aggression. *Journal of Personality and Social Psychology, 72,* 207-217.

MILGRAM, S. (1963). Behavioral study of obedience. *Journal of Abnormal and Social Psychology, 67,* 371-378.

MILGRAM, S. (1964). Issues in the study of obedience: A reply to Baumrind. *American Psychologist, 19,* 848-852.

MILGRAM, S. (1974). *Obedience to authority: An experimental view.* New York: Harper & Row.

MILLER, G. A. (1956). The magical number seven, plus or minus two: Some limits on our capacity for processing information. *Psychological Review, 63,* 81-97.

MILLER, G. A. (2003). The cognitive revolution: A historical perspective. *Trends in Cognitive Sciences, 7*(3), 141-144.

MILLER, M. E., & BOWERS, K. S. (1993). Hypnotic analgesia: Dissociated experience or dissociated control? *Journal of Abnormal Psychology, 102,* 29-38.

MILLER, S. D., BLACKBURN, T., SCHOLES, G., WHITE, G. L., & MAMALIS, N. (1991). Optical differences in multiple personality disorder: A second look. *Journal of Nervous and Mental Disease, 179,* 132-135.

MILLS, M., & MELHUISH, E. (1974). Recognition of mother's voice in early infancy. *Nature, 252,* 123-124.

MISCHEL, W. (1968). *Personality and assessment.* New York: Wiley.

MISCHEL, W. (1984). Converges and challenges in the search for consistency. *American Psychologist, 39,* 351-364.

MISCHEL, W. (2004). Toward an integrative science of the person (Prefatory Chapter). *Annual Review of Psychology, 55,* 1-22.

MIYAKE, K., CHEN, S., & CAMPOS, J. J. (1985). Infant temperament, mother's mode of interaction and attachment in Japan: An interim report. In I. Bretherton & E. Waters (Eds.), *Growing points of attachment theory and research. Monographs of the Society for Research in Child Development,* 50(1-2 Serial No. 109), 276-297.

THE MOMENT OF TRUTH. (2008). YahooTV. Retrieved August 5, 2008, from http://tv.yahoo.com/the-moment-of-truth/show/42401

MONEY, J., BERLIN, F. S., FALCK, A., & STEIN, M. (1983). *Antiandrogenic and counseling treatment of sex offenders.* Baltimore: Department of Psychiatry, Johns Hopkins University School of Medicine.

MONEY, J., & MATTHEWS, D. (1982). Prenatal exposure to virilizing progestins: An adult follow-up study of 12 women. *Archives of Sexual Behavior, 11*(1), 73-83.

MONEY, J., & NORMAN, B. F. (1987). Gender identity and gender transposition: Longitudinal outcome study of 24 male hermaphrodites assigned as boys. *Journal of Sex and Marriage Therapy, 13,* 75-79.

MOODY, R., & PERRY, P. (1993). *Reunions: Visionary encounters with departed loved ones.* London: Little, Brown and Company.

MOORE, D. W. (2004, December 17). Sweet dreams go with a good night's sleep. *Gallup News Service.*

MOORE, M. (2006, July 14). Farinelli's body disinterred to find secrets of castrati. The Telegraph *The Telegraph.* Retrieved August 4, 2008, from http://www.telegraph.co.uk/news/worldnews/europe/italy/152381 1/Farinelli's-body-disinterred-to-find-secrets-of-castrati.html

MOORE, P. (1985). *Disguised: A true story.* Texas: Word Books.

MORNIG, R., & SHAR, D. (2008, July 18). False confession expert testifies in Ryan Ferguson hearing. *Columbia Missourian.* Retrieved February 16, 2010, from http://www.columbiamissourian.com/stories/2008/07/18/ false-confession-expert-testifies-ryan-ferguson-he/

MORRIS, F. (2007, December 27). Kansas Town's Green Dreams Could Save Its Future. *National Public Radio.* Retrieved from http://www .npr.org/templates/story/story.php?storyId=17643060

MOUCHETANT-ROSTAING, Y., & GIARD, M. H. (2003). Electrophysiological correlates of age and gender perception on human faces. *Journal of Cognitive Neuroscience, 15,* 900-910.

MROCZEK, D. K. (2001). Age and emotion in adulthood. *Current Directions in Psychological Science, 10,* 87-90.

MULLER-OERLINGHAUSEN, B., BERGHOFER, A., & BAUER, M. (2002). Bipolar disorder. *Lancet, 359,* 241-247.

MULROW, C. D. (1999, March). Treatment of depression—newer pharmacotherapies, summary. *Evidence Report/Technology Assessment, 7.* Agency for health care policy and research, Rockville, MD. Retrieved September 23, 2008, from http://www.ahrq.gov/clinic/epcsums/deprsumm.htm

MUNRO, G. D., & DITTO, P. H. (1997). Biased assimilation, attitude polarization, and affect in reactions to stereotype-relevant scientific information. *Personality and Social Psychology Bulletin, 23,* 636-653.

MUNSEY, C. (2007, February). Accentuating the positive—why older people are happier. *Monitor on Psychology, 38*(2), 17.

MURPHY, S. T., MONAHAN, J. L., & ZAJONC, R. B. (1995). Additivity of nonconscious affect: Combined effects of priming and exposure. *Journal of Personality and Social Psychology, 69,* 589-602.

MYERS, D. G. (2000). *The American paradox: Spiritual hunger in an age of plenty.* New Haven: Yale University Press.

NAPOLITAN, D. A., & GOETHALS, G. R. (1979). The attribution of friendliness. *Journal of Experimental Social Psychology, 15,* 105-113.

NASH, M. R. (2001, July) The truth and the hype of hypnosis. *Scientific American,* 47-55.

NATHAN, P. E., & GORMAN, J. M. (2002). Efficacy, effectiveness and the clinical utility of psychotherapy research. In P. E. Nathan and J. M. Gorman (Eds.), *A guide to treatments that work* (2nd ed.). New York: Oxford University Press.

NESTLER, E. J., & MALENKA R. C. (2004). The addicted brain. *Scientific American.* Retrieved July 25, 2008, from http://www.wireheading.com/article/addiction.html

NETTER, S. (2009, June 18). Cloned puppies: A new generation of "Trakrs." *ABCNews.com.* Retrieved December 10, 2009, from http://abcnews .go.com/US/story?id=7871826&page=1

NEUGARTEN, D. A. (Ed.). (1996). *The meanings of age: Selected papers of Bernice L. Neugarten.* Chicago: University of Chicago Press.

NEW ARTICLE CASTS DOUBT ON 'BYSTANDER EFFECT'. (2007, October 1). CNN. Retrieved August 11, 2008, from http://www.cnn.com/2007/HEALTH/ 10/01/genovese.ap/index.html

NEWBERG, A. B., ALAVI, A., BAIME, M., POURDEHNAD, M., SANTANNA, J., & D'AQUILI, E. (2001). The measurement of regional cerebral blood flow during the complex cognitive task of meditation: A preliminary SPECT study. *Psychiatric Research in Neuroimaging, 106,* 113-122.

NEWCOMBE, N. S., DRUMMEY, A. B., FOX, N. A., LIE, E., & OTTINGER-ALBERTS, W. (2000). Remembering early childhood: How much, how, and why (or why not). *Current Directions in Psychological Science, 9,* 55-58.

NEWELL, A., & SIMON, H. A. (1972). *Human problem solving.* Englewood Cliffs, NJ: Prentice-Hall.

NGUYEN, B., & MORRIS, J. (2009, May 4). After tornado, town rebuilds by going green. *CNN.com.* Retrieved February 16, 2010, from http://www .cnn.com/2009/TECH/science/04/29/green.kansas.town/index .html

NICCOLS, G. A. (1994). Fetal alcohol syndrome: Implications for psychologists. *Clinical Psychology Review, 14,* 91-111.

NICKERSON, R. S., & ADAMS, M. J. (1979). Long-term memory for a common object. *Cognitive Psychology, 11,* 287-307.

NISBETT, R. E., & COHEN, D. (1996). *Culture of honor: The psychology of violence in the South.* Boulder, CO: Westview Press.

NISBETT, R. E., & NORENZAYAN, A. (2002). Culture and cognition. In H. Pashler & D. Medin (Eds.), *Steven's handbook of experimental psychology: Vol 2. Memory and cognitive processes* (3rd ed., pp. 561-597). New York: John Wiley & Sons.

THE NOBEL FOUNDATION. (1986). Elie Wiesel. Retrieved October 7, 2008, from http://nobelprize.org/nobel_prizes/peace/laureates/1986/wiesel-bio .html

NOEL, J. G., FORSYTH, D. R., & KELLEY, K. N. (1987). Improving the performance of failing students by overcoming their self-serving attributional biases. *Basic and Applied Social Psychology, 8,* 151-162.

NORCROSS, J. C. (2002). *Psychotherapeutic relationships that work.* New York: Oxford University Press.

O'CONNOR, A. The struggle for Iraq; Psychology: Pressure to go along with abuse is strong, but some soldiers find strength to refuse. (2004, May 14). *The New York Times.* Retrieved August 12, 2008, from

http://query.nytimes.com/gst/fullpage.html?res=9D0CEEDF1F3CF93
7A25756C0A9629C8B63&partner=rssnyt&emc=rss

O'DONNELL, R. (2001). How Rosie O'Donnell beat depression. *ABC News.* Retrieved September 23, 2008, from http://abcnews.go.com/GMA/Depression/Story?id=126783&page=2

OGAS, O. (2006, November 9). Who wants to be a cognitive neuroscientist millionaire? *Seed.* Retrieved October 17, 2008 from http://www.seedmagazine.com/news/2006/11/who_wants_to_be_a_cognitive_ne.php

O'KEEFE, J., & NADEL, L. (1978). *The hippocampus as a cognitive map.* Oxford University Press.

OLFSON, M., MARCUS S. C., & SHAFFER, D. (2006). Antidepressant drug therapy and suicide in severely depressed children and adults. *Archives of General Psychiatry, 63,* 865-872.

OLFSON, M., SHAFFER, D., MARCUS, S. C., & GREENBERG, T. (2003). Relationship between antidepressant medication treatment and suicide in adolescents. *Archives of General Psychiatry, 60,* 978-982.

OLSON, I. R., PLOTZKER, A., & EZZYAT, Y. (2007). The enigmatic temporal pole: A review of findings on social and emotional processing. *Brain: A Journal of Neurology, 130*(7), 1718-1731.

O'NEILL, J., SENIOR, T., & CSICSVARI, J. (2006). Place-selective firing of CA1 pyramidal cells during sharp wave/ripple network patterns in exploratory behavior. *Neuron, 49,* 143-155.

O'RAND, A. M. (2004). Women in science: Career processes and outcomes. *Social Forces, 82*(4), 1669-1671.

OREN, D. A., & TERMAN, M. (1998). Tweaking the human circadian clock with light. *Science, 279,* 333-334.

ORNE, M. T., & EVANS, F. J. (1965). Social control in the psychological experiment: Antisocial behavior and hypnosis. *Journal of Personality and Social Psychology, 95,* 189-200.

ORNE, M. T., & HOLLAND, C. H. (1968). On the ecological validity of laboratory deceptions. *International Journal of Psychiatry, 6,* 282-293.

OUIMETTE, P., HUMPHREYS, K., MOOS, R. H., FINNEY, J. W., CRONKITE, R., & FEDERMAN, B. (2001). Self-help group participation among substance use disorder patients with posttraumatic stress disorder. *Journal of Substance Abuse Treatment, 20,* 25-32.

PACKER, C., & PUSEY, A. E. (1983). Adaptations of female lions to infanticide by incoming males. *The American Naturalist, 121*(5), 716-728.

PADECKY, B. (2008, August 3). Going for the gold. *The Press Democrat.* Retrieved August 4, 2008, from http://www.pressdemocrat.com/article/20080803/NEWS/808030358/1349&title=Going_for_the_gold

PAFFENBARGER, R. S., HYDE, R. T., WING, A. L., LEE, I., JUNG, D. L., & KAMPERT, J. B. (1993, February 25). The association of changes in physical-activity level and other lifestyle characteristics with mortality among men. *New England Journal of Medicine, 328,* 538-545.

PAGE, S. (1977). Effects of the mental illness label in attempts to obtain accommodation. *Canadian Journal of Behavioral Science, 9,* 84-90.

PAIVIO, A. (1986). *Mental representations: A dual coding approach.* New York: Oxford University Press.

PARK, A. (2007, November 1). The science of growing body parts, *Time.* Retrieved February 16, 2010, from http://www.time.com/time/health/article/0,8599,1679115,00.html

PARK, A. (2008). What's driving Dara Torres. *Time.* Retrieved August 4, 2008, from http://www.time.com/time/specials/packages/article/0,28804,1819129_1819134_1825304,00.html

PARK, A. (2008). 7. Shawn Johnson. *Time.* Retrieved August 4, 2008, from http://www.time.com/time/specials/packages/article/0,28804,1819129_1819134_1825314,00.html

PARKER, G., ROY, K., HADZI, P. D., & PEDIC, F. (1992). Psychotic (delusional) depression: A meta-analysis of physical treatments. *Journal of Affective Disorders, 24,* 17-24.

PARKER-POPE, T. (2008, June 5). Summer flip-flops may lead to foot pain. *The New York Times.* Retrieved July 8, 2008, from http://well.blogs.nytimes.com/2008/06/05/summer-flip-flops-may-lead-to-foot-pain/

PARTONEN, T., & LONNQVIST, J. (1998). Seasonal affective disorder. *Lancet, 352*(9137), 1369-1374.

PAULEY, J. (2004). Interview with Matt Lauer. *Today* show. Retrieved September 23, 2008, from http://www.msnbc.msn.com/id/5860105/

PAVLOV, I. P. (1927). *Conditioned reflexes* (G. V. Anrep, Trans.). London: Oxford University Press.

PAYNE, V. G., & ISAACS, L. D. (1987). *Human motor development: A lifespan approach.* Mayfield, CA: Mountainview.

PEDERSEN, N. L., PLOMIN, R., MCLEARN, G. E., & FRIBERG, L. (1988). Neuroticism, extraversion, and related traits in adult twins reared apart and reared together. *Journal of Personality and Social Psychology, 55,* 950-957.

PELPHREY, K. A. (2004). Grasping the intentions of others: The perceived intentionality of an action influences activity in the superior temporal sulcus during social perception. *Journal of Cognitive Neuroscience, 16,* 1706-1716.

PELPHREY, K. A., MORRIS, J. P., MICHELICH, C. R., TRUETT, A., & MCCARTHY, G. (2005). Functional anatomy of biological motion perception in posterior temporal cortex: An fMRI study of eye, mouth and hand movements. *Cerebral Cortex 15*(12), 1866-1876.

PENG, K., & NISBETT, R. E. (1999). Culture, dialectics, and reasoning about contradiction. *American Psychologist, 54,* 741-754.

PENNEBAKER, J. W., BARGER, S. D., & TIEBOUT, J. (1989). Disclosure of traumas and health among Holocaust survivors. *Psychosomatic Medicine, 51*(5), 577-589.

PENNEBAKER, J. W., & O'HEERON, R. C. (1984). Confiding in others and illness rate among spouses of suicide and accidental-death victims. *Journal of Abnormal Psychology, 93*(4), 473-476.

PEPLAU, L. A., GARNETS, L. D., SPALDING, L. R., CONLEY, T. D., & VENIEGAS, R. C. (1998). A critique of Bem's "Exotic Becomes Erotic" theory of sexual orientation. Psychological Review, 105(2), 387-394.

PERKINS, H. W. (1991). Religious commitment, Yuppie values, and well-being in post-collegiate life. *Review of Religious Research, 32,* 244-251.

PERLS, F. (1969). *Gestalt psychotherapy verbatim.* Lafayette, CA: Real People Press.

PESCHEL, E. R., & PESCHEL, R. E. (1987). Medical insights into the castrati in opera. *American Scientist, 75,* 578-583.

PETERS, T. J., & WATERMAN, R. H. (1982). *In search of excellence: Lessons from America's best-run companies.* New York: Harper & Row.

PETERSON, C., & BARRETT, L. C. (1987). Explanatory style and academic performance among university freshmen. *Journal of personality and social psychology.* 53(3), 603-607.

PETERSON, C., SEMMEL, A., VON BAEYER, C., ABRAMSON, L., METALSKY, G. I., & SELIGMAN, M. E. P. (1982). The attributional style questionnaire. *Cognitive Therapy and Research, 6,* 287-300.

PETITTO, L. A., & MARENTETTE, P. F. (1991). Babbling in the manual mode: Evidence for the ontogeny of language. *Science, 251,* 1493-1493.

PETTEGREW, J. W., KESHAVAN, K. S., & MINSHEW, N. J. (1993). 31P nuclear magnetic resonance spectroscopy: Neurodevelopment and schizophrenia. *Schizophrenia Bulletin, 19,* 35-53.

PETTIGREW, T. F., & TROPP, L. R. (2006). A meta-analytic test of intergroup contact theory. *Journal of Personality and Social Psychology, 90,* 751-783.

PETTY, R. E., & CACIOPPO, J. T. (1986). The elaboration likelihood model of persuasion. In L. Berkowitz (Ed.), *Advances in experimental social psychology, 19,* 123-205. New York: Academic Press.

PFUNGST, O. (2000). *Clever Hans: The horse of Mr. von Osten.* In R. H. Wozniak (Ed.). Bristol: Thoemmes Press. (Original work published 1911)

PHELPS, E. A., O'CONNOR, K. J., CUNNINGHAM, W. A., FUNAYAMA, E. S., GATENBY, J. C., GORE, J. C., & BANAJI, M. (2000). Performance on indirect measures of race evaluation predicts amygdala activation. *Journal of Cognitive Neuroscience, 12*(5), 729-738.

PHILLIPS, P. E. M., STUBER, G. D., HEIEN, M. L. A. V., WIGHTMAN, R. M., & CARELLI, R. M. (2003). Subsecond dopamine release promotes cocaine seeking. *Nature, 422*(6932), 614-618.

PIAGET, J. (1932). *The moral judgment of the child.* New York: Harcourt, Brace & World.

PICKAR, D., LABARCA, R., LINNOILA, M., ROY, A., HOMMER, D., EVERETT, D., & PAYL, S. M. (1984). Neuroleptic-induced decrease in plasma homovanillic acid and antipsychotic activity in schizophrenic patients. *Science, 225,* 954-957.

PLOTNIK, J. M., DE WAAL, F. B. M., & REISS, D. (2006). Self-recognition in an Asian elephant. *Proceedings of the National Academy of Sciences of the United States of America, 103*(45), 17053-17057.

PLUTCHIK, R. (1980). *Emotion: A psychoevolutionary synthesis.* New York: Harper & Row.

POLICE: 10 WITNESS RAPE, DO NOTHING. (2007, August 24). CBS News. Retrieved August 11, 2008, from http://www.cbsnews.com/stories/2007/08/24/national/main3200634.shtml?source=RSSattr=U.S._3200634

POPULATION DIVISION OF THE DEPARTMENT OF ECONOMIC AND SOCIAL AFFAIRS OF THE UNITED NATIONS SECRETARIAT, WORLD POPULATION PROSPECTS. (2006). Executive summary.

PORTER, L. W., & LAWLER, E. E. (1968). *Managerial attitudes and performance.* Homewood, IL: Irwin.

POSEGATE, ANN. (2009, May 7). A Greener Greensburg Two Years after Tornado. *The Washington Post.* Retrieved February 16, 2010, from http://voices.washingtonpost.com/capitalweathergang/2009/05/greensburg_goes_green_two_year.html

PRESSMAN, S. D., COHEN, S., MILLER, G. E., BARKIN, A., RABIN, B. S., & TREANOR, J. J. (2005). Loneliness, social network size, and immune response to influenza vaccination in college freshman. *Health Psychology, 24*(3), 297-306.

PRESSON, P. K., & BENASSI, V. A. (1996). Illusion of control: A meta-analytic review. *Journal of Social Behavior and Personality, 11*(3), 493-510.

PRIOR, H., SCHWARZ, A., & GÜNTÜRKÜN, O. (2008). Mirror-induced behavior in the magpie (*Pica pica*): Evidence of self-recognition. *PLoS Biology, 6*(8), e202.

QUINN, P. C., BHATT, R. S., BRUSH, D., GRIMES, A., & SHARPNACK, H. (2002). Development of form similarity as a Gestalt grouping principle in infancy. *Psychological Science, 13,* 320-328.

RABINOWITZ, G. (2008, August 3). Stampede kills 145 at remote Hindu temple in India. Associated Press. Retrieved August 3, 2008, from http://ap.google.com/article/ALeqM5inevs3P871iJOyHbjb9rSrpzJEIAD92B10G8

RAINE, A. (1999). Murderous minds: Can we see the mark of Cain? *Cerebrum: The Dana Forum on Brain Science 1*(1), 15-29.

RAINE, A., LENCZ, T., BIHRLE, S., LaCASSE, L., & COLLETTI, P. (2000). Reduced prefrontal gray matter volume and reduced autonomic activity in antisocial personality disorder. *Archives of General Psychiatry, 57,* 119-127.

RAINVILLE, P., DUNCAN, G. H., PRICE, D. D., CARRIER, B., & BUSHNELL, M. C. (1997). Pain affect encoded in human anterior cingulated but not somatosensory cortex. *Science, 277,* 968-971.

RAMACHANDRAN, V. S. (2000, June). Mirror neurons and imitation learning as the driving force behind "the great leap forward" in human evolution. *Edge,* 69.

RAMON Y CAJAL, S. (1937). *Recollections of my life* (E. Horne-Craigie, Trans.). Philadelphia: American Philosophical Society.

RAUCH, S. L., & JENIKE, M. A. (1993). Neurobiological models of obsessive-compulsive disorder. *Psychomatics, 34,* 20-32.

RAZRAN, G. (1949). Semantic and phonetographic generalizations of salivary conditioning to verbal stimuli. *Journal of Experimental Psychology, 39,* 642-652.

RECANZONE, G. H., JENKINS, W. M., HRADEK, G. T., & MERZENICH, M. M. (1992). Progressive improvement in discriminative abilities in adult owl monkeys performing a tactile frequency discrimination task. *Journal of Neurophysiology, 67*(5), 1015-1030.

RECHTSCHAFFEN, A., & BERGMAN, B. M. (1965). Sleep deprivation in the rat by the disk-over-water method. *Behavioral Brain Research, 69,* 55-63.

REEVES, J. L., REDD, W. H., STORM, F. K., & MINOGAWA, R. V. (1983). Hypnosis in the control of pain during hyperthermia treatment of cancer. In Bonica, J. J., Lindblom, V., & Iago, A., (Eds.) *Advances in pain research and therapy.* New York: Raven.

REICHMAN, J. (1998). *I'm not in the mood: What every woman should know about improving her libido.* New York: Morrow.

REINER, W. G., & GEARHART, J. P. (2004). Discordant sexual identity in some genetic males with cloacal exstrophy assigned to female sex at birth. *New England Journal of Medicine, 350,* 333-341.

REISS A. L., ABRAMS M. T., SINGER H. S., ROSS J. L., & DENCKLA M. B. (1996). Brain development, gender and IQ in children. A volumetric imaging study. *Brain, 119,* 1763-1774.

RICHARDS, B. J. (2008, September 25). Lack of Sleep, Stress, Adrenals, and Obesity. *Wellness Resources.* Retrieved from http://www.wellnessresources.com/weight/articles/lack_of_sleep_stress_adrenals_and_obesity/?source=Email&camp=news092508

RICHESON, J. A., BAIRD, A. A., GORDON, H. L., HEATHERTON, T. F., WYLAND, C. L., TRAWALTER, S., & SHELTON, J. N. (2003). An fMRI investigation of the impact of interracial contact on executive function. *Nature Neuroscience, 6,* 1323-1328.

RICHTER, C. P. (1936). Increased salt appetite in adrenalectomized rats. *American Journal of Physiology, 115,* 155-161.

RICHTER, C. P., & ECKERT, J. F. (1937). Increased calcium appetite of parathyroidectomized rats. *Endocrinology, 21,* 50-54.

RINI, C. K., DUNKEL-SCHETTER, C., WADHWA, P. D., & SANDMAN, C. A. (1999). Psychological adaptation and birth outcomes: The role of personal resources, stress, and sociocultural context in pregnancy. *Health Psychology, 18,* 333-345.

RISSMAN, J., GAZZALEY, A., & D'ESPOSITO, M. (2008). Dynamic adjustments in prefrontal, hippocampal, and inferior temporal interactions with increasing visual working memory load. *Cerebral Cortex, 18*(7), 1618-1629.

ROBINS, L. N., & REGIER, D. A. (1991). *Psychiatric disorders in America: the epidemiologic catchment area study.* New York: The Free Press.

RODIN, J. (1986, September 19). Aging and health: Effects of the sense of control. *Science, 233*(4770), 1271-1276.

ROENNEBERG, T., KUEHNLE, T., PRAMSTALLER, P. P., RICKEN, J., HAVEL, M., GUTH, A., & MERROW, M. (2004). A marker for the end of adolescence. *Current Biology, 14,* R1038-9.

ROGERS, C. R. (1961). *On becoming a person: A therapist's view of psychotherapy.* Boston: Houghton Mifflin.

ROGERS, C. R. (1980). *A way of being.* Boston: Houghton Mifflin.

ROLLINS, B. C., & FELDMAN, H. (1970). Marital satisfaction over the family life cycle. *Journal of Marriage and the Family, 26,* 20-28.

ROSCH, E. (1978). Principles of categorization. In E. Rosch & B. L. Lloyd (Eds.), *Cognition and categorization.* Hillsdale, NJ: Earlbaum.

ROSE, J. S., CHASSIN, L., PRESSON, C. C., & SHERMAN, S. J. (1999). Peer influences on adolescent cigarette smoking: A prospective sibling analysis. *Merrill-Palmer Quarterly, 45,* 62-84.

ROSE, R. L., & WOOD, S. L. (2005). Paradox and the consumption of authenticity through reality television. *Journal of Consumer Research, 32,* 284-296.

ROSE, S., KAMIN, L. J., & LEWONTIN, R. C. (1984). *Not in our genes: Biology, ideology and human nature.* Harmondsworth, UK: Penguin.

ROSEMARY KENNEDY, JFK'S SISTER, DIES AT 86. (2005, January 8). MSNBC. Retrieved August 4, 2008, from http://www.msnbc.msn.com/id/6801152/

ROSEN, W. D., ADAMSON, L. B., & BAKEMAN, R. (1992). An experimental investigation of infant social referencing: Mothers' messages and gender differences. *Developmental Psychology, 28,* 1172-1178.

ROSENBAUM, M. (1986). The repulsion hypothesis: On the nondevelopment of relationships. *Journal of Personality and Social Psychology, 51,* 1156-1166.

ROSENHAN, D. L. (1973). On being sane in insane places. *Science, 179,* 250-258.

ROSENMAN, R. H., BRAND, R. I., JENKINS, C. D., FRIEDMAN, M., STRAUS, R., & WURM, M. (1975). Coronary heart disease in the Western Collaborative Group Study, final follow-up experience of 8½ years. *Journal of the American Medical Association, 233,* 812-817.

ROSENTHAL, R. (1974). *On the social psychology of the self-fulfilling prophecy: Further evidence for Pygmalion effects and their mediating mechanisms.* New York: MSS Modular Publications.

ROSENZWEIG, M. R., BENNETT, E. L., & DIAMOND, M. C. (1972). Brain changes in response to experience. *Scientific American, 226*(2), 22-29.

ROSS, L. (1977). The intuitive psychologist and his shortcomings. In L. Berkowitz (Ed.), *Advances in experimental social psychology.* (Vol. 10, pp. 173-220). New York: Academic Press.

ROSS, L., GREENE, D., & HOUSE, P. (1977). The false consensus effect: An egocentric bias in social perception and attribution processes. *Journal of Experimental Social Psychology, 13,* 279-301.

ROSS, L., LEPPER, M. R., & HUBBARD, M. (1975). Perseverance in self-perception and social perception: Biased attributional process in the debriefing paradigm. *Journal of Personality and Social Psychology, 32,* 880-892.

ROTHBART, M., FULERO, S., JENSEN, C., HOWARD, J., & BIRRELL, P. (1978). From individual to group impressions: Availability heuristics in stereotype formation. *Journal of Experimental Social Psychology, 14,* 237-255.

ROTTER, J. B. (1954). *Social learning and clinical psychology.* Englewood Cliffs, NJ: Prentice-Hall.

ROTTER, J. B. (1966). Generalized expectancies for internal versus external control of reinforcement. *Psychological Monographs, 80*(Whole No. 609).

ROWE, D. C., ALMEIDA, D. M., & JACOBSON, K. C. (1999). School context and genetic influences on aggression in adolescence. *Psychological Science, 10,* 277-280.

RUBIN, P. (1999, July 1). Wake-up Call. *Phoenix New Times.* Retrieved February 16, 2010, from http://www.phoenixnewtimes.com/1999-07-01/news/wake-up-call/1.

RUBY, P., & DECETY, J. (2001). Effect of subjective perspective taking during simulation of action: a PET investigation of agency. *Nature Neuroscience, 4*(5), 546-550.

RYAN, H. (2004, June 10). Dread of fatherhood could be Peterson's motive, witnesses suggest. *CNN*. Retrieved August 20, 2008, from http://www .cnn.com/2004/LAW/06/10/peterson.case/index.html

SAAD, L. (2001, December 17). Americans' mood: Has Sept. 11 made a difference? *Gallup Poll News Service*.

SACHDEV, P., & SACHDEV, J. (1997). Sixty years of psychosurgery: Its present status and its future. *Australian and New Zealand Journal of Psychiatry, 31*, 457-464.

SADKER, D. (2000). Gender equity: Still knocking at the classroom door. *Equity & Excellence in Education, 33*(1), 80-83.

SAKURAI, T., AMEMIYA, A., ISHII, M., MATSUZAKI, I., CHEMELLI, R. M., TANAKA, H., WILLIAMS, S. C., RICHARDSON, J. A., KOZLOWSKI, G. P., WILSON, S., ARCH, J. R. S., BUCKINGHAM, R. C., HAYNES, A. C., CARR, S. A., ANNAN, R. S., MCNULTY, D. E., LIU, W. S., TERRETT, J. A., ELSHOURBAGY, N. A., BERGSMA, D. J., & YANAGISAWA, M. (1998). Orexins and orexin receptors: a family of hypothalamic neuropeptides and G-protein coupled receptors that regulate feeding behaviour. *Cell, 92*, 573-585.

SALLEH, A. (2003, August 18). Brain shrinkage: Early sign of schizophrenia? *ABC Science Online*. Retrieved September 8, 2008, from http://www .abc.net.au/science/news/stories/s925547.htm

SALZINGER, S., NG-MAK, D. S., FELDMAN, R. S., KAM, C. M., & ROSARIO, M. (2006). Exposure to community violence: Processes that increase the risk for inner-city middle-school children. *Journal of Early Adolescence, 26*, 232-266.

SANFORD, A. J., FRAY, N., STEWART, A., & MOXLEY, L. (2002). Perspective in statements of quality, with implications for consumer psychology. *Psychological Science, 13*, 130-134.

SANTELLI, J., DUBERSTEIN LINDBERG, L., FINER, L. B., SINGH, S. (2007). Explaining recent declines in adolescent pregnancy in the United States: The contribution of abstinence and improved contraceptive use. *American Journal of Public Health, 97*(10), 150-156.

SARBIN, T. R., & COE, W. C. (1972). *Hypnosis: A social psychological analysis of influence communication*. New York: Holt, Rinehart & Winston.

SAVIC, I., BERGLUND, H., & LINDSTRÖM, P. (2005). Brain response to putative pheromones in homosexual men. *Proceedings of the National Academy of Sciences of the United States of America, 102*(20), 7356-7361.

SAYKIN, J. A., GUR, R. C., GUR, R. E., ET AL. (1991). Neuropsychological function in schizophrenia: Selective impairment in memory and learning. *Archives of General Psychiatry, 48*, 618-624.

SCHACTER, D. L. (1996). *Searching for memory: The brain, the mind, and the past*. New York: Basic Books.

SCHACTER, D. L. (1999). The seven sins of memory: Insights from psychology and cognitive neuroscience. *American Psychologist, 54*, 182-201.

SCHANBERG, S., & FIELD, T. (1988). Maternal deprivation and supplemental stimulation. In T. Field, P. McCabe, & N. Schneiderman (Eds.), *Stress and Coping Across Development*. Hillsdale, NJ: Erlbaum.

SCHACHTER, S., & SINGER, J. E. (1962). Cognitive, social, and physiological determinants of emotional state. *Psychological Review, 69*, 379-399.

SCHEIER, M. F., & CARVER, C. S. (1985). Optimism, coping, and health: Assessment and implications of generalized outcome expectancies. *Health Psychology, 4*, 219-247.

SCHEIER, M. F., & CARVER, C. S. (1992). Effects of optimism on psychological and physical well-being: Theoretical overview and empirical update. *Cognitive Therapy and Research, 16*(2), 201-228.

SCHNEIDER INSTITUTE FOR HEALTH POLICY, BRANDEIS UNIVERSITY. (2001). Substance abuse: The nation's number one health problem. Princeton: Robert Wood Johnson Foundation. Retrieved August 1, 2008, from http://www.rwjf .org/files/publications/other/SubstanceAbuseChartbook.pdf

SCHONFIELD, D., & ROBERTSON, B. A. (1966). Memory storage and aging. *Canadian Journal of Psychology, 20*, 228-236.

SCHWARTZ, P. (1994, November 17). Some people with multiple roles are blessedly stressed. *The New York Times*.

THE SCIENCE OF SLEEP. (n.d.). BBC. Retrieved August 4, 2008, from http://www .bbc.co.uk/science/humanbody/sleep/articles/whatissleep.shtml

SCOTT, E. Cortisol and stress: How to stay healthy. *About.com Guide*. Retrieved from http://stress.about.com/od/stresshealth/a/cortisol.htm

SEEMAN, P., GUAN, H-C., & VAN TOL, H. H. M. (1993). Dopamine D4 receptors elevated in schizophrenia. *Nature, 365*, 441-445.

SEI, H., SAITOH, D., YAMAMOTO, K., MORITA, K., & MORITA, Y. (2000). Differential effect of short-term REM sleep deprivation on NGF and BDNF protein levels in the rat brain. *Brain Research, 877*(2), 387-390.

SEKIYAMA, K., MIYAUCHI, S., IMARUOKA, T., EGUSA, H., & TASHIRO, T. (2000). Body image as a visuomotor transformation device revealed in adaptation to reversed vision, *Nature, 407*, 374-377.

SELIGMAN, M. E. P. (1971). Phobias and preparedness. *Behavior Therapy, 2*, 307-320.

SELIGMAN, M. E. P. (1991). *Learned optimism*. New York: Knopf.

SELIGMAN, M. E. P. (1995). The effectiveness of psychotherapy: The *Consumer Reports* study. *American Psychologist, 50*, 965-974.

SELIGMAN, M. E. P. (2002). *Authentic happiness: Using the new positive psychology to realize your potential for lasting fulfillment*. New York: Free Press.

SELIGMAN, M. E. P., & MAIER, S. F. (1967). Failure to escape traumatic shock. *Journal of Experimental Psychology, 74*, 1-9.

SELIGMAN, M. E. P., & YELLEN, A. (1987). What is a dream? *Behavior Research and Therapy, 25*, 1-24.

SELINKER, L., & BAUMGARTNER-COHEN, B. (1995). Multiple Language Acquisition: 'Damn It, Why Can't I Keep These Two Languages Apart? *Language, Culture and Curriculum, 8*(2), 115-121.

SEMIN, G. R., & MANSTEAD, A. S. R. (1982). The social implications of embarrassment displays and restitution behavior. *European Journal of Social Psychology, 12*, 367-377.

SHADISH, W. R., MATT, G. E., NAVARRO, A. M., & PHILLIPS, G. (2000). The effects of psychological therapies under clinically representative conditions: A meta-analysis. *Psychological Bulletin, 126*, 512-529.

SHAPIRO, F. (1989). Efficacy of the eye movement desensitization procedure in the treatment of traumatic memories. *Journal of Traumatic Stress, 2*, 199-223.

SHAPIRO, F. (2002). *EMDR as an integrative psychotherapy approach: Experts of diverse orientations explore the paradigm prism*. Washington, DC: APA Books.

SHEEHY, GAIL. (1972, January 10). The secret of Grey Gardens. *New York Magazine*. Retrieved from http://nymag.com/news/features/56102/

SHERGILL, S. S., BRAMMER, M. J., WILLIAMS, S. C. R., MURRAY, R. M., & MCGUIRE, P. K. (2000). Mapping auditory hallucinations in schizophrenia using functional magnetic resonance imaging. *Archives of General Psychiatry, 57*, 1033-1038.

SHERRY, D., & VACCARINO, A. L. (1989). Hippocampus and memory for food caches in black-capped chickadees. *Behavioral Neuroscience, 103*, 308-318.

SHETTY WINS CELEBRITY BIG BROTHER. (2007, January 29). BBC News. Retrieved August 11, 2008, from http://news.bbc.co.uk/2/hi/entertainment/ 6308443.stm

SHIELDS, B. (2005). *Down came the rain: My journey through post-partum depression*. New York: Christa Incorporated.

SIEGEL, J. M. (1990, June). Stressful life events and use of physician services among the elderly: The moderating role of pet ownership. *Journal of Personality and Social Psychology, 58*(6), 1081-1086.

SIEGEL, S., HINSON, R. E., KRANK, M. D, & MCCULLY, J. (1982, April 23). Heroin "overdose" death: Contribution of drug-associated environmental cues. *Science, 216*(4544), 436-437.

SILVA, C. E., & KIRSCH, I. (1992). Interpretive sets, expectancy, fantasy proneness, and dissociation as predictors of hypnotic response. *Journal of Personality and Social Psychology, 63*, 847-856.

SIMEK, T. C., & O'BRIEN, R. M. (1981). *Total golf: A behavioral approach to lowering your score and getting more out of your game*. New York, NY: Doubleday.

SIMEK, T. C., & O'BRIEN, R. M. (1988). A chaining-mastery discrimination training program to teach Little Leaguers to hit a baseball. *Human Performance, 1*, 73-84.

SIMONS, D. J., & LEVIN, D. T. (1998). Failure to detect changes to people during a real-world interaction. *Psychonomic Bulletin and Review, 5*, 644-649.

SINGER, E. (2007, November 27). Prosthetic limbs that can feel. *Technology Review*. Retrieved November 16, 2009, from http://www .technologyreview.com/biomedicine/19759/

SINGER, E. (2009, February 10). Patients test an advanced prosthetic arm. *Technology Review*. Retrieved February 5, 2010, from http://www .technologyreview.com/blog/editors/22730.

SKINNER, B. F. (1948). *Science and human behavior*. New York: Macmillan.

SKINNER, B. F. (1957). *Verbal behavior*. Englewood Cliffs, NJ: Prentice Hall.

SKLAR, L. S., & ANISMAN, H. (1981). Stress and cancer. *Psychological Bulletin, 89*, 396-406.

Skre, I., Onstad, S., Torgersen, S., Lygren, S., & Kringlen, E. (1993). A twin study of DSM-III-R anxiety disorders. *Acta Psychiatrica Scandinavica, 88*, 85-92

Slater, A., Morison, V., & Somers, M. (1988). Orientation discrimination and cortical function in the human newborn. *Perception, 17*, 597-602.

Sloane, R. B., Staples, F. R., Cristol, A. H., Yorkson, N. J., & Whipple, K. (1975). *Psychotherapy versus behavior therapy.* Cambridge, MA: Harvard University Press.

Smith, D. R., Charles D. (2007, April 25). Magnetic Resonance Imaging May Predict Alzheimer's Disease. *Scitizen.* Retrieved February 16, 2010, from http://www.scitizen.com/stories/Neuroscience/2007/04/Magnetic-Resonance-Imaging-May-Predict-Alzheimer-s-Disease

Smith, M. L., Glass, G. V., & Miller, R. L. (1980). *The benefits of psychotherapy.* Baltimore: Johns Hopkins Press.

Snyder C. R., Sympson S. C., Ybasco F. C., Borders, T. F., Babyak, M. A., & Higgins, R. L. (1996). Development and validation of the State Hope Scale. *Journal of Personality and Social Psychology 70*, 321-335.

Snyder, M. (1984). When beliefs create reality. In L. Berkowitz (Ed.), *Advances in experimental social psychology* (Vol. 18, pp. 247-305). New York: Academic Press.

Snyder, M., & Swann, W. B. (1978). Hypothesis-testing processes in social interaction. *Journal of Personality and Social Psychology, 36*, 1202-1212.

So, K. T., & Orme-Johnson, D. W. (2001). Three randomized experiments of the longitudinal effects of the Transcendental Meditation technique on cognition. *Intelligence, 29*(5), 419-440.

Solomon, D. A., Keitner, G. I., Miller, I. W., Shea, M. T., & Keller, M. B. (1995). Course of illness and maintenance treatments for patients with bipolar disorder. *Joural of Clinical Psychiatry, 56*, 5-13.

Solomon, J. (1996, May 20). Breaking the silence. *Newsweek,* pp. 20-22.

Sperling, G. (1960). The information available in brief visual presentations. *Psychological Monographs, 74*, 1-29.

Spiegel, K., Leproul, R., & Van Cauter, E. (1999). Impact of sleep debt on metabolic and endocrine function. *Lancet, 345*, 1435-1439.

Stallman, J. (2008, July 27). Lab ready for sex tests for female athletes. *The New York Times: Rings.* Retrieved September 2, 2008, from http://olympics.blogs.nytimes.com/2008/07/27/lab-ready-for-sex-tests-for-female-athletes/

Stanford University Center for Narcolepsy. (2002). Narcolepsy is a serious medical disorder and a key to understanding other sleep disorders. Retrieved October 7, 2008, from http://www.med.stanford.edu/school/Psychiatry/narcolepsy

Statistics Canada. (2003). Victims and persons accused of homicide, by age and sex. Table 253-0003. Retrieved September 2, 2008, from http://www40.statcan.ca/l01/cst01/legal10a.htm

Steele, C. M., & Aronson, J. (1995). Stereotype threat and the intellectual test performance of African-Americans. *Journal of Personality and Social Psychology, 69*, 797-811.

Stein, E. (1999). *The mismeasure of desire: Science, theory, and the ethics of sexual orientation.* New York: Oxford University Press.

Stephanopoulos, G. (1999). *All too human: A political education.* New York: Little Brown.

Sternberg, R. J. (1985). *Beyond IQ: A triarchic theory of human intelligence.* New York: Cambridge University Press.

Sternberg, R. J., & Kaufman, J. C. (1998). Human abilities. *Annual Review of Psychology, 49*, 479-502.

Stetter, F., & Kupper, S. (2002). Autogenic training: A meta-analysis of clinical outcome studies. *Applied Psychophysiology and Biofeedback, 27*, 45-98.

Stickgold, R. (2005). Sleep-dependent memory consolidation. *Nature, 437*, 1272-1278.

Stickgold, R., Hobson, J. A., Fosse, R., & Fosse, M. (2001, November 2). Sleep, learning, and dreams: Off-line memory reprocessing. *Science, 294*(5544), 1052-1057.

Stith, S. M., Rosen, K. H., Middleton, K. A., Busch, A. L., Lundeberg, K., & Carlton, R. P. (2000). The intergenerational transmission of spouse abuse: A meta-analysis. *Journal of Marriage and the Family, 62*, 640-654.

Stone, A. A., & Neale, J. M. (1984). Effects of severe daily events on mood. *Journal of Personality and Social Psychology, 46*, 137-144.

St. Onge, J. R., & Floresco, S. B. (2008, July 30). Dopaminergic modulation of risk-based decision making. *Neuropsychopharmacology.* [Epub ahead of print]

Strack, F., Martin, L., & Stepper, S. (1988). Inhibiting and facilitating conditions of the human smile: a nonobtrusive test of the facial feedback hypothesis. *Journal of Personality and Social Psychology, 54*, 768-777.

Strathearn, L., Li, J., Fonagy, P., & Montague, P. R. (2008, July). What's in a smile? Maternal brain responses to infant facial cues. *Pediatrics, 122*, 40-51.

Strayer, D. L., & Johnston, W. A. (2001). Driven to distraction: Dual-task studies of simulated driving and conversing on a cellular telephone. *Psychological Science, 12*, 462-466.

Streissguth, A. P., Aase, J. M., Clarren, S. K., Randels, S. P., LaDue, R. A., & Smith, D. F. (1991). Fetal alcohol syndrome in adolescents and adults. *Journal of the American Medical Association, 265*, 1961-1967.

Strupp, H. H. (1986). Psychotherapy: Research, practice, and public policy (How to avoid dead ends). *American Psychologist, 41*, 120-130.

Sullivan, H. S. (2008). In Encyclopædia Britannica Online. Retrieved August 21, 2008, from http://www.search.eb.com/eb/article-9070262

Sullivan, P. F., Neale, M. C., & Kendler, K. S. (2000). Genetic epidemiology of major depression: Review and meta-analysis. *American Journal of Psychiatry, 157*, 1552-1562.

Swerdlow, N. R., & Koob, G. F. (1987). Dopamine, schizophrenia, mania, and depression: Toward a unified hypothesis of cortico-statio-pallido-thalamic function (with commentary). *Behavioral and Brain Sciences, 10*, 197-246.

Szabadi, E. (2006). Drugs for sleep disorders: Mechanisms and therapeutic prospects. *British Journal of Clinical Pharamacology, 61*(6), 761-766.

Szasz, T. (1960). The myth of mental illness. *American Psychologist, 15*, 113-118.

Szatmari, P., Offord, D. R., & Boyle, M. H. (1989). Ontario child health study: Prevalence of attention deficit disorder with hyperactivity. *Journal of Child Psychology and Psychiatry, 30*(2), 219-223.

Taheri, S. (2004). The genetics of sleep disorders. *Minerva Medica, 95*, 203-212.

Tajfel, H. (Ed.). (1982). Social identity and intergroup relations. New York: Cambridge University Press.

Tamres, L. K., Janicki, D., & Helgeson, V. S. (2002). Sex differences in coping behavior: A meta-analytic review and an examination of relative coping. Personality and Social Psychology Review, 6(1), 2-30.

Tangney, J. P. (1999). The self-conscious emotions: Shame, guilt, embarrassment and pride. In T. Dalgleish & M. J. Power (Eds.), *Handbook of cognition and emotion* (pp. 541-568). Chichester, England: John Wiley & Sons.

Tannen, D. (1990). *You just don't understand: Women and men in conversation.* New York: William Morrow.

Taubes, G. (1994). Will new dopamine receptors offer a key to schizophrenia? *Science, 265*, 1034-1035.

Taylor, S. E. (2002). *The tending instinct: Women, men, and the biology of our relationships.* New York: Holt.

Templeton, S. (2004, November 14). Women really are hot for chocolate. *The Sunday Times.* Retrieved August 4, 2008, from http://www.timesonline.co.uk/tol/news/uk/article391029.ece

Thayer, R. E. (1978, March). Toward a psychological theory of multidimensional activation (arousal). *Motivation and Emotion, 2*(1), 1-34.

Thompson, Paul M., Hayashi, Kiralee M., De Zubicaray, Greig, Janke, Andrew L., Rose, Stephen E., Semple, James, Herman, David, Hong, Michael S., Dittmer, Stephanie S., Doddrell, David M., & Toga, Arthur W. (2003). Dynamics of Gray Matter Loss in Alzheimer's Disease. *The Journal of Neuroscience, 23*(3), 994.

Thorndike, E. L. (1898). Animal intelligence. *Psychological Review Monograph, 2*(4, Whole No. 8).

Tinbergen, N. (1951). *The study of instinct.* Oxford: Clarendon.

Tolman, E. C., & Honzik, C. H. (1930). Introduction and removal of reward, and maze learning in rats. *University of California Publications in Psychology, 4*, 257-275.

Torgersen, S., Kringlen, E., & Cramer, V. (2001). The prevalence of personality disorders in a community sample. *Archives of General Psychiatry, 58*, 590-596.

Torrey, E. F. (1986). *Witchdoctors and psychiatrists.* New York: Harper & Row.

Transgender Experience Led Stanford Scientist to Critique Gender Difference. (2006, July 14). *ScienceDaily.* Retrieved August 26, 2008, from http://www.science daily.com/releases/2006/07/060714174545.htm

참고문헌

TREISMAN, A. (1987). Properties, parts, and objects. In K. R. Boff, L. Kaufman, & J. P. Thomas (Eds.), *Handbook of perception and human performance.* New York: Wiley.

TREISMAN, A. M., & GELADE, G. (1980). A feature-interpretation theory of attention. *Cognitive Psychology, 12,* 97-136.

TRESNIOWSKI, A., & ARIAS, R. (2006, July 14). The boy who sees with sound. *People.* Retrieved July 10, 2008, from http://www.people.com/people/article/0,26334,1212568,00.html

TRIVERS, R. L. (1971). The evolution of reciprocal altruism. *Quarterly Review of Biology, 46,* 35-57.

TRIVERS, R. L. (1972). Parental investment and sexual selection. In B. Campbell (Ed.) *Sexual selection and the descent of man.* New York: Aldine de Gruyter.

TRUT, L. N. (1999). Early canid domestication: The farm-fox experiment. *New Scientist, 87,* 160-169.

TRYON, R. C. (1940). Studies in individual differences in maze ability VII: The specific components of maze ability and a general theory of psychological components. *Journal of Comparative Psychology, 30,* 283-338.

TSIEN, J. Z. (2000, April). Building a brainier mouse. *Scientific American,* 62-68.

TURNER, W. J. (1995). Homosexuality, type 1: An Xq28 phenomenon. *Archives of Sexual Behavior, 24*(2), 109-134.

TUULIO-HENRIKSSON, A., PARTONEN, T., SUVISAARI, J., HAUKKA, J., & LÖNNQVIST, J. (2004). Age at onset and cognitive functioning in schizophrenia. *The British Journal of Psychiatry, 185,* 215-219.

TVERSKY, A., & KAHNEMAN, D. (1980). Causal schemata in judgments under uncertainty. In M. Fishbein (Ed.), *Progress in social psychology,* Vol. 1, Hillsdale, NJ, Erlbaum, 49-72.

TWENGE, J. M., BAUMEISTER, R. F., Tice, D. M., & STUCKE, T. S. (2001). If you can't join them, beat them: Effects of social exclusion on aggressive behavior. *Journal of Personality and Social Psychology, 81,* 1058-1069.

TWENGE, J. M., CATANESE, K. R., & BAUMEISTER, R. F. (2002). Social exclusion causes selfdefeating behavior. *Journal of Personality and Social Psychology, 83,* 606-615.

UNAIDS. (2008). Report on the global AIDS epidemic: Executive summary. Retrieved September 25, 2008, from http://data.unaids.org/pub/GlobalReport/2008/JC 1511_GR08_ExecutiveSummary_en.pdf

UNDERWOOD, B. (2008). About ben. Retrieved July 10, 2008, from http://www.benunderwood.com/aboutme.html

UNITED NATIONS STATISTICS DIVISION. (2005). World and regional trends. Millennium Indicators Database. Retrieved September 2, 2008, from http://millenniumindicators.un. org/unsd/mdg/

UNITED STATES CENSUS BUREAU, INTERNATIONAL PROGRAMS. Notes on the World POPClock and World Vital Events. Retrieved February 16, 2010, from http://www.census.gov/ipc/www/popwnote.html.

UNITED STATES OLYMPIC COMMITTEE. (2008). Julie Ertel. Retrieved August 4, 2008, from http://www.usatriathlon.org/athlete/athlete/990

USGS EARTHQUAKE HAZARDS PROGRAM. Earthquake Summary. Retrieved January 27, 2010, from http://earthquake.usgs.gov/earthquakes/recenteqsww/Quakes/us2010rja6.php#summary.

VALENSTEIN, E. (1998). *Blaming the brain: The truth about drugs and mental health.* New York: The Free Press.

VAN DE CASTLE, R. (1994). *Our dreaming mind.* New York: Ballantine Books.

VAN ENGEN, M. L., & WILLEMSEN, T. M. (2004). Sex and leadership styles: A meta-analysis of research published in the 1990s. *Psychological Reports, 94*(1), 3-18.

VEMER, E., COLEMAN, M., GANANG, L. H., & COOPER, H. (1989). Marital satisfaction in remarriage: A meta-analysis. *Journal of Marriage and the Family, 51,* 713-725.

VITALY, C. (2007, November 14). New Findings on Farinelli, the Famed Castrato. MusicalAmerica.com. Retrieved August 25, 2008, from http://www.comune.bologna.it/iperbole/farinelli/inglese/testi/riesumazione_del_farinelli-news-ingl.htm

VOGELEY, K., BUSSFELD, P., NEWEN, A., HERRMANN, S., HAPPE, F., FALKAI, P., MAIER, W., SHAH, N. J., FINK, G. R., & ZILLES, K. (2001). Mind reading: Neural mechanisms of theory of mind and self-perspective. *Neuroimage, 14,* 170-181.

VOGT, B. A., NIMCHINSKY, E. A., VOGT, L. J., & HOF, P. R. (1995). Human cingulate cortex: Surface features, flat maps, and cytoarchitecture. *Journal of Comparative Neurology, 359*(3), 490-506.

VOKEY, J. R., & READ, J. D. (1985). Subliminal messages: Between the devil and the media. *American Psychologist, 40,* 1231-1239.

VOLTERRA, A., & STEINHÄUSER, C. (2004). Glial modulation of synaptic transmission in the hippocampus. *Glia 47*(3), 249-57.

VON DER HEYDT, R., PETERHANS, E., & BAUMGARTNER, G. (1984). Illusory contours and cortical neuron responses. *Science, 224,* 1260-1262.

VON SENDEN, M. (1932/1960). *Space and sight: The perception of space and shape in the congenitally blind before and after operation* (P. Heath, Trans.). Glencoe, IL: Free Press.

VROOM, V. H. (1964). *Work and motivation.* New York: Wiley

VYAZOVSKIY, V. V., CIRELLI, C., PFISTER-GENSKOW, M., FARAGUNA, U., & TONONI G. (2008). Molecular and electrophysiological evidence for net synaptic potentiation in wake and depression in sleep. *Nature Neuroscience, 11*(2), 200-208.

VYGOTSKY, L. (1978). The role of play in development. In M. Cole (Trans.) *Mind in society.* Cambridge, MA: Harvard University Press.

VYSE, S. (2005). The outer limits of belief. *Science, 310,* 1280-1281.

WADE, N. (2006, March 30). Scans show different growth for intelligent brains. *The New York Times.* Retrieved August 29, 2008, from http://www.nytimes.com/2006/03/30/science/30brain.html

WAHLSTEN, D. (1997). The malleability of intelligence is not constrained by heritability. In B. Devlin, S. E. Fienberg, & K. Roeder, *Intelligence, genes, and success: Scientists respond to the bell curve* (pp. 71-87). New York: Springer.

WALKER, J. (2004). The death of David Reimer: A tale of sex, science, and abuse. *Reason Online.* Retrieved September 2, 2008, from http://reason.com/links/links 052404.shtml

WALLACE, R. K., & BENSON, H. (1972). The physiology of meditation. *Scientific American, 226*(2), 84-90.

WALLACH, M. A., & WALLACH, L. (1983). *Psychology's sanction for selfishness: The error of egoism in theory and therapy.* New York: W. H. Freeman and Company.

WALLIS, C. (1996, March 25). The most intimate bond. *Time.* Retrieved August 11, 2008, from http://www.time.com

WALUM, H., WESTBERG, L., HENNINGSSON, S., NEIDERHISER, J. M., REISS, D., IGL, W., GANIBAN, J. M., SPOTTS, E. L., PEDERSON, N. L., ERIKSSON, E., & LICHTENSTEIN, P. (2008). Genetic variation in the vasopressin receptor 1a gene (AVPR1A) associates with pair-bonding behavior in humans. *Proceedings of the National Academy of Sciences, 105,* 37, 14153-14156.

WAMPOLD, B. E. (2001). *The great psychology debate: Models, methods, and findings.* Mahwah, NJ: Erlbaum.

WANG, C., & CHEN, W. (2000). The efficacy of behavior therapy in 9 patients with phobia. *Chinese Mental Health Journal, 14,* 351-352.

WATSON, J. B., & RAYNER, R. (1920). Conditioned emotional reactions. *Journal of Experimental Psychology, 3,* 1-14.

WATSON, J. S., & RAMEY, C. T. (1972). Reactions to response-contingent stimulation in early infancy. *Merrill-Palmer Quarterly, 18,* 219-227.

WAYMENT, H. A., & PEPLAU, L. A. (1995). Social support and well-being among lesbian and heterosexual women: A structural modeling approach. *Personality and Social Psychology Bulletin, 21,* 1189-1199.

WEATHERS, H. (2006, December 31). Abigail and Brittany Hensel: An extraordinary bond. *Mail Online.* Retrieved August 11, 2008, from http://www.dailymail.co.uk

WEBB, W. B., & CAMPBELL, S. S. (1983, October). Relationships in sleep characteristics of identical and fraternal twins. *Archives of General Psychiatry, 40*(10), 1093-1095.

WECHSLER, D. (1975). *The collected papers of David Wechsler.* New York: Academic Press.

WEHR, T. A., SACK, D. A., ROSENTHAL, N. E., COWDRY, R. W. (1988). Rapid cycling affective disorder: Contributing factors and treatment responses in 51 patients. *American Journal of Psychiatry, 145*(2), 179-184.

WEISBERG, R. W. (1994). Genius and madness? A quasi-experimental test of the hypothesis that manic-depression increases creativity. *Psychological Science, 5,* 361-367.

WEISSMAN, M. M. (1999). Interpersonal psychotherapy and the health care scene. In D. S. Janowsky (Ed.), *Psychotherapy indications and outcomes.* Washington, DC: American Psychiatric Press.

참고문헌

WEISSMAN, M. M., & OLFSON, M. (1995). Depression in women: Implications for health care research. Science, 269, 799-801.

WELLMAN, H. M., & GELMAN, S. A. (1992). Cognitive development: Foundational theories of core domains. Annual Review of Psychology, 43, 337-375.

WESTEN, D. (1998). Unconscious thought, feeling and motivation: The end of a century-long debate. In R. F. Bornstein & J. M. Masling (Eds.), Empirical perspectives on the psychoanalytic unconscious (pp. 1-43). Washington, DC: American Psychological Association.

WHITE, H. R., BRICK, J., & HANSELL, S. (1993). A longitudinal investigation of alcohol use and aggression in adolescence. Journal of Studies on Alcohol, Supplement no. 11, 62-77.

WHORF, B. L. (1956). Science and linguistics. In J. B. Carroll (Ed.). Language, thought, and reality: Selected writings of Benjamin Lee Whorf. Cambridge, MA: MIT Press.

WIENS, A. N., & MENUSTIK, C. E. (1983). Treatment outcomes and patient characteristics in an aversion therapy program for alcoholism. American Psychologist, 38, 1089-1096.

WIGMORE, B. (2008, May 8). The woman who can't forget ANYTHING: Widow has ability—and curse—to perfectly remember every single day of her life. The Daily Mail. Retrieved February 16, 2010, from http://www.dailymail.co.uk/news/article-564948/The-woman-forget-ANYTHING-Widow-ability–curse–perfectly-remember-single-day-life.html

WILDER, D. A. (1981). Perceiving persons as a group: Categorization and intergroup relations. In D. L. Hamilton (Ed.), Cognitive processes in stereotyping and intergroup behavior. Hillsdale, NJ: Erlbaum.

WILLIAMS, J. E., PATON, C. C., SIEGLER, I. C., EIGENBRODT, M. L., NIETO, F. J., & TYROLER, H. A. (2000). Anger proneness predicts coronary heart disease risk: Prospective analysis from the atherosclerosis risk in communities (ARIC) study. Circulation, 101, 2034.

WILLIAMS, K. D., CHEUNG, C. K. T., & CHOI, W. (2000). Cyberostracism: Effects of being ignored over the Internet. Journal of Personality and Social Psychology, 79(5), 748-762.

WILLING, R. (2003, November 3). Terrorism lends urgency to hunt for better lie detector. USA Today. Retrieved August 5, 2008, from http://www.usatoday.com/tech/news/techpolicy/2003-11-04-lie-detect-tech_x.htm

WILSON, R. S. (1979). Analysis of longitudinal twin data: Basic model and applications to physical growth measures. Acta Geneticae medicae et Gemellologiae, 28, 93-105.

WILSON, T. D. (2002). Strangers to ourselves: Discovering the adaptive unconscious. Cambridge: Harvard University Press.

WISE, R. A. (1978). Catecholamine theories of reward: A critical review. Brain Research 152, 215-247.

WITTGENSTEIN, L. (1953). Philosophical investigations. Oxford: Blackwell.

WOLFF, E. (2007, September 23). Dual lives of twins separated at birth. New York Post. Retrieved August 11, 2008, from http://www.nypost.com/seven/09232007/news/regionalnews/dual_lives_of_twins_separated_.htm?page=0

WOLPE, J. (1958). Psychotherapy by reciprocal inhibition. Stanford, CA: Stanford University Press.

WOLPE, J., & PLAUD, J. J. (1997). Pavlov's contributions to behavior therapy: The obvious and the not so obvious. American Psychologist, 52, 966-972.

WOOD, W. (1987). Meta-analytic review of sex differences in group performance. Psychological Bulletin, 102, 53-71.

WOOD, W., & EAGLY, A. H. (2002). A cross-cultural analysis of the behavior of women and men: Implications for the origins of sex differences. Psychological Bulletin, 128(5), 699-727.

WORLD HEALTH ORGANIZATION. (2004). The World Health Report 2004: Changing History, Annex Table 3: Burden of disease in DALYs by cause, sex, and mortality stratum in WHO regions, estimates for 2002. Geneva: Author.

WORLDOMETERS. (2010, February). Current World Population. Retrieved from http://www.worldometers.info/population/.

WRIGHT, L. (1997). Twins: And what they tell us about who we are. New York: John Wiley and Sons.

WRZESNIEWSKI, A., MCCAULEY, C. R., ROZIN, P., & SCHWARTZ, B. (1997). Jobs, careers, and callings: People's relations to their work. Journal of Research in Personality, 31, 21-33.

WYNN, K. (1992). Addition and subtraction by human infants. Nature, 358, 749-759.

WYNN, K. (2000). Findings of addition and subtraction in infants are robust and consistent: Reply to Wakeley, Rivera, and Langer. Child Development, 71, 1535-1536.

WYON, D. P. (2000). Individual control at each workplace: The means and the potential benefits. In D. J. Croome & D. Clements-Croome Creating the productive workplace. New York: Routeledge.

YERKES. R. M., & DODSON, J. D. (1908). The relation of strength of stimulus to rapidity of habit formation. Journal of Comparative Neurology and Psychology, 18, 459-482.

YOO, S., HU, P. T., GUJAR, N., JOLESZ, F. A., & WALKER, M. P. (2007, February). A deficit in the ability to form new human memories without sleep. Nature Neuroscience, 10, 385-392.

ZAHN-WAXLER, C., FRIEDMAN, R. J., COLE, P. M., MIZUTA, I. & HIRUMA, N. (1996). Japanese and United States preschool children's responses to conflict and distress. Child Development, 67, 2462-2477.

ZAJONC, R. B. (1965). Social facilitation. Science, 149, 269-274.

ZAJONC, R. B. (1968). Attitudinal effects of mere exposure. Journal of Personality and Social Psychology, Monograph Supplement, 9, (2, Part 2) 1-27.

ZAJONC, R. B. (1980). Feeling and thinking. Preferences need no inferences. American Psychologist, 35, 151-175.

ZAJONC, R. B. (1984). On the primacy of affect. American Psychologist, 39, 117-123.

ZEBROWITZ, L. A., & MCDONALD, S. (1991). The impact of litigants' babyfacedness and attractiveness on adjudications in small claims courts. Law and Human Behavior, 15, 603-623.

ZIMBARDO, P. (1971). The pathology of imprisonment. Society, 9(6), 4-8.

ZIMBARDO, P. G. (1975). On transforming experimental research into advocacy for social change. In M. Deutsch & H. Hornstein (Eds.), Applying social psychology: Implications for research, practice, and training (pp. 33-66). Hillsdale, NJ: Lawrence Erlbaum Associates.

ㄱ

가면쓰기 202

가설 19

가성망각 124

가소성 41, 140

가역적 형태 81

가용성 발견법 143

가족유사성이론 140

가족 치료 299

각인 182

간상체 72

간헐적 강화 110

갈등 226

갈망 206

갈망 체계 206

감각 70

감각계 70

감각 기억 120

감각 뉴런 39, 71

감각 등록기 121

감각 순응 71

감각완충기 146

감각 피질 121

감수분열 58

감정 198

감정조절 203

감정 중심적 대처 242

강박성 성격장애 286

강박 장애 279

강화 108, 202, 206

강화물/처벌물 109

개념 140

개별기술적 접근 252

개인-상황 논쟁 255

개인적 통제 261

개인주의적 문화 264

갱년기 157

거울뉴런 115

건강심리학 234

건강염려증 240

검사 24

게놈 57

게슈탈트 심리학 7

게슈탈트 이론 298

결과기대 262

결정론적 오류 65

결정성 지능 138

결정적 시기 83, 182

결정혐오 144

결합오류 144

경계선 성격장애 285

경조증 281

경험주의 4

계열 위치 효과 124

계절성 정서장애 281

계통발생 63

계획기능 90

고랑 46

고유 수용체 78

고전적 조건화 106

고정관념 223

고정관념 위협 224

고착 257

공감각 83

공격 또는 도주 반응 45

공격성 225

공동 운명의 법칙 81

공모자 20

공변원리 214

공평한 세상 현상 225

공포증 279

공황 장애 279

과대확장 163

과복합 세포 72

과소확장 163

과신 142

과잉 각성 129

과잉정당화 105

과학적 방법 5

관계 기억 이론 115

관상동맥질환 238

관자엽 200

관찰법 23

관찰자 기대효과 28

관찰자편향 22

관찰학습 111

광장공포증 279

교 44

교감 신경계 38, 200

교세포 39

구인타당도 27

구조모호성 148

구조주의 7

군집화 123

궁상핵 207

귀납적 추론 142

귀인 214

귀인 양식 질문지 282

귀인이론 214

규범적 사회 영향력 218

규준연구 154

근접발달영역 160

근접성 81

급성 스트레스 234

급속 순환형 281

기계적 시연 123

기관감사위원회 29

기능적 고착 141

기능주의 7

기대 이론 209

기면증 95

기본적 귀인 오류 214

기분 198

기분부전증 281

기분이 좋을 때 좋은 일도 더욱 잘하는 현상 204

기분 장애 280

기분-통합생성과정 203

기술통계 24

기억 120

339

기억술 127
기저핵 44, 128
기질 귀인 214
기질적 힘 204
기형발생물질 154
기호 206
기호 체계 206
긴장완화 치료 246
깊은 처리 127
꿈 95

ㄴ

남성갱년기 157
남성대답증후군 174
낮은 견적 기술 221
낯선 이 불안 182
내담자 292
내담자 중심적 치료 298
내부집단 225
내분비계 45
내생적 주의 145
내용단어 163
내인성 79
내재적 보상 206
내재화된 동기 105
내적타당도 28
내적통제소재 261
내파치료법 301
네트워크 39
노출 치료법 301
노출효과 199
논변적 추론 142
뇌간 43
뇌량 45
뇌하수체 45
뉴런 38
느린 대뇌피질경로 200

ㄷ

다른 마음의 문제 88
다원유전 59
단서화된 망각 124
단순노출 225
단순 세포 72

단어전환 148
담창구 44
대뇌전두피질 209
대뇌 측좌핵 201
대뇌 피질 44
대뇌화 63
대량학살 226
대립유전자 58
대상 피질 44
대응집단 21
대응표본 21
대인관계 정신치료 297
대처 전략 240
대측성 47
대칭성 81
대후두공 43
델타파 92
도식 159
도파민 145
독단주의 18
독립변인 20
독립적 자기해석 264
돌기 76
돌출 자극 79
동기 204
동기 상태 204
동시대출생집단 162
동시이환 274
동시 조건형성 107
동아리 186
동원체 56
동일시 257
동조 218
동종접합 58
동측성 47
동화 159
두발보행 63
두부-미부 순서 규칙 155
두음전환 148
두정엽 46
두정피질 145
들이밀기 기술 221
디스트레스 235

ㄹ

랑비에 결절 40
렘 수면 208
로르샤흐검사 258
리봇 법칙 114
림프구 238

ㅁ

마음갖춤새 141
막대그래프 25
만성 스트레스 234
말초 신경계 38
맛혐오 학습 105
망각 121
망각 곡선 129
망막 72
망상 283
망양체 253
매력 편향 215
맥락 효과 128
맹목관찰자 22
맹시 73
멀티태스킹 79
멘델의 유전법칙 58
멜라토닌 90
명도 73
명백한 내용 96
명시적 고정관념 224
명시적 태도 221
모델링 112
목적 상승 111
목표상태 141
목표지향적 선택 145
몽정 156
무선표집 23
무선할당 21
무의식적 동기 205
무의식적 부호화 122
무의식적 추론 80
무의식 정보 89
무조건 반응 106
무조건 자극 106
무조건적 긍정적 존중 259
문법단어 163

찾아보기

문제 중심적 대처 241
문제해결 141
문화관련 증후군 276
문화적 상대성 276
밀러시스템 168
미각 207
미국심리학회 29
미네소타다면인성검사 254
미래계획기억 161
미뢰 76
미상 44
미세융모 77
미엘린 39

ㅂ

반고리관 78
반대조건부여 301
반동형성 257
반사 42
반사회적 성격장애 285
반향위치추적 75
발견법 143
발달심리학자 154
발달연령 154
방관자 효과 219
방어기제 257
방추형 얼굴 영역 72, 216
배경 81
배외측 전전두피질 145
백질 46
범불안 장애 278
범위 24
법칙설정적 접근 252
베버의 법칙 71
베타파 91
벤조다이아제핀 295
변경된 의식상태 88
변별 자극 105
변연계 43
변인 20
변화맹 79
변화에 대한 청각장애 79
변환 71
병렬 처리 73

보상물 206
보상상반효과 110
보상 신경계 206
보존과 보호 이론 208
보편적 가설 198
복내측 전전두피질 145
복합 세포 72
본능 205
본능적 회귀 64, 105
볼프시스템 168
부교감 신경계 38, 201
부모투자 64
부신성 안드로겐 187
부적 강화물 109
부정적인 인식양식 281
부주의로 인한 시각장애 79
부호화 120
분산도 24
분석수준 9
분석적 지능 139
분열성 성격장애 285
분열형 성격장애 285
분자유전학 61
불굴의 신념 143
불면증 94
불면증환자 208
불안관계 188
불안/양가애착 183
불안 장애 278
불안/회피애착 183
브로카 영역 47
비대칭분포 25
비수면인 208
비의식적 활동 89
비조절 추동 205
비판적 사고 6
빈도분포 25
빠른 안구운동 수면 91
빠른 피질하부 경로 199

ㅅ

사례연구 22
사실 19
사전 도식 214

사춘기 156
사회 공포증 279
사회심리학자 214
사회연령 188
사회인지이론 261
사회적 계략 226
사회적 고통 223
사회적 다윈주의 65
사회적 압력 217
사회적 영향력 217
사회적 인식 214
사회적 인지 215
사회적 지능 139
사회적 직관론자 193
사회적 태만 222
사회적 학습 이론 205
사회정서적 선택성 이론 190
사회학습요법 302
사회학습이론 171
사회화 182
사후과잉확신 18
삼단논법 142
삼단논법 추론 142
상대적 박탈감 204
상모실인증 216
상태 252
상태 의존 기억 128
상호결정론 262
상호성 규범 221
상호의존적인 자기해석 264
상황 귀인 214
상황적 힘 204
색조 73
색 항상성 74
생리적 각성 198
생리적인 욕구 207
생물심리사회적 접근 277
생물학적 접근 277
생물학적 준비성 64
생식선 168
생식체 58
생체리듬 90
생체자기제어 246
생활연령 154, 188

샤흐터와 싱어의 2요인 이론 199
샤흐터의 인지 플러스 피드백 이론 199
서번트 증후군 139
서비기관 76
선별사육 60
선잠 91
선택맹 79
선택적 저장 기능 89
설득 222
설명 양식 242
섬광 기억 126
성 168
성가심 237
성격 252
성격검사 254
성격분석적 전기 260
성격장애 285
성공적 근사 111
성별 168
성별 고정관념 172
성별도식이론 171
성별 인식 169
성별 인식 장애 170
성별 전형화 170
성역할 172
성인출현기 187
성적 유연성 175
성적 지향 175
성전환자 170
성차별주의 172
성취 137
세부특징통합이론 82
세타파 91
세포군 113
소거 104, 126
소뇌 44, 128
소리 그림자 75
소리 파장 74
소마 38
소속감 207
소수자 영향력 223
소인적 원인 277
소진 237
수면 90

수면방출 91
수면자 효과 222
수면 중 무호흡 95
수면학습법 93
수문-통제 이론 78
수상돌기 38
수용기 세포 71
순응 220
순행 간섭 128
순행성 기억 상실 129
스타일 전환 147
스트레스 234
스트레스 요인 234
스트레스 (예방)접종법 242
스트레스 접종 훈련 300
습관화 126, 158
승인 동기 217
승화 257
시각대뇌피질 200
시각적 공동주의 161
시각적 부호화 123
시각 조절 71
시각 피질 121
시교차상 90
시냅스 41, 128
시냅스 간극 41
시냅스 통합 114
시력 72
시상 44, 199
시상하부 44
시선-비의존 82
시선-의존 82
시스템 통합 114
시신경 72
시신경 교차 72
식욕상실 207
신경 40
신경병증성 동통 77
신경전달물질 41
신경절 세포 72
신념편향 143
신뢰도 27
신체형 장애 239, 287
신체화 장애 240, 287

신체회복 이론 208
신피질 43
신호 탐지 이론 70
실무율의 법칙 40
실용적 지능 139
실제적 추론 142
실험실관찰 22
실험실연구 23
실험집단 21
심리물리학 70
심리성적단계 257
심리역동적 접근 8
심리적 불응기 147
심리 진단 275
심리치료 296
심리학 4
심적 시각상실 200

ㅇ

아데노신 91
아스퍼거 장애 287
아픈 통증 77
안구운동탈민감화 및 재처리 302
안드로겐 168
안드로겐 무감각증후군 168
안면타당도 27
안면 피드백 가설 202
안전성 207
안정관계 188
안정애착 183
안정 전위 40
안쪽앞뇌다발 206
알파파 91
암묵 기억 125
암묵적 고정관념 224
암묵적 태도 222
암시성 218
암시적 내용 96
애착 182
야경증 95
약물내성 108
약화 202
양극성 장애 280
양성성 170

양성 증상 283
얕은 처리 127
어휘 모호성 148
억압 257
억압적 대처 240
억제 40
언어결정론 149
언어상대성 가설 148
언어습득장치 163
언어습득지원체계 163
얼어붙기 115
엔돌핀 78, 206
여과기 이론 146
여키스-도슨 법칙 129, 206
역단계적 요청 221
역동적 감각 77
역치 40
역행 간섭 129
역행성 기억 상실 129
연결자 83
연관통 77
연구방법 19
연구에 대한 보고 29
연령변화 154
연령차 154
연령편견 190
연산법 141
연상학습 104
연속강화 109
연속성 81
연속특질 59
연수 44
연역적 추론 142
연합 피질 46
열등감 258
열성 58
염색분체 56
염색체 56
영아기 반사 62
예상적 대처 241
예언타당도 27
예후 274
오귀인 199, 203
오렉신 207

오류 26
외과수술 296
외부 생식기 168
외부집단 225
외부환경 57
외상 후 스트레스 장애 280
외생적 주의 146
외인성 79
외재적 보상 206
외재화된 동기 105
외적타당도 28
외적통제소재 261
외현 기억 125
외현적 내용 297
요구 특성 26
요소에 의한 재인 82
요인분석 253
욕구위계 207, 259
우성 58
우울 장애 280
운동 뉴런 39
운동발달 155
원격 자극 82
원초아 256
원칙주의 227
원형 140, 258
위계 140
위약 28
위약효과 28
위치 세포 114
유동성 지능 138
유리이론 190
유사분열 59
유사성 81
유산소 운동 244
유스트레스 235
유의수준 25
유인가 203
유전가능성 60, 255
유전자 56
유전자 집합체 59
유전자형 57
육성 10
은연중에 속마음을 드러내는 실수 257

음색 74
음성 증상 283
음소 162
음운론 162
음향 기억 122
응용심리학 13
의미적 125
의미적 부호화 123
의사결정 144
의식 88
의식적 동기 205
의식적 부호화 122
의존성 성격장애 286
의학적 모델 277
이기적 편향 215
이기주의 227
이란성 쌍생아 58
이랑 46
이론 19
이론적 추론 142
이상(변태)심리학 274
이상화된 가상정체성가설 268
이완반응 246
이원론 6
이중맹목 실험 28
이중부호이론 149
이중우울 281
이중 진단 274
이질접합 58
이차 강화물 109
이차성징 156, 168
이타주의 227
인간중심적 치료 298
인본주의 이론 259
인본주의 접근 8
인슐린 207
인위적 선택 62
인접 자극 82
인종차별 224
인지 136, 158
인지도 105
인지도 이론 114
인지 부조화 220
인지심리학 9

인지 재구성 300
인지적 경험 198
인지적 무의식 89
인지적인 평가 240
인지적 접근 277
인지적 평가이론 199
인지 치료 299
인지-행동 치료법 299
인출 120
인출 단서 128
인터뷰 23
일관성 역설 255
일란성 쌍생아 58
일반적 적응 증후군 236
일반지능 137
일반화 104
일차 강화물 109
일차성징 156, 168
일차 시각 피질 46
일차 운동 피질 47
일차 청각 피질 46
일차 체감각 피질 47
일차 피질 46
일화 기억 125
임상심리학 12, 292

ㅈ

자각몽 96
자극 변별 104
자극 상승 111
자극주도적 포착 145
자기보고방법 23
자기애적 성격장애 285
자기조절 185
자기중심적 사고 264
자기충족적 예언 215
자기효능감 262
자발적 회복 104
자소-색 공감각 83
자아 256
자아개념 259
자아실현 207, 259
자아이론 259
자연관찰 22

자연선택 11, 56
자연주의적 오류 65
자웅선택 59
자유연상 296
자율 신경계 38, 200
자의식 88
자의식적 정서 223
자폐증 287
작업 기억 120
잔영 기억 122
잠을 거의 자지 않는 사람들 93
잠재의식적 동기 205
잠재적 내용 297
잠재학습 105
장기간 강화작용 208
장기 기억 120
장기 상승 작용 128
장기 증강 113
장기 침체 113
재구성 240
재앙 236
재인 128
재흡수 41
저장 120
저장 쇠퇴 129
저항 297
적성 137
적응 단계 현상 204
적응적 62
전경 81
전기충격요법 295
전두대피질 45
전두엽 47, 121
전두엽 절제수술 200
전두엽피질 200
전망이론 144
전 시냅스 뉴런 41
전위 257
전의식 정보 89
전이 297
전적인 의식 88
전전두 피질 43
전정 감각 77
전정낭 78

전 주의 과정 79
전체상황 219
전측 대상회피질 145
전형이론 141
전환장애 240, 287
절대역 70
절약법 104
절차 기억 125
절충적 심리치료 296
점화 125
접근 동기 205
접합체 58
정교화가능성 모델 222
정교화 시연 126
정규분포곡선 25
정보적 사회 영향력 218
정상분포 137
정서적 예측 203
정서적 요소 198
정서적 지능 139
정신 결정론 255
정신병리학 274
정신분석 256, 296
정신분석적 접근 277
정신분열증 283
정신생리학적 질병 239
정신신경면역학 108
정신약리학 294
정신역동적 심리치료 296
정신역학이론 256
정신연령 137
정신화 216
정적 강화물 109
정찰행동 113
정체성 185
정체성 공유 221
정화이론 204
정화성 동기 217
제임스-랑게 이론 198
제한 기능 89
조건 반응 106
조건부 관리 302
조건 자극 106
조건화 104, 126

조사 23
조작 141
조작 반응 109
조작적 조건화 108
조작적 행동 108
조절 159
조절 추동 205
조증 281
조형 111
존중 욕구 207
종단연구 154
종말 단추 39
종속변인 20
종 특유 행동 63
좋은 형태의 법칙 81
좌절공격가설 225
주관적인 안녕감 204
주변노선 222
주변 집단 219
주요우울 장애 281
주의 122, 145
주의과실 146
주의력결핍 과잉행동장애 287
주제통각검사 258
주파수 74
준거타당도 27
중간 뉴런 39
중대상피질 45
중성 169
중심노선 222
중심부–말단부 순서 규칙 156
중심와 72
중앙값 24
중앙–집중 이론 205
중앙집행기능 138
중앙추동체계 205
중추 신경계 38
중화 203
증상 274
증후군 274
지각 70
지각속도 140
지각적 갖춤새 80
지각적 부담 146

지각적 순응 83
지능 137
지속적 원인 278
지연된 강화 109
지연 조건형성 107
지온 82
직업적 자기주도 189
진폭 74
진화심리학 61
진화적 접근 9
질문지 23
집단간 실험 21
집단 무의식 257
집단 사고 223
집단주의 227
집단주의 문화 263
집단 치료 299
집단 편의 222
집단행동원칙 113
집중경향치 24
집행통제체계 145

ㅊ
차이역 70
착각적 결합 82
착각적 윤곽 80
참여자 20
참을성 효과 222
창의적 지능 139
채도 73
처벌 111
척수 42
천성 10
천재 138
청각적 부호화 123
청각 피질 121
청소년기 156
청중설계 147
체계적 둔감법 301
체성 신경계 38
초경 156
초두효과 124
초자아 256
촉진적 원인 277

최면 97
최면능력 97
최면무통치료 98
최면후 암시 98
최빈값 24
최소 가지 차 70
최소한의 의식 88
최신효과 124
최적의 각성 206
최초상태 141
추동 204
추동–감소 이론 205
추론 142, 161
추리통계 24
추상체 72
축색 38
취약성–스트레스 가설 285
측두엽 46
친사회적 112
친사회적 행동 227

ㅋ
카멜레온 효과 217
카타르시스 297
칵테일 파티 효과 79
캐논–바드 이론 198
쾌락 동기 217
쾌락원리 256
쾌락 원칙 205

ㅌ
타당도 27
타인중심적 사고 264
탈개인화 222
탈지방화 225
태도 221
태만 227
태아알코올증후군 154
테스토스테론 169
토노토픽 75
토큰 경제 110, 302
통계적으로 유의미한 25
통사론 162
통제소재 261

찾아보기

통제집단 21
통찰 142
퇴행 257
투사 257
투사자 83
투쟁-도피 반응 235
특성 252
특성이론 253
특징통합이론 147
틀 만들기 144

ㅍ

판단 144
패거리 186
팽대후부피질 45
페로몬 76
편도체 44, 199
편집성 성격장애 285
편차점수 25
편향 26
평균 24
폐쇄성 81
포도당 207
표준편차 25
표현하는 행동 198
표현형 57
프리맥 원리 110
피각 44
피그말리온 효과 215
피부 감각 77
피험자 기대효과 28
피험자내 실험 21

ㅎ

하향처리 80
학술심리학자 12
학습 104
학습된 무력감 262, 282
학습 수행 식별 104
합리적 선택이론 144
합리적인 대처 240
합리화 257

항상성 205
항우울제 294
항정신성 약물 294
해리 99
해리성 기억상실증 286
해리성 둔주 286
해리성 정체감 장애 286
해리장애 286
해마 44, 127
행동 계약 302
행동구성단위 202
행동기대확증 215
행동억제체계 253
행동연쇄 111
행동요법 301
행동유전학 60
행동의학 234
행동주의 104
행동주의 접근 8, 277
행동활성체계 253
향정신성 약물 294
허구성일치효과 18
현상학 88
현실원리 256
현장연구 23
혈뇌장벽 39
혐오적 조건형성 302
협동 227
협동원리 147
형상 기억 121
형태론 162
형태소 162
형태 탐지자 72
형태학 203
형평성 이론 209
호의적 성차별주의 173
호혜적 이타주의 227
혼란애착 183
홍수법 301
화학적 환경 57
확증편향 143
환각 283

환경 심리학 234
환자 292
활동이론 190
활동 전위 40
활성화 종합이론 96
활성화 합성이론 208
회상 128
회질 46
회피관계 188
회피 동기 205
회피성 성격장애 286
획득형질 62
횡단연구 154
효과의 법칙 108
후두엽 46
후리기 기술 221
후부대상피질 45
후 시냅스 뉴런 41
후판단 편향 143
후향 조건형성 107
흔적 조건형성 107
히스테리성 성격장애 285
히스토그램 25
히포크레틴 95

기타

1차 평가 240
2순위 조건형성 107
2차 평가 240
3-기간 사건 109
5요인모형 253
A유형 238
B유형 238
Big Five 이론 253
DNA 56
g요인 138
K 복합 91
X 염색체 168
Y 염색체 168

 애비게일 베어드(Abigail A. Baird)는 배사대학(Vassar College) 심리학 교수다. 그녀는 배사대학에서 학사학위를, 하버드대학교(Harvard University)에서 석사학위와 박사학위를 받았다. 박사에 이어서 다트머스대학(Dartmouth College)의 인지신경과학 센터에서 박사 후 과정을 받았다. 그녀의 수많은 글과 발표들은 청소년 뇌 발달, 정서의 인지조절, 청소년 법규, 마음과 뇌와 행동에 있어서 인종적 편견에 대한 징후들과 같은 주제를 다루고 있다. 그녀는 자신의 연구로 하버드대학교와 정신병리학 연구를 위한 사회단체에서 상을 받았으며, 2008년 심리과학 연구단체(Association for Psychological Science)에서는 그녀를 심리과학 분야의 '떠오르는 별'이라고 부르기도 했다. 또한 그녀는 행동신경과학 국제 연구단체와 법과 행동연구를 위한 그루터 협회(Gruter Institute for Law and Behavioral Research)를 포함해서 여러 과학단체에 위원으로 선출되기도 했다. 그녀는 강의에 있어서 탁월하다고 꾸준히 인정받고 있다. 2000년에 하버드대학교에서 조지 거설스 강의 상(George Goethals Teaching Prize)을 받았고, 2004년에 다트머스대학에서 실시한 티칭 펠로우십(Teaching Fellowship)에서 1962 우수반(Class of 1962 Excellence) 상을 받았다. 그녀의 전문적인 업적으로 심리과학 연구단체의 총무뿐만 아니라, 오더 오브 오메가 내셔널 아너 소사이어티(Order of Omega National Honor Society)의 명예교수, 뉴욕주 사법연수원 초대 교수 그리고 청소년 사법제도 캠페인의 자문위원도 맡고 있다.

옮긴이 소개 (가나다순)

김은주
부산대학교 영문학과 졸업
경성대학교 교육학 석 · 박사
현재 부흥고등학교 교사
경성대학교 외래교수

이태선
덕성여자대학교 심리학과 졸업
덕성여자대학교 심리학 석사
전 연세대학교 의과대학 영상의학과 분자
    신경뇌영상 연구소 연구원, 장안대학교
    사회복지학과 겸임교수, 덕성여자대학
    교 심리학과 외래교수
현재 (주)대한항공 전임강사

이호선
경희대학교 영어영문학과 졸업
연세대학교 신학 석사
연세대학교 상담학 박사
현재 서울벤처대학원대학교 사회복지상담
    학과 교수

정명숙
이화여자대학교 영어영문학과 졸업
이화여자대학교 심리학 석사
호주 모나쉬대학교 심리학 박사
현재 꽃동네대학교 복지심리학전공 교수

조규판
동아대학교 교육학과 졸업
동아대학교 교육학 석사
미국 앨라배마대학교 교육심리 연구방법
    론 박사
현재 동아대학교 교육학과 교수

천성문
영남대학교 심리학과 졸업
영남대학교 심리학 석사
영남대학교 교육학 박사
미국 스탠포드대학교 연구교수
현재 경성대학교 교육학과 교수
    한국 대학상담학회장
    전국학생상담센터협의회 회장

1977 정신분열병의
스트레스-취약성 모델이
주빈과 스프링에 의하여
제안되다.

1977 토마스와 체스가
유아 기질의 다른 유형에 관한
연구를 착수하다.

1966 마스터와 존슨이
성적 반응 주기의
네 가지 단계를
소개하다.

1959 페스팅거와
칼스미스가 인지부조화에
대해 처음으로 출판하다.

1967 셀리그먼이 개에게서
학습된 무기력을 이야기하다.

1978 엘리자베스 로프투스가
오정보 효과에 의한 목격자
증언에 대해 의문을 제기하다.

1996 맥크레와 코스타가
다섯 가지 성격 특성 차원을
제안하다.

1967 홈스와 라헤가 사회
재적응 평정 척도를 개발하다.

1979 메리 에인스워스가
유아 애착 유형 연구를
낯선 환경 실험을 통해
이행하다.

1967 벡이 우울증을 설명하기
위하여 인지치료를 제안하다.

1997 엘리자베스 퀴버-로스가
「비탄과 비통」을 출간하여, 죽음과
임종에서 죽음의 다섯 가지 단계에
대한 그녀의 이론의 확대를 통해
비통함의 과정을 설명하다.

1959 할로우와 짐머맨이
새끼 원숭이에 대하여
안정 애착의 중요성에
관하여 설명하다.

1968 로저 스페리가 분리
뇌 환자의 반구 특성화를
이야기하다.

1979 토머스 부샤르가 성격
특질에서 서로 다른 곳에서
양육된 쌍둥이들의 유전과
환경의 영향을 구분하는
미네소타 연구를 시작하다.

1989 앨버트 반두라가
상호 결정주의의 개념을
제안하다.

1960   **1970**   **1980**   **1990**   **2000**

1961 칼 로저스가 이상적
자기, 현실 자기, 조건적
긍정, 무조건적 긍정에
대한 개념을 창조하다.

1973 플로라 리타 슈라이버가
해리성 인격 장애를 가진
여성의 삶을 묘사한 「악몽」을
출간하다.

1981 데이비드 웩슬러가
특정 연령층의 IQ 검사를
고안하기 시작하다.

1994 헌스타인과
머레이가 「종 곡선」을
출간하다.

2000 DSM-IV-TR이
출간되다.

1961 무자퍼 셰리프가
Robber's Cove 연구를
지휘하다.

1974 프리드먼과
로젠맨이 심장 질환과
A유형의 성격 사이의
연결을 발견하다.

1983 가드너가 처음으로
그의 다중 지능 이론을
제안하다.

1995 골만이
정서 지능의
아이디어를
제안하다.

2002 뉴멕시코가
처음으로 심리학자들에게
심리적 장애에 대한
약물 처방을 허가한
주가 되다.

1962 기억 연구자인
베넷 머독에 의하여
계열 위치 효과가 발견되다.

1962 샤흐터와 싱어에
의하여 정서의 인지 각성
이론이 제안되다.

1985 로버트 스턴버그가
지능의 삼원이론을
제안하다.

1963 앨버트 반두라의
'보보인형' 연구가 착수되다.

1974 PET 스캔이
뇌영상 기술로
처음으로 소개되다.

1963 스탠리 밀그램이
복종에 대한 그의 고전적 연구를
착수하다.

2004 알렉산더 스토치가
손상된 신경 조직을
고치는 데 성인에게서
얻은 줄기 세포의
가능성을 보이다.

1963 로렌스 콜버그가 그의
도덕성 발달의 이론을 창조하다.

로우가
기
안하다.

스가
치료를

셀리에가
응을
하여
증후군을

2009 버락 오바마
미국 대통령이
인간 줄기 세포를
포함한 과학적 연구의
연방 기금 제한을
상향시키다.

심리학개론에서 가장 난해한 주제들을
공부하는 방법에 대한 조언

독립변인과 종속변인

독립변인과 종속변인을 혼동하지 않도록 조심하라. 독립변인은 연구자 본인이 조작하는 변인이다. 여러분이 실험을 수행하는 연구자의 입장에서 생각한다면 독립변인은 본인이 직접 통제하는 변인이다. 여러분이 실험에서 사용되는 변인들을 옳게 명명하는 또 다른 방법은 다음 구절에 변인 이름들을 채워 넣어서 의미가 통하게 만드는 것이다. 검사 구절은 다음과 같다.

어떻게 _____이 _____에 영향을 미치는가.
　　　　(독립변인)　(종속변인)

검사 구절 사용을 연습할 예를 들어보자. 연구자가 여러 다른 방의 색깔과 공격성을 살펴보는 연구를 수행한다. 여러분은 "어떻게 공격성이 방 색깔에 영향을 미치는가."라는 구절이 말이 되지 않을 뿐만 아니라 연구자가 관심을 갖는 주제가 아니라는 것을 알아챌 수 있다. 그러나 "어떻게 방 색깔이 공격성에 영향을 미치는가."는 연구자의 목표에 부합한다. 따라서 이 경우에는 방 색깔이 독립변인이고 공격성이 종속변인이다.

피아제의 발달단계

아마도 인지발달에 관한 가장 영향력 있는 이론은 피아제의 이론일 것이다. 피아제는 인지발달이 네 단계에 걸쳐 이루어진다고 제안하였다. 이 단계들에 대한 학습을 증진하기 위해 다음 표를 공부하고 빈칸을 채워 넣어보라.

단계	연령	특성	어떤 사람이 이 단계에 있는지 알기 위해 어떤 검사를 할 것인가?
감각운동기	0~2세	▶ 아동은 _____기관과 _____기관을 이용하여 세상을 탐색한다. ▶ _____영속성이 발달한다.	담요 밑에 장난감을 숨기고 아이가 장난감을 찾으려고 담요 밑을 들춰 보는지 알아본다.
전조작기	2~7세	▶ ____ 사고를 많이 한다. ▶ 아동은 대상을 _____ 표상할 수 있다. ▶ ____놀이를 한다. ▶ ____개념을 이해하지 못한다. ▶ 대상의 한 가지 측면에 초점을 두는 경향이 있다.	아이에게 500원짜리 동전 두 개와 100원짜리 동전 다섯 개 중 어느 쪽을 가질 것인지 물어본다(아이들은 100원짜리 동전 다섯 개를 가지고 싶어 할 것이다). 아이가 가장놀이를 할 수 있는지 알아본다.
구체적 조작기	7~12세	▶ _____원리에 대한 이해가 나타난다. ▶ 논리적 사고를 하며 _____ 문제를 풀 수 있다. ▶ 주로 _____ 대상과 개념에 초점을 둔다.	찰흙 한 덩이를 다섯 조각으로 나누고 아이가 처음 한 덩이의 찰흙과 다섯 조각의 찰흙의 양이 동일하다고 생각하는지 물어본다.
형식적 조작기	12세 이후	▶ _____ 추론을 이용하여 문제를 해결할 수 있다. ▶ _____ 상황에 대해 생각할 수 있다.	추상적 질문을 하고 아이가 어떻게 답변하는지 본다. 예를 들어 "하늘에서 검은 눈이 내리면 어떻게 될까?" 같은 질문을 할 수 있을 것이다.

정적강화 대 부적강화 및 벌

정적강화와 부적강화 모두 행동을 증가시킨다. 정적강화는 유기체에게 좋은 것을 주어 강화시키는 반면 부적강화는 유기체가 싫어하는 것을 제거시켜 줌으로써 강화시킨다. 좋아하는 것과 싫어하는 것은 개인의 관점에 따라 다르므로 종종 혼란스러울 때가 있다. 예를 들어 식료품가게에서 자신이 원하는 사탕을 받을 때까지 징징거리며 줄을 서 있는 어린이는 정적강화 또는 부적강화로 보일 수 있다. 정적강화와 부적강화 모두 행동을 증가시킨다는 것을 명심하라. 왜 그런지 다음 표를 검토해 보자.

관점	행동	결과/강화물	강화 유형
어린이	징징거림	사탕을 얻음	정적강화(좋은 것을 얻음)
부모	어린이에게 사탕을 줌	징징거림을 멈춤	부적강화(싫어하는 것, 즉 징징거림을 없앰)

부적강화와 벌은 종종 혼돈될 수 있다. 부적강화에서는 싫어하는 것을 제거하지만, 벌은 좋아하거나 원하는 것을 제거한다. 대부분의 사람들이 부적으로 강화되는 것을 좋아하지만, 벌을 받는 것을 싫어한다. 다음 시나리오에서 부적으로 강화되었는지 아니면 벌을 받았는지를 결정하라. 아래에서 정답을 확인하라.

행동	결과	제거된 것이 좋은 것인가 싫은 것인가?	부적강화인가 또는 벌인가?	행동이 증가할 것인가 감소할 것인가?
두통을 위해 아스피린을 먹는 것	투통이 사라짐	싫은 것	?	증가
신호등의 빨간불에 달리는 것	운전면허증을 빼앗김	좋은 것	?	감소

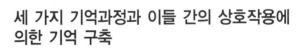

정답: 부적강화, 벌

세 가지 기억과정과 이들 간의 상호작용에 의한 기억 구축

기억에 관한 장에서 제시된 가장 중요한 개념들 중 두 가지는 세 부분으로 이루어져 있다. 하나는 기억에 관여하는 기초과정들인 부호화, 저장 및 인출이다. 다른 개념은 감각기억, (때로 작업기억이라 불리는)단기기억, 그리고 장기기억으로 이루어진 정보처리 모델이다. 학생들은 간혹 이 개념들을 헷갈려 한다. 이 개념들을 분명히 이해할 수 있도록 왼쪽에 있는 다이어그램에서 정보처리 모델의 구성요소들을 복습해보라. 부호화, 저장, 인출은 이 단계들 각각에서 일어날 수 있다는 것을 기억하라. 각 단계에서 부호화, 저장, 인출의 예들을 복습해보라.

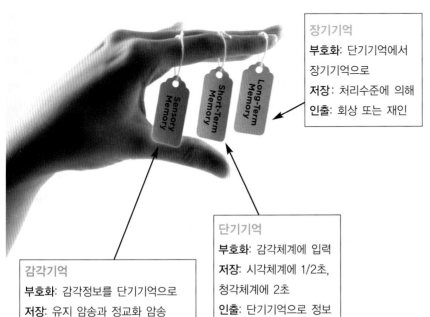

장기기억
부호화: 단기기억에서 장기기억으로
저장: 처리수준에 의해
인출: 회상 또는 재인

단기기억
부호화: 감각체계에 입력
저장: 시각체계에 1/2초, 청각체계에 2초
인출: 단기기억으로 정보 인출

감각기억
부호화: 감각정보를 단기기억으로
저장: 유지 암송과 정교화 암송
인출: 재인, 회상, 또는 장기기억으로

1905 이반 파블로프가 고전적 조건형성에 관한 그의 발견을 출간했다.

1906 레이몬 카잘이 신경계가 개별 세포로 구성되어 있다는 것을 발견하다.

1908 여키스-도슨 법칙이 수행과 각성 간의 관계를 설명하고자 하였다.

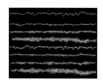

1929 한스 베르거가 인간 두뇌 연구를 위해 EEG 방법을 소개하다.

1938 B. F. 스키너가 조작적 조건화 개념을 소개하다.

1938 전기충격요법이 인간 환자에게 처음으로 사용되다.

1939 클락과 클락이 편견에 관한 전통적 연구를 수행하다.

1950 에릭 에릭슨이 성격의 심리사회적 발달 단계를 제안하다.

1951 솔로몬 애쉬가 동조에 관한 고전적 연구를 지휘하다.

1910   **1920**   **1930**   **1940**   **1950**

1911 손다이크가 '효과의 법칙(효과율)'을 발견하다.

1912 게슈탈트 심리학이 막스 베르트하이머에 의해 처음으로 개발되다.

1912 윌리엄 스턴에 의해 지능지수가 개발되다.

지능의 주장하다.

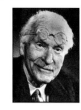

1905 메리 위튼 컬킨스가 미국심리협회(APA)의 첫 회장이 되다.

1905 프로이트가 심리성적 성격발달 이론을 주장하다.

1905 첫 번째 IQ 검사인 시몬-비네 검사가 만들어지다.

1913 칼 융이 집단의식 이론을 개발하다.

1920 프란시스 섬녀가 클락대학에서 흑인으로서 첫 번째 심리학 박사학위를 받다.

1920 왓슨과 레이너가 '꼬마 앨버트' 실험을 출판하다.

1921 첫 번째 신경전달물질 아세틸콜린이 발견된다.

1921 올포트가 성격 특질이론을 주장하다.

1930 톨만과 혼직이 쥐를 통해 잠재적 학습을 선보이다.

1930 장 피아제가 인지발달 4단계를 주장하다.

1933 지그문트 프로이트가 원자아, 자아, 초자아 개념을 주장하다.

1934 레프 비고츠키가 근접발달영역 개념을 주장하다.

1935 헨리 머레이가 주제통각검사를 개발하다.

1935 안토니오 데거스 모니즈 박사가 전전두엽절개술을 개발하다.

1915 프로이트가 자기방어기제 개념을 처음으로 주장하다.

1942 미네소타 다면적 인성검사가 탄생하다.

1942 칼 로저스가 내담자 중심 치료를 개발하다.

1943 홀이 동기의 추동 감소 이론을 제안하다.

1948 알프레드 킨제이가 성적 행동에 관한 설문 연구를 시작하다.

1952 정신장애에 대한 진단과 통계의 매뉴얼(DSM) 초판이 발간되다.

1952 정신분열병의 치료를 위해 클로르프로마진 약물이 처음으로 소개되다.

1953 미국 심리학회가 심리학에서 최초의 윤리 규정을 출간하다.

1954 에이브러햄 매슬로 인간의 동기를 설명하기 위해 욕구의 단계를 저

1955 앨버트 엘리 합리적 정서 행동 제안하다.

1956 한스 스트레스 반 설명하기 위 일반적 적응 제안하다.

심리학 역사상 중요한 시기

심리학 역사에서 중요한 시기를 보다 잘 이해하기 위해서 이 연표를 이용해보라. 이 학습카드 뒷면에는 심리학 개론 교재에 있는 가장 어려운 개념들을 위한 학습 정보가 나와 있다. 기말고사를 보기 전에 이 정보들을 확실히 봐두면 도움이 될 것이다.

360 플라톤이 인식과 지식, 진리에 관한 이론을 탐색하며 『테아에테투스(Theaetetus)』를 쓰다.

350 아리스토텔레스가 영혼과 몸의 관계에 관한 책 『영혼에 관하여 (DeAnima)』를 쓰다.

1649 데카르트가 송과선(松科腺, 척추동물에서 볼 수 있는 내분비선으로 멜라토닌이라는 호르몬의 생성을 조절하는 기관 — 역자 주)을 영혼의 자리(the seat of soul)라고 말하며 『정념론(The Passion of the Souls)』을 출판하다.

1848 피니어스 게이지가 두뇌 손상으로 고통받으며 두뇌 손상의 결과에 대한 유명한 사례연구를 제공하다.

1859 찰스 다윈이 진화 심리학 분야에 영향을 미친 자연선택이론을 주장하다.

1884 제임스-랑게 정서 이론이 나오다.

B.C.E. A.D.

350 **1650** **1860** **1880** **1900**

430 히포크라테스가 정신 질환은 인간 체내 4체액의 불균형에 기인한다고 주장하다.

1860 구스타프 페흐너가 심리학 실험 기초를 형성한 첫 번째 과학적 실험을 수행한 것으로 생각되다.

1861 말을 하는 과정에서 브로카 영역과 그 역할이 발견되다.

1874 언어 이해 과정에서 베르니케 영역과 그 역할이 발견되다.

1890 윌리엄 제임스가 그의 책 『심리학의 원리 (The Principle of Psychology)』를 출판하다.

1892 분트와 티치너에 의해 구조주의가 처음으로 발견되다.

1900 프로이트가 『꿈의 이해 (The Interpretation of Dreams)』를 출판하다.

1904 스펄먼이 일반적 요소

1879 빌헬름 분트가 독일 라이프치히에서 첫 번째 심리학 연구소를 열다.

1894 마가렛 플로이 워쉬번이 코넬대학에서 여성으로서 첫 번째 심리학 박사학위를 받다.

뇌구조와 연합된 행동

뇌구조 중에서 가장 흔히 혼동되는 두 가지는 해마와 시상하부이다. 이들 둘 다 변연계에 위치해 있지만 매우 다른 기능을 맡고 있다. 해마는 몇 초 이상 지속되는 기억 형성을 돕거나 공간지도라는 곳에 기억을 저장하는 데 매우 중요한 역할을 하는 것으로 알려져 왔다. 한편 시상하부는 잠자는 것, 마시는 것, 먹는 것, 그리고 성적 활동과 같은 인간의 여러 기본적인 신체적 기능을 통제하는 데 매우 중요한 역할을 한다. 여러분은 이 두 뇌구조를 분리하도록 도와주는 어떤 기억 장치 또는 '비결'을 생각할 수 있는가?

하나의 제안은 다음과 같을 수 있다: 여러분이 *hippocampus*라는 단어를 볼 때 여러분은 단어의 끝부분인 *campus*를 생각할 수 있다. 여러분의 대학 캠퍼스를 돌아다니기 위해 여러분은 어디에 어떤 빌딩이나 구역이 있는지 기억해둘 필요가 있다. 이것이 정확히 여러분의 해마가 관련되는 것이다. 해마가 없으면 대학 캠퍼스 주위의 길을 찾는 데 매우 힘들 것이다.

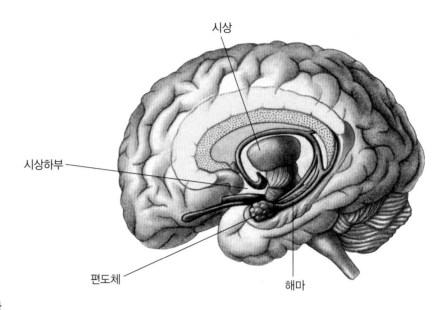

시상하부를 기억하기 위해 우선 'hypo'라는 단어가 '아래'라는 의미를 가지고 있다는 것을 이해하는 것이 도움이 될 것이다. 시상하부는 시상 바로 아래에 있다. 여러분은 시상하부가 규제하는 몇몇 활동들을 기억하기 위해 이름을 볼 수도 있을 것이다. 시상하부는 굶주림, 수면, 갈증, 그리고 섹스에서 역할을 한다고 말했던 것을 기억하라. 만약 여러분이 *hypothalamus*에서 'hypo'를 본다면 'h'-굶주림(hunger), 'y'-하품을 하는(yawning), 'p'-몹시 목마른(parched), 그리고 'o'-지나치게 흥분한(overly excited)으로 기억할 수 있을 것이다.

이상행동의 관점과 치료의 유형

신경증에 대한 이해뿐만 아니라 각 장애의 원인에 관한 여러 이론들에 대한 이해도 중요하다. 각각의 장애를 설명하는 네 가지 모형은 생물학적, 정신분석학적, 행동적, 그리고 인지적 모형이다. 이러한 모형들에 대한 여러분의 이해를 증진시키기 위해 각 모형이 장애를 어떻게 설명하고 있는지를 기술한 아래의 표를 공부하라. 그런 다음 "모형" 칸에 적합한 모형을 기재하라.

모형	우울증	정신분열증	해리성 정체장애
?	화가 내부로 향한 다음 억압됨	극심한 자아의 붕괴 및 아동기로의 퇴행	동기화된 망각
?	뇌의 화학적 불균형(세로토닌과 도파민과 같은 신경전달물질에서)	화학적 불균형과 뇌구조 이상	다른 성격들 간 뇌 활동의 차이
?	부정적이고 자멸적인 사고	비논리적 사고의 심각한 형태	사고 회피
?	학습된 무력감	강화에 의해 형성된 특이한 행동	다른 사람들로부터의 주의와 같은 정적강화를 통해 형성된 행동